David A. Patterson, John L. Hennessy
Rechnerorganisation und Rechnerentwurf
De Gruyter Studium

Weitere empfehlenswerte Titel

IT-Sicherheit, 9. Auflage
Claudia Eckert, 2014
ISBN 978-3-486-77848-9, e-ISBN 978-3-486-85916-4,
e-ISBN (EPUB) 978-3-11-039910-3

Datenbanksysteme, 10. Auflage
Alfons Kemper, 2015
ISBN 978-3-11-044375-2

Elektronik für Informatiker
Manfred Rost, Sandro Wefel, 2013
ISBN 978-3-486-70692-5, e-ISBN 978-3-486-72015-0

it - Information Technology
Paul Molitor (Editor in Chief), 6 Issues/Year
ISBN 1611-2776, e-ISBN 2196-7032

David A. Patterson, John L. Hennessy

Rechnerorganisation und Rechnerentwurf

Die Hardware/Software-Schnittstelle

5. Auflage

DE GRUYTER
OLDENBOURG

Autoren

Prof. Dr. David A. Patterson
University of California, Berkeley
USA

Prof. Dr. John L. Hennessy
Stanford University
USA

This 5th edition of Computer Organization and Design, ISBN 978-0-12-407726-3 by David Patterson
and John Hennessy is published by arrangement with ELSEVIER INC., a Delaware corporation having
its principal place of business at 360 Park Avenue South, New York, NY 10010, USA

Aus dem Englischen übersetzt von Judith Muhr und Karen Lippert

ISBN 978-3-11-044605-0
e-ISBN (PDF) 978-3-11-044606-7
e-ISBN (EPUB) 978-3-11-044612-8

Bibliografische Information der Deutschen Nationalbibliothek
Die Deutsche Nationalbibliothek verzeichnet diese Publikation in der Deutschen
Nationalbibliografie; detaillierte bibliografische Daten sind im Internet über
http://dnb.dnb.de abrufbar.

© 2016 Walter de Gruyter GmbH, Berlin/Boston
Einbandabbildung: Jupiterimages/PHOTOS.com/Thinkstock
Druck und Bindung: CPI books GmbH, Leck
♾ Gedruckt auf säurefreiem Papier
Printed in Germany

www.degruyter.com

Vorwort zur englischsprachigen Originalausgabe

Die schönste Sache, die wir erleben können, ist das Geheimnisvolle. Es ist die Quelle aller wahren Kunst und Wissenschaft.
Albert Einstein, *What I Believe*, 1930

Zu diesem Buch

Wir sind der Meinung, dass das Studium der Informatik und der Ingenieurwissenschaften den aktuellen Stand des Forschungsgebietes widerspiegeln sollte, und dazu gehört auch die Einführung in die Prinzipien des modernen Computings. Wir meinen außerdem, dass die Leser die Organisationsprinzipien der Hardware und der Software kennen sollten, die über Kapazität, Leistung und letztendlich den Erfolg von Computersystemen entscheiden.

In der modernen Computertechnologie benötigt man in jedem Teilgebiet der Informatik professionelles Wissen, um sowohl Hardware als auch Software verstehen zu können. Das Zusammenspiel zwischen Hardware und Software auf den unterschiedlichsten Ebenen bildet das Grundgerüst, auf dem die Informatik aufgebaut ist. Egal, ob Sie hauptsächlich an Hardware oder an Software, am Computing oder an Elektrotechnik interessiert sind, die zentralen Konzepte beim Aufbau und Entwurf von Computern sind überall dieselben. Wir versuchen deshalb in diesem Buch, die Beziehung zwischen Hardware und Software aufzuzeigen und uns auf die Konzepte zu konzentrieren, die die Grundlage für moderne Computer bilden.

Der jüngst stattgefundene Wechsel von Einzelprozessoren zu Multicore-Mikroprozessoren bestätigte die Stichhaltigkeit dieser Aussage, an der sich seit der ersten Auflage nichts geändert hat. Die Programmierer sind möglicherweise versucht, diesen Hinweis zu ignorieren und sich darauf zu verlassen, dass ihre Programme dank der Entwicklungen in der Computerarchitektur, beim Compilerbau und in der Siliziumtechnologie immer schneller werden, ohne dass sie etwas dafür tun müssen. Doch diese Zeiten sind vorbei. Damit Programme schneller laufen, müssen sie parallel arbeiten. Viele Forscher verfolgen immer noch das Ziel, dass die Programmierer die zugrundeliegende parallele Natur der von ihnen programmierten Hardware nicht kennen müssen, aber es wird noch viele Jahre dauern, bis diese Vision Wirklichkeit werden kann. Unserer Meinung nach müssen zumindest in den nächsten 10 Jahren die meisten Programmierer die Hardware/Software-Schnittstelle verstehen, wenn sie wollen, dass ihre Programme effizient auf parallelen Computern laufen.

Dieses Buch richtet sich sowohl an Leser, die den grundlegenden Aufbau von Computern kennenlernen wollen und wenig Erfahrungen mit Assemblersprachen oder Logikdesign besitzen, als auch an Leser, die lernen wollen, wie man einen Computer entwirft, oder verstehen wollen, wie ein System funktioniert und warum es sich so verhält, wie es sich verhält.

Das andere Buch

Einige Leser kennen möglicherweise schon das Buch *Computer Architecture: A Quantitative Approach*, auch als „Hennessy und Patterson" bezeichnet. (Das vorliegende Buch dagegen heißt „Patterson und Hennessy".) Unsere Motivation für das ältere Buch war, die Prinzipien der Rechnerarchitektur zu beschreiben und dazu fundierte Grundlagen aus den Ingenieurwissenschaften zu verwenden und quantitative Kosten-Leistungs-Abwägungen zu zeigen. Wir haben einen Ansatz verfolgt, der Beispiele und Messungen von kommerziellen Systemen verwendet, um realistische Entwurfserfahrungen aufzuzeigen. Unser Ziel war es zu zeigen, dass die Rechnerarchitektur besser unter Verwendung quantitativer Methodologie anstatt nur über einen deskriptiven Ansatz vermittelt wird. Diese Herangehensweise richtet sich an den ernsthaften IT-Profi, der sich detailliertes Wissen über Computern aneignen will.

Ein Großteil der Leser dieses Buches hat nicht vor, Rechnerarchitekt zu werden. Die Performanz und die Energieeffizienz zukünftiger Softwaresysteme wird jedoch ganz wesentlich davon beeinflusst, wie gut Softwaredesigner die grundlegende, in einem System eingesetzte Hardware verstehen. Compilerentwickler, Betriebssystemdesigner, Datenbankprogrammierer und die meisten anderen Software-Ingenieure benötigen fundierte Kenntnisse der in diesem Buch vorgestellten Konzepte. Analog müssen Hardwaredesigner in der Lage sein, die Auswirkung ihrer Arbeit auf Softwareanwendungen genau zu verstehen.

Wir wussten, dass dieses Buch sehr viel mehr als eine Teilmenge der Informationen aus *Computer Architecture* sein musste, und es wurde umfassend überarbeitet, um ein weiter gefasstes Publikum anzusprechen. Wir waren mit dem Ergebnis so zufrieden, dass die nachfolgenden Auflagen von *Computer Architecture* überarbeitet wurden, um einen Großteil der einführenden Informationen zu entfernen. Damit gibt es heute viel weniger Überlappungen als bei den ersten beiden Auflagen beider Bücher.

Änderungen für die 5. Auflage

Bei der 5. Auflage von *Rechnerorganisation und -entwurf (Computer Organization and Design)* haben wir sechs Hauptziele verfolgt. Wir wollten anhand eines durchgehenden Beispiels demonstrieren, wie wichtig ein tiefes Verständnis der Hardware ist. Um grundlegende, im ersten Kapitel erläuterte Entwurfskonzepte zu kennzeichnen, haben wir verschiedene Icons eingeführt, die quer durch das gesamte Buch in der Randspalte erscheinen. Die Beispiele haben ein Update erfahren und spiegeln nun den Übergang von der PC-Ära zur PostPC-Ära wider. Der Stoff über die Ein-/Ausgabe ist nun über das gesamte Buch verteilt und wird nicht mehr isoliert in einem eigenen Kapitel betrachtet. Die technischen Inhalte wurden aktualisiert und den Änderungen in der Industrie seit Veröffentlichung der 4. Auflage (2009) angepasst.

Bevor wir diese Ziele im Einzelnen besprechen, wollen wir einen Blick auf die Tabelle auf der nächsten Seite werfen. Die Kapitel 1, 4, 5 und 6 finden sich in beiden Pfaden, egal welche Erfahrung oder welcher Schwerpunkt vorliegen. In Kapitel 1 wird die Bedeutung der Energie diskutiert, und es wird dabei deutlich, warum sie den Übergang von Einzelprozessoren zu Multicore-Mikroprozessoren motiviert. Außerdem führen wir acht wichtige Konzepte der Computerarchitektur ein, auf die wir später im Buch durch die bereits erwähnten Icons hinweisen. Kapitel 2 kann von Hardware-orientierten Lesern eventuell nur quergelesen werden; die eher Software-orientierten Leser sollten es dagegen sehr gründlich lesen. Dies gilt insbesondere für diejenigen, die mehr über Compiler und objektorientierte Programmiersprachen erfahren wollen. Kapitel 3 ist für Leser gedacht, die sich für den Aufbau eines Datenpfades interessieren, oder die mehr über Gleitkommaarithmetik wissen wollen. Einige Leser werden Teile von Kapitel 3 überspringen, entweder weil sie es nicht brauchen oder weil es eine Zusammenfassung von bereits Bekanntem darstellt. Wir weisen jedoch darauf hin, dass wir in Kapitel 3 erstmals auf das später fortgeführte Beispiel der Matrizenmultiplikation zu sprechen kommen. Wir empfehlen daher, zumindest die Abschnitte 3.6. und 3.8 nicht auszulassen, in denen wir zeigen, wie sich durch Subwort-Parallelität eine Verbesserung um das Vierfache erzielen lässt. Kapitel 4 befasst sich mit dem Pipelining von Prozessoren. Für Software-orientierte Leser bieten die Abschnitte 4.1, 4.5 und 4.10 einen Überblick sowie in Abschnitt 4.12 den nächsten Angriff auf das Problem der Matrizenmultiplikation mit dem Ziel der Performanzsteigerung. Für Hardware-orientierte Leser bildet dieses Kapitel hingegen den Schwerpunkt. Je nachdem, welche Grundkenntnisse sie bereits mitbringen, sollten sie eventuell zunächst das Material des Anhangs B (Logigentwurf) studieren. Das letzte Kapitel über Multicores, Multiprozessoren und Cluster besteht zu großem Teil aus neuen Inhalten und sollte von allen gelesen werden. Es wurde im Vergleich zur vorherigen Auflage deutlich anders organisiert mit dem Ziel, dem natürlichen Gedankenfluss besser zu entsprechen. GPUs werden erheblich detaillierter besprochen als zuvor. Weitere Schwerpunkte sind Warehouse Scale Computer und Cluster.

Das erste der sechs Ziele der 5. Auflage war es, anhand eines konkreten Beispiels aufzuzeigen, wie wichtig das Verständnis moderner Hardware ist, um eine gute Performanz und Energieeffizienz zu erreichen. Wie schon erwähnt beginnen wir mit der schrittweisen Verbesserung in Kapitel 3, wo wir die Matrizenmultiplikation durch Subwort-Parallelität um den Faktor 4 schneller ma-

Kapitel oder Anhang	Abschnitte	Fokus auf Software	Fokus auf Hardware
1. Abstraktionen und Technologien	1.1 bis 1.11	*****	*****
	🌐 1.12 (Geschichte)	**	**
2. Befehle: Die Sprache der Computer	2.1 bis 2.14	*****	****
	🌐 2.15 (Compiler und Java)	***	
	2.16 bis 2.20	*****	****
	🌐 2.21 (Geschichte)	**	**
E. RISC-Architektur	🌐 E.1 bis E.17	***	
3. Rechnerarithmetik	3.1 bis 3.5	****	****
	3.6 bis 3.8 (Subwort-Parallelität)	*****	*****
	3.9 bis 3.10 (Fallstricke)	****	****
	🌐 3.11 (Geschichte)	**	**
B. Basics of Logic Design	B.1 bis B.3		****
4. Der Prozessor	4.1 (Überblick)	*****	*****
	4.2 (Logik-Konventionen)		*****
	4.3., 4.4 (Einfache Implementierung)	****	*****
	4.5 (Pipelining Überblick)		*****
	4.6 (Pipeline Datenpfad)	****	*****
	4.7 bis 4.9 (Konflikte, Ausnahmen)		*****
	4.10 bis 4.12 (Parallität, Fallstudie)	*****	*****
	🌐 4.13 (Verilog Pipeline Control)		***
	4.14 bis 4.15 (Fallstricke)		
	🌐 4.16 (Geschichte)	**	**
D. Mapping Control to Hardware	🌐 D.1 bis D.6	*****	*****
5. Schnell und groß: Ausnutzung der Speicherhierarchie	5.1 bis 5.10	**	**
	🌐 5.11 (Redundant Arrays of Inexpansive Disks)	***	***
	🌐 5.12 (Verilog Cache Controller)		***
	5.13 bis 5.16	*****	*****
	🌐 5.17 (Geschichte)	**	**
6. Parallele Prozessoren: vom Client zur Cloud	6.1 bis 6.8	*****	*****
	🌐 6.9 (Netzwerke)	***	***
	6.10 bis 6.14	*****	*****
	🌐 6.15 (Geschichte)	**	**
A. Assemblers, Linkers, and the SPIM Simulator	A.1 bis A.11	***	***
G. Graphics Processor Units	🌐 C.1 bis C.13	*	*

Hinweise: Mit dem Symbol 🌐 gekennzeichnete Themen sind im Buch nicht enthalten, sondern als Online-Ressourcen verfügbar. Die Anhänge A und B wurden ohne Übersetzung aus der amerikanischen Originalfassung übernommen. Die verwendeten Symbole haben folgende Bedeutung: ***** Abschnitte, die intensiv studiert werden sollten; **** Abschnitte, die zumindest quergelesen werden sollten; *** kann zunächst ausgelassen und bei Gelegenheit nachgeholt werden; ** historisch interessant; * Referenz

chen. In Kapitel 4 folgt die nächste Verbesserung. Dort wird durch Schleifenabrollen die Nützlichkeit der Parallelität auf Befehlsebene demonstriert. In Kapitel 5 wird die Performanz durch Cache-Optimierung (Blocking) noch einmal
verdoppelt. Schließlich erhalten wir in Kapitel 6 durch Ausnutzung der Parallelität auf Thread-Ebene eine Beschleunigung von 14 bei Verwendung von 16
Prozessoren. Alle Optimierungen zusammen fügen der ursprünglichen Version
unseres Beispiel-Codes in C nur 24 Zeilen hinzu.

Das zweite Ziel war es, den Blick der Lesern zu schärfen für die acht wichtigen Konzepte der Computerarchitektur. Wir verwenden zu diesem Zweck
acht (hoffentlich) intuitive Icons, die an den passenden Stellen in der Randspalte erscheinen. Zusätzlich ist das mit dem jeweiligen Konzept verbundene
Schlagwort im Text hervorgehoben. Insgesamt gibt es im Buch fast 100 solche
Markierungen, in jedem Kapitel mindestens sieben, und keines der Konzepte
wird weniger als fünfmal erwähnt. Performanz durch Parallelität, Pipelining
und Vorhesagen sind die drei am häufigsten auftretenden Konzepte, dicht gefolgt vom Moore'schen Gesetz. Das Kapitel über den Prozessor (Kapitel 4) ist
dasjenige mit den meisten Beispielen, was nicht überrascht, da dieses Thema
sicherlich die größte Aufmerksamkeit seitens der Computerarchitekten erfahren hat. Eines der acht Konzepte tritt in jedem Kapitel auf, nämlich die Performanz durch Parallelität. Angesichts der großen Bedeutung der Parallelität für
die neueren Entwicklungen in der Computerarchitektur betrachten wir dies als
ein gutes Zeichen.

Das dritte Ziel war es, den Generationswechsel von der PC-Ära zur PostPC-
Ära deutlich zu machen. Aus diesem Grund begeben wir uns in Kapitel 1 tief
in die Eingeweide eines Tablet-Computers – und nicht in die eines PCs –, und
in Kapitel 6 beschreiben wir die IT-Infrastruktur von Clouds. Außerdem befassen wir uns mit ARM, dem Befehlssatz der Wahl für die Mobilgeräte der
PostPC-Ära, ebenso wie mit dem x86-Befehlssatz, der die PC-Ära dominierte
und (bislang) auch das Cloud Computing dominiert.

Das vierte Ziel war es, den Stoff über die Ein-/Ausgabe über das Buch zu
verteilen, anstatt ihn in einem geschlossenen Kapitel zu präsentieren. Eine ähnliche Änderung hatten wir in der 4. Auflage für das Thema Parallelität vorgenommen. Das bedeutet konkret, dass Ausführungen zur Ein-/Ausgabe in der
vorliegenden Auflage in den Abschnitten 1.4, 4.9, 5.2, 5.5, 5.11 und 6.9 zu
finden sind. Die Gedanke dahinter ist, dass diese Aufteilung den Lesern (einschließlich der Lehrenden) eher entgegenkommt.

Der Gegenstand unseres Buches unterliegt einer sehr schnellen Entwicklung, so dass es, wie bisher bei allen neuen Auflagen, ein wichtiges Anliegen
war, alle technischen Inhalte einem Update zu unterziehen. Unsere durchgehenden Beispiele sind der ARM Cortex A8 und der Intel Core i7, was den
Eintritt in die PostPC-Ära widerspiegelt. Weitere Aktualisierungen betreffen
den neuen 64-Bit-Befehlssatz von ARMv8, ein Tutorial zu GPUs, welches die
etwas eigene Terminologie erklärt, mehr Details zu Warehouse Scale Computern, aus denen die Cloud besteht, sowie ein tiefer Einblick in das Thema
10 GB-Ethernet-Karte.

Um den Umfang des gedruckten Buches moderat und kompatibel mit elektronischen Büchern zu halten, stellen wir das Zusatzmaterial online zur Verfügung anstatt es wie in vorherigen Auflagen als CD beizulegen.

Schließlich haben wir sämtliche Übungsaufgaben aktualisiert.

Obwohl sich einige Elemente geändert haben, ist doch ein großer, weiterhin nützlicher Teil erhalten geblieben. Damit das Buch gut als Referenz verwendet werden kann, stehen in der Randspalte auch weiterhin Kurzdefinitionen neu eingeführter Begriffe. Nach wie vor gibt es eine Reihe von wiederkehrenden Elementen. Das Element „Zur Programmperformanz" soll den Lesern dabei helfen, die Performanz ihrer eigenen Programme zu verstehen und zu verbessern. Das Element „Hardware-Software-Schnittstelle" ist den Beziehungen an dieser Schnittstelle gewidmet. In grau hinterlegten Boxen ist „Das Wesentliche" kurz zusammengefasst, damit es nicht passiert, dass der Leser den Wald vor lauter Bäumen nicht mehr sieht. Am Ende der meisten Abschnitte gibt es einen „Selbsttest", der dem Leser Gelegenheit gibt, sein Wissen über den behandelten Stoff zu überprüfen. Zur Kontrolle stehen die Antworten jeweils am Ende des Kapitels. Auch in dieser Auflage finden Sie die MIPS-Zusammenfassung, die durch die „Green Card" des IBM System/360 inspiriert wurde. Die Karte wurde aktualisiert und sollte eine praktische Referenz darstellen, wenn Sie Programme in MIPS-Assemblersprache schreiben.

Unterstützung für Lehrende

Wir haben eine große Menge an Material gesammelt, um Lehrende zu unterstützen, die dieses Buch in ihren Kursen einsetzen. Lösungen zu den Aufgaben, Abbildungen aus dem Buch, Vorlesungsfolien und anderes Material kann zu diesem Zweck vom Verlag der US-Ausgabe übernommen werden. Hier finden Sie weitere Informationen:

www.degruyter.com

Abschließende Bemerkungen

Wenn Sie den nachfolgenden Abschnitt mit den Danksagungen lesen, werden Sie feststellen, dass wir uns größte Mühe gegeben haben, Fehler zu korrigieren. Weil dieses Buch häufig nachgedruckt wird, haben wir die Gelegenheit, immer mehr Korrekturen auszuführen. Falls Sie weitere, bisher nicht entdeckte Fehler finden, wenden Sie sich bitte an den Verlag unter cod5bugs@mkp.com, oder schreiben Sie uns einen ganz normalen Brief an die Adresse auf der Copyright-Seite.

Diese Auflage markiert die zweite Unterbrechung der langjährigen Zusammenarbeit zwischen Hennessy und Patterson, die 1989 begann. Als Leiter einer der bedeutendsten Universitäten der Welt war es Präsident Hennessy nicht mehr möglich, substanziell zu einer Neuauflage beizutragen. Der verbliebene Autor fühlte sich einmal mehr wie ein Drahtseilkünstler ohne Sicherheitsnetz. Aus diesem Grund haben die in der Danksagung erwähnten Personen und die

Kollegen in Berkeley diesmal eine noch größere Rolle bei der Gestaltung der Inhalte in diesem Buch gespielt. Nichtsdestotrotz hat diesmal nur ein Autor allein den neuen Stoff zu verantworten, den Sie in diesem Buch lesen werden.

Danksagungen für die 5. Auflage

Bei jeder Auflage dieses Buches haben wir das große Glück, Unterstützung von vielen Lesern, Rezensenten und Mitarbeitern zu bekommen. Jeder dieser Menschen hat dazu beigetragen, das Buch besser zu machen.

Kapitel 6 wurde so stark überarbeitet, dass wir eine separate Überprüfung der Konzepte und Inhalte durchgeführt haben, und jeder einzelne Reviewer hat Anmerkungen gemacht, die für mich Anlass zu Änderungen am Manuskript waren. Ich danke **Christos Kozyrakis** von der Stanford University für den Vorschlag, das Netzwerk-Interface für Cluster zu verwenden, um die Hardware-Software-Schnittstelle der Ein-/Ausgabe zu illustrieren, sowie für Vorschläge zur Organisation des restlichen Kapitels. **Mario Flagsilk** von der Stanford University hat mir dankenswerterweise Details, Diagramme und Leistungsmessungen von NetFPGA NIC zur Verfügung gestellt. Den folgenden Personen danke ich für Vorschläge, wie man das Kapitel verbessern kann: **David Kaeli** von der Northeastern University, **Partha Ranganathan** von den HP Labs, **David Wood** von der University of Wisconsin und meine Berkeley-Kollegen **Siamak Faridani**, **Shoaib Kamil**, **Yunsup Lee**, **Zhangxi Tan** und **Andrew Waterman.**

Ein besonderes Dankeschön geht an **Rimas Avizenis** von University of California, Berkeley, der verschiedene Versionen der Matrizenmultiplikation entwickelt hat und von dem ich außerdem Leistungskennzahlen erhalten habe. Da ich als graduierter Student an der University of California, Los Angeles, mit seinem Vater zusammengearbeitet habe, hat sich durch die Zusammenarbeit mit Rimas eine schöne Symmetrie ergeben.

Ich möchte auch meinem langjährigen Mitarbeiter **Randy Katz** an der University Berkeley danken, der mir dabei geholfen hat, das System der acht wichtigen Konzepte der Computerarchitektur zu entwickeln. Diese Arbeit war Teil einer intensiven Überarbeitung eines Grundkurses, den wir gemeinsam gehalten haben.

Ich danke **David Kirk**, **John Nickolls** und ihren Kollegen bei NVIDIA (Michael Garland, John Montrym, Doug Voorhies, Lars Nyland, Erik Lindholm, Paulius Micikevicius, Massimiliano Fatica, Stuart Oberman und Vasily Volkov) für den ersten detaillierten Anhang über GPUs. Und ich möchte **Jim Larus**, inzwischen Dekan der School of Computer and Communications Science an der EPFL, für seine Bereitschaft danken, seine Erfahrung in der Assemblerprogrammierung beizutragen, und den Lesern dieses Buches den von ihm entwickelten und unterhaltenen Simulator bereitzustellen.

Ebenso dankbar bin ich **Jason Bakos** von der University of South Carolina, der das Update der Übungsaufgaben übernommen hat und darüber hinaus neue Aufgaben für die vorliegende Auflage beigesteuert hat. Das Ausgangsbasis waren die Aufgaben der 4. Auflage, aufbereitet von **Perry Alexander** (The University of Kansas), **Javier Bruguera** (Universidade de Santiago de Compostela), **Matthew Farrens** (University of California, Davis), **David Kaeli** (Northeastern University), **Nicole Kaiyan** (University of Adelaide), **John Oliver** (Cal Poly, San Luis Obispo), **Milos Prvulovic** (Georgia Tech) sowie **Jichuan Chang, Jacob Leverich, Kevin Lim** und **Partha Ranganathan** (alle von Hewlett-Packard).

Ein zusätzliches Dankeschön geht an **Jason Bakos** für die Ausarbeitung der neuen Vorlesungsfolien.

Sehr dankbar bin ich den vielen Dozenten, die Anfragen des Verlags beantwortet, unsere Vorschläge gesichtet und an Testgruppen teilgenommen haben, um unsere Pläne für die vorliegende Auflage zu analysieren. Zu ihnen gehören die folgenden Personen: Testgruppe in 2012: Bruce Barton (Suffolk County Community College), Jeff Braun (Montana Tech), Ed Gehringer (North Carolina State), Michael Goldweber (Xavier University), Ed Harcourt (St. Lawrence University), Mark Hill (University of Wisconsin, Madison), Patrick Homer (University of Arizona), Norm Jouppi (HP Labs), Dave Kaeli (Northeastern University), Christos Kozyrakis (Stanford University), Zachary Kurmas (Grand Valley State University), Jae C. Oh (Syracuse University), Lu Peng (LSU), Milos Prvulovic (Georgia Tech), Partha Ranganathan (HP Labs), David Wood (University of Wisconsin), Craig Zilles (University of Illinois at Urbana-Champaign). Surveys and Reviews: Mahmoud Abou-Nasr (Wayne State University), Perry Alexander (The University of Kansas), Hakan Aydin (George Mason University), Hussein Badr (State University of New York at Stony Brook), Mac Baker (Virginia Military Institute), Ron Barnes (George Mason University), Douglas Blough (Georgia Institute of Technology), Kevin Bolding (Seattle Pacific University), Miodrag Bolic (University of Ottawa), John Bonomo (Westminster College), Jeff Braun (Montana Tech), Tom Briggs (Shippensburg University), Scott Burgess (Humboldt State University), Fazli Can (Bilkent University), Warren R. Carithers (Rochester Institute of Technology), Bruce Carlton (Mesa Community College), Nicholas Carter (University of Illinois at Urbana-Champaign), Anthony Cocchi (The City University of New York), Don Cooley (Utah State University), Robert D. Cupper (Allegheny College), Edward W. Davis (North Carolina State University), Nathaniel J. Davis (Air Force Institute of Technology), Molisa Derk (Oklahoma City University), Derek Eager (University of Saskatchewan), Ernest Ferguson (Northwest Missouri State University), Rhonda Kay Gaede (The University of Alabama), Etienne M. Gagnon (UQAM), Costa Gerousis (Christopher Newport University), Paul Gillard (Memorial University of Newfoundland), Michael Goldweber (Xavier University), Georgia Grant (College of San Mateo), Merrill Hall (The Master's College), Tyson Hall (Southern Adventist University), Ed Harcourt (St. Lawrence University), Justin E. Harlow (University of South Florida), Paul F. Hemler (Hampden-Sydney College), Martin Herbordt (Boston University), Steve J. Hodges (Cabrillo College), Kenneth Hopkinson (Cornell University), Dalton Hunkins (St. Bonaventure University), Baback Izadi (State University of New York – New Paltz), Reza Jafari, Robert W. Johnson (Colorado Technical University), Bharat Joshi (University of North Carolina, Charlotte), Nagarajan Kandasamy (Drexel University), Rajiv Kapadia, Ryan Kastner (University of California, Santa Barbara), E.J. Kim (Texas A&M University), Jihong Kim (Seoul National University), Jim Kirk (Union University), Geoffrey S. Knauth (Lycoming College), Manish M. Kochhal (Wayne State), Suzan Koknar-Tezel (Saint Joseph's University), Angkul Kongmunvattana (Columbus State University), April Kontostathis (Ursinus College), Christos Kozyrakis (Stanford University), Danny Krizanc (Wesleyan University), Ashok Kumar, S. Kumar (The University of Texas), Zachary Kurmas (Grand Valley State University), Robert N. Lea (University of Houston), Baoxin Li (Arizona State University), Li Liao (University of Delaware), Gary Livingston (University of Massachusetts), Michael Lyle, Douglas W. Lynn (Oregon Institute of Technology), Yashwant K Malaiya (Colorado State University), Bill Mark (University of Texas at Austin), Ananda Mondal (Claflin University), Alvin Moser (Seattle University), Walid Najjar (University of California, Riverside), Danial J. Neebel (Loras College), John Nestor (Lafayette College), Jae C. Oh (Syracuse University), Joe Oldham (Centre College), Timour Paltashev, James Parkerson (University of Arkansas), Shaunak Pawagi (SUNY at Stony Brook), Steve Pearce, Ted Pedersen (University of Minnesota), Lu Peng (Louisiana State University), Gregory D Peterson (The University of Tennessee), Milos Prvulovic (Georgia Tech), Partha Ranganathan (HP Labs), Dejan Raskovic (University of Alaska, Fairbanks) Brad Richards (University of Puget Sound), Roman Rozanov, Louis Rubinfield (Villanova University), Md Abdus Salam (Southern University), Augustine Samba (Kent State University), Robert Schaefer (Daniel Webster College), Carolyn J. C. Schauble (Colorado State University), Keith Schubert (CSU San Bernardino), William L. Schultz, Kelly Shaw (University of Richmond), Shahram Shirani (McMaster University), Scott Sigman (Drury University), Bruce Smith, David Smith, Jeff W. Smith (University of Georgia, Athens), Mark Smotherman (Clemson University), Philip Snyder (Johns Hopkins University), Alex Sprintson (Texas A&M), Timothy D. Stanley (Brigham Young University), Dean Stevens (Morningside College), Nozar Tabrizi (Kettering University), Yuval Tamir (UCLA), Alexander Taubin (Boston University), Will Thacker (Winthrop University), Mithuna Thottethodi (Purdue University), Manghui Tu (Southern Utah University), Dean Tullsen (UC San Diego), Rama Viswanathan (Beloit College), Ken Vollmar (Missouri State University), Guoping Wang (Indiana-Purdue University), Patricia Wenner (Bucknell University), Kent Wilken (University of California, Davis), David Wolfe (Gustavus Adolphus College), David Wood (University of Wisconsin, Madison), Ki Hwan Yum (University of Texas, San Antonio), Mohamed Zahran (City College of New York), Gerald D. Zarnett (Ryerson University), Nian Zhang (South Dakota School of Mines & Technology), Jiling Zhong (Troy University), Huiyang Zhou (The University of Central Florida), Weiyu Zhu (Illinois Wesleyan University).

Ein besonderes Dankeschön geht außerdem an Mark Smotherman, der das Manuskript mehrmals gelesen hat, um typografische Fehler und Tippfehler zu finden. Durch seinen Einsatz konnte die Qualität der vorliegenden Auflage signifikant verbessert werden.

Wir danken der großen Familie bei Morgan Kaufmann für die Bereitschaft, dieses Buch wieder unter der fähigen Leitung von **Todd Green** und **Nate McFadden** zu veröffentlichen – ohne sie hätte ich es nicht geschafft, das Buch fertigzustellen. Unser Dank geht auch an **Lisa Jones,** die den Herstellungsprozess koordiniert hat, sowie an Russell Purdy für die Gestaltung des Covers. Sein Cover verbindet auf geschickte Weise die Inhalte der PostPC-Ära, die für diese Auflage maßgeblich sind, mit dem Cover der ersten Auflage.

Die Mitwirkung der fast 150 Menschen, die wir hier erwähnt haben, hat dazu beigetragen, diese 5. Auflage zu unserem hoffentlich bisher besten Buch zu machen. Viel Spaß beim Lesen!

David A. Patterson

Bildnachweis

iFixit (www.ifixit.com): Abbildungen 1.6, 1.7

Chipworks (www.chipworks.com): Abbildung 1.8

Intel: Abbildung 1.11

Charles Babbage Institute, University of Minnesota Libraries, Minneapolis: Abbildungen 1.12.1, 1.12.2, 4.16.2 (online)

IBM: Abbildungen 1.12.3, 4.16.1, 4.16.3, 5.12.3, 6.14.2 (online)

Cray Inc.: Abbildung 1.12.4 (online)

Apple Computer, Inc.: Abbildung 1.12.5 (online)

Computer History Museum: Abbildung 1.12.6 (online)

Museum of Science, Boston: Abbildungen 5.17.1, 5.17.2 (online)

MIPS Technologies, Inc.: Abbildung 5.17.4 (online)

NASA Ames Research Center: Abbildung 6.15.1 (online)

Inhaltsverzeichnis

APPENDICES

ONLINE CONTENT

1 Abstraktionen und Technologien

1.1 Einführung

Herzlich willkommen in diesem Buch! Die Autoren freuen sich, Sie auf den kommenden Seiten in die aufregende Welt der Computersysteme einzuführen. Hierbei handelt es sich durchaus nicht um ein trockenes und eintöniges Gebiet, in dem der Fortschritt erstarrt ist und kaum neue Ideen zu sehen sind. Ganz im Gegenteil! Computer sind das Produkt einer unglaublich dynamischen IT-Industrie, die in ihrer Gesamtheit etwa 10 % des Bruttosozialprodukts der Vereinigten Staaten ausmacht und deren Wirtschaftlichkeit nicht zuletzt von den rasend schnellen Fortschritten der Informationstechnologie abhängig ist, die das Moore'sche Gesetz vorhersagt. In dieser außergewöhnlichen Branche werden mit atemberaubender Geschwindigkeit Innovationen vorangetrieben. In den letzten 30 Jahren gab es mehrere neue, scheinbar revolutionäre Computertypen. Die Neuerungen hielten sich aber jedes Mal nur kurz, weil immer irgendjemand einen noch besseren Computer baute.

Der regelrechte Innovationswettlauf brachte seit der Einführung der elektronischen Computertechnik Ende der 1940er-Jahre eine noch nie dagewesene Entwicklung mit sich. Führen wir uns einmal vor Augen, wozu eine vergleichbare Entwicklung im Verkehrswesen geführt hätte. Wir könnten heute beispielsweise für ein paar Cent von New York nach London reisen und bräuchten dafür gerade einmal eine Sekunde. Ein solcher Fortschritt würde zweifellos zu gravierenden gesellschaftlichen Veränderungen führen: Sie könnten in Tahiti leben, in San Francisco arbeiten und abends das Ballett des Bolschoi-Theaters in Moskau besuchen. Dieses Beispiel soll Ihnen die Bedeutung einer Entwicklung veranschaulichen, die in den letzten Jahrzehnten in der Computerindustrie stattgefunden hat.

Computer haben zu einer dritten Revolution der Zivilisation geführt, wobei die Informationsrevolution ihren Platz neben der Agrarrevolution und der industriellen Revolution einnimmt. Die daraus resultierende Vervielfachung der intellektuellen Leistungsfähigkeit und Einflussmöglichkeit der Menschheit hat tief greifende Auswirkungen auf unser tägliches Leben und verändert auch die Art und Weise, wie wir neues Wissen erschließen. Es gibt heute eine neue Form des wissenschaftlichen Arbeitens, bei der Computerwissenschaftler gemeinsam mit theoretisch und experimentell arbeitenden Wissenschaftlern zu neuen Grenzen unter anderem in der Astronomie, der Biologie, der Chemie und der Physik vorstoßen.

Die Computerrevolution ist längst noch nicht abgeschlossen. Mit jeder weiteren Kostenreduzierung im Computerbereich um den Faktor 10 vervielfachen sich die Möglichkeiten für Computer. Anwendungen, die eben noch wirtschaftlich unrentabel waren, lassen sich plötzlich realisieren. Vor nicht allzu langer Zeit gehörten folgende Anwendungen in den Bereich der „Computer-Science-Fiction“:

- *Computer in Fahrzeugen:* Die Computersteuerung in Fahrzeugen wurde erst interessant, als Anfang der 1980er-Jahre die Preise für Mikroprozessoren deutlich sanken und die Leistungsfähigkeit erheblich zunahm. Heute senken Computer den Schadstoffausstoß und sorgen mittels Motorsteuerung für einen kraftstoffsparenden Betrieb. Sie sorgen als Warnsysteme bei unbeabsichtigtem Spurwechsel und sich bewegenden Objekten im toten Winkel für bessere Fahrsicherheit und schützen die Insassen im Falle eines Aufpralls durch automatisches Auslösen des Airbags.

- *Mobiltelefone:* Wer hätte sich träumen lassen, dass die Fortschritte bei Computersystemen dazu führen würden, dass mehr als die Hälfte der Weltbevölkerung Mobiltelefone besitzt, die eine Kommunikation zwischen fast allen Menschen an nahezu jedem beliebigen Ort der Erde gestattet?

- *Humangenomprojekt:* Die Ausstattung der Computer, die notwendig ist, Sequenzen der menschlichen DNA zu identifizieren und zu analysieren, kostet Hunderte Millionen Euro. Es hätte wohl nie jemand ernsthaft daran gedacht, das menschliche Genom zu erforschen, wenn die Kosten für Computer zehnmal oder hundertmal so hoch gewesen wären, wie dies noch vor 15 bis 25 Jahren der Fall war. Darüber hinaus sinken die Kosten weiterhin; bald wird es möglich sein, das eigene Genom bestimmen zu lassen, so dass Ihre Medikamente genau auf Sie zugeschnitten werden können.

- *World Wide Web:* Als die erste Auflage dieses Buches in den USA auf den Markt kam, gab es das Web noch nicht. Mittlerweile hat es unsere Gesellschaft verändert. Für viele Menschen hat das Web Bibliotheken und Zeitungen ersetzt.

- *Suchmaschinen*: Nachdem der Inhalt des Web immer größer und interessanter geworden ist, hat die Suche nach relevanten Informationen immer größere Bedeutung gewonnen. Heute vertrauen viele Menschen den Suchmaschinen in so vielen Bereichen ihres Lebens, das es schwer wäre, wieder darauf zu verzichten.

Die Fortschritte in der Informationsverarbeitung haben einen deutlichen Einfluss auf nahezu alle Bereiche unserer Gesellschaft. Die Entwicklungen in der Computertechnik lassen Programmierer heute wunderbar hilfreiche Software erstellen und erklären auch, warum Computer heute allgegenwärtig sind. Was heute noch Science Fiction ist, kann morgen schon hypermoderne Wirklichkeit sein. Bereits abzusehen sind am Kopf getragene Minicomputer zur Erweiterung der Realität, die bargeldlose Gesellschaft und autonome Fahrzeuge.

Computerklassen und ihre Eigenschaften

Obgleich in allen Computersystemen angefangen bei intelligenten Haushalts-geräten über Mobiltelefone bis hin zu den größten Supercomputern die glei-chen Hardwaretechnologien (siehe die Abschnitte 1.4 und 1.5) verwendet wer-den, stellen diese verschiedenartigen Anwendungen unterschiedliche Anforde-rungen an den Entwurf und setzen die grundlegenden Hardwaretechnologien auf eine jeweils andere Weise ein. Im Allgemeinen lassen sich Computer in drei verschiedene Klassen einteilen.

Personalcomputer (PCs) sind die wohl bekannteste Form des Computers und wurden von den Lesern dieses Buches sicher schon in großem Umfang be-nutzt. PCs sind in erster Linie so ausgelegt, dass sie einem einzelnen Benutzer eine gute Leistung zu akzeptablen Preisen bieten. Hauptsächlich wird auf ihnen Software von Drittanbietern ausgeführt. Diese Klasse von Computersystemen, die erst 35 Jahre alt ist, hat die Entwicklung vieler Technologien im IT-Bereich vorangetrieben.

Server sind die moderne Form dessen, was früher sehr viel größere Com-puter waren. Der Zugriff erfolgt in der Regel ausschließlich per Netzwerk. Ser-ver sind dafür ausgelegt, große Lasten zu bewältigen. Diese können entweder aus einer komplexen Anwendung bestehen, beispielsweise aus dem technisch-wissenschaftlichen Bereich, oder aus vielen kleinen Jobs, wie etwa bei einem großen Web-Server. Diese Anwendungen basieren normalerweise auf Softwa-repaketen aus anderen Quellen (zum Beispiel auf einer Datenbank oder auf einem Simulationssystem), werden jedoch vielfach für eine bestimmte Funkti-on geändert oder angepasst. Server benutzen die gleiche Basistechnologie wie PCs, bieten jedoch eine höhere Rechenleistung, mehr Speicher und eine grö-ßere Ein- und Ausgabekapazität. Im Allgemeinen spielt bei Servern die Zuver-lässigkeit eine größere Rolle, da der Ausfall eines Servers wesentlich teurer zu stehen kommt als der eines PCs, der nur von einer einzelnen Person benutzt wird.

Server bieten die größte Variationsbreite hinsichtlich Kosten und Funktio-nalität. Am unteren Ende der Preisskala befinden sich Server für etwa Tausend Dollar, die nur mit geringfügig leistungsfähigeren Komponenten ausgestattet sind als ein PC und weder Bildschirm noch Tastatur besitzen. Diese Server der unteren Preisklasse werden in der Regel für die Speicherung von Dateien, für kleine Unternehmensanwendungen oder als einfache Web-Server eingesetzt (siehe Abschnitt 6.10). Am oberen Ende der Skala stehen die **Supercompu-ter**, die derzeit aus Zehntausenden Prozessoren bestehen und Arbeitsspeicher meist im **Terabyte**-Bereich aufweisen und die zwei- bis dreistellige Millio-nenbeträge kosten. Supercomputer werden üblicherweise für anspruchsvolle Aufgaben aus dem technisch-wissenschaftlichen Bereich wie für Wettervor-hersagen, für die Erkundung neuer Erdölfelder, für die Bestimmung von Pro-teinstrukturen und für andere Problemstellungen mit hohem Rechenaufwand verwendet.

PC Ein Computer, der für die Verwendung durch einen einzelnen Benutzer konzipiert ist. Er verfügt i. d. R. über eine grafische Anzeige, eine Tastatur und eine Maus.

Server Ein Computer, der von mehreren Benutzern zum simultanen Ausfüh-ren größerer Programme verwendet wird. Der Zu-griff erfolgt i. d. R. per Netzwerk.

Supercomputer Com-puter der höchsten Leis-tungs- und Preisklasse. Sie sind als Server konfi-guriert und kosten i. d. R. einen zwei- bis dreistelli-gen Millionenbetrag.

Terabyte Ursprünglich 1099511627776 (2^{40}) Byte. Bei manchen Da-tenübertragungssystemen und Massenspeichern wurde der Wert jedoch mit 1000000000000 (10^{12}) Byte neu defi-niert. Im Interesse der Klarheit verwenden wir hier die Einheit **Tebibyte (TiB)** für 2^{10} Byte, so dass ein Terabyte als 10^{12} Byte definiert ist. Tabel-le 1.1 zeigt die Liste aller Dezimal- und Binärnamen sowie die zugehörigen Werte.

Tab. 1.1: Die Unklarheit, ob 2^m oder 10^n gemeint ist, wurde dadurch beseitigt, dass eine binäre Notation für alle gängigen Größenangaben eingeführt wurde. In der letzten Spalte ist angegeben, um wie viel größer der binäre Term gegenüber dem entsprechenden dezimalen Term ist. Offensichtlich wird diese Abweichung nach unten hin immer größer. Die Präfixe gelten für Bits genauso wie für Bytes, so dass also ein Gigabit (Gb) 10^9 Bit sind, und ein Gibibit sind 2^{30} Bit.

Einheit	Symbol	Wert	Einheit	Symbol	Wert	größer um
Kilobyte	kB	10^3	Kibibyte	KiB	2^{10}	2 %
Megabyte	MB	10^6	Mebibyte	MiB	2^{20}	5 %
Gigabyte	GB	10^9	Gibibyte	GiB	2^{30}	7 %
Terabyte	TB	10^{12}	Tebibyte	TiB	2^{40}	10 %
Petabyte	PB	10^{15}	Pebibyte	PiB	2^{50}	13 %
Exabyte	EB	10^{18}	Exbibyte	EiB	2^{60}	15 %
Zettabyte	ZB	10^{21}	Zebibyte	ZiB	2^{70}	18 %
Yottabyte	YB	10^{24}	Yobibyte	YiB	2^{80}	21 %

eingebetteter Computer Ein in einem anderen Gerät integrierter Computer zum Ausführen einer bestimmten Anwendung oder einer bestimmten Softwarezusammenstellung.

Eingebettete Computer (*embedded computer*) stellen die größte Klasse von Computersystemen, sowohl, was die Bandbreite an Anwendungen betrifft, als auch hinsichtlich Leistungsfähigkeit. Eingebettete Computer finden sich in Autos, in TV-Geräten und in den Steuersystemen moderner Flugzeuge und Frachtschiffe. Sie sind zum Ausführen einer speziellen Anwendung oder mehrerer zusammengehöriger Anwendungen konzipiert und normalerweise in einem System integriert, das als ein Komplettgerät ausgeliefert wird. So kommt es, dass die meisten Benutzer trotz der hohen Anzahl an eingebetteten Computern meist gar nicht merken, dass sie einen Computer benutzen!

Für eingebettete Anwendungen ist es häufig notwendig, die Rechenleistung mit strengen Vorgaben bezüglich der Kosten und des Energieverbrauchs abzuwägen. Beispielsweise muss der Prozessor in einem Musik-Player leistungsfähig genug sein, um die vorgegebenen Funktionen ausführen zu können. Daneben ist es wichtig, die Kosten und den Stromverbrauch möglichst gering zu halten. Trotz der geringen Kosten erfordern eingebettete Computer eine hohe Ausfallsicherheit, da Fehler zu Ereignissen führen können, die von „einfach nur ärgerlich" (wenn beispielsweise das neue Fernsehgerät defekt ist) bis hin zu „verheerend" reichen (beispielsweise ein Computerabsturz in einem Flugzeug oder in einem Frachtschiff). Bei verbraucherorientierten eingebetteten Systemen wie bei digitalen Haushaltsgeräten wird die Zuverlässigkeit durch Einfachheit erreicht: Der Fokus liegt auf der möglichst perfekten Ausführung einer speziellen Funktion. Bei komplexen eingebetteten Systemen kommen wie in der Server-Welt häufig Fehlertoleranztechniken, beispielsweise der Einbau redundanter Teilsysteme, zum Einsatz. In diesem Buch geht es in erster Linie um Allzweck-Computer. Dennoch gelten die meisten Konzepte direkt oder mit geringfügigen Abweichungen auch für eingebettete Computer.

Anmerkung: Viele eingebettete Systeme sind so entworfen, dass sie mit *Prozessorkernen* arbeiten. Die Beschreibung eines Prozessors liegt hierbei zunächst in einer Hardware-Beschreibungssprache wie Verilog oder VHDL vor (siehe Kapitel 4). Dies gestattet es dem Entwickler, anwendungsspezifische Hardwarekomponenten an einen Prozessorkern anzubinden und bei der Herstellung zusammen auf einem Chip zu integrieren.

Willkommen in der Post-PC-Ära

Der anhaltende technologische Fortschritt bringt Generationswechsel in der Computerhardware mit sich, die die gesamte IT-Branche erschüttern. Seit der letzten Auflage dieses Buches haben wir eine solche Veränderung erlebt, die ähnlich umwälzend ist wie das Aufkommen des PCs vor nunmehr 30 Jahren. Heute erleben wir, dass PCs mehr und mehr durch **Mobilgeräte** ersetzt werden. Mobilgeräte arbeiten netzunabhängig und ermöglichen den drahtlosen Internetzugang. Sie kosten typischerweise ein paar hundert Dollar, und ähnlich wie beim PC kann der Benutzer Software („Apps") herunterladen, um sie auf dem Gerät laufen zu lassen. Anders als PCs haben sie jedoch weder Tastatur noch Maus. Stattdessen kommuniziert der Benutzer mit dem Gerät vor allem über berührungsempfindliche Bildschirme (Touchscreens) sowie teilweise auch per Spracheingabe. Die meisten heutigen Mobilgeräte sind Smartphones oder Tablet-Computer, doch bald schon könnten am Kopf zu tragende Minicomputer („elektronische Brillen") ein gewohnter Anblick werden. Abbildung 1.2 zeigt die enormen Wachstumsraten bei Tablets und Smartphones im Vergleich zu denen von PCs und herkömmlichen Mobiltelefonen.

Eine von den traditionellen Servern abgeleitete neue Entwicklung ist das **Cloud Computing.** Diese Technologie stützt sich auf gigantische Datenzentren, die als *Warehouse Scale Computer (WSC)* bezeichnet werden. Firmen wie Amazon und Google errichten solche Datenzentren mit 100 000 Servern. Andere Firmen können Anteile von deren Rechenleistung mieten und somit Softwaredienstleitungen für Mobilgeräte anbieten ohne selbst Datenzentren bauen zu müssen. In der Tat ist die als **Software as a Service** (kurz SaaS) bezeichnete Idee, Software als Dienstleistung über die Cloud anzubieten, gerade dabei, die Software-Industrie zu revolutionieren, ebenso wie Mobilgeräte und Datenzentren die Hardware-Industrie revolutionieren. Für den Software-Entwickler von heute ist es oftmals so, dass ein Teil seiner Applikation auf dem Mobilgerät läuft und ein anderer Teil in der Cloud.

Mobilgeräte Kleine, portable Geräte mit drahtlosem Internetzugang. Software wird in Form von Apps installiert, die aus dem Internet heruntergeladen werden. Die gebräuchlichsten Mobilgeräte sind Smartphones und Tablets.

Cloud Computing Technologie, bei der eine große Anzahl von Servern über das Internet Dienste anbietet. Manche Anbieter mieten dafür eine dynamisch variierende Anzahl von Servern.

Software as a Service Das Prinzip, Software und Daten als Dienstleistung über das Internet zu liefern. Anstatt einen Binärcode zu installieren, erfolgt der Zugriff gewöhnlich über ein schlankes Programm, etwa einen Browser, das auf dem lokalen Client läuft. Beispiele sind Suchanfragen und Aktivitäten in sozialen Netzwerken.

Was Sie in diesem Buch lernen können

Gute Programmierer waren schon immer um die Performanz ihrer Programme bemüht, da es für den Erfolg von Software von entscheidender Bedeutung ist, dass sie den Anwendern möglichst schnell Ergebnisse liefert. In den 1960er- und 1970er-Jahren war die beschränkte Kapazität des Arbeitsspeichers (auch Hauptspeicher genannt) einer der entscheidenden Faktoren, der die Leistungsfähigkeit eines Rechners bestimmt hat. Programmierer befolgten daher oft den einfachen Leitsatz: Minimiere den Speicherbedarf für schnelle Programme.

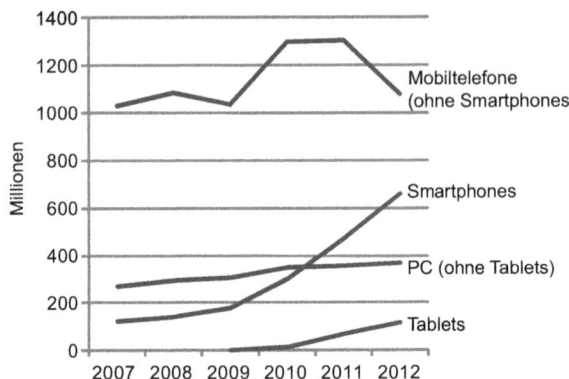

Abb. 1.1: Anzahl der pro Jahr hergestellten Tablets und Smartphones, die für die Post-PC-Ära stehen, im Vergleich zu den Absatzzahlen von PCs und herkömmlichen Mobiltelefonen. Smartphones dominieren das gegenwärtige Wachstum bei den Mobiltelefonherstellern, und die Anzahl der verkauften Geräte hat bereits 2011 die der verkauften PCs überschritten. Tablets bilden die am schnellsten wachsende Gerätegruppe – ihre Anzahl hat sich zwischen 2011 und 2012 fast verdoppelt. Die Entwicklung bei PCs verläuft relativ flach, während sie bei herkömmlichen Mobiltelefonen sogar rückläufig ist.

In den letzten zehn Jahren führten die Fortschritte beim Rechnerentwurf und in der Speichertechnologie dazu, dass – außer bei eingebetteten Systemen – der limitierende Einfluss geringer Speicherkapazitäten für die meisten Anwendungen an Bedeutung verloren hat.

Programmierer, für die Performanz wichtig ist, müssen sich heute mit den komplexen Speichersystemen auskennen, die das einfache Speichermodell aus den 1960er-Jahren abgelöst haben: die parallele Struktur der Prozessoren und die hierarchische Organisation der Speicher. Außerdem müssen sich Programmierer heute Gedanken über die Energieeffizienz ihrer Programme machen (siehe Abschnitt 1.7), die entweder auf Mobilgeräten oder in der Cloud laufen. Dazu müssen sie verstehen, was auf der Ebene unterhalb des Programms geschieht. Programmierer müssen ihre Kenntnisse im Bereich der Rechnerorganisation erweitern, wenn sie erfolgreiche Software entwickeln möchten.

Es ist uns eine Ehre, Ihnen mit dem vorliegenden Buch einen Einblick in die gegenwärtig stattfindende Revolution zu vermitteln. Dabei dringen wir in die komplexen Ebenen der Software unter Ihrem Anwendungsprogramm ein und untersuchen die Hardware im Gehäuse Ihres Rechners. Wenn Sie dieses Buch gelesen haben, werden Sie folgende Fragen beantworten können:

- Wie werden Programme, die in einer höheren Programmiersprache wie C oder Java geschrieben sind, in die Sprache der Hardware übersetzt, und wie führt die Hardware das daraus resultierende Programm aus? Das Verständnis dieser Konzepte bildet die Grundlage, um die Aspekte der Software und der Hardware nachvollziehen zu können, die die Performanz von Programmen beeinflussen.

- Was ist die Schnittstelle zwischen der Software und der Hardware, und wie bringt die Software die Hardware dazu, die gewünschten Funktionen auszuführen? Diese Konzepte sind entscheidend für das Verständnis, wie unterschiedliche Arten von Software zu schreiben sind.

- Was bestimmt die Performanz eines Programms, und wie kann ein Programmierer die Leistung verbessern? Wie wir noch sehen werden, hängt dies vom Originalprogramm, von der Übersetzung dieses Programms in die Sprache des Rechners und der Leistungsfähigkeit der Hardware bei der Ausführung des Programms ab.

- Welche Techniken können Rechnerarchitekten einsetzen, um die Leistung zu verbessern? Dieses Buch führt in die grundlegenden Konzepte des modernen Rechnerentwurfs ein. Der interessierte Leser findet ausführlicheres Material zu diesem Thema in dem von denselben Autoren verfassten weiterführenden Buch *Computer Architecture: A Quantitative Approach*.

- Welche Techniken stehen Hardware-Designern zur Verfügung, um die Energieeffizienz zu verbessern? Was kann der Programmierer für die Energieeffizienz tun?

- Welche Gründe und Konsequenzen hat der jüngste Wechsel von der sequentiellen Verarbeitung zur parallelen Verarbeitung? Dieses Buch beschreibt die Motivation, stellt aktuelle Hardwaremechanismen vor, die die Parallelverarbeitung unterstützen, und bietet einen Überblick über die neue Generation der **„Multicore"**-Mikroprozessoren (siehe Kapitel 6).

  Multicore-Mikroprozessor Ein Mikroprozessor, der mehrere Prozessoren („Cores") innerhalb eines einzigen Chips enthält.

- Was waren die großen Ideen und Konzepte des modernen Rechnens, die von den Computerarchitekten seit der Inbetriebnahme des ersten kommerziellen Rechners im Jahr 1951 ersonnen wurden?

Ohne die Antworten auf diese Fragen verstanden zu haben, wird es ein mühsamer Prozess mit Versuchen und Fehlern sein, der nichts mit einer auf Erkenntnissen und Analysen beruhenden wissenschaftlichen Vorgehensweise zu tun hat, wenn Sie die Performanz Ihres Programms auf einem modernen Computer verbessern wollen oder beurteilen wollen, aufgrund welcher Eigenschaften ein bestimmter Rechner für eine Anwendung besser geeignet ist als ein anderer.

In diesem ersten Kapitel wird der Grundstein für den Rest des Buches gelegt. Wir führen hier die grundlegenden Konzepte und Definitionen ein, stellen die wichtigsten Komponenten der Software und Hardware vor, erklären, wie Leistung und Stromverbrauch ermittelt werden, beschreiben integrierte Schaltkreise (die Technologie, die die Computerrevolution vorantreibt), und gehen auf die Bedeutung von Multicore-Prozessoren ein.

In diesem Buch werden Sie wahrscheinlich eine Menge neuer Wörter kennenlernen; ebenso Wörter, die Sie zwar schon einmal gehört haben, aber deren Bedeutung nicht klar ist. Aber keine Sorge! Ja, es gibt eine Menge Fachbegriffe bei der Beschreibung moderner Computer. Aber diese Fachbegriffe helfen uns, eine Funktion präzise zu beschreiben. Daneben *lieben* Rechnerarchitekten (so auch die Autoren) die Verwendung von **Akronymen**, die leicht verständ-

Akronym Ein aus den Anfangsbuchstaben einer Wortfolge zusammengesetztes Wort. Beispiel: RAM ist ein Akronym und steht für Random Access Memory (Speicher mit wahlfreiem Zugriff, Haupt- oder Arbeitsspeicher). CPU ist ein weiteres Akronym und steht für Central Processing Unit (zentrale Verarbeitungseinheit, kurz Prozessor).

lich sind, wenn man erst einmal weiß, wofür die Buchstaben stehen! Damit Sie
sich die Fachbegriffe besser merken und leichter wiederfinden können, wird
jeder Begriff bei seinem ersten Auftreten im Buch durch eine Definition in der
Randspalte erklärt. Sie werden sehen, schon nach kurzer Zeit werden Sie mit
der Terminologie vertraut sein. Außerdem werden Ihre Freunde beeindruckt
sein, wenn Sie Abkürzungen wie BIOS, CPU, DIMM, DRAM, PCIe, SATA
und viele andere mehr plötzlich korrekt benutzen.

Über das gesamte Buch verteilt finden Sie spezielle Abschnitte mit der
Überschrift „Zur Programmperformanz", in denen wir darauf eingehen, wie
die behandelten Konzepte die Performanz von Programmen beeinflussen. Den
ersten Abschnitt mit dieser Überschrift finden Sie gleich im Folgenden.

Zur Programmperformanz

Die Performanz eines Programms hängt vom Zusammenspiel mehrerer Faktoren ab. Zum einen spielt die Leistungsfähigkeit des dem Programm zugrunde
liegenden Algorithmus eine Rolle, zum anderen die Softwaresysteme, mit denen das Programm erstellt und in Maschinenbefehle übersetzt wird. Und natürlich ist die Leistungsfähigkeit des Computers bei der Abarbeitung dieser Befehle, die auch Ein-/Ausgabeoperationen einschließen können, von Bedeutung.
Die folgende Zusammenstellung gibt einen Überblick, wie die verschiedenen
Hardware- und die Softwarekomponenten die Performanz beeinflussen.

Algorithmen bestimmen sowohl die Anzahl der Anweisungen im Quellprogramm als auch die Anzahl der ausgeführten Ein-/Ausgabeoperationen.
Dieses Thema ist nicht Gegenstand des vorliegenden Buches.

Programmiersprache, Compiler und Architektur bestimmen die Anzahl
der Maschinenbefehle für jede Anweisung des Quellprogramms. Siehe Kapitel 2 und 3.

Prozessor und Speichersystem bestimmen, wie schnell Befehle ausgeführt
werden können. Siehe Kapitel 4, 5 und 6.

Das Ein-/Ausgabesystem bestimmt, wie schnell Ein-/Ausgabeoperationen
ausgeführt werden können. Siehe Kapitel 4, 5 und 6.

Um die Bedeutung dieser Ideen in diesem Buch zu demonstrieren, verbessern
wir schrittweise die Performanz eines C-Programms, das eine Matrix mit einem Vektor multipliziert. Mit jedem Schritt werden Sie besser verstehen, wie
die zugrunde liegende Hardware in einem modernen Computer wirklich funktioniert und wie es möglich ist, die Performanz um den Faktor 200 zu verbessern!

- In der Kategorie *Parallelität auf Datenebene*, die wir in Kapitel 3 behandeln,
  verwenden wir die C-intrinsische Subwort-Parallelität, um die Performanz
  um den Faktor 3,8 zu erhöhen.

- In der Kategorie *Parallelität auf Befehlsebene*, die wir in Kapitel 4 behandeln, verwenden wir die Methode des *Schleifenabrollens*, um durch Ausnutzung von Hardware für Mehrfachzuordnung und Out-of-Order-Ausführung die Performanz noch einmal um das 2,3-Fache zu erhöhen.
- In der Kategorie *Optimierung der Speicherhierarchie*, die wir in Kapitel 5 behandeln, verwenden wir *Cache-Blocking*, um die Performanz für große Matrizen noch einmal um den Faktor 2,0 bis 2,5 zu erhöhen.
- In der Kategorie *Parallelität auf Thread-Ebene*, die wir in Kapitel 6 behandeln, verwenden wir parallele for-Schleifen in OpenMP, um die Multicore-Hardware auszunutzen. Damit erreichen wir eine weitere Performanzsteigerung um den Faktor 4 bis 14.

Selbsttest

Die mit „Selbsttest" überschriebenen Abschnitte geben Ihnen die Möglichkeit zu überprüfen, ob Sie die wichtigsten in einem Kapitel vorgestellten Konzepte und deren Bedeutung verstanden haben. Zu manchen Selbsttest-Fragen gibt es einfache Antworten. Bei anderen Fragen empfiehlt es sich, sie in der Gruppe zu diskutieren. Die Lösungen zu den Fragen finden Sie jeweils am Ende des Kapitels. Der Selbsttest befindet sich immer am Ende eines Abschnitts. So können Sie diese Fragen leicht überspringen, wenn Sie sicher sind, dass Sie den Inhalt des Abschnitts verstanden haben.

1. Die Anzahl der eingebetteten Prozessoren, die pro Jahr verkauft werden, übersteigt die Anzahl der Prozessoren in PCs und sogar die der Post-PCs bei weitem. Können Sie diese Erkenntnis aus eigener Erfahrung bestätigen oder widerlegen? Versuchen Sie, die Anzahl der eingebetteten Prozessoren in Ihrem Haushalt zu ermitteln. Vergleichen Sie diese Zahl mit der Anzahl der herkömmlichen Computer in Ihrem Haushalt.
2. Wie bereits erwähnt, haben sowohl die Software als auch die Hardware Auswirkungen auf die Performanz eines Programms. Nennen Sie Beispiele für Situationen, in denen sich die folgenden Komponenten als Flaschenhals für die Performanz erweisen können:
   - der gewählte Algorithmus,
   - die Programmiersprache oder der Compiler,
   - das Betriebssystem,
   - der Prozessor,
   - das Ein-/Ausgabesystem einschließlich der hierfür verwendeten Geräte.

1.2 Acht wichtige Konzepte der Computerarchitektur

Wir wollen nun acht Konzepte vorstellen, die von den Computerarchitekten in den letzten 60 Jahren ersonnen wurden. Diese Konzepte sind so mächtig, dass sie den ersten Computer, in dem sie verwendet wurden, lange überlebt haben und von jüngeren Computerarchitekten immer wieder nachgeahmt wurden. Auf diese Konzepte werden wir in diesem und den nachfolgenden Kapiteln immer wieder zurückkommen, wenn wir Beispiele besprechen. Um auf ihren Einfluss hinzuweisen, verwenden wir eine Reihe von Icons, die wir in diesem Abschnitt einführen. Insgesamt gibt es im Buch fast 100 Abschnitte, in denen diese grundlegenden Konzepte eine Rolle spielen.

Design und Moore'sches Gesetz

**MOORE'SCHES
GESETZ**

Eine Konstante bei der Arbeit von Computerarchitekten ist die Schnelllebigkeit, die vor allem durch das **Moore'sche Gesetz** angetrieben wird. Dieses Gesetz besagt, dass sich die auf einem integrierten Schaltkreis untergebrachten Ressourcen alle 18 bis 24 Monate verdoppeln. Das Moore'sche Gesetz geht auf eine Vorhersage zurück, die Gordon Moore, einer der Gründer von Intel, 1965 für diese Wachstumsrate machte. Da das Design eines Computers Jahre in Anspruch nehmen kann, können sich die pro Chip verfügbaren Ressourcen zwischen Beginn und Abschluss des Projektes leicht verdoppeln. Wie Schützen beim Tontaubenschießen müssen Computerarchitekten vorhersehen, wo die Technologie stehen wird, wenn das Design abgeschlossen ist, anstatt das Design am Entwicklungsstand zum Zeitpunkt des Projektbeginns auszurichten. Wir verwenden einen nach rechts oben gerichteten Graphen, um die Berücksichtigung des Moore'schen Gesetzes zu symbolisieren.

Vereinfachung des Designs durch Abstraktion

ABSTRAKTION

Sowohl Computerarchitekten als auch Programmierer mussten sich Methoden überlegen, um ihre Produktivität zu steigern, da sich sonst die Entwurfszeit mit dem Ressourcenwachstum aufgrund des Moore'schen Gesetzes drastisch verlängert hätte. Eine wichtige Methode zur Steigerung der Produktivität für die Hardware wie für die Software ist die Verwendung von **Abstraktionen** zur Darstellung des Designs auf verschiedenen Ebenen; auf niedrigeren Darstellungsebenen sind Details verborgen, so dass ein einfacheres Modell verwendet werden kann als auf höheren Darstellungsebenen. Um auf dieses Konzept hinzuweisen, verwenden wir das Icon mit dem abstrakten Bild.

Beschleunigen des häufigen Falls

HÄUFIGER FALL

Das **Beschleunigen** des häufigen Falls bringt für die Performanz tendenziell mehr als die Optimierung seltener Fälle. Zum Glück ist der häufige Fall oft einfacher als der seltene, und deshalb ist es oft auch einfacher, ihn zu verbessern. Dieser Ratschlag setzt natürlich voraus, dass Sie wissen, was der häufige Fall ist. Herauszufinden ist nur durch sorgfältiges Experimentieren und Messen (siehe Abschnitt 1.6). Wir verwenden das Icon mit dem Sportwagen, um auf des Beschleunigen des häufigen Falls hinzuweisen, denn es ist sicher einfacher, einen schnellen Sportwagen zu bauen als einen schnellen Minivan!

Performanz durch Parallelität

Seit es Computer gibt, haben Computerarchitekten Designs vorgelegt, die mehr Leistung ermöglichen, indem sie Operationen parallel ausführen. Wir werden in diesem Buch viele Beispiele für Parallelität kennenlernen. Wir verwenden ein vierstrahliges Flugzeug als Icon, um auf Ansätze zur **Parallelisierung** hinzuweisen.

PARALLELITÄT

Performanz durch Pipelining

Ein spezielles Muster der Parallelität ist in der Computerarchitektur so geläufig, dass es einen eigenen Namen bekommen hat: das **Pipelining.** Beispielsweise rückten, bevor es Löschfahrzeuge gab, Eimerbrigaden dem Brand zu Leibe, wie man in vielen Cowboyfilmen sehen kann, in denen ein Schurke heimtückisch Feuer gelegt hat. Die Einwohner bilden dabei eine Menschenkette, weil sie das Löschwasser viel schneller von der Quelle bis zum Feuer befördern können, wenn sie es in Eimern die Kette entlang befördern, anstatt einzeln mit den Eimern zwischen Wasserquelle und Feuer hin und her zu rennen. Unser Icon für das Pipelining besteht aus einer Reihe von Röhren, von denen jede eine bestimmte Phase des Prozesses repräsentiert.

PIPELINING

Performanz durch Vorhersagen

Das nächste Konzept folgt dem Motto, dass es manchmal besser ist, um Entschuldigung zu bitten als um eine Erlaubnis. In einigen Fällen ist man im Mittel schneller, wenn man einfach rät und mit der Arbeit beginnt, anstatt solange zu warten, bis man sich sicher ist, was richtig ist. Dies funktioniert unter der Voraussetzung, dass die Kosten für die Korrektur einer Fehleinschätzung nicht zu hoch sind und dass die Vorhersage einigermaßen richtig ist. Das Icon, das wir für das Prinzip des **Vorhersagens** verwenden, zeigt eine Glaskugel.

VORHERSAGE

Speicherhierarchie

Programmierer möchten, dass Speicher schnell, groß und billig sind, denn die Speichergeschwindigkeit bestimmt oft die Performanz. Die Speicherkapazität limitiert die Größe der Probleme, die gelöst werden können und die Speicherkosten machen heute oft den Hauptteil der Gesamtkosten eines Computers aus. Computerarchitekten haben herausgefunden, dass sie diese konkurrierenden Anforderungen durch eine **Speicherhierarchie** miteinander in Einklang bringen können. In dieser Hierarchie steht der pro Bit schnellste, kleinste und teuerste Speicher an der Spitze und der pro Bit langsamste, größte und billigste ganz unten. Wie wir in Kapitel 5 sehen werden, geben Caches den Programmierern die Illusion, dass der Arbeitsspeicher fast so schnell ist wie der Speicher an der Spitze der Hierarchie und dabei fast so groß und billig wie der Speicher

HIERARCHIE

ganz unten. Wir verwenden ein aus drei Schichten zusammengesetztes Dreieck als Symbol für das Konzept der Speicherhierarchie. Die Form der einzelnen Schichten verweist auf die Speichergröße der jeweiligen Hierarchie: Die oberste Schicht ist am kleinsten (und am schnellsten, aber auch am teuersten) und die unterste am größten (und am langsamsten und billigsten).

Zuverlässigkeit durch Redundanz

ZUVERLÄSSIGKEIT

Computer sollen nicht nur schnell, sondern gleichzeitig auch zuverlässig sein. Da jedes physische Gerät Fehler machen kann, werden Systeme **zuverlässig** gemacht, indem man redundante Komponenten einfügt, die einspringen, wenn ein Fehler auftritt, *und* die dabei helfen, Fehler aufzuspüren. Wir verwenden einen Sattelschlepper als Symbol für dieses Prinzip, denn dank der Doppelbereifung an den beiden hinteren Achsen kann der Truck auch dann weiterfahren, wenn ein Reifen platzt. (Vermutlich wird der Fahrer so schnell wie möglich eine Werkstatt aufsuchen, wo die Redundanz wieder hergestellt wird!)

1.3 Was sich hinter einem Programm verbirgt

In Paris haben mich die Leute immer nur angestarrt, wenn ich Französisch mit ihnen gesprochen habe; ich habe diese Idioten nie dazu bringen können, ihre eigene Sprache zu verstehen.

Mark Twain, *Die Arglosen im Ausland*, 1869

ABSTRAKTION

Systemsoftware Software, die allgemein nützliche Dienste bereitstellt, wie z. B. Betriebssysteme, Compiler und Assembler.

Betriebssystem Programm mit Überwachungsfunktion, das die Ressourcen eines Rechners für die Programme verwaltet, die auf diesem Rechner ausgeführt werden.

Eine typische Anwendung wie etwa ein Textverarbeitungsprogramm oder ein großes Datenbanksystem besteht aus Millionen von Codezeilen und nutzt umfangreiche Softwarebibliotheken, die komplexe Funktionen zur Unterstützung der Anwendung implementieren. Wie wir noch sehen werden, kann die Hardware in einem Computer nur sehr einfache maschinenorientierte Befehle ausführen. Von einer komplexen Anwendung hin zu den einfachen Befehlen sind mehrere Softwareebenen erforderlich, von denen aus die Anweisungen höherer Programmiersprachen in einfache Maschinenbefehle übersetzt werden. Dies ist ein Beispiel für das Konzept der **Abstraktion.**

Abbildung 1.2 zeigt, dass diese Softwareebenen überwiegend hierarchisch strukturiert sind. Dabei stellen die Anwendungen den äußeren Ring dar, und zwischen der Hardware und der Anwendungssoftware befindet sich unterschiedliche **Systemsoftware**. Es gibt viele verschiedene Arten von Systemsoftware, wobei zwei grundsätzlich auf jedem modernen Computersystem zu finden sind: ein Betriebssystem und ein Compiler. Das **Betriebssystem** bildet die Schnittstelle zwischen der Benutzersoftware und der Hardware und stellt eine Vielzahl von Diensten und Überwachungsfunktionen bereit. Zu den wichtigsten Aufgaben des Betriebssystems zählen:

- die Verarbeitung grundlegender Ein- und Ausgabeoperationen,
- die Allokation von Massen- und Arbeitsspeicher
- die Bereitstellung der Funktionen und Dienste für die gemeinsame Nutzung des Computers durch mehrere Anwendungen gleichzeitig.

Linux, MacOS und Windows sind Beispiele für heute gebräuchliche Betriebssysteme.

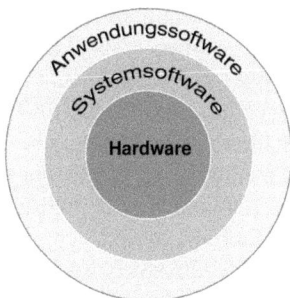

Abb. 1.2: Vereinfachte Darstellung der Hardware und Software als hierarchische Ebenen in Form von konzentrischen Kreisen, wobei sich die Hardware im Mittelpunkt und die Anwendungssoftware im äußeren Ring befindet. Komplexe Anwendungen bestehen häufig aus mehreren Softwareebenen. So kann eine Datenbank beispielsweise auf der Systemsoftware aufsetzen, die eine Anwendung bereitstellt, die wiederum auf der Datenbank aufsetzt.

Compiler nehmen eine andere wichtige Funktion wahr: Sie übersetzen ein in einer höheren Programmiersprache wie etwa C, C++, Java oder Visual Basic geschriebenes Programm in Befehle, die von der Hardware ausgeführt werden können. Angesichts der Komplexität moderner Programmiersprachen im Vergleich zu den einfachen Befehlen, die von der Hardware ausgeführt werden, stellt die Übersetzung von Code, der in einer höheren Programmiersprache geschrieben ist, in einfache Hardwarebefehle eine echte Herausforderung dar. Dieser Vorgang ist im Folgenden kurz im Überblick beschrieben. Ausführlichere Informationen zu diesem Thema finden Sie in Kapitel 2 und in Anhang A.

Compiler Ein Programm, das Anweisungen in einer höheren Programmiersprache in Anweisungen der Assemblersprache übersetzt.

Höhere Programmiersprachen und Maschinensprache

Um mit einer elektronischen Maschine kommunizieren zu können, müssen elektrische Signale gesendet werden. *Ein* und *Aus* sind die Signale, die Computer am leichtesten verstehen, weshalb das Alphabet der Maschinensprache aus nur zwei „Buchstaben" besteht. Ebensowenig wie die 26 Buchstaben unseres Alphabets limitieren, wie viel Text geschrieben werden kann, limitieren auch die beiden Buchstaben des Computeralphabets nicht, was Computer tun können. Diese beiden Buchstaben werden durch die Ziffern 0 und 1 symbolisiert und wir stellen uns Elemente der Maschinensprache als Zahlen zur Basis 2 oder *Binärzahlen* vor. Ein „Buchstabe" wird als **Binärziffer** oder **Bit** (Abk. für engl. Binary digIT) bezeichnet. Computer gehorchen bedingungslos unseren Kommandos, die als **Befehle** bezeichnet werden. Befehle sind einfach nur Folgen von Bits, die der Computer versteht – und somit nichts anderes als Zahlen. Die Bitfolge

Binärziffer oder **Bit.** Eine der beiden Ziffern zur Basis 2 (0 oder 1), aus denen Informationen bestehen.

Befehl Eine Anweisung, die die Computerhardware versteht und ausführt.

```
1000110010100000
```

teilt einem Rechner beispielsweise mit, dass zwei Zahlen addiert werden sollen. In Kapitel 2 wird erläutert, warum *sowohl* für Befehle *als auch* für Daten Zahlen verwendet werden. Wir möchten hier nicht vorgreifen, aber so viel lässt sich schon sagen: Die Verwendung von Zahlen für Befehle und Daten machen den Erfolg von Computern überhaupt erst möglich.

Die ersten Programmierer verwendeten für die Kommunikation mit dem Computer Binärzahlen. Das war jedoch recht mühselig. Und so dauerte es nicht lange, bis sie sich neue Notationen ausdachten, die der Art und Weise, wie Menschen denken, stärker entgegenkamen. Zu Beginn wurden diese Schreibweisen von Hand in Binärform übersetzt, was jedoch immer noch recht mühselig war. Die Pioniere des Programmierens verwendeten den Computer selbst zum Programmieren und entwickelten Programme zum Übersetzen der symbolischen Darstellung in die Binärsprache. Das erste dieser Programme wurde **Assembler** genannt. Dieses Programm übersetzt die symbolische Version eines Befehls in die binäre Form. So würde der Programmierer beispielsweise

Assembler Ein Programm, das eine symbolische Version von Befehlen in eine binäre Form übersetzt.

```
add A, B
```

schreiben und der Assembler würde diese Darstellung übersetzt in

```
0001100101000000
```

Assemblersprache Eine symbolische Darstellung von Maschinenbefehlen.

Maschinensprache Eine binäre Darstellung von Maschinenbefehlen.

Mit diesem Befehl wird dem Computer mitgeteilt, dass die beiden Zahlen A und B addiert werden sollen. Diese heute noch verwendete Symbolsprache wird als **Assemblersprache** bezeichnet. In Abgrenzung dazu nennt man die Binärsprache, die von der Maschine verstanden wird, die **Maschinensprache.**

Die Assemblersprache war ein enormer Fortschritt und dennoch weit von einer Notation entfernt, die ein Wissenschaftler sich vorstellt, um Flüssigkeitsströmungen zu simulieren, oder die ein Buchhalter zur Saldierung verwenden möchte. Bei der Assemblersprache muss der Programmierer für jeden vom Computer auszuführenden Befehl eine Codezeile schreiben. Dadurch wird der Programmierer gezwungen, wie der Computer zu denken.

höhere Programmiersprache Eine portierbare Sprache wie C, C++, Java oder Visual Basic, bestehend aus Wörtern und einer algebraischen Notation, die vom Compiler in Assemblersprache übersetzt werden kann.

ABSTRAKTION

Die Erkenntnis, dass ein Programm zum Übersetzen einer mächtigeren Sprache in Maschinenbefehle geschrieben werden kann, war ein Meilenstein in der Anfangszeit der Computertechnik. Programmierer von heute verdanken ihre Produktivität (und ihre Gesundheit) der Entwicklung von **höheren Programmiersprachen** und Compilern, die in diesen Sprachen geschriebene Programme in Befehle übersetzen können. Abbildung 1.3 zeigt die Beziehungen zwischen diesen Programmen und Sprachen. Dies ist ein weiteres Beispiel für die Mächtigkeit des Prinzips der **Abstraktion.**

Mithilfe eines Compilers kann ein Programmierer den folgenden Ausdruck in höherer Programmiersprache schreiben:

```
A + B
```

Der Compiler kompiliert dies in die folgende Anweisung in Assemblersprache:

```
add A, B
```

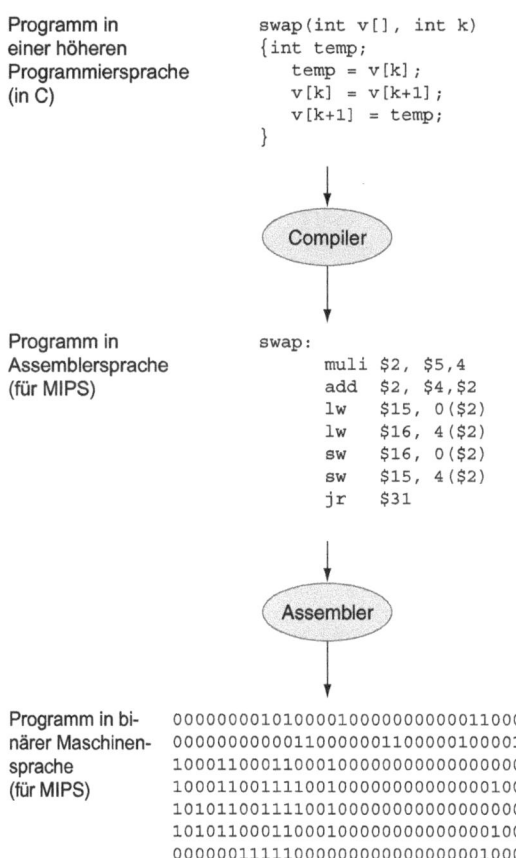

Programm in
einer höheren
Programmiersprache
(in C)

```
swap(int v[], int k)
{int temp;
   temp = v[k];
   v[k] = v[k+1];
   v[k+1] = temp;
}
```

Compiler

Programm in
Assemblersprache
(für MIPS)

```
swap:
      muli $2, $5,4
      add  $2, $4,$2
      lw   $15, 0($2)
      lw   $16, 4($2)
      sw   $16, 0($2)
      sw   $15, 4($2)
      jr   $31
```

Assembler

Programm in bi-
närer Maschinen-
sprache
(für MIPS)

```
00000000101000010000000000011000
00000000000110000001100000100001
10001100011000100000000000000000
10001100111001000000000000000100
10101100111001000000000000000000
10101100011000100000000000000100
00000011111000000000000000001000
```

**Abb. 1.3: Übersetzung eines C-Programms in Assemblersprache und anschließend in Ma-
schinensprache.** Die Übersetzung von einer höheren Programmiersprache in die binäre Maschinensprache ist in zwei Schritten dargestellt. Einige Compiler lassen den Zwischenschritt aus und
übersetzen direkt in die binäre Maschinensprache. Diese Sprachen und dieses Programm werden
in Kapitel 2 ausführlicher behandelt.

Wie oben gezeigt, übersetzt der Assembler diese Anweisung in den binären
Maschinenbefehl, der dem Computer mitteilt, dass die beiden Zahlen A und B
addiert werden sollen.

Höhere Programmiersprachen haben eine Reihe von Vorteilen. Sie ermöglichen es dem Programmierer, in einer natürlicheren Sprache zu denken und
dabei englische oder auch deutsche Wörter und eine algebraische Notation
zu verwenden. Dadurch entstehen Programme, die nicht mehr wie kryptische
Listen mit geheimnisvollen Symbolen, sondern eher wie normaler Text aussehen (siehe Abbildung 1.3). Darüber hinaus ist es mithilfe höherer Programmiersprachen möglich, Sprachen entsprechend ihres Verwendungszwecks zu
konzipieren. Fortran wurde beispielsweise für wissenschaftliche Berechnun-

gen entwickelt, Cobol für die Datenverarbeitung, Lisp für die Verarbeitung von Symbolen usw. Es gibt auch anwendungsspezifische Sprachen für noch kleinere Benutzergruppen, beispielsweise für diejenigen, die an der Simulation von Flüssigkeiten interessiert sind.

Die erhöhte Produktivität von Programmierern stellt einen weiteren Vorteil von Programmiersprachen dar. Denn darin sind sich im Bereich der Softwareentwicklung wenigstens alle einig: Programme lassen sich schneller entwickeln, wenn sie in Sprachen geschrieben werden, mit denen sich Gedanken in weniger Zeilen ausdrücken lassen. Und die Prägnanz ist ein eindeutiger Vorteil höherer Programmiersprachen gegenüber der Assemblersprache.

Schließlich haben Programmiersprachen noch den Vorteil, dass Programme unabhängig von dem Computer sind, auf dem sie erstellt worden sind. Ein in einer höheren Programmiersprache geschriebenes Programm kann mithilfe eines Compilers und eines Assemblers in binäre Befehle einer beliebigen Maschine übersetzt werden. Diese drei Vorteile fallen so stark ins Gewicht, dass heute nur noch sehr wenig in Assemblersprache programmiert wird.

1.4 Unter der Haube

Nachdem wir einen Blick auf die Software eines Computes geworfen haben, wollen wir nun das Computergehäuse öffnen, um uns die Hardware genauer anzusehen. Die einem Computer zugrunde liegende Hardware führt immer die gleichen Grundfunktionen aus: das Ein- und Ausgeben von Daten, die Verarbeitung von Daten und die Speicherung von Daten. Wie diese Funktionen ausgeführt werden, ist das zentrale Thema dieses Buchs, und die nachfolgenden Kapitel behandeln die verschiedenen Aspekte dieser vier Aufgaben.

Wenn wir in diesem Buch an eine Stelle gelangen, die uns so wichtig scheint, dass Sie sich immer daran erinnern sollten, heben wir den entsprechenden Abschnitt durch ein graue Box und die Überschrift „Grundwissen" hervor. Im ersten dieser Abschnitte werden die fünf Komponenten eines Computers genannt, deren Funktion die Eingabe, die Ausgabe, das Verarbeiten und Speichern von Daten ist.

Eingabegerät Eine Vorrichtung, wie z. B. die Tastatur oder die Maus, über die Daten in den Computer eingegeben werden.

Ausgabegerät Eine Vorrichtung, die das Ergebnis einer Verarbeitung an einen Benutzer oder einen anderen Computer übermittelt.

Zwei entscheidende Komponenten eines jeden Computers sind **Eingabegeräte**, etwa Mikrofone, und **Ausgabegeräte**, beispielsweise Lautsprecher. Wie die Bezeichnungen nahe legen, ist die Eingabe das, womit der Computer gefüttert wird, während die Ausgabe das an den Benutzer zurückgegebene Ergebnis der Berechnung ist. Manche Geräte wie etwa Drahtlosnetzwerke dienen gleichzeitig der Ein- und Ausgabe.

In den Kapiteln 5 und 6 werden Ein- und Ausgabegeräte ausführlich behandelt. Hier geben wir einen Überblick über die Hardware des Computers und beginnen diesen Exkurs mit den externen Ein- und Ausgabegeräten.

Grundwissen

Die fünf klassischen Komponenten eines Computers umfassen die Ein-
und Ausgabe, den Hauptspeicher, den Datenpfad und das Leitwerk, wobei die letzten beiden Komponenten zusammengefasst und als „Prozessor" bezeichnet werden. Abbildung 1.4 zeigt die Standardorganisation
eines Computers. Diese Organisation ist unabhängig von der Hardwa-
retechnologie. Man kann jedes Teil eines jeden Rechners, ob er nun alt
oder neu ist, einer dieser fünf Kategorien zuordnen.

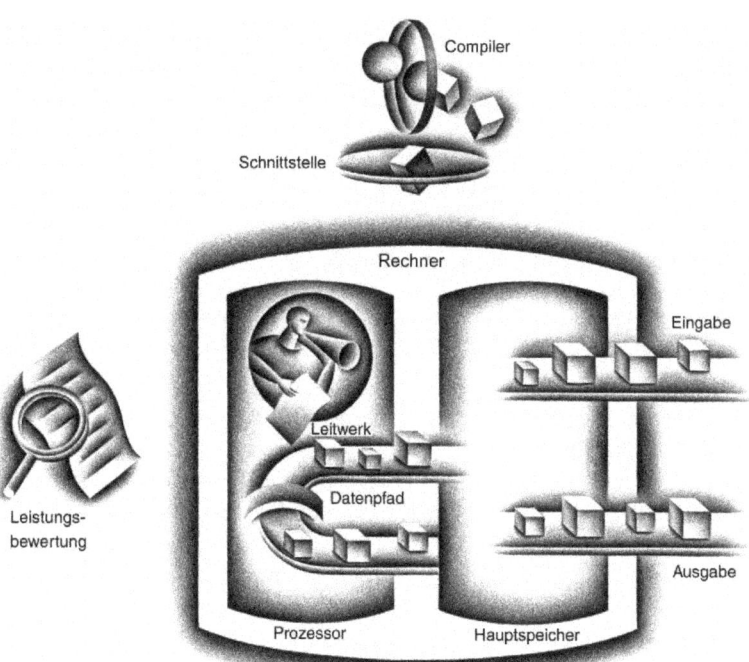

Abb. 1.4: Die Organisation eines Computers mit den fünf klassischen Komponenten. Der
Prozessor erhält die Befehle und die Daten aus dem Hauptspeicher. Über die Eingabe werden
die Daten in den Hauptspeicher geschrieben und über die Ausgabe werden die Daten aus dem
Hauptspeicher gelesen. Das Leitwerk sendet die Signale, welche die Operationen im Datenpfad,
im Hauptspeicher sowie in der Ein- und Ausgabe bestimmen.

Auf einem Computerdisplay habe ich ein Flugzeug auf einem Flugzeugträger landen lassen; ich habe beobachtet, wie ein Nuklearteilchen gegen einen Potentialwall prallt; ich bin in einer Rakete nahezu mit Lichtgeschwindigkeit geflogen; und ich habe in das Innere eines Computer geblickt und ihm beim Arbeiten zugeschaut.

Ivan Sutherland, „Vater" der Computergrafik in „Computer Software for Graphics", *Scientific American*, 1984

Flüssigkristallanzeige (LCD) Eine Anzeigetechnologie, bei der eine dünne Schicht flüssiger Polymere das Licht abhängig von der angelegten Spannung durchlässt oder blockiert.

Anzeige mit aktiver Matrix Eine Flüssigkristallanzeige, die mit Hilfe eines Transistors die Lichtdurchlässigkeit an jedem einzelnen Pixel steuert.

Pixel Das kleinste Einzelbildelement. Ein Bildschirmbild setzt sich aus Hunderttausenden oder Millionen von Pixeln zusammen, die in einer Matrix angeordnet sind.

Hinter dem Spiegel

Das faszinierendste Ein-/Ausgabegerät ist wahrscheinlich die grafische Anzeige. Die meisten Mobilgeräte verwenden **Flüssigkristallanzeigen** (LCD, Liquid Crystal Display), um eine flache, energiesparende Anzeige zu bieten. Das LCD ist nicht die Lichtquelle. Stattdessen steuert es die Lichtdurchlässigkeit. Ein typisches LCD beinhaltet eine Flüssigkeit aus stäbchenförmigen Molekülen, die eine gedrehte Helix bilden und das in die Anzeige eintretende Licht ablenken. Dieses Licht stammt von einer Lichtquelle hinter der Anzeige, manchmal handelt es sich auch um reflektiertes Licht. Die Stäbchen richten sich aus, wenn eine Spannung angelegt wird, und das Licht wird nicht mehr abgelenkt. Weil das Flüssigkristallmaterial zwischen zwei um 90 Grad gegeneinander gedrehten Polarisationsfiltern liegt, kann das Licht nicht durchdringen, wenn es nicht abgelenkt wird. Heute verwenden die meisten LCD-Anzeigen eine **aktive Matrix**, die einen winzigen Transistorschalter für jedes Pixel hat, um die Spannung präzise zu steuern und schärfere Bilder zu erzeugen. Jedem Punkt der Anzeige ist eine Rot-Grün-Blau-Maske zugeordnet, die die Intensität der drei Farbkomponenten im endgültigen Bild bestimmt. Bei einer LCD-Farbanzeige mit aktiver Matrix gibt es für jeden Punkt drei Transistorschalter.

Das Bild setzt sich aus einer Matrix aus Bildelementen oder **Pixeln** (engl. PICture ELements) zusammen. Diese Bildpunkte lassen sich in einer Matrix aus Bits darstellen, die auch als *Bitmap* bezeichnet wird. In Abhängigkeit von der Größe des Bildschirms und der Auflösung liegt die Matrixgröße bei einem typischen Tablet zwischen 1024×768 und 2048×1536 Pixeln. Ein Farbbildschirm kann für jede der drei Farben (Rot, Blau, Grün) 8 Bit verwenden. Mit 24 Bit pro Pixel können Millionen verschiedene Farben dargestellt werden.

Die Unterstützung der Computerhardware für die Grafik besteht hauptsächlich in einem *Bildspeicher* oder *Framebuffer*, der die Bitmap speichert. Das auf dem Bildschirm anzuzeigende Bild wird im Framebuffer abgelegt, und das Bitmuster pro Pixel wird gemäß der Bildwiederholfrequenz auf die Grafikanzeige ausgelesen. Abbildung 1.5 zeigt einen Framebuffer mit einem vereinfachten Entwurf von nur 4 Bit pro Pixel. Die Bitmap dient dazu, das auf dem Bildschirm Dargestellte genau wiederzugeben. Die Herausforderungen bei grafischen Systemen ergeben sich dadurch, dass das menschliche Auge selbst geringfügige Änderungen auf dem Bildschirm erkennen kann.

Touchscreen

Während die LCD-Technik seit Jahren auch für PCs verwendet wird, sind bei den Tablets und Smartphones der Post-PC-Ära Tastatur und Maus durch berührungsempfindliche Bildschirme (Touchscreens) ersetzt worden. Diese Schnittstellen haben den großen Vorteil, dass der Benutzer direkt auf einen Bildschirmausschnitt zeigen kann, anstatt dies indirekt mit der Maus zu tun.

Es gibt eine Vielzahl von Möglichkeiten zur Implementierung von Touchscreens, doch die Bildschirme der meisten heutigen Tablets arbeiten kapazitiv.

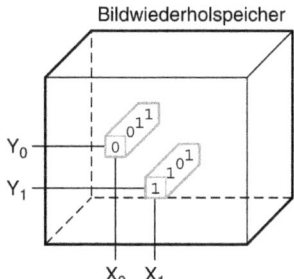
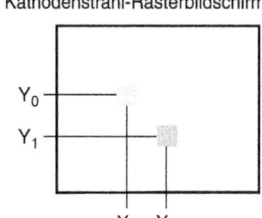

Abb. 1.5: Jede Koordinate im Bildspeicher auf der linken Seite bestimmt die Schattierung der entsprechenden Koordinate für den Kathodenstrahl-Rasterbildschirm auf der rechten Seite. Pixel (X_0, Y_0) enthält das Bitmuster 0011, das auf dem Bildschirm eine helleres Grau ergibt als das Bitmuster 1101 in Pixel (X_1, Y_1).

Da der menschliche Körper ein elektrischer Leiter ist, führt das Berühren eines Isolators wie Glas, der mit einem transparenten Leiter bedeckt ist, zu einem elektrostatischen Feld auf dem Schirm, was wiederum zu einer Kapazitätsänderung führt. Da es diese Technologie erlaubt, mehrere Berührungen gleichzeitig zu erkennen, können auch Gesten erkannt werden, wodurch sehr attraktive Benutzeroberflächen möglich werden.

Öffnen des Gehäuses

Abbildung 1.6 zeigt das Innenleben eines Tablet-Computers, des Apple iPad 2. Es dürfte nicht überraschen, dass bei diesem Lesegerät von den fünf klassischen Komponenten eines Computers die Ein-/Ausgabe dominiert. Die Liste der Ein-/Ausgabe-Geräte umfasst eine kapazitive Multitouch-LCD-Anzeige, eine Front- und eine Rückkamera, einen Kopfhöreranschluss, Lautsprecher, Beschleunigungsmesser, Gyroskop, Wi-Fi- und Bluetooth-Netzwerk. Datenpfad, Leitwerk und Speicher nehmen nur einen winzigen Teil der Komponenten ein.

Die kleinen Rechtecke in Abbildung 1.7 enthalten die Einheiten, die unsere anspruchsvolle Technologie vorantreiben: **integrierte Schaltkreise** oder **Chips**. Der A5-Chip, der in der Mitte von Abbildung 1.7 zu sehen ist, enthält zwei ARM-Prozessoren, die mit einer Taktfrequenz von 1 GHz arbeiten. Der **Prozessor** ist der aktive Teil des Computers, der den Anweisungen eines Programms buchstabengetreu folgt. Er addiert und prüft Zahlen, sendet Signale an Ein-/Ausgabegeräte usw. Der Prozessor wird auch **CPU** genannt, was die Abkürzung für die technischer klingende englische Bezeichnung *Central Processing Unit* (zentrale Verarbeitungseinheit oder kurz **Zentraleinheit**) ist.

In Abbildung 1.8 begeben wir uns noch tiefer in die Hardware hinein und betrachten die Details eines Mikroprozessors. Logisch umfasst der Prozessor zwei Hauptkomponenten: den Datenpfad und das Leitwerk, die sozusagen die Muskeln und das Gehirn des Prozessors bilden. Der **Datenpfad** führt die arith-

integrierter Schaltkreis oder **Chip** Ein Bauteil, auf dem Dutzende bis Millionen Transistoren kombiniert sind.

Prozessor, auch **CPU** oder **Zentraleinheit** genannt. *Der aktive Teil des Computers, der den Datenpfad und das Leitwerk enthält und Zahlen addiert, Zahlen vergleicht, Signale zum Aktivieren der Ein-/Ausgabegeräte sendet usw.*

Datenpfad *Die Komponente des Prozessors, die arithmetische Operationen ausführt.*

Abb. 1.6: Komponenten des Apple iPad 2 A1395. In der Mitte ist die Rückwand aus Metall (mit dem umgekehrten Apple-Logo) zu sehen. Das Teil oben ist der kapazitive Multi-Touchscreen. Ganz rechts ist die 3,5 V / 25 Wh-Polymerbatterie abgebildet. Sie besteht aus drei Lithiumzellen und ermöglicht 10 Stunden Betriebszeit. Ganz links der Metallrahmen, mit dem der Touchscreen an der Rückwand des iPad befestigt wird. Die kleinen Teile, die um die Rückwand herum gruppiert sind, bilden zusammen das, was wir uns unter einem Computer vorstellen. Sie sind meist L-förmig gebaut, damit sie kompakt neben der Batterie in das Gehäuse passen. Abbildung 1.7 zeigt eine Nahaufnahme der L-förmigen Platine, die unten links neben der Rückwand liegt. Dies ist die Hauptplatine, auf der sich Prozessor und Arbeitsspeicher befinden. Das winzige Rechteck unterhalb der Hauptplatine enthält einen Chip, der für die Drahtloskommunikation sorgt: Wi-Fi, Bluetooth und FM-Tuner. Er passt in die kleine Aussparung in der linken unteren Ecke der Hauptplatine. Über der linken oberen Ecke der Rückwand liegt eine weitere L-förmige Komponente. Dies ist Frontkamera-Baugruppe, die neben der Kamera die Kopfhörerbuchse und das Mikrophone enthält. An der rechten oberen Ecke liegt eine Platine mit dem Lautstärkeregler, dem Knopf zum Feststellen bzw. automatischen Rotieren des Bildschirms, dem Gyroskop und dem Beschleunigungsmesser. Zusammen bilden die letzten beiden Chips einen 6-Achsen-Sensor zur Bewegungserkennung. Das kleine Rechteck daneben ist die Rückkamera. An der rechten unteren Ecke liegt die L-förmige Lautsprechergruppe. Das Kabel ganz unten ist die Verbindung zwischen der Hauptplatine und der Platine mit der Frontkamera und dem Lautstärkeregler. Die Platine zwischen dem Kabel und der Lautsprechergruppe ist der Controller für den kapazitiven Touchscreen.

Leitwerk oder **Steuerwerk** Die Komponente des Prozessors, die den Datenpfad, den Hauptspeicher und die Ein-/Ausgabegeräte entsprechend der Programmbefehle ansteuert.

Hauptspeicher oder **Arbeitsspeicher** Der Speicher, in dem sich Programme befinden, wenn sie ausgeführt werden. Daneben befinden sich im Hauptspeicher die Daten, die von diesen Programmen benötigt werden.

metischen Operationen aus, während das **Leitwerk** oder **Steuerwerk** dem Datenfad, dem Hauptspeicher und den Ein-/Ausgabegeräten mitteilt, was entsprechend den den Befehlen des Programms zu tun ist. In Kapitel 4 werden Datenpfad und Leitwerk für ein leistungsfähiges Design erläutert.

Der A5-Chip in Abbildung 1.7 umfasst auch zwei Speicherchips mit einer Kapazität von jeweils 2 Gibibit, was zusammen 512 MiB ergibt. Der **Hauptspeicher** oder **Arbeitsspeicher** ist der Ort, an dem die Programme gehalten werden, während sie laufen; er beinhaltet auch die Daten, die von den laufenden Programmen benötigt werden. Der Speicher besteht aus DRAM-Chips.

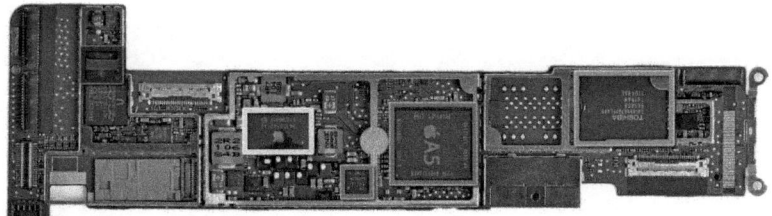

Abb. 1.7: Die Hauptplatine des in Abbildung 1.6 gezeigten Apple iPad 2. Auf dem Foto sind fünf integrierte Schaltkreise farbig hervorgehoben. Der große Chip in der Mitte ist der Apple A5-Chip, der einen ARM Cortex A9 mit zwei Cores enthält, die bei 1 GHz laufen, sowie 512 MB Arbeitsspeicher innerhalb des Chips. Abbildung 1.8 zeigt ein Foto des Prozessorchips innerhalb des A5-Chips. Der Chip von etwa der gleichen Größe, der sich rechts neben dem A5-Chip befindet, ist der 32 GB Flash-Speicherchip für die nichtflüchtige Speicherung. Zwischen diesen beiden Chips befindet sich ein freier Platz, an dem ein zweiter Flash-Chip eingesetzt werden kann, um die Speicherkapazität des iPad zu verdoppeln. Links neben dem A5-Chip befinden sich unter anderem der Leistungscontroller und I/O-Controller-Chips. (Mit freundlicher Genehmigung von iFixit, www.ifixit.com.)

DRAM Arbeitsspeicher in Form eines Chips; wahlfreier Zugriff, Zugriffszeit 50 ns, Kosten pro GB 5–10 Euro (2012).

DRAM ist die Abkürzung für engl. Dynamic Random Access Memory (dynamischer Speicher mit wahlfreiem Zugriff). Multiple DRAMs werden zusammen verwendet, um die Befehle und Daten eines Programms aufzunehmen. Der in der Abkürzung DRAM enthaltene Bestandteil RAM (Speicher mit wahlfreiem Zugriff) bedeutet, dass im Unterschied zu Speichern mit sequentiellem Zugriff, etwa Magnetbändern, der Speicherzugriff im Wesentlichen immer die gleiche Zeit in Anspruch nimmt, egal welcher Abschnitt des Speichers ausgelesen wird.

Indem wir uns mit den Details der einzelnen Hardwarekomponenten befassen, gewinnen wir tiefere Einsichten in die Arbeitsweise eines Computers. Innerhalb des Prozessors befindet sich ein weiterer Speichertyp – der **Cache.** Der Cache ist ein kleiner, schneller Speicher, der als Puffer für den DRAM-Speicher dient. (Das Wort *Cache* kommt aus dem Französischen und bedeutet Versteck. Diese Bezeichnung ist dem Umstand zu verdanken, dass der Cache vom Benutzer nicht direkt angesprochen wird, sondern sozusagen im Verborgenen wirkt.) Der Cache beruht auf einer anderen Speichertechnologie, dem **SRAM-Speicher** (Static Random Access Memory, statischer Speicher). Der SRAM-Speicher ist schneller, weist jedoch eine geringere Dichte auf und ist somit teurer als der DRAM-Speicher (siehe Kapitel 5). SRAM und DRAM sind zwei Schichten der **Speicherhierarchie.**

Wie bereits erwähnt, besteht eines der Konzepte zur Verbesserung des Designs in der Abstraktion. Eine der wichtigsten **Abstraktionen** stellt die Schnittstelle zwischen der Hardware und der untersten Softwareebene dar. Da diese Schnittstelle so bedeutend ist, hat sie einen besonderen Namen bekommen: die **Befehlssatzarchitektur** oder einfach **Architektur** eines Rechners. Die Befehlssatzarchitektur beinhaltet sämtliche Informationen wie die Befehle, die Ein-/Ausgabeorganisation usw., die ein Programmierer wissen muss, um zu ei-

Cache Ein schneller, kleiner Speicher, der als Puffer für einen langsameren, größeren Speicher dient.

SRAM Arbeitsspeicher in Form eines Chips; schneller und weniger dicht als DRAM.

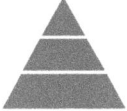

HIERARCHIE

ABSTRAKTION

Befehlssatzarchitektur Auch als Architektur bezeichnet. Eine abstrakte Schnittstelle zwischen der Hardware und der untersten Softwareebene einer Maschine.

Abb. 1.8: Der im A5-Chip enthaltene Prozessorchip. Die Größe des Chips, der in einem 45 nm-Prozess hergestellt wurde (siehe Abschnitt 1.5), beträgt 12,1 × 10,1 mm. Er hat zwei identische ARM-Prozessoren oder Cores (in der Mitte links) und einen PowerVR-Grafikprozessor (GPU) mit vier Datenpfaden (oben links). Links neben den ARM-Prozessoren sowie darunter befinden sich Schnittstellen für Arbeitsspeicher (DRAM). (Mit freundlicher Genehmigung von Chipworks, www.chipworks.com.)

Application Binary Interface (ABI) Der Benutzerteil des Befehlssatzes und die Betriebssystemschnittstellen, die von Anwendungsprogrammierern verwendet werden. Definiert einen Standard für binäre Portierbarkeit zwischen Computern.

nem korrekt arbeitenden Programm in binärer Maschinensprache zu kommen. Normalerweise sind die Details der Ein- und Ausgabe, der Speicherverwaltung und anderer maschinenorientierter Systemfunktionen im Betriebssystem integriert, so dass sich Anwendungsprogrammierer um diese Dinge nicht zu kümmern brauchen. Die Kombination des allgemeinen Befehlssatzes und der Betriebssystemschnittstelle für Anwendungsprogrammierer wird als **Application Binary Interface (ABI)** bezeichnet.

Dank der Befehlssatzarchitektur können Rechnerarchitekten Funktionen unabhängig von der Hardware betrachten, die diese Funktionen ausführt. So können wir beispielsweise über die Funktionen einer Digitaluhr (Zeit messen, Zeit anzeigen, Alarmfunktion aktivieren) unabhängig von der Hardware der Uhr (Quarz, LED-Anzeige, Kunststoffknöpfe) sprechen. Analog dazu unterscheiden Computerentwickler zwischen der Architektur und der **Implementierung** einer Architektur: Eine Implementierung ist die Hardware, die der Architekturabstraktion genügt.

Implementierung Hardware, die der Architekturabstraktion genügt.

flüchtiger Speicher Speichert Daten nur so lange, wie Spannung anliegt; z. B. DRAM.

nichtflüchtiger Speicher Behält gespeicherte Daten auch dann, wenn keine Spannung anliegt; z. B. DVD.

Primärspeicher Flüchtiger Speicher zum Speichern von Programmen während der Ausführung; bei heutigen Computern i. d. R. DRAM.

Sekundärspeicher Nichtflüchtiger Speicher für das Speichern von Programmen und Daten zwischen Ausführungsvorgängen; z. B. Flash-Speicher (Mobilgeräte) und Festplatten (Server).

> **Grundwissen**
>
> Sowohl die Hardware als auch die Software lässt sich in hierarchische Ebenen mit unterschiedlichem Grad der Abstraktion ordnen, wobei jeweils die untere Ebene mehr Details enthält als die über ihr liegende. Eine wichtige Schnittstelle zwischen den Abstraktionsebenen stellt die *Befehlssatzarchitektur* dar. Hierbei handelt es sich um die Schnittstelle zwischen der Hardware und der Software auf Maschinenebene. Diese abstrakte Schnittstelle ermöglicht viele *Implementierungen,* die sich in den Kosten und der Leistung unterscheiden, aber die gleiche Software ausführen können.

Ein sicherer Ort für Daten

Bisher haben wir gesehen, wie Daten eingegeben, verarbeitet und angezeigt werden. Wenn es beim Computer zu einem Stromausfall kommen würde, wäre alles verloren, weil der Arbeitsspeicher im Rechner **flüchtig** (volatil) ist, d. h., wenn die Stromzufuhr unterbrochen wird, gehen die gespeicherten Daten verloren. Im Gegensatz dazu vergisst eine DVD den aufgezeichneten Film nicht, wenn Sie den DVD-Player ausschalten. Bei der DVD handelt es sich also um einen **nichtflüchtigen** Speicher.

Zur Unterscheidung zwischen dem flüchtigen Speicher zum Speichern von Programmen während der Ausführung und diesem nichtflüchtigen Speicher zur Ablage von Programmen zwischen Ausführungsvorgängen werden die Ausdrücke **Primärspeicher** (Hauptspeicher oder Arbeitsspeicher) und **Sekundärspeicher** gebraucht. Sekundärspeicher bilden die nächstniedrige Schicht der **Speicherhierarchie**. Als Primärspeicher werden seit 1975 überwiegend DRAM-Speicherbausteine verwendet. Die Dominanz der **Festplatten** bei den Sekundärspeichern begann sogar noch früher. Mobilgeräte verwenden wegen ihrer Größe und ihres Formfaktors anstelle von Festplatten so genannte **Flash-Speicher**, eine Form von nichtflüchtigen Halbleiterspeichern. Abbildung 1.7 zeigt den Chip, der den Flash-Speicher des iPad 2 enthält. Flash-Speicher sind zwar langsamer als DRAM, dafür aber billiger und außerdem nichtflüchtig.

HIERARCHIE

Festplatte Ein Sekundärspeicher, bestehend aus rotierenden, mit einem magnetisierbaren Material beschichteten Platten. Die rotierenden Bauteile bedingen Zugriffszeiten von 5 bis 20 ms. Die Kosten pro GB betrugen 2012 ca. 0,05 $ bis 0,10 $.

Flash-Speicher Ein nichtflüchtiger Halbleiterspeicher. Billiger und schneller als DRAM, aber teurer pro Bit und schneller als Festplatten. Die Zugriffszeiten liegen bei 5 bis 50 ms und die Kosten pro GB betrugen 2012 zwischen 0,75 $ und 1 $.

Sie sind pro Bit teurer als Magnetspeicher, haben wesentlich geringere Speicherkapazitäten, aber auch kleinere Abmessungen, sie sind robuster und haben eine bessere Energieeffizienz als Festplatten. Aus diesen Gründen sind Flash-Speicher die Standardausführung für Sekundärspeicher in Mobilgeräten. Allerdings verschleißen Flash-Speicher nach 100 000 bis 1 000 000 Schreibvorgängen. Deshalb muss das Dateisystem die Anzahl der Schreibvorgänge überwachen und eine Strategie haben, um Datenverluste zu vermeiden, etwa durch das Verschieben von oft benötigten Daten. In Kapitel 5 werden Festplatten und Flash-Speicher ausführlich beschrieben.

Kommunikation mit anderen Computern

Bis jetzt haben wir erklärt, wie Daten eingegeben, verarbeitet, angezeigt und gespeichert werden können. Es fehlt aber noch ein Element heutiger Computer: Netzwerke. So wie der Prozessor in Abbildung 1.4 mit dem Hauptspeicher und Ein-/Ausgabegeräten verbunden ist, verbinden Netzwerke unterschiedliche Computer miteinander, wodurch sich für den Benutzer die Funktionen der Computertechnik um die Kommunikation erweitert. Netzwerke sind inzwischen so weit verbreitet, das sie quasi das Rückgrat moderner Computersysteme bilden. Ein neuer Computer ohne optionale Netzwerkschnittstelle wäre lächerlich. Computer in einem Netzwerk haben einige wichtige Vorteile:

- *Kommunikation:* Informationen werden mit hohen Geschwindigkeiten zwischen Computern ausgetauscht.

- *Gemeinsame Nutzung von Ressourcen:* Es ist nicht nötig, dass jeder Computer über eigene Ein-/Ausgabegeräte verfügt, sondern diese können in einem Netzwerk von mehreren Computern gemeinsam genutzt werden.

- *Nicht lokaler Zugriff:* Durch die Verbindung von Computern über große Entfernungen hinweg brauchen Benutzer nicht mehr in der Nähe des Computers zu sein, den sie gerade nutzen.

Netzwerke gibt es mit unterschiedlichen räumlichen Ausdehnungen und mit unterschiedlicher Leistungsfähigkeit, wobei die Kosten der Kommunikation mit der Übertragungsrate und der zu überwindenden Entfernung steigen. Der wohl bekannteste Netzwerktyp ist das *Ethernet*. Es kann bis zu einem Kilometer lang sein und hat eine Übertragungsrate von bis zu 40 Gigabit pro Sekunde. Aufgrund seiner räumlichen Ausdehnung und seiner Übertragungsrate eignet sich das Ethernet beispielsweise zum Verbinden von Computern auf einer Etage eines Gebäudes. Ein solches Netzwerk wird allgemein als **lokales Netz** oder **LAN** (Local Area Network) bezeichnet. Lokale Netzwerke werden über Switches miteinander verbunden, die außerdem Routing-Aufgaben übernehmen und Sicherheitsdienste bereitstellen.

lokales Netz, LAN Ein Netzwerk zum Übertragen von Daten innerhalb eines räumlich begrenzten Bereichs, i. d. R. eines Gebäudes.

Weitverkehrsnetz, WAN Ein Netzwerk, das sich über Hunderte von Kilometern erstreckt.

Weitverkehrsnetze oder **WAN** (Wide Area Network) erstrecken sich über Kontinente und sind quasi das Rückgrat des Internet, auf dem das Web basiert. Technisch basieren sie in der Regel auf Glasfaserkabeln und werden von Telekommunikationsunternehmen vermietet.

Netzwerke haben dadurch, dass sie nahezu allgegenwärtig sind und ihre Leistungsfähigkeit enorm zugenommen hat, das Gesicht der Rechnertechnik in den letzten 30 Jahren vollkommen verändert. In den 1970er-Jahren hatten nur sehr wenige Menschen Zugriff auf E-Mail, das Internet und das Web gab es noch nicht und große Datenmengen wurden mittels Postversand von Magnetbändern von einem Standort an einen anderen übertragen. Damals waren lokale Netze noch nahezu unbekannt, und die wenigen bereits existierenden Weitverkehrsnetze hatten nur beschränkte Kapazitäten und eingeschränkten Zugriff.

Je besser die Netzwerktechnologie wurde, umso billiger wurde sie und umso höhere Kapazitäten wurden erreicht. Bei der ersten standardisierten LAN-Technologie, die vor etwa 30 Jahren entwickelt wurde, handelte es sich beispielsweise um eine Ethernet-Version mit einer maximalen Kapazität (auch als *Bandbreite* bezeichnet) von 10 Millionen Bit pro Sekunde, die meist von einigen Dutzend bis Hundert Computern gemeinsam genutzt wurde. Heute stellt die LAN-Technologie eine Kapazität zwischen 1 und 40 Gigabit pro Sekunde bereit, die sich in der Regel nur einige wenige Computer teilen. Die optische Kommunikationstechnologie hat zu einem ähnlichen Kapazitätsanstieg bei Weitverkehrsnetzen geführt, von ein paar Hundert Kilobit bis hin zu Gigabit, und von ein paar Hundert verbundener Computer hin zu einem weltweiten Netzwerk aus Millionen miteinander verbundenen Computern. Diese Kombination aus dramatischem Anstieg beim Einsatz von Netzwerken und Kapazitätssteigerungen hat die Netzwerktechnologie zum zentralen Element für die Revolution in der Informationstechnologie gemacht, die wir in den letzten 30 Jahren erlebt haben.

Seit zehn Jahren erfährt die Computerkommunikation mit einer neuen Netzwerktechnologie eine weitere Innovation. Die drahtlose Kommunikations- oder WLAN-Technologie ist heute weit verbreitet und hat die Post-PC-Ära erst möglich gemacht. Die Tatsache, dass Funkeinheiten mit derselben kostengünstigen Halbleitertechnologie (CMOS) hergestellt werden können, die auch für Arbeitsspeicher und Mikroprozessoren verwendet wird, hat zu einer erheblichen Preissenkung und damit zu einer explosionsartigen Verbreitung geführt. Derzeit verfügbare WLAN-Technologien, nach dem IEEE-Standard als 802.11 bezeichnet, ermöglichen Übertragungsraten von 1 bis knapp 100 Millionen Bit pro Sekunde. Netzwerke mit WLAN-Technologie unterscheiden sich von drahtgebundenen Netzwerken insofern, als alle Benutzer in einer direkten Umgebung dieselben Funkwellen gemeinsam nutzen.

Selbsttest

DRAMs, Flash-Speicher und Festplatten unterscheiden sich erheblich voneinander. Nennen Sie die Eigenschaften jeder einzelnen Technologie hinsichtlich Flüchtigkeit, Zugriffszeit und Kosten und vergleichen Sie diese.

1.5   Prozessorherstellung und Speichertechnologien

Prozessoren und Speicher haben sich mit einer unglaublichen Geschwindigkeit verbessert, da sich die Rechnerarchitekten und Ingenieure in dem Versuch, den Wettlauf bei der Entwicklung eines besseren Computers zu gewinnen, seit langem mit der neuesten Halbleitertechnologie auseinandersetzen. In Tabelle 1.2 sind die Technologien, die im Laufe der Zeit eingesetzt wurden, sowie eine Schätzung der relativen Leistung pro Einheit für die jeweilige Technologie aufgeführt. Da diese Technologie dafür verantwortlich ist, was Computer tun können und wie schnell sie sich entwickeln, meinen wir, dass Computerexperten mit den Grundlagen der integrierten Schaltkreise vertraut sein sollten.

Tab. 1.2: Relative Leistung pro Einheit für die in Computern im Laufe der Jahre verwendeten Technologien. Quelle: Computer Museum, Boston, von den Autoren für 2013 hochgerechnet. Siehe Online-Abschnitt 1.12.

Jahr	Technologie	Leistung/Einheit
1951	Elektronenröhre	1
1965	Transistor	35
1975	Integrierter Schaltkreis	900
1995	VLSI-Schaltkreis	2 400 000
2013	ULSI-Schaltkreis	250 000 000 000

Transistor Ein-/Ausschalter, der über ein elektrisches Signal gesteuert wird.

VLSI-Schaltkreis Ein höchstintegrierter Schaltkreis, umfasst Hunderttausende oder Millionen von Transistoren.

Silizium Ein chemisches Element, das die Eigenschaft hat, ein Halbleiter zu sein.

Halbleiter Eine Substanz, deren elektrische Leitfähigkeit zwischen der von Leitern und Isolatoren liegt. In der Elektrotechnik wird ausgenutzt, dass ihre Leitfähigkeit durch Dotieren beeinflusst werden kann.

Ein **Transistor** ist einfach ein Ein-/Ausschalter, der elektrisch gesteuert wird. Ein *integrierter Schaltkreis* (IC) fasst einige Dutzend bis Hunderte von Transistoren auf einem einzigen Chip zusammen. Als Gordon Moore die stetige Verdopplung von Ressourcen vorhersagte, bezog sich diese Vorhersage auf die Wachstumsrate der Anzahl der Transistoren pro Chip. Um die enorme Zunahme der Anzahl an Transistoren von Hunderten zu Millionen auszudrücken, wurde der englische Ausdruck für integrierten Schaltkreis um den Zusatz *very large scale* (dt. höchst-) erweitert und die Abkürzung **VLSI** dafür eingeführt.

Diese Steigerungsrate bei der Integration war über lange Zeit hinweg bemerkenswert stabil. In Abbildung 1.9 ist die Zunahme der DRAM-Kapazität seit 1977 dargestellt. Jahrzehntelang lang hat die Industrie die Kapazität beständig alle drei Jahre vervierfacht. Das bedeutet, dass die Kapazität um mehr als den Faktor 16 000 zugenommen hat!

Die Herstellung eines Chips beginnt mit **Silizium**, einem häufig vorkommenden chemischen Element, das zum Beispiel in Sand zu finden ist. Da Silizium je nach den Umständen den elektrischen Strom gut oder schlecht leitet, wird es als **Halbleiter** bezeichnet. Mithilfe spezieller chemischer Prozesse und unter Zugabe weiterer Materialien können auf dem Siliziumchip winzige Bereiche mit je einer von drei Eigenschaften erzeugt werden:

- Hervorragende elektrische Leiter (mithilfe von mikroskopisch kleinen Kupfer- oder Aluminiumleitungen)

- Hervorragende elektrische Isolatoren (z. B. Kunststoffe oder Glas)

- Bereiche, die in Abhängigkeit von den Bedingungen entweder Leiter *oder* Isolatoren sind (Schalter)

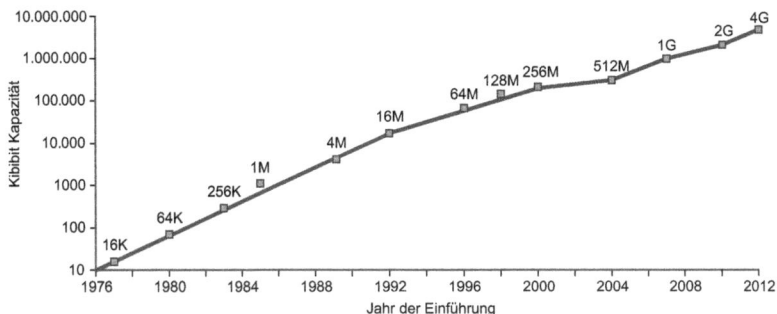

Abb. 1.9: Zunahme der Kapazität pro DRAM-Chip im Laufe der Jahre. Die Einheit für die y-Achse ist Kibibit (2^{10} Bit). Die DRAM-Industrie vervierfachte die Kapazität nahezu alle drei Jahre, was eine Steigerung um 60 % pro Jahr über einen Zeitraum von 20 Jahren bedeutet. In den letzten Jahren hat sich die Rate etwas verlangsamt, so dass für eine Verdopplung inzwischen zwei bis drei Jahre nötig sind.

Transistoren zählen zur letzten Kategorie. Ein VLSI-Schaltkreis besteht somit einfach nur aus Milliarden von Kombinationen aus Leitern, Isolatoren und Schaltern, die alle in einem einzigen kleinen Gehäuse untergebracht sind.

Der Herstellungsprozess für integrierte Schaltkreise ist für die Kosten der Chips von entscheidender Bedeutung und spielt somit auch für die Rechnerarchitekten eine wichtige Rolle. In Abbildung 1.10 ist dieser Prozess dargestellt. Der Prozess beginnt mit einem **Siliziumkristallzylinder,** der wie eine große Wurst aussieht. Heute haben die Zylinder einen Durchmesser von 200 bis 300 mm und eine Länge von etwa 300 bis 600 mm. Der Zylinder wird in feine Scheiben, so genannte **Wafer,** mit einer Stärke von maximal 2,5 mm zersägt. Diese Wafer durchlaufen eine Reihe von Verarbeitungsschritten, in deren Verlauf Muster aus Chemikalien auf die einzelnen Wafer aufgetragen werden und die weiter oben beschriebenen Transistoren, Leiter und Isolatoren entstehen. Moderne integrierte Schaltkreise haben nur eine Schicht mit Transistoren, können jedoch zwischen zwei und acht Ebenen mit Metallleitern aufweisen, die durch Ebenen mit Isolatoren voneinander getrennt sind.

Eine einzige, mikroskopisch kleine Fehlstelle im Wafer selbst oder ein winziger Fehler, der während einer der vielen Verarbeitungsschritte auftritt, kann dazu führen, dass der entsprechende Bereich des Wafers nicht funktionsfähig ist. Diese **Defekte,** wie diese Stellen genannt werden, machen die Herstellung eines perfekten Wafers praktisch unmöglich. Im Umgang mit Fehlstellen werden verschiedene Strategien angewendet. Am einfachsten ist es jedoch, viele unabhängige Komponenten auf einem einzigen Wafer unterzubringen. Der Wafer mit dem Muster wird dann in einzelne Plättchen, in so genannte **Dies** geschnitten, die salopp auch als **Chips** bezeichnet werden. Abbildung 1.11 zeigt

Siliziumkristallzylinder Ein Stab aus Siliziumkristall mit einem Durchmesser von 150 bis 300 mm und einer Länge von etwa 300 bis 600 mm.

Wafer Eine Scheibe eines Siliziumkristallzylinders mit einer maximalen Stärke von 2,5 mm zum Herstellen von Chips.

Defekt Eine mikroskopisch kleine Fehlstelle in einem Wafer oder ein winziger Fehler, der während der Verarbeitung auftritt, kann dazu führen, dass der Die mit dem Defekt nicht funktionsfähig ist.

Die Die einzelnen rechteckigen Plättchen, die aus einem Wafer ausgeschnitten werden; salopp auch als **Chips** bezeichnet.

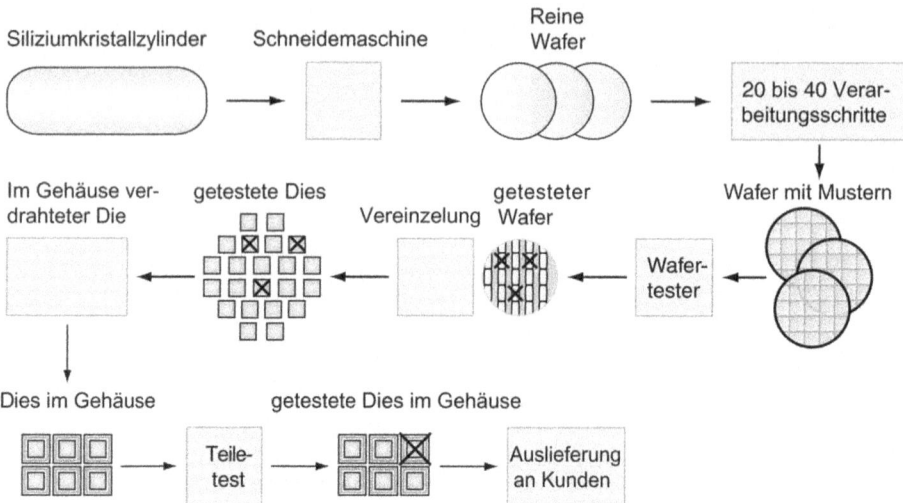

Abb. 1.10: Der Herstellungsprozess von Chips. Nach dem Absägen von einem Siliziumkristallzylinder durchlaufen die reinen Wafer 20 bis 40 Verarbeitungsschritte bis Wafer mit Muster entstanden sind (siehe Abbildung 1.11). Diese Wafer mit dem Muster werden mit einem Wafertester geprüft, und es wird eine Karte der fehlerfreien Teile erstellt. Anschließend werden die Wafer in kleine Plättchen (Dies) geschnitten (siehe Abbildung 1.8). In der Abbildung ist ein Wafer dargestellt, der 22 Dies ergibt, von denen 17 den Test bestanden haben (mit einem X gekennzeichnete Dies sind Ausschuss.) Die Ausbeute fehlerfreier Dies beträgt in diesem Beispiel 17/22 oder 77 %. Die fehlerfreien Dies werden anschließend in ein Gehäuse gepackt und vor der Auslieferung an den Kunden noch einmal getestet. Bei diesem letzten Test wurde ein Ausschussteil gefunden.

Ausbeute Der Anteil fehlerfreier Dies an der Gesamtzahl der Dies auf dem Wafer.

das Foto eines Wafers vor dem Schneiden. In Abbildung 1.8, hatten wir bereits einen einzelnen Mikroprozessor-Die gesehen.

Durch das Schneiden ist es möglich, nur die Dies auszusortieren, die Fehlstellen enthalten. So müssen nicht mehr ganze Wafer aussortiert werden. Dieses Konzept wird durch die **Ausbeute** eines Prozesses quantifiziert. Die Ausbeute ist als Anteil fehlerfreier Dies an der Gesamtzahl der Dies auf dem Wafer definiert.

Die Kosten integrierter Schaltkreise steigen mit zunehmender Die-Größe rasch an, zum einen aufgrund der damit verbundenen geringeren Ausbeute, zum anderen deshalb, weil auf einen Wafer nicht so viele Dies passen. Um die Kosten zu senken, wird ein großer Die mithilfe einer neuen Technologie „verkleinert", mit der sich sowohl Transistoren als auch elektrische Verbindungen kleiner fertigen lassen. Damit werden die Ausbeute und die Anzahl der Dies pro Wafer erhöht. Im Jahr 2012 war ein 32-Nanometer-Prozess üblich, was grob gesagt bedeutet, dass die kleinstmögliche Funktionseinheit auf diesem Die 32 nm beträgt.

Nachdem die fehlerfreien Dies herausgesucht wurden, werden sie mit den Ein-/Ausgabepins eines Gehäuses verdrahtet. Dieser Vorgang wird als *Bonding* bezeichnet. Die im Gehäuse verdrahteten Teile werden noch ein letztes Mal getestet, da auch hierbei Fehler vorkommen können. Anschließend werden die Teile an den Kunden ausgeliefert.

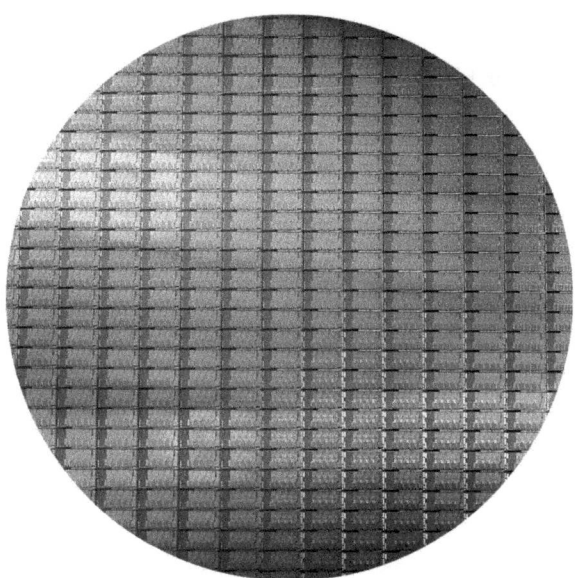

Abb. 1.11: Ein 12 Zoll (300 mm) großer Wafer mit Intel Core i7 Chips (mit freundlicher Genehmigung von Intel). Bei einer Ausbeute von 100 % erhält man aus diesem 300 mm-Wafer 280 Dies, die jeweils 20,7 × 10,5 mm groß sind. Die nicht rechteckigen Chips vom Rand des Wafers sind unbrauchbar. Sie werden nur mitbearbeitet, weil es auf diese Weise einfacher ist, die Masken anzulegen, mit deren Hilfe das Muster auf das Silizium aufgebracht wird. Dieser Die verwendet eine 32-Nanometer-Technologie, d. h. die kleinsten Einheiten sind etwa 32 nm groß. Typischerweise sind die Transistoren jedoch etwas kleiner als diese Einheit, weil diese die „gezeichneten" Transistoren bezeichnet, und nicht die letztendlich hergestellte Größe.

Anmerkung: Die Kosten für einen integrierten Schaltkreis können durch drei Gleichungen ausgedrückt werden:

$$\text{Kosten pro Die} = \frac{\text{Kosten pro Wafer}}{\text{Dies pro Wafer} \times \text{Ausbeute}}$$

$$\text{Dies pro Wafer} \approx \frac{\text{Wafer-Fläche}}{\text{Die-Fläche}}$$

$$\text{Ausbeute} = \frac{1}{(1 + (\text{Defekte pro Fläche} \times \text{Die-Fläche}/2))^2}$$

Die erste Gleichung ist ganz einfach herzuleiten. Die zweite ist eine Näherung, weil sie die Fläche am Rand des runden Wafers nicht subtrahiert, wo die eigentlich rechteckigen Dies nicht mehr vollständig untergebracht werden können (siehe Abbildung 1.11). Die letzte Gleichung basiert auf empirischen Beobachtungen der Ausbeuten in Chipfabriken, wobei sich der Exponent auf die Anzahl der kritischen Verarbeitungsschritte bezieht.

Abhängig von der Defektrate und der Größe von Die und Wafer sind die Kosten also im Allgemeinen nicht proportional zur Die-Fläche.

Selbsttest

Ein Schlüsselfaktor bei der Bestimmung der Kosten für einen integrierten Schaltkreis ist die Auflagegröße. Welche der folgenden Aussagen sind korrekte Begründungen, warum ein Chip, der in einer hohen Auflage produziert wird, weniger kostet?

1. Bei hohen Produktionsmengen kann der Herstellungsprozess auf ein bestimmtes Design feineingestellt werden, so dass die Ausbeute zunimmt.

2. Es bedeutet weniger Arbeit, einen Teil einer hohen Produktionsmenge zu entwerfen, als ein Teil einer niedrigen Auflage.

3. Die für die Erstellung des Chips verwenden Masken sind teuer, deshalb sind bei hohen Produktionsmengen die Kosten pro Chip niedriger.

4. Die technischen Entwicklungskosten sind hoch und größtenteils unabhängig von der Produktionsmenge. Somit sinken die Entwicklungskosten pro Die bei Teilen aus einer hohen Auflage.

5. Teile einer hohen Produktionsmenge haben in der Regel kleinere Die-Größen als Teile niedriger Produktionsmengen, und deshalb haben sie eine höhere Ausbeute pro Wafer.

1.6 Leistung

Die Leistungsbewertung von Computern kann relativ schwierig sein. Die Größenordnung und die Komplexität moderner Softwaresysteme sowie die umfassenden Techniken zur Leistungssteigerung, die von den Hardwaredesignern eingesetzt werden, haben die Leistungsbewertung noch viel schwieriger gemacht.

Will man zwischen mehreren unterschiedlichen Computern eine Auswahl treffen, ist die Leistung ein wichtiges Attribut. Tatsächlich sind die Bewertung und der Vergleich unterschiedlicher Computer kritisch für die Käufer und damit auch für die Designer. Das wissen auch die Computerverkäufer. Natürlich stellen die Verkäufer ihre Computer im bestmöglichen Licht dar. Manchmal kommt es jedoch vor, dass dieses Licht nicht die tatsächlichen Anforderungen des Käufers widerspiegelt. Bei der Auswahl eines Computers ist es also wichtig, zu verstehen, wie man die Leistung am besten bestimmt, und welche Grenzen die Leistungsmessung hat.

Der Rest dieses Abschnitts beschreibt verschiedene Methoden, wie Leistung bestimmt werden kann. Anschließend befassen wir uns mit Kennzahlen für die Leistungsmessung aus Perspektive sowohl eines Computerbenutzers als auch eines Designers. Wir untersuchen auch, wie diese Kennzahlen zusammenhängen, und stellen die klassische Gleichung für die Prozessorleistung vor, die wir im gesamten Buch verwenden werden.

Leistung definieren

Was meinen wir damit, wenn wir sagen, ein Computer hat eine bessere Leistung als ein anderer? Diese Frage scheint ganz einfach zu sein, aber eine Analogie mit Passagierflugzeugen verdeutlicht, wie entscheidend die Frage nach der Leistung sein kann. In Tabelle 1.3 sind für einige typische Passagierflugzeuge Reisegeschwindigkeit, Reichweite und Passagierkapazität angegeben. Wenn wir wissen wollen, welches der Flugzeuge aus dieser Tabelle die beste Leistung aufzeigt, müssen wir die Leistung zuerst definieren. Laut Tabelle ist die Concorde das Flugzeug mit der höchsten Reisegeschwindigkeit, die DC-8 ist das Flugzeug mit der größten Reichweite und die Boeing 747 ist das Flugzeug mit der größten Passagierkapazität.

Tab. 1.3: Passagierkapazität, Reichweite und Geschwindigkeit verschiedener Verkehrsflugzeuge. Die letzte Spalte zeigt die Geschwindigkeit, in der das Flugzeug Passagiere transportiert, nämlich die Passagierkapazität multipliziert mit der Reisegeschwindigkeit (wobei Reichweite sowie normale Start- und Landezeiten ignoriert werden).

Flugzeug	Passagier-kapazität	Reichweite (Meilen)	Reisegeschwindigkeit (mph)	Passagierdurchsatz (Passagiere $\times$ mph)
Boeing 777	375	4630	610	228 750
Boeing 747	470	4150	610	286 700
BAC/Sud Concorde	132	4000	1350	178 200
Douglas DC-8-50	146	8720	544	79 424

Angenommen, wir definieren Leistung im Sinne von Geschwindigkeit. Damit gibt es immer noch zwei mögliche Definitionen. Wir könnten das schnellste Flugzeug als dasjenige mit der höchsten Reisegeschwindigkeit definieren, also jenes, das einen einzigen Passagier innerhalb der kürzesten Zeit von einem Punkt an einen anderen bringt. Wenn Sie dagegen daran interessiert sind, 450 Passagiere von einem Punkt an einen anderen zu transportieren, ist offensichtlich die Boeing 747 die schnellste, wie die letzte Spalte der Tabelle zeigt. Analog dazu können wir auch die Computerleistung auf verschiedene Arten definieren.

Wenn Sie ein Programm auf zwei unterschiedlichen PCs ausführen, würden Sie sagen, dass derjenige Rechner der schnellere ist, auf dem das Programm am schnellsten ausgeführt wird. Bei einem Datenzentrum, in dem auf mehreren Servern Programme von mehreren Benutzern ausgeführt werden, würden Sie sagen, dass derjenige Rechner der schnellere ist, der die meisten Programme pro Tag ausführt. Als Einzelbenutzer von Computern sind Sie daran interessiert, die **Antwortzeit** oder **Ausführungszeit** zu reduzieren. Die Betreiber von Datenzentren sind häufig daran interessiert, den **Durchsatz** oder die **Bandbreite** zu steigern – die gesamte Arbeit, die innerhalb einer bestimmten Zeit erledigt werden kann. Wir brauchen also für eingebettete Computer und PCs, bei denen der Schwerpunkt eher auf der Antwortzeit liegt, andere Leistungskennzahlen und Benchmarks als für Server, wo es eher um den Durchsatz geht.

Antwortzeit oder **Ausführungszeit** Die Zeit, die der Computer insgesamt benötigt, um eine Aufgabe zu erledigen.

Durchsatz oder **Bandbreite** Ein weiteres Leistungsmaß. Die Anzahl der Aufgaben, die pro Zeiteinheit ausgeführt werden.

Beispiel: Durchsatz und Antwortzeiten

Kann man durch die folgenden Anpassungen den Durchsatz eines Computersystems steigern, die Antwortzeit senken oder beides?

1. Ersetzen des Prozessors durch eine schnellere Version
2. Hinzufügen zusätzlicher Prozessoren zu einem System, das mehrere Prozessoren für separate Aufgaben verwendet, beispielsweise für Websuchen

Lösung: Eine Senkung der Antwortzeit verbessert fast immer den Durchsatz.
Im ersten Fall werden deshalb sowohl die Antwortzeit als auch der Durchsatz
verbessert. Im zweiten Fall werden die einzelnen Aufgaben nicht schneller erledigt, so dass nur der Durchsatz steigt.

Wären jedoch die angeforderten Verarbeitungen im zweiten Fall fast so hoch
wie der Durchsatz, könnte das System gezwungen sein, Anfragen in eine Warteschlange zu stellen. In diesem Fall könnte der gesteigerte Durchsatz auch die
Antwortzeit verbessern, weil die Wartezeit in der Warteschlange reduziert würde. In vielen realen Computersystemen wirkt sich eine Veränderung der Ausführungszeit oder des Durchsatzes deshalb häufig auch auf die jeweils andere
Komponente aus.

Bei der Diskussion der Leistung von Computern beschäftigen wir uns in den
ersten Kapiteln hauptsächlich mit der Antwortzeit. Um die Leistung zu maximieren, wollen wir die Antwortzeit oder Ausführungszeit für eine Aufgabe
minimieren. Wir können also Leistung und Ausführungszeit für einen Computer X zueinander ins Verhältnis setzen:

$$\text{Leistung}_X = \frac{1}{\text{Ausführungszeit}_X}$$

Für zwei Computer X und Y, von denen X die größere Leistung hat, gilt also:

$$\frac{1}{\text{Ausführungszeit}_X} > \frac{1}{\text{Ausführungszeit}_Y}$$

$$\text{Ausführungszeit}_Y > \text{Ausführungszeit}_X$$

Die Ausführung dauert auf Y länger, wenn X die größere Leistung hat.

Bei der Diskussion eines Computerdesigns wollen wir häufig die Leistung
zweier unterschiedlicher Computer quantitativ vergleichen. Wir verwenden die
Aussage „X ist n-mal so schnell wie Y", d. h.

$$\frac{\text{Leistung}_X}{\text{Leistung}_Y} = n$$

Wenn X n-mal so schnell wie Y ist, ist die Ausführungszeit auf Y n-mal so
lang wie auf X:

$$\frac{\text{Leistung}_X}{\text{Leistung}_Y} = \frac{\text{Ausführungszeit}_Y}{\text{Ausführungszeit}_X} = n$$

Beispiel: Relative Leistung

Wenn Computer A ein Programm in 10 Sekunden ausführt, und Computer B dasselbe Programm in 15 Sekunden ausführt, um wie viel ist A dann schneller als B?

Lösung: Wir wissen, dass A n-mal so schnell ist wie B, wenn

$$\frac{\text{Leistung}_A}{\text{Leistung}_B} = \frac{\text{Ausführungszeit}_B}{\text{Ausführungszeit}_A} = n$$

Das Leistungsverhältnis ist also

$$\frac{10}{15} = 1{,}5$$

Aus diesem Grund ist A 1,5-mal so schnell wie B.

Im obigen Beispiel könnten wir auch sagen, dass der Computer B um den Faktor 1,5 langsamer ist als Computer A, weil

$$\frac{\text{Leistung}_A}{\text{Leistung}_B} = 1{,}5$$

bedeutet, dass

$$\frac{\text{Leistung}_A}{1{,}5} = \text{Leistung}_B$$

Der Einfachheit halber verwenden wir normalerweise den Begriff *schneller als*, wenn wir versuchen, Computer quantitativ zu vergleichen. Weil Leistung und Ausführungszeit sich reziprok zueinander verhalten, ist eine Steigerung der Leistung gleichbedeutend mit einer Senkung der Ausführungszeit. Um eine mögliche Verwechslung zwischen den Begriffen *Steigerung* und *Senkung* zu vermeiden, sagen wir normalerweise „Leistung verbessern" oder „Ausführungszeit verbessern", wenn wir „Leistung steigern" und „Ausführungszeit senken" meinen.

Leistung messen

Das Maß für die Computerleistung ist Zeit: Der Computer, der dieselbe Menge Arbeit in weniger Zeit ausführt, ist der schnellste. Die *Ausführungszeit* eines Programms wird in Sekunden pro Programm gemessen. Abhängig davon, was wir messen, kann jedoch Zeit unterschiedlich definiert sein. Die einfachste Definition der Zeit heißt *Uhrzeit*, *Antwortzeit* oder *vergangene Zeit*. Diese Begriffe bezeichnen die insgesamt benötigte Zeit, um eine Aufgabe auszuführen, inklusive Festplattenzugriffe, Speicherzugriffe, Ein-/Ausgabeaktivitäten, Zusatzaufwand durch das Betriebssystem – alles.

Computer werden jedoch häufig gemeinsam genutzt, und ein Prozessor muss möglicherweise mehrere Programme gleichzeitig ausführen. In diesen Fällen kann das System versuchen, den Durchsatz zu optimieren, statt die für ein Programm vergangene Zeit zu minimieren. Aus diesem Grund unterscheiden wir bei vielen Betrachtungen zwischen der vergangenen Zeit und der Zeit, wie lange der Prozessor für uns arbeitet.

CPU-Ausführungszeit oder CPU-Zeit Die tatsächliche Zeit, die die CPU für die Bearbeitung einer bestimmten Aufgabe benötigt.

Die **CPU-Ausführungszeit** oder einfach **CPU-Zeit**, die diesen Unterschied berücksichtigt, ist die Zeit, die die CPU für die Bearbeitung dieser Aufgabe benötigt. Sie beinhaltet keine Zeiten, die für das Warten auf Ein-/Ausgaben oder die Ausführung anderer Programme aufgewendet wurden. (Beachten Sie jedoch, dass die vom Benutzer wahrgenommene Antwortzeit die für die Programmausführung vergangene Zeit ist, nicht die CPU-Zeit.) Die CPU-Zeit kann weiter unterteilt werden in die im Programm verbrachte CPU-Zeit, die so genannte **Benutzer-CPU-Zeit**, und die im Betriebssystem verbrachte CPU-Zeit, die so genannte **System-CPU-Zeit**. Es ist schwierig, die Unterscheidung zwischen System- und Benutzer-CPU-Zeit präzise auszuführen, weil es häufig nicht ganz einfach ist, eine Betriebssystemaktivität einem bestimmten Benutzerprogramm zuzuordnen, und weil es häufig auch Funktionsunterschiede zwischen Betriebssystemen gibt.

Benutzer-CPU-Zeit Die CPU-Zeit, die innerhalb eines Programms aufgewendet wird.
System-CPU-Zeit Die CPU-Zeit, die für die Ausführung von Betriebssystemaufgaben für das Programm aufgewendet wird.

Um konsistent zu bleiben, unterscheiden wir weiter zwischen der Leistung, die auf vergangener Zeit basiert, und der Leistung, die auf der CPU-Ausführungszeit basiert. Wir verwenden den Begriff *Systemleistung*, um vergangene Zeit in einem nicht ausgelasteten System zu bezeichnen, und *CPU-Leistung*, um auf die Benutzer-CPU-Zeit zu verweisen. In diesem Kapitel geht es hauptsächlich um CPU-Leistung, obwohl unsere Diskussion, wie Leistung zusammengefasst werden kann, auf die Messungen sowohl vergangener Zeit als auch von CPU-Zeit angewendet werden kann.

Zur Programmperformanz

Der Einfluss der verschiedenen Leistungsaspekte eines Computersystems hängt auch von der Art der Anwendung ab. Viele Anwendungen, insbesondere solche, die auf Servern ausgeführt werden, sind ebenso von der Ein-/Ausgabeleistung abhängig, die wiederum sowohl von der Hardware als auch von der Software abhängig ist. Interessant ist die gesamte vergangene Zeit, gemessen mit einer Uhr. In einigen Anwendungsumgebungen geht es dem Benutzer möglicherweise um Durchsatz, Antwortzeit oder eine komplexe Kombination aus beidem (z. B. maximaler Durchsatz mit der schlechtesten möglichen Antwortzeit). Um die Leistung eines Programms zu verbessern, braucht man eine klare Definition, welche Leistungskennzahlen relevant sind. Anschließend muss man nach Leistungsengstellen suchen, indem die Programmausführung gemessen und auf die möglichen Engstellen geachtet wird. In den folgenden Kapiteln beschreiben wir, wie nach Engstellen zu suchen ist, und wie die Leistung in verschiedenen Systembereichen verbessert werden kann.

Obwohl wir als Computerbenutzer an der Zeit interessiert sind, ist es praktischer, andere Kennzahlen für die Leistungsbewertung zu verwenden. Insbesondere sollten die Computerdesigner einen Computer entwickeln, indem sie eine Kennzahl anwenden, die sich darauf bezieht, wie schnell die Hardware grundlegende Funktionen ausführen kann. Fast alle Computer werden unter Verwendung eines Taktgebers entwickelt, der festlegt, wann Ereignisse innerhalb der Hardware stattfinden. Diese diskreten Zeitintervalle werden als **Taktzyklen** (auch **Taktintervalle** oder einfach **Takte**) bezeichnet. Die Designer verwenden zur Charakterisierung eines Taktintervalls entweder die *Taktdauer*, d. h. die Zeit für einen vollständigen Taktzyklus (z. B. 250 Picosekunden), oder die *Taktfrequenz* (z. B. 4 Gigahertz oder 4 Gigahertz), also die Inverse der Taktdauer. Im nächsten Unterabschnitt formalisieren wir die Beziehung zwischen den Taktzyklen des Hardwaredesigners und den Sekunden des Computerbenutzers.

Taktzyklus Auch als **Taktintervall** oder einfach **Takt** bezeichnet. Die Zeit für ein Taktintervall, i. d. R. des Prozessortakts, der mit konstanter Geschwindigkeit läuft.

Selbsttest

1. Angenommen, wir wissen, dass eine Anwendung, die sowohl ein Mobilgerät als auch die Cloud benutzt, durch die Netzwerkleistung beschränkt ist. Geben Sie für die folgenden Anpassungen an, ob nur der Durchsatz verbessert wird, ob sowohl die Antwortzeit als auch der Durchsatz verbessert werden oder ob keines von beiden verbessert wird.

   a. Zwischen dem Mobilgerät und der Cloud wird ein zusätzlicher Netzwerkkanal eingefügt, so dass der Gesamtdurchsatz des Netzwerks zunimmt und die Verzögerungen für den Netzwerkzugriff reduziert werden (weil es jetzt zwei Kanäle gibt).

   b. Die Netzwerksoftware wird verbessert, was die Verzögerung der Netzwerkkommunikation reduziert, ohne den Durchsatz zu erhöhen.

   c. Dem Computer wird mehr Arbeitsspeicher hinzugefügt.

2. Computers C ist viermal so schnell wie Computer B, der eine bestimmte Anwendung innerhalb von 28 Sekunden ausführt. Wie lange braucht Computer C für diese Anwendung?

CPU-Leistung und ihre Parameter

Benutzer und Designer verwenden unterschiedliche Kennzahlen für die Leistungsbewertung. Wenn wir diese verschiedenen Kennzahlen in ein Verhältnis stellen könnten, könnten wir die Wirkung einer Entwurfsänderung auf die Leistung bestimmen, wie sie vom Benutzer wahrgenommen wird. Weil wir uns an dieser Stelle auf die CPU-Leistung beschränken, ist der Maßstab für die Leistung die CPU-Ausführungszeit. Eine einfache Formel stellt die grundlegenden Kennzahlen (Taktzyklen und Taktdauer) in ein Verhältnis zur CPU-Zeit:

$$\text{CPU-Zeit} = \text{Anzahl der CPU-Taktzyklen} \times \text{Taktdauer}$$

Weil Taktfreqenz und Taktdauer invers zueinander sind, gilt alternativ

$$\text{CPU-Zeit} = \frac{\text{Anzahl der CPU-Taktzyklen}}{\text{Taktfrequenz}}$$

Diese Formel verdeutlicht, dass der Hardwaredesigner die Leistung verbessern kann, indem er die Anzahl der Takte reduziert, die für ein Programm erforderlich sind, oder indem er die Taktdauer reduziert. Wie wir noch sehen werden, muss der Designer oft abwägen zwischen der Anzahl der für ein Programm benötigten Taktzyklen und der Taktdauer. Viele Methoden, die die Anzahl der Taktzyklen senken, erhöhen möglicherweise gleichzeitig die Taktdauer.

Beispiel: Leistung verbessern

Unser Lieblingsprogramm wird auf Computer A innerhalb von 10 Sekunden ausgeführt, der eine Taktfrequenz von 2 GHz hat. Wir versuchen, einem Computerdesigner beim Bau eines Computers B zu helfen, der dieses Programm in 6 Sekunden ausführen soll. Der Designer hat festgestellt, dass eine deutliche Steigerung der Taktfrequenz möglich ist, aber diese Steigerung wirkt sich auf das restliche CPU-Design aus und führt dazu, dass Computer B 1,2-mal so viele Taktzyklen wie Computer A für dieses Programm benötigt. Zu welcher Taktfrequenz sollten wir dem Designer raten?

Lösung: Zuerst betrachten wir die Anzahl der Taktzyklen, die für das Programm auf A erforderlich sind:

$$\text{CPU-Zeit}_A = \frac{\text{CPU-Taktzyklen}_A}{\text{Taktfrequenz}_A}$$

$$10 \text{ Sekunden} = \frac{\text{CPU-Taktzyklen}_A}{2 \times 10^9 \dfrac{\text{Zyklen}}{\text{Sekunde}}}$$

$$\text{CPU-Taktzyklen}_A = 10 \text{ Sekunden} \times 2 \times 10^9 \frac{\text{Zyklen}}{\text{Sekunde}} = 20 \times 10^9 \text{ Zyklen}$$

Die CPU-Zeit für B kann nach der folgenden Gleichung ermittelt werden:

$$\text{CPU-Zeit}_B = \frac{1{,}2 \times \text{CPU-Taktzyklen}_A}{\text{Taktfrequenz}_B}$$

$$6 \text{ Sekunden} = \frac{1{,}2 \times 20 \times 10^9 \text{ Zyklen}}{\text{Taktfrequenz}_B}$$

$$\text{Taktfrequenz}_B = \frac{1{,}2 \times 20 \times 10^9 \text{ Zyklen}}{6 \text{ Sekunden}} = \frac{0{,}2 \times 20 \times 10^9 \text{ Zyklen}}{\text{Sekunde}}$$

$$= \frac{4 \times 10^9 \text{ Zyklen}}{\text{Sekunde}} = 4 \text{ GHz}$$

Um das Programm in 6 Sekunden auszuführen, muss B die doppelte Taktfrequenz von A erhalten.

Befehlsleistung

Die obigen Gleichungen für die Leistung enthalten keinerlei Hinweis auf die Anzahl der Befehle, die für das Programm benötigt werden. Weil der Compiler jedoch offensichtlich auszuführende Befehle erzeugt hat und der Computer die Befehle für die Ausführung des Programms abarbeiten musste, muss die Ausführungszeit von der Anzahl der Befehle in einem Programm abhängig sein. Man kann sich die Ausführungszeit auch gleich der Anzahl der ausgeführten Befehle multipliziert mit der durchschnittlichen Zeit pro Befehl vorstellen. Die Anzahl der für ein Programm benötigten Taktzyklen kann also auch dargestellt werden als

CPU-Taktzyklen = Befehle für ein Programm
$\times$ Durchschnittliche Taktzyklen pro Befehl

Die Größe **CPI** (Clock Cycles Per Instruction) gibt die durchschnittliche Anzahl der Taktzyklen an, die für die Ausführung eines Befehls erforderlich sind. Weil unterschiedliche Befehle unterschiedlich lang dauern können, abhängig davon, was sie erledigen, ist CPI ein Mittelwert über alle im Programm ausgeführten Befehle. CPI stellt eine Möglichkeit dar, zwei verschiedene Implementierungen derselben Befehlssatzarchitektur zu vergleichen, weil die Anzahl der für ein Programm ausgeführten Befehle natürlich gleich bleibt.

CPI Durchschnittliche Anzahl der Taktzyklen pro Befehl für ein Programm oder einen Programmabschnitt.

Beispiel: Anwendung der Leistungsgleichung

Angenommen, wir haben zwei Implementierungen derselben Befehlssatzarchitektur. Computer A hat eine Taktdauer von 250 ps und einen CPI-Wert von 2,0 für ein bestimmtes Programm. Computer B hat eine Taktdauer von 500 ps und einen CPI von 1,2 für dasselbe Programm. Welcher Computer ist für dieses Programm schneller und um wie viel?

Lösung: Wir wissen, dass jeder Computer dieselbe Anzahl an Befehlen für das Programm ausführt, sagen wir I. Zunächst bestimmen wir die Anzahl der CPU-Taktzyklen für jeden Computer:

$$\text{CPU-Taktzyklen}_A = I \times 2,0$$
$$\text{CPU-Taktzyklen}_B = I \times 1,2$$

Dann berechnen wir die CPU-Zeit für Computer A:

$$\text{CPU-Zeit}_A = \text{CPU-Taktzyklen}_A \times \text{CPU-Taktzykluszeit}$$
$$= I \times 2,0 \times 250\,\text{ps} = 500 \times I\,\text{ps}$$

und entsprechend für B:

$$\text{CPU-Zeit}_B = I \times 1,2 \times 500\,\text{ps} = 600 \times I\,\text{ps}$$

Offensichtlich ist Computer A schneller. Um wie viel er schneller ist, ist durch das Verhältnis der Ausführungszeiten gegeben:

$$\frac{\text{CPU-Leistung}_A}{\text{CPU-Leistung}_B} = \frac{\text{Ausführungszeit}_B}{\text{Ausführungszeit}_A} = \frac{600 \times I\,\text{ps}}{500 \times I\,\text{ps}} = 1{,}2$$

Wir können daraus schließen, dass Computer A für dieses Programm 1,2-mal schneller als Computer B ist.

Die klassische Gleichung für die CPU-Leistung

Befehlszähler Die Anzahl der durch das Programm ausgeführten Befehle.

Jetzt können wir diese grundlegende Gleichung unter Verwendung des **Befehlszählers** (Anzahl der durch das Programm ausgeführten Befehle), den CPI und die Taktdauer schreiben:

CPU-Zeit = Befehlszähler × CPI × Taktdauer.

Weil die Taktfrequenz das Inverse der Taktdauer ist, erhalten wir:

$$\text{CPU-Zeit} = \frac{\text{Befehlszähler} \times \text{CPI}}{\text{Taktfrequenz}}$$

Diese Formeln sind vor allem deshalb praktisch, weil sie die drei Leistungsparameter voneinander trennen. Wir können diese Formeln nutzen, um zwei verschiedene Implementierungen zu vergleichen oder um eine Designalternative zu bewerten, wenn wir ihren Einfluss auf diese Parameter kennen.

Beispiel: Codesegmente vergleichen

Ein Compilerentwickler versucht, sich zwischen zwei Codesequenzen für einen bestimmten Computer zu entscheiden. Die Hardwaredesigner haben die folgenden Fakten vorgegeben:

	CPI für jede Befehlsklasse		
	A	B	C
CPI	1	2	3

Für einen Befehl einer höheren Programmiersprache betrachtet der Compiler-Entwickler zwei Codesequenzen, die die folgenden Befehlszähler benötigen:

	CPI für jede Befehlsklasse		
Codesequenz	A	B	C
1	2	1	2
2	4	1	1

Welche Codesequenz führt die meisten Befehle aus? Welche ist schneller? Welchen CPI haben die beiden Sequenzen?

Lösung: Sequenz 1 führt $2 + 1 + 2 = 5$ Befehle aus. Sequenz 2 führt $4 + 1 + 1 = 6$ Befehle aus. Sequenz 1 führt also weniger Befehle aus. Wir können die Gleichung anwenden, die die Zahl der CPU-Taktzyklen, den Befehlszähler und den CPI verbindet, um die Gesamtzahl der Taktzyklen für jede Sequenz zu bestimmen:

$$\text{CPU-Taktzyklen} = \sum_{i=1}^{n} (\text{CPI}_i \times \text{C}_i)$$

Damit ergibt sich

$$\text{CPU-Taktzyklen}_1 = (2 \times 1) + (1 \times 2) + (2 \times 3) = 2 + 2 + 6 = 10$$

$$\text{CPU-Taktzyklen}_2 = (4 \times 1) + (1 \times 2) + (1 \times 3) = 4 + 2 + 3 = 9$$

Codesequenz 2 ist also schneller, obwohl sie einen zusätzlichen Befehl ausführt. Weil Codesequenz 2 insgesamt weniger Taktzyklen benötigt, aber mehr Befehle enthält, muss sie einen niedrigeren CPI haben. Die CPI-Werte können folgendermaßen berechnet werden:

$$\text{CPI} = \frac{\text{CPU-Taktzyklen}}{\text{Befehlszähler}}$$

$$\text{CPI}_1 = \frac{\text{CPU-Taktzyklen}_1}{\text{Befehlszähler}_1} = \frac{10}{5} = 2,0$$

$$\text{CPI}_2 = \frac{\text{CPU-Taktzyklen}_2}{\text{Befehlszähler}_2} = \frac{9}{6} = 1,5$$

Grundwissen

Tabelle 1.4 zeigt die grundlegenden Messungen auf unterschiedlichen Ebenen im Computer und was dabei jeweils gemessen wird. Wir sehen, wie diese Faktoren zu kombinieren sind, um die Ausführungszeit in Sekunden pro Programm zu erhalten:

$$\text{Zeit} = \text{Sekunden/Programm}$$

$$= \frac{\text{Befehle}}{\text{Programm}} \times \frac{\text{Taktzyklen}}{\text{Befehl}} \times \frac{\text{Sekunden}}{\text{Taktzyklus}}$$

Denken Sie immer daran, dass das einzige vollständige und zuverlässige Maß für Computerleistung die Zeit ist. Ändert man beispielsweise den Befehlssatz, um den Befehlszähler zu verringern, kann das zu einer Konstellation mit längerer Taktdauer oder höherem CPI führen, die die Verbesserungen im Befehlssatz zunichtemacht. Entsprechend muss der Code, der die wenigsten Befehle ausführt, nicht unbedingt der schnellste sein, weil der CPI von der Art der ausgeführten Befehle abhängig ist.

Tab. 1.4: Die grundlegenden Leistungsparameter und wie sie gemessen werden.

Leistungsparameter	Maßeinheit
CPU-Ausführungszeit für ein Programm	Sekunden für das Programm
Befehlszähler	für das Programm ausgeführte Befehle
Taktzyklen pro Befehl (CPI)	durchschnittliche Anzahl Taktzyklen pro Befehl
Taktdauer	Sekunden pro Taktzyklus

Wie können wir den Wert dieser Faktoren in der Leistungsgleichung bestimmen? Wir können die CPU-Ausführungszeit messen, indem wir das Programm ausführen, und die Taktdauer wird normalerweise in der Dokumentation des Computers angegeben. Der Befehlszähler und der CPI sind womöglich schwieriger zu bestimmen. Wenn wir aber die Taktfrequenz und die CPU-Ausführungszeit kennen, brauchen wir nur entweder den Befehlszähler oder den CPI, um das jeweils andere zu bestimmen.

Den Befehlszähler können wir mit Hilfe von Softwarewerkzeugen messen, die die Ausführung nachbilden, oder durch Verwendung eines Simulators für die Architektur. Alternativ können wir Hardwarezähler verwenden, die in den meisten Prozessoren enthalten sind, um die unterschiedlichsten Messungen aufzuzeichnen, unter anderem die Anzahl der ausgeführten Befehle, den durchschnittlichen CPI und häufig auch die Ursachen für einen Leistungsverlust. Weil der Befehlszähler von der Architektur, aber nicht von der genauen Implementierung abhängig ist, können wir den Befehlszähler messen, ohne alle Details der Implementierung zu kennen. Der CPI dagegen ist von zahlreichen Designdetails im Computer abhängig, unter anderem sowohl vom Speichersystem als auch vom Prozessoraufbau (wie wir in den Kapiteln 4 und 5 noch sehen werden), ebenso wie von der Mischung der in einer Anwendung ausgeführten Befehlsarten. Der CPI variiert deshalb in Abhängigkeit von der Anwendung, ebenso wie zwischen verschiedenen Implementierungen mit demselben Befehlssatz.

Das obige Beispiel zeigt, wie irreführend es sein kann, nur einen einzigen Parameter (den Befehlszähler) für die Leistungsbewertung heranzuziehen. Beim Vergleich von zwei Computern müssen Sie alle drei Parameter berücksichtigen, die in ihrer Kombination die Ausführungszeit bilden. Wenn einige Parameter identisch sind, wie etwa im obigen Beispiel die Taktfrequenz, kann die Leistung bestimmt werden, indem alle nicht identischen Parameter verglichen werden. Weil der CPI abhängig vom **Befehlsmix** variiert, müssen sowohl Befehlszähler als auch CPI verglichen werden, selbst wenn die Taktfrequenzen identisch sind. In mehreren Aufgaben am Ende dieses Kapitels werden Sie verschiedene Verbesserungen am Computer und am Compiler bewerten, die sich auf Taktfrequenz, CPI und Befehlszähler auswirken. In Abschnitt 1.10 untersuchen wir ein allgemeines Leistungsmaß, das nicht alle Komponenten beinhaltet und deshalb irreführend sein kann.

Befehlsmix Ein Maß für die dynamische Frequenz der Befehle innerhalb eines oder mehrerer Programme.

Zur Programmperformanz

Die Performanz eines Programms ist vom Algorithmus, der Sprache, dem Compiler, der Architektur und der verwendeten Hardware abhängig. Die folgende Liste fasst zusammen, wie sich diese Komponenten auf die Parameter in der CPU-Leistungsgleichung auswirken.

Algorithmus Der Algorithmus hat Auswirkungen auf den Befehlszähler und möglicherweise den CPI. Er bestimmt die Anzahl der im Quellprogramm auszuführenden Befehle und damit die Anzahl der ausgeführten Prozessorbefehle. Der Algorithmus kann sich auch auf den CPI auswirken, indem er langsamere oder schnellere Befehle favorisiert. Verwendet der Algorithmus beispielsweise mehr Gleitkommaoperationen, hat er im Allgemeinen einen höheren CPI.

Programmiersprache Die Programmiersprache wirkt sich auf den Befehlszähler und den CPI aus. Zum einen werden die Anweisungen der Programmiersprache in Prozessorbefehle übersetzt, die wiederum den Befehlszähler bestimmen. Zum anderen kann sich die Sprache auch aufgrund ihrer Funktionen auf den CPI auswirken; beispielsweise verursacht eine Sprache mit einer sehr hohen Datenabstraktion (z. B. Java) indirekte Aufrufe, die Befehle mit höherem CPI verwenden.

Compiler Die Effizienz des Compilers wirkt sich sowohl auf den Befehlszähler als auch auf den durchschnittlichen CPI aus, weil der Compiler die Übersetzung der Programmbefehle in Computerbefehle bestimmt. Die Rolle des Compilers kann sehr komplex sein und sich auf komplexe Weise auf den CPI auswirken.

Befehlssatzarchitektur Der Befehlssatz wirkt sich auf alle drei Parameter der CPU-Leistung (Befehlszähler, Taktfrequenz, CPI) aus. Er beeinflusst, welche Befehle für eine Funktion benötigt werden, wie viele Zyklen für jeden Befehl nötig sind und welche allgemeine Taktfrequenz der Prozessor hat.

Anmerkungen: 1) Sie erwarten vielleicht, dass der Mindestwert für den CPI gleich 1,0 ist, wie wir in Kapitel 4 zeigen werden. Doch einige Prozessoren laden mehrere Befehle pro Taktzyklus und führen diese aus. Um diesen Ansatz zu berücksichtigen, kehren einige Designer den CPI um und sprechen von IPC (Instructions Per Clock Cycle), also Befehle pro Taktzyklus. Wenn ein Prozessor durchschnittlich 2 Befehle pro Taktzyklus ausführt, hat er den IPC-Wert 2 und damit einen CPI von 0,5.

2) Traditionell ist die Taktdauer eine feste Größe, jedoch sind moderne Prozessoren in der Lage, ihre Taktfrequenz zu variieren, um entweder Energie zu sparen oder die Leistung temporär zu steigern. Für ein Programm müssen wir daher die *mittlere* Taktfrequenz verwenden. Beispielweise erhöht der Intel Core i7 die Taktfreqenz um ca. 10 %, bis der Chip zu heiß wird. Intel nennt dies den *Turbo Mode*.

Selbstest

Eine in Java geschriebene Applikation wird auf einem PC-Prozessor in 15 Sekunden ausgeführt. Ein neuer Java-Compiler wird veröffentlicht, der nur 0,6-mal so viele Befehle wie der alte Compiler benötigt. Leider erhöht er den CPI um 1,1. Welche Ausführungszeit können wir für die Applikation erwarten, wenn der neue Compiler verwendet wird? Wählen Sie die richtige Antwort aus den folgenden drei Möglichkeiten aus:

a. $\dfrac{15 \times 0,6}{1,1} = 8,2\,\text{s}$

b. $15 \times 0,6 \times 1,1 = 9,9\,\text{s}$

c. $\dfrac{15 \times 1,1}{0,6} = 27,5\,\text{s}$

1.7 Die Hürde des Stromverbrauchs

Abbildung 1.12 zeigt die Steigerungen der Taktfrequenz und des Stromverbrauchs von acht Generationen Intel-Mikroprozessoren im Verlaufe von 30 Jahren. Sowohl die Taktfreqenz als auch der Stromverbrauch sind jahrzehntelang steil angestiegen, doch seit einigen Jahren flachen die Kurven ab. Sie sind gemeinsam so stark angewachsen, weil sie miteinander zusammenhängen, und der Grund für die jüngste Abflachung ist, dass wir aufgrund der Kühlung von handelsüblichen Mikroprozessoren an der praktischen Grenze für den Stromverbrauch angekommen sind.

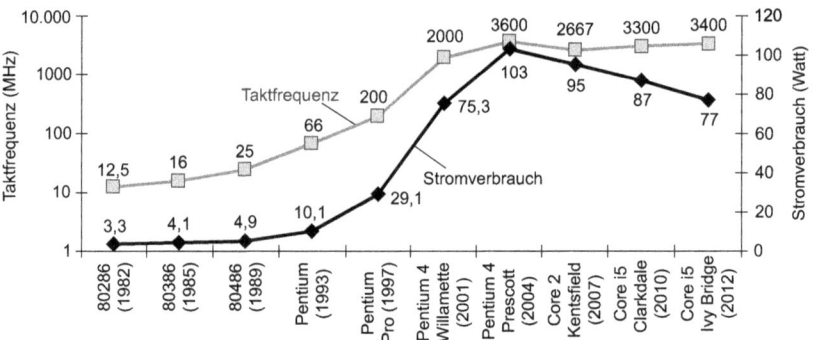

Abb. 1.12: Taktfrequenz und Stromverbrauch für die Intel x86-Mikroprozessoren für acht Generationen innerhalb von 30 Jahren. Der Pentium 4 hat einen dramatischen Sprung bei der Taktfrequenz und beim Stromverbrauch gemacht, weniger dagegen in Hinblick auf die Rechenleistung. Die thermischen Probleme des Prescott führten zur Einstellung der Pentium-4-Serie. Die Core-2-Serie geht auf eine einfachere Pipeline mit niedrigeren Taktfrequenzen und mehreren Prozessoren pro Chip zurück. Die Core-i5-Pipelines folgen dieser Entwicklung.

Während der Stromverbrauch dem Kühlen eine Grenze setzt, ist in der Post-PC-Ära die Energie die kritische Größe. Die Akkulaufzeit kann bei Smartphones die Leistung dominieren, und die Architekten von Warehouse Scale Computern versuchen, die Kosten für die Stromversorgung und das Kühlen von 100 000 Servern zu reduzieren, da die Kosten bei diesen Größenordnungen sehr hoch sind. So wie das Messen der Zeit in Sekunden ein besseres Maß für die Performanz eines Programms ist als eine Rate wie MIPS (Abschnitt 1.10), ist die Energie in Joule ein besseres Maß als die Leistung in Watt.

Die vorherrschende Technologie für integrierte Schaltkreise heißt CMOS (Complementary Metal Oxide Semiconductor). Bei CMOS ist die primäre Ursache für den Energieverlust die so genannte dynamische Energie – d. h. Energie, die verbraucht wird, wenn Transistoren von 0 auf 1 und umgekehrt umschalten. Die dynamische Energie hängt von der kapazitiven Last jedes Transistors sowie von der angelegten Spannung ab:

$$\text{Energie} \propto \text{kapazitive Last} \times \text{Spannung}^2$$

Diese Gleichung beschreibt die Energie eines Pulses während des logischen Übergangs $0 \rightarrow 1 \rightarrow 0$ oder $1 \rightarrow 0 \rightarrow 1$. Die Energie eines einzelnen Übergangs ist dann

$$\text{Energie} \propto \frac{1}{2} \times \text{kapazitive Last} \times \text{Spannung}^2$$

Die pro Transistor erforderliche Leistung ist einfach das Produkt aus der Energie eines Übergangs und der Frequenz der Schaltvorgänge:

$$\text{Leistung} \propto \frac{1}{2} \times \text{kapazitive Last} \times \text{Spannung}^2 \times \text{Schaltfrequenz}$$

Die Schaltfrequenz ist eine Funktion der Taktfrequenz. Die kapazitive Last pro Transistor ist eine Funktion der mit einem Ausgang verbundenen Transistoren (auch *Ausgangsverzweigung* genannt) sowie von der Technologie, die die Kapazität der Drähte und Transistoren bestimmt.

Wie ist es unter Berücksichtigung von Abbildung 1.12 möglich, dass die Taktfrequenz um den Faktor 1000 ansteigt, der Stromverbrauch jedoch nur um den Faktor 30? Die Energie und somit der Stromverbrauch kann durch Senkung der Spannung reduziert werden, was in jeder neuen Technologiegeneration stattgefunden hat, und der Stromverbrauch ist eine Funktion der quadrierten Spannung. In der Regel wurde die Spannung pro Generation um 15 % reduziert. Innerhalb von 20 Jahren sind die Spannungen von 5 V auf 1 V gesunken, weshalb der Stromverbrauch nur um das 30-Fache stieg.

Beispiel: Relativer Stromverbrauch

Angenommen, wir haben einen neuen, einfacheren Prozessor entwickelt, der 85 % der kapazitiven Last des komplexeren älteren Prozessors aufweist. Darüber hinaus wollen wir davon ausgehen, dass er eine einstellbare Spannung

besitzt, so dass er die Spannung im Vergleich zu Prozessor B um 15 % reduzieren kann, wodurch die Frequenz um 15 % sinkt. Welchen Einfluss hat dies
auf den dynamischen Stromverbrauch?

Lösung:

$$\frac{\text{Leistung}_{neu}}{\text{Leistung}_{alt}} = \frac{\left(\text{kap. Last}\times 0{,}85\right)\left(\text{Spannung}\times 0{,}85^2\right)\times\left(\text{Frequenz}\times 0{,}85\right)}{\text{kap. Last}\times\text{Spannung}^2\times\text{Frequenz}}$$

Damit ist das Verhältnis des Stromverbrauchs $0{,}85^4 = 0{,}52$; d. h., der neue
Prozessor verbraucht etwa halb so viel Strom wie der alte Prozessor.

Das Problem heute ist, dass eine weitere Senkung der Spannung anscheinend
Lecks in den Transistoren verursacht, wie bei einem Wasserhahn, der nicht
vollständig geschlossen werden kann. Selbst heute werden 40 Prozent des
Stromverbrauchs durch Leckströme verursacht. Wenn die Transistoren plötzlich noch mehr lecken würden, könnte der gesamte Prozess schwer in den Griff
zu bekommen sein.

Um das Problem des Stromverbrauchs anzugehen, haben die Designer bereits große Geräte angebracht, um die Kühlung zu verbessern, und sie schalten
Teile des Chips ab, die innerhalb eines bestimmten Taktzyklus nicht benötigt
werden. Es gibt zahlreiche aufwändigere Verfahren, Chips zu kühlen und die
für sie mögliche Leistungsaufnahme dadurch beispielsweise auf 300 Watt zu
steigern, aber diese Verfahren sind zu teuer für PCs.

Als die Computerdesigner vor der Hürde des Stromverbrauchs standen,
brauchten sie eine völlig neue Methode, um eine Weiterentwicklung zu erreichen. Sie beschlossen, die Mikroprozessoren nicht mehr wie in den 30 Jahren
zuvor zu entwickeln, sondern einen anderen Weg zu gehen.

Anmerkungen: 1) Obwohl der dynamische Stromverbrauch die primäre Ursache für Verlustleistung im CMOS ist, tritt auch eine statische Verlustleistung
auf, weil die Leckströme sogar fließen, wenn der Transistor ausgeschaltet ist.
Wie oben erwähnt, war die Verlustleistung im Jahr 2008 für 40 Prozent des
Stromverbrauchs verantwortlich. Mit der Verwendung von mehr Transistoren
nimmt auch die Verlustleistung zu, selbst wenn die Transistoren immer ausgeschaltet sind. Es werden die unterschiedlichsten Designtechniken und technologischen Innovationen eingesetzt, um die Verlustleistung zu kontrollieren,
aber es ist schwierig, die Spannung weiter zu verringern.

2) Der Stromverbrauch ist aus zwei Gründen eine Herausforderung beim Entwurf von Chips. Erstens muss die aufgenommene Leistung auf dem Chip verteilt werden. Moderne Mikroprozessoren haben Hunderte von Pins allein für
Leistungsaufnahme und Masse! Zweitens wird Energie in Form von Wärme
dissipiert und muss abgeleitet werden. Serverchips können mehr als 100 Watt
verbrennen, weshalb das Kühlen des Chips und seiner Umgebung ein wesentlicher Kostenfaktor bei Warehouse Scale Computern ist (siehe Kapitel 6).

1.8 Eine grundlegende Veränderung: Der Wechsel von Einzelprozessoren zu Multiprozessoren

Die Hürde des Stromverbrauchs hat – was das Design von Mikroprozessoren betrifft – einen dramatischen Wandel erzwungen. Abbildung 1.13 zeigt die Verbesserungen der Antwortzeiten bei PC-Mikroprozessen im Laufe der Zeit. Seit 2002 hat sich die Geschwindigkeit von einem Faktor von 1,5 pro Jahr auf einen Faktor von weniger als 1,2 pro Jahr verringert.

Statt die Antwortzeit eines einzelnen Programms auf dem Einzelprozessor weiter zu senken, verkauften ab 2006 alle PC- und Serveranbieter Mikroprozessoren mit mehreren Prozessoren pro Chip, wobei der Vorteil häufiger ein höherer Durchsatz und nicht eine verbesserte Antwortzeit ist. Um die Verwirrung um die Begriffe Prozessor und Mikroprozessor zu umgehen, bezeichneten die Unternehmen die Prozessoren als „Cores", und solche Mikroprozessoren werden generisch als Multicore-Prozessoren bezeichnet. Ein „Quadcore"-Prozessor ist also ein Chip mit vier Prozessoren oder Cores.

Bis jetzt war die meiste Software wie [Musik], die für einen Solisten geschrieben wurde. Mit der aktuellen Generation von Chips werden wir erste Erfahrungen mit Duetten und Quartetten und anderen Stücken für kleine Ensemble sammeln; aber das Komponieren eines Werkes für großes Orchester und Chor ist eine Herausforderung von anderer Qualität.

Brian Hayes, *Computing in a Parallel Universe*, 2007

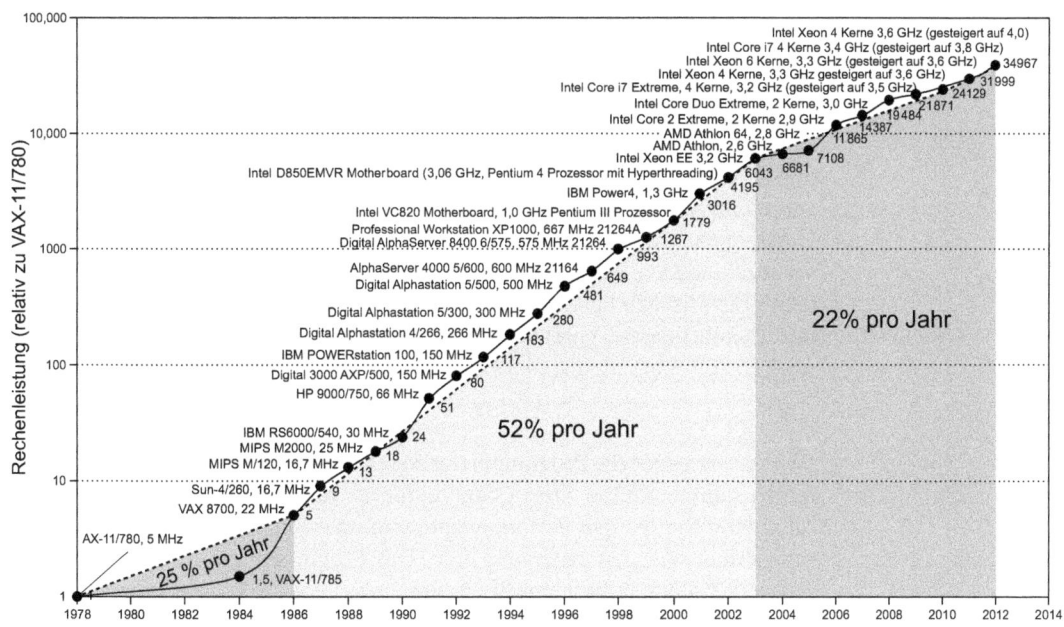

Abb. 1.13: Zunahme der Prozessorrechenleistung seit Mitte der 1980er-Jahre. Das Diagramm zeigt die Rechenleistung im Vergleich zur VAX 11/780, gemessen anhand der SPECint-Benchmarks (siehe Abschnitt 1.10). Vor Mitte der 1980er-Jahre war die Zunahme der Prozessorrechenleistung größtenteils technologiegesteuert und betrug durchschnittlich 25 % pro Jahr. Die Wachstumszunahme auf etwa 52 % seit diesem Zeitpunkt ist neuen Architekturkonzepten zu verdanken. Die gestiegene jährliche Leistungsverbesserung seit Mitte der 1980er-Jahre bedeutet, dass die Leistung im Jahr 2002 um den Faktor 7 größer war, als sie es bei einer Leistungsverbesserung von weiterhin 25 % gewesen wäre. Die Rechenleistung für Gleitkommaberechnungen hat noch schneller zugenommen. Seit 2002 haben die Hürde des Stromverbrauchs, die Verfügbarkeit von Parallelität auf Befehlsebene und die lange Speicherlatenz die Zunahme der Rechenleistung von Einzelprozessoren auf etwa 22 % pro Jahr verlangsamt.

In der Vergangenheit konnten sich die Programmierer auf Innovationen bei Hardware, Architektur und Compilern verlassen, die die Performanz ihrer Programme alle 18 Monate verdoppelten, ohne dass sie eine Zeile Code neu schreiben mussten. Heute müssen Programmierer ihre Programme umschreiben, um die Mehrfachprozessoren zu nutzen, wenn sie eine wesentliche Verbesserung der Antwortzeit erzielen wollen. Darüber hinaus müssen Programmierer die Performanz ihrer Codes angesichts der Verdopplung der Cores weiterhin optimieren, wenn sie die historischen Werte der Leistungsverbesserung auf neuen Mikroprozessoren weiterhin erreichen wollen.

Um zu verdeutlichen, wie Software- und Hardwaresysteme Hand in Hand arbeiten, verwenden wir in diesem Buch spezielle Abschnitte mit der Überschrift *Hardware-Software-Schnittstelle*. Hier der erste dieser Abschnitte.

Hardware-Software-Schnittstelle

PARALLELITÄT

PIPELINING

Parallelität war immer schon kritisch für die Programmierleistung, aber oft blieb sie verborgen. Kapitel 4 erklärt das **Pipelining**, ein elegantes Konzept, das Programme schneller macht, indem sie die Befehlsausführungen überlappen lässt. Dies ist ein Beispiel für Parallelität auf Befehlsebene, wobei die parallele Natur der Hardware außer Acht gelassen wird, so dass sich Programmierer und Compiler die Hardware so vorstellen können, als würde sie die Befehle sequentiell ausführen.

Die Forderung, dass die Programmierer die Parallelität der Hardware ausnutzen und ihre Programme explizit umschreiben sollten, damit diese parallel verarbeitet werden können, war das „Tabu" der Computerarchitektur, weil alle Unternehmen, die in der Vergangenheit auf einen solchen Paradigmenwechsel gezählt hatten, gescheitert waren (siehe Abschnitt 6.15, online). Angesichts dieser historischen Perspektive ist es erstaunlich, dass die gesamte IT-Industrie ihre Zukunft darauf gesetzt hat, dass die Programmierer irgendwann erfolgreich auf die explizite parallele Programmierung umsteigen würden.

Warum war es für die Programmierer so schwierig, explizit parallele Programme zu schreiben? Der erste Grund dafür ist, dass die parallele Programmierung definitionsgemäß Performanzprogrammierung ist, wodurch es sehr viel schwieriger wird, zu programmieren. Das Programm muss nicht nur korrekt sein, ein wichtiges Problem lösen und eine sinnvolle Schnittstelle zu Benutzern oder anderen Programmen aufweisen, sondern es muss auch schnell sein. Andernfalls brauchen Sie keine Performanz und können einfach ein sequentielles Programm schreiben.

Der zweite Grund ist, dass „schnell" für parallele Hardware bedeutet, dass der Programmierer eine Anwendung so in Teilaufgaben gliedern muss, dass alle Prozessoren zu jedem Zeitpunkt etwa gleich viel zu tun haben und dass der Koordinationsaufwand die möglichen Leistungsvorteile durch Parallelität nicht aufzehrt.

Betrachten wir eine Analogie: Die Aufgabe besteht darin, einen Zeitungs-artikel zu schreiben. Acht Journalisten arbeiten an derselben Geschichte und könnten theoretisch den Artikel achtmal so schnell schreiben wie einer allein. Um diese Beschleunigung tatsächlich zu erreichen, müsste man die Aufgabe so zerlegen, dass jeder Journalist gleichzeitig etwas bearbeiten kann. Wir müssten also die Teilaufgaben planen und zuordnen. Wenn etwas schief geht und nur ein Journalist länger braucht als die sieben anderen, sind die Vorteile durch die Aufteilung in acht Teilaufgaben dahin. Wir müssen also die *Last gleichmäßig ausbalancieren*, um die gewünschte Beschleunigung zu erhalten. Ein weite-res Problem ergibt sich, wenn die Journalisten viel Zeit aufwenden müssten, um sich beim Schreiben ihrer jeweiligen Textabschnitte abzustimmen. Es wä-re auch fatal, wenn ein Teil des Artikels, wie beispielsweise das Fazit, nicht geschrieben werden könnte, bis alle anderen Teile fertig sind. Es muss also sorgfältig darauf geachtet werden, den *Zusatzaufwand für die Kommunikation und die Synchronisation zu reduzieren*. Sowohl bei dieser Analogie als auch bei der parallelen Programmierung müssen folgende Aufwände einkalkuliert werden: Planung und Zuordnung der Teilaufgaben, Lastausgleich, Synchroni-sierung und Kommunikation zwischen allen Beteiligten. Wie Sie sich denken können, ist die Herausforderung um so größer, je mehr Journalisten an einem Artikel arbeiten bzw. je mehr Prozessoren für die parallele Programmierung eingesetzt werden.

Um diesen grundsätzlichen technologischen Wandel aufzuzeigen, widmen wir in den folgenden Kapiteln mehrere Abschnitte den Auswirkungen der par-allelen Revolution:

- *Abschnitt 2.11: Parallelität und Befehle: Synchronisierung.* Normalerweise müssen sich unabhängige parallele Aufgaben immer wieder koordinieren, um sich beispielsweise mitzuteilen, wann sie ihre Arbeit abgeschlossen ha-ben. Dieses Kapitel erklärt die Befehle, die Multicore-Prozessoren für die Synchronisierung von Aufgaben verwenden.

- *Abschnitt 3.6: Parallelität und Computerarithmetik: Subwort-Parallelität.* Bei der vielleicht einfachsten Form der Parallelität, die man konstruieren kann, werden Elemente parallel berechnet, so wie beim Multiplizieren zwei-er Vektoren. Bei der Subwort-Parallelität werden die Ressourcen ausgenutzt, die gemäß dem **Moore'schen Gesetz** immer größere Arithmetikeinheiten er-möglichen, auf denen viele Operanden simultan verarbeitet werden können.

- *Abschnitt 4.10: Parallelität auf Befehlsebene.* Angesichts der Schwierig-keit der expliziten parallelen Programmierung wurden in den 1990er-Jahren enorme Anstrengungen unternommen, die implizite Parallelität offenzule-gen, welche der Hardware und dem Compiler innewohnt. Anfangs wurde hierfür die Technik des **Pipelinings** genutzt. Dieses Kapitel beschreibt ei-nige dieser offensiven Methoden, unter anderem das Laden und Ausführen mehrerer Anweisungen gleichzeitig und das Erraten der Ergebnisse von Ent-scheidungen sowie die spekulative Ausführung von Befehlen auf der Grund-lage von **Vorhersagen**.

- *Abschnitt 5.10: Parallelität und **Speicherhierarchien:** Cache-Kohärenz.* Als Möglichkeit, die Kosten für die Kommunikation zu senken, können alle Prozessoren denselben Adressraum verwenden, so dass jeder Prozessor alle Daten lesen oder schreiben kann. Angesichts der Tatsache, dass alle modernen Prozessoren Caches nutzen, um eine temporäre Kopie der Daten in einen schnellerem Speicher in der Nähe des Prozessors zu haben, kann man sich ganz einfach vorstellen, dass die parallele Programmierung noch schwieriger wäre, wenn die jedem Prozessor zugeordneten Caches inkonsistente Werte der gemeinsam genutzten Daten enthielten. Dieses Kapitel beschreibt die Mechanismen, die dafür sorgen, dass die Daten in allen Caches konsistent bleiben.

- *Abschnitt 5.11: Parallelität und Speicherhierarchie. RAID (Redundant Arrays of Inexpensive Disks).* In diesem Abschnitt wird beschrieben, wie sich durch die Verbindung vieler Platten ein wesentlich höherer Durchsatz erreichen lässt. Dies war der ursprüngliche Gedanke hinter so genannten RAID-Systemen. Tatsächlich wurden RAID-Systeme vor allem deshalb so populär, weil sich durch Hinzufügen einer bescheidenen Anzahl von redundanten Platten eine sehr viel größere Zuverlässigkeit erreichen lässt. Der Abschnitt befasst sich mit den Unterschieden zwischen den verschiedenen RAID-Levels bezüglich Leistung, Kosten, und Zuverlässigkeit.

Neben diesen Abschnitten gibt es ein vollständiges Kapitel über Parallelverarbeitung. Kapitel 6 beschäftigt sich detailliert mit den Herausforderungen der parallelen Programmierung. Es stellt die beiden unterschiedlichen Ansätze für die Kommunikation bei gemeinsamer Adressierung und expliziter Nachrichtenübergabe vor. Es beschreibt ein eingeschränktes Modell der Parallelität, das einfacher zu programmieren ist. Es beschreibt die Schwierigkeit des Benchmarkings für parallele Prozessoren. Es führt ein neues, einfacheres Performanzmodell für Multicore-Mikroprozessoren ein und bietet schließlich vier Beispiele für Multicore-Mikroprozessoren, die dieses Modell verwenden, und wertet sie aus.

Wie schon erwähnt, werden wir in den Kapiteln 3 bis 6 immer wieder auf das Beispiel der Matrizenmultiplikation zurückkommen um zu zeigen, wie die verschiedenen Prinzipien der Parallelverarbeitung die Rechenleistung signifikant steigern können.

In Anhang C (online) wird eine Hardwarekomponente von PCs beschrieben, die sich wachsender Beliebtheit erfreut, und zwar der Grafikprozessor (GPU, Graphics Processing Unit). Ursprünglich gedacht zum Beschleunigen der Grafik, sind GPUs inzwischen eigenständige Programmierplattformen geworden. Wie Sie sich denken können, basieren GPUs auf Prinzipien der **Parallelverarbeitung.** In Anhang C (online) wird der NVIDIA-Grafikprozessor beschrieben, wobei der Fokus auf Aspekten seiner parallelen Programmierumgebung liegt.

1.9 Fallstudie: Benchmarking des Intel Core i7

In jedem Kapitel finden Sie einen Abschnitt mit der Überschrift „Fallstudie". Hier werden die Konzepte im Buch mit einem Ihnen möglicherweise durch die tägliche Arbeit vertrauten Computer zusammengefasst und vertieft. Diese Abschnitte behandeln die Technologie, die modernen Computern zugrunde liegt. In dieser ersten „Fallstudie" schauen wir uns am Beispiel des Intel Core i7 an, wie integrierte Schaltkreise hergestellt werden und wie Rechenleistung und Stromverbrauch gemessen werden.

SPEC-CPU-Benchmark

Ein Computerbenutzer, der täglich dieselben Programme verwendet, wäre der perfekte Kandidat für die Bewertung eines neuen Computers. Die täglich ausgeführten Programme bilden eine **Arbeitslast**. Um zwei Computersysteme zu bewerten, würde der Benutzer einfach die Ausführungszeit der Arbeitslast auf den beiden Computern vergleichen. Die meisten Benutzer sind jedoch nicht dazu in der Lage. Stattdessen müssen sie auf andere Methoden vertrauen, die die Rechenleistung des betrachteten Computers messen – in der Hoffnung, dass die Methoden feststellen, wie gut die Leistung des Computers unter der Arbeitslast des Benutzers ist. Dieser Alternative folgt normalerweise die Bewertung des Computers unter Verwendung einer Reihe von **Benchmarks** – Programmen, die speziell für die Leistungsbewertung ausgewählt werden. Die Benchmarks bilden eine Arbeitslast, von denen der Benutzer hofft, dass sie die Leistung für die reale Arbeitslast widerspiegeln. Wie wir weiter vorn bereits ausgeführt haben, muss man, um den den **häufigen Fall schnell** zu machen, zunächst einmal genau wissen, was der häufige Fall ist. Aus diesem Grund spielen Benchmarks in der Computerarchitektur eine entscheidende Rolle.

SPEC (System Performance Evaluation Corporative) ist eine Initiative, die von mehreren Computeranbietern finanziert und unterstützt wird. Sie hat das Ziel, eine Standardmenge an Benchmarks für moderne Computersysteme zu erstellen. 1989 erzeugte die SPEC zum ersten Mal eine Benchmark mit dem Schwerpunkt auf der Prozessorleistung (heute als SPEC89 bezeichnet), die sich durch fünf Generationen weiterentwickelt hat. Die neueste ist SPECX CPU2006, die aus einer Reihe von 12 Integer-Benchmarks (CINT2006) und 17 Gleitkomma-Benchmarks (CFP2006) besteht. Die Integer-Benchmarks reichen von einem Teil eines C-Compilers bis hin zu einem Schachprogramm und einer Quanten-Computersimulation. Die Gleitkomma-Benchmarks beinhalten strukturierte Rastercodes für die Finite-Elemente-Modellierung, Partikelmethoden-Codes für die Molekulardynamik und Sparse Linear Algebra-Codes für die Flüssigkeitsdynamik.

In Tabelle 1.5 sind die Ausführungszeiten der Integer-Benchmarks des SPEC auf dem Intel Core i7 aufgelistet, dazu die Parameter, die die Ausführungszeit bestimmen: Befehlszähler, CPI und Taktdauer. Beachten Sie, dass der CPI-Wert um einen Faktor von 5 variiert.

Arbeitslast Eine Menge an Programmen, die auf einem Computer ausgeführt wird, und bei der es sich entweder um eine echte Sammlung von Programmen handelt, die ein Benutzer ausführt, oder die aus realen Programmen konstruiert wird, um eine solche Mischung zu erzeugen. Eine typische Arbeitslast gibt die Programme und die relativen Häufigkeiten an.

Benchmark Ein Programm, das für Performanzvergleiche von Computern verwendet wird.

HÄUFIGER FALL

Tab. 1.5: SPECINT2006-Benchmarks auf dem 2,66 GHz Intel Core i7 920. Wie die Gleichung auf Seite 38 erklärt, ist die Ausführungszeit das Produkt aus den drei Faktoren in dieser Tabelle: Befehlszähler in Milliarden, CPI und Taktdauer in Nanosekunden. SPECratio ist einfach die Referenzzeit, die von SPEC angegeben wird, dividiert durch die gemessene Ausführungszeit. Die Zahl, die als SPECINTC2006 angegeben wird, ist das geometrische Mittel der SPECratios. Sie beträgt in diesem Fall 25,7.

Name	Befehlszähler (Mrd.)	CPI	Taktdauer (ns)	Ausführungs- zeit (Sek.)	Referenz- zeit (Sek.)	SPECratio
perl	2252	0,60	0,376	508	9770	19,2
bzip2	2390	0,70	0,376	629	9650	15,4
gcc	794	1,20	0,376	358	8050	22,5
mcf	221	2,66	0,376	221	9120	41,2
go	1274	1,10	0,376	527	10490	19,9
hmmer	2616	0,60	0,376	590	9330	15,8
sjeng	1948	0,80	0,376	586	12100	20,7
libquantum	659	0,44	0,376	109	20720	190,0
h264avc	3793	0,50	0,376	713	22130	31,0
omnetpp	367	2,10	0,376	290	6250	21,5
astar	1250	1,00	0,376	470	7020	14,9
xalancbmk	1045	0,70	0,376	275	6900	25,1

Um das Marketing von Computern zu vereinfachen, hat SPEC beschlossen, alle Werte der 12 Integer-Benchmarks zu einer einzigen Zahl zusammenzufassen. Die Messungen für die Ausführungszeit werden zuerst normalisiert, indem die Ausführungszeit auf einem Referenzprozessor durch die Ausführungszeit auf dem gemessenen Computer dividiert wird. Diese Normalisierung ergibt ein Maß, das als SPECratio bezeichnet wird und das den Vorteil hat, dass größere Zahlenwerte eine höhere Leistung bedeuten (d. h. SPECratio ist das Inverse der Ausführungszeit.) Eine zusammengefasste Maßzahl aus CINT2006 oder CFP2006 wird durch Berechnung des geometrischen Mittels der SPECratios ermittelt.

Anmerkung: Beim Vergleich zweier Computer mithilfe von SPECratios verwenden wir das geometrische Mittel, damit immer dieselbe relative Aussage entsteht, unabhängig davon, welcher Computer für die Normalisierung der Ergebnisse verwendet wird. Wenn wir den Durchschnitt der normalisierten Ausführungszeiten unter Verwendung eines arithmetischen Mittels bilden würden, wäre das Ergebnis abhängig von dem als Referenz verwendeten Computer.

Die Formel für das geometrische Mittel lautet

$$\sqrt[n]{\prod_{i=1}^{n} \text{Ausführungszeitquotient}_i}$$

Dabei ist der Ausführungszeitquotient die Ausführungszeit, normalisiert unter Verwendung des Referenzcomputers, für das i-te Programm von insgesamt n Programmen aus der Arbeitslast, und $\prod_{i=1}^{n} a_i$ ist das Produkt $a_1 \times a_2 \times \cdots \times a_n$.

Eine Benchmark für die Energieeffizienz: SPECpower

In Anbetracht der wachsenden Bedeutung von Energie und Stromverbrauch hat SPEC eine Benchmark zur Messung des Stromverbrauchs hinzugefügt. Sie gibt – gemessen über einen bestimmten Zeitraum – den Stromverbrauch von Servern bei unterschiedlichen Niveaus der Arbeitslast an, die in Schritten von 10 Prozent erhöht werden. Tabelle 1.6 zeigt die Ergebnisse für einen Server, der Intel Nehalem Prozessoren ähnlich den obigen verwendet.

SPECpower begann mit der SPEC-Benchmark für Java-Unternehmenssoftware (SPECJBB2005), wofür die Prozessoren, Caches und der Hauptspeicher sowie die virtuelle Java-Maschine, der Compiler, der Papierkorb und Teile des Betriebssystems herangezogen werden. Die Performanz wird als Durchsatz gemessen, und die Einheit sind Operationen pro Sekunde. Auch fasst SPEC diese Zahlen zur Vereinfachung des Computer-Marketings zu einer einzigen Zahl zusammen, der sogenannten „Gesamt-ssj_ops pro Watt". Die Formel für diese Gesamtkennzahl lautet

$$\text{Gesamt-ssj\_ops pro Watt} = \Big(\sum_{i=0}^{10} \text{ssj\_ops}_i \Big) \Big/ \Big(\sum_{i=0}^{10} \text{Leistung}_i \Big)$$

Dabei ist ssj_ops$_i$ die Performanz im i-ten Niveau, und die Leistung ist die auf jedem Performanzniveau verbrauchte Leistung.

Tab. 1.6: SPECpower_ssj2008 auf einem 2,66 GHz Intel Xeon X5650 mit 16 GB DRAM und einer 100 GB SSD-Karte.

Ziellast	Performanz	Durchschnittl. Leistung (Watt)
100 %	865 618	258
90 %	786 688	242
80 %	698 051	224
70 %	607 826	204
60 %	521 391	185
50 %	436 757	170
40 %	345 919	157
30 %	262 071	146
20 %	176 061	135
10 %	86 784	121
0 %	0	80
Gesamtsumme	4 787 166	1 922
$\sum$ ssj_ops/ $\sum$ Leistung		2 490

Wissenschaft muss mit Mythen beginnen – und mit der Kritik der Mythen.

Sir Karl Popper, *The Philosophy of Science*, 1957

1.10   Fallstricke und Trugschlüsse

Jedes Kapitel enthält einen Abschnitt mit der Überschrift „Fallstricke und Trugschlüsse". Darin setzen wir uns mit einigen weit verbreiteten, jedoch irrigen Vorstellungen auseinander, denen Sie möglicherweise begegnen werden. Wir nennen solche irrigen Vorstellungen *Trugschlüsse*. Bei der Diskussion eines Trugschlusses versuchen wir, ein Gegenbeispiel zu geben. Wir beschreiben außerdem *Fallstricke*. Hierbei handelt es sich häufig um Verallgemeinerungen von Prinzipien, die nur in einem ganz bestimmten Kontext gelten. Diese Abschnitte sollen Ihnen deshalb helfen, bestimmte Fehler beim Entwurf oder Verwenden von Rechnern zu vermeiden. Die aufgeführten Fallstricke und Trugschlüsse in Bezug auf das Kosten-Leistungs-Verhältnis haben so manchen Computerarchitekten genarrt – auch uns.

Wir beginnen mit einem Trugschluss, auf den viele Designer hereinfallen, und der sich als wichtige Beziehung im Computerdesign erweist.

> *Trugschluss: Die Verbesserung eines Leistungsparameters eines Computers steigert die Gesamtleistung proportional zum Umfang der Verbesserung.*

HÄUFIGER FALL

Das Konzept, **den häufigen Fall schnell zu machen** hat eine entmutigende Konsequenz, mit der sich die Designer von Hardware und Software herumärgern mussten. Diese Schwierigkeit erinnert uns daran, dass das Potential für Performanzsteigerungen stark davon abhängen, wie viel Zeit das fragliche Ereignis in Anspruch nimmt.

Ein einfaches Designproblem verdeutlicht dies hinreichend. Angenommen, ein Programm wird in 100 Sekunden auf einem Computer ausgeführt, wobei Multiplikationen 80 Sekunden dieser Zeit in Anspruch nehmen. Um wie viel muss ich die Mulitplikationsgeschwindigkeit erhöhen, wenn mein Programm fünfmal so schnell laufen soll?

Die Ausführungszeit des Programms nach der Verbesserung ist gegeben durch die folgende einfache Gleichung, die auch als **Amdahl'sches Gesetz** bezeichnet wird:

Amdahl'sches Gesetz Es besagt, dass die durch eine bestimmte Verbesserung möglichen Performanzsteigerungen durch den Umfang begrenzt sind, in dem die verbesserte Funktion genutzt wird. Dies ist eine quantitative Version des Gesetzes der abnehmenden Erträge.

Ausführungszeit nach der Verbesserung

$$= \frac{\text{durch die Verbesserung betroffene Ausführungszeit}}{\text{Umfang der Verbesserung}}$$

$$+ \text{ nicht betroffene Ausführungszeit}$$

Für unsere Aufgabenstellung bedeutet dies:

$$\text{Ausführungszeit nach Verbesserung} = \frac{80\,\text{s}}{n} + (100 - 80)\,\text{s}$$

Weil die Performanz fünfmal so gut sein soll, sollte die neue Ausführungszeit 20 Sekunden betragen. Damit erhalten wir:

$$20\,\text{s} = \frac{80\,\text{s}}{n} + 20\,\text{s}$$
$$0 = \frac{80\,\text{s}}{n}$$

Es gibt also *keinen Wert* für den Umfang der Verbesserung, mit dem wir multiplizieren können, um eine Performanzsteigerung um das Fünffache zu erhalten, wenn die Multiplikation nur 80 Prozent der Arbeitslast ausmacht. Die Performanzsteigerung, die mit einer bestimmten Verbesserung möglich ist, ist durch den Umfang limitiert, in dem die verbesserte Funktion genutzt wird. Dieses Konzept führt auch zu dem so genannten Gesetz der abnehmenden Erträge, das wir aus unserem Alltagsleben kennen.

Anhand des Amdahl'schen Gesetzes können wir die Performanzsteigerungen abschätzen, wenn wir die für eine bestimmte Funktion und ihre mögliche Beschleunigung verbrauchte Zeit kennen. Das Amdahl'sche Gesetz ist zusammen mit der CPU-Leistungsgleichung ein praktisches Werkzeug, um mögliche Verbesserungen zu bewerten. Das Amdahl'sche Gesetz wird im Aufgabenteil detaillierter beschrieben.

Das Amdahl'sche Gesetz wird auch verwendet, um die praktischen Beschränkungen für die Anzahl der eingesetzten parallelen Prozessoren darzulegen. Wir untersuchen dieses Argument im Abschnitt *Fallstricke und Trugschlüsse* von Kapitel 6.

Fallstrick: Computer mit geringem Nutzungsgrad verbrauchen wenig Strom.

Die Energieeffizienz spielt bei einem geringem Nutzungsgrad eine Rolle, weil die Server-Arbeitslasten variieren. Beispielsweise liegt die CPU-Auslastung der Server von Googles Warehouse Scale Computern die meiste Zeit über zwischen 10 und 50 % und zu weniger als 1 % der Zeit bei 100 %. Selbst nach fünf Jahren, in denen Computer lernen konnten, bei der SPECpower-Benchmark gut abzuschneiden, verbraucht der speziell konfigurierte Computer mit den besten Ergebnissen im Jahr 2012 bei 10 % der Arbeitslast noch immer 33 % des Spitzenstromverbrauchs.

Weil die Arbeitslasten von Servern variieren, aber einen Großteil des Spitzenstromverbrauchs benötigen, argumentieren Luiz Barroso und Urs Hölzle [2007], dass wir die Hardware so neu gestalten sollten, dass wir eine „energieproportionale Programmierung" erzielen. Wenn zukünftige Server beispielsweise bei 10 % Arbeitslast 10 % des Spitzenstromverbrauchs verbrauchen, könnten die Betreiber von Datenzentren ihre Stromrechnung deutlich senken und gleichzeitig einen Beitrag zum Klimaschutz leisten.

Trugschluss: Performanz und Energieeffizienz sind unabhängige Ziel-
setzungen des Designs.

Da die Energie Leistung mal Zeit ist, kommt es häufig vor, dass Optimierungen von Hardware oder Software, die zu Zeiteinsparungen führen, insgesamt
den Energieverbrauch verringern, obwohl die optimierte Lösung an sich etwas mehr Energie erfordert. Ein Grund hierfür ist, dass der gesamte Rest des
Computers Energie verbraucht, während das Programm läuft, so dass das Ge-
samtsystem wegen der eingesparten Zeit weniger Energie verbraucht, obwohl
der Energieverbrauch des optimierten Teils etwas höher ist.

Trugschluss: Verwendung einer Untermenge der Leistungsgleichung als
Leistungskennzahl.

Wir haben bereits über den Fallstrick gesprochen, die Leistung nur auf der Basis von Taktfrequenz, Befehlszähler oder CPI anzugeben. Ein weiterer häufiger
Fehler ist es, für den Leistungsvergleich nur zwei der drei Parameter zu nutzen. Dies kann zwar in begrenztem Kontext richtig sein, aber auch leicht in die
Irre führen. Fast alle vorgeschlagenen Alternativen zur Verwendung der Zeit
als Leistungskennzahl haben irgendwann zu falschen Behauptungen, verzerr-
ten Ergebnissen oder fehlerhaften Interpretationen geführt.

MIPS Ein Maß für die Rechenleistung von Computern, das auf der Anzahl der pro Sekunde ausgeführten Befehle basiert.

Eine Alternative zur Zeit ist die Größe **MIPS** (Million Instructions Per Second).

$$MIPS = \frac{Befehlszähler}{Ausführungszeit \times 10^6}$$

Weil MIPS eine Ausführungsgeschwindigkeit ist, ist das Maß umgekehrt proportional zur Ausführungszeit. Ein Vorteil von MIPS ist, dass es der Intuition
entgegenkommt: Schnellere Computer haben einen höheren MIPS-Wert.

Bei der Verwendung von MIPS als Vergleichsmaß für Computer gibt es
drei Probleme. Erstens gibt MIPS die Befehlsausführungsgeschwindigkeit an,
berücksichtigt aber nicht den Inhalt der verschiedenen Befehle. Anhand von
MIPS können keine Computer mit unterschiedlichen Befehlssätzen verglichen
werden, weil deren Befehlszähler sich normalerweise unterscheiden. Zweitens
variiert MIPS zwischen Programmen auf demselben Computer. Ein Computer kann also keine eindeutige MIPS-Bewertung haben. Substituiert man beispielsweise die Ausführungszeit, erkennt man die Beziehung zwischen MIPS,
Taktfrequenz und CPI:

$$MIPS = \frac{Befehlszähler}{\frac{Befehlszähler \times CPI}{Taktfrequenz} \times 10^6} = \frac{Taktfrequenz}{CPI \times 10^6}$$

Gemäß Tabelle 1.5 variiert der CPI-Wert für SPEC CPU2006 auf einem Computer mit Intel Core i7 um mehr als den Faktor 5, und dasselbe gilt für MIPS.
Und was schließlich am wichtigsten ist: Wenn ein neues Programm mehr Befehle ausführt, aber jeder einzelne Befehl schneller ist, kann MIPS unabhängig
von der Performanz variieren!

Selbsttest

Betrachten Sie die folgende Leistungsmessung für ein Programm:

Messung	Computer A	Computer B
Befehlszähler	10 Mrd.	8 Mrd.
Taktfrequenz	4 GHz	4 GHz
CPI	1,0	1,1

a. Welcher Computer hat die höhere MIPS-Bewertung?

b. Welcher Computer ist schneller?

1.11 Schlussbetrachtungen

Es ist zwar schwierig, das Kosten-Leistungs-Verhältnis zukünftiger Computer exakt vorherzusagen, doch es ist ziemlich sicher abzusehen, dass sie wesentlich besser sein werden, als sie es heute sind. Um an diesem Fortschritt teilhaben zu können, müssen Rechnerarchitekten und Programmierer die Dinge in einem breiteren Blickwinkel betrachten.

Sowohl Hardware- als auch Softwareentwickler entwerfen hierarchische Systeme, wobei die unteren Ebenen jeweils mehr Details enthalten als die oberen Ebenen. Das Konzept der **Abstraktion** ist wichtig für das Verständnis moderner Computersysteme. Es bedeutet jedoch nicht, dass es für Entwickler genügt, sich mit einer einzigen Technologie auszukennen. Das vielleicht wichtigste Beispiel für die Abstraktion ist die Schnittstelle zwischen der Hardware und der Software auf Maschinenebene, der so genannten *Befehlssatzarchitektur*. Wenn die Befehlssatzarchitektur beibehalten wird, sind viele Implementierungen dieser Architektur mit unterschiedlichen Kosten und unterschiedlichem Leistungsverhalten zum Ausführen identischer Software möglich. Der Nachteil ist, dass diese Architektur unter Umständen die Einführung von Innovationen verhindert, weil eine Änderung der Schnittstelle erforderlich ist.

Es gibt eine zuverlässige Methode, Leistung unter Verwendung der Ausführungszeit realer Programme als Kennzahl zu bestimmen und zurückzumelden. Diese Ausführungszeit hängt mit anderen wichtigen Messungen zusammen, die wir anhand der folgenden Gleichung vornehmen können:

$$\frac{\text{Sekunden}}{\text{Programm}} = \frac{\text{Befehle}}{\text{Programm}} \times \frac{\text{Taktzyklen}}{\text{Befehl}} \times \frac{\text{Sekunden}}{\text{Taktzyklus}}$$

Wir verwenden diese Gleichung und ihre Faktoren sehr häufig. Beachten Sie jedoch, dass die Faktoren als einzelner Wert die Leistung nicht bestimmen können. Nur das Produkt, das gleich der Ausführungszeit ist, ist ein zuverlässiges Leistungsmaß.

Während der ENIAC mit 18 000 Vakuumröhren ausgestattet ist und 30 Tonnen wiegt, werden die Computer der Zukunft vielleicht mit 1 000 Vakuumröhren auskommen und nur 1,5 Tonnen wiegen.

Sir Karl Popper, *Popular Mechanics*, März 1949

ABSTRAKTION

Grundwissen

Die Ausführungszeit ist das einzige und absolut zuverlässige Leistungs-maß. Viele andere Kennzahlen wurden vorgeschlagen und als unzuläng-lich befunden. Manchmal waren diese Kennzahlen von Anfang an feh-lerhaft, weil sie die Ausführungszeit nicht widerspiegelten. Manchmal wird eine Kennzahl, die in einem begrenzten Kontext aussagekräftig ist, auch außerhalb des Kontexts verwendet, oder es wird nicht für die Prä-zisierung gesorgt, die notwendig wäre, um die Gültigkeit der Kennzahl entsprechend zu erweitern.

MOORE′SCHES
GESETZ

HIERARCHIE

PARALLELITÄT

Die Schlüsseltechnologie für moderne Prozessoren ist die Siliziumtechnolo-gie. Sie gibt gemäß dem **Moore′schen Gesetz** die zu erwartetende Geschwin-digkeit des technologischen Fortschritts vor. Während Silizium den schnellen Fortschritt der Hardware antreibt, haben die neuen Konzepte im Computerauf-bau das Preis-Leistungs-Verhältnis verbessert. Zwei der wichtigsten Konzepte sind die Ausnutzung der Parallelität im Programm, was heute typischerwei-se über mehrere Prozessoren passiert, sowie die Ausnutzung der Lokalität der Zugriffe auf eine **Speicherhierarchie**, wofür üblicherweise Caches eingesetzt werden.

Die Energieeffizienz hat die Die-Fläche als kritischste Ressource beim Mi-kroprozessor-Design abgelöst. Das Bestreben, Strom zu sparen und gleichzei-tig die Leistung zu steigern, hat die Hardware-Industrie gezwungen, auf Multi-core-Prozessoren umzusteigen, wodurch wiederum die Software-Industrie ge-zwungen wurde, auf die Programmierung paralleler Hardware umzusteigen. **Parallelität** ist nun eine notwendige Eigenschaft für Performanz.

Computer-Designs wurden immer schon nach Kosten und Leistung bewer-tet, ebenso wie nach weiteren wichtigen Faktoren, wie etwa Energieverbrauch, Zuverlässigkeit, Betriebskosten und Skalierbarkeit. Obwohl wir uns in diesem Kapitel den einzelnen Faktoren – Kosten, Leistung und Energieverbrauch – konzentriert haben, sei an dieser Stelle ausdrücklich darauf hingewiesen, dass die besten Designs immer noch versuchen, für ein gegebenes Marktsegment ein sinnvolles Gleichgewicht aus allen Faktoren zu erzielen.

Übersicht über dieses Buch

Die Grundlage der in diesem Buch behandelten Abstraktionen bilden die fünf klassischen Komponenten eines Computers: Datenpfad, Leitwerk, Hauptspei-cher, Eingabe und Ausgabe (siehe Abbildung 1.4). Diese fünf Komponenten geben auch die grobe Gliederung dieses Buches vor:

- *Datenpfad:* Kapitel 3, 4, 6 und Anhang C (online)
- *Leitwerk:* Kapitel 4, 6 und Anhang C (online)

- *Hauptspeicher:* Kapitel 5
- *Eingabe:* Kapitel 5 und 6
- *Ausgabe:* Kapitel 5 und 6

Wie bereits erwähnt, beschreibt Kapitel 4, wie Prozessoren implizite Parallelität ausnutzen. Kapitel 6 beschreibt explizit parallele Multicore-Mikroprozessoren, die das Herzstück der parallelen Revolution darstellen. Anhang C (online) beschreibt den extrem parallel ausgelegten Grafikprozessor. In Kapitel 5 wird erläutert, wie bei Speicherhierarchien die Lokalität ausgenutzt wird. Kapitel 2 beschreibt Befehlssätze – die Schnittstelle zwischen Compilern und dem Computer –, wobei der Schwerpunkt darauf liegt, wie Compiler und Programmiersprachen die Funktionen des Befehlssatzes verwenden. Anhang A enthält eine Referenz für den Befehlssatz aus Kapitel 2. Kapitel 3 ist der Computerarithmetik gewidmet. In Anhang B wird das Logikdesign eingeführt.

1.12 Historische Perspektiven und Literaturhinweise

Jedem Kapitel in diesem Buch ist ein Abschnitt mit einem geschichtlichen Rückblick gewidmet, den wir online zur Verfügung stellen. Hier wird beispielsweise die Entwicklung einer Idee anhand einer Computerreihe aufgezeigt oder es werden einige wichtige Projekte beschrieben. Außerdem finden Sie hier Literaturhinweise für den Fall, dass Sie Ihr Wissen noch vertiefen möchten.

Der historische Rückblick für dieses Kapitel enthält Hintergrundinformationen zu einigen zentralen Ideen aus diesem Eröffnungskapitel. Ziel ist es, Ihnen die menschliche Seite hinter dem technologischen Fortschritt zu vermitteln und die Errungenschaften in ihren historischen Kontext einzuordnen. Wenn Sie die Vergangenheit verstehen, wird es Ihnen leichter fallen, die Kräfte zu verstehen, die die Welt der Computer in Zukunft gestalten werden. Jeder dieser historischen Abschnitte endet mit Vorschlägen für weiterführende Literatur. Den Rest dieses Abschnitts 1.12 finden Sie ebenfalls online.

Ein aktives Forschungsgebiet ist wie ein riesiger Ameisenhaufen; die Individuen verschwinden fast in der Masse der sich überschlagenden Gedanken, doch sie tragen Informationen von einem Ort zum anderen und sorgen dafür, dass sie sich mit Lichtgeschwindigkeit ausbreiten.

Lewis Thomas, „Natural Science" in *The Lives of a Cell*, 1974

1.13 Aufgaben

Allgemeine Hinweise: Der relative Zeitaufwand, der für die einzelnen Aufgaben benötigt wird, ist jeweils in der eckigen Klammer hinter der Aufgabennummer angegeben. Im Durchschnitt werden Sie für eine Aufgabe, die mit [10] bewertet ist, doppelt so lange brauchen, wie für eine Aufgabe mit der Bewertung [5]. Die Abschnitte dieses Kapitels, die Sie gelesen haben sollten, bevor Sie versuchen, die Aufgabe zu lösen, sind in spitzen Klammern angegeben.

Aufgabe 1.1

[2] <1.1> Nennen und beschreiben Sie, abgesehen von den Smartphones, die von Milliarden Menschen benutzt werden, vier weitere Computertypen.

Aufgabe 1.2

[5] <1.2> Die acht wichtigen Konzepte in der Computerarchitektur finden sich in ähnlicher Form in anderen Gebieten wieder. Ordnen Sie die acht Konzepte, von denen sich die Computerarchitektur leiten lässt, also Moore'sches Gesetz, Vereinfachung durch Abstraktion, Beschleunigen des häufigen Falls, Performanz durch Parallelität, Performanz durch Pipelining, Performanz durch Vorhersagen, Speicherhierarchie sowie Zuverlässigkeit durch Redundanz, den folgenden Ideen aus anderen Gebieten zu:

a. Fertigungsstraßen in der Automobilindustrie

b. Tragseile von Hängebrücken

c. Navigationssysteme für Luftfahrt und Marine, die Windinformationen berücksichtigen

d. Expressaufzüge in Gebäuden

e. Bestellschalter in Bibliotheken

f. Vergrößern der Gate-Fläche auf einem CMOS-Transistor, um dessen Schaltzeit zu verkürzen

g. Entwicklung von Flugzeugkatapulten, die im Gegensatz zu den aktuellen dampfbetriebenen Modellen elektromagnetisch betrieben werden, was durch moderne Reaktortechnologie mit entsprechend höherer Leistung möglich wird

h. Konstruktion autonomer Fahrzeuge, deren Kontrollsysteme zum Teil auf existierenden Sensorsystemen basieren, die bereits in der Basisversion des Fahrzeugs eingebaut sind, wie etwa Spurhaltesysteme oder Abstands- und Geschwindigkeitsregler

Aufgabe 1.3

[2] <1.3> Beschreiben Sie die Schritte, die ein in einer höheren Programmiersprache wie C geschriebenes Programm in eine Darstellung überführen, die von einem Prozessor direkt ausgeführt werden kann.

Aufgabe 1.4

[2] <1.4> Betrachten Sie einen Farbbildschirm, der für jede Primärfarbe (Rot, Grün, Blau) 8 Bit pro Pixel verwendet und eine Größe von 1280×1024 Pixeln hat.

a. Wie groß (ausgedrückt in Byte) muss der Bildspeicher mindestens sein, um ein Bild speichern können?

b. Wie lange dauert es mindestens, ein Bild über ein 100 MBit/s-Netzwerk zu übertragen?

Aufgabe 1.5

[4] <1.6> Betrachten Sie drei verschiedene Prozessoren, P1, P2 und P3, die alle den gleichen Befehlssatz ausführen. P1 hat eine Taktfrequenz von 3 GHz und einen CPI von 1,5. P2 hat eine Taktfrequenz von 2,5 GHz und einen CPI von 1,0. P3 hat eine Taktfrequenz von 4,0 GHz und einen CPI von 2,2.

a. Welcher Prozessor hat die größte Leistung, ausgedrückt in Befehlen pro Sekunde?

b. Angenommen, jeder Prozessor führt ein Programm in 10 Sekunden aus. Bestimmen Sie jeweils die Anzahl der Zyklen und die Anzahl der Befehle.

c. Wir versuchen, die Ausführungszeit um 30 % zu reduzieren, doch das führt zu einem Anstieg des CPI-Werts um 20 %. Welche Taktfrequenz haben wir also, wenn wir diese Zeitverkürzung erreichen?

Aufgabe 1.6

[20] <1.6> Betrachten wir zwei verschiedene Implementierungen der gleichen Befehlssatzarchitektur. Die Befehle können anhand ihres CPI-Werts in vier Klassen (A, B, C und D) unterteilt werden. P1 hat eine Taktfrequenz von 2,5 GHz und die CPI-Werte 1, 2, 3 und 3 für die vier Klassen. P2 hat eine Taktfrequenz von 3 GHz und die CPI-Werte 2, 2, 2 und 2.

Gegeben sei ein Programm mit einem dynamischen Befehlszähler von 1,6E6 Befehlen, die wie folgt auf die Klassen verteilt sind: 10 % in Klasse A, 20 % in Klasse B, 50 % in Klasse C und 20 % in Klasse D. Welcher Prozessor ist schneller, P1 oder P2?

a. Was sind die globalen CPI-Werte der beiden Implementierungen?

b. Bestimmen Sie für beide Fälle die erforderlichen Taktzyklen.

Aufgabe 1.7

[15] <1.6> Compiler können einen erheblichen Einfluss auf die Performanz einer Applikation haben. Nehmen Sie an, dass Compiler A für ein Programm einen dynamischen Befehlszähler von 1,0E9 ergibt und eine Ausführungszeit von 1,1 s hat, während Compiler B einen dynamischen Befehlszähler von 1,2E9 ergibt und eine Ausführungszeit von 1,5 s hat.

a. Bestimmen Sie unter der Annahme, dass der Prozessor eine Taktzeit von 1 ns hat, den mittleren CPI-Wert für jedes Programm.

b. Angenommen, das kompilierte Programm läuft auf zwei verschiedenen Prozessoren. Wenn die Ausführungszeiten auf den beiden Prozessoren gleich sind, um wie viel schneller ist dann die Taktung des Prozessors, auf dem der Code von Compiler A läuft gegenüber der Taktung des Prozessors, auf dem der Code von Compiler B läuft?

c. Es ist ein neuer Compiler entwickelt worden, der nur 6,0E8 Befehle verwendet und einen mittleren CPI-Wert von 1,1 hat. Wie groß ist die Beschleunigung, die sich durch Verwendung dieses neuen Compilers anstelle von A oder B auf dem gleichen Prozessor erreichen lässt?

Aufgabe 1.8

Der 2004 vorgestellte Prozessor Pentium 4 Prescott hatte eine Taktfrequenz von 3,6 GHz und eine Spannung von 1,25 V. Wir nehmen an, dass er im Durchschnitt 10 W statische Leistung und 90 W dynamische Leistung aufnimmt. Der 2012 vorgestellte Core i5 Ivy Bridge hatte eine Taktfrequenz von 3,4 GHz und eine Spannung von 0,9 V. Wir nehmen an, dass er im Durchschnitt 30 W statische Leistung und 40 W dynamische Leistung aufnimmt.

1.8.1 [5] <1.7> Bestimmen Sie für jeden Prozessor die kapazitive Last.

1.8.2 [5] <1.7> Bestimmen Sie jeweils den Prozentsatz der insgesamt verbrauchten Leistung, der in der statischen Leistung und dem Verhältnis von statischer zu dynamischer Leistung enthalten ist.

1.8.3 [15] <1.7> Wenn die insgesamt verbrauchte Leistung um 10 % verringert wird, um wie viel sollte dann die Spannung verringert werden, um den gleichen Leckstrom zu halten? *Hinweis:* Die Leistung ist definiert als das Produkt aus Spannung und Strom.

Aufgabe 1.9

Wir betrachten einen Prozessor mit den CPI-Werten 1, 12 und 5 für arithmetische Befehle, Lade-/Speicherbefehle bzw. Sprungbefehle. Außerdem nehmen wir an, dass ein auf einem einzelnen Prozessor laufendes Programm die Ausführung von 2,56E9 arithmetischen Befehlen, 1,28E9 Lade-/Speicherbefehlen und 256 Millionen Sprungbefehlen erfordert. Jeder Prozessor habe eine Taktfrequenz von 2 GHz. Das Programm wird parallelisiert, so dass es auf mehreren Kernen läuft, wobei wir annehmen, dass die Anzahl der arithmetischen Befehle und der Lade- und Speicherbefehle je Prozessor durch $0{,}5 \times p$ geteilt wird (p ist die Anzahl der Prozessoren), während die Anzahl der Sprungbefehle auf jedem Prozessor gleich bleibt.

1.9.1 [5] <1.7> Bestimmen Sie die Gesamtausführungszeit für dieses Programm auf 1, 2, 4 bzw. 8 Prozessoren. Um wie viel wird die Ausführung schneller, wenn statt einem einzigen Prozessor 2, 4 bzw. 8 Prozessoren verwendet werden?

1.9.2 [10] <1.6, 1.8> Welchen Einfluss hätte es auf die Ausführungszeit des Programms auf 1, 2, 4 bzw. 8 Prozessoren, wenn der CPI der arithmetischen Befehle verdoppelt würde?

1.9.3 [10] <1.6, 1.8> Auf welchen Wert müsste der CPI-Wert der Lade- und Speicherbefehle reduziert werden, um mit einem einzelnen Prozessor die Leistung von vier Prozessoren mit den ursprünglichen CPI-Werten zu erreichen?

Aufgabe 1.10

Angenommen, ein Wafer von 15 cm Durchmesser hat Kosten von 12, enthält 84 Dies und weist 0,02 Defekte pro cm^2 auf. Ein anderer Wafer habe einen Durchmesser von 20 cm, Kosten von 15, 100 Dies und eine Rate von 0,031 Defekten pro cm^2.

1.10.1 [10] <1.5> Bestimmen Sie für beide Wafer die Ausbeute.

1.10.2 [5] <1.5> Bestimmen Sie für beide Wafer die Kosten pro Die.

1.10.3 [5] <1.5> Bestimmen Sie die Die-Fläche und die Ausbeute für den Fall, dass die Anzahl der Dies um 10 % erhöht wird und die Anzahl der Defekte pro Flächeneinheit um 15 % steigt.

1.10.4 [5] <1.5> Angenommen, durch den Herstellungsprozess wird die Ausbeute von 0,92 auf 0,95 erhöht. Bestimmen Sie bei einer gegebenen Die-Fläche von 200 mm für jede Technologie die Anzahl der Defekte pro Flächeneinheit.

Aufgabe 1.11

Die SPEC CPU2006 Benchmark bzip2 auf einem AMD Barcelona ergab einen Befehlszähler von 2,389E12, eine Ausführungszeit von 750 s und eine Referenzzeit von 9650 s.

1.11.1 [5] <1.6, 1.9> Bestimmen Sie den CPI-Wert für eine Taktzeit von 0,333 ns.

1.11.2 [5] <1.9> Bestimmen Sie den SPECratio.

1.11.3 [5] <1.6, 1.9> Um wie viel steigt die CPU-Zeit, wenn die Anzahl der Benchmarkbefehle um 10 % erhöht wird ohne den CPI zu beeinflussen?

1.11.4 [5] <1.6, 1.9> Um wie viel steigt die CPU-Zeit, wenn die Anzahl der Benchmarkbefehle um 10 % und der CPI um 5 % erhöht wird?

1.11.5 [5] <1.6, 1.9> Wie ändert sich der SPECratio bei dieser Änderung?

1.11.6 [10] <1.6> Angenommen, wir entwickeln eine neue Version des AMD Barcelona mit einer Taktfrequenz von 4 GHz. Wir haben ein paar zusätzliche Befehle in den Befehlssatz aufgenommen, wodurch die Anzahl der Befehle um 15 % reduziert wurde. Die Ausführungszeit wurde auf 700 s reduziert und der neue SPECratio ist 13,7. Bestimmen Sie den neuen CPI.

1.11.7 [10] <1.6> Dieser CPI-Wert ist größer als der in Aufgabenteil 1.11.1 erhaltene, da die Taktfrequenz von 3 auf 4 GHz erhöht wurde. Finden Sie heraus, ob der Anstieg des CPI ähnlich dem der Taktfrequenz ist. Falls sie unähnlich sind: Warum ist das so?

1.11.8 [5] <1.6> Um wie viel ist die CPU-Zeit gesunken?

1.11.9 [10] <1.6> Für eine zweite Benchmark, libquantum, sei die Ausführungszeit 960 ns, der CPI 1,61 und die Taktfrequenz 3 GHz. Bestimmen Sie die Anzahl der Befehle für den Fall, dass die Ausführungszeit um weitere 10 % reduziert wurde, ohne den CPI zu beeinflussen und mit einer Taktfrequenz von 4 GHz.

1.11.10 [10] <1.6> Bestimmen Sie die Taktfrequenz, die für eine Verkürzung der CPU-Zeit um weitere 10 % erforderlich ist, wenn die Anzahl der Befehle und der CPI-Wert unverändert bleiben sollen.

1.11.11 [10] <1.6> Bestimmen Sie die Taktfrequenz, wenn der CPI-Wert um 15 % und die CPU-Zeit um 20 % reduziert werden, während die Anzahl der Befehle unverändert bleibt.

Aufgabe 1.12

In Abschnitt 1.10 wurde erwähnt, dass die Verwendung einer Untermenge der Leistungsgleichung als Leistungskennzahl einen möglichen Fallstrick darstellt. Um das zu illustrieren, betrachten wir die beiden folgenden Prozessoren. P1 hat eine Taktfrequenz von 4 GHz, einen mittleren CPI von 0,9 und erfordert die Ausführung von 5,0E9 Befehlen. P2 hat eine Taktfrequenz von 3 GHz, einen mittleren CPI von 0,75 und erfordert die Ausführung von 1,0E9 Befehlen.

1.12.1 [5] <1.6, 1.10> Ein häufiger Fallstrick besteht darin, den Computer mit der größeren Taktfrequenz für den leistungsstärkeren zu halten. Prüfen Sie, ob dies für P1 und P2 der Fall ist.

1.12.2 [10] <1.6, 1.10> Ein weiterer Fallstrick besteht in der Annahme, dass der Prozessor, der die meisten Befehle ausführt, die meiste CPU-Zeit benötigt. Nehmen Sie an, dass Prozessor P1 eine Folge von 1,0E9 Befehlen ausführt und dass sich die CPI-Werte der Prozessoren P1 und P2 nicht ändern. Bestimmen Sie unter dieser Annahme die Anzahl der Befehle, die P2 in der gleichen Zeit ausführen kann, die P1 für die Ausführung von 1,0E9 Befehlen benötigt.

1.12.3 [10] <1.6, 1.10> Ein häufiger Fallstrick ist es, die Größe MIPS für den Vergleich zweier verschiedener Prozessoren heranzuziehen und zu schließen, dass der Prozessor nit dem größeren MIPS-Wert der leistungsstärkere ist. Überprüfen Sie, ob dies für P1 und P2 richtig ist.

1.12.4 [10] <1.10> Ein anderes Maß, das oft zur Leistungsbeurteilung herangezogen wird, ist MFLOPS (Million Floating Point Operations Per Second). Es ist definiert als die Anzahl der Gleitkommaoperationen (in Millionen) pro Sekunde. Bei diesem Maß tritt jedoch das gleiche Problem auf wie bei MIPS. Angenommen, 40 % der Befehle, die auf P1 und P2 ausgeführt werden, sind Gleitkommaoperationen. Bestimmen Sie die MFLOPS-Werte für die beiden Prozessoren.

Aufgabe 1.13

Ein anderer Fallstrick, der in Abschnitt 1.10 genannt ist, besteht in der Erwartung, dass sich die Gesamtleistung eines Computers verbessert, wenn nur ein einzelner Leistungsparameter verbessert wird. Betrachten wir einen Computer, auf dem ein Programm läuft, welches insgesamt 250 s benötigt, wobei 70 s für das Ausführen von Gleitkommaoperationen aufgewendet werden, 85 s für Lade-/Speicherbefehle und 40 s für Sprungbefehle.

1.13.1 [5] <1.10> Um wie viel wird die Gesamtzeit reduziert, wenn der Zeitaufwand für Gleitkommaoperationen um 20 % reduziert wird?

1.13.2 [5] <1.10> Um wie viel wird der Zeitaufwand für Ganzzahloperationen reduziert, wenn die Gesamtzeit um 20 % reduziert wird?

1.13.3 [5] <1.10> Kann die Gesamtzeit um 20 % reduziert werden, indem man lediglich die Zeit für Sprungbefehle reduziert?

Aufgabe 1.14

Angenommen, ein Programm erfordert die Ausführung von $50 \cdot 10^6$ Gleitkommaoperationen und 110×10^6 Ganzzahloperationen, 80×10^6 Lade-/Speicherbefehlen und 16×10^6 Sprungbefehlen. Die CPI-Werte der verschiedenen Befehlstypen sind 1, 1, 4 und 2. Der Prozessor habe eine Taktfrequenz von 2 GHz.

1.14.1 [10] <1.10> Um wie viel müssen wir den CPI für die Gleitkommaoperationen verbessern, wenn wir wollen, dass das Programm doppelt so schnell läuft?

1.14.2 [10] <1.10> Um wie viel müssen wir den CPI für die Lade- und Speicherbefehle verbessern, wenn wir wollen, dass das Programm doppelt so schnell läuft?

1.14.3 [5] <1.10> Um wie viel wird die Ausführungszeit des Programms verbessert, wenn die CPI-Werte von Ganzzahl- und Gleitkommaoperationen um 40 % und die CPI-Werte von Lade-/Speicherbefehlen sowie von Sprungbefehlen um 30 % reduziert werden?

Aufgabe 1.15

[5] <1.8> Wenn ein Programm so angepasst wird, dass es auf mehreren Prozessoren in einem Multiprozessorsystem läuft, dann beinhaltet die Ausführungszeit auf jedem Prozessor die Rechenzeit und die zusätzliche Zeit, die für gesperrte kritische Abschnitte und/oder den Austausch von Daten zwischen den einzelnen Prozessoren erforderlich ist.

Angenommen, ein Programm braucht eine Ausführungszeit von $t = 100$ s auf einem Prozessor. Wenn p Prozessoren eingesetzt werden, braucht jeder Prozessor die Zeit t/p und, unabhängig von der Anzahl der Prozessoren, zusätzlich 4 s für Kommunikation und Synchronisation. Berechnen Sie die pro

Prozessor benötigte Ausführungszeit für ein System mit 2, 4, 8, 16, 32, 64 und 128 Prozessoren. Listen Sie für jeden dieser Fälle die Beschleunigung sowie das Verhältnis zwischen tatsächlicher Beschleunigung und idealisierter Beschleunigung (Vernachlässigung des Overheads) gegenüber dem System mit nur einem Prozessor auf.

Antworten zu den Selbsttests

Abschnitt 1.1, Seite 9: Diskussionsfragen; es gibt viele mögliche Antworten.

Abschnitt 1.4, Seite 25: DRAM-Speicher: flüchtig, kurze Zugriffszeit von 50 bis 70 Nanosekunden und Kosten pro GB von 5 bis 10 Dollar. Festplattenspeicher: nichtflüchtig, die Zugriffszeiten sind 100 000- bis 400 000-mal so lang wie bei DRAM, während die Kosten nur ein Hunderstel betragen. Flash-Speicher: nichtflüchtig, Zugriffszeit 100- bis 1000-mal so lang wie bei DRAM, Kosten pro GB ein Zehntel bis ein Siebentel der entsprechenden Kosten bei DRAM.

Abschnitt 1.5, Seite 30: Die Begründungen 1, 3 und 4 sind richtig. Die Aussage 5 ist nicht allgemeingültig, auch wenn sie im konkreten Fall zutreffen kann. Es ist möglich, dass sich aufgrund der hohen Stückzahl die zusätzliche Investition in die Reduktion der Die-Größe, sagen wir um 10 %, als gute ökonomische Entscheidung erweist; es muss jedoch nicht zwingend so sein.

Abschnitt 1.6, Seite 35: 1. a: beide, b: die Antwortzeit, c: nichts von beiden; 2. 7 Sekunden.

Abschnitt 1.6, Seite 42; b.

Abschnitt 1.10, Seite 55: a: Computer A hat die höhere MIPS-Bewertung. b: Computer B ist schneller.

2 Befehle: Die Sprache des Rechners

2.1 Einführung

Um die Hardware eines Rechners zu steuern, müssen Sie die Sprache des Computers sprechen. Die Wörter der Sprache eines Rechners werden *Befehle* genannt und der Wortschatz wird als **Befehlssatz** bezeichnet. In diesem Kapitel werden Sie den Befehlssatz eines realen Computers kennenlernen, sowohl in der von Menschen geschriebenen Form als auch in der Form, wie er vom Computer gelesen wird. Die Befehle werden zunächst in Top-Down-Vorgehensweise eingeführt. Wir beginnen zunächst mit einer Notation, die an eine eingeschränkte Programmiersprache erinnert. Dann werden wir die Darstellung schrittweise verfeinern, bis Sie die echte Sprache eines realen Computers vor sich haben. In Kapitel 3 werden wir in der Hierarchie weiter nach unten vordringen und die Darstellung von Ganzzahlen und Gleitkommazahlen näher betrachten, ebenso die Hardware, die mit diesen Zahlen arbeitet.

Befehlssatz Der Wortschatz mit den Befehlen, die eine bestimmte Architektur versteht.

Möglicherweise stellen Sie sich die Sprachen der Computer so vielfältig wie die Sprachen der Menschen vor. Tatsächlich ist es jedoch so, dass die Sprachen der Rechner einander sehr ähnlich sind. In dieser Hinsicht lassen sie sich eher mit Dialekten als mit eigenständigen Sprachen vergleichen. Wenn Sie also eine Sprache erlernt haben, ist es einfach, eine weitere zu erlernen.

Der gewählte Befehlssatz stammt von MIPS Technologies und ist ein elegantes Beispiel für die seit den 1980er-Jahren entworfenen Befehlssätze. Um zu demonstrieren, wie einfach es ist, andere Befehlssätze zu verstehen, werfen wir einen kurzen Blick auf drei andere verbreitete Befehlssätze.

1. ARMv7 ähnelt MIPS. Im Jahr 2011 wurden mehr als 9 Milliarden Chips mit ARM-Prozessoren hergestellt, wodurch ARMv7 zu dem weltweit meistgenutzten Befehlssatz wurde.

2. Das zweite Beispiel ist der Intel-x86-Befehlssatz, der sowohl in den Prozessoren der PC-Ära als auch den Clouds der Post-PC-Ära steckt.

3. Das dritte Beispiel ist der ARMv8-Befehlssatz, der die Adresslänge der ARMv7-Architektur von 32 auf 64 Bit erweitert. Wie wir sehen werden, ist dieser im Jahr 2013 eingeführte Befehlssatz näher an MIPS als an ARMv7.

Die Ähnlichkeiten der Befehlssätze resultieren aus der Tatsache, dass alle Rechner mit Hardware-Techniken aufgebaut werden, denen ähnliche Prinzipien zugrunde liegen, und es einige wenige elementare Operationen gibt, die alle Rechner anbieten müssen. Darüber hinaus verfolgen Rechnerarchitekten ein gemeinsames Ziel: Eine Sprache zu finden, die das Konstruieren der Hardware und des Compilers erleichtert und dabei die Leistung maximiert und die Kosten und den Energieverbrauch minimiert. Dies ist ein althergebrachtes Ziel. Das folgende Zitat wurde niedergeschrieben, bevor es den ersten Computer zu kaufen gab, und es gilt heute noch genauso wie 1947:

> *Mit Methoden der formalen Logik ist es leicht zu erkennen, dass gewisse [Befehlssätze] existieren, die die abstrakte Entsprechung für das Steuern und Auslösen einer beliebigen Folge von Operationen darstellen. [..] Die aus heutiger Sicht wirklich entscheidenden Punkte bei der Auswahl [eines Befehlssatzes] sind eher von praktischer Natur: Einfachheit der Ausstattung, die der Befehlssatz erfordert, sowie Klarheit darüber, dass damit die heute wirklich wichtigen Probleme mit überzeugender Geschwindigkeit behandelt werden können.*

> Burks, Goldstine und von Neumann, 1947

Diese „simplicity of equipment", womit die Einfachheit des Systemaufbaus bedingt durch den Befehlssatz gemeint ist, ist als Entwurfsziel für die heutigen Rechner noch genauso wichtig wie in den 1950er-Jahren. In diesem Kapitel soll ein Befehlssatz eingeführt werden, der dieser Zielsetzung folgt, wobei zum einen seine Repräsentation in der Hardware und zum anderen die Beziehung zwischen höheren Programmiersprachen und dieser eher primitiveren Sprache aufgezeigt wird. Die Beispiele sind in der Programmiersprache C geschrieben. In Abschnitt 2.15 (online) ist dargestellt, wie sich diese mit einer objektorientierten Sprache wie Java ändern.

Von-Neumann-Konzept Die Idee, dass Befehle und Daten im Speicher als Zahlen gespeichert werden können. Sie führt zum Von-Neumann-Rechner.

Während Sie etwas über die Befehle und ihre Repräsentation lernen, werden Sie gleichzeitig das Geheimnis der Rechnerorganisation entdecken: das **Von-Neumann-Konzept**. Darüber hinaus werden Sie Ihre „fremdsprachlichen" Fähigkeiten üben und Programme in der Sprache des Rechners schreiben. Sie werden außerdem den Einfluss von Programmiersprachen und Compileroptimierungen auf die Leistung kennenlernen. Das Kapitel schließt mit einem Blick auf die historische Entwicklung von Befehlssätzen und einer Übersicht über andere Sprachdialekte, die bei Rechnern zu finden sind.

Wir legen schrittweise den MIPS-Befehlssatz dar und zeigen dabei die Grundprinzipien der Rechnerorganisation auf. In diese schrittweise Untersuchung von oben nach unten werden die Komponenten mit den entsprechenden Erläuterungen so eingebunden, dass die Assemblersprache besser verständlich wird. Tabelle 2.1 bietet einen kurzen Überblick über den in diesem Kapitel beschriebenen Befehlssatz.

Tab. 2.1: Die in diesem Kapitel vorgestellte MIPS-Assemblersprache. Diese Information finden Sie auch in Spalte 1 der MIPS-Zusammenfassung hinten im Buch.

MIPS-Operanden		
Name	**Beispiel**	**Anmerkung**
32 Register	\$s0-\$s7, \$t0-\$t9, \$zero, \$a0-\$a3, \$v0-\$v1, \$gp, \$fp, \$sp, \$ra, \$at	Schnelle Positionen für Daten. In MIPS müssen sich Daten in Register befinden, um arithmetische Operationen damit durchführen zu können. \$zero ist immer 0, und Register \$at ist vom Assembler für große Konstanten reserviert.
2^{30} Speicherwörter	Memory[0], Memory[4], ..., Memory[4294967292]	Werden nur von Datentransferbefehlen verwendet. MIPS verwendet Byteadressen, so dass sich die sequentiellen Wortadressen um 4 unterscheiden. Der Speicher enthält Datenstrukturen, Arrays und übergelaufene Register.

MIPS-Assembler				
Kategorie	**Befehl**	**Beispiel**	**Bedeutung**	**Anmerkung**
arithmetisch	add	add \$s1,\$s2,\$s3	\$s1=\$s2+\$s3	Drei Register-Operanden
	subtract	sub \$s1,\$s2,\$s3	\$s1=\$s2-\$s3	Drei Register-Operanden
	add immediate	addi \$s1,\$s2,20	\$s1=\$s2+20	Zum Addieren von Konstanten
Datentransfer	load word	lw \$s1,20(\$s2)	\$s1= Memory[\$s2+20]	Wort aus dem Speicher ins Register
	store word	sw \$s1,20(\$s2)	Memory[\$s2+20]=\$s1	Wort aus dem Register in den Speicher
	load half	lh \$s1,20(\$s2)	\$s1=Memory[\$s2+20]	Halbwort aus dem Speicher ins Register
	load half unsigned	lhu \$s1,20(\$s2)	\$s1=Memory[\$s2+20]	Halbwort aus dem Speicher ins Register
	store half	sh \$s1,20(\$s2)	Memory[\$s2+20]=\$s1	Halbwort aus dem Register in den Speicher
	load byte	lb \$s1,20(\$s2)	\$s1=Memory[\$s2+20]	Byte aus dem Speicher ins Register
	load byte unsigned	lbu \$s1,20(\$s2)	\$s1 = Memory[\$s2+20]	Byte aus dem Speicher ins Register
	store byte	sb \$s1,20(\$s2)	Memory[\$s2+20]=\$s1	Byte aus dem Register in den Speicher
	load linked word	ll \$s1,20(\$s2)	\$s1=Memory[\$s2+20]	Wort als 1. Hälfte eines atomaren Vertauschens laden
	store condition. word	sc \$s1,20(\$s2)	Memory[\$s2+20=\$s1; \$s1=0 or 1	Byte aus dem Speicher ins Register
	load upper immed.	lui \$s1,20	\$s1=20*2^{16}	Lädt eine Konstante in die oberen 16 Bit
logisch	and	and \$1s,\$s2,\$s3	\$s1=\$s2 & \$s3	Drei Register-Operanden, bitweises AND
	or	or \$1s,\$s2,\$s3	\$s1=\$s2 | \$s3	Drei Register-Operanden, bitweises OR
	nor	nor \$1s,\$s2,\$s3	\$s1=~(\$s2 | \$s3)	Drei Register-Operanden, bitweises NOR
	and immediate	andi \$s1,\$s2,20	\$s1=\$s2 & 20	Bitweises AND für Register unt Konstante
	or immediate	ordi \$s1,\$s2,20	\$s1=\$s2 |20	Bitweises OR für Register und Konstante
	shift left logical	sll \$s1,\$s2,10	\$s1=\$s2<<10	Linksverschieben um eine Konstante
	shift rigth logical	srl \$s1,\$s2,10	\$s1=\$s2>>10	Rechtsverschieben um eine Konstante
bedingte Verzweigung	branch on equal	beq \$s1,\$s2,25	if (\$s1==\$s2) go to PC+4+100	Test auf Gleichheit; PC-abhängige Verzweigung
	branch on not equal	bne \$s1,\$s2,25	if (\$s1!=\$s2) go to PC+4+100	Test auf Ungleichheit; PC-abhängige Verzweigung
	set on less than	slt \$s1,\$s2,\$s3	if (\$s2<\$s3) \$s1=1; else \$s1=0	Vergleich auf kleiner; für beq, bne
	set on less than unsigned	sltu \$s1,\$s2,\$s3	if (\$s2<\$s3) \$s1=1; else \$s1=0	Vergleich auf kleiner, vorzeichenlos
	set less than immediate	slti \$s1,\$s2,20	if (\$s2<20) \$s1=1; else \$s1=0	Vergleich auf kleiner als eine Konstante
	set less than immediate unsigned	sltiu \$s1,\$s2,20	if (\$s2<20) \$s1=1; else \$s1=0	Vergleich auf kleiner als eine Konstante, vorzeichenlos
unbedingter Sprung	jump	j 2500	go to 10000	Sprung an Zieladresse
	jump register	jr \$ra	goto \$ra	Für Vertauschen, Prozedurrücksprung
	jump and link	jal 2500	\$ra=PC+4; goto 10000	Für Prozeduraufruf

Was es unbedingt geben muss, sind Befehle zum Ausführen elementarer arithmetischer Operationen.

Burks, Goldstine und von Neumann, 1947

2.2   Operationen der Rechnerhardware

Jeder Rechner muss arithmetische Operationen ausführen können. In der Notation der MIPS-Assemblersprache wird mit

```
add a, b, c
```

ein Rechner angewiesen, die Variablen b und c zu addieren und das Ergebnis in a zu speichern. Diese Notation legt genau fest, dass jeder arithmetische MIPS-Befehl nur eine Operation ausführt und immer genau drei Variablen enthalten muss. Nehmen wir beispielsweise an, wir möchten die Summe der Variablen b, c, d und e in der Variablen a speichern. (In diesem Abschnitt nehmen wir es bewusst noch nicht ganz so genau damit, was eine „Variable" ist. Das werden wir im nächsten Abschnitt nachholen.)

Mit der folgenden Befehlsfolge werden die vier Variablen addiert:

```
add a, b, c   # a wird die Summe aus b und c zugewiesen
add a, a, d   # addiere d zu a
add a, a, e   # a ist nun die Summe aus b, c, d und e
```

Es werden also drei Befehle benötigt, um vier Variablen zu addieren. Der Text nach dem Rautensymbol (#) in den Zeilen oben ist ein *Kommentar* für den menschlichen Leser und wird vom Rechner ignoriert. Im Gegensatz zu anderen Programmiersprachen kann bei dieser Sprache jede Zeile maximal einen Befehl enthalten. Ein weiterer Unterschied zu C besteht darin, dass Kommentare immer mit dem Zeilenende abschließen.

Die natürliche Anzahl von Operanden – eine Operation wie die Addition – ist drei: die beiden Zahlen, die addiert werden, und eine Zahl für den Ort, an dem das Ergebnis gespeichert wird. Die Tatsache, dass jeder Befehl aus genau drei Operanden bestehen muss, entspricht der Philosophie, die Hardware möglichst einfach zu halten: Die Hardware für eine variable Anzahl von Operanden ist komplexer als die Hardware für eine feste Anzahl von Operanden. Damit wird das erste der vier grundlegenden Prinzipien für den Hardwareentwurf deutlich:

Entwurfsprinzip 1: Einfachheit begünstigt Regelmäßigkeit.

Anhand der beiden folgenden Beispiele können wir Programme, die in einer höheren Programmiersprache geschrieben werden, mit Programmen vergleichen, die mit dieser maschinennahen Notation geschrieben werden.

Beispiel: Übersetzen von zwei C-Anweisungen nach MIPS

Dieser Ausschnitt aus einem C-Programm enthält die fünf Variablen a, b, c, d und e. Da Java aus C hervorgegangen ist, stehen dieses und die nächsten Beispiele für beide höheren Programmiersprachen:

```
a = b + c;
d = a - e;
```

Die C-Befehle werden vom *Compiler* in MIPS-Befehle übersetzt. Geben Sie den von einem Compiler generierten MIPS-Code an.

Lösung: Ein MIPS-Befehl verarbeitet zwei Quelloperanden und legt das Ergebnis in einem Zieloperanden ab. Somit werden die beiden einfachen Anweisungen direkt in diese beiden Befehle in MIPS-Assemblersprache kompiliert:

```
add a, b, c
sub d, a, e
```

Beispiel: Übersetzen einer komplexen C-Zuweisung nach MIPS

Eine etwas komplexere Anweisung enthält die fünf Variablen f, g, h, i und j:

```
f = (g + h) - (i + j);
```

Was wird ein C-Compiler daraus generieren?

Lösung: Der Compiler muss diese Anweisung in mehrere Assemblerbefehle aufteilen, da mit einem MIPS-Befehl nur eine Operation ausgeführt werden kann. Mit dem ersten MIPS-Befehl wird die Summe aus g und h berechnet. Das Ergebnis muss irgendwo abgelegt werden. Daher generiert der Compiler eine temporäre Variable t0:

```
add t0,g,h    # die temporäre Variable t0 enthält g + h
```

Bevor die Subtraktion durchgeführt werden kann, muss zunächst die Summe aus i und j berechnet werden. Mit dem zweiten Befehl wird deshalb die Summe i und j in einer weiteren temporären Variablen abgelegt, die ebenfalls vom Compiler generiert und mit t1 bezeichnet wird:

```
add t1,i,j    # die temporäre Variable t1 enthält i + j
```

Schließlich wird mit dem Subtraktionsbefehl die zweite Summe von der ersten subtrahiert. Die Differenz wird in der Variablen f gespeichert. Der kompilierte Code sieht somit wie folgt aus:

```
sub f,t0,t1    # f wird t0-t1 zugewiesen, also (g+h)-(i+j)
```

Selbsttest

Welche Programmiersprache benötigt für eine gegebene Funktion wahrscheinlich mehr Codezeilen? Geben Sie die nachfolgenden drei Sprachen in der entsprechenden Reihenfolge an.

1. Java
2. C
3. MIPS-Assemblersprache

Anmerkung: Ein wesentliches Merkmal von Java ist die Portierbarkeit, die durch die Verwendung eines Software-Interpreters erreicht wird. Der Befehlssatz dieses Interpreters wird als Java-Bytecode bezeichnet (siehe Abschnitt 2.15, online) und unterscheidet sich erheblich vom MIPS-Befehlssatz. Um der Leistungsfähigkeit eines entsprechenden C-Programms möglichst nahe zu kommen, übersetzen heute Java-Systeme den Java-Bytecode direkt in die Zielsprache, in unserem Fall den MIPS-Befehlssatz. Da dieser Übersetzungsvorgang meist zu einem späteren Zeitpunkt als bei C-Programmen erfolgt, werden derartige Java-Compiler häufig als *JIT-Compiler* (*Just In Time*) bezeichnet. In Abschnitt 2.12 wird gezeigt, wie JIT-Compiler beim Startvorgang zu einem späteren Zeitpunkt als C-Compiler angestoßen werden, und in Abschnitt 2.13 wird beschrieben, wie sich bei Java-Programmen das Kompilieren im Vergleich zum Interpretieren auf die Leistungsfähigkeit auswirkt.

2.3 Operanden der Rechnerhardware

Im Unterschied zu Programmen in höheren Programmiersprachen gelten für die Operanden arithmetischer Befehle bestimmte Einschränkungen. Sie müssen an speziellen Stellen im Rechner gehalten werden, die jedoch nur in einer beschränkten Anzahl zur Verfügung stehen: den *Registern*. Register sind elementare Komponenten beim Hardwareentwurf und bilden die Grundbausteine für den Aufbau von Rechnern. Nach der Fertigstellung des Rechners sind sie auch für den Programmierer sichtbar. Die Größe eines Registers bei der MIPS-Architektur beträgt 32 Bit. Die Zusammenfassung von 32 Bit zu einer Einheit geschieht sehr häufig, weshalb eine solche Einheit bei der MIPS-Architektur die Bezeichnung **Wort** erhalten hat.

Wort Die natürliche Zugriffseinheit in einem Rechner, meist eine 32 Bit umfassende Einheit; entspricht der Größe eines Registers in der MIPS-Architektur.

Ein wesentlicher Unterschied zwischen den Variablen einer Programmiersprache und Registern ist die begrenzte Anzahl der Register. Bei aktuellen Rechnern beträgt sie üblicherweise 32. Der MIPS-Prozessor verfügt über 32 Register. (Die Geschichte zur Anzahl der Register finden Sie online im Abschnitt 2.21.) Daher haben wir, der schrittweisen Entwicklung der symbolischen Darstellung der MIPS-Sprache folgend, in diesem Abschnitt die Einschränkung hinzuzufügen, dass für die drei Operanden eines arithmetischen MIPS-Befehls jeweils eines der 32 32-Bit-Register ausgewählt werden muss.

Der Grund für die Beschränkung auf 32 Register liegt im zweiten unserer vier grundlegenden Entwurfsprinzipien:

Entwurfsprinzip 2: Kleiner ist schneller.

Eine große Anzahl von Registern kann zu einer längeren Taktdauer führen, da die elektronischen Signale für den weiteren Weg mehr Zeit benötigen. Prinzipien wie „kleiner ist schneller" gelten nicht absolut. 31 Register sind nicht zwangsläufig schneller als 32 Register. Den wahren Kern hinter solchen Beobachtungen muss der Rechnerarchitekt jedoch ernsthaft berücksichtigen. In diesem Fall muss er seinen Wunsch nach einem schnelleren Takt gegen das Bestreben nach Programmen mit mehr Registern abwägen. Ein weiterer Grund dafür, dass nicht mehr als 32 Register verwendet werden, ist die hierfür erforderliche Anzahl von Bits im Befehlsformat, wie in Abschnitt 2.5 gezeigt wird.

In Kapitel 4 wird die zentrale Rolle der Register beim Hardwareentwurf demonstriert. In diesem Kapitel werden wir dagegen sehen, dass die effektive Nutzung von Registern von besonderer Bedeutung für die Performanz von Programmen ist.

Obwohl wir in den Befehlen einfach die Registernummern schreiben könnten, wollen wir uns an die MIPS-Konvention halten und für die Bezeichnung von Registern das Dollarzeichen, gefolgt von zwei Zeichen, verwenden. In Abschnitt 2.8 werden die Gründe für diese Konvention erklärt. Im Moment verwenden wir $s0, $s1, ... für Register, die einer Variablen in C- und Java-Programmen entsprechen, und $t0, $t1, ... für temporäre Register, die zum Kompilieren des Programms in MIPS-Befehle benötigt werden.

Beispiel: Übersetzung einer Zuweisung in C mithilfe von Registern

Die Aufgabe des Compilers besteht darin, Programmvariablen Registern zuzuweisen. Nehmen wir beispielsweise die Zuweisung aus unserem obigen Beispiel:

```
f = (g + h) - (i + j);
```

Die Variablen f, g, h, i und j werden jeweils den Registern $s0, $s1, $s2, $s3 und $s4 zugewiesen. Wie sieht der kompilierte MIPS-Code aus?

Lösung: Das kompilierte Programm ist dem vorigen Beispiel sehr ähnlich. Es unterscheidet sich lediglich dadurch, dass die Variablen durch die oben erwähnten Registernamen und die temporären Variablen durch die beiden temporären Register $t0 und $t1 ersetzt werden:

```
add $t0, $s1, $s2    # Register $t0 enthält g + h
add $t1, $s3, $s4    # Register $t1 enthält i + j
sub $s0, $t0, $t1    # f erhält $t0-$t1, also (g+h)-(i+j)
```

Speicheroperanden

Programmiersprachen verfügen über einfache Variablen, die wie in diesen Beispielen einzelne Datenelemente enthalten; sie verfügen jedoch auch über komplexere Datenstrukturen: Felder und Strukturen. Diese komplexen Datenstrukturen können wesentlich mehr Datenelemente enthalten, als es Register in einem Computer gibt. Wie kann ein Computer nun diese komplexen Strukturen darstellen und auf diese zugreifen?

Erinnern Sie sich an die fünf Komponenten eines Rechners, die in Kapitel 1 vorgestellt wurden (siehe Abbildung 1.4). Im Prozessor kann nur eine kleine Menge von Daten in den Registern gehalten werden. Im Hauptspeicher können dagegen Millionen von Datenelementen gespeichert werden. Daher werden Datenstrukturen (Felder und Strukturen) im Hauptspeicher abgelegt.

Wie weiter oben bereits erläutert, treten bei arithmetischen Operationen im MIPS-Befehlssatz nur Register auf, weshalb dieser auch Befehle zum Transport von Daten zwischen Hauptspeicher und Register enthalten muss. Diese

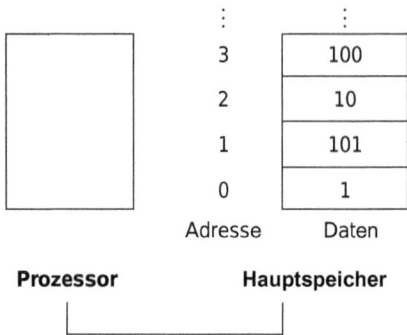

Abb. 2.1: Speicheradressen und Inhalt des Speichers an diesen Stellen. Wären diese Elemente Wörter, wären die Adressen falsch, weil MIPS eine Byteadressierung verwendet, wobei jedes Wort vier Bytes darstellt. Abbildung 2.2 zeigt die Speicheradressierung für sequentielle Wortadressen.

Datentransfer-Befehl
Ein Befehl, mit dem Daten zwischen Speicher und Register transportiert werden.

Adresse Ein Wert zur Angabe der Stelle eines bestimmten Datenelements innerhalb eines Speicherfelds.

Befehle werden als **Datentransfer-Befehle** bezeichnet. Für den Zugriff auf ein Wort im Hauptspeicher muss im Befehl die **Speicheradresse** angegeben sein. Der Hauptspeicher ist ein großes, eindimensionales Feld, wobei die Adresse beginnend bei 0 als Index für das Feld dient. Beispiel: In Abbildung 2.1 lautet die Adresse des dritten Datenelements 2 und der Wert von Speicher[2] ist 10.

Der Datentransfer-Befehl, mit dem Daten vom Speicher in ein Register kopiert werden, wird als *Ladebefehl* bezeichnet. Das Format des Ladebefehls setzt sich aus dem Namen der Operation, dem zu ladenden Register sowie einer Konstanten und einem Register für den Speicherzugriff zusammen. Die Summe der Konstanten des Befehls und der Inhalt des zweiten Registers bilden die Speicheradresse. Der eigentliche MIPS-Name für diesen Befehl lautet lw, was für *load word* (Wort laden) steht.

Beispiel: Zuweisung mit einem Operanden im Speicher übersetzen

Nehmen wir an, A sei ein Feld mit 100 Wörtern, und der Compiler weise wie zuvor die Variablen g und h den Registern $s1 und $s2 zu. Nehmen wir weiter an, die Startadresse oder *Basisadresse* des Felds befinde sich in $s3. Übersetzen Sie diese C-Zuweisung:

```
g = h + A[8];
```

Lösung: Diese Zuweisung enthält zwar nur eine Operation, aber einer der Operanden befindet sich im Hauptspeicher. Daher müssen wir zunächst A[8] in ein Register übertragen. Die Adresse dieses Feldelements ist die Summe der Basisadresse von Feld A, die im Register $s3 steht, und dem Index für die Auswahl von Element 8. Damit die Daten im nächsten Befehl verwendet werden können, müssen sie in einem temporären Register gespeichert werden. Auf der Grundlage von Abbildung 2.1 lautet der erste übersetzte Befehl wie folgt:

```
lw $t0,8($s3)    # temporäres Register t0 erhält A[8]
```

(Wir werden später an diesem Befehl eine geringfügige Änderung vornehmen, doch im Moment verwenden wir diese vereinfachte Version.) Der folgende Befehl kann auf dem Wert in $t0, der gleich A[8] ist, eine Operation durchführen, da dieser sich in einem Register befindet. Der Befehl muss h (steht in $s2) zu A[8] (steht in $t0) addieren und das Ergebnis in das Register speichern, das der Variablen g zugeteilt ist ($s1):

```
add $s1, $s2, $t0    # g = h + A[8]
```

Die Konstante in einem Datentransfer-Befehl wird als *konstante Abstandsgröße* oder *Offset* bezeichnet, und das Register, dessen Inhalt zur Adressbildung addiert wird, heißt Basisregister.

Hardware-Software-Schnittstelle

Der Compiler bindet nicht nur Variablen an Register, er ordnet darüber hinaus auch Datenstrukturen wie Felder und Strukturen Plätze im Hauptspeicher zu. So kann der Compiler dann die richtige Startadresse in die Datentransfer-Befehle einfügen.

Da in vielen Programmen sinnvollerweise Byte (8 Bit) verwendet werden, adressieren die meisten Architekturen Bytes. Daher entspricht die Adresse eines Wortes der Adresse eines der 4 Bytes im Wort. Die Adressen von aufeinander folgenden Wörtern unterscheiden sich somit um 4. In Abbildung 2.2 sind beispielsweise die tatsächlichen MIPS-Adressen für Abbildung 2.1 dargestellt. Die Byteadresse des dritten Wortes ist 8.

Beim MIPS-Befehlssatz müssen Wörter bei Adressen beginnen, die ein Vielfaches von 4 sind. Dieses Prinzip wird als **Ausrichtung an Wortgrenzen** bezeichnet. Viele Architekturen wichten sich danach. (In Kapitel 4 wird beschrieben, warum die Ausrichtung an Wortgrenzen eine schnellere Datenübertragung ermöglicht.)

Ausrichtung an Wortgrenzen Das Prinzip, Daten im Hauptspeicher an Wortgrenzen auszurichten.

Bezüglich der Adressierung eines Wortes im Speicher lassen sich Rechner in zwei Gruppen aufteilen. Eine Gruppe verwendet die Adresse des linken oder „big end"-Byte als Wortadresse, bei der anderen Gruppe gilt die Adresse des rechten oder „little end"-Byte als Wortadresse. Der MIPS-Befehlssatz gehört zur *Big-Endian*-Gruppe. (Anhang A zeigt die beiden Möglichkeiten zur Nummerierung der Bytes in einem Wort.)

Die Byteadressierung wirkt sich auch auf den Feldindex aus. Um die richtige Byteadresse im obigen Code zu erhalten, *muss der zum Basisregister $s3 addierte Offset 4 × 8 und 32 betragen,* so dass die Ladeadresse nicht A[8/4], sondern A[8] auswählt. (Siehe hierzu den Fallstrick auf Seite 168.)

Das Befehlspendant zum Ladebefehl ist der *Speicherbefehl,* mit dem Daten aus einem Register in den Hauptspeicher kopiert werden. Der Speicherbefehl weist ein ähnliches Format wie der Ladebefehl auf: Auf den Namen der Operation

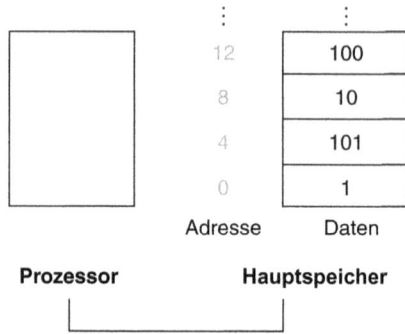

Abb. 2.2: Tatsächliche MIPS-Speicheradressen und Speicherinhalte für diese Wörter. Die geänderten Adressen sind zum Vergleich mit Abbildung 2.1 grau hervorgehoben. MIPS unterstützt die Byteadressierung. Weshalb Wortadressen Vielfache von 4 sind: Ein Wort besteht aus vier Byte.

folgt das zu speichernde Register, der Offset zur Auswahl des Feldelements und schließlich das Basisregister. Auch hier wird die MIPS-Adresse zum einen durch eine Konstante und zum anderen durch den Inhalt eines Registers spezifiziert. Der eigentliche MIPS-Name für diesen Befehl lautet sw, was für *store word* (Wort speichern) steht.

Hardware-Software-Schnittstelle

Weil die Adressen beim Laden und Speichern Binärzahlen sind, ist klar, warum die Größe von DRAM für den Hauptspeicher binär und nicht dezimal angegeben wird, d. h. in Gibibyte (2^{30}) oder Tebibyte (2^{40}) anstatt in Gigabyte (10^9) oder Terabyte (10^{12}). Siehe Tabelle 1.1.

Beispiel: Übersetzen mit Lade- und Speicherbefehlen

Angenommen, die Variable h ist an das Register $s2 gebunden und die Basisadresse von Feld A steht in $s3. Wie lautet dann der MIPS-Assemblercode für die folgende Zuweisung in C?

```
A[12] = h + A[8];
```

Lösung: Diese C-Anweisung enthält zwar nur eine Operation, aber nun befinden sich zwei Operanden im Hauptspeicher. Daher benötigen wir noch mehr MIPS-Befehle. Die ersten beiden Befehle sind dieselben wie im Beispiel weiter oben, außer dass hier nun der korrekte Offset für die Byteadressierung im lw-Befehl für den Zugriff auf A[8] verwendet wird, und mit dem add-Befehl wird das Ergebnis in $t0 gespeichert:

```
lw  $t0,32($s3)    # temp. Reg. $t0 erhält A[8]
add $t0,$s2,$t0    # temp. Reg. $t0 erhält h + A[8]
```

Mit dem letzten Befehl wird das Ergebnis in `A[12]` gespeichert, wobei 48 als Offset und Register `$s3` als Basisregister verwendet wird.

```
sw  $t0,48($s3)    # speichert h + A[8] in A[12]
```

`lw` (load word) und `sw` (store word) sind die Befehle, die Wörter zwischen dem Speicher und den Registern der MIPS-Architektur kopieren. Die Computer anderer Hersteller verwenden andere Befehle zum Laden und Speichern für die Übertragung von Daten. Ein Beispiel für eine solche alternative Architektur ist Intels x86, wie in Abschnitt 2.17 beschrieben.

Hardware-Software-Schnittstelle

Viele Programme enthalten mehr Variablen als es Register in einem Rechner gibt. Folglich versucht der Compiler, die am häufigsten verwendeten Variablen in Registern zu halten, während der Rest im Hauptspeicher abgelegt wird, wobei die Variablen mithilfe von Lade- und Speicherbefehlen zwischen den Registern und dem Hauptspeicher hin und her transportiert werden. Das Prinzip, weniger häufig verwendete Variablen (oder Variablen, die erst später benötigt werden) im Hauptspeicher abzulegen, wird als Registerauslagerung *(Spilling)* bezeichnet.

Das Hardwareentwurfsprinzip, nach dem Größe und Geschwindigkeit zusammenhängen, legt nahe, dass der Hauptspeicher langsamer sein muss als die Register, da die Register kleiner sind. Das trifft auch tatsächlich zu. Der Zugriff auf Daten in Registern ist schneller als der auf Daten im Hauptspeicher.

Zudem sind die Daten nützlicher, wenn sie sich in einem Register befinden. Ein arithmetischer MIPS-Befehl kann zwei Register lesen, die Operanden miteinander verknüpfen und das Ergebnis schreiben. Ein MIPS-Datentransfer-Befehl liest nur einen Operanden oder schreibt einen Operanden, ohne eine Operation darauf auszuführen.

Im Vergleich zum Hauptspeicher kann auf die Register schneller zugegriffen werden, außerdem wird mit ihnen ein höherer Durchsatz erzielt. Für den Zugriff auf Register benötigt man zudem weniger Energie als für den Zugriff auf den Hauptspeicher. Um ein Höchstmaß an Performanz zu erzielen, müssen Compiler Register effizient nutzen.

Konstante oder Direktoperanden

In Programmen werden in Operationen häufig Konstanten verwendet, z. B. beim Inkrementieren eines Index, damit dieser auf das nächste Element eines Feldes zeigt. Mehr als die Hälfte der arithmetischen MIPS-Befehle verwenden beim Ausführen der SPEC-CPU2006-Benchmarks eine Konstante als Operand.

Wenn wir nur die bisher bekannten Befehle verwenden würden, müssten wir eine Konstante aus dem Hauptspeicher laden, wenn wir sie brauchen. (Die Konstanten müssten im Speicher abgelegt werden, wenn das Programm geladen wird.) Um beispielsweise die Konstante 4 zum Inhalt des Registers $s3 zu addieren, könnten wir das Programm

```
lw $t0, AddrConstant4($s1)    # $t0 = 4
add $s3, $s3, $t0             # $s3 = $s3 + $t0 ($t0 == 4)
```

verwenden, wobei `AddrConstant4` die Speicheradresse der Konstante 4 ist.

Eine Alternative, die keinen Ladebefehl erfordert, besteht darin, Versionen der arithmetischen Befehle bereitzustellen, bei denen ein Operand eine Konstante ist. Dieser schnelle Additionsbefehl mit einer Konstante als Operand wird als *add immediate* („addiere direkt“) oder `addi` bezeichnet. Um die Konstante 4 zum Inhalt des Registers $s3 zu addieren, schreiben wir einfach

```
addi $s3, $s3, 4    # $s3 = $s3 + 4
```

Konstanten werden häufig als Operanden verwendet. Durch ihre Verwendung in arithmetischen Befehlen können diese viel schneller ausgeführt werden und verbrauchen weniger Energie, als wenn die Konstanten erst aus dem Hauptspeicher geladen werden müssten.

Die Konstante Null spielt eine andere Rolle. Sie soll den Befehlssatz vereinfachen, indem sie praktische Variationen gestattet. Beispielsweise ist der `move`-Befehl einfach nur ein Additionsbefehl, wobei ein Operand Null ist. Aus diesem Grund ordnet MIPS einem Register zero den Wert Null fest zu. (Wie Sie vielleicht schon erwartet haben, ist dies das Register mit der Nummer 0.) Die Einbeziehung von Konstanten in Abhängigkeit von der Häufigkeit, mit der sie auftreten, ist ein weiteres Beispiel für die große Idee, den **häufigen Fall schnell** zu machen.

HÄUFIGER FALL

Selbsttest

Angesichts der Bedeutung der Register stellt sich die Frage, wie schnell sich die Anzahl der Register im Laufe der Zeit erhöht hat.

1. Sehr schnell: Die Anzahl der Register nimmt gemäß dem Moore'schen Gesetz zu, das eine Verdopplung der Anzahl der Transistoren auf einem Chip alle 18 Monate voraussagt.

2. Sehr langsam: Da Programme normalerweise in der Sprache des Computers verbreitet werden, ist für die Befehlssatzarchitektur eine gewisse Trägheit zu beobachten. Daher nimmt die Anzahl der Register lediglich mit der Verfügbarkeit neuer Befehlssätze zu.

Anmerkungen: 1) Die MIPS-Register in diesem Buch sind 32 Bit breit. Es gibt auch eine 64-Bit-Version des MIPS-Befehlssatzes mit 32 64-Bit-Registern. Um die beiden Versionen des MIPS-Befehlssatzes auseinander zu halten, werden sie offiziell als MIPS-32 und MIPS-64 bezeichnet. In diesem Kapitel verwenden wir eine Teilmenge von MIPS-32. In Anhang E (online) werden die Unterschiede zwischen MIPS-32 und MIPS-64 erläutert. In den Abschnitten 2.16 und 2.18 werden die wesentlich größeren Unterschiede zwischen dem mit 32-Bit-Adressierung arbeitenden ARMv7 und seinem 64-Bit-Nachfolger ARMv8 beschrieben.

2) Die Adressierungsart bei MIPS mit Offset und Basisregister ermöglicht in exzellenter Weise, Strukturen und Felder nachzubilden. Ein Beispiel hierfür finden Sie in Abschnitt 2.13.

3) Ursprünglich wurde das Register in den Datentransfer-Befehlen eingeführt, um einen Feldindex zu speichern, wobei der Offset für die Anfangsadresse eines Felds verwendet wird. Daher wird das Basisregister auch als *Indexregister* bezeichnet. Die Hauptspeicher von heute sind wesentlich größer und das Softwaremodell der Datenzuordnung ist komplexer. Daher wird die Basisadresse des Felds normalerweise in einem Register gespeichert, da sie, wie wir noch sehen werden, in das Feld des Offsets nicht mehr passt.

4) Da der MIPS-Befehlssatz negative Konstanten unterstützt, ist ein Subtract-immediate-Befehl nicht notwendig.

2.4 Vorzeichenbehaftete und nicht vorzeichenbehaftete Zahlen

Schauen wir uns zunächst an, wie ein Computer Zahlen darstellt. Menschen lernen, in der Basis 10 zu denken, aber Zahlen können mit beliebiger Basis dargestellt werden. Beispielsweise ist 123 Basis 10 = 1111011 Basis 2.

Zahlen werden in der Computerhardware als Folge der elektronischen Signale mit hohem („high") bzw. niedrigem („low") elektrischen Potential verwaltet, deshalb werden sie als Zahlen der Basis 2 betrachtet. (So wie Zahlen der Basis 10 als *Dezimalzahlen* bezeichnet werden, heißen Zahlen der Basis 2 *Binärzahlen*.) Eine einzelne Ziffer einer Binärzahl ist damit das „Atom" der Programmierung, weil die gesamte Information aus **Binärziffern** oder **Bits** zusammengesetzt ist. Dieser Grundbaustein kann einen von zwei Werten annehmen, die man sich auch auf andere Weisen vorstellen kann: high oder low, ein oder aus, wahr oder falsch, 1 oder 0. Wenn wir diesen Gedanken verallgemeinern, können wir festhalten, dass der Wert der i-ten Ziffer für jede Basis geschrieben werden kann als

Binärziffer oder **Bit** Eine der beiden Ziffern 0 oder 1 der Basis 2, aus denen sich die Information zusammensetzt.

$$d \times \text{Basis}^i,$$

wobei i bei 0 beginnt und von rechts nach links zunimmt. Dies führt zu einer naheliegenden Art und Weise, die Bitstellen im Wort zu nummerieren: nämlich die Verwendung der Potenz der Basis für dieses Bit. Wir kennzeichnen Dezimalzahlen mit einem tiefgestellten D, Binärzahlen mit einem tiefgestellten B. Zum Beispiel steht 1011_B für

$$(1 \times 2^3) + (0 \times 2^2) + (1 \times 2^1) + (1 \times 2^0)_D$$
$$= (1 \times 8) + (0 \times 4) + (1 \times 2) + (1 \times 1)_D$$
$$= 8 + 0 + 2 + 1_D$$
$$= 11_D$$

Die Bitstellen in einem Wort werden also mit $0, 1, 2, 3, \ldots$ von *rechts nach links* durchnummeriert. In der folgenden Abbildung ist die Nummerierung der Bitstellen in einem MIPS-Wort und die Position der Zahl 1011_B dargestellt:

31 30 29 28	...	15 14 13 12	11 10 9 8	7 6 5 4	3 2 1 0
0 0 0 0	...	0 0 0 0	0 0 0 0	0 0 0 0	1 0 1 1

niedrigstwertiges Bit Das Bit ganz rechts in einem MIPS-Wort.

höchstwertiges Bit Das Bit ganz links in einem MIPS-Wort.

Da Wörter sowohl vertikal als auch horizontal dargestellt werden können, sind die Bezeichnungen *links* und *rechts* möglicherweise nicht eindeutig. Daher wird das Bit ganz rechts im Wort (obiges Bit 0) als **niedrigstwertiges Bit** und das Bit ganz links im Wort (obiges Bit 31) als **höchstwertiges Bit** bezeichnet.

Das MIPS-Wort ist 32 Bit lang und kann somit 2^{32} verschiedene 32-Bit-Muster darstellen. Es ist naheliegend, mit diesen Kombinationen die Zahlen von 0 bis $2^{32}-1$ (4 294 967 295$_D$) darzustellen:

$$0000\ 0000\ 0000\ 0000\ 0000\ 0000\ 0000\ 0000_B\ =\ 0_D$$
$$0000\ 0000\ 0000\ 0000\ 0000\ 0000\ 0000\ 0001_B\ =\ 1_D$$
$$0000\ 0000\ 0000\ 0000\ 0000\ 0000\ 0000\ 0010_B\ =\ 2_D$$

$$\ldots$$

$$1111\ 1111\ 1111\ 1111\ 1111\ 1111\ 1111\ 1101_B\ =\ 4\ 294\ 967\ 293_D$$
$$1111\ 1111\ 1111\ 1111\ 1111\ 1111\ 1111\ 1110_B\ =\ 4\ 294\ 967\ 294_D$$
$$1111\ 1111\ 1111\ 1111\ 1111\ 1111\ 1111\ 1111_B\ =\ 4\ 294\ 967\ 295_D$$

Das bedeutet, dass 32-Bit-Binärzahlen in Form von Bitwert mal einer Potenz von 2 (hier steht xi für das i-te Bit von x) dargestellt werden kann:

$$x31 \times 2^{31} + x30 \times 2^{30} + x29 \times 2^{29} + \ldots + x1 \times 2^1 + x0 \times 2^0$$

Aus Gründen, die wir in Kürze verstehen werden, nennt man diese positiven Zahlen auch vorzeichenlose Zahlen.

Hardware-Software-Schnittstelle

Die Basis 2 ist für Menschen nicht die natürliche Wahl, da wir zehn Finger haben und deshalb die Basis 10 natürlich erscheint. Warum also verwenden Computer nicht auch das Dezimalsystem? Tatsächlich war im ersten kommerziellen Computer die Dezimalarithmetik vorgesehen. Das Problem war, dass der Computer weiterhin binäre Signale verwendete, d. h., eine Dezimalziffer wurde einfach durch mehrere Binärziffern dargestellt. Damit erwies sich die eingebaute Dezimalarithmetik als so ineffizient, dass sie in nachfolgenden Computern zugunsten der Binärarithmetik aufgegeben wurde und lediglich für die relativ seltenen Ein-/Ausgabeereignisse eine Konvertierung zur Basis 10 erfolgt.

Denken Sie daran, dass die oben vorgestellten binären Bitmuster lediglich *Darstellungen* von Zahlen sind. Tatsächlich besitzen Zahlen unendlich viele Ziffern, von denen außer den Ziffern ganz rechts alle 0 sind. Führende Nullen werden normalerweise nur nicht dargestellt.

Zum Addieren, Subtrahieren, Multiplizieren und Dividieren dieser binären Bitmuster kann Hardware entworfen werden. Wenn sich die Zahl, die sich aus Operationen dieser Art ergibt, nicht durch die Hardwarebits ganz rechts darstellen lässt, spricht man von einem *Überlauf*. Es bleibt dem Betriebssystem und dem Programm überlassen, in geeigneter Weise auf einen solchen Überlauf zu reagieren. Computerprogramme berechnen sowohl positive als auch negative Zahlen. Daher benötigen wir eine Darstellung, mit der positive von negativen Zahlen unterschieden werden können. Die naheliegende Lösung besteht darin, ein spezielles Zeichen einzufügen, das sich in geeigneter Weise mit einem einzigen Bit darstellen lässt. Diese Darstellung wird als *Vorzeichen-Betrag-Darstellung* bezeichnet.

Die Vorzeichen-Betrag-Darstellung weist jedoch einige Nachteile auf. Zum einen ist nicht klar, an welcher Stelle das Vorzeichen eingefügt werden soll: rechts oder links? Bei den ersten Computern wurde das eine wie das andere versucht. Zum anderen benötigen Addierer für Vorzeichen und Betrag möglicherweise einen zusätzlichen Schritt zum Setzen des Vorzeichens, da das richtige Vorzeichen nicht im Voraus bekannt ist. Schließlich bedeutet ein separates Vorzeichenbit, dass es sowohl eine positive als auch eine negative Null gibt, was beim Programmieren leicht zu Fehlern führen kann. Aufgrund dieser Nachteile wurde die Vorzeichen-Betrag-Darstellung nicht weiter verfolgt. Auf der Suche nach einer besseren Alternative stellte sich die Frage, was das Ergebnis für Zahlen ohne Vorzeichen sein würde, wenn man eine große Zahl von einer kleinen subtrahiert. Die Antwort lautet: Bei der Subtraktion würde wegen der führenden Nullen jeweils eine Eins weitergegeben, so dass das Ergebnis eine Folge aus führenden Einsen enthalten würde. Da es keine naheliegende bessere Alternative gab, bestand die endgültige Lösung darin, sich für eine Darstellung zu entscheiden, die die Hardware vereinfacht: Führende Nullen stehen für positive Zahlen, führende Einsen für negative. Diese Konvention für die Darstellung von vorzeichenbehafteten Binärzahlen wird als *Zweierkomplement*-Darstellung bezeichnet:

$$\begin{array}{rcl}
\texttt{0000 0000 0000 0000 0000 0000 0000 0000}_B &=& 0_D \\
\texttt{0000 0000 0000 0000 0000 0000 0000 0001}_B &=& 1_D \\
\texttt{0000 0000 0000 0000 0000 0000 0000 0010}_B &=& 2_D
\end{array}$$

...

$$\begin{array}{rcl}
\texttt{0111 1111 1111 1111 1111 1111 1111 1101}_B &=& 2\,147\,483\,645_D \\
\texttt{0111 1111 1111 1111 1111 1111 1111 1110}_B &=& 2\,147\,483\,646_D \\
\texttt{0111 1111 1111 1111 1111 1111 1111 1111}_B &=& 2\,147\,483\,647_D \\
\texttt{1000 0000 0000 0000 0000 0000 0000 0000}_B &=& -2\,147\,483\,648_D \\
\texttt{1000 0000 0000 0000 0000 0000 0000 0001}_B &=& -2\,147\,483\,647_D \\
\texttt{1000 0000 0000 0000 0000 0000 0000 0010}_B &=& -2\,147\,483\,646_D
\end{array}$$

...

$$\begin{array}{rcl}
\texttt{1111 1111 1111 1111 1111 1111 1111 1101}_B &=& -3_D \\
\texttt{1111 1111 1111 1111 1111 1111 1111 1110}_B &=& -2_D \\
\texttt{1111 1111 1111 1111 1111 1111 1111 1111}_B &=& -1_D
\end{array}$$

Die positiven Zahlen in der ersten Hälfte von 0 bis $2\,147\,483\,647_D$ ($2^{31} - 1$) werden wie bisher dargestellt. Das nachfolgende Bitmuster ($\texttt{1000 ... 0000}_B$) stellt die kleinste negative Zahl, nämlich $-2\,147\,483\,648_D$ (-2^{31}) dar. Dieser folgt eine Reihe von größer werdenden negativen Zahlen: $-2\,147\,483\,647_D$ ($\texttt{1000 ... 0001}_B$) bis -1_D ($\texttt{1111 ... 1111}_B$).

Bei der Zweierkomplement-Darstellung gibt es eine negative Zahl, nämlich $-2\,147\,483\,648_D$, für die es keine positive Entsprechung gibt. Diese Asymmetrie mag für unaufmerksame Programmierer ärgerlich gewesen sein. Die Vorzeichen-Betrag-Darstellung war jedoch nicht nur für Programmierer, sondern auch für Hardwareentwickler problematisch. Daher wird bei Rechnern heute die Zweierkomplement-Darstellung für vorzeichenbehaftete Zahlen verwendet. Die Zweierkomplement-Darstellung hat den Vorteil, dass sich bei allen negativen Zahlen an der Stelle des höchstwertigen Bits eine Eins befindet. Daraus folgt, dass die Hardware nur dieses Bit zu überprüfen braucht, um festzustellen, ob eine Zahl positiv oder negativ ist (wobei 0 als positiv betrachtet wird). Dieses Bit wird auch als *Vorzeichenbit* bezeichnet. Unter Beachtung des Vorzeichenbits können wir positive und negative 32-Bit-Zahlen in der Form „Bitwert mal einer Potenz von 2" darstellen:

$$x31 \times \left(-2^{31}\right) + x30 \times 2^{30} + x29 \times 2^{29} + \ldots + x1 \times 2^{1} + x0 \times 2^{0}$$

Das Vorzeichenbit wird mit -2^{31} multipliziert und die restlichen Bits werden mit den positiven Versionen ihrer jeweiligen Basiswerte multipliziert.

Beispiel: Umrechnung von Binärwerten in Dezimalwerte

Wie lautet der Dezimalwert der folgenden 32-Bit-Zweierkomplementzahl?

$$\texttt{1111 1111 1111 1111 1111 1111 1111 1100}_B$$

Lösung: Wenn wir die Bitwerte der Zahl in die obige Formel einsetzen, erhalten wir:

$$(1 \times -2^{31}) + 1 \times 2^{30} + 1 \times 2^{29} + \ldots + 1 \times 2^2 + 0 \times 2^1 + 0 \times 2^0$$
$$= -2^{31} + 2^{30} + 2^{29} + \ldots + 2^2 + 0 + 0$$
$$= -2\,147\,483\,648_D + 2\,147\,483\,644_D$$
$$= -4_D$$

Eine Möglichkeit zur Vereinfachung der Umrechnung werden wir in Kürze kennenlernen.

Wie bei der Verarbeitung von vorzeichenlosen Zahlen die Kapazität der Hardware zur Darstellung des Ergebnisses nicht ausreichen kann, ist auch bei einer Operation mit Zweierkomplementzahlen ein Überlauf des darstellbaren Zahlenbereichs möglich. Ein solcher Überlauf tritt auf, wenn das am weitesten links stehende Bit des binären Bitmusters verschieden ist von den (gedachten) links davon stehenden Ziffern (das Vorzeichenbit ist falsch): eine Null links im Bitmuster, wenn es sich um eine negative Zahl handelt, oder eine Eins, wenn es sich um eine positive Zahl handelt.

Hardware-Software-Schnittstelle

1) Die Frage vorzeichenbehaftet vs. vorzeichenlos betrifft Ladeoperationen ebenso wie arithmetische Operationen. Die *Funktionsweise* einer vorzeichenbehafteten Ladeoperation besteht darin, das Vorzeichen wiederholt zu kopieren, um den Rest des Registers zu füllen – man nennt dies *Vorzeichenerweiterung* – doch ihr *Zweck* ist es, eine korrekte Darstellung der Zahl im Register zu platzieren. Bei einer vorzeichenlosen Ladeoperation wird einfach von links mit Nullen aufgefüllt.

Wenn ein 32-Bit-Wort in ein 32-Bit-Register geladen wird, ist die Frage irrelevant; vorzeichenbehaftete und vorzeichenlose Ladeoperationen sind identisch. MIPS bietet zwei Varianten von Byte-Ladebefehlen an: *load byte* (lb) behandelt das Byte als vorzeichenbehaftete Zahl und führt daher eine Vorzeichenerweiterung für die (von links gesehen) ersten 24 Bit des Registers aus. Im Gegensatz dazu arbeitet *load byte unsigned* (lbu) mit vorzeichenlosen Ganzzahlen. Da C-Programme fast immer Bytes verwenden, um Zeichen darzustellen, anstatt Bytes als sehr kurze vorzeichenbehaftete Ganzzahlen zu betrachten, wird lbu praktisch nur für das Laden von Bytes verwendet.

2) Im Gegensatz zu den oben diskutierten Zahlen beginnen Speicheradressen bei Null und gehen bis zur größten Adresse. Anders ausgedrückt: Negative Adressen ergeben keinen Sinn. Daher arbeiten Programme manchmal mit Zahlen, die positiv oder negativ sein können, und gelegentlich mit Zahlen, die nur

positiv sein können. Manche Programmiersprachen berücksichtigen diese Unterscheidung. Bei C wird beispielsweise die erste Klasse von Zahlen als *Integer* (Ganzzahlen, im Programm als int deklariert) und die zweite Klasse von Zahlen als *vorzeichenlose Ganzzahlen* (unsigned int) bezeichnet. In einigen C-Styleguides wird sogar empfohlen, die erste Gruppe als signed int zu deklarieren, um Verwechslungen auszuschließen.

Betrachten wir nun zwei praktische Abkürzungen für den Umgang mit Zweierkomplementzahlen. Die erste einfache Lösung stellt eine schnelle Möglichkeit zum Negieren einer binären Zweierkomplementzahl dar. Invertieren Sie einfach jede 0 in eine 1 und jede 1 in eine 0 und addieren Sie anschließend eine 1 zum Ergebnis. Diese einfache Lösung beruht auf der Beobachtung, dass die Summe einer Zahl mit deren inverser Darstellung gleich $111 \ldots 111_B$ sein muss, was für -1 steht. Da $x + \overline{x} = -1$, ergibt sich $x + \overline{x} + 1 = 0$ oder $\overline{x} + 1 = -x$. Die Notation $\overline{x}$ bedeutet, dass jedes in x enthaltene Bit invertiert wird.

Beispiel: Einfache Lösung für die Negation

Negieren Sie 2_D und überprüfen Sie anschließend das Ergebnis, indem Sie -2_D invertieren.

2_D = 0000 0000 0000 0000 0000 0000 0000 0010$_B$

Lösung: Wenn diese Zahl durch Invertieren der Bits und Addieren mit 1 negiert wird, ergibt sich:

$$
\begin{array}{ll}
  & \text{1111 1111 1111 1111 1111 1111 1111 1101}_B \\
+ & \text{1}_B \\
\hline
= & \text{1111 1111 1111 1111 1111 1111 1111 1110}_B \\
= & 2_D
\end{array}
$$

In umgekehrter Richtung wird zunächst

1111 1111 1111 1111 1111 1111 1111 1110$_B$

invertiert und dann inkrementiert:

$$
\begin{array}{ll}
= & \text{0000 0000 0000 0000 0000 0000 0000 0001}_B \\
+ & \text{1}_B \\
\hline
= & \text{0000 0000 0000 0000 0000 0000 0000 0010}_B \\
= & 2_D
\end{array}
$$

Unsere nächste einfache Lösung betrachtet die Konvertierung einer mit n Bit dargestellten Binärzahl in eine Binärzahl, die mehr als n Bit enthält. Beispielsweise enthält das Immediate-Feld in den Load-, Store-, Branch-, Add- und Set-on-less-than-Befehlen eine 16-Bit-Zweierkomplementzahl, die einen Wertebereich von -32768_D (-2^{15}) bis 32767_D $(2^{15} - 1)$ umfasst. Um die Konstante im

Immediate-Feld zum Inhalt eines 32-Bit-Registers addieren zu können, muss der Rechner diese 16-Bit-Zahl in die äquivalente 32-Bit-Darstellung konvertieren. Die Lösung besteht darin, das höchstwertige Bit (also das Vorzeichenbit) der kurzen Binärzahl zu replizieren und die neuen Bits der längeren Binärzahl aufzufüllen. Die alten Bits werden einfach in den rechten Teil des neuen Worts kopiert. Diese einfache Lösung wird als Vorzeichenerweiterung bezeichnet.

Beispiel: Einfache Lösung für die Vorzeichenerweiterung

Konvertieren Sie die 16-Bit-Versionen von 2_D und -2_D in 32-Bit-Binärzahlen.

Lösung: Die 16-Bit-Binärversion der Zahl 2 lautet

$$0000 \ 0000 \ 0000 \ 0010_B = 2_D$$

Sie wird in eine 32-Bit-Zahl konvertiert, indem der Wert an der Stelle des höchstwertigen Bits (0) 16-mal kopiert und in der linken Hälfte des Worts eingefügt wird. In der rechten Hälfte des Worts wird der alte Wert gespeichert:

$$0000 \ 0000 \ 0000 \ 0000 \ 0000 \ 0000 \ 0000 \ 0010_B = 2_D$$

Nun negieren wir die 16-Bit-Version der Zahl 2 mithilfe der weiter oben beschriebenen einfachen Lösung für die Negation. Somit wird

$$0000 \ 0000 \ 0000 \ 0010_B$$

zu

$$
\begin{array}{r}
1111 \ 1111 \ 1111 \ 1101_B \\
+ \qquad\qquad\qquad\qquad 1_B \\
\hline
= \quad 1111 \ 1111 \ 1111 \ 1110_B
\end{array}
$$

Wenn aus der negativen Zahl die 32-Bit-Version ermittelt werden soll, muss also das Vorzeichenbit 16-mal kopiert und auf der linken Seite eingefügt werden:

$$1111 \ 1111 \ 1111 \ 1111 \ 1111 \ 1111 \ 1111 \ 1110_B = -2_D$$

Dieser Trick funktioniert, weil bei positiven Zweierkomplementzahlen links unendliche viele Nullen stehen, während negative Zweierkomplementzahlen unendlich viele Einsen haben. Die binären Bitmuster, die eine Zahl darstellen, verbergen die führenden Bits entsprechend der Breite der Hardware. Bei der Vorzeichenerweiterung werden lediglich einige dieser Bits wiederhergestellt.

Zusammenfassung

Der wesentliche Punkt in diesem Abschnitt ist, dass es möglich sein muss, mit einem Wort im Rechner sowohl negative als auch positive Zahlen darzustellen. Und obwohl jede Darstellungsmöglichkeit Vor- und Nachteile hat, wird seit 1965 überwiegend die Zweierkomplement-Darstellung verwendet.

Anmerkungen: 1) Bei vorzeichenbehafteten Dezimalzahlen stellen wir negative Zahlen mit „–" dar, da es für die Darstellung einer Dezimalzahl keine Größenbeschränkung gibt. Aufgrund der festen Wortgröße kann bei binären und hexadezimalen Bitfolgen das Vorzeichen kodiert werden (siehe Tabelle 2.2). Daher werden bei der Binär- oder Hexadezimaldarstellung normalerweise weder „+" noch „–" verwendet.

2) Die Bezeichnung Zweierkomplement rührt daher, dass die vorzeichenlose Summe einer n-Bit-Zahl und ihrer n-Bit-Negation 2^n ist. Somit ist das Komplement einer Zahl x gleich $2^n - x$, also das „Zweierkomplement".

Einerkomplement Eine Notation, die den betragsgrößten negativen Wert durch $10\ldots000_B$ darstellt und den betragsgrößten Wert durch $01\ldots11_B$, was zu gleich vielen negativen und positiven Zahlen führt, jedoch zu zwei Nullen, eine positive ($00\ldots00_B$) und eine negative ($11\ldots11_B$). Die Bezeichnung wird auch für die bitweise Inversion eines Musters, d. h. den Austausch aller Nullen gegen Einsen und aller Einsen gegen Nullen, verwendet.

Eine dritte Darstellungsmöglichkeit wird als **Einerkomplement** bezeichnet. Der negative Wert eines Einerkomplements ergibt sich aus der Invertierung der einzelnen Bits von 0 in 1 und von 1 in 0, was die Bezeichnung erklärt: Das Komplement von x ist $2^n - x - 1$. Diese Darstellung war ebenfalls ein Versuch, eine bessere Lösung als die Vorzeichen-Betrag-Darstellung zu finden. Für verschiedene wissenschaftliche Rechner wurde diese Darstellung tatsächlich verwendet. Diese Darstellung ist der Zweierkomplement-Darstellung ähnlich und unterscheidet sich von dieser nur dadurch, dass sie zwei Nullen enthält: $00\ldots00_B$ ist eine positive 0 und $11\ldots11_B$ ist eine negative 0. Die kleinste negative Zahl ist $10\ldots000_B$ und steht für $-2\,147\,483\,647_D$, es gibt also gleich viele positive wie negative Zahlen. Einerkomplementaddierer benötigen einen zusätzlichen Schritt zum Subtrahieren einer Zahl. Daher wird heute die Zweierkomplement-Darstellung häufiger verwendet.

Charakteristik Eine Darstellung, bei der der kleinste negative Wert durch $00\ldots000_B$ und der größte positive Wert durch $11\ldots11_B$ dargestellt wird, wobei 0 in der Regel den Wert $10\ldots00_B$ hat. Mit der Addition der Charakteristik auf die darzustellende Zahl ist das Ergebnis positiv.

Eine letzte Darstellungsmöglichkeit, die wir bei der Diskussion der Gleitkommaarithmetik in Kapitel 3 betrachten werden, besteht darin, den kleinsten negativen Wert durch $00\ldots000_B$ und den größten positiven Wert durch $11\ldots11_B$ darzustellen, wobei 0 in der Regel den Wert $10\ldots00_B$ hat. Diese Darstellung wird als **Charakteristik** bezeichnet. Dabei wird eine Konstante (Bias, Charakteristik) addiert, so dass das Ergebnis einen positiven Wert aufweist.

Selbsttest

Welchen Dezimalwert hat die folgende 64-Bit-Zweierkomplementzahl?

1111 1111 1111 1111 1111 1111 1111 1111 1111 1111 1111 1111 1111 1111 1111 1000$_B$

1. -4_D

2. -8_D

3. -16_D

4. $18\,446\,744\,073\,709\,551\,609_D$

2.5 Darstellung von Befehlen im Rechner

Nun ist es soweit, dass wir den Unterschied zwischen der Art und Weise, wie Menschen Rechnern Befehle erteilen, und der Art und Weise, wie Rechner die Befehle sehen, erklären können.

Befehle werden im Rechner ebenfalls als Folge elektronischer Signale mit jeweils hohem und niedrigem Potenzial betrachtet und können somit auch als Zahlen interpretiert werden. So kann jeder Teil eines Befehls als eine Zahl betrachtet werden. Die Aneinanderreihung der einzelnen Zahlen ergibt den Befehl.

Da Register fast von allen Befehlen verwendet werden, muss es eine Konvention geben, wie Registernamen Zahlen zugeordnet werden. In der MIPS-Assemblersprache werden die Register $s0 bis $s7 den Registern 16 bis 23 und die Register $t0 bis $t7 den Registern 8 bis 15 zugeordnet. Die Konvention für die restlichen der 32 Register wird in den folgenden Abschnitten beschrieben.

Beispiel: MIPS-Assemblerbefehl in Maschinenbefehl übersetzen

Den nächsten Schritt bei der Erarbeitung der MIPS-Sprache demonstrieren wir anhand eines Beispiels. Wir zeigen den Befehl mit der symbolischen Darstellung

    add $t0,$s1,$s2

in der tatsächlichen MIPS-Sprache zunächst als Kombination von Dezimalzahlen und anschließend als Folge von Binärzahlen.

Lösung: Die Darstellung mit Dezimalzahlen sieht wie folgt aus:

0	17	18	8	0	32

Jedes dieser Segmente eines Befehls wird als Feld bezeichnet. Das erste und das letzte Feld (hier mit den Zahlen 0 und 32) teilen dem MIPS-Computer mit, dass mit diesem Befehl eine Addition durchzuführen ist. Das zweite Feld enthält die Nummer des Registers, das den ersten Quelloperanden der Addition enthält (17 = $s1), und das dritte Feld enthält den zweiten Quelloperanden für die Addition (18 = $s2). Das vierte Feld enthält die Nummer des Registers, in dem das Ergebnis gespeichert werden soll (8 = $t0). Das fünfte Feld wird in diesem Befehl nicht genutzt, daher ist es auf 0 gesetzt. Somit werden mit diesem Befehl die Inhalte der Register $s1 und $s2 addiert und das Ergebnis in das Register $t0 gespeichert.

Statt mit Dezimalzahlen in den einzelnen Feldern kann der Befehl auch mit Binärzahlen dargestellt werden:

000000	10001	10010	01000	00000	100000
6 Bit	5 Bit	5 Bit	5 Bit	5 Bit	6 Bit

Diese Darstellungsform des Befehls wird als **Befehlsformat** bezeichnet. Wenn Sie die Anzahl der Bits zusammenzählen, erhalten Sie genau 32, exakt die Breite eines Datenworts. Entsprechend unserem Entwurfsprinzip bezüglich der Einfachheit und Regelmäßigkeit sind alle MIPS-Befehle 32 Bit lang.

Befehlsformat Eine Darstellungsform für Befehle, zusammengesetzt aus Feldern mit Binärzahlen.

Maschinensprache Binäre Darstellung für die Kommunikation in einem Rechnersystem.

Um diese Darstellung von der Assemblersprache zu unterscheiden, bezeichnen wir diese numerische Version von Befehlen als **Maschinensprache** und eine Folge von Befehlen dieser Art als *Maschinencode*.

Es könnte nun der Eindruck entstehen, dass Sie endlose, langweilige Folgen mit Binärzahlen lesen und schreiben müssten. Um dies zu vermeiden, nehmen wir eine höhere Basis als 2, die sich aber leicht in die binäre Darstellung umrechnen lässt. Da praktisch alle Formate für Daten in einem Rechner ein

Hexadezimalzahlen Zahlen zur Basis 16.

Vielfaches von 4 sind, werden **Hexadezimalzahlen** (Basis 16) verwendet. Die Basis 16 ist eine Potenz von 2, weshalb man einfach jede Gruppe mit vier Binärziffern durch eine hexadezimale Ziffer ersetzen kann und umgekehrt. Tabelle 2.2 zeigt die Umrechnung von der hexadezimalen in die binäre Darstellung und umgekehrt.

Tab. 2.2: Tabelle zur Umrechnung von Hexadezimal- in Binärzahlen und umgekehrt. Ersetzen Sie einfach eine Hexadezimalziffer durch die entsprechenden vier Binärziffern und umgekehrt. Wenn die Länge der Binärzahl kein Vielfaches von 4 ist, beginnen Sie rechts.

Hexadezimal	Binär	Hexadezimal	Binär	Hexadezimal	Binär	Hexadezimal	Binär
0_H	0000_B	4_H	0100_B	8_H	1000_B	c_H	1100_B
1_H	0001_B	5_H	0101_B	9_H	1001_B	d_H	1101_B
2_H	0010_B	6_H	0110_B	a_H	1010_B	e_H	1110_B
3_H	0011_B	7_H	0111_B	b_H	1011_B	f_H	1111_B

Da wir häufig mit unterschiedlichen Zahlenbasen zu tun haben, werden wir, um Verwechslungen zu vermeiden, Dezimalzahlen mit dem Index 10 (oder D, Binärzahlen mit dem Index 2 (oder B) und Hexadezimalzahlen mit dem Index 16 (oder H) versehen. (Wenn kein Index angegeben wird, gilt Basis 10 als Standard.) Bei C und Java wird übrigens für Hexadezimalzahlen die Schreibweise 0x*nnnn* verwendet.

Beispiel: Umrechnung von Binärzahlen in Hexadezimalzahlen

Rechnen Sie die folgenden Hexadezimal- und Binärzahlen in Zahlen der jeweils anderen Basis um:

eca8 6420$_H$

0001 0011 0101 0111 1001 1011 1101 1111$_B$

Lösung: Mithilfe der Tabelle 2.2 gehen Sie schrittweise in der einen Richtung vor:

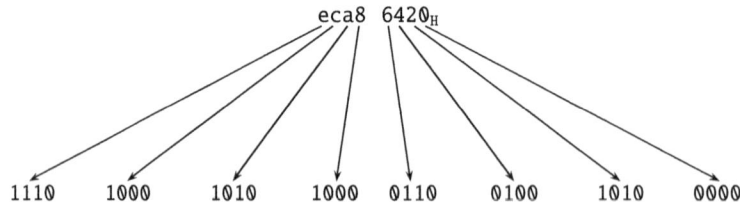

Und dann in der anderen Richtung:

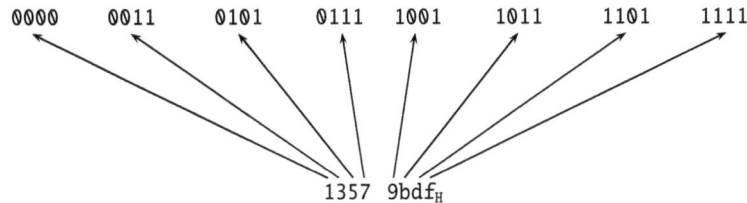

Die Felder im MIPS-Befehlsformat

Um die Diskussion zu vereinfachen, erhalten die Felder im MIPS-Befehlsformat Namen:

op	rs	rt	rd	shamt	funct
6 Bit	5 Bit	5 Bit	5 Bit	5 Bit	6 Bit

Die Namen der Felder im MIPS-Befehlsformat haben folgende Bedeutung:

- *op:* Basisoperation des Befehls, üblicherweise als **Opcode** (auch Operationscode) bezeichnet

- *rs:* das Register des ersten Quelloperanden

- *rt:* das Register des zweiten Quelloperanden

- *rd:* das Zielregister, in dem das Ergebnis der Operation gespeichert wird

- *shamt:* Abkürzung für *Shift Amount* („Anzahl der Stellen, um die verschoben wird"). (In Abschnitt 2.6 werden Schiebebefehle und dieser Begriff erläutert. Bis dahin wird dieser Ausdruck nicht verwendet, weshalb das Feld den Wert Null enthält.)

- *funct:* Dieses Feld wählt die spezielle Variante der Operation im op-Feld aus und wird auch als *Funktionscode (function)* bezeichnet.

Opcode Das Feld, das die Operation und das Format eines Befehls angibt.

Ein Problem entsteht, wenn ein Befehl längere Felder als die oben abgebildeten benötigt. Beispiel: Im Load-word-Befehl müssen zwei Register und eine Konstante angegeben werden. Wenn für die Adresse eines der 5-Bit-Felder im obigen Format verwendet würde, wäre die Konstante im Load-word-Befehl auf nur $2^5 = 32$ begrenzt. Die Konstante wird zum Auswählen von Elementen in Feldern oder Datenstrukturen verwendet und muss daher häufig wesentlich größer als 32 sein. Dieses 5-Bit-Feld ist somit einfach zu klein.

Wir haben also einen Konflikt zwischen dem Wunsch, für alle Befehle dieselbe Länge zu verwenden, und dem Wunsch nach einem einheitlichen Befehlsformat. Dies führt zum letzten Prinzip für den Hardwareentwurf:

Entwurfsprinzip 3: Ein guter Entwurf erfordert gute Kompromisse.

Der von den MIPS-Entwicklern gewählte Kompromiss besteht darin, für alle Befehle dieselbe Länge und dafür für die verschiedenen Befehlsarten unterschiedliche Befehlsformate zu verwenden. So wird das obige Format beispielsweise als *R-Typ* (für Register) oder als *R-Format* bezeichnet. Ein weiterer Befehlsformattyp wird als *I-Typ* (für *immediate* = direkt) oder *I-Format* bezeichnet und für Immediate- und Datentransfer-Befehle verwendet. Für das I-Format gibt es folgende Felder:

op	rs	rt	constant oder address
6 Bit	5 Bit	5 Bit	16 Bit

Die 16-Bit-Adresse bedeutet, dass mit einem Load-word-Befehl ein beliebiges Wort in einem Bereich von $\pm 2^{15}$ oder 32 768 Byte ($\pm 2^{13}$ oder 8192 Wörter) ab der Adresse im Basisregister rs geladen werden kann. Entsprechend ist der Add-immediate-Befehl auf Konstanten im Bereich von $\pm 2^{15}$ beschränkt. Wie wir sehen, wären mehr als 32 Register in diesem Format schwierig zu handhaben, da die Felder rs und rt jeweils ein weiteres Bit benötigten, wodurch es schwieriger wird, alles in einem Wort unterzubringen.

Betrachten wir noch einmal den Load-word-Befehl von Seite 72:

```
lw $t0,32($s3)     # temp. Register $t0 erhält A[8]
```

Hier wird in das rs-Feld 19 (für $s3), in das rt-Feld 8 (für $t0) und in das Adressfeld 32 gesetzt. Die Bedeutung des rt-Felds hat sich bei diesem Befehl geändert: In einem Ladebefehl gibt das rt-Feld das *Ziel*register an, in dem das Ergebnis des Ladevorgangs gespeichert wird.

Mehrere Formate führen zwar zu einer komplizierteren Hardware, aber die Komplexität lässt sich reduzieren, wenn ähnliche Formate verwendet werden. So sind etwa die ersten drei Felder der R- und I-Formate gleich groß und haben die gleichen Namen. Und das vierte Feld im I-Format ist gleich lang wie die letzten drei Felder im R-Format. Falls Sie sich wundern: Die Formate unterscheiden sich durch die Werte im ersten Feld. Jedem Format ist eine Reihe von Werten im ersten Feld (op) zugewiesen, so dass die Hardware weiß, ob die zweite Hälfte des Befehls als drei Felder (R-Typ) oder als ein Feld (I-Typ) behandelt werden muss. In Tabelle 2.3 sind die in den einzelnen Feldern für die hier beschriebenen MIPS-Befehle verwendeten Zahlen dargestellt.

Tab. 2.3: MIPS-Befehlscodierung. In der Tabelle steht reg für eine Registernummer zwischen 0 und 31 und address für eine 16-Bit-Adresse. „entfällt" bedeutet, dass es dieses Feld in dem jeweiligen Format nicht gibt. Die Befehle add und sub haben im op-Feld denselben Wert. Die Hardware entscheidet mithilfe des funct-Felds, welche Variante der Operation verwendet wird: add (32) oder subtract (34).

Befehl	Format	op	rs	rt	rd	shamt	funct	address
add	R	0	reg	reg	reg	0	32_D	entfällt
sub (subtract)	R	0	reg	reg	reg	0	34_D	entfällt
add immediate	I	8_D	reg	reg	entfällt	entfällt	entfällt	constant
lw (load word)	I	35_D	reg	reg	entfällt	entfällt	entfällt	address
sw (store word)	I	43_D	reg	reg	entfällt	entfällt	entfällt	address

Beispiel: MIPS-Assemblersprache in Maschinensprache übersetzen

Wir können nun an einem Beispiel den ganzen Weg von dem, was der Programmierer schreibt, hin zu dem, was der Rechner ausführt, aufzeigen. Wenn $t1 auf die Basis des Felds A zeigt und $s2 h entspricht, wird die Zuweisung

```
A[300] = h + A[300];
```

übersetzt in

```
lw  $t0,1200$($t1)   # temp. Reg. $t0 erhält A[300]
add $t0,$s2,$t0      # temp. Reg. $t0 erhält h+A[300]
sw  $t0,1200$($t1)   # h+A[300] wird in A[300] gespeichert
```

Wie lautet der Code in MIPS-Maschinensprache für diese drei Befehle?

Lösung: Der Einfachheit halber schreiben wir die Befehle in Maschinensprache zunächst als Dezimalzahlen. Aus Tabelle 2.3 können wir die drei Befehle in Maschinensprache ermitteln:

op	rs	rt	rd	address/shamt	funct
35	9	8		1200	
0	18	8	8	0	32
43	9	8		1200	

Der lw-Befehl wird durch die 35 im ersten Feld (op) (siehe Tabelle 2.3) angezeigt. Das Basisregister 9 ($t1) wird im zweiten Feld (rs) und das Zielregister 8 ($t0) im dritten Feld (rt) angegeben. Der Offset zum Auswählen von A[300] ($1200 = 300 \times 4$) steht im letzten Feld (address).

Der nachfolgende add-Befehl wird durch die 0 im ersten Feld (op) und die 32 im letzten Feld (funct) spezifiziert. Die drei Registeroperanden (18, 8 und 8) stehen im zweiten, dritten und vierten Feld und entsprechen den Registern $s2, $t0 und $t0. Der sw-Befehl wird durch 43 im ersten Feld spezifiziert. Der Rest dieses letzten Befehls ist mit dem lw-Befehl identisch.

Die folgende Tabelle zeigt die zur Dezimaldarstellung äquivalente Binärform (1200 zur Basis 10 entspricht 0000 0100 1011 0000 zur Basis 2):

100011	01001	01000		0000 0100 1011 0000	
000000	10010	01000	01000	00000	100000
101011	01001	01000		0000 0100 1011 0000	

Beachten Sie die Ähnlichkeit der Binärdarstellung des ersten und letzten Befehls. Beide unterscheiden sich nur im dritten Bit von links.

Hardware-Software-Schnittstelle

Der Wunsch, dass alle Befehle die gleiche Länge haben sollen, steht im Widerstreit mit dem Wunsch, so viele Register wie möglich zu haben. Jeder Anstieg der Zahl der Register verbraucht mindestens ein Bit mehr in jedem Registerfeld des Befehlsformates. Angesichts dieser Limitierungen und des Entwurfsprinzips, dass kleiner schneller bedeutet, haben die meisten Befehlssätze heute 16 oder 32 Allzweckregister.

In Tabelle 2.4 sind die in diesem Abschnitt beschriebenen Teile der MIPS-Assemblersprache zusammenfassend dargestellt. Wie wir in Kapitel 4 noch sehen werden, wird der Hardwareentwurf durch die Ähnlichkeit der Binärdarstellungen von ähnlichen Befehlen vereinfacht. Diese Befehle sind ein weiteres Beispiel für die Regelmäßigkeit in der MIPS-Architektur.

Tab. 2.4: Die bis Abschnitt 2.5 bearbeitete MIPS-Architektur. Die beiden bisher eingeführten MIPS-Befehlsformate sind R und I. Die ersten 16 Bit sind gleich: Sie enthalten ein op-Feld, das die Grundoperation angibt, ein rs-Feld, das einen Quelloperanden angibt, und das rt-Feld, das den anderen Quelloperanden angibt, außer beim Load-word-Befehl, bei dem es das Zielregister angibt. Beim R-Format sind die letzten 16 Bit auf drei Felder verteilt: Das rd-Feld, das das Zielregister angibt, das shamt-Feld, das in Abschnitt 2.6) erläutert wird, und das funct-Feld, das die spezifische Operation eines R-Formatbefehls angibt. Beim I-Format bilden die letzten 16 Bit ein address-Feld.

MIPS-Maschinensprache

Name	Format	Beispiel						Anmerkungen
add	R	0	18	19	17	0	32	add $s1, $s2, $s3
sub	R	0	18	19	17	0	34	sub $s1, $s2, $s3
addi	I	8	18	17	100			addi $s1, $s2, 100
lw	I	35	18	17	100			lw $s1, 100($s2)
sw	I	43	18	17	100			sw $s1, 100($s2)
Feldgröße		6 Bit	5 Bit	5 Bit	5 Bit	5 Bit	6 Bit	alle MIPS-Befehle 32 Bit lang
R-Format	R	op	rs	rt	rd	shamt	funct	Format für arithm. Befehle
I-Format	I	op	rs	rt	address			Format für Datentransport

Grundwissen

Computer von heute beruhen auf zwei Grundprinzipien:

1. Befehle werden in Form von Zahlen dargestellt.

2. Programme werden wie Zahlen im Hauptspeicher gespeichert, um gelesen oder geschrieben werden zu können.

Diese Prinzipien führen zum *Von-Neumann-Konzept*. In Abbildung 2.3 wird die Leistungsfähigkeit dieses Konzepts deutlich: Im Hauptspeicher kann der Quellcode für einen Editor, der kompilierte Maschinencode, der Text, der vom kompilierten Programm verwendet wird, und sogar der Compiler, der den Maschinencode generiert, gespeichert werden.

Da Befehle in Form von Zahlen dargestellt werden können, werden Programme oft als Dateien mit Binärzahlen ausgeliefert. Die kommerzielle Folge hiervon ist, dass Rechner fertige Programme übernehmen können, vorausgesetzt sie sind zu einem vorhandenen Befehlssatz kompatibel. Diese „Binärkompatibilität" führt dazu, dass sich die Industrie auf wenige Befehlssatzarchitekturen konzentriert.

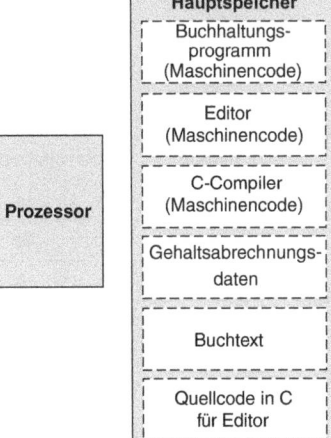

Abb. 2.3: Das Von-Neumann-Konzept. Mithilfe von gespeicherten Programmen kann ein Rechner, der ein Buchhaltungsprogramm ausführt, im nächsten Augenblick zu einem Rechner werden, der einem Autor hilft, ein Buch zu schreiben. Dieser Wechsel erfolgt durch Laden von Programmen und Daten in den Speicher und durch Anweisen des Rechners, an einer bestimmten Position im Speicher mit der Ausführung zu beginnen. Dadurch, dass Befehle wie Daten behandelt werden, wird sowohl die Speicherhardware als auch die Software erheblich vereinfacht. So kann insbesondere die für Daten erforderliche Speichertechnologie auch für Programme verwendet werden, und Programme – wie z. B. Compiler – können Code, der in einer für Menschen einfacheren Form geschrieben ist, in einen Code übersetzen, der vom Rechner verstanden wird.

Selbsttest

Welcher MIPS-Befehl ist nachfolgend dargestellt?

op	rs	rt	rd	shamt	funct
0	8	9	10	0	34

1. sub $t0, $t1, $t2
2. add $t2, $t0, $t1
3. sub $t2, $t1, $t0
4. sub $t2, $t0, $t1

„Im Gegenteil," *fuhr*
Tweedledee fort, „wenn es
so war, könnte es so sein;
und wenn es so wäre,
würde es so sein, aber da
es nicht so ist, ist es nicht
so. Das ist Logik."

Lewis Carroll, *Alice's Ad-*
ventures in Wonderland,
1865

2.6   Logische Operationen

Obwohl bei den ersten Rechnern vornehmlich ganze Wörter betrachtet wurden, stellte sich rasch heraus, dass es sinnvoll ist, auf Bitfelder in einem Wort oder auch auf einzelne Bits zugreifen zu können. Die Überprüfung von Zeichen in einem Wort, die mit jeweils 8 Bit gespeichert sind, ist ein Beispiel für eine Operation dieser Art (siehe Abschnitt 2.9). Dies führte dazu, dass Operationen hinzugefügt wurden, mit denen unten anderem das Setzen und Zurücksetzen von Bits in einem Wort vereinfacht wurde. Diese Befehle werden als logische Operationen bezeichnet. In Tabelle 2.5 sind logische Operationen in C und Java dargestellt.

Tab. 2.5: Logische C- und Java-Operatoren und die entsprechenden MIPS-Befehle. MIPS verwendet NOR mit einem Operanden gleich null, um NOT zu implementieren.

Logische Operationen	C-Operatoren	Java-Operatoren	MIPS-Befehle
Linksschieben	≪	≪	sll
Rechtsschieben	≫	≫	srl
bitweise AND-Verknüpfung	&	&	and, andi
bitweise OR-Verknüpfung	|	|	or, ori
bitweise NOT	~	~	nor

Die erste Klasse von Operationen dieser Art sind *Schiebeoperationen*. Sie schieben alle Bits in einem Wort nach links oder nach rechts, wobei die frei werdenden Bits mit einer Null aufgefüllt werden. Beispiel: Wenn Register $s0 die Bitfolge

$$0000\ 0000\ 0000\ 0000\ 0000\ 0000\ 0000\ 1001_B\ =\ 9_D$$

enthält und der Befehl zum Schieben um 4 nach links ausgeführt wird, ergibt sich folgender neuer Wert:

$$0000\ 0000\ 0000\ 0000\ 0000\ 0000\ 1001\ 0000_B\ =144_D$$

Die duale Operation zum Schieben nach links ist das Schieben nach rechts. Die beiden MIPS-Schiebebefehle heißen *Shift Left Logical* (logisches Linksschieben, sll) und *Shift Right Logical* (logisches Rechtsschieben, srl).

Mit dem folgenden Befehl wird die obige Operation ausgeführt und das Ergebnis in Register $t2 gespeichert:

```
sll $t2, $s0,4    # Reg. $t2 = Reg. $s0 << 4Bit
```

Das shamt-Feld im R-Format haben wir nicht gleich beim ersten Auftreten des Ausdrucks erläutert. Der Ausdruck *shamt* steht für *Shift Amount* (Anzahl der Stellen, um die verschoben wird) und wird in Schiebebefehlen verwendet. Die Version des obigen Befehls in Maschinensprache lautet somit wie folgt:

op	rs	rt	rd	shamt	funct
0	0	16	10	4	0

Der Code von sll lautet sowohl im op- als auch im funct-Feld 0, das rd-Feld enthält 10 (Register $t2), das rt-Feld enthält 16 (Register $s0) und das shamt-Feld enthält 4. Das rs-Feld wird nicht verwendet und ist daher auf 0 gesetzt.

Das logische Schieben nach links bringt einen weiteren Vorteil mit sich. Wenn um i Bit nach links verschoben wird, ergibt dies dasselbe Ergebnis wie die Multiplikation mit 2^i, genau wie das Verschieben einer Dezimalzahl um i Ziffern äquivalent mit der Multiplikation mit 10^i ist. Beispiel: Mit dem obigen sll-Befehl wird um 4 Stellen verschoben, was dasselbe ergibt wie die Multiplikation mit 2^4 oder mit 16. Das erste Bitmuster oben stellt 9 dar und $9 \times 16 = 144$ den Wert des zweiten Bitmusters.

Eine weitere sinnvolle Operation zum Isolieren von Feldern ist die **AND-Verknüpfung** (logisches und). (Um eine Verwechslung mit der natürlichsprachlichen Konjunktion zu vermeiden, werden die Namen der Verknüpfungsoperationen in Großbuchstaben geschrieben.) Bei der AND-Verknüpfung handelt es sich um eine bitweise Operation, bei der das Ergebnis nur dann eine 1 ist, wenn an den entsprechenden Bitstellen der Operanden jeweils der Wert 1 steht. Beispiel: Wenn Register $t2 nach wie vor die Bitfolge

> **AND** Eine logische bitweise Operation mit zwei Operanden, die 1 ergibt, wenn *beide* Operanden jeweils eine 1 enthalten.

    0000 0000 0000 0000 0000 1101 1100 0000_B

enthält und Register $t1 die Bitfolge

    0000 0000 0000 0000 0011 1100 0000 0000_B

enthält, ergibt sich nach dem Ausführen des MIPS-Befehls

    and $t0, $t1, $t2   # Reg. $t0 = Reg. $t1 & Reg. $t2

für den Wert von Register $t0 die Bitfolge

    0000 0000 0000 0000 0000 1100 0000 0000_B

Mit der AND-Verknüpfung kann ein Bitmuster auf eine Menge von Bits angewendet werden, um an den Stellen jeweils eine Null zu erzwingen, an denen sich im Bitmuster eine Null befindet. Ein derartiges Bitmuster mit einer AND-Verknüpfung wird als „Maske" bezeichnet, da die Maske einige Bits „verbirgt".

Um einer Menge von Bitstellen mit einer Null einen Wert zuzuweisen, gibt es die duale Operation zur AND-Verknüpfung, die **OR**-Verknüpfung (logisches oder). Hierbei handelt es sich um eine bitweise Operation, bei der das Ergebnis 1 ist, wenn *eines* der Operandenbits eins ist. Mit dem obigen Beispiel kann die Wirkungsweise der OR-Verknüpfung verdeutlicht werden. Wenn die Register $t1 und $t2 aus diesem Beispiel unverändert bleiben, ergibt der MIPS-Befehl

> **OR** Eine logische bitweise Operation mit zwei Operanden, die 1 ergibt, wenn *einer* der beiden Operanden eine 1 enthält.

```
or $t0, $t1, $t2   # Reg. $t0 = Reg. $t1 | Reg. $t2
```

den folgenden Wert in Register $t0:

$$0000\ 0000\ 0000\ 0000\ 0011\ 1101\ 1100\ 0000_B$$

NOT Eine logische bitweise Operation, bei der ein Operand die Bitwerte invertiert, d. h., er ersetzt jede 1 durch eine 0 und jede 0 durch eine 1.

NOR Eine logische bitweise Operation mit zwei Operanden, mit der die Negation des Ergebnisses einer OR- Verknüpfung von zwei Operanden berechnet wird.

Bei der letzten logischen Operation handelt es sich um die Negation. **NOT** ergibt 1, wenn ein Operandenbit den Wert 0 hat und umgekehrt. Mit unserer zuvor eingeführten Notation können wir dies schreiben als $\bar{x}$.

Um das Format mit drei Operanden beizubehalten, haben sich die Entwickler von MIPS für die Aufnahme des Befehls **NOR** anstelle der Negation entschieden. Wenn ein Operand null ist, entspricht er einem NOT. Beispiel: A NOR 0 = NOT (A OR 0) = NOT (A). Wenn das Register $t1 aus dem vorhergehenden Beispiel unverändert bleibt und Register $t3 den Wert 0 hat, ergibt der MIPS-Befehl

```
nor $t0, $t1, $t3   # Reg. $t0=~(Reg. $t1|Reg. $t3)
```

den folgenden Wert in Register $t0:

$$1111\ 1111\ 1111\ 1111\ 1100\ 0011\ 1111\ 1111_B$$

Tabelle 2.5 zeigt die Beziehungen zwischen C- und Java-Operatoren und den MIPS-Befehlen. Konstanten sind sowohl in logischen AND- und OR-Operationen als auch in arithmetischen Operationen hilfreich. Daher gibt es im MIPS-Befehlssatz auch die Befehle *and immediate* (andi) und *or immediate* (ori).

Anmerkungen: 1) Der vollständige MIPS-Befehlssatz beinhaltet auch Exklusiv-OR (XOR), das das Bit auf 1 setzt, wenn sich zwei einander entsprechende Bits unterscheiden, und auf 0, wenn sie gleich sind. C gestattet, innerhalb von Wörtern *Bitfelder* oder *Felder* zu definieren, die beide ermöglichen, Objekte in ein Wort zu packen und mit einer extern erzwungenen Schnittstelle übereinzustimmen, wie beispielsweise einem Ein-/Ausgabegerät. Alle Felder müssen in ein einziges Wort passen. Felder sind vorzeichenlose Ganzzahlen, die bis zu 1 Bit kurz sein können. C-Compiler verwenden die logischen Anweisungen in MIPS, um Felder einzufügen und zu extrahieren: and, or, sll und srl.

2) Das logische AND-immediate und das logische OR-immediate setzt Nullen in die oberen 16 Bit, um eine 32-Bit-Konstante zu bilden. Im Unterschied dazu bewirkt add-immediate eine Vorzeichenerweiterung.

Selbsttest

Welche Operationen können ein Feld in einem Wort isolieren?

1. AND

2. eine Linksverschiebung gefolgt von einer Rechtsverschiebung

2.7 Befehle zum Treffen von Entscheidungen

Ein Computer unterscheidet sich von einem einfachen Taschenrechner dadurch, dass er Entscheidungen treffen kann. Abhängig von den Eingabedaten und den während der Berechnung erhaltenen Werten werden unterschiedliche Befehle ausgeführt. Entscheidungen werden in Programmiersprachen in der Regel mithilfe der if-Anweisung, gelegentlich zusammen mit goto-Anweisungen und Sprungmarken dargestellt. Die MIPS-Assemblersprache enthält zwei Entscheidungsbefehle ähnlich einer if-Anweisung mit goto. Der erste Befehl lautet

```
beq register1, register2, L1
```

Bei der Ausführung dieses Befehls wird zur Anweisung an der Marke L1 verzweigt, wenn der Wert in register1 gleich dem Wert in register2 ist. Die mnemonische Bezeichnung beq steht für *branch if equal* („verzweige, wenn gleich"). Der zweite Befehl lautet

```
bne register1, register2, L1
```

Dieser Befehl verzweigt zur Anweisung an der Marke L1, wenn der Wert in register1 *nicht gleich* dem Wert in register2 ist. Die mnemonische Bezeichnung bne steht für *branch if not equal* („verzweige, wenn nicht gleich"). Diese beiden Befehle werden als **bedingte Verzweigungen** bezeichnet.

Beispiel: if-then-else in bedingte Verzweigung übersetzen

Im folgenden Codesegment sind f, g, h, i und j Variablen. Wenn die fünf Variablen f bis j den fünf Registern \$s0 bis \$s4 entsprechen, wie lautet dann der übersetzte MIPS-Code für diese if-Anweisung in C?

```
if (i == j) f = g + h; else f = g - h;
```

Lösung: Abbildung 2.4 zeigt in Form eines Flussdiagramms, was der MIPS-Code bewirken soll. Mit dem ersten Ausdruck wird auf Gleichheit geprüft, weshalb beq der geeignete Befehl zu sein scheint. Im Allgemeinen wird der Code effizienter, wenn wir prüfen, ob die gegenteilige Bedingung erfüllt ist, um den Code so zu verzweigen, dass der then-Zweig der if-Anweisung ausgeführt wird (die Marke else wird unten definiert), deshalb verwenden wir den Befehl bne, verzweigen also, wenn die Register nicht gleich sind:

```
bne $s3, $s4, else    # verzweige zu else, wenn i ≠ j
```

Die nächste Zuweisung führt eine Operation aus und, wenn alle Operanden bereits den Registern zugeteilt sind, wird dafür nur ein Befehl benötigt:

```
add $s0, $s1, $s2    # f = g + h (entfällt, wenn i ≠ j)
```

Der Nutzwert eines Rechenautomaten liegt in der Möglichkeit, eine gegebene Folge von Befehlen wiederholt anzuwenden, wobei die Anzahl der Iterationen vom Ergebnis der Berechnung abhängt. Wenn die Iteration abgeschlossen ist, wird eine andere Folge [von Befehlen] ausgeführt, weshalb wir in den meisten Fällen zwei parallele Züge [von Befehlen] vorgeben müssen, denen ein Befehl vorangestellt ist, der festlegt, welcher der Routinen gefolgt werden soll. Diese Entscheidung kann vom Vorzeichen einer Zahl abhängig sein [..]. Daher führen wir einen Befehl ein [..], der in Abhängigkeit vom Vorzeichen einer gegebenen Zahl bewirkt, dass die richtige von zwei alternativen Routinen ausgeführt wird.

Burks, Goldstine und von Neumann, 1947

bedingte Verzweigung Ein Befehl, bei dem zunächst zwei Werte verglichen werden, um in Abhängigkeit vom Ergebnis dieses Vergleichs den Kontrollfluss zu ändern.

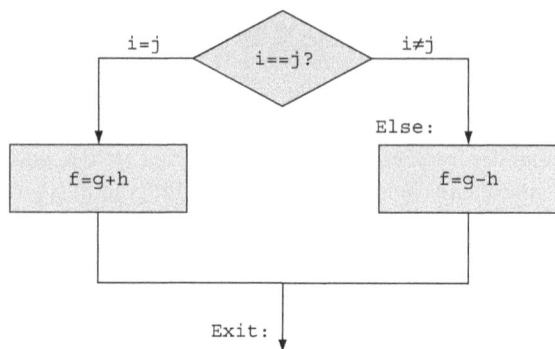

Abb. 2.4: Darstellung der Alternativen der obigen if-Anweisung. Das linke Kästchen entspricht dem then-Teil der if-Anweisung und das rechte Kästchen dem else-Teil.

Nach diesem Befehl muss das Ende der if-Anweisung erreicht werden. Mit diesem Beispiel lernen wir eine weitere Art der Verzweigung kennen, die als *unbedingte Verzweigung* bezeichnet wird. Diese Bezeichnung drückt aus, dass der Prozessor die Verzweigung immer ausführt. Um zwischen bedingten und unbedingten Verzweigungen zu unterscheiden, wird diese Art des Befehls in der MIPS-Assemblersprache als *Sprung* bezeichnet und mit j (Abkürzung für jump, engl. Sprung) abgekürzt. (Die Marke Exit wird unten definiert.)

```
    j Exit      # springe zu Exit
```

Die Zuweisung im else-Teil der if-Anweisung kann wieder mit einem Befehl übersetzt werden. Darüber hinaus muss bei diesem Befehl die Marke else stehen. Wir zeigen außerdem die Marke Exit, die nach diesem Befehl steht und damit das Ende des übersetzten Codes für eine if-then-else-Anweisung anzeigt:

```
    else:sub $s0,$s1,$s2    # f = g - h (entfällt, wenn i=j)
    Exit:
```

Der Assembler nimmt dem Compiler und dem in Assemblersprache Programmierenden die Arbeit ab, Adressen für Verzweigungen berechnen zu müssen, ebenso wie der Assembler auch die Adressen der Daten für die Lade- und Speicherbefehle berechnet (siehe Abschnitt 2.12).

Hardware-Software-Schnittstelle

Compiler erzeugen häufig Verzweigungen und Sprungmarken an Stellen, an denen diese in der Programmiersprache nicht vorkommen. Dass Sprungmarken und Verzweigungen nicht explizit geschrieben werden müssen, ist einer der Vorteile höherer Programmiersprachen und ein Grund dafür, warum sich Code auf dieser Ebene schneller schreiben lässt.

Schleifen

Abfragen sind sowohl für die Wahl zwischen zwei Alternativen (bei if-Anweisungen) als auch für die Iteration einer Berechnung (bei Schleifen) wichtig. In beiden Fällen dienen dieselben Assemblerbefehle als Grundbausteine.

Beispiel: Eine while-Schleife in C übersetzen

So sieht eine typische Schleife in C aus:

```
while (save[i] == k)
    i += 1;
```

Nehmen wir an, dass i und k den Registern $s3 und $s5 zugeteilt sind und dass die Basis des Felds save in $s6 gespeichert ist. Wie lautet der in MIPS-Assemblersprache geschriebene Code für diesen C-Code?

Lösung: Im ersten Schritt muss das Element i des Felds save, also save[i] in ein temporäres Register geladen werden. Hierfür benötigen wir zunächst die Adresse der Speicherzelle von save[i]. Zur Bildung der Adresse muss der Index i wegen des Byteadressierungsproblems mit 2^2 oder 4 multipliziert werden und kann dann zur Basis des Feldes save addiert werden. Für die Multiplikation mit 4 können wir die logische Schiebeoperation nach links verwenden, da ein Schieben um zwei Bit nach links das gleiche Ergebnis liefert wie die Multiplikation mit 4 (siehe Seite 93). Wir müssen die Marke Loop setzen, so dass am Ende der Schleife zu diesem Befehl zurückgesprungen werden kann:

```
Loop: sll $t1,$s3,2   # temp. Reg. $t1 = 4 * i
```

Um die Adresse von save[i] zu erhalten, müssen wir $t1 und die Basis von save in $s6 addieren:

```
add $t1,$t1,$s6     # $t1 = Adresse von save[i]
```

Nun können wir mithilfe dieser Adresse save[i] in ein temporäres Register laden:

```
lw $t0,0($t1)       # temp. Reg. $t0 =save[i]
```

Mit dem nächsten Befehl wird die Schleifenabbruchbedingung geprüft. Im Falle save[i] ≠ k wird die Schleife verlassen:

```
bne $t0,$s5,Exit    # springe zu Exit, wenn save[i] ≠ k
```

Mit dem nächsten Befehl werden 1 und i addiert:

```
addi $s3,$s3,1      # i = i + 1
```

Am Ende der Schleife wird zurück an den Anfang der Schleife gesprungen. Danach brauchen wir nur noch die Exit-Marke einzufügen, und schon sind wir fertig:

```
    j Loop          # springe zu Loop
Exit:
```

(Eine Optimierung dieses Codes finden Sie in den Aufgaben.)

Hardware-Software-Schnittstelle

Grundblock oder **Basisblock** Eine Befehlsfolge ohne Sprünge (außer möglicherweise am Ende der Befehlsfolge) und ohne Sprungziel oder Sprungmarke (außer möglicherweise am Anfang der Befehlsfolge).

Befehlsfolgen, die mit einem Sprung enden, spielen beim Übersetzungsvorgang eine zentrale Rolle, weshalb sie einen eigenen Namen erhalten haben: So wird eine Befehlsfolge ohne Sprünge, außer möglicherweise am Ende der Befehlsfolge, und ohne Sprungziel oder Sprungmarke, außer möglicherweise am Anfang der Befehlsfolge, als **Grundblock** oder **Basisblock** bezeichnet. Einer der ersten Schritte beim Kompilieren besteht darin, das Programm in Grundblöcke zu zerlegen.

Am häufigsten wird wohl die Gleichheit oder Ungleichheit zweier Werte geprüft. Gelegentlich ist es jedoch hilfreich festzustellen, ob eine Variable kleiner als eine andere Variable ist. Beispielsweise ist es bei einer for-Schleife manchmal sinnvoll abzufragen, ob die Index-Variable kleiner als 0 ist. Vergleiche dieser Art werden in der MIPS-Assemblersprache mit einem Befehl durchgeführt, der die Inhalte zweier Register miteinander vergleicht und ein drittes Register auf 1 setzt, wenn der Wert im ersten Register kleiner als der im zweiten ist. Wenn das erste Register nicht kleiner als das zweite ist, wird das dritte Register auf 0 gesetzt. Dieser MIPS-Befehl lautet *set on less than* oder slt. Beispiel:

```
slt $t0, $s3, $s4      # $t0 = 1, wenn $s3 < $s4
```

bedeutet, dass Register $t0 auf 1 gesetzt wird, wenn der Wert in Register $s3 kleiner als der Wert in Register $s4 ist. Andernfalls wird Register $t0 auf 0 gesetzt.

Konstanten als Operanden werden gerne für Vergleiche herangezogen. Deshalb gibt es eine Immediate-Version des Set-on-less-than-Befehls. Um zu prüfen, ob Register $s2 kleiner als die Konstante 10 ist, können wir einfach Folgendes schreiben:

```
slti $t0, $s2, 10      # $t0 = 1, wenn $s2 < 10
```

Hardware-Software-Schnittstelle

MIPS-Compiler erstellen mithilfe der Befehle slt, slti, beq, bne und dem Wert 0 (immer verfügbar durch Lesen des Registers $zero) alle relativen Bedingungen: ist gleich, ist nicht gleich, kleiner als oder gleich, größer als, größer als oder gleich.

Von Neumanns Warnung hinsichtlich der Einfachheit des Systems berücksichtigend enthält die MIPS-Architektur keinen branch-on-less-than-Befehl, da dieser zu kompliziert ist. Für einen solchen Befehl wäre es entweder notwendig, die Taktzykluszeit zu verlängern oder es würden zusätzliche Taktzyklen pro Maschinenbefehl erforderlich sein. Zwei schnellere Befehle sind hier sinnvoller.

Hardware-Software-Schnittstelle

Vergleichsbefehle müssen mit der Gegensätzlichkeit zwischen vorzeichenbehafteten und vorzeichenlosen Zahlen zurechtkommen. Manchmal stellt ein Bitmuster mit einer 1 als höchstwertigem Bit eine negative Zahl dar und ist dann natürlich kleiner als jede positive Zahl, die eine 0 als höchstwertiges Bit haben muss. Bei vorzeichenlosen Ganzzahlen dagegen stellt eine 1 als höchstwertiges Bit eine Zahl dar, die *größer* als alles andere ist, was mit einer 0 beginnt. (Wir werden diese duale Bedeutung des höchstwertigen Bit demnächst nutzen, um die Kosten für die Überprüfung der Arraygrenzen zu verringern.) MIPS unterstützt zwei Versionen des Set-on-less-than-Vergleichs, um diese Alternativen zu berücksichtigen. *Set on less than* (slt) und *Set on less than immediate* (slti) arbeiten mit vorzeichenbehafteten Ganzzahlen. Vorzeichenlose Ganzzahlen werden unter Verwendung von *Set on less than unsigned* (sltu) und *Set on less than immediate unsigned* (sltiu) verglichen.

Beispiel: Vorzeichenbehafteter vs. vorzeichenloser Vergleich

Angenommen, Register $s0 enthält die Binärzahl

    1111 1111 1111 1111 1111 1111 1111 1111$_B$

und Register $s1 enthält die Binärzahl

    0000 0000 0000 0000 0000 0000 0000 0001$_B$

Welche Werte enthalten die Register $t0 und $t1 nach Ausführung der beiden folgenden Befehle:

```
slt  $t0, $s0, $s1   # vorzeichenbehafteter Vergleich
sltu $t1, $s0, $s1   # vorzeichenloser Vergleich
```

Lösung: Der Wert in Register $s0 ist 1$_D$, wenn es sich um eine Ganzzahl handelt, und 4 294 967 295$_D$, wenn es eine vorzeichenlose Ganzzahl ist. Der Wert im Register $s1 stellt in jedem Fall 1$_D$ dar. Dann enthält das Register $t0 den Wert 1, weil $-1_D < 1_D$, und Register $t1 enthält den Wert 0, weil 4 294 967 295$_D$ > 1$_D$.

Behandeln wir vorzeichenbehaftete Zahlen so, als wären sie vorzeichenlose Zahlen, dann erhalten wir eine kostengünstigere Möglichkeit, zu prüfen, ob $0 <= x < y$, was der Prüfung der Indexgrenzen bei Arrays entspricht. Der Schlüssel dabei ist, dass negative Ganzzahlen in der Zweierkomplementnotation wie große Zahlen in der vorzeichenlosen Notation aussehen, d. h., das höchstwertige Bit ist ein Vorzeichenbit in der ersten Notation, aber ein großer Teil der Zahl in der zweiten. Ein vorzeichenloser Vergleich von $x < y$ prüft also sowohl, ob x negativ ist, als auch, ob x kleiner y ist.

Beispiel: Abkürzung für die Überprüfung von Grenzen

Wenden Sie die folgende abkürzende Vorgehensweise an um zu prüfen, ob ein Index außerhalb der Arraygrenzen liegt: springen Sie zu IndexOtOfBounds, wenn $s1 >= t2 ist oder wenn $si negativ ist.

Lösung: Der Code für die Prüfung verwendet in beiden Fällen einfach sltu:

```
sltu $t0,$s1,$t2   # $t0=0 wenn $s1>= Länge oder $s1<0
beq  $t0,$zero,IndexOutOfBounds   # falls neg., goto Error
```

Die case-/switch-Anweisung

Die meisten Programmiersprachen enthalten eine case- oder switch-Anweisung, mit deren Hilfe der Programmierer auf der Grundlage eines Wertes eine von mehreren Alternativen auswählen kann. Die switch-Anweisung lässt sich am einfachsten über eine Folge von Bedingungsabfragen implementieren, wodurch die switch-Anweisung zu einer Kette von if-then-else-Anweisungen wird.

Manchmal können die Alternativen effizienter in Form einer Tabelle mit Adressen von alternativen Befehlsfolgen kodiert werden. Diese Tabelle wird als **Sprungadresstabelle** oder *Sprungtabelle* bezeichnet, und das Programm muss dann nur noch die Tabelle indizieren und zur entsprechenden Befehlsfolge springen. Somit handelt es sich bei der Sprungadresstabelle einfach um ein Feld von Wörtern mit Adressen, die Marken im Programm entsprechen. Das Programm lädt den entsprechenden Eintrag aus der Sprungtabelle in ein Register. Anschließend muss es unter Verwendung der Adresse in das Register springen. Um solche Situationen zu unterstützen, beinhalten Computer wie MIPS einen Jump-Register-Befehl (jr), der einen unbedingten Sprung zu der in einem Register angegebenen Adresse ausführt. Anschließend springt er unter Verwendung dieses Befehls an die richtige Adresse. Im nächsten Abschnitt werden wir eine noch häufiger anzutreffende Anwendung von jr kennenlernen.

Sprungadresstabelle Auch als *Sprungtabelle* bezeichnet. Eine Tabelle mit Adressen von alternativen Befehlsfolgen.

Hardware-Software-Schnittstelle

Obwohl Programmiersprachen wie C und Java viele Anweisungen für Entscheidungen und Schleifen enthalten, ist die zugrundeliegende Anweisung, mit der diese Anweisung auf der nächst tieferen Ebene implementiert wird, eine bedingte Verzweigung.

Anmerkung: Wenn Sie von *verzögerten Sprüngen* (siehe Kapitel 4) gehört haben, brauchen Sie sich keine Sorgen zu machen: Der MIPS-Assembler blendet diese für die in Assemblersprache Programmierenden aus.

Selbsttest

I. In C gibt es viele Anweisungen für Abfragen und Schleifen, während MIPS nur wenige kennt. Welche der folgenden Argumente liefern eine gültige Erklärung für diesen Unterschied und welche nicht? Warum?

1. Je mehr Abfrageanweisungen, umso einfacher ist der Code zu lesen und zu verstehen.

2. Je weniger Entscheidungsanweisungen, umso leichter hat es die darunter liegende Schicht, die für die Ausführung verantwortlich ist.

3. Je mehr Entscheidungsanweisungen, umso weniger Codezeilen sind erforderlich, wodurch sich Code schneller schreiben lässt.

4. Je mehr Entscheidungsanweisungen, umso weniger Codezeilen, und umso weniger Operationen müssen ausgeführt werden.

II. Warum gibt es bei C zwei Operatoren für AND (& und &&) und zwei Operatoren für OR (| und ||), bei MIPS jedoch nicht?

1. Mit den logischen Operationen AND und OR werden die Operatoren & und | implementiert, während mit bedingten Verzweigungen die Operatoren && und || implementiert werden.

2. Es gilt die Umkehrung der obigen Aussage: && und || entsprechen logischen Operationen, & und | entsprechen bedingten Verzweigungen.

3. Die zweiten Operatoren sind redundant und bedeuten dasselbe wie die ersten: && und || wurden einfach aus der Programmiersprache B, der Vorgängersprache von C, übernommen.

2.8 Unterstützung von Prozeduren durch die Rechnerhardware

Eine **Prozedur** oder Funktion stellt für Programmierer ein Hilfsmittel zur Strukturierung von Programmen dar, wodurch diese einfacher zu verstehen sind. Prozeduren unterstützen die Wiederverwendung von Code und erlauben es dem Programmierer, sich zu einem bestimmten Zeitpunkt jeweils auf nur einen Teil der Aufgabe zu konzentrieren. Parameter dienen als Bindeglieder zwischen der Prozedur und dem übrigen Programm, indem sie Werte (an die aufrufende Prozedur) übergeben und Ergebnisse (an das aufrufende Programm) zurückgegeben. In Abschnitt 2.15 (online) werden die entsprechenden Methoden für Java beschrieben, wobei für Java vom Rechner all das bereitgestellt werden muss, was auch C benötigt. Prozeduren sind eine Möglichkeit, mit der **Abstraktion** in der Software implementiert werden kann.

Sie können sich eine Prozedur wie einen Spion vorstellen, der mit einem geheimen Plan loszieht, Ressourcen bereitgestellt bekommt, die Aufgabe ausführt, seine Spuren verwischt und dann mit dem gewünschten Ergebnis an den Ausgangspunkt zurückkehrt. Nach Abschluss des Auftrags soll nichts mehr

Prozedur Eine gespeicherte Subroutine, die eine bestimmte Aufgabe auf den ihr übergebenen Parametern ausführt.

ABSTRAKTION

darauf hinweisen. Außerdem weiß ein Spion nur das, was er unbedingt wissen muss, so dass er keinerlei Rückschlüsse auf seinen Auftraggeber ziehen kann.

In ähnlicher Weise muss das Programm beim Ausführen einer Prozedur die folgenden sechs Schritte beachten:

1. Die Parameter sind an einer Stelle abzulegen, wo die Prozedur darauf zugreifen kann.

2. Die Programmsteuerung ist an die Prozedur zu übergeben.

3. Die für die Prozedur benötigten Speicherressourcen müssen bereitgestellt werden.

4. Die Prozedur führt die gewünschte Aufgabe aus.

5. Das Ergebnis ist an einer Stelle abzulegen, auf die das aufrufende Programm zugreifen kann.

6. Die Ablaufsteuerung muss an die Stelle zurückkehren, an der die Prozedur aufgerufen wurde, da eine Prozedur an unterschiedlichen Punkten in einem Programm aufgerufen werden kann.

Wie bereits erwähnt, bieten Register in einem Rechner die schnellste Möglichkeit des Datenzugriffs und sollten daher so oft wie möglich verwendet werden. Die MIPS-Software befolgt beim Reservieren der 32 Register für Prozeduraufrufe die folgende Konvention:

- $a0-$a3: vier Argumentregister für die Übergabe der Parameter

- $v0-$v1: zwei Register für Rückgabewerte

- $ra: ein Register für die Rücksprungadresse, um zum Ausgangspunkt zurückzukehren

Zusätzlich zur Bindung dieser Register enthält die MIPS-Assemblersprache auch einen speziellen Befehl für die Prozeduraufrufe: Dieser Befehl springt zu einer Adresse und speichert dabei die Adresse des nachfolgenden Befehls im Register $ra. Der **Jump-and-Link-Befehl** (auch Unterprogrammaufruf genannt) wird wie folgt geschrieben:

Jump-and-Link-Befehl Ein Befehl, der zu einer Adresse springt und dabei die Adresse des nachfolgenden Befehls in einem Register ($ra bei MIPS) speichert.

```
jal ProcedureAddress
```

Der *Link*-Teil des Namens bedeutet, dass eine Adresse bzw. ein Verweis auf die Stelle des Aufrufs gebildet wird, so dass die Prozedur an die richtige Adresse zurückkehren kann. Dieser in Register $ra (Register 31) gespeicherte Verweis (bzw. „Link") wird als **Rücksprungadresse** bezeichnet. Die Rücksprungadresse wird benötigt, weil eine Prozedur von verschiedenen Stellen des Programms aus aufgerufen werden kann.

Rücksprungadresse Ein Verweis auf die Stelle des Prozeduraufrufs, damit die Prozedur nach ihrer Beendigung wieder zur richtigen Adresse zurückkehren kann; wird in MIPS im Register $ra gespeichert.

Prozessoren wie MIPS unterstützen einen Rücksprung aus einer Prozedur oder ähnliche Fälle mit einem *Jump-Register*-Befehl (jr). Dieser Befehl führt einen unbedingten Sprung zu der in einem Register angegebenen Adresse aus:

```
jr $ra
```

Der Jump-Register-Befehl springt zu der in Register $ra gespeicherten Adresse, was genau das ist, was wir wollen. Die **aufrufende Prozedur** speichert die Parameterwerte in $a0– $a3 und springt mithilfe des Befehls jal X zur Prozedur x (auch als **aufgerufene Prozedur** bezeichnet).

Die aufgerufene Prozedur führt die Berechnungen durch, speichert das Ergebnis in den Registern $v0 - $v1 und übergibt anschließend mithilfe des Befehls jr $ra die Steuerung wieder an die aufrufende Prozedur.

Nach dem Von-Neumann-Prinzip ist ein Register für die Adresse des gerade auszuführenden Befehls notwendig. Aus historischen Gründen wird dieses Register in der MIPS-Architektur als **Befehlszähler** oder auch *Befehlszeiger* (abgekürzt: PC) bezeichnet, obwohl *Befehlsadressregister* eine treffendere Bezeichnung wäre. Der jal-Befehl sichert den Befehlszählerwert + 4 in Register $ra, das damit auf den nachfolgenden Befehl zeigt, zu dem der Rücksprung aus der Prozedur erfolgen soll.

Verwendung weiterer Register

Nehmen wir an, ein Compiler benötigt für eine Prozedur mehr als die für die Argumente und die Rückgabewerte vorgesehenen Register. Da wir unsere Spuren nach Erledigung des Auftrags verwischen müssen, muss jedes Register, das die aufrufende Prozedur benötigt, wieder mit den Werten belegt werden, die vor dem Aufruf einer Prozedur in den Registern enthalten waren. Dies ist ein Beispiel für eine Situation, in der Register in den Hauptspeicher ausgelagert werden müssen (siehe Abschnitt „Hardware-Software-Schnittstelle").

Die ideale Datenstruktur zum Auslagern von Registern ist ein **Keller** (Stack), der als LIFO-Warteschlange (Last In First Out) organisiert ist. Ein Keller benötigt einen Zeiger auf die zuletzt reservierte Adresse im Keller, um anzuzeigen, von welcher Position an die nächste Prozedur auszulagernde Register speichern soll bzw. wo alte Registerwerte gefunden werden können. Der **Kellerzeiger** wird jeweils um ein Wort für jedes gesicherte oder wiederhergestellte Register verändert. MIPS-Software reserviert Register 29 für den Kellerzeiger und gibt ihm den Namen $sp (für Stack Pointer). Keller werden so häufig verwendet, dass es einen eigenen Ausdruck für die Übertragung von Daten auf den und von dem Keller gibt: Das Ablegen von Daten auf den Keller wird als **Push**-Operation bezeichnet und das Entfernen von Daten vom Keller als **Pop**-Operation. Aus historischen Gründen „wachsen" Keller von höheren Adressen hin zu niedrigeren Adressen an. Diese Konvention bedeutet, dass Sie Werte auf den Keller schieben, indem Sie vom Kellerzeiger subtrahieren. Durch Addieren zum Kellerzeiger nimmt der Keller ab, d. h., es werden Werte aus dem Keller geholt.

Beispiel: C-Prozedur übersetzen, die keine andere Prozedur aufruft

Das Beispiel auf Seite 69 in Abschnitt 2.2 lässt sich als C-Prozedur folgendermaßen darstellen:

---

aufrufende Prozedur Das Programm, das eine Prozedur aufruft und die erforderlichen Parameter bereitstellt.

aufgerufene Prozedur Eine Prozedur, die eine Reihe gespeicherter Befehle auf den Parametern ausführt, die von der aufrufenden Prozedur bereitgestellt werden. Anschließend übergibt sie die Steuerung wieder an die aufrufende Prozedur.

Befehlszähler Das Register, das die Adresse des Befehls im Programm enthält, der gerade ausgeführt wird.

Keller Eine als LIFO-Warteschlange organisierte Datenstruktur zum Auslagern von Registern.

Kellerzeiger Ein Wert, der die in einem Keller zuletzt reservierte Adresse angibt und anzeigt, von welcher Position an auszulagernde Register gespeichert werden müssen oder wo alte Registerwerte gefunden werden können. In MIPS ist dies das Register $sp.

Push Hinzufügen eines Elementes zu einem Keller.

Pop Entfernen eines Elementes aus einem Keller.

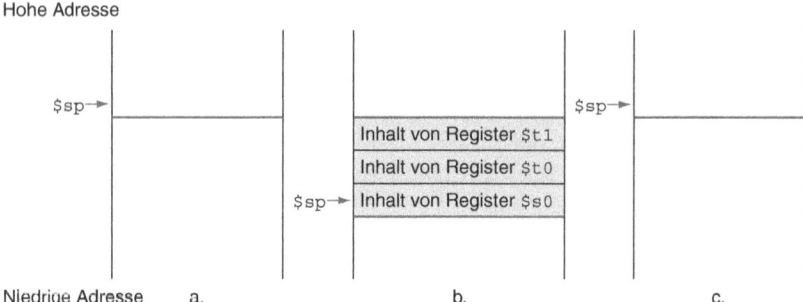

Abb. 2.5: Die Werte des Kellerzeigers und des Kellers (a) vor, (b) während und (c) nach dem Prozeduraufruf. Der Kellerzeiger zeigt immer auf das „oberste" Element des Kellers bzw. in dieser Abbildung auf das letzte Wort im Keller.

```
int leaf_example (int g, int h, int i, int j)
{
    int f;
    f = (g + h) - (i + j);
    return f;
}
```

Wie lautet der übersetzte MIPS-Assemblercode?

Lösung: Die Parametervariablen g, h, i und j sind den Argumentregistern $a0, $a1, $a2 und $a3 zugeordnet, und f entspricht Register $s0. Das kompilierte Programm beginnt mit der Marke der Prozedur:

```
leaf_example:
```

Der nächste Schritt besteht darin, die von der Prozedur verwendeten Register zu sichern. Die C-Zuweisung im Prozedurkörper ist mit dem Beispiel auf Seite 69 identisch, bei dem zwei temporäre Register verwendet werden. Somit müssen drei Register gespeichert werden: $s0, $t0 und $t1. Wir legen die alten Werte auf dem Keller ab, indem wir Platz für drei Wörter im Keller schaffen und diese dann speichern:

```
addi $sp,$sp,-12    # schaffe im Keller Platz für 3 Reg.
sw $t1, 8($sp)      # speichere Reg. $t1
sw $t0, 4($sp)      # speichere Reg. $t0
sw $s0, 0($sp)      # speichere Reg. $s0
```

In Abbildung 2.5 ist der Keller vor, während und nach dem Prozeduraufruf dargestellt. Die nächsten drei Anweisungen entsprechen dem Prozedurkörper nach dem Beispiel auf Seite 69:

```
add $t0,$a0,$a1     # Reg. $t0 enthält g + h
add $t1,$a2,$a3     # Reg. $t1 enthält i + j
sub $s0,$t0,$t1     # f = $t0 - $t1, was (g + h) - (i + j) ist
```

Um den Wert von f zurückzugeben, kopieren wir ihn in ein Register für Rückgabewerte:

```
add $v0,$s0,$zero   # Rückgabe von f ($v0 = $s0 + 0)
```

Vor dem Rücksprung werden die drei alten Werte der gesicherten Register wiederhergestellt, indem sie vom Keller gelesen und in die Register geladen werden. Der Kellerzeiger wird auf den Wert von vor dem Prozeduraufruf gesetzt:

```
lw $s0,0($sp)   # Wiederherst. von $s0 für aufrufende Prozedur
lw $t0,4($sp)   # Wiederherst. von $t0 für aufrufende Prozedur
lw $t1,8($sp)   # Wiederherst. von $t1 für aufrufende Prozedur
addi $sp,$sp,12 # entferne drei Werte vom Stapel
```

Die Prozedur endet mit einem *Jump-Register*-Befehl mit der Rücksprungadresse im Register:

```
jr $ra   # springe zurück zur aufrufenden Prozedur
```

Im obigen Beispiel wurden temporäre Register verwendet und angenommen, dass deren alte Werte gesichert und wiederhergestellt werden müssen. Damit ein Register, dessen Wert im weiteren Programmverlauf nicht mehr verwendet wird, was bei einem temporären Register durchaus vorkommen kann, nicht gesichert und wiederhergestellt werden muss, teilt die MIPS-Software 18 der Register in zwei Gruppen:

- $t0-$t9: 10 temporäre Register, die von der aufgerufenen Prozedur bei einem Prozeduraufruf *nicht* gesichert werden müssen.
- $s0-$s7: 8 zu sichernde Register (saved registers), die bei einem Prozeduraufruf gesichert werden müssen (die aufgerufene Prozedur sichert nur die von ihr verwendeten Register und stellt diese wieder her).

Durch diese einfache Konvention reduziert sich der Aufwand für das Auslagern der Register, da nicht unbedingt alle gesichert werden müssen. Im obigen Beispiel geht die aufrufende Prozedur nicht davon aus, dass die Register $t0 und $t1 über den Prozeduraufruf hinweg beibehalten werden, weshalb zwei Speicher- und zwei Ladebefehle im Code weggelassen werden können. Das Register $s0 muss jedoch gesichert und wiederhergestellt werden, da die aufgerufene Prozedur annehmen muss, dass die aufrufende Prozedur den darin enthaltenen Wert weiter benötigt.

Geschachtelte Prozeduren

Prozeduren, die keine anderen Prozeduren aufrufen, werden als *Blattprozeduren* bezeichnet. Das Leben wäre einfach, wenn alle Prozeduren Blattprozeduren wären. Das ist jedoch nicht der Fall. So, wie ein Spion im Rahmen eines Auftrags andere Spione engagiert, die ihrerseits wieder andere Spione einsetzen können, so rufen Prozeduren andere Prozeduren auf. Zudem rufen rekursive Prozeduren „Klone" von sich selbst auf. Wir müssen schon Acht geben, wenn wir in Prozeduren Register verwenden. Noch mehr Sorgfalt müssen wir jedoch walten lassen, wenn Prozeduren aufgerufen werden, die keine Blattprozeduren sind.

Nehmen wir beispielsweise an, das Hauptprogramm ruft Prozedur A mit dem Argument 3 auf, indem es den Wert 3 im Register $a0 ablegt und danach den Befehl jal A ausführt. Nehmen wir weiter an, dass Prozedur A mit dem Befehl jal B Prozedur B mit dem Argument 7 aufruft, das ebenfalls in Register $a0 übergeben wird. Da A die Aufgabe noch nicht erledigt hat, kommt es hinsichtlich der Verwendung von Register $a0 zu einem Konflikt. Entsprechend kommt es hinsichtlich der Rücksprungadresse in Register $ra zu einem Konflikt, da sich dort nun die Rücksprungadresse für B befindet. Wenn wir keine Maßnahmen zum Beheben des Problems ergreifen, führt dieser Konflikt dazu, dass Prozedur A nicht mehr zum aufrufenden Programm zurückspringen kann.

Eine Lösungsmöglichkeit besteht darin, alle weiteren Register, die gehalten werden müssen, mit den zu sichernden Registern auf dem Keller abzulegen. Die aufrufende Prozedur sichert alle Argumentregister ($a0 - $a3) oder temporäre Register ($t0 - $t9), die nach dem Prozeduraufruf benötigt werden, auf dem Keller. Ebenso speichert die aufgerufene Prozedur das Rücksprungadressregister $ra sowie alle zu sichernden Register, die von der aufgerufenen Prozedur verwendet werden ($s0 - $s7), auf dem Keller. Der Kellerzeiger $sp wird entsprechend der Anzahl der auf dem Keller abgelegten Register eingestellt. Beim Rücksprung werden die Register aus dem Hauptspeicher wiederhergestellt und der Kellerzeiger wird zurückgesetzt.

Beispiel: Übersetzung einer rekursiven C-Prozedur und Darstellung der Verknüpfung geschachtelter Prozeduren

Das Beispiel zeigt eine rekursive Prozedur zur Berechnung der Fakultät:

```
int fact (int n)
{
    if (n < 1) return (1);
        else return (n * fact(n-1));
}
```

Wie lautet der MIPS-Assemblercode?

Lösung: Die Parametervariable n entspricht dem Argumentregister $a0. Das kompilierte Programm beginnt mit der Marke der Prozedur und sichert zwei Register auf den Keller: die Rücksprungadresse und das Register $a0:

```
fact:
    addi $sp,$sp,-8    # schaffe auf dem Keller Platz für
                       # 2 Registerwerte
    sw $ra, 4($sp)     # speichere die Rücksprungadresse
    sw $a0, 0($sp)     # speichere das Argument n
```

Wenn `fact` zum ersten Mal aufgerufen wird, sichert `sw` eine Adresse in dem Programm, das `fact` aufgerufen hat. Die nächsten beiden Befehle überprüfen, ob n kleiner als 1 ist, und springen zu L1, wenn n $\geq$ 1.

```
slti $t0,$a0,1        # prüfe, ob n < 1
beq  $t0,$zero,L1     # wenn n >= 1, verzweige nach L1
```

Wenn n kleiner als 1 ist, gibt `fact` den Wert 1 zurück, indem 1 in einem Register für Rückgabewerte gespeichert wird. In unserem Beispiel wird die 1 zur 0 addiert und das Ergebnis in Register `$v0` gespeichert. Anschließend werden die beiden gespeicherten Werte durch das Versetzen des Kellerzeigers aus dem Keller entfernt, und die Prozedur springt an die Rücksprungadresse:

```
addi $v0,$zero,1      # gib 1 zurück
addi $sp,$sp,8        # entferne zwei Werte vom Keller
jr   $ra              # Rücksprung zur aufrufenden Prozedur
```

Vor dem Versetzen des Kellerzeigers und damit vor dem Entfernen der zwei Elemente aus dem Keller, müssten diese wieder in die Register `$a0` und `$ra` geladen werden. Da `$a0` und `$ra` nicht verändert werden, wenn n kleiner als 1 ist, können wir diese Befehle weglassen.

Wenn n nicht kleiner als 1 ist, wird das Argument n dekrementiert. Anschließend wird `fact` noch einmal mit dem dekrementierten Wert aufgerufen:

```
L1: addi $a0,$a0,-1   # n >= 1: dekrementiere n
    jal  fact         # rufe fact mit (n - 1) auf
```

Der nächste Befehl folgt auf den Rücksprung aus `fact`. Nun werden die alte Rücksprungadresse und das alte Argument zusammen mit dem Kellerzeiger wiederhergestellt:

```
lw   $a0, 0($sp)      # zurück von fact: stelle n wieder her
lw   $ra, 4($sp)      # stelle Rücksprungadresse wieder her
addi $sp, $sp,8       # aktualisiere den Kellerzeiger
```

Als Nächstes wird im Rückgabewertregister `$v0` das Produkt aus dem alten Argument in `$a0` und dem aktuellen Wert im Rückgabewertregister gespeichert. Wir nehmen an, es gibt einen Multiplikationsbefehl, auch wenn wir diesen erst in Kapitel 3 kennenlernen werden:

```
mul $v0,$a0,$v0       # gib n * fact (n - 1) zurück
```

Und abschließend springt `fact` wieder an die Rücksprungadresse:

```
jr $ra                # kehre zum Aufrufer zurück
```

Hardware-Software-Schnittstelle

Eine C-Variable ist ganz allgemein eine Stelle im Speicher, und ihre Interpretation hängt sowohl vom *Typ* als auch von der *Speicherklasse* ab. Beispiele für Variablentypen sind Integer (Ganzzahlen) und Character (Zeichen, siehe Abschnitt 2.9). Bei C gibt es zwei Speicherklassen: *automatic* und *static*.

Variablen der Speicherklasse *automatic* sind für eine Prozedur lokale Variablen, die nach Beenden der Prozedur nicht weiter verwendet werden. Variablen der Speicherklasse *static* (statische Variablen) existieren über das Ende und den Anfang von Prozeduren hinweg. Außerhalb der Prozeduren deklarierte C-Variablen sind ebenso statische Variablen wie alle Variablen, die mit dem Schlüsselwort `static` deklariert werden. Alle anderen Variablen gehören zur Speicherklasse *automatic*. Um den Zugriff auf statische Daten zu vereinfachen, reserviert die MIPS-Software ein weiteres Register, das so genannte **globale Zeigerregister** oder `$gp`.

globales Zeigerregister Reserviertes Register, das auf statische Daten zeigt.

In Tabelle 2.6 ist zusammenfassend dargestellt, was über einen Prozeduraufruf hinweg gesichert wird. Beachten Sie, dass mit mehreren Methoden dafür gesorgt wird, den Keller zu sichern. Diese Aktionen garantieren, dass die aufrufende Prozedur beim Laden ihrer Register vom Keller auch wieder dieselben Daten zurückbekommt, die zuvor von ihr im Keller gesichert wurden. Der Keller über `$sp` wird bewahrt, indem sichergestellt wird, dass die aufrufende Prozedur nicht über `$sp` schreibt; `$sp` selbst wird bewahrt, indem die aufrufende Prozedur genau denselben Betrag addiert, der zuvor subtrahiert wurde; und die anderen Register werden bewahrt, indem sie auf dem Keller gespeichert (falls sie benutzt werden) bzw. von dort wiederhergestellt werden.

Tab. 2.6: Was über einen Prozeduraufruf hinweg beibehalten wird und was nicht. Wenn sich die Software auf das Rahmenzeigerregister oder auf das globale Zeigerregister bezieht, die beide im nachfolgenden Abschnitt beschrieben werden, werden diese ebenfalls beibehalten.

Beibehalten	Nicht beibehalten
gesicherte Register: `$s0` - `$s7`	temporäre Register: `$t0` -`$t9`
Kellerzeigerregister: `$sp`	Argumentregister: `$a0` - `$a3`
Rücksprungadressregister: `$ra`	Rückgabewertregister: `$v0` - `$v1`
Keller über dem Kellerzeiger	Keller unter dem Kellerzeiger

Speicherallokation für neue Daten im Keller

Schließlich ist noch zu beachten, dass der Keller auch zum Speichern von Variablen verwendet wird, die für die Prozedur lokal sind und nicht in Register passen. Beispiele hierfür sind lokale Felder und Strukturen. Das Segment im Keller, das die gesicherten Register und lokalen Variablen einer Prozedur enthält, wird als **Prozeduraufrufrahmen** bezeichnet. In Abbildung 2.6 ist der Zustand des Kellers vor, während und nach dem Prozeduraufruf dargestellt.

Prozeduraufrufrahmen Das Segment im Keller, das die gesicherten Register und lokalen Variablen einer Prozedur enthält.

Rahmenzeiger Ein Wert, der die Position der gesicherten Register und lokalen Variablen einer Prozedur anzeigt.

Manche MIPS-Software verwendet einen **Rahmenzeiger** (`$fp`), der auf das erste Wort in einem Prozedurrahmen zeigt. Weil sich ein Kellerzeiger im Laufe der Prozedur verändern kann, ist es unter Umständen schwierig, den Offset zum Kellerzeiger für eine lokale Variable im Hauptspeicher zu bestimmen. Im Gegensatz dazu stellt ein Rahmenzeiger ein festes Basisregister für lokale Speicherreferenzen innerhalb einer Prozedur dar. Ein Prozeduraufrufrahmen

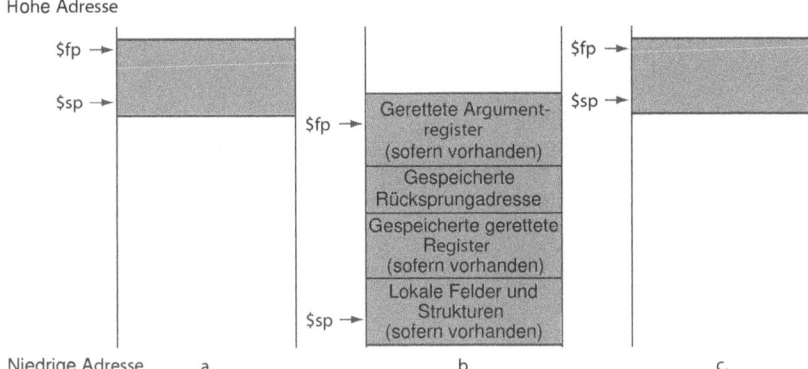

Hohe Adresse

Niedrige Adresse   a.   b.   c.

Abb. 2.6: Darstellung der Kellerzuordnung (a) vor, (b) während und (c) nach dem Prozeduraufruf. Der Rahmenzeiger ($\$$fp) zeigt auf das erste Wort im Rahmen, häufig ein gesichertes Argumentregister, und der Kellerzeiger ($\$$sp) zeigt auf das oberste Element des Kellers. Der Keller wird so angepasst, dass für alle gesicherten Register und alle speicherresidenten lokalen Variablen genügend Platz vorhanden ist. Da sich der Kellerzeiger während der Programmausführung ändern kann, ist es für Programmierer einfacher, Variablen mithilfe des festen Rahmenzeigers zu referenzieren, auch wenn dies mithilfe des Kellerzeigers und etwas Adressberechnung durchgeführt werden könnte. Falls für eine Prozedur keine lokalen Variablen auf dem Keller abgelegt werden, kann der Compiler Zeit sparen, wenn er den Rahmenzeiger *nicht* einstellt und wiederherstellt. Bei Verwendung eines Rahmenzeigers wird dieser beim Prozeduraufruf mit der Adresse in $\$$sp initialisiert und $\$$sp mithilfe von $\$$fp wiederhergestellt. Diese Information finden Sie auch in Spalte 4 der MIPS-Zusammenfassung zum Nachschlagen hinten im Buch.

erscheint im Keller unabhängig davon, ob ein Rahmenzeiger verwendet wird oder nicht. Wir haben $\$$fp nicht verwendet, da wir $\$$sp in keiner Prozedur ändern: In unseren Beispielen wird der Keller nur am Anfang und am Ende der Prozedur geändert.

Speicherallokation für neue Daten auf der Halde

Neben den für Prozeduren lokalen Variablen vom Typ automatic benötigen C-Programmierer Speicherplatz für statische Variablen und für dynamische Datenstrukturen. In Abbildung 2.7 ist die MIPS-Konvention für die Speicherbelegung dargestellt. Der Keller beginnt am oberen Speicherende und wächst nach unten. Der erste Teil am unteren Speicherende ist reserviert. Diesem Teil folgt der Bereich mit dem MIPS-Maschinencode, der als **Textsegment** bezeichnet wird. Über dem Code befindet sich das *statische Datensegment*, in dem Konstanten und andere statische Variablen abgelegt werden. Felder haben eine feste Länge und werden im statischen Datensegment abgelegt. Datenstrukturen wie z. B. verkettete Listen verändern dagegen im Laufe ihrer Lebensdauer ihre Länge. Das für solche Datenstrukturen reservierte Segment wird als *Halde* bezeichnet und kommt im Speicher nach dem statischen Datensegment. Aufgrund dieser Zuordnung wachsen Keller und Halde einander entgegen, wodurch der Speicher effizient genutzt werden kann.

Textsegment Das Segment einer Unix-Objektdatei, der den Maschinencode für Routinen in der Quelldatei enthält.

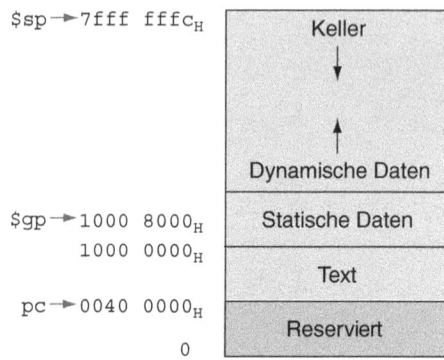

Abb. 2.7: Die MIPS-Speicheraufteilung für Programme und Daten. Diese Adressen wurden nur gemäß einer Softwarekonvention festgelegt und sind nicht Teil der MIPS-Architektur. Im oberen Speicherbereich wird der Kellerzeiger mit $7fff\ fffc_H$ initialisiert und wächst nach unten in Richtung Datensegment. Am unteren Ende beginnt der Programmcode („Text") bei $0040\ 0000_H$. Die statischen Daten beginnen bei $1000\ 0000_H$. Der Bereich für die dynamischen Daten, der als Halde bezeichnet wird und in C mit `malloc` und in Java mit `new` reserviert wird, folgt als Nächstes und wächst nach oben zum Keller. Der globale Zeiger $gp wird auf eine Adresse gesetzt, mit der ein einfacher Zugriff auf die Daten ermöglicht wird. Er wird mit $1000\ 8000_H$ initialisiert, so dass mit positiven und negativen 16-Bit-Offsets zum $gp auf den Bereich zwischen $1000\ 0000_H$ und $1000\ ffff_H$ zugegriffen werden kann (siehe die Zweierkomplementadressierung in Kapitel 4).

In C wird der Speicherplatz auf der Halde mit speziellen Funktionen reserviert und freigegeben. Mit `malloc()` wird Speicherplatz auf der Halde reserviert und ein Zeiger auf den Speicherplatz zurückgegeben. Mit `free()` wird Speicherplatz auf der Halde freigegeben, auf den der Zeiger zeigt. Die Speicherbelegung wird in C von den Programmen verwaltet, was die Ursache für viele allgemeine und schwerwiegende Fehler ist. Wenn vergessen wird, Speicherplatz freizugeben, führt dies zu einem *Speicherleck*. Irgendwann ist so viel Speicher belegt, dass das Betriebssystem abstürzt. Wenn Speicherplatz zu früh freigegeben wird, führt das zu *hängenden Zeigern (dangling pointers)* mit Verweisen, die vom Programm so nie beabsichtigt waren. Java verwendet eine automatische Speicherbelegung und Speicherbereinigung, um diese Fehler zu vermeiden.

Tabelle 2.7 fasst die Konventionen für die Registerbelegungen für die MIPS-Assemblersprache zusammen. Diese Konvention ist ein weiteres Beispiel dafür, wie der **häufige Fall schneller** gemacht werden kann: Für die meisten Prozeduren genügen vier Argumente, zwei Register für den Rückgabewert, acht Speicherregister und zehn temporäre Register, die nie in den Speicher gehen.

HÄUFIGER FALL

Anmerkungen: 1) Was, wenn mehr als vier Parameter zu übergeben sind? Gemäß der MIPS-Konvention werden zusätzliche Parameter im Keller direkt über dem Rahmenzeiger abgelegt. Die Prozedur erwartet, dass sich die ersten vier Parameter in den Registern $a0 bis $a3 und alle anderen Parameter im Hauptspeicher befinden und über den Rahmenzeiger adressierbar sind. Wie in der Bildunterschrift von Abbildung 2.6 bereits erwähnt, ist der Rahmenzeiger

Tab. 2.7: MIPS-Registerkonventionen. Register 1, $at, ist für den Assembler reserviert (siehe Abschnitt 2.12), und die Register 26 und 27, $k0 und $k1, sind für das Betriebssystem reserviert. Diese Information finden Sie auch auf in der MIPS-Zusammenfassung hinten im Buch.

Name	Reg.-Nummer	Nutzung	Bei Aufruf beibehalten?
$zero	0	der konstante Wert 0	–
$v0-$v1	2–3	Werte für Ergebnisse und für die Auswertung von Ausdrücken	nein
$a0-$a3	4–7	Argumente	nein
$t0-$t7	8–15	temporäre Variablen	nein
$s0-$s7	16–23	gespeicherte Variablen	ja
$t8-$t8	24–25	weitere temporäre Variablen	nein
$gp	28	globaler Zeiger	ja
$sp	29	Kellerzeiger	ja
$fp	30	Rahmenzeiger	ja
$ra	31	Rücksprungadresse	ja

deshalb so praktisch, weil sich die Offsets der Referenzen auf die Variablen im Kellerspeicher während der Prozedur nicht verändern. Ein Rahmenzeiger ist jedoch nicht unbedingt notwendig. Der GNU MIPS C-Compiler verwendet einen Rahmenzeiger, der C-Compiler von MIPS/Silicon Graphics jedoch nicht. Dieser nutzt Register 30 als ein weiteres gesichertes Register ($s8).

2) Einige rekursive Prozeduren können iterativ implementiert werden, ohne dass eine Rekursion eingesetzt wird. Die Iteration kann die Leistung wesentlich verbessern, weil dadurch der Zusatzaufwand für die Prozeduraufrufe wegfällt. Betrachten Sie beispielsweise folgende Prozedur zur Berechnung einer Summe:

```
int sum (int n, int acc) {
  if (n > 0)
    return sum(n - 1, acc + n);
  else
    return acc;
}
```

Betrachten wir den Prozeduraufruf sum(3,0). Dieser bewirkt rekursive Aufrufe von sum(2,3), sum(1,5) und sum(0,6). Das Ergebnis, 6, wird viermal zurückgegeben. Dieser rekursive Aufruf von sum wird als *Endrekursion* bezeichnet, und die im Beispiel gezeigte Endrekursion kann sehr effizient implementiert werden (angenommen, $a0 = n und $a1 = acc):

```
sum: slti$a0,1         # testen, ob n <= 0
     beq$a0,$zero,sum_exit  # gehe zu sum_exit, wenn n <= 0
     add$a1,$a1,$a0    # n zu acc addieren
     addi$a0,$a0,-1    # 1 von n subtrahieren
     j sum             # gehe zu sum
sum_exit:
     add $v0,$a1,$zero  # Rückgabewert acc
     jr  $ra            # zurück zum Aufrufer
```

Selbsttest

Welche der folgenden Aussagen über C und Java treffen allgemein zu?

1. C-Programmierer verwalten Daten explizit, während dies in Java automatisch erfolgt.
2. C verursacht mehr Zeigerfehler und Speicherleckfehler als Java.

2.9 Kommunikation mit Menschen

Computer wurden ursprünglich als schnelle Rechenmaschinen erfunden. Mit der kommerziellen Verbreitung wurden sie auch für die Verarbeitung von Text eingesetzt. Die meisten modernen Computer verwenden zur Darstellung von Zeichen 8-Bit-Bytes, wobei der ASCII-Code (American Standard Code for Information Interchange) der allgemein anerkannte Standard für die Zeichenkodierung ist. Tabelle 2.8 bietet einen Überblick über den ASCII-Code.

Beispiel: ASCII und Binärzahlen

Wir könnten als Datentyp für Zahlen anstelle von Integer auch ASCII-Zeichenketten verwenden. Wie viel mehr Speicherplatz benötigt man, wenn die Zahl 1 Milliarde statt als 32-Bit-Integer in ASCII dargestellt wird?

Lösung: Eine Milliarde ist 1 000 000 000, man braucht also zehn ASCII-Zeichen, die jeweils 8 Bit lang sind. Der Speichermehraufwand beträgt also (10 × 8)/32 oder 2,5. Neben dem Speichermehraufwand ist auch die Hardware für die Addition, Subtraktion, Multiplikation und Division solcher Dezimalzahlen kompliziert. Diese Schwierigkeiten erklären, warum Programmierprofis zu der Überzeugung gelangt sind, dass für Computer die Binärdarstellung die natürliche Wahl ist und die gelegentlich anzutreffende Dezimaldarstellung exotisch.

Mit einer Reihe von Befehlen kann ein Byte aus einem Wort extrahiert werden, womit *Load-word-* und *Store-word*-Befehle ausreichen, um sowohl Bytes als auch Wörter zu übertragen. Wegen der Bedeutung der Verarbeitung von Text in vielen Programmen, stellt MIPS jedoch auch Befehle zum Transport von Bytes bereit. Der *Load-byte*-Befehl (lb) lädt ein Byte aus dem Hauptspeicher und legt es in den am weitesten rechts stehenden 8 Bit eines Registers ab. Der *Store-byte*-Befehl (sb) nimmt ein Byte aus den am weitesten rechts stehenden 8 Bit eines Registers und schreibt es in den Hauptspeicher. Somit lässt sich ein Byte mit der folgenden Befehlsfolge kopieren:

```
lb $t0,0($sp)    # lies Byte aus Speicher
sb $t0,0($gp)    # schreibe Byte in Speicher
```

Tab. 2.8: ASCII-Darstellung von Zeichen. Groß- und Kleinbuchstaben unterscheiden sich exakt um den Wert 32. Damit lassen sich Groß- und Kleinbuchstaben schneller überprüfen oder ändern. Zu den hier nicht aufgeführten Werten zählen Steuerzeichen. So stellt der Wert 8 beispielsweise die Rücktaste dar, der Wert 9 das Tabulatorzeichen und der Wert 13 das Zeichen für Zeilenumbruch. Ein weiterer nützlicher Wert ist der Wert 0 für Null, mit dem die Programmiersprache C das Ende einer Zeichenfolge kennzeichnet. Diese Information findet sich auch in Spalte 3 der MIPS-Zusammenfassung am Ende des Buchs.

ASCII Wert	Zeichen	ASCII Wert	Zeichen	ASCII Wert	Zeichen	ASCII Wert	Zeichen	ASCII Wert	Zeichen	ASCII Wert	Zeichen
32	Leerzeichen	48	0	64	@	80	P	96	`	112	p
33	!	49	1	65	A	81	Q	97	a	113	q
34	"	50	2	66	B	82	R	98	b	114	r
35	#	51	3	67	C	83	S	99	c	115	s
36	$	52	4	68	D	84	T	100	d	116	t
37	%	53	5	69	E	85	U	101	e	117	u
38	&	54	6	70	F	86	V	102	f	118	v
39	'	55	7	71	G	87	W	103	g	119	w
40	(	56	8	72	H	88	X	104	h	120	x
41	)	57	9	73	I	89	Y	105	i	121	y
42	*	58	:	74	J	90	Z	106	j	122	z
43	+	59	;	75	K	91	[	107	k	123	{
44	,	60	<	76	L	92	\	108	l	124	|
45	-	61	=	77	M	93	]	109	m	125	}
46	.	62	>	78	N	94	^	110	n	126	~
47	/	63	?	79	O	95	_	111	o	127	DEL

Zeichen werden normalerweise zu Zeichenfolgen zusammengefasst, die eine variable Anzahl von Zeichen enthalten. Es gibt drei Möglichkeiten, eine Zeichenfolge darzustellen: (1) Die erste Position der Zeichenfolge ist für die Längenangabe der Zeichenfolge reserviert. (2) Die Länge der Zeichenfolge steht (wie in einer Struktur) in einer begleitenden Variablen. (3) Die letzte Position einer Zeichenfolge wird durch ein Zeichen angezeigt, das das Ende einer Zeichenfolge markiert. In C ist die dritte Möglichkeit realisiert. Eine Zeichenfolge wird mit einem Byte mit dem Wert 0 (in ASCII als Null bezeichnet) abgeschlossen. Die Zeichenfolge „Cal" wird somit in C durch die folgenden vier Bytes (in Dezimalschreibweise) dargestellt: 67, 97, 108, 0. (Wie wir noch sehen werden, verwendet Java die erste Option.)

Beispiel: Prozedur zum Kopieren einer Zeichenfolge übersetzen

Die Prozedur strcpy kopiert die Zeichenfolge y in die Zeichenfolge x und verwendet dabei die Nullterminierung von C:

```
void strcpy (char x[], char y[])
{
  int i;
  i = 0;
  while ((x[i]=y[i]) != '\0') /* kopiere & prüfe Byte */
  i += 1;
}
```

Wie lautet der kompilierte MIPS-Assemblercode?

Lösung: Unten ist das grundlegende Codesegment in der MIPS-Assembler-sprache dargestellt. Wir nehmen an, die Basisadressen für die Felder x und y befinden sich in $a0 und $a1, während sich i in $s0 befindet. strcpy stellt den Kellerzeiger ein und speichert das zu sichernde Register $s0 auf dem Keller:

```
strcpy:
    addi $sp,$sp,-4      # setze Zeiger für ein zusätzl. Wort
    sw   $s0, 0($sp)     # speichere $s0
```

Um i mit 0 zu initialisieren, setzt der nächste Befehl das Register $s0 durch die Addition von 0 und 0 und die Speicherung der Summe in $s0 auf 0:

```
    add $s0,$zero,$zero    # i = 0 + 0
```

Das ist der Beginn der Schleife. Die Adresse y[i] wird zunächst durch die Addition von i und y[] gebildet:

```
    L1: add $t1,$s0,$a1    # Adresse von y[i] nach $t1
```

In diesem Fall muss i nicht mit 4 multipliziert werden, da das Feld y aus *Bytes* und nicht wie in den vorherigen Beispielen aus Wörtern besteht.

Um das Zeichen in y[i] zu laden, verwenden wir den *Load-byte*-Befehl, der das Zeichen nach $t2 liest:

```
    lbu $t2, 0($t1)    # $t2 = y[i]
```

In ähnlicher Weise wird die Adresse von x[i] berechnet und in $t3 geladen. Das Zeichen in $t2 wird anschließend an dieser Adresse gespeichert.

```
    add $t3,$s0,$a0    # Adresse von x[i] in $t3
    sb  $t2, 0($t3)    # x[i] = y[i]
```

Falls das nächste Zeichen 0 ist, wenn es also das letzte Zeichen der Zeichen-folge ist, wird die Schleife verlassen:

```
    beq $t2,$zero,L2    # wenn y[i] == 0, verzweige zu L2
```

Wenn das nächste Zeichen nicht 0 ist, inkrementieren wir i und springen an den Anfang der Schleife:

```
    addi $s0, $s0,1    # i = i + 1
    j    L1            # springe zu L1
```

Wenn nicht an den Schleifenanfang gesprungen wird, wurde das letzte Zeichen der Zeichenfolge bearbeitet. Wir stellen $s0 und den Kellerzeiger wieder her und springen dann aus der Prozedur zurück.

```
    L2: lw  $s0, 0($sp)    # y[i] == 0: Ende der Zeichenkette
                           # Wiederherstellung des alten $s0
        addi $sp,$sp,4     # Wiederherstellung des alten $sp
        jr   $ra           # springe zurück
```

Tab. 2.9: Beispiele für Zeichensätze in Unicode. Unicode Version 4.0 besteht aus mehr als 160 „Blöcken". So werden die Zusammenstellungen von Symbolen genannt. Jeder Block ist ein Vielfaches von 16. So beginnt Griechisch beispielsweise bei 0370_H und Kyrillisch bei 0400_H. In den ersten drei Spalten sind 48 Blöcke mit Schriftzeichen menschlicher Sprachen aufgeführt. Ihre Reihenfolge entspricht in etwa der numerischen Folge in Unicode. Die letzte Spalte enthält 16 Blöcke, die für mehrere Sprachen gelten und in keiner speziellen Folge aufgeführt sind. Die 16-Bit-Codierung UTF-16 wird standardmäßig verwendet. Die Codierung in variabler Länge (UTF-8) enthält die ASCII-Zeichen als 8 Bit und verwendet 16–32 Bit für andere Zeichen. UTF-32 verwendet 32 Bit pro Zeichen. Weiterführende Informationen finden Sie unter *www.unicode.org*.

Latein	Malayalam	Tagbanwa	Allgemeine Satzzeichen
Griechisch	Sinhala	Khmer	Zeichen zur Abstandsbestimmung
Kyrillisch	Thai	Mongolisch	Währungssymbole
Armenisch	Laotisch	Limbu	Kombinierte diakritische Zeichen
Hebräisch	Tibetanisch	Tai Le	Kombinierte Zeichen für Symbole
Arabisch	Myanmar (Burmesisch)	Kangxi Radikale	Hoch- und tiefgestellt
Syrisch	Georgisch	Hiragana	Nummernderivate
Thaana	Hangul Jamo (Koreanisch)	Katakana	Mathematical Operators
Devanagari	Äthiopisch	Bopomofo	Mathematische Zeichen
Bengali	Cherokee	Kanbun	Blindenschrift
Gurmukhi	Unified Canadian Aboriginal Syllabic	Shavian	OCR (Zeichenerkennung)
Gujarati	Ogham	Osmanya	Byzantinische Musiksymbole
Oriya	Runic	Zypriotische Silbentabelle	Musiksymbole
Tamil	Tagalog	Tai Xuan Jing-Symbole	Pfeile
Telugu	Hanunoo	Yijing-Hexagrammsymbole	Blockgrafiken
Kannada	Buhid	Ägäische Zahlens	Geometrische Formen

Beim Kopieren von Zeichenfolgen in C werden in der Regel Zeiger anstelle von Feldern verwendet, um die Operationen mit i wie im obigen Code zu vermeiden. Zur Erläuterung sei auf Abschnitt 2.14 verwiesen, in dem Felder und Zeiger einander gegenübergestellt werden.

Da die obige Prozedur `strcpy` eine Blattprozedur ist, könnte der Compiler i in einem temporären Register speichern und so vermeiden, dass $s0 gesichert und wiederhergestellt werden muss. Daher sollte man die $t-Register nicht ausschließlich für temporäre Variablen vorsehen, sondern als Register betrachten, die die aufgerufene Prozedur wann immer möglich einsetzen sollte. Wenn ein Compiler auf eine Blattprozedur stößt, nutzt er alle temporären Register, bevor er Register verwendet, die er sichern muss.

Zeichen und Zeichenketten in Java

Unicode ist ein Standard für die Codierung der Zeichensätze der meisten natürlichen Sprachen. Tabelle 2.9 enthält eine Liste der Unicode-Alphabete. Es gibt in Unicode etwa so viele *Zeichensätze* wie es *Symbole* in ASCII gibt. Um möglichst umfassend zu sein, verwendet Java Unicode für die Zeichencodierung. Dabei wird ein Zeichen standardmäßig mit 16 Bit dargestellt.

Beim MIPS-Befehlssatz gibt es spezielle Befehle zum Laden und Speichern dieser 16-Bit-Größen, die als *Halbwörter* bezeichnet werden. Der *Load-half*-Befehl (1h) lädt ein Halbwort aus dem Hauptspeicher und legt es in den am

weitesten rechts stehenden 16 Bit eines Registers ab. Wie *load byte* behandelt
load half (lh) das Halbwort als vorzeichenbehaftete Zahl und führt deshalb
eine Vorzeichenerweiterung aus, um die 16 am weitesten links stehenden Bit
des Registers aufzufüllen, während *load halfword unsigned* (lhu) mit vorzeichenlosen Ganzzahlen arbeitet. lhu ist deshalb der gebräuchlichere Befehl. Der
Store-half-Befehl (sh) nimmt ein Halbwort aus den am weitesten rechts stehenden 16 Bit eines Registers und schreibt es in den Hauptspeicher. Somit lässt
sich ein Halbwort mit der folgenden Befehlsfolge kopieren:

```
lhu $t0,0($sp)   # lies Halbwort (16 Bit) aus Speicher
sh  $t0,0($gp)   # schreibe Halbwort (16 Bit) in Speicher
```

Für Zeichenfolgen stellt Java eine Standardklasse mit spezieller Unterstützung
und vordefinierten Methoden für Konkatenation, Vergleich und Konvertierung
zur Verfügung. Im Gegensatz zu C wird in Java ein Wort mitgeführt, das die
Länge einer Zeichenfolge ähnlich wie bei Java-Feldern angibt.

Anmerkungen: 1) MIPS-Software versucht, den Keller an Wortadressen auszurichten, so dass im Programm immer mit lw und sw (die ausgerichtet sein
müssen) auf den Keller zugegriffen werden kann. Diese Konvention bedeutet,
dass eine auf dem Keller abgelegte char-Variable 4 Byte belegt, auch wenn
sie eigentlich weniger Speicherplatz benötigt. In C werden bei einer Variablen
einer Zeichenfolge oder eines Felds mit Bytes 4 Byte pro Wort gepackt. In
Java werden bei einer Variablen einer Zeichenfolge oder bei einem Feld mit
Elementen vom Typ short 2 Halbwörter pro Wort zusammengefasst.

2) Da das Internet von seinem Wesen her international ist, verwenden die meisten Webseiten heutzutage Unicode anstatt ASCII.

Selbsttest

I.   Welche der folgenden Aussagen über Zeichen und Zeichenfolgen in C und
     Java treffen zu?

     1. Eine Zeichenfolge in C belegt etwa halb so viel Speicherplatz wie die-
         selbe Zeichenfolge in Java.

     2. Zeichenfolge ist nur eine saloppe Bezeichnung für eindimensionale
         char-Felder in C und Java.

     3. Bei Zeichenfolgen in C und Java wird das Ende einer Zeichenfolge mit
         Null (0) gekennzeichnet.

     4. Operationen auf Zeichenfolgen, wie length, können in C schneller
         durchgeführt werden als in Java.

II. Welcher Variablentyp, der $10\ 0000\ 0000_B = 1_D$ aufnehmen kann, belegt
     den meisten Speicherplatz?

     1. int in C

     2. string in C

     3. string in Java

2.10 Umgang mit 32-Bit-Direktoperanden und 32-Bit-Adressen

Obwohl ein festes 32-Bit-Format für alle Befehle die Hardware vereinfacht, gibt es Fälle, in denen es praktisch wäre, die Möglichkeit für 32-Bit-Konstanten oder 32-Bit-Adressen zu haben. Dieser Abschnitt beginnt mit der allgemeinen Lösung für lange Konstanten und zeigt Optimierungsmöglichkeiten für Befehlsadressen in Verzweigungen und Sprüngen auf.

32-Bit-Direktoperanden

In der Regel sind Konstanten kurz und passen in das 16-Bit-Feld. Gelegentlich sind sie jedoch etwas länger. Der MIPS-Befehlssatz enthält den Befehl `lui` (*load upper immediate, lade höherwertige Hälfte des Direktoperanden*), mit dem die höherwertigen 16 Bit einer Konstante in ein Register geladen werden, so dass in einem nachfolgenden Befehl die niederwertigen 16 Bit der Konstante spezifiziert werden können. Abbildung 2.8 zeigt die Funktionsweise des Befehls `lui`.

Der Maschinencode von `lui $t0,255`   `# $t0 ist Register 8:`

001111	00000	01000	0000 0000 1111 1111

Inhalt des Registers `$t0` nach Ausführung von `lui$t0,255`:

0000 0000 1111 1111	0000 0000 0000 0000

Abb. 2.8: Die Wirkungsweise des Befehls `lui`. Der Befehl `lui` überträgt den Wert im 16-Bit-Direktoperandenfeld in die am weitesten links stehenden 16 Bit des Registers und füllt die unteren 16 Bit mit Nullen.

Beispiel: Laden einer 32-Bit-Konstante

Wie lautet der MIPS-Assemblercode zum Laden der folgenden 32-Bit-Konstante in Register `$s0`?

```
0000 0000 0011 1101 0000 1001 0000 0000
```

Lösung: Zunächst laden wir mit dem Befehl `lui` die oberen 16 Bit, die in Dezimalschreibweise dem Wert 61 entsprechen:

```
lui $s0, 61     # 61 dezimal = 0000 0000 0011 1101 binär
```

Der Wert von Register `$s0` lautet danach

```
0000 0000 0011 1101 0000 0000 0000 0000
```

Im nächsten Schritt addieren wir die unteren 16 Bit, die in Dezimalschreibweise dem Wert 2304 entsprechen:

```
ori $s0,$s0,2304    # 2304 dezimal = 0000 1001 0000 0000 binär
```

Schließlich befindet sich in Register $s0 der gewünschte Wert:

```
0000  0000  0011  1101  0000  1001  0000  0000
```

Hardware-Software-Schnittstelle

Es ist die Aufgabe des Compilers oder des Assemblers, lange Konstanten aufzuteilen und anschließend in einem Register wieder zusammenzusetzen. Wie
Sie vielleicht erwarten, kann die Größenbeschränkung des Direktoperanden-
felds für Speicheradressen bei Lade- und Speichervorgängen sowie für Konstanten in Immediate-Befehlen ein Problem darstellen. Wenn diese Aufgabe
der Assembler übernimmt, wie dies bei MIPS-Software der Fall ist, muss der
Assembler über ein temporäres Register verfügen, in dem lange Werte gebildet werden können. Dies ist der Grund dafür, warum es das für den Assembler
reservierte Register $at gibt.

Auf diese Weise wird die symbolische Darstellung der MIPS-Maschinensprache nicht mehr durch die Hardware beschränkt, sondern hängt davon
ab, was der Entwickler eines Assemblers mit aufnehmen möchte (siehe Abschnitt 2.12). Wir orientieren uns bei der Erklärung der Architektur eines Rechners stark an der Hardware und weisen darauf hin, wenn wir die Konstrukte
der erweiterten Sprache des Assemblers verwenden, die nicht vom Prozessor
direkt unterstützt werden.

Anmerkung: Beim Zusammensetzen von 32-Bit-Konstanten muss mit Vorsicht vorgegangen werden. Der Befehl addi kopiert das höchstwertige Bit des
16-Bit-Immediate-Felds des Befehls in die oberen 16 Bit eines Wortes. Mit
den *logischen Operationen oder Immediate-Befehlen* aus Abschnitt 2.6 werden dagegen Nullen in die oberen 16 Bit geladen und daher vom Assembler
zusammen mit dem Befehl lui zum Bilden von 32-Bit-Konstanten verwendet.

Adressbildung bei Verzweigungen und Sprüngen

Die MIPS-Sprungbefehle verwenden die einfachste Adressierungsart. Für sie
gibt es ein weiteres MIPS-Befehlsformat, das so genannte *J-Typ-Format*. Es
setzt sich aus dem 6 Bit breiten Operationsfeld und dem Adressfeld zusammen,
das die restlichen Bits umfasst. Somit könnte

```
  j 10000    # springe an Stelle 10000
```

in folgendes Format assembliert werden. (Es ist etwas komplizierter, wie noch
zu sehen sein wird.)

2	10000
6 Bit	26 Bit

Dabei beträgt der Wert für den Opcode des Sprungbefehls 2 und die Sprungadresse ist 10000.

Im Gegensatz zum Sprungbefehl müssen beim bedingten Verzweigungsbefehl neben der Sprungadresse zwei Operanden angegeben werden. Die Verzweigung

```
bne $s0,$s1,Exit   # verzweige nach Exit, wenn $s0 ≠ $s1
```

wird in folgendes Format assembliert, in dem nur noch 16 Bit für die Sprungadresse zur Verfügung stehen:

5	16	17	Exit
6 Bit	5Bit	5 Bit	16 Bit

Wenn die Programmadressen in dieses 16-Bit-Feld passen müssten, würde dies bedeuten, dass kein Programm größer als 2^{16} Bytes sein dürfte, was viel zu wenig ist, um heute eine realistische Option zu sein. Eine Alternative wäre die Festlegung eines Registers, das immer zur Sprungadresse addiert wird. Der Verzweigungsbefehl würde dann Folgendes berechnen:

Befehlszähler = Register + Sprungadresse

Auf diese Weise kann das Programm eine Größe von bis zu 2^{32} Bytes annehmen und dennoch bedingte Sprünge verwenden, womit das Größenproblem bei Sprungadressen gelöst ist. Es stellt sich die Frage, welches Register verwendet werden könnte.

Die Lösung finden wir, wenn wir uns anschauen, wie Verzweigungen bzw. bedingte Sprünge verwendet werden. Bedingte Sprünge findet man in Schleifen und in `if`-Anweisungen, d. h., bedingte Sprünge verweisen auf nahe gelegene Befehle. Beispielsweise verzweigt etwa die Hälfte aller bedingten Sprünge in SPEC-Benchmarks an Stellen, die nicht weiter als 16 Befehle entfernt sind. Da der Befehlszähler die Adresse des aktuellen Befehls enthält, können wir in einen Bereich von $\pm 2^{15}$ Wörtern vom aktuellen Befehl aus verzweigen, wenn wir den Befehlszähler als Register verwenden, das zur Adresse addiert wird. Fast alle Schleifen und `if`-Anweisungen sind wesentlich kleiner als 2^{16} Wörter, so dass der Befehlszähler hierfür die richtige Wahl darstellt.

Diese Art der Adressierung bei Sprüngen wird als **befehlszählerrelative Addressierung** bezeichnet. Wie in Kapitel 4 zu sehen sein wird, ist es von Vorteil, wenn der Befehlszähler frühzeitig inkrementiert wird, um auf den nächsten Befehl zu zeigen. Die Adresse bei MIPS ist damit relativ zur Adresse des nachfolgenden Befehls (Befehlszähler + 4) und nicht zum aktuellen Befehl (Befehlszähler). Das Adressieren benachbarter Befehle ist ein weiteres Beispiel für das **Beschleunigen des häufigen Falls.**

Wie die meisten modernen Prozessoren verwendet MIPS die befehlszählerrelative Adressierung für alle Verzweigungen bzw. bedingten Sprünge, da das Sprungziel bei diesen Befehlen mit großer Wahrscheinlichkeit nahe bei der Verzweigung ist. Dagegen rufen *Jump-and-Link*-Befehle Prozeduren auf, bei denen dies nicht der Fall ist. Daher werden für diese in der Regel ande-

befehlszählerrelative Adressierung Eine Adressierungsart, bei der die Adresse durch die Summe von Befehlszähler und einer konstanten Abstandsgröße im Befehl gebildet wird.

HÄUFIGER FALL

re Adressierungsarten verwendet. Die MIPS-Architektur stellt lange Adressen für Prozeduraufrufe mithilfe des J-Formats sowohl für Sprung- als auch für Jump-and-Link-Befehle bereit.

Da alle MIPS-Befehle 4 Byte lang sind, wird bei MIPS der Sprungbereich für eine Verzweigung vergrößert, in dem sich die befehlszählerrelative Adressierung auf die Anzahl der *Wörter* bis zum nächsten Befehl anstelle der Anzahl der Bytes bezieht. Mit einer konstanten Abstandsgröße im 16-Bit-Feld kann man viermal so weit verzweigen, wenn das Feld nicht als eine relative Byteadresse, sondern als relative Wortadresse interpretiert wird. Entsprechend ist auch das 26-Bit-Feld in Sprungbefehlen eine Wortadresse, d. h., es stellt eine 28-Bit-Byteadresse dar.

Anmerkung: Da der Befehlszähler 32 Bit umfasst, müssen 4 Bit für Sprünge von anderer Stelle bereitgestellt werden. Der MIPS-Sprungbefehl ersetzt nur die unteren 28 Bit des Befehlszählers und belässt die oberen 4 Bit des Befehlszählers unverändert. Der Lader und der Binder (Abschnitt 2.12) müssen darauf achten, dass kein Programm über die Adressgrenze von 256 MB (64 Millionen Befehle) hinweg geladen wird. Andernfalls muss der Sprungbefehl durch einen Jump-Register-Befehl ersetzt werden, wobei andere Befehle zum Laden der vollständigen 32-Bit-Adresse in ein Register vorangestellt werden müssen.

Beispiel: Sprung-Offset in Maschinensprache

Die while-Schleife auf Seite 97 wurde in den folgenden MIPS-Assemblercode kompiliert:

```
Loop:sll  $t1,$s3,2      # temp. Reg. $t1 = 4 * i
     add  $t1,$t1,$s6     # $t1 = Adresse von save[i]
     lw   $t0,0($t1)      # temp. Reg. $t0 = save[i]
     bne  $t0,$s5,Exit    # gehe zu Exit, wenn save[i]≠k
     addi $s3,$s3,1       # i = i + 1
     j    Loop            # springe zu Loop
Exit:
```

Angenommen, die Schleife beginnt an Stelle 80000 im Hauptspeicher. Wie sieht dann der MIPS-Maschinencode für diese Schleife aus?

Lösung: Die assemblierten Befehle und deren Adressen würden wie folgt aussehen:

80000	0	0	19	9	4	0
80004	0	9	22	9	0	32
80008	35	9	8	0		
80012	5	8	21	2		
80016	8	19	19	1		
80020	2	20000				
80024	...					

MIPS-Befehle stehen an Byteadressen, so dass sich aufeinanderfolgende Wörter um 4, also um die Anzahl der Bytes in einem Wort unterscheiden. Der Befehl bne in der vierten Zeile addiert 2 Wörter bzw. 8 Byte zur Adresse des *nachfolgenden* Befehls (80016) und spezifiziert das Sprungziel relativ zum nachfolgenden Befehl (8 + 80016) und nicht relativ zum Verzweigungsbefehl (12 + 80012) oder mithilfe der vollständigen Zieladresse (80024). Der Sprungbefehl in der letzten Zeile verwendet die vollständige Adresse (20000 × 4 = 80000), die der Marke Loop entspricht.

Hardware-Software-Schnittstelle

Die meisten bedingten Sprünge verzweigen innerhalb eines beschränkten Adressbereichs. Es gibt jedoch Situationen, in denen weiter verzweigt werden muss, als dies in den 16 Bit des bedingten Sprungbefehls dargestellt werden kann. Der Assembler löst dieses Problem auf ähnliche Weise wie das Problem mit den langen Adressen bzw. Konstanten: Er fügt einen unbedingten Sprung mit dem Sprungziel nach der Verzweigung ein und invertiert die Bedingung, so dass die Verzweigung entscheidet, ob der Sprung genommen wird.

Beispiel: Weite Verzweigung

Gegeben sei eine Verzweigung, die prüft, ob Register $s0 gleich Register $s1 ist:

```
beq $s0, $s1, L1
```

Ersetzen Sie die Verzweigung durch zwei Befehle, mit denen über eine wesentliche größere Distanz gesprungen werden kann.

Lösung: Diese Befehle ersetzen den bedingten Sprung mit kurzer Adresse:

```
    bne $s0, $s1, L2
    j L1
L2:
```

MIPS-Adressierungsarten – eine Übersicht

Verschiedene Formen der Adressberechnung werden im Allgemeinen als **Adressierungsarten** bezeichnet. Abbildung 2.9 zeigt, wie die Operanden für die einzelnen Adressierungsmodi spezifiziert werden. Die MIPS-Architektur kennt folgende Adressierungsarten:

Adressierungsart Eine von mehreren Möglichkeiten zur Adressberechnung. Die Adressierungsarten unterscheiden sich in der Verwendung von Operanden und/oder Adressen.

1. *Registeradressierung.* Der Operand steht in einem Register.

2. *Basis- oder Displacement-Adressierung.* Der Operand befindet sich im Speicher an einer Stelle, deren Adresse sich aus der Summe des Inhalts eines Registers und einer konstanten Abstandsgröße im Befehl ergibt.

3. *Direkte Adressierung.* Der Operand ist eine Konstante im Befehl selbst.

4. *Befehlszählerrelative Adressierung.* Die Adresse wird aus der Summe des Befehlszählers und einer konstanten Abstandsgröße im Befehl gebildet.

5. *Pseudo-direkte Adressierung.* Die Sprungadresse wird durch Konkatenation der 26 Bits des Befehls mit den oberen Bits des Befehlszählers gebildet.

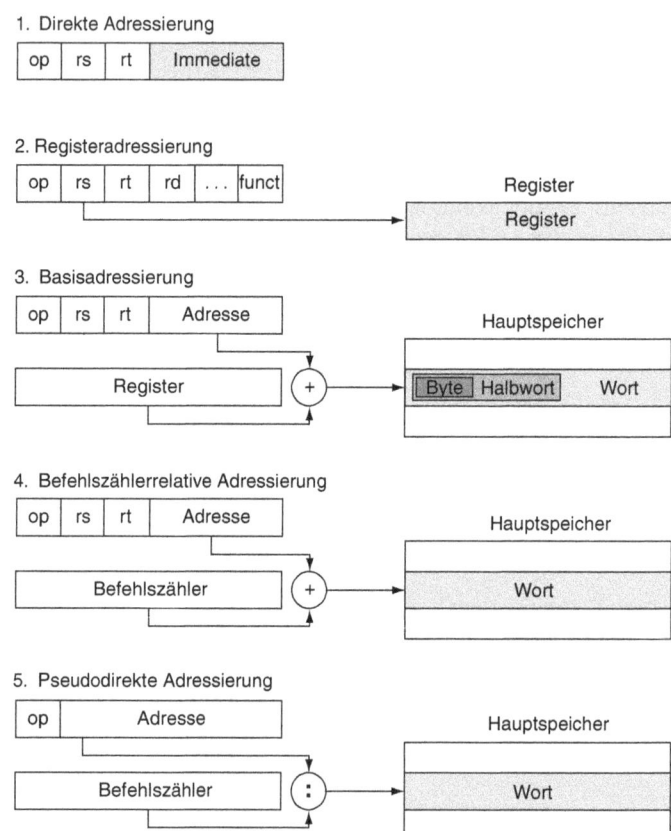

Abb. 2.9: Darstellung der fünf MIPS-Adressierungsarten. Die Operanden sind mit unterschiedlichen Grauwerten hervorgehoben. Der Operand der Adressierungsart 3 befindet sich im Hauptspeicher, während sich der Operand der Adressierungsart 2 in einem Register befindet. Die verschiedenen Versionen der Load- und Store-Befehle greifen auf Bytes, Halbwörter bzw. Wörter zu. Bei der Adressierungsart 1 steht der Operand im 16-Bit-Feld des Befehls. Die Adressierungsarten 4 und 5 adressieren Befehle im Hauptspeicher, wobei bei der Adressierungsart 4 eine um 2 Bit nach links zum Befehlszähler hin verschobene 16-Bit-Adresse addiert wird und bei der Adressierungsart 5 eine um 2 Bit nach links verschobene 26-Bit-Adresse mit den oberen 4 Bit des Befehlszählers verknüpft wird. Beachten Sie, dass eine einzelne Operation mehr als eine Adressierungsart verwenden kann. Add zum Beispiel verwendet sowohl direkte Adressierung (`addi`) als auch Registeradressierung (`add`).

Hardware-Software-Schnittstelle

Wir gehen bei der Beschreibung von MIPS von 32-Bit-Adressen aus. Nahezu alle Mikroprozessoren (auch MIPS-Prozessoren) verfügen über eine Erweiterung auf 64-Bit-Adressen (siehe Abschnitt 2.18 sowie Anhang E, online). Diese Erweiterungen sind die Antwort auf den Bedarf der Software im Hinblick auf größere Programme. Die Befehlssatzerweiterung macht es möglich, die Architekturen so weiterzuentwickeln, dass die Software unter Wahrung der Aufwärtskompatibilität auf die nächste Generation einer Architektur portiert werden kann.

Für eine Operation können mehrere Adressierungsarten verwendet werden. So kann beispielsweise für eine Add-Operation sowohl die direkte (addi) als auch die Registeradressierung (add) verwendet werden.

Decodieren der Maschinensprache

Es gibt Situationen, in denen Maschinensprache in die ursprüngliche Assemblersprache „rückübersetzt" werden muss, etwa wenn Sie einen Hauptspeicherauszug betrachten möchten. In Tabelle 2.10 ist die MIPS-Codierung der Felder für die MIPS-Maschinensprache dargestellt. Diese Tabelle erleichtert das manuelle Übersetzen zwischen Assembler- und Maschinensprache.

Beispiel: Decodieren des Maschinencodes

Wie lautet die Anweisung in Assemblersprache, die diesem Befehl in Maschinensprache entspricht?

```
00af8020hex
```

Lösung: Der erste Schritt beim Konvertieren des Hexadezimalcodes in Binärcode besteht darin, die op-Felder zu suchen:

```
(Bits: 31 28 26                          5   2 0)
       0000 0000 1010 1111 1000 0000 0010 0000
```

Über das op-Feld kann die Operation bestimmt werden. Nach Tabelle 2.10 handelt es sich um einen Befehl im R-Format, wenn die Bitstellen 31–29 und die Bitstellen 28–26 jeweils 000 sind. Gemäß Tabelle 2.11 kann der binäre Befehl in die Felder des R-Formats umgeformt werden:

```
op      rs      rt      rd      shamt   funct
000000  00101   01111   10000   00000   100000
```

Der untere Teil von Tabelle 2.10 bestimmt die Operation eines Befehls im R-Format. Die Bitstellen 5–3 enthalten in diesem Fall 100 und die Bitstellen 2–0 sind 0, d. h., dieses Binärmuster repräsentiert einen add-Befehl.

Tab. 2.10: MIPS-Befehlscodierung. Diese Notation liefert den Wert eines Felds über die Zeilen- und Spaltennummer. Beispielsweise steht im oberen Teil der Tabelle load word in Zeile 4 (100_B für Bit 31–29 des Befehls) und Spalte 3 (011_B für Bit 28–26 des Befehls), so dass der entsprechende Wert des op-Felds (Bit 31–26) 100011_B lautet. R-format in Zeile 0 und Spalte 0 (op = 000000_B) ist im unteren Teil der Tabelle definiert. Somit bedeutet subtract in Zeile 4 und Spalte 2 im unteren Bereich, dass das funct-Feld (Bit 5–0) des Befehls 100010_B ist und das op-Feld (Bit 31–26) 000000_B ist. Der FlPt-Wert in Zeile 2, Spalte 1 ist in Tabelle 3.7 in Kapitel 3 erklärt. Bltz/gez ist der Opcode für vier Anweisungen, die Sie in Anhang A finden: blzt, bgez, bltzal und bgezal.

op(31:26)

28–26 31–29	0(000)	1(001)	2(010)	3(011)	4(100)	5(101)	6(110)	7(111)
0(000)	R-format	Bltz/gez	jump	jump & link	branch eq	branch ne	blez	bgtz
1(001)	add immediate	addiu	set less than imm.	set less less than immediate	andi	ori	xori	load upper immediate
2(010)	TLB	FlPt						
3(011)								
4(100)	load byte	load half	lwl	load word	lbu	lhu	lwr	
5(101)	sb	sh	swl	sw			swr	
6(110)	load linked word	lwc1						
7(111)	store cond. word	swc1						

op(31:26)=010000 (TLB), rs(25:21)

23–21 25–24	0(000)	1(001)	2(010)	3(011)	4(100)	5(101)	6(110)	7(111)
0(00)	mfc0		cfc0		mtc0		ctc0	
1(01)								
2(10)								
3(11)								

op(31:26)=000000 (R-Format), funct(5:0)

2–0 5–3	0(000)	1(001)	2(010)	3(011)	4(100)	5(101)	6(110)	7(111)
0(000)	shift left logical		shift right logical	sra	sllv		srlv	srav
1(001)	jr	jarl			syscall	break		
2(010)	mfji	mthi	mflo	mtlo				
3(011)	mult	multu	div	divu				
4(100)	add	addu	subtract	subu	and	or	xor	nor
5(101)			slt	set l.t. unsigned				
6(110)								
7(111)								

Tab. 2.11: MIPS-Befehlsformate.

Name	Felder						Anmerkungen
Feldgröße	6 Bit	5 Bit	5 Bit	5 Bit	5 Bit	6 Bit	Alle MIPS-Befehle 32 Bit lang
R-Format	op	rs	rt	rd	shamt	funct	Format für arithmetische Befehle
I-Format	op	rs	rt	address/immediate			Datentransport, Sprung, Immediate-Format
J-Format	op	Zieladresse					Sprungbefehlsformat

Durch Betrachtung der Werte in den Feldern wird der Rest des Befehls decodiert. Der Dezimalwert für das `rs`-Feld ist 5, der für das `rt`-Feld 15 und der für das `rd`-Feld 16. (`shamt` ist nicht belegt.) Nach Tabelle 2.7 stehen diese Zahlen für die Register `$a1`, `$t7` und `$s0`. Der Assemblerbefehl ist:

```
add $s0,$a1,$t7
```

In Tabelle 2.11 sind alle MIPS-Befehlsformate dargestellt. Tabelle 2.1 zeigt die in diesem Kapitel vorgestellte MIPS-Assemblersprache. Der noch verbleibende, noch nicht erläuterte Teil der MIPS-Befehle umfasst hauptsächlich arithmetische Operationen, die im nächsten Kapitel behandelt werden.

Selbsttest

I. Wie lautet der Adressbereich für bedingte Sprünge bei MIPS (K = 1024)?

    1. Adressen zwischen 0 und 64 K − 1
    2. Adressen zwischen 0 und 256 K − 1
    3. Adressen bis zu etwa 32 K vor der Verzweigung bis etwa 32 K nach der Verzweigung
    4. Adressen bis zu etwa 128 K vor der Verzweigung bis etwa 128 K nach der Verzweigung

II. Wie lautet der Adressbereich für *Sprung-* und *Jump-and-Link*-Befehle bei MIPS (M = 1024 K)?

    1. Adressen zwischen 0 und 64 M − 1
    2. Adressen zwischen 0 und 256 M − 1
    3. Adressen bis zu etwa 32 M vor und 32 M nach der Verzweigung
    4. Adressen bis zu etwa 128 M vor und 128 M nach der Verzweigung
    5. beliebige Stelle in einem Block von 64 M-Adressen, wobei der Befehlszähler die oberen 6 Bits bereitstellt
    6. beliebige Stelle in einem Block von 256 M-Adressen, wobei der Befehlszähler die oberen 4 Bits bereitstellt

III. Wie lautet der MIPS-Befehl in Assemblersprache, der dem Maschinenbefehl mit dem Wert `0000 0000`$_H$ entspricht?

1. `j`
2. `R-format`
3. `addi`
4. `sll`
5. `mfc0`
6. Nicht definierter Opcode: Es gibt keinen zulässigen Befehl mit dem Wert 0.

2.11 Parallelität und Befehle: Synchronisierung

PARALLELITÄT

Data Race Zwei Speicherzugriffe erzeugen einen „Datenwettlauf", wenn sie von unterschiedlichen Threads aus auf dieselbe Position zugreifen, wobei mindestens einer von ihnen schreibt und sie nacheinander stattfinden.

Die **Parallelisierung** ist einfacher, wenn die betreffenden Tasks voneinander unabhängig sind, doch oft müssen sie zusammenarbeiten. Zusammenarbeit bedeutet in der Regel, dass einige Tasks neue Werte schreiben, die die anderen lesen müssen. Um zu erkennen, wann eine Task mit dem Schreiben fertig ist, so dass eine andere sicher lesen kann, müssen sich die Tasks synchronisieren. Ohne Synchronisierung besteht die Gefahr eines **Data Race**, wobei das Programmergebnis davon abhängig sein kann, welche Ereignisse zuerst auftreten.

Denken Sie beispielsweise an die in Kapitel 1, Seite 47 vorgestellte Analogie mit den acht Journalisten, die an einem gemeinsamen Artikel arbeiten. Angenommen, ein Journalist muss alle vorhergehenden Abschnitte lesen, bevor er sein Fazit schreiben kann. Dazu muss er wissen, wann die anderen Journalisten ihre Abschnitte fertig haben, so dass er sich keine Gedanken darüber machen muss, ob sie vielleicht nachträglich noch etwas geändert haben. Das bedeutet, sie müssen sich zum Schreiben und Lesen der einzelnen Abschnitte synchronisieren, so dass das Fazit zu den vorhergehenden Abschnitten konsistent ist.

Bei der Programmierung werden Synchronisierungsmechanismen in der Regel mit Hilfe von Softwareroutinen auf Anwenderebene realisiert, die die von der Hardware bereitgestellten Synchronisierungsbefehle nutzen. In diesem Abschnitt konzentrieren wir uns auf die Implementierung von *sperrenden* (*lock*) und *entsperrenden* (*unlock*) Synchronisierungsoperationen. Das Sperren und Entsperren kann genutzt werden, um auf einfache Weise Bereiche zu schaffen, in denen nur jeweils ein einziger Prozessor arbeiten kann, was auch als *wechselseitiger Ausschluss* bezeichnet wird. Aber auch die Implementierung komplexerer Synchronisierungsmechanismen ist damit möglich.

Für die Implementierung der Synchronisierung in einem Multiprozessor benötigen wir unbedingt einen Satz Hardwarefunktionen, die die Möglichkeit bieten, eine Speicherposition *atomar* zu lesen und zu ändern. Das bedeutet, nichts kann sich zwischen den Lese- oder Schreibvorgang der Speicherposition schieben. Ohne diese Möglichkeit wären die Kosten für die Umsetzung grundlegender Synchronisierungsfunktionen zu hoch und würden mit dem Prozessorzähler unverhältnismäßig wachsen.

Es gibt zahlreiche alternative Ansätze für grundlegende Hardwarefunktionen, die alle die Möglichkeit atomarer Lese- und Schreiboperationen von einer bzw. an eine Position bieten, ebenso wie eine Möglichkeit, festzustellen, ob die Lese- oder Schreiboperationen atomar stattgefunden haben. Im Allgemeinen erwarten die Architekten nicht, dass diese grundlegenden Hardwarefunktionen von Anwendern benutzt werden, aber sehr wohl, dass Systemprogrammierer sie einsetzen, um Synchronisierungsbibliotheken zu schreiben, was häufig kompliziert und aufwändig ist.

Wir beginnen mit einer solchen Hardwarefunktion und zeigen, wie sie genutzt werden kann, um eine grundlegende Synchronisierungsfunktion zu schaffen. Eine typische Operation für die Realisierung synchronisierter Operationen ist der *unteilbare Austausch* (*atomic exchange* oder *atomic swap*), der einen Wert in einem Register mit einem Wert im Speicher tauscht.

Um nachzuvollziehen, wie dies genutzt werden kann, um eine grundlegende Synchronisierungsfunktion zu erstellen, nehmen wir an, wir wollen eine einfache Sperre erstellen, wobei der Wert 0 verwendet wird, um anzuzeigen, dass die Sperre zur Verfügung steht, und 1, um zu zeigen, dass die Sperre benutzt wird. Ein Prozessor versucht, die Sperre zu setzen, indem er den Wert 1, der sich in einem Register befindet, mit der der Sperre entsprechenden Speicheradresse tauscht. Der von dem Tauschbefehl zurückgegebene Wert ist 1, wenn bereits ein anderer Prozessor Zugriff auf die Sperre angefordert hat, andernfalls 0. Im letzteren Fall wird der Wert außerdem auf 1 gesetzt, um zu verhindern, dass eine konkurrierende Tauschoperation in einem anderen Prozessor ebenfalls die Antwort 0 erhält.

Betrachten wir beispielsweise zwei Prozessoren, die beide versuchen, den Tausch gleichzeitig auszuführen. Dieses Rennen ist entschieden, weil genau einer der Prozessoren zuerst den Austausch vornimmt, 0 zurückgibt, und der zweite Prozessor 1 zurückgibt, wenn er den Austausch vornimmt. Der Schlüssel für die Verwendung der Tauschfunktion zur Implementierung einer Synchronisierung ist, dass die Operation atomar ist: der Tausch ist unteilbar, und zwei gleichzeitig stattfindende Tauschvorgänge werden von der Hardware in eine Reihenfolge gebracht. Es ist nicht möglich, dass zwei Prozessoren versuchen, die Synchronisierungsvariable auf diese Weise zu setzen, und beide anschließend der Meinung sind, sie hätten die Variable gesetzt.

Die Implementierung einer einzelnen atomaren Speicheroperation stellt eine gewisse Herausforderung an den Entwurf des Prozessors, weil sie eine Lese- und Schreiboperation innerhalb eines einzigen, unteilbaren Befehls bedingt.

Alternativ kann ein Befehlspaar verwendet werden, wobei der zweite Befehl einen Wert zurückgibt, der zeigt, ob das Befehlspaar so ausgeführt wurde, als wäre es atomar. Das Befehlspaar ist effektiv dann atomar, wenn sich erweist, dass alle anderen von einem Prozessor ausgeführten Operationen vor oder nach dem Befehlspaar stattgefunden haben. Wenn also ein Befehlspaar effektiv atomar ist, kann kein anderer Prozessor den Wert während der Ausführung des Befehlspaars geändert haben.

In MIPS beinhaltet dieses Befehlspaar einen speziellen Ladebefehl, einen so genannten *load linked*, und einen speziellen Speicherbefehl, ein so genanntes bedingtes Speichern (*store conditional*). Diese Befehle werden hintereinander ausgeführt. Wenn der Inhalt der im *load linked* angegebenen Speicherposition vor dem bedingten Speichern an derselben Adresse stattgefunden hat, schlägt das bedingte Speichern fehl. Das bedingte Speichern ist so definiert, dass es sowohl den Wert eines Registers im Speicher ablegt *als auch* den Wert dieses Registers auf 1 setzt, wenn es erfolgreich war, und auf 0 andernfalls. Weil der *load linked* den Ausgangswert zurückgibt und der *store conditional* nur im Erfolgsfall 1 zurückgibt, implementiert die folgende Befehlsfolge einen atomaren Austausch an der durch den Inhalt von $si angegebenen Speicherstelle:

```
again:
   addi $t0,$zero,1      ;kopiere gesperrten Wert
   ll   $t1,0($s1)       ;load linked
   sc   $t0,0($s1)       ;store conditional
   beq  $t0,$zero,again  ;Sprung, wenn Speichern fehlschl.
   add  $s4,$zero,$t1    ;gelad. Wert in $s4 schreiben
```

Nach Ausführung dieser Folge wurden der Inhalt von $s4 und die durch $s1 angegebene Speicherposition atomar getauscht. Immer wenn ein Prozessor eingreift und den Wert im Speicher zwischen den Befehlen ll und sc verändert, gibt sc in $t0 den Wert 0 zurück, so dass der Code erneut versucht, die Befehlsfolge auszuführen.

Anmerkung: Der atomare Austausch wurde zwar für die Multiprozessor-Synchronisierung eingeführt, aber er ist auch praktisch, wenn es das Betriebssystem mit mehreren Prozessen innerhalb eines einzigen Prozessors zu tun hat. Um sicherzustellen, dass innerhalb eines einzelnen Prozessors nichts stört, schlägt das bedingte Speichern auch dann fehl, wenn der Prozessor zwischen zwei Befehlen eine Kontextumschaltung vornimmt (siehe Kapitel 5).

Ein Vorteil des Mechanismus *load linked/store conditional* ist, dass er für die Erstellung anderer Synchronisierungsfunktionen eingesetzt werden kann, wie etwa das *atomare Vergleichen und Tauschen* oder das *atomare Laden und Inkrementieren*, die in einigen Modellen für die parallele Programmierung eingesetzt werden. Sie beinhalten mehr Befehle zwischen dem ll und dem sc, jedoch nicht allzu viele.

Weil das bedingte Speichern nach entweder einem versuchten Speichern an der durch *load link* ermittelten Adresse oder einer Ausnahme fehlschlägt, muss genau darauf geachtet werden, welche Befehle zwischen die beiden Befehle gesetzt werden dürfen. Insbesondere können nur Register/Register-Befehle sicher zugelassen werden. Andernfalls könnten Deadlock-Situationen auftreten, wobei der Prozessor aufgrund der wiederholten Seitenfehler den sc nie abschließen kann. Darüber hinaus sollte die Anzahl der Befehle zwischen dem *load linked* und dem *store conditional* klein gehalten werden, um die Wahrscheinlichkeit zu verringern, dass ein nicht zugehöriges Ereignis oder ein konkurrierender Prozessor bewirken, dass das bedingte Speichern oft fehlschlägt.

Selbsttest

Wozu dienen elementare Funktionen wie *load linked* und *store conditional*?

1. Wenn kooperierende Threads eines parallelen Programms sich synchronisieren müssen, um das korrekte Verhalten für das Lesen und Schreiben gemeinsam genutzter Daten zu erhalten.

2. Wenn kooperierende Prozesse auf einem Einzelprozessor sich für das Lesen und Schreiben gemeinsam genutzter Daten synchronisieren müssen.

2.12 Übersetzen und Starten eines Programms

In diesem Abschnitt werden die vier Schritte beschrieben, die erforderlich sind, um ein C-Programm in einer Datei auf der Festplatte in ein Programm umzuwandeln, das auf einem Computer laufen kann. In Abbildung 2.10 ist die Übersetzungshierarchie dargestellt. Bei einigen Systemen sind diese Schritte zusammengefasst, um die Übersetzungszeit zu reduzieren. Dennoch durchlaufen alle Programme diese vier logischen Phasen. Daher halten wir uns in diesem Abschnitt an diese Übersetzungshierarchie.

Compiler

Der Compiler wandelt das C-Programm in ein *Programm in Assemblersprache* um, d. h. in eine symbolische Darstellung dessen, was die Maschine versteht. Programme, die in einer höheren Programmiersprache geschrieben sind, brauchen deutlich weniger Codezeilen als Programme in Assemblersprache, weshalb die Produktivität der Programmierer weitaus höher ist.

1975 waren viele Betriebssysteme und Assembler wegen der damals geringen Hauptspeicherkapazitäten und wegen ineffizienter Compiler in **Assemblersprache** geschrieben. Dank der millionenfachen Zunahme der Speicherkapazität pro DRAM-Chip ist die Größe von Programmen heute kein Problem mehr. Optimierende Compiler können heute fast so guten Code in Assemblersprache generieren wie ausgewiesene Experten in Assembler-Programmierung. Bei großen Programmen sind sie in vielen Fällen sogar besser.

Assemblersprache Eine symbolische Sprache, die in Binärcode übersetzt werden kann.

Assembler

Da die Assemblersprache eine Schnittstelle hin zu den höheren Ebenen der Software darstellt, kann der Assembler auch allgemeine Variationen von Maschinenbefehlen behandeln, so als ob sie tatsächliche Befehle wären. Diese Befehle müssen nicht unbedingt in Hardware implementiert sein. Ihre Darstellung in der Assemblersprache erleichtert jedoch die Übersetzung und das Programmieren. Befehle dieser Art werden als **Pseudobefehle** bezeichnet.

Wie bereits erwähnt, ist durch die MIPS-Hardware sichergestellt, dass Register $zero immer den Wert 0 enthält. Register $zero liefert damit bei jeder Verwendung den Wert 0 und der Programmierer kann den Wert von Register

Pseudobefehle Eine allgemeine Variation von Befehlen in der Assemblersprache, die wie ein tatsächlicher Befehl behandelt wird.

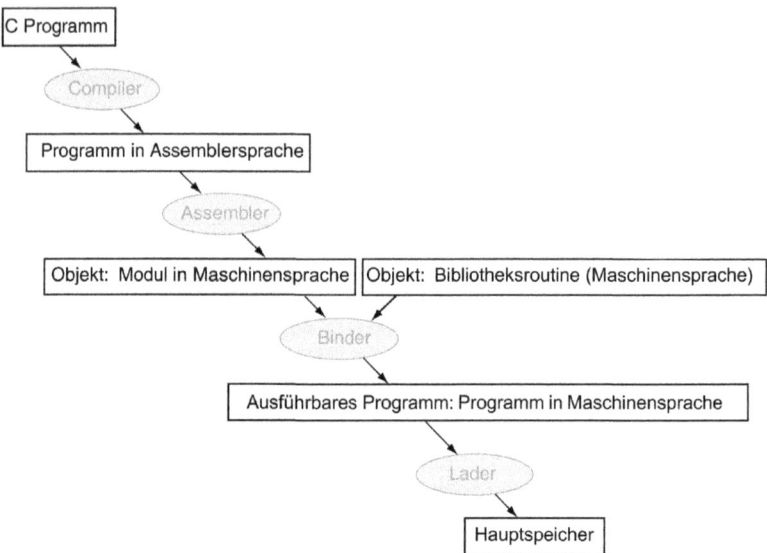

Abb. 2.10: Eine Übersetzungshierarchie für C. Ein Programm in einer höheren Programmiersprache wird zunächst in ein Programm in Assemblersprache übersetzt und anschließend in ein
Objektmodul in Maschinensprache assembliert. Der Binder fügt mehrere Module mit Bibliotheksroutinen zusammen, um alle Referenzen aufzulösen. Der Lader lädt den Maschinencode an die entsprechende Stelle im Hauptspeicher für die Ausführung durch den Prozessor. Um die Übersetzung
zu beschleunigen, werden einige Schritte übersprungen oder zusammengefasst. Manche Compiler
erstellen Objektmodule direkt, manche Systeme führen die letzten beiden Schritte mithilfe von bin-
denden Ladern in einem Schritt aus. UNIX folgt zur Kennzeichnung der verschiedenen Typen der
Dateien der folgenden Konvention für die Erweiterungen der Dateinamen: C-Quelldateien haben
die Bezeichnung x.c, Assemblerdateien x.s, Objektdateien x.o, statisch gebundene Bibliotheksroutinen x.a, dynamisch gebundene Bibliotheksroutinen x.so, und ausführbare Programmdateien
haben die Standardbezeichnung a.out. Bei MS-DOS werden die Erweiterungen .C, .ASM, .OBJ,
.LIB, .DLL und .EXE entsprechend verwendet.

$zero nicht ändern. Register $zero wird zur Bildung des Assembler-Befehls
move verwendet, mit dem der Inhalt eines Registers in ein anderes kopiert wird.
Der MIPS-Assembler akzeptiert somit den folgenden Befehl, obwohl dieser in
der MIPS-Architektur nicht enthalten ist:

```
move $t0,$t1          # Inhalt von Reg. $t1 nach Reg. $t0
```

Der Assembler wandelt diesen Befehl der Assemblersprache in die äquivalente
Maschinendarstellung des folgenden Befehls um:

```
add $t0,$zero,$t1    # 0 + Reg. $t1 nach Reg. $t0
```

Der MIPS-Assembler wandelt ebenso den Pseudobefehl blt (branch on less
than) in die beiden im Beispiel auf Seite 117 genannten Maschinenbefehle slt
und bne um. Die Befehle bgt, bge und ble sind weitere Beispiele. Außerdem
setzt er Sprünge an weit entfernte Stellen in eine Verzweigung und einen unbedingten Sprung um. Wie bereits erwähnt, ermöglicht der MIPS-Assembler

das Laden von 32-Bit-Konstanten in ein Register trotz der bestehenden 16-Bit-Beschränkung bei Immediate-Befehlen.

Aufgrund der Pseudobefehle kann MIPS auf einen größeren Satz an Befehlen in Assemblersprache zurückgreifen als nur auf die durch die Hardware implementierten Befehle. Der einzige Nachteil dabei ist, dass ein Register, nämlich $at, für den Assembler reserviert werden muss. Wenn Sie Assemblerprogramme schreiben, erleichtern Sie sich diese Aufgabe durch die Verwendung von Pseudobefehlen. Um die MIPS-Architektur zu verstehen und die beste Leistung zu erzielen, sollten Sie jedoch die echten MIPS-Befehle in den Tabellen 2.1 und 2.10 beachten.

Assembler erlauben außerdem Zahlen mit unterschiedlicher Basis. Neben Binär- und Dezimalzahlen akzeptieren sie üblicherweise eine kürzere als die binäre Basis, die sich aber leicht in ein Bitmuster konvertieren lässt. MIPS-Assembler verwenden Hexadezimalzahlen.

Diese Eigenschaften sind praktisch, aber die Hauptaufgabe eines Assemblers besteht darin, Maschinencode zu erzeugen. Der Assembler übersetzt ein Programm in Assemblersprache in eine *Objektdatei*, die sich aus Befehlen in Maschinensprache, Daten und Informationen zum Ablegen der Befehle an den richtigen Positionen im Hauptspeicher zusammensetzt.

Um die binäre Version für jeden Befehl im Assembler-Programm zu generieren, muss der Assembler die entsprechenden Adressen für alle Marken ermitteln. Assembler halten mithilfe einer **Symboltabelle** die in Sprüngen und Datentransfer-Befehlen verwendeten Marken fest. Die Tabelle enthält Paare aus jeweils einem Symbol und einer Adresse.

Symboltabelle Eine Tabelle, mit deren Hilfe die Namen der Marken den Adressen der Wörter im Speicher zugeordnet werden können.

Die Objektdatei für UNIX-Systeme besteht üblicherweise aus sechs verschiedenen Teilen:

- Der *Header* der Objektdatei beschreibt die Größe und Position der anderen Teile der Objektdatei.

- Das *Textsegment* enthält den Code in Maschinensprache.

- Das *statische Datensegment* enthält die Daten, die für die Dauer des Programms zugeteilt werden. (UNIX erlaubt Programmen die Verwendung entweder von *statischen Daten,* die für die Dauer der Programmausführung zugeteilt sind, oder von *dynamischen Daten*, die ihre Größe je nach Anforderung des Programms ändern. Siehe Abbildung 2.7.)

- Mit der *Relocation Information* werden Befehls- und Datenwörter identifiziert, die beim Laden des Programms in den Hauptspeicher von absoluten Adressen abhängen.

- Die *Symboltabelle* enthält die restlichen, nicht definierten Marken, wie z. B. externe Referenzen.

- Die *Debug-Informationen* enthalten eine kurze Beschreibung, wie die Module übersetzt wurden, so dass ein Debugger die Maschinenbefehle den C-Quelldateien zuordnen und Datenstrukturen lesbar machen kann.

Im nächsten Abschnitt wird beschrieben, wie bereits assemblierte Routinen wie Bibliotheksroutinen hinzugebunden werden.

Binder

Aus dem bisher Erläuterten kann der Eindruck entstehen, als müsse aufgrund einer einzigen Änderung in einer Zeile einer Prozedur das gesamte Programm neu übersetzt und assembliert werden. Eine vollständige Neuübersetzung ist eine unnötige Vergeudung von Rechenressourcen. Eine solche Wiederholung des Übersetzungsvorgangs stellt insbesondere bei Standardbibliotheksroutinen eine Verschwendung dar, da Programmierer Routinen kompilieren und assemblieren würden, die sich per definitionem praktisch nie ändern. Eine Alternative hierzu ist, jede Prozedur unabhängig zu übersetzen und zu assemblieren, so dass bei einer Änderung in einer Zeile nur eine Prozedur neu kompiliert und assembliert werden muss. Diese Möglichkeit erfordert jedoch ein neues Systemprogramm, das als **Binder** (*Linker*) bezeichnet wird und dafür verantwortlich ist, alle unabhängig voneinander assemblierten Maschinenprogramme zusammenzufügen.Dazu benötigt der Binder drei Schritte:

Binder Ein Systemprogramm, das unabhängig voneinander assemblierte Maschinenprogramme zusammenfügt und alle nicht definierten Marken in einer ausführbaren Programmdatei auflöst.

1. symbolisches Ablegen der Code- und Datenmodule in den Hauptspeicher
2. Bestimmen der Adressen der Marken für Daten und Befehle
3. Anpassen der internen und externen Referenzen

Der Binder löst mithilfe der Relocation Information und der Symboltabelle in jedem Objektmodul alle nicht definierten Marken auf. Referenzen dieser Art kommen in Verzweigungen, unbedingten Sprüngen und Datenadressen vor. Die Aufgabe dieses Programms gleicht somit der eines Editors: Es findet die alten Adressen und ersetzt diese gegen die neuen. Im Englischen enthält der Name dieses Programms auch einen Hinweis auf diese Aufgabe: *„link editor"*. Der Einsatz eines Binders ist sinnvoll, da das Anpassen von Code viel schneller vonstatten geht als das erneute Kompilieren und Assemblieren.

Wenn alle externen Referenzen aufgelöst sind, legt der Binder als Nächstes die Speicherpositionen für die einzelnen Module fest. Zur Erinnerung sei auf Abbildung 2.7 verwiesen, in der nach der MIPS-Konvention die Speicherzuteilung von Programmen und Daten dargestellt ist. Da die Dateien unabhängig voneinander assembliert werden, kann der Assembler nicht wissen, an welcher Stelle sich die Befehle und Daten eines Moduls relativ zu den anderen Modulen befinden werden. Wenn der Binder ein Modul in den Hauptspeicher ablegt, müssen alle *absoluten* Referenzen, d. h. Speicheradressen, die nicht relativ zu einem Register angegeben sind, *reloziert* werden, um so die tatsächliche Position anzugeben.

ausführbare Programmdatei Ein funktionsfähiges Programm im Format einer Objektdatei, das keine nicht aufgelösten Referenzen, Relocation Information, Symboltabellen oder Debug-Informationen enthält. Eine „gestrippte" ausführbare Programmdatei enthält diese Information nicht. Für den Lader kann Relocation Information enthalten sein.

Der Binder erstellt eine **ausführbare Programmdatei**, die auf einem Computer ausgeführt werden kann. Diese Datei hat in der Regel das Format einer Objektdatei, enthält jedoch keine nicht aufgelösten Referenzen. Es gibt aber auch teilweise gebundene Dateien wie z. B. Bibliotheksroutinen, die noch nicht aufgelöste Adressen enthalten, und somit Objektdateien sind.

Beispiel: Objektdateien binden

Binden Sie die beiden folgenden Objektdateien. Geben Sie die aktualisierten Adressen der ersten Befehle der endgültigen ausführbaren Programmdatei an. Wegen der besseren Lesbarkeit sind die Befehle in Assemblersprache dargestellt. In Wirklichkeit bestehen die Befehle aus Zahlen.

In den Objektdateien sind die Adressen und Symbole, die beim Binden aktualisiert werden müssen, hervorgehoben: die Befehle, die auf die Adressen der Prozeduren A und B verweisen, und die Befehle, die auf die Adressen der Datenwörter x und y verweisen.

Objektdatei-Header			
	Name	Prozedur A	
Textgröße	100_H		
	Datengröße	20_H	
Textsegment	Adresse	Befehl	
	0	lw $0, 0($gp)	
	4	jal 0	
	...	...	
Datensegment	0	(X)	
	...	...	
Relocation Information	Adresse	Befehlstyp	Abhängigkeit
	0	lw	X
	4	jal	B
Symboltabelle	Marke	Adresse	
	X	–	
	B	–	
Objektdatei-Header			
	Name	Prozedur B	
	Textgröße	200_H	
	Datengröße	30_H	
Textsegment	Adresse	Befehl	
	0	sw$a1, 0($gp)	
	4	jal 0	
	...	...	
Datensegment	0	(Y)	
	...	...	
Relocation Information	Adresse	Befehlstyp	Abhängigkeit
	0	sw	Y
	4	jal	A
Symboltabelle	Marke	Adresse	
	Y	–	
	A	–	

Lösung: Prozedur A benötigt die Adresse der Variablen mit der Bezeichnung x für den *Load*-Befehl und die Adresse der Prozedur B für den jal-Befehl. Für Prozedur B ist die Adresse der Variablen mit der Bezeichnung y für den sw-Befehl und die Adresse der Prozedur A für den jal-Befehl zu bestimmen.

Der Abbildung 2.7 können wir entnehmen, dass das Textsegment bei Adresse 40 0000$_H$ und das Datensegment bei Adresse 1000 0000$_H$ beginnt. Der Text von Prozedur A wird an der ersten Adresse und die Daten an der zweiten Adresse abgelegt. Der Header für die Objektdatei der Prozedur A gibt die Länge seines Textes mit 100$_H$ Byte und die seiner Daten mit 20$_H$ Byte an. Somit liegt die Startadresse für den Text von Prozedur B bei 40 0100$_H$, und die Daten beginnen bei 1000 0020$_H$.

Header der ausführbaren Programmdatei		
	Textgröße	300$_H$
	Datengröße	50$_H$
Textsegment	Adresse	Befehl
	0040 0000$_H$	lw $a0, 8000$_H$ ($gp)
	0040 0004$_H$	jal 40 0100$_H$
	...	...
	0040 0100$_H$	sw $a1, 8020$_H$ ($gp)
	0040 0104$_H$	jal 40 0000$_H$
	...	...
Datensegment	Adresse	
	1000 0000$_H$	(X)
	...	...
	1000 0020$_H$	(Y)
	...	...

Nun aktualisiert der Binder die Adressfelder der Befehle. Das Format der zu ersetzenden Adresse entnimmt er dem Feld für den Befehlstyp. In unserem Beispiel gibt es zwei Typen:

1. Die jal-Befehle sind wegen ihrer pseudodirekten Adressierung einfach. In das Adressfeld des jal-Befehls bei Adresse 40 0004$_H$ wird die Adresse 40 0100$_H$ (die Adresse von Prozedur B) geschrieben, und das Adressfeld des jal-Befehls bei Adresse 40 0104$_H$ erhält die Adresse 40 0000$_H$ (die Adresse von Prozedur A).

2. Die Load- und Store-Adressen sind schwieriger, da diese relativ zu einem Basisregister angegeben werden. In diesem Beispiel wird das globale Zeigerregister als Basisregister verwendet. Nach Abbildung 2.7 wird $gp mit 1000 8000$_H$ initialisiert. Um die Adresse 1000 0000$_H$ (die Adresse des Wortes x) zu erhalten, setzen wir 8000$_H$ in das Adressfeld von lw bei Adresse 40 0000$_H$. Entsprechend erhält man mit 8020$_H$ im Adressfeld des sw-Befehls bei Adresse 40 0100$_H$ die Adresse 1000 0020$_H$ (die Adresse des Wortes y).

Anmerkung: Sie wissen, dass MIPS-Befehle an Wortgrenzen ausgerichtet sind, deshalb verwirft `jal` die beiden rechten Bits, um den Adressbereich des Befehls zu vergrößern. Es verwendet also 26 Bits, um eine 28 Bit große Byteadresse zu erzeugen. Die tatsächliche Adresse in den unteren 26 Bit des Befehls `jal` in diesem Beispiel ist also 10 0040$_H$ statt 40 0100$_H$.

Lader

Die ausführbare Programmdatei befindet sich nun auf der Festplatte, das Betriebssystem liest sie in den Hauptspeicher ein und startet das Programm. Bei UNIX-Systemen führt der **Lader** die folgenden Schritte aus:

1. Lesen des Headers der ausführbaren Programmdatei, um die Größe der Text- und Datensegmente zu ermitteln

2. Festlegen eines ausreichend großen Adressbereichs für den Text und die Daten

3. Kopieren der Befehle und Daten aus der ausführbaren Programmdatei in den Hauptspeicher

4. Kopieren der Parameter (sofern vorhanden) für das Hauptprogramm auf den Keller

5. Initialisieren der Maschinenregister und Setzen des Kellerzeigers auf die erste freie Position

6. Verzweigen zu einer Startroutine, die die Parameter in die Argumentregister kopiert und die Hauptroutine des Programms aufruft. Beim Rücksprung aus der Hauptroutine beendet die Startroutine das Programm mit dem Systemaufruf `exit`.

In Anhang A werden Binder und Lader ausführlicher beschrieben.

Lader Ein Systemprogramm, das ein Objektprogramm in den Hauptspeicher lädt, damit es ausgeführt werden kann.

Dynamisch gebundene Bibliotheken (DLLs)

Im ersten Teil dieses Abschnitts wird die herkömmliche Vorgehensweise beschrieben, bei der Bibliotheken vor dem Ausführen des Programms gebunden werden. Dieser statische Ansatz bietet die schnellste Möglichkeit, Bibliotheksroutinen aufzurufen, er bringt jedoch auch einige Nachteile mit sich:

- Die Bibliotheksroutinen werden Teil des ausführbaren Codes. Wenn eine neue Version der Bibliothek freigegeben wird, mit der Fehler behoben oder neue Hardwareeinheiten unterstützt werden, verwendet das statisch gebundene Programm weiterhin die alte Version.

- Es wird die gesamte Bibliothek geladen, auch wenn sie für die Ausführung des Programms nicht benötigt wird. Die Bibliothek kann im Verhältnis zum Programm sehr groß sein. So umfasst die C-Standardbibliothek beispielsweise 2,5 MB.

So gut wie jedes Problem in der Computerwissenschaft kann durch Einführung einer neuen Ebene von Umwegen gelöst werden.

David Wheeler

**dynamisch gebun-
dene Bibliotheken
(DLLs)** Bibliotheks-
routinen, die erst zur
Laufzeit des Programm
gebunden werden.

Diese Nachteile führten zur Entwicklung **dynamisch gebundener Bibliotheken** (kurz DLLs für engl. dynamically linked libraries), bei denen die Bibliotheksroutinen erst zur Laufzeit des Programms gebunden und geladen werden. Sowohl die Programm- als auch die Bibliotheksroutinen enthalten zusätzliche Informationen zur Position von nicht lokalen Prozeduren sowie zu deren Namen. Bei der ersten Version von DLLs führte der Lader einen dynamischen Binder aus, der mithilfe der zusätzlichen Informationen in der Datei die entsprechenden Bibliotheken gefunden und alle externen Referenzen aktualisiert hat.

Diese erste Version von DLLs hatte jedoch den Nachteil, dass nach wie vor alle möglicherweise benötigten Routinen der Bibliothek gebunden wurden, und nicht nur die, die während der Programmausführung wirklich aufgerufen wurden. Diese Beobachtung führte zur DLL-Version mit dynamischer Prozedurbindung (lazy procedure linkage), bei der die einzelnen Routinen nur *nach* Aufruf gebunden werden.

Wie in vielen Fällen beruht der Trick hierbei auf Indirektion. In Abbildung 2.11 ist der Ablauf dargestellt. Zunächst rufen die nicht lokalen Routinen eine Menge von Platzhalterroutinen am Ende des Programms auf, die jeweils einen Eintrag für jede nicht lokale Routine enthalten. In jedem dieser Platzhalter steht ein indirekter Sprung.

Wenn die Bibliotheksroutine zum ersten Mal aufgerufen wird, verzweigt das Programm zu dem Platzhalter und folgt dem indirekten Sprung. Dieser zeigt auf den Programmabschnitt, in dem zur Identifikation der gewünschten Bibliotheksroutine eine Nummer in einem Register ablegt und dann zum dynamischen Binde- und Laderprogramm gesprungen wird. Das Binde- und Laderprogramm findet die gewünschte Routine, bildet diese ab und ändert die Adresse an der Stelle des indirekten Sprungs, so dass dieser auf eben diese Routine zeigt. Anschließend springt das Programm zu dieser Routine. Wenn die Routine ausgeführt ist, kehrt das Programm an die ursprünglich aufrufende Instanz zurück. Bei nachfolgenden Aufrufen erfolgt der indirekte Sprung zu der Bibliotheksroutine ohne die zusätzlichen Zwischenschritte.

Zusammenfassend sei angemerkt, dass mit DLLs zusätzlicher Speicherplatz für die zum dynamischen Binden notwendigen Informationen erforderlich ist. Dafür müssen nicht ganze Bibliotheken kopiert oder gebunden werden. Bei DLLs kostet der erste Aufruf einer Routine einen erheblichen Aufwand, danach jedoch nur noch einen indirekten Sprung. Der Rücksprung aus einer Bibliothek erfordert keinen zusätzlichen Aufwand. Bei Microsoft Windows werden dynamische DLLs ausgiebig genutzt und auch bei UNIX-Systemen werden Programme heute üblicherweise mithilfe von DLLs ausgeführt.

Starten eines Java-Programms

Die Diskussion im vorangegangenen Abschnitt behandelt den traditionellen Ansatz für die Übersetzung eines Programms, wobei die Betonung auf der schnellen Ausführung eines Programms für eine spezielle Befehlssatzarchitek-

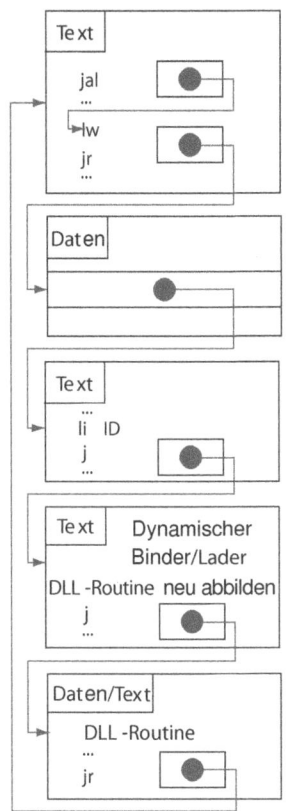 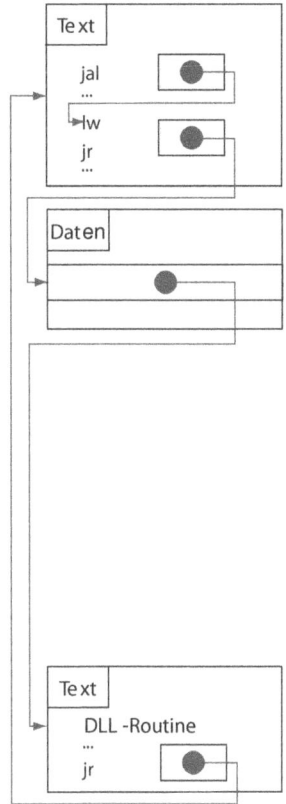

(a) Erster Aufruf der DLL -Routine (b) Nachfolgender Aufruf der DLL -Routine

Abb. 2.11: DLL (*Dynamically Linked Library*) mittels dynamischer Prozedurbindung (*lazy procedure linkage*). (a) Schritte für den ersten Aufruf der DLL-Routine. (b) Die Schritte zum Suchen, Neuabbilden und Binden der Routine werden bei nachfolgenden Aufrufen übersprungen. Wie wir in Kapitel 5 sehen werden, kann das Betriebssystem verhindern, dass die gewünschte Routine kopiert werden muss, indem es diese mithilfe der virtuellen Speicherverwaltung neu abbildet.

tur oder einer speziellen Implementierung dieser Architektur liegt. Tatsächlich ist es möglich, Java-Programme wie C-Programme auszuführen, jedoch wurde Java mit anderen Zielsetzungen entwickelt. Eines der Ziele bei der Entwicklung von Java bestand darin, Programme auf jedem beliebigen Computer schnell und sicher ausführen zu können, auch wenn dies auf Kosten der Ausführungszeit geschieht.

Abbildung 2.12 zeigt die typischen Übersetzungs- und Ausführungsschritte für Java. Bei Java wird nicht in die Assemblersprache für einen Zielrechner übersetzt. Vielmehr werden bei Java Befehle generiert, die einfach zu interpretieren sind: der **Java-Bytecode** (siehe Abschnitt 2.15, online). Dieser Befehlssatz ist der Java-Sprache sehr ähnlich, weshalb dieser Übersetzungsschritt einfach ist. Es werden nahezu keine Optimierungen durchgeführt.

Java-Bytecode Befehl aus einem Befehlssatz, der für die Interpretation von Java-Programmen entwickelt worden ist.

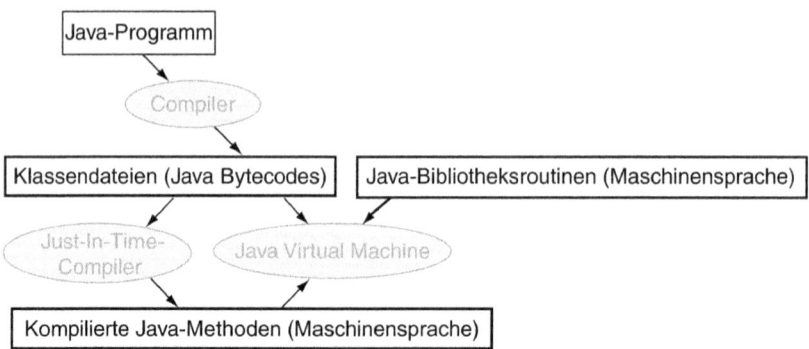

Abb. 2.12: Eine Übersetzungshierarchie für Java. Ein Java-Programm wird zunächst in eine binäre Version von Java-Bytecodes kompiliert, wobei alle Adressen vom Compiler definiert werden. Danach kann das Java-Programm auf dem Interpreter ausgeführt werden. Dieser Interpreter wird als Java Virtual Machine (JVM) bezeichnet. Die JVM verweist auf die gewünschten Methoden in der Java-Bibliothek, während das Programm ausgeführt wird. Um eine bessere Leistung zu erzielen, kann die JVM den Just-in-Time-Compiler (JIT) aufrufen, der wahlweise Methoden in die Maschinensprache der Maschine übersetzt, auf der die JVM ausgeführt wird.

Wie der C-Compiler so überprüft auch der Java-Compiler die Datentypen und generiert jeweils die für die einzelnen Typen entsprechende Operation. Java-Programme werden in der Binärversion dieser Bytecodes verbreitet.

Java Virtual Machine (JVM) Das Programm, das Java-Bytecodes interpretiert.

Ein Software-Interpreter, der als **Java Virtual Machine (JVM)** bezeichnet wird, kann Java-Bytecodes ausführen. Ein Interpreter ist ein Programm, das eine Befehlssatzarchitektur simuliert. Der in diesem Buch verwendete MIPS-Simulator ist beispielsweise ein Interpreter. Ein eigener Assemblierschritt ist hier nicht erforderlich, da die Übersetzung so einfach ist, dass entweder der Compiler die Adressen einfügt oder die JVM diese zur Laufzeit ermittelt.

Die Interpretation hat den Vorteil der Portierbarkeit. Die Verfügbarkeit der Software der Java Virtual Machines bedeutete, dass die meisten Leute kurz nach der Ankündigung von Java bereits Java-Programme schreiben und ausführen konnten. Heute finden wir Java Virtual Machines in Millionen von Geräten, angefangen von Mobiltelefonen bis hin zu Internet-Browsern.

Der Nachteil der Interpretation ist die schwächere Leistungsfähigkeit. Aufgrund der unglaublichen Fortschritte hinsichtlich der Leistungsfähigkeit in den 1980er- und 1990er-Jahren ist die Interpretation für viele wichtige Anwendungen eine interessante Alternative. Aber der Faktor 10, um den die in herkömmlicher Weise übersetzten C-Programme schneller sind, macht Java für bestimmte Anwendungen wenig attraktiv.

Just-in-Time-Compiler (JIT-Compiler) Die Bezeichnung, die sich für einen Compiler eingebürgert hat, der zur Laufzeit die interpretierten Codesegmente in Ziel-Code für die Maschine übersetzt.

Um die Portierbarkeit zu gewährleisten und gleichzeitig die Ausführungsgeschwindigkeit zu steigern, ging es bei der Java-Entwicklung in einem nächsten Schritt darum, Compiler zu konzipieren, die übersetzen, *während* das Programm ausgeführt wird. Diese **Just-in-Time-Compiler (JIT-Compiler)**, auch *dynamische Übersetzer* genannt, erstellen ein Profil des Programms, das gerade ausgeführt wird, um so die relevanten Methoden zu finden und diese in den

Befehlssatz des Computers zu übersetzen, auf dem die Virtual Machine läuft. Der kompilierte Teil wird für das nächste Mal gespeichert, wenn das Programm auszuführen ist. Bei der wiederholten Ausführung ist es damit schneller. Mit der Zeit entwickelt sich ein Gleichgewicht zwischen Interpretation und Übersetzung, so dass häufig ausgeführte Java-Programme kaum noch Einbußen aufgrund der Interpretation aufweisen.

Da Rechner immer schneller werden und damit auch Compiler immer aufwendigere Aufgaben erledigen können und da Forscher bessere Techniken entwickeln, um Java zur Laufzeit zu kompilieren, wird der Leistungsunterschied zwischen Java und C oder C++ immer geringer. In Abschnitt 2.15 (online) wird die Implementierung von Java, Java-Bytecodes, JVM und JIT-Compiler ausführlicher beschrieben.

Selbsttest

Welche Vorteile eines Interpreters gegenüber einem Übersetzer standen Ihrer Ansicht nach für die Entwickler von Java im Vordergrund?

1. leichteres Schreiben eines Interpreters
2. bessere Fehlermeldungen
3. kleinerer Objektcode
4. Dialektunabhängigkeit

2.13 Zusammenfassung am Beispiel eines Sortierprogramms in C

Wenn in Assemblersprache geschriebener Code nur in Ausschnitten dargestellt wird, besteht die Gefahr, dass Sie als Leser keine Vorstellung davon vermittelt bekommen, wie das gesamte Programm in Assemblersprache aussieht. In diesem Abschnitt werden wir den MIPS-Code von zwei in C geschriebenen Prozeduren ableiten: einer Prozedur zum Vertauschen und eine zum Sortieren von Feldelementen.

Die Prozedur swap

Beginnen wir mit dem Code für die Prozedur swap in Abbildung 2.13. Diese Prozedur tauscht einfach die Inhalte zweier Speicherzellen aus. Beim manuellen Übersetzen von C in Assemblersprache gehen wir wie folgt vor:

1. Zuteilung von Registern an Programmvariablen
2. Generierung des Codes für den Rumpf der Prozedur
3. Beibehalten der Register über den Proseduraufruf hinweg

Dieser Abschnitt beschreibt für die swap-Prozedur diese drei Schritten, wobei diese am Ende zusammengefasst werden.

Registerzuteilung für swap

Wie auf Seite 102 bereits erwähnt, werden gemäß der MIPS-Konvention die Register $a0, $a1, $a2 und $a3 zum Übergeben von Parametern verwendet. Da die swap-Prozedur nur die beiden Parameter v und k hat, befinden sich diese in den Registern $a0 und $a1. Die einzige weitere Variable ist die Variable temp, die wir dem Register $t0 zuordnen, da swap eine Blattprozedur ist (siehe Seite 105). Diese Registerzuteilung entspricht den Variablendeklarationen im ersten Teil der swap-Prozedur in Abbildung 2.13.

```
void swap(int v[], int k)
  {
    int temp;
    temp = v[k];
    v[k] = v[k+1];
    v[k+1] = temp;
  }
```

Abb. 2.13: Eine C-Prozedur, die die Inhalte zweier Speicherzellen vertauscht. Im nächsten Abschnitt wird diese Prozedur in einem Beispiel zum Sortieren verwendet.

Code für den Rumpf der swap-Prozedur

Die restlichen Zeilen des C-Codes in der swap-Prozedur lauten:

```
temp = v[k];
v[k] = v[k+1];
v[k+1] = temp;
```

Beachten Sie, dass sich die Speicheradressen bei MIPS auf die *Byte*adresse beziehen, wodurch die Wörter jeweils um 4 Byte voneinander entfernt sind.

Daher muss der Index k vor der Addition mit 4 multipliziert werden. *Beim Assembler-Programmieren wird häufig vergessen, dass sich sequentielle Wortadressen nicht um 1, sondern um 4 unterscheiden.* Der erste Schritt besteht also darin, die Adresse von v[k] durch Multiplikation von k mit 4 über ein Linksschieben um 2 zu ermitteln:

```
sll $t1, $a1,2     # Reg. $t1 = k * 4
add $t1, $a0,$t1   # Reg. $t1 = v + (k * 4)
                   # Reg. $t1 enthält die Adresse von v[k]
```

Nun laden wir v[k] mithilfe von $t1, und anschließend v[k+1], indem wir 4 zu $t1 addieren:

```
lw $t0, 0($t1)     # temp. Reg. $t0 = v[k]
lw $t2, 4($t1)     # Reg. $t2 = v[k + 1]
                   # referenziert das nächste Element von v
```

Als Nächstes speichern wir $t0 und $t2 an den vertauschten Adressen:

```
sw $t2, 0($t1)      # v[k] = Reg. $t2
sw $t0, 4($t1)      # v[k+1] = temp. Reg. $t0
```

Nun haben wir Register zugewiesen und den Code so geschrieben, dass die Operationen der Prozedur ausgeführt werden. Was noch fehlt, ist der Code zum Beibehalten der zu sichernden Register, die in dieser swap-Prozedur verwendet werden. Da wir allerdings in dieser Blattprozedur keine zu sichernden Register verwenden, gibt es nichts beizubehalten.

Die vollständige Prozedur swap

Wir haben die gesamte Routine mit der Prozedurmarke und dem Rücksprung vorbereitet. Damit alles besser nachvollziehbar wird, sind in Tabelle 2.12 die einzelnen Codeblöcke mit ihren jeweiligen Aufgaben zusammengestellt.

Tab. 2.12: MIPS-Assemblercode der Prozedur swap in Abbildung 2.13.

Prozedurrumpf		
swap:	sll $t1!, $a1!, 2	# Reg. $t1 = k*4
	add $t1, $a0, $t1	# Reg. $t1 = v + (k * 4)
		# Reg. $t1 enthält die Adresse von v[k]
	lw $t0, 0($t1)	# temp. Reg. $t0 = v[k]
	lw $t2, 4($t1)	# temp. Reg. $t2 = v[k + 1]
		# verweist auf nächstes Element von v
	sw $t2, 0($t1)	# v[k] = Reg. $t2
	sw $t0, 4($t1)	# v[k+1] = temp. Reg. $t0
Prozedurrücksprung		
	jr $ra	# springe zurück zur aufrufenden Prozedur

Die Prozedur sort

Damit Sie die Exaktheit der Assembler-Programmierung auch wirklich schätzen lernen, geben wir Ihnen ein zweites, ausführlicheres Beispiel. In diesem Beispiel erstellen wir eine Routine, in der die Prozedur swap aufgerufen wird. Dieses Programm sortiert ein Feld von Ganzzahlen mithilfe des Sortierverfahrens Bubble Sort bzw. Exchange Sort, einem der einfachsten Sortierverfahren. In Abbildung 2.14 ist die C-Version des Programms beschrieben. Auch hier werden die einzelnen Schritte und am Ende die ganze Prozedur dargestellt.

Registerzuteilung für sort

Die beiden Parameter v und n der Prozedur sort befinden sich in den Parameterregistern $a0 und $a1, und wir weisen Register $s0 i und Register $s1 j zu.

```
void sort (int v[], int n)
{
    int i, j;
    for (i = 0; i < n; i += 1)
    {
        for (j = i - 1; j >= 0 && v[j] > v[j + 1]; j += 1)
        {
            swap(v,j);
        }
    }
}
```

Abb. 2.14: Eine C-Prozedur zum Sortieren der Elemente des Felds v.

Code für den Rumpf der Prozedur sort

Der Prozedurrumpf besteht aus zwei geschachtelten for-Schleifen und einem
Aufruf von swap mit Parametern. Untersuchen wir den Code von außen nach
innen. Der erste Übersetzungsschritt beginnt mit der ersten for-Schleife:

```
for (i = 0; i < n; i += 1) {
```

Eine for-Anweisung in C besteht aus drei Teilen: Initialisierung, Schleifentest
und Inkrementieren der Iteration. Zum Initialisieren von i mit 0, dem ersten
Teil der for-Anweisung, ist nur ein Befehl erforderlich:

```
move $s0, $zero    # i = 0
```

(Denken Sie daran, dass move ein Pseudobefehl ist, der dem Programmierer
vom Assembler zum leichteren Programmieren in Assemblersprache bereitgestellt wird, siehe Seite 97.) Es ist außerdem auch nur ein Befehl zum Inkrementieren von i, dem letzten Teil der for-Anweisung, erforderlich:

```
addi $s0, $s0    # i += 1
```

Die Schleife muss verlassen werden, wenn die Bedingung i < n *nicht* wahr ist,
oder anders ausgedrückt; wenn i ≥ n. Mit dem *Set-on-less-than*-Befehl wird
das Register $t0 auf 1 gesetzt, wenn $s0<$a1, andernfalls auf 0. Da wir über-
prüfen möchten, ob $s0>$a1, verzweigen wir, wenn Register $t0 0 ist. Für
diesen Test sind zwei Befehle erforderlich:

```
for1tst:
    slt $t0,$s0,$a1 # Reg. $t0=0, wenn $s0≥$a1 (i≥n)
    beq $t0,$zero,exit1 # gehe zu exit1, wenn $s0≥$a1 (i≥n)
```

Am Schleifenende erfolgt der Sprung zurück zum Schleifentest:

```
        j for1tst   # springe zurück zum äußeren Schleifentest
    exit1:
```

Das Codegerüst der ersten for-Schleife lautet somit wie folgt:

```
          move $s0,$zero       # i = 0
for1tst:slt $t0,$s0,$a1        # Reg. $t0=0, wenn $s0≥$a1
          beq  $t0,$zero,exit1 # gehe zu exit1, wenn $s0≥$a1
          ...
          (Rumpf der ersten Schleife)
          ...
          addi $s0,$s0,1       # i += 1
          j    for1tst         # Sprung zum äuß. Schleifentest
exit1:
```

Voilà! (In den Übungen erfahren Sie, wie Sie schnelleren Code für ähnliche Schleifen schreiben.)

Die zweite for-Schleife sieht in C wie folgt aus:

```
for (j = i - 1; j >= 0 && v[j] > v[j + 1]; j -= 1){
```

Der Initialisierungsteil dieser Schleife besteht wiederum aus einem Befehl:

```
addi $s1, $s0, -1       # j = i - 1
```

Zum Dekrementieren von j am Ende der Schleife ist ebenfalls nur ein Befehl notwendig:

```
addi $s1, $s1, -1       # j -= 1
```

Der Schleifentest besteht aus zwei Teilen. Wir verlassen die Schleife, wenn eine der Bedingungen nicht zutrifft. Der erste Test muss somit die Schleife verlassen, wenn (j < 0) nicht wahr ist:

```
for2tst: slti $t0,$s1,0 # Reg. $t0 = 1, wenn $s1<0 (j<0)
   bne $t0,$zero,exit2  # gehe zu exit2, wenn $s1<0 (j<0)
```

Diese Verzweigung überspringt den Test der zweiten Bedingung. Falls nicht, ist j ≥ 0.

Der zweite Test verlässt die Schleife, wenn v[j]>v[j+1] *nicht* wahr ist oder wenn v[j]≤v[j+1]. Zuerst berechnen wir die Adresse durch Multiplikation von j mit 4 (da wir eine Byteadresse benötigen) und addieren das Ergebnis zur Basisadresse von v:

```
sll $t1, $s1, 2       # Reg. $t1 = j * 4
add $t2, $a0, $t1     # Reg. $t2 = v + (j * 4)
```

Nun laden wir v[j]:

```
lw $t3, 0($t2)        # Reg. $t3 = v[j]
```

Da wir wissen, dass das zweite Element einfach das nachfolgende Wort ist, addieren wir 4 zu der Adresse in Register $t2, um v[j+1] zu erhalten:

```
lw $t4, 4($t2)        # Reg. $t4 = v[j + 1]
```

Der Test von v[j]=v[j+1] ist derselbe wie von v[j+1]≥v[j], so dass die beiden Befehle des Tests zum Verlassen wie folgt lauten:

```
slt $t0,$t4,$t3        # Reg. $t0 = 0, wenn $t4 ≥ $t3
beq $t0,$zero,exit2    # springe zu exit2, wenn $t4 ≥ $t3
```

Am Schleifenende wird zum Test der inneren Schleife zurückgesprungen:

```
j for2tst              # springe zum inneren Schleifentest
```

Wenn wir die Teile zusammenfügen, ergibt sich für die zweite for-Schleife folgendes Gerüst:

```
        addi $s1, $s0, -1    # j = i - 1
for2tst:slti $t0, $s1, 0     # Reg. $t0 = 1, wenn $s1<0 (j<0)
        bne  $t0,$zero,exit2 # gehe zu exit2, wenn $s1<0 (j<0)
        sll  $t1, $s1, 2     # Reg. $t1 = j * 4
        dd   $t2, $a0, $t1   # Reg. $t2 = v + (j * 4)
        lw   $t3, 0($t2)     # Reg. $t3 = v[j]
        lw   $t4, 4($t2)     # Reg. $t4 = v[j + 1]
        slt  $t0, $t4, $t3   # Reg. $t0 = 0 if $t4 ≥ $t3
        beq  $t0,$zero,exit2 # gehe zu exit2, wenn $t4≥$t3
             ...
        (Rumpf der zweiten Schleife)
             ...
        addi $s1, $s1, -1    # j -= 1
        j    for2tst         # gehe zum inneren Schleifentest
exit2:
```

Der Prozeduraufruf in sort

Der nächste Schritt betrifft den Rumpf der zweiten for-Schleife:

```
swap(v,j);
```

Die Prozedur swap aufzurufen, ist einfach:

```
jal     swap
```

Übergabe von Parametern in sort

Schwieriger wird es, wenn wir Parameter übergeben möchten, da die Prozedur sort die Werte in den Registern $a0 und $a1 benötigt und die Prozedur swap ihre Parameter in genau denselben Registern erwartet. Eine Lösungsmöglichkeit besteht darin, die Parameter für die sort-Prozedur in anderen Registern weiter vorn in der Prozedur zu kopieren und die Register $a0 und $a1 für den Aufruf von swap zur Verfügung zu stellen. (Dieser Kopiervorgang ist schneller als das Speichern und Wiederherstellen im Keller.) Während der Prozedur kopieren wir zuerst $a0 und $a1 nach $s2 und $s3:

```
move $s2, $a0    # kopiere Parameter $a0 nach $s2
move $s3, $a1    # kopiere Parameter $a1 nach $s3
```

Anschließend übergeben wir mithilfe der folgenden zwei Befehle die Parameter an swap:

```
move $a0, $s2     # erster Parameter von swap ist v
move $a1, $s1     # zweiter Parameter von swap ist j
```

Beibehalten von Registern in sort

Nun verbleibt noch der Code zum Sichern und Wiederherstellen von Registern. Natürlich müssen wir die Rücksprungadresse in Register $ra speichern, da sort eine Prozedur ist und selbst aufgerufen wird. Die sort-Prozedur verwendet außerdem die zu sichernden Register $s0, $s1, $s2 und $s3, so dass diese gesichert werden müssen. Der Prolog der Prozedur sort lautet wie folgt:

```
addi $sp,$sp,-20  # schaffe Platz auf dem Keller für 5 Reg.
sw $ra,16($sp)    # speichere $ra auf dem Keller
sw $s3,12($sp)    # speichere $s3 auf dem Keller
sw $s2, 8($sp)    # speichere $s2 auf dem Keller
sw $s1, 4($sp)    # speichere $s1 auf dem Keller
sw $s0, 0($sp)    # speichere $s0 auf dem Keller
```

Am Ende der Prozedur stehen die entsprechenden Befehle zum Wiederherstellen der Register und der Befehl jr für den Rücksprung.

Die vollständige Prozedur sort

In Tabelle 2.13 fügen wir alle Teile zusammen, wobei wir sorgfältig darauf achten müssen, dass wir alle Referenzen auf die Register $a0 und $a1 in den for-Schleifen durch Referenzen auf die Register $s2 und $s3 ersetzen. Damit der Code besser nachvollziehbar wird, sind auch hier die einzelnen Programmabschnitte mit ihren jeweiligen Aufgaben in der Prozedur aufgeführt. In diesem Beispiel wurden aus 9 Zeilen der Prozedur sort in C 35 Zeilen in der MIPS-Assemblersprache.

Anmerkung: Eine Optimierungsmöglichkeit, die sich auf dieses Beispiel anwenden lässt, ist das *Inlining von Prozeduren*. Anstatt Argumente in Parametern zu übergeben und den Code mit einem jal-Befehl aufzurufen, kopiert der Compiler den Code im Rumpf der swap-Prozedur an die Stelle, an der sich der Aufruf von swap befindet. Mit dem Inlining können in diesem Beispiel vier Befehle gespart werden. Diese Optimierung hat jedoch den Nachteil, dass der kompilierte Code länger wird, wenn die eingefügte Prozedur an mehreren Stellen aufgerufen wird. Eine Codeerweiterung dieser Art kann zu einer Leistungs*beeinträchtigung* führen, wenn sich dadurch die Cache-Fehlzugriffsrate erhöht (siehe Kapitel 5).

Tab. 2.13: MIPS-Assemblerversion der Prozedur sort **in Abbildung 2.14.**

<table>
<tr><td colspan="5" align="center">Register sichern</td></tr>
<tr><td></td><td>sort:</td><td>addi</td><td>$sp, $sp, −20</td><td># schaffe Platz auf dem Keller für 5 Reg.</td></tr>
<tr><td></td><td></td><td>sw</td><td>$ra, 16($sp)</td><td># sichere $ra auf dem Keller</td></tr>
<tr><td></td><td></td><td>sw</td><td>$s3, 12($sp)</td><td># sichere $s3 auf dem Keller</td></tr>
<tr><td></td><td></td><td>sw</td><td>$s2, 8($sp)</td><td># sichere $s2 auf dem Keller</td></tr>
<tr><td></td><td></td><td>sw</td><td>$s1, 4($sp)</td><td># sichere $s1 auf dem Keller</td></tr>
<tr><td></td><td></td><td>sw</td><td>$s0, 0($sp)</td><td># sichere $s0 auf dem Keller</td></tr>
<tr><td colspan="5" align="center">Prozedurrumpf</td></tr>
<tr><td>Parameter</td><td></td><td>move</td><td>$s2, $a0</td><td># kopiere Parameter $a0 in $s2 (sichere $a0)</td></tr>
<tr><td></td><td></td><td>move</td><td>$s3, $a1</td><td># kopiere Parameter $a1 in $s3 (sichere $a1)</td></tr>
<tr><td></td><td></td><td>move</td><td>$s0, $zero</td><td># i = 0</td></tr>
<tr><td>äußere Schleife</td><td>for1tst:</td><td></td><td>slt$t0, $s0, $s3</td><td># Reg. $t0 = 0, wenn $s0 ≤ $s3 (i ≤ n)</td></tr>
<tr><td></td><td></td><td>beq</td><td>$t0, $zero, exit1</td><td># verzweige zu exit1, wenn $s0 ≤ $s3 (i ≤ n)</td></tr>
<tr><td></td><td></td><td>addi</td><td>$s1, $s0, −1</td><td># j = i - 1</td></tr>
<tr><td></td><td>for2tst:</td><td></td><td>slti$t0, $s1, 0</td><td># Reg. $t0 = 1, wenn $s1 < 0   (j < 0)</td></tr>
<tr><td></td><td></td><td>bne</td><td>$t0, $zero, exit2</td><td># verzweige zu exit2, wenn $s1 < 0   (j < 0)</td></tr>
<tr><td></td><td></td><td>sll</td><td>$t1, $s1, 2</td><td># Reg. $t1 = j*4</td></tr>
<tr><td>innere Schleife</td><td></td><td>add</td><td>$t2, $s2, $t1</td><td># Reg. $t2 = v + (j * 4)</td></tr>
<tr><td></td><td></td><td>lw</td><td>$t3, 0($t2)</td><td># Reg. $t3 = v[j]</td></tr>
<tr><td></td><td></td><td>lw</td><td>$t4, 4($t2)</td><td># Reg. $t4 = v[j + 1]</td></tr>
<tr><td></td><td></td><td>slt</td><td>$t0, $t4, $t3</td><td># Reg. $t0 = 0, wenn $t4 ≥ $t3</td></tr>
<tr><td></td><td></td><td>beq</td><td>$t0, $zero, exit2</td><td># verzweige zu exit2, wenn $t4 ≥ $t3</td></tr>
<tr><td>Parameter</td><td></td><td>move</td><td>$a0, $s2</td><td># 1. Parameter von swap ist v (alter Wert von $a0)</td></tr>
<tr><td>übergeben</td><td></td><td>move</td><td>$a1, $s1</td><td># 2. Parameter von swap ist j</td></tr>
<tr><td>und Aufruf</td><td></td><td>jal</td><td>swap</td><td># swap Code siehe Tabelle 2.12</td></tr>
<tr><td>innere Schleife</td><td></td><td>addi</td><td>$s1, $s1, −1</td><td># j -= 1</td></tr>
<tr><td></td><td></td><td>j</td><td>for2tst</td><td># springe zum Test der inneren Schleife</td></tr>
<tr><td>äußere Schleife</td><td>exit2:</td><td>addi</td><td>$s0, $s0, 1</td><td># i += 1</td></tr>
<tr><td></td><td></td><td>j</td><td>for1tst</td><td># springe zum Test der äußeren Schleife</td></tr>
<tr><td colspan="5" align="center">Register wiederherstellen</td></tr>
<tr><td></td><td>exit1:</td><td>lw</td><td>$s0, 0($sp)</td><td># stelle $s0 wieder her</td></tr>
<tr><td></td><td></td><td>lw</td><td>$s1, 4($sp)</td><td># stelle $s1 wieder her</td></tr>
<tr><td></td><td></td><td>lw</td><td>$s2, 8($sp)</td><td># stelle $s2 wieder her</td></tr>
<tr><td></td><td></td><td>lw</td><td>$s3,12($sp)</td><td># stelle $s3 wieder her</td></tr>
<tr><td></td><td></td><td>lw</td><td>$ra,16($sp)</td><td># stelle $ra wieder her</td></tr>
<tr><td></td><td></td><td>addi</td><td>$sp, $sp, 20</td><td># stelle Kellerzeiger wieder her</td></tr>
<tr><td colspan="5" align="center">Prozedurrücksprung</td></tr>
<tr><td></td><td></td><td>jr</td><td>$ra</td><td># springe zurück zur aufrufenden Prozedur</td></tr>
</table>

Zur Programmperformanz

In Tabelle 2.14 sind für ein Sortierprogramm die Auswirkungen der Compileroptimierung auf die Performanz, die Kompilierungszeit, die Anzahl der Taktzyklen, die Anzahl der ausgeführten Befehle und den CPI-Wert dargestellt. Nicht optimierter Code weist den besten CPI-Wert und O1-optimierter Code die geringste Anzahl der ausgeführten Befehle auf. O3-optimierter Code wird

Tab. 2.14: Vergleich von Leistung, Anzahl von Befehlen und CPI-Wert unter Verwendung von Compileroptimierungen für Bubblesort. Die Programme sortierten 100 000 Wörter, wobei das Feld mit zufälligen Werten initialisiert wurde. Diese Programme wurden auf einem Pentium 4 mit einer Taktfrequenz von 3,06 GHz und einem 533 MHz-Systembus mit einem PC2100 DDR SDRAM-Hauptspeicher mit 2 GB ausgeführt. Dabei wurde Linux 2.4.20 verwendet.

gcc-Optimierung	Relative Leistung	Taktzyklen (in Mio.)	Befehlszahl (in Mio.)	CPI-Wert
keine	1,00	158 615	114 938	1,38
O1 (mittel)	2,37	66 990	37 470	1,79
O2 (vollständig)	2,38	66 521	39 993	1,66
O3 (Prozedurintegration)	2,41	65 747	44 993	1,46

dagegen am schnellsten ausgeführt, was uns daran erinnert, dass Zeit das einzige genaue Maß für die Performanz von Programmen ist.

In Tabelle 2.15 wird der Einfluss der Programmiersprache, der Ausführungsmethode – Kompilieren und Interpretieren – sowie der Algorithmen auf die Performanz von Sortiervorgängen verglichen. Der vierten Spalte ist zu entnehmen, dass das nicht optimierte C-Programm für den Algorithmus Bubblesort 8,3-mal so schnell ist wie der interpretierte Java-Code. Mithilfe des Just-in-Time-Java-Compilers wird Java 2,1-mal so schnell wie der nicht optimierte C-Code und nur um den Faktor 1,13 langsamer als der maximal optimierte C-Code. In Abschnitt 2.15 (online) finden Sie ausführlichere Informationen zum Vergleich zwischen Interpretieren und Kompilieren von Java sowie zum Java- und MIPS-Code für Bubblesort.) Für Quicksort in Spalte 5 sind die Quotienten kleiner, wahrscheinlich weil es schwieriger ist, die Kosten für die Laufzeitkompilierung gegenüber der kürzeren Ausführungszeit auszugleichen. Die letzte Spalte zeigt, welche Auswirkungen es hat, wenn ein besserer Algorithmus verwendet wird. Hier ist beim Sortieren von 100 000 Elementen eine Performanzsteigerung um drei Größenordnungen zu verzeichnen. Sogar beim Vergleich von interpretiertem Java-Code in Spalte 5 mit dem C-Compiler bei maximaler Optimierung in Spalte 4 schlägt Quicksort Bubblesort um den Faktor 50 ($0,05 \times 2468/2,41$ oder 123 zu 2,41).

Anmerkung: Die MIPS-Compiler sparen auf dem Keller immer Platz für die Argumente auf, falls diese gespeichert werden müssen. In Wirklichkeit dekrementieren sie deshalb immer $sp um 16, um Platz für alle vier Argumentregister zu schaffen (16 Byte). Ein Grund dafür ist, dass C eine `vararg`-Option unterstützt, die einem Zeiger gestattet, beispielsweise das dritte Argument einer Prozedur auszuwählen. Wenn der Compiler auf das seltene `vararg` trifft, kopiert er die vier Argumentregister an den vier dafür reservierten Stellen auf den Keller.

Tab. 2.15: Performanz zweier Sortieralgorithmen in C und Java. In der letzten Spalte ist der Leistungsvorteil von Quicksort gegenüber Bubblesort für jede Sprache und Ausführungsmethode dargestellt. Diese Programme wurden auf demselben System wie die Programme in Tabelle 2.14 ausgeführt. Bei der JVM handelt es sich um die Sun-Version 1.3.1 und beim JIT-Compiler um die Sun Hotspot-Version 1.3.1.

Sprache	Methode	Optimierung	Bubblesort	Quicksort	Quicksort vs. Bubblesort
C	Compiler	keine	1,00	1,00	2468
	Compiler	O1	2,37	1,50	1562
	Compiler	O2	2,38	1,50	1555
	Compiler	O3	2,41	1,91	1955
Java	Interpreter	—	0,12	0,05	1050
	JIT-Compiler	—	2,13	0,29	338

2.14 Felder und Zeiger im Vergleich

Für Programmieranfänger in C stellen Zeiger eine besondere Herausforderung dar. Um den Umgang mit Zeigern verständlicher zu machen, wollen wir Assembler-Code, der Felder und Feldindizes verwendet, und Assembler-Code mit Zeigern gegenüberzustellen. In diesem Abschnitt werden die C- und MIPS-Assembler-Versionen von zwei Prozeduren zum Zurücksetzen einer Folge von Wörtern im Hauptspeicher beschrieben: Bei einer Version werden Feldindizes verwendet, bei der anderen Zeiger. In Abbildung 2.15 sind die beiden C-Prozeduren dargestellt.

In diesem Abschnitt geht es darum zu zeigen, wie Zeiger auf MIPS-Befehle abgebildet werden, und nicht darum, einen überholten Programmierstil zu propagieren. Am Ende des Abschnitts werden wir sehen, wie sich moderne Compileroptimierung auf diese beiden Prozeduren auswirkt.

Die Version von `clear` mit Feldern

Wir beginnen mit der Version `clear1`, die Felder verwendet. Dabei konzentrieren wir uns zunächst auf den Schleifenrumpf und lassen den Bindungscode der Prozedur vorerst außer Acht. Wir nehmen an, dass sich die beiden Parameter `array` und `size` in den Registern `$a0` und `$a1` befinden und dass i dem Register `$t0` zugeordnet ist.

Die Initialisierung von i, dem ersten Teil der `for`-Schleife, ist einfach:

```
move $t0,$zero          # i = 0 (Reg. $t0 = 0)
```

Um das Element `array[i]` auf 0 zu setzen, muss zuerst die Adresse von `array[i]` ermittelt werden. Hierfür muss i mit 4 multipliziert werden, um die Byteadresse zu erhalten:

```
loop1: sll  $t1, $t0,2   # $t1 = i * 4
```

```
clear1(int array[], int size)
{  int i;
   for (i = 0; i < size; i += 1)
      array[i] = 0;     }
clear2(int *array, int size)
{  int *p;
   for (p = &array[0]; p < &array[size]; p = p + 1)
      *p = 0;     }
```

Abb. 2.15: Zwei C-Prozeduren, mit denen die Elemente eines Feldes auf null gesetzt werden.
clear1 verwendet Indizes, während clear2 Zeiger verwendet. Bei der zweiten Prozedur sind einige Erläuterungen für die Leser notwendig, die mit C weniger vertraut sind. Die Adresse einer Variablen wird mit & angegeben, und die Referenz auf das Objekt, auf das mit einem Zeiger gezeigt wird, wird durch ein * dargestellt. In der Deklaration werden array und p als Zeiger auf Zahlen vom Typ Integer deklariert. Im ersten Teil der for-Schleife in clear2 wird dem Zeiger p die Adresse des ersten Elements von array zugewiesen. Mit dem zweiten Teil der for-Schleife wird geprüft, ob der Zeiger über das letzte Element von array hinaus zeigt. Im letzten Teil der for-Schleife wird der Zeiger um eins erhöht, d. h., der Zeiger verweist auf das als nächstes folgende Objekt des deklarierten Typs. Da p ein Zeiger auf Zahlen vom Typ Integer ist, generiert der Compiler MIPS-Befehle, mit denen p um vier erhöht wird, also um die Anzahl der Bytes für eine Zahl vom Typ Integer in MIPS. Mit der Referenzierung in der Schleife wird dem Objekt, auf das p zeigt, 0 zugewiesen.

Da sich die Startadresse des Feldes in einem Register befindet, muss diese mithilfe eines Add-Befehls zum Index addiert werden, damit wir die Adresse von array[i] erhalten:

```
add $t2, $a0, $t1        # $t2 = Adresse von array[i]
```

Schließlich können wir unter dieser Adresse 0 speichern:

```
sw $zero, 0($t2)         # array[i] = 0
```

Dieser Befehl stellt das Ende des Schleifenrumpfs dar. Somit muss als Nächstes i inkrementiert werden:

```
addi $t0,$t0,1           # i = i + 1
```

Mit dem Schleifentest wird geprüft, ob i kleiner als size ist:

```
slt $t3,$t0,$a1     # $t3 = (i < size)
bne $t3,$zero,loop1 # wenn (i < size), gehe zu loop1
```

Nun sind alle Teile der Prozedur bekannt. Der MIPS-Code zum Zurücksetzen der Wörter eines Feldes mithilfe von Indizes lautet also hier:

```
       move $t0,$zero      # i = 0
loop1: sll  $t1,$t0,2      # $t1 = i * 4
       add  $t2,$a0,$t1    # $t2 = Adresse von array[i]
       sw   $zero, 0($t2)  # array[i] = 0
       addi $t0,$t0,1      # i = i + 1
       slt  $t3,$t0,$a1    # $t3 = (i < size)
       bne  $t3,$zero,loop1 # wenn i < size, gehe zu loop1
```

(Der Code arbeitet korrekt, falls size > 0. Bei ANSI C ist vor der Schleife ein entsprechender Test nötig, aber wir lassen diese Formalität hier weg.)

Die Version von clear mit Zeigern

Bei der zweiten Prozedur, bei der Zeiger verwendet werden, werden die beiden Parameter array und size den Registern $a0 und $a1 sowie p dem Register $t0 zugeordnet. Der Code der zweiten Prozedur beginnt mit dem Setzen des Zeigers p auf die Adresse des ersten Feldelementes:

```
move $t0,$a0        # p = Adresse von array[0]
```

Der nächste Programmabschnitt ist der Rumpf der for-Schleife, mit dem einfach 0 in p gespeichert wird:

```
loop2: sw $zero,0($t0)   # Speicher[p] = 0
```

Mit diesem Befehl wird der Schleifenrumpf implementiert, so dass das nächste Codestück das Inkrementieren der Iteration darstellt, mit dem p so geändert wird, dass der Zeiger auf das nächste Wort zeigt:

```
addi $t0,$t0,4      # p = p + 4
```

In C wird der Zeiger um eins erhöht, um auf das nächste folgende Objekt des deklarierten Typs zu verweisen. Da p ein Zeiger auf Zahlen vom Typ Integer ist, die jeweils aus 4 Byte bestehen, erhöht der Compiler p um vier.

Nun folgt der Schleifentest. Im ersten Schritt wird die Adresse des letzten Elements von array berechnet. Wir beginnen damit, size mit 4 zu multiplizieren, um so die Byteadresse zu ermitteln:

```
sll $t1,$a1,2       # $t1 = size * 4
```

Anschließend addieren wir das Produkt zur Startadresse des Feldes, um die Adresse des ersten Wortes *nach* dem Feld zu ermitteln:

```
add $t2,$a0,$t1     # $t2 = Adresse von array[size]
```

Mit dem Schleifentest wird einfach überprüft, ob p kleiner als das letzte Element von array ist:

```
slt $t3,$t0,$t2     # $t3=(p<&array[size])
bne $t3,$zero,loop2 # wenn p<&array[size], gehe zu loop2
```

Wenn wir die Teile zusammensetzen, erhalten wird die Zeigerversion des Codes, mit dem die Elemente eines Feldes auf null gesetzt werden:

```
       move $t0,$a0          # p = Adresse von array[0]
loop2: sw   $zero,0($t0)     # Speicher[p] = 0
       addi $t0,$t0,4        # p = p + 4
       sll  $t1,$a1,2        # $t1 = size * 4
       add  $t2,$a0,$t1      # $t2 = Adresse of array[size]
       slt  $t3,$t0,$t2      # $t3 = (p<&array[size])
       bne  $t3,$zero,loop2  # wenn (p<&array[size]),
                             # gehe zu loop2
```

Wie beim ersten Beispiel wird auch hier angenommen, dass size größer 0 ist. Dieses Programm berechnet die Adresse des Feldendes in jeder Iteration der Schleife, obwohl diese sich nicht ändert. Bei einer schnelleren Version des Codes befindet sich diese Berechnung außerhalb der Schleife:

```
        move $t0,$a0        # p: Adresse von array[0]
        sll  $t1,$a1,2      # $t1: size * 4
        add  $t2,$a0,$t1    # $t2: Adresse von array[size]
loop2:  sw   $zero,0($t0)   # Speicher[p] = 0
        addi $t0,$t0,4      # p = p + 4
        slt  $t3,$t0,$t2    # $t3=(p<&array[size])
        bne  $t3,$zero,loop2 # wenn (p<&array[size]),
                            # gehe zu loop2
```

Vergleich der beiden Versionen von clear

Beim Vergleich der beiden Programmabschnitte wird der Unterschied zwischen Feldindizes und Zeigern deutlich (die sich durch die Zeigerversion ergebenden Änderungen sind halbfett hervorgehoben):

```
       move $t0,$zero       # i=0
loop1: sll $t1,$t0,2        # $t1=i*4
       add  $t2,$a0,$t1     # $t2=&array[i]
       sw   $zero,0($t2)    # array[i]=0
       addi $t0,$t0,1       # i=i+1
       slt  $t3,$t0,$a1     # $t3=(i<size)
       bne  $t3,$zero,loop1 # wenn i=size, gehe zu loop1

       move $t0,$a0         # p=&array[0]
       sll  $t1,$a1,2       # $t1=size*4
       add  $t2,$a0,$t1     # $t2=&array[size]
loop2: sw $zero,0($t0)      # Speicher[p]=0
       addi $t0,$t0,4       # p=p+4
       slt  $t3,$t0,$t2     # $t3=(p<&array[size])
       bne  $t3,$zero,loop2 # wenn i=size, gehe zu loop2
```

Bei der Version oben muss sich die Multiplikation und Addition innerhalb der Schleife befinden, da i erhöht wird, und jede Adresse muss vom neuen Index aus neu berechnet werden. Bei der Zeigerversion rechts wird der Zeiger p direkt erhöht. Dabei werden pro Iteration statt 7 nur 4 Befehle ausgeführt. Diese manuelle Optimierung entspricht der Compileroptimierung Strength Reduction (Verschieben statt Multiplizieren) und Eliminierung der Induktionsvariablen (Ausgliedern der Berechnung von Feldadressen aus Schleifen). Im Online-Abschnitt 2.15 werden diese und viele weitere Optimierungen beschrieben.

Anmerkung: Wie bereits erwähnt, könnte der C-Compiler einen zusätzlichen Test durchführen, um sicherzustellen, dass size größer als 0 ist. Eine Möglichkeit hierfür besteht darin, direkt vor dem ersten Befehl der Schleife einen Sprung zum slt-Befehl einzufügen.

Zur Programmperformanz

Früher wurde gelehrt, in C Zeiger zu verwenden, um eine größere Effizienz als mit Feldern zu erzielen: „Verwenden Sie Zeiger, auch wenn Sie den Code nicht verstehen." Moderne optimierende Compiler können für die Feldversion einen ebenso guten Code generieren. Daher überlassen heute die meisten Programmierer dem Compiler die schwierige Aufgabe.

2.15 Fortgeschrittener Stoff: C-Compiler und Java-Interpreter

objektorientierte Sprache Eine Programmiersprache, die nicht an Aktionen oder Daten und Logik, sondern an Objekten ausgerichtet ist.

Dieser Abschnitt bietet einen kurzen Überblick über die Funktionsweise des C-Compilers und die Ausführung von Java. Weil sich der Compiler wesentlich auf die Leistung eines Computers auswirkt, ist das Verständnis der Compiler-Technologie heute kritisch für das Verständnis der Leistung. Bedenken Sie, dass das Thema Compilerbau in der Regel in einer Vorlesung über ein oder zwei Semester gelehrt wird. Unsere Einführung kann also wirklich nur die Grundlagen berühren. Der zweite Teil dieses Abschnitts ist für Leser gedacht, die daran interessiert sind, wie eine **objektorientierte Sprache** wie Java auf einer MIPS-Architektur ausgeführt wird. Er zeigt die Java-Bytecodes für die Interpretation und den MIPS-Code für die Java-Version einiger der C-Codesequenzen, die wir in vorhergehenden Abschnitten behandelt haben, darunter der Code für Bubblesort. Er deckt sowohl die Java Virtual Machine als auch JIT-Compiler ab. Den Rest des Abschnitts finden Sie online.

2.16 Fallstudie: ARMv7-Befehle (32 Bit)

ARM ist die gebräuchlichste Befehlssatzarchitektur für eingebettete Geräte. Im Jahr 2011 gab es bereits mehr als neun Milliarden Geräte, die ARM verwenden, wobei die jährliche Zuwachsrate 2 Milliarden pro Jahr betrug. Ursprünglich stand ARM für Acorn RISC Machine, was später zu Advanced RISC Machine wurde. ARM wurde im selben Jahr wie MIPS veröffentlicht und verfolgte vergleichbare Philosophien. Tabelle 2.16 listet die Ähnlichkeiten auf. Der wichtigste Unterschied ist, dass MIPS über mehr Register und ARM über mehr Adressierungsmodi verfügt.

Wie Tabelle 2.17 zeigt, verwenden MIPS und ARM ähnliche Grundbefehlssätze für arithmetische/logische Befehle und Datentransferbefehle.

Tab. 2.16: Ähnlichkeiten in den Befehlssätzen von ARM und MIPS

	ARM	MIPS
Einführungsdatum	1985	1985
Befehlsgröße (Bit)	32	32
Adressraum (Größe, Modell)	32 Bit, flach	32 Bit, flach
Datenausrichtung	ausgerichtet	ausgerichtet
Datenadressierungsmodi	9	3
Ganzzahlenregister (Anzahl, Modell, Größe)	15 GPR × 32 Bit	31 GPR × 32 Bit
Ein-/Ausgabe	speicherabgebildet	speicherabgebildet

Tab. 2.17: Zum MIPS-Kern äquivalente Register/Register-Befehle und Datentransferbefehle von ARM. Die Striche bedeuten, dass die Operation in dieser Architektur nicht zur Verfügung steht oder nicht mit wenigen Befehlen nachgebildet werden kann. Wenn es mehrere Auswahlmöglichkeiten zwischen äquivalenten Befehlen zum MIPS-Kern gibt, sind sie durch Kommas getrennt. ARM beinhaltet Verschiebungen als Teil aller Datenoperationsbefehle, die Verschiebungen mit der hochgestellten 1 sind einfach nur eine Variation eines move-Befehls, wie etwa lsr[1]). Beachten Sie, dass ARM keinen Divisionsbefehl unterstützt.

	Befehlsname	ARM	MIPS
Register/Register	Add	add	addu, addiu
	Add (trap if overflow)	adds, swivs	add
	Subtract	sub	subu
	Subtract (trap if overflow)	subs, swivs	sub
	Multiply	mul	mult, multu
	Divide	—	div, divu
	And	and	and
	Or	orr	or
	Xor	eor	xor
	Load high part register	—	lui
	Shift left logical	lsl[1]	sllv, sll
	Shift right logical	lsr[1]	srlv, srl
	Shift right arithmetic	asr[1]	srav, sra
	Compare	cmp, cmn, tst, teq	slt/i, slt/iu
Datentransfer	Load byte signed	ldrsb	lb
	Lad byte unsigned	ldrb	lbu
	Load halfword signed	ldrsh	lh
	Load halfword signed	ldrh	lhu
	Load word	ldr	lw
	Store byte	strb	sb
	Store halfword	strh	sh
	Store word	str	sw
	Read, write special registers	mrs, msr	move
	Atomic Exchange	swp, swpb	ll, sc

Tab. 2.18: Überblick über die Datenadressierungsmodi. ARM unterstützt separate Adressie-
rungsmodi für Register indirekt und Register + Offset, statt nur 0 in den Offset des letztgenannten
Modus zu schreiben. Um einen größeren Adressierungsbereich zu erzielen, verschiebt ARM den
Offset um 1 oder 2 Bit nach links, wenn die Daten ein Halbwort oder ein Wort groß sind.

Adressierungsmodus	ARM	MIPS
Register-Operand	x	x
Immediate-Operand	x	x
Register + Offest (Verschiebung oder basiert)	x	x
Register + Register (indiziert)	x	—
Register + skaliertes Register (skaliert)	x	—
Register + Offset und Registeraktualisierung	x	—
Register + Register und Registeraktualisierung	x	—
Autoinkrement, Autodekrement	x	—
PC-abhängige Daten	x	—

Adressierungsmodi

Tabelle 2.18 zeigt die von ARM unterstützten Datenadressierungsmodi. Anders als MIPS reserviert ARM kein Register für die 0. Während MIPS nur
drei einfache Datenadressierungsmodi unterstützt (siehe Abbildung 2.9), bietet ARM neun Datenadressierungsmodi, darunter relativ komplizierte Berechnungen. Beispielsweise unterstützt ARM einen Adressierungsmodus, der ein
Register um einen bestimmten Betrag verschiebt, es für die Adressbildung zu
den anderen Registern addiert und dann ein Register mit dieser neuen Adresse
aktualisiert.

Vergleichen und bedingte Verzweigung

MIPS verwendet den Registerinhalt, um bedingte Verzweigungen auszuwerten.
ARM benutzt die traditionellen vier Bedingungscode-Bits, die im Programm-
statuswort gespeichert sind: *negative, zero, carry* und *overflow*. Sie können für
jeden arithmetischen oder logischen Befehl gesetzt werden. Anders als in früheren Architekturen ist diese Einstellung optional für jeden Befehl. Eine explizite Option verursacht weniger Probleme in einer Pipeline-Implementierung.
ARM verwendet bedingte Verzweigungen, um Bedingungscodes zu testen und
alle möglichen vorzeichenlosen und vorzeichenbehafteten Beziehungen festzustellen.

CMP subtrahiert einen Operanden von dem anderen, und die Differenz bestimmt die Bedingungscodes. CMN (Compare Negative) *addiert* einen Operanden zum anderen, und die Summe bestimmt die Bedingungscodes. TST
führt ein logisches UND für die beiden Operanden aus, um alle Bedingungscodes bis auf den Überlauf zu setzen, während TEQ das exklusive ODER verwendet, um die ersten drei Bedingungscodes zu setzen.

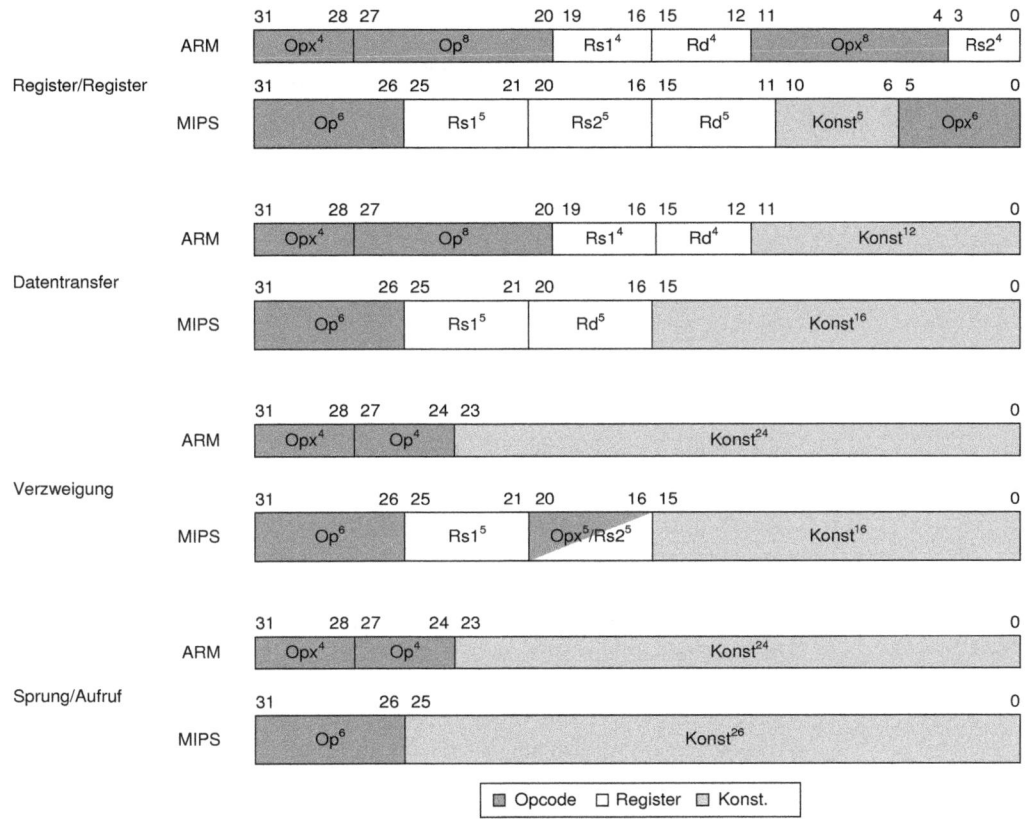

Abb. 2.16: Befehlsformate bei ARM und MIPS. Die Unterschiede resultieren daraus, dass die Architektur entweder 16 oder 32 Register verwendet.

Eine Besonderheit von ARM ist, dass jeder Befehl die Option besitzt, abhängig von den Bedingungscodes bedingt ausgeführt zu werden. Jeder Befehl beginnt mit einem 4 Bit großen Feld, das abhängig von den Bedingungscodes festlegt, ob er als nop-Befehl (No Operation) oder als realer Befehl ausgeführt wird. Damit werden bedingte Verzweigungen korrekt als bedingte Ausführung des unbedingten Verzweigungsbefehls betrachtet. Die bedingte Ausführung gestattet, eine Verzweigung zu vermeiden, um einen einzelnen Befehl zu überspringen. Man benötigt einen kleineren Coderaum und weniger Zeit, um die bedingte Ausführung eines Befehls zu vereinfachen.

Abbildung 2.16 zeigt die Befehlsformate für ARM und MIPS. Die wichtigsten Unterschiede sind das 4 Bit große Feld für die bedingte Ausführung bei jedem Befehl und das kleinere Registerfeld, weil ARM nur halb so viele Register besitzt.

Tab. 2.19: Arithmetische/logische Befehle von ARM, die es in MIPS nicht gibt.

Name	Definition	ARM	MIPS
load immediate	Rd = Imm	mov	addi $0,
not	Rd = (Rs1)	mvn	nor $0,
move	Rd = Rs1	mov	or $0,
rotate right	Rd = Rs $i \gg i$ $Rd_{0...i-1} = Rs_{31-i...31}$	ror	
and not		bic	
reverse subtract		rsb, rsc	
support for multiword integer add	CarryOut,Rd=Rd+Rs1+OldCarryOut	adcs	–
support for multiword integer sub	CarryOut,Rd=Rd-Rs1+OldCarryOut	sbcs	–

Spezielle Funktionen von ARM

Tabelle 2.19 zeigt einige arithmetische/logische Befehle, die es in MIPS nicht
gibt. Weil es kein spezielles Register für 0 gibt, gibt es separate Opcodes für
einige Operationen, die MIPS mit $zero erledigen kann. Darüber hinaus unter-
stützt ARM die Mehrwort-Arithmetik.

Das 12 Bit große Direktfeld von ARM hat eine neue Interpretation erhalten.
Die 8 niederwertigen Bits werden mit Nullen auf einen 32-Bit-Wert erweitert,
dann wird die in den ersten 4 Bit des Feldes gegebene Bitzahl multipliziert mit
2 nach rechts rotiert. Ein Vorteil ist, dass damit alle Potenzen von 2 als 32-Bit-
Wort dargestellt werden können. Ob diese Aufteilung wirklich mehr Direktbefehle als ein einfaches 12-Bit-Feld auffängt, ist eine interessante Frage.

Das Verschieben der Operanden beschränkt sich nicht auf Direktbefehle.
Für das zweite Register aller arithmetischen und logischen Verarbeitungs-
operationen gibt es die Option, vor der Verarbeitung verschoben zu werden.
Die Verschiebeoperationen sind shift left logical, shift right logical,
shift right arithmetic und rotate right.

ARM besitzt auch Befehle, um Registergruppen zu speichern, nämlich *block
loads* und *block stores*. Unter der Kontrolle einer 16-Bit-Maske innerhalb der
Befehle kann jedes der 16 Register durch einen einzigen Befehl in den Speicher
geladen oder gespeichert werden. Diese Befehle können Register bei Eintritt in
eine Prozedur speichern und beim Austritt aus einer Prozedur wiederherstellen.
Sie können auch genutzt werden, um ein Blockkopieren des Speichers durchzuführen, was heute der wichtigste Verwendungszweck dieses Befehls ist.

*Die Schönheit liegt im
Auge des Betrachters.*

Sprichwort

2.17   Fallstudie: x86-Befehle

Entwickler von Befehlssätzen stellen häufig mächtigere Operationen bereit, als
jene, die bei der MIPS-Architektur zu finden sind. Das generelle Ziel besteht
darin, die Anzahl der Befehle, die von einem Programm ausgeführt werden, zu
reduzieren. Dabei besteht die Gefahr, dass diese Reduzierung auf Kosten der

Einfachheit geht und sich aufgrund langsamer Befehle die Ausführungszeit für ein Programm erhöht. Diese Langsamkeit kann auf einen langsameren Taktzyklus oder darauf zurückzuführen sein, dass mehr Taktzyklen benötigt werden als für eine einfachere Sequenz.

Der Weg hin zu komplexen Operationen ist also nicht ungefährlich. In Abschnitt 2.19 werden die Fallstricke der Komplexität diskutiert.

Die Entwicklung des Intel x86

ARM und MIPS war 1985 die Vision einer kleinen Gruppe. Die Teile dieser Architekturen passen problemlos zusammen und die gesamte Architektur kann kurz und bündig beschrieben werden. Dies ist für den x86 nicht der Fall. Hierbei handelt es sich um das Ergebnis mehrerer unabhängiger Gruppen, die diese Architektur über einen Zeitraum von 35 Jahren hinweg entwickelt und den ursprünglichen Befehlssatz um neue Funktionalitäten erweitert haben. Im Folgenden sind wichtige Stationen der Entwicklung des x86 aufgeführt:

1978 Die Intel 8086-Architektur wurde als eine zur Assemblersprache kompatible Erweiterung des bis dahin erfolgreichen Intel 8080 – einem 8-Bit-Mikroprozessor – angekündigt. Der Intel 8086 ist eine 16-Bit-Architektur, mit 16 Bit breiten internen Registern. Im Gegensatz zur MIPS-Architektur ist den Registern eine bestimmte Funktion zugeordnet. Somit ist die 8086-Architektur keine **Allzweckregister**-Architektur.

> **Allzweckregister** Ein Register, das von den Befehlen für Adressen oder für Daten verwendet werden kann.

1980 Der Intel 8087 Gleitkomma-Coprozessor 8087 wird angekündigt. Mit dieser Architektur wird die 8086-Architektur um etwa 60 Gleitkommabefehle erweitert. Anstelle von Registern wird ein Keller verwendet (siehe Online-Abschnitt 2.21 und Abschnitt 3.7).

1982 Mit der 80286-Architektur wird die 8086-Architektur durch die Vergrößerung des Adressbereichs auf 24 Bit erweitert. Hierzu werden ein kompliziertes Speicherabbildungsmodell und Schutzmechanismen (siehe Kapitel 5) eingeführt und einige Befehle zum Vervollständigen des Befehlssatzes und zum Verwalten der Schutzmechanismen hinzugefügt.

1985 Mit dem 80386 wird die 80286-Architektur auf 32 Bit erweitert. Zu der 32-Bit-Architektur mit 32-Bit-Registern und einem 32-Bit-Adressraum kommen beim 80386 neue Adressierungsarten und weitere Operationen hinzu. Mit den zusätzlichen Befehlen ist der 80386 nahezu eine Allzweckregister-Maschine. Mit dem 80386 wird zusätzlich zur segmentierten Adressierung auch die Unterstützung für die Seitenverwaltung (siehe Kapitel 5) eingeführt. Wie der 80286 verfügt der 80386 über einen Modus, in dem 8086-Programme ohne Änderung ausgeführt werden können.

1989–95 Das Ziel der nachfolgenden Prozessoren 80486 im Jahr 1989, Pentium im Jahr 1992 und Pentium Pro im Jahr 1995 war es jeweils, eine höhere Leistung zu erzielen, wobei nur vier neue Befehle dem für den Benutzer sichtbaren Befehlssatz hinzugefügt worden sind: drei Befehle zur Unterstützung der Parallelverarbeitung (Kapitel 6) und ein bedingter Move-Befehl.

1997   Nachdem die Pentium- und Pentium-Pro-Architekturen auf dem Markt waren, kündigte Intel die Erweiterung dieser Architekturen mit MMX (Multi Media Extensions) an. Dieser neue Befehlssatz mit 57 Befehlen beschleunigt unter Verwendung der Kellerarchitektur der Gleitkommaeinheit Anwendungen aus dem Multimedia- und Kommunikationsbereich. MMX-Befehle arbeiten üblicherweise gemäß dem traditionellen SIMD-Prinzip (Single Instruction, Multiple Data, siehe Kapitel 6) auf jeweils mehreren kurzen Datenelementen. Mit der Pentium-II-Architektur wurden keine neuen Befehle eingeführt.

1999   Intel erweitert den Befehlssatz um weitere 70 Befehle und nennt diese SSE (Streaming SIMD Extensions). Sie sind Teil des Pentium-III-Befehlssatzes. Zu den wichtigsten Änderungen gehören die Erweiterung um acht getrennte Register, die Verdopplung der Registerbreite auf 128 Bit sowie der neue Gleitkommadatentyp mit einfacher Genauigkeit. Hiermit können vier 32-Bit-Gleitkommaoperationen parallel ausgeführt werden. Zur Verbesserung der Performanz des Hauptspeichers enthält die SSE-Architektur spezielle Befehle zum Laden des Caches im Voraus (Cache Prefetch) und Streaming-Store-Befehle, mit denen der Cache umgangen und direkt in den Hauptspeicher geschrieben wird.

2001   Intel erweitert den Befehlssatz um weitere 144 Befehle und nennt diese SSE2. Der neue Datentyp unterstützt die Arithmetik mit doppelter Genauigkeit, mit der Paare von 64-Bit-Gleitkommaoperationen parallel ausgeführt werden können. Bei nahezu allen 144 Befehlen handelt es sich um Versionen der MMX- und SSE-Befehle für die parallele Verarbeitung von 64-Bit-Daten. Diese Änderung erlaubt nicht nur mehr Multimediaoperationen, sondern eröffnet dem Compiler auch mehr Möglichkeiten für das Ziel von Gleitkommaoperationen als nur die Abbildung auf die eingeschränkte Kellerarchitektur. Compiler können die acht SSE-Register als Gleitkommaregister wählen, so wie sie auch in anderen Rechnern zu finden sind. Diese Änderung führte beim Pentium 4, dem ersten Mikroprozessor mit SSE2-Befehlen, zu einer enormen Verbesserung der Performanz bei der Gleitkommaverarbeitung.

2003   Diesmal ist ein anderes Unternehmen als Intel für die Erweiterung der x86-Architektur verantwortlich. AMD kündigte Architekturerweiterungen an, mit denen der Adressbereich von 32 auf 64 Bit erweitert wurde. Wie 1985 beim Übergang vom 16-Bit- zum 32-Bit-Adressbereich bei der 80386-Architektur wurden bei der AMD64-

Architektur auch die Register auf 64 Bit erweitert. Zudem wurde
die Anzahl der Register auf 16 und die Anzahl der 128-Bit-SSE-
Register auf ebenfalls 16 erhöht. Die wichtigste Änderung der Befehlssatzarchitektur stellt jedoch der so genannte *Long Mode* dar,
der die Ausführung aller x86-Befehle mit 64-Bit-Adressen und 64-
Bit-Daten neu definiert. Zum Adressieren der zusätzlichen Register werden die Befehle mit einem neuen Präfix versehen. Je nachdem, wie gezählt wird, sind mit dem Long Mode vier bis zehn neue
Befehle hinzugekommen. Dafür wurden 27 alte Befehle gestrichen.
Die befehlszählerrelative Adressierung von Daten stellt eine zusätzliche Erweiterung dar. AMD64 verfügt weiterhin über einen Modus
für den x86-Befehlssatz (*Legacy Mode*), sowie einen Modus, mit
dem Benutzerprogramme auf die x86-Architektur beschränkt werden, Betriebssysteme jedoch den AMD64-Befehlssatz nutzen können (*Compatability Mode*). Diese Modi ermöglichen einen „weiche-
ren" Übergang zur 64-Bit-Adressierung als die IA-64-Architektur
von HP/Intel.

2004 Intel kapituliert, übernimmt die AMD64-Architektur und nennt sie
EM64T (Extended Memory 64 Technology). Der Hauptunterschied
zwischen den beiden Architekturen besteht in einem von Intel eingeführten atomaren 128-Bit-compare-and-swap-Befehl, der wohl
bereits in der AMD64-Architektur enthalten hätte sein sollen. Zur
selben Zeit hat Intel eine neue Generation Multimediaerweiterungen angekündigt. SSE3 enthält 13 neue Befehle für die Unterstützung von komplexer Arithmetik, Grafikoperationen auf Feldern von
Strukturen, Video Encoding, Gleitkommakonvertierung und Thread-
Synchronisierung (siehe Abschnitt 2.11). AMD hat bei nachfolgenden Prozessoren SSE3 hinzugefügt sowie bei AMD64 den fehlenden atomaren Swap-Befehl, um die Binärkompatibilität mit Intel zu
gewährleisten.

2006 Intel kündigt als Teil der Erweiterungen des SSE4-Befehlssatzes 54
neue Befehle an. Eingeführt werden mit diesen Erweiterungen Be-
sonderheiten wie etwa Summen absoluter Differenzen, Punktpro-
dukte für Felder mit Strukturen, Vorzeichen- oder Nullerweiterun-
gen gestapelter Daten mit geringer Bitanzahl zu ungestapelten Darstellungen sowie die Bestimmung der Anzahl gesetzter Bits in einem Binärwort (Population Count). Außerdem unterstützen sie jetzt
virtuelle Maschinen (siehe Kapitel 5).

2007 AMD kündigt 170 Befehle als Teil von SSE5 an, darunter 46 Befehle des grundlegenden Befehlssatzes, der Drei-Operanden-Befehle
wie MIPS unterstützt.

2011 Intel liefert die Advanced Vector Extension aus, die die Breite des
SSE-Registers von 128 auf 256 Bit bringt. Auf diese Weise werden
etwa 250 Befehle neu definiert und 128 neue Befehle hinzugefügt.

Diese Entwicklung zeigt die Auswirkungen der „goldenen Handschellen" der Kompatibilität mit der x86-Architektur: Die existierende Softwarebasis war immer zu wichtig, um sie durch gravierende Änderungen der Architektur zu gefährden. Während seiner gesamten Lebensdauer wurde die Architektur des x86 durchschnittlich um einen Befehl pro Monat erweitert.

Bei allen Unzulänglichkeiten der x86-Architektur darf man nicht vergessen, dass es im Wesentlichen dieser Befehlssatz war, mit dem die Computer der PC-Ära gearbeitet haben, und dass er auch in der Post-PC-Ära zumindest den Bereich der Clouds dominiert. Eine Stückzahl von 350 000 x86-Chips pro Jahr mag gegenüber 9 Milliarden ARMv7-Chips verschwindend gering erscheinen, doch viele Unternehmen wären glücklich, einen so großen Markt zu kontrollieren. Wie dem auch sei, diese bewegte Entwicklungsgeschichte hat eine Architektur hervorgebracht, die schwer zu erklären und unmöglich zu lieben ist.

Machen Sie sich auf etwas gefasst! Lesen Sie diesen Abschnitt *nicht* mit der Aufmerksamkeit, die Sie zum Schreiben von x86-Programmen aufbringen müssten. Ziel dieses Abschnitts ist es, Sie mit den Stärken und Schwächen der am weitesten verbreiteten Architektur für PCs vertraut zu machen.

Wir stellen Ihnen nicht den gesamten 16-Bit- und 32-Bit-Befehlssatz vor, sondern konzentrieren uns in diesem Abschnitt auf die 32-Bit-Teilmenge, die ihren Ursprung in der 80386-Architektur hat, da dies der Teil der Architektur ist, der verwendet wird. Wir beginnen mit den Registern und Adressierungsarten, fahren mit den Ganzzahloperationen fort und beschließen den Abschnitt mit einer Untersuchung der Befehlscodierung.

x86-Register und Datenadressierungsarten

Anhand der Register der 80386-Architektur wird die Entwicklung des Befehlssatzes deutlich (Abbildung 2.17). Bei der 80386-Architektur wurden (mit Ausnahme der Segmentregister) alle 16-Bit-Register auf 32 Bit erweitert und dem Namen wurde als Zeichen dafür, dass es sich um die 32-Bit-Version handelt, ein E vorangestellt. Wir bezeichnen diese als Allzweckregister (General Purpose Registers, GPR). Die 80386-Architektur enthält nur acht Allzweckregister. Das bedeutet, dass MIPS-Programme viermal so viele und ARMv7-Programme doppelt so viele nutzen können.

Tab. 2.20: Befehlstypen für arithmetische, logische und Datentransfer-Befehle. Die x86-Architektur erlaubt die angegebenen Kombinationen. Die einzige Einschränkung besteht darin, dass es keine Speicher-Speicher-Adressierung gibt. Konstante Werte können eine Länge von 8, 16 oder 32 Bit haben. Ein Register ist eines der 14 Register in Abbildung 2.17 (nicht EIP oder EFLAGS).

Quell-/Zieloperand	Zweiter Quelloperand
Register	Register
Register	Immediate
Register	Speicher
Speicher	Register
Speicher	Immediate

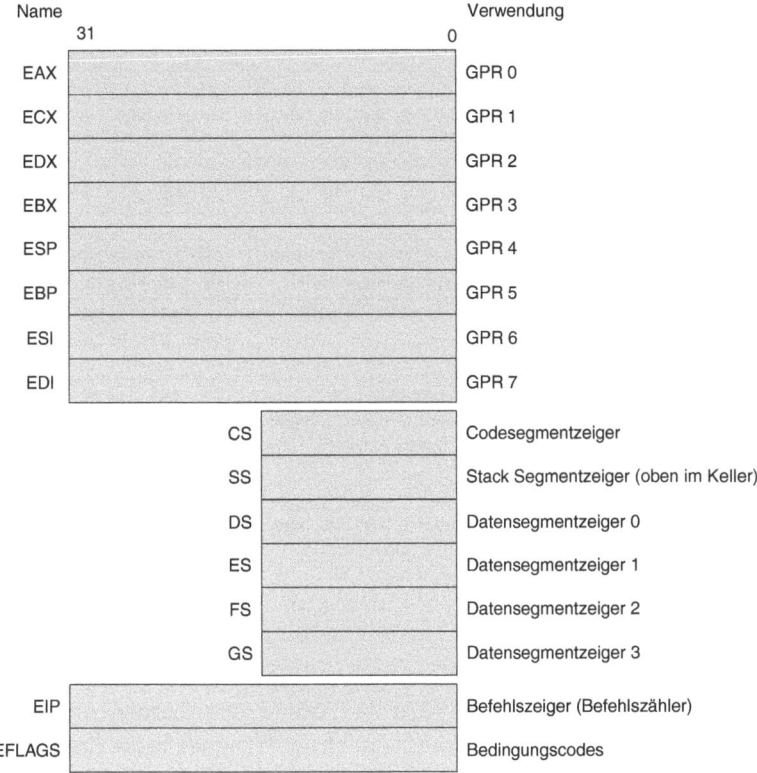

Abb. 2.17: Der 80386-Registersatz. Mit der 80386-Architektur wurden die oberen acht Register auf 32 Bit erweitert und konnten als Allzweckregister verwendet werden.

Die arithmetischen, logischen und Datentransfer-Befehle bestehen aus zwei Operanden mit den in Tabelle 2.20 dargestellten Kombinationsmöglichkeiten. Es gibt hier zwei wichtige Unterscheidungsmerkmale. Bei den arithmetischen und logischen Befehlen der x86-Architektur überdecken sich ein Quelloperand und das Ziel der Operation. Dies bedeutet, dass ein Quelloperand immer überschrieben wird und damit den Gebrauch der nur begrenzt zur Verfügung stehenden Register zusätzlich einschränkt. Dagegen können bei der MIPS- und ARMv7-Architektur die Quelloperanden und das Ziel in getrennten Registern stehen. Der zweite wichtige Unterschied besteht darin, dass bei der x86-Architektur einer der Operanden im Hauptspeicher stehen darf. Somit kann im Gegensatz zu MIPS und ARMv7 praktisch jeder Befehl Speicheroperanden haben.

Die Datenspeicher-Adressierungsarten, die im Folgenden im Detail besprochen werden, erlauben im Befehl die Angabe von Adressen in zwei Größen. Diese so genannten *konstanten Abstandsgrößen (Displacements)* können 8 Bit oder 32 Bit lang sein.

Tab. 2.21: Die 32-Bit-Adressierungsarten der x86-Architektur mit Registerbeschränkungen und dem entsprechenden MIPS-Code. Die indizierte Basisadressierung mit Skalierungsfaktor, die es bei der MIPS- oder ARM-Architektur nicht gibt, ist hinzugefügt worden, um die Multiplikationen mit 4 (Skalierungsfaktor 2) beim Umwandeln eines Index in einem Register in eine Byteadresse zu vermeiden (siehe Tabellen 2.12 und 2.13). Für 16-Bit-Daten wird der Skalierungsfaktor 1, für 64-Bit-Daten der Skalierungsfaktor 3 verwendet. Der Skalierungsfaktor 0 bedeutet, dass für die Adresse kein Skalierungsfaktor verwendet wird. Wenn das Displacement bei der zweiten oder vierten Adressierung mehr als 16 Bit umfasst, werden für den entsprechenden MIPS-Code zwei zusätzliche Befehle benötigt: lui zum Laden der oberen 16 Bit des Displacement und add, um die obere Adresse zum Basisregister $s1 zu addieren. (Intel verwendet für die Basisadressierung zwei verschiedene Bezeichnungen: Basisadressierung und indizierte Adressierung. Beides bedeutet im Prinzip dasselbe, so dass wir diese Unterscheidung nicht übernehmen.)

Adressierungsart	Beschreibung	Registerbeschränkungen	MIPS-Entsprechung
registerindirekte Adressierung	Adresse steht in einem Register	nicht ESP oder EBP	`lw $s0,0($s1)`
Basisadressierungmit 8- oder 32-Bit-Displacement	Die Adresse setzt sich aus dem Inhalt des Basisregisters + Displacement zusammen.	nicht ESP oder EBP	`lw $s0,100($s1)` `#=16 Bit Displacement`

Indizierte Basisadressierung mit Skalierungsfaktor	Die Adresse setzt sich zusammen aus: Basisregister + ($2^{Skalierungsfaktor} \times$ Index), wobei der Skalierungsfaktor den Wert 0, 1, 2 oder 3 annimmt.	Index: nicht ESP
		Basisregister: beliebiges Allzweckregister
			`mul $t0,$s2,4`
			`add $t0,$t0,$s1`
			`lw $s0,0($t0)`

Indizierte Basisadressierung mit Skalierungsfaktor und 8- oder 32-Bit-Displacement	Die Adresse setzt sich zusammen aus: Basisregister + ($2^{Skalierungsfaktor} \times$ Index) + Displacement, wobei der Skalierungsfaktor den Wert 0, 1, 2 oder 3 annimmt.	Basisregister: beliebiges Allzweckregister
		Index: nicht ESP
			`mul $t0,$s2,4`
			`add $t0,$t0,$s1`
			`lw $s0,100($t0)`
			`#=16 Bit Displacement`

Ein Speicheroperand kann mit jeder Adressierungsart spezifiziert werden, jedoch bestehen Einschränkungen hinsichtlich der *Verwendung der Register* in einer Adressierungsart. In Tabelle 2.21 sind die Adressierungsarten der x86-Architektur aufgeführt. Zu jeder Adressierungsart ist angegeben, welche Allzweckregister nicht erlaubt sind. Zudem steht bei jeder Adressierungsart, wie sie bei MIPS nachgebildet werden können.

x86-Integer-Operationen

Die 8086-Architektur unterstützt 8-Bit- (*Byte*) und 16-Bit-Datentypen (*Wort*). Mit dem 80386 sind 32-Bit-Adressen und 32-Bit-Daten (*Doppelwörter*) im x86 eingeführt worden. (AMD64 führt 64-Bit-Adressen und -Daten ein, so genannte *Quad-Wörter*. In diesem Abschnitt bleiben wir beim 80386). Diese Unterscheidung bei den Datentypen gilt sowohl bei Registeroperationen als auch bei Speicherzugriffen.

Nahezu jede Operation kann auf 8-Bit-Daten und Daten eines längeren Typs ausgeführt werden. Die Größe hängt von der Betriebsart ab und ist entweder 16 Bit oder 32 Bit. Für viele Programme ist es wünschenswert, dass alle drei Formate für die Verarbeitung von Daten zur Verfügung stehen. Die Architekten des 80386 haben daher eine Möglichkeit vorgesehen, um die einzelnen Versionen festzulegen, ohne dass die Codegröße signifikant steigen muss. Unter der Annahme, dass in den meisten Programmen entweder 16-Bit-Daten oder 32-Bit-Daten vorherrschen, ist es sinnvoll, ein Format als Voreinstellung (default size) festzulegen. Die Voreinstellung für das Format wird durch ein Bit im Codesegmentregister getroffen. Um die Voreinstellung aufzuheben, wird der jeweilige Befehl um einen 8-Bit-*Präfix* ergänzt, das dem Rechner mitteilt, dass für diesen Befehl ein anderes Format gilt.

Die Präfixlösung wurde von der 8086-Architektur abgeleitet, bei der durch Präfixe das Verhalten von Befehlen modifiziert werden kann. Eines der drei ursprünglichen Präfixe hebt die Voreinstellung für das Segmentregister auf.

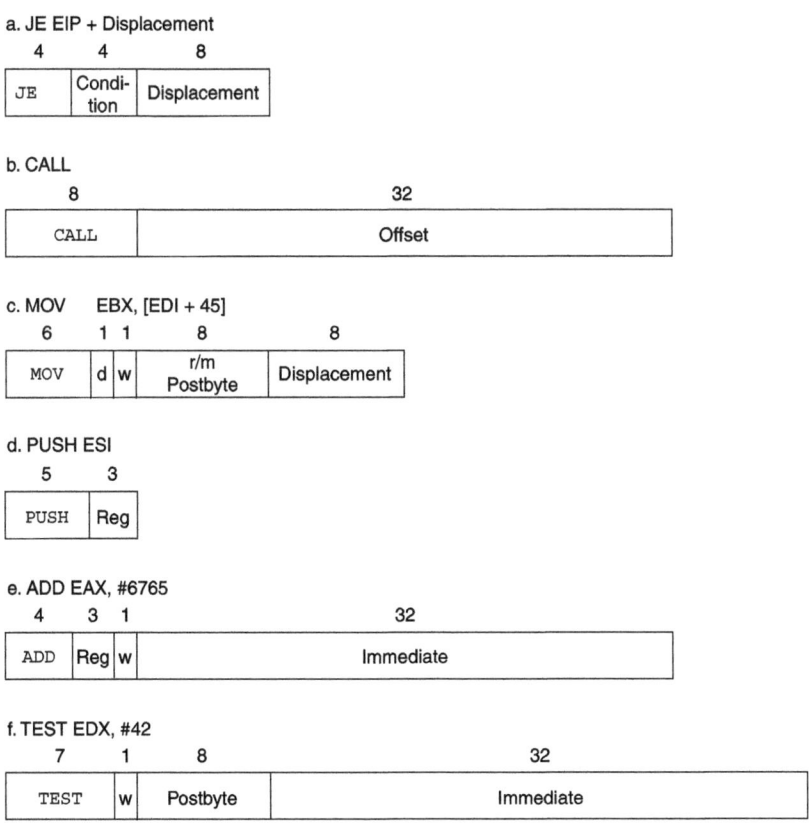

Abb. 2.18: Typische x86-Befehlsformate. In Tabelle 2.24 ist die Codierung des Postbyte dargestellt. Viele Befehle enthalten das 1-Bit-Feld w, das angibt, ob die Operanden der Operation in Abhängigkeit der Voreinstellung für die Operandenlänge im Byte- oder im Doppelwort-Format spezifiziert sind. Das d-Feld in MOV wird allgemein zur Angabe der Transportrichtung in Befehlen verwendet, die Daten in den Speicher schreiben oder aus dem Speicher lesen. Der ADD-Befehl benötigt 32 Bit für das Immediate-Feld, da die Direktoperanden bei der 32-Bit-Adressierung entweder 8 Bit oder 32 Bit umfassen. Das Immediate-Feld in TEST ist 32 Bit lang, da es bei der 32-Bit-Adressierung für den Test keinen 8-Bit-Direktoperanden gibt. Allgemein können Befehle zwischen 1 und 17 Byte lang sein. Eine Länge von 17 Byte kommt zustande, wenn der Befehl neben einem 1-Byte-Präfix eine 4-Byte-Konstante und eine 4-Byte-Displacement-Angabe enthält sowie einen Opcode mit 2 Byte und 1 Byte für die Spezifizierung der indizierten Adressierung mit Skalierungsfaktor verwendet.

Ein weiteres Präfix sperrt den Bus zur Unterstützung von Semaphoren (siehe Abschnitt 2.11). Das dritte sorgt für die wiederholte Ausführung des dem Präfix nachgestellten Befehls, wobei in jedem Schritt das als Zähler verwendete Register ECX dekrementiert und überprüft wird, ob das Abbruchkriterium (Inhalt gleich 0) erreicht ist. Dieses Präfix ist dafür gedacht, zusammen mit einem Byte-move-Befehl eine variable Anzahl von Byte zu kopieren. Beim 80386 wird ein weiteres Präfix für die Aufhebung der Voreinstellung für die Adresslänge verwendet. Die Ganzzahloperationen der x86-Architektur lassen sich in vier Hauptklassen unterteilen:

1. Datentransfer-Befehle wie move, push und pop

2. Arithmetische und logische Befehle, darunter Testoperationen und Operationen auf Ganzzahlen und Dezimalzahlen

3. Kontrollflussbefehle wie Verzweigungen, unbedingte Sprüngen, Aufrufe und Rücksprünge

4. String-Befehle, darunter string move und string compare

Zu den ersten beiden Kategorien gibt es nicht viel zu sagen, außer dass das Ziel bei Operationen mit arithmetischen und logischen Befehlen ein Register oder eine Speicherzelle sein kann. In Tabelle 2.22 sind einige typische x86-Befehle sowie deren Funktion dargestellt.

Bedingte Sprünge bzw. Verzweigungen beruhen bei der x86-Architektur auf *Flags*, ebenso wie bei ARMv7. Bedingungscodes werden als Nebeneffekt einer Operation gesetzt, wobei die meisten dazu dienen, den Wert eines Ergebnisses mit 0 zu vergleichen. Verzweigungen überprüfen die Bedingungscodes. Zum Befehlszähler relative Sprungadressen müssen mit der Anzahl der Bytes angegeben werden, da 80386-Befehle im Gegensatz zu ARMv7- und MIPS-Befehlen nicht immer 4 Byte lang sind.

Tab. 2.22: Einige typische x86-Befehle und ihre Funktion. Eine Liste mit typischen Operationen finden Sie in Tabelle 2.23. Der CALL-Befehl legt den EIP des nächsten Befehls im Keller ab. (EIP ist der Befehlszähler von Intel.)

Befehl	Funktion
JE Name	wenn gleich (Bedingungscode) {EIP=name}; EIP-128 ≤ name < EIP+128
JMP Name	EIP=name
CALL Name	SP=SP-4; M[SP]=EIP+5; EIP=name;
MOVW EBX,[EDI+45]	EBX=M[EDI+45]
PUSH ESI	SP=SP-4; M[SP]=ESI
POP EDI	EDI=M[SP]; SP=SP+4
ADD EAX, #6765	EAX=EAX+6765
TEST EDX, #42	Setzt Bedingungscode (Flags) mit EDX und 42
MOVSL	M[EDI]=M[ESI]; EDI=EDI+4; ESI=ESI+4

String-Befehle sind Teil des 8080-Erbes der x86-Architektur und werden nur selten eingesetzt. Sie sind meist langsamer als die entsprechenden Softwareroutinen (siehe den Fallstrick auf Seite 168).

In Tabelle 2.23 sind einige der x86-Ganzzahlbefehle aufgeführt. Viele der Befehle sind sowohl im Byte- als auch im Wortformat verfügbar.

Tab. 2.23: Einige typische x86-Operationen. Viele Operationen verwenden das Register-Speicher-Format, wobei entweder die Quelle oder das Ziel im Speicher sein können und der andere Operand ein Register oder Direktoperand ist.

Befehl	Bedeutung
Kontrollstruktur	bedingte und unbedingte Sprünge
JNZ, JZ	Sprung, wenn Bedingung erfüllt, zu EIP + 8-Bit-Offset;JNE (für JNZ), JE (für JZ) sind alternative Bezeichnungen
JMP	unbedingter Sprung, 8-Bit- oder 16-Bit-Offset
CALL	Subroutinenaufruf, 16-Bit-Offset, Rücksprungadresse wird auf dem Keller abgelegt
RET	holt Rücksprungadresse vom Keller und springt zu dieser Adresse
Loop	Schleifenverzweigung: dekrementiert ECX; springt zu EIP + 8-Bit-Displacement, wenn ECX $\neq$ 0
Datentransport	**Transport von Daten zwischen Registern oder zwischen Register und Speicher**
MOV	transportiert Daten zwischen zwei Registern oder zwischen Register und Speicher
PUSH, POP	legt Quelloperand mittels push-Befehl im Keller ab; holt Operand mittels pop-Befehl vom obersten Kellerelement und legt ihn in einem Register ab
LES	lädt ES und eines der Allzweckregister aus dem Speicher
arithmetisch, logisch	**arithmetische und logische Operationen mit Datenregistern und Speicher**
ADD, SUB	addiert Quelle zum Ziel; subtrahiert Quelle vom Ziel; Register-Speicher-Format
CMP	vergleicht Quelle mit Ziel; Register-Speicher-Format
SHL, SHR, RCR	Linksschieben; logisches Rechtsschieben; Rotation nach rechts mit Carry-Flag-Bedingungscode zum Füllen
CBW	konvertiert Byte in den rechten 8 Bit von EAX in 16-Bit-Wort rechts in EAX
TEST	logische UND-Verknüpfung von Quelle und Ziel setzt Bedingungscodes
INC, DEC	inkrementiert Ziel, dekrementiert Ziel
OR, XOR	logische ODER-Verknüpfung; exklusive ODER-Verknüpfung; Register-Speicher-Format
String	**Transport zwischen String-Operanden, Länge durch ein Wiederholungspräfix gegeben**
MOVS	kopiert von Zeichenfolgenquelle in Ziel und inkrementiert ESI und EDI; kann wiederholt werden
LODS	lädt ein Byte, Wort oder Doppelwort einer Zeichenfolge in das EAX-Register

Tab. 2.24: Die Codierung des ersten Adressbezeichners der x86-Architektur, „mod, reg, r/m". In den ersten vier Spalten befindet sich die Codierung des 3-Bit-reg-Felds, die vom w-Bit aus dem Opcode abhängt sowie davon, ob die 16-Bit-Adressierung (8086) oder die 32-Bit-Adressierung (80386) verwendet wird. In den restlichen Spalten werden die mod- und r/m-Felder erläutert. Die Bedeutung des 3-Bit-r/m-Felds hängt vom Wert im 2-Bit-mod-Feld und von der Adressgröße ab. Die in der Adressberechnung verwendeten Register sind im Wesentlichen in der sechsten und siebten Spalte unter mod = 0 aufgeführt, wobei je nach Adressierungsart mit mod = 1 ein 8-Bit-Displacement und mit mod = 2 ein 16-Bit- oder 32-Bit-Displacement addiert wird. Die Ausnahmen sind r/m = 6, wenn mit mod = 1 oder mod = 2 bei der 16-Bit-Adressierung BP plus Displacement ausgewählt wird, r/m = 5, wenn mit mod = 1 oder mod = 2 bei der 32-Bit-Adressierung EBP plus Displacement ausgewählt wird, und r/m = 4 bei der 32-Bit-Adressierung, wenn mod ≠ 3, wobei (sib) bedeutet, dass die in Tabelle 2.21 dargestellte indizierte Adressierung mit Skalierungsfaktor verwendet wird. Wenn mod = 3, gibt das r/m-Feld ein Register an, wobei dieselbe Codierung wie beim reg-Feld mit w-Bit verwendet wird.

reg	w = 0	w = 1		r/m	mod = 0		mod = 1		mod = 2		mod = 3
		16b	32b		16b	32b	16b	32b	16b	32b	
0	AL	AX	EAX	0	addr=BX+SI	=EAX	*same*	*same*	*same*	*same*	*same*
1	CL	CX	ECX	1	addr=BX+DI	=ECX	*addr as*	*addr as*	*addr as*	*addr as*	*as*
2	DL	DX	EDX	2	addr=BP+SI	=EDX	*mod=0*	*mod=0*	*mod=0*	*mod=0*	*reg*
3	BL	BX	EBX	3	addr=BP+SI	=EBX	*+ disp8*	+ disp8	*+ disp16*	*+ disp32*	*field*
4	AH	SP	ESP	4	addr=SI	= (sib)	SI+disp8	(sib)+disp8	SI+disp8	(sib)+disp32	"
5	CH	BP	EBP	5	addr=DI	=disp32	DI+disp8	EBP+disp8	DI+disp16	EBP+disp32	"
6	DH	SI	ESI	6	addr=disp16	=ESI	BP+disp8	ESI+disp8	BP+disp16	ESI+disp32	"
7	BH	DI	EDI	7	addr=BX	=EDI	BX+disp8	EDI+disp8	BX+disp16	EDI+disp32	"

x86-Befehlscodierung

Das Schwierigste haben wir uns für den Schluss aufgehoben: Die Codierung von Befehlen ist in der 80386-Architektur wegen der vielen verschiedenen Befehlsformate ziemlich komplex. Die Länge der 80386-Befehle kann variieren, von einem Byte, wenn keine Operanden verwendet werden, bis zu 15 Byte.

In Abbildung 2.18 ist das Befehlsformat für verschiedene Beispielbefehle aus Tabelle 2.22 dargestellt. Das Opcode-Byte enthält üblicherweise ein Bit, das angibt, ob der Operand 8 Bit oder 32 Bit lang ist. Bei manchen Befehlen gibt der Opcode die Adressierungsart und das Register an. Dies trifft insbesondere auf viele Befehle der Form „register = register op immediate" zu. Andere Befehle enthalten das „Postbyte" oder das zusätzliche Opcode-Byte „mod, reg, r/m", das die Informationen zur Adressierungsart enthält. Dieses Postbyte wird bei vielen Befehlen für die Adressierung des Hauptspeichers verwendet. Bei der indizierten Basisadressierung mit Skalierungsfaktor wird ein zweites Postbyte („sc, index, base") verwendet.

In Tabelle 2.24 ist die Codierung der Adressangaben in den beiden Postbytes sowohl für die 16-Bit- als auch für die 32-Bit-Adressierung dargestellt. Um wirklich verstehen zu können, welche Register verfügbar sind und welche Adressierungsarten verwendet werden können, müssen Sie sich leider die Codierung aller Adressierungsarten und manchmal sogar die Codierung der Befehle anschauen.

x86 – Schlussbetrachtung

Intel brachte einen 16-Bit-Mikroprozessor zwei Jahre vor den eleganteren Architekturen der Konkurrenz (wie die des Motorola 68000) auf den Markt, was dazu führte, dass für den IBM PC der 8086–Prozessor gewählt wurde. Den Ingenieuren bei Intel ist sehr wohl bewusst, dass die x86-Architektur schwieriger zu implementieren ist als beispielsweise die ARMv7- oder MIPS-Architektur, doch der große Markt in der PC-Ära bedeutete, dass AMD und Intel entsprechend große Ressourcen aufwenden konnten, um die zusätzliche Komplexität zu meistern. Was der x86-Architektur an Stil fehlt, wird durch Marktgröße wettgemacht, was ja auch nicht schlecht ist.

Das Versöhnende ist, dass die am häufigsten verwendeten x86-Architekturkomponenten nicht allzu schwierig zu implementieren sind, wie AMD und Intel durch die rasche Performanzsteigerung von Ganzzahlprogrammen seit 1978 bewiesen hat. Um diese Leistung zu erzielen, müssen Compiler die Teile der Architektur umgehen, für die eine schnelle Implementierung schwierig ist.

Bei den Mobilgeräten der Post-PC-Ära dagegen ist die x86-Architektur trotz der beträchtlichen Expertise in Architektur und Herstellung bisher nicht wettbewerbsfähig.

2.18 Fallstudie: ARMv8-Befehle (64 Bit)

Von den vielen potentiellen Problemen, die in einem Befehlssatz auftreten können, gibt es eines, das nahezu unüberwindbar ist: das Problem zu kurzer Speicheradressen. Während der x86-Befehlssatz erfolgreich zunächst auf 32-Bit-Adressen und dann auf 64-Bit-Adressen erweitert wurde, blieben viele seiner Brüder auf der Strecke. Der auf 16-Bit-Adressen beruhende Prozessor MOS Technology 6502 beispielsweise wurde im Apple II, dem ersten kommerziell erfolgreichen Personalcomputer, eingesetzt, verschwand aber trotz dieses Vorsprungs aufgrund des Mangels an Adressen auf der Müllhalde der Geschichte.

Die ARM-Entwickler erkannten das Problem, das auf ihre 32-Bit-Computer zu kam, und machten sich deshalb 2007 an den Entwurf der 64-Bit-Version von ARM. Diese wurde schließlich 2013 vorgestellt. Anstatt ein paar kleinere kosmetische Änderungen vorzunehmen, durch die alle Register 64 Bit breit werden – was im Wesentlichen der Ansatz bei x86 war – gab es bei ARM eine Komplettüberholung. Die gute Nachricht ist, dass es Ihnen, wenn Sie mit MIPS vertraut sind, sehr leicht fallen wird, mit der ARMv8 genannten 64-Bit-Version zurechtzukommen.

Erstens ist festzustellen, dass sämtliche Eigenschaften von ARMv7, die im Vergleich mit MIPS ungewöhnlich waren, in Version v8 aufgegeben wurden:

1. Es gibt kein Feld für die bedingte Ausführung, wie es in v7 bei nahzu jedem Befehl der Fall war.

2. Das Immediate-Feld ist einfach eine 12-Bit-Konstante, anstatt wie bei v7 eine Eingabe in eine Funktion, die eine Konstante erzeugt.

3. Die Befehle Load Multiple und Store Multiple sind entfallen.

4. Der Befehlszähler bezieht sich nicht mehr auf die Register, was beim Schreiben zu unerwarteten Verzweigen führte.

Zweitens wurden Funktionen aufgenommen, die bei ARM bisher fehlten und sich bei MIPS als nützlich erwiesen hatten:

1. v8 hat 32 Allzweckregister, die Compilerentwickler sicherlich schätzen werden. Wie bei MIPS ist ein Register festverdrahtet auf 0, obwohl es bei Lade-/Speicherbefehlen stattdessen auf den Kellerzeiger verweist.

2. Die Adressierungsarten funktionieren in ARMv8 für alle Wortgrößen, was bei ARMv7 nicht der Fall war.

3. Es ist ein Divisionsbefehl enthalten, der in ARMv7 weggelassen wurde.

4. Es wurde ein Äquivalent für die MIPS-Verzweigung if equal und if not equal aufgenommen.

Da die Philosophie des v8-Befehlssatzes offensichtlich viel näher an MIPS als an v7 ist, lautet unsere Schlussfolgerung, dass die wichtigste Ähnlichkeit zwischen ARMv7 und ARMv8 der Name ist.

2.19 Fallstricke und Trugschlüsse

Trugschluss: Leistungsfähigere Befehle bedeuten höhere Leistung.

Zur Leistungsfähigkeit der Intel x86-Architektur tragen die Präfixe bei, mit denen die Ausführung des nachfolgenden Befehls modifiziert werden kann. Ein Präfix kann den nachfolgenden Befehl wiederholen, bis ein Zähler auf 0 heruntergezählt hat. Wenn also Daten in den Speicher transportiert werden, scheint die natürliche Befehlsfolge darin zu bestehen, move mit dem Wiederholungspräfix zu verwenden, um 32-Bit-Speicher-Speicher-Transfers durchzuführen.

Eine alternative Methode, die die in allen Computern vorhandenen Standardbefehle verwendet, besteht darin, die Daten in die Register zu laden und dann die Register wieder in den Speicher zu schreiben. Diese zweite Version dieses Programms, bei der der Code zur Reduzierung des Schleifen-Overheads repliziert wird, kopiert etwa 1,5-mal so schnell. Eine dritte Version, bei der anstelle der Ganzzahlregister der x86-Architektur die größeren Gleitkommaregister verwendet werden, kopiert etwa 2,0-mal so schnell wie der komplexe Befehl.

Trugschluss: Programmieren in Assemblersprache erzielt die beste Leistung.

Früher generierten Compiler für Programmiersprachen einfache Befehlsfolgen. Die ständige Verfeinerung der Compilertechniken lässt die Lücke zwischen kompiliertem und von Hand erstelltem Code schnell kleiner werden. Um mit modernen Compilern konkurrieren zu können, muss der Assembler-Programmierer die in Kapitel 4 und 5 (Prozessor-Pipelining und Speicherhierarchie) vermittelten Grundlagen sehr gut verstanden haben.

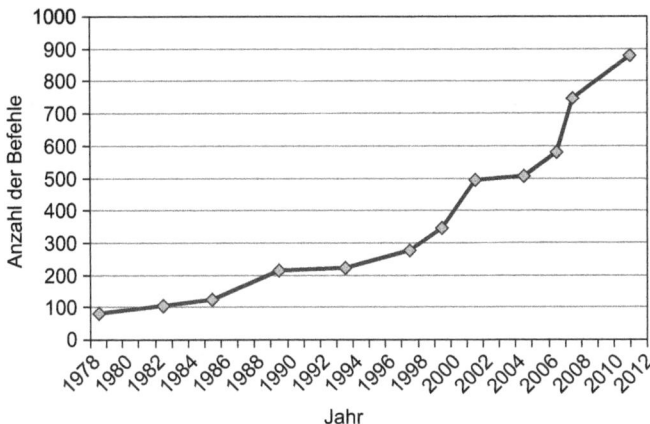

Abb. 2.19: Wachstum des x86-Befehlssatzes im Laufe der Zeit. Einerseits stellen einige dieser Erweiterungen einen deutlichen technologischen Vorteil dar, andererseits erhöht diese schnelle Änderung jedoch die Schwierigkeit für andere Unternehmen, kompatible Prozessoren zu bauen.

Im Wettstreit zwischen Compiler und Assembler-Programmierer verliert der Mensch zunehmend an Boden. C bietet Programmierern beispielsweise die Möglichkeit, dem Compiler einen Hinweis darauf zu geben, welche Variablen in Registern gehalten und welche in den Speicher ausgelagert werden sollen. Als die Compiler hinsichtlich der Registerzuteilung noch nicht so gut waren, waren Hinweise dieser Art leistungsfördernd. In manchen Lehrbüchern über C wurden zahlreiche Beispiele für die Verwendung von Registerhinweisen angeführt. Moderne C-Compiler ignorieren Hinweise dieser Art im Allgemeinen, da der Compiler bei der Registerzuteilung besser ist als der Programmierer.

Selbst *wenn* das Schreiben von Hand einen schnelleren Code zum Ergebnis hätte, bringt das Schreiben in Assemblersprache einige Nachteile mit sich: höheren Zeitaufwand für das Programmieren und Debugging, Verlust der Portierbarkeit und das Problem, diesen Code zu warten. Einer der wenigen im Software-Engineering allgemein anerkannten Grundsätze besagt, dass das Erstellen von Programmen zeitaufwendiger ist, je mehr Zeilen geschrieben werden. Und ein Assembler-Programm besteht mit Sicherheit aus mehr Zeilen als ein Programm in C. Zudem ergeben sich Probleme, wenn das einmal geschriebene Programm ein Erfolg wird. Erfolgreiche Programme werden länger genutzt als ursprünglich angenommen, was bedeutet, dass der Code nach ein paar Jahren aktualisiert werden muss, damit er weiterhin mit neuen Versionen von Betriebssystemen und auf neuen Rechnermodellen ausgeführt werden kann. Programme, die in einer höheren Programmiersprache anstatt in Assemblersprache geschrieben sind, können von zukünftigen Compilern an neue Rechner angepasst werden. Ebenso ist die Software leichter zu pflegen und ein Programm kann auf Rechnern verschiedener Hersteller ausgeführt werden.

Trugschluss: Die Bedeutung kommerzieller Binärkompatibilität hat zur
Folge, dass sich erfolgreiche Befehlssätze nicht ändern.

Während die Abwärts-Binärkompatibilität unantastbar ist, ist die x86-Architektur dramatisch angewachsen (siehe Abbildung 2.19). Der Durchschnitt liegt bei mehr als einem Befehl pro Monat in ihrer 35-jährigen Lebensdauer!

Fallstrick: Man vergisst leicht, dass aufeinander folgende Wortadressen
in Rechnern mit Byteadressierung sich nicht um eins unterscheiden.

Viele Assembler-Programmierer haben sich mit Fehlern abgemüht, weil sie annahmen, dass die Adresse des nächsten Wortes durch Inkrementieren der Adresse in einem Register um eins bestimmt würde. Stattdessen muss die Adresse jedoch um die Bytezahl für ein Wort erhöht werden. Gefahr erkannt, Gefahr gebannt!

Fallstrick: Verwenden eines Zeigers auf eine Variable vom Typ automa-
tic außerhalb der definierenden Prozedur.

Ein Fallstrick im Umgang mit Zeigern besteht darin, dass ein Ergebnis einer Prozedur mit einem Zeiger auf ein für diese Prozedur lokales Feld übergeben wird. Gemäß der Kellerzuordnung in Abbildung 2.6 wird die Speicherposition mit dem lokalen Feld wieder verwendet, sobald die Prozedur zurückspringt. Zeiger auf Variable vom Typ automatic können ein wahres Chaos anrichten.

Weniger ist mehr.

Robert Browning, *Andrea*
del Sarto, 1855

2.20   Schlussbetrachtungen

Die beiden grundlegenden Prinzipien des *Von-Neumann*-Rechners bestehen in der Verwendung von Befehlen, die von Zahlen nicht zu unterscheiden sind, sowie in der Verwendung von änderbarem Speicher zum Laden von Programmen für unterschiedliche Anwendungen. Aufgrund dieser Prinzipien kann ein Computer Wissenschaftler, Finanzberater oder Schriftsteller bei ihren jeweiligen Aufgaben unterstützen. Die Auswahl der Menge von Befehlen, die der Rechner versteht, erfordert ein sorgfältiges Abwägen zwischen der Anzahl der Befehle, die zum Ausführen eines Programms notwendig sind, der Anzahl der Taktzyklen pro Befehl und der Taktfrequenz. Beim Finden dieses Kompromisses lassen sich die Autoren von Befehlssätzen von vier Entwurfsprinzipien leiten:

1. *Einfachheit begünstigt Regelmäßigkeit.* Regelmäßigkeit kennzeichnet viele Merkmale des MIPS-Befehlssatzes: eine feste Länge für alle Befehle, drei Registeroperanden für jeden arithmetischen Befehl und eine feste Stelle für die Felder der Register in jedem Befehlsformat.

2. *Kleiner ist schneller.* Der Wunsch nach Geschwindigkeit ist der Grund dafür, dass die MIPS-Architektur 32 Register und nicht mehr hat.

3. *Ein guter Entwurf erfordert gute Kompromisse.* Ein Beispiel bei MIPS war der Kompromiss zwischen der Bereitstellung langer Adressen und Konstanten in Befehlen und der Beibehaltung der festen Länge für Befehle.

Tab. 2.25: Der bisher beschriebene MIPS-Befehlssatz. Die echten MIPS-Befehle befinden sich auf der linken, die Pseudobefehle auf der rechten Seite. In Anhang A ist die vollständige MIPS-Architektur beschrieben. In Tabelle 2.1 ist die in diesem Kapitel vorgestellte MIPS-Architektur ausführlicher dargestellt. Die hier gezeigten Informationen sind auch in den Spalten 1 und 2 der MIPS-Zusammenfassung hinten im Buch dargestellt.

MIPS-Befehle	Name	Format	Pseudo-MIPS	Name	Format
add	add	R	move	move	R
subtract	sub	R	multiply	mult	R
add immediate	addi	I	multiply immediate	multi	I
load word	lw	I	load immediate	li	I
store word	sw	I	branch less than	blt	I
load half	lh	I	branch less than or equal	ble	I
store half	sh	I	branch greater than	bgt	I
load byte	lb	I	branch greater than or equal	bge	I
store byte	sb	I			
load upper immediate	lui	I			
and	and	R			
or	or	R			
nor	nor	R			
and immediate	andi	I			
or immediate	ori	I			
shift left logical	sll	R			
shift right logical	srl	R			
branch on equal	beq	I			
branch on not equal	bne	I			
set less than	slt	R			
set less than immediate	slti	I			
jump	j	J			
jump register	jr	R			
jump and link	jal	J			

Wir haben außerdem gesehen, wie das Konzept, den **häufigen Fall** schnell zu machen, auf Befehlssätze wie auch auf die Computerarchitektur angewendet wird. Beispiele für das Beschleunigen des häufigen Falls bei MIPS umfassen die befehlszählerrelative Adressierung bei bedingten Sprüngen bzw. Verzweigungen und die direkte Adressierung für Konstanten als Operanden.

HÄUFIGER FALL

Über dieser Maschinenebene ist die Assemblersprache angesiedelt, eine Sprache die Menschen lesen können. Der Assembler übersetzt diese Sprache in binäre Zahlen, die der Rechner versteht, und „erweitert" darüber hinaus auch den Befehlssatz um symbolische Befehle, die es in der Hardware nicht gibt. So werden beispielsweise zu lange Konstanten oder Adressen in Teile mit der passenden Größe aufgebrochen, häufig verwendete Befehlsvarianten bekommen einen eigenen Namen usw. In Tabelle 2.25 sind die bisher beschriebenen MIPS-Befehle, sowohl die echten als auch die Pseudobefehle, aufgeführt. Das Verbergen von Details aus höheren Niveaus ist ein weiteres Beispiel für das Konzept der **Abstraktion**.

ABSTRAKTION

Tab. 2.26: MIPS-Befehlsklassen, Beispiele, Entsprechungen zu Konstrukten in höherer Programmiersprache und Anteil der ausgeführten MIPS-Befehle nach Kategorie für durchschnittlich fünf SPEC CPU 2006-Ganzzahlprogramme und fünf SPEC-Gleitkommaprogramme. In Tabelle 3.11 in Kapitel 3 ist der Anteil der einzelnen ausgeführten MIPS-Befehle dargestellt.

Befehlsklasse	MIPS-Beispiel	Entsprechung in höherer Programmiersprache	Häufigkeit	
			Ganzzahl	Gleitkomma
Arithmetik	add, sub, addi	Operationen in Zuweisungen	16 %	48 %
Datentransfer	lw, sw, lb, sb, lui, lhu, sg, lui	Referenzen auf Datenstrukturen wie Felder	35 %	36 %
Logik	and, or, nor, andi, ori, sll, srl	Operationen in Zuweisungen	12 %	4 %
Verzweigung	beq, bne, slt, slti	if-Anweisungen und Schleifen	34 %	8 %
Sprung	j, jr, jal	Prozeduraufrufe, Rücksprünge, case-/switch-Anweisungen	2 %	0 %

Jede Kategorie von MIPS-Befehlen ist mit bestimmten Konstrukten in Programmiersprachen verknüpft:

- Arithmetische Befehle entsprechen den Operationen in Zuweisungen.
- Datentransfer-Befehle werden am ehesten im Umgang mit Datenstrukturen wie Felder oder Strukturen verwendet.
- Bedingten Sprünge werden in if-Anweisungen und Schleifen verwendet.
- Unbedingten Sprünge werden in Prozeduraufrufen und Rücksprüngen sowie für case-/switch-Anweisungen verwendet.

Diese Befehle sind nicht gleich gewichtig. Die Beliebtheit von wenigen übertrifft die von vielen. In Tabelle 2.26 ist beispielsweise die Häufigkeit der einzelnen Klassen von Befehlen für SPEC CPU2006 dargestellt. Die unterschiedliche Popularität der Befehle spielt in den Abschnitten zur Performanz, zum Datenpfad, zur Steuerung und zum Pipelining eine wichtige Rolle.

Wenn wir in Kapitel 3 die Rechnerarithmetik erläutern, werden wir weitere Teile des MIPS-Befehlssatzes offen legen.

2.21   Historische Perspektiven und Literaturhinweise

In diesem Abschnitt finden Sie eine Übersicht über die geschichtliche Entwicklung von Befehlssatzarchitekturen (ISAs, Instruction Set Architectures) sowie eine kurze Übersicht über die Entwicklung von Programmiersprachen und Compilern. Zu den Befehlssatzarchitekturen zählen Akkumulatorarchitekturen, Allzweckregister-Architekturen und Stack-Architekturen. Außerdem finden Sie eine kurze Übersicht über die ARM- und x86-Architektur sowie eine Einführung in das kontrovers diskutierte Thema der sprachorientierten Rechnerarchitekturen im Vergleich zu Rechnerarchitekturen mit reduziertem Befehlssatz. Zur Geschichte der Programmiersprachen gehören Fortran, Lisp, Algol, C, Cobol, Pascal, Simula, Smalltalk, C++ und Java. Zur Geschichte der Compiler gehören die zentralen Meilensteine sowie die Pioniere, die diese Meilensteine erreicht haben. Den Rest dieses Abschnitts finden Sie online.

2.22 Aufgaben

Anhang B beschreibt den MIPS-Simulator, der für diese Übungen sehr hilfreich ist. Der Simulator akzeptiert zwar auch Pseudobefehle, aber versuchen Sie, bei Übungen, in denen MIPS-Code erstellt werden soll, keine Pseudobefehle zu verwenden. Ihr Ziel sollte sein, den realen MIPS-Befehlssatz kennenzulernen, und wenn Sie aufgefordert werden, Befehle zu zählen, sollte Ihr Zähler die tatsächlich ausgeführten Befehle und nicht die Pseudobefehle darstellen.

Es gibt Situationen, in denen Pseudobefehle verwendet werden müssen (beispielsweise der Befehl la, wenn zum Zeitpunkt der Assemblierung kein echter Wert bekannt ist). Oft sind sie ganz praktisch und führen zu in besser lesbarem Code (wie die li- und die move-Befehle). Wenn Sie aus diesem Grund Pseudobefehle verwenden wollen, fügen Sie Ihrer Lösung bitte eine kurze Erklärung hinzu, welche Pseudobefehle Sie verwendet haben und wo Sie sie verwendet haben.

Aufgabe 2.1

[5] <2.2> Wie lautet der zu der folgenden C-Anweisung gehörende MIPS-Assemblercode? Nehmen Sie an, dass die Variablen f, g, h und i gegeben sind und als 32-Bit-Ganzzahlen betrachtet werden können, die wie üblich in einem C-Programm deklariert sind. Verwenden Sie in Ihrem MIPS-Assemblercode eine minimale Anzahl von Befehlen.

```
f = g + (h - 5);
```

Aufgabe 2.2

[5] <2.2> Wie lautet die zu dem folgenden MIPS-Assemblercode gehörende C-Anweisung?

```
add f, g, h
add f, i, f
```

Aufgabe 2.3

[5] <2.2, 2.3> Wie lautet der zu der folgenden C-Anweisung gehörende MIPS-Assemblercode? Nehmen Sie an, dass die Variablen f, g, h, i und j den Registern $s0, $s1, $s2, $s3$ bzw. $s4 zugewiesen sind. Nehmen Sie außerdem an, dass sich die Basisadressen der Felder A und B in den Registern $s6 bzw. $s7 befinden.

```
B[8] = A[i-j];
```

Aufgabe 2.4

[5] <2.2, 2.3> Wie lautet die zu dem folgenden MIPS-Assemblercode gehörende C-Anweisung? Nehmen Sie an, dass die Variablen f, g, h, i und j den
Registern $s0, $s1, $s2, $s3$ bzw. $s4 zugewiesen sind. Nehmen Sie außerdem an, dass sich die Basisadressen der Felder A und B in den Registern $s6
bzw. $s7 befinden.

```
sll   $t0, $s0, 2      # $t0 = f * 4
add   $t0, $s6, $t0    # $t0 = &A[f]
sll   $t1, $s1, 2      # $t1 = g * 4
add   $t1, $s7, $t1    # $t1 = &B[g]
lw    $s0, 0($t0)      # f = A[f]
addi  $t2, $t0, 4
lw    $t0, 0($t2)
add   $t0, $t0, $s0
sw    $t0, 0($t1)
```

Aufgabe 2.5

[5] <2.2, 2.3> Schreiben Sie den MIPS-Assemblercode aus Aufgabe 2.4 so
um, dass die Anzahl der MIPS-Befehle minimiert wird, aber noch immer die
gleiche Funktion ausgeführt wird.

Aufgabe 2.6

Die folgende Tabelle zeigt 32-Bit-Werte eines im Speicher gehaltenen Feldes.

Adresse	Daten
24	2
38	4
32	3
36	6
40	1

2.6.1 [5] <2.2, 2.3> Schreiben Sie für die in der Tabelle angegebenen Spei-
cherorte einen C-Code, der die Daten in aufsteigender Ordnung sortiert, so
dass der kleinste Wert an der kleinsten Adresse platziert wird. Nehmen Sie
an, dass die angegebenen Werte die C-Variable Array repräsentieren, ein Feld
vom Typ int, und dass die erste Zahl in der gezeigten Anordnung das erste
Element in diesem Feld ist. Nehmen Sie an, dass diese spezielle Maschine eine
Byte-adressierbare Maschine ist und dass ein Wort aus vier Byte besteht.

2.6.2 [5] <2.2, 2.3> Schreiben Sie für die in der Tabelle angegebenen Spei-
cherorte einen MIPS-Code, der die Daten in aufsteigender Ordnung sortiert,
so dass der kleinste Wert an der kleinsten Adresse platziert wird. Verwenden
Sie dabei eine minimale Anzahl von MIPS-Befehlen. Nehmen Sie an, dass die
Basisadresse von Array im Register $s6 ist.

Aufgabe 2.7

[5] <2.3> Zeigen Sie, wie der Wert 0xabcdef12 im Speicher einer Little-Endian- und einer Big-Endian-Maschine angeordnet wäre. Nehmen Sie an, dass die Daten beginnend mit der Adresse 0 gespeichert sind.

Aufgabe 2.8

[5] <2.4> Schreiben Sie 0xabcdef12 in Dezimaldarstellung.

Aufgabe 2.9

[5] <2.2, 2.3> Übersetzen Sie den folgenden C-Code in MIPS. Nehmen Sie an, dass die Variablen f, g, h, i und j den Registern $s0, $s1, $s2, $s3 bzw. $s4 zugeordnet sind. Nehmen Sie an, dass die Basisadressen der Felder A und B in den Registern $s6 bzw. $s7 stehen. Nehmen Sie an, dass die Elemente der Felder A und B 4-Byte-Wörter sind.

```
B[8] = A[i] + A[j];
```

Aufgabe 2.10

[5] <2.2, 2.3> Übersetzen Sie den folgenden MIPS-Code in C. Nehmen Sie an, dass die Variablen f, g, h, i und j den Registern $s0, $s1, $s2, $s3 bzw. $s4 zugeordnet sind. Nehmen Sie an, dass die Basisadressen der Felder A und B in den Registern $s6 bzw. $s7 stehen.

```
addi $t0, $s6, 4
add  $t1, $s6, $0
sw   $t1, 0($t0)
lw   $t0, 0($t0)
add  $s0, $t1, $t0
```

Aufgabe 2.11

[5] <2.2, 2.5> Schreiben Sie für jeden MIPS-Befehl den Wert des Opcodes (OP) sowie die Felder des Quellregisters (QR) und des Zielregisters (ZR) auf. Wie lautet für jeden I-Typ-Befehl der Wert des Direktfeldes? Wie lautet für jeden R-Typ-Befehl der Wert des Zielregisterfelds?

Aufgabe 2.12

Nehmen Sie an, dass die Register $s0 und $s1 die Werte 0x80000000 bzw. 0xD0000000 enthalten.

2.12.1 [5] <2.4> Was ist der Wert von $t0 für den folgenden Assemblercode?

```
add $t0, $s0, $s1
```

2.12.2 [5] <2.4> Hat das Ergebnis in $t0 den gewünschten Wert oder gab es einen Überlauf?

2.12.3 [5] <2.4> Wie lautet für die oben spezifizierten Register $s0 und $s1 der Wert $t0 für den folgenden Assemblercode?

```
sub $t0, $s0, $s1
```

2.12.4 [5] <2.4> Hat das Ergebnis in $t0 den gewünschten Wert oder gab es einen Überlauf?

2.12.5 [5] <2.4> Wie lautet für die oben spezifizierten Register $s0 und $s1 der Wert $t0 für den folgenden Assemblercode?

```
add $t0, $s0, $s1
add $t0, $t0, $s0
```

2.12.6 [5] <2.4> Hat das Ergebnis in $t0 den gewünschten Wert oder gab es einen Überlauf?

Aufgabe 2.13

Nehmen Sie an, dass $s0 den Wert 128_D enthält.

2.13.1 [5] <2.4> Für welche(n) Wertebereich(e) von $s1 resultieren die Anweisungen add $t0,$s0,$s1 in einem Überlauf?

2.13.2 [5] <2.4> Für welche(n) Wertebereich(e) von $s1 resultieren die Anweisungen sub $t0,$s0,$s1 in einem Überlauf?

2.13.3 [5] <2.4> Für welche(n) Wertebereich(e) von $s1 resultieren die Anweisungen sub $t0,$s1,$s0 in einem Überlauf?

Aufgabe 2.14

[5] <2.2, 2.5> Geben Sie den Typ und den Assemblerbefehl für den folgenden Binärwert an: $0000\ 0100\ 0000\ 1000\ 0000\ 0010\ 0000_B$.

Aufgabe 2.15

[5] <2.2, 2.5> Geben Sie den Typ und die Hexadezimaldarstellung des folgenden Befehls an: sw $t1, 32($t2)

Aufgabe 2.16

[5] <2.5> Geben Sie den Typ, den Assemblerbefehl und die Binärdarstellung des Befehls an, der durch die folgenden MIPS-Befehle beschrieben wird:

```
op=0, rs=3, rt=2, rd=3, shamt=0, funct=34
```

Aufgabe 2.17

[5] <2.5> Geben Sie den Typ, den Assemblerbefehl und die Binärdarstellung des Befehls an, der durch die folgenden MIPS-Befehle beschrieben wird:

```
op=0x23, rs=1, rt=2, const=0x4
```

Aufgabe 2.18

[5] <2.5> Angenommen, das MIPS-Registerfile soll auf 128 Register erweitert werden und der Befehlssatz soll so erweitert werden, dass er viermal so viele Befehle umfasst.

2.18.1 [5] <2.5> Wie wirkt sich dies auf die Größe der einzelnen Bitfelder in den R-Typ-Befehlen aus?

2.18.2 [5] <2.5> Wie wirkt sich dies auf die Größe der einzelnen Bitfelder in den I-Typ-Befehlen aus?

2.18.3 [5] <2.5, 2.10> Beschreiben Sie für jede der beiden vorgeschlagenen Änderungen, wie die Größe des MIPS-Assemblerprogramms verringert werden könnte. Wie wäre es andererseits möglich, dass die vorgeschlagenen Änderungen die Größe des MIPS-Assemblerprogramms erhöhen?

Aufgabe 2.19

Gegeben seien die folgenden Registerinhalte:

```
$t0=0xAAAAAAAA, $t1=0x12345678
```

2.19.1 [5] <2.6> Welchen Wert von $t2 liefern die oben angegebenen Registerwerte für die folgende Befehlssequenz?

```
sll $t2, $t0, 44
or  $t2, $t2, $t1
```

2.19.2 [5] <2.6> Welchen Wert von $t2 liefern die oben angegebenen Registerwerte für die folgende Befehlssequenz?

```
sll  $t2, $t0, 4
andi $t2, $t2, -1
```

2.19.3 [5] <2.6> Welchen Wert von $t2 liefern die oben angegebenen Registerwerte für die folgende Befehlssequenz?

```
srl  $t2, $t0, 3
andi $t2, $t2, 0xFFEF
```

Aufgabe 2.20

[5] <2.6> Wie lautet die kürzeste Folge von MIPS-Befehlen, die die Bits von Position 16 bis 11 aus dem Register $t0$ extrahiert und den Wert dieses Feldes verwendet, um die Bits 31 bis 26 in Register t1 zu ersetzen, ohne die übrigen 26 Bit von Register $t1$ zu verändern?

Aufgabe 2.21

[5] <2.6> Geben Sie einen minimalen Satz von MIPS-Befehlen an, der verwendet werden kann, um den folgenden Pseudobefehl zu implementieren:

```
not $t1, $t2    // bitweises Invertieren
```

Aufgabe 2.22

[5] <2.6> Schreiben Sie eine minimale Sequenz von MIPS-Assemblerbefehlen, die das gleiche bewirkt wie die folgende C-Anweisung. Es sei $t1=A, $t2=B, und $s1 sei die Basisadresse von C.

```
A = C[0] << 4;
```

Aufgabe 2.23

[5] <2.7> Angenommen, $t0 enthält den Wert 0x00101000. Was ist der Wert von $t2 nach den folgenden Befehlen?

```
        slt  $t2, $0,  $t0
        bne  $t2, $0,  ELSE
        j    DONE
ELSE:   addi $t2, $t2, 2
DONE:
```

Aufgabe 2.24

[5] <2.7> Angenommen, der Programmzähler ist auf 0x2000 0000 gesetzt. Ist es möglich, den Sprungassemblerbefehl von MIPS (j) zu verwenden, um den Programmzähler auf die Adresse 0x4000 0000 zu setzen? Ist es möglich, den Befehlszähler mit dem MIPS-Assemblerbefehl branch-on-equal (beq) auf die gleiche Adresse zu setzen?

Aufgabe 2.25

Der folgende Befehl ist nicht im MIPS-Befehlssatz enthalten:

```
rpt $t2, loop  # falls R[rs]>0, R[rs]=R[rs]-1,
               # PC=PC+4+BranchAddr
```

2.25.1 [5] <2.7> Was wäre das am besten geeignete Befehlsformat, wenn dieser Befehl in den MIPS-Befehlssatz aufgenommen würde?

2.25.2 [5] <2.7> Wie lautet die kürzeste Folge von MIPS-Befehlen, die die gleiche Operation ausführt?

Aufgabe 2.26

Betrachten Sie die folgende MIPS-Schleife:

```
LOOP:  slt, $t2, $0,  $t1
       beq  $t2, $0,  DONE
       subi $t1, $t1, 1
       addi $s2, $s2, 2
       j    LOOP
DONE:
```

2.26.1 [5] <2.7> Angenommen, das Register $t1 ist mit dem Wert 10 initialisiert. Wie lautet der Wert in Register $s2, wenn $s2 anfangs null ist?

2.26.2 [5] <2.7> Schreiben Sie für jede der obigen Schleifen die äquivalente C-Routine. Nehmen Sie an, dass die Register $s1, $s2, $t1 und $t2 Integervariablen A, B, i bzw. temp sind.

2.26.3 [5] <2.7> Nehmen Sie für die oben in MIPS-Assembler geschriebenen Schleifen an, dass das Register $t1 mit dem Wert N initialisiert ist. Wie viele MIPS-Befehle werden ausgeführt?

Aufgabe 2.27

[5] <2.7> Übersetzen Sie den folgenden C-Code in MIPS-Assemblercode. Verwenden Sie dabei eine minimale Anzahl von Befehlen. Nehmen Sie an, dass die Werte von a, b, i und j in den Registern $s0, $s1, $t0 bzw. $t1 stehen. Nehmen Sie außerdem an, dass das Register $s2 die Basisadresse des Feldes D enthält.

```
for(i=0; i<a; i++)
    for(j=0; j<b; j++)
        D[4*j] = i + j;
```

Aufgabe 2.28

[5] <2.7> Wie viele MIPS-Befehle sind nötig, um den C-Code aus Aufgabe 2.27 umzusetzen? Die Variablen a und b seien mit 10 bzw. 1 initialisiert und alle Elemente von D haben den Anfangswert 0. Wie viele MIPS-Befehle werden insgesamt ausgeführt, um die Schleife zu vervollständigen?

Aufgabe 2.29

[5] <2.7> Übersetzen Sie die folgende Schleife in C. Nehmen Sie an, dass die C-Integervariable i im Register $t1 steht, dass $s2 die C-Integervariable result enthält und dass $s0 die Basisadresse der Integervariable MemArray enthält.

```
            addi $t1, $0, $0
      LOOP: lw   $s1, 0($s0)
            add  $s2, $s2, $s1
            addi $s0, $s0, 4
            addi $t1, $t1, 1
            slti $t2, $t1, 100
            bne  $t2, $s0, LOOP
```

Aufgabe 2.30

[5] <2.7> Schreiben Sie die Schleife aus Aufgabe 2.29 so um, dass die Anzahl der ausgeführten MIPS-Befehle reduziert wird.

Aufgabe 2.31

[5] <2.7> Implementieren Sie den folgenden C-Code in MIPS-Assembler. Wie viele MIPS-Befehle sind insgesamt nötig, um die Funktion auszuführen?

```
int fib(int n){
    if (n==0)
        return =;
    else if (n==1)
        return 1;
    else
        return fib(n-1) + fib(n-2);
}
```

Aufgabe 2.32

[5] <2.8> Funktionen können oft durch Compiler „inline" implementiert werden. Eine Inline-Funktion liegt dann vor, wenn der Rumpf der Funktion in den Programmraum kopiert wird, so dass es möglich wird, den Overhead des Funktionsaufrufs zu eliminieren. Implementieren Sie eine „Inline"-Version des C-Codes in MIPS-Assembler. Um wie viel reduziert sich die Gesamtzahl der MIPS-Assemblerbefehle, die nötig sind, um die Funktion zu vervollständigen?

Aufgabe 2.33

[5] <2.8> Schreiben Sie für jeden Funktionsaufruf auf, wie der Kellerinhalt nach dem Funktionsaufruf aussieht. Nehmen Sie an, dass der Kellerzeiger ursprünglich an der Adresse 0x7ffffffc ist und beachten Sie die Registerkonventionen von Tabelle 2.6.

Aufgabe 2.34

[5] <2.8> Übersetzen Sie die Funktion f in MIPS-Assemblersprache. Wenn Sie die Register $t0 bis $t7 benötigen, dann nehmen Sie immer zuerst das mit der niedrigsten Numerierung. Nehmen Sie an, dass die Funktion func durch int f((int a, int b); definiert ist. Der Code für die Funktion f lautet

```
int f(int a, int b, int c, int d){
   return func(func(a,b),c + d);
}
```

Aufgabe 2.35

[5] <2.8> Können wir bei dieser Funktion eine Optimierung durch einen rekursiven Aufruf aus der Endposition (Tail-Call) anwenden? Wenn nicht, erläutern Sie, warum das nicht möglich ist. Wenn die Optimierung möglich ist: Wie groß ist dann der Unterschied in der Anzahl der ausgeführten Befehle in f mit und ohne Optimierung?

Aufgabe 2.36

[5] <2.8> Was wissen wir über die Inhalte der Register $t5, $s3, $ra und $sp aus Aufgabe 2.34 unmittelbar vor dem Rücksprung der Funktion f? Denken Sie daran, dass wir wissen, wie die vollständige Funktion f aussieht, während wir von func nur die Deklaration kennen.

Aufgabe 2.37

[5] <2.9> Schreiben Sie ein Programm in MIPS-Assemblersprache, das eine Kette aus ASCII-Ziffern mit positiven und negativen Ganzzahl-Dezimalstrings in eine Ganzzahl konvertiert. Ihr Programm sollte bewirken, dass im Register $a0$ die Adresse einer nullterminierten Zeichenkette steht, die eine Kombination der Ziffern 0 bis 9 enthält. Ihr Programm sollte den Integerwert berechnen, der zu dieser Zeichenkette äquivalent ist, und dann diese Zahl im Register $v0 platzieren. Wenn irgendwo in der Kette ein Zeichen auftaucht, das keine Ziffer ist, dann sollte Ihr Programm mit dem Wert −1 in Register $v0 anhalten. Wenn das Register $a0 zum Beispiel auf eine Folge von drei Bytes wie 50_D, 52_D, 0_D (die nullterminierte Zeichenkette 24) verweist, dann sollte das Register $v0 beim Anhalten den Wert 24_D enthalten.

Aufgabe 2.38

[5] <2.9> Gegeben sei der folgende Code:

```
lbu $t0, 0($t1)
sw $t0, 0($t2)
```

Nehmen Sie an, dass das Register $t1 die Adresse 0x1000 0000 enthält und das Register $t1 die Adresse 0x1000 0010. Beachten Sie, dass die MIPS-Architektur eine Big-Endian-Adressierung benutzt. Nehmen Sie an, dass der an der Adresse 0x1000 0000 gespeicherte Wert 0x11223344 ist. Welcher Wert wird an der Adresse gespeichert, auf die das Register $t2 zeigt?

Aufgabe 2.39

[5] <2.10> Schreiben Sie den MIPS-Assemblercode, der die 32-Bit-Konstante 0010 0000 0000 0001 0100 1001 0010 0100$_B$ erzeugt und diesen Wert im Register \$t1 ablegt.

Aufgabe 2.40

[5] <2.6, 2.10> Der aktuelle Wert des Befehlszählers sei 0x00000000. Können Sie mithilfe eines einzelnen Sprungbefehls die Befehlszähleradresse aus Aufgabe 2.39 erhalten?

Aufgabe 2.41

[5] <2.6, 2.10> Der aktuelle Wert des Befehlszählers sei 0x00000600. Können Sie mithilfe eines einzelnen Sprungbefehls die Befehlszähleradresse aus Aufgabe 2.39 erhalten?

Aufgabe 2.42

[5] <2.6, 2.10> Der aktuelle Wert des Befehlszählers sei 0x1FFFF000. Können Sie mithilfe eines einzelnen Sprungbefehls die Befehlszähleradresse aus Aufgabe 2.39 erhalten?

Aufgabe 2.43

[5] <2.11> Schreiben Sie einen MIPS-Assemblercode, der den folgenden C-Code implementiert:

```
lock(lk);
shvar = max(shvar, x);
unlock(lk);
```

Nehmen Sie an, dass die Adresse der Variable lk in \$a0 steht, die Adresse der Variable shvar in \$a1 und der Wert der Variable x in \$a2. Ihr kritischer Abschnitt sollte keinerlei Funktionsaufrufe enthalten. Verwenden Sie ll/sc-Aufrufe, um die lock()-Operation zu implementieren. Die unlock()-Operation ist einfach eine gewöhnliche Speicheroperation.

Aufgabe 2.44

[5] <2.11> Wiederholen Sie Aufgabe 2.43, doch verwenden Sie diesmal ll/sc um ein atomares Update der Variable shvar direkt, d. h. ohne Verwendung von lock() und unlock(), durchzuführen. Beachten Sie, dass es bei diesem Problem keine Variable lk gibt.

Aufgabe 2.45

[5] <2.11> Erläutern Sie anhand Ihres Codes aus Aufgabe 2.43, was passiert, wenn zwei Prozessoren beginnen, diesen kritischen Abschnitt gleichzeitig auszuführen, wobei vorausgesetzt wird, dass jeder Prozessor genau einen Befehl pro Zyklus ausführt.

Aufgabe 2.46

Für einen gegebenen Prozessor sei der CPI-Wert von arithmetischen Befehlen 1, der CPI-Wert für Lade-/Speicherbefehle sei 10 und der CPI-Wert von Sprungbefehlen sei 3. Ein Programm habe die folgende Befehlsaufteilung: 500 Millionen arithmetische Befehle, 300 Millionen Lade-/Speicherbefehle, 100 Millionen Sprungbefehle.

2.46.1 [5] <2.19> Angenommen, es werden neue, leistungsfähigere arithmetische Befehle zum Befehlssatz hinzugefügt. Durch die Verwendung dieser leistungsfähigeren arithmetischen Befehle kann die Anzahl der arithmetischen Befehle, die zur Ausführung eines Programms nötig sind, im Mittel um 25 % reduziert werden. Die Kosten aufgrund der Erhöhung der Taktfrequenz steigen nur um 10 %. Ist das eine gute Wahl des Designs? Begründen Sie Ihre Antwort.

2.46.2 [5] <2.19> Angenommen, wir haben eine Möglichkeit gefunden, die Performanz der arithmetischen Befehle zu verdoppeln. Wie groß ist die Beschleunigung unserer Maschine insgesamt? Was ist, wenn wir eine Möglichkeit finden, die Performanz der arithmetischen Befehle zu verzehnfachen?

Aufgabe 2.47

Angenommen, für ein gegebenes Programm sind 70 % der ausgeführten Befehle arithmetische Befehle, 10 % Lade-/Speicherbefehle und 20 % Sprungbefehle.

2.47.1 [5] <2.19> Bestimmen Sie den mittleren CPI für diesen Befehlsmix unter der Annahme, dass ein arithmetischer Befehl zwei Zyklen erfordert, ein Lade-/Speicherbefehl sechs Zyklen und ein Sprungbefehl drei Zyklen.

2.47.2 5] <2.19> Wenn eine Leistungssteigerung von 25 % erreicht werden soll, wie viele Zyklen darf dann ein arithmetischer Befehl im Mittel beanspruchen, wenn Lade-/Speicherbefehle und Sprungbefehle überhaupt nicht verbessert werden?

2.47.3 5] <2.19> Wenn eine Leistungssteigerung von 50 % erreicht werden soll, wie viele Zyklen darf dann ein arithmetischer Befehl im Mittel beanspruchen, wenn Lade-/Speicherbefehle und Sprungbefehle überhaupt nicht verbessert werden?

Antworten zu den Selbsttests

Abschnitt 2.2, Seite 69: MIPS, Java

Abschnitt 2.3, Seite 76: 2) sehr langsam

Abschnitt 2.4, Seite 84: 2) -8_D

Abschnitt 2.5, Seite 91: 4) sub $2, $0, $1

Abschnitt 2.6, Seite 94: Beide. AND mit einem Muster aus Einsen wird überall Nullen hinterlassen, außer an dem gesuchten Feld. Linksverschieben um den richtigen Betrag entfernt die Bits links von dem Feld. Rechtsverschieben um den richtigen Betrag setzt das Feld in die am weitesten rechts liegenden Bits des Wortes, während im Rest des Wortes überall Nullen stehen. Beachten Sie, dass AND das Wort so hinterlässt wie es ursprünglich war, während die Kombination aus den beiden Verschiebungen das Feld innerhalb des Wortes ganz nach rechts verschiebt.

Abschnitt 2.7, Seite 101: I. Alle Argumente sind richtig. II. 1).

Abschnitt 2.8, Seite 112: Beide Aussagen treffen zu.

Abschnitt 2.9, Seite 116: I. 1) und 2); II. 3)

Abschnitt 2.10, Seite 125: I. 4) +-128 K; II. 6) ein Block von 256 M; III. 4) sll

Abschnitt 2.11, Seite 129: beides

Abschnitt 2.12, Seite 139: Maschinenunabhängigkeit

3 Rechnerarithmetik

3.1 Einführung

Wörter in Rechnern bestehen aus mehreren Bits und können daher als Binärzahlen interpretiert werden. Die natürlichen Zahlen 0, 1, 2 usw. können also in Dezimal- oder Binärform dargestellt werden. Wie aber verhält es sich mit den anderen üblicherweise vorkommenden Zahlen? Zum Beispiel:

- Wie verhält es sich mit Brüchen und reellen Zahlen?
- Was geschieht, wenn eine Operation eine Zahl ergibt, die größer als die größte darstellbare Zahl ist?
- Welche ist die größte in einem Wort des Rechners darstellbare Zahl?

In diesem Kapitel geht es darum, diese Geheimnisse zu lüften und die Darstellung von Zahlen, die arithmetischen Algorithmen, die Hardware, die diese Algorithmen implementiert, und die Auswirkungen all dessen auf die Befehlssätze zu erläutern. Mit diesen Erkenntnissen lassen sich möglicherweise einige Eigenarten erklären, die Sie beim Arbeiten mit Rechnern vielleicht bereits kennengelernt haben. Außerdem zeigen wir, wie man dieses Wissen ausnutzen kann, um rechenintensive Programme deutlich schneller zu machen.

3.2 Addition und Subtraktion

Die Addition ist die Operation, die man von einem Rechner erwartet. Hierbei werden die Ziffern Bit für Bit von rechts nach links addiert, wobei die Überträge jeweils auf die nächste Stelle links weitergegeben werden, so wie man das auch beim schriftlichen Rechnen machen würde. Auch die Subtraktion ist im Wesentlichen eine Addition: Der entsprechende Operand wird lediglich vor der Addition negiert.

Beispiel: Binäre Addition und Subtraktion

Versuchen wir, 6_D und 7_D in binärer Form zu addieren und anschließend 6_D von 7_D in binärer Form zu subtrahieren.

$$
\begin{array}{rl}
 & 0000\ 0000\ 0000\ 0000\ 0000\ 0000\ 0000\ 0111_B = 7_D \\
+ & 0000\ 0000\ 0000\ 0000\ 0000\ 0000\ 0000\ 0110_B = 6_D \\
\hline
= & 0000\ 0000\ 0000\ 0000\ 0000\ 0000\ 0000\ 1101_B = 13_D
\end{array}
$$

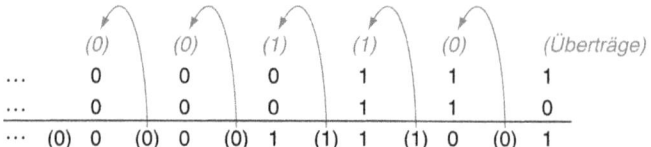

Abb. 3.1: Binäre Addition mit Überträgen von rechts nach links. An der Stelle ganz rechts werden 1 und 0 addiert, was an dieser Stelle die Summe 1 und den Übertrag 0 ergibt. Für die zweite Stelle von rechts wird somit 0 + 1 + 1 berechnet. Dies ergibt als Summe 0 und für den Übertrag 1. Die dritte Stelle bildet die Summe 1 + 1 + 1, was für das Summenbit 1 und für das Übertragsbit 1 ergibt. Die vierte Stelle schließlich errechnet sich aus der Summe 1 + 0 + 0, was in Summe 1 ohne Übertrag ergibt.

Nur die vier rechten Bits werden verändert. In Abbildung 3.1 sind die Summen und die Überträge dargestellt. Die Überträge stehen jeweils in Klammern, und die Pfeile zeigen, an welche Stelle sie jeweils weitergegeben werden.

Lösung: 6_D kann von 7_D direkt subtrahiert werden:

$$
\begin{array}{rl}
& 0000\ 0000\ 0000\ 0000\ 0000\ 0000\ 0000\ 0111_B = 7_D \\
- & 0000\ 0000\ 0000\ 0000\ 0000\ 0000\ 0000\ 0110_B = 6_D \\
\hline
= & 0000\ 0000\ 0000\ 0000\ 0000\ 0000\ 0000\ 0001_B = 1_D
\end{array}
$$

oder über die Addition mithilfe der Zweierkomplement-Darstellung von -6:

$$
\begin{array}{rl}
& 0000\ 0000\ 0000\ 0000\ 0000\ 0000\ 0000\ 0111_B = 7_D \\
+ & 0000\ 0000\ 0000\ 0000\ 0000\ 0000\ 0000\ 0110_B = -6_D \\
\hline
= & 0000\ 0000\ 0000\ 0000\ 0000\ 0000\ 0000\ 0001_B = 1_D
\end{array}
$$

Denken Sie daran, dass es zu einem Überlauf kommt, wenn das Ergebnis einer Operation mit der verfügbaren Hardware, in diesem Fall einem 32-Bit-Wort, nicht dargestellt werden kann. Wann kann es bei einer Addition zu einem Überlauf kommen? Bei der Addition von Operanden mit unterschiedlichen Vorzeichen kann kein Überlauf entstehen. Das liegt daran, dass die Summe nicht größer als einer der Operanden sein kann. Beispiel: $-10 + 4 = -6$. Da die Operanden in einem 32-Bit-Wort Platz finden und die Summe nicht größer als ein Operand ist, passt die Summe ebenfalls in ein 32-Bit-Wort. Somit kann es bei der Addition von einem positiven und einem negativen Operanden nicht zu einem Überlauf kommen.

Ähnliche Beschränkungen gelten für das Auftreten eines Überlaufs bei der Subtraktion. Dabei gilt jedoch das umgekehrte Prinzip: Wenn die Vorzeichen der Operanden *gleich* sind, kann kein Überlauf auftreten. Wegen $x-y = x+(-y)$ erfolgt die Subtraktion durch Addition des zuvor negierten zweiten Operanden. Wenn bei der Subtraktion beide Operanden das gleiche Vorzeichen haben, *addieren* wir letztendlich Operanden mit *unterschiedlichen* Vorzeichen. Und wie wir soeben festgestellt haben, kann es in diesem Fall nicht zu einem Überlauf kommen.

Das Wissen, wann kein Überlauf bei der Addition und Subtraktion auftreten kann, ist schön und gut, aber wie können wir erkennen, *dass* er auftritt? Ein Überlauf ist offensichtlich dann aufgetreten, wenn zwei positive Zahlen addiert werden und die Summe negativ ist oder umgekehrt. Die Addition oder Subtraktion zweier 32-Bit-Zahlen kann zu einem Ergebnis führen, für dessen Darstellung alle 32 Bit benötigt werden. Das Fehlen eines 33. Bits führt dazu, dass die Stelle für das Vorzeichenbit den Wert des Ergebnisses und nicht das Vorzeichen erhält. Da wir nur ein zusätzliches Bit benötigen, kann nur das Vorzeichenbit falsch sein. Das bedeutet, dass an der Stelle des Vorzeichenbits ein Übertrag erfolgt ist.

Bei der Subtraktion entsteht ein Überlauf, wenn wir eine negative Zahl von einer positiven subtrahieren und ein negatives Ergebnis erhalten oder wenn wir eine positive Zahl von einer negativen subtrahieren und ein positives Ergebnis erhalten. Tabelle 3.1 zeigt die möglichen Kombinationen von Operationen, Operanden und Ergebnissen, bei denen ein Überlauf entstehen kann.

Tab. 3.1: Überlaufbedingungen für Addition und Subtraktion

Operation	Operand A	Operand B	Ergebnis, gibt Überlauf an
$A + B$	≥ 0	≥ 0	< 0
$A + B$	< 0	< 0	≥ 0
$A - B$	≥ 0	< 0	< 0
$A - B$	< 0	≥ 0	≥ 0

Wir haben nun gesehen, wie ein Überlauf bei Zweierkomplementzahlen in einem Rechner erkannt werden kann. Aber wie sieht es beim Überlauf mit vorzeichenlosen Ganzzahlen aus? Ganzzahlen ohne Vorzeichen werden üblicherweise für Speicheradressen verwendet, bei denen Überläufe ignoriert werden.

Der Rechnerarchitekt muss deshalb eine Möglichkeit bereitstellen, mit der Überläufe in manchen Fällen erkannt und in anderen Fällen ignoriert werden. Die Lösung bei MIPS sieht Varianten von arithmetischen Befehlen für die beiden Fälle vor:

- Add (add), add immediate (addi) und subtract (sub) verursachen bei einem Überlauf eine Ausnahme.

- Add unsigned (addu), add immediate unsigned (addiu) und subtract unsigned (subu) verursachen bei einem Überlauf *keine* Ausnahme.

Da in C Überläufe ignoriert werden, generieren MIPS-C-Compiler unabhängig vom Variablentyp immer die vorzeichenlosen Varianten der arithmetischen Befehle addu, addiu und subu. MIPS-Fortran-Compiler wählen dagegen die arithmetischen Befehle jeweils in Abhängigkeit des Typs der Operanden aus.

Anhang B beschreibt die Hardware für Addition und Subtraktion, nämlich die so genannte **ALU** (für engl. *arithmetic logic unit*).

ALU Hardware, die die Addition und die Subtraktion ausführt, ebenso wie üblicherweise logische Operationen wie AND und OR.

Anmerkung: Der Name des Befehls addiu sorgt immer wieder für Verwirrung. Das u steht für „unsigned" (vorzeichenlos), und das bedeutet, dass die

Addition nicht zu einem Überlauf führen kann. Allerdings ist das 16-Bit-Immediate-Feld vorzeichenerweitert auf 32 Bit, ebenso wie `addi`, `slti` und `sltiu`. Folglich ist das Immediate-Feld vorzeichenbehaftet, auch wenn die Operation „vorzeichenlos" ist.

Hardware-Software-Schnittstelle

Der Rechnerarchitekt muss festlegen, wie arithmetische Überläufe zu behandeln sind. Es gibt zwar Sprachen wie C, die Überläufe bei der Integer-Verarbeitung ignorieren, aber bei Sprachen wie Ada und Fortran muss das Programm benachrichtigt werden. Der Programmierer oder die Programmumgebung muss dann entscheiden, was im Falle eines Überlaufs zu geschehen hat.

Ausnahmebehandlung
Wird bei manchen Rechnern auch als *Unterbrechung* bezeichnet. Ein im ursprünglichen Programm an dieser Stelle nicht vorgesehenes Ereignis, das die Programmausführung unterbricht. Dient beispielsweise zum Erkennen von Überläufen.

MIPS entdeckt einen Überlauf im Rahmen einer **Ausnahmebehandlung** (*Exception*) oder bei manchen Computern auch **Unterbrechung** (*Interrupt*) genannt. Die Bearbeitung im Rahmen einer Ausnahme- oder einer Unterbrechungsbehandlung führt zu einem im ursprünglichen Programm an dieser Stelle nicht vorgesehenen Prozeduraufruf. Die Adresse des Befehls, der den Überlauf verursacht hat, wird in einem Register gespeichert, und der Rechner springt zu einer fest vorgegebenen Adresse, um die für eine Ausnahme vorgesehene Routine aufzurufen. Die Adresse des Befehls, der die Ausnahme verursacht hat, wird gesichert. Nach Ausführung der Routine zur Behebung des Fehlers kann das unterbrochene Programm fortgesetzt werden. (In Abschnitt 4.9 werden Ausnahmen ausführlicher beschrieben. In Kapitel 5 werden weitere Situationen beschrieben, in denen Ausnahmen und Unterbrechungen auftreten.)

Unterbrechung Eine Ausnahmesituation, die außerhalb des Prozessors verursacht wird. (Bei manchen Architekturen wird der Begriff Unterbrechung (Interrupt) für alle Arten von Ausnahmen verwendet.)

MIPS verwendet ein spezielles Register, das *EPC-Register* (*exception program counter*), zum Speichern der Adresse des Befehls, der die Ausnahme verursacht hat. Mit dem Befehl *move from system control* (`mfc0`) wird der Inhalt des EPC-Registers in ein Allzweckregister kopiert, so dass die MIPS-Software mit einem Jump-Register-Befehl zu dem Befehl zurückkehren kann, der die Ausnahmebehandlung ausgelöst hat.

Zusammenfassung

Unabhängig von der Darstellung kann es bei arithmetischen Operationen aufgrund der begrenzten Wortgröße in Rechnern zu Ergebnissen kommen, die nicht in das vorgegebene Wort passen. Bei vorzeichenlosen Zahlen ist ein Überlauf leicht zu erkennen, auch wenn dieser fast immer ignoriert wird, da bei der Adressberechnung, bei der natürliche Zahlen am häufigsten benötigt werden, das Erkennen eines Überlaufs nicht unbedingt notwendig ist. Eine größere Herausforderung stellen die Zweierkomplementzahlen dar, denn bei einigen Softwaresystemen müssen Überläufe erkannt werden. Daher verfügen heute alle Computer über eine Möglichkeit, Überläufe zu erkennen.

Selbsttest

Bei manchen Programmiersprachen können als Byte und Halbwort deklarierte Variablen mittels Zweierkomplement-Ganzzahlarithmetik berechnet werden. Bei MIPS dagegen gibt es Ganzzahlarithmetik nur für Bytes. In Kapitel 2 haben wir gesehen, dass es Datentransfer-Operationen für Bytes und Halbwörter gibt. Welche MIPS-Befehle werden verwendet?

1. laden mit lbu, lhu; arithmetische Operation mit add, sub, mult, div; dann speichern mit sb, sh

2. laden mit lb, lh; arithmetische Operation mit add, sub, mult, div; dann speichern mit sb, sh

3. laden mit lb, lh; arithmetische Operation mit add, sub, mult, div, wobei and nach jeder Operation zum Maskieren des Ergebnisses mit 8 oder 16 Bit verwendet wird; dann speichern mit sb, sh

Anmerkungen: 1) Ein Merkmal, das bei Mikroprozessoren für Universalrechner nicht standardmäßig zu finden ist, sind *Sättigungsoperationen*. Sättigung bedeutet, dass das Ergebnis einer Berechnung im Falle eines Überlaufs auf die größte positive Zahl bzw. die betragsgrößte negative Zahl gesetzt wird, anstatt eine Modulo-Berechnung auszuführen wie beim Zweierkomplement. Sättigung ist höchstwahrscheinlich das, was für Multimedia-Operationen gewünscht ist. Zum Beispiel wäre es sehr frustrierend, wenn der Lautstärkeknopf an einem Radio so funktionieren würde, dass die Lautstärke beim Hochdrehen zunächst kontinuierlich steigt und dann abrupt sehr leise würde. Mit Sättigung würde die Lautstärke einfach auf dem maximalen Wert bleiben, wenn Sie den Knopf noch weiter drehen. Multimedia-Erweiterungen für Standardbefehlssätze bieten oft Sättigungsarithmetik an.

2) Bei MIPS kann es zum Überlauf kommen, doch im Unterschied zu vielen anderen Computern gibt es keine bedingten Sprünge zum Testen auf Überlauf. Eine Sequenz von MIPS-Befehlen kann feststellen, ob ein Überlauf vorliegt. Für die vorzeichenbehaftete Addition sieht diese Sequenz folgendermaßen aus (zur Beschreibung des XOR-Befehls siehe die Anmerkung auf Seite 94):

```
addu  $t0,$t1,$t2    # $t0 = sum
xor   $t3,$t1,$t2    # prüfe, ob Vorzeichen ungleich
slt   $t3,$t3,$zero  # $t3 = 1 falls Vorzeichen ungleich
bne   $t3,$zero,No_overflow
      # $t1, $t2 Vorzeichen ungleich, daher kein Überlauf
xor   $t3,$t0,$t1    # Vorzeichen gleich; Summenvorzeichen?
      # $t3 negativ, falls Summenvorzeichen ungleich
slt   $t3,$t3,$zero  # $t3=1, falls Summenvorz. ungleich
bne   $t3,$zero,Overflow
      # alle 3 Vorz. ungleich; goto overflow
```

Für die vorzeichenlose Addition ($t0=$t1+$t2) sieht der Test wie folgt aus:

```
addu $t0, $t1, $t2      # $t0 = sum
nor  $t3, $t1, $zero    # $t3 = NOT $t1
                        # (Zweierkomplement -1: 2^32 - $t1 - 1)
sltu $t3, $t3, $t2      # (2^32 - $t1 - 1) < $t2 --> 2^32 - 1 < $t1 + $t2
bne  $t3,$zero,Overflow # if (2^32 - 1 < $t1 + $t2) goto overflow
```

3) Im letzten Abschnitt wurde beschrieben, dass das EPC-Register mittels mfc0 in ein Register kopiert und mittels jump register an die Stelle im Programm zurückgekehrt wird, an der die Ausführung unterbrochen worden ist. Dies führt zu einer interessanten Frage: Wenn bei der Verwendung des Jump-Register-Befehls zunächst der Inhalt des EPC-Registers in ein Register kopiert werden muss, wie kann dann der Jump-Register-Befehl zum unterbrochenen Code zurückkehren *und* die ursprünglichen Werte *aller* Register wiederherstellen? Entweder werden zuerst alle alten Register wiederhergestellt und dabei die Rücksprungadresse aus dem EPC-Register gelöscht, das für die Verwendung bei einem Jump-Register-Befehl in einem Register gespeichert wurde, oder es werden außer dem einen Register mit der Rücksprungadresse alle Register wiederhergestellt, so dass gesprungen werden kann. Damit würde eine Ausnahme dazu führen, dass ein Register während der Programmausführung jederzeit geändert werden kann! Weder das eine noch das andere ist befriedigend.

Um die Hardware vor diesem Dilemma zu schützen, halten sich MIPS-Programmierer an die Konvention, die Register $k0 und $k1 für das Betriebssystem zu reservieren. Diese Register werden bei Ausnahmen *nicht* wiederhergestellt. So wie die MIPS-Compiler Register $at nicht verwenden, damit der Assembler dieses Register als temporäres Register nutzen kann (siehe Abschnitt 2.10), so verwenden Compiler auch die Register $k0$ und $k1 nicht, so dass diese dem Betriebssystem zur Verfügung stehen. Ausnahmeroutinen speichern die Rücksprungadresse in einem dieser Register und stellen die Befehlsadresse mit dem Jump-Register-Befehl wieder her.

4) Die Addition wird beschleunigt, indem der Übertrag in die höheren Bits schneller erkannt wird. Es gibt verschiedene Vorgehensweisen, den Übertrag vorab zu schätzen, so dass das Worst-Case-Szenario eine $\log_2$-Funktion der Anzahl der im Addierer verarbeiteten Bits ist. Diese Schätzsignale sind schneller, weil sie weniger Gates in Folge durchlaufen, aber man benötigt sehr viel mehr Gates, um den richtigen Übertrag zu schätzen. Das bekannteste Verfahren ist *Carry Lookahead*, das in Anhang B beschrieben ist.

Das Multiplizieren ist eine Qual,
Vom Dividier'n hab ich keinen Schimmer.
Der Dreisatz bleibt ewig ein Rätsel für mich,
Und Üben macht alles noch schlimmer.

aus einem anonymen engl. Manuskript, 1570

3.3 Multiplikation

Nachdem wir die Erläuterung der Funktionsweise der Addition und Subtraktion abgeschlossen haben, können wir uns der komplizierteren Multiplikation zuwenden. Zunächst wiederholen wir zur Erinnerung die einzelnen Schritte und Bezeichnungen der Operanden für die Multiplikation von Dezimalzahlen.

Aus Gründen, die in Kürze deutlich werden, beschränken wir uns in diesem Beispiel auf Dezimalzahlen, die nur aus den Ziffern 0 und 1 bestehen, und multiplizieren 1000_D mit 1001_D:

Multiplikand		1000_D
Multiplikator	$\times$	1001_D
		1000
		0000
		0000
		1000
Produkt		1001000_D

Der erste Operand wird als *Multiplikand* bezeichnet, der zweite als *Multiplikator*. Das Ergebnis einer Multiplikation ist das *Produkt*. Bei dem Algorithmus, den Sie wahrscheinlich in der Schule gelernt haben, wird der Multiplikand mit den einzelnen Ziffern des Multiplikators der Reihe nach von rechts nach links multipliziert, wobei die Zwischenergebnisse jeweils um eine Stelle weiter nach links verschoben werden.

Dabei fällt als Erstes auf, dass die Anzahl der Stellen des Produkts deutlich größer ist als die Anzahl der Stellen des Multiplikanden oder des Multiplikators. Wenn wir die Vorzeichenbits außer Acht lassen, ergibt sich bei der Multiplikation eines n-Bit-Multiplikanden mit einem m-Bit-Multiplikator ein Produkt mit $n + m$ Stellen. Wie bei der Addition müssen wir auch bei der Multiplikation mit dem Problem des Überlaufs umgehen können, insbesondere wenn bei der Multiplikation zweier 32-Bit-Zahlen das Ergebnis ebenfalls 32-stellig sein soll, was häufig gewünscht ist.

In unserem Beispiel haben wir uns auf die Dezimalziffern 0 und 1 beschränkt. Bei nur zwei Möglichkeiten sind die einzelnen Schritte der Multiplikation einfach:

1. Wenn an der Stelle des Multiplikators eine 1 steht, wird an der entsprechenden Stelle eine Kopie des Multiplikanden gesetzt (1 × Multiplikand), und

2. wenn an der Stelle des Multiplikators eine 0 steht, wird an der entsprechenden Stelle eine 0 (0 × Multiplikand) gesetzt.

Diese einfache Multiplikation funktioniert bei Dezimalzahlen, die nur Nullen und Einsen enthalten. Bei der Multiplikation von Binärzahlen werden sowieso nur Nullen und Einsen verwendet, weshalb immer nur diese beiden Möglichkeiten zur Wahl stehen.

Nach der Wiederholung der Grundlagen der Multiplikation wird üblicherweise eine stark optimierte Multiplikationshardware vorgestellt. Wir weichen von dieser traditionellen Vorgehensweise ab. Wir denken, dass die Zusammenhänge besser zu verstehen sind, wenn Sie die Entwicklung der Multiplikationshardware und des Multiplikationsalgorithmus über mehrere Generationen hinweg verfolgen können. Für den Moment betrachten wir nur die Multiplikation positiver Zahlen.

Sequentielle Version des Multiplikationsalgorithmus und der Multiplikationshardware

Dieser Entwurf ahmt den Algorithmus nach, den wir in der Schule gelernt haben. Die Hardware ist in Abbildung 3.2 dargestellt. Wir haben die Hardware so gezeichnet, dass die Daten von oben nach unten fließen, um so die Papier- und-Bleistift-Methode am besten nachzuempfinden.

Wir nehmen an, der Multiplikator befinde sich im 32-Bit-Multiplikatorregister und das 64-Bit-Register sei mit 0 initialisiert. Gemäß dem obigen Papier- und-Bleistift-Beispiel muss der Multiplikand in jedem Schritt um eine Stelle nach links verschoben werden, damit die Zwischenergebnisse addiert werden können. Ein 32-Bit-Multiplikand wird in 32 Schritten um insgesamt 32 Bit nach links verschoben. Aus diesem Grund benötigen wir ein 64-Bit-Multipli- kandenregister, das mit dem 32-Bit-Multiplikanden in der rechten Hälfte und 0 in der linken Hälfte initialisiert wird. Dieses Register wird dann in jedem Schritt um 1 Bit nach links verschoben, um den Multiplikanden an der Summe auszurichten, die im 64-Bit-Produktregister gebildet wird.

In Abbildung 3.3 sind die für jedes Bit erforderlichen drei Grundschritte dargestellt. Das niedrigstwertige Bit des Multiplikators bestimmt, ob der Multiplikand zum Wert im Produktregister addiert wird. Das Schieben nach links in Schritt 2 hat zur Folge, dass die Zwischenoperanden wie beim schriftlichen Multiplizieren nach links verschoben werden. Das Schieben nach rechts in Schritt 3 liefert das Bit des Multiplikators, das in der nachfolgenden Ite-

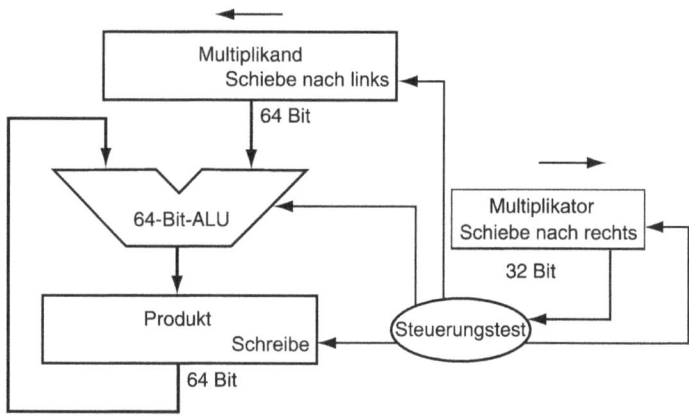

Abb. 3.2: Die erste Version der Multiplikationshardware. Das Multiplikandenregister, die ALU und das Produktregister sind jeweils 64 Bit breit, nur das Multiplikatorregister umfasst 32 Bit. (In Anhang B sind ALUs beschrieben.) Der 32-Bit-Multiplikand steht in der rechten Hälfte des Multi- plikandenregisters und wird bei jedem Schritt um ein Bit nach links verschoben. Der Multiplikator wird bei jedem Schritt in die entgegengesetzte Richtung verschoben. Das Produktregister ist zu Be- ginn des Algorithmus auf 0 gesetzt. Die Steuerung bestimmt, wann das Multiplikanden- und das Multiplikatorregister verschoben werden und wann neue Werte in das Produktregister geschrieben werden.

ration als nächstes zu überprüfen ist. Diese drei Schritte werden 32-mal wiederholt, bis das Produkt berechnet ist. Wenn jeder Schritt einen Taktzyklus beanspruchen würde, würde dieser Algorithmus zur Multiplikation zweier 32-Bit-Zahlen nahezu 100 Taktzyklen benötigen. Die Bedeutung arithmetischer Operationen wie der Multiplikation ist von Programm zu Programm verschieden. Die Addition und Subtraktion wird jedoch etwa fünf- bis hundertmal so oft angewendet wie die Multiplikation. Entsprechend kann die Multiplikation bei vielen Anwendungen mehrere Taktzyklen beanspruchen, ohne die Leistung spürbar zu beeinträchtigen. Das Amdahl'sche Gesetz (siehe Abschnitt 1.10)

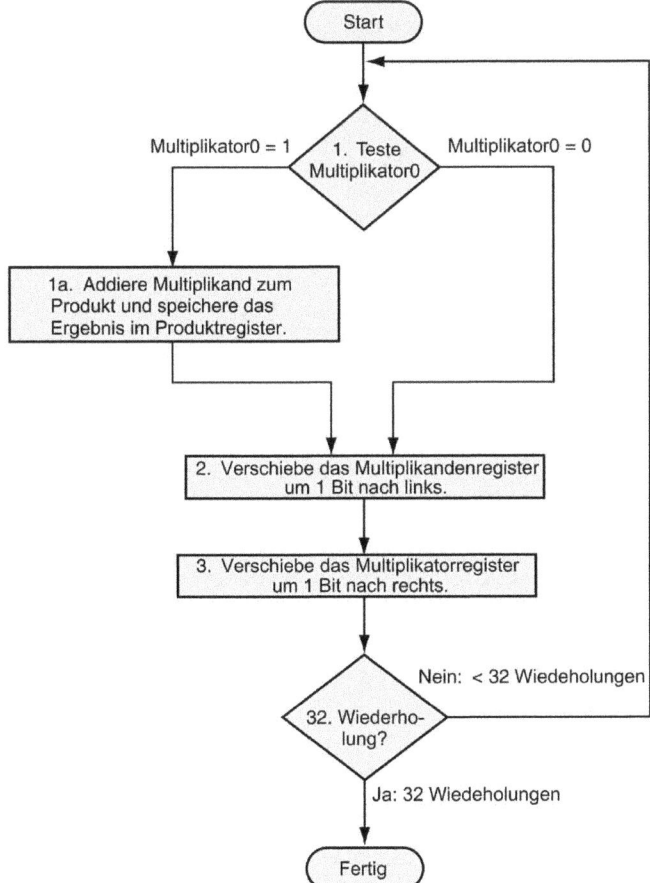

Abb. 3.3: Der erste Multiplikationsalgorithmus unter Verwendung der in Abbildung 3.2 dargestellten Hardware. Addiere den Multiplikanden zum Produkt, wenn das niedrigstwertige Bit des Multiplikators 1 ist. Wenn nicht, fahre mit dem nächsten Schritt fort. Verschiebe in den nächsten beiden Schritten den Multiplikanden nach links und den Multiplikator nach rechts. Diese drei Schritte werden 32-mal wiederholt.

besagt jedoch, dass eine langsame Operation auch bei geringer Häufigkeit die Leistung beeinträchtigen kann.

Der Algorithmus und die Hardware können in einfacher Weise verfeinert werden, so dass jeder Schritt einen Taktzyklus benötigt. Die Beschleunigung wird durch die parallele Ausführung der Operationen erzielt: Der Multiplikator und der Multiplikand werden verschoben, während der Multiplikand zum Produkt addiert wird, falls das Multiplikatorbit 1 ist. Die Hardware muss sicherstellen, dass das richtige Bit des Multiplikators geprüft wird und jeweils die zuvor geschobene Version des Multiplikanden bereit steht. Wenn man darauf achtet, wo Teile der Register und Addierer ungenutzt bleiben, kann der Hardware-Aufwand in der Regel durch die Halbierung der Breite des Addierers und der Register verringert werden. Abbildung 3.4 zeigt die überarbeitete Hardware.

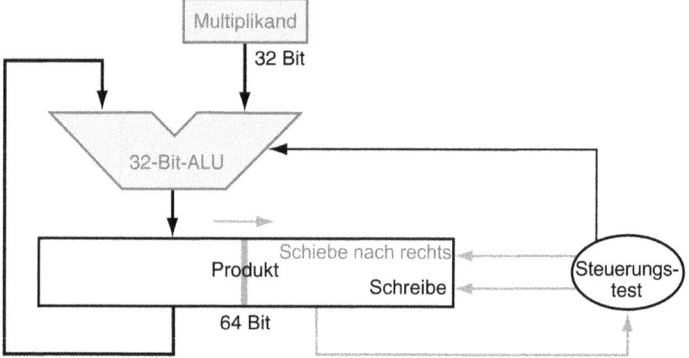

Abb. 3.4: Die verfeinerte Version der Multiplikationshardware. Vergleichen Sie diese mit der ersten Version in Abbildung 3.2. Das Multiplikandenregister, die ALU und das Multiplikatorregister sind alle 32 Bit breit. Nur das Produktregister weist noch 64 Bit auf. Nun wird das Produkt nach rechts verschoben. Das getrennte Multiplikatorregister ist verschwunden. Stattdessen befindet sich der Multiplikator nun in der rechten Hälfte des Produktregisters. Diese Änderungen sind grau hervorgehoben. (Das Produktregister sollte eigentlich 65 Bit breit sein, um den Übertrag aus dem Addierer aufzunehmen. Hier ist es mit 64 Bit dargestellt, um die Weiterentwicklung aus Abbildung 3.2 zu verdeutlichen.)

Hardware-Software-Schnittstelle

Auch bei der Multiplikation von Konstanten kann Arithmetik durch Schiebeoperationen ersetzt werden. Einige Compiler ersetzen Multiplikationen mit kurzen Konstanten durch mehrere Schiebeoperationen und Additionen. Da eine Verschiebung um ein Bit nach links bei Zahlen zur Basis 2 deren Wert verdoppelt, bewirkt das Verschieben der Bits nach links dasselbe wie die Multiplikation mit einer Potenz von 2. Wie wir aus Kapitel 2 wissen, führen die meisten Compiler die Optimierung *Strength Reduction* durch, bei der eine Multiplikation mit einer Potenz von 2 durch eine Schiebeoperation nach links ersetzt wird.

Tab. 3.2: Beispiel für eine Multiplikation mit dem Algorithmus aus Abbildung 3.3.
Das Bit, das den nächsten Schritt bestimmt, ist jeweils unterstrichen.

Iteration	Schritt		Multi-plikator	Multiplikand	Produkt
0	Anfangswerte		0011	0000 0010	0000 0000
1	1a:	1 ⇒ Produkt = Produkt + Multiplikand	0011	0000 0010	0000 0010
	2:	schiebe Multiplikand nach links	0011	0000 0100	0000 0010
	3:	schiebe Multiplikator nach rechts	0001	0000 0100	0000 0010
2	1a:	1 ⇒ Produkt = Produkt + Multiplikand	0001	0000 0100	0000 0110
	2:	schiebe Multiplikand nach links	0001	0000 1000	0000 0110
	3:	schiebe Multiplikator nach rechts	0000	0000 1000	0000 0110
3	1:	0 ⇒ keine Operation	0000	0000 1000	0000 0110
	2:	schiebe Multiplikand nach links	0000	0001 0000	0000 0110
	3:	schiebe Multiplikator nach rechts	0000	0001 0000	0000 0110
4	1:	0 ⇒ keine Operation	0000	0001 0000	0000 0110
	2:	schiebe Multiplikand nach links	0000	0010 0000	0000 0110
	3:	schiebe Multiplikator nach rechts	0000	0010 0000	0000 0110

Beispiel: Ein Multiplikationsalgorithmus

Nehmen Sie 4-Bit-Zahlen, um Platz zu sparen, und multiplizieren Sie $2_D \times 3_D$, d. h. $0010_B \times 0011_B$.

Lösung: Tabelle 3.3 führt die Werte der einzelnen Register für jeden der Schritte auf, wobei die Nummerierung der in Abbildung 3.3 folgt. Der letzte Wert ist $0000\ 0110_B$, also 6_D. Die Registerwerte, die sich beim jeweiligen Schritt ändern, sind grau hinterlegt. Das jeweils unterstrichene Bit ist das Bit, das geprüft wird, um zu bestimmen, welche Operation im nächsten Schritt auszuführen ist.

Multiplikation mit Vorzeichen

Bisher haben wir positive Zahlen betrachtet. Der Umgang mit vorzeichenbehafteten Zahlen ist am einfachsten, wenn zunächst der Multiplikator und der Multiplikand in positive Zahlen umgewandelt und die ursprünglichen Vorzeichen gemerkt werden. Der Algorithmus muss 31 Iterationen durchlaufen, wobei die Vorzeichen bei der Berechnung nicht berücksichtigt werden. Wie wir aus der Schule wissen, müssen wir das Produkt nur negieren, wenn die ursprünglichen Vorzeichen verschieden sind.

Es zeigt sich, dass der letzte Algorithmus bei vorzeichenbehafteten Zahlen eingesetzt werden kann, wobei beachtet werden muss, dass die Zahlen, um die es geht, unendlich viele Stellen haben, jedoch nur mit 32 Bit dargestellt werden. Daher muss bei den Schiebeschritten das Vorzeichen für das Produkt von vorzeichenbehafteten Zahlen erweitert werden. Wenn der Algorithmus beendet ist, befindet sich das 32-Bit-Produkt im niederwertigen Teil des Worts.

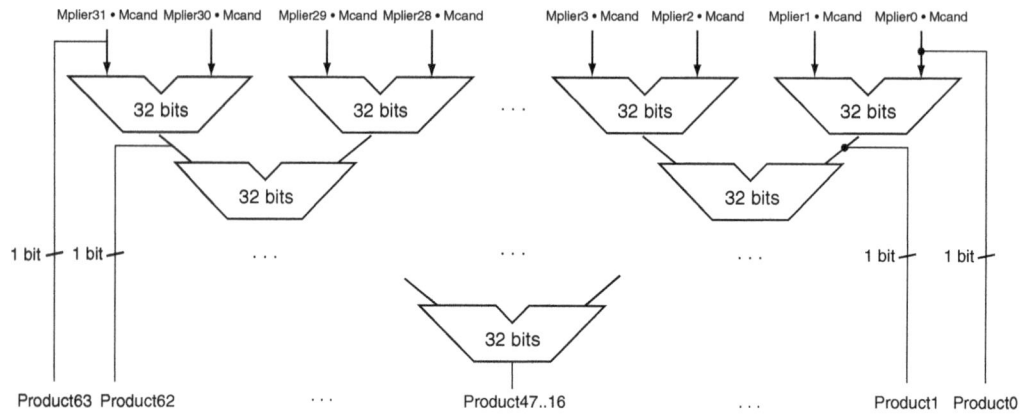

Abb. 3.5: Schnelle Multiplikationshardware. Statt einen einzelnen 32-Bit-Addierer 32-mal zu verwenden, „rollt diese Hardware die Schleife auf" und verwendet 31 Addierer. Jeder Addierer generiert eine 32-Bit-Summe und einen Übertrag. Das niedrigstwertige Bit ist ein Bit des Produkts, und der Übertrag und die oberen 31 Bit der Summe werden an den nächsten Addierer weitergeleitet.

Schnellere Multiplikation

MOORE´SCHES
GESETZ

Wie durch das **Moore'sche Gesetz** vorhergesagt, stehen dem Hardwareentwickler heute viel mehr Ressourcen zur Verfügung, womit auch eine schnellere Multiplikationshardware entworfen werden kann. Ob der Multiplikand addiert werden muss oder nicht, ist bei Betrachtung der 32 einzelnen Multiplikatorbits bereits zu Beginn der Multiplikation bekannt. Die schnellere Multiplikation wird im Wesentlichen durch die Bereitstellung jeweils eines Addierers für jedes Bit des Multiplikators erreicht. An einem Eingang liegt der über ein AND mit einem Multiplikatorbit verknüpfte Multiplikand an und am anderen Eingang der Ausgang des Addierers der vorherigen Stufe.

Ein einfacherer Ansatz wäre es, die Ausgänge von Addierern auf der rechten Seite mit den Eingängen von Addierern auf der linken Seite zu verbinden, und damit einen Stapel mit 32 Addierern zu bilden. Eine alternative Methode für die Anordnung dieser 32 Additionen wäre ein paralleler Baum, wie in Abbildung 3.5 gezeigt. Statt auf 32 Additionszeiten zu warten, warten wir nur $\log_2(32)$ oder fünf 32-Bit-Additionen mal.

Die Multiplikation kann sogar noch schneller als fünf Additionszeiten sein, wenn *Carry Save Adders* (siehe Anhang C, online) verwendet werden, und weil es einfach ist, einen solchen Entwurf zu einer **Pipeline** auszubauen, um mehrere Multiplikationen gleichzeitig zu unterstützen (siehe Kapitel 4).

PIPELINING

Multiplikation bei MIPS

Bei der MIPS-Architektur gibt es zwei getrennte 32-Bit-Register zum Speichern des 64-Bit-Produkts. Diese Register heißen *Hi* und *Lo*. Um ein Produkt mit oder ohne Vorzeichen generieren zu können, enthält der MIPS-Befehlssatz zwei Befehle: multiply (`mult`) und multiply unsigned (`multu`). Um das ganzzahlige 32-Bit-Produkt zu holen, verwendet der Programmierer den Befehl *move from lo* (`mflo`). Der MIPS-Assembler generiert einen Pseudobefehl für die Multiplikation, in dem drei Allzweckregister angegeben sind, und speichert das Produkt mithilfe der Befehle `mflo` und `mfhi` in Registern.

Zusammenfassung

Abgeleitet von der Papier-und-Bleistift-Methode, wie wir sie in der Schule gelernt haben, wird die Multiplikation mithilfe einfacher Schiebe- und Addierhardware durchgeführt. Compiler verwenden sogar Schiebebefehle für die Multiplikation mit Zweierpotenzen. Mit wesentlich umfangreicherer Hardware können wir Additionen **parallel** und somit deutlich schneller ausführen.

PARALLELITÄT

Hardware-Software-Schnittstelle

Keiner der beiden MIPS-Multiplikationsbefehle berücksichtigt einen Überlauf. Somit muss die Software prüfen, ob das Produkt in 32 Bit passt. Es kommt zu keinem Überlauf, wenn Hi bei `multu` 0 ist oder wenn Hi bei `mult` das kopierte Vorzeichen von Lo ist. Mit dem Befehl *move from hi* (`mfhi`) kann Hi in ein Allzweckregister übertragen werden, um zu prüfen, ob ein Überlauf vorliegt.

3.4 Division

Divide et impera.
(Teile und herrsche.)

Altes politisches Prinzip nach Machiavelli, 1532

Die Division ist die inverse Operation zur Multiplikation. Sie kommt noch seltener vor und ist noch vertrackter. Es kann sogar zu einer mathematisch ungültigen Operation kommen: der Division durch 0. Betrachten wir zunächst ein Beispiel für die Division von Dezimalzahlen, um die Bezeichnungen der Operanden und den Divisionsalgorithmus in Erinnerung zu rufen. Aus denselben Gründen wie im vorhergehenden Abschnitt verwenden wir nur die Dezimalziffern 0 und 1. Bei dem Beispiel wird $1\,001\,010_D$ durch 1000_D dividiert:

Dividend Eine Zahl, die dividiert wird.

Divisor Eine Zahl, durch die der Dividend dividiert wird.

Quotient Das primäre Ergebnis einer Division. Eine Zahl, die, mit dem Divisor multipliziert und zum Rest addiert, den Dividenden ergibt.

```
                    1001_D    Quotient
Divisor 1000_D    1001010_D    Dividend
                  -1000
                      10
                      10
                     101
                    1010
                   -1000
                     10_D     Rest
```

Rest Das sekundäre Ergebnis einer Division. Eine Zahl, die, zum Produkt aus Quotient und Divisor addiert, den Dividenden ergibt.

Die beiden Operanden (**Dividend** und **Divisor**) und das Ergebnis (**Quotient**) der Division werden von einem zweiten Ergebnis begleitet, das als **Rest** bezeichnet wird. Die Beziehung zwischen den Komponenten lässt sich auch wie folgt ausdrücken:

Dividend = Quotient × Divisor + Rest

wobei der Rest kleiner als der Divisor ist. Programme verwenden gelegentlich den Divisionsbefehl, nur um den Rest zu ermitteln (der Quotient spielt dann keine Rolle).

Beim Divisionsalgorithmus aus der Schule wird versucht herauszufinden, wie oft eine Zahl subtrahiert werden kann, wobei bei jedem Versuch eine Ziffer des Quotienten generiert wird. Bei unserem sorgfältig ausgewählten Beispiel verwenden wir nur die Dezimalziffern 0 und 1, was es leicht macht herauszufinden, wie oft der Divisor im Dividendenteil enthalten ist: nämlich entweder 0-mal oder 1-mal. Binärzahlen bestehen nur aus Nullen und Einsen. Somit gibt es bei der Binärdivision nur diese beiden Möglichkeiten, was die Division mit Binärzahlen vereinfacht.

Nehmen wir an, dass sowohl der Dividend als auch der Divisor positiv und somit der Quotient und der Rest nicht negativ sind. Die Divisionsoperanden und beide Ergebnisse sind 32-Bit-Werte. Das Vorzeichen lassen wir im Moment außer Acht.

Ein Divisionsalgorithmus und eine Divisionshardware

In Abbildung 3.6 ist die Hardware dargestellt, mit der unser Algorithmus aus der Schule realisiert wird. Wir beginnen mit der Initialisierung des 32-Bit-Quotientenregisters, das auf 0 gesetzt ist. Bei jeder Iteration des Algorithmus muss der Divisor um eine Stelle nach rechts verschoben werden. Deshalb muss der Divisor zu Beginn in der linken Hälfte des 64-Bit-Divisorregisters abgelegt werden. Bei jedem Schritt muss der Divisor um ein Bit nach rechts verschoben werden, um ihn so am Dividenden auszurichten. Das Restregister wird mit dem Dividenden initialisiert.

In Abbildung 3.7 sind die drei Schritte des ersten Divisionsalgorithmus dargestellt. Im Gegensatz zum Menschen ist der Computer nicht intelligent genug, im Voraus zu erkennen, ob der Divisor kleiner ist als der Dividend. Er muss zunächst den Divisor in Schritt 1 subtrahieren. Es sei daran erinnert, dass auf diese Weise der Vergleich beim Set-on-less-than-Befehl durchgeführt worden ist. Wenn das Ergebnis positiv ist, ist der Divisor kleiner als oder gleich groß wie der Dividend und wir generieren eine 1 im Quotienten (Schritt 2a). Wenn das Ergebnis negativ ist, besteht der nächste Schritt darin, den Anfangswert wiederherzustellen, indem der Divisor und der Rest addiert werden, und im Quotienten eine 0 zu generieren (Schritt 2b). Der Divisor wird nach rechts verschoben, und der Vorgang wird wiederholt. Nach Abschluss aller Wiederholungen befinden sich der Rest im Restregister und der Quotient im Quotientenregister.

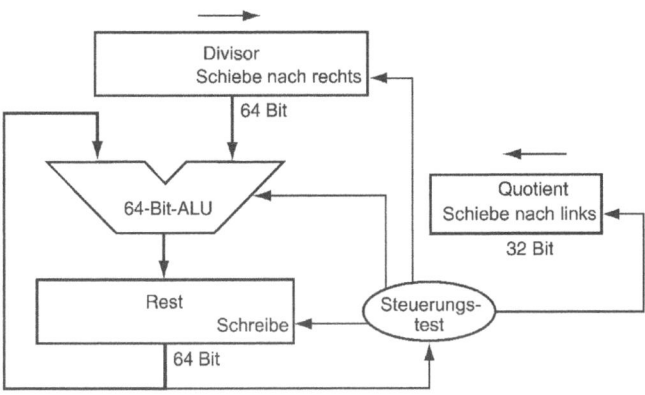

Abb. 3.6: Erste Version der Divisionshardware. Das Divisorregister, die ALU und das Rest-register sind jeweils 64 Bit breit, nur das Quotientenregister umfasst 32 Bit. Der 32-Bit-Divisor beginnt in der linken Hälfte des Divisorregisters und wird bei jeder Wiederholung um ein Bit nach rechts verschoben. Der Rest wird mit dem Dividenden initialisiert. Die Steuerung bestimmt, wann das Divisor- und das Quotientenregister verschoben werden und wann der neue Wert in das Rest-register geschrieben wird.

Beispiel: Ein Divisionsalgorithmus

Verwenden Sie eine 4-Bit-Version des Algorithmus, um Platz zu sparen, und dividieren Sie 7_D durch 2_D, d. h. $0000\ 0111_B$ durch 0010_B.

Lösung: In Tabelle 3.3 sind die Werte der einzelnen Register für jeden Schritt angegeben, wobei der Quotient 3_D und der Rest 1_D beträgt. Bei der Überprü-fung in Schritt 2, ob der Rest eine positive oder negative Zahl ist, wird ledig-lich überprüft, ob das Vorzeichenbit des Restregisters eine 0 oder eine 1 ist. Erstaunlich ist, dass bei diesem Algorithmus $n + 1$ Schritte erforderlich sind, um Quotienten und Rest zu ermitteln.

Dieser Algorithmus und diese Hardware können verfeinert und auf diese Wei-se schneller und billiger gemacht werden. Die Beschleunigung wird dadurch erzielt, dass das Verschieben der Operanden und des Quotienten gleichzeitig mit der Subtraktion erfolgt. Indem darauf Acht gegeben wird, wo Teile der Register und des Addierers ungenutzt bleiben, kann durch diese Verfeinerung die Breite der Register und des Addierers halbiert werden. Die überarbeitete Hardware ist in Abbildung 3.8 dargestellt.

Division für vorzeichenbehaftete Zahlen

Bis jetzt haben wir Zahlen mit Vorzeichen bei der Division nicht berücksich-tigt. Die einfachste Lösung besteht darin, sich die Vorzeichen des Divisors und des Dividenden zu merken und den Quotienten zu negieren, wenn Divisor und Dividend unterschiedliche Vorzeichen haben.

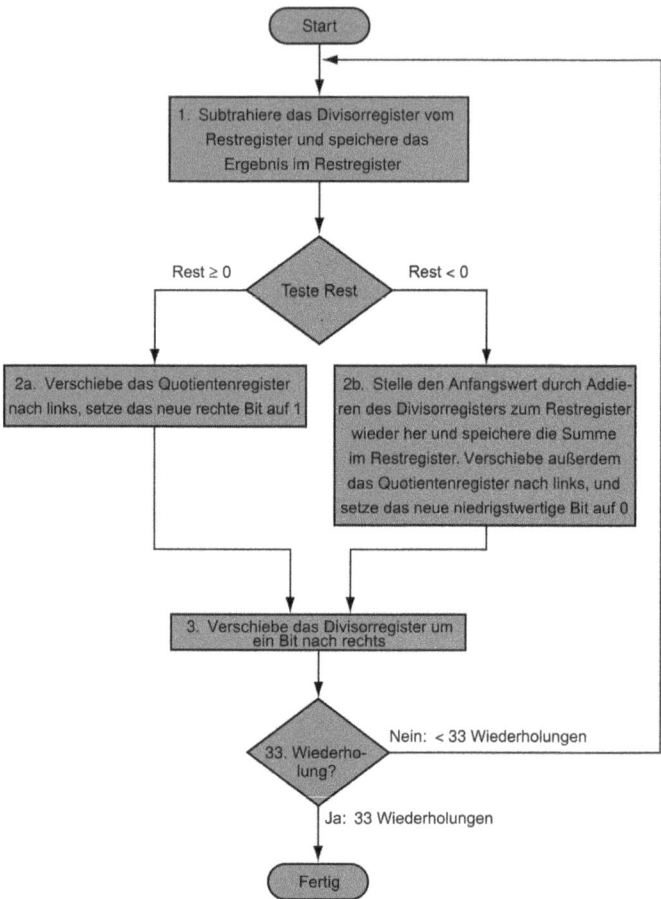

Abb. 3.7: Ein Divisionsalgorithmus unter Verwendung der in Abbildung 3.6 dargestellten Hardware. Wenn der Rest positiv ist, ist der Divisor im Dividenden enthalten und in Schritt 2a wird im Quotienten eine 1 generiert. Ein negativer Rest nach Schritt 1 bedeutet, dass der Divisor nicht im Dividenden enthalten ist und somit in Schritt 2b eine 0 im Quotienten generiert und der Divisor zum Rest addiert wird, wobei die Subtraktion aus Schritt 1 umgekehrt wird. Mit der letzten Verschiebung in Schritt 3 wird der Divisor für die nächste Wiederholung ordnungsgemäß am Dividenden ausgerichtet. Diese Schritte werden 33-mal wiederholt.

Anmerkung: Bei der Division mit Vorzeichen gibt es jedoch ein Problem: Wir müssen auch das Vorzeichenbit für den Rest setzen. Schließlich muss die folgende Gleichung immer erfüllt sein:

Dividend = Quotient × Divisor + Rest

Um zu verstehen, wie das Vorzeichenbit des Rests gesetzt wird, betrachten wir anhand des Beispiels mit der Division alle Kombinationen aus $\pm 7_D$ durch $\pm 2_D$.

Tab. 3.3: Beispiel für eine Division mit dem Algorithmus aus Abbildung 3.7. Das unterstrichene Bit bestimmt den nächsten Schritt.

Iteration	Schritt	Quotient	Divisor	Rest
0	Anfangswerte	0000	0010 0000	0000 0111
1	1: Rest = Rest − Divisor	0000	0010 0000	<u>1</u>110 0111
	2b: Rest < 0 => + Divisor, sll Q, Q0 = 0	0000	0010 0000	0000 0111
	3: schiebe Divisor nach rechts	0000	0001 0000	0000 0111
2	1: Rest = Rest − Divisor	0000	0001 0000	<u>1</u>111 0111
	2b: Rest < 0 => + Divisor, sll Q, Q0 = 0	0000	0001 0000	0000 0111
	3: schiebe Divisor nach rechts	0000	0000 1000	0000 0111
3	1: Rest = Rest − Divisor	0000	0000 1000	<u>1</u>111 1111
	2b: Rest < 0 => +Divisor, sll Q, Q0 = 0	0000	0000 1000	0000 0111
	3: schiebe Divisor nach rechts	0000	0000 0100	0000 0111
4	1: Rest = Rest − Divisor	0000	0000 0100	<u>0</u>000 0011
	2a: Rest ≥ 0 => sll Q, Q0 = 1	0001	0000 0100	0000 0011
	3: schiebe Divisor nach rechts	0001	0000 0010	0000 0011
5	1: Rest = Rest - Divisor	0001	0000 0010	<u>0</u>000 0011
	2a: Rest ≥ 0 => sll Q, Q0 = 1	0011	0000 0010	0000 0001
	3: schiebe Divisor nach rechts	0011	0000 0001	0000 0001

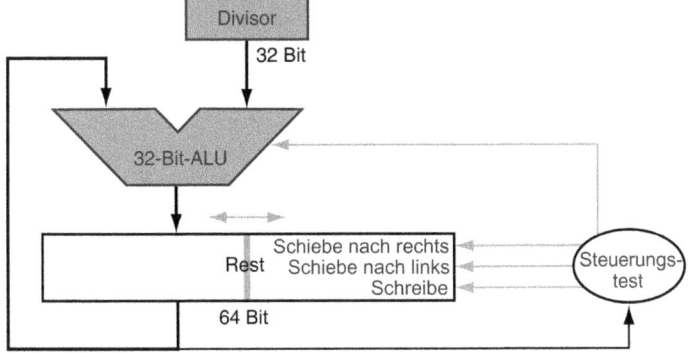

Abb. 3.8: Eine verbesserte Version der Divisionshardware. Das Divisorregister, die ALU und
das Quotientenregister sind jeweils 32 Bit breit, nur das Restregister umfasst 64 Bit. Im Vergleich
zu Abbildung 3.6 wurde die ALU und das Divisorregister halbiert und der Rest nach links verschoben. Bei dieser Version wurde außerdem das Quotientenregister mit der rechten Hälfte des
Restregisters zusammengelegt. (Wie in Abbildung 3.4 sollte das Restregister tatsächlich 65 Bit
haben, um sicherzustellen, dass das Ergebnis des Addierers nicht verloren geht.)

Die erste Kombination ist einfach:

$(+7) : (+2) \quad \Rightarrow \text{Quotient} = +3, \text{Rest} = +1$

Überprüfung des Ergebnisses:

$7 = 3 \times 2 + (+1) = 6 + 1$

Wenn wir das Vorzeichen des Dividenden ändern, muss sich das Vorzeichen des Quotienten ebenfalls ändern:

$(-7) : (+2) \quad \Rightarrow$ Quotient $= -3$

Durch Umformung der ursprünglichen Formel erhalten wir:

Rest $=$ (Dividend $-$ Quotient $\times$ Divisor) $= -7 - (-3) \times (+2) = -7 - (-6) = -1$

Somit gilt,

$(-7) : (+2) \quad \Rightarrow$ Quotient $= -3, \quad$ Rest $= -1$

Wieder Überprüfung des Ergebnisses:

$-7 = -3 \times 2 + (-1) = -6 - 1$

Der Grund, warum die Lösung für den Quotienten nicht -4 und für den Rest nicht $+1$ lautet, was ebenfalls in die Formel passen würde, ist der, dass sich dann der absolute Wert des Quotienten abhängig vom Vorzeichen des Dividenden und des Divisors ändern würde! Wäre $-(x : y) \neq (-x) : y$, würde die Programmierung eine noch größere Herausforderung darstellen. Dieses anomale Verhalten wird durch das Befolgen der Regel, dass der Dividend und der Rest unabhängig vom Vorzeichen des Divisors und des Quotienten das gleiche Vorzeichen aufweisen müssen, vermieden. Das Vorzeichen von Divisor und Quotient spielt hierbei keine Rolle.

Unter Einhaltung dieser Regel berechnen wir die anderen Kombinationen:

$+7 : (-2) \Rightarrow$ Quotient $= -3, \quad$ Rest $= +1$
$-7 : (-2) \Rightarrow$ Quotient $= +3, \quad$ Rest $= -1$

Der korrekte Divisionsalgorithmus mit Vorzeichen negiert den Quotienten, wenn die Vorzeichen der Operanden verschieden sind, und passt das Vorzeichen des Rests, sofern dieser nicht gleich null ist, dem des Dividenden an.

Schnellere Division

MOORE'SCHES
GESETZ

Das **Moore'sche Gesetz** lässt sich auf die Hardware für die Division ebenso anwenden wie im Falle der Multiplikation, so dass wir versuchen können, die Division durch Hardwareeinsatz schneller zu machen. Um die Multiplikation zu beschleunigen, haben wir viele Addierer verwendet. Dieser Trick funktioniert bei der Division jedoch nicht. Der Grund dafür ist, dass wir das Vorzeichen der Differenz kennen müssen, bevor wir den nächsten Schritt des Algorithmus ausführen können, während wir bei der Multiplikation die 32 Teilprodukte sofort berechnen können.

Es gibt Verfahren, mit denen sich mehr als ein Bit des Quotienten pro Schritt erzeugen lassen. Bei der *SRT-Division* wird versucht, pro Schritt mehrere Bits des Quotienten mit Hilfe einer Tabelle **vorherzusagen**, die auf den oberen Bits des Dividenden und des Rest basiert. Typischerweise werden heute pro Schritt 4 Bit betrachtet. Falsche Schlüsse müssen in nachfolgenden Schritten korrigiert werden. Es geht darum, auf den zu subtrahierenden Wert zu schließen. Bei der Binärdivision gibt es nur eine Möglichkeit. Bei diesen Algorithmen werden 6 Bit vom Rest und 4 Bit vom Divisor als Index in eine Tabelle verwendet. Die indizierten Einträge bestimmen die Abschätzung für jeden Schritt.

VORHERSAGE

Die Fehlerfreiheit dieser schnellen Methode hängt von den Werten in der Lookup-Tabelle ab. Der Trugschluss auf Seite 242 erklärt, welche Folgen es hat, wenn die Tabelle falsche Werte enthält.

Division bei MIPS

Sie haben vielleicht schon bemerkt, dass sowohl für die Multiplikation in Abbildung 3.4 als auch für die Division in Abbildung 3.8 dieselbe sequentielle Hardware verwendet werden kann. Die einzige Voraussetzung ist ein 64-Bit-Register, das nach links oder rechts schieben kann, und eine 32-Bit-ALU, die addiert oder subtrahiert. Daher werden bei MIPS die 32-Bit-Hi- und 32-Bit-Lo-Register sowohl für die Multiplikation als auch für die Division verwendet. Wie der obige Algorithmus bereits erwarten lässt, wird im Hi-Register der Rest und im Lo-Register nach dem Ausführen des Divisionsbefehls der Quotient gespeichert.

Für die Verarbeitung von Ganzzahlen mit und ohne Vorzeichen, verfügt der MIPS-Befehlssatz über zwei Befehle: *divide* (div) und *divide unsigned* (divu). Der MIPS-Assembler lässt Divisionsbefehle zu, in denen drei Register angegeben sind, und speichert das gewünschte Ergebnis mithilfe der Befehle mflo oder mfhi in einem Allzweckregister.

Zusammenfassung

Die übliche Hardwareunterstützung für Multiplikationen und Divisionen ermöglicht es MIPS, zwei 32-Bit-Register bereitzustellen, die sowohl für die Multiplikation als auch für die Division verwendet werden können. Wir beschleunigen die Division, indem wir mehrere Bits des Quotienten vorhersagen und falsche Vorhersagen später korrigieren. Tabelle 3.4 fasst die Erweiterungen der MIPS-Architektur aus den beiden letzten Abschnitten zusammen.

Hardware-Software-Schnittstelle

Die MIPS-Divisionsbefehle berücksichtigen keinen Überlauf. Daher muss die Software prüfen, ob der Quotient zu groß ist. Neben einem Überlauf kann es bei der Division auch zu einer ungültigen Berechnung kommen: der Division durch 0. Manche Rechner erkennen diese beiden verbotenen Ereignisse.

Tab. 3.4: Bisher dargestellte MIPS-Architektur. Um Platz zu sparen, sind in der Tabelle die Register und Speicher der MIPS-Architektur nicht enthalten. In diesem Abschnitt wurden jedoch die Register Hi und Lo ergänzt, um Multiplikationen und Divisionen zu unterstützen. Die MIPS-Maschinensprache finden Sie in der MIPS-Zusammenfassung hinten im Buch.

	Befehl	Beispiel	Bedeutung		Anmerkungen
arithmetischer Befehl	add	add	$s1,$s2,$s3	$s1 = $s2 + $s3	drei Operanden; Überlauf erkannt
	subtract	sub	$s1,$s2,$s3	$s1 = $s2 - $s3	drei Operanden; Überlauf erkannt
	add immediate	Addi	$s1,$s2,100	$s1 = $s2 + 100	+ Konstante; Überlauf erkannt
	add unsigned	addu	$s1,$s2,$s3	$s1 = $s2 + $s3	drei Operanden; Überlauf unerkannt
	subtract unsigned	subu	$s1,$s2,$s3	$s1 = $s2 -- $s3	drei Operanden; Überlauf unerkannt
	add immediate unsigned	addiu	$s1,$s2,100	$s1 = $s2 + 100	+ Konstante; Überlauf unerkannt
	move from coprocessor register	mfc0	$s1,$epc	$s1 = $epc	zum Kopieren des EPC-Registers und anderer spezieller Register verwendet
	multiply	mult	$s2,$s3	Hi, Lo = $s2×$s3	vorzeichenerweitertes 64-Bit-Produkt in Hi, Lo
	multiply unsigned	multu	$s2,$s3	Hi, Lo = $s2×$s3	vorzeichenloses 64-Bit-Produkt in Hi, Lo
	divide	div	$s2, $s3	Lo = $s2 : $s3, Hi = $s2 mod $s3	Lo = Quotient, Hi = Rest
	divide unsigned	divu	$s2, $s3	Lo = $s2 : $s3, Hi = $s2 mod $s3	vorzeichenloser Quotient und Rest
	move from Hi	mfhi	$s1	$s1 = Hi	zum Kopieren von Hi verwendet
	move from Lo	mflo	$s1	$s1 = Lo	zum Kopieren von Lo verwendet
Datentransfer	load word	lw	$s1,100($s2)	$s1 = Memory[$s2 + 100]	Wort vom Hauptspeicher in ein Register
	store word	sw	$s1,100($s2)	Memory[$s2 + 100] = $s1	Wort von einem Register in den Hauptspeicher
	load half unsigned	lhu	$s1,100($s2)	$s1 = Memory[$s2 + 100]	Halbwort vom Hauptspeicher in ein Register
	store half	sh	$s1,100($s2)	Memory[$s2 + 100] = $s1	Halbwort von einem Register in den Hauptspeicher
	load byte unsigned	lbu	$s1,100($s2)	$s1 = Memory[$s2 + 100]	Byte vom Hauptspeicher in ein Register
	store byte	sb	$s1,100($s2)	Memory[$s2 + 100] = $s1	Byte von einem Register in den Hauptspeicher
	load upper immediate	lui	$s1,100	$s1 = 100 * 2^{16}	lädt Konstante in obere 16 Bit
logischer Befehl	and	and	$s1,$s2,$s3	$s1 = $s2 & $s3	drei Registeroperanden; bitweise UND-Verknüpfung
	or	or	$s1, $s2, $s3	$s1 = $s2|$s3	drei Registeroperanden; bitweise ODER-Verknüpfung
	nor	nor	$s1, $s2, $s3	$s1 = ($s2|$s3)!	drei Registeroperanden; bitweise NOR-Verknüpfung
	and immediate	andi	$s1,$s2,100	$s1 = $s2 & 100	bitweise UND-Verknüpfung mit Konstante

Tab. 3.4: Bisher dargestellte MIPS-Architektur. *Fortsetzung*

	Befehl	Beispiel		Bedeutung	Anmerkungen
	or immediate	ori	$s1,$s2,100	$s1 = $s2 | 100!	bitweise ODER-Verknüpfung mit Konstante
	shift left logical	sll	$s1, $s2, 10	$s1 = $s2 << 10	Linksverschiebung um Konstante
	shift right logical	srl	$s1, $s2, 10	s1 = $s2 >> 10	Rechtsverschiebung um Konstante
Verzweigung	branch on equal	Beq	$s1, $s2, 25	wenn ($s1 == $s2), verzweige zu PC + 4 + 100	überprüfen auf Gleichheit; befehlszählerrelative Verzweigung
	branch on not equal	bne	$s1,$s2,25	wenn ($s1 != $s2), verzweige zu PC + 4 + 100	überprüfen auf Ungleichheit; befehlszählerrelative Verzweigung
	set on less than	slt	$s1, $s2,$s3	wenn ($s2 < $s3), $s1=1, ansonsten $s1= 0	Vergleich: kleiner als; Zweierkomplement
	set less than immediate	slti	$s1, $s2, 100	wenn ($s2 < 100), $s1 = 1, ansonsten $s1=0	Vergleich < Konstante; Zweierkomplement
	set less than unsigned	sltu	$s1,$s2,$s3	wenn ($s2 < $s3), $s1 = 1, ansonsten $s1=0	Vergleich: kleiner als; vorzeichenlos
	set less than immediate unsigned	sltiu	$s1, $s2, 100	wenn ($s2 < 100), $s1 = 1, ansonsten $s1 = 0	Vergleich < Konstante; vorzeichenlos
unbedingter Sprung	jump	j	2500	springe zu 10 000	Sprung zu Zieladresse
	jump register	jr	$ra	springe zu $ra	für Switch-Anweisung, Prozedurrücksprung
	jump and link	jal	2500	$ra = PC + 4, springe zu 10 000	für Prozeduraufruf

Die MIPS-Software muss den Divisor prüfen, um zu erkennen, wenn eine Division durch 0 oder ein Überlauf vorliegt.

Anmerkung: Bei einem noch schnelleren Algorithmus wird der Divisor nicht sofort wieder addiert, wenn der Rest negativ ist. Im folgenden Schritt wird der Dividend zum verschobenen Rest *addiert*, da $(r + d) \times 2 - d = r \times 2 + d \times 2 - d = r \times 2 + d$. Dieser *nichtwiederherstellende (nonrestoring)* Divisionsalgorithmus benötigt einen Taktzyklus pro Schritt, was in den Übungen noch genauer betrachtet wird. Der hier gezeigte Algorithmus wird als *wiederherstellende* Division bezeichnet. Ein dritter Algorithmus, der das Ergebnis der Subtraktion nicht speichert, wenn es negativ ist, wird als *Nonperforming*-Divisionsalgorithmus bezeichnet. Er verwendet durchschnittlich ein Drittel weniger arithmetische Operationen.

3.5   Gleitkommaarithmetik

Schnelligkeit bringt dich nirgendwo hin, wenn du den falschen Weg genommen hast.

amerikanisches Sprichwort

Neben Ganzzahlen mit und ohne Vorzeichen unterstützen Programmiersprachen auch Dezimalbrüche als Näherung für *reelle Zahlen*. Beispiele für reelle Zahlen sind:

3,14159265... (π)

2,71828...(e)

0,000000001 oder $1, 0 \times 10^{-9}$ (Sekunden in einer Nanosekunde)

3155760000 oder $3, 15576 \times 10^{9}$ (Sekunden in einem regulären Jahrhundert)

halblogarithmische Zahlendarstellung Eine Zahlendarstellung, bei der Zahlen mit nur einer Ziffer links neben dem Dezimalkomma wiedergegeben werden. Wurde von Konrad Zuse für die Gleitkommadarstellung eingeführt.

normalisierte Zahl Eine Zahl in Gleitkommadarstellung ohne führende Nullen.

Bei der Zahl im letzten Beispiel handelt es sich nicht um einen Bruch. Vielmehr ist diese Zahl zu groß, als dass sie sich noch als vorzeichenbehaftete 32-Bit-Ganzzahl darstellen ließe. Die alternative Darstellung der beiden letzten Zahlen wird als **halblogarithmische Zahlendarstellung** (*Scientific Notation*) bezeichnet. Diese besteht aus nur einer Ziffer links vom Dezimalkomma. Eine Zahl in halblogarithmischer Zahlendarstellung ohne führende Nullen wird als **normalisierte Zahl** bezeichnet. Beispielsweise ist $1,0 \times 10^{-9}$ in normalisierter Zahlendarstellung geschrieben, $0,1 \times 10^{-8}$ und $10,0 \times 10^{-10}$ dagegen nicht.

So, wie wir Dezimalzahlen als normalisierte Zahlen darstellen können, so können wir auch Binärzahlen als normalisierte Zahlen darstellen:

$$1,0_B \times 2^{-1}$$

Um eine Binärzahl in normalisierter Form zu halten, benötigen wir eine Basis, die wir exakt um die Anzahl an Bits vergrößern oder verkleinern können, mit der die Zahl verschoben werden muss, damit links vom Dezimalkomma eine von null verschiedene Ziffer steht. Nur die Basis 2 erfüllt diese Bedingung. Da die Basis nicht 10 ist, benötigen wir für das Dezimalkomma eine andere Bezeichnung: Wir bezeichnen dieses Komma als *Binärkomma*.

Gleitkommaarithmetik Rechnerarithmetik mit der Zahlen in einer Form dargestellt werden, bei der das Binärkomma nicht fest ist.

Die Computerarithmetik mit Zahlen dieser Art heißt **Gleitkommaarithmetik** (*Floating Point*), da Zahlen in einer Form dargestellt werden, bei der das Binärkomma im Gegensatz zu Ganzzahlen nicht fest ist. In der Programmiersprache C werden Zahlen dieser Art mit *float* bezeichnet. Wie bei der normalisierten Notation werden Zahlen als nur einer von null verschiedenen Ziffer links vom Binärkomma wie folgt dargestellt:

$$1,xxxxxxxx_B \times 2^{yyyy}$$

(Der Computer stellt den Exponenten sowie den Rest der Zahl mit der Basis 2 dar. Um die Notation zu vereinfachen, stellen wir den Exponenten jedoch als Dezimalzahl dar.)

Eine standardisierte Notation für Gleitkommazahlen hat drei Vorteile. Sie vereinfacht den Austausch von Daten, die Gleitkommazahlen beinhalten. Die Algorithmen für die Gleitkommaarithmetik vereinfachen sich, wenn man weiß, dass sie immer in dieser Form sind. Und die Genauigkeit der Zahlen, die in einem Wort gespeichert werden können, wird erhöht, da die unnötigen führenden Nullen durch reelle Ziffern rechts vom Binärkomma ersetzt werden.

Gleitkommadarstellung

Mantisse Der Wert, in der Regel zwischen 0 und 1, der im Mantissenfeld gespeichert wird.

Exponent Im Darstellungssystem der Gleitkommaarithmetik der Wert, der im Exponentenfeld gespeichert wird.

Beim Entwurf einer Gleitkommadarstellung muss ein Kompromiss zwischen der Größe der **Mantisse** und der Größe des **Exponenten** gefunden werden, da bei einer festen Wortgröße das Vergrößern eines Teils um ein Bit das Wegnehmen eines Bits beim anderen Teil nach sich zieht. Dies bedeutet, dass bei diesem Kompromiss zwischen Genauigkeit und Zahlenbereich abgewogen werden muss: Die Genauigkeit erhöht sich mit zunehmender Größe der Mantisse, während der darstellbare Zahlenbereich mit der Länge des Exponenten zunimmt. Unsere Entwurfsrichtlinie aus Kapitel 2 besagt, dass ein guter Entwurf einen guten Kompromiss erfordert.

Gleitkommazahlen haben in der Regel ein Vielfaches der Größe eines Worts. Die Darstellung einer MIPS-Gleitkommazahl ist unten abgebildet, wobei s das Vorzeichen der Gleitkommazahl (1 steht für eine negative Zahl), Exponent der Wert des 8-Bit-Exponentenfelds (einschließlich des Vorzeichens des Exponenten) und Mantisse die 23-Bit-Zahl ist. Diese Darstellung wird als *Vorzeichen-Betrag-Darstellung* bezeichnet, da das Vorzeichen ein eigenes, vom Rest der Zahl getrenntes Bit besitzt.

31	30 29 28 27 26 25 24 23	22 21 20 19 18 17 16 15 14 13 12 11 10 9 8 7 6 5 4 3 2 1 0
s	Exponent	Mantisse

1 Bit	8 Bit	23 Bit

Gleitkommazahlen werden im Allgemeinen in folgender Form dargestellt:

$$(-1)^s \times F \times 2^E$$

F gibt den Wert des Mantissenfeldes und E den Wert des Exponentenfeldes an. Die exakte Beziehung dieser Felder zueinander werden wir in Kürze erläutern. (Wir werden gleich sehen, dass MIPS etwas differenzierter vorgeht.)

Aufgrund dieser gewählten Größen für Exponent und Mantisse kann die MIPS-Arithmetik einen außerordentlich großen Zahlenbereich abdecken. Brüche können bis zu $2,0 \times 10^{-38}$ klein sein und es können Zahlen bis zu einer Größe von $2,0 \times 10^{38}$ dargestellt werden. Dennoch ist „außerordentlich groß" nicht dasselbe wie unendlich. Daher kann es nach wie vor vorkommen, dass Zahlen zu groß sind. Somit kann es bei der Gleitkommaarithmetik ebenso wie bei der Ganzzahlarithmetik zu Unterbrechungen aufgrund eines Überlaufs kommen. Hier bedeutet **Überlauf** (*Overflow*), dass der Exponent zu groß ist, um im Exponentenfeld dargestellt werden zu können.

Überlauf Eine Situation, in der ein positiver Exponent für das Exponentenfeld zu groß wird.

Bei der Gleitkommaarithmetik gibt es zudem eine neue Art Ausnahmeereignis. So wie Programmierer wissen möchten, ob sie eine Zahl berechnet haben, die für die Darstellung zu groß ist, so möchten sie auch wissen, ob die normalisierte Mantisse, die sie berechnen, so klein wird, dass sie nicht mehr dargestellt werden kann. Beide Ereignisse können zur Folge haben, dass ein Programm falsche Antworten liefert. Um dieses Ereignis von einem Überlauf zu unterscheiden, wird es als **Unterlauf** (*Underflow*) bezeichnet. Dieses Ereignis tritt auf, wenn der negative Exponent für das Exponentenfeld zu groß ist.

Unterlauf Eine Situation, in der ein negativer Exponent für das Exponentenfeld zu groß wird.

Um die Gefahr eines Unterlaufs oder Überlaufs zu reduzieren, gibt es die Möglichkeit, ein anderes Format mit einem größeren Exponenten zu verwenden. In C wird eine Zahl in diesem Format vom Typ als *double* deklariert und Operationen mit Zahlen vom Typ double als Gleitkommaarithmetik mit **doppelter Genauigkeit** bezeichnet. Das zuerst beschriebene Format wird als Gleitkommaarithmetik mit **einfacher Genauigkeit** bezeichnet.

doppelte Genauigkeit Ein Gleitkommawert, der in zwei 32-Bit-Wörtern dargestellt wird.

einfache Genauigkeit Ein Gleitkommawert, der in einem 32-Bit-Wort dargestellt wird.

Wie im Folgenden zu sehen ist, sind zum Darstellen einer Gleitkommazahl mit doppelter Genauigkeit zwei MIPS-Wörter erforderlich. Dabei ist s
wiederum vor das Vorzeichen der Zahl, Exponent ist der Wert im 11-Bit-
Exponentenfeld und Mantisse ist die 52-Bit-Zahl im Mantissenfeld.

31 30 29 28 27 26 25 24 23 22 21 20 19 18 17 16 15 14 13 12 11 10 9 8 7 6 5 4 3 2 1 0		
s	Exponent	Mantisse
1 Bit	11 Bit	20 Bit
Mantisse (fortgesetzt)		

32 Bit

Mit der Zahlendarstellung mit doppelter Genauigkeit können bei MIPS Zahlen
im Bereich zwischen $2{,}0 \times 10^{-308}$ und $2{,}0 \times 10^{308}$ dargestellt werden. Mit der
doppelten Genauigkeit wird zwar der Zahlenbereich des Exponenten erweitert,
der wichtigste Vorteil dieser Art der Darstellung ist jedoch die größere Genauigkeit aufgrund der größeren Mantisse.

Diese Formate gibt es nicht nur bei MIPS. Sie sind Teil des *IEEE-754-
Standards für die Darstellung von Gleitkommazahlen*, der in praktisch allen
Rechnern nach 1980 angewendet wird. Dieser Standard hat sowohl die ein-
fache Portierbarkeit von Programmen mit Gleitkommaarithmetik als auch die
Qualität der Gleitkommaarithmetik erheblich verbessert.

Damit sich die Anzahl der Bits der Mantisse weiter erhöht, ist nach dem
IEEE-754-Standard das Bit der führenden 1 bei normalisierten Binärzahlen bereits inbegriffen. Somit ist die Zahl in der Darstellung mit einfacher Genauigkeit tatsächlich 24 Bit (mit 1 und einer 23-Bit-Mantisse) und in der Darstellung
mit doppelter Genauigkeit 53 Bit lang (1 + 52). Zur genauen Unterscheidung
verwenden wir die Bezeichnung *Signifikand* für die Darstellung der 24-Bit-
Zahl oder der 53-Bit-Zahl, die sich aus der 1 und der Mantisse zusammensetzt.
Wir verwenden dagegen die Bezeichnung *Mantisse*, wenn wir die 23-Bit-Zahl
oder die 52-Bit-Zahl meinen. Da 0 keine führende 1 hat, wird diesem Wert der
reservierte Exponentenwert 0 zugewiesen, so dass die Hardware keine führende 1 anfügt.

Somit steht $00\ldots00_B$ für 0. Die restlichen Zahlen werden in der zuvor beschriebenen Form mit der verborgenen 1 dargestellt:

$$(-1)^S \times (1 + \text{Mantisse}) \times 2^E$$

wobei die Bits der Mantisse eine Zahl zwischen 0 und 1 darstellen und E den
Wert im Exponentenfeld angibt (wird in Kürze ausführlich erläutert). Wenn wir
die Bits der Mantisse von *links nach rechts* durchnummerieren (s1, s2, s3, ...),
lautet der Wert wie folgt:

$$(-1)^S \times (1 + (s1 \times 2^{-1}) + (s2 \times 2^{-2}) + (s3 \times 2^{-3}) + (s4 \times 2^{-4}) + \ldots) \times 2^E$$

In Tabelle 3.5 ist die Codierung von Gleitkommazahlen nach IEEE 754 dargestellt. Der IEEE-754-Standard umfasst darüber hinaus spezielle Symbole zur

Tab. 3.5: IEEE-754-Codierung von Gleitkommazahlen. Ein eigenes Vorzeichenbit bestimmt das Vorzeichen. Denormalisierte Zahlen werden in der *Vertiefung* auf Seite 233 erläutert. Diese Information finden Sie auch in Spalte 4 der MIPS-Zusammenfassung hinten im Buch.

Einfache Genauigkeit		Doppelte Genauigkeit		Dargestelltes Objekt
Exponent	Bruch	Exponent	Bruch	
0	0	0	0	0
0	nicht null	0	nicht null	± denormalisierte Zahl
1–254	beliebig	1–2046	beliebig	± Gleitkommazahl
255	0	2047	0	±unendlich
255	nicht null	2047	nicht null	NaN (Not a Number)

Darstellung ungewöhnlicher Ereignisse. Statt beispielsweise bei einer Division durch null eine Ausnahmebehandlung anzustoßen, kann die Software das Ergebnis auf ein Bitmuster setzen, das für $+\infty$ oder $-\infty$ steht. Der größte Exponent ist für diese Sonderzeichen reserviert. Wenn der Programmierer das Ergebnis ausgeben will, wird das Programm dann das Unendlichkeitszeichen drucken.

Der IEEE-754-Standard sieht sogar ein Symbol für das Ergebnis ungültiger Operationen wie $0:0$ oder Unendlich minus Unendlich vor. Dieses Symbol heißt *NaN*, für *Not a Number* (keine Zahl). Mithilfe von NaNs können Programmierer einige Tests und Entscheidungen auf einen späteren, günstigeren Zeitpunkt in der Programmausführung verschieben.

Beim Entwurf des IEEE-754-Standards ist außerdem eine Gleitkommadarstellung vorgesehen worden, die einfach mit Hilfe von Ganzzahlvergleichen zu verarbeiten ist, was insbesondere Sortieraufgaben unterstützt. Aus diesem Grund befindet sich das Vorzeichen im höchstwertigen Bit, so dass schnell überprüft werden kann, ob der Wert kleiner als, größer als oder gleich 0 ist.

Wenn sich der Exponent vor dem Signifikanden befindet, lassen sich Gleitkommazahlen ebenfalls mithilfe von Befehlen für den Vergleich von Ganzzahlen leichter sortieren, da Zahlen mit großen Exponenten größer aussehen als Zahlen mit kleinen Exponenten, sofern beide Exponenten dasselbe Vorzeichen haben.

Negative Exponenten stellen für das vereinfachte Sortieren eine Herausforderung dar. Wenn wir die Zweierkomplement-Darstellung oder eine andere Darstellung verwenden, bei der sich bei negativen Exponenten im höchstwertigen Bit des Exponentenfeldes eine 1 befindet, sieht ein negativer Exponent wie eine große Zahl aus. $1{,}0_B \times 2^{-1}$ würde beispielsweise wie folgt dargestellt:

31	30 29 28 27 26 25 24 23	22 21 20 19 18 17 16 15 14 13 12 11 10 9 8 7 6 5 4 3 2 1 0
0	1 1 1 1 1 1 1 1	0 0 0 0 0 0 0 0 0 0 0 0 0 0 0 0 0 0 0 0 0 0 0

(Die führende 1 ist im Signifikanden implizit enthalten.) Der Wert $1{,}0_B \times 2^{+1}$ würde aussehen wie die kleinere Binärzahl

31	30 29 28 27 26 25 24 23	22 21 20 19 18 17 16 15 14 13 12 11 10 9 8 7 6 5 4 3 2 1 0
0	0 0 0 0 0 0 0 1	0 0 0 0 0 0 0 0 0 0 0 0 0 0 0 0 0 00000000 . . .

Die gewünschte Darstellung muss somit den kleinsten negativen Exponenten als $00\ldots00_B$ und den größten positiven Exponenten als $11\ldots11_B$ darstellen. Diese Konvention wird als *Charakteristik* bezeichnet, wobei die Verschiebekonstante (Bias) die Zahl ist, die von der normalen, vorzeichenlosen Darstellung zur Bestimmung des tatsächlichen Wertes subtrahiert wird.

IEEE 754 verwendet für Zahlen mit einfacher Genauigkeit die Verschiebekonstante 127. Somit wird ein Exponent von -1 durch das Bitmuster des Wertes $-1 + 127_D$ oder $126_D = 0111\ 1110_B$ und $+1$ durch $1 + 127$ oder $128_D = 1000\ 0000_B$ dargestellt. Die Charakteristik (Exponent mit Verschiebekonstante) bedeutet, dass der durch eine Gleitkommazahl dargestellte Wert gleich

$$(-1)^S \times (1 + \text{Mantisse}) \times 2^{(\text{Exponent}-\text{Verschiebekonstante})}$$

ist. Der Bereich der Zahlen mit einfacher Genauigkeit reicht dann von so kleinen Zahlen wie

$$\pm 1{,}0000\ 0000\ 0000\ 0000\ 0000\ 000_B \times 2^{-126}$$

bis zu großen Zahlen wie

$$\pm 1{,}1111\ 1111\ 1111\ 1111\ 1111\ 111_B \times 2^{+127}$$

Beispiel: Gleitkommadarstellung

Stellen Sie die Zahl $-0{,}75_D$ in einer Binärdarstellung nach IEEE 754 mit einfacher und doppelter Genauigkeit dar.

Lösung: Die Zahl $-0{,}75_D$ entspricht auch

$$-3/4_D \text{ oder } -3/2_D^2.$$

Sie kann auch durch die binäre Mantisse dargestellt werden:

$$-11_B/2_D^2 \text{ bzw. } -0{,}11_B$$

In Exponentialdarstellung lautet der Wert

$$-0{,}11_B \times 2^0$$

und in normalisierter Exponentialdarstellung lautet der Wert

$$-1{,}1_B \times 2^{-1}.$$

Zahlen mit einfacher Genauigkeit werden im Allgemeinen wie folgt dargestellt

$$(-1)^S \times (1 + \text{Mantisse}) \times 2^{(E-127)}.$$

Wenn wir vom Exponenten $-1{,}1_B \times 2^{-1}$ die Verschiebekonstante 127 subtrahieren, erhalten wir

$$(-1)^1 \times (1 + 0{,}1000\ 0000\ 0000\ 0000\ 0000\ 0000_B) \times 2^{(126-127)}.$$

Somit lässt sich $-0{,}75_D$ binär mit einfacher Genauigkeit wie folgt darstellen

31	30 29 28 27 26 25 24 23	22 21 20 19 18 17 16 15 14 13 12 11 10 9 8 7 6 5 4 3 2 1 0
1	0 1 1 1 1 1 1 0	1 0 0 0 0 0 0 0 0 0 0 0 0 0 0 0 0 0 0 0 0 0 0

8 Bit   23 Bit

Mit doppelter Genauigkeit sieht die Darstellung wie folgt aus

$$(-1)^1 \times (1 + 0{,}1000\ 0000\ 0000\ 0000\ 0000\ 0000\ 0000\ 0000\ 0000\ 0000\ 0000\ 0000\ 0000_B) \times 2^{(1022-1023)}$$

31	30 29 28 27 26 25 24 23 22 21 20	19 18 17 16 15 14 13 12 11 10 9 8 7 6 5 4 3 2 1 0
1	0 1 1 1 1 1 1 0 1 0 0	0 0 0 0 0 0 0 0 0 0 0 0 0 0 0 0 0 0 0 0

11 Bit   20 Bit

0 0 0 0 0 0 0 0 0 0 0 0 0 0 0 0 0 0 0 0 0 0 0 0 0 0 0 0 0 0 0 0

32 Bit

Beispiel: Umrechnung von binären in dezimale Gleitkommazahlen

Betrachten wir nun die umgekehrte Richtung. Welche Dezimalzahl wird durch diese Gleitkommazahl mit einfacher Genauigkeit dargestellt?

31	30 29 28 27 26 25 24 23	22 21 20 19 18 17 16 15 14 13 12 11 10 9 8 7 6 5 4 3 2 1 0
1	1 0 0 0 0 0 0 1	0 1 0 0 0 0 0 0 0 0 0 0 0 0 0 0 0 0 0 0 0 0 0

Lösung: Das Vorzeichenbit ist 1, das Exponentenfeld enthält den Wert 129 und das Mantissenfeld den Wert $1 \times 2^{-2} = 1/4$ oder $0{,}25_D$. Mithilfe der Grundgleichung ergibt sich Folgendes:

$$(-1)^S \times (1 + \text{Mantisse}) \times 2^{(\text{Exponent}-\text{Verschiebekonstante})} = (-1)^1 \times (1 + 0{,}25) \times 2^{(129-127)}$$
$$= -1 \times 1{,}25 \times 2^2$$
$$= -1{,}25 \times 4$$
$$= -5{,}0$$

In den nächsten Abschnitten werden wir die Algorithmen für die Addition und Multiplikation von Gleitkommazahlen beschreiben. Im Prinzip werden dazu die entsprechenden Ganzzahloperationen auf die Signifikanden angewendet. Für die Behandlung des Exponenten und zum Normalisieren des Ergebnisses sind zusätzliche Verarbeitungsschritte erforderlich. Wir stellen zunächst eine intuitive Ableitung der Algorithmen für Dezimalzahlen und anschließend eine detailliertere Binärversion in den Abbildungen dar.

Anmerkungen: 1) Gemäß den IEEE-Richtlinien wurde die Norm IEEE 754 20 Jahre nach ihrer Veröffentlichung einer Überprüfung unterzogen, um zu sehen, welche Änderungen eventuell vorgenommen werden sollten. Die überarbeitete Norm IEEE 754-2008 umfasst nahezu alle Erweiterungen von IEEE 754-1985 sowie ein 16-Bit-Format („halb genaue Zahlen") und ein 128-Bit-Format („doppelt genaue" Zahlen). Bisher wurde noch keine Hardware gebaut, die das doppelt genaue Format unterstützt, doch das ist sicher nur eine Frage der Zeit. Die überarbeitete Norm enthält auch Formate für die Dezimalarithmetik, die in IBM-Großrechnern implementiert wurden.

2) Bei dem Versuch, den Zahlenbereich zu erweitern, ohne Bits im Signifikanden zu verlieren, wurde vor IEEE 754 für einige Rechner eine andere Basis als die Basis 2 verwendet. So wurde etwa für die IBM Mainframes 360 und 370 die Basis 16 verwendet. Da das Ändern des IBM-Exponenten um 1 bedeutet, dass der Signifikand um 4 Bit verschoben werden muss, können „normalisierte" Zahlen mit der Basis 16 bis zu drei führende Nullen enthalten! Das bedeutet, dass bei Hexadezimalziffern bis zu 3 Bit aus dem Signifikanden abgezweigt werden müssen, was zu erstaunlichen Fehlern bei der Genauigkeit der Gleitkommaarithmetik führt. Neuere IBM-Mainframes unterstützen neben dem hexadezimalen Format auch das IEEE 754-Format.

Addition von Gleitkommazahlen

Zur Verdeutlichung der Probleme bei der Gleitkommaaddition addieren wir Zahlen in halblogarithmischer Darstellung: $9{,}999_D \times 10^1 + 1{,}610_D \times 10^{-1}$. Nehmen wir an, wir können nur vier Dezimalziffern des Signifikanden und zwei Dezimalziffern des Exponenten speichern.

Schritt 1: Um diese Zahlen korrekt addieren zu können, müssen wir das Dezimalkomma der Zahl mit dem kleineren Exponenten anpassen. Wir müssen die kleinere Zahl $1{,}610_D \times 10^{-1}$ in eine Form bringen, in der ihr Exponent mit dem der größeren Zahl übereinstimmt. Man kann eine nicht normalisierte Gleitkommazahl in halblogarithmischer Darstellung auf verschiedene Weise schreiben:

$$1{,}610_D \times 10^{-1} = 0{,}1610_D \times 10^0 = 0{,}01610_D \times 10^1$$

Die Zahl rechts ist die, die wir gesucht haben, da der Exponent dieser Zahl mit dem Exponenten der größeren Zahl $9{,}999_D \times 10^1$ übereinstimmt. Somit wird im ersten Schritt der Signifikand der kleineren Zahl so lange nach rechts verschoben, bis der korrigierte Exponent mit dem der größeren Zahl übereinstimmt. Wir können jedoch nur vier Dezimalziffern darstellen, so dass die Zahl nach dem Verschieben genau genommen wie folgt lautet:

$$0{,}016_D \times 10^1$$

Schritt 2: Als Nächstes werden die Signifikanden addiert:

$$
\begin{array}{r}
9{,}999_D \\
+\ \ 0{,}016_D \\
\hline
10{,}015_D
\end{array}
$$

Die Summe beträgt $10{,}015_D \times 10^1$.

Schritt 3: Diese Summe ist keine Zahl in normalisierter Gleitkommadarstellung, weshalb sie anzupassen ist:

$$10{,}015_D \times 10^1 = 1{,}0015_D \times 10^2$$

Nach der Addition muss die Summe möglicherweise verschoben werden, um sie in eine normalisierte Form zu bringen, d. h., der Exponent muss entsprechend angepasst werden. In diesem Beispiel wurde nach rechts verschoben. Wenn jedoch eine Zahl positiv und die andere negativ wäre, hätte die Summe möglicherweise viele führende Nullen, so dass nach links verschoben werden müsste. Immer wenn der Exponent vergrößert oder verkleinert wird, müssen wir prüfen, ob ein Überlauf oder ein Unterlauf auftreten kann, d. h., wir müssen darauf achten, dass der Exponent noch in sein Feld passt.

Schritt 4: Da wir davon ausgehen, dass der Signifikand (neben dem Vorzeichen) nur vier Ziffern enthalten darf, müssen wir die Zahl runden. In der Schule haben wir gelernt, dass eine Zahl durch Abschneiden gerundet wird, wenn die Ziffer nach der gewünschten Stelle zwischen 0 und 4 ist, und dass zu der Ziffer 1 addiert wird, wenn die Ziffer nach der gewünschten Stelle zwischen 5 und 9 ist. Die Zahl

$$1{,}0015_D \times 10^2$$

wird auf vier Stellen im Signifikanden auf

$$1{,}002_D \times 10^2$$

aufgerundet, da die vierte Nachkommastelle zwischen 5 und 9 beträgt. Wenn wir beim Runden weniger Glück haben wie beispielsweise beim Addieren einer 1 zu einer Folge aus 9ern, kann die Summe nicht mehr normalisiert werden, und wir müssten Schritt 3 wiederholen.

In Abbildung 3.9 ist der Algorithmus für die binäre Gleitkommaaddition aus diesem dezimalen Beispiel dargestellt. Die Schritte 1 und 2 entsprechen denen beim eben beschriebenen Beispiel: Der Signifikand der Zahl mit dem kleineren Exponenten wird angepasst. Anschließend werden die beiden Signifikanden addiert. In Schritt 3 wird das Ergebnis normalisiert, und es muss geprüft werden, ob ein Überlauf oder ein Unterlauf eintreten kann. Diese Prüfung in Schritt 3 hängt von der Genauigkeit der Operanden ab. Zu beachten ist, dass das aus Nullen bestehende Bitmuster im Exponenten für die Gleitkommadarstellung der Null reserviert ist. Zudem ist das Muster, das im Exponenten nur Einsen hat, reserviert für das Kennzeichnen von Werten und Ereignissen außerhalb des normalen Gleitkommazahlenbereichs (siehe Anmerkung auf Seite 233). Somit ist der größte Exponent bei der Darstellung mit einfacher Genauigkeit 127 und der kleinste Exponent ist -126.

Beispiel: Addition von binären Gleitkommazahlen

Versuchen Sie, die Zahlen $0{,}5_D$ und $-0{,}4375_D$ mithilfe des Algorithmus in Abbildung 3.9 in Binärform zu addieren.

Lösung: Betrachten wir zunächst die Binärform der beiden Zahlen in normalisierter Exponentialdarstellung. Dabei behalten wir die 4 Bit Genauigkeit bei:

$$
\begin{aligned}
0{,}5_D = 1/2_D \quad &= 1/2_D^1 \\
= 0{,}1_B \quad &= 0{,}1_B \times 2^0 \quad &= 1{,}000_B \times 2^{-1} \\
-0{,}4375_D = -7/16_D \quad &= -7/2_D^4 \\
= -0{,}0111_B \quad &= -0{,}0111_B \times 2^0 = -1{,}110_B \times 2^{-2}
\end{aligned}
$$

Nun folgen wir dem Algorithmus:

Schritt 1: Der Signifikand der Zahl mit dem kleineren Exponenten ($1{,}11_B \times 2^{-2}$) wird so lange nach rechts verschoben, bis der Exponent mit dem Exponent der größeren Zahl übereinstimmt:

$$-1{,}110_B \times 2^{-2} = -0{,}111_B \times 2^{-1}$$

Schritt 2: Addiere die Signifikanden:

$$1{,}000_B \times 2^{-1} + \left(-0{,}111_B \times 2^{-1}\right) = 0{,}001_B \times 2^{-1}$$

Schritt 3: Normalisiere die Summe und prüfe, ob ein Überlauf oder Unterlauf eintreten kann:

$$0{,}001_B \times 2^{-1} = 0{,}010_B \times 2^{-2} = 0{,}100_B \times 2^{-3} = 1{,}000_B \times 2^{-4}$$

Nun gehen wir wie folgt vor: Da $127 \geq -4 \geq -126$, tritt kein Überlauf oder Unterlauf auf. (Die Charakteristik beträgt $-4 + 127$ oder 123 und liegt somit zwischen 1 und 254, der kleinsten und der größten nicht reservierten Charakteristik.)

Schritt 4: Runde die Summe:

$$1{,}000_B \times 2^{-4}$$

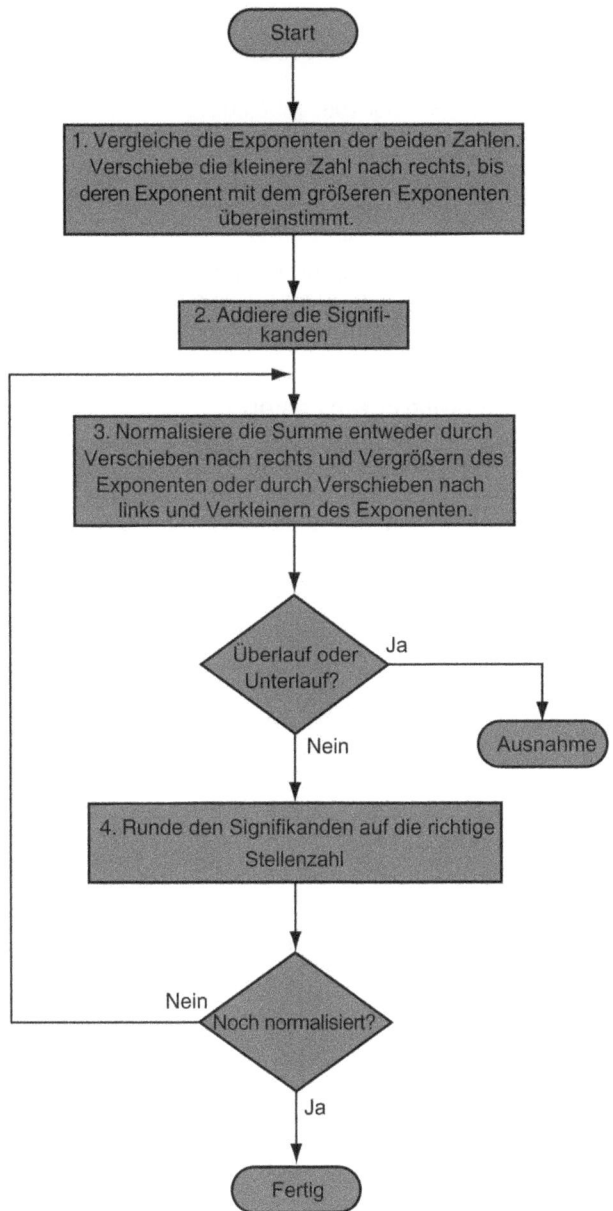

Abb. 3.9: Gleitkommaaddition. Normalerweise werden die Schritte 3 und 4 einmal ausgeführt. Wenn die Summe nach dem Runden jedoch nicht normalisiert ist, müssen wir Schritt 3 wiederholen.

Die Summe passt bereits genau in die 4 Bit, so dass die Bits nicht durch Runden geändert werden müssen. Die Summe beträgt somit

$$1,000_B \times 2^{-4} = 0,0001000_B = 0,0001_B$$
$$= 1/2_D^4 \qquad = 1/16_D \quad = 0,0625_D$$

Das ist das Ergebnis, das wir für die Addition von $0,5_D$ und $-0,4375_D$ erwarten.

Viele Rechner enthalten spezielle Hardware zum möglichst schnellen Ausführen von Gleitkommaoperationen. In Abbildung 3.9 ist die grundlegende Organisation der Hardware für die Addition von Gleitkommazahlen dargestellt.

Multiplikation von Gleitkommazahlen

Nach der Erläuterung der Gleitkommaaddition wenden wir uns der Gleitkommamultiplikation zu. Beginnen wir wieder mit der schriftlichen Multiplikation von Dezimalzahlen in halblogarithmischer Darstellung: $1,110_D \times 10^{10} \times 9,200_D \times 10^{-5}$. Wir nehmen an, dass wir nur vier Stellen des Signifikanden und zwei Stellen des Exponenten speichern können.

Schritt 1: Im Gegensatz zur Addition berechnen wir den Exponenten des Produkts, indem wir einfach die Exponenten der Operanden addieren:

neuer Exponent $= 10 + (-5) = 5$

Entsprechend behandeln wir die Charakteristiken, um sicherzustellen, dass wir dasselbe Ergebnis erhalten: $10 + 127 = 137$ und $-5 + 127 = 122$, also

neue Charakteristik $= 137 + 122 = 259$

Dieses Ergebnis ist zu groß für ein 8-Bit-Exponentenfeld, also stimmt irgend etwas nicht! Das Problem liegt bei den Verschiebekonstanten, die wir ebenso wie die Exponenten addiert haben:

neue Charakteristik $= (10 + 127) + (-5 + 127)$
$$= (5 + 2 \times 127) = 259$$

Um also die korrekte Summe der Charakteristiken zu erhalten, muss die Verschiebekonstante von der Summe subtrahiert werden:

neue Charakteristik $= 137 + 122 - 127 = 259 - 127$
$$= 132 = (5 + 127)$$

und 5 ist tatsächlich der Exponent, den wir zuvor berechnet haben.

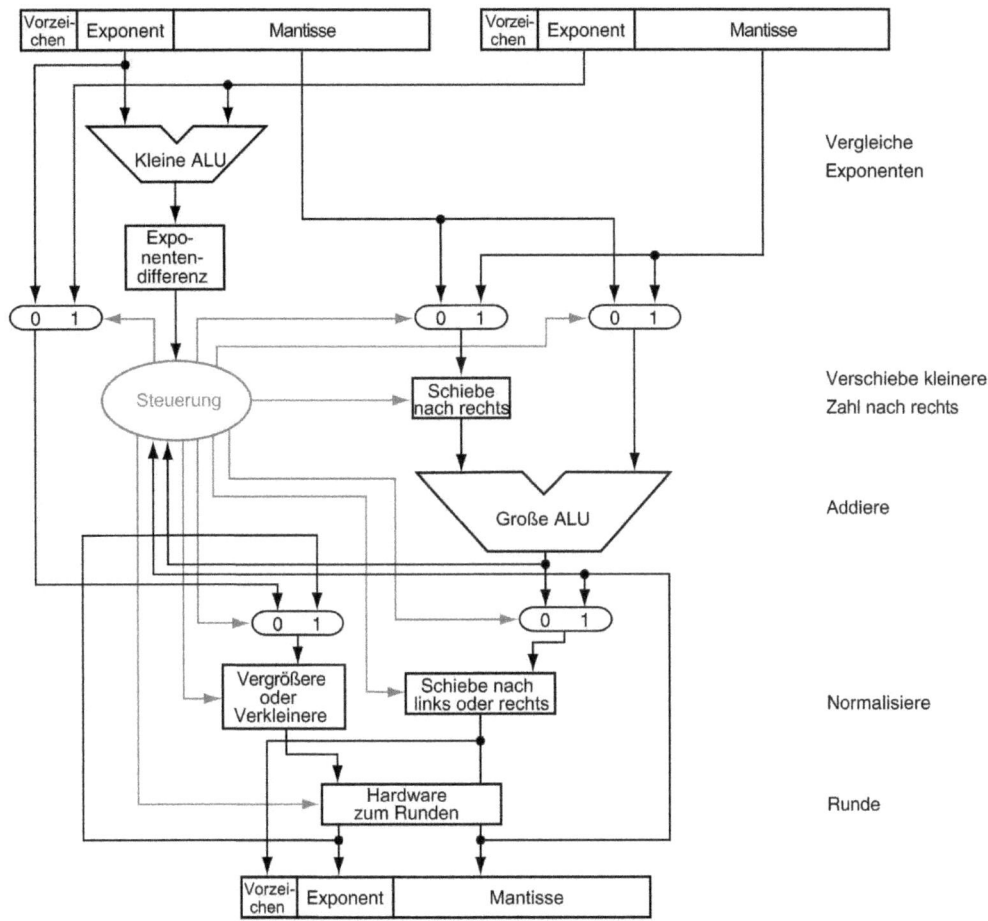

Abb. 3.10: Blockdiagramm einer arithmetischen Einheit für die Addition von Gleitkommazahlen. Die Schritte aus Abbildung 3.9 entsprechen den einzelnen Blöcken von oben nach unten betrachtet. Zunächst wird der Exponent eines Operanden vom anderen mithilfe einer kleinen ALU subtrahiert, um zu ermitteln, welcher Exponent um wie viel größer ist als der andere. Mit dieser Differenz werden die drei Multiplexer gesteuert. Diese wählen von links nach rechts den größeren Exponenten, den Signifikanden der kleineren Zahl und den Signifikanden der größeren Zahl aus. Der kleinere Signifikand wird nach rechts verschoben, und anschließend werden die Signifikanden mithilfe der großen ALU addiert. Bei der Normalisierung wird dann die Summe nach links oder rechts verschoben und der Exponent vergrößert oder verkleinert. Durch Runden wird schließlich das Endergebnis ermittelt, das möglicherweise noch einmal normalisiert werden muss.

Schritt 2: Als Nächstes werden die Signifikanden multipliziert:

$$\begin{array}{r} 1{,}110_D \times 9{,}200_D \\ \hline 0000 \\ 0000 \\ 2220 \\ 9{,}990 \\ \hline 10{,}212000_D \end{array}$$

Es gibt für jeden Operanden drei Nachkommastellen, so dass das Dezimalkomma im Signifikandenprodukt vor die sechste Stelle von rechts rückt:

$10,212000_D$

Unter der Annahme, dass wir nur drei Nachkommastellen verwenden dürfen, ergibt sich für das Produkt $10,212 \times 10^5$.

Schritt 3: Dieses Produkt ist nicht in normalisierter Darstellung, weshalb es als nächstes in diese Form zu bringen ist:

$$10,212_D \times 10^5 = 1,0212 \times 10^6$$

Nach der Multiplikation kann das Produkt um eine Stelle nach rechts verschoben werden, um es in eine normalisierte Form zu bringen. Der Exponent muss dabei um 1 erhöht werden. An dieser Stelle kann geprüft werden, ob ein Überlauf oder ein Unterlauf aufgetreten ist. Ein Unterlauf kann auftreten, wenn beide Operanden klein sind, d. h. wenn beide große negative Exponenten besitzen.

Schritt 4: Wir haben angenommen, dass der Signifikand (neben dem Vorzeichen) nur vier Stellen lang ist, weshalb die Zahl gerundet werden muss. Die Zahl

$$1,0212 \times 10^6$$

wird auf vier Stellen im Signifikanden auf

$$1,021 \times 10^6$$

gerundet.

Schritt 5: Das Vorzeichen des Produkts hängt von den Vorzeichen der ursprünglichen Operanden ab. Wenn beide Vorzeichen gleich sind, ist das Vorzeichen positiv, andernfalls negativ. Somit ergibt sich für das Produkt

$$+1,021 \times 10^6$$

Beim Additionsalgorithmus wurde das Vorzeichen der Summe durch Addition der Signifikanden bestimmt. Bei der Multiplikation wird das Vorzeichen des Produkts dagegen durch die Vorzeichen der Operanden bestimmt.

Wie in Abbildung 3.11 zu sehen ist, erfolgt die Multiplikation von binären Gleitkommazahlen in ähnlichen Schritten wie die eben ausgeführten. Zunächst wird der neue Exponent des Produkts durch Addition der Charakteristiken berechnet, wobei eine Verschiebekonstante zu subtrahieren ist, um das richtige Ergebnis zu erhalten. Als Nächstes werden die Signifikanden multipliziert.

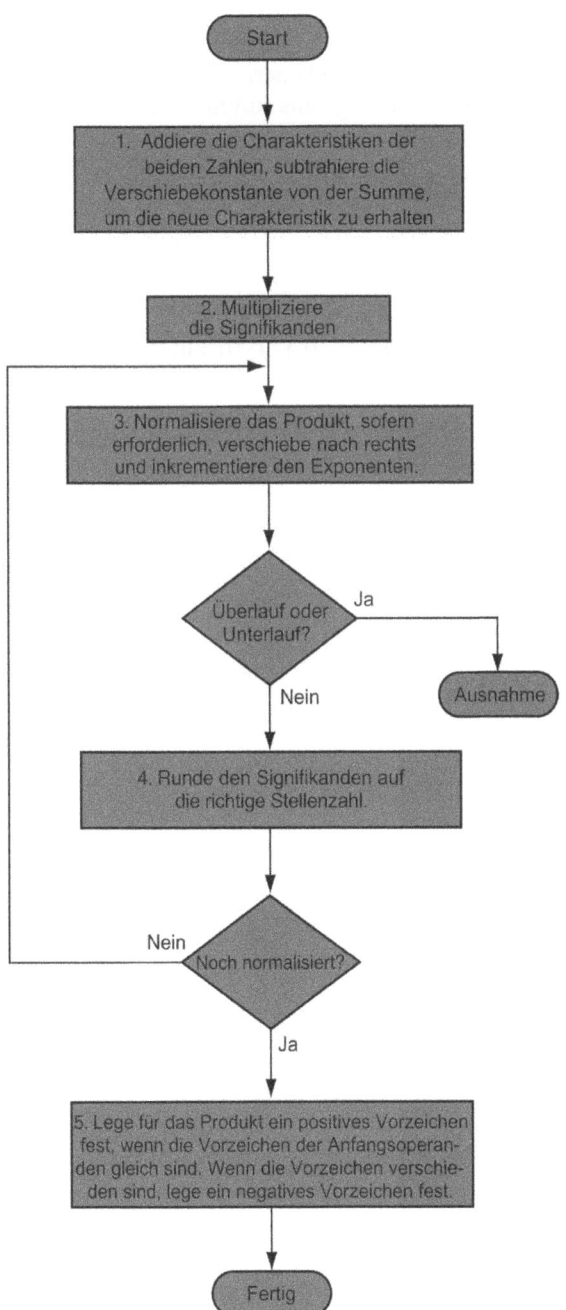

Abb. 3.11: Gleitkommamultiplikation. Normalerweise werden die Schritte 3 und 4 einmal ausgeführt. Wenn das Produkt nach dem Runden jedoch nicht in normalisierter Form ist, muss Schritt 3 wiederholt werden.

Diesem Schritt folgt ein optionaler Normalisierungsschritt. Die Größe des Exponenten wird auf einen Überlauf oder Unterlauf überprüft. Anschließend wird das Produkt gerundet. Wenn das Ergebnis aufgrund des Rundens noch einmal zu normalisieren ist, muss die Größe des Exponenten erneut geprüft werden. Schließlich wird das Vorzeichenbit auf 1 gesetzt, wenn die Vorzeichen der Operanden verschieden sind (negatives Produkt), und auf 0, wenn die Vorzeichen gleich sind (positives Produkt).

Beispiel: Multiplikation von binären Gleitkommazahlen

Versuchen wir, die Zahlen 0,510 und −0,437510 mithilfe der Schritte in Abbildung 3.11 zu multiplizieren.

Lösung: In Binärform müssen wir die Zahlen $1{,}000_B \times 2^{-1}$ und $-1{,}110_B \times 2^{-2}$ multiplizieren.

Schritt 1: Addition der Exponenten ohne Verschiebekonstante:

$$-1 + (-2) = -3$$

oder mit Verschiebekonstante:

$$(-1 + 127) + (-2 + 127) - 127 = (-1 - 2) + (127 + 127 - 127)$$
$$= -3 + 127 = 124$$

Schritt 2: Multiplikation der Signifikanden:

$$
\begin{array}{r}
1,000_B \\
\times \quad 1,110_B \\
\hline
0000 \\
1000 \\
1000 \\
1000 \\
\hline
1111000_B
\end{array}
$$

Das Produkt ist $1{,}110000_B \times 2^{-3}$. Es stehen jedoch nur 4 Stellen zur Verfügung, so dass das Produkt $1{,}110_B \times 2^{-3}$ lautet.

Schritt 3: Wir überprüfen das Produkt, um zu sehen, ob es in normalisierter Form vorliegt. Anschließend wird der Exponent auf Überlauf oder Unterlauf getestet. Das Produkt ist bereits normalisiert und da $127 \geq -3 \geq -126$, liegt kein Überlauf oder Unterlauf vor. (Nach der Darstellung mit Charakteristik gilt $254 \geq 124 \geq 1$, somit passt der Exponent.)

Schritt 4: Das Runden des Produkts verändert das Ergebnis nicht:

$$1{,}110_B \times 2^{-3}$$

Schritt 5: Da die Vorzeichen der Anfangsoperanden verschieden sind, muss das Vorzeichen des Produkts negativ sein. Somit lautet das Produkt

$$-1{,}110_B \times 2^{-3}$$

Wir rechnen das Ergebnis zum Gegenprüfen in Dezimalzahlen um:

$$-1{,}110_B \times 2^{-3} = -0{,}001110_B = -0{,}00111_B$$
$$= -7/2_D^5$$
$$= -7/32_D = -0{,}21875_D$$

Das Produkt aus $0{,}5_D$ und $-0{,}4375_D$ ist tatsächlich $-0{,}21875_D$.

Gleitkommabefehle im MIPS-Befehlssatz

MIPS unterstützt die Formate für die einfache und die doppelte Genauigkeit nach dem IEEE-754-Standard mit den folgenden Befehlen:

- Gleitkommaaddition mit einfacher Genauigkeit: addition, single (add.s) und Gleitkommaaddition mit doppelter Genauigkeit: addition, double (add.d)
- Gleitkommasubtraktion mit einfacher Genauigkeit: subtraction, single (sub.s) und Gleitkommasubtraktion mit doppelter Genauigkeit: subtraction, double (sub.d)
- Gleitkommamultiplikation mit einfacher Genauigkeit: multiplication, single (mul.s) und Gleitkommamultiplikation mit doppelter Genauigkeit: multiplication, double (mul.d)
- Gleitkommadivision mit einfacher Genauigkeit: division, single (div.s) und Gleitkommadivision mit doppelter Genauigkeit: division, double (div.d)
- Vergleich von Gleitkommazahlen mit einfacher Genauigkeit: comparison, single (c.x.s) und Vergleich von Gleitkommazahlen mit doppelter Genauigkeit: comparison, double (c.x.d), wobei x equal (eq), not equal (neq), less than (lt), less than or equal (le), greater than (gt) oder greater than or equal (ge) sein kann
- branch, true (bc1t) und branch, false (bc1f) bei Gleitkommazahlen

Beim Gleitkommavergleich wird ein Bit in Abhängigkeit der Vergleichsbedingung auf wahr oder falsch gesetzt, und bei einer Gleitkommaverzweigung wird in Abhängigkeit der Bedingung entschieden, ob eine Verzweigung genommen wird oder nicht.

Die Entwickler der MIPS-Architektur haben sich entschieden, getrennte Gleitkommaregister vorzusehen. Diese Register tragen die Bezeichnung $f0, $f1, $f2, ... und werden entweder für Gleitkommazahlen mit einfacher oder doppelter Genauigkeit verwendet. Aus diesem Grund gibt es eigene Lade- und Speicherbefehle für Gleitkommaregister: lwc1 und swc1. Die Basisregister für den Datentransport von Gleitkommazahlen, die für Adressen benutzt werden, bleiben Ganzzahlregister. Der MIPS-Code, mit dem zwei Zahlen mit einfacher

Tab. 3.6: Bisher dargestellte MIPS-Gleitkommaarchitektur. Ausführlichere Informationen finden in Anhang A. Diese Information finden Sie auch in Spalte 2 der MIPS-Zusammenfassung hinten im Buch.

Name	Beispiel	Anmerkungen
32 Gleitkommaregister	$f0, $f1, $f2,...$f31	MIPS-Gleitkommaregister werden für Zahlen mit doppelter Genauigkeit paarweise verwendet.
2^{30} Speicherwörter	Memory[0], Memory[4], Memory[4 294 967 292]	Zugriff nur durch Datentransfer-Befehle. Die MIPS-Architektur verwendet Byteadressen. Daher unterscheiden sich aufeinander folgende Wortadressen um 4. Im Hauptspeicher werden Datenstrukturen, Felder und ausgelagerte Register gespeichert, wie die, die bei einem Prozeduraufruf gespeichert werden.

	Befehl		Beispiel	Bedeutung	Anmerkungen
aritmethischer Befehl	FP add single	add.s	$f2,$f4,$f6	$f2 = $f4 + $f6	Gleitkommaaddition (einfache Genauigkeit)
	FP subtract single	sub.s	$f2,$f4,$f6	$f2 = $f4 - $f6!	Gleitkommasubtraktion (einfache Genauigkeit)
	FP multiply single	mul.s	$f2,$f4,$f6	$f2 = $f4 × $f6	Gleitkommamultiplikation (einfache Genauigkeit)
	FP divide single	div.s	$f2,$f4,$f6	$f2 = $f4 : $f6	Gleitkommadivision (einfache Genauigkeit)
	FP add double	add.d	$f2,$f4,$f6	$f2 = $f4 + $f6	Gleitkommaaddition (doppelte Genauigkeit)
	FP subtract double	sub.d	$f2,$f4,$f6	$f2 = $f4 - $f6	Gleitkommasubtraktion (doppelte Genauigkeit)
	FP multiply double	mul.d	$f2,$f4,$f6	$f2 = $f4 x $f6	Gleitkommamultiplikation (doppelte Genauigkeit)
	FP divide double	div.d	$f2,$f4,$f6	$f2 = $f4 : $f6	Gleitkommadivision (doppelte Genauigkeit)
Datentransfer	load word copr. 1	lwc1	$f1,100($s2)	$f1 = Memory[$s2 + 100]!	32-Bit-Daten in Gleitkommaregister
	store word copr. 1	swc1	$f1,100($s2)	Memory[$s2 + 100] = $f1	32-Bit-Daten in Speicher
Verzweigung	branch on FP true	bc1t	25	wenn (cond == 1), verzweige zu PC+4+100	Befehlszählerrelative Verzweigung, wenn Gleitkommabedingung erfüllt
	branch on FP false	bc1f	25	wenn (cond == 0), verzweige zu PC+4+100	Befehlszählerrelative Verzweigung, wenn Gleitkommabedingung erfüllt
	FP compare single (eq,ne,lt,le,gt,ge)	c.lt.s	$f2,$f4!	wenn ($f2<$f4), cond=1, andernfalls cond=0	Gleitkommavergleich: kleiner als einfache Genauigkeit
	FP compare double (eq,ne,lt,le,gt,ge)	c.lt.d	$f2,$f4	wenn ($f2<$f4), cond=1, andernfalls cond =0	Gleitkommavergleich: kleiner als doppelte Genauigkeit

Genauigkeit aus dem Speicher geladen, addiert und die Summe anschließend gespeichert wird, sieht folgendermaßen aus:

```
lwc1    $f4,c($sp)    # lade 32-Bit-Gleitkommazahl in F4
lwc1    $f6,a($sp)    # lade 32-Bit-Gleitkommazahl in F6
add.s   $f2,$f4,$f6   # F2 = F4 + F6 einfache Genauigkeit
swc1    $f2,b($sp)    # speichere 32-Bit-G.-Zahl aus F2
```

Tab. 3.7: MIPS-Maschinensprache für Gleitkommaoperationen

Name	Format			Beispiel				Anmerkungen	
add.s	R	17	16	6	4	2	0	add.s	$f2, $f4, $f6
sub.s	R	17	16	6	4	2	1	sub.s	$f2, $f4, $f6
mul.s	R	17	16	6	4	2	2	mul.s	$f2, $f4, $f6
div.s	R	17	16	6	4	2	3	div.s	$f2, $f4, $f6
add.d	R	17	17	6	4	2	0	add.d	$f2, $f4, $f6
sub.d	R	17	17	6	4	2	1	sub.d	$f2,$f4,$f6
mul.d	R	17	17	6	4	2	2	mul.d	$f2,$f4,$f6
div.d	R	17	17	6	4	2	3	div.d	$f2, $f4, $f6
lwc1	I	49	20	2		100		lwc1	$f2, 100($s4)
swc1	I	57	20	2		100		swc1	$f2, 100($s4)
bc1t	I	17	8	1		25		bc1t	25
bc1f	I	17	8	0		25		bc1f	25
c.lt.s	R	17	16	4	2	0	60	c.lt.s	$f2, $f4
c.lt.d	R	17	17	4	2	0	60	c.lt.d	$f2, $f4
Feldgröße		6 Bit	5 Bit	5 Bit	5 Bit	5 Bit	6 Bit	Alle MIPS-Befehle 32 Bit	

Bei einem Register mit doppelter Genauigkeit handelt es sich im Prinzip um ein Paar von einfach genauen Registern mit geraden und ungeraden Adressen, wobei die gerade Registernummer als Registername verwendet wird.

In den Tabellen 3.6 und 3.7 ist der in diesem Kapitel erläuterte Gleitkommateil der MIPS-Architektur zusammengestellt. Ähnlich wie Tabelle 2.9 in Kapitel 3 zeigt Tabelle 3.8 die Codierung dieser Befehle.

Hardware-Software-Schnittstelle

Eine Frage, die sich Rechnerarchitekten stellt, ist, ob zur Unterstützung der Gleitkommaarithmetik dieselben Register wie für Ganzzahlbefehle verwendet oder ob spezielle Gleitkommaregister eingeführt werden sollten. Da Programme normalerweise Ganzzahloperationen und Gleitkommaoperationen mit unterschiedlichen Daten ausführen, wird durch getrennte Register die Anzahl der ausgeführten Befehle nur geringfügig erhöht. Der größte Nachteil besteht in der Tatsache, dass neue Datentransfer-Befehle für den Transport der Daten zwischen den Gleitkommaregistern und dem Hauptspeicher notwendig sind.

Die Verwendung getrennter Gleitkommaregister hat mehrere Vorteile. Erstens stehen doppelt so viele Register zur Verfügung, ohne dass im Befehlsformat zusätzliche Bitstellen erforderlich sind. Zweitens steht aufgrund der getrennten Ganzzahl- und Gleitkommaregistersätze die doppelte Registerbandbreite zur Verfügung, und drittens können Register an Gleitkommaoperationen angepasst werden. So konvertieren beispielsweise einige Rechner jeden Operanden in ein internes Format, bevor sie ihn in ein Register laden.

Tab. 3.8: Codierung der MIPS-Gleitkommabefehle. Dieser Tabelle ist der Wert eines Felds nach Zeile und Spalte zu entnehmen. Beispiel: Im oberen Teil der Tabelle steht lw in Zeile 4 (100_B für Bit 31 – 29 des Befehls) und Spalte 3 (011_B für Bit 28 – 26 des Befehls), so dass der entsprechende Wert des op-Felds (Bit 31 – 26) 100011_B lautet. Unterstreichung bedeutet, dass das Feld an anderer Stelle verwendet wird. Beispiel: FlPt in Zeile 2 und Spalte 1 (op = 010001_B) ist im unteren Teil der Tabelle definiert. Somit bedeutet sub.f in Zeile 0 und Spalte 1 im unteren Bereich, dass das funct-Feld (Bit 5 – 0) des Befehls 000001_B ist und das op-Feld (Bit 31 – 26) 010001_B ist. Das 5-Bit-rs-Feld im mittleren Bereich der Tabelle gibt an, ob es sich bei der Operation um eine Operation mit einfacher Genauigkeit ($f = s$, $rs = 10000$) oder um eine Operation mit doppelter Genauigkeit ($f = d$, $rs = 10001$) handelt. Ähnlich bestimmt Bit 16 des Befehls, ob der Befehl bc1.c prüft, ob eine Aussage wahr (Bit 16 = 1, bc1.t) oder falsch (Bit 16 = 0, bc1.f) ist.

op(31:26):								
28-26 ⟍ 31-29	0(000)	1(001)	2(010)	3(011)	4(100)	5(101)	6(110)	7(111)
0(000)	<u>Rfmt</u>	Bltz/gez	j	jal	beq	bne	blez	bgtz
1(001)	addi	addiu	slti	sltiu	andi	ori	xori	lui
2(010)	<u>TLB</u>	<u>FlPt</u>						
3(011)								
4(100)	lb	lh	lwl	lw	lbu	lhu	lwr	
5(101)	Sb	sh	swl	sw			swr	
6(110)	lwc0	lwc1						
7(111)	swc0	swc1						

op(31:26) = 010001 (FlPt), (rt(16:16) = 0 => c = f, rt(16:16) = 1 => c = t), rs(25:21):								
23-21 ⟍ 25-24	0(000)	1(001)	2(010)	3(011)	4(100)	5(101)	6(110)	7(111)
0(00)	mfc1		cfc1		mtc1		ctc1	
1(01)	bc1.c							
2(10)	f = single	f = double						
3(11)								

op(31:26) = 010001 (FlPt), (f oben: 10000 => f = s, 10001 => f = d), funct(5:0):								
2-0 ⟍ 5-3	0(000)	1(001)	2(010)	3(011)	4(100)	5(101)	6(110)	7(111)
0(000)	add.f	sub.f	mul.f	div.f		abs.f	mov.f	neg.f
1(001)								
2(010)								
3(011)								
4(100)	cvt.s.f	cvt.d.f			cvt.w.f			
5(101)								
6(110)	c.f.f	c.un.f	c.eq.f	c.ueq.f	c.olt.f	c.ult.f	c.ole.f	c.ule.f
7(111)	c.sf.f	c.ngle.f	c.seq.f	c.ngl.f	c.lt.f	c.nge.f	c.le.f	c.ngt.f

Beispiel: Übersetzung eines C-Gleitkommaprogramms in MIPS-Assemblercode

Umrechnung eines Temperaturwerts von Fahrenheit in Celsius:

```
float f2c (float fahr)
    {
        return ((5.0/9.0) * (fahr - 32.0));
    }
```

Wir nehmen an, dass das Gleitkommaargument fahr in $f12 übergeben wird und das Ergebnis in $f0 abgelegt wird. (Im Gegensatz zu den Ganzzahlregistern kann das Gleitkommaregister 0 eine Zahl enthalten.) Wie lautet der MIPS-Assemblercode?

Lösung: Wir nehmen an, dass der Compiler die drei Gleitkommakonstanten im Hauptspeicher an einer für den globalen Zeiger $gp einfach erreichbaren Stelle ablegt. Die ersten beiden Befehle laden die Konstanten 5,0 und 9,0 in Gleitkommaregister:

```
f2c:
  lwc1 $f16,const5($gp) # $f16=5,0 (5,0 steht im Speicher)
  lwc1 $f18,const9($gp) # $f18=9,0 (9,0 steht im Speicher)
```

Sie werden anschließend dividiert, um 5/9 zu erhalten:

```
  div.s $f16, $f16, $f18  # $f16 = 5,0 / 9,0
```

(Viele Compiler dividieren 5,0 durch 9,0 zur Kompilierungszeit und speichern die Konstante 5/9 im Speicher. Damit wird die Division zur Laufzeit vermieden.) Als Nächstes wird die Konstante 32,0 geladen und von fahr($f12) subtrahiert:

```
  lwc1 $f18, const32($gp) # $f18 = 32,0
  sub.s $f18, $f12, $f18  # $f18 = fahr - 32,0
```

Schließlich werden die beiden Zwischenergebnisse multipliziert und das Produkt als Rückgabeergebnis in $f0 abgelegt. Anschließend erfolgt der Rücksprung.

```
  mul.s$f0, $f16, $f18    # $f0 = (5/9) * (fahr - 32)
  jr   $ra                # Rücksprung
```

Als Nächstes betrachten wir Gleitkommaoperationen auf Matrizen, was häufig in wissenschaftlichen Programmen anzutreffen ist.

Beispiel: Übersetzung einer C-Gleitkommaprozedur mit zweidimensionalen Matrizen in MIPS-Assemblercode

Die meisten Gleitkommaberechnungen werden mit doppelter Genauigkeit durchgeführt. Betrachten wir die Matrixmultiplikation C = C + A * B. Diese

Operation wird oft mit DGEMM (Double Precision General Matrix Multiply) bezeichnet. In Abschnitt 3.8 sowie in den Kapiteln 4, 5 und 6 werden wir noch andere Versionen von DGEMM kennenlernen. Wir nehmen an, dass C, A und B quadratische Matrizen mit jeweils 32×32 Elementen sind.

```
void mm (double c[][], double a[][], double b[][])
{
        int i, j, k;
        for (i = 0; i! = 32; i = i + 1)
        for (j = 0; j! = 32; j = j + 1)
        for (k = 0; k! = 32; k = k + 1)
            c[i][j] = c[i][j] + a[i][k] * b[k][j];
}
```

Die Anfangsadressen der Felder sind Parameter und befinden sich in $a0, $a1 und $a2. Wir nehmen an, dass die Ganzzahlvariablen jeweils in $s0, $s1 und $s2 gespeichert sind. Wie lautet der MIPS-Assemblercode für den Prozedurrumpf?

Lösung: c[i][j] wird oben in der innersten Schleife verwendet. Da der Schleifenindex k ist, wirkt sich der Index nicht auf c[i][j] aus. Somit muss c[i][j] nicht bei jeder Iteration geladen und gespeichert werden. Stattdessen lädt der Compiler c[i][j] außerhalb der Schleife in ein Register, akkumuliert die Summe der Produkte aus a[i][k] und b[k][j] in diesem Register und speichert nach Abschluss der innersten Schleife die Summe in c[i][j].

Wir vereinfachen den Code mithilfe der Assembler-Pseudobefehle li (mit dem eine Konstante in ein Register geladen wird), l.d und s.d (die der Assembler in die Datentransfer-Befehle lwc1 und swc1 für ein Paar von Gleitkommaregistern umwandelt).

Der Rumpf der Prozedur beginnt mit dem Speichern des Werts 32 für die Terminierung der Schleife in einem temporären Register und dem anschließenden Initialisieren der drei for-Schleifenvariablen:

```
mm:...
        li $t1,32        # $t1=32 (Zeilenlänge / Schleifenende)
        li $s0,0         # i=0, Initialisierung der 1. Schleife
L1:     li $s1,0         # j=0, neuer Beginn der 2. Schleife
L2:     li $s2,0         # k=0, neuer Beginn der 3. Schleife
```

Zum Berechnen der Adresse von c[i][j] muss man wissen, wie ein zweidimensionales 32×32-Feld im Speicher abgelegt wird. Wie Sie vielleicht erwarten, ist die Anordnung dieselbe, wie wenn es sich um 32 eindimensionale Felder mit je 32 Elementen handeln würde. Somit besteht der erste Schritt darin, die i „eindimensionalen Felder" oder Zeilen zu überspringen, bis Sie zur gewünschten Zeile gelangen. Wir multiplizieren also den Index in der ersten Dimension mit der Größe der Zeile, d. h. mit 32. Da 32 eine Potenz von 2 ist, können wir stattdessen schieben:

```
sll  $t2,$s0,5           # $t2=i*2^5 (Zeilenlänge von c)
```

Nun addieren wir den zweiten Index, um das j-te Element der gewünschten
Zeile auszuwählen:

```
addu $t2,$t2,$s1        # $t2 = i * Zeilenlänge + j
```

Um diese Summe in einen Byteindex umzuwandeln, multiplizieren wir ihn mit
der Größe eines Matrixelements in Byte. Da bei doppelter Genauigkeit jedes
Element 8 Byte umfasst, können wir stattdessen um drei Stellen nach links
verschieben:

```
sll   $t2,$t2,3         # $t2 = Byteoffset von [i][j]
```

Als Nächstes addieren wir diese Summe zur Basisadresse von c, was die Adresse von c[i][j] ergibt, und anschließend laden wir die Zahl c[i][j] mit doppelter Genauigkeit in $f4:

```
addu $t2,$a0,$t2        # $t2 = Byteadresse von c[i][j]
l.d  $f4,0($t2)         # $f4 = 8 Byte von c[i][j]
```

Die folgenden fünf Befehle sind praktisch identisch mit den letzten fünf: Wir
berechnen die Adresse und laden dann die Zahl b[k][j] mit doppelter Genauigkeit.

```
L3:sll  $t0,$s2,5       # $t0 = k*2⁵ (Zeilenlänge von b)
   addu $t0,$t0,$s1     # $t0 = k * Zeilenlänge + j
   sll  $t0,$t0,3       # $t0 = Byteoffset von [k][j]
   addu $t0,$a2,$t0     # $t0 = Byteadresse von b[k][j]
   l.d  $f16, 0($t0)    # $f16 = 8 Byte von b[k][j]
```

Entsprechend sind die nächsten fünf Befehle wie die letzten fünf: Berechnen
der Adresse und anschließendes Laden der Zahl a[i][k] mit doppelter Genauigkeit.

```
sll  $t2,$s0,5         # $t0 = i*2⁵ (Zeilenlänge von a)
addu $t0,$t0,$s2       # $t0 = i*Zeilenlänge + k
sll  $t0,$t0,3         # $t0 = Byteoffset von [i][k]
addu $t0,$a1,$t0       # $t0 = Byteadresse von a[i][k]
l.d  $f18,0($t0)       # $f18 = 8 Byte von a[i][k]}
```

Nun haben wir alle Daten geladen und können einige Gleitkommaoperationen
ausführen! Wir multiplizieren die Elemente a und b, die sich in den Registern
$f18 und $f16 befinden, und akkumulieren anschließend die Summe in $f4.

```
mul.d $f16,$f18,$f16    # $f16 = a[i][k] * b[k][j]
add.d $f4,$f4,$f16      # $f4 = c[i][j]+a[i][k] * b[k][j]
```

Der letzte Block inkrementiert den Index k und beginnt die Schleife neu, wenn
der Index nicht 32 ist. Wenn der Index 32 und somit das Ende der inneren
Schleife erreicht ist, müssen wir die in $f4 gebildete Summe in a[i][j] spei-
chern.

```
addiu $s2,$s2,1        # k = k + 1
bne   $s2,$t1,L3       # wenn (k != 32), gehe zu L3
s.d   $f4,0($t2)       # a[i][j] = $f4
```

Entsprechend inkrementieren diese vier letzten Befehle die Indexvariablen der mittleren und der äußeren Schleifen, beginnen die Schleife von vorn, wenn der Index nicht 32 ist und beenden die Schleife, wenn der Index 32 ist.

```
addiu   $s1, $s1, 1        # j = j + 1
bne     $s1, $t1, L2       # wenn (j != 32), gehe zu L2
addiu   $s0, $s0, 1        # i = i + 1
bne     $s0, $t1, L1       # wenn (i != 32), gehe zu L1
...
```

Abbildung 3.12 zeigt eine leicht abweichende Version von DGEMM und Abbildung 3.13 den dazugehörenden x86-Assemblercode.

Anmerkungen: 1) Die im Beispiel beschriebene Feldanordnung, *zeilenweise Anordnung* genannt, wird von C und vielen anderen Programmiersprachen verwendet. Fortran verwendet dagegen eine *spaltenweise Anordnung*, wobei das Feld Spalte für Spalte gespeichert wird.

2) Ursprünglich konnten nur 16 der 32 MIPS-Gleitkommaregister für Operationen mit einfacher Genauigkeit verwendet werden: $f0, $f2, $f4, ..., $f30. Doppelte Genauigkeit wird mit Paaren dieser Register einfacher Genauigkeit berechnet. Die Gleitkommaregister mit ungerader Nummer wurden nur zum Laden und Speichern der rechten Hälfte von 64-Bit-Gleitkommazahlen verwendet. Mit MIPS-32 wurde der Befehlssatz um die Befehle 1.d und s.d erweitert. MIPS-32 ergänzte den Befehlssatz zudem um „paarweise einfache" Versionen aller Gleitkommabefehle, wobei ein einfacher Befehl zwei parallele Gleitkommaoperationen an zwei 32-Bit-Operanden in 64-Bit-Registern ausführt. So ist etwa add.ps $f0,$f2,$f4 dasselbe wie add.s $f0,$f2,$f4 und add.s $f1,$f3,$f5 nacheinander ausgeführt.

3) Ein weiterer Grund, warum getrennte Ganzzahl- und Gleitkommaregister verwendet werden, ist der, dass die Mikroprozessoren in den 1980er-Jahren nicht genügend Transistoren zur Verfügung hatten, um die Gleitkommaeinheit auf demselben Chip unterzubringen wie die Ganzzahleinheit. Daher wurde die Gleitkommaeinheit mit den Gleitkommaregistern optional auf einem zweiten Chip angeboten. Optionale Beschleunigerchips wie diese werden als *Coprozessoren* bezeichnet, was das Akronym für Gleitkomma-Ladebefehle bei MIPS erklärt: lwc1 steht für „load word to coprocessor 1" (also: lade Wort in Coprozessor 1), also in die Gleitkommaeinheit. (Coprozessor 0 betrifft den virtuellen Speicher. Siehe hierzu Kapitel 5.) Seit den frühen 1990er-Jahren verfügen Mikroprozessoren über eine auf dem Chip integrierte Gleitkommaeinheit (und über fast alles Andere) und deshalb gehört der Ausdruck „Coprozessor" zusammen mit „Akkumulator" und „Kernspeicher" zu den historischen Ausdrücken.

4) Wie in Abschnitt 3.4 beschrieben, ist die Beschleunigung der Division problematischer als die der Multiplikation. Neben SRT gibt es noch ein weiteres Verfahren, um einen schnellen Multiplizierer auszunutzen, nämlich die *Newton-Iteration*, wobei für die Division die Suche nach der Nullstelle einer

Funktion umgeformt wird, um den Kehrwert $1/x$, zu finden, der dann mit dem anderen Operanden multipliziert wird. Bei Iterationsverfahren kann ohne zusätzliche Berechnung vieler Bits *nicht* korrekt gerundet werden. Ein TI-Chip löste dieses Problem durch Berechnen eines besonders genauen Kehrwerts.

5) Java bezieht den IEEE-754-Standard dem Namen nach in die Definition von Java-Gleitkommadatentypen und -operationen mit ein. Der Code im ersten Beispiel hätte also ebenso gut für eine Klassenmethode generiert werden können, mit der Fahrenheit in Celsius umgerechnet wird.

Im zweiten Beispiel werden mehrdimensionale Felder verwendet, die in Java nicht ausdrücklich unterstützt werden. Java lässt Felder von Feldern zu, aber jedes Feld muss im Gegensatz zu mehrdimensionalen Feldern in C seine eigene Länge haben. Wie bei den Beispielen in Kapitel 2 wäre bei einer Java-Version dieses zweiten Beispiels eine ganze Menge an Code zum Prüfen der Feldgrenzen erforderlich. Zudem müsste am Ende der Zeile eine neue Länge berechnet werden. Außerdem müsste sichergestellt werden, dass die Objektreferenz nicht null ist.

Genaue Arithmetik

Anders als Ganzzahlen, die jede Zahl zwischen der kleinsten und der größten Zahl genau darstellen können, sind Gleitkommazahlen normalerweise Näherungswerte für eine Zahl, die nicht exakt dargestellt werden kann. Der Grund liegt darin, dass es unendlich viele Zahlen beispielsweise im Intervall zwischen 0 und 1 gibt, aber nicht mehr als 2^{53} Gleitkommazahlen mit doppelter Genauigkeit exakt dargestellt werden können. Wir können die Gleitkommadarstellung nur möglichst genau an die tatsächliche Zahl annähern. Daher stellt der IEEE-754-Standard mehrere Möglichkeiten zum Runden bereit, damit der Programmierer die gewünschte Näherung wählen kann.

Runden hört sich einfach an, aber um exakt runden zu können, benötigt die Hardware zusätzliche Bits. In den vorhergehenden Beispielen haben wir keine genaue Anzahl für die Bits angegeben, die für eine Zwischendarstellung belegt werden können. Wenn aber jedes Zwischenergebnis durch Abschneiden auf die genaue Stellenzahl gerundet werden müsste, gäbe es keine Gelegenheit zum Runden. Nach IEEE 754 gibt es daher während der Zwischenschritte immer zwei zusätzliche Bits auf der rechten Seite, die als **Guard-Bit** bzw. **Round-Bit** bezeichnet werden. Betrachten wir ein Beispiel mit Dezimalzahlen, um den Wert dieser zusätzlichen Stellen zu veranschaulichen.

Guard-Bit (Prüfstelle) Das erste von zwei zusätzlichen Bits auf der rechten Seite bei Berechnungen von Zwischenergebnissen mit Gleitkommazahlen. Wird zum exakteren Runden verwendet.

Round-Bit (Rundung) Methode, die angewendet wird, damit das Zwischenergebnis bei Gleitkommaberechnungen in das Gleitkommaformat passt. In der Regel soll damit die Zahl gefunden werden, die der gewünschten Zahl am nächsten kommt und in dem Format dargestellt werden kann.

Beispiel: Runden mit Guard-Stellen

Addieren Sie $2{,}56_D \times 10^0$ und $2{,}34_D \times 10^2$ unter der Annahme, dass drei signifikante Dezimalstellen zur Verfügung stehen. Runden Sie auf die nächste darstellbare Dezimalzahl mit drei signifikanten Dezimalstellen, zuerst mit Guard- und Round-Stellen, dann ohne.

Lösung: Zunächst müssen wir die kleinere Zahl nach rechts schieben, um die Exponenten anzupassen. So wird aus $2{,}56_D \times 10^0$ die Zahl $0{,}0256_D \times 10^2$. Da wir über Guard- und Round-Stellen verfügen, können wir beim Anpassen der Exponenten die beiden niedrigstwertigen Stellen bewahren. In der Guard-Stelle wird die 5 gespeichert und in der Round-Stelle die 6. Somit ergibt sich die Summe

$$
\begin{array}{r}
2{,}3400_D \\
+0{,}0256_D \\
\hline
2{,}3656_D
\end{array}
$$

Die Summe lautet also $2{,}3656_D \times 10^2$. Da wir zwei Stellen zum Runden haben, möchten wir Werte zwischen 0 und 49 abrunden und Werte zwischen 51 und 99 aufrunden, wobei 50 unentschieden ist. Wenn die Summe mit drei signifikanten Stellen aufgerundet wird, ergibt sich die Zahl $2{,}37_D \times 10^2$.

Wenn die Berechnung *ohne* Guard- und Round-Stellen durchgeführt wird, gehen zwei Stellen verloren. Dabei ergibt sich die neue Summe

$$
\begin{array}{r}
2{,}34_D \\
+0{,}02_D \\
\hline
2{,}36_D
\end{array}
$$

Die Lösung lautet $2{,}36_D \times 10^2$, 1 weniger an der letzten Stelle als in der Summe oben.

Da der ungünstigste Fall beim Runden der wäre, dass sich die eigentliche Zahl in der Mitte zwischen zwei Gleitkommadarstellungen befindet, wird die Genauigkeit von Gleitkommaoperationen in der Regel als Anzahl der Bits im Rundungsfehler in den niedrigstwertigen Bits des Signifikanden gemessen. Der Wert wird in **ULP** (units in the last place, Einheiten in der letzten Stelle) angegeben. Wenn eine Zahl in den niedrigstwertigen Bits um 2 abweicht, wird dies als Abweichung um 2 ULP bezeichnet. Vorausgesetzt, es gibt weder Überlauf, noch Unterlauf, noch ungültige Operationen, dann garantiert der IEEE-754-Standard, dass der Computer die Zahl verwendet, die sich im Bereich von einem halben ULP befindet.

ULP Die Anzahl an Bits im Rundungsfehler in den niedrigstwertigen Bits des Signifikanden zwischen der eigentlichen Zahl und der Zahl, die dargestellt werden kann.

Anmerkungen: 1) Bei dem obigen Beispiel war zwar nur eine zusätzliche Stelle erforderlich, für eine Multiplikation können jedoch auch zwei Stellen notwendig sein. So kann ein Binärprodukt eine führende 0 enthalten, so dass bei der Normalisierung das Produkt um ein Bit nach links verschoben werden muss. Dadurch wird das Guard-Bit in das niedrigstwertige Bit des Produkts verschoben, so dass nur das Round-Bit zum exakten Runden des Produkts bleibt.

IEEE 754 unterstützt Rundungsmethoden: immer aufrunden (gegen $+\infty$), immer abrunden (gegen $-\infty$), Runden durch Abschneiden und Runden zur nächsten geraden Gleitkommazahl. Die letzte Methode gibt an, was zu tun ist, wenn die Zahl genau in der Mitte zwischen zwei darstellbaren Zahlen liegt. Nach dem IEEE-754-Standard wird bei einer Zahl, die sich genau in der Mitte zwischen zwei darstellbaren Zahlen liegt, zum niedrigstwertigen Bit eins addiert, falls dieses Bit eine ungerade Zahl enthält. Wenn es eine gerade Zahl enthält, wird es durch Abschneiden gerundet. Mit dieser Methode wird im unentschiedenen Fall im niedrigstwertigen Bit eine 0 generiert. Daher stammt auch die Bezeichnung dieser Rundungsmethode. Diese Methode wird am häufigsten angewendet und ist die einzige, die von Java unterstützt wird.

Mit den zusätzlichen Rundungsbits soll erreicht werden, dass der Rechner dieselben Ergebnisse erhält, als wenn Zwischenergebnisse mit unendlicher Genauigkeit berechnet und anschließend gerundet würde.

Um dieses Ziel zu unterstützen und auf die nächste gerade Gleitkommazahl zu runden, stellt der Standard neben dem Guard- und dem Round-Bit ein drittes Bit bereit. Dieses Bit wird gesetzt, wenn sich rechts neben dem Round-Bit noch Bits befinden, die nicht null sind. Mithilfe dieses so genannten **Sticky-Bits** kann der Computer beim Runden den Unterschied zwischen $0,50\ldots00_D$ und $0,50\ldots01_D$ erkennen.

Das Sticky-Bit kann beispielsweise während einer Addition beim Verschieben der kleineren Zahl nach rechts gesetzt werden. Nehmen wir an, wir addieren $5,01_D \times 10^{-1}$ und $2,34_D \times 10^2$ aus dem obigen Beispiel. Auch wenn wir das Guard- und das Round-Bit verwenden, addieren wir $0,0050$ und $2,34$, was die Summe $2,3450$ ergibt. Das Sticky-Bit wird gesetzt, da sich auf der rechten Seite Bits befinden, die nicht null sind. Ohne Sticky-Bit zum Festhalten, ob Einsen weggeschoben wurden, würden wir annehmen, die Zahl lautet $2,345000\ldots00$ und würden auf die nächste gerade Gleitkommazahl, nämlich $2,34$ runden. Mit dem Sticky-Bit, das festhält, dass die Zahl größer als $2,345000\ldots00$ ist, runden wir stattdessen auf $2,35$.

2) Die Architekturen PowerPC, SPARC64, AMD SSE5 und Intel AVX unterstützen einen einzelnen Befehl, der eine Multiplikation und Addition über drei Register durchführt: $a = a + (b \times c)$. Offensichtlich gestattet dieser Befehl eine potenziell höhere Gleitkommaleistung für diese häufig vorkommende Operation. Gleichermaßen wichtig ist, dass statt zwei Rundungen – nach der Multiplikation und anschließend nach der Addition –, die in separaten Befehlen ausgeführt würden, der Befehl zum Multiplizieren und Addieren eine einzige Rundung nach der Addition durchführen kann. Weil nur ein Rundungsschritt ausgeführt wird, bietet die Multiplikation mit Addition eine höhere Genauigkeit. Solche Operationen mit einer einzigen Rundung werden als FMA-Operationen **(Fused Multiply Add)** bezeichnet. Sie wurden dem überarbeiteten Standard IEE 754-2008 hinzugefügt (siehe Abschnitt 3.11, online).

Sticky-Bits Ein Bit, das beim Runden neben dem Guard-Bit und dem Round-Bit verwendet und gesetzt wird, wenn sich rechts neben dem Round-Bit Bits befinden, die verschieden von null sind.

Fused Multiply Add Ein Gleitkommabefehl, der gleichzeitig eine Multiplikation und eine Addition ausführt, aber nur nach der Addition einmal rundet.

Zusammenfassung

Im Abschnitt „Grundwissen" auf der nächsten Seite wird das Von-Neumann-Konzept aus Kapitel 2 bestätigt. Die Bedeutung der Information kann nicht durch die Betrachtung der Bits allein bestimmt werden, da ein- und dieselben Bits eine Vielzahl von Objekten darstellen können. In diesem Abschnitt wird deutlich, dass die Rechnerarithmetik endlich ist und sich somit von der natürlichen Arithmetik unterscheiden kann. So ist beispielsweise die Darstellung der Gleitkommazahl

$$(-1)^S \times (1 + \text{Mantisse}) \times 2^{(\text{Exponent}-\text{Verschiebekonstante})}$$

nach IEEE-754-Standard fast immer ein Näherungswert der reellen Zahl. Computersysteme müssen dafür sorgen, dass die Differenz zwischen Computerarithmetik und der Arithmetik in der Realität möglichst gering ist. Und Programmierer müssen sich die Auswirkungen dieser Näherungen von Zeit zu Zeit vergegenwärtigen.

Grundwissen

Bitmuster haben keine Bedeutung an sich. Sie können vorzeichenbehaftete Ganzzahlen, vorzeichenlose Ganzzahlen, Gleitkommazahlen, Befehle usw. darstellen. Was dargestellt wird, hängt von dem Befehl ab, der auf die Bits im Wort angewendet wird.

Der Hauptunterschied zwischen den im Computer darstellbaren Zahlen und Zahlen in der Realität besteht darin, dass die Größe der Computerzahlen und deren Genauigkeit begrenzt ist. So kann es vorkommen, dass eine Zahl berechnet wird, die zu groß oder zu klein ist, um in einem Wort dargestellt werden zu können. Programmierer müssen diese Grenzen berücksichtigen und ihre Programme entsprechend schreiben.

C-Datentyp	Java-Datentyp	Datentransfer	Operationen
int	int	lw, sw, lui	addu, addiu, subu, mult, div, and, andi, or, ori, nor, slt slti
unsigned int	—	lw, sw, lui	addu, addiu, subu, multu, divu, and, andi, or, ori, nor, sltu, sltiu
char	—	lb, sb, lui	addu, addiu, subu, multu, divu, and, andi, or, ori, nor, sltu, sltiu
—	char	lh, sh, lui	addu, addiu, subu, multu, divu, and, andi, or, ori, nor, sltu, sltiu
float	float	lwc1, swc1	add.s, sub.s, mult.s, div.s, c.eq.s, c.lt.s, c.le.s
double	double	l.d, s.d	add.d, sub.d, mult.d, div.d, c.eq.d, c.lt.d, c.le.d

Hardware-Software-Schnittstelle

Im letzten Kapitel haben wir die Speicherklassen der Programmiersprache C (siehe „Hardware-Software-Schnittstelle" in Abschnitt 2.7) vorgestellt. In der obigen Tabelle sind einige der C- und Java-Datentypen zusammen mit den Datentransfer-Befehlen und Befehlen von MIPS dargestellt, die auf die in Kapitel 2 und in diesem Kapitel beschriebenen Datentypen angewendet werden. Wie Sie sehen, gibt es bei Java keine vorzeichenlosen Ganzzahlen.

Selbsttest

Nehmen wir an, es gebe ein dem IEEE-754-Standard entsprechendes 16-Bit-Gleitkommaformat mit 5 Exponentenbits. Welcher Zahlenbereich könnte damit dargestellt werden?

1. $1,0000\ 0000\ 00_B \times 2^0$ bis $1,1111\ 1111\ 11 \times 2^{31}, 0$

2. $\pm 1,0000\ 0000\ 0_B \times 2^{-14}$ bis $\pm 1,1111\ 1111\ 1 \times 2^{15}, \pm 0, \pm\infty$, NaN

3. $\pm 1,0000\ 0000\ 00_B \times 2^{-14}$ bis $\pm 1,1111\ 1111\ 11 \times 2^{15}, \pm 0, \pm\infty$, NaN

4. $\pm 1,0000\ 0000\ 00_B \times 2^{-15}$ bis $\pm 1,1111\ 1111\ 11 \times 2^{14}, \pm 0, \pm\infty$, NaN

Anmerkung: Zur Unterstützung von Vergleichen, in denen NaNs auftreten können, stellt der Standard *geordnete* und *ungeordnete* Optionen bereit. Somit weist der vollständige MIPS-Befehlssatz viele verschiedene Vergleiche zum Unterstützen von NaNs auf. (Java unterstützt ungeordnete Vergleiche nicht.)

Bei dem Versuch, das allerletzte Genauigkeitsbit aus einer Gleitkommaoperation herauszuholen, lässt der Standard zu, dass einige Zahlen in nicht normalisierter Form dargestellt werden. Damit zwischen 0 und der kleinsten normalisierten Zahl keine Lücke entsteht, lässt der IEEE-Standard *denormalisierte Zahlen* (auch als *subnormale Zahlen* bezeichnet) zu. Sie haben denselben Exponenten wie 0, jedoch einen Signifikanden, der ungleich 0 ist. Dabei ist es nach dem Standard zulässig, dass die Wertigkeit einer Zahl so lange abnimmt, bis diese 0 wird. Dies wird als *gradueller Unterlauf* bezeichnet. Beispiel: Die kleinste positive normalisierte Zahl mit einfacher Genauigkeit lautet

$$1,0000\ 0000\ 0000\ 0000\ 0000\ 000_B \times 2^{-126}$$

Die kleinste denormalisierte Zahl mit einfacher Genauigkeit lautet jedoch

$$0,0000\ 0000\ 0000\ 0000\ 0000\ 001_B \times 2^{-126}, \text{ oder } 1,0_B \times 2^{-149}$$

Bei doppelter Genauigkeit gibt es eine denormalisierte Lücke zwischen $1,0 \times 2^{-1022}$ und $1,0 \times 2^{-1074}$.

Die Möglichkeit gelegentlicher nicht normalisierter Operanden bereitet den Entwicklern von Gleitkommaeinheiten einiges Kopfzerbrechen, wenn es um Schnelligkeit geht. Daher verursachen viele Rechner eine Ausnahme, wenn ein Operand denormalisiert ist, und lassen die Software die Operation abschließen. Obwohl Softwareimplementierungen vollkommen zulässig sind, schmälert die geringere Performanz die Popularität denormalisierter Zahlen in portierbarer Gleitkommasoftware. Dazu kommt: Wenn Programmierer keine denormalisierten Zahlen erwarten, können ihre Programme zu Überraschungen führen.

3.6 Parallelität und Computerarithmetik: Subwort-Parallelität

Da jeder Desktop-Mikroprozessor per Definition seine eigene grafische Ausgabeeinheit hat, war es angesichts steigender Transistor-Budgets unvermeidbar, dass zusätzlich Grafikoperationen unterstützt werden. Viele Grafiksysteme haben ursprünglich 8 Bit für die Darstellung jeder der drei Primärfarben sowie zusätzlich 8 Bit für die Lage des Pixels verwendet. Als später noch Lautsprecher und Mikrofone für Telefonkonferenzen und Videospiele hinzu kamen, lag es nahe, auch den Ton zu unterstützen. Audiodateien benötigen mehr als 8 Bit Genauigkeit, wobei 16 Bit ausreichend sind.

Alle Mikroprozessoren bieten spezielle Unterstützung, damit Bytes und Halbwörter im Speicher so wenig Platz wie möglich beanspruchen (siehe Abschnitt 2.9), doch da arithmetische Operationen bei diesen Datenmengen in typischen Ganzzahlprogrammen selten sind, gab es außer dem Datentransfer nur wenig Unterstützung. Architekten erkannten, dass viele Grafik- und Audioanwendungen die gleiche Operation auf Vektoren dieser Daten ausführen. Durch Partitionierung der Trägerketten in einem 128-Bit-Addierer kann ein Prozessor die **Parallelität** ausnutzen, um simultane Operationen auf kürzeren Vektoren von sechzehn 8-Bit-Operanden, acht 16-Bit-Operanden, vier 32-Bit-Operanden oder zwei 64-Bit-Operanden auszuführen. Die Kosten für solche partitionierten Addierer sind gering.

PARALLELITÄT

Da die Parallelität innerhalb eines breiten Wortes auftritt, werden die Erweiterungen als *Subwort-Parallelität* bezeichnet. Außerdem fallen sie unter den allgemeineren Begriff *Parallelität auf Datenebene*. Sie werden auch Vektor- oder SIMD-Erweiterungen (Single Instruction, Multiple Data) genannt (siehe Abschnitt 6.6) Die zunehmende Verbreitung von Multimedia-Anwendungen hat zu arithmetischen Befehlen geführt, die kürzere Operationen unterstützen und leicht parallel ausgeführt werden können. Beispielsweise hat ARM mehr als 100 Befehle zur NEON-Multimedia-Befehlserweiterung hinzugefügt, um Subwort-Parallelität zu unterstützen. Diese kann mit ARMv7 oder ARMv8 verwendet werden. Hinzugefügt wurden 256 Byte an neuen Registern für NEON, die als 32 Register mit jeweils 8 Byte Breite oder als 16 Register mit jeweils 16 Byte Breite betrachtet werden können. NEON unterstützt alle Subwort-Datentypen, die man sich vorstellen kann, *außer* 64-Bit-Gleitkommazahlen:

- 8-Bit-, 16-Bit-, 32-Bit- und 64-Bit-Ganzzahlen, jeweils vorzeichenbehaftet und vorzeichenlos
- 32-Bit-Gleitkommazahlen

Tabelle 3.9 gibt eine Zusammenfassung der grundlegenden NEON-Befehle.

Tab. 3.9: Übersicht über die ARM-NEON-Befehle für die Subwort-Parallelität. Wir verwenden geschweifte Klammern, um optionale Varianten der Grundoperationen anzugeben. {S8,U8,8} steht für vorzeichenbehaftete und vorzeichenlose 8-Bit-Ganzzahlen oder 8-Bit-Daten von beliebigem Typ, wovon 16 in ein 128-Bit-Register passen. {S16,U16,16} steht für vorzeichenbehaftete und vorzeichenlose 16-Bit-Ganzzahlen oder 16-Bit-Daten von beliebigem Typ, wovon 8 in ein 128-Bit-Register passen. {S32,U32,32} steht für vorzeichenbehaftete und vorzeichenlose 32-Bit-Ganzzahlen oder 32-Bit-Daten von beliebigem Typ, wovon 4 in ein 128-Bit-Register passen. {S64,U64,64} steht für vorzeichenbehaftete und vorzeichenlose 64-Bit-Ganzzahlen oder 64-Bit-Daten von beliebigem Typ, wovon 2 in ein 128-Bit-Register passen. {F32} steht für vorzeichenbehaftete und vorzeichenlose 32-Bit-Gleitkommazahlen, von denen 4 in ein 128-Bit-Register passen. Vector Load liest eine n-elementige Struktur aus dem Speicher in 1, 2, 3 oder 4 NEON-Register. Dabei wird jeweils eine n-elementige Struktur in eine Lane geladen (siehe Abschnitt 6.6) und Elemente des Registers, die nicht geladen werden, bleiben unverändert. Vector Store schreibt eine n-elementige Struktur aus 1, 2, 3 oder 4 NEON-Registern in den Speicher.

Datentransfer	Arithmetik	Logik/Vergleichen
VLDR.F32	VADD.F32, V.ADD{L,W}{S8,U8,S16,U16,S32,U32}	VAND.64, VAND.128
VSTR.F32	VSUB.F32, VSUB{L,W}{S8,U8,S16,U16,S32,U32}	VORR.64, VORR.128
VLD{1,2,3,4}.{I8,I16,I32}	VMUL.F32, VMULL{S8,U8,S16,U16,S32,U32}	VEOR.64,VEOR.128
VST{1,2,3,4}.{I8,I16,I32}	VMLA.F32, VMLAL{S8,U8,S16,U16,S32,U32}	VBIC.64,VBIC.128
VMOV.{I8,I16,I32,F32}, #imm	VMLS.F32, VMLSL{S8,U8,S16,U16,S32,U32}	VORN.64,VORN.128
VMVN.{I8,I16,I32,F32}, #imm	VMAX.{S8,U8,S16,U16,S32,U32,F32}	VCEQ.{I8,I16,I32,F32}
VMOV.{I64,I128}	VMIN.{S8,U8,S16,U16,S32,U32,F32}	VCGE.{S8,U8,S16,U16,S32,U32,F32}
VMVN.{I64,I128}	VABS.{S8,S16,S32,F32}	VCGT.{S8,U8,S16,U16,S32,U32,F32}
	VNEG.{S8,S16,S32,F32}	VCLE.{S8,U8,S16,U16,S32,U32,F32}
	VSHL.{S8,U8,S16,U16,S32,S64,U64}	VCLT.{S8,U8,S16,U16,S32,U32,F32}
	VSHR.{S8,U8,S16,U16,S32,S64,U64}	VTST.{I8,I16,I32}

Anmerkung: Zusätzlich zu vorzeichenbehafteten und vorzeichenlosen Ganzzahlen umfasst ARM Festkommaformate in vier Größen, die mit I8, I16, I32 und I64 bezeichnet sind und von denen jeweils 16, 8, 4 bzw. 2 in ein 128-Bit-Register passen. Ein Teil des Festkommaformats ist für die Mantisse vorgesehen (rechts vom Binärkomma) und der Rest für den ganzzahligen Anteil (links vom Binärkomma). Die Position des Binärkommas hängt von der Software ab. Viele ARM-Prozessoren haben keine Gleitkommahardware, weshalb Gleitkommaoperationen von Bibliotheksroutinen ausgeführt werden müssen. Festkommaarithmetik kann signifikant schneller sein als softwareseitige Gleitkommaroutinen, doch es ist mehr Arbeit für den Programmierer.

3.7 Fallstudie: Streaming-SIMD-Erweiterungen und fortgeschrittene Vektorerweiterungen für x86

Die ursprünglichen Erweiterungen MMX (*MultiMedia eXtension*) und SSE (*Streaming SIMD Extension*) der x86-Architektur beinhalteten ähnliche Operationen wie diejenigen, die in ARM NEON vorzufinden sind. In Kapitel 2 wurde erwähnt, dass Intel 2001 zu seiner Architektur 144 Befehle als Bestandteil von SSE2 hinzugefügt hat, darunter doppelt genaue Gleitkommaregister und -operationen. Die Erweiterung umfasst acht 64-Bit-Register, die für Gleitkommaoperanden verwendet werden können. AMD erweiterte die Anzahl auf

Tab. 3.10: Die SSE/SSE2-Gleitkommabefehle des x86. xmm bedeutet, dass ein Operand ein 128-Bit-SSE2-Register ist, und mem/xmm bedeutet, dass sich der andere Operand entweder im Speicher befindet oder dass er ein SSE2-Register ist. Geschweifte Klammern kennzeichnen optionale Varianten der grundlegenden Operationen: SS steht für Scalar Single-Gleitkommagenauigkeit oder vier 32-Bit-Operanden in einem 128-Bit-Register; SD steht für Scalar Double-Gleitkommagenauigkeit oder ein 64-Bit-Operand in einem 128-Bit-Register; PD steht für Packed Double-Gleitkommagenauigkeit oder zwei 64-Bit-Operanden in einem 128-Bit-Register; A bedeutet, dass der 128-Bit-Operand im Speicher ausgerichtet ist; U bedeutet, dass der 128-Bit-Operand im Speicher nicht ausgerichtet ist; H bedeutet, dass die obere Hälfte des 128-Bit-Operanden verschoben wird, und L bedeutet, dass die untere Hälfte des 128-Bit-Operanden verschoben wird.

Datentransfer	Arithmetik	Vergleichen
MOV{A/U}{SS/PS/SD/PD} xmm, mem/xmm	ADD{SS/PS/SD/PD} xmm, mem/xmm	CMP{SS/PS/SD/PD}
	SUB{SS/PS/SD/PD} xmm, mem/xmm	
MOV H/L PS/PD xmm, mem/xmm	MULSS/PS/SD/PD xmm, mem/xmm	
	DIVSS/PS/SD/PD xmm, mem/xmm	
	SQRTSS/PS/SD/PD mem/xmm	
	MAXSS/PS/SD/PD mem/xmm	
	MINSS/PS/SD/PD mem/xmm	

16 Register, die XMM genannt werden, als Teil von AMD64, was von Intel für den eigenen Gebrauch in EM64T umbenannt wurde. In Tabelle 3.10 sind die SSE- und SSE2-Befehle zusammengestellt.

Neben dem Speichern einer Zahl mit einfacher oder doppelter Genauigkeit in einem Register lässt Intel auch zu, dass mehrere Gleitkommaoperanden (vier mit einfacher und zwei mit doppelter Genauigkeit) in einem einzigen 128-Bit-SSE2-Register gespeichert werden. Wenn die Operanden im Speicher als ausgerichtete 128-Bit-Daten angeordnet werden können, dann ist es mit 128-Bit-Datentransfer-Befehlen möglich, mehrere Operanden mit einem Befehl zu laden oder zu speichern. Dieses gepackte Gleitkommaformat wird von arithmetischen Operationen unterstützt, die gleichzeitig vier Zahlen mit einfacher Genauigkeit oder zwei mit doppelter Genauigkeit verarbeiten können.

Im Jahr 2011 hat Intel durch Einführung der *Advanced Vector Extensions (AVX)* die Breite der Register noch einmal verdoppelt, die nun YMM genannt werden. Damit kann eine einzelne Operation acht 32-Bit-Gleitkommaoperationen oder vier 64-Bit-Gleitkommaoperationen spezifizieren. Die alten SSE- und SSE2-Befehle operieren nun auf den unteren 128 Bit des YMM-Registers. Um also von 128-Bit- zu 256-Bit-Operationen überzugehen, wird den Befehlen in SSE2-Assemblersprache der Buchstabe v (für Vector) vorangestellt und dann die YMM-Registernamen anstelle der XMM-Registernamen benutzt. Beispielsweise wird aus dem SSE-Befehl

```
addpd   %xmm0, %xmm4
```

zur Ausführung von zwei 64-Bit-Gleitkommaadditionen

```
vaddpd   %ymm0, %ymm4
```

was vier 64-Bit-Gleitkommamultiplikationen erzeugt.

Anmerkung: In AVX sind auch drei Adressbefehle zu x86 hinzugefügt. Beispielsweise spzifiziert vaddpd

```
vaddpd   %ymm0, %ymm1, %ymm4 # %ymm4 = %ymm0 + %ymm1
```

anstelle der Zweiadressversion

```
addpd    %xmm0, %xmm4 # %xmm4 = %xmm4 + %xmm0
```

(Im Unterschied zu MIPS steht das Ziel bei x86 auf der rechten Seite.) Drei Adressen können die Anzahl der für eine Berechnung benötigten Adressen und Register reduzieren.

3.8 Beschleunigung: Subwort-Parallelität und Matrixmultiplikation

Um die Auswirkung der Subwort-Parallelität auf die Performanz zu demonstrieren, werden wir denselben Code zunächst auf dem Intel Core i7 ohne AVX laufen lassen und anschließend mit AVX. Abbildung 3.12 zeigt eine nicht optimierte Version einer Matrixmultiplikation, geschrieben in C. Wie wir in Abschnitt 3.5 gesehen haben, wird dieses Programm üblicherweise als DGEMM bezeichnet. In dieser Auflage unseres Buches haben wir erstmals eine Reihe von neuen Abschnitten aufgenommen, die mit Beschleunigung überschrieben sind und in denen wir den Performanzvorteil durch die Anpassung der Software an die darunterliegende Hardware, in diesem Fall die Sandy-Bridge-Version des Intel Core i7, demonstrieren wollen. In den entsprechenden neuen Abschnitten in den Kapiteln 4, 5 und 6 wird die Performanz von DGEMM durch Anwendung der in den einzelnen Kapiteln diskutierten Ideen schrittweise verbessert.

Abbildung 3.13 zeigt den x86-Assemblercode für die innere Schleife aus Abbildung 3.12. Die fünf Gleitkommabefehle beginnen mit einem v wie die AVX-Befehle; beachten Sie jedoch, dass sie die XMM-Register anstatt die YMM-Register verwenden. Außerdem enthalten sie im Namen sd, was für scalar double precision steht. Wir wollen nun die Befehle der Subwort-Parallelität kurz definieren.

Während Compiler-Entwickler irgendwann in der Lage sein werden, routinemäßig Code von hoher Qualität zu schreiben, der die AVX-Befehle des x86 benutzt, müssen wir einstweilen „tricksen", indem wir intrinsische C-Funktionen benutzen, die dem Compiler mehr oder weniger exakt sagen, wie guter Code generiert wird. Abbildung 3.14 zeigt eine erweiterte Version von Abbildung 3.12, für die der Gnu-C-Compiler AVX-Code generiert. Abbildung 3.15 zeigt kommentierten x86-Code, der das Ergebnis des Kompilierens durch gcc mit dem Optimierungsniveau –O3 ist.

Die Deklaration in Zeile 6 von Abbildung 3.14 verwendet den Datentyp _m256d, der dem Compiler mitteilt, dass die Variable vier doppelt genaue Gleitkommavariable enthalten wird. Die intrinsische Funktion _mm256_load_pd(),

```
1. void dgemm (int n, double* A, double* B, double* C)
2. {
3.   for (int i=0; i<n; ++i)
4.     for (int j=0; j<n; ++j)
5.     {
6.       double cij = C[i+j*n]; /* cij = C[i][j] */
7.       for (int k=0; k<n; k++ )
8.         cij+=A[i+k*n]*B[k+j*n]; /* cij+=A[i][k]*B[k][j] */
9.       C[i+j*n] = cij; /* C[i][j] = cij */
10.    }
11. }
```

Abb. 3.12: Nicht optimierte C-Version einer Matrixmultiplikation mit doppelter Genauigkeit, weithin bekannt unter der Bezeichnung DGEMM. Da wir die Matrixdimension *n* als Parameter übergeben, verwendet diese Version von DGEMM Versionen der Matrizen C, A und B mit eindeutiger Dimension und Adressarithmetik um eine bessere Performanz zu erreichen. Vergleiche im Unterschied dazu die intuitiveren zweidimensionalen Felder, die wir in Abschnitt 3.5 gesehen haben. Die Kommentare verweisen auf die intuitivere Version.

```
1.   vmovsd (%r10),%xmm0           # lade 1 El. von C in %xmm0
2.   mov    %rsi,%rcx              # Register %rcx = %rsi
3.   xor    %eax,%eax             # Register %eax = 0
4.   vmovsd (%rcx),%xmm1           # lade 1 El. von B in %xmm1
5.   add    %r9,%rcx              # Register %rcx = %rcx + %r9
6.   vmulsd (%r8,%rax,8),%xmm1,%xmm1  # multipl. %xmm1, El. von A
7.   add    $0x1,%rax             # Register %rax = %rax + 1
8.   cmp    %eax,%edi             # vergleiche %eax to %edi
9.   vaddsd %xmm1,%xmm0,%xmm0      # addiere %xmm1, %xmm0
10.  jg     30 <dgemm+0x30>        # Sprung falls %eax > %edi
11.  add    $0x1,%r11             # Register %r11 = %r11 + 1
12.  vmovsd %xmm0,(%r10)           # speichere %xmm0 in C
```

Abb. 3.13: x86-Assemblercode für den Rumpf der geschachtelten Schleifen, die durch Kompilieren des nicht optimierten C-Codes aus Abbildung 3.12 generiert werden. Obwohl der Code nur mit 64-Bit-Daten arbeitet, verwendet der Compiler die AVX-Version der Befehle anstatt SSE2, vermutlich damit er drei Adressen pro Befehl verwenden kann anstatt nur zwei (siehe Anmerkung in Abschnitt 3.7).

die außerdem in Zeile 6 auftritt, verwendet AVX-Befehle, um vier doppelt genaue Gleitkommazahlen parallel (_pd) aus der Matrix C in c0 zu laden. Die Adressberechnung C+i+j*n in Zeile 6 repräsentiert das Element C[i+j*n]. Symmetrisch dazu verwendet der abschließende Schritt in Zeile 11 die intrinsische Funktion _mm256_store_pd(), um vier doppelt genaue Gleitkommazahlen von c0 in die Matrix C zu laden. Da in jeder Iteration vier Elemente verarbeitet werden, wird i in der äußeren for-Schleife um 4 inkrementiert anstatt um 1 wie in Zeile 3 von Abbildung 3.12.

Innerhalb der Schleifen werden zunächst wieder vier Elemente von A mittels _mm256_load_pd() geladen (Zeile 9). In Zeile 10 wird zuerst die intrinsische Funktion _mm256_broadcast_sd() verwendet, um diese Elemente jeweils mit

```
1.  #include <x86intrin.h>
2.  void dgemm (int n, double* A, double* B, double* C)
3.  {
4.    for (int i = 0; i < n; i+=4)
5.      for (int j = 0; j < n; j++) {
6.        __m256d c0=_mm256_load_pd(C+i+j*n); /* c0=C[i][j] */
7.        for (int k = 0; k < n; k++)
8.          c0 = _mm256_add_pd(c0, /* c0+=A[i][k]*B[k][j] */
9.                    _mm256_mul_pd(_mm256_load_pd(A+i+k*n),
10.                   _mm256_broadcast_sd(B+k+j*n)));
11.        _mm256_store_pd(C+i+j*n, c0); /* C[i][j] = c0 */
12.     }
13. }
```

Abb. 3.14: Optimierte C-Version von DGEMM, die intrinsische C-Funktionen benutzt, um die Subwort-parallelen AVX-Befehle für den x86 zu generieren. Abbildung 3.15 zeigt den Assemblercode, den der Compiler für die innere Schleife erzeugt.

```
1.  vmovapd (%r11),%ymm0           # lade 4 Elemente von C in %ymm0
2.  mov     %rbx,%rcx             # Register %rcx = %rbx
3.  xor     %eax,%eax            # Register %eax = 0
4.  vbroadcastsd (%rax,%r8,1),%ymm1  # mache 4 Kopien des B-El.
5.  add     $0x8,%rax            # Register %rax = %rax + 8
6.  vmulpd (%rcx),%ymm1,%ymm1    # parallele Mult. %ymm1,4 A-El.
7.  add     %r9,%rcx             # Register %rcx = %rcx + %r9
8.  cmp     %r10,%rax            # vergleiche %r10 mit %rax
9.  vaddpd %ymm1,%ymm0,%ymm0     # parallele Add. %ymm1, %ymm0
10. jne     50 <dgemm+0x50>      # Sprung falls nicht %r10 != %rax
11. add     $0x1,%esi            # Register % esi = % esi + 1
12. vmovapd %ymm0,(%r11)         # speichere %ymm0 in 4 C-Elementen
```

Abb. 3.15: Der x86-Assemblercode für den Rumpf der inneren Schleifen, der durch Kompilieren des optimierten C-Codes aus Abbildung 3.14 erzeugt wird. Beachten Sie die Ähnlichkeiten mit Abbildung 3.13. Der Hauptunterschied besteht darin, dass die fünf Gleitkommaoperationen nun die YMM-Register benutzen sowie die pd-Versionen (parallel double precision) der Befehle anstatt die sd-Versionen (single double precision).

einem Element von B zu multiplizieren. Dabei entstehen vier identische Kopien der skalaren doppelt genauen Zahl – in diesem Fall eines Elements von B – in einem der YMM-Register. Dann wird in Zeile 9 _mm256_mul_pd() verwendet, um die vier doppelt genauen Ergebnisse parallel zu multiplizieren. Schließlich addiert _mm256_add_pd() die vier Produkte zu den vier Summen in c0.

Abbildung 3.15 zeigt den resultierenden x86-Code für den Rumpf der inneren Schleifen, die vom Compiler erzeugt werden. Sie können die fünf AVX-Befehle sehen – sie beginnen alle mit v und vier von ihnen verwenden pd für parallel doppelt genau –, die den oben erwähnten intrinsischen C-Funktionen entsprechen. Der Code ist dem in Abbildung 3.12 sehr ähnlich: Beide verwenden 12 Befehle, die Ganzzahlbefehle sind fast identisch (jedoch mit unterschiedlichen Registern) und die Unterschiede bei den Gleitkommabefehlen bestehen im Wesentlichen darin, dass von *scalar double* (sd) zu *parallel double* (pd) übergegangen wird, wobei sd XMM-Register benutzt und pd YMM-Register. Die einzige Ausnahme ist Zeile 4 in Abbildung 3.15. Jedes Element von A muss mit einem Element von B multipliziert werden. Eine Lösung besteht darin, vier identische Kopien des 64-Bit-B-Elements nebeneinander in das 256-Bit-YMM-Register zu schreiben, und genau das ist es, was der Befehl vbroadcastsd tut.

Für Matrizen der Dimension 32 × 32 läuft die nicht optimierte Version von DGEMM (Abbildung 3.12) bei 1,7 GFLOPS auf einem Kern eines 2,6 GHz Intel Core i7 (Sandy Bridge). Der optimierte Code in Abbildung 3.14 läuft bei 6,4 GFLOPS. Die AVX-Version ist 3,85-mal so schnell, was sehr nahe an dem Faktor 4 liegt, den man erhoffen kann, wenn man durch **Subwort-Parallelität** viermal so viele Operationen gleichzeitig ausführt.

PARALLELITÄT

Anmerkung: Wie in Anmerkung 2 auf Seite 41 erwähnt, bietet Intel einen Turbo Mode an, der temporär mit einer höheren Taktfrequenz läuft, bis der Chip zu heiß wird. Dieser Intel Core i7 (Sandy Bridge) kann im Turbo Mode von 2,6 GHz auf 3,3 GHz gehen. Die obigen Ergebnisse wurden mit abgeschaltetem Turbo-Modus erhalten. Mit eingeschaltetem Turbo-Modus erhalten wir eine Verbesserung aller Ergebnisse um den Faktor 3,3/2,6 = 1,27, also auf 2,1 GFLOPS für den nicht optimierten DGEMM und auf 8,1 GFLOPS mit AVX. Der Turbo-Modus arbeitet besonders gut, wenn, wie in diesem Fall, nur ein einziger Kern eines Chips mit acht Kernen genutzt wird, da er diesen Kern wesentlich mehr als seinen fairen Leistungaanteil nutzen lässt, während die anderen Kerne ungenutzt bleiben.

Mathematik kann somit als das Fach definiert werden, in dem wir nie wissen, worüber wir reden, und auch nicht, ob das, was wir sagen, wahr ist.

Bertrand Russell, *Recent Words on the Principles of Mathematics*, 1901

3.9 Fallstricke und Trugschlüsse

Gern gemachte arithmetische Fehler und Trugschlüsse lassen sich im Allgemeinen auf den Unterschied zwischen der begrenzten Genauigkeit der Rechnerarithmetik und der unbegrenzten Genauigkeit der natürlichen Arithmetik zurückführen.

Fallstrick: So, wie ein Linksschiebebefehl eine Ganzzahlmultiplikation mit einer Potenz von 2 ersetzen kann, kann ein Rechtsschiebebefehl eine Ganzzahldivision durch eine Potenz von 2 ersetzen.

Erinnern Sie sich, dass eine binäre Zahl x, die folgende Zahl darstellt, wobei x_i für das i-te Bit steht:

$$\ldots + \left(x_3 \times 2^3\right) + \left(x_2 \times 2^2\right) + \left(x_1 \times 2^1\right) + \left(x_0 \times 2^0\right)$$

Es scheint so, als sei das Schieben der Bits von x nach rechts um n Bit dasselbe wie die Division durch 2^n. Und dies trifft auf vorzeichenlose Ganzzahlen auch tatsächlich zu. Ein Problem stellen die Ganzzahlen mit Vorzeichen dar. Nehmen wir beispielsweise an, wir möchten -5_D durch 4_D dividieren. Der Quotient sollte -1_D sein. Die Zweierkomplement-Darstellung von -5_D lautet

1111 1111 1111 1111 1111 1111 1111 1011$_B$

Nach dieser Überlegung wäre das Schieben um zwei Stellen nach rechts dasselbe wie das Dividieren durch $4_D (2^2)$:

0011 1111 1111 1111 1111 1111 1111 1110$_B$

Mit einer 0 im Vorzeichenbit ist dieses Ergebnis eindeutig falsch. Beim Rechtsschieben ergibt sich der Wert 1 073 741 822$_D$ statt -1_D.

Eine Lösung wäre ein arithmetisches Rechtsschieben, bei dem das Vorzeichenbit erweitert wird, anstatt mit Nullen aufzufüllen. Ein Schieben von -5_D um 2 Bit nach rechts ergibt

1111 1111 1111 1111 1111 1111 1111 1110$_B$

Das Ergebnis ist -2_D statt -1_D. Nahe dran, aber knapp daneben ist auch vorbei.

Trugschluss: Die Gleitkommaaddition ist nicht assoziativ.

Die Assoziativität gilt für eine Folge von Additionen von Zweierkomplementzahlen, selbst dann, wenn es zum Überlauf kommt. Allerdings gilt das nicht für Gleitkommazahlen, da diese nur Näherungen für reelle Zahlen sind und die Computerarithmetik eine begrenzte Genauigkeit hat. Wegen des großen Zahlenbereichs, der im Gleitkommaformat dargestellt werden kann, treten Probleme auf, wenn zwei große Zahlen mit entgegengesetzten Vorzeichen und eine kleine Zahl addiert werden. Schauen wir uns zum Beispiel an, ob $c + (a + b) = (c + a) + b$ gilt. Es sei $c = -1{,}5_D + 10^{38}, a = 1{,}5_D \times 10^{38}$ und $b = 1{,}0$, und wir wollen annehmen, dass dies alles einfach genaue Zahlen sind.

$$
\begin{aligned}
c + (a + b) &= 1{,}5_D 10^{38} + (1{,}5_D \times 10^{38} + 1{,}0) \\
&= 1{,}5_D 10^{38} + (1{,}5_D \times 10^{38}) \\
&= 0{,}0 \\
c + (a + b) &= (1{,}5_D 10^{38} + 1{,}5_D \times 10^{38}) + 1{,}0 \\
&= (0{,}0_D)1{,}0 \\
&= 1{,}0
\end{aligned}
$$

Da Gleitkommazahlen eine begrenzte Genauigkeit haben und nur Näherungen von reellen Zahlen sind, ist $1{,}5_D \times 10^{38}$ so viel größer als $1{,}0_D$, dass $1{,}5_D \times 10^{38} + 1$ immer noch $1{,}5_D \times 10^{38}$ ist. Das ist der Grund, warum die Summe von c, a und b 0,0 oder 1,0 ist, je nachdem, in welcher Reihenfolge die Additionen ausgeführt werden. Wir haben hier also $c + (a + b) \neq (c + a) + b$, d.h., die Gleitkommaaddition ist *nicht* assoziativ.

Fallstrick: Strategien mit paralleler Ausführung, die für Ganzzahlen funktionieren, funktionieren ebenso für Gleitkommazahlen.

Programme werden üblicherweise für die sequentielle Ausführung geschrieben, bevor sie so umgeschrieben werden, dass sie auch nebenläufig laufen können. Eine naheliegende Frage ist daher, ob die beiden Versionen das gleiche Ergebnis liefern. Falls die Antwort nein lautet, dann vermuten Sie, das es einen Fehler in der parallelen Version geben muss, den es zu finden gilt.

Bei dieser Vorgehensweise wird vorausgesetzt, dass die Computerarithmetik die Ergebnisse nicht beeinflusst, wenn von der sequentiellen zur parallelen Verarbeitung übergegangen wird. Wenn Sie also zum Beispiel eine Million Zahlen addieren, dann erwarten Sie, dass Sie immer das gleiche Ergebnis bekommen, egal ob Sie nur einen Prozessor oder 1000 Prozessoren verwenden. Diese Annahme ist für Zweierkomplementzahlen zutreffend, da die Addition von Ganzzahlen assoziativ ist. Die Addition von Gleitkommazahlen ist jedoch nicht assoziativ, und deshalb ist in diesem Fall die Annahme unzutreffend.

Eine besonders ärgerliche Variante dieses Fallstricks tritt auf Parallelrechnern auf, bei denen der Scheduler des Betriebssystems eine variable Anzahl von Prozessoren verwenden kann, je nachdem, welche anderen Programme auf dem Computer laufen. Da die unterschiedliche Anzahl der verwendeten Prozessoren dazu führt, dass bei jedem Lauf die Gleitkommasummen in unterschiedlicher Reihenfolge berechnet werden, erhält man jedes Mal leicht unterschiedliche Ergebnisse, obwohl identischer Code mit identischer Eingabe abgearbeitet wird. Das kann einen Programmierer, der sich des Problems nicht bewusst ist, schon verwirren.

Programmierer, die Parallelcode mit Gleitkommazahlen schreiben, müssen daher verifizieren, ob die Ergebnisse vertrauenswürdig sind, auch wenn man nicht die gleiche exakte Antwort erhält wie bei sequentiellem Code. Das Gebiet, das sich mit solchen Fragen beschäftigt, ist die numerische Analysis, ein Thema, das ganze Lehrbücher füllt. Diese Probleme sind ein Grund für die Popularität numerischer Bibliotheken wie LAPACK und SCLAPAK, die sowohl in ihrer sequentiellen als auch in ihrer parallelen Form geprüft sind.

Fallstrick: Der MIPS-Befehl add immediate unsigned (addiu) erweitert das eigene 16-Bit-immediate-Feld um ein Vorzeichen.

Obwohl der Name es nicht vermuten lässt, wird add immediate unsigned (addiu) zum Addieren von Konstanten zu vorzeichenbehafteten Ganzzahlen verwendet, wenn es keine Rolle spielt, ob ein Überlauf auftritt. Bei MIPS gibt es keinen Subtract-Immediate-Befehl, und negative Zahlen erfordern eine Vorzeichenerweiterung, so dass sich die MIPS-Architekten entschlossen haben, das Immediate-Feld mit einem Vorzeichen zu erweitern.

Trugschluss: Nur Mathematiker machen sich Gedanken über die Genauigkeit von Gleitkommaarithmetik.

Abb. 3.16: Eine Zusammenstellung aus Zeitungs- und Zeitschriftenartikeln vom November 1994, darunter Artikel aus der *New York Times*, den *San Jose Mercury News*, dem *San Francisco Chronicle* und der *Infoworld*. Der Divisionsfehler der Gleitkommaeinheit des Pentium landete sogar in der „Top 10 List" der *David Letterman Late Show* im Fernsehen. Schließlich nahm Intel einen Schaden von 300 Millionen Dollar in Kauf und ersetzte die fehlerhaften Chips.

Die Schlagzeilen der Zeitungen vom November 1994 zeigen, dass diese Aussage ein Trugschluss ist (siehe Abbildung 3.16). Lesen Sie selbst, was sich tatsächlich hinter diesen Schlagzeilen verbirgt.

Der Pentium verwendet einen gewöhnlichen Divisionsalgorithmus für Gleitkommazahlen, der pro Schritt mehrere Quotientenbits generiert, indem er die höchstwertigen Bits des Divisors und Dividenden verwendet, um auf die nächsten 2 Bits des Quotienten zu schließen. Die Schlussfolgerung wird einer Lookup-Tabelle entnommen, die −2, −1, 0, +1 oder +2 enthält. Die Schlussfolgerung wird mit dem Divisor multipliziert und vom Rest subtrahiert, um einen neuen Rest zu generieren. Wenn eine vorhergehende Schlussfolgerung einen zu langen Rest ergibt, wird der Teilrest, wie bei der nicht wiederherstellenden Division, in einem nachfolgenden Durchgang angepasst.

Offensichtlich gab es in der Tabelle des 80486 fünf Elemente, von denen Intel dachte, dass auf diese niemals zugegriffen werden würde, und so wurde das PLA so optimiert, dass es bei dem Pentium bei einem Zugriff auf diese Elemente 0 anstelle von 2 zurückgab. Aber Intel irrte sich: Während die ersten 11 Bit immer richtig waren, zeigten sich in den Bit 12 bis 52 oder an der 4. bis 15. Dezimalstelle gelegentlich Fehler.

Im September 1994 entdeckte Thomas Nicely, Mathematikprofessor am Lynchburg College in Virginia, den Fehler. Nachdem er mit dem technischen Support von Intel telefoniert und keine offizielle Stellungnahme erhalten hatte, veröffentlichte er seine Entdeckung im Internet. Sein Beitrag führte zu einem Artikel in einem Fachblatt, der Intel dazu bewog, eine Pressemitteilung herauszugeben. In dieser wurde der Fehler als eine Panne bezeichnet, die höchstens für Mathematiker interessant sei, während der durchschnittliche Anwender einer Tabellenkalkulation ihn nur alle 27 000 Jahre einmal zu sehen bekommt. Wenig später hielt IBM Research dagegen: Der durchschnittliche Anwender sieht den Fehler in seiner Tabellenkalkulation alle 24 Tage. Daraufhin warf Intel das Handtuch und veröffentlichte am 21. Dezember die folgende Erklärung:

> »Wir bei Intel möchten uns ausdrücklich für unseren Umgang mit dem vor kurzem bekannt gewordenen Prozessorfehler entschuldigen. Das Intel Inside-Logo bedeutet, dass Ihr Computer einen Mikroprozessor enthält, wie es qualitativ und hinsichtlich der Leistung keinen zweiten gibt. Tausende von Intel-Beschäftigten arbeiten sehr hart, um das sicherzustellen. Aber kein Mikroprozessor ist perfekt. Wir bei Intel sind nach wie vor der Überzeugung, dass ein technisch extrem unbedeutendes Problem ein Eigenleben entwickelt hat. Obwohl Intel ausdrücklich hinter der Qualität der aktuellen Version des Pentium-Prozessors steht, sind wir uns dessen bewusst, dass viele Kunden Bedenken haben. Wir möchten diese Bedenken ausräumen. Intel bietet jedem Besitzer, der dies wünscht, die Möglichkeit, die aktuelle Version des Pentium-Prozessors kostenlos und während der gesamten Lebensdauer des Computers gegen eine aktualisierte Version zu tauschen, bei der dieser Gleitkommadivisionsfehler behoben ist.«

Analysten schätzen, dass Intel dieser Rückruf 500 Millionen Dollar kostete. Und die Beschäftigten bei Intel erhielten in diesem Jahr kein Weihnachtsgeld.

Diese Geschichte wirft einige Fragen auf: Um wie viel wäre es billiger gewesen, den Fehler bereits im Juli 1994 zu beheben? Wie hoch waren die Kosten, um den Schaden zu reparieren, den Intels Ruf erlitten hat? Und welche Verantwortung trägt ein Unternehmen für die Bekanntgabe von Fehlern in einem Produkt wie einem Mikroprozessor, das so weit verbreitet ist und von dem so vieles abhängt?

3.10   Schlussbetrachtungen

Über die Jahrzehnte wurde die Rechnerarithmetik weitestgehend standardisiert und die Portierbarkeit von Programmen enorm verbessert. Ganzzahlarithmetik mit binären Zweierkomplementzahlen findet sich in jedem heute verkauften Computer, und sofern Gleitkommaunterstützung vorhanden ist, wird binäre Gleitkommaarithmetik nach IEEE 754 angeboten.

Computerarithmetik unterscheidet sich von der Papier-und-Bleistift-Arithmetik durch die begrenzte Genauigkeit. Diese Begrenzung kann aufgrund der Berechnung von Zahlen, die größer oder kleiner als die vordefinierte Begrenzung sind, zu ungültigen Operationen führen. Situationen wie diese werden als „Überlauf" oder „Unterlauf" bezeichnet und führen zu Ausnahmen oder Unterbrechungen. In den Kapiteln 4 und 5 werden Ausnahmen ausführlicher beschrieben.

Die Gleitkommaarithmetik bringt zusätzlich die Schwierigkeit mit sich, dass hier nur mit Näherungen von reellen Zahlen gerechnet wird. Es muss darauf geachtet, dass es sich bei einer ausgewählten Zahl um die Darstellung handelt, die der eigentlichen Zahl am nächsten kommt. Die Herausforderungen der Genauigkeit und der begrenzten Darstellung gehören in das Bereich der numerischen Analysis. Und auch der neueste Umstieg auf **Parallelverarbeitung** verweist wieder auf die numerische Analysis, weil Lösungen, die auf sequentiellen Computern lange Zeit als sicher betrachtet wurden, genau überprüft werden müssen, wenn versucht wird, den schnellsten, und selbstverständlich korrekten, Algorithmus auf parallelen Computern zu finden.

PARALLELITÄT

Parallität auf Datenebene, speziell die Subword-Parallität, bietet für Programme mit hohem Anteil an arithmetischen Operationen – entweder mit Ganzzahlen oder mit Gleitkommazahlen – einen einfachen Weg zur Performanzsteigerung. Wir haben gezeigt, dass die Matrixmultiplikation fast viermal so schnell gemacht werden kann, indem man Befehle verwendet, die vier Gleitkommaoperationen auf einmal ausführen können.

Mit der Erläuterung der Rechnerarithmetik in diesem Kapitel wird ein wesentlich größerer Teil des MIPS-Befehlssatzes beschrieben. Etwas verwirrend mag der Zusammenhang zwischen den in diesem Kapitel beschriebenen MIPS-Befehlen, den vom MIPS-Assembler akzeptierten Befehlen und den durch einen MIPS-Chip ausführbaren Befehlen sein. Zwei Tabellen sollen diesen Zusammenhang deutlicher machen. In Tabelle 3.11 sind die in diesem Kapitel und in Kapitel 2 beschriebenen MIPS-Befehle aufgeführt. Wir nennen die Befehle links in der Abbildung *MIPS-Kern*. Die Befehle rechts nennen wir *arithmetischen MIPS-Kern*. Links in Tabelle 3.12 sind die Befehle dargestellt, die der MIPS-Prozessor ausführt, die aber nicht in Tabelle 3.11 enthalten sind. Diesen vollständigen Satz von Hardwarebefehlen nennen wir *MIPS-32*. Rechts in Tabelle 3.12 befinden sich die Befehle, die vom Assembler akzeptiert werden und die nicht Teil von MIPS-32 sind. Wir nennen diese Befehle *Pseudo-MIPS*.

In Tabelle 3.13 ist die Verteilung der MIPS-Befehle für die SPEC CPU2006 Benchmarks für Ganzzahl- und Gleitkommaarithmetik dargestellt. Alle Befehle, die für mindestens 0,2 % der ausgeführten Befehle verantwortlich sind, sind hier aufgeführt und die entsprechenden Informationen zusammengefasst.

Obwohl Programmierer und Compilerentwickler aufgrund der größeren Auswahlmöglichkeiten MIPS-32 verwenden, dominieren die MIPS-Kernbefehle die SPEC-CPU2006-Benchmarks für Ganzzahlen, und der Ganzzahl-Kern dominiert zusammen mit dem arithmetischen Kern die SPEC CPU2006-GleitkommaBenchmarks, wie die folgende Tabelle zeigt.

Teilbefehlssatz	Ganzzahl	Gleitkommazahl
MIPS-Kern	98%	31%
arithmetischer MIPS-Kern	2%	66%
restliche MIPS-32-Befehle	0%	3%

Tab. 3.11: Der bisher beschriebene MIPS-Befehlssatz. Der Schwerpunkt dieses Buchs liegt auf den Befehlen in der linken Spalte. Diese Information finden Sie auch in den Spalten 1 und 2 der MIPS-Zusammenfassung hinten im Buch.

MIPS-Kern	Name	Format	Arithmetischer MIPS-Kern	Name	Format
add	add	R	multiply	mul	R
add immediate	addi	I	multiply unsigned	multu	R
add unsigned	addu	R	divide	div	R
add immediate unsigned	addiu	I	divide unsigned	divu	R
subtract	sub	R	move from Hi	mfhi	R
subtract unsigned	subu	R	move from Lo	mflo	R
and	and	R	move from system control (EPC)	mfc0	R
and immediate	andi	I	floating-point add single	add.s	R
or	or	R	floating-point add double	add.d	R
or immediate	ori	I	floating-point subtract single	sub.s	R
nor	nor	R	floating-point subtract double	sub.d	R
shift left logical	sll	R	floating-point multiply single	mul.s	R
shift right logical	srl	R	floating-point multiply double	mul.d	R
load upper immediate	lui	I	floating-point divide single	div.s	R
load word	lw	I	floating-point divide double	div.d	R
store word	sw	I	load word to floating-point single	lwc1	I
load halfword unsigned	lhu	I	store word to floating-point single	swc1	I
store halfword	sh	I	load word to floating-point double	ldc1	I
load byte unsigned	lbu	I	store word to floating-point double	sdc1	I
store byte	sb	I	branch on floating-point true	bc1t	I
load linked (*atomic update*)	ll	I	branch on floating-point false	bc1f	I
store cond. (*atomic update*)	sc	I	floating-point compare single	c.x.s	R
branch on equal	beq	I	(x = eq, neq, lt, le, gt, ge)		
branch on not equal	bne	I	floating-point compare double	c.x.d	R
jump	j	J	(x = eq, neq, lt, le, gt, ge)		
jump and link	jal	J			
jump register	jr	R			
set less than	slt	R			
set less than immediate	slti	I			
set less than unsigned	sltu	R			
set less than immediate unsigned	sltiu	I			

Tab. 3.12: Restliche MIPS-32-Befehle und Pseudo-MIPS-Befehle. f steht für Gleitkommabefehle mit einfacher (s) oder doppelter Genauigkeit (d) und s steht für vorzeichenerweitert und vorzeichenlos (u). MIPS-32-Befehle umfassen außerdem Gleitkommabefehle für multiply und add/sub (madd. f/msub. f), ceiling (ceil. f), truncate (trunc. f), round (round. f) und reciprocal (recip. f).

Restliche MIPS-32-Befehle	Name	Format	Pseudo-MIPS	Name	Format
exclusive or (rs $\oplus$ rt)	xor	R	absolute value	abs	rd,rs
exclusive or immediate	xori	I	negate (*signed or unsigned*)	neg$s$	rd,rs
shift right arithmetic	sra	R	rotate left	rol	rd,rs,rt
shift left logical variable	sllv	R	rotate right	ror	rd,rs,rt
shift right logical variable	srlv	R	multiply and don't check oflw(*signed or unsigned*)	mul$s$	rd,rs,rt
shift right arithmetic variable	srav	R	multiply and check oflw (*signed or unsigned*)	mulo$s$	rd,rs,rt
move to Hi	mthi	R	divide and check overflow	div	rd,rs,rt
move to Lo	mtlo	R	divide and don't check overflow	divu	rd,rs,rt
load halfword	lh	I	remainder (*signed or unsigned*)	rem$s$	rd,rs,rt
load byte	lb	I	load immediate	li	rd,imm
load word left (*unaligned*)	lwl	I	load address	la	rd,addr
load word right (*unaligned*)	lwr	I	load double	ld	rd,addr
store word left (*unaligned*)	swl	I	store double	sd	rd,addr
store word right (*unaligned*)	swr	I	unaligned load word	ulw	rd,addr
load linked (*atomic update*)	ll	I	unaligned store word	usw	rd,addr
store cond. (*atomic update*)	sc	I	unaligned load halfword (*signed or unsigned*)	ulh$s$	rd,addr
move if zero	movz	R	unaligned store halfword	ush	rd,addr
move if not zero	movn	R	branch	b	Label
multiply and add (S or *uns.*)	madd$s$	R	branch on equal zero	beqz	rs,L
multiply and subtract (S or *uns.*)	msub$s$	I	branch on compare (*signed or unsigned*)	bx$s$	rs,rt,L
branch on $\geq$ zero and link	bgezal	I	(x = lt, le, gt, ge)		
branch on < zero and link	bltzal	I	set equal	seq	rd,rs,rt
jump and link register	jalr	R	set not equal	sne	rd,rs,rt
branch compare to zero	bx$z$	I	set on compare (*signed or unsigned*)	sx$s$	rd,rs,rt
branch compare to zero likely	bx$z$l	I	(x=lt, le, gt, ge)		
(x = lt, le, gt, ge)			load to floating point (*s or d*)	l. f	rd,addr
branch compare reg likely	bx$l$	I	store from floating point (*s or d*)	s. f	rd,addr
trap if compare reg	tx	R			
trap if compare immediate	txi	I			
(x=eq,neq,lt,le,gt,ge)					
return from exception	rfe	R			
system call	syscall	I			
break (*cause exception*)	break	I			
move from FP to integer	mfc1	R			
move to FP from integer	mtc1	R			
FP move (*s or d*)	mov. f	R			
FP move if zero (*s or d*)	movz. f	R			
FP move if not zero (*s or d*)	movn. f	R			
FP square root (*s or d*)	sqrt. f	R			
FP absolute value (*s or d*)	abs. f	R			
FP negate (*s or d*)	neg. f	R			
FP convert (*w, s or d*)	cvt$f$. f	R			
FP compare un (*s or d*)	c.xn. f	R			

Tab. 3.13: Die Häufigkeit der MIPS-Befehle bei SPEC-CPU2006-Ganzzahl- und Gleitkomma-Benchmarks. Alle Befehle, die einen Anteil von mindestens 0,2 % haben, sind in der Tabelle enthalten. Pseudobefehle werden vor der Ausführung in MIPS-32-Befehle umgewandelt und sind aus diesem Grund hier nicht aufgeführt.

MIPS-Kernbefehle	Name	Ganzzahl	Gleitkomma	Arithmetischer Kern + MIPS-32	Name	Ganzzahl	Gleitkomma
add	add!	0,0 %	0,0 %	FP add double	add.d	0,0 %	10,6 %
add immediate	addi	0,0 %	0,0 %	FP subtract double	sub.d	0,0 %	4,9 %
add unsigned	addu	5,2 %	3,5 %	FP multiply double	mul.d	0,0 %	15,0 %
add immediate unsigned	addiu	9,0 %	7,2 %	FP divide double	div.d	0,0 %	0,2 %
subtract unsigned	subu	2,2 %	0,6 %	FP add single	add.s	0,0 %	1,5 %
and	and	0,2 %	0,1 %	FP subtract single	sub.s	0,0 %	1,8 %
and immediate	andi	0,7 %	0,2 %	FP multiply single	mul.s	0,0 %	2,4 %
or	or	4,0 %	1,2 %	FP divide single	div.s	0,0 %	0,2 %
or immediate	ori	1,0 %	0,2 %	load word to FP double	l.d	0,0 %	17,5 %
nor	nor	0,4 %	0,2 %	store word to FP double	s.d	0,0 %	4,9 %
shift left logical	sll	4,4 %	1,9 %	load word to FP single	l.s	0,0 %	4,2 %
shift right logical	srl	1,1 %	0,5 %	store word to FP single	s.s	0,0 %	1,1 %
load upper immediate	lui	3,3 %	0,5 %	branch on floating-point true	bc1t	0,0 %	0,2 %
load word	lw	18,6 %	5,8 %	branch on floating-point false	bc1f	0,0 %	0,2 %
store word	sw	7,6 %	2,0 %	floating-point compare double	c.x.d	0,0 %	0,6 %
load byte	lbu	3,7 %	0,1 %	multiply	mul	0,0 %	0,2 %
store byte	sb	0,6 %	0,0 %	shift right arithmetic	sra	0,5 %	0,3 %
branch on equal (zero)	beq	8,6 %	2,2 %	load half	lhu	1,3 %	0,0 %
branch on not equal (zero)	bne	8,4 %	1,4 %	store half	sh	0,1 %	0,0 %
jump and link	jal	0,7 %	0,2 %				
jump register	jr	1,1 %	0,2 %				
set less than	slt	9,9 %	2,3 %				
set less than immediate	slti	3,1 %	0,3 %				
set less than unsigned	sltu	3,4 %	0,8 %				
set less than imm. unsigned	sltiu	1,1 %	0,1 %				

In den restlichen Kapiteln des Buches konzentrieren wir uns auf die MIPS-Kernbefehle, nämlich den Integer-Befehlssatz ohne Multiplikation und Division, um Entwürfe von Rechnern leichter erklären zu können. Wie wir sehen, enthält der MIPS-Kern die bekanntesten MIPS-Befehle. Und seien Sie versichert: Wenn Sie einen Computer verstehen, der den MIPS-Kern ausführt, verfügen Sie über genügend Hintergrundwissen, um ehrgeizigere Prozessorentwürfe zu verstehen. Unabhängig vom Befehlssatz oder seiner Größe – MIPS, ARM, x86 – sollten Sie nie vergessen, dass die Bitmuster keine inhärente Bedeutung besitzen. Ein und dasselbe Bitmuster kann eine vorzeichenbehaftete Ganzzahl, eine vorzeichenlose Ganzzahl, eine Gleitkommazahl, eine Zeichenkette, einen Befehl oder noch etwas anderes darstellen. In speicherprogrammierten Computern ist es die Operation, die auf einem Bitmuster ausgeführt wird, was dessen Bedeutung bestimmt.

3.11 Historische Perspektiven und Literaturhinweise

Im Online-Material zu diesem Abschnitt finden Sie eine Übersicht über die Geschichte der Gleitkommaarithmetik seit von Neumann, darunter Informationen zu den überraschend kontroversen IEEE-Standards sowie zu den Beweggründen für die 80-Bit-Kellerarchitektur der Gleitkommaarithmetik im x86.

3.12 Aufgaben

Aufgabe 3.1

[5] <3.2> Was ist 5ED4 − 07A4, wenn diese Werte vorzeichenlose 16-Bit-Hexadezimalzahlen darstellen? Schreiben Sie das Ergebnis in Hexadezimaldarstellung.

Aufgabe 3.2

[5] <3.2> Was ist 5ED4 − 07A4, wenn diese Werte vorzeichenbehaftete 16-Bit-Hexadezimalzahlen darstellen, die im Vorzeichen-Betrag-Format gespeichert werden? Schreiben Sie das Ergebnis in Hexadezimaldarstellung.

Aufgabe 3.3

[10] <3.2> Konvertieren Sie 5ED4 in eine Binärzahl. Was macht die Basis 16 (Hexadezimaldarstellung) zu einem geeigneten Zahlensystem für die Darstellung von Zahlen in Computern?

Aufgabe 3.4

[5] <3.2> Was ist 4365 − 3412, wenn diese Werte vorzeichenlose 12-Bit-Oktalzahlen darstellen? Schreiben Sie das Ergebnis in Oktaldarstellung.

Aufgabe 3.5

[5] <3.2> Was ist 4365 − 3412, wenn diese Werte vorzeichenbehaftete 12-Bit-Oktalzahlen darstellen, die im Vorzeichen-Betrag-Format gespeichert werden? Schreiben Sie das Ergebnis in Oktaldarstellung.

Aufgabe 3.6

[5] <3.2> Nehmen Sie an, dass 185 und 122 vorzeichenlose dezimale 8-Bit-Ganzzahlen sind. Berechnen Sie 185 − 122. Gibt es dabei einen Überlauf, einen Unterlauf oder nichts von beidem?

Gresham's Law („Schlechtes Geld verdrängt das gute") lässt sich für Computer so formulieren: „Die schnelle Lösung verdrängt die langsame, selbst dann, wenn die schnelle falsch ist."

W. Kahan, 1992

Niemals aufgeben, niemals aufgeben, nie, nie, nie – egal, worum es sich handelt, ob es etwas Großes ist oder eine Kleinigkeit – niemals aufgeben.

Winston Churchill, *Rede in der Harrow School,* 1941

Aufgabe 3.7

[5] <3.2> Nehmen Sie an, dass 185 und 122 vorzeichenbehaftete dezimale 8-Bit-Ganzzahlen sind, die im Vorzeichen-Betrag-Format gespeichert werden. Berechnen Sie 185 + 122. Gibt es dabei einen Überlauf, einen Unterlauf oder nichts von beidem?

Aufgabe 3.8

[5] <3.2> Nehmen Sie an, dass 185 und 122 vorzeichenbehaftete dezimale 8-Bit-Ganzzahlen sind, die im Vorzeichen-Betrag-Format gespeichert werden. Berechnen Sie 185 − 122. Gibt es dabei einen Überlauf, einen Unterlauf oder nichts von beidem?

Aufgabe 3.9

[10] <3.2> Nehmen Sie an, dass 151 und 214 vorzeichenbehaftete dezimale 8-Bit-Ganzzahlen sind, die im Zweierkomplement-Format gespeichert werden. Berechnen Sie 151 + 214 mittels Sättigungsarithmetik. Schreiben Sie das Ergebnis in Dezimaldarstellung.

Aufgabe 3.10

[10] <3.2> Nehmen Sie an, dass 151 und 214 vorzeichenbehaftete dezimale 8-Bit-Ganzzahlen sind, die im Zweierkomplement-Format gespeichert werden. Berechnen Sie 151 − 214 mittels Sättigungsarithmetik. Schreiben Sie das Ergebnis in Dezimaldarstellung.

Aufgabe 3.11

[10] <3.2> Nehmen Sie an, dass 151 und 214 vorzeichenlose 8-Bit-Ganzzahlen sind. Berechnen Sie 151 + 214 mittels Sättigungsarithmetik. Schreiben Sie das Ergebnis in Dezimaldarstellung.

Aufgabe 3.12

[20] <3.3> Verwenden Sie eine ähnliche Tabelle wie Tabelle 3.2, um das Produkt der vorzeichenlosen oktalen 6-Bit-Ganzzahlen 62 und 12 mit der in Abbildung 3.2 beschriebenen Hardware zu berechnen. Zeigen Sie für jeden Schritt die Registerinhalte.

Aufgabe 3.13

[20] <3.3> Verwenden Sie eine ähnliche Tabelle wie Tabelle 3.2, um das Produkt der vorzeichenlosen hexadezimalen 6-Bit-Ganzzahlen 62 und 12 mit der in Abbildung 3.2 beschriebenen Hardware zu berechnen. Zeigen Sie für jeden Schritt die Registerinhalte.

Aufgabe 3.14

[10] <3.3> Berechnen Sie die benötigte Zeit für eine Multiplikation mit dem in den Abbildungen 3.2 und 3.3 gegebenen Ansatz, wenn eine Ganzzahl eine Breite von 8 Bit hat und jeder Schritt der Operation 4 Zeiteinheiten erfordert. Nehmen Sie an, dass in Schritt 1a immer eine Addition ausgeführt wird – entweder es wird ein Multiplikand addiert oder eine Null. Nehmen Sie außerdem an, dass die Register bereits initialisiert wurden (Sie müssen also nur die Zeit beachten, die für die Ausführung der Multiplikationsschleife selbst nötig ist). Wenn das in der Hardware gemacht wird, können die Verschiebungen von Multiplikand und Multiplikator simultan erfolgen. Wenn es in der Software gemacht wird, müssen beide nacheinander verarbeitet werden. Geben Sie für beide Fälle eine Lösung an.

Aufgabe 3.15

[10] <3.3> Berechnen Sie die benötigte Zeit für eine Multiplikation mit dem im Text beschriebenen Ansatz (31 Addierer vertikal), wenn eine Ganzzahl 8 Bit breit ist und ein Addierer 4 Zeiteinheiten benötigt.

Aufgabe 3.16

[20] <3.3> Berechnen Sie die benötigte Zeit für eine Multiplikation mit dem in Abbildung 3.5 beschriebenen Ansatz, wenn eine Ganzzahl 8 Bit breit ist und ein Addierer 4 Zeiteinheiten benötigt.

Aufgabe 3.17

[20] <3.3> Wie im Text erörtert wird, besteht eine Möglichkeit zur Performanzverbesserung darin, anstatt einer tatsächlichen Multiplikation eine Verschiebung und eine Addition auszuführen. Beispielsweise kann 9×6 als $(2 \times 2 \times 2 \times 1) \times 6$ geschrieben werden, so dass wir 9×6 berechnen können, indem wir die 6 dreimal nach links verschieben und dann zu diesem Ergebnis 6 addieren. Finden Sie den besten Weg zur Berechnung von $0 \times 33 \times 0 \times 55$ unter Verwendung von Verschiebungen und Additionen/Subtraktionen.

Aufgabe 3.18

[20] <3.4> Verwenden Sie eine ähnliche Tabelle wie Tabelle 3.3, um mit der in Abbildung 3.6 gezeigten Hardware 74 geteilt durch 21 zu berechnen. Zeigen Sie für jeden Schritt die Registerinhalte. Nehmen Sie an, dass beide Eingaben vorzeichenlose 6-Bit-Ganzzahlen sind.

Aufgabe 3.19

[30] <3.4> <3.4> Verwenden Sie eine ähnliche Tabelle wie Tabelle 3.3, um mit der in Abbildung 3.8 gezeigten Hardware 74 geteilt durch 21 zu berech-

nen. Schreiben Sie für jeden Schritt die Registerinhalte auf. Nehmen Sie an, dass A und B vorzeichenlose 6-Bit-Ganzzahlen sind. Dieser Algorithmus erfordert einen etwas anderen Ansatz als den in Abbildung 3.7 gezeigten. Es wird nötig sein, dass Sie darüber intensiv nachdenken, eventuell ein oder zwei Versuche machen oder im Internet recherchieren um herauszufinden, wie man diese Aufgabe korrekt ausführt. (Hinweis: Eine mögliche Lösung stützt sich auf die Tatsache, dass Abbildung 3.8 impliziert, dass das Restregister in beliebiger Richtung verschoben werden kann.)

Aufgabe 3.20

[5] <3.5> Welche Dezimalzahl repräsentiert das Bitmuster 0x0C000000, wenn es eine Zweierkomplementzahl darstellt? Wie verhält es sich im Falle einer vorzeichenlosen Zahl?

Aufgabe 3.21

[10] <3.5> Welcher MIPS-Befehl wird ausgeführt, wenn das Bitmuster 0x0C000000 im Befehlsregister platziert wird?

Aufgabe 3.22

[10] <3.5> Welche Dezimalzahl repräsentiert das Bitmuster 0x0C000000, wenn es eine Gleitkommazahl ist? Verwenden Sie den IEEE-754-Standard.

Aufgabe 3.23

[10] <3.5> Notieren Sie eine Binärdarstellung der Dezimalzahl 63,25, wenn das IEEE-754-Single-Precision-Format angenommen wird.

Aufgabe 3.24

[10] <3.5> Notieren Sie eine Binärdarstellung der Dezimalzahl 63,25, wenn das IEEE-754-Double-Precision-Format angenommen wird.

Aufgabe 3.25

[10] <3.5> Notieren Sie eine Binärdarstellung der Dezimalzahl 63,25, wenn angenommen wird, dass sie im IBM-Single-Precision-Format gespeichert ist (Basis 16 anstatt 2 mit 7 Bit für den Exponenten).

Aufgabe 3.26

[20] <3.5> Notieren Sie das binäre Bitmuster, welches $-1,5625 \times 10^{-1}$ darstellt, wobei ein Format angenommen wird, das ähnlich dem von DEC PDP-8 benutzten ist (die 12 ersten Bits von links sind der Exponent, gespeichert als

Zweierkomplementzahl, und die 24 Bits ganz rechts sind die Mantisse, ge-speichert als Zweierkomplementzahl.) Es wird keine verborgene 1 verwendet. Erläutern Sie, wie sich der Wertebereich und die Genauigkeit dieser 36-Bit-Muster im Vergleich zu den IEEE-754-Standards mit einfacher und doppelter Genauigkeit verhalten.

Aufgabe 3.27

[20] <3.5> IEEE 754-2008 enthält ein Format mit halber Genauigkeit, das nur 16 Bit breit ist. Das Bit ganz links ist weiterhin das Vorzeichenbit, der Exponent ist 5 Bit breit und hat eine Verschiebekonstante von 15, und die Mantisse ist 10 Bit lang. Es wird eine verborgene 1 angenommen. Nehmen Sie eine Version dieses Formats an, die ein Exzess-16-Format zum Speichern des Exponenten verwendet und notieren Sie das Bitmuster für $-1{,}5625 \times 10^{-1}$. Erläutern Sie, wie sich der Wertebereich und die Genauigkeit dieses 16-Bit-Gleitkommaformats im Vergleich zum IEEE-754-Standard mit einfacher Genauigkeit verhalten.

Aufgabe 3.28

[20] <3.5> Die Hewlett-Packard-Normen 2114, 2115 und 2116 verwendeten ein Format, bei dem die ersten 16 Bit von links die Mantisse repräsentieren, die als Zweierkomplement gespeichert ist. Es folgt ein weiteres 16-Bit-Feld, in dem die linken 8 Bits eine Erweiterung der Mantisse sind (wodurch die Mantisse 24 Bit lang wird), während die rechten 8 Bits den Exponenten repräsentieren. Eine interessante Wendung war nun, dass der Exponent in einem Vorzeichen-Betrag-Format gespeichert wurde, bei dem das Vorzeichenbit ganz rechts steht! Notieren Sie unter der Annahme dieses Formats das Bitmuster für $-1{,}5625 \times 10^{-1}$. Es wird keine verborgene 1 benutzt. Erläutern Sie, wie sich der Wertebereich und die Genauigkeit dieses 32-Bit-Musters im Vergleich zum IEEE-754-Standard mit einfacher Genauigkeit verhält.

Aufgabe 3.29

[20] <3.5> Berechnen Sie die Summe aus $2{,}6125 \times 10^{1}$ und $4{,}150390625 \times 10^{-1}$ schriftlich, wobei angenommen wird, dass A und B in dem in Aufgabe 3.27 beschriebenen Format mit 16 Bit und halber Genauigkeit gespeichert sind. Nehmen Sie ein Guard-Bit, ein Round-Bit und ein Sticky-Bit an und runden Sie auf die nächsten gerade Zahl. Schreiben Sie alle Schritte auf.

Aufgabe 3.30

[30] <3.5> Berechnen Sie schriftlich das Produkt aus $-8{,}0546875 \times 10^{0}$ und $-1{,}79931640625 \times 10^{-1}$, wobei angenommen wird, dass A und B in dem in Aufgabe 3.27 beschriebenen Format mit 16 Bit und halber Genauigkeit gespeichert sind. Nehmen Sie ein Guard-Bit, ein Round-Bit und ein Sticky-Bit

an und runden Sie auf die nächsten gerade Zahl. Schreiben Sie alle Schritte auf, wobei Sie, wie es in dem Beispiel im Text gemacht wurde, die Multiplikation in einem für Menschen lesbaren Format ausführen können anstatt mit den Verfahren, die in den Aufgaben 3.12 bis 3.14 beschrieben sind. Kennzeichnen Sie, wo es einen Über- oder Unterlauf gibt. Notieren Sie Ihre Lösung sowohl in dem 16-Bit-Gleitkommaformat aus Aufgabe 3.27 als auch als Dezimalzahl. Wie genau ist Ihr Ergebnis? Wie sieht es im Vergleich zu der Zahl aus, die Sie erhalten, wenn Sie die Multiplikation auf einem Taschenrechner ausführen?

Aufgabe 3.31

[30] <3.5> Berechnen Sie schriftlich $8{,}625 \times 10^1$ geteilt durch $-4{,}875 \times 10^0$. Schreiben Sie alle Schritte auf, die notwendig sind, um das Ergebnis zu erhalten. Nehmen Sie an, dass es ein Guard-Bit, ein Round-Bit und ein Sticky-Bit gibt, und verwenden Sie diese, falls notwendig. Schreiben Sie das Endergebnis sowohl im 16-Bit-Gleitkommaformat (siehe Aufgabe 3.27) als auch in Dezimaldarstellung und vergleichen Sie das Dezimalergebnis mit dem, das Sie mithilfe eines Taschenrechners erhalten.

Aufgabe 3.32

[20] <3.9> Berechnen Sie $(3{,}984375 \times 10^{-1} + 3{,}4375 \times 10^{-1}) + 1{,}771 \times 10^3$ schriftlich unter der Annahme, dass sämtliche Werte in dem in Aufgabe 3.27 beschriebenen 16-Bit-Format gespeichert sind. Nehmen Sie ein Guard-Bit, ein Round-Bit und ein Sticky-Bit an und runden Sie auf die nächste gerade Zahl. Schreiben Sie alle Schritte auf und stellen Sie Ihre Lösung sowohl im 16-Bit-Gleitkommaformat als auch im Dezimalformat dar.

Aufgabe 3.33

[20] <3.9> Berechnen Sie schriftlich $3{,}984375 \times 10^{-1} + (3{,}4375 \times 10^{-1} + 1{,}771 \times 10^3)$ unter der Annahme, dass sämtliche Werte in dem in Aufgabe 3.27 beschriebenen 16-Bit-Format gespeichert sind. Nehmen Sie ein Guard-Bit, ein Round-Bit und ein Sticky-Bit an und runden Sie auf die nächste gerade Zahl. Schreiben Sie alle Schritte auf und stellen Sie Ihre Lösung sowohl im 16-Bit-Gleitkommaformat als auch im Dezimalformat dar.

Aufgabe 3.34

[10] <3.9> Entscheiden Sie auf der Basis Ihrer Lösungen für 3.32 und 3.33, ob $(3{,}984375 \times 10^{-1} + 3{,}4375 \times 10^{-1} + 1{,}771 \times 10^3 = 3{,}984375 \times 10^{-1} + (3{,}4375 \times 10^{-1} + 1{,}771 \times 10^3)$ gilt.

Aufgabe 3.35

[30] <3.9> Berechnen Sie schriftlich $(3{,}41796875 \times 10^{-3} \times 6{,}34765625 \times 10^{-3}) \times 1{,}05625 \times 10^2$ unter der Annahme, dass sämtliche Werte in dem in Aufgabe 3.27

beschriebenen 16-Bit-Format gespeichert sind. Nehmen Sie ein Guard-Bit, ein Round-Bit und ein Sticky-Bit an und runden Sie auf die nächste gerade Zahl. Schreiben Sie alle Schritte auf und stellen Sie Ihre Lösung sowohl im 16-Bit-Gleitkommaformat als auch im Dezimalformat dar.

Aufgabe 3.36

[30] <3.9> Berechnen Sie schriftlich $3{,}41796875 \times 10^{-3} \times (6{,}34765625 \times 10^{-3} \times 1{,}05625 \times 10^2)$ unter der Annahme, dass sämtliche Werte in dem in Aufgabe 3.27 beschriebenen 16-Bit-Format gespeichert sind. Nehmen Sie ein Guard-Bit, ein Round-Bit und ein Sticky-Bit an und runden Sie auf die nächste gerade Zahl. Schreiben Sie alle Schritte auf und stellen Sie Ihre Lösung sowohl im 16-Bit-Gleitkommaformat als auch im Dezimalformat dar.

Aufgabe 3.37

[10] <3.9> Entscheiden Sie auf der Basis Ihrer Lösungen für 3.35 und 3.36, ob $(3{,}41796875 \times 10^{-3} \times 6{,}34765625 \times 10^{-3}) \times 1{,}05625 \times 10^2 = 3{,}41796875 \times 10^{-3} \times (6{,}34765625 \times 10^{-3} \times 1{,}05625 \times 10^2)$ gilt.

Aufgabe 3.38

[30] <3.9> Berechnen Sie $1{,}666015625 \times 10^0 \times (1{,}9760 \times 10^4 + -1{,}9744 \times 10^4)$ schriftlich unter der Annahme, dass sämtliche Werte in dem in Aufgabe 3.27 beschriebenen 16-Bit-Format gespeichert sind. Nehmen Sie ein Guard-Bit, ein Round-Bit und ein Sticky-Bit an und runden Sie auf die nächste gerade Zahl. Schreiben Sie alle Schritte auf und stellen Sie Ihre Lösung sowohl im 16-Bit-Gleitkommaformat als auch im Dezimalformat dar.

Aufgabe 3.39

[30] <3.9> Berechnen Sie schriftlich $(1{,}666015625 \times 10^0 \times 1{,}9760 \times 10^4) + (1{,}666015625 \times 10^0 \times -1{,}9744 \times 10^4)$ unter der Annahme, dass sämtliche Werte in dem in Aufgabe 3.27 beschriebenen 16-Bit-Format gespeichert sind. Nehmen Sie ein Guard-Bit, ein Round-Bit und ein Sticky-Bit an und runden Sie auf die nächste gerade Zahl. Schreiben Sie alle Schritte auf und stellen Sie Ihre Lösung sowohl im 16-Bit-Gleitkommaformat als auch im Dezimalformat dar.

Aufgabe 3.40

[10] <3.9> Entscheiden Sie auf der Basis Ihrer Lösungen für 3.38 und 3.39, ob $(1{,}666015625 \times 10^0 \times 1{,}9760 \times 10^4) + (1{,}666015625 \times 10^0 \times -1{,}9744 \times 10^4) = 1{,}666015625 \times 100 \times (1{,}9760 \times 10^4 + -1{,}9744 \times 10^4)$ gilt.

Aufgabe 3.41

[10] <3.5> Verwenden Sie das IEEE 754 Gleitkommaformat, um ein Bitmuster aufzuschreiben, das $-1/4$ repräsentiert. Können Sie $-1/4$ exakt darstellen?

Aufgabe 3.42

[10] <3.5> Was erhalten Sie, wenn Sie $-1/4$ viermal mit sich selbst addieren? Was ist $-1/4 \times 4$? Sind die Ergebnisse gleich? Wie sollten sie sein?

Aufgabe 3.43

[10] <3.5> Schreiben Sie das Bitmuster in der Mantisse mit dem Wert $1/3$ auf, wobei ein Gleitkommaformat vorausgesetzt sei, das Binärzahlen in der Mantisse benutzt. Gehen Sie davon aus, dass es 24 Bit gibt und Sie nicht normalisieren müssen. Ist diese Darstellung exakt?

Aufgabe 3.44

[10] <3.5> Schreiben Sie das Bitmuster in der Mantisse mit dem Wert $1/3$ auf, wobei ein in Gleitkommaformat vorausgesetzt sei, das binär kodierte Dezimalzahlen (Basis 10) anstatt Basis 2 in der Mantisse benutzt. Gehen Sie davon aus, dass es 24 Bit gibt und Sie nicht normalisieren müssen. Ist diese Darstellung exakt?

Aufgabe 3.45

[10] <3.5> Schreiben Sie das Bitmuster auf unter der Annahme, dass wir Zahlen zur Basis 15 anstatt Basis 2 in der Mantisse mit dem Wert $1/3$ verwenden. (Zahlen zur Basis 15 verwenden die Symbole 0–9 sowie A–F. Zahlen zur Basis 16 verwenden 0–9 sowie A–E.) Gehen Sie davon aus, dass es 24 Bit gibt und Sie nicht normalisieren müssen. Ist diese Darstellung exakt?

Aufgabe 3.46

[20] <3.5> Schreiben Sie das Bitmuster auf unter der Annahme, dass wir Zahlen zur Basis 30 anstatt Basis 2 in der Mantisse mit dem Wert $1/3$ verwenden. (Zahlen zur Basis 16 verwenden die Symbole 0–9 sowie A–F. Zahlen zur Basis 30 verwenden 0–9 sowie A–T.) Gehen Sie davon aus, dass es 24 Bit gibt und Sie nicht normalisieren müssen. Ist diese Darstellung exakt?

Aufgabe 3.47

[45] <3.6, 3.7> Der folgende C-Code implementiert ein FIR-Filter mit vier Taps auf dem Eingabearray `sig_in`. Nehmen Sie an, dass alle Felder 16-Bit-Festkommawerte enthalten.

```
for (i=3; i< 128; i++)
sig_out[i] = sig_in[i-3] * f[0] + sig_in[i-2] * f[1]
   + sig_in[i-1] * f[2] sig_in[i] * f[3];
```

Angenommen, Sie sollen eine optimierte Implementierung dieses Codes in Assemblersprache auf einem Prozessor mit SIMD-Befehlen und 128-Bit-Registern schreiben. Beschreiben Sie kurz, ohne die Details des Befehlssatzes zu kennen, wie Sie diesen Code implementieren würden, um den Gebrauch von Subword-Operationen zu maximieren und die Menge der zwischen den Registern und dem Speicher übertragenen Daten zu minimieren. Nennen Sie alle Annahmen, die Sie über die verwendeten Befehle gemacht haben.

Antworten zu den Selbsttests

Abschnitt 3.2, Seite 189: 2

Abschnitt 3.5, Seite 233: 3

4 Der Prozessor

4.1 Einführung

In Kapitel 1 haben wir gesehen, dass das Leistungsverhalten eines Rechners von drei Schlüssel-Faktoren bestimmt wird: vom Befehlszähler, von der Taktdauer und von der Anzahl der Taktzyklen pro Befehl (CPI). Der Compiler und die Befehlssatzarchitektur, die wir in Kapitel 2 untersucht haben, bestimmen den für ein bestimmtes Programm erforderlichen Befehlszähler. Sowohl die Taktdauer als auch die Anzahl der Taktzyklen pro Befehl hängen dagegen von der Implementierung des Prozessors ab. In diesem Kapitel konstruieren wir den Datenpfad und das Steuerwerk für zwei verschiedene Implementierungen des MIPS-Befehlssatzes.

In diesem Kapitel werden die Prinzipien und Methoden erläutert, die beim Implementieren eines Prozessors verwendet werden. In diesem Abschnitt beginnen wir mit einer sehr abstrakten und vereinfachten Übersicht. Es folgt ein Abschnitt, in dem ein Datenpfad konstruiert und eine einfache Version eines Prozessors entwickelt wird, die zum Implementieren von Befehlssätzen wie MIPS ausreicht. Der Hauptteil des Kapitels befasst sich mit einer realistischeren MIPS-Implementierung mit **Pipelining**. In einem weiteren Abschnitt werden die Konzepte entwickelt, die für die Implementierung komplexerer Befehlssätze wie x86 erforderlich sind.

PIPELINING

Leser, die die Interpretation von Befehlen auf höherer Ebene und ihre Auswirkungen auf die Performanz von Programmen verstehen möchten, finden in diesem ersten Abschnitt sowie in Abschnitt 4.5 die grundlegenden Konzepte des Pipelinings. Neuere Trends werden in Abschnitt 4.10 beschrieben. Abschnitt 4.11 ist den aktuellen Prozessoren Intel Core i7 und ARM Cortex-A8 gewidmet. Abschnitt 4.12 zeigt, wie die Parallelität auf Befehlsebene genutzt werden kann, um die Performanz der Matrizenmultiplikation (Abschnitt 3.8) mehr als zu verdoppeln. Diese Abschnitte bieten eine gute Grundlage, um die Pipeline-Konzepte auf abstrakter Ebene zu verstehen.

Für Leser, die den Prozessor und seine Leistung genauer verstehen wollen, sind die Abschnitte 4.3, 4.4 und 4.6 sehr hilfreich. Diejenigen, die mehr über den Aufbau eines Prozessors erfahren wollen, sollten auch die Abschnitte 4.2, 4.7, 4.8 und 4.9 lesen. Leser, die sich für das moderne Hardwaredesign interessieren, erfahren im Online-Abschnitt 4.13, wie Hardwaredesign-Sprachen und CAD-Werkzeuge eingesetzt werden, um die Hardware zu implementieren, und wie eine Hardwaredesign-Sprache genutzt wird, um eine Implementierung mit Pipelining zu beschreiben. Dort finden Sie auch mehrere Abbildungen, die verdeutlichen, wie die Pipelining-Hardware arbeitet.

Eine einfache MIPS-Implementierung

Wir werden eine Implementierung untersuchen, die einen Teil des zentralen MIPS-Befehlssatzes enthält:

- die Speicherzugriffsbefehle load word (lw) und store word (sw)
- die arithmetisch-logischen Befehle add, sub, and, or und slt
- die Befehle branch on equal (beq) und jump (j), die wir als letzte betrachten werden

Dieser Teil des Befehlssatzes enthält weder alle Ganzzahlbefehle (z. B. fehlen shift, multiply und divide), noch Gleitkommabefehle. Die wichtigsten Prinzipien zum Erstellen eines Datenpfads und zum Entwickeln des Steuerwerks werden jedoch dargelegt. Die Implementierung der restlichen Befehle erfolgt auf ähnliche Weise.

Bei der Betrachtung der Implementierung haben wir die Gelegenheit zu sehen, wie sich die Befehlssatzarchitektur auf viele Aspekte der Implementierung auswirkt, und welche Auswirkungen die Wahl unterschiedlicher Implementierungsstrategien auf die Taktfrequenz und den CPI-Wert des Rechners hat. Viele der in Kapitel 1 eingeführten Entwurfsprinzipien lassen sich anhand der Implementierung veranschaulichen, etwa *Einfachheit favorisiert Regelmäßigkeit*. Die Konzepte, die in diesem und im nächsten Kapitel zum Implementieren des MIPS-Teilbefehlssatzes verwendet werden, sind größtenteils dieselben Ideen, die der Erstellung eines breiten Spektrums an Rechnern zugrunde liegen, von Hochleistungsservern über Allzweckmikroprozessoren bis hin zu eingebetteten Prozessoren.

Übersicht über die Implementierung

In Kapitel 2 wurden die zentralen MIPS-Befehle wie die arithmetisch-logischen Ganzzahlbefehle, die Speicherzugriffsbefehle und die Sprungbefehle beschrieben. Beim Implementieren dieser Befehle wiederholt sich vieles unabhängig von der Befehlsklasse. So sind bei allen Befehlen die ersten beiden Schritte dieselben:

1. Senden des Befehlszählers an den Speicher, der den Code enthält, und Holen des Befehls aus diesem Speicher.
2. Lesen eines oder zweier Register wobei die Auswahl des zu lesenden Registers mithilfe von Feldern des Befehls erfolgt. Beim load word-Befehl muss nur ein Register gelesen werden, bei den meisten anderen Befehlen dagegen zwei.

Welche Schritte nach diesen beiden Schritten zum Durchführen des Befehls erforderlich sind, hängt von der Befehlsklasse ab. Erfreulicherweise sind das für die drei Befehlsklassen (Speicherzugriff, arithmetisch-logische Befehle und Sprünge) unabhängig vom exakten Opcode im Großen und Ganzen dieselben Schritte. Die Einfachheit und Regelmäßigkeit des MIPS-Befehlssatzes vereinfacht die Implementierung, da viele Befehlsklassen ähnlich ausgeführt werden.

Beispielsweise verwenden alle Befehlsklassen außer jump die ALU (arithmetisch-logische Einheit), nachdem sie die Register gelesen haben. Die Speicherzugriffsbefehle verwenden die ALU für die Adressberechnung, die arithmetisch-logischen Befehle für die Ausführung von Operationen und die Verzweigungen für Vergleiche. Nach dem Einsatz der ALU sind unterschiedliche Schritte zur Beendigung der verschiedenen Befehle erforderlich. Ein Speicherzugriffsbefehl muss entweder im Rahmen eines store-Befehls zum Schreiben von Daten oder im Rahmen eines load-Befehls zum Lesen von Daten auf den Speicher zugreifen. Ein arithmetisch-logischer Befehl muss die Daten von der ALU zurück in ein Register schreiben. Bei einem Sprungbefehl schließlich müssen wir die nachfolgende Befehlsadresse je nach dem Ergebnis des Vergleichs möglicherweise ändern. Andernfalls muss der Befehlszähler um vier erhöht werden, um so die Adresse des nachfolgenden Befehls zu erhalten.

In Abbildung 4.1 ist die abstrakte Sicht einer MIPS-Implementierung mit den unterschiedlichen Funktionseinheiten und ihren Verbindungen dargestellt. Hier wird zwar der Großteil des Datenflusses durch den Prozessor gezeigt, jedoch fehlen zwei wichtige Aspekte der Befehlsausführung.

Zum einen ist in Abbildung 4.1 an verschiedenen Stellen dargestellt, dass Daten von zwei verschiedenen Quellen kommend zu einer bestimmten Einheit gelangen. So kann beispielsweise der Wert, der in den Befehlszähler geschrieben wird, von einem von zwei möglichen Addierern stammen, und die Daten, die in den Registersatz geschrieben werden, können entweder von der ALU oder vom Datenspeicher stammen, und die zweite Eingabe für die ALU kann von einem Register oder dem Immediate-Feld des Befehls stammen. In der Praxis können diese Datenleitungen nicht einfach miteinander verdrahtet werden. Wir müssen ein Element bereitstellen, das unter den verschiedenen Quellen eine auswählt und eine dieser Quellen an ihr Ziel führt. Diese Auswahl wird üblicherweise von einer Einheit getroffen, die als *Multiplexer* (*MUX*) bezeichnet wird, wobei die Bezeichnung *Datenselektor* besser passen würde. Der in Anhang B ausführlich beschriebene Multiplexer wählt je nach der Festlegung seiner Steuerleitungen aus verschiedenen Eingängen einen aus. Dabei werden die Steuerleitungen in erster Linie anhand von Informationen aus dem ausgeführten Befehl festgelegt.

Ebenfalls weggelassen wurde in Abbildung 4.1, dass einige der Einheiten je nach Befehlstyp unterschiedlich angesteuert werden müssen. So muss der Datenspeicher beispielsweise bei einem Ladebefehl lesen und bei einem Speicherbefehl schreiben. Bei einem Ladebefehl und bei einem arithmetisch-logischen Befehl muss in den Registersatz geschrieben werden. Und natürlich muss die ALU eine von mehreren möglichen Operationen ausführen. (In Anhang B wird der logische Aufbau der ALU ausführlich beschrieben.) Wie die Multiplexer werden diese Operationen durch Steuerleitungen gesteuert, die auf der Grundlage von verschiedenen Feldern im Befehl belegt werden.

In Abbildung 4.2 ist der Datenpfad aus Abbildung 4.1 mit den drei erforderlichen Multiplexern sowie mit den Steuerleitungen für die wichtigsten Funktionseinheiten dargestellt. Ein *Steuerwerk* mit dem Maschinenbefehl als

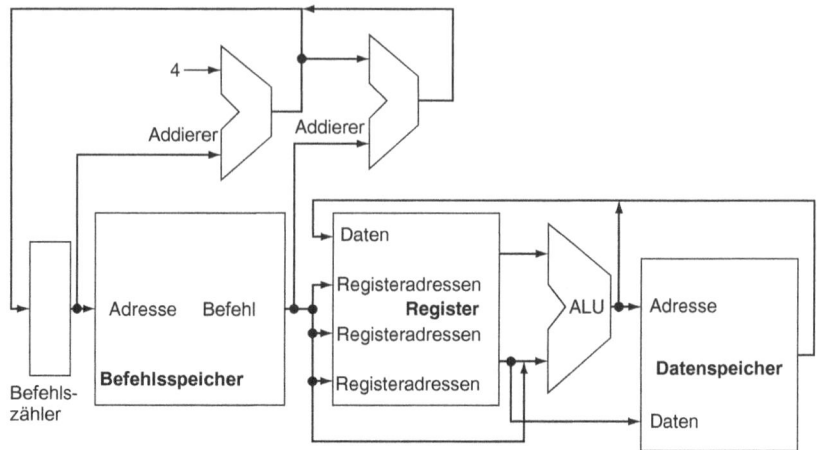

Abb. 4.1: Eine abstrakte Darstellung der Implementierung eines Teils des MIPS-Befehls-satzes mit den wichtigsten Funktionseinheiten und den wichtigsten Verbindungen der Funktionseinheiten untereinander. Alle Befehle beginnen mit der Verwendung des Befehlszählers, um die Befehlsadresse in den Befehlsspeicher zu laden. Nach dem Laden des Befehls werden die von einem Befehl verwendeten Registeroperanden durch Felder dieses Befehls bestimmt. Nach dem Laden der Registeroperanden kann mit diesen eine Speicheradresse (für einen Lade- oder Speicherbefehl), ein arithmetisches Ergebnis (für einen arithmetisch-logischen Ganzzahlbefehl) oder ein Vergleich (für einen Sprung) berechnet werden. Wenn es sich um einen arithmetisch-logischen Befehl handelt, muss das Ergebnis der ALU in ein Register geschrieben werden. Wenn es sich um eine Lade- oder Speicheroperation handelt, wird das Ergebnis der ALU als Adresse zum Speichern eines Werts aus den Registern oder zum Laden eines Werts aus dem Speicher in die Register verwendet. Das Ergebnis aus der ALU oder aus dem Speicher wird in den Registersatz zurückgeschrieben. Bei Sprüngen wird mit dem Ergebnis der ALU die nächste Befehlsadresse ermittelt, die entweder von der ALU (Befehlszählerwert und Sprung-Offset werden addiert) oder von einem Addierer stammt, der den aktuellen Befehlszählerwert um 4 erhöht. Die dicken Linien, mit denen die Funktionseinheiten miteinander verbunden sind, stellen Busse dar, die aus mehreren Signalleitungen bestehen. Die Pfeile zeigen die Richtung des Datenflusses an. Da Signalleitungen einander kreuzen können, ist durch einen Punkt dargestellt, wenn einander kreuzende Leitungen miteinander verbunden sind.

Eingangssignal bestimmt, wie die Steuerleitungen für die Funktionseinheiten und für zwei der Multiplexer belegt werden. Der dritte Multiplexer legt anhand des Zero-Ausgangs der ALU fest, ob der Befehlszählerwert +4 oder die Sprungzieladresse in den Befehlszähler geschrieben wird, um bedingte Sprünge mit Vergleich (beq-Befehl) durchzuführen. Aufgrund der Regelmäßigkeit und Einfachheit des MIPS-Befehlssatzes kann die Belegung der Steuerleitungen mit einem einfachen Decodiervorgang bestimmt werden.

In den restlichen Abschnitten des Kapitels vervollständigen wir diese Darstellung um weitere Details, die es erforderlich machen, dass weitere Funktionseinheiten eingefügt, die Anzahl der Verbindungen zwischen den Einheiten erhöht und ein Steuerwerk ergänzt wird. Dieses bestimmt, welche Schritte für unterschiedliche Befehlsklassen durchgeführt werden. In den Abschnitten 4.3 und 4.4 wird eine einfache Implementierung beschrieben, bei der für jeden

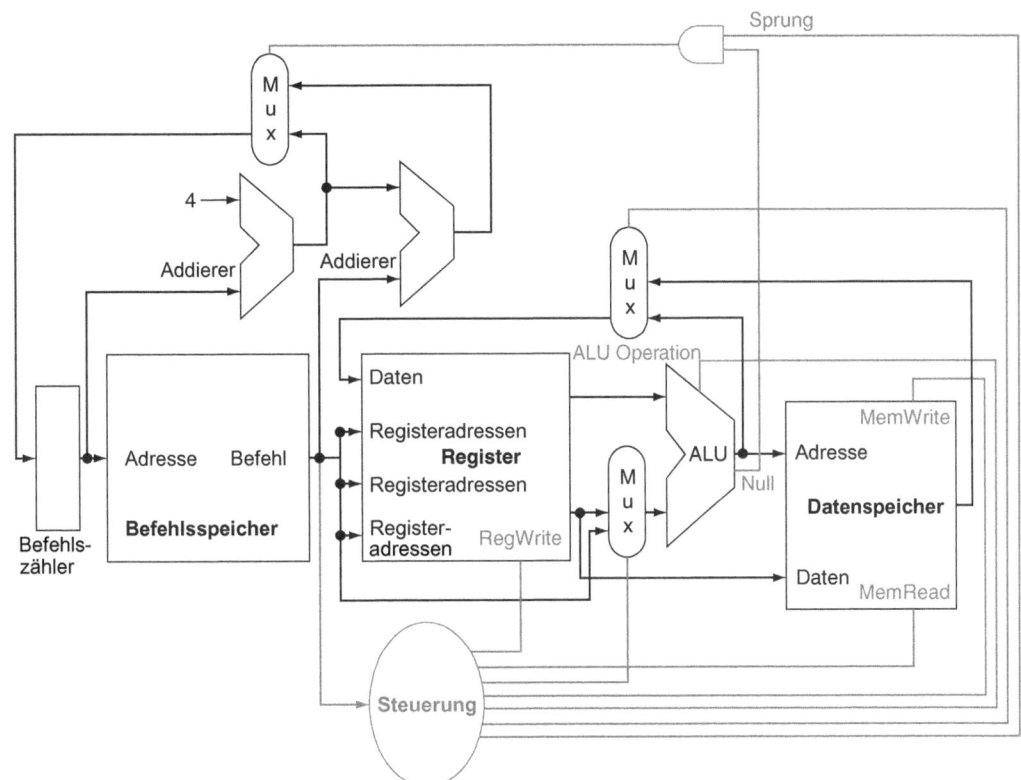

Abb. 4.2: Die einfache Implementierung eines Teils des MIPS-Befehlssatzes mit den erforderlichen Multiplexern und Steuerleitungen. Der oberste Multiplexer bestimmt, welcher Wert den Befehlszähler (Befehlszählerwert +4 oder die Sprungzieladresse) ersetzt. Der Multiplexer wird durch das Gatter gesteuert, das das Signal am Zero-Ausgang der ALU und ein Steuersignal mittels AND-Verknüpfung miteinander verknüpft, wobei das Steuersignal angibt, dass es sich bei dem Befehl um einen Sprung handelt. Der Multiplexer, dessen Ausgang auf den Dateneingang des Registersatzes geht, verbindet diesen mit dem ALU-Ausgang (bei einem arithmetisch-logischen Befehl) oder dem Datenspeicherausgang (bei einem Ladebefehl). Der unterste Multiplexer bestimmt, ob der zweite ALU-Eingang mit den Registern (bei einem arithmetisch-logischen nicht-Immediate-Befehl) oder mit dem Offset-Feld des Befehls (bei einer Immediate-Operation, einem Lade- oder Speicherbefehl oder einem Sprung) belegt wird. Die weiteren Steuerleitungen sind unkompliziert und bestimmen die Operation, die in der ALU ausgeführt wird, ob Daten aus dem Datenspeicher ausgelesen oder in den Datenspeicher geschrieben werden und ob die Register eine Schreiboperation durchführen sollen. Die Steuerleitungen sind zum leichteren Erkennen grau gezeichnet.

Befehl ein langer Taktzyklus verwendet und die allgemeine Form aus Abbildung 4.1 und 4.2 befolgt wird. Bei diesem ersten Entwurf beginnt die Ausführung jedes Befehls an einer Taktflanke und endet an der nächsten Taktflanke.

Dieser Entwurf ist zwar leichter verständlich, jedoch nicht sinnvoll, da der Taktzyklus gestreckt werden muss, um den längsten Befehl zu unterstützen. Nach dem Entwurf der Steuerung für diesen einfachen Computer werden wir eine Implementierung mit Pipelining betrachten, mit allen Komplikationen, die dabei auftreten, wie unter anderem Ausnahmen.

Selbsttest

Wie viele der fünf klassischen Komponenten eines Computers – wie in Abbildung 1.4 auf Seite 17 gezeigt – beinhalten die Abbildung 4.1 und 4.2?

4.2 Konventionen für den Entwurf von Logikschaltungen

Wenn wir den Entwurf eines Computers beschreiben möchten, müssen wir festlegen, wie die Logikschaltungen, mit denen die Architektur implementiert wird, funktionieren sollen und wie der Rechner getaktet werden soll. In diesem Abschnitt werden einige zentrale Begriffe der digitalen Logikschaltungen vorgestellt, die in diesem Kapitel häufig verwendet werden. Wenn Sie von digitalen Logikschaltungen nur wenig oder noch gar nichts wissen, ist es hilfreich, vor dem Weiterlesen zunächst Anhang B zu lesen.

Die Datenpfadeinheiten in der MIPS-Implementierung bestehen aus zwei verschiedenen Arten von Logikbausteinen: Bausteine, die Datenwerte verarbeiten, und Bausteine, die Zustände speichern. Bei den Bausteinen, die Datenwerte verarbeiten, handelt es sich immer um **Schaltnetze** (auch *kombinatorische Elemente* genannt).

Schaltnetz Ein Verarbeitungselement wie etwa ein AND-Gatter oder eine ALU.

Das bedeutet, dass deren Ausgangssignale ausschließlich von den aktuellen Eingangssignalen abhängen. Ein gleiches Eingangssignal ergibt bei einem Schaltnetz immer dasselbe Ausgangssignal. Bei der in Abbildung 4.1 dargestellten und in Anhang B beschriebenen ALU handelt es sich um ein Schaltnetz. Bei gleichen Eingangssignalen erzeugt diese ALU immer dieselben Ausgangssignale, da sie nicht über einen internen Speicher verfügt.

Die anderen Bausteine im Entwurf sind keine Schaltnetze, sondern *sie beinhalten Zustände*. Ein Baustein kann Zustände speichern, wenn er über einen internen Speicher verfügt. Diese Bausteine werden als **Schaltwerke** bezeichnet, da der Rechner nach einer Unterbrechung der Stromversorgung erneut gestartet werden kann, indem die Schaltwerke mit den Werten geladen werden, die zum Zeitpunkt der Unterbrechung der Stromversorgung des Computers gespeichert waren. Wenn die Zustände gespeichert und wiederhergestellt werden, ist es so, als wäre die Stromversorgung nie unterbrochen gewesen. Diese Zustände definieren den Rechner also vollständig. Die Befehls- und Datenspeicher sowie die Register in Abbildung 4.1 sind Beispiele für Schaltwerke.

Schaltwerk Ein Speicherelement.

Ein Schaltwerk hat mindestens zwei Eingänge und einen Ausgang. An den Eingängen müssen die Leitungen für den Datenwert, der im Schaltwerk gespeichert wird, und für das Taktsignal, das bestimmt, wann der Datenwert gespeichert wird, anliegen. Am Ausgang eines Schaltwerkes wird der Wert bereitgestellt, der in einem früheren Taktzyklus geschrieben wurde. Ein Beispiel für ein logisch sehr einfaches Schaltwerk ist ein D-Flip-Flop (siehe Anhang B), das exakt diese beiden Eingänge (Wert und Takt) und einen Ausgang aufweist. Neben den Flip-Flops enthält unsere MIPS-Implementierung zwei weitere Arten von Schaltwerken: Speicher und Register. Beide sind in Abbildung 4.1 dargestellt. Das Taktsignal bestimmt, wann in das Schaltwerk geschrieben werden soll. Ausgelesen werden kann das Schaltwerk jederzeit.

Logikbausteine, die Zustände speichern, werden auch als *sequentielle Logik* bezeichnet, da die Ausgänge sowohl von den Eingängen als auch vom Inhalt des internen Speichers abhängen. So hängt beispielsweise der Ausgang einer Funktionseinheit, die die Register darstellt, sowohl von der Registernummer (bzw. -adresse) als auch von dem zuvor in den Registern gespeicherten Inhalt ab. Die Funktionsweise von Schaltnetzen und Schaltwerken sowie ihr Entwurf erden in Anhang B ausführlich beschrieben.

Taktverfahren

Ein **Taktverfahren** bestimmt, wann Signale gelesen und wann sie geschrieben werden können. Es ist wichtig, den zeitlichen Ablauf von Lese- und Schreibvorgängen festzulegen. Denn wenn das Signal gleichzeitig geschrieben und gelesen wird, kann es vorkommen, dass der Wert des Lesevorgangs dem alten Wert, dem neu geschriebenen Wert oder sogar einer Mischung aus den beiden Werten entspricht! Es muss wohl nicht darauf hingewiesen werden, dass Rechnerentwürfe eine derartige Unvorhersagbarkeit nicht tolerieren können. Ein Taktverfahren wird entwickelt, um diesen Umstand zu verhindern.

Der Einfachheit halber gehen wir von einem **flankengesteuerten Taktverfahren** aus. Ein flankengesteuertes Taktverfahren bedeutet, dass sämtliche in einem sequentiellen Logikbaustein gespeicherten Werte nur während einer Taktflanke aktualisiert werden. Da nur Schaltwerke einen Datenwert speichern können, müssen die Eingänge sämtlicher Schaltnetze aus Schaltwerken kommen und die Ausgaben wieder in Schaltwerke geschrieben werden. An den Eingängen liegen die Werte an, die in einem vorhergehenden Taktzyklus geschrieben wurden, während an den Ausgängen die Werte anliegen, die in einem nachfolgenden Taktzyklus verwendet werden können.

In Abbildung 4.3 sind die beiden Schaltwerke dargestellt, die einen Block mit Schaltnetzen umgeben, der in einem Taktzyklus arbeitet. Alle Signale müssen sich innerhalb eines Taktzyklus vom Schaltwerk 1 über das Schaltnetz zum Schaltwerk 2 fortpflanzen. Die Zeit, die die Signale benötigen, bis sie bei Schaltwerk 2 ankommen, bestimmt die Länge des Taktzyklus.

Der Einfachheit halber stellen wir kein **Steuersignal** dar, wenn ein Schaltwerk bei jeder aktiven Taktflanke beschrieben wird. Wenn ein Schaltwerk jedoch nicht bei jeder Taktflanke aktualisiert wird, ist ein ausdrückliches Schreibsteuersignal erforderlich. Sowohl das Taktsignal als auch das Schreibsteuersignal sind Eingangssignale und das Schaltwerk wird nur überschrieben, wenn das Schreibsteuersignal auf logisch 1 gesetzt ist und eine Taktflanke vorliegt.

Wir verwenden die Bezeichnung *auf logisch 1 gesetzt* für ein Signal mit dem logischen Wert 1 und *auf logisch 1 setzen* (*aktivieren*), um anzugeben, dass ein Signal auf logisch 1 gesetzt werden muss. Mit *auf logisch 0 setzen* bzw. *auf logisch 0 gesetzt* wird ein Signal mit dem logischen Wert 0 bezeichnet.

Taktverfahren Das Verfahren, mit dem bestimmt wird, wann Daten relativ zum Takt gültig und stabil sind.

flankengesteuertes Taktverfahren Ein Taktverfahren, bei dem alle Zustandsänderungen während einer Taktflanke erfolgen.

Steuersignal Ein Signal, das für die Multiplexerauswahl oder für die Steuerung der Funktionsweise einer Funktionseinheit verwendet wird. Steht im Gegensatz zum Datensignal, das Daten enthält, die von der Funktionseinheit verarbeitet werden.

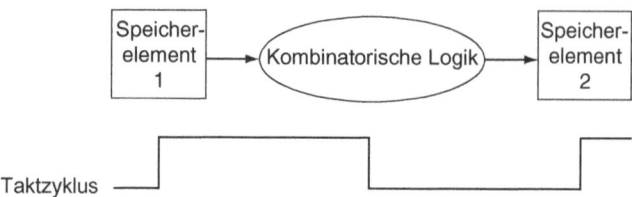

Abb. 4.3: Schaltnetze, Schaltwerke und Taktzyklus stehen in engem Zusammenhang. In einem synchronen digitalen System bestimmt der Taktzyklus, wann Elemente mit Zustand, also Schaltwerke, Werte in den internen Speicher schreiben. Alle Eingangssignale an einem Schaltwerk müssen einen stabilen Wert erreichen (d. h., sie müssen einen Wert erreicht haben, der sich bis nach der Taktflanke nicht verändert), bevor der Zustand bei einer aktiven Taktflanke verändert wird. Alle Schaltelemente in diesem Kapitel sowie der Speicher werden als positiv flankengesteuert betrachtet, d. h., sie ändern sich an der aktiven Flanke.

Mit einem flankengesteuerten Verfahren ist es möglich, in einem Taktzyklus den Inhalt eines Registers zu lesen, den Wert durch ein Schaltnetz zu senden und dieses Register zurückzuschreiben. Abbildung 4.4 zeigt ein generisches Beispiel. Dabei spielt es keine Rolle, ob wir annehmen, dass alle Schreibvorgänge bei der steigenden Taktflanke oder bei der fallenden Taktflanke stattfinden, da die Eingänge am kombinatorischen Logikbaustein nur bei der ausgewählten Taktflanke geändert werden können. Beim flankengesteuerten Taktverfahren erfolgt innerhalb eines Taktzyklus *kein* Feedback und die Logik in Abbildung 4.4 funktioniert ordnungsgemäß. In Anhang B werden weitere Taktbeschränkungen – wie Voreinstell-, Setup- und Haltezeiten (hold) – sowie weitere Taktverfahren beschrieben.

Fast alle Schaltwerke und Logikbausteine haben 32 Bit breite Eingänge und Ausgänge, da die meisten der vom Prozessor verarbeiteten Daten 32 Bit breit sind. Wenn eine Einheit einen anderen als einen 32 Bit breiten Eingang oder Ausgang aufweist, werden wir darauf hinweisen. In den Abbildungen sind *Busse* (Signalleitungen), die breiter als 1 Bit sind, mit dicken Linien dargestellt. Gelegentlich werden mehrere Busse zu einem breiteren Bus zusammengefasst.

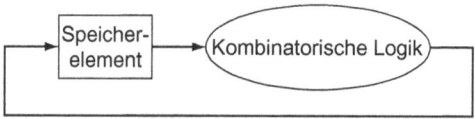

Abb. 4.4: Mithilfe eines flankengesteuerten Taktverfahrens kann ein Schaltwerk in einem Taktzyklus gelesen und beschrieben werden, ohne dass eine Wettrennbedingung (Race) entsteht, die zu undefinierten Datenwerten führen könnte. Der Taktzyklus muss jedoch lang genug sein, damit die Eingangswerte stabil sind, wenn die aktive Taktflanke erscheint. Ein Feedback kann aufgrund der flankengesteuerten Aktualisierung des Schaltwerkes nicht innerhalb eines Taktzyklus erfolgen. Wenn ein Feedback möglich wäre, würde dieser Entwurf nicht einwandfrei funktionieren. Unser Entwurf in diesem und im nachfolgenden Kapitel beruht auf dem flankengesteuerten Taktverfahren und auf einer Struktur wie der in dieser Abbildung.

So kann es beispielsweise vorkommen, dass wir einen 32-Bit-Bus durch Zusammenfassen von zwei 16-Bit-Bussen erhalten möchten. In diesem Fall sind
die zu einem breiteren Bus zusammengefassten Busleitungen mit einer diago-
nal kreuzenden Linie und einer Markierung gekennzeichnet. Die Richtung des
Datenflusses zwischen Elementen wird mithilfe von Pfeilen angegeben. Und
schließlich sind Steuersignale im Gegensatz zu Datensignalen grau gekennzeichnet. Diese Unterscheidung wird im Verlauf dieses Kapitels klarer werden.

Anmerkung: Es gibt auch eine 4-Bit-Version der MIPS-Architektur, und natürlich sind die meisten Pfade in dieser Implementierung 64 Bit breit.

Selbsttest

Richtig oder falsch: Da der Registersatz in einem Taktzyklus gelesen und beschrieben wird, muss ein MIPS-Datenpfad, der mit flankengesteuerten Schreibvorgängen arbeitet, über mehrere Registersätze verfügen.

4.3 Aufbau eines Datenpfades

Am vernünftigsten ist es, einen Datenpfadentwurf damit zu beginnen, zu überprüfen, welche Hauptkomponenten zum Ausführen der einzelnen MIPS-Befehlsklassen erforderlich sind. Betrachten wir also zunächst, welche **Bausteine
im Datenpfad** für die einzelnen Befehle erforderlich sind, und arbeiten wir
dann durch die verschiedenen Ebenen der **Abstraktion**. Bei der Betrachtung
der Bausteine im Datenpfad schildern wir auch die zugehörigen Steuersignale.

In Abbildung 4.5 ist das erste Element dargestellt, das wir benötigen: Eine
Speichereinheit zum Speichern der Befehle eines Programms und zum Bereitstellen von Befehlen für eine gegebene Adresse. In Abbildung 4.5 ist außerdem
ein Register dargestellt, das als **Befehlszähler** bezeichnet und zum Speichern
der Adresse des aktuellen Befehls verwendet wird. Schließlich benötigen wir
noch einen Addierer zum Inkrementieren des Befehlszählers, damit dieser die
Adresse des nächsten Befehls angibt. Bei diesem Addierer handelt es sich um
eine kombinatorische Logik, die aus der in Anhang B ausführlich entworfenen ALU aufgebaut wird, indem die Steuerleitungen so miteinander verdrahtet
werden, dass das Steuerwerk immer eine Addition vorgibt. Eine ALU dieser
Art wird wie in Abbildung 4.5 mit *Addierer* gekennzeichnet, um zu verdeutlichen, dass diese ALU ein permanenter Addierer ist und keine der anderen
ALU-Funktionen ausführen kann.

Um einen Befehl auszuführen, muss der Befehl zunächst aus dem Speicher
geholt werden. Um die Ausführung des nächsten Befehls vorzubereiten, muss
zudem der Befehlszähler inkrementiert werden, so dass er auf den nächsten Befehl 4 Byte weiter zeigt. In Abbildung 4.6 ist dargestellt, wie die drei Elemente
aus Abbildung 4.5 zu einem Datenpfad zusammengefügt werden, der Befehle
aus dem Speicher lädt und den Befehlszähler inkrementiert, so dass dieser auf
die Adresse des nächstfolgenden Befehls zeigt.

**Baustein im Daten-
pfad** Eine Funktionsein-
heit zum Verarbeiten oder
Speichern von Daten in
einem Prozessor.

ABSTRAKTION

Befehlszähler Das Re-
gister, das die Adresse des
gerade ausgeführten Be-
fehls im aktuell laufenden
Programm enthält.

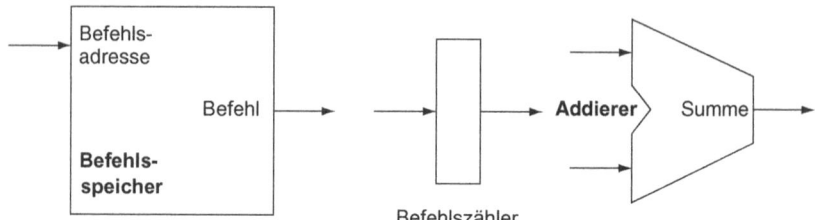

Abb. 4.5: Zum Speichern und Laden von Befehlen sind zwei Schaltwerke erforderlich, und ein Addierer wird benötigt, um die nächste Befehlsadresse zu berechnen. Bei den beiden Schaltwerken handelt es sich um den Befehlsspeicher und den Befehlszähler. Der Befehlsspeicher muss lediglich den Lesezugriff ermöglichen, da der Datenpfad keine Befehle schreibt. Da der Befehlsspeicher nur liest, wird er wie ein Schaltwerk behandelt: Der Ausgang gibt jederzeit den Inhalt der im Adresseingang angegebenen Position an. Ein Lesesteuerzeichen ist nicht erforderlich. (Beim Laden des Programms muss in den Befehlsspeicher geschrieben werden. Dies ist nicht schwierig hinzuzufügen. Daher ignorieren wir diesen Umstand der Einfachheit halber.) Beim Befehlszähler handelt es sich um ein 32-Bit-Register, in das am Ende jedes Taktzyklus geschrieben wird und das daher kein Schreibsteuersignal benötigt. Der Addierer ist eine ALU, die so verdrahtet ist, dass sie immer ihre beiden 32-Bit-Eingänge addiert und das Ergebnis an ihrem Ausgang ausgibt.

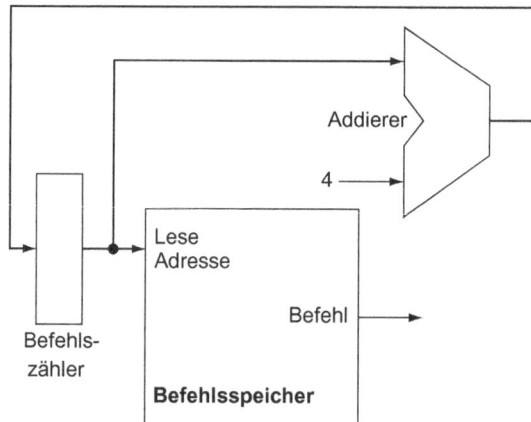

Abb. 4.6: Der Teil des Datenpfads, der zum Holen von Befehlen und zum Inkrementieren des Befehlszählers verwendet wird. Der geholte Befehl wird von anderen Teilen des Datenpfads verwendet.

Betrachten wir nun die Befehle im R-Format (siehe Tabelle 2.11). Diese Befehle lesen zwei Register, führen mit dem Inhalt der Register eine ALU-Operation durch und schreiben das Ergebnis zurück. Diese Befehle werden als *R-Befehle* oder *arithmetisch-logische Befehle* bezeichnet, da sie arithmetische oder logische Operationen durchführen. Zu dieser Befehlsklasse zählen die in Kapitel 2 vorgestellten Befehle add, sub, and, or und slt. Ein typisches Beispiel für einen Befehl dieser Art ist add $t1,$t2,$t3; er bedeutet, dass $t2 und $t3 gelesen werden und $t1 geschrieben wird.

Die 32 Allzweckregister des Prozessors werden in einer Struktur gespeichert, die als **Registersatz** bezeichnet wird. Ein Registersatz besteht aus mehreren Registern. Das Lesen von Registern aus und das Schreiben von Registern in den Registersatz erfolgt, indem die Nummer bzw. Adresse des Registers im Registersatz angegeben wird. Im Registersatz ist der Registerzustand des Rechners gespeichert. Zudem wird eine ALU zum Verarbeiten der aus den Registern gelesenen Werte benötigt.

Da die R-Befehle drei Registeroperanden aufweisen, müssen pro Befehl zwei Datenwörter aus dem Registersatz gelesen und ein Datenwort in den Registersatz geschrieben werden. Für jedes Datenwort, das aus den Registern gelesen wird, benötigen wir ein Eingangssignal an den Registersatz, das die Adresse des Registers angibt, aus dem gelesen werden soll, und ein Ausgangssignal vom Registersatz, das den aus den Registern gelesenen Wert überträgt. Zum Schreiben eines Datenworts sind zwei Eingänge erforderlich: ein Eingang zum Angeben der *Adresse des Registers*, in das geschrieben werden soll, und ein Eingang zum Bereitstellen der *Daten*, die in das Register geschrieben werden sollen. Der Registersatz gibt immer den Inhalt des Registers aus, dessen Adresse sich am Leseregister-Eingang befindet. Schreibvorgänge werden dagegen durch das Schreibsteuersignal gesteuert, das auf logisch 1 gesetzt sein muss, damit bei der Taktflanke ein Schreibvorgang erfolgt. Somit benötigen wir, wie in Abbildung 4.7 links dargestellt, insgesamt vier Eingänge (drei für Registeradressen und einen für Daten) und zwei Ausgänge (beide für Daten). Die Eingänge für Registeradressen sind 5 Bit breit und geben eines von 32 Registern ($32 = 2^5$) an, während der Dateneingangsbus und die beiden Datenausgangsbusse jeweils 32 Bit breit sind. In Abbildung 4.7 rechts ist die ALU dargestellt, die aus zwei 32-Bit-Eingängen ein 32-Bit-Ergebnis sowie ein 1-Bit-Signal generiert, falls das Ergebnis 0 ist. Das 4-Bit-Steuersignal für die ALU wird in Anhang B ausführlich beschrieben. Die Steuerung der ALU wird später beschrieben, wenn wir wissen müssen, wie diese gesetzt werden muss.

Betrachten wir nun die MIPS-Befehle `load word` und `store word`, die die allgemeine Form `lw $t1,offset_value($t2)` und `sw $t1,offset_value($t2)` haben. Diese Befehle berechnen eine Speicheradresse, wobei das Basisregister `$t2` und das im Befehl enthaltene vorzeichenbehaftete 16-Bit-Offset-Feld addiert werden. Wenn es sich um einen Speicherbefehl handelt, muss der zu speichernde Wert ebenfalls aus dem Registersatz gelesen werden, wo er sich in Register `$t1` befindet. Wenn es sich um einen Ladebefehl handelt, muss der aus dem Speicher gelesene Wert in das angegebene Register `$t1` im Registersatz geschrieben werden. Somit benötigen wir sowohl den Registersatz als auch die ALU aus Abbildung 4.7.

Darüber hinaus benötigen wir eine Einheit zur **Vorzeichenerweiterung** des 16-Bit-Offset-Felds im Befehl auf einen vorzeichenbehafteten 32-Bit-Wert sowie eine Datenspeichereinheit, aus der Daten gelesen und in die Daten geschrieben werden können. In den Datenspeicher werden Daten bei Speicherbefehlen geschrieben. Der Datenspeicher benötigt somit sowohl Lese- als auch Schreibsteuersignale, einen Adresseingang sowie einen Eingang für die Da-

Registersatz Ein Schaltwerk, das aus mehreren Registern besteht, die gelesen und in die geschrieben werden kann, indem die Adresse des Registers angegeben wird, auf das zugegriffen werden soll.

Vorzeichenerweiterung Vergrößerung eines Datenelements durch Wiederholen des höchstwertigen Vorzeichenbits des ursprünglichen Datenelements in die höchstwertigen Bits des größeren Zieldatenelements.

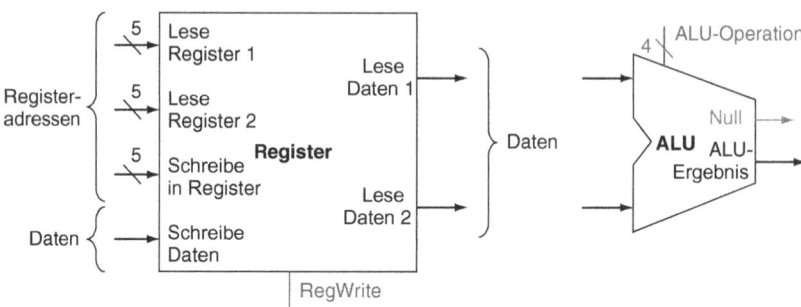

Abb. 4.7: Der Registersatz und die ALU sind die beiden Elemente, die zum Implementieren von ALU-Operationen im R-Format erforderlich sind. Der Registersatz enthält alle Register und verfügt über zwei Leseports und einen Schreibport. Der Aufbau von Multiport-Registersätzen wird in Anhang B beschrieben. Der Registersatz gibt immer den Inhalt der Register entsprechend den an den Ausgängen anliegenden Leseregister-Eingangssignalen aus. Dazu sind keine weiteren Steuereingänge erforderlich. Ein Registerlesevorgang muss dagegen durch Setzen des Schreibsteuersignals auf 0 explizit angegeben werden. Schreibvorgänge sind flankengesteuert, so dass alle Schreibeingänge (d. h. der zu schreibende Wert, die Registeradresse und das Schreibsteuersignal) bei der Taktflanke gültig sein müssen. Da Schreibvorgänge im Registersatz flankengesteuert sind, sind in unserem Entwurf Lese- und Schreibvorgänge im selben Register innerhalb eines Taktzyklus zulässig: Beim Lesevorgang wird der Wert gelesen, der in einem früheren Taktzyklus geschrieben wurde, während der Wert, der beim Schreibvorgang geschrieben wird, in einem nachfolgenden Taktzyklus zum Lesen bereitsteht. Die Eingangsleitungen, über die die Registeradresse an den Registersatz übertragen wird, sind 5 Bit breit, während die Leitungen, die die Datenwerte übertragen, 32 Bit breit sind. Die von der ALU durchzuführende Operation wird unter Verwendung der in Anhang B entworfenen ALU mit dem 4 Bit breiten ALU-Operationssignal gesteuert. Wir werden den Zero-Detect-Ausgang der ALU später zum Implementieren von Sprüngen verwenden. Der Überlaufausgang wird erst in Abschnitt 4.9 bei der Beschreibung von Unterbrechungen benötigt und an dieser Stelle eingeführt und beschrieben.

Sprungzieladresse Die in einem Sprung angegebene Adresse, die zum neuen Befehlszählerwert wird, wenn der Sprung ausgeführt wird. In der MIPS-Architektur ergibt sich das Sprungziel aus der Summe des Offset-Feldes des Befehls und der Adresse des nächsten Befehls nach dem Sprung.

ten, die in den Datenspeicher geschrieben werden. In Abbildung 4.8 sind diese beiden Elemente dargestellt.

Der beq-Befehl enthält drei Operanden, zwei Register, die auf Gleichheit getestet werden, und ein 16-Bit-Offset zum Berechnen der **Sprungzieladresse** relativ zur Sprungbefehladresse. Dieser Befehl hat die Form beq $t1,$t2, offset. Um diesen Befehl zu implementieren, müssen wir die Sprungzieladresse berechnen, indem wir das vorzeichenerweiterte Offset-Feld des Befehls zum Befehlszähler hinzuaddieren. Bei der Definition von Sprungbefehlen (siehe Kapitel 2) sind zwei Dinge zu beachten:

- Die Befehlssatzarchitektur gibt vor, dass die Basis für die Berechnung der Sprungadresse die Adresse des Befehls nach dem Sprung ist. Da im Datenpfad zum Holen des Befehls zum Wert des Befehlszählers ohnehin 4 addiert wird (die Adresse des nächsten Befehls), kann dieser Wert leicht als Basis für die Berechnung der Sprungzieladresse verwendet werden.

- Die Architektur gibt außerdem vor, dass das Offset-Feld um 2 Bit nach links verschoben wird, so dass es sich um ein Wort-Offset handelt. Durch diese Verschiebung wird der Wirkungsbereich des Offset-Felds um den Faktor vier erweitert.

Um dieses zweite Problem zu berücksichtigen, müssen wir das Offset-Feld um zwei Bit verschieben.

Wir müssen nicht nur die Sprungzieladresse berechnen, sondern auch feststellen, ob der nächste Befehl der in der Reihe folgende Befehl oder der Befehl an der Sprungzieladresse ist. Wenn die Bedingung wahr ist (d. h. wenn die Operanden gleich sind), wird die Sprungzieladresse zum neuen Befehlszählerwert, und wir sagen, dass der **Sprung ausgeführt** (*branch taken*) wird. Wenn die Operanden nicht gleich sind, wird der aktuelle Befehlszähler durch den inkrementierten Befehlszähler ersetzt (wie bei jedem anderen normalen Befehl). In diesem Fall sagen wir, dass der **Sprung nicht ausgeführt** (*branch not taken*) wird. Aufgrund der komplexen Struktur von Sprüngen ist in Abbildung 4.9 die Struktur des Datenpfadsegments dargestellt, das Sprünge verarbeitet. Um Sprungzieladressen berechnen zu können, enthält der Sprungdatenpfad eine Vorzeichenerweiterungseinheit wie die in Abbildung 4.8 sowie einen Addierer. Zum Durchführen des Vergleichs müssen wir den in Abbildung 4.7 links dargestellten Registersatz verwenden, um die beiden Registeroperanden bereitstellen zu können (obgleich wir nicht in den Registersatz schreiben müssen). Zudem kann der Vergleich mithilfe der in Anhang B entworfenen ALU durchgeführt werden. Da diese ALU ein Ausgangssignal bereitstellt, das angibt, ob das Ergebnis 0 ist, können wir die beiden Registeroperanden an die ALU senden, wobei das Steuersignal so gesetzt ist, dass eine Subtraktion durchgeführt wird. Wenn das Zero-Signal am Ausgang der ALU-Einheit auf logisch 1 gesetzt ist, wissen wir, dass die beiden Werte gleich sind. Der Zero-Ausgang zeigt zwar immer an, wenn das Ergebnis 0 ist. Dennoch werden wir diesen Ausgang nur zum Implementieren der Gleichheitsprüfung bei Sprüngen verwenden. Später werden wir ausführlich darlegen, wie die Steuersignalleitungen der ALU für die Verwendung im Datenpfad verbunden werden.

Der Sprungbefehl wird durch Ersetzen der unteren 28 Bits des Befehlszählers durch die unteren, um zwei Bit nach links verschobenen 26 Bits des Befehls realisiert. Diese Verschiebung wird, wie in Kapitel 2 beschrieben, durch Verknüpfen von 00 mit dem Sprung-Offset erzielt.

Anmerkung: Im MIPS-Befehlssatz werden Sprünge **verzögert**, was bedeutet, dass der Befehl direkt nach dem Sprung immer ausgeführt wird, *unabhängig* davon, ob die Sprungbedingung erfüllt ist oder nicht. Wenn die Bedingung nicht erfüllt ist, sieht die Ausführung wie ein normaler Sprung aus. Wenn die Bedingung erfüllt ist, führt ein **verzögerter Sprung** zunächst den Befehl aus, der dem Sprung in einer sequentiellen Befehlsfolge direkt folgt und springt dann zur angegebenen Sprungzieladresse. Verzögerte Sprünge sind wegen der Art und Weise, wie sich das Pipelining auf Sprünge auswirkt, sinnvoll (siehe Abschnitt 4.8). Der Einfachheit halber lassen wir verzögerte Sprünge in diesem Kapitel außer Acht und implementieren einen nicht verzögerten beq-Befehl.

Sprung ausgeführt Ein Sprung, bei dem die Sprungbedingung erfüllt ist und das Sprungziel zum Befehlszählerwert wird. Alle unbedingten Sprünge sind ausgeführte Sprünge.

Sprung nicht ausgeführt Ein Sprung, bei dem die Sprungbedingung nicht erfüllt ist und die Adresse des Befehls zum Befehlszählerwert wird, der dem Sprung als nächster folgt.

verzögerter Sprung Ein Sprung, bei dem der Befehl, der dem Sprung direkt folgt, immer ausgeführt wird, unabhängig davon, ob die Sprungbedingung erfüllt ist oder nicht.

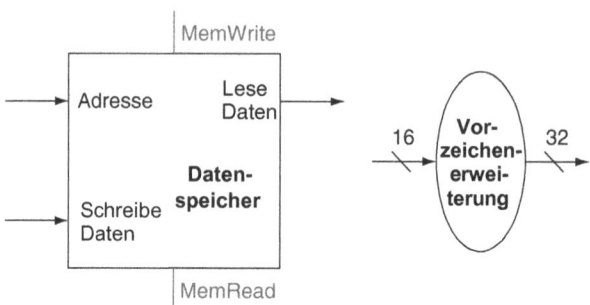

a. Datenspeichereinheit   b. Vorzeichenerweiterungseinheit

Abb. 4.8: Die beiden Einheiten, die neben dem Registersatz und der ALU aus Abbildung 4.7 zum Implementieren von Lade- und Speicherbefehlen benötigt werden, sind die Datenspeichereinheit und die Vorzeichenerweiterungseinheit. Die Speichereinheit ist ein Schaltwerk mit Eingängen für die Adresse und die Schreibdaten und mit einem Ausgang für das Leseergebnis. Für die Lese- und Schreibvorgänge gibt es getrennte Steuersignale, obgleich bei einem gegebenen Takt jeweils nur eines der beiden Signale auf logisch 1 gesetzt werden kann. Die Speichereinheit erfordert ein Lesesignal, da es (wie wir in Kapitel 5 sehen werden) im Gegensatz zum Registersatz bei der Speichereinheit zu Fehlern kommen kann, wenn der Wert einer ungültigen Adresse gelesen wird. Die Vorzeichenerweiterungseinheit weist einen 16-Bit-Eingang auf, der auf ein 32-Bit-Ergebnis vorzeichenerweitert am Ausgang abgebildet wird (siehe Kapitel 2). Wir setzen voraus, dass der Datenspeicher bei Schreibvorgängen flankengesteuert ist. Gebräuchliche Speicherchips verwenden für Schreibvorgänge tatsächlich ein Schreibaktivierungssignal (Write Enable). Obwohl das Schreibaktivierungssignal nicht flankengesteuert ist, kann unser flankengesteuerter Entwurf problemlos so angepasst werden, dass er in echten Speicherchips realisiert werden kann. In Anhang B finden Sie weitere Informationen zur Funktionsweise von echten Speicherchips.

Entwurf eines einfachen Datenpfads

Nun, da wir die für die einzelnen Befehlsklassen erforderlichen Komponenten eines Datenpfads kennen, können wir diese zu einem einfachen Datenpfad zusammenfügen und die Implementierung mit der Steuerung vervollständigen. Der einfachste Datenpfad würde versuchen, alle Befehle in einem Taktzyklus auszuführen. Das bedeutet, dass keine Ressource im Datenpfad mehr als einmal pro Befehl verwendet werden kann, so dass jedes Element, das mehr als einmal benötigt wird, mehrfach vorhanden sein muss. Daher müssen wir Befehlsspeicher und Datenspeicher voneinander trennen. Auch wenn einige Funktionseinheiten mehrfach vorhanden sein müssen, so können doch viele der Elemente von unterschiedlichen Befehlen gemeinsam genutzt werden.

Damit ein Element im Datenpfad von zwei verschiedenen Befehlsklassen gemeinsam genutzt werden kann, müssen wir mithilfe eines Multiplexers mehrere Verbindungen zum Eingang eines Elements zulassen und mithilfe eines Steuersignals zwischen den verschiedenen Eingängen auswählen.

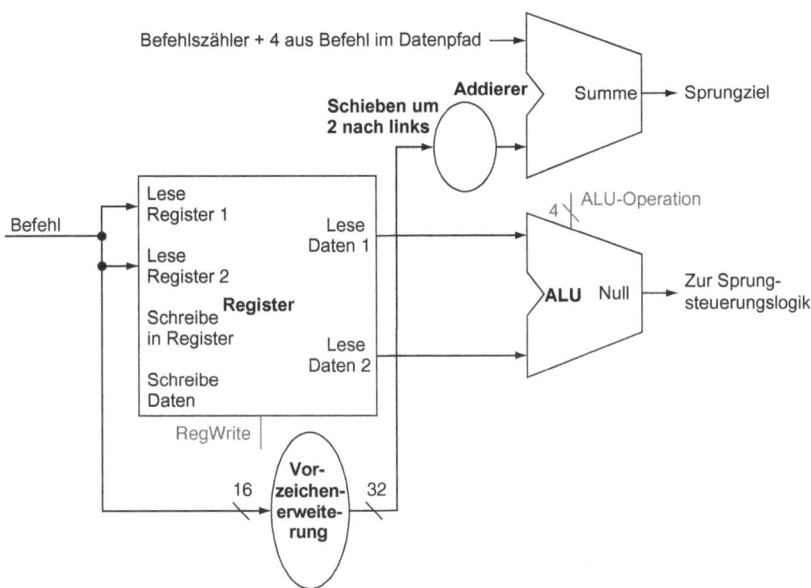

Abb. 4.9: Der Datenpfad für einen Sprung verwendet die ALU zum Auswerten der Sprungbedingung und einen separaten Addierer zum Berechnen des Sprungziels als die Summe
aus inkrementiertem Befehlszähler und den um zwei Bit nach links verschobenen vorzeichenerweiterten unteren 16 Bits des Befehls (Sprung-Displacement). Die mit *Verschieben um
2 nach links* gekennzeichnete Einheit stellt die Übertragung der Signale zwischen Eingang und
Ausgang dar, bei der 00_B zum niedrigstwertigen Ende des vorzeichenerweiterten Offset-Felds hinzugefügt wird. Eine Verschiebehardware wird nicht benötigt, da die Anzahl der verschobenen Bits
konstant ist. Da wir wissen, dass das Offset-Feld von 16 Bits vorzeichenerweitert wurde, gehen
durch die Verschiebung nur Vorzeichenbits verloren. Mithilfe einer Steuerlogik wird anhand des
Zero-Ausgangs der ALU entschieden, ob der Befehlszählerwert durch einen inkrementierten Befehlszählerwert oder ein Sprungziel ersetzt wird.

Beispiel: Aufbau eines Datenpfads

Die Operationen arithmetisch-logischer Befehle (oder R-Befehle) und der Datenpfad von Speicherbefehlen sind einander recht ähnlich. Sie unterscheiden
sich im Wesentlichen nur durch folgende Punkte:

- Die arithmetisch-logischen Befehle verwenden die ALU mit den Eingangssignalen der beiden Register. Die Speicherbefehle können die ALU auch zur
  Berechnung von Adressen verwenden, wenngleich der zweite Eingang das
  vorzeichenerweiterte 16-Bit-Offset-Feld aus dem Befehl ist.

- Der in einem Zielregister gespeicherte Wert stammt bei einem R-Befehl von
  der ALU und bei einem Ladebefehl aus dem Speicher.

Zeigen Sie, wie für den Ausführungsteil des Speicherreferenzbefehls und des
arithmetisch-logischen Befehls ein Datenpfad erstellt wird, der nur einen Registersatz und eine ALU für beide Befehlstypen verwendet, und verwenden Sie
dabei so viele Multiplexer wie nötig.

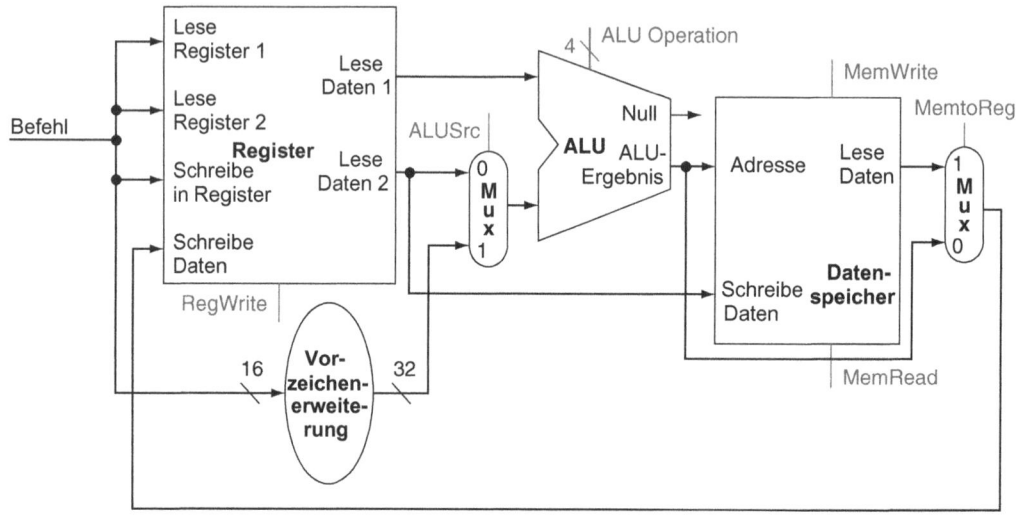

Abb. 4.10: Der Datenpfad für die Speicherbefehle und die R-Befehle. Dieses Beispiel zeigt, wie ein einfacher Datenpfad aus den in Abbildung 4.7 und 4.8 dargestellten Teilen mithilfe von Multiplexern zusammengesetzt werden kann. Wie im Beispiel beschrieben, werden zwei Multiplexer benötigt.

Lösung: Um einen Datenpfad mit nur einem Registersatz und einer ALU zu entwerfen, müssen wir zwei verschiedene Quellen für den zweiten ALU-Eingang sowie zwei verschiedene Quellen für die im Registersatz gespeicherten Daten verwenden. Somit wird ein Multiplexer an den ALU-Eingang gelegt und ein weiterer an den Dateneingang am Registersatz. In Abbildung 4.10 ist der Ausführungsteil des gesamten Datenpfads dargestellt.

Nun können wir alle Teile zu einem einfachen Datenpfad für die Kern-MIPS-Architektur zusammenfügen, indem wir den Datenpfad für das Holen des Befehls (Abbildung 4.6), den Datenpfad von R-Befehlen und Speicherbefehlen (Abbildung 4.10) sowie den Datenpfad für Sprünge (Abbildung 4.9) hinzufügen. In Abbildung 4.11 ist der Datenpfad dargestellt, den wir durch Zusammensetzen der einzelnen Teile erhalten. Der Sprungbefehl verwendet die Haupt-ALU für den Vergleich der Registeroperanden, so dass wir den Addierer in Abbildung 4.9 zum Berechnen der Sprungzieladresse beibehalten müssen. Ein weiterer Multiplexer ist erforderlich, um entweder die in der Reihenfolge folgende Befehlsadresse (Befehlszählerwert + 4) oder die Sprungzieladresse zum Schreiben in den Befehlszähler auszuwählen.

Nun, da wir diesen einfachen Datenpfad erstellt haben, können wir ein Steuerwerk ergänzen. Das Steuerwerk muss Eingangssignale aufnehmen und für jedes Schaltwerk ein Schreibsignal, für jeden Multiplexer ein Auswahlsteuersignal und das Signal für die ALU-Steuerung erstellen können. Die ALU-Steuerung unterscheidet sich von den anderen Elementen in mehreren Punk-

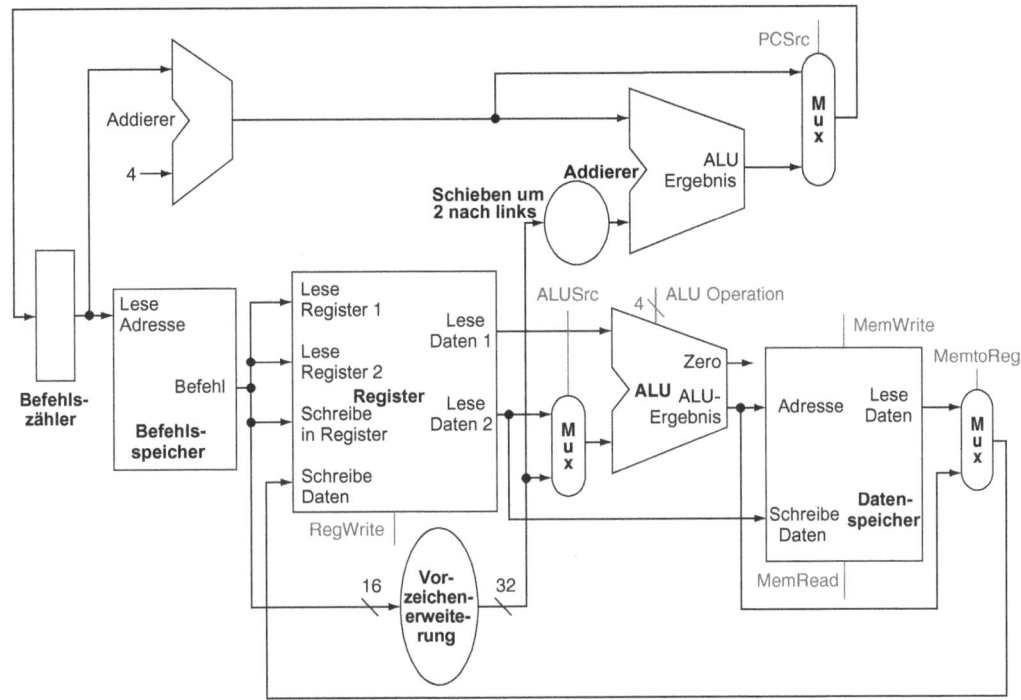

Abb. 4.11: Der einfache Datenpfad für die MIPS-Architektur besteht aus den Elementen, die von den unterschiedlichen Befehlsklassen benötigt werden. Dieser Datenpfad kann die einfachen Befehle (load word, store word, ALU-Operationen und Sprünge) in einem einzigen Taktzyklus ausführen. Für die Integration von Verzweigungen ist ein weiterer Multiplexer erforderlich. Die Unterstützung von unbedingten Sprüngen wird später ergänzt.

ten, und es empfiehlt sich, dieses Element vor den anderen Elementen der Steuereinheit zu entwerfen.

Selbsttest

I. Welche der folgenden Aussagen trifft auf einen Ladebefehl zu?

1. MemtoReg muss so gesetzt werden, dass Daten aus dem Speicher an den Registersatz gesendet werden.

2. MemtoReg muss so gesetzt werden, dass das richtige Registerziel an den Registersatz gesendet wird.

3. Wir kümmern uns nicht um das Setzen von MemtoReg.

II. Der in diesem Abschnitt theoretisch beschriebene Einzyklen-Datenpfad *muss* separate Befehls- und Datenspeicher haben, weil:

1. die Daten- und Befehlsformate in MIPS anders sind und deshalb andere Speicher benötigt werden,

2. die Verwendung separater Speicher weniger aufwändig ist,

3. der Prozessor innerhalb eines Zyklus arbeitet und keinen Speicher mit
   nur einem einzigen Zugang für zwei verschiedene Zugriffe innerhalb
   dieses Zyklus verwenden kann.

4.4   Eine einfache Implementierungsmethode

In diesem Abschnitt werden wir das untersuchen, was vielleicht als die einfachste Implementierung unseres MIPS-Befehlssatzes betrachtet werden kann.
Wir erstellen diese einfache Implementierung mit dem Datenpfad des letzten Abschnitts und fügen eine einfache Steuerfunktion hinzu. Diese einfache Implementierung umfasst die Befehle load word (lw), store word (sw),
branch on equal (beq) sowie die arithmetisch-logischen Befehle add, sub, and,
or und set on less than. Wir werden den Entwurf später um einem Sprungbefehl (j) erweitern.

Die ALU-Steuerung

Die in Anhang B definierte MIPS-ALU definiert die sechs folgenden Kombinationen der vier Steuereingänge:

ALU-Steuerleitungen	Funktion
0000	and
0001	or
0010	add
0110	subtract
0111	set on less than
1100	nor

Je nach Befehlsklasse muss die ALU eine dieser ersten fünf Funktionen ausführen. (nor wird für andere Bereiche des MIPS-Befehlssatzes benötigt.) Bei
load-word- und store-word-Befehlen verwenden wir die ALU zum Berechnen der Speicheradresse durch Addition. Bei R-Befehlen muss die ALU je
nachdem, welchen Wert das 6-Bit-funct-Feld in den niederwertigen Bits des
Befehls hat (siehe Kapitel 2), eine der fünf Aktionen (and, or, subtract, add
oder set on less than) ausführen. Bei branch on equal muss die ALU eine
Subtraktion durchführen.

Wir können den 4 Bit breiten ALU-Steuereingang mit einer kleinen Steuereinheit realisieren, die als Eingänge das funct-Feld des Befehls und ein 2 Bit
breites Steuerfeld verwendet. Dieses Steuerfeld wird als ALUOp bezeichnet
und gibt an, ob es sich bei der durchzuführenden Operation um eine Addition
(00) für Lade- und Speicherbefehle oder um eine Subtraktion (01) für den beq-
Befehl handelt oder ob diese durch die im funct-Feld (10) codierte Operation
bestimmt wird. Beim Ausgang der ALU-Steuereinheit handelt es sich um ein
4 Bit breites Signal, das die ALU durch die Generierung einer der in der Tabelle
dargestellten 4-Bit-Kombinationen direkt steuert.

Tab. 4.1: Wie die ALU-Steuerbits gesetzt werden, hängt von den ALUOp-Steuerbits und den unterschiedlichen Funktionscodes für den R-Befehl ab. Der in der ersten Spalte angegebene Opcode bestimmt die Festlegung der ALUOp-Bits. Der gesamte Code ist in Binärform dargestellt. Wenn der ALUOp-Code 00 oder 01 ist, hängt die gewünschte ALU-Aktion nicht vom Funktionscodefeld ab. In diesem Fall spielt der Wert des Funktionscodes keine Rolle („Don't-care-Term") und das funct-Feld wird als XXXXXX dargestellt. Wenn der ALUOp-Wert 10 ist, wird der Funktionscode zum Setzen des ALU-Steuereingangs verwendet (siehe Anhang B).

Opcode des Befehls	ALUOp	Befehlsoperation	funct-Feld	Gewünschte ALU-Aktion	ALU-Steuereingang
LW	00	`load word`	XXXXXX	Addition	0010
SW	00	`store word`	XXXXXX	Addition	0010
Branch on equal	01	`branch on equal`	XXXXXX	Subtraktion	0110
R-Befehl	10	`add`	100000	Addition	0010
R-Befehl	10	`subtract`	100010	Subtraktion	0110
R-Befehl	10	`and`	100100	UND	0000
R-Befehl	10	`or`	100101	ODER	0001
R-Befehl	10	`set on less than`	101010	kleiner als	0111

In Tabelle 4.1 ist dargestellt, wie die ALU-Steuereingänge auf der Grundlage des 2 Bit breiten ALUOp-Steuerfelds und des 6 Bit breiten Funktionscodes festgelegt werden. Wir werden in diesem Kapitel später noch sehen, wie die ALUOp-Bits aus der Hauptsteuereinheit generiert werden.

Dieser Stil, bei dem mehrere Stufen der Decodierung (die Hauptsteuereinheit generiert die ALUOp-Bits, die dann als Eingangssignale für die ALU-Steuerung verwendet werden, die die eigentlichen Signale zum Steuern der ALU generiert) verwendet werden, stellt eine gebräuchliche Implementierungsmethode dar. Durch die Verwendung mehrerer Steuerstufen kann die Hauptsteuereinheit verkleinert werden. Wenn mehrere kleine Steuereinheiten verwendet werden, kann zudem möglicherweise die Geschwindigkeit der Steuereinheit erhöht werden. Optimierungen dieser Art sind wichtig, da die Steuereinheit oft ein Flaschenhals in Bezug auf die Taktdauer ist.

Es gibt mehrere Möglichkeiten, die Abbildung des 2 Bit breiten ALUOp-Felds und des 6 Bit breiten funct-Felds auf die drei ALU-Operationssteuerungsbits zu implementieren. Da nur wenige der 64 möglichen Werte des funct-Felds von Interesse sind und das funct-Feld nur verwendet wird, wenn die ALUOp-Bits gleich 10 sind, können wir einen kleinen Logikbaustein verwenden, der die Teilmenge der möglichen Werte erkennt und dafür sorgt, dass die ALU-Steuerbits richtig gesetzt werden.

Beim Entwurf dieser Logik ist es hilfreich, eine Wahrheitstabelle für die betreffenden Kombinationen des Funktionscodefelds und der ALUOp-Bits wie in Tabelle 4.2 zu erstellen. Anhand dieser **Wahrheitstabelle** wird deutlich, wie die 4 Bit breite ALU-Steuerung in Abhängigkeit dieser beiden Eingangsfelder gesetzt wird. Da die vollständige Wahrheitstabelle sehr umfangreich ist ($2^8 = 256$ Einträge) und der ALU-Steuerungswert für viele dieser Eingangskombinationen keine Rolle spielt, sind nur die Einträge der Wahrheitstabelle dargestellt, für die die ALU-Steuerung einen bestimmten Wert annehmen muss. In diesem

Wahrheitstabelle Eine Darstellung aus der Logik, wobei für eine logische Operation alle Werte der Eingänge aufgelistet werden, und für jeden Fall gezeigt wird, wie die resultierenden Ausgänge aussehen sollten.

Tab. 4.2: Die Wahrheitstabelle für die 4 ALU-Steuerbits (Operation genannt). Als Eingänge dienen die ALUOp-Bits und das Funktionscodefeld. Es sind nur die Einträge dargestellt, für die das ALU-Steuersignal logisch 1 ist. Zudem wurden einige Don't-care-Einträge eingefügt. ALUOp verwendet beispielsweise den Code 11 nicht, so dass die Wahrheitstabelle anstelle von 10 und 01 die Einträge 1X und X1 enthalten kann. Wenn das funct-Feld verwendet wird, sind die ersten beiden Bits (F5 und F4) dieser Befehle immer 10, so dass es sich bei diesen um Don't-care-Terme handelt, die in der Wahrheitstabelle durch XX ersetzt werden.

ALUOp		funct-Feld						
ALUOp1	ALUOp0	F5	F4	F3	F2	F1	F0	Operation
0	0	X	X	X	X	X	X	0010
0	1	X	X	X	X	X	X	0110
1	0	X	X	0	0	0	0	0010
1	X	X	X	0	0	1	0	0110
1	0	X	X	0	1	0	0	0000
1	0	X	X	0	1	0	1	0001
1	X	X	X	1	0	1	0	0111

Don't-care-Term Ein Element einer logischen Funktion, bei dem der Ausgang nicht von den Werten aller Eingänge abhängt. Don't-care-Terme können auf unterschiedliche Art und Weise angegeben werden.

ganzen Kapitel werden immer jeweils nur die Einträge der Wahrheitstabelle dargestellt, die auf logisch 1 gesetzt sein müssen. Die Einträge, die logisch 0 oder Don't-care-Terme sind, werden nicht dargestellt. (Diese Vorgehensweise hat einen Nachteil, der im Online-Anhang D beschrieben wird.)

Da der Wert einiger Eingänge häufig keine Rolle spielt, werden außerdem **Don't-care-Terme** verwendet, um die Tabelle möglichst kompakt zu halten. Ein Don't-care-Term in dieser Wahrheitstabelle (dargestellt durch ein X in einer Eingangsspalte) gibt an, dass der Ausgang nicht vom Wert des zu dieser Spalte gehörenden Eingangs abhängt. Wenn die ALUOp-Bits wie in der ersten Zeile der Tabelle 4.2 beispielsweise 00 sind, setzen wir die ALU-Steuerung unabhängig vom Funktionscode immer auf 0010. In diesem Fall sind die Funktionscodeeingänge in dieser Zeile der Wahrheitstabelle Don't-care-Terme. Später werden wir Beispiele für eine andere Art von Don't-care-Term kennen lernen. Wenn Sie mit dem Konzept der Don't-care-Terme nicht vertraut sind, finden Sie entsprechende Informationen in Anhang B.

Wenn die Wahrheitstabelle erstellt ist, kann sie optimiert und anschließend in Gatter umgesetzt werden. Dies ist ein rein mechanischer Vorgang. Daher werden wir diese letzten Schritte nicht hier, sondern in Online-Anhang D beschreiben.

Entwurf der Hauptsteuereinheit

Nun, da wir beschrieben haben, wie eine ALU entworfen wird, die den Funktionscode und ein 2 Bit breites Signal als Steuereingänge verwendet, können wir zur Betrachtung der restlichen Steuerung zurückkehren. Beginnen wird damit, die Felder eines Befehls und die Steuerleitungen zu identifizieren, die für den in Abbildung 4.11 entworfenen Datenpfad erforderlich sind. Um zu verstehen, wie die Felder eines Befehls mit dem Datenpfad verbunden werden, ist es hilfreich, sich die Formate der drei Befehlsklassen in Erinnerung zu rufen:

Feld	0	rs	rt	rd	shamt	funct
Bit-Positionen	31:26	25:21	20:16	15:11	10:6	5:0

a.   R-Befehl

Feld	35 oder 43	rs	rt	Address		
Bit-Positionen	31:26	25:21	20:16	15:0		

b.   Lade- oder Speicherbefehl

Feld	4	rs	rt	Address		
Bit-Positionen	31:26	25:21	20:16	15:0		

c.   Sprungbefehl

Abb. 4.12: Für die drei Befehlsklassen (R-Befehl, Lade- und Speicherbefehl, Sprung) werden zwei verschiedene Befehlsformate verwendet. Für die Sprungbefehle wird ein anderes Format verwendet, das weiter unten beschrieben wird. (a) Befehlsformat für R-Befehle, die alle den Opcode 0 aufweisen. Diese Befehle enthalten drei Registeroperanden: rs, rt und rd. Die Felder rs und rt bezeichnen Quellregister und rd ist das Zielregister. Die ALU-Funktion befindet sich im funct-Feld und wird von der im vorherigen Abschnitt beschriebenen ALU-Steuerung decodiert. Die R-Befehle, die implementiert werden, sind add, sub, and, or und slt. Das shamt-Feld wird nur für Schiebebefehle verwendet. In diesem Kapitel werden wir darauf nicht weiter eingehen. (b) Befehlsformat für Ladebefehle (Opcode = 35_D) und Speicherbefehle (Opcode = 43_D). Das Register rs ist das Basisregister, das aufsummiert mit dem 16-Bit-Adressfeld die Speicheradresse ergibt. Bei Ladebefehlen ist rt das Zielregister für den geladenen Wert. Bei Speicherbefehlen ist rt das Quellregister, dessen Wert im Speicher gespeichert werden soll. (c) Befehlsformat für branch on equal (Opcode = 4). Die Register rs und rt sind die Quellregister, die auf Gleichheit überprüft werden. Das 16-Bit-Adressfeld wird vorzeichenerweitert, geschoben und zum Befehlszähler addiert und ergibt so die Sprungzieladresse.

R-Befehle, Sprünge und Lade-/Speicherbefehle. In Abbildung 4.12 sind diese Formate dargestellt. Bei diesem Befehlsformat, auf das wir uns hier beziehen, gibt es einige wichtige Dinge zu erläutern:

- Das Op-Feld, auch als **Opcode** bezeichnet, befindet sich immer in den Bits 31:26. Wir bezeichnen dieses Feld mit Op[5:0].

- Die beiden zu lesenden Register werden immer durch die Felder rs und rt an den Positionen 25:21 und 20:16 angegeben. Dies gilt für R-Befehle, für branch-equal-Befehle und für Speicherbefehle.

- Das Basisregister für Lade- und Speicherbefehle befindet sich immer an den Bit-Positionen 25:21 (rs).

- Der 16-Bit-Offset für branch-on-equal-, Lade- und Speicherbefehle befindet sich immer in den Positionen 15:0.

- Das Zielregister befindet sich an einer von zwei möglichen Stellen. Bei einem Ladebefehl befindet es sich in den Bit-Positionen 20:16 (rt), während es sich bei R-Befehlen an den Bit-Positionen 15:11 (rd) befindet. Daher müssen wir einen Multiplexer verwenden, um auszuwählen, welches Feld des Befehls verwendet wird, um die Adresse des Registers anzugeben, in das ein Wert geschrieben wird.

Das erste Entwurfsprinzip aus Kapitel 2 – *Einfachheit begünstigt Regelmäßigkeit* – zahlt sich hier bei der Spezifizierung der Steuerung aus.

Opcode Auch Operationscode genannt. Das Feld, das die Operation und das Format eines Befehls angibt.

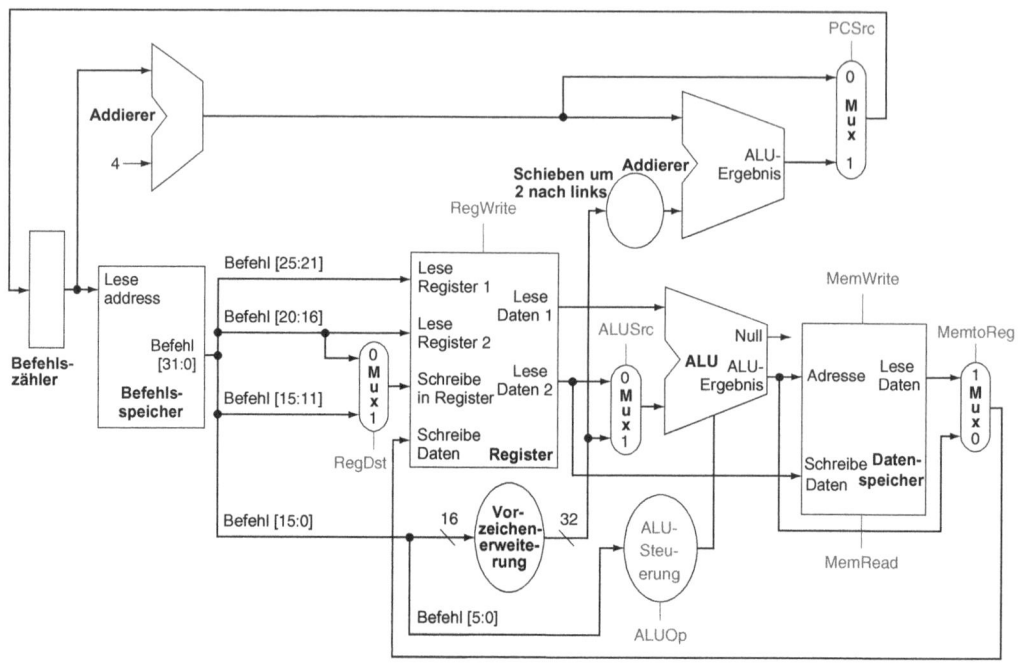

Abb. 4.13: Der Datenpfad aus Abbildung 4.11 mit allen erforderlichen Multiplexern und allen notwendigen Steuerleitungen. Die Steuerleitungen sind grau gezeichnet. Auch der ALU-Steuerblock ist hier enthalten. Für den Befehlszähler ist keine Schreibsteuerung erforderlich, da er einmal am Ende jedes Taktzyklus beschrieben wird. Die Logik für die Steuerung der Sprünge bestimmt, ob der inkrementierte Befehlszählerwert oder die Sprungzieladresse in den Befehlszähler geschrieben wird.

Mithilfe dieser Informationen können wir den einfachen Datenpfad mit den Befehlsmarken und einem weiteren Multiplexer (für den Schreibe-in-Register-Eingang des Registersatzes) ergänzen. In Abbildung 4.13 sind diese Ergänzungen sowie der ALU-Steuerblock, die Schreibsignale für Schaltwerke, das Lesesignal für den Datenspeicher und die Steuersignale für die Multiplexer dargestellt. Da alle Multiplexer zwei Eingänge haben, benötigen sie alle genau eine Steuerleitung.

In Abbildung 4.13 sind sieben Ein-Bit-Steuerleitungen sowie das 2-Bit-ALUOp-Steuersignal dargestellt. Wir haben bereits festgelegt, wie das ALU-Op-Steuersignal funktioniert. Es empfiehlt sich die Funktionsweise der sieben anderen Steuersignale formlos zu definieren, bevor wir bestimmen, wie diese Steuersignale während der Befehlsausführung gesetzt werden. In Tabelle 4.3 ist die Funktion dieser sieben Steuerleitungen beschrieben.

Nun, da wir die Funktion der einzelnen Steuersignale kennen, können wir uns ansehen, wie diese gesetzt werden. Die Steuereinheit kann abhängig vom Opcode-Feld des Befehls bis auf eines alle Steuersignale setzen. Die PCSrc-Steuerleitung stellt die Ausnahme dar. Diese Steuerleitung muss gesetzt werden, wenn es sich um einen branch-on-equal-Befehl handelt (eine Entscheidung, die die Steuereinheit treffen kann) *und* der Zero-Ausgang der ALU, der

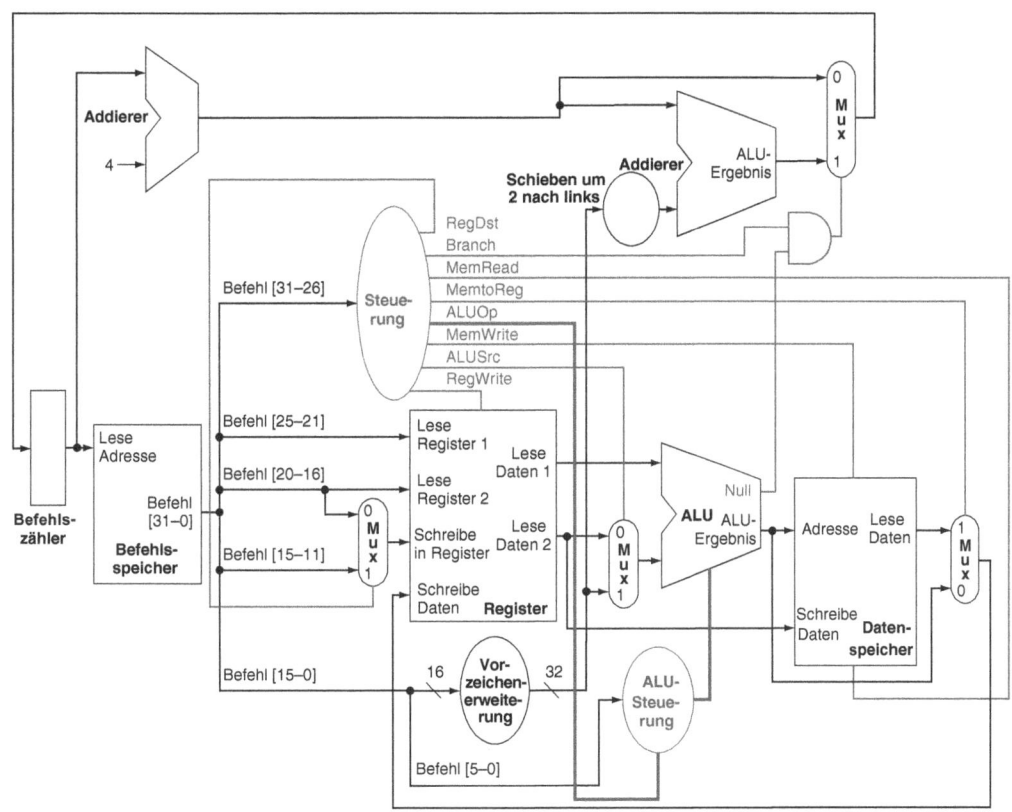

Abb. 4.14: Der einfache Datenpfad mit der Steuereinheit. Die Eingabe der Steuereinheit ist das 6-Bit-Opcode-Feld aus dem Befehl. Die Ausgänge der Steuereinheit setzen sich aus drei 1-Bit-Signalen zum Steuern von Multiplexern (RegDst, ALUSrc und MemtoReg), drei Signalen zum Steuern von Lese- und Schreibvorgängen im Registersatz und Datenspeicher (RegWrite, Mem-Read und MemWrite), einem 1-Bit-Signal zum Bestimmen einer möglichen Verzweigung (Branch) und einem 2-Bit-Steuersignal für die ALU (ALUOp) zusammen. Das Signal für die Steuerung der Verzweigung und das Zero-Ausgangssignal von der ALU werden mit einem AND-Gatter verknüpft. Mit dem Ausgangssignal des AND-Gatters wird die Auswahl des nächsten Befehls-zählerwerts gesteuert. PCSrc ist nun ein abgeleitetes Signal und wird nicht mehr direkt von der Steuereinheit bereitgestellt. Daher wird der Signalname in den nachfolgenden Abbildungen nicht mehr erscheinen.

für den Gleichheitstest verwendet wird, wahr ist. Um das PCSrc-Signal zu ge-nerieren, müssen wir ein Signal von der Steuereinheit, das wir *Branch* nennen, und das Zero-Signal am Ausgang der ALU mit einer AND-Verknüpfung mit-einander verknüpfen.

Diese neun Steuersignale (sieben aus Tabelle 4.3 und zwei für ALUOp) kön-nen nun anhand der sechs Eingangssignale an der Steuereinheit, bei denen es sich um die Opcode-Bits 31 bis 26 handelt, gesetzt werden. In Abbildung 4.14 ist der Datenpfad mit der Steuereinheit und den Steuersignalen dargestellt.

Bevor wir versuchen, eine Reihe von Gleichungen oder eine Wahrheitsta-belle für die Steuereinheit zu schreiben, empfiehlt es sich, die Steuerfunktion formlos zu definieren. Da das Setzen der Steuersignale nur vom Opcode ab-

Tab. 4.3: Die Auswirkungen der sieben Steuersignale. Wenn die 1-Bit-Steuerleitung zum 2:1-Multiplexer auf logisch 1 gesetzt wird, wählt der Multiplexer den Eingang aus, der dem Wert 1 entspricht. Wenn die Steuerleitung dagegen auf logisch 0 gesetzt wird, wählt der Multiplexer den Zero-Eingang aus. Bei den Zustandselementen dient der Takt als impliziter Eingang und der Takt wird zum Steuern von Schreibvorgängen verwendet. Der Takt wird nie extern an ein Speicherelement angelegt, da dies zu Fehlern beim zeitlichen Ablauf führen kann. (Weitere Informationen zu diesem Problem finden Sie in Anhang B.)

Signalname	Wirkung, wenn logisch 0	Wirkung, wenn logisch 1
RegDst	Die Adresse des Zielregisters für den Schreibe-in-Register-Befehl wird vom rt-Feld (Bits 20:16) bereitgestellt.	Die Adresse des Zielregisters für den Schreibe-in-Register-Befehl wird vom rd-Feld (Bits 15:11) bereitgestellt.
RegWrite	keine	Das Register am Schreibe-in-Register-Eingang wird mit dem Wert am Schreibe-Daten-Eingang beschrieben.
ALUSrc	Der zweite ALU-Operand wird vom zweiten Registersatzausgang (Lese Daten 2) bereitgestellt.	Der zweite ALU-Operand besteht aus den vorzeichenerweiterten, unteren 16 Bits des Befehls.
PCSrc	Der Befehlszählerwert wird durch den Ausgangswert des Addierers ersetzt, der den Befehlszählerwert und 4 addiert.	Der Befehlszählerwert wird durch den Ausgangswert des Addierers ersetzt, der das Sprungziel berechnet.
MemRead	keine	Durch den Adresseingang bestimmter Datenspeicherinhalt wird an den Lese-Daten-Ausgang gelegt.
MemWrite	keine	Durch den Adresseingang bestimmter Datenspeicherinhalt wird durch den Wert am Schreibe-Daten-Eingang ersetzt.
MemtoReg	Der am Schreibe-Daten-Eingang des Registers angelegte Wert wird von der ALU bereitgestellt.	Der am Schreibe-Daten-Eingang des Registers angelegte Wert wird vom Datenspeicher bereitgestellt.

hängt, legen wir fest, ob das Steuersignal für die einzelnen Opcode-Werte 0, 1 oder Don't-care (X) sein muss. In Tabelle 4.4 ist angegeben, wie die Steuersignale für die einzelnen Opcode-Werte gesetzt werden müssen. Diese Angaben folgen direkt aus den Tabellen 4.1 und 4.3 sowie Abbildung 4.14.

Funktionsweise des Datenpfads

Mit den in Tabellen 4.3 und 4.4 enthaltenen Informationen können wir die Logikschaltung der Steuereinheit entwerfen. Zuvor sollten wir jedoch untersuchen, wie die einzelnen Befehle den Datenpfad nutzen. In den nächsten Abbildungen ist der Datenfluss dreier verschiedener Befehlsklassen durch den Datenpfad dargestellt. Die Steuersignale mit logisch 1 und die aktiven Elemente im Datenpfad sind jeweils grau hervorgehoben. Ein Multiplexer, dessen Steuersignal 0 ist, führt eine eindeutige Aktion aus, auch wenn seine Steuerleitung nicht hervorgehoben ist. Steuersignale mit mehreren Bits sind grau hervorgehoben, wenn mindestens eines der Signale logisch 1 ist.

In Abbildung 4.15 ist der Datenpfad bei der Ausführung eines R-Befehls wie add $t1, $t2, $t3 dargestellt. Der gesamte Befehl wird zwar in einem Taktzyklus ausgeführt, aber trotzdem können wir uns die Ausführung in vier Schritten vorstellen, die in der Reihenfolge des Datenflusses angeordnet sind:

Tab. 4.4: Die Belegung der Steuerleitungen wird ausschließlich durch die Opcode-Felder des Befehls bestimmt. Die erste Zeile der Tabelle entspricht den R-Befehlen (add, sub, and, or und slt). Bei all diesen Befehlen sind rs und rt die Quellregisterfelder und rd das Zielregisterfeld. Damit ist definiert, wie die Signale ALUSrc und RegDst gesetzt werden. Darüber hinaus schreibt ein R-Befehl zwar Werte in ein Register (RegWrite = 1), er liest und beschreibt jedoch keine Speicherstelle. Wenn das Steuersignal für den Sprung auf 0 gesetzt ist, wird der Befehlszähler unbedingt durch Befehlszähler +4 ersetzt. Andernfalls wird der Befehlszähler durch das Sprungziel ersetzt, wenn der Zero-Ausgang der ALU ebenfalls 1 ist. Das ALUOp-Feld für R-Befehle ist auf 10 gesetzt, um anzugeben, dass die ALU-Steuerung vom funct-Feld generiert werden muss. In der zweiten und dritten Zeile dieser Tabelle ist angegeben, welche Steuersignale für lw und sw gesetzt werden. Diese ALUSrc- und ALUOp-Felder werden zum Berechnen der Adresse gesetzt. MemRead und MemWrite werden zum Durchführen eines Speicherzugriffs gesetzt. Und RegDst und RegWrite werden schließlich für einen Ladebefehl gesetzt, damit das Ergebnis im rt-Register gespeichert wird. Der Sprungbefehl gleicht einer R-Operation, da er die Register rs und rt an die ALU sendet. Das ALUOp-Feld für den Sprung wird für eine Subtraktion (ALU-Steuerung = 01) gesetzt, die für die Überprüfung auf Gleichheit verwendet wird. Das MemtoReg-Feld ist unwichtig, wenn das RegWrite-Signal 0 ist: Da in das Register nicht geschrieben wird, wird der Wert der Daten am Registerdatenschreibport nicht verwendet. Daher wird der Eintrag MemtoReg in den letzten beiden Zeilen der Tabelle auf X für Don't-care gesetzt. Don't-cares können auch in RegDst eingefügt werden, wenn RegWrite 0 ist. Diese Art Don't-care muss vom Entwickler eingefügt werden, da hierzu bekannt sein muss, wie der Datenpfad funktioniert.

Befehl	RegDst	ALUSrc	MemtoReg	RegWrite	MemRead	MemWrite	Branch	ALUOp1	ALUOp0
R-Format	1	0	0	1	0	0	0	1	0
lw	0	1	1	1	1	0	0	0	0
sw	X	1	X	0	0	1	0	0	0
beq	X	0	X	0	0	0	1	0	1

1. Der Befehl wird geholt und der Befehlszähler inkrementiert.

2. Die beiden Register $t2 und $t3 werden aus dem Registersatz ausgelesen, und die Hauptsteuereinheit berechnet das Setzen der Steuersignale während dieses Schritts.

3. Die ALU verarbeitet die Daten, die aus dem Registersatz ausgelesen wurden, wobei aus dem Funktionscode (Bits 5:0 des Befehls, dem funct-Feld) die ALU-Funktion generiert wird.

4. Das Ergebnis der ALU wird in den Registersatz geschrieben, wobei die Bits 15:11 des Befehls das Zielregister ($t1) auswählen.

Die Ausführung eines load-word-Befehls wie lw $t1,offset($t2) können wir auf ähnliche Weise wie in Abbildung 4.15 darstellen. In Abbildung 4.16 sind die aktiven Funktionseinheiten und die Steuerleitungen mit logisch 1 für einen Ladebefehl dargestellt. Wir können uns die Ausführung eines Ladebefehls in fünf Schritten vorstellen (ähnlich wie der in vier Schritten ausgeführte R-Befehl):

1. Ein Befehl wird aus dem Befehlsspeicher geholt und der Befehlszähler wird inkrementiert.

2. Der Registerwert ($t2) wird aus dem Registersatz ausgelesen.

3. Die ALU berechnet die Summe aus dem aus dem Registersatz gelesenen Wert und den vorzeichenerweiterten, unteren 16 Bits des Befehls (offset).

4. Die berechnete Summe wird als Adresse für den Datenspeicher verwendet.

5. Die Daten aus der Speichereinheit werden in den Registersatz geschrieben. Das Zielregister wird durch die Bits 20:16 des Befehls ($t1) angegeben.

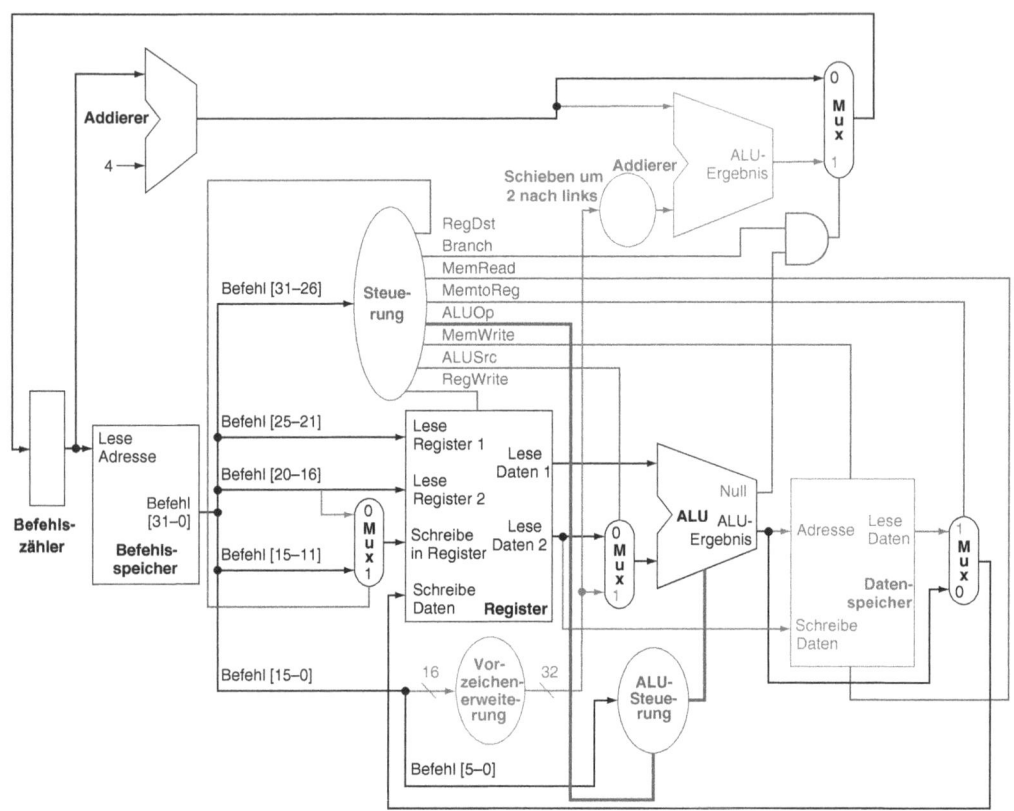

Abb. 4.15: Der Datenpfad bei der Ausführung eines R-Befehls wie add $t1, $t2, $t3. Steuerleitungen, Einheiten im Datenpfad und Verbindungen, die aktiv sind, sind grau hervorgehoben.

Schließlich können wir die Ausführung des Befehls beq $t1,$t2,offset auf ähnliche Weise darstellen. Er funktioniert im Wesentlichen wie ein R-Befehl, wobei der ALU-Ausgang jedoch verwendet wird, um zu bestimmen, ob der Befehlszähler mit Befehlszählerwert +4 oder mit der Sprungzieladresse geschrieben wird. In Abbildung 4.17 sind die vier Schritte der Ausführung dargestellt:

1. Ein Befehl wird aus dem Befehlsspeicher geholt und der Befehlszähler wird inkrementiert.

2. Die beiden Register $t1 und $t2 werden aus dem Registersatz ausgelesen.

3. Die ALU subtrahiert die aus dem Registersatz ausgelesenen Datenwerte. Der Wert Befehlszähler +4 wird zu den um zwei Stellen nach links verschobenen vorzeichenerweiterten, unteren 16 Bits des Befehls addiert (offset). Daraus ergibt sich die Sprungzieladresse.

4. Mit dem Zero-Ergebnis aus der ALU wird entschieden, welches Addiererergebnis im Befehlszähler gespeichert wird.

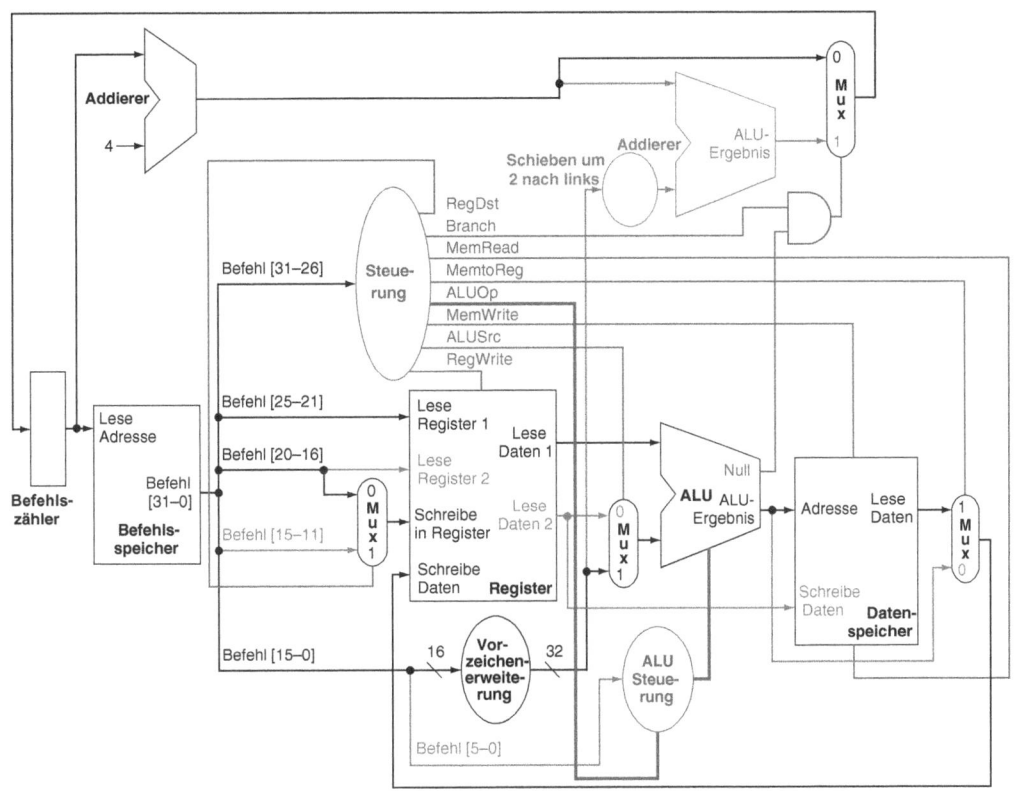

Abb. 4.16: Der Datenpfad bei der Ausführung eines Ladebefehls. Die Steuerleitungen, die Einheiten im Datenpfad und Verbindungen, die aktiv sind, sind grau gezeichnet. Ein Speicherbefehl funktioniert sehr ähnlich. Die beiden Befehle unterscheiden sich hauptsächlich dadurch, dass die Speichersteuerung anstelle eines Lesevorgangs einen Schreibvorgang vorgibt, dass der aus dem zweiten Register gelesene Wert zum Speichern der Daten verwendet wird, und dass der Datenspeicherwert nicht in den Registersatz geschrieben wird.

Abschluss des Steuerungsentwurfs

Nun, da wir gesehen haben, wie die Befehle schrittweise abgearbeitet werden, fahren wir mit der Implementierung der Steuerung fort. Die Steuerfunktion kann mithilfe des Inhalts von Tabelle 4.4 präzise definiert werden. Die Ausgänge sind die Steuerleitungen und der Eingang ist das 6-Bit-Opcode-Feld, Op [5:0]. Somit können wir auf der Grundlage der Binärcodierung des Opcodes für jeden Ausgang eine Wahrheitstabelle erstellen.

In Tabelle 4.5 ist die Logikschaltung in der Steuereinheit als eine umfangreiche Wahrheitstabelle dargestellt, in der alle Ausgänge zusammengefasst sind und die Opcode-Bits als Eingänge verwendet werden. Die Tabelle legt die gesamte Steuerfunktion fest, und wir können sie direkt in Gattern implementieren. Dieser letzte Schritt wird im Online-Anhang D beschrieben.

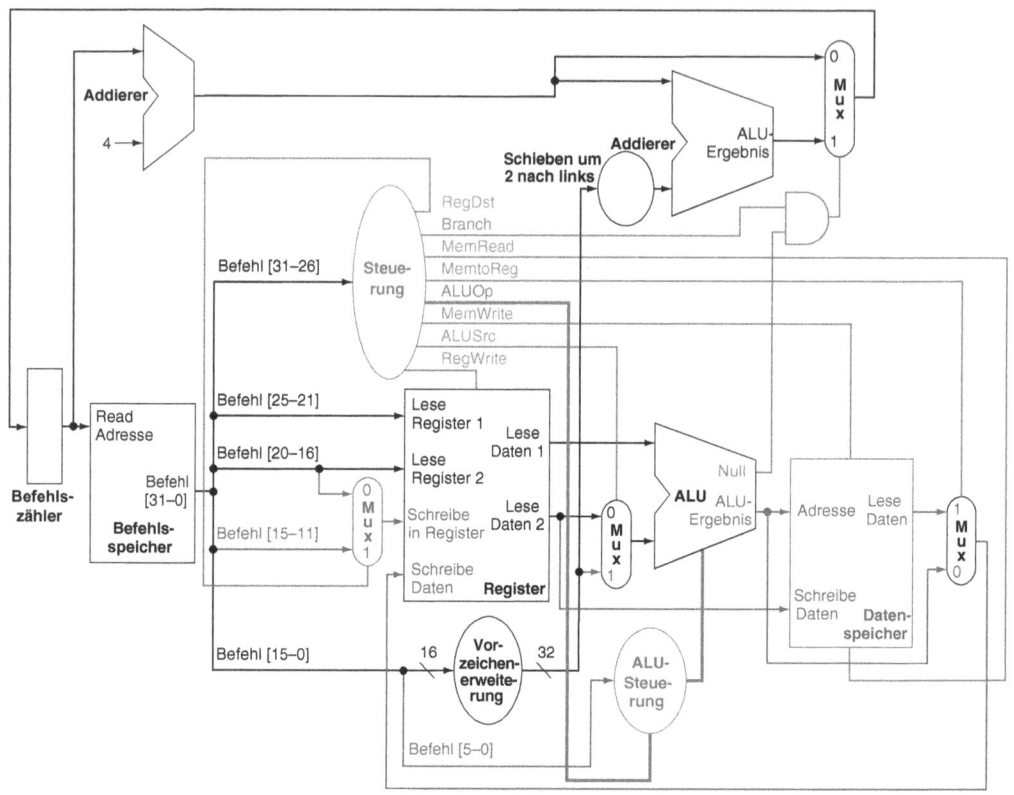

Abb. 4.17: Der Datenpfad bei der Ausführung eines branch-on-equal-Befehls. Steuerleitungen, Einheiten im Datenpfad und Verbindungen, die aktiv sind, sind grau gezeichnet. Nach dem Ausführen des Vergleichs mithilfe des Registersatzes und der ALU wird der Zero-Ausgang zum Auswählen des nächsten Befehlszählers aus den zwei möglichen Quellen verwendet.

Eintaktausführung
Eine Implementierung, bei der ein Befehl in einem Taktzyklus ausgeführt wird.

Nachdem wir nun eine **Eintaktausführung** der meisten MIPS-Kernbefehle haben, werden wir den Sprungbefehl einfügen, um zu zeigen, wie der einfache Datenpfad und die Steuerung erweitert werden können, um weitere Befehle im Befehlssatz zu bearbeiten

Beispiel: Implementierung von Sprüngen

In Abbildung 4.14 ist die Implementierung vieler Befehle dargestellt, die in Kapitel 2 beschrieben wurden. Eine Befehlsklasse, die bisher noch fehlt, ist der Sprungbefehl. Erweitern Sie den Datenpfad und die Steuerung aus Abbildung 4.14 um den Sprungbefehl. Beschreiben Sie, wie neue Steuerleitungen belegt werden müssen.

Lösung: Der Sprungbefehl ist dem Verzweigungsbefehl ähnlich, berechnet jedoch den Zielbefehlszähler anders und ist ein unbedingter Befehl. Wie bei einer Verzweigung sind die 2 niederwertigen Bits einer Sprungadresse immer 00_B. Die nächstniedrigen 26 Bits dieser 32-Bit-Adresse werden vom 26-Bit-Immediate-Feld im Befehl bereitgestellt (siehe Abbildung 4.18). Die oberen 4 Bits der Adresse, die den Befehlszählerwert ersetzen müssen, ergeben sich aus dem Befehlszählerwert des Sprungbefehls +4. Somit können wir einen Sprung implementieren, indem wir

- die oberen 4 Bits des aktuellen Befehlszählerwerts +4 (d. h. die Bits 31:28 der sequentiell folgenden Befehlsadresse),
- das 26-Bit-Immediate-Feld des Sprungbefehls und
- die Bits 00_B

im Befehlszähler konkatenieren.

Feld	000010	Adresse
Bit-Position	31:26	25:0

Abb. 4.18: Befehlsformat für den Sprungbefehl (Opcode = 2). Die Zieladresse für einen Sprungbefehl wird durch Konkatenation der oberen 4 Bits des aktuellen Befehlszählerwerts +4 und dem 26-Bit-Adressfeld im Sprungbefehl sowie durch Hinzufügen von 00 als den beiden niederwertigsten Bits erstellt.

Tab. 4.5: Die Steuerfunktion für die einfache Eintaktausführung wird durch diese Wahrheitstabelle vollständig beschrieben. In der oberen Hälfte der Tabelle sind die Kombinationen der Eingangssignale angegeben, die den vier Opcodes entsprechen, mit denen bestimmt wird, wie die Steuersignale gesetzt werden. (Op [5:0] entspricht den Bits 31:26 des Befehls, d. h. dem Op-Feld.) Im unteren Teil der Tabelle sind die Ausgänge angegeben. Der Ausgang RegWrite ist somit für zwei verschiedene Eingangskombinationen logisch 1. Wenn wir nur die vier in dieser Tabelle dargestellten Opcodes betrachten, können wir die Wahrheitstabelle durch Verwenden von Don't-cares im Eingangsbereich vereinfachen. Wir können beispielsweise einen R-Befehl mit dem Ausdruck $\overline{Op5} \cdot \overline{Op2}$ erkennen, da dies ausreicht, um R-Befehle von den Befehlen 1w, sw und beq zu unterscheiden. Wir nutzen diese Möglichkeit der Vereinfachung nicht, da die restlichen MIPS-Opcodes in einer vollständigen Implementierung verwendet werden.

Eingang oder Ausgang	Signalname	R-Format	1w	sw	beq
Eingänge	Op5	0	1	1	0
	Op4	0	0	0	0
	Op3	0	0	1	0
	Op2	0	0	0	1
	Op1	0	1	1	0
	Op0	0	1	1	0
Ausgänge	RegDst	1	0	X	X
	ALUSrc	0	1	1	0
	MemtoReg	0	1	X	X
	RegWrite	1	1	0	0
	MemRead	0	1	0	0
	MemWrite	0	0	1	0
	Branch	0	0	0	1
	ALUOp1	1	0	0	0
	ALUOp0	0	0	0	1

Warum eine Eintaktausführung heute nicht verwendet wird

Obwohl der Eintaktentwurf einwandfrei funktioniert, wird er in modernen Entwürfen nicht verwendet, weil er nicht effizient ist. Um zu verstehen, warum das so ist, müssen Sie bedenken, dass der Taktzyklus in diesem Eintaktentwurf für jeden Befehl gleich lang sein muss, und dass der CPI-Wert (siehe Kapitel 1) somit 1 beträgt. Der Taktzyklus wird durch den längsten möglichen Pfad im Rechner bestimmt. Dieser Pfad ist mit Sicherheit ein Ladebefehl, der der Reihe nach fünf Funktionseinheiten nutzt: den Befehlsspeicher, den Registersatz, die ALU, den Datenspeicher und den Registersatz. Obwohl der CPI-Wert 1 beträgt, ist die Gesamtleistung einer Eintaktausführung nicht besonders gut, da einige Befehlsklassen in einen kürzeren Taktzyklus passen würden.

Der Eintaktzyklusentwurf mit einem festen Taktzyklus bringt erhebliche Einbußen mit sich, die für diesen kleinen Befehlssatz jedoch in Kauf genommen werden können. In der Vergangenheit wurde diese Implementierungsmethode tatsächlich für Rechner mit sehr einfachen Befehlssätzen verwendet. Wenn wir jedoch versuchten, die Gleitkommaeinheit oder einen Befehlssatz mit komplexeren Befehlen zu implementieren, würde dieser Eintaktentwurf nicht funktionieren.

Da wir annehmen müssen, dass der Taktzyklus für alle Befehle der Verzögerung im ungünstigsten Fall (Worst Case) entspricht, können wir keine Implementierungstechniken verwenden, die die Verzögerung des häufig vorkommenden Falls reduzieren, die Worst-Case-Zykluszeit jedoch nicht verbessern. Eine Eintaktausführung verstößt somit gegen das Konzept aus Kapitel 2, wonach der **häufige Fall** schnell gemacht werden soll.

HÄUFIGER FALL

Im nächsten Abschnitt betrachten wir eine weitere Implementierungstechnik, das so genannte Pipelining, das einen sehr ähnlichen Datenpfad wie die Eintaktzyklusausführung verwendet, aber sehr viel effizienter ist, weil sie einen sehr viel höheren Durchsatz hat. Das Pipelining verbessert die Effizienz, indem es mehrere Befehle gleichzeitig ausführt.

Selbsttest

Sehen Sie sich die Steuersignale in Tabelle 4.5 an. Lassen sie sich miteinander kombinieren? Kann eines der Steuersignale in der Tabelle durch die Invertierung eines anderen ersetzt werden? (Hinweis: Berücksichtigen Sie die Don't-cares.) Wenn ja, lässt sich ein Signal ohne Einsatz eines Inverters für das andere verwenden?

Pipelining Eine Implementierungstechnik, bei der mehrere Befehle ähnlich wie bei einem Fließband überlappend ausgeführt werden.

4.5 Übersicht über die Technik des Pipelinings

Pipelining ist eine Implementierungstechnik, bei der mehrere Befehle überlappend ausgeführt werden. Bei heutigen Rechnern stellt das Pipelining die Schlüsseltechnik zum Beschleunigen von Prozessoren dar.

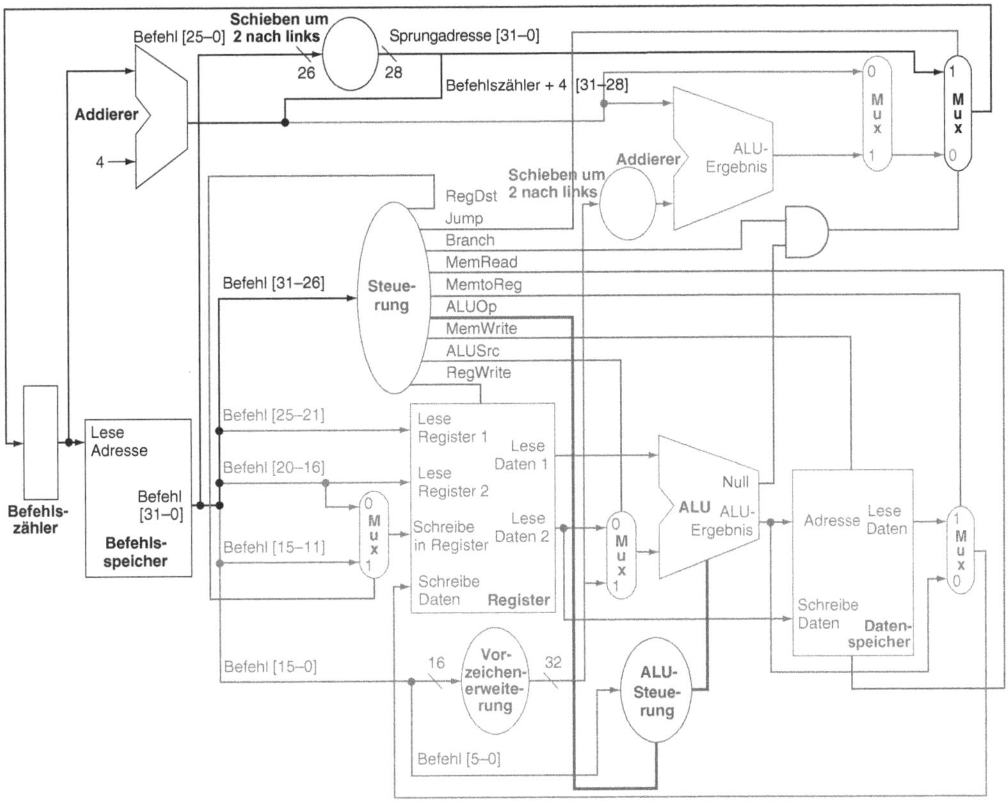

Abb. 4.19: Die einfache Steuerung und der einfache Datenpfad wurden zum Steuern des Sprungbefehls erweitert. Ein weiterer Multiplexer (rechts oben) wird verwendet, um zwischen dem Sprungziel und entweder dem Verzweigungsziel oder dem sequentiell diesem Befehl folgenden Befehl auszuwählen. Dieser Multiplexer wird durch das Sprungsteuersignal gesteuert. Die Sprungzieladresse wird durch Verschieben der unteren 26 Bits des Sprungbefehls um 2 Bit nach links ermittelt, d. h. durch Hinzufügen von 00 als die niederwertigsten Bits, und durch anschließendes Verknüpfen der oberen 4 Bits des Befehlszählerwerts +4 als die höchstwertigen Bits, was eine 32-Bit-Adresse ergibt.

In diesem Abschnitt werden die zentralen Begriffe und Problemstellungen im Zusammenhang mit dem Pipelining anhand eines Vergleichs erläutert. Wenn Sie nur an einer Übersicht interessiert sind, sollten Sie sich auf diesen Abschnitt konzentrieren und anschließend die Abschnitte 4.10 und 4.11 lesen. Dort finden Sie Informationen zu verbesserten Pipeline-Techniken, die in neueren Prozessoren wie dem Intel Core i7 oder dem ARM Cortex-A8 eingesetzt werden. Wenn es Sie interessiert, wie ein Computer mit Pipelines intern aufgebaut ist, ist dieser Abschnitt eine gute Einführung in die Abschnitte 4.6 bis 4.9.

Jeder, der viel Wäsche wäscht, wendet intuitiv eine Art **Pipeline-Technik** an. Wäschewaschen *ohne Pipelining* funktioniert folgendermaßen:

PIPELINING

1. Befüllen der Waschmaschine mit einer Ladung schmutziger Wäsche.

2. Nach dem Waschen umfüllen der Wäsche aus der Waschmaschine in den Wäschetrockner.

3. Nach dem Trocknen Wäsche zusammenlegen.

4. Nach dem Zusammenlegen einen Mitbewohner bitten, die Wäsche in den Schrank zu räumen.

Erst wenn Ihr Mitbewohner fertig ist, beginnen Sie mit der nächsten Waschladung von vorn.

Das Wäschewaschen *mit Pipelining* braucht viel weniger Zeit (siehe Abbildung 4.20). Sobald die Waschmaschine die erste Ladung gewaschen hat und die nasse Wäsche im Trockner ist, können Sie die Waschmaschine mit der zweiten Ladung Schmutzwäsche befüllen. Wenn die erste Ladung trocken ist, können Sie mit Zusammenlegen beginnen, die nasse Ladung in den Trockner geben und die nächste Waschladung in die Maschine füllen. Als Nächstes kann Ihr Mitbewohner die erste Ladung in den Schrank räumen, Sie können die zweite Ladung zusammenlegen, die dritte Ladung wird im Trockner getrocknet und die vierte in der Waschmaschine gewaschen. Zu diesem Zeitpunkt sind alle so genannten *Pipelinestufen* aktiv. Solange für jede Stufe eigene Ressourcen verfügbar sind, können wir die Aufgaben mittels Pipelining durchführen.

Das Paradoxe am Pipelining ist, dass die Gesamtzeit vom Befüllen der Waschmaschine mit einer Ladung bis zum Trocknen, Zusammenlegen und Wegräumen dieser Ladung in den Schrank beim Pipelining nicht kürzer ist. Das Pipelining ist für viele Ladungen Wäsche nur deshalb schneller, weil die Ladungen parallel verarbeitet werden und daher mehr Wäscheladungen pro Stunde gewaschen werden können. Mit dem Pipelining lässt sich der Durchsatz unseres Waschsystems verbessern, ohne die Zeit für die Bearbeitung einer kompletten Ladung zu verkürzen. Wenn wir viele Wäscheladungen zu waschen haben, verkürzt sich die Gesamtzeit aufgrund des besseren Durchsatzes.

Wenn alle vier Stufen etwa gleich viel Zeit beanspruchen und genügend Arbeit vorhanden ist, entspricht die Beschleunigung aufgrund des Pipelining der Anzahl der Pipelinestufen, in diesem Beispiel also vier: Waschen, Trocknen, Zusammenlegen und Wegräumen. Somit ist Wäschewaschen mit Fließbandprinzip potenziell viermal so schnell als Wäschewaschen ohne Fließbandprinzip: 20 Wäscheladungen benötigen etwa fünfmal so viel Zeit wie eine Ladung Wäsche, während 20 Ladungen Wäsche ohne Fließbandprinzip 20-mal so viel Zeit beanspruchen wie eine Ladung. In Abbildung 4.20 ist die Verarbeitung nur 2,3-mal so schnell, weil wir nur vier Ladungen haben. Am Anfang und am Ende des Arbeitsvorgangs in der Version mit Pipelining in Abbildung 4.20 ist die Pipeline nicht voll. Dieses „Anlaufen" und „Auslaufen" mindert die Leistung, wenn die Anzahl der Aufgaben im Vergleich zur Anzahl der Pipelinestufen nicht groß ist. Wenn die Anzahl der Ladungen wesentlich größer als vier ist, sind die Stufen fast die ganze Zeit voll und der Durchsatz kommt sehr nahe an vier heran.

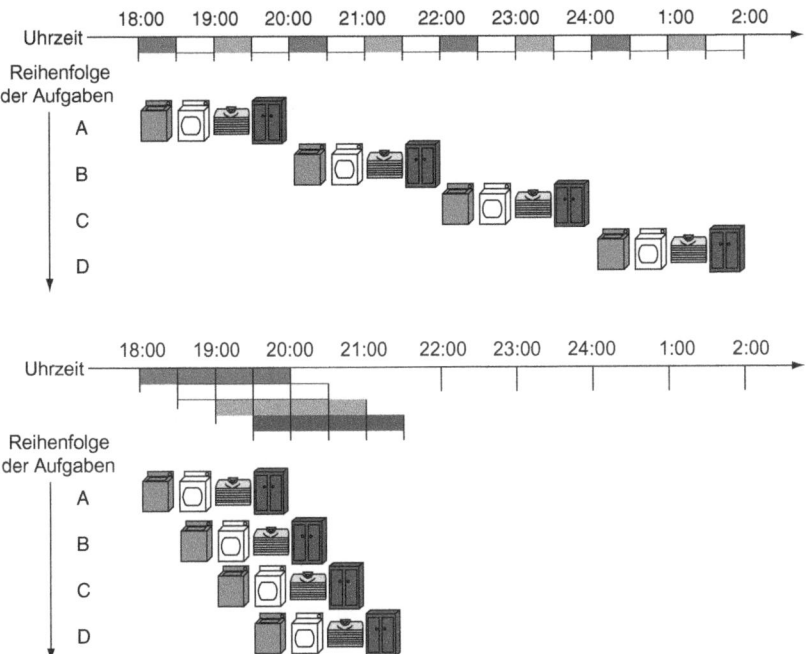

Abb. 4.20: Der Waschsalon mit und ohne Pipelining. Ann, Brian, Cathy und Don haben jeweils schmutzige Wäsche zu waschen, zu trocknen, zusammenzulegen und aufzuräumen. Die Waschmaschine, der Wäschetrockner, der „Zusammenleger" und der „Wegräumer" brauchen jeweils 30 Minuten für ihre Aufgabe. Wenn die Aufgaben sequentiell ausgeführt werden, sind für vier Ladungen Wäsche acht Stunden nötig; bei einem Waschsalon mit Fließbandprinzip (Pipelining) dagegen nur 3,5 Stunden. Dargestellt ist jeweils die Pipelinestufe unterschiedlicher Ladungen in Abhängigkeit von der Zeit durch mehrfache Darstellung der vier Ressourcen entlang dieser zweidimensionalen Zeitachse. Natürlich stehen die Ressourcen jeweils nur einmal zur Verfügung.

Dasselbe Prinzip gilt für Prozessoren, bei denen Befehle mittels Pipelining ausgeführt werden. Für die Ausführung von MIPS-Befehlen sind gewöhnlich fünf Schritte (Befehlsphasen) erforderlich:

1. Holen des Befehls aus dem Speicher

2. Lesen der Register und gleichzeitiges Decodieren des Befehls. Das Format der MIPS-Befehle ermöglicht das gleichzeitige Lesen und Decodieren.

3. Ausführen der Operation oder Berechnen einer Adresse

4. Zugreifen auf einen Operanden im Datenspeicher

5. Schreiben des Ergebnisses in ein Register

Die MIPS-Pipeline, die wir in diesem Kapitel untersuchen werden, besteht also aus fünf Stufen. Das folgende Beispiel zeigt, dass das Pipelining die Befehlsausführung ebenso beschleunigt wie das Wäschewaschen.

Tab. 4.6: Gesamtzeit für jeden Befehl, ermittelt aus der Summe der Ausführungszeiten für die einzelnen Komponenten. Bei dieser Berechnung wird vorausgesetzt, dass es bei den Multiplexern, bei der Steuereinheit, bei den Befehlszählerzugriffen und bei der Vorzeichenerweiterungseinheit zu keiner Verzögerung kommt.

Befehlsklasse	Befehl holen	Register lesen	ALU-Operation	Datenzugriff	Register schreiben	Gesamtzeit
load word (lw)	200 ps	100 ps	200 ps	200 ps	100 ps	800 ps
store word (sw)	200 ps	100 ps	200 ps	200 ps		700 ps
R-format (add, sub, and, or, slt)	200 ps	100 ps	200 ps		100 ps	600 ps
branch (beq)	200 ps	100 ps	200 ps			500 ps

Beispiel: Vergleich der Leistung eines sequentiellen Systems und eines Systems mit Pipelining

Damit die Diskussion konkreter wird, entwerfen wir eine Pipeline. In diesem Beispiel und im Rest dieses Kapitels beschränken wir uns auf acht Befehle: load word (lw), store word (sw), add (add), subtract (sub), and (and), or (or), set less than (slt) und branch on equal (beq).

Vergleichen Sie die durchschnittliche Zeit für die Ausführung von Befehlen eines sequentiellen Systems, bei dem alle Befehle einen Taktzyklus zur Ausführung benötigen, mit einer Pipeline-Ausführung. Die wichtigsten Funktionseinheiten in diesem Beispiel benötigen 200 Pikosekunden für den Speicherzugriff, 200 Pikosekunden für ALU-Operationen und 100 Pikosekunden zum Lesen und Schreiben des Registersatzes. Beim sequentiellen System wird für jeden Befehl exakt ein Taktzyklus benötigt, so dass der Taktzyklus auf die Länge des langsamsten Befehls ausgedehnt werden muss.

Lösung: In Tabelle 4.6 ist angegeben, wie viel Zeit die acht Befehle jeweils zur Ausführung benötigen. Beim sequentiellen System muss der Takt so lang sein wie der langsamste Befehl (in Tabelle 4.6 ist das der Befehl lw), so dass die für jeden Befehl beanspruchte Zeit 800 Pikosekunden beträgt. Ähnlich wie in Abbildung 4.20 wird in Abbildung 4.21 die Ausführung von drei lw-Befehlen ohne und mit Pipelining verglichen. Der Zeitabstand zwischen dem ersten und vierten Befehl im Entwurf ohne Pipelining beträgt 3×800 Pikosekunden oder 2400 Pikosekunden.

Alle Pipelinestufen beanspruchen einen einzigen Taktzyklus. Daher muss der Taktzyklus so lang sein wie die langsamste Stufe. So wie beim sequentiellen System der längste Taktzyklus mit 800 Pikosekunden verwendet werden muss, auch wenn einige Befehle lediglich 500 Pikosekunden benötigen, so muss auch bei der Ausführung mit Pipelining der langsamste Taktzyklus mit 200 Pikosekunden verwendet werden, auch wenn einige Stufen nur 100 Pikosekunden benötigen. Das Pipelining ermöglicht dennoch eine Performanzsteigerung um das Vierfache: Der Zeitabstand zwischen dem ersten und vierten Befehl beträgt 3×200 Pikosekunden oder 600 Pikosekunden.

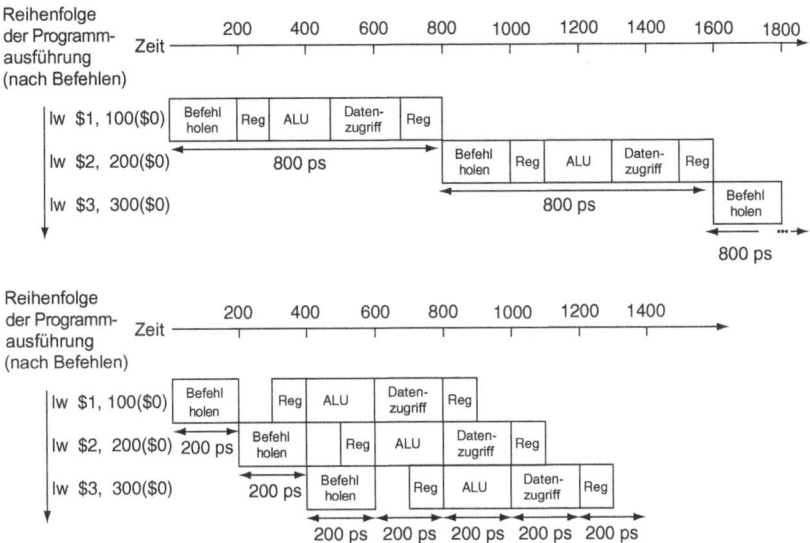

Abb. 4.21: Befehlsausführung bei einem sequentiellen System ohne Pipelining (oben) und mit Pipelining (unten) im Vergleich. Beide Male werden dieselben Hardwarekomponenten verwendet, deren Ausführungszeiten in Tabelle 4.5 aufgeführt sind. Bei diesem Beispiel ist eine Verkürzung der Durchschnittszeit für die Ausführung von Befehlen von 800 ps auf 200 ps zu beobachten. Vergleichen Sie diese Abbildung mit Abbildung 4.20. Beim Waschen sind wir davon ausgegangen, dass alle Stufen gleich lang sind. Wenn der Trockner die langsamste Einheit wäre, würde die Trocknerstufe die Stufenzeit bestimmen. Die Ausführungszeiten der Pipelinestufen beim Computer werden durch die langsamste Ressource bestimmt, also entweder durch die ALU-Operation oder durch den Speicherzugriff. Wir gehen davon aus, dass das Schreiben des Registersatzes in der ersten Hälfte des Taktzyklus erfolgt und das Lesen aus dem Registersatz in der zweiten Hälfte. Von dieser Voraussetzung gehen wir während des gesamten Kapitels aus.

Wir können die weiter oben formulierten Beobachtungen der Beschleunigung mittels Pipelining in eine Formel fassen. Wenn die Stufen alle genau gleich lange Ausführungszeiten haben, beträgt die Zeit zwischen Befehlen (unter idealen Bedingungen) bei einem Prozessor mit Pipelining

$$\text{Zeit zwischen Befehlen}_{\text{mit Pipelining}} = \frac{\text{Zeit zwischen Befehlen}_{\text{ohne Pipelining}}}{\text{Anzahl der Pipelinestufen}}$$

Unter idealen Bedingungen und mit einer großen Anzahl von Befehlen entspricht die Beschleunigung durch Pipelining etwa der Anzahl der Pipelinestufen. Somit ist eine fünfstufige Pipeline nahezu fünfmal so schnell wie das System mit sequentieller Befehlsausführung.

Gemäß der Formel müsste eine fünfstufige Pipeline fast fünfmal so leistungsfähig sein wie die Ausführung im System mit sequentiellem Zyklus mit einer Taktdauer von 800 ps und daher eine Taktdauer von 160 ps haben. Anhand des Beispiels wird jedoch deutlich, dass die Stufen zeitlich nicht ausbalanciert sind. Zudem beinhaltet das Pipelining einen gewissen Mehraufwand, dessen Ursache in Kürze verständlich wird. Somit überschreitet die Befehlsausführungszeit im Prozessor mit Pipelining die minimal mögliche Zeit und die Beschleunigung ist geringer als die Anzahl der Pipelinestufen.

Hinzu kommt, dass sich nicht einmal unsere Annahme einer vierfachen Beschleunigung für unser Beispiel in der Gesamtausführungszeit für die drei Befehle bestätigt: Wir haben 1400 ps gegenüber 2400 ps. Natürlich lässt sich dies auf die geringe Anzahl an ausgeführten Befehlen zurückführen. Was würden wir erhalten, wenn wir die Anzahl der Befehle erhöhen würden? Wir könnten die vorherige Zahl auf 1 000 003 Befehle erhöhen. Wir würden die Anzahl der Befehle im Beispiel mit Pipelining um 1 000 000 erhöhen, wobei jeder Befehl 200 ps zu der Gesamtausführungszeit beitragen würde. Die Gesamtausführungszeit würde 1 000 000 × 200 ps + 1400 ps oder 200 001 400 ps betragen. Im Beispiel ohne Pipeline würden wir 1 000 000 Befehle hinzufügen, wobei jeder die Gesamtausführungszeit um 800 ps erhöht, so dass die Gesamtausführungszeit 1 000 000 × 800 ps + 2400 ps oder 800 002 400 ps beträgt. Unter diesen idealen Bedingungen entspricht das Verhältnis der Gesamtausführungszeiten für reale Programme auf Prozessoren ohne Pipelining zu Prozessoren mit Pipelining nahezu dem Verhältnis der Zeiten zwischen Befehlen:

$$\frac{800\,002\,400\,\text{ps}}{200\,001\,400\,\text{ps}} \approx \frac{800\,\text{ps}}{200\,\text{ps}} \approx 4,00$$

Das Pipelining verbessert die Leistung durch einen *erhöhten Befehlsdurchsatz. Die Ausführungszeit der einzelnen Befehle wird dagegen nicht reduziert.* Der Befehlsdurchsatz ist jedoch die wichtigste Metrik, da echte Programme Milliarden von Befehlen ausführen.

Entwurf von Befehlssätzen für das Pipelining

Bereits mit dieser einfachen Beschreibung des Pipelining können wir Erkenntnisse über den Entwurf des MIPS-Befehlssatzes gewinnen, der für die Ausführung mit Pipelining konzipiert wurde.

Erstens sind alle MIPS-Befehlsformate gleich, d. h. die Befehle sind gleich lang. Aufgrund dieser Tatsache ist es wesentlich einfacher, Befehle in der ersten Pipelinestufe zu holen und in der zweiten Pipelinestufe zu decodieren. Bei einem Befehlssatz wie dem x86-Befehlssatz, bei dem Befehle unterschiedliche Längen zwischen einem und 17 Byte aufweisen, ist ein Pipelinesystem erheblich schwieriger zu realisieren. Alle neueren Implementierungen der x86-Architektur übersetzen x86-Befehle in einfache Befehle (Herstellerbezeichnung „micro operations", jedoch nicht zu verwechseln mit Mikrooperationen!), die den MIPS-Befehlen ähnlich sind. Wie wir noch sehen werden, verarbeitet der Pentium-4 anstelle der systemeigenen x86-Befehle diese „micro-operations" mittels Pipeline! (Siehe Abschnitt 4.10.)

Zweitens gibt es bei MIPS nur einige wenige Befehlsformate. Bei diesen befinden sich die Felder für die Angabe der Quellregisteradressen jeweils an derselben Stelle. Diese Symmetrie bedeutet, dass die zweite Pipelinestufe damit beginnen kann, den Registersatz zu lesen, während die Hardware zeitgleich bestimmt, welcher Befehl geholt wurde. Decodierstufe und Registerlesestufe des Maschinenbefehlszyklus fallen also bei der MIPS-Pipeline zu einer gemeinsamen, der zweiten Stufe zusammen. Wenn MIPS-Befehlsformate nicht symmetrisch aufgebaut wären, müsste Stufe 2 geteilt werden, was eine Pipeline mit sechs Stufen zur Folge hätte. Wir werden später sehen, welche Nachteile längere Pipelines haben.

Drittens kommen Speicheroperanden bei MIPS nur in Lade- oder Speicherbefehlen vor. Diese Beschränkung bedeutet, dass wir die Ausführungsstufe zum Berechnen der Speicheradresse verwenden können und den eigentlichen Speicherzugriff erst in der Folgestufe ausführen. Wenn wir mit Speicheroperanden wie in der x86-Architektur arbeiten könnten, würden sich die Stufen 3 und 4 der MIPS-Pipeline auf je eine Adressstufe, Speicherstufe und eine Ausführungsstufe erweitern.

Viertens müssen die Operanden, wie in Kapitel 2 beschrieben, im Speicher ausgerichtet sein. Somit benötigen wir keinen einzigen Datentransfer-Befehl, der zweimal auf den Datenspeicher zugreifen muss. Die angeforderten Daten können in einer einzigen Pipelinestufe zwischen Prozessor und Speicher übertragen werden.

Pipeline-Hemmnisse

Beim Pipelining gibt es Situationen, in denen der nächste Befehl nicht im nachfolgenden Taktzyklus ausgeführt werden kann. Von diesen Ereignissen, die als *Hemmnisse* oder auch *Konflikte* bezeichnet werden, gibt es drei verschiedene Typen.

Strukturkonflikt

Der erste Konflikt wird als **Strukturkonflikt** bezeichnet. Hierbei kann die Hardware die Befehlskombination, die in einem Taktzyklus ausgeführt werden soll, nicht unterstützen. Im Waschsalon würde ein Strukturkonflikt auftreten, wenn wir anstelle einer Waschmaschine und eines Trockners ein Waschmaschinen-Trockner-Kombigerät verwenden würden oder wenn unser Mitbewohner mit etwas Anderem beschäftigt wäre und die Wäsche nicht in den Schrank räumen würde. Unsere sorgfältig ausgedachten Pipelinestrukturen wären damit nicht ausführbar.

Strukturkonflikt Ein Ereignis, bei dem ein Befehl nicht im vorgesehenen Taktzyklus ausgeführt werden kann, da die Hardware die Befehlskombination nicht unterstützt, die zum Ausführen im angegebenen Taktzyklus festgelegt wurde.

Wie wir bereits weiter oben erwähnt haben, wurde der MIPS-Befehlssatz für das Pipelining konzipiert, so dass es Entwicklern leichter gemacht wurde, beim Entwerfen einer Pipeline Strukturkonflikte zu vermeiden. Nehmen wir jedoch an, wir hätten anstelle zweier Speicher nur einen. Wenn die Pipeline in Abbildung 4.21 einen vierten Befehl enthielte, würde im selben Taktzyklus, in dem der erste Befehl auf Daten im Speicher zugreift, der vierte Befehl gleichzeitig einen Befehl aus demselben Speicher holen. Mit nur einem Speicher hätte unsere Pipeline einen Strukturkonflikt.

Datenkonflikte

Datenkonflikt Ein Ereignis, bei dem ein Befehl nicht im vorgesehenen Taktzyklus ausgeführt werden kann, weil Daten zum Ausführen des Befehls noch nicht verfügbar sind.

Datenkonflikte treten auf, wenn die Pipeline anhalten muss, weil ein Schritt auf den Abschluss eines anderen wartet. Sie werden daher auch als **Pipeline-hemmnis durch Datenabhängigkeit** bezeichnet. Nehmen wir an, Sie finden beim Zusammenlegen der Wäsche eine Socke, zu der die zweite fehlt. Eine mögliche Strategie besteht darin, in Ihr Zimmer zu gehen und in der Schublade nach der passenden zweiten Socke zu suchen. Während Sie suchen, müssen getrocknete Ladungen, die zusammengelegt werden könnten, und gewaschene Ladungen, die getrocknet werden könnten, liegen bleiben.

Bei einer Pipeline im Rechner treten Datenkonflikte aufgrund der Abhängigkeit eines Befehls von einem zu einem früheren Zeitpunkt begonnenen Befehl auf, der sich noch in der Pipeline befindet. (Eine Abhängigkeit, die es beim Wäschewaschen nicht wirklich gibt.) Nehmen wir beispielsweise an, wir hätten einen add-Befehl, auf den unmittelbar ein subtract-Befehl folgt, der die Summe ($s0) verwendet:

```
add    $s0, $t0, $t1
sub    $t2, $s0, $t3
```

Ohne Eingreifen kann ein Datenkonflikt die Pipelineverarbeitung erheblich verzögern. Der add-Befehl schreibt sein Ergebnis erst in der fünften Stufe, was bedeutet, dass wir drei so genannte *Bubbles* (Pipelineleerläufe, Leeroperationen oder Wartetakte) in die Pipeline einfügen müssen.

Forwarding Auch als **Bypassing** bezeichnet. Eine Methode zum Lösen eines Datenkonflikts, bei der das fehlende Datenelement aus internen Pufferspeichern abgerufen wird, anstatt zu warten bis dieses aus den für den Programmierer sichtbaren Registern oder aus dem Speicher kommt.

Wir könnten Compiler verwenden, die alle derartigen Konflikte eliminieren. Das Ergebnis wäre jedoch nicht befriedigend. Die Abhängigkeiten kommen einfach zu häufig vor, und die Verzögerung ist zu lang, als dass wir erwarten können, dass der Compiler dieses Problem löst. Die wichtigste Gegenmaßnahme beruht auf der Beobachtung, dass wir mit dem Beheben des Datenkonflikts nicht warten müssen, bis der Befehl ausgeführt ist. Bei der obigen Codesequenz können wir das Ergebnis der Addition als Eingangswert für die Subtraktion bereitstellen, sobald die ALU die Summe berechnet hat. Das Verwenden zusätzlicher Hardware zum frühzeitigen Abrufen des fehlenden Elements aus den internen Ressourcen wird als **Forwarding** oder **Bypassing** bezeichnet.

Beispiel: Forwarding mit zwei Befehlen

Zeigen Sie für die beiden obigen Beispielbefehle, welche Pipelinestufen durch Forwarding miteinander verbunden werden müssen. Verwenden Sie die Zeichnung in Abbildung 4.22, um den Datenpfad während der fünf Pipelinestufen darzustellen. Richten Sie eine Kopie des Datenpfads für jeden Befehl ähnlich der Waschsalonpipeline in Abbildung 4.20 aus.

Lösung: In Abbildung 4.23 ist die Verbindung zum Weiterleiten des Werts in $s0 nach der Ausführungsstufe des add-Befehls als Eingangswert an die Ausführungsstufe des sub-Befehls dargestellt.

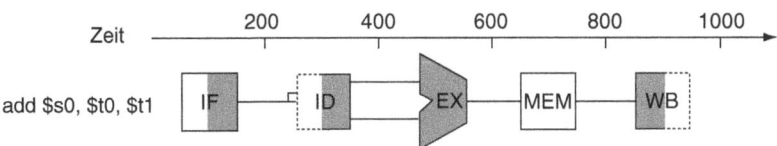

Abb. 4.22: Grafische Darstellung der Befehlspipeline im Sinne der Waschsalon-Pipeline in Abbildung 4.20. Hier verwenden wir für die Darstellung der Hardwareressourcen Symbole mit Abkürzungen der Pipelinestufen, wie wir sie im ganzen Kapitel beschreiben. Die Symbole für die fünf Stufen sind: *IF* für die Befehlsholstufe (Instruction Fetch), wobei das Kästchen den Befehlsspeicher darstellt. *ID* für die Befehlsdecodierungs-/Registerlesestufe (Instruction Decode), wobei das Kästchen das gelesene Register darstellt. *EX* für die Ausführungsstufe (Execution), wobei das Symbol die ALU darstellt. *MEM* für die Speicherzugriffsstufe (Memory Access), wobei das Kästchen den Datenspeicher darstellt. Und *WB* für die Rückschreibstufe (Write Back), wobei das Symbol das geschriebene Register darstellt. Durch die Grauschattierung wird angegeben, dass das Element des Befehls verwendet wird. MEM hat daher einen weißen Hintergrund, weil add nicht auf den Datenspeicher zugreift. Eine Grauschattierung der rechten Hälfte des Registersatzes oder des Speichers bedeutet, dass das Element in dieser Stufe gelesen wird, und eine Grauschattierung der linken Hälfte bedeutet, dass das Element in dieser Stufe geschrieben wird. Daher ist die rechte Hälfte des ID-Symbols in der zweiten Stufe schattiert, weil der Registersatz gelesen wird, und die linke Hälfte des WB-Symbols ist in der fünften Stufe schattiert, weil in den Registersatz geschrieben wird.

Bei dieser grafischen Darstellung von Ereignissen sind Forwarding-Pfade nur zulässig, wenn die Zielstufe zu einem späteren Zeitpunkt ausgeführt wird als die Quellstufe. Es kann beispielsweise keinen zulässigen Forwarding-Pfad vom Ausgang der Speicherzugriffsstufe im ersten Befehl zum Eingang der Ausführungsstufe des nachfolgenden Befehls geben, da dies einen Zeitsprung zurück bedeuten würde.

Forwarding funktioniert sehr gut und wird in Abschnitt 4.7 ausführlich beschrieben. Damit lassen sich jedoch nicht alle Pipelineverzögerungen verhindern. Nehmen wir beispielsweise an, mit dem ersten Befehl werde kein add-Befehl durchgeführt, sondern Register $s0 aus dem Speicher geladen. Wie wir anhand von Abbildung 4.24 erkennen können, werden die gewünschten Daten

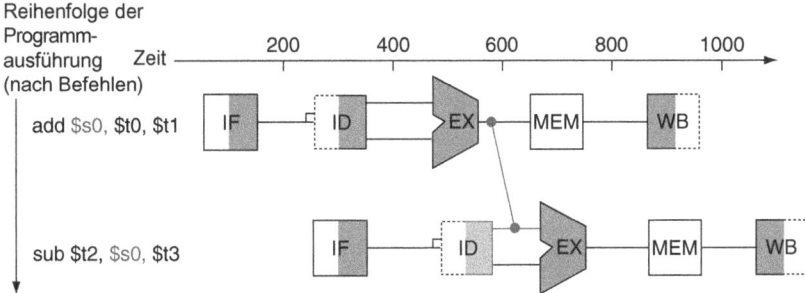

Abb. 4.23: Grafische Darstellung des Forwarding. Die Verbindung stellt den Forwarding-Pfad vom Ausgang der EX-Stufe des add-Befehls zum Eingang der EX-Stufe des sub-Befehls dar, wobei der in der zweiten Stufe des sub-Befehls gelesene Wert aus Register $s0 ersetzt wird.

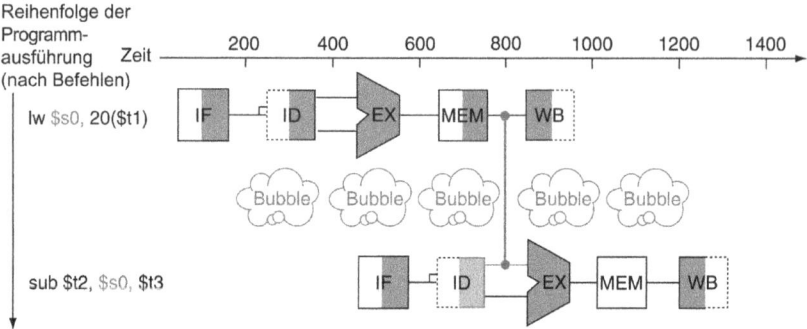

Abb. 4.24: Wir müssen selbst die Pipeline mit Forwarding anhalten, wenn ein R-Befehl nach einem Ladebefehl versucht, die geladenen Daten zu verwenden. Ohne Wartetakt wäre der Pfad vom Ausgang der Speicherzugriffsstufe zum Eingang der Ausführungsstufe ein zeitlicher Rücksprung, was nicht möglich ist. Diese Abbildung ist eigentlich eine Vereinfachung, da wir erst nach dem Holen und Decodieren des Subtraktionsbefehls wissen, ob die Pipeline angehalten werden muss. In Abschnitt 4.7 wird erläutert, was im Falle eines Konflikts im Einzelnen geschieht.

Load-Use-Konflikt Eine spezielle Form des Datenkonflikts, bei dem durch einen Ladebefehl aus dem Speicher gelesene Daten zum Zeitpunkt der Anforderung noch nicht verfügbar sind.

Pipelineleerlauf Ein Leerlauf, der zum Auflösen eines Konflikts initiiert wird.

erst *nach* der vierten Stufe des ersten Befehls in der Abhängigkeit bereitgestellt, also zu spät für den *Eingang* der dritten Stufe des sub-Befehls. Also kann es auch mit Forwarding vorkommen, dass wir, wie in Abbildung 4.23 zu sehen, eine Stufe aufgrund eines **Load-Use-Konflikts** anhalten müssen. Diese Abbildung zeigt ein wichtiges Pipelinekonzept, das als **Pipelineleerlauf**, oder weniger formell auch als **Bubble** bezeichnet wird. Wir werden Pipelineleerläufe noch an anderen Stellen in der Pipeline kennenlernen. In Abschnitt 4.7 wird beschrieben, wie wir schwierigen Fällen wie diesem entweder mit Hardwareerkennung und Hardwareverzögerungen oder mit Software begegnen können, die den Code anders anordnet, um Pipelineleerläufe aufgrund von Load-Use-Konflikten zu vermeiden, wie im nächsten Beispiel dargestellt.

Beispiel: Umordnen von Code zum Vermeiden von Pipelineleerläufen

Gehen wir von folgendem Codesegment in C aus:

```
a = b + e;
c = b + f;
```

Der MIPS-Code für dieses Segment lautet unter der Voraussetzung, dass sich alle Variablen im Speicher befinden und als Offsets von Register $t0 adressierbar sind, wie folgt:

```
lw   $t1, 0($t0)
lw   $t2, 4($t0)
add  $t3, $t1,$t2
sw   $t3, 12($t0)
lw   $t4, 8($t0)
add  $t5, $t1,$t4
sw   $t5, 16($t0)
```

Suchen Sie die Konflikte in diesem Codesegment und ordnen Sie die Befehle so um, dass die Pipeline nicht angehalten werden muss.

Lösung: Beide add-Befehle weisen aufgrund ihrer jeweiligen Abhängigkeit vom direkt vorausgehenden lw-Befehl einen Konflikt auf. Mit Bypassing werden einige andere potenzielle Konflikte wie die Abhängigkeit des ersten add-Befehls vom ersten lw-Befehl sowie Konflikte bei Speicherbefehlen eliminiert. Wenn wir den dritten lw-Befehl nach oben verschieben, sind beide Konflikte gelöst:

```
lw   $t1, 0($t0)
lw   $t2, 4($t1)
lw   $t4, 8($01)
add  $t3, $t1,$t2
sw   $t3, 12($t0)
add  $t5, $t1,$t4
sw   $t5, 16($t0)
```

Bei einem Prozessor mit Pipelining und Forwarding werden zum Ausführen der umgeordneten Sequenz zwei Zyklen weniger benötigt als zum Ausführen der ursprünglichen Sequenz.

Neben den vier auf Seite 294 genannten Erkenntnissen gewinnen wir über das Forwarding weitere Einblicke in die MIPS-Architektur. Jeder MIPS-Befehl schreibt maximal ein Ergebnis und das kurz vor dem Ende der Pipeline. Forwarding ist schwieriger, wenn pro Befehl mehrere Ergebnisse weitergeleitet werden müssen oder wenn ein Ergebnis frühzeitig in der Befehlsausführung geschrieben werden muss.

Anmerkung: Die Bezeichnung „Forwarding" (Weiterleiten) bezieht sich auf die Idee, dass das Ergebnis eines früheren Befehls an einen späteren Befehl weitergeleitet wird. „Bypassing" (Umleiten) dagegen verweist darauf, dass das Ergebnis am Registersatz vorbei direkt an die gewünschte Einheit geleitet wird.

Steuerkonflikte

Der dritte Konflikttyp wird als **Steuerkonflikt** bezeichnet. Er kann entstehen, wenn aufgrund der Ergebnisse eines Befehls eine Entscheidung getroffen werden muss, während andere Befehle ausgeführt werden.

Nehmen wir an, unser Waschsalonteam wird mit der schönen Aufgabe betraut, die Trikots einer Fußballmannschaft zu waschen. Wir müssen, je nachdem wie stark verschmutzt die Wäsche ist, entscheiden, ob die gewählte Waschmittelmenge und Wassertemperatur ausreicht, um die Trikots sauber zu bekommen; gleichzeitig sollten Dosierung und Temperatur jedoch nicht zu hoch sein, damit die Trikots nicht vorzeitig verwaschen aussehen. In unserer Waschsalonpipeline müssen wir bis zur zweiten Stufe warten, um prüfen zu können, ob wir Waschmittelmenge oder Wassertemperatur ändern müssen. Was tun?

Steuerkonflikt Auch **Verzweigungskonflikt** genannt. Ein Ereignis, bei dem der gewünschte Befehl nicht im gewünschten Taktzyklus ausgeführt werden kann, weil der Befehl, der geholt wurde, nicht der ist, der benötigt wird. Das bedeutet, dass die Abfolge von Befehlsadressen anders als von der Pipeline erwartet ist.

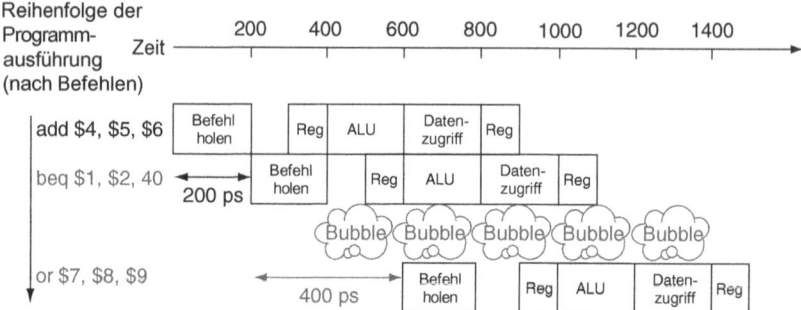

Abb. 4.25: Pipeline, die bei jedem bedingten Sprung angehalten wird, um Steuerkonflikte aufzulösen. Nach der Verzweigung kommt es zu einem einstufigen Pipelineleerlauf oder Bubble. In der Praxis ist das Generieren eines Leerlaufs etwas schwieriger, wie wir in Abschnitt 4.8 feststellen werden. Die Auswirkung auf die Leistung ist jedoch dieselbe als würde ein Leerlauftakt eingefügt.

Eine der beiden Strategien zum Auflösen von Steuerkonflikten im Waschsalon und im Computer lässt sich wie folgt beschreiben:

Leerlauf: Arbeiten Sie einfach eine Stufe nach der anderen ab, bis die erste Ladung trocken ist. Wiederholen Sie diesen Vorgang, bis Sie die richtige Waschmittelmenge und Wassertemperatur herausgefunden haben.

Diese konservative Arbeitsweise funktioniert zweifelsohne, ist jedoch langsam. Die entsprechende Entscheidungsaufgabe bei einem Computer ist der Verzweigungsbefehl. Wir müssen direkt nach der Verzweigung beim nächsten Taktzyklus mit dem Holen des Befehls beginnen. Aber die Pipeline kann den nächsten Befehl nicht kennen, da der Verzweigungsbefehl *gerade eben erst* aus dem Speicher geholt wurde! Eine mögliche Lösung besteht wie beim Waschsalon darin, die Pipeline nach dem Holen eines Verzweigungsbefehls anzuhalten, zu warten, bis die Pipeline das Ergebnis der Verzweigung ermittelt hat und weiß, von welcher Befehlsadresse der Befehl geholt werden soll.

Nehmen wir an, wir verfügen über genügend zusätzliche Hardware, so dass wir während der zweiten Pipelinestufe Register testen, die Sprungadresse berechnen und den Befehlszähler aktualisieren können. (Ausführlichere Informationen hierzu finden Sie in Abschnitt 4.8.) Auch mit dieser zusätzlichen Hardware würde die Pipeline mit bedingten Sprüngen wie in Abbildung 4.25 aussehen. Der or-Befehl, der ausgeführt wird, wenn der Sprung fehlschlägt, wird für die Dauer eines zusätzlichen 200-ps-Taktzyklus angehalten, bevor er ausgeführt wird.

Beispiel: Leistung des Sprungbefehls mit Leerlauf

Schätzen Sie die Auswirkungen des Leerlaufs bei Sprüngen auf den CPI-Wert ein. Gehen Sie davon aus, dass alle anderen Befehle einen CPI-Wert von 1 haben.

Lösung: Tabelle 3.13 ist zu entnehmen, dass Verzweigungen 17 % der Befehle ausmachen, die bei SPECint2006-Benchmarks ausgeführt werden. Da alle anderen ausgeführten Befehle einen CPI-Wert von 1 haben und Verzweigungen für den Leerlauf einen zusätzlichen Taktzyklus benötigen, ergibt sich ein CPI-Wert von 1,17 und somit eine Verzögerung um 1,17 gegenüber dem Idealfall.

Wenn wir die Verzweigung in der zweiten Stufe nicht auflösen können, wie das bei längeren Pipelines häufig der Fall ist, kommt es zu noch größeren Verzögerungen, wenn wir die Pipeline bei Verzweigungen anhalten. Der Nachteil dieser Lösung ist für die meisten Computer zu groß und Grund für eine zweite Lösung des Steuerkonflikts, bei der wir eines der Konzepte aus Kapitel 1 anwenden:

Vorhersage: Wenn Sie sich ziemlich sicher sind, dass Sie die für das Waschen der Trikots richtige Waschmittelmenge und Wassertemperatur kennen, dann sagen Sie einfach vorher, dass es funktionieren wird, und waschen die zweite Ladung, während Sie darauf warten, bis die erste trocken ist.

VORHERSAGE

Wenn Sie Recht haben, wird mit dieser Option die Pipeline nicht verzögert. Wenn Sie nicht Recht haben, müssen Sie die Ladung, die gewaschen wurde, während Sie die Entscheidung trafen, noch einmal waschen.

Computer verwenden im Umgang mit Sprüngen tatsächlich **Vorhersagen**. Ein einfacher Ansatz besteht darin, immer vorherzusagen, dass Sprünge nicht ausgeführt werden. Wenn Sie Recht haben, arbeitet die Pipeline mit voller Geschwindigkeit. Die Pipeline wird nur angehalten, wenn Sprünge ausgeführt werden. In Abbildung 4.26 ist ein Beispiel hierfür dargestellt.

Bei einer anspruchsvolleren Version der **Sprungvorhersage** wird angenommen, dass gewisse Sprünge ausgeführt werden und andere nicht. Bei unserem Vergleich wird für die dunklen Heimtrikots eine bestimmte Waschmittelmenge und eine bestimmte Wassertemperatur verwendet, während für die hellen Straßentrikots eine andere Waschmittelmenge und eine andere Wassertemperatur verwendet wird. Bei der Programmierung befinden sich am Schleifenende Sprünge, die an den Anfang der Schleife verzweigen. Die Wahrscheinlichkeit, dass der Sprung ausgeführt wird ist hoch (solange die Schleife ausgeführt wird). Da es sich bei Schleifen um Rücksprünge handelt, könnte die Sprungvorhersage festlegen, dass Sprünge auf zurückliegende Adressen immer als auszuführend anzunehmen sind.

Sprungvorhersage Eine Methode zum Auflösen eines Steuerkonflikts, bei der für den Sprung ein bestimmtes Ergebnis angenommen wird und unter dieser Annahme fortgefahren wird, anstatt auf die Bestätigung des tatsächlichen Ergebnisses zu warten.

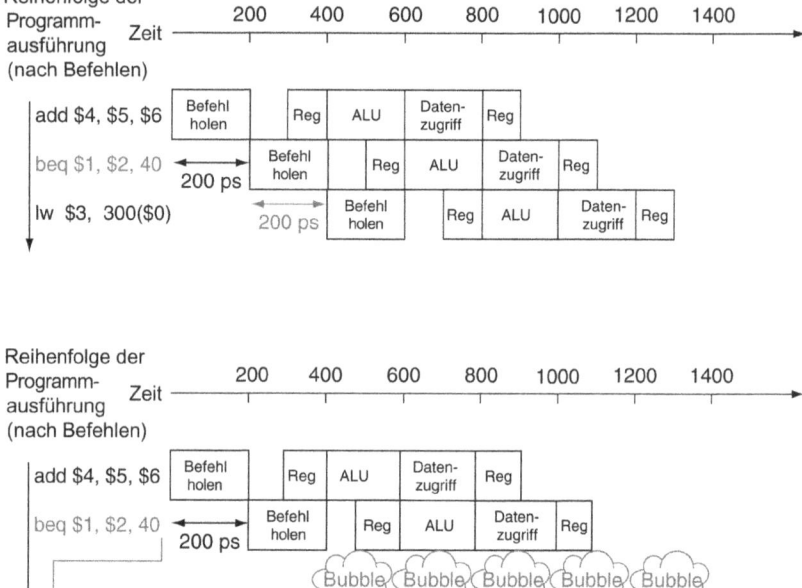

Abb. 4.26: Vorhersagen, dass Verzweigungen nicht ausgeführt werden, zur Auflösung von Steuerkonflikten. Im oberen Teil der Abbildung ist die Pipeline dargestellt, wenn der Sprung nicht ausgeführt wird. Im unteren Teil der Abbildung ist die Pipeline dargestellt, wenn der Sprung ausgeführt wird. Wie wir bereits in Abbildung 4.25 feststellen konnten, wird durch Einfügen eines Leertaktes auf diese Art und Weise die Darstellung dessen vereinfacht, was zumindest während des ersten Taktzyklus direkt nach dem Sprung wirklich geschieht. In Abschnitt 4.8 finden Sie eine ausführlichere Beschreibung.

VORHERSAGE

Starre Ansätze wie diese beruhen auf der Annahme stereotypen Verhaltens und berücksichtigen die Individualität einzelner Sprungbefehle nicht. In krassem Gegensatz dazu ziehen *dynamische* Hardware-Prädiktoren ihre Schlüsse aus dem Verhalten jedes einzelnen Sprungs und können die Vorhersage für eine Verzweigung während der Ausführung eines Programms ändern. In unserem Beispiel würde eine Person bei der dynamischen Vorhersage prüfen, wie stark die Wäsche verschmutzt ist, die Waschmittelmenge und Waschtemperatur entsprechend einschätzen und die nächste **Vorhersage** vom Erfolg der vorherigen abhängig machen.

Ein beliebter Ansatz bei der dynamischen Vorhersage von Verzweigungen besteht darin, ausgeführte und nicht ausgeführte Sprünge zu protokollieren, und dann anhand der letzten Sprünge die nächsten vorherzusagen. Wie wir noch sehen werden, werden in großem Umfang Art und Anzahl von Sprüngen protokolliert mit dem Ergebnis, dass dynamische Sprungprädiktoren Sprünge mit einer Genauigkeit von über 90 % vorhersagen können (siehe Abschnitt 4.8). Wenn die Einschätzung falsch ist, muss die Pipelinesteuerung sicherstellen, dass die Befehle nach dem falsch eingeschätzten Sprung keine Auswirkung haben, und sie muss die Pipeline von der richtigen Sprungadresse aus neu starten. Bei unserem Waschsalonvergleich dürfen wir keine neuen Waschladungen mehr in die Waschmaschine füllen, so dass wir mit der falsch vorhergesagten Ladung von vorn beginnen können.

Wie bei allen anderen Möglichkeiten zur Auflösung von Steuerkonflikten verschärft sich das Problem bei längeren Pipelines, in diesem Fall durch eine Zunahme der Kosten durch falsche Vorhersagen. Möglichkeiten zur Auflösung von Steuerkonflikten werden in Abschnitt 4.8 ausführlicher beschrieben.

Anmerkung: Es gibt einen dritten Ansatz zur Auflösung des Steuerkonflikts. Dieser Ansatz wird als *verzögerte Entscheidung* bezeichnet. Bei unserem Beispiel würden Sie immer, wenn Sie eine Entscheidung dieser Art bezüglich eines Typs Wäsche treffen, einfach eine Ladung Wäsche eines anderen Typs in die Waschmaschine geben, während Sie darauf warten, dass die Wäsche des ersten Typs trocknet. Solange Sie genügend Wäsche zum Waschen haben, die von diesem Test nicht betroffen ist, funktioniert diese Lösung gut.

Dies wird als *verzögerter Sprung* bezeichnet, und wie weiter vorn bereits erwähnt, wird diese Lösung bei der MIPS-Architektur tatsächlich verwendet. Der verzögerte Sprung führt immer den nächsten Befehl in Folge aus, wobei der Sprung *nach* dieser Verzögerung ausgeführt wird. Dies bleibt dem in MIPS-Assemblersprache Programmierenden verborgen, da der Assembler die Befehle automatisch so anordnet, um das vom Programmierer gewünschte Sprungverhalten zu erzielen. Die MIPS-Software fügt einen Befehl direkt nach dem verzögerten Sprungbefehl ein, der vom Sprung nicht abhängig ist, und ein ausgeführter Sprung ändert die Adresse des Befehls *nach* diesem sicheren Befehl. In unserem Beispiel hat der add-Befehl vor dem Sprung in Abbildung 4.25 keine Auswirkung auf den Sprung und kann hinter den Sprung verschoben werden, um die Sprungverzögerung komplett zu verbergen. Da verzögerte Sprünge bei kurzen Sprüngen hilfreich sind, verwendet kein Prozessor einen um mehr als einen Zyklus verzögerten Sprung. Für längere Sprungverzögerungen wird in der Regel eine hardwareunterstützte Sprungvorhersage verwendet.

Zusammenfassung: Die Technik des Pipelinings

Pipelining ist eine Technik, die die **Parallelität** zwischen den Befehlen in einer Befehlssequenz ausnutzt. Sie hat den großen Vorteil, dass sie im Gegensatz zur Programmierung eines Multiprozessors für den Programmierer im Wesentlichen unsichtbar ist.

In den nächsten Abschnitten dieses Kapitels stellen wir das Konzept des **Pipelinings** anhand der MIPS-Befehlsuntermenge aus der Einzyklen-Implementierung in Abschnitt 4.4 vor und zeigen eine vereinfachte Version der dazu gehörenden Pipeline. Anschließend werden wir uns mit den Problemen, die durch das Pipelining entstehen, sowie mit der unter typischen Situationen erzielbaren Leistung befassen.

PARALLELITÄT

PIPELINING

Wenn Sie eine detailliertere Betrachtung der Software und der durch Pipe-lining erzielbaren Leistung wünschen, verfügen Sie nun über genügend Hin-tergrundwissen, um zum Abschnitt 4.10 zu springen. Dort werden erweiter-te Pipelining-Konzepte wie superskalares und dynamisches Scheduling vor-gestellt. In Abschnitt 4.11 wird die Pipeline neuerer Mikroprozessoren unter-sucht.

Wenn Sie wissen möchten, wie Pipelining implementiert wird und wie Konflikte aufgelöst werden, können Sie mit der Beschreibung des Pipelinine-Entwurfs für einen Datenpfad und der zugrunde liegenden Steuerung in Ab-schnitt 4.6 fortfahren. Mithilfe dieses neu erworbenen Wissens können Sie in Abschnitt 4.7 nachlesen, wie Forwarding und Verzögerungen implementiert werden. Anschließend lernen Sie in Abschnitt 4.8 weitere Möglichkeiten zur Auflösung von Steuerkonflikten kennen, und in Abschnitt 4.9 erfahren Sie, wie Ausnahmen behandelt werden.

Selbsttest

Geben Sie für jede der folgenden Codesequenzen an, ob die Pipeline angehal-ten werden muss, ob Verzögerungen nur mit Forwarding vermieden werden können oder ob die Codesequenzen ohne Verzögerung oder Forwarding ausge-führt werden können.

Sequenz 1		Sequenz 2		Sequenz 3	
lw	$t0, 0($t0)	add	$t1, $t0, $t0	add	$t1, $t0, #1
add	$t1, $t0, $t0	addi	$t2, $t0, #5	addi	$t3, $t0, #2
		addi	$t4, $t1,#5	addi	$t3, $t0, #2
				addi	$t3, $t0, #4
				addi	$t5, $t0, #5

Zur Programmperformanz

Abgesehen vom Speichersystem ist die effiziente Arbeitsweise der Pipeline in der Regel der wichtigste Faktor zum Bestimmen des CPI-Werts und somit der Prozessorleistung. Wie wir in Abschnitt 4.10 sehen werden, ist das Verständ-nis der Leistung eines modernen Prozessors mit Mehrfachzuordnung und Pi-pelining nicht einfach und erfordert Kenntnisse, die über die Fragestellungen hinausgehen, die sich bei einem Prozessor mit einfachem Pipelining ergeben. Dennoch bleiben Struktur-, Daten- und Steuerkonflikte sowohl bei einfachen als auch bei anspruchsvolleren Pipelines wichtig.

Bei modernen Pipelines entwickeln sich Strukturkonflikte in der Regel um die Gleitkommaeinheit, die möglicherweise nicht vollständig als Pipeline auf-gebaut ist, während Steuerkonflikte eher bei Ganzzahlprogrammen ein Pro-blem darstellen, bei denen Sprünge häufiger und weniger vorhersagbar sind. Datenkonflikte können sowohl bei Ganzzahl- als auch bei Gleitkommapro-grammen zum Flaschenhals werden. Oft ist der Umgang mit Datenkonflikten bei Gleitkommaprogrammen einfacher, da der Compiler aufgrund der geringeren Sprunghäufigkeit und des regelmäßigeren Zugriffsmusters Befehle so anordnen kann, dass Konflikte vermieden werden. Optimierungen dieser Art bei Ganzzahlprogrammen zu realisieren, die weniger regelmäßige Zugriffsmuster aufweisen und häufiger Zeiger verwenden, ist entsprechend schwieriger. Wie wir in Abschnitt 4.10 sehen werden, gibt es ehrgeizigere Compiler- und Hardwaretechniken zum Reduzieren von Datenabhängigkeiten durch Scheduling.

Grundwissen

Durch **Pipelining** werden die Anzahl der gleichzeitig ausgeführten Befehle und der Takt, mit dem Befehle gestartet und abgeschlossen werden, erhöht. Pipelining verkürzt nicht die zum Ausführen eines einzelnen Befehls erforderliche Zeit, die auch als **Latenz** bezeichnet wird. So benötigt beispielsweise die Ausführung eines Befehls in einer fünfstufigen Pipeline nach wie vor fünf Taktzyklen. In den in Kapitel 1 eingeführten Bezeichnungen verbessert Pipelining anstelle der *Ausführungszeit* oder der *Latenz* einzelner Befehle den Befehls*durchsatz*.

Befehlssätze können Entwicklern von Pipelines, die bereits mit Struktur-, Steuer- und Datenkonflikten zurechtkommen müssen, das Leben erleichtern oder erschweren. **Sprungvorhersage,** Forwarding und Verzögerungen tragen dazu bei, dass ein Computer schneller wird und dennoch die richtigen Ergebnisse liefert.

PIPELINING

Latenz Die Anzahl der Stufen in einer Pipeline oder die Anzahl der Stufen zwischen zwei Befehlen in der Ausführung.

VORHERSAGE

4.6 Pipelining von Datenpfad und Steuerwerk

Da ist weniger drin, als das Auge sieht.

Tallulah Bankhead, *Bemerkung an Alexander Wolcott*, 1922

In Abbildung 4.27 ist der Eintaktdatenpfad aus Abschnitt 4.4 dargestellt. Die Aufteilung eines Befehls in fünf Stufen erfordert eine fünfstufige Pipeline, was wiederum bedeutet, dass sich während eines Takts bis zu fünf Befehle in der Ausführung befinden können. Somit müssen wir den Datenpfad in fünf Abschnitte unterteilen, wobei jeder Abschnitt nach der jeweiligen Befehlsausführungsstufe benannt wird:

1. IF: Instruction Fetch (Befehl holen)
2. ID: Instruction Decode and register file read (Befehl decodieren und Registersatz lesen)
3. EX: EXecution or address calculation (Befehl ausführen oder Adresse berechnen)
4. MEM: data MEMory access (auf Datenspeicher zugreifen)
5. WB: Write Back (Ergebnis zurückschreiben)

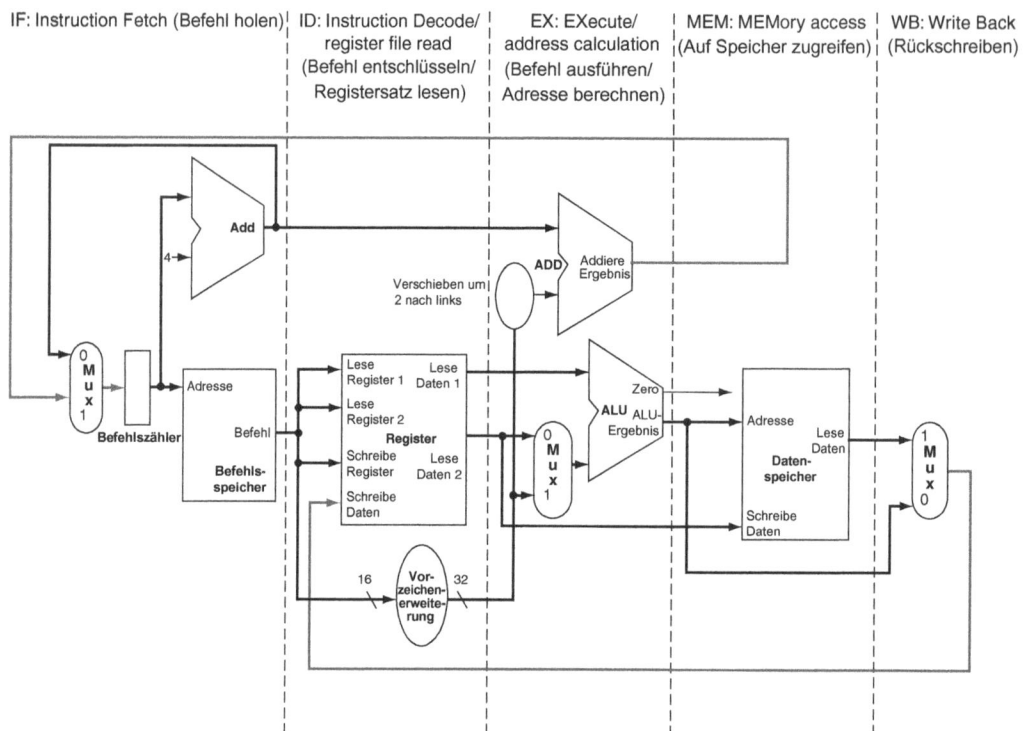

Abb. 4.27: Der Eintaktdatenpfad aus Abschnitt 4.4 (vgl. Abbildung 4.14). Alle Befehlsschritte können dem Datenpfad von links nach rechts zugeordnet werden. Die einzigen Ausnahmen (grau gezeichnet) bilden die Aktualisierung des Befehlszählers und der Rückschreibschritt. Bei ihnen werden entweder das ALU-Ergebnis oder die Daten aus dem Speicher zum Schreiben in den Registersatz nach links gesendet. (Normalerweise sind Steuerleitungen grau gezeichnet. In diesem Fall handelt es sich jedoch um Datenleitungen.)

In Abbildung 4.27 entsprechen diese fünf Komponenten im Wesentlichen der Darstellung des Datenpfads. Im Allgemeinen durchlaufen die Befehle und Daten bei der Ausführung die fünf Stufen von links nach rechts. Bei unserem Beispiel mit dem Wäschewaschen wird die Wäsche immer sauberer, trockener und geordneter je weiter sie in der Pipeline vorankommt, und keines der Wäschestücke wandert rückwärts.

Von diesem Befehlsfluss, der im Allgemeinen von links nach rechts führt, gibt es jedoch zwei Ausnahmen:

- die Rückschreibstufe, in der das Ergebnis an den Registersatz in der Mitte des Datenpfads zurückgesendet wird,

- die Auswahl des nächsten Werts des Befehlszählers, wobei zwischen dem inkrementierten Befehlszähler und der Sprungadresse aus der MEM-Stufe ausgewählt wird.

Daten, die von rechts nach links fließen, haben keine Auswirkungen auf den aktuellen Befehl. Nur Befehle, die die Pipeline später durchlaufen, sind von

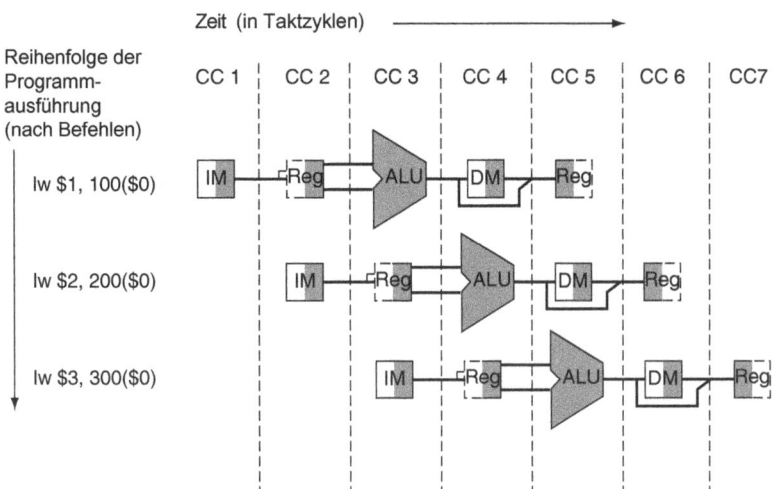

Abb. 4.28: Befehle, die mit dem Eintaktdatenpfad aus Abbildung 4.27 ausgeführt werden, wobei von einer Ausführung mittels Pipeline ausgegangen wird. Ähnlich wie bei den Abbildungen 4.22 bis 4.24 wird bei dieser Abbildung so getan, als hätte jeder Befehl einen eigenen Datenpfad, und jeder Teil ist entsprechend der Nutzung schattiert. Im Gegensatz zu diesen Abbildungen sind die einzelnen Stufen nach der in der jeweiligen Stufe verwendeten Hardwareressource entsprechend den Abschnitten im Datenpfad in Abbildung 4.27 benannt. *IM* steht für Instruction Memory (Befehlsspeicher) und Befehlszähler in der Befehlsholstufe, *Reg* steht für Registersatz und Vorzeichenerweiterungseinheit in der Befehlsdecodier-/Registerlesestufe (ID) usw. Um die richtige zeitliche Abfolge aufrechtzuerhalten, wird bei diesem vereinfachten Datenpfad der Registersatz in zwei logische Teile aufgeteilt: Register, die während der Registerholstufe (ID) gelesen werden, und Register, in die während der Rückschreibstufe (WB) geschrieben wird. Diese doppelte Nutzung wird dargestellt, indem die nicht schattierte linke Hälfte des Registersatzes in der ID-Stufe mit gestrichelter Linie dargestellt wird, wenn der Registersatz nicht beschrieben wird, und indem die nicht schattierte rechte Hälfte in der WB-Stufe mit gestrichelter Linie dargestellt wird, wenn der Registersatz nicht gelesen wird. Wie zuvor gehen wir auch hier davon aus, dass der Registersatz in der ersten Hälfte des Taktzyklus beschrieben und während der zweiten Hälfte gelesen wird.

diesen Rückwärtsbewegungen von Daten betroffen. Beachten Sie, dass der erste Pfeil von rechts nach links zu einem Datenkonflikt führen kann und dass der zweite Pfeil Steuerkonflikte hervorruft.

Eine Möglichkeit darzustellen, was bei der Befehlsausführung mittels Pipeline geschieht, besteht darin, so zu tun, als hätte jeder Befehl einen eigenen Datenpfad, und die daraus resultierenden Datenpfade entlang einer Zeitachse anzuordnen, um deren Beziehung zueinander darzustellen. In Abbildung 4.28 ist die Ausführung der Befehle aus Abbildung 4.21 dargestellt, wobei die einzelnen Datenpfade auf einer gemeinsamen Zeitachse dargestellt sind. Wir haben eine vereinfachte Version des Datenpfads aus Abbildung 4.27 gewählt, um die Beziehung der Datenpfade zueinander in Abbildung 4.28 zu verdeutlichen.

Nach Abbildung 4.28 scheint es so, als benötigten drei Befehle drei Datenpfade. Stattdessen fügen wir jedoch Register ein, die die Daten aufnehmen, so dass Teile eines einzelnen Datenpfades während der Befehlsausführung gemeinsam genutzt werden können.

Wie Abbildung 4.28 zu entnehmen ist, wird der Befehlsspeicher für einen Befehl nur in einer der fünf Stufen verwendet, so dass er von anderen Befehlen während der anderen vier Stufen verwendet werden kann. Damit der Wert eines einzelnen Befehls für seine anderen vier Stufen nicht verloren geht, muss der aus dem Befehlsspeicher gelesene Wert in einem Register gespeichert werden. Ähnliche Argumente gelten für alle anderen Pipelinestufen. Also müssen wir an allen Stellen Register einfügen, wo sich in Abbildung 4.27 Grenzen zwischen den Stufen der Pipeline befinden. In unserer Analogie mit dem Wäschewaschen können wir jeweils einen Korb zwischen zwei Stufen stellen, in den wir die Wäsche für die nächste Stufe legen können.

In Abbildung 4.29 ist das Pipelining des Datenpfads dargestellt, wobei die Pipelineregister grau gezeichnet sind. Alle Befehle rücken während der einzelnen Taktzyklen von einem zum nächsten Pipelineregister vor. Die Register werden nach den beiden Stufen benannt, die durch sie getrennt werden. So heißt das Pipelineregister zwischen der IF-Stufe und der ID-Stufe beispielsweise IF/ID-Register.

Am Ende der Rückschreibstufe gibt es kein Pipelineregister. Alle Befehle müssen einen Zustand im Prozessor (den Registersatz, den Speicher oder den Befehlszähler) aktualisieren, so dass für den aktualisierten Zustand kein eigenes Pipelineregister erforderlich ist. Ein Ladebefehl speichert beispielsweise sein Ergebnis in einem der 32 Register und jeder spätere Befehl, der diese Daten benötigt, liest einfach das entsprechende Register.

Jeder Befehl aktualisiert den Befehlszähler entweder durch Inkrementieren oder dadurch, dass er ihn mit einer Sprungzieladresse beschreibt. Sie können sich den Befehlszähler als ein Pipelineregister vorstellen, das der IF-Stufe der Pipeline die gewünschten Daten bereitstellt. Im Gegensatz zu den schattierten Pipelineregistern in Abbildung 4.28 ist der Befehlszähler jedoch Teil der sichtbaren Architektur. Sein Inhalt muss gerettet werden, wenn eine Unterbrechung auftritt, während der Inhalt der Pipelineregister nicht berücksichtigt werden muss. In dem Beispiel mit dem Wäschewaschen wäre der Befehlszähler der Korb, in den Sie die Ladung schmutziger Wäsche vor dem Waschschritt legen.

Um zu zeigen, wie das Pipelining funktioniert, werden wir in diesem Kapitel ihre Funktionsweise in Abhängigkeit der Zeit anhand von einzelnen Sequenzen der Abbildungen erläutern. Es scheint, als wäre zum Verstehen dieser zusätzlichen Seiten eine Menge Zeit erforderlich. Aber keine Angst, für die Sequenzen benötigen Sie viel weniger Zeit als es zunächst scheinen mag, da Sie die Sequenzen miteinander vergleichen und so feststellen können, was sich in den einzelnen Taktzyklen ändert. In Abschnitt 4.7 wird beschrieben, was geschieht, wenn zwischen Befehlen in Pipelines Datenkonflikte auftreten. Im Moment können Sie diese noch ignorieren.

In den Abbildungen 4.30 bis 4.32, unserer ersten Sequenz, sind die aktiven Teile der fünf Pipelinestufen des Datenpfads grau gezeichnet, die ein Ladebefehl durchläuft. Wir stellen den Ladebefehl als Erstes dar, weil er in allen fünf Stufen aktiv ist. Wie in den Abbildungen 4.22 bis 4.24 ist die *rechte Hälfte* der Register oder des Speichers hervorgehoben, wenn *gelesen* wird, und die *linke*

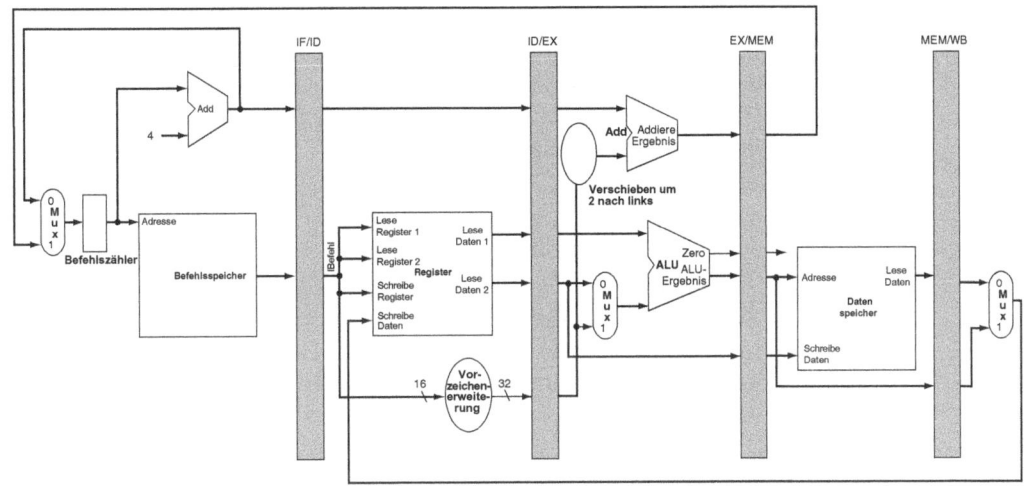

Abb. 4.29: Die Version des Datenpfads in Abbildung 4.27 mit Pipelining. Die grau gezeichneten Pipelineregister trennen die einzelnen Pipelinestufen voneinander. Sie sind nach den Stufen benannt, die sie trennen. So heißt beispielsweise das erste Register *IF/ID*-Register, da es die Befehlshol- von der Befehlsdecodierstufe trennt. Die Register müssen breit genug sein, um alle Daten entsprechend der Leitungen, die durch sie hindurchführen, speichern zu können. So muss das IF/ID-Register beispielsweise 64 Bit breit sein, da in diesem Register sowohl der aus dem Speicher geholte 32-Bit-Befehl als auch die inkrementierte 32-Bit-Befehlszähleradresse gespeichert werden muss. Diese Register werden wir im Laufe dieses Kapitels noch erweitern. Im Moment umfassen die anderen drei Pipelineregister jedoch jeweils 128 Bit, 97 Bit und 64 Bit.

Hälfte, wenn *geschrieben* wird. In jeder Abbildung ist die Abkürzung des Befehls `lw` und der Name der Pipelinestufe angegeben, die jeweils aktiv ist. Die folgenden fünf Stufen sind dargestellt:

1. *Instruction fetch (Befehl holen)*: Im oberen Teil der Abbildung 4.30 ist der Befehl dargestellt, der mithilfe der im Befehlszähler enthaltenen Adresse aus dem Speicher gelesen und im IF/ID-Pipelineregister gespeichert wird. Die Adresse im Befehlszähler wird um vier inkrementiert, dann wieder in den Befehlszähler geschrieben und steht so für den nächsten Taktzyklus bereit. Diese inkrementierte Adresse wird außerdem im IF/ID-Pipelineregister gespeichert, falls sie zu einem späteren Zeitpunkt für einen Befehl wie etwa den `beq`-Befehl benötigt wird. Der Computer kann nicht wissen, welcher Befehlstyp geholt wird. Also muss er auf jeden Befehl vorbereitet sein und möglicherweise benötigte Informationen für die Pipeline weiterleiten.

2. *Instruction decode and register file read (Befehl decodieren/Register lesen)*: Im unteren Teil der Abbildung 4.30 sind der Befehlsteil des IF/ID-Pipelineregisters, der das 16-Bit-Immediate-Feld bereitstellt, das mit dem Vorzeichen auf 32 Bit erweitert wurde, und die Registeradressen zum Lesen der beiden Register dargestellt. Alle drei Werte werden zusammen mit der inkrementierten Befehlszähleradresse im ID/EX-Pipelineregister gespeichert. Wir übernehmen wieder alle Informationen, die von einem Befehl während eines späteren Taktzyklus möglicherweise benötigt werden könnten.

3. *Execute or address calculation (Befehl ausführen oder Adresse berechnen)*:
   In Abbildung 4.31 ist dargestellt, dass der Ladebefehl den Inhalt von Register 1 und den Inhalt des vorzeichenerweiterten Immediate-Felds aus dem
   ID/EX-Pipelineregister liest und mithilfe der ALU addiert. Die Summe wird
   im EX/MEM-Pipelineregister gespeichert.

4. *Memory access (Speicherzugriff)*: Im oberen Teil der Abbildung 4.32 ist
   dargestellt, wie der Ladebefehl den Datenspeicher mithilfe der Adresse aus
   dem EX/MEM-Pipelineregister liest und die Daten in das MEM/WB-Pipe-
   lineregister lädt.

5. *Write back (Ergebnis zurückschreiben)*: Im unteren Teil der Abbildung 4.32
   ist der letzte Schritt dargestellt: Lesen der Daten aus dem MEM/WB-Pipe-
   lineregister und Schreiben der Daten in den Registersatz in der Mitte der
   Abbildung.

Anhand dieser Beschreibung des Weges durch eine Pipeline am Beispiel des
Ladebefehls wird deutlich, dass sämtliche Daten, die in einer späteren Pipelinestufe benötigt werden, über ein Pipelineregister an diese Stufe übergeben
werden müssen. Die Beschreibung eines Speicherbefehls zeigt die Ähnlichkeit
der Befehlsausführung sowie der Übergabe der Daten für die späteren Stufen in
der Pipeline. Der Speicherbefehl durchläuft die folgenden fünf Pipelinestufen:

1. *Instruction fetch (Befehl holen)*: Der Befehl wird mithilfe der im Befehls-
   zähler gespeicherten Adresse aus dem Speicher gelesen und im IF/ID-
   Pipelineregister gespeichert. Diese Stufe kommt vor dem Decodieren des
   Befehls, d. h., der obere Teil von Abbildung 4.30 arbeitet bei Speicher- und
   Ladebefehlen gleich.

2. *Instruction decode and register file read (Befehl decodieren/Register lesen)*:
   Der Befehl im IF/ID-Pipelineregister stellt die Registeradressen zum Lesen zweier Register bereit und erweitert das 16-Bit-Immediate-Feld um
   das Vorzeichen. Diese drei 32-Bit-Werte werden zusammen im ID/EX-
   Pipelineregister gespeichert. Im unteren Teil der Abbildung 4.30 für Ladebefehle sind auch die Abläufe der zweiten Stufe für Speicherbefehle dargestellt. Diese ersten beiden Stufen werden von allen Befehlen durchlaufen,
   da der Befehlstyp noch nicht bekannt ist.

3. *Execute and address calculation (Befehl ausführen oder Adresse berechnen)*: In Abbildung 4.34 ist die dritte Stufe dargestellt. Die Effektivadresse
   wird im EX/MEM-Pipelineregister gespeichert.

4. *Memory access (Speicherzugriff)*: Im oberen Teil der Abbildung 4.33 ist
   dargestellt, wie die Daten in den Speicher geschrieben werden. Das Register, das die zu speichernden Daten enthält, wurde in einer früheren Stufe
   der Pipeline gelesen, und sein Inhalt wurde im ID/EX-Pipelineregister gespeichert. Die einzige Möglichkeit, die Daten während der MEM-Stufe verfügbar zu machen, besteht darin, die Daten in der EX-Stufe im EX/MEM-
   Pipelineregister zu speichern, ganz analog zur Speicherung der Effektivadresse im EX/MEM-Pipelineregister.

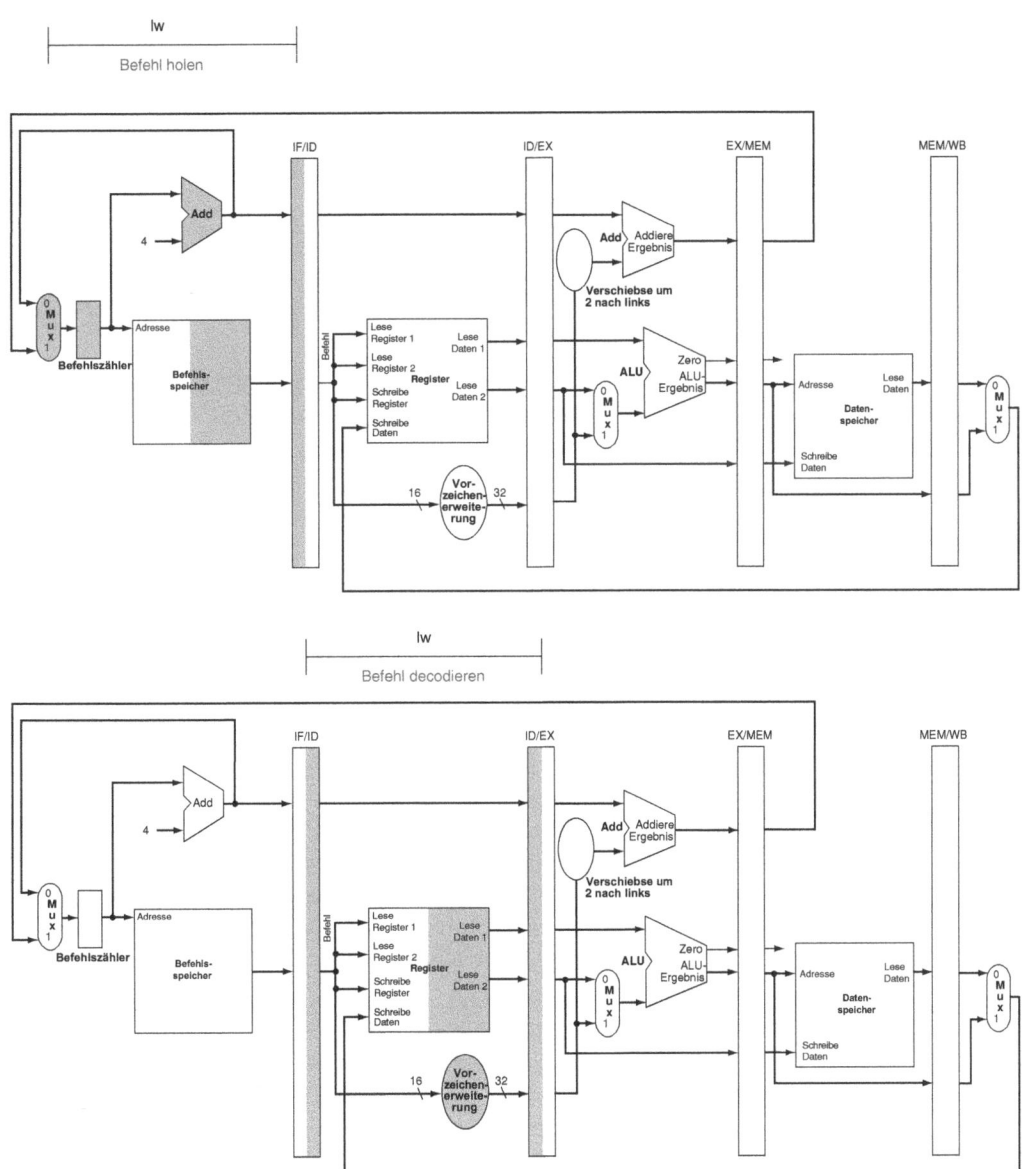

Abb. 4.30: IF und ID: Die erste und zweite Pipelinestufe eines Befehls, wobei die aktiven Teile des Datenpfads aus Abbildung 4.29 grau gezeichnet sind. Die Konvention für die grau gezeichneten Elemente ist dieselbe wie die in Abbildung 4.22. Wie in Abschnitt 4.2 kommt es beim Lesen und Schreiben der Register zu keinem Durcheinander, da der Inhalt nur an der Taktflanke geändert wird. Obwohl der Ladebefehl in Stufe 2 nur die oberen Register benötigt, weiß der Prozessor nicht, welcher Befehl decodiert wird, weshalb er die 16-Bit-Konstante um das Vorzeichen erweitert und beide Register in das ID/EX-Pipelineregister liest. Wir benötigen nicht alle drei Operanden, aber es vereinfacht die Steuerung, wenn wir alle drei erhalten.

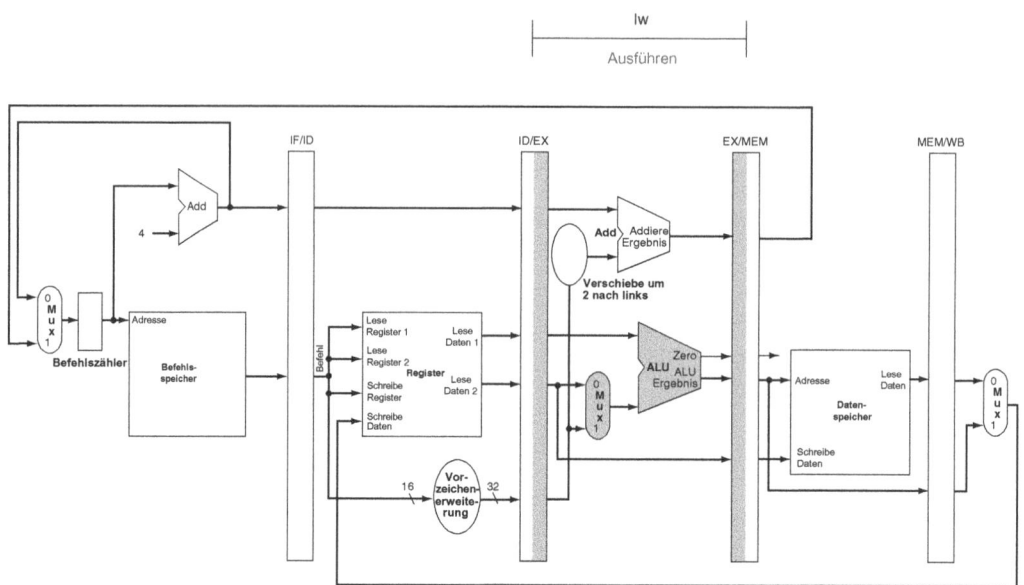

Abb. 4.31: EX: Die dritte Pipelinestufe eines Ladebefehls, wobei die in dieser Pipelinestufe verwendeten Abschnitte des Datenpfads aus Abbildung 4.29 grau gezeichnet sind. Das Register wird zum vorzeichenerweiterten Immediate-Feld hinzugefügt, und die Summe wird im EX/MEM-Pipelineregister gespeichert.

5. *Write back (Ergebnis zurückschreiben)*: Im unteren Teil der Abbildung 4.33 ist der letzte Schritt des Speicherbefehls dargestellt. Bei diesem Befehl geschieht in der Rückschreibstufe nichts. Da alle Befehle nach dem Speicherbefehl bereits in der Pipeline ausgeführt werden, haben wir keine Möglichkeit, diese Befehle zu beschleunigen. Somit durchläuft ein Befehl eine Stufe, auch wenn es in dieser Stufe nichts zu tun gibt, da Befehle weiter hinten in der Pipeline bereits mit maximaler Geschwindigkeit ausgeführt werden.

Anhand des Speicherbefehls wird ebenfalls deutlich, dass zum Übergeben von Daten von einer früheren Stufe in der Pipeline an eine spätere Stufe diese Daten in einem Pipelineregister gespeichert werden müssen. Geschieht dies nicht, sind die Daten verloren, wenn der nächste Befehl in diese Pipelinestufe eintritt. Für den Speicherbefehl müssen wir eines der in der ID-Stufe gelesenen Register an die MEM-Stufe übergeben, in der es im Speicher abgelegt wird. Die Daten werden zuerst im ID/EX-Pipelineregister gespeichert und anschließend an das EX/MEM-Pipelineregister übertragen.

Anhand des Lade- und Speicherbefehls wird ein zweiter wichtiger Punkt deutlich: Jede logische Komponente des Datenpfads (wie Befehlsspeicher, Registerleseports, ALU, Datenspeicher und Registerschreibport) kann nur innerhalb *einer* Pipelinestufe genutzt werden. Andernfalls entsteht ein *Strukturkonflikt* (siehe Seite 295). Somit können diese Komponenten und deren Steuerung nur genau einer Pipelinestufe zugeordnet werden.

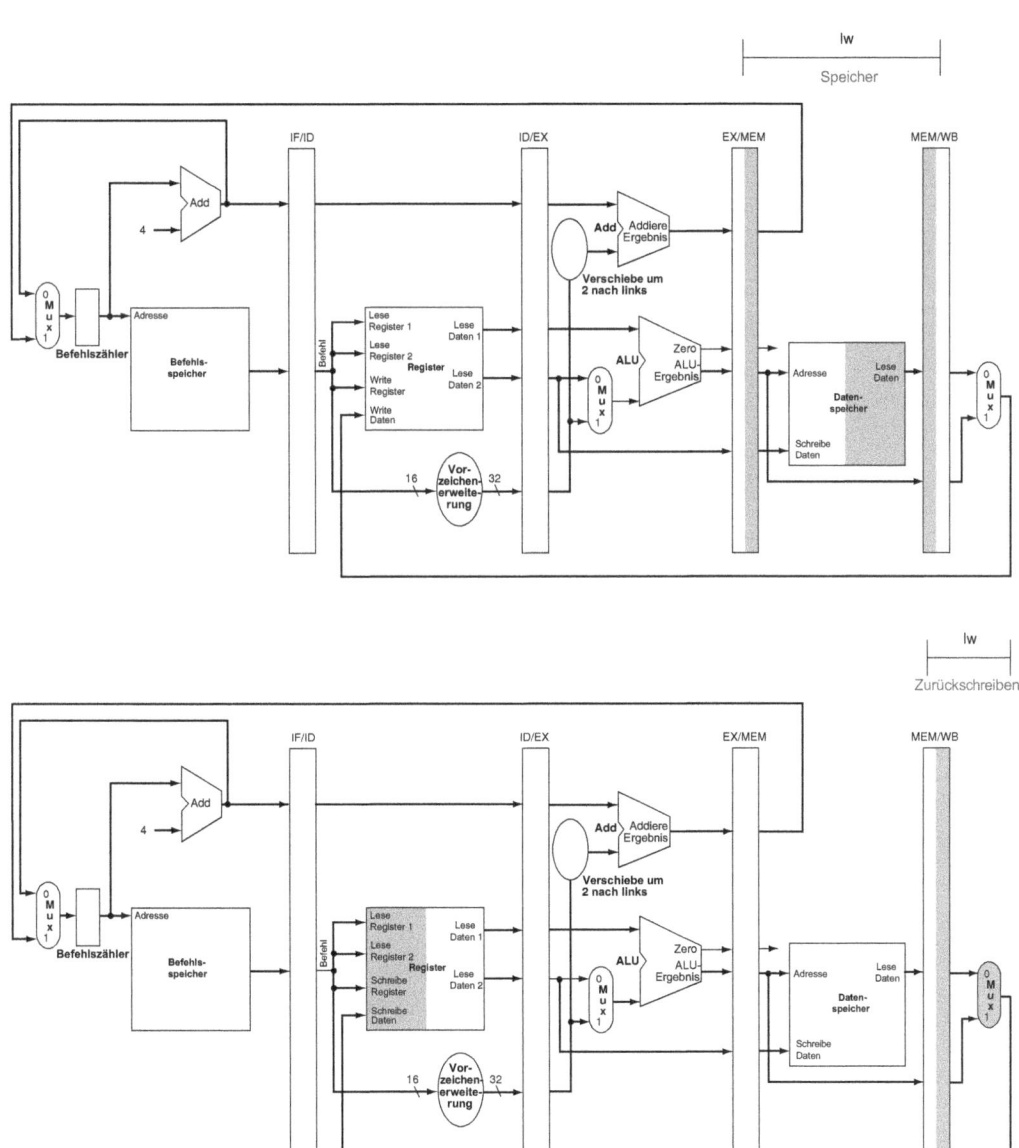

Abb. 4.32: MEM und WB: Die vierte und fünfte Pipelinestufe eines Ladebefehls, wobei die in dieser Pipelinestufe verwendeten Teile des Datenpfads aus Abbildung 4.29 grau gezeichnet sind. Der Datenspeicher wird mithilfe der in den EX/MEM-Pipelineregistern gespeicherten Adresse gelesen, und die Daten werden im MEM/WB-Pipelineregister gespeichert. Als Nächstes werden Daten aus dem MEM/WB-Pipelineregister gelesen und in den Registersatz in der Mitte des Datenpfads geschrieben.

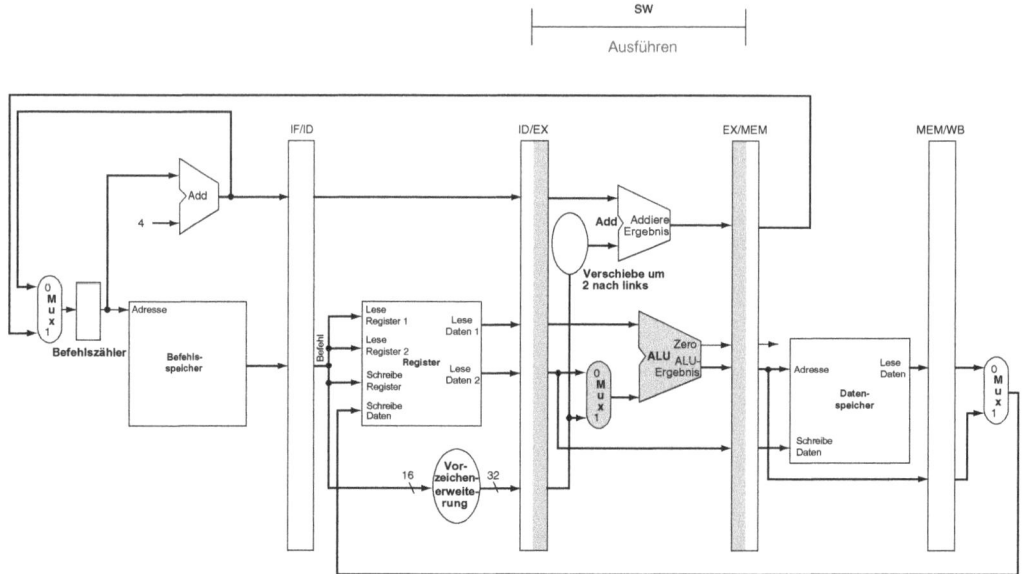

Abb. 4.33: EX: Die dritte Pipelinestufe eines Speicherbefehls. Im Gegensatz zur dritten Stufe des Ladebefehls in Abbildung 4.31 wird der zweite Registerwert für die Verwendung in der nachfolgenden Stufe in das EX/MEM-Pipelineregister geladen. Obwohl es nicht schaden würde, dieses zweite Register immer in das EX/MEM-Pipelineregister zu schreiben, tun wir dies nur bei einem Speicherbefehl, damit die Pipeline leichter zu verstehen ist.

Nun können wir einen Fehler im Entwurf des Ladebefehls aufdecken. Haben Sie ihn bereits gefunden? Welches Register wird in der letzten Stufe des Ladebefehls geändert? Genauer ausgedrückt: Welches Register stellt die Registeradresse zum Schreiben in das Register bereit? Der Befehl im IF/ID-Pipelineregister stellt die Registeradresse bereit. Dieser Befehl tritt jedoch deutlich *nach* dem Ladebefehl auf!

Wir müssen also die Zielregisteradresse im Ladebefehl erhalten. So wie ein Speicherbefehl den *Inhalt* des Registers vom ID/EX-Pipelineregister an das EX/MEM-Pipelineregister übergeben hat, muss der Ladebefehl die *Adresse* des Registers vom ID/EX-Pipelineregister über das EX/MEM-Pipelineregister an das MEM/WB-Pipelineregister übergeben, damit diese in der WB-Stufe verwendet werden kann. Eine andere Möglichkeit, sich die Übergabe der Registeradresse vorzustellen, ist die, dass zur gemeinsamen Nutzung des Pipelinedatenpfads der in der IF-Stufe gelesene Befehl erhalten werden muss, so dass jedes Pipelineregister einen Teil des Befehls enthält, der für diese Stufe und spätere Stufen in der Pipeline benötigt werden.

In Abbildung 4.35 ist die korrigierte Version des Datenpfads dargestellt, bei dem die Registeradresse zum Schreiben in das Register zuerst an das ID/EX-Register, dann an das EX/MEM-Register und schließlich an das MEM/WB-Register übergeben wird. Die Registeradresse wird in der WB-Stufe zum Festlegen des Registers benötigt, in das geschrieben werden soll. Abbildung 4.36

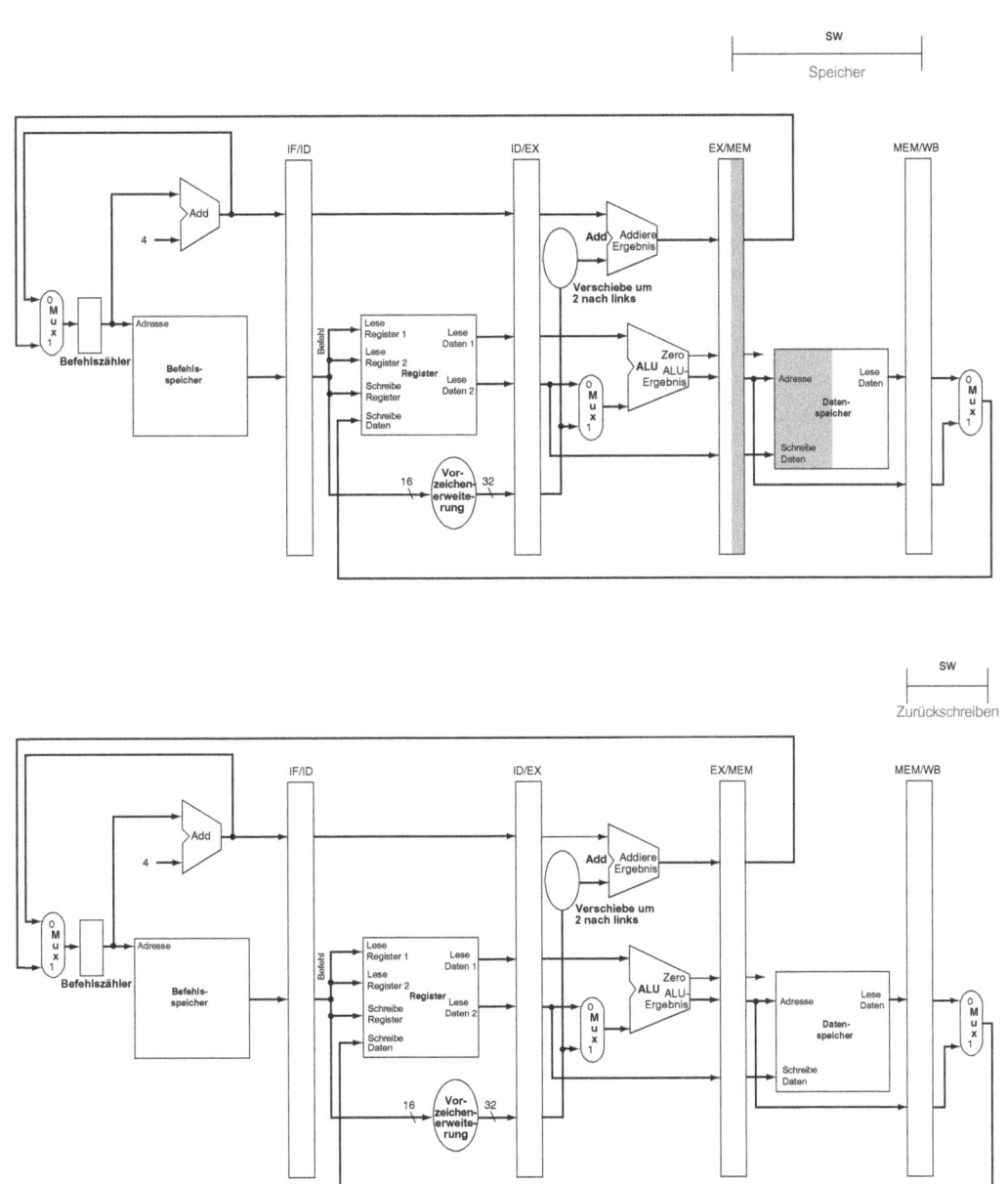

Abb. 4.34: MEM und WB: Die vierte und fünfte Stufe eines Speicherbefehls. In der vierten Stufe werden die Daten zum Speichern in den Datenspeicher geschrieben. Die Daten stammen aus dem EX/MEM-Pipelineregister. Im MEM/WB-Pipelineregister wird nichts verändert. Wenn die Daten in den Speicher geschrieben sind, bleibt für den Speicherbefehl nichts mehr zu tun. Somit geschieht in Stufe 5 nichts.

ist eine einfache Darstellung des korrigierten Datenpfads, wobei die in allen fünf Stufen des lw-Befehls aus Abbildung 4.30 bis 4.32 verwendete Hardware grau gezeichnet ist. In Abschnitt 4.8 wird erläutert, was zu tun ist, damit der Sprungbefehl wie erwartet funktioniert.

Grafische Darstellung von Pipelines

Pipelines sind oft schwer verständlich, da in jedem Taktzyklus viele Befehle in einem einzigen Datenpfad gleichzeitig ausgeführt werden. Zum leichteren Verständnis von Pipelines gibt es zwei grundsätzliche Arten der Darstellung: *Mehrzyklen-Pipelinediagramme* (siehe Abbildung 4.28) und *Einzyklen-Pipelinediagramme* (siehe Abbildung 4.30 bis 4.33). Die Mehrzyklendiagramme sind einfacher, enthalten jedoch nicht alle Details. Gehen wir beispielsweise von der folgenden, aus fünf Befehlen bestehenden Sequenz aus:

```
lw      $10, 20($1)
sub     $11, $2, $3
add     $12, $3, $4
lw      $13, 24($1)
add     $14, $5, $6
```

In Abbildung 4.37 ist das Mehrzyklen-Pipelinediagramm für diese Befehle dargestellt. Die Zeit ist in diesen Diagrammen von links nach rechts angegeben und die Befehle sind von oben nach unten aufgeführt, ähnlich wie bei der Waschsalonpipeline in Abbildung 4.20. Die Pipelinestufen sind in jedem Teil entsprechend der jeweiligen Taktzyklen entlang der Befehlsachse dargestellt. Diese vereinfachten Datenpfade stellen die fünf Stufen unserer Pipeline dar. Ein Rechteck mit dem Namen der einzelnen Pipelinestufen funktioniert jedoch ebenso gut. Abbildung 4.38 zeigt eine traditionellere Variante des Mehrzyklen-Pipelinediagramms. Während in Abbildung 4.37 die in den einzelnen Stufen verwendeten Hardwareressourcen dargestellt sind, wird in Abbildung 4.38 der *Name* der einzelnen Stufen verwendet. Mehrzyklendiagramme werden hier verwendet, um eine Übersicht über Pipelinesituationen darzustellen.

Einzyklen-Pipelinediagramme stellen den Zustand des gesamten Datenpfades während eines Taktzyklus dar, und in der Regel werden alle fünf Befehle in der Pipeline über den jeweiligen Pipelinestufen angegeben. Mit dieser Art von Abbildung zeigen wir im Detail, was in der Pipeline während der einzelnen Taktzyklen geschieht. Meist werden mehrere Zeichnungen dargestellt, um den Pipelinebetrieb über eine Folge von Taktzyklen hinweg zu veranschaulichen. (Falls Sie an zusätzlichen Details von Abbildung 4.37 interessiert sind: Online-Abschnitt 4.12 zeigt weitere Abbildungen von Einzyklen-Diagrammen.) Ein Einzyklen-Pipelinediagramm stellt einen vertikalen Schnitt durch ein Mehrzyklen-Pipelinediagramm dar und veranschaulicht, wie der Datenpfad von den einzelnen Befehlen in der Pipeline zu dem dargestellten Taktzyklus genutzt wird. In Abbildung 4.39 ist beispielsweise ein Einzyklen-Pipelinediagramm dargestellt, das dem Taktzyklus 5 aus den Abbildungen 4.37 und 4.38 entspricht.

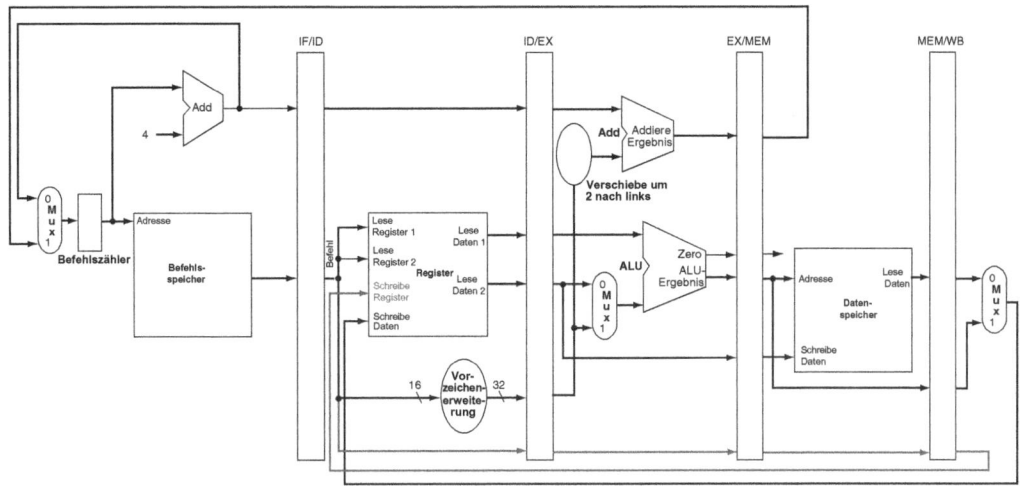

Abb. 4.35: Die korrigierte Pipeline des Datenpfads für eine ordnungsgemäße Bearbeitung des Ladebefehls. Die Registeradresse wird vom MEM/WB-Pipelineregister zusammen mit den Daten bereitgestellt. Die Registeradresse wird von der ID-Pipelinestufe so lange übergeben, bis sie das MEM/WB-Pipelineregister erreicht, wodurch in den letzten drei Pipelineregistern fünf weitere Bit hinzugefügt werden müssen. Dieser neue Pfad ist grau gezeichnet.

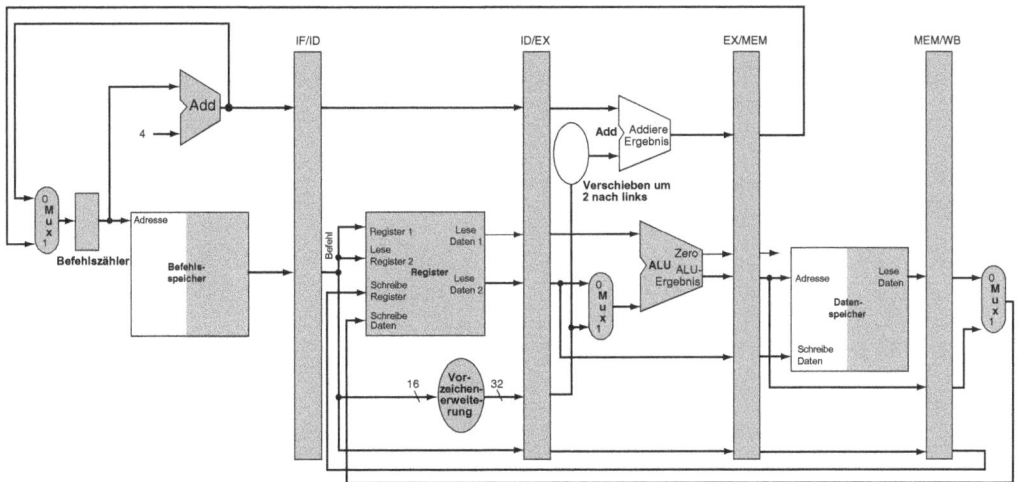

Abb. 4.36: Der Teil des Datenpfads aus Abbildung 4.35, der in allen fünf Stufen eines Ladebefehls verwendet wird.

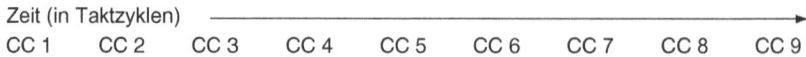

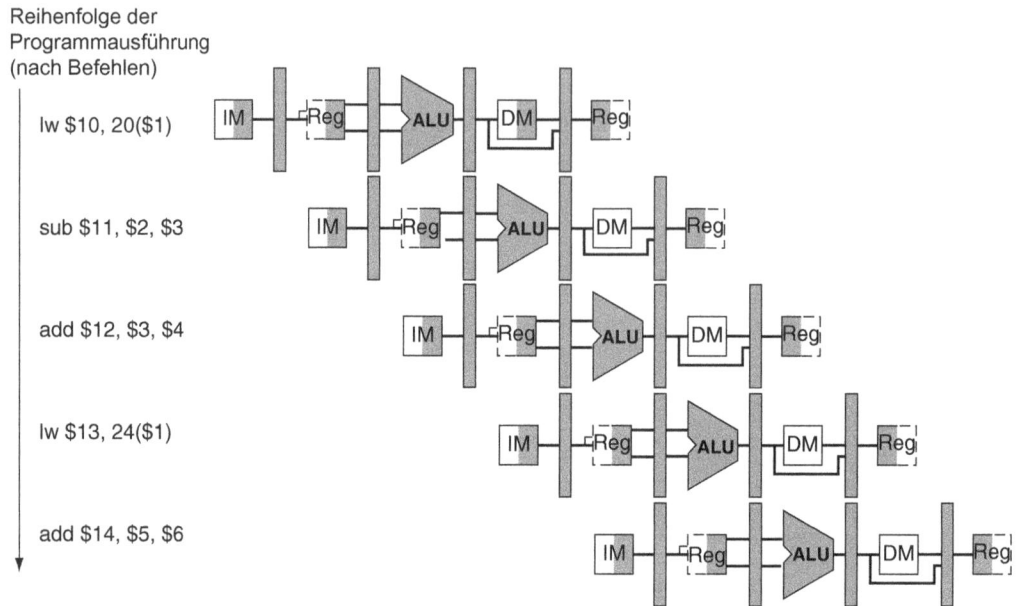

Abb. 4.37: Mehrzyklen-Pipelinediagramm von fünf Befehlen. Mit dieser Art der Pipelinedarstellung wird die vollständige Ausführung von Befehlen in einer einzigen Abbildung dargestellt. Befehle werden in der Reihenfolge der Befehlsausführung von oben nach unten und Taktzyklen von links nach rechts dargestellt. Im Gegensatz zu Abbildung 4.22 befinden sich hier zwischen den einzelnen Stufen die Pipelineregister. Abbildung 4.38 zeigt die herkömmliche Art der Darstellung dieses Diagramms.

Zeit (in Taktzyklen)
CC 1   CC 2   CC 3   CC 4   CC 5   CC 6   CC 7   CC 8   CC 9

Reihenfolge der
Programmausführung
(nach Befehlen)

lw $10, 20($1)	Befehl holen	Befehl ent-schlüsseln	Ausführen	Daten-zugriff	Zurück-schreiben			
sub $11, $2, $3		Befehl holen	Befehl ent-schlüsseln	Ausführen	Daten-zugriff	Zurück-schreiben		
add $12, $3, $4			Befehl holen	Befehl ent-schlüsseln	Ausführen	Daten-zugriff	Zurück-schreiben	
lw $13, 24($1)				Befehl holen	Befehl ent-schlüsseln	Ausführen	Daten-zugriff	Zurück-schreiben	
add $14, $5, $6					Befehl holen	Befehl ent-schlüsseln	Ausführen	Daten-zugriff	Zurück-schreiben

Abb. 4.38: Herkömmliches Mehrzyklen-Pipelinediagramm der fünf Befehle aus Abbildung 4.37.

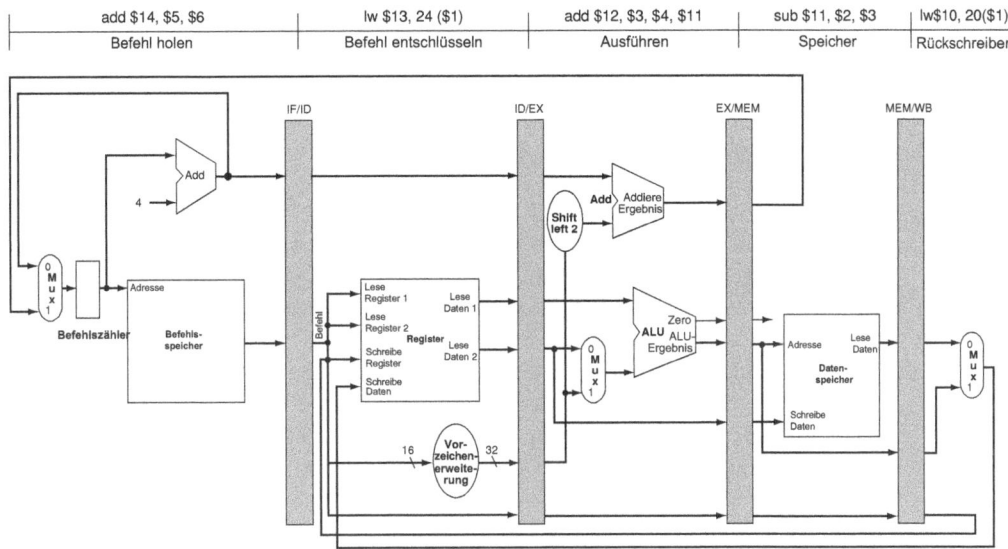

Abb. 4.39: Das Einzyklen-Pipelinediagramm, das dem Taktzyklus 5 aus Abbildung 4.37 und 4.38 entspricht. Wie Sie sehen, stellt ein Einzyklen-Pipelinediagramm einen vertikalen Schnitt durch ein Mehrzyklen-Pipelinediagramm dar.

Das Einzyklen-Pipelinediagramm ist offensichtlich ausführlicher und benötigt zur Darstellung derselben Anzahl von Taktzyklen deutlich mehr Platz. In den Aufgaben zu diesem Kapitel sollen Sie solche Diagramme für andere Codesequenzen erzeugen.

Selbsttest

Eine Gruppe Studenten diskutiert die Leistungsfähigkeit der fünfstufigen Pipeline. Einer der Studenten weist darauf hin, dass nicht alle Befehle in allen Stufen der Pipeline aktiv sind. Nachdem die Studenten beschlossen haben, die Auswirkungen von Pipeline-Konflikten außer Acht zu lassen, stellen sie die folgenden fünf Thesen auf. Welche davon stimmen?

1. Wenn zugelassen wird, dass Sprünge, Verzweigungen und ALU-Befehle weniger als die fünf vom Ladebefehl benötigten Stufen in Anspruch nehmen, wird die Leistungsfähigkeit der Pipeline auf jeden Fall verbessert.

2. Es bringt keinen Vorteil, wenn einige Befehle weniger Zyklen beanspruchen, da der Durchsatz durch den Taktzyklus bestimmt wird. Die Anzahl der Pipelinestufen pro Befehl wirkt sich auf die Pipeline-Latenz, nicht jedoch auf den Durchsatz aus.

3. Aufgrund des Zurückschreibens des Befehls ist es nicht möglich, dass ALU-Befehle weniger Zyklen beanspruchen, aber Verzweigungen und Sprünge können mit weniger Zyklen auskommen, so dass eine gewisse Chance für eine Optimierung besteht.

4. Anstatt zu versuchen, Befehlen weniger Taktzyklen zur Verfügung zu stellen, sollten wir die Pipeline verlängern, so dass Befehle mehr Zyklen benötigen, die jedoch kürzer sind. Damit ließe sich die Leistung steigern.

Im CDC 6600 macht das Steuersystem den Unterschied, womöglich mehr als in jedem anderen Computer bisher.

James Thornton, *Design of a Computer: The Control Data 6600*, 1970

Pipelining der Steuerung

So, wie wir den einfachen Datenpfad in Abschnitt 4.3 um eine Steuerung erweitert haben, erweitern wir nun auch den Pipeline-Datenpfad um eine Steuerung. Wir beginnen mit einem einfachen Entwurf, bei dem die Probleme zunächst noch durch die rosaroten Brille betrachtet werden.

Zunächst müssen die Steuerleitungen im vorhandenen Datenpfad beschriftet werden. In Abbildung 4.40 sind diese Leitungen dargestellt. Wir übernehmen so viel wie möglich aus der Steuerung des einfachen Datenpfads in Abbildung 4.14. Insbesondere verwenden wir dieselbe ALU-Steuerlogik, dieselbe Sprunglogik, denselben Multiplexer zum Bestimmen der Zielregisteradresse sowie dieselben Steuerleitungen. Diese Funktionen sind in den Tabellen 4.1, 4.3 und 4.4 definiert. In den Tabellen 4.6 bis 4.7 wiederholen wir die wichtigsten Informationen, damit Sie die Beschreibung besser nachvollziehen können.

Wie bei der Einzyklenausführung gehen wir davon aus, dass der Befehlszähler bei jedem Taktzyklus aktualisiert wird, so dass es für den Befehlszähler kein eigenes Schreibsignal gibt. Mit derselben Begründung gibt es auch keine eigenen Schreibsignale für die Pipelineregister (IF/ID, ID/EX, EX/MEM und MEM/WB), da in die Pipelineregister ebenfalls in jedem Taktzyklus geschrieben wird.

Um die Steuerung für die Pipeline zu definieren, müssen wir lediglich die Steuerwerte für die einzelnen Pipelinestufen festlegen. Da jede Steuerleitung einer Komponente zugeordnet ist, die während nur einer Pipelinestufe aktiv ist, können wir die Steuerleitungen entsprechend der Pipelinestufen in fünf Gruppen einteilen.

Tab. 4.7: Eine Kopie von Tabelle 4.1. Diese Tabelle zeigt, dass die ALU-Steuerbits in Abhängigkeit von den ALUOp-Steuerbits und den unterschiedlichen Funktionscodes für den R-Befehl gesetzt werden.

Opcode des Befehls	ALUOp	Beschreibung	funct-Feld	Gewünschte ALU-Aktion	ALU-Steuereingang
LW	00	load word	XXXXXX	Addition	0010
SW	00	store word	XXXXXX	Addition	0010
Branch equal	01	branch equal	XXXXXX	Subtraktion	0110
R-Format	10	add	100000	Addition	0010
R-Format	10	subtract	100010	Subtraktion	0110
R-Format	10	AND	100100	UND-Verknüpfung	0000
R-Format	10	OR	100101	ODER-Verknüpfung	0001
R-Format	10	set on less than	101010	set on less than	0111

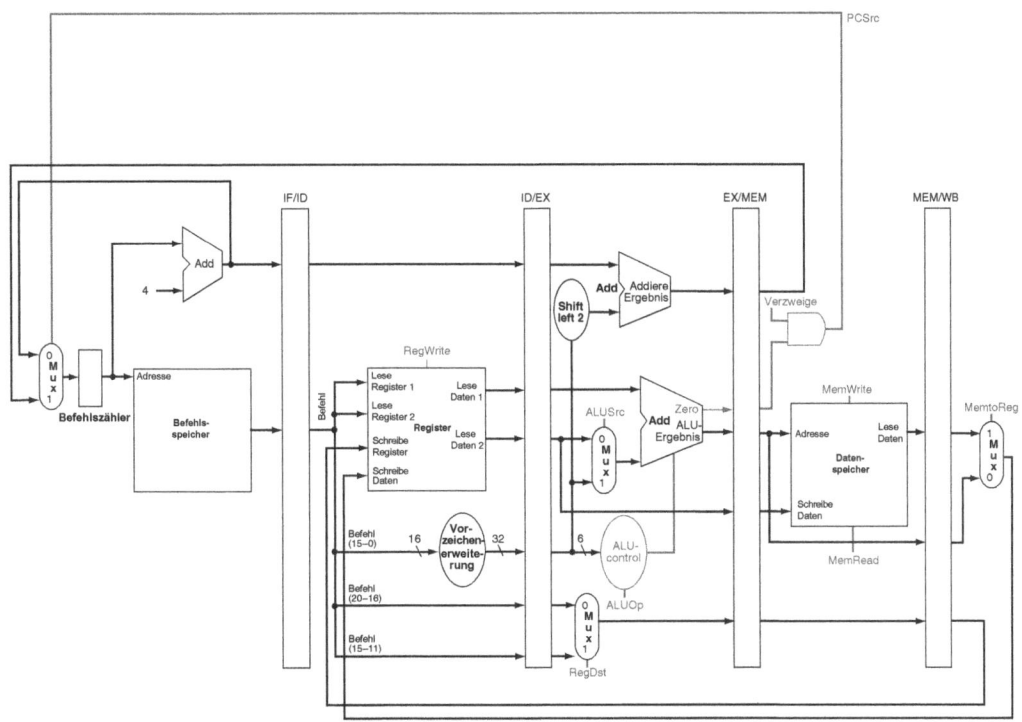

Abb. 4.40: Der Datenpfad mit Pipeline aus Abbildung 4.35 mit gekennzeichneten Steuersignalen. Dieser Datenpfad verwendet die Steuerlogik für Befehlszählerquelle, Registerzieladresse und ALU-Steuerung aus Abschnitt 4.4. Dabei wird nun das 6-Bit-funct-Feld (Funktionscode) des Befehls in der EX-Stufe als Eingang für die ALU-Steuerung benötigt, so dass diese Bits ebenfalls im ID/EX-Pipelineregister enthalten sein müssen. Diese 6 Bits sind außerdem die 6 niedrigstwertigen Bits des Immediate-Felds im Befehl, so dass das ID/EX-Pipelineregister diese aus dem Immediate-Feld bereitstellen kann, da diese Bits durch die Vorzeichenerweiterung unverändert bleiben.

1. *Instruction fetch (Befehl holen)*: Die Steuersignale zum Lesen des Befehlsspeichers und zum Schreiben in den Befehlszähler sind immer auf logisch 1 gesetzt. Somit gibt es in dieser Pipelinestufe nichts Spezielles zu steuern.

2. *Instruction decode/register file read (Befehl decodieren/Register lesen)*: Wie bei der vorherigen Stufe geschieht in jedem Taktzyklus dasselbe, so dass keine optionalen Steuerleitungen gesetzt werden müssen.

3. *Execution/address calculation (Befehl ausführen/Adresse berechnen)*: Die Signale RegDst, ALUOp und ALUSrc müssen gesetzt werden (siehe Tabelle 4.7 und 4.8). Die Signale wählen das Ergebnisregister, die ALU-Operation und entweder den Lese-Daten-2-Wert oder einen vorzeichenerweiterten Immediate-Wert für die ALU aus.

4. *Memory access (Speicherzugriff)*: In dieser Stufe werden die Steuerleitungen Branch, MemRead und MemWrite gesetzt. Diese Signale werden jeweils durch den Branch-equal-Befehl, den Ladebefehl und den Speicherbe-

fehl gesetzt. PCSrc in Tabelle 4.8 wählt die folgende Adresse aus, außer die Steuerung setzt Branch auf logisch 1 und das ALU-Ergebnis war 0.

5. *Write-back (Ergebnis zurückschreiben)*: Die Steuerleitung MemtoReg entscheidet, ob das ALU-Ergebnis oder der Speicherwert an den Registersatz gesendet wird, und die Steuerleitung RegWrite schreibt den gewählten Wert.

Tab. 4.8: Eine Kopie von Tabelle 4.3. Die Funktion der sieben Steuersignale ist definiert. Die ALU-Steuerleitungen (ALUOp) sind in der zweiten Spalte von Tabelle 4.7 definiert. Wenn die 1-Bit-Steuerleitung zum Zweifach-Multiplexer auf logisch 1 gesetzt wird, wählt der Multiplexer den Eingang aus, der dem Wert 1 entspricht. Wenn die Steuerleitung dagegen auf logisch 0 gesetzt wird, wählt der Multiplexer den Zero-Eingang aus. PCSrc wird in Abbildung 4.40 durch ein UND-Gatter (AND) gesteuert. Wenn sowohl das Sprungsignal (branch) als auch das ALU-Zero-Signal gesetzt sind, ist PCSrc 1, andernfalls ist PCSrc 0. Die Steuerung setzt das Sprungsignal (branch) nur bei einem beq-Befehl, andernfalls wird PCSrc auf 0 gesetzt.

Signalname	Auswirkung, wenn logisch 0	Auswirkung, wenn logisch 1
RegDst	Die Registerzieladresse für den Schreibe-in-Register-Befehl wird vom rt-Feld (Bit 20:16) bereitgestellt.	Die Registerzieladresse für den Schreibe-in-Register-Befehl wird vom rd-Feld (Bit 15:11) bereitgestellt.
RegWrite	keine	Das Register am Schreibe-in-Register-Eingang wird mit dem Wert am Schreibe-Daten-Eingang beschrieben.
ALUSrc	Der zweite ALU-Operand wird vom zweiten Registerausgang (Lese Daten 2) bereitgestellt.	Der zweite ALU-Operand besteht aus den vorzeichenerweiterten, unteren 16 Bit des Befehls.
PCSrc	Der Befehlszählerwert wird durch den Ausgangswert des Addierers ersetzt, der den Befehlszählerwert und 4 addiert.	Der Befehlszählerwert wird durch den Ausgangswert des Addierers ersetzt, der das Sprungziel berechnet.
MemRead	keine	Durch den Adresseingang bestimmter Datenspeicherinhalt wird an den Lese-Daten-Ausgang gelegt.
MemWrite	keine	Durch den Adresseingang bestimmter Datenspeicherinhalt wird durch den Wert am Schreibe-Daten-Eingang ersetzt.
MemtoReg	Der am Schreibe-Daten-Eingang der Register angelegte Wert wird von der ALU bereitgestellt.	Der am Schreibe-Daten-Eingang der Register angelegte Wert wird vom Datenspeicher bereitgestellt.

Da die Bedeutung der Steuerleitungen durch die Ausstattung des Datenpfads mit einer Pipeline unverändert bleibt, können wir dieselben Steuerwerte wie zuvor verwenden. In Tabelle 4.9 sind dieselben Werte wie in Abschnitt 4.4 angegeben, wobei die neun Steuerleitungen nun jedoch nach Pipelinestufen zusammengefasst sind.

Tab. 4.9: Die Werte der Steuerleitungen sind dieselben wie in Tabelle 4.4. Sie wurden jedoch entsprechend der letzten drei Pipelinestufen in drei Gruppen unterteilt.

Befehl	Execution/address calculation				Memory access			Write-back	
	RegDst	ALUOp1	ALUOp0	ALUSrc	Branch	MemRead	MemWrite	RegWrite	MemtoReg
R-Format	1	1	0	0	0	0	0	1	0
lw	0	0	0	1	0	1	0	1	1
sw	X	0	0	1	0	0	1	0	X
beq	X	0	1	0	1	0	0	0	X

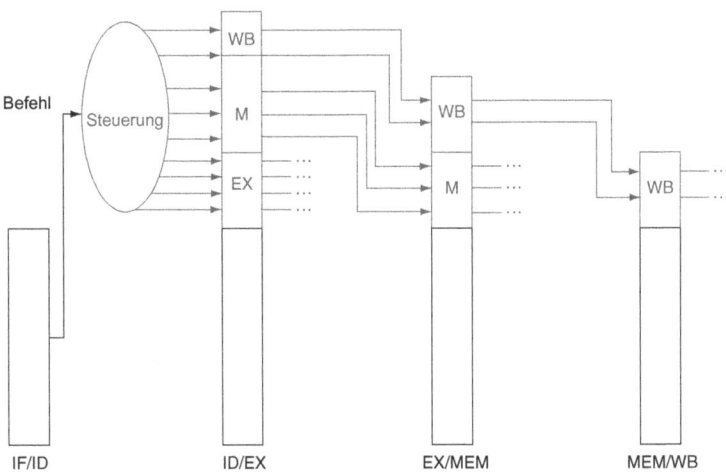

Abb. 4.41: Die Steuerleitungen für die letzten drei Stufen. Vier der neun Steuersignale werden in der EX-Phase verwendet, wobei die restlichen fünf Steuersignale an das EX/MEM-Pipelineregister übergeben werden, das erweitert wurde und nun die Steuersignale aufnimmt. Drei Steuersignale werden während der MEM-Stufe benötigt, und die letzten beiden werden an das MEM/WB-Register für die Verwendung in der WB-Stufe übergeben.

Eine Steuerung implementieren bedeutet, für die neun Steuerleitungen in jeder Stufe für jeden Befehl Werte festzulegen. Dies lässt sich am leichtesten durch die Erweiterung der Pipelineregister um Steuerinformationen realisieren.

Da die Steuerleitungen mit der EX-Stufe beginnen, können wir die Steuerinformationen während der Befehlsdecodierung erzeugen. In Abbildung 4.41 ist dargestellt, dass diese Steuersignale anschließend in der entsprechenden Pipelinestufe verwendet werden, während der Befehl die Pipeline durchläuft, so wie die Zielregisteradresse für Ladebefehle in Abbildung 4.35 die Pipeline durchläuft. In Abbildung 4.42 ist der ganze Datenpfad mit den erweiterten Pipelineregistern dargestellt, wobei die Steuerleitungen den entsprechenden Stufen zugeordnet sind. (Online-Abschnitt 4.13 bietet Beispiele für die Ausführung von MIPS-Code auf Pipeline-Hardware unter Verwendung von Einzyklen-Diagrammen, falls Sie weitere Details dazu erfahren wollen.)

4.7 Datenkonflikte: Forwarding vs. Stalling

Was soll das heißen: Warum muss sie gebaut werden? Es ist eine Umgehungsstraße. Und Umgehungsstraßen baut man eben.

Douglas Adams, Hitchhiker's Guide to the Galaxy, 1979

Anhand der Beispiele im vorherigen Abschnitt wird die Leistungsfähigkeit der Ausführung mittels Pipeline sowie die Art und Weise, wie die Hardware diese Aufgabe meistert, deutlich. Nun ist es an der Zeit, die rosarote Brille abzunehmen und zu überlegen, was mit echten Programmen geschieht. Die Befehle in den Abbildungen 4.37 bis 4.39 waren nicht voneinander abhängig: Keiner verwendete das von einem anderen Befehl berechnete Ergebnis. Jedoch haben wir in Abschnitt 4.5 gesehen, dass Datenkonflikte die Ausführung mittels Pipeline behindern.

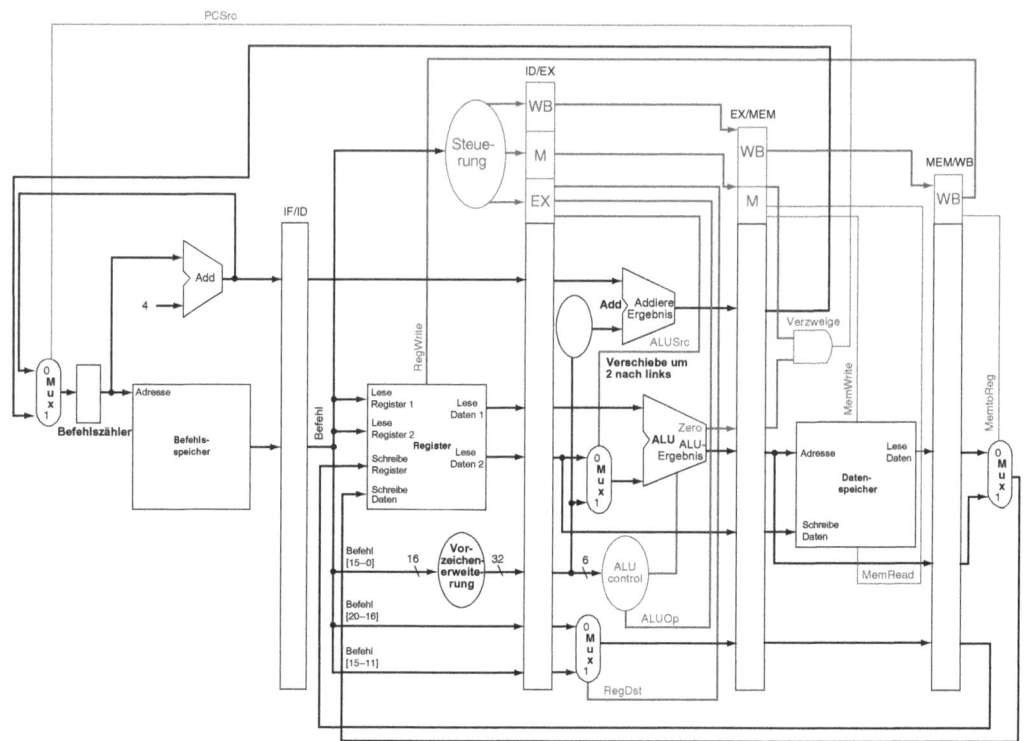

Abb. 4.42: Der Pipeline-Datenpfad aus Abbildung 4.40, wobei die Steuerleitungen mit den Steuerteilen der Pipelineregister verbunden sind. Die Steuerwerte für diese letzten drei Stufen werden während der Befehlsdecodierung erstellt und anschließend im ID/EX-Pipelineregister gespeichert. Die Steuersignale für die einzelnen Pipelinestufen werden verwendet, und die restlichen Steuersignale werden an die nächste Pipelinestufe übergeben.

Betrachten wir eine Sequenz mit vielen Abhängigkeiten, die grau hervorgehoben sind:

```
sub  $2,$1,$3       # in Register $2 wird von sub geschrieben
and  $12,$2,$5      # erster Operand ($2) hängt von sub ab
or   $13,$6,$2      # zweiter Operand ($2) hängt von sub ab
add  $14,$2,$2      # erster und zweiter Op. hängen von sub ab
sw   $15,100($2)    # Basis ($2) hängt von sub ab
```

Die letzten vier Befehle hängen alle vom Ergebnis des ersten Befehls in Register $2 ab. Wenn Register $2 vor dem sub-Befehl den Wert 10 enthält und nach dem Befehl den Wert −20, erwartet der Programmierer, dass −20 in den nachfolgenden Befehlen, die sich auf Register $2 beziehen, verwendet wird.

Wie würde sich diese Sequenz in unserer Pipeline verhalten? In Abbildung 4.43 ist die Ausführung dieser Befehle anhand eines Mehrzyklen-Pipelinediagramms dargestellt. Um die Ausführung dieser Befehlssequenz in unserer aktuellen Pipeline zu verdeutlichen, ist oben in Abbildung 4.43 der Wert

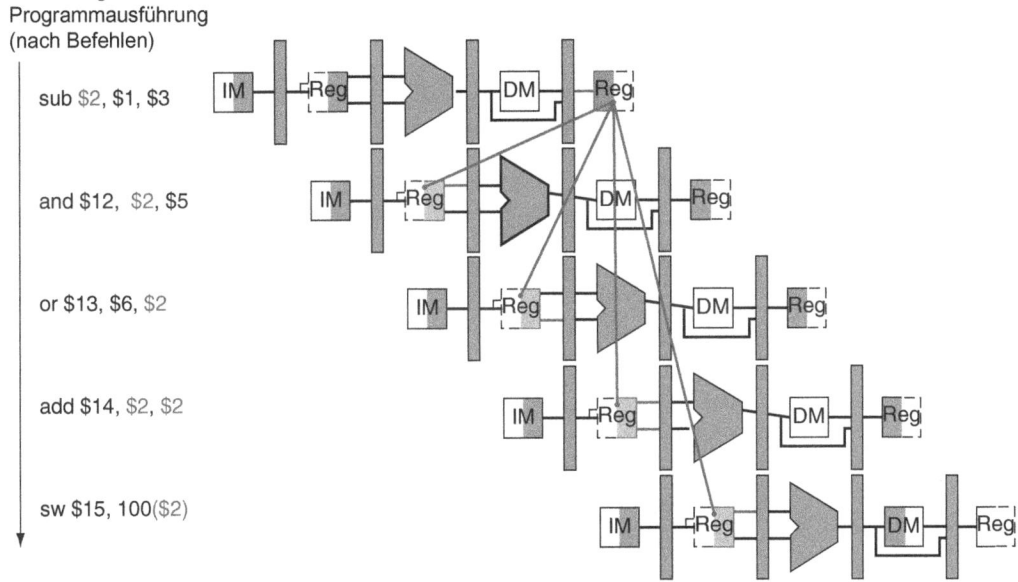

**Abb. 4.43: Pipelinehemmnisse in einer Sequenz aus fünf Befehlen dargestellt mit vereinfachten Datenpfaden zur Verdeut-
lichung der Abhängigkeiten.** Alle abhängigen Aktionen sind grau gezeichnet, und „CC *i*" oben in der Abbildung steht für Clock
Cycle (Taktzyklus) *i*. Der erste Befehl schreibt in das Register $2, und alle nachfolgenden Befehle lesen Register $2. In dieses
Register wird in Taktzyklus 5 geschrieben, so dass der richtige Wert erst ab Taktzyklus 5 zur Verfügung steht. (Wenn ein Register
während eines Taktzyklus gelesen wird, wird der Wert zurückgegeben, der am Ende der ersten Hälfte des Zyklus in das Register
geschrieben wurde, sofern überhaupt ein Wert in das Register geschrieben wurde.) Die farbigen Linien vom oberen Datenpfad
zu den unteren Datenpfaden veranschaulichen die Abhängigkeiten. Die Linien, die entlang der Zeitachse rückwärts führen, sind
Pipelinehemmnisse durch Datenabhängigkeit.

von Register $2 dargestellt, der sich in der Mitte des Taktes 5 ändert, wenn der
sub-Befehl das Ergebnis in das Register schreibt.

Ein potenzieller Konflikt kann durch den Entwurf der Registerhardware gelöst werden: Was geschieht, wenn ein Register im selben Taktzyklus gelesen
und geschrieben wird? Wir gehen davon aus, dass in der ersten Hälfte des Takts
geschrieben und in der zweiten Hälfte gelesen wird, so dass der geschriebene
Wert gelesen wird. Wie bei vielen Registerimplementierungen liegt in diesem
Fall kein Datenkonflikt vor.

Anhand von Abbildung 4.43 wird deutlich, dass die für Register $2 gelese-
nen Werte *nicht* das Ergebnis des sub-Befehls sind, außer die Werte werden in
Takt 5 oder später gelesen. Somit erhalten nur die Befehle add und sw den richtigen Wert −20. Die Befehle and und or erhalten fälschlicherweise den Wert
10! Mithilfe von Diagrammen dieser Art werden Probleme wie diese deutlich,
wenn eine Abhängigkeitslinie entgegen der Zeitachse zurückführt.

Wie in Abschnitt 4.5 beschrieben, steht das gewünschte Ergebnis am Ende der EX-Stufe oder bei Taktzyklus 3 zur Verfügung. Wann werden die Daten von den Befehlen and und or eigentlich benötigt? Zu Beginn der EX-Stufe bzw. in den Taktzyklen 4 und 5. Somit können wir dieses Segment ohne Anhalten der Pipeline ausführen, wenn wir die Daten, sobald diese verfügbar sind, einfach mittels Forwarding an die Einheiten *weiterleiten*, die die Daten benötigen, noch bevor diese zum Lesen aus dem Registersatz verfügbar sind.

Wie funktioniert das Forwarding? Der Einfachheit halber betrachten wir im Rest dieses Abschnitts nur das Forwarding an eine Verarbeitung in der EX-Stufe, also entweder an eine ALU-Operation oder an eine Berechnung der Effektivadresse. Wenn ein Befehl in seiner EX-Stufe versucht, ein Register zu verwenden, in das ein Befehl weiter vorn in der Pipeline in seiner WB-Stufe schreibt, benötigen wir diese Werte als Eingangswerte für die ALU.

Mit einer Darstellung, bei welcher die Felder der Pipelineregister benannt werden, können die Abhängigkeiten präziser dargestellt werden. So gibt „ID/EX.RegisterRs" beispielsweise die Adresse eines Registers an, dessen Wert sich im Pipelineregister ID/EX befindet, also des Registers aus dem ersten Leseport des Registersatzes. Der erste Teil des Namens links neben dem Punkt ist der Name des Pipelineregisters, der zweite Teil ist der Name des Feldes in diesem Register. Mit dieser Darstellung lauten die beiden Konfliktbedingungspaare wie folgt:

1a   EX/MEM.RegisterRd = ID/EX.RegisterRs

1b   EX/MEM.RegisterRd = ID/EX.RegisterRt

2a   MEM/WB.RegisterRd = ID/EX.RegisterRs

2b   MEM/WB.RegisterRd = ID/EX.RegisterRt

Der erste Konflikt in der Sequenz auf Seite 324 bezieht sich auf Register $2 zwischen dem Ergebnis aus $sub $2,$1,$3 und dem ersten Leseoperanden aus $and $12,$2,$5. Dieser Konflikt kann erkannt werden, wenn sich der and-Befehl in der EX-Stufe und der vorhergehende Befehl in der MEM-Stufe befindet. In diesem Fall liegt der Konflikt 1a vor:

```
EX/MEM.RegisterRd = ID/EX.RegisterRs = $2
```

Beispiel: Erkennen von Abhängigkeiten

Klassifizieren Sie die Abhängigkeiten in der Sequenz von Seite 324:

```
sub  $2,$1,$3      # Register $2 wird von sub gesetzt
and  $12,$2,$5     # erster Op. ($2) wird von sub gesetzt
or   $13,$6,$2     # zweiter Op. ($2) wird von sub gesetzt
add  $14,$2,$2     # 1. und 2. Op. wird von sub gesetzt
sw   $15,100($2)   # Index wird von sub gesetzt
```

Lösung: Wie oben bereits erwähnt, liegt bei sub-and ein Konflikt vom Typ 1a vor. Daneben liegen noch folgende weitere Konflikte vor:

- Bei sub-or liegt ein Konflikt vom Typ 2b vor:
  MEM/WB.RegisterRd = ID/EX.RegisterRt = $2.

- Bei den beiden Abhängigkeiten von sub-add handelt es sich nicht um Konflikte, da der Registersatz die gewünschten Daten in der ID-Stufe des add-Befehls bereitstellt.

- Zwischen den Befehlen sub und sw liegt kein Konflikt vor, da sw das Register $2 erst in dem Taktzyklus liest, *nachdem* sub in $2 geschrieben hat.

Da einige Befehle nicht in Register schreiben, ist diese Vorgehensweise ungenau. Manchmal leitet sie mittels Forwarding weiter, wenn dies gar nicht notwendig ist. Dieses Problem kann gelöst werden, indem überprüft wird, ob das RegWrite-Signal aktiv ist: Beim Überprüfen des WB-Steuerfelds des Pipelineregisters während der EX- und der MEM-Stufe kann festgestellt werden, ob RegWrite auf logisch 1 gesetzt ist. Zudem erfordert MIPS, dass der Operand bei jeder Verwendung von $0 den Wert 0 annehmen muss. Wenn beispielsweise ein Befehl in der Pipeline $0 zum Ziel hat (z. B. sll $0,$1,2), soll das Ergebnis, das möglicherweise nicht null ist, nicht weitergeleitet werden. Wenn Ergebnisse, die für $0 bestimmt sind, nicht weitergeleitet werden, müssen Assembler-Programmierer und Compiler keine Festlegungen mehr treffen, damit $0 nicht als Ziel verwendet wird. Die obigen Bedingungen funktionieren also einwandfrei, wenn wir EX/MEM.RegisterRd ≠ 0 in die erste Konfliktbedingung und MEM/WB.RegisterRd ≠ 0 in die zweite aufnehmen.

Nun, da wir Konflikte erkennen können, ist das Problem bereits halb gelöst. Aber wir müssen nach wie vor die richtigen Daten weiterleiten.

In Abbildung 4.44 sind die Abhängigkeiten zwischen den Pipelineregistern und den Eingängen an der ALU für dieselbe Codesequenz wie in Abbildung 4.43 dargestellt. Der Unterschied besteht darin, dass die Abhängigkeit nun von einem *Pipeline*register aus beginnt und nicht darauf gewartet wird, bis in der WB-Stufe in den Registersatz geschrieben wird. Somit sind die erforderlichen Daten rechtzeitig für spätere Befehle verfügbar, wobei die Daten für das Forwarding in den Pipelineregistern gespeichert werden.

Wenn wir die Eingangssignale für die ALU nicht nur aus dem ID/EX-Pipelineregister, sondern aus jedem *beliebigen* Pipelineregister verwenden können, können wir die gewünschten Daten mittels Forwarding weiterleiten. Durch Einfügen von Multiplexern in die Eingangsleitungen der ALU und mit den entsprechenden Steuersignalen können wir die Pipeline trotz dieser Datenabhängigkeiten mit maximaler Geschwindigkeit betreiben.

Im Moment wollen wir davon ausgehen, dass Forwarding nur für die vier R-Befehle erforderlich ist: add, sub, and und or. In Abbildung 4.45 ist eine Nahaufnahme der ALU und der Pipelineregister vor und nach dem Einfügen einer Forwarding-Einheit dargestellt. In Tabelle 4.10 sind die Werte der Steuerleitungen für die ALU-Multiplexer angegeben, die entweder die Registersatzwerte oder einen der mittels Forwarding weitergeleiteten Werte auswählen.

Zeit (in Taktzyklen)	CC 1	CC 2	CC 3	CC 4	CC 5	CC 6	CC 7	CC 8	CC 9
Wert in Register $2:	10	10	10	10	10/–20	–20	–20	–20	–20
Wert in EX/MEM:	X	X	X	–20	X	X	X	X	X
Wert in MEM/WB:	X	X	X	X	–20	X	X	X	X

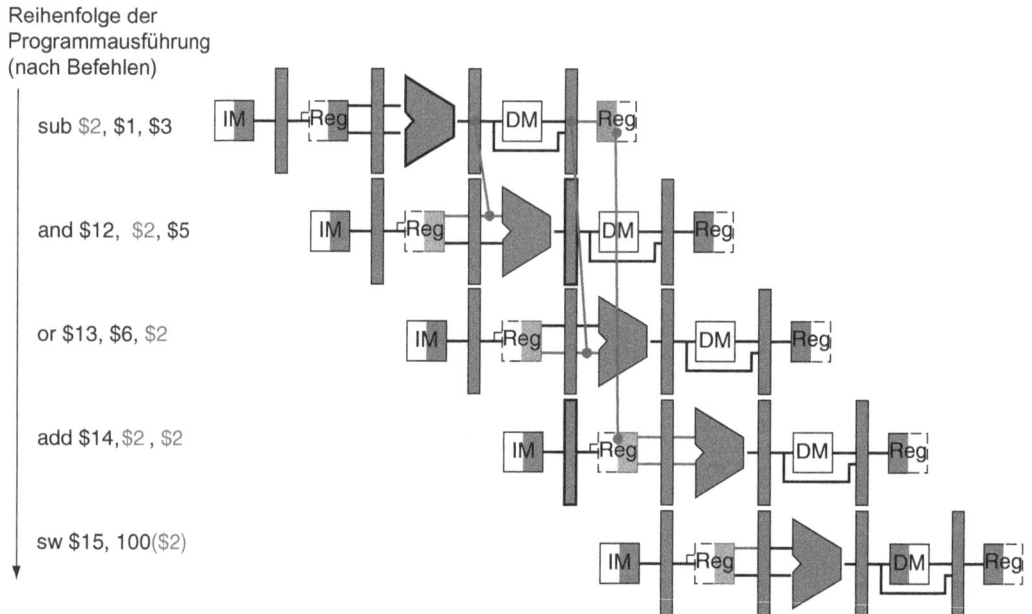

Reihenfolge der
Programmausführung
(nach Befehlen)

sub $2, $1, $3

and $12, $2, $5

or $13, $6, $2

add $14,$2 , $2

sw $15, 100($2)

Abb. 4.44: Die Abhängigkeiten zwischen den Pipelineregistern verlaufen alle in Richtung der Zeitachse. Somit können die vom and-Befehl und vom or-Befehl benötigten Eingangswerte durch Weiterleiten der Ergebnisse in den Pipelineregistern mittels Forwarding für die ALU bereitgestellt werden. Die Werte in den Pipelineregistern zeigen, dass der gewünschte Wert verfügbar ist, bevor er in den Registersatz geschrieben wird. Wir gehen davon aus, dass der Registersatz Werte weiterleitet, die im selben Taktzyklus gelesen und geschrieben werden, so dass der add-Befehl nicht angehalten wird. Die Werte stammen jedoch nicht von einem Pipelineregister, sondern aus dem Registersatz. Wegen des „Forwarding" des Registersatzes (d. h., der Lesebefehl erhält den Wert des Schreibbefehls im selben Taktzyklus) befindet sich in Register $t2 zu Beginn von Taktzyklus 5 der Wert 10 und am Ende des Taktzyklus der Wert –20. Wie im Rest dieses Abschnitts werden alle Werte, außer dem Wert, der durch einen Speicherbefehl gespeichert werden soll, mittels Forwarding weitergeleitet.

Diese Forwarding-Steuerung erfolgt in der EX-Stufe, da sich die Forwarding-Multiplexer der ALU in dieser Stufe befinden. Somit müssen wir die Registeradressen der Operanden aus der ID-Stufe über das ID/EX-Pipelineregister weitergeben um festzustellen, ob Werte mittels Forwarding weitergeleitet werden sollen. Das rt-Feld (Bit 20-16) haben wir bereits. Vor dem Forwarding benötigte das ID/EX-Register keinen Platz zum Speichern des rs-Felds. Also wird nun rs (Bit 25-21) zum ID/EX-Register hinzugefügt.

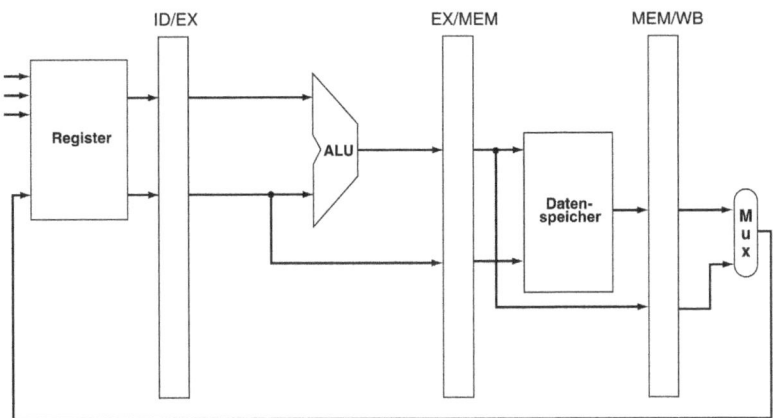

a. Ohne Forwarding

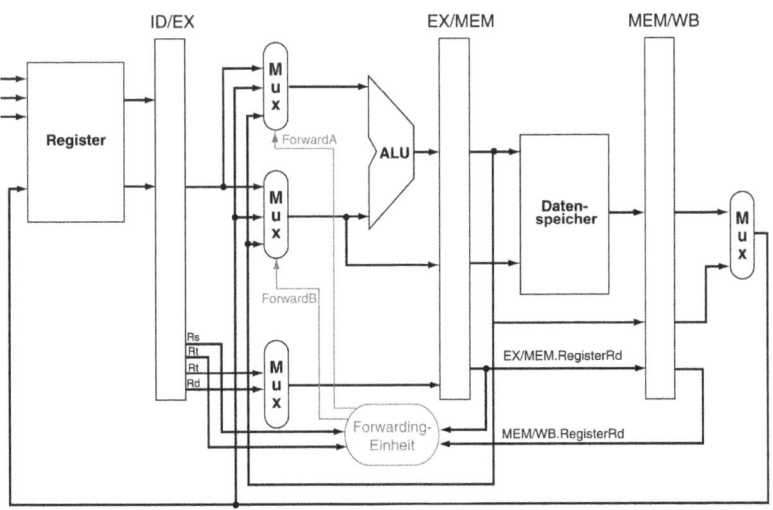

b. Mit Forwarding

Abb. 4.45: In der oberen Hälfte sind ALU und Pipelineregister vor dem Einfügen einer Forwarding-Einheit dargestellt. In der unteren Hälfte wurden die Multiplexer um die Forwarding-Leitungen erweitert und die Forwarding-Einheit ist eingefügt. Die neue Hardware ist grau gezeichnet. Bei dieser Abbildung handelt es sich um eine vereinfachte Darstellung ohne die Details des vollständigen Datenpfads wie etwa der Hardware für die Vorzeichenerweiterung. Das ID/EX.RegisterRt-Feld ist zweimal vorhanden: einmal als Verbindung zum MUX und einmal als Verbindung zur Forwarding-Einheit. Es handelt sich jedoch nur um ein Signal. Wie bereits erläutert, wird hierbei die Weiterleitung eines Speicherwerts mittels Forwarding an einen Speicherbefehl ignoriert.

Tab. 4.10: Steuerwerte für die Forwarding-Multiplexer in Abbildung 4.45. Der vorzeichenbehaftete Immediate-Wert, ein weiteres Eingangssignal der ALU, wird in der Anmerkung am Ende dieses Abschnitts beschrieben.

MUX-Steuerung	Quelle	Erläuterung
ForwardA = 00	ID/EX	Der erste ALU-Operand wird vom Registersatz bereitgestellt.
ForwardA = 10	EX/MEM	Der erste ALU-Operand wird aus dem vorhergehenden ALU-Ergebnis mittels Forwarding weitergeleitet.
ForwardA = 01	MEM/WB	Der erste ALU-Operand wird aus dem Datenspeicher oder einem früheren ALU-Ergebnis mittels Forwarding weitergeleitet.
ForwardB = 00	ID/EX	Der zweite ALU-Operand wird vom Registersatz bereitgestellt.
ForwardB = 10	EX/MEM	Der zweite ALU-Operand wird aus dem vorhergehenden ALU-Ergebnis mittels Forwarding weitergeleitet.
ForwardB = 01	MEM/WB	Der zweite ALU-Operand wird aus dem Datenspeicher oder einem früheren ALU-Ergebnis mittels Forwarding weitergeleitet.

Schreiben wir nun sowohl die Bedingungen zum Erkennen von Konflikten als auch die Steuersignale zum Beheben der Konflikte auf:

1. *EX-Konflikt*:

```
if (EX/MEM.RegWrite
and (EX/MEM.RegisterRd ≠ 0)
and (EX/MEM.RegisterRd=ID/EX.RegisterRs)) ForwardA= 0
```

```
if (EX/MEM.RegWrite
and (EX/MEM.RegisterRd ≠ 0)
and (EX/MEM.RegisterRd=ID/EX.RegisterRt)) ForwardB=10
```

Beachten Sie, dass das Feld EX/MEM.RegisterRd das Registerziel für entweder einen ALU-Befehl (der aus dem Rd-Feld des Befehls stammt) oder einen Ladebefehl (der aus dem Rt-Feld stammt) darstellt. In diesem Fall wird das Ergebnis aus dem vorhergehenden Befehl mittels Forwarding an einen der Eingänge der ALU weitergeleitet. Wenn mit dem vorhergehenden Befehl Werte in den Registersatz geschrieben werden und die Adresse des Registers, in das geschrieben wird, mit der Adresse des Registers, aus dem gelesen wird, der ALU-Eingänge A oder B übereinstimmt und es sich nicht um Register 0 handelt, soll der Multiplexer den Wert auswählen anstatt über das EX/MEM-Pipelineregister zu gehen.

2. *MEM-Konflikt*:

```
if (MEM/WB.RegWrite
and (MEM/WB.RegisterRd ≠ 0)
and (MEM/WB.RegisterRd=ID/EX.RegisterRs)) ForwardA=01
```

```
if (MEM/WB.RegWrite
and (MEM/WB.RegisterRd ≠ 0)
and (MEM/WB.RegisterRd=ID/EX.RegisterRt)) ForwardB=01
```

Wie bereits erwähnt, liegt in der WB-Stufe kein Konflikt vor, da wir davon ausgehen, dass der Registersatz das richtige Ergebnis bereitstellt, wenn der

Befehl in der ID-Stufe dasselbe Register liest, in das der Befehl schreibt,
der sich in der WB-Stufe befindet. Ein Registersatz dieser Art führt eine
weitere Form des Forwarding aus, die jedoch innerhalb des Registersatzes
auftritt.

Eine Schwierigkeit stellen potenzielle Datenkonflikte zwischen dem Ergebnis des Befehls in der WB-Stufe, dem Ergebnis des Befehls in der MEM-
Stufe und dem Quelloperanden des Befehls in der ALU-Stufe dar. Bei der
Addition eines Vektors von Zahlen in einem einzigen Register muss dasselbe Register von einer Folge von Befehlen gelesen und geschrieben werden:

```
add $1,$1,$2
add $1,$1,$3
add $1,$1,$4
. . .
```

In diesem Fall wird das Ergebnis mittels Forwarding aus der MEM-Stufe
weitergeleitet, da das Ergebnis in der MEM-Stufe das neuere Ergebnis ist.
Somit lautet die Steuerung für den MEM-Konflikt wie folgt:

```
if  (MEM/WB.RegWrite
and (MEM/WB.RegisterRd ≠ 0)
and not (EX/MEM.RegWrite and (EX.MEM.RegisterRd ≠ 0)
        and (EX/MEM.RegisterRd ≠ ID/EX.RegisterRs)
and (MEM/WB.RegisterRd=ID/EX.RegisterRs)) ForwardA=01

if  (MEM/WB.RegWrite
and (MEM/WB.RegisterRd ≠ 0)
and not (EX/MEM.RegWrite and (EX.MEM.RegisterRd ≠ 0)
        and (EX/MEM.RegisterRd ≠ ID/EX.RegisterRt)
and (MEM/WB.RegisterRd=ID/EX.RegisterRt)) ForwardB=01
```

In Abbildung 4.46 ist die Hardware dargestellt, die erforderlich ist, um
das Forwarding für Operationen zu unterstützen, die während der EX-Stufe
Ergebnisse verwenden. Beachten Sie, dass das Feld EX/MEM.RegisterRd
das Registerziel für einen ALU-Befehl (der aus dem Rd-Feld stammt) oder
einen Ladebefehl (der aus dem Rt-Feld stammt) darstellt.

Falls Sie mehr Beispiele mit Eintakt-Pipelining sehen wollen: Im Online-
Abschnitt 4.13 sind zwei MIPS-Code-Sequenzen mit Konflikten enthalten,
die zu Forwarding führen.

Anmerkung: Das Forwarding kann auch bei Konflikten hilfreich sein, bei denen Speicherbefehle von anderen Befehlen abhängen. Da diese während der
MEM-Stufe nur einen Datenwert verwenden, ist das Forwarding einfach. Aber
wie verhält es sich mit Ladebefehlen, denen unmittelbar Speicherbefehle folgen, was praktisch ist, wenn in der MIPS-Architektur etwas von Speicher zu
Speicher kopiert wird. Weil das Kopieren eine häufig vorkommende Operation
ist, müssen wir mehr Forwarding-Hardware verwenden, um das Kopieren von
Speicher zu Speicher zu beschleunigen. Zeichnen wir Abbildung 4.44 noch
einmal neu und ersetzen wir dabei die Befehle sub und and durch lw und sw.

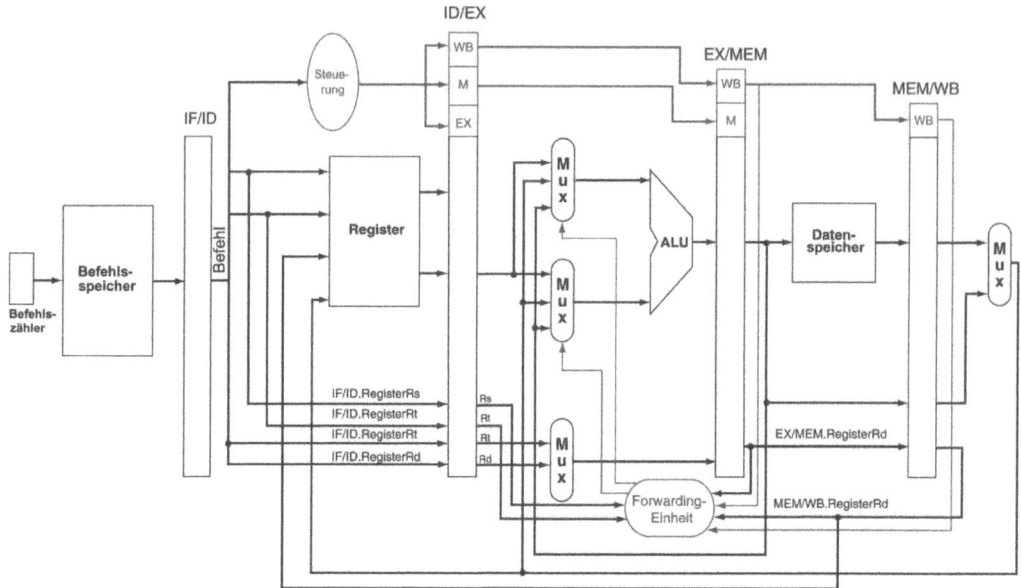

Abb. 4.46: Der Datenpfad, der so geändert wurde, dass Konflikte mittels Forwarding behoben werden. Verglichen mit dem Datenpfad in Abbildung 4.42 wurden die Multiplexer in die Eingangsleitungen zur ALU eingefügt. Bei dieser Abbildung handelt es sich um eine vereinfachte Darstellung ohne die Details des vollständigen Datenpfads wie etwa die Hardware für Sprünge und für die Vorzeichenerweiterung.

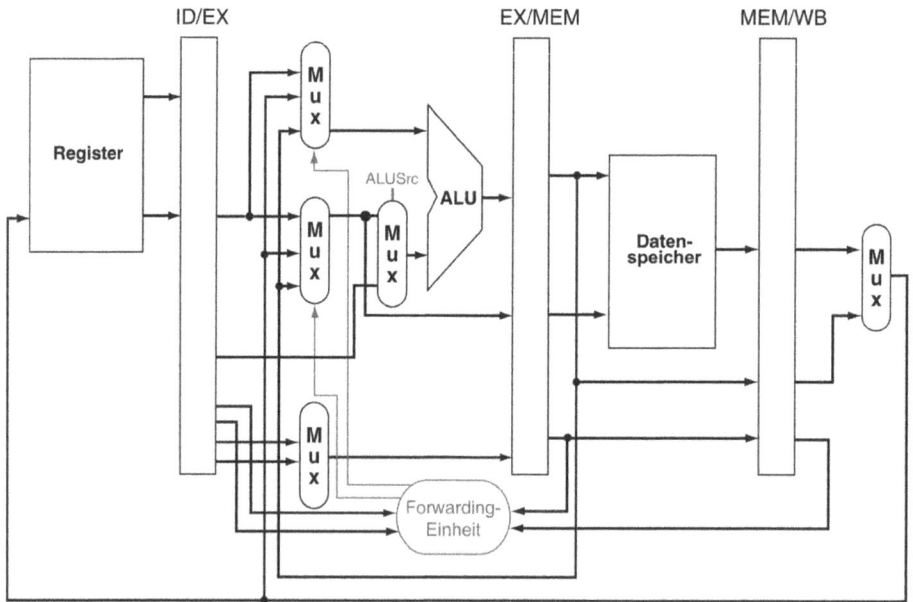

Abb. 4.47: Der Datenpfad aus Abbildung 4.45. Dargestellt ist ein 2:1-Multiplexer, der ergänzt wurde, um das vorzeichenbehaftete Immediate-Signal als ALU-Eingangssignal auszuwählen.

Dann können wir feststellen, dass sich eine Pipelineverzögerung verhindern lässt, da die Daten im MEM/WB-Register eines Ladebefehls so rechtzeitig vorliegen, dass sie in der MEM-Stufe eines Speicherbefehls verwendet werden können. Dazu müssten wir die MEM-Stufe mit Forwarding-Hardware ergänzen. Wir überlassen Ihnen diese Änderung als Übungsaufgabe.

Daneben fehlt dem Datenpfad in Abbildung 4.46 das vorzeichenbehaftete Immediate-Eingangssignal an der ALU, das von Lade- und Speicherbefehlen benötigt wird. Da die zentrale Steuerung zwischen Registerwert und Immediate-Wert entscheidet und da die Forwarding-Einheit das Pipelineregister für ein Registereingangssignal an der ALU auswählt, ist es am einfachsten, einen 2:1-Multiplexer einzufügen, der zwischen dem ForwardB-Multiplexerausgang und dem vorzeichenbehafteten Immediate-Signal auswählt. In Abbildung 4.47 ist diese Erweiterung dargestellt.

Pipelinehemmnisse durch Datenabhängigkeit und Pipelineverzögerungen

Wenn du im ersten Anlauf nicht erfolgreich bist, dann definiere neu, was Erfolg heißt.

anonym

Wie in Abschnitt 4.5 bereits erwähnt, hilft das Forwarding nicht weiter, wenn ein Befehl versucht, ein Register zu lesen, und diesem Befehl ein Ladebefehl vorausgeht, der in dasselbe Register schreibt. In Abbildung 4.48 ist dieses Problem dargestellt. Die Daten werden nach wie vor in Taktzyklus 4 aus dem Speicher gelesen, während die ALU die Operation für den nachfolgenden Befehl ausführt. Die Pipeline muss für die Kombination aus Ladebefehl, gefolgt von einem Befehl, der das Ergebnis dieses Ladebefehls liest, angehalten werden.

Also benötigen wir neben einer Forwarding-Einheit eine *Einheit zum Erkennen von Konflikten*. Diese arbeitet während der ID-Stufe, so dass die Verzögerung zwischen dem Ladebefehl und der Verwendung des Lade-Ergebnisses eingefügt werden kann. Die Steuerung der Einheit zum Erkennen von Konflikten muss Ladebefehle auf die folgende Bedingung prüfen:

```
if (ID/EX.MemRead and
    ((ID/EX.RegisterRt = IF/ID.RegisterRs) or
     (ID/EX.RegisterRt = IF/ID.RegisterRt)))
     stall the pipeline
```

Die erste Zeile prüft, ob es sich bei dem Befehl um einen Ladebefehl handelt: Der einzige Befehl, der den Datenspeicher liest, ist ein Ladebefehl. Die nächsten beiden Zeilen prüfen, ob das Zielregisterfeld des Ladebefehls in der EX-Stufe mit einem Quellregister des Befehls in der ID-Stufe übereinstimmt. Wenn die Bedingung erfüllt ist, hält der Befehl die Pipeline einen Taktzyklus lang an. Nach dieser Verzögerung kann die Abhängigkeit von der Forwarding-Logik behandelt werden, und die Ausführung wird fortgesetzt. (Ohne Forwarding würden die Befehle in Abbildung 4.48 einen weiteren Verzögerungszyklus benötigen.)

Wenn der Befehl in der ID-Stufe angehalten wird, muss auch der Befehl in der IF-Stufe angehalten werden. Wenn dies nicht geschieht, geht der ge-

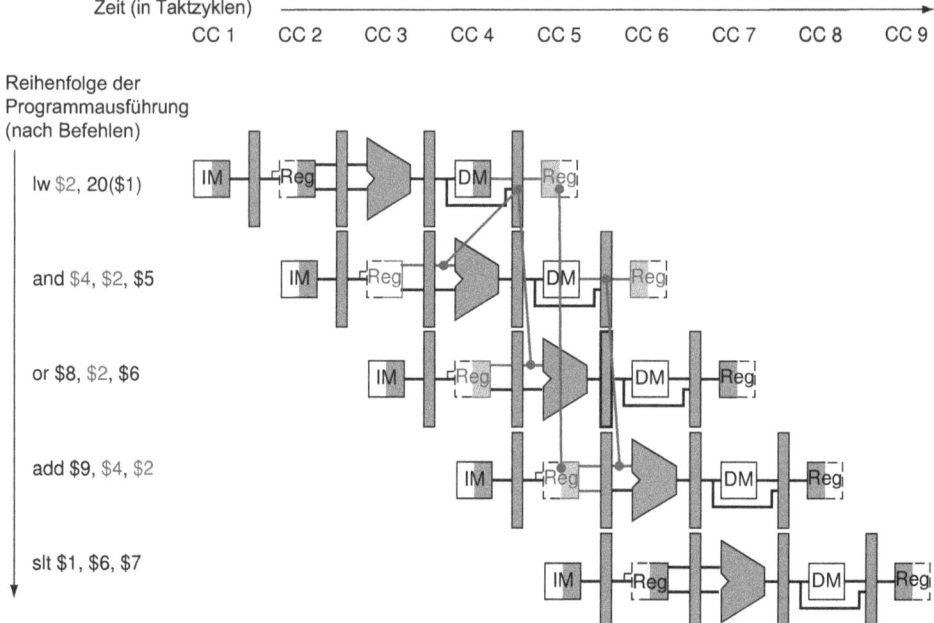

Abb. 4.48: Eine Befehlssequenz in der Pipeline. Da die Abhängigkeit zwischen dem Ladebefehl und dem nachfolgenden Befehl (and) einen zeitlichen Rücksprung erfordert, kann dieser Konflikt nicht durch Forwarding aufgelöst werden. Somit muss diese Befehlssequenz zu einer Verzögerung durch die Einheit zum Erkennen von Konflikten führen.

NOP-Befehl Ein Befehl, der eine Operation ausführt, die zu keiner Zustandsänderung führt.

holte Befehl verloren. Dass diese beiden Befehle in der Pipelinebearbeitung voranschreiten, wird einfach dadurch verhindert, dass man Befehlszähler und IF/ID-Pipelineregister davon abhält, neue Werte anzunehmen. Vorausgesetzt, diese Register bleiben erhalten, wird das Lesen des Befehls in der IF-Stufe unter Verwendung desselben Befehlszählers fortgesetzt, und das Lesen der Register in der ID-Stufe wird unter Verwendung derselben Befehlsfelder im IF/ID-Pipelineregister fortgesetzt. Wenn wir dies auf unsere Analogie mit dem Wäschewaschen übertragen, ist das so, als würden Sie die Waschmaschine mit derselben Wäscheladung neu starten, während der Trockner gleichzeitig ohne Ladung trocknet. Der hintere Teil der Pipeline, der mit der EX-Stufe beginnt, muss ebenso wie der Trockner auch etwas tun. Dieser Teil führt also so genannte **NOP-Befehle** aus, d. h. Befehle, die keine Auswirkungen haben.

Wie können wir diese NOP-Befehle, die sich wie Bubbles verhalten, in die Pipeline einfügen? In Tabelle 4.9 ist zu sehen, dass ein NOP-Befehl – der „nichts tut" – generiert wird, wenn alle neun Steuersignale in den Stufen EX, MEM und WB auf logisch 0 gesetzt werden. Wenn also der Konflikt in der ID-Stufe erkannt wird, können wir ein Bubble in die Pipeline einfügen, indem wir die Steuerfelder der Stufen EX, MEM und WB des ID/EX-Pipelineregisters auf 0 setzen. Diese hilfreichen Steuerwerte werden in jedem Taktzyklus mit dem entsprechenden Effekt weitergeleitet: Kein Register oder Speicher wird beschrieben, wenn die Steuerwerte alle 0 sind.

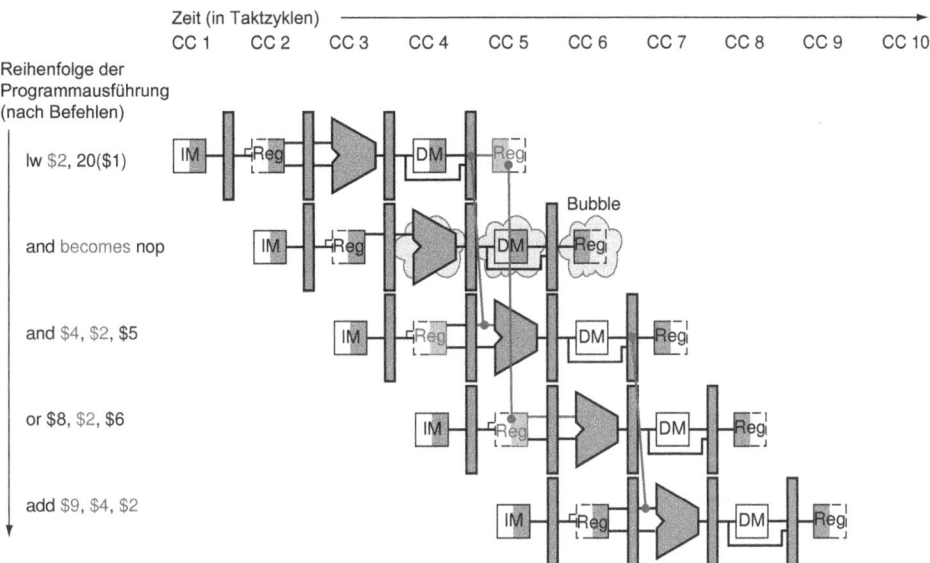

Abb. 4.49: So werden Verzögerungen in die Pipeline eingefügt. Eine Verzögerung (Bubble) wird beginnend in Taktzyklus 4 eingefügt, indem der and-Befehl in einen NOP-Befehl geändert wird. Der and-Befehl wird in den Taktzyklen 2 und 3 geholt und decodiert, aber seine EX-Stufe wird bis Taktzyklus 5 angehalten (im Gegensatz zur unverzögerten Position in Taktzyklus 4). Entsprechend wird der or-Befehl in Taktzyklus 3 geholt, jedoch wird dessen IF-Stufe bis Taktzyklus 5 angehalten (im Gegensatz zur unverzögerten Position in Taktzyklus 4). Nach dem Einfügen des Bubbles sind alle Abhängigkeiten in Richtung der Zeitachse orientiert, und es treten keine weiteren Konflikte mehr auf.

In Abbildung 4.49 wird dargestellt, was in der Hardware tatsächlich geschieht: Die Pipelineausführungsstufe, die dem and-Befehl zugeordnet ist, wird in einen NOP-Befehl geändert und alle Befehle nach dem and-Befehl werden um einen Zyklus verzögert. Aufgrund des Konflikts müssen die and- und or-Befehle in Taktzyklus 4 wiederholen, was sie in Taktzyklus 3 bereits getan haben: and liest Register und wird decodiert und or wird erneut aus dem Befehlsspeicher geholt. Bei der Verzögerung fallen wiederholte Arbeitsschritte an, aber eigentlich geht es darum, die Zeitdauer der and- und or-Befehle zu verlängern und das Holen des add-Befehls zu verzögern. Wie eine Luftblase in einer Wasserleitung verzögert ein Bubble alles ihm Nachfolgende und durchläuft die Befehlspipeline, eine Stufe pro Zyklus, bis er die Pipeline am Ende verlässt.

In Abbildung 4.50 sind die Pipelineverbindungen sowohl für die Einheit zum Erkennen von Konflikten als auch für die Forwarding-Einheit dargestellt. Wie zuvor steuert auch hier die Forwarding-Einheit die ALU-Multiplexer, um den Wert aus einem Allzweckregister gegen den Wert aus dem gewünschten Pipelineregister auszutauschen. Die Einheit zum Erkennen von Konflikten steuert das Schreiben in den Befehlszähler und das IF/ID-Register sowie den Multiplexer, der zwischen den echten Steuerwerten und der Möglichkeit, alle Signale auf 0 zu setzen, wählt. Die Einheit zum Erkennen von Konflikten hält

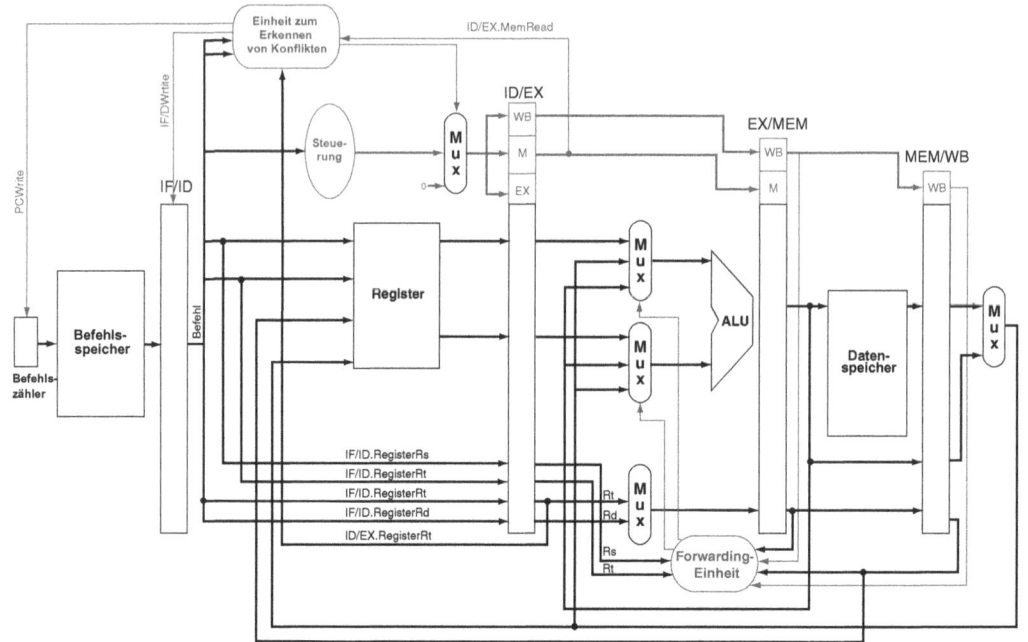

Abb. 4.50: **Übersicht über die Steuerung mit Pipeline, mit den beiden Multiplexern für das Forwarding, mit der Einheit zum Erkennen von Konflikten und mit der Forwarding-Einheit.** Die ID- und EX-Stufen sind zwar vereinfacht dargestellt (die Logik für vorzeichenerweiterte Immediates und Sprünge fehlt), dennoch stellt diese Abbildung die wesentlichen Anforderungen an eine Forwarding-Hardware dar.

die Pipeline an und setzt die Steuerfelder auf logisch 0, wenn die Überprüfung auf einen Load-Use-Konflikt positiv ausfällt. Online-Abschnitt 4.13 zeigt ein Beispiel für MIPS-Code mit Konflikten, die eine Verzögerung verursachen, dargestellt als Eintaktdiagramme, falls Sie weitere Informationen benötigen.

Grundwissen

Auch wenn die Hardware sich darum kümmert, Konflikte aufgrund von Abhängigkeiten aufzulösen und dadurch die gewünschte Ausführung gesichert ist, sollte der Compiler die Pipeline verstehen, damit die bestmögliche Leistung erzielt werden kann. Andernfalls wird die Leistung durch unerwartete Verzögerungen des kompilierten Codes beeinträchtigt.

Anmerkung: Eine Ergänzung zu der Bemerkung weiter vorn, dass alle Steuersignale auf 0 gesetzt werden, um zu verhindern, dass Register oder Speicher beschrieben werden: Tatsächlich müssen nur die Signale RegWrite und MemWrite auf 0 gesetzt werden. Die anderen Steuersignale können auf „don't care" gesetzt werden.

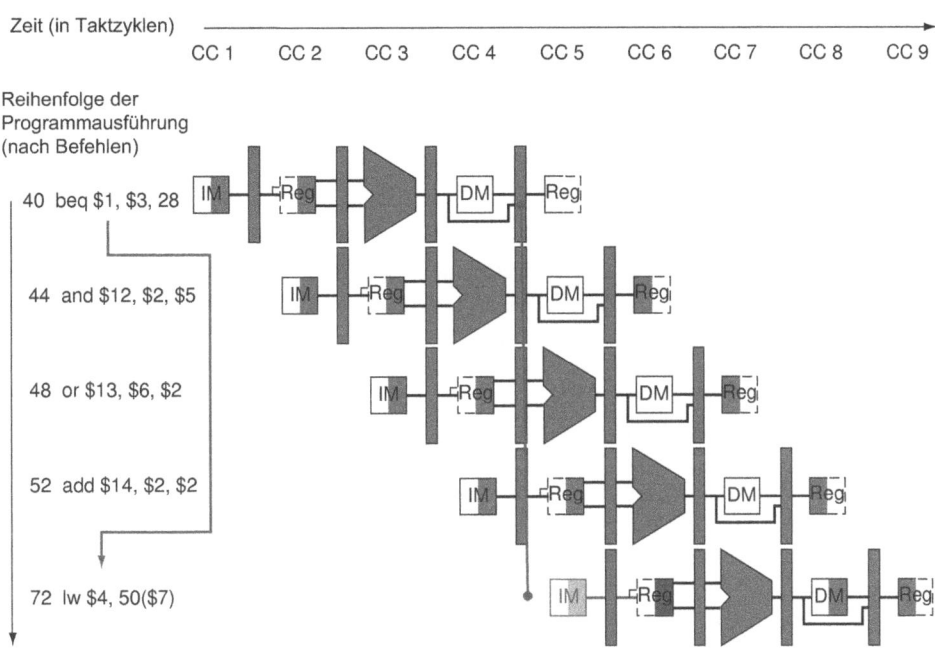

Abb. 4.51: Auswirkung der Pipeline auf den Sprungbefehl. Die Zahlen links neben den Befehlen (40, 44, . . .) sind die Befehls-adressen. Da der Sprungbefehl in der MEM-Stufe (Taktzyklus 4 beim obigen beq-Befehl) entscheidet, ob ein Sprung ausgeführt wird, werden die drei sequentiellen Befehle, die dem Sprung folgen, geholt und die Ausführung wird begonnen. Ohne Eingriff der Steuerung beginnt die Ausführung dieser drei nachfolgenden Befehle, bevor beq zu w auf Adresse 72 verzweigt. (In Abbildung 4.25 wird zusätzliche Hardware vorausgesetzt, um den Steuerkonflikt auf genau einen Taktzyklus zu beschränken. In dieser Abbildung ist der nicht optimierte Datenpfad dargestellt.)

4.8 Steuerkonflikte

Bisher haben wir nur Konflikte bei arithmetischen Operationen und Daten-transfers betrachtet. Wie wir jedoch in Abschnitt 4.5 gesehen haben, gibt es auch Pipelinehemmnisse bei Sprüngen. In Abbildung 4.51 ist eine Folge von Befehlen dargestellt, und es ist angegeben, an welcher Stelle in dieser Pipeli-ne der Sprung stattfindet. In jedem Taktzyklus muss ein Befehl geholt werden, damit die Pipeline immer beschäftigt ist. Jedoch steht in unserem Entwurf die Entscheidung, ob ein Sprung ausgeführt wird, erst in der MEM-Pipelinestufe an. Wie in Abschnitt 4.5 bereits erwähnt, wird diese Verzögerung beim Bestim-men des Befehls, der geholt werden soll, im Gegensatz zu den eben beschrie-benen *Datenkonflikten* als *Steuerkonflikt* oder *Pipelinehemmnis durch Kontroll-flussabhängigkeiten* bezeichnet.

Dieser Abschnitt über Steuerkonflikte ist kürzer als die vorhergehenden Ab-schnitte über Datenkonflikte. Dafür gibt es verschiedene Gründe: Steuerkon-flikte sind relativ einfach zu verstehen, sie treten seltener auf als Datenkon-flikte und es gibt nichts, das so wirksam gegen Steuerkonflikte ist, wie das

Es kommen tausend, die an den Ästen des Übels hacken, auf einen, der die Wurzel trifft.

Henry David Thoreau, *Walden,* 1854

Forwarding gegen Datenkonflikte. Also verwenden wir einfachere Methoden. Wir werden zwei Methoden zum Beheben von Steuerkonflikten und eine Möglichkeit zum Optimieren dieser Methoden betrachten.

Annahme, dass Sprünge nicht ausgeführt werden

VORHERSAGE

Wie wir in Abschnitt 4.5 gesehen haben, dauert es zu lange, wenn wir warten, bis der Sprung durchgeführt ist. Ein gängiges Mittel zur Verbesserung der Leistung gegenüber dem reinen Abwarten bis der Sprung durchgeführt ist, besteht in der **Vorhersage**, dass der Sprung nicht ausgeführt wird, und mit der Ausführung der nachfolgenden Befehle fortzufahren. Wenn der Sprung doch ausgeführt wird, werden die Befehle verworfen, die bereits geholt und decodiert wurden. Die Ausführung wird am Sprungziel fortgesetzt. Wenn die Hälfte der Sprünge nicht ausgeführt wird, und wenn das Verwerfen der Befehle nur geringe Kosten verursacht, werden die durch Steuerkonflikte verursachten Kosten durch diese Optimierung halbiert.

Leeren der Pipeline Beseitigen von Befehlen aus einer Pipeline, in der Regel aufgrund eines unerwarteten Ereignisses.

Um Befehle zu verwerfen, ändern wir lediglich die ursprünglichen Steuerwerte in Nullen, ähnlich wie wir das auch zum Verzögern der Pipeline bei einem Load-Use-Datenkonflikt getan haben. Der Unterschied besteht jedoch darin, dass wir hier auch die drei Befehle in den Stufen IF, ID und EX ändern müssen, wenn der Sprung in die MEM-Stufe gelangt. Bei Verzögerungen aufgrund von Load-Use-Konflikten haben wir lediglich den Steuerwert in der ID-Stufe auf 0 gesetzt und die Verzögerungen durch die Pipeline mitgeführt. Das Verwerfen von Befehlen erfordert somit, dass wir in der Lage sein müssen, in den Stufen IF, ID und EX die **Pipeline zu leeren**.

Reduktion der Verzögerung durch Sprünge

Das Leistungsverhalten von Sprüngen lässt sich durch Reduzieren der Kosten für den ausgeführten Sprung verbessern. Bisher sind wir davon ausgegangen, dass der nächste Befehlszähler für einen Sprung in der MEM-Stufe ausgewählt wird. Wenn wir jedoch die Sprungausführung in der Pipeline weiter nach vorn verlegen, müssen weniger Befehle verworfen werden. Die MIPS-Architektur wurde entwickelt, um schnelle Eintaktsprünge zu unterstützen, die mit geringen Einbußen aufgrund von Sprüngen in der Pipeline verarbeitet werden können. Die Entwickler haben beobachtet, dass viele Sprünge nur von einfachen Tests (beispielsweise auf Gleichheit oder Vorzeichen) abhängen und dass Tests dieser Art keine komplette ALU-Operation beanspruchen, sondern mit maximal einigen wenigen Gattern durchgeführt werden können. Wenn eine komplexere Sprungentscheidung erforderlich ist, wird ein eigener Befehl benötigt, der mithilfe der ALU einen Vergleich durchführt, eine Situation, ähnlich der, bei der Bedingungscodes für Sprünge verwendet werden.

Wenn die Sprungentscheidung weiter vorn in der Pipeline erfolgen soll, müssen zwei Aktionen bereits zu einem früheren Zeitpunkt durchgeführt werden: die Berechnung der Sprungzieladresse und die Beurteilung der Sprungentscheidung. Der einfache Teil dieser Änderung ist das Verlegen der Berechnung der Sprungzieladresse. Im IF/ID-Pipelineregister befindet sich bereits der Befehlszählerwert und das Immediate-Feld. Wir brauchen also nur noch den Sprungaddierer aus der EX-Stufe in die ID-Stufe zu verlegen. Dabei werden allerdings für alle Befehle die Sprungzieladressen berechnet, die jedoch nur bei Bedarf verwendet werden.

Der schwierigere Teil ist die Sprungentscheidung an sich. Bei einem Branch-equal-Befehl vergleichen wir die beiden Register, die während der ID-Stufe gelesen werden, um festzustellen, ob die Werte in den beiden Registern gleich sind. Auf Gleichheit kann geprüft werden, indem zunächst mit den jeweiligen Bits eine Exklusiv-ODER-Verknüpfung (XOR) und anschließend mit den Ergebnissen eine ODER-Verknüpfung (OR) durchgeführt wird. Wenn die Sprungüberprüfung in die ID-Stufe verlegt wird, ist zusätzliche Hardware für das Forwarding und das Erkennen von Konflikten erforderlich, da ein Sprung, der von einem Ergebnis abhängt, das sich noch in der Pipeline befindet, auch mit dieser Optimierung ordnungsgemäß funktionieren muss. Um beispielsweise den Branch-on-equal-Befehl (und dessen Invertierung) zu implementieren, müssen wir Ergebnisse mittels Forwarding an die Logik zum Überprüfen auf Gleichheit weiterleiten, die während der ID-Stufe aktiv ist. Hierbei spielen zwei kritische Faktoren eine Rolle:

1. Wir müssen den Befehl während der ID-Stufe decodieren, entscheiden, ob eine Weitergabe zur Einheit zum Überprüfen auf Gleichheit erforderlich ist, und die Überprüfung auf Gleichheit durchführen, so dass wir den Befehlszähler auf die Sprungzieladresse setzen können, wenn der Befehl ein Sprungbefehl ist. Das Forwarding der Operanden von Sprüngen wurde bisher von der Forwarding-Einheit der ALU übernommen. Wenn wir die Einheit zum Überprüfen auf Gleichheit jedoch in die ID-Stufe verlegen, benötigen wir eine neue Forwarding-Logik. Die mittels Forwarding weitergeleiteten Quelloperanden eines Sprungs können im Übrigen entweder vom ALU/MEM- oder vom MEM/WB-Pipeline-Register bereitgestellt werden.

2. Da die Werte in einem Sprungvergleich während der ID-Stufe benötigt werden, jedoch eventuell erst zu einem späteren Zeitpunkt generiert werden, tritt möglicherweise ein Datenkonflikt auf, und es wird eine Pipelineverzögerung benötigt. Wenn beispielsweise ein ALU-Befehl direkt vor einem Sprung einen der Operanden für den Vergleich im Sprungbefehl generiert, ist eine Pipelineverzögerung erforderlich, da die EX-Stufe des ALU-Befehls nach der ID-Stufe des Sprungs ausgeführt wird. Folgt einer Ladeoperation unmittelbar eine bedingte Verzweigung, die von dem Ladeergebnis abhängig ist, sind zwei Verzögerungszyklen notwendig, weil das Ergebnis der Ladeoperation nach dem MEM-Zyklus bereitsteht, aber zu Beginn der ID für die Verzweigung benötigt wird.

Trotz dieser Schwierigkeiten stellt das Verlegen der Sprungausführung in die ID-Stufe eine Verbesserung dar, weil dadurch die Einbußen aufgrund eines Sprungs auf nur einen Befehl beschränkt werden, wenn der Sprung ausgeführt wird, nämlich auf den Befehl, der zu diesem Zeitpunkt geholt wird. In den Aufgaben werden die Details zur Implementierung des Forwarding-Pfads und zur Erkennung des Konflikts untersucht.

Um die Pipeline in der IF-Stufe zu leeren, fügen wir eine Steuerleitung ein, die als IF.Flush bezeichnet wird und die das Befehlsfeld des IF/ID-Pipelineregisters auf 0 setzt. Durch das Löschen des Registers wird der geholte Befehl in einen NOP-Befehl umgewandelt, einen Befehl, der keine Aktion bewirkt und den Zustand nicht verändert.

Beispiel: Sprünge mit Pipelining

Zeigen Sie, was geschieht, wenn der Sprung in dieser Befehlsfolge ausgeführt wird, vorausgesetzt, die Pipeline ist für Sprünge optimiert, die nicht ausgeführt werden, und die Sprungausführung wurde in die ID-Stufe verlegt:

```
36 sub $10, $4, $8
40 beq  $1, $3, 7   # befehlszählerrelative Verzweigung
                    # nach 40 + 4  + 7 * 4 = 72
44 and $12, $2, $5
48 or  $13, $2, $6
52 add $14, $4, $2
56 slt $15, $6, $7
...
72 lw  $4,  50($7)
```

Lösung: In Abbildung 4.52 ist dargestellt, was geschieht, wenn ein Sprung ausgeführt wird. Im Gegensatz zu Abbildung 4.51 wird bei einem ausgeführten Sprung nur ein Bubble benötigt.

Dynamische Sprungvorhersage

Die Annahme, dass ein Sprung nicht ausgeführt wird, ist eine einfache Form der *Sprungvorhersage*. In diesem Fall sagen wir vorher, dass Sprünge nicht ausgeführt werden, und leeren die Pipeline, wenn die Vorhersage falsch war. Bei der einfachen fünfstufigen Pipeline ist ein derartiger Ansatz, möglicherweise gekoppelt mit einer compilerbasierten Vorhersage, wohl angemessen. Bei Pipelines mit mehr Stufen nehmen die Kosten einer falschen Sprungvorhersage gemessen in Taktzyklen zu. In ähnlicher Weise nehmen bei der Mehrfachzuordnung die Kosten einer falschen Sprungvorhersage in Form von verlorenen Befehlen zu. Diese Kombination bedeutet, dass in einer aggressiven Pipeline mit einer einfachen statischen Vorhersagemethode möglicherweise zu viel Leistung verloren geht. Wie in Abschnitt 4.5 bereits erwähnt, ist es möglich, mit zusätzlicher Hardware das Sprungverhalten während der Programmausführung **vorherzusagen.**

Ein Ansatz besteht darin, anhand der Befehlsadresse nachzuschlagen, ob bei der letzten Ausführung des Befehls ein Sprung ausgeführt wurde, und wenn

VORHERSAGE

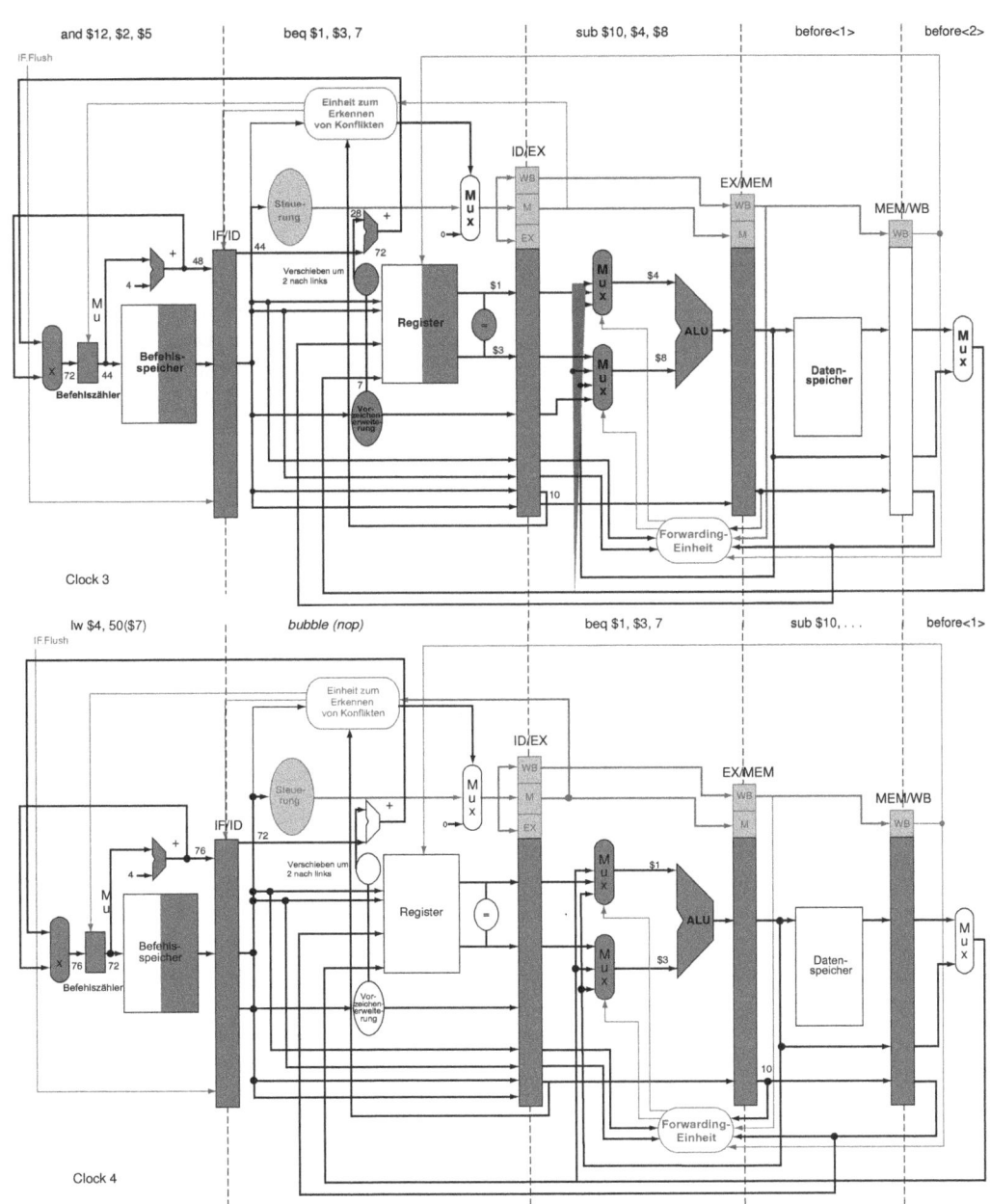

Abb. 4.52: Die ID-Stufe von Taktzyklus 3 bestimmt, dass ein Sprung ausgeführt werden muss. Sie wählt daher 72 als nächste Befehlszähleradresse aus und setzt den für den nächsten Taktzyklus geholten Befehl auf 0. In Taktzyklus 4 wird der Befehl auf Adresse 72 geholt, und der Bubble- oder NOP-Befehl in der Pipeline wird als Ergebnis des ausgeführten Sprungs dargestellt. (Da der NOP-Befehl eigentlich ein `sll $0,$0,0`-Befehl ist, lässt sich darüber streiten, ob die ID-Stufe in Taktzyklus 4 hervorzuheben ist oder nicht.)

dynamische Sprungvor-
hersage Vorhersage von
Sprüngen zur Laufzeit
mithilfe von Laufzeitin-
formationen.

Sprungvorhersagepuffer
Ein kleiner Speicher, der
durch den unteren Teil der
Adresse des Sprungbe-
fehls adressiert wird und
der ein oder mehrere Bit
enthält, die angeben, ob
der Sprung in letzter Zeit
ausgeführt wurde.

dies der Fall ist, neue Befehle von derselben Stelle wie beim letzten Mal zu
holen. Diese Technik wird als **dynamische Sprungvorhersage** bezeichnet.

Eine Implementierung mit diesem Ansatz stellt der **Sprungvorhersagepuf-**
fer oder die **Sprungverlaufstabelle** dar. Ein Sprungvorhersagepuffer ist ein
kleiner Speicher, der durch den unteren Teil der Adresse des Sprungbefehls
adressiert wird. Der Speicher enthält ein Bit, das angibt, ob der Sprung in letzter Zeit ausgeführt wurde.

Dies ist die einfachste Art eines Puffers. Wir wissen noch nicht einmal, ob
die Vorhersage stimmt. Schließlich kann sie durch einen anderen Sprung verursacht werden, der über dieselben niederwertigen Adressbits verfügt. Das hat
jedoch keine Auswirkungen auf die Richtigkeit. Eine Vorhersage ist nur ein
Hinweis, von dem angenommen wird, dass er stimmt. Daher beginnt das Holen in der vorhergesagten Richtung. Wenn sich der Hinweis als falsch heraus-
stellt, werden die falsch vorhergesagten Befehle gelöscht, das Vorhersage-Bit
wird invertiert und wieder gespeichert, und die richtige Sequenz wird geholt
und ausgeführt.

Diese einfache 1-Bit-Sprungvorhersage weist hinsichtlich der Leistung einen Nachteil auf: Auch wenn ein Sprung fast immer ausgeführt wird, gibt es
nicht nur eine, sondern zwei falsche Vorhersagen, wenn der Sprung nicht ausgeführt wird. Anhand des folgenden Beispiels wird dieses Dilemma deutlich.

Beispiel: Schleifen und Vorhersagen

Stellen Sie sich eine Schleife vor, bei der ein Sprung neun Mal in Folge ausgeführt, und dann einmal nicht ausgeführt wird. Wie genau ist die Sprungvorhersage für diesen Sprung, wenn wir davon ausgehen, dass das Vorhersage-Bit für
diesen Sprung im Vorhersagepuffer bleibt?

Lösung: Mit der statischen Vorhersage wird bei der ersten und letzten Schlei-
feniteration falsch vorhergesagt. Die falsche Vorhersage bei der letzten Iteration lässt sich nicht vermeiden, da das Vorhersage-Bit angibt, dass der Sprung
ausgeführt wurde: Immerhin war der Sprung zu diesem Zeitpunkt neun Mal in
Folge ausgeführt worden. Die falsche Vorhersage bei der ersten Iteration beruht darauf, dass das Bit vor Ausführung der letzten Iteration aktiviert wird, da
der Sprung bei dieser beendenden Iteration nicht ausgeführt wurde. Somit beträgt die Genauigkeit der Vorhersage für diesen Sprung, der in 90 % der Fälle
ausgeführt wird, nur 80 % (zwei falsche Vorhersagen und acht richtige).

Die Genauigkeit des Prädiktors entspricht bei diesen sehr regelmäßigen Sprüngen im Idealfall der Häufigkeit der ausgeführten Sprünge. Diese Schwäche
wird häufig mit 2-Bit-Sprungvorhersagen ausgeglichen. Bei einer 2-Bit-Vor-
hersage muss eine Vorhersage zweimal falsch sein, damit die Vorhersage geändert wird. Abbildung 4.53 zeigt den endlichen Automaten für eine 2-Bit-
Vorhersage.

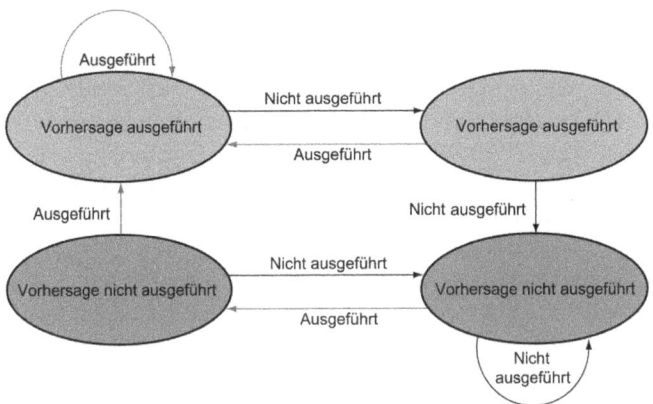

Abb. 4.53: Zustände bei einer 2-Bit-Vorhersage. Weil anstelle von nur einem Bit zwei Bit verwendet werden, kommt es bei Sprüngen, die mit großer Regelmäßigkeit ausgeführt oder nicht ausgeführt werden (wie das bei vielen Sprüngen der Fall ist), nur zu einer falschen Vorhersage. Die zwei Bit werden zum Darstellen der vier Zustände im System verwendet. Bei dieser 2-Bit-Methode handelt es sich um ein allgemeines Beispiel für einen zählerbasierten Prädiktor, der inkrementiert wird, wenn die Vorhersage stimmt, und dekrementiert, wenn die Vorhersage falsch ist. Der Mittelpunkt des Bereiches wird als Grenze zwischen ausgeführt und nicht ausgeführt verwendet.

Ein Sprungvorhersagepuffer kann als kleiner Spezialpuffer implementiert werden, auf den während der IF-Pipelinestufe mit der Befehlsadresse zugegriffen wird. Wenn der Befehl als ausgeführt vorhergesagt wird, beginnt das Holen aus dem Ziel, sobald der Befehlszähler bekannt ist. Das kann, wie auf Seite 338 erwähnt, bereits in der ID-Stufe der Fall sein. Andernfalls wird das sequentielle Holen und Ausführen fortgesetzt. Wenn sich die Vorhersage als falsch erweist, werden die Vorhersage-Bits, wie in Abbildung 4.53 dargestellt, geändert.

Anmerkungen: 1) Wie in Abschnitt 4.5 beschrieben, können wir in einer fünfstufigen Pipeline den Steuerkonflikt beheben, indem wir den Sprung neu definieren. Ein verzögerter Sprung führt immer den nachfolgenden Befehl aus, aber der zweite Befehl nach dem Sprung ist vom Sprung betroffen.

Compiler und Assembler versuchen einen Befehl, der immer ausgeführt wird, nach dem Sprung in das Zeitfenster für die **Verzögerung nach dem Sprungbefehl** einzufügen. Die Software hat die Aufgabe, dafür zu sorgen, dass die nachfolgenden Befehle gültig und nützlich sind. In Abbildung 4.54 sind die drei Möglichkeiten dargestellt, wie die Verzögerung nach einem Sprungbefehl genutzt werden kann.

Die Grenzen des Schedulings verzögerter Sprünge ergeben sich zum einen aus den Einschränkungen der Befehle, die für die Zeitfenster geplant werden, und zum anderen aus unserer Fähigkeit, zum Zeitpunkt des Kompilierens vorherzusagen, ob ein Sprung ausgeführt wird.

Der verzögerte Sprung war eine einfache und effektive Lösung für eine fünfstufige Pipeline, die pro Taktzyklus einen Befehl zuordnet. Da Prozessoren zu-

Verzögerung nach Sprungbefehl Das Zeitfenster direkt nach einem verzögerten Sprungbefehl, das bei der MIPS-Architektur mit einem Befehl gefüllt wird, der auf den Sprung keine Auswirkungen hat.

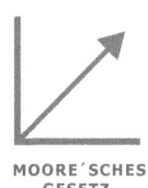

MOORE´SCHES
GESETZ

Sprungzielpuffer Eine
Struktur, die den Zielbe-
fehlszähler oder den Zielbefehl für einen Sprung
im Cache zwischenspei-
chert.

Korrelationsprädiktor
Ein Sprungprädiktor, der
das lokale Verhalten ei-
nes bestimmten Sprungs
mit globalen Informatio-
nen zum Verhalten einiger
kürzlich ausgeführter
Sprünge zusammen ver-
wendet.

Hybridprädiktor Ein
Sprungprädiktor mit
mehreren Vorhersagen
für jeden Sprung und
einem Auswahlmecha-
nismus, der den Prädiktor
auswählt, der für einen
bestimmten Sprung ver-
wendet werden soll.

nehmend sowohl längere Pipelines verwenden als auch pro Taktzyklus mehrere Befehle zuordnen (siehe Abschnitt 4.10), wird die Verzögerung nach einem
Sprung länger und ein einzelnes Zeitfenster reicht für die Verzögerung nicht
mehr aus. Der verzögerte Sprung hat daher zugunsten teurerer, aber flexiblerer
dynamischer Lösungen an Beliebtheit eingebüßt. Gleichzeitig wurde die dynamische Vorhersage aufgrund der Zunahme der Transistoren pro Chip gemäß
dem **Moore'schen Gesetz** vergleichsweise günstiger.

2) Ein Sprungprädiktor sagt uns, ob ein Sprung ausgeführt wird, das Sprungziel muss jedoch immer noch berechnet werden. In der fünfstufigen Pipeline
benötigt diese Berechnung einen Takt, was bedeutet, dass ausgeführte Sprünge
einen Takt verlieren. Verzögerte Sprünge sind eine Möglichkeit, diese Kosten
zu vermeiden. Eine andere Möglichkeit ist die Verwendung eines Caches zum
Speichern des Zielbefehlszählers oder des Zielbefehls mithilfe eines **Sprung-
zielpuffers**.

3) Bei der dynamischen 2-Bit-Sprungvorhersage werden nur Informationen
zu bestimmten Sprüngen verwendet. Forscher haben herausgefunden, dass die
Verwendung von Informationen zu einem lokalen Sprung und dem globalen
Verhalten von kürzlich ausgeführten Sprüngen bei gleicher Anzahl Vorhersage-
Bits eine größere Vorhersagegenauigkeit ergibt. Prädiktoren dieser Art werden
als **Korrelationsprädiktoren** bezeichnet. Ein typischer Korrelationsprädiktor
verfügt beispielsweise über zwei 2-Bit-Prädiktoren für jeden Sprung und hat
die Wahl zwischen Prädiktoren, die danach ausgewählt werden, ob der letzte
Sprung ausgeführt wurde. Das globale Sprungverhalten können Sie sich wie
das Hinzufügen zusätzlicher Indexbits für die Vorhersage vorstellen.

Eine neuere Entwicklung bei der Sprungvorhersage ist die Verwendung von
Hybridprädiktoren. Ein **Hybridprädiktor** verwendet mehrere Prädiktoren und
ermittelt für jeden Sprung, welcher Prädiktor die besten Ergebnisse liefert. Ein
typischer Hybridprädiktor enthält beispielsweise zwei Vorhersagen für jeden
Sprungindex: einen, der auf lokalen Informationen beruht, und einen, der auf
dem globalen Sprungverhalten beruht. Eine Auswahllogik wählt den Prädiktor
aus, der für eine gegebene Vorhersage verwendet wird. Die Auswahllogik kann
ähnlich wie ein 1- oder 2-Bit-Prädiktor arbeiten und denjenigen der beiden
Prädiktoren bevorzugen, der das genauere Ergebnis liefert. Ausgefeilte Prädiktoren wie diese werden in vielen neuen, anspruchsvollen Mikroprozessoren
eingesetzt.

4) Eine Methode, die Anzahl der bedingten Sprünge zu reduzieren, ist die Einführung von Befehlen zum bedingten Verschieben. Statt den Befehlszähler bei
einem bedingten Sprung zu verändern, ändert der Befehl bedingt das Zielregister der Verschiebung. Ist die Bedingung nicht erfüllt, verhält sich die Verschiebung wie eine NOP-Operation. Beispielsweise enthält eine Version der
MIPS-Befehlssatzarchitektur zwei neue Befehle, movn (move if not zero) und
movz (move if zero). movn $8,$11,$4 etwa kopiert den Inhalt von Register 11

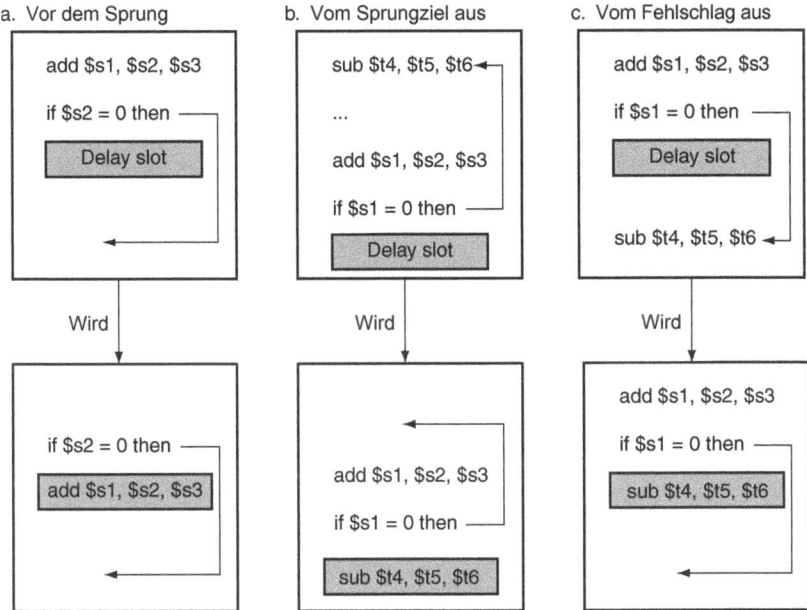

a. Vor dem Sprung
b. Vom Sprungziel aus
c. Vom Fehlschlag aus

Abb. 4.54: Scheduling des Zeitfensters für die Verzögerung nach einem Sprungbefehl. Im oberen der Kästchenpaare ist jeweils der Code vor dem Scheduling dargestellt, in den unteren Kästchen ist der Code nach dem Scheduling dargestellt. In (a) erfolgt das Scheduling der Verzögerung mithilfe eines unabhängigen Befehls, der ursprünglich vor dem Sprung steht. Diese Möglichkeit eignet sich am besten. Die Strategien (b) und (c) werden verwendet, wenn (a) nicht möglich ist. In der Codesequenz für (b) und (c) wird durch die Verwendung von $s1 in der Sprungbedingung verhindert, dass der add-Befehl (dessen Ziel $s1 ist) in das Zeitfenster für die Verzögerung nach dem Sprung verschoben wird. In (b) erfolgt das Scheduling der Sprungverzögerung vom Sprungziel aus. Meist muss dabei der Zielbefehl kopiert werden, da ein anderer Pfad auf ihn zugreifen kann. Strategie (b) wird bevorzugt verwendet, wenn der Sprung wie etwa in einer Schleife mit großer Wahrscheinlichkeit ausgeführt wird. Schließlich kann das Scheduling des Sprungs wie in (c) vom nicht ausgeführten Verzweigungspfad (fall-through) aus erfolgen. Damit diese Optimierung für (b) oder (c) zulässig ist, muss es in Ordnung sein, den sub-Befehl auszuführen, wenn der Sprung in eine unerwartete Richtung geht. Mit „in Ordnung" meinen wir, dass die Arbeit zwar überflüssig ist, das Programm aber dennoch ordnungsgemäß ausgeführt wird. Dies ist beispielsweise der Fall, wenn $t4 ein nicht genutztes temporäres Register wäre und der Sprung in eine unerwartete Richtung ginge.

nach Register 8, vorausgesetzt, der Wert in Register 4 ist ungleich 0. Andernfalls macht der Befehl überhaupt nichts.

Der ARMv7-Befehlssatz stellt für die meisten Befehle ein Bedingungsfeld bereit. Es ist also möglich, dass ARM-Programme weniger bedingte Sprünge aufweisen als MIPS-Programme.

Pipeline – Eine Zusammenfassung

Dieses Kapitel hat mit dem Wäschewaschen begonnen, wo wir die Prinzipien des Pipelinings in einer Alltagssituation kennengelernt haben. Mit dieser Analogie haben wir das Pipelining von Befehlen Schritt für Schritt erkundet. Wir

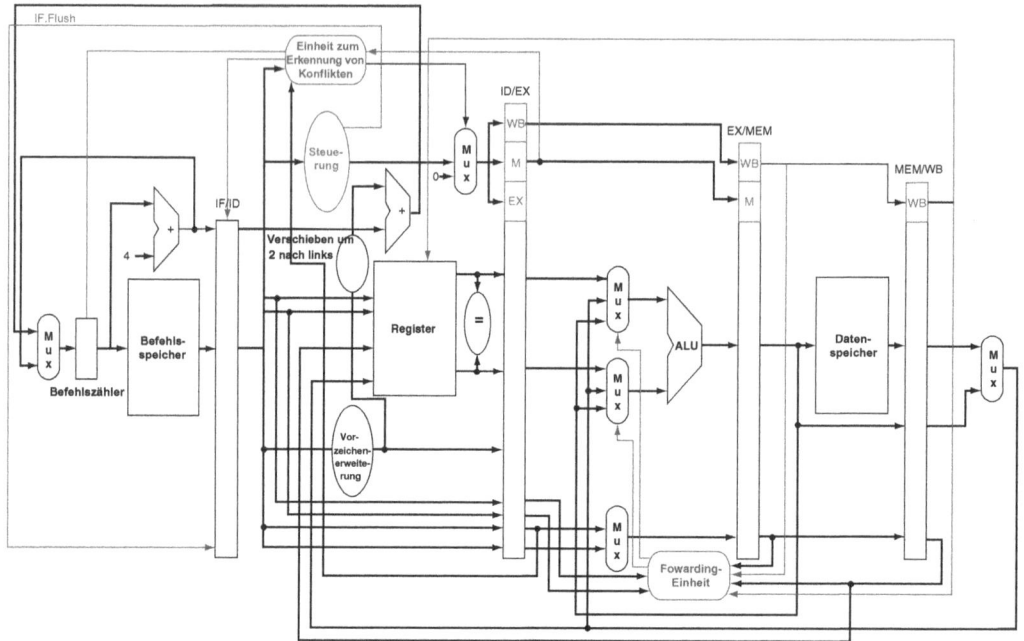

Abb. 4.55: Der vollständig entwickelte Datenpfad mit Steuerung für dieses Kapitel. Beachten Sie, dass dies eine vereinfachte Darstellung ist, kein detaillierter Datenpfad. Aus diesem Grund werden der ALUsrc-Multiplexer aus Abbildung 4.47 und die Multiplexerregelungen aus Abbildung 4.42 nicht mehr dargestellt.

haben mit dem Einzyklendatenpfad begonnen und anschließend Pipelineregister, Forwarding-Pfade, eine Einheit zum Erkennen von Datenkonflikten, eine Einheit für die Sprungvorhersage und eine Einheit zum Leeren der Pipeline im Fall von Unterbrechungen eingefügt. In Abbildung 4.55 ist der sich daraus ergebende Datenpfad mit Steuerung dargestellt.

Selbsttest

Betrachten Sie drei Schemata der Sprungvorhersage: Vorhersage nicht ausgeführt, Vorhersage ausgeführt und dynamische Vorhersage. Nehmen Sie an, dass sie bei korrekter Vorhersage alle die Kosten null haben und bei falscher Vorhersage jeweils Kosten von zwei Zyklen. Nehmen Sie außerdem an, dass die mittlere Vorhersagegenauigkeit des dynamischen Prädiktors 90 % ist. Welcher Prädiktor ist für die folgenden Verzweigungen die beste Wahl?

1. Eine Verzweigung, die mit einer Häufigkeit von 5 % genommen wird.

2. Eine Verzweigung, die mit einer Häufigkeit von 95 % genommen wird.

3. Eine Verzweigung, die mit einer Häufigkeit von 75 % genommen wird.

4.9 Ausnahmebehandlung

Die Steuerung ist der schwierigste Aspekt beim Prozessorentwurf: Es ist am schwierigsten, sie richtig anzulegen, und es ist am schwierigsten, sie schnell zu gestalten. Einer der kompliziertesten Teile der Steuerung ist die Implementierung von **Ausnahmen** und **Interrupts** — weiteren Ereignissen neben Verzweigungen oder Sprüngen, die den normalen Ablauf der Befehlsausführung beeinflussen. Ursprünglich handelte es sich dabei um Sprünge, mit denen man auf unerwartete Ereignisse aus dem Prozessor reagierte, wie beispielsweise auf einen arithmetischen Überlauf. Derselbe grundlegende Mechanismus wurde auf Ein-/Ausgabegeräte erweitert, so dass diese mit dem Prozessor kommunizieren konnten, wie wir in Kapitel 5 erklären werden.

Viele Architekturen und Autoren unterscheiden nicht zwischen Interrupts und Ausnahmen, und häufig wird der ältere Begriff, *Interrupt*, verwendet, um auf beide Ereignisse zu verweisen. Beispielsweise verwendet der Intel x86 den Begriff *Interrupt*. Wie folgen den MIPS-Konventionen und verwenden den Begriff *Ausnahme*, um *alle* unerwarteten Änderungen im Steuerablauf zu bezeichnen, ohne zu unterscheiden, ob die Ursache intern oder extern zu suchen ist. Wir verwenden den Begriff *Interrupt* nur dann, wenn das Ereignis extern verursacht wurde. Die folgenden fünf Beispiele zeigen, ob die Situation intern durch den Prozessor oder extern verursacht wurde:

Ereignistyp	Woher	MIPS-Terminologie
Eingabe-/Ausgabegeräteanforderung	extern	Interrupt
Aufruf des Betriebssystems vom Anwenderprogramm	intern	Ausnahme
arithmetischer Überlauf	intern	Ausnahme
Verwendung als nicht definierter Befehl	intern	Ausnahme
Hardware-Fehlfunktionen	beides	Ausnahme oder Interrupt

Viele Anforderungen für die Unterstützung von Ausnahmen stammen aus speziellen Situationen, die eine Ausnahme verursachen. Deshalb kommen wir in Kapitel 5 auf dieses Thema zurück, wenn wir die Motivation für zusätzliche Funktionen bei der Ausnahmebehandlung besser verstehen. In diesem Abschnitt beschäftigen wir uns mit der Umsetzung einer Steuerung, die zwei Arten von Ausnahmen erkennt, die aus den Teilen des Befehlssatzes bzw. der Implementierung entstehen, die wir bereits besprochen haben.

Die Erkennung von Ausnahmebedingungen und das Ergreifen geeigneter Maßnahmen liegt häufig auf dem kritischen Zeitpfad eines Prozessors, der die Taktdauer und damit die Leistung bestimmt. Ohne eine korrekte Berücksichtigung der Ausnahmen beim Entwurf der Steuereinheit kann der Versuch, einer komplizierten Implementierung eine Ausnahmebehandlung hinzuzufügen, die Leistung deutlich verschlechtern. Außerdem wird dadurch die Aufgabe, einen korrekten Entwurf zu erstellen, sehr komplex.

Einen Computer mit Einrichtungen für die automatische Programmunterbrechung dazu zu bringen, sich sequentiell zu verhalten, war keine einfache Sache, weil bei Auftreten eines Unterbrechungssignals die Anzahl der Befehle in verschiedenen Verarbeitungsstufen groß sein kann.

Fred Brooks Jr., *Planning a Computer System: Project Stretch*, 1962

Ausnahme Auch als **Interrupt** bezeichnet. Ein unplanmäßiges Ereignis, das die Programmausführung unterbricht. Wird zur Erkennung eines Überlaufs verwendet.

Interrupt Eine Ausnahme, die von außerhaöb des Prozessors kommt. (Bie manchen Architekturen wird der Begriff *Interrupt* für alle Ausnahmen verwendet.)

Die Ausnahmebehandlung in der MIPS-Architektur

Die beiden Ausnahmetypen, die unsere aktuelle Implementierung erzeugen kann, sind die Ausführung eines undefinierten Befehls und ein arithmetischer Überlauf. Wir verwenden auf den nächsten Seiten als Beispiel den arithmetischen Überlauf des Befehls add $1,$2,$1. Als grundlegende Maßnahme beim Auftreten einer Ausnahme soll der Prozessor die Adresse des störenden Befehls im *EPC* (Exception Program Counter, Ausnahmezähler) speichern und dann die Steuerung an irgendeiner vorgegebenen Adresse an das Betriebssystem abgeben.

Das Betriebssystem kann dann eine geeignete Maßnahme durchführen, beispielsweise dem Anwenderprogramm einen bestimmten Dienst bereitstellen, eine vordefinierte Maßnahme als Reaktion für einen Überlauf ausführen oder die Ausführung des Programms unterbrechen und einen Fehler melden. Nach der für die Ausnahme erforderlichen Maßnahme kann das Betriebssystem das Programm beenden oder seine Ausführung fortsetzen. Anhand des EPC kann es feststellen, wo die Programmausführung fortgesetzt werden soll. In Kapitel 5 geht es detaillierter um das Problem, die Ausführung wieder aufzunehmen.

Damit das Betriebssystem die Ausnahme verarbeiten kann, muss es den Grund für die Ausnahme kennen, ebenso den Befehl, der sie verursacht hat. Es gibt zwei Hauptmethoden, den Grund für eine Ausnahme zu übermitteln. Die in der MIPS-Architektur verwendete Methode verwendet ein Statusregister (das so genannte *Cause Register* oder *Ursachenregister*), das ein Feld enthält, das den Grund für die Ausnahme angibt.

gerichtete Ausnahme-behandlung Eine Ausnahmebehandlung, bei der die Adresse, die an die Steuerung weitergegeben wird, durch die Ursache der Ausnahme festgelegt wird.

Eine zweite Methode ist die Verwendung einer **gerichteten Ausnahmebehandlung**. Dabei wird die Adresse, an die die Steuerung abgegeben wird, durch die Ursache der Ausnahme bestimmt. Um beispielsweise die beiden oben aufgeführten Unterbrechungstypen zu verarbeiten, könnten wir die folgenden beiden Unterbrechungsvektoradressen definieren:

Ausnahmetyp	Ausnahmevektoradresse (hexadezimal)
nicht definierter Befehl	$8000\,0000_H$
arithmetischer Überlauf	$8000\,0180_H$

Das Betriebssystem erkennt den Grund für die Ausnahme anhand der Adresse, an der es initiiert wird. Die Adressen werden durch 32 Bytes oder acht Befehle voneinander getrennt, und das Betriebssystem muss den Grund für die Ausnahme aufzeichnen und gegebenenfalls eine begrenzte Verarbeitung innerhalb dieser Sequenz vornehmen. Ist die Ausnahmebehandlung nicht gerichtet, kann ein einziger Einsprungpunkt für alle Ausnahmebehandlungen genutzt werden, und das Betriebssystem decodiert das Statusregister, um die Ursache zu ermitteln.

Wir können die erforderliche Ausnahmebehandlung ausführen, indem wir unserer grundlegenden Implementierung einige zusätzliche Register und Steuersignale hinzufügen, und indem wir die Steuerung leicht erweitern. Angenommen, wir implementieren das in der MIPS-Architektur verwendete Ausnahmesystem, wobei der einzige Einsprungpunkt die Adresse $8000\,0180_H$ ist. (Die Implementierung der gerichteten Ausnahmebehandlung ist nicht schwieriger.) Wir müssen der MIPS-Implementierung zwei zusätzliche Register hinzufügen:

- *EPC*: Ein 32-Bit-Register, das die Adresse des betreffenden Befehls aufnimmt. (Ein solches Register braucht man auch für die gerichtete Ausnahmebehandlung.)

- *Ursache*: Ein Register, das die Ursache der Ausnahme aufzeichnet. In der MIPS-Architektur ist dieses Register 32 Bit breit, aber einige Bits sind momentan ungenutzt. Wir gehen davon aus, dass es ein 5-Bit-Feld gibt, das die beiden möglichen oben beschriebenen Ausnahmequellen aufnimmt, wobei 10 einen undefinierten Befehl und 12 einen arithmetischen Überlauf darstellen.

Ausnahmen in einer Pipeline-Implementierung

Eine Pipeline-Implementierung behandelt Ausnahmen wie Steuerkonflikte. Angenommen, in einer Additionsoperation entsteht ein arithmetischer Überlauf. Wie beim ausgeführten Sprung im vorhergehenden Abschnitt müssen wir die Befehle nach dem add-Befehl aus der Pipeline löschen und Befehle aus der neuen Adresse holen. Wir verwenden denselben Mechanismus wie bei ausgeführten Sprüngen, wobei diesmal die Ausnahme dafür sorgt, dass die Steuersignale auf logisch 0 gesetzt werden.

Bei falsch vorhergesagten Sprüngen haben wir gesehen, wie die Befehle in der IF-Stufe durch Umwandlung in einen NOP-Befehl gelöscht wurden. Um Befehle in der ID-Stufe zu löschen, verwenden wir den bereits in der ID-Stufe vorhandenen Multiplexer. Dieser setzt alle Steuersignale auf 0, um die Pipeline zu verzögern. Das neue Steuersignal ID.Flush wird mittels OR-Verknüpfung mit dem Verzögerungssignal aus der Einheit zum Erkennen von Konflikten verknüpft, um den Befehl in der Pipeline während der ID-Stufe zu löschen. Um den Befehl in der EX-Phase zu löschen, verwenden wir das neue Signal EX.Flush, das mithilfe neuer Multiplexer die Steuersignale auf 0 setzt. Um das Holen von Befehlen aus Adresse 80000180_H, der Adresse für die Ausnahmebehandlung bei einem arithmetischen Überlauf, zu beginnen, fügen wir einfach einen zusätzlichen Eingang am Befehlszählermultiplexer ein, der $8000\,0180_H$ an den Befehlszähler sendet. In Abbildung 4.56 sind diese Änderungen dargestellt.

Anhand dieses Beispiels wird ein Problem im Zusammenhang mit der Ausnahmebehandlung deutlich: Wenn wir die Ausführung nicht mitten im Befehl unterbrechen, kann der Programmierer den Anfangswert von Register $1, der

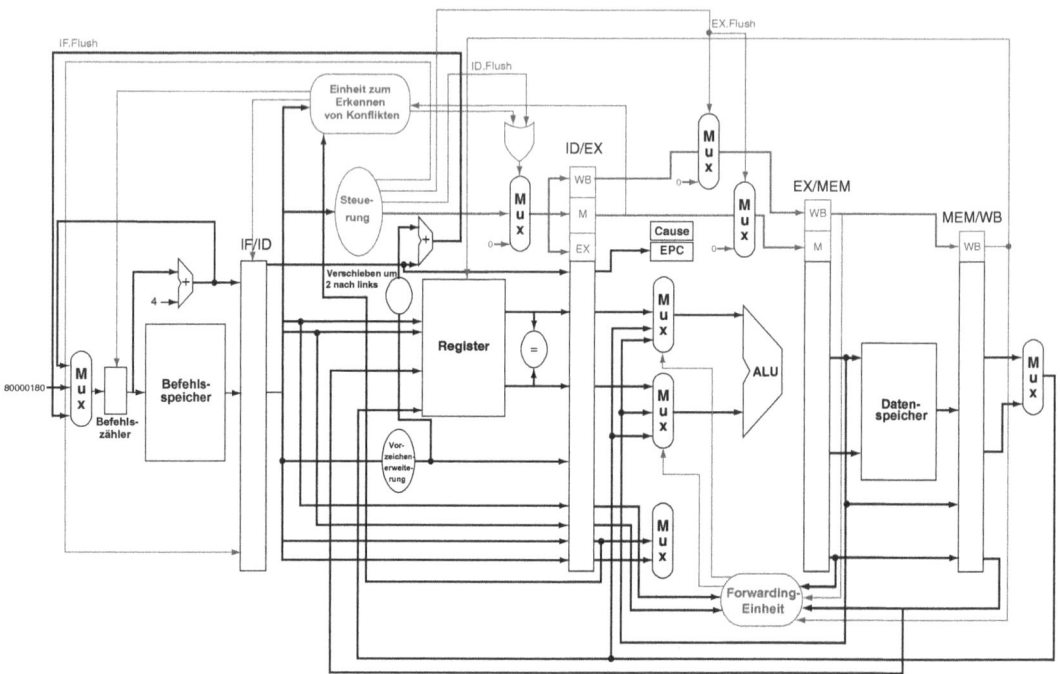

Abb. 4.56: Der Datenpfad mit Steuerung zur Unterbrechungsbehandlung. Zu den wichtigsten Erweiterungen zählen der neue Eingangswert 8000 0180$_H$, am Multiplexer, der den neuen Befehlszählerwert bereitstellt, ein Unterbrechungseingangsregister (Cause-Register) zum Speichern der Ursache für die Unterbrechung, und ein Unterbrechungsbefehlszähler (EPC) zum Speichern der Adresse des Befehls, der die Unterbrechung verursacht hat. Der Eingangswert 8000 0180$_H$ am Multiplexer ist die Anfangsadresse, an der Befehle im Fall einer Unterbrechung geholt werden. Das ALU-Überlaufsignal (nicht dargestellt) dient als Eingangssignal für die Steuereinheit.

zum Überlauf beigetragen hat, nicht erkennen, da er als das Zielregister des add-Befehls überschrieben wird. Dank einer sorgfältigen Planung wird der Überlauf während der EX-Stufe erkannt. Somit können wir mithilfe des EX-Flush-Signals verhindern, dass der Befehl in der EX-Stufe sein Ergebnis in der WB-Stufe schreibt. Bei vielen Ausnahmebehandlungen ist es erforderlich, den Befehl, der die Ausnahme verursacht hat, schließlich zu beenden, so als ob er normal ausgeführt würde. Das geht am einfachsten, indem der Befehl nach der Ausnahmebehandlung aus der Pipeline gelöscht und am Anfang neu begonnen wird.

In einem letzten Schritt wird die Adresse des verursachenden Befehls im Ausnahmezähler EPC (Exception Program Counter) gespeichert. In Wirklichkeit speichern wir die Adresse +4, so dass die Ausnahmebehandlungsroutine vom gespeicherten Wert zunächst 4 subtrahieren muss. In Abbildung 4.56 ist eine vereinfachte Version des Datenpfads mit der Sprunghardware und den erforderlichen Anpassungen für die Behandlung von Ausnahmen dargestellt.

Beispiel: Ausnahmebehandlung bei einem Rechner mit Pipelining

Gehen wir von der folgenden Befehlssequenz aus

```
40_H  sub  $11, $2, $4
44_H  and  $12, $2, $5
48_H  or   $13, $2, $6
4C_H  add  $1,  $2, $1
50_H  slt  $15, $6, $7
54_H  lw   $16, 50($7)
...
```

Wir nehmen an, dass die Befehle, die im Falle einer Ausnahme aufgerufen werden sollen, wie folgt beginnen:

```
8000 0180_H  sw  $26, 1000($0)
8000 0184_H  sw  $27, 1004($0)
...
```

Zeigen Sie, was in der Pipeline geschieht, wenn im add-Befehl ein Überlauf auftritt.

Lösung: In Abbildung 4.57 sind die Ereignisse dargestellt, wobei mit dem add-Befehl in der EX-Stufe begonnen wird. Der Überlauf wird während dieser Phase erkannt, und $8000\,0180_H$ wird in den Befehlszähler geladen. In Taktzyklus 7 werden der add-Befehl und die nachfolgenden Befehle gelöscht, und der erste Befehl der Ausnahmebehandlungsroutine wird geholt. Die Adresse des Befehls *nach* dem add-Befehl wird gespeichert: $4C_H + 4 = 50_H$.

Zu Beginn dieses Abschnitts wurden einige Ursachen für Ausnahmen genannt, und in Kapitel 5 werden wir noch weitere kennenlernen. Wenn in einem beliebigen Taktzyklus fünf Befehle gleichzeitig aktiv sind, besteht die Schwierigkeit darin, eine Ausnahme dem richtigen Befehl zuzuordnen. Zudem können in einem Taktzyklus gleichzeitig mehrere Ausnahmen auftreten. Normalerweise werden den Ausnahmen Prioritäten zugewiesen, um auf diese Weise festzulegen, welche Ausnahme zuerst behandelt wird. Diese Strategie funktioniert auch bei Prozessoren mit Pipelines. Bei den meisten MIPS-Implementierungen sortiert die Hardware Ausnahmen so, dass der früheste Befehl unterbrochen wird.

Anforderungen von Ein-/Ausgabegeräten und Fehlfunktionen der Hardware sind keinem bestimmten Befehl zuzuordnen, so dass die Implementierung hinsichtlich des Zeitpunkts, zu dem die Pipeline unterbrochen wird, über eine gewisse Flexibilität verfügt. Die für andere Ausnahmen verwendeten Verfahren funktionieren daher hier problemlos.

Das EPC-Register speichert die Adresse der unterbrochenen Befehle und das MIPS-Cause-Register speichert alle möglichen Ausnahmen in einem Takt, so dass die Behandlungsroutine die Ausnahme dem Befehl zuordnen muss.

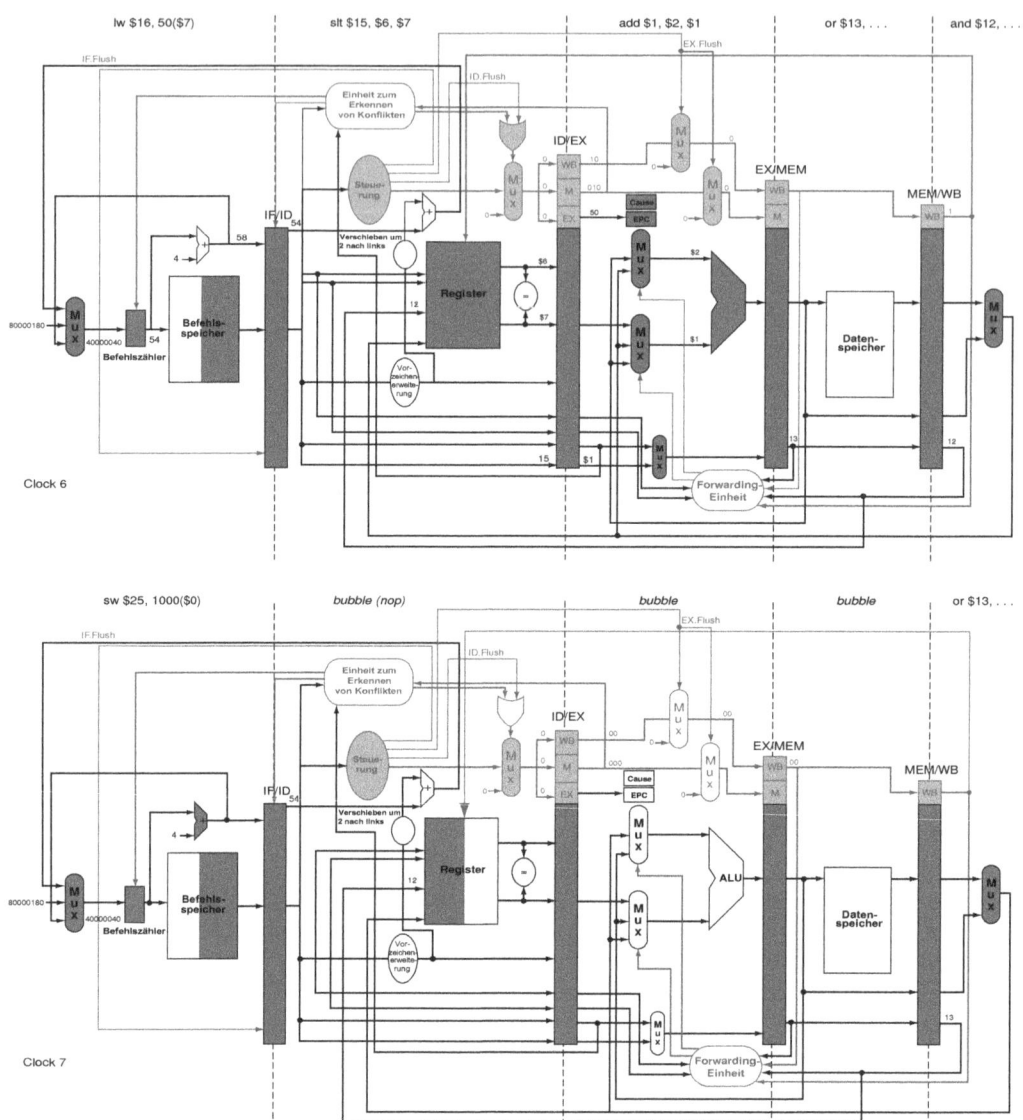

Abb. 4.57: Ergebnis einer Ausnahmebehandlung aufgrund eines arithmetischen Überlaufs im add-Befehl. Der Überlauf wird in der EX-Stufe in Takt 6 erkannt und die Adresse nach dem add-Befehl ($4C + 4 = 50_H$) wird im EPC-Register gespeichert. Aufgrund des Überlaufs werden alle Flush-Signale gegen Ende dieses Taktzyklus gesetzt und Steuerwerte für den add-Befehl auf logisch 0 gesetzt. In Taktzyklus 7 werden die Befehle in Bubbles in der Pipeline umgewandelt und der erste Befehl der Ausnahmebehandlungsroutine (sw $25, 1000($0)) wird aus der Befehlsposition $4000\,0040_H$ geholt. Die Befehle and und or vor dem add-Befehl werden unverändert ausgeführt. Das ALU-Überlaufsignal (nicht dargestellt) dient als Eingangssignal für die Steuereinheit.

Hierbei ist es sehr hilfreich zu wissen, in welcher Pipelinestufe ein bestimmter Ausnahmetyp auftreten kann. So wird beispielsweise ein nicht definierter Befehl in der ID-Stufe erkannt und ein Befehl zum Aufrufen des Betriebssystems in der EX-Stufe. Die Ausnahmen werden im Cause-Register gesammelt, so dass die Hardware die Ausführung bei später auftretenden Ausnahmen unterbrechen kann, sobald die erste Ausnahme behandelt wurde.

Hardware-Software-Schnittstelle

Die Hardware und das Betriebssystem müssen zusammenarbeiten, damit sich die Ausnahmebehandlung wie erwartet verhält. Die Hardware unterbricht normalerweise den verursachenden Befehl sofort während der Ausführung, lässt alle zuvor begonnenen Befehle ausführen, löscht alle nachfolgenden Befehle, setzt ein Register zum Erkennen der Ursache für die Ausnahme, speichert die Adresse des verursachenden Befehls und springt dann zu einer zuvor festgelegten Adresse. Das Betriebssystem untersucht die Ursache für die Ausnahme und verhält sich in angemessener Weise. Bei einem nicht definierten Befehl, einer Fehlfunktion der Hardware oder bei einem arithmetischen Überlauf, beendet das Betriebssystem normalerweise das Programm und zeigt den Grund dafür an. Bei Anforderungen von Ein-/Ausgabegeräten oder dem Aufruf eines Betriebssystemdienstes speichert das Betriebssystem den Zustand des Programms, führt die gewünschte Aufgabe aus und stellt danach das unterbrochene Programm wieder her, um es weiter auszuführen. Bei Anforderungen von Ein-/Ausgabegeräten werden wir vor der Wiederaufnahme des Prozesses, der die Ein-/Ausgabe angefordert hat, häufig einen anderen Prozess ausführen wollen, da der Prozess oft erst nach Abschluss der Ein-/Ausgabe fortgesetzt werden kann. Daher ist es so wichtig, den Zustand jedes Prozesses zu sichern und wiederherzustellen. Eine der wichtigsten und häufigsten Einsatzmöglichkeiten von Ausnahmeroutinen ist die Behandlung von Seitenfehlern und TLB-Ausnahmen. In Kapitel 5 werden diese Ausnahmen und ihre Behandlung ausführlicher beschrieben.

Anmerkungen: 1) Die Schwierigkeit des Zuweisens der richtigen Ausnahme zum richtigen Befehl bei Rechnern mit Pipelining hat einige Rechnerentwickler dazu gebracht, diese Anforderung in nicht kritischen Fällen zu lockern. Prozessoren dieser Art verfügen über so genannte **nicht präzise Interrupts** oder **nicht präzise Ausnahmen**. Im obigen Beispiel enthält der Befehlszähler normalerweise zu Beginn des Taktzyklus, nachdem die Ausnahme erkannt wurde, den Wert 58_H, auch wenn sich der verursachende Befehl an der Adresse $4C_H$ befindet. Ein Prozessor mit nicht präzisen Ausnahmen speichert beispielsweise 58_H im EPC-Register und überlässt die Ermittlung des Befehls, der die Ausnahme verursacht hat, dem Betriebssystem. MIPS und die überwiegende Mehrzahl der heutigen Rechner unterstützen **präzise Interrupts** oder **präzise Ausnahmen**. (Ein Grund dafür ist die Unterstützung von virtuellem Speicher, wie wir in Kapitel 5 sehen werden.)

nicht präzise Ausnahme oder **nicht präziser Interrupt** Ausnahmen oder Interrupts in Computern mit Pipelining, die nicht exakt dem Befehl zugeordnet werden, der die Ursache für die Ausnahme oder den Interrupt war.

präzise Ausnahme oder **präziser Interrupt** Eine Ausnahme oder ein Interrupt, der in einem Computer mit Pipelining immer dem richtigen Befehl zugeordnet wird.

2) Obwohl MIPS für fast alle Ausnahmen die Ausnahmeeinsprungadresse 8000 0180H verwendet, verwendet es die Adresse 8000 0000H, um die Performanz der Ausnahmebehandlung für TLB-Fehlzugriffe zu verbessern (siehe Kapitel 5).

Selbsttest

Welche Ausnahme sollte in dieser Sequenz als erstes erkannt werden?

```
1.  add $1, $2, $1    # arithmetischer Überlauf
2.  XXX $1, $2, $1    # undefinierter Befehl
3.  sub $1, $2, $1    # Hardwarefehler
```

4.10   Parallelität auf Befehlsebene

PIPELINING

PARALLELITÄT

Parallelität auf Befehlsebene Die Parallelität innerhalb von Befehlen.

Seien Sie gewarnt: Dieser Abschnitt bietet eine kurze Übersicht über faszinierende, aber auch komplexe Themen. Wenn Sie ausführlichere Informationen wünschen, sollten Sie unser Lehrbuch für Fortgeschrittene *Computer Architecture: A Quantitative Approach*, vierte Ausgabe, lesen. Dort wird auf über 200 Seiten (einschließlich Anhängen) ausführlich erläutert, was wir hier auf 16 Seiten zusammengefasst haben!

Pipelining nutzt die potenzielle **Parallelität** von Befehlen aus. Diese Parallelität wird als **Parallelität auf Befehlsebene** oder **ILP** (Instruction-Level Parallelism) bezeichnet. Es gibt zwei wichtige Verfahren zum Verbessern des potenziellen Grades der Parallelität auf Befehlsebene. Beim ersten Verfahren wird die Tiefe der Pipeline vergrößert, so dass sich mehr Befehle überlappen. Bei unserem Beispiel mit dem Wäschewaschen könnten wir unter der Voraussetzung, dass der Waschtakt länger als alle anderen ist, die Waschmaschine in drei Maschinen zum Waschen, Spülen und Schleudern unterteilen. Wir würden dann anstelle einer vierstufigen eine sechsstufige Pipeline verwenden. Um die Beschleunigung optimal zu nutzen, müssen wir die restlichen Schritte zeitlich anpassen, so dass sie bei der Wäsche bzw. bei Prozessoren dieselbe Ausführungsdauer aufweisen. Der Parallelitätsgrad ist höher, da mehr Befehle gleichzeitig ausgeführt werden. Die Leistung ist potenziell höher, da der Taktzyklus kürzer gewählt werden kann.

Mehrfachzuordnung Ein Verfahren, bei dem in einem Taktzyklus mehrere Befehle gestartet werden.

Eine andere Möglichkeit besteht darin, die internen Komponenten des Rechners zu vervielfachen, so dass in jeder Pipelinestufe mehrere Befehle gestartet werden können. Dieses Verfahren wird als **Mehrfachzuordnung** (Multiple Issue) bezeichnet. Bei einer Wäscherei mit Mehrfachzuordnung gäbe es anstelle der Haushaltswaschmaschine und des Wäschetrockners beispielsweise drei Waschmaschinen und drei Wäschetrockner. Sie würden außerdem mehr Assistenten zum Zusammenfalten und Wegräumen der dreifachen Menge an Wäsche in derselben Zeit benötigen. Der Nachteil ist die zusätzliche Arbeit, die erforderlich ist, damit alle Maschinen ständig ausgelastet sind, sowie die Notwendigkeit der Weiterleitung der Ladungen zur nächsten Pipelinestufe.

Wenn pro Stufe mehrere Befehle gestartet werden, wird die Befehlsausführungsrate größer als die Taktfrequenz, oder anders ausgedrückt: Der CPI-Wert wird kleiner als 1. Wie wir in Kapitel 1 bereits erwähnt hatten, ist es manchmal günstiger, anstelle dieses Maßes den *IPC-Wert* (*Instructions per Clock cycle*, Befehle pro Taktzyklus) zu verwenden, insbesondere wenn die CPI-Werte kleiner als 1 werden! Ein Mikroprozessor mit Vierfachzuordnung mit einer Taktfrequenz von 4 GHz kann als theoretische Maximalleistung (Peak Performance) 16 Milliarden Befehle pro Sekunde ausführen und weist einen maximalen CPI-Wert von 0,25 oder einen IPC-Wert von maximal 4 auf. Wenn wir von einer fünfstufigen Pipeline ausgehen, befinden sich bei einem Prozessor dieser Art zu jedem beliebigen Zeitpunkt 20 Befehle in der Ausführung. Moderne Mikroprozessoren der oberen Leistungsklasse versuchen, in jedem Taktzyklus zwischen drei und sechs Befehle zuzuordnen. Selbst bescheidene Designs visieren einen Peak-IPC von 2 an. Es gibt in der Regel jedoch viele Einschränkungen hinsichtlich der Befehlstypen, die gleichzeitig ausgeführt werden können, ebenso hinsichtlich der Art und Weise, wie Abhängigkeiten aufgelöst werden.

Es gibt im Wesentlichen zwei Möglichkeiten, einen Prozessor mit Mehrfachzuordnung zu implementieren. Diese unterscheiden sich in erster Linie durch die Aufteilung der Arbeit zwischen dem Compiler und der Hardware. Da die Aufteilung der Arbeit bestimmt, ob Entscheidungen statisch (d. h. beim Kompilieren) oder dynamisch (d. h. zur Laufzeit) getroffen werden, bezeichnet man diese beiden Möglichkeiten auch als **statische Mehrfachzuordnung** bzw. **dynamische Mehrfachzuordnung.** Wie wir noch sehen werden, gibt es für beide Methoden andere, häufiger verwendete Bezeichnungen, die weniger präzise oder restriktiver sind.

In einer Pipeline mit Mehrfachzuordnung gibt es zwei wichtige und charakteristische Aufgaben, die wahrgenommen werden müssen:

1. Das Packen von Befehlen in **Zuordnungsfächer.** Wie bestimmt der Prozessor, wie viele und welche Befehle in einem gegebenen Taktzyklus zugeordnet werden können? Bei den meisten Prozessoren mit statischer Zuordnung wird dieser Prozess zumindest teilweise vom Compiler vorgenommen. Bei Entwürfen mit dynamischer Zuordnung übernimmt in der Regel der Prozessor die Zuordnung zur Laufzeit, auch wenn der Compiler häufig bereits versucht hat, die Zuordnungsrate durch eine vorteilhafte Anordnung der Befehle zu verbessern.

2. Der Umgang mit Daten- und Steuerkonflikten: Bei Prozessoren mit statischer Zuordnung werden einige oder alle Folgen aus Daten- und Steuerkonflikten vom Compiler statisch behandelt. Die meisten Prozessoren mit dynamischer Zuordnung versuchen dagegen zumindest einige Konflikte mithilfe von Hardwaretechniken aufzulösen, die zur Laufzeit eingesetzt werden.

Obwohl wir diese Möglichkeiten als zwei separate Ansätze beschreiben, weist in der Praxis die eine Technik auch Eigenschaften der anderen auf, und es gibt eigentlich keinen Ansatz, der sich nur einer der beiden Möglichkeiten bedient.

---

statische Mehrfachzuordnung Eine Methode zum Implementieren eines Prozessors mit Mehrfachzuordnung, bei dem viele Entscheidungen vom Compiler *vor* der Ausführung getroffen werden.

dynamische Mehrfachzuordnung Eine Methode zum Implementieren eines Prozessors mit Mehrfachzuordnung, bei dem viele Entscheidungen *während* der Ausführung vom Prozessor getroffen werden.

Zuordnungsfächer Die Positionen, von denen Befehle in einem gegebenen Taktzyklus zugeordnet werden können. In Analogie zur Leichtathletik entspricht dies den Positionen an den Startblöcken beim Kurzstreckenlauf.

Das Prinzip der Spekulation

Spekulation Eine Methode, mit deren Hilfe der Compiler oder der Prozessor über das Ergebnis eines Befehls Annahmen macht, um ihn als eine Abhängigkeit aus der Ausführung anderer Befehle zu entfernen.

VORHERSAGE

Eine der wichtigsten Methoden zum Feststellen und zur besseren Ausnutzung der Parallelität auf Befehlsebene ist die Spekulation. **Spekulation** ist ein Ansatz, der auf dem Konzept der **Vorhersage** beruht und der es dem Compiler oder dem Prozessor erlaubt, Vermutungen über Eigenschaften eines Befehls anzustellen, um so die Ausführung anderer Befehle zu beginnen, die möglicherweise von diesem spekulierten Befehl abhängen. So können wir beispielsweise über das Ergebnis einer Verzweigung spekulieren, so dass die Befehle nach der Verzweigung früher ausgeführt werden können. Oder wir können spekulieren, dass ein Speicherbefehl vor einem Ladebefehl nicht auf dieselbe Adresse verweist, so dass der Ladebefehl vor dem Speicherbefehl ausgeführt werden kann. Das Problem bei der Spekulation ist, dass sie falsch sein kann. Daher muss jeder Spekulationsmechanismus sowohl eine Methode enthalten, die überprüft, ob die Annahme stimmt, als auch eine, die die Wirkung des Befehls rückgängig macht, wenn die Annahme falsch war. Aufgrund der Implementierung dieser Funktion zum Rückgängigmachen wird ein Prozessor, der Spekulation unterstützt, entsprechend komplexer.

Die Spekulation kann im Compiler oder von der Hardware ausgeführt werden. Der Compiler kann beispielsweise mithilfe der Spekulation Befehle umordnen, einen Befehl über einen Sprung hinweg oder einen Ladebefehl über einen Speicherbefehl hinweg verschieben. Die Hardware des Prozessors kann dieselben Verschiebungen zur Laufzeit durchführen und dabei Techniken verwenden, die weiter hinten in diesem Abschnitt beschrieben werden.

Die Wiederherstellungsmechanismen, die im Falle falscher Spekulationen verwendet werden, sind sehr unterschiedlich. Bei Spekulationen in der Software fügt der Compiler in der Regel zusätzliche Befehle ein, die die Richtigkeit der Spekulation überprüfen und – für den Fall, dass die Spekulation falsch war – eine Wiederherstellungsroutine bereitstellen. Bei Hardwarespekulationen speichert der Prozessor die spekulativen Ergebnisse normalerweise in einem Puffer, bis er weiß, dass die Ergebnisse nicht mehr spekulativ sind. Wenn die Spekulation zutreffend war, werden die Befehle zu Ende bearbeitet, wobei der Inhalt der Puffer in die Register oder in den Speicher geschrieben wird. Wenn die Spekulation falsch war, leert die Hardware die Puffer und führt die richtige Befehlsfolge aus.

Die Spekulation bringt ein weiteres mögliches Problem mit sich: Beim spekulativen Ausführen bestimmter Befehle kann es zu Ausnahmen kommen, die vorher nicht aufgetreten sind. Nehmen wir beispielsweise an, ein Ladebefehl ist spekulativ verschoben worden, aber die verwendete Adresse ist nicht zulässig, wenn die Spekulation falsch ist. Das führt dazu, dass eine Ausnahme auftritt, die nicht auftreten sollte. Das Problem wird durch die Tatsache erschwert, dass die Ausnahme auftreten muss, wenn der Ladebefehl nicht spekulativ ausgeführt wird! Bei der compilergestützten Spekulation werden Probleme wie diese durch eine zusätzliche spezielle Spekulationsbehandlung vermieden, mit deren Hilfe Ausnahmen dieser Art ignoriert werden, bis klar ist, dass diese wirklich auftreten müssen. Bei der hardwaregestützten Spekulation werden Ausnahmen einfach in einen Puffer gespeichert, bis klar ist, dass der Befehl, der die Ausnahmen verursacht, nicht mehr spekulativ ist und ausgeführt werden kann. Dann wird die normale Ausnahmebehandlung ausgeführt.

Da die Leistung aufgrund einer richtigen Spekulation verbessert und aufgrund einer falschen Spekulation verschlechtert wird, muss mit großer Sorgfalt entschieden werden, ob die Spekulation überhaupt angewendet werden soll. Weiter unten in diesem Abschnitt, werden wir sowohl statische als auch dynamische Spekulationstechniken untersuchen.

Statische Mehrfachzuordnung

Die Prozessoren mit statischer Mehrfachzuordnung verwenden alle den Compiler zum Packen von Befehlen und Behandeln von Konflikten. Bei einem Prozessor mit statischer Mehrfachzuordnung können Sie sich die Befehle, die in einem gegebenen Taktzyklus zugeordnet und als **Zuordnungspaket** bezeichnet werden, als einen großen Befehl mit mehreren Teilbefehlen vorstellen. Diese Vorstellung ist mehr als eine Analogie. Da ein Prozessor mit statischer Mehrfachzuordnung in der Regel den Befehlsmix einschränkt, der in einem gegebenen Taktzyklus initiiert werden kann, ist es hilfreich, sich das Zuordnungspaket als einen einzigen Befehl vorzustellen, der mehrere Teilbefehle in bestimmten vordefinierten Feldern zulässt. Diese Vorstellung führte zur ursprünglichen Bezeichnung für diesen Ansatz: **VLIW** (Very Long Instruction Word, sehr langes Befehlswort).

Die meisten Prozessoren mit statischer Zuordnung benötigen den Compiler außerdem zur Behandlung von Daten- und Steuerkonflikten. Der Compiler kann dabei beispielsweise für die statische Sprungvorhersage und das Code-Scheduling zum Reduzieren oder Vermeiden aller Konflikte verantwortlich sein. Im Folgenden werden wir einen MIPS-Prozessor mit einer einfachen statischen Zuordnung betrachten, bevor wir die Verwendung dieser Techniken in anspruchsvolleren Prozessoren beschreiben.

Ein Beispiel für die statische Mehrfachzuordnung anhand der MIPS-Befehlssatzarchitektur

Um eine Vorstellung von der statischen Mehrfachzuordnung zu vermitteln, betrachten wir einen MIPS-Prozessor mit einer einfachen Zweifachzuordnung, bei der einer der Befehle eine ALU-Ganzzahloperation oder ein Sprungbefehl und der andere Befehl ein Lade- oder Speicherbefehl sein kann. Ein Entwurf dieser Art entspricht dem Entwurf, der in einigen eingebetteten MIPS-Prozessoren verwendet wird. Wenn pro Taktzyklus zwei Befehle zugeordnet werden, müssen 64-Bit-Befehle geholt und decodiert werden. Bei vielen Prozessoren mit statischer Mehrfachzuordnung und insbesondere bei allen VLIW-Prozessoren wird das Layout von Befehlen mit gleichzeitiger Zuordnung eingeschränkt, um die Decodierung und Befehlszuordnung zu vereinfachen. Da-

Zuordnungspaket Die Befehle, die in einem Taktzyklus zusammen zugeordnet werden. Das Paket kann vom Compiler statisch oder vom Prozessor dynamisch zusammengestellt werden.

VLIW Eine Variante der Befehlssatzarchitektur, die viele als unabhängig definierte Operationen innerhalb eines einzigen, breiten Befehls startet, in der Regel mit vielen separaten Opcode-Feldern.

Tab. 4.11: Pipeline mit statischer Zweifachzuordnung im Betrieb. Der ALU-Befehl und der Datentransfer-Befehl werden gleichzeitig zugeordnet. Wir haben hier dieselbe fünfstufige Struktur wie bei der Pipeline mit Einfachzuordnung vorausgesetzt. Obwohl dies nicht unbedingt erforderlich ist, bringt es einige Vorteile mit sich. Wenn sich die Befehle zum Schreiben in die Register am Ende der Pipeline befinden, vereinfacht dies die Ausnahmebehandlung und erleichtert das Beibehalten eines präzisen Ausnahmemodells, das bei Prozessoren mit Mehrfachzuordnung entsprechend schwieriger zu realisieren ist.

Befehlstyp	Pipelinestufen							
ALU- oder Sprungbefehl	IF	ID	EX	MEM	WB			
Lade- oder Speicherbefehl	IF	ID	EX	MEM	WB			
ALU- oder Sprungbefehl		IF	ID	EX	MEM	WB		
Lade- oder Speicherbefehl		IF	ID	EX	MEM	WB		
ALU- oder Sprungbefehl			IF	ID	EX	MEM	WB	
Lade- oder Speicherbefehl			IF	ID	EX	MEM	WB	
ALU- oder Sprungbefehl				IF	ID	EX	MEM	WB
Lade- oder Speicherbefehl				IF	ID	EX	MEM	WB

her ist es erforderlich, die Befehle paarweise anzuordnen und an einer 64-Bit-Grenze auszurichten, wobei der ALU- oder Sprungteil zuerst dargestellt wird. Außerdem muss ein Befehl eines Paares, der nicht genutzt werden kann, durch einen NOP-Befehl ersetzt werden. Die Befehle werden also immer paarweise zugeordnet, wobei sich in einem Zuordnungsfach ein NOP-Befehl befinden kann. In Tabelle 4.11 ist dargestellt, wie die Befehle die Pipeline paarweise durchlaufen.

Prozessoren mit statischer Mehrfachzuordnung behandeln Daten- und Steuerkonflikte auf unterschiedliche Art und Weise. Bei einigen Entwürfen ist ausschließlich der Compiler für das Auflösen *aller* Konflikte, für das Scheduling des Codes und das Einfügen von NOP-Befehlen verantwortlich, so dass der Code ohne Konflikterkennung oder von der Hardware generierte Verzögerungen ausgeführt wird. Bei anderen Entwürfen erkennt die Hardware Datenkonflikte und generiert eine Verzögerung zwischen zwei Zuordnungspaketen, wobei der Compiler dafür zuständig ist, alle Abhängigkeiten innerhalb eines Befehlspaares zu vermeiden. Dennoch führt ein Konflikt in der Regel dazu, dass das gesamte Zuordnungspaket, das den abhängigen Befehl enthält, angehalten wird. Unabhängig davon, ob die Software alle Konflikte behandeln oder nur versuchen muss, die Anzahl der Konflikte zwischen verschiedenen Zuordnungspaketen zu reduzieren, wird der Wunsch nach einem großen Einzelbefehl mit mehreren Operationen verstärkt. Wir werden den zweiten Ansatz für dieses Beispiel betrachten.

Um eine ALU- und eine Datentransfer-Operation parallel zuzuordnen, werden neben der normalen Hardware zum Erkennen von Konflikten und der Verzögerungslogik in erster Linie zusätzliche Ports im Registersatz benötigt (siehe Abbildung 4.58). Eventuell müssen wir in einem Taktzyklus zwei Register für die ALU-Operation und zwei weitere für einen Speicherbefehl lesen. Zudem benötigen wir einen Schreibport für eine ALU-Operation und einen Schreibport für einen Ladebefehl. Da die ALU mit den ALU-Operationen beschäftigt

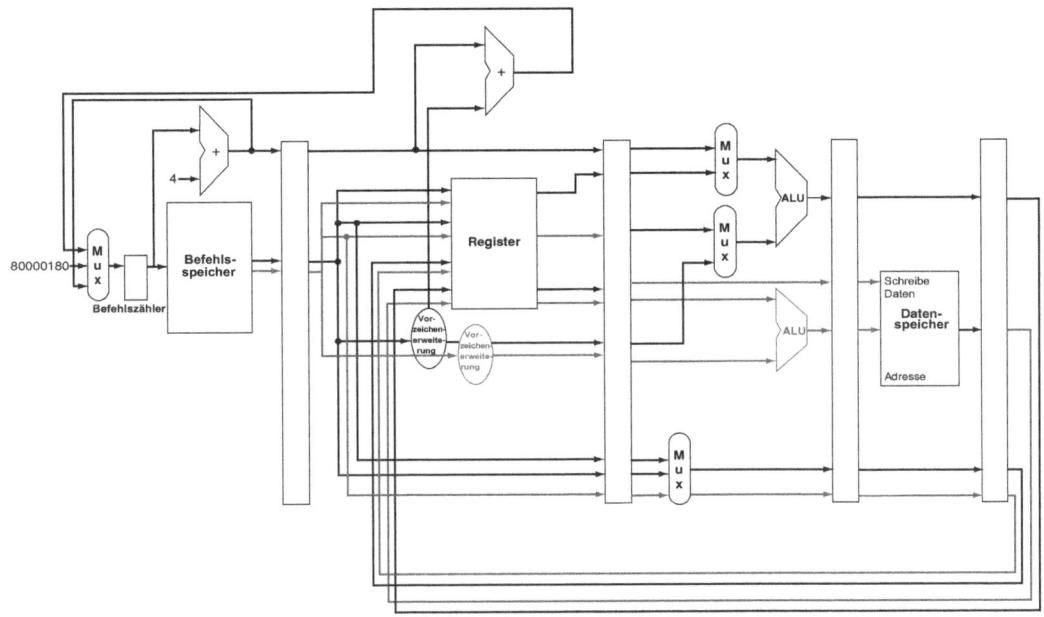

Abb. 4.58: Ein Datenpfad mit statischer Zweifachzuordnung. Die für eine Zweifachzuordnung erforderlichen Ergänzungen sind grau gezeichnet: weitere 32 Bits aus dem Befehlsspeicher, zwei weitere Leseports und ein zusätzlicher Schreibport im Registersatz und eine zusätzliche ALU. Die untere ALU ist für die Adressberechnung für Datentransfers zuständig, während die obere ALU für alles andere verantwortlich ist.

ist, benötigen wir außerdem einen weiteren Addierer zum Berechnen der Effektivadresse für Datentransfers. Ohne diese zusätzlichen Ressourcen würde unsere Pipeline mit Zweifachzuordnung durch Strukturkonflikte behindert.

Dieser Prozessor mit Zweifachzuordnung kann die Leistung bis zu einem Faktor 2 verbessern. Dazu muss sich jedoch die Ausführung von doppelt so vielen Befehlen überlappen, und diese zusätzlichen Überlappungen erhöhen den relativen Leistungsverlust aus Daten- und Steuerkonflikten. In unserer einfachen fünfstufigen Pipeline haben Ladebefehle z. B. eine **Nutzungslatenz** von einem Taktzyklus, wodurch verhindert wird, dass ein Befehl das Ergebnis ohne Verzögerung verwendet. Bei der fünfstufigen Pipeline mit Zweifachzuordnung kann das Ergebnis eines Ladebefehls im nachfolgenden *Taktzyklus* nicht verwendet werden. Das bedeutet, dass die nächsten *beiden* Befehle das Ergebnis des Ladebefehls nur mit Verzögerung nutzen können. Zudem haben ALU-Befehle, die in der einfachen fünfstufigen Pipeline keine Nutzungslatenz aufwiesen, nun eine Nutzungslatenz von einem Befehl, da das Ergebnis des Befehlspaares nicht verwendet werden kann. Um die in einem Prozessor mit Mehrfachzuordnung verfügbare Parallelität effektiv zu nutzen, werden anspruchsvollere Compiler- und Hardware-Schedulingtechniken benötigt, und bei der statischen Mehrfachzuordnung muss der Compiler diese Rolle übernehmen.

Nutzungslatenz Anzahl der Taktzyklen zwischen einem Ladebefehl und einem Befehl, der das Ergebnis des Ladebefehls nutzen kann, ohne eine Verzögerung der Pipeline zu verursachen.

Beispiel: Code-Scheduling mit einfacher Mehrfachzuordnung

Wie würde der Code für diese Schleife in einer Pipeline mit statischer Zwei-fachzuordnung bei MIPS angeordnet?

```
Loop:lw    $t0, 0($s1)      # $t0=Feldelement
     addu  $t0,$t0,$s2       # addiere Skalar in $2
     sw    $t0, 0($s1)      # speichere Ergebnis
     addi  $s1,$s1,-4        # dekrementiere Zeiger
     bne   $s1,$zero,Loop    # Verzweigung $s1!=0
```

Ordnen Sie die Befehle neu an, um so viele Pipelineleerläufe wie möglich zu vermeiden. Gehen Sie davon aus, dass Sprünge so vorhergesagt werden, dass Steuerkonflikte von der Hardware behandelt werden.

Lösung: Die ersten drei Befehle weisen ebenso wie die letzten beiden Da-tenabhängigkeiten auf. In Tabelle 4.12 ist die beste Anordnung für diese Be-fehle dargestellt. Nur ein Befehlspaar nutzt dabei beide Zuordnungsfächer. Pro Schleifendurchlauf werden vier Taktzyklen benötigt. Wenn in vier Taktzyklen fünf Befehle ausgeführt werden, erzielen wir anstelle des optimalen Werts von 0,5 den enttäuschenden CPI-Wert 0,8 bzw. einen IPC-Wert von 1,25 anstatt 2,0. Beim Berechnen des CPI-Werts oder des IPC-Werts werden NOP-Befehle nicht als sinnvolle Befehle mitgezählt. Würden diese mitgezählt, würden wir einen besseren CPI-Wert erhalten, aber keine bessere Leistung!

Tab. 4.12: Neu angeordneter Code, wie er in einer MIPS-Pipeline mit Zweifachzuordnung aussehen würde. Die leeren Zuordnungsfächer sind NOP-Befehle.

	ALU- oder Sprungbefehl	Datentransfer-Befehl	Taktzyklus
Loop		lw $t0, 0($s1)	1
	addi $s1, $s1, -4		2
	addu $t0, $t0, $s2		3
	bne $s1, $zero, Loop	sw $t0, 4($s1)	4

Schleifenabrollen Eine Technik zur Verbesse-rung der Performanz von Schleifen, die auf Felder zugreifen. Dabei werden viele Kopien des Schlei-fenrumpfs erstellt und Befehle aus unterschiedli-chen Iterationen im Sinne der Mehrfachzuordnung zusammengefasst.

Eine wichtige Compilertechnik, mit der die Performanz von Schleifen verbes-sert werden kann, ist das **Schleifenabrollen.** Dabei werden vom Schleifen-rumpf mehrere Kopien erstellt. Nach dem Abrollen kann, da sich die Befehle aus unterschiedlichen Iterationen überschneiden, die Parallelität auf Befehls-ebene besser genutzt werden.

Beispiel: Schleifenabrollen bei Pipelines mit Mehrfachzuordnung

Prüfen Sie, wie gut Schleifenabrollen und Scheduling im obigen Beispiel funk-tionieren. Gehen Sie der Einfachheit halber davon aus, dass der Schleifenindex ein Vielfaches von vier ist.

Lösung: Um die Schleife ohne Verzögerungen anzuordnen, müssen wir vier Kopien des Schleifenrumpfs erstellen. Nach dem Schleifenabrollen und Löschen der unnötigen Schleifenverwaltungsbefehle enthält die Schleife jeweils vier Kopien von `lw`, `add` und `sw` sowie eine von `addi` und eine von `bne`. In Tabelle 4.13 ist der Code nach dem Schleifenabrollen und Scheduling dargestellt.

Tab. 4.13: Neu angeordneter Code aus Tabelle 4.12, wie er bei einer MIPS-Pipeline mit statischer Zweifachzuordnung nach dem Schleifenabrollen und Scheduling aussieht. Die leeren Zuordnungsfächer sind NOP-Befehle. Da der erste Befehl in der Schleife $s1 um 16 dekrementiert, sind die Adressen, die geladen werden, der Anfangswert von $s1, dann diese Adresse minus 4, minus 8 und minus 12.

	ALU- oder Sprungbefehl	Datentransfer-Befehl	Taktzyklus
Loop:	addi $s1,$s1,--16	lw $t0, 0($s1)	1
		lw $t1,12($s1)	2
	addu $t0, $t0, $s2	lw $t2, 8($s1)	3
	addu $t1, $t1, $s2	lw $t3, 4($s1)	4
	addu $t2, $t2, $s2	sw $t0, 16($s1)	5
	addu $t3, $t3, $s2	sw $t1, 12($s1)	6
		sw $t2, 8($s1)	7
	bne $s1,$zero,Loop	sw $t3, 4($s1)	8

Während des Schleifenabrollens hat der Compiler zusätzliche Register ($t1, $t2, $t3) eingefügt. Dieser Prozess, der als **Registerumbenennung** bezeichnet wird, dient dazu, Abhängigkeiten aufzulösen, bei denen es sich zwar nicht um echte Datenabhängigkeiten handelt, die jedoch entweder zu potenziellen Konflikten führen oder verhindern können, dass der Compiler den Code flexibel generiert. Überlegen Sie, wie der Code nach dem Schleifenabrollen aussehen würde, wenn nur $t0 verwendet würde. Es gäbe mehrere Kopien von `lw $t0,0($s1)`, `addu $t0,$t0,$s2` gefolgt von `sw t0,4($s1)`, aber diese Sequenzen sind trotz der Verwendung von $t0 vollkommen unabhängig voneinander: Es fließen keine Daten zwischen diesem Befehlspaar und dem nachfolgenden. Hierbei handelt es sich nicht um eine echte Datenabhängigkeit, sondern vielmehr um eine so genannte Antiabhängigkeit oder **Namensabhängigkeit**, bei der eine Reihenfolge ausschließlich durch die Wiederverwendung eines Namens erzwungen wird.

Registerumbenennung Wird vom Compiler oder von der Hardware ausgeführt, um Namensabhängigkeiten zu beseitigen.

Wenn die Register während des Schleifenabrollens umbenannt werden, kann der Compiler anschließend diese unabhängigen Befehle verschieben und so den Code besser packen. Mit der Umbenennung werden Namensabhängigkeiten aufgelöst, während die echten Abhängigkeiten erhalten bleiben.

Namensabhängigkeit Eine Reihenfolge, die ausschließlich durch die Wiederverwendung eines Namens erzwungen wird.

Nun werden 12 der 14 Befehle in der Schleife paarweise ausgeführt. Für vier Schleifendurchläufe sind acht Taktzyklen oder zwei Taktzyklen pro Durchlauf erforderlich. Das ergibt einen CPI-Wert von 8/14 = 0,57. Schleifenabrollen und Scheduling bei der Zweifachzuordnung ergab eine Verbesserung um den Faktor 2, die zum Teil auf die Reduzierung der Schleifenverwaltungsbefehle und zum Teil auf die Ausführung mittels Zweifachzuordnung zurückzuführen ist. Für diese Performanzverbesserung werden anstelle von einem vier temporäre Register sowie eine erheblich größere Codegröße benötigt.

Prozessoren mit dynamischer Mehrfachzuordnung

Superskalar Eine erweiterte Pipelining-Technik, mit deren Hilfe der Prozessor mehr als einen Befehl pro Taktzyklus ausführen kann.

Prozessoren mit dynamischer Mehrfachzuordnung werden auch als **superskalare** Prozessoren bezeichnet. Bei den einfachsten superskalaren Prozessoren werden Befehle in der durch das Programm vorgegebener Reihenfolge zugeordnet, und der Prozessor entscheidet, ob kein, ein oder mehrere Befehle in einem gegebenen Taktzyklus zugeordnet werden können. Um mit einem Prozessor dieser Art eine gute Leistung zu erzielen, muss der Compiler versuchen, Befehle so zuzuordnen, dass Abhängigkeiten aufgelöst werden und damit die Befehlszuordnungsrate verbessert wird. Auch bei einem Compiler-Scheduling dieser Art gibt es einen wichtigen Unterschied zwischen diesem einfachen superskalaren und einem VLIW-Prozessor: Die Hardware garantiert, dass der Code, ob mit oder ohne Scheduling, richtig ausgeführt wird. Zudem wird kompilierter Code immer richtig ausgeführt, unabhängig von der Zuordnungsrate oder der Pipelinestruktur des Prozessors. Bei einigen VLIW-Entwürfen war dies nicht der Fall, und der Code musste für unterschiedliche Prozessormodelle neu kompiliert werden. Bei anderen Prozessoren mit statischer Zuordnung wird der Code in unterschiedlichen Implementierungen zwar richtig ausgeführt, aber häufig so schlecht, dass der Code aus Effizienzgründen neu kompiliert werden muss.

dynamisches Pipeline-Scheduling Hardwareunterstützung für die Neuordnung der Reihenfolge der Befehlsausführung zum Verhindern von Verzögerungen.

Bei vielen superskalaren Prozessoren wird das Grundkonzept der dynamischen Zuordnungsentscheidungen um **dynamisches Pipeline-Scheduling** erweitert. Beim dynamischen Pipeline-Scheduling wird ausgewählt, welche Befehle in einem gegebenen Taktzyklus ausgeführt werden, und gleichzeitig wird versucht, Konflikte und Verzögerungen zu vermeiden. Beginnen wir mit einem einfachen Beispiel zum Vermeiden eines Datenkonflikts. Betrachten wir die folgende Codesequenz:

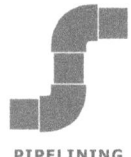

PIPELINING

```
lw      $t0, 20($s2)
addu    $t1, $t0, $t2
sub     $s4, $s4, $t3
slti    $t5, $s4, 20
```

Obwohl der sub-Befehl zum Ausführen bereit ist, muss er warten, bis die Befehle lw und addu ausgeführt sind, was bei einem langsamen Speicher viele Taktzyklen beanspruchen kann. (In Kapitel 5 werden Cache-Fehler beschrieben, der Grund dafür, dass viele Speicherzugriffe sehr langsam sind.) Mithilfe des dynamischen Pipeline-Scheduling können Konflikte wie diese vollständig oder teilweise vermieden werden.

Dynamisches Pipeline-Scheduling

Beim dynamischen Pipeline-Scheduling wird festgelegt, welche Befehle als Nächstes ausgeführt werden, wobei die Befehle zum Vermeiden von Verzöge-

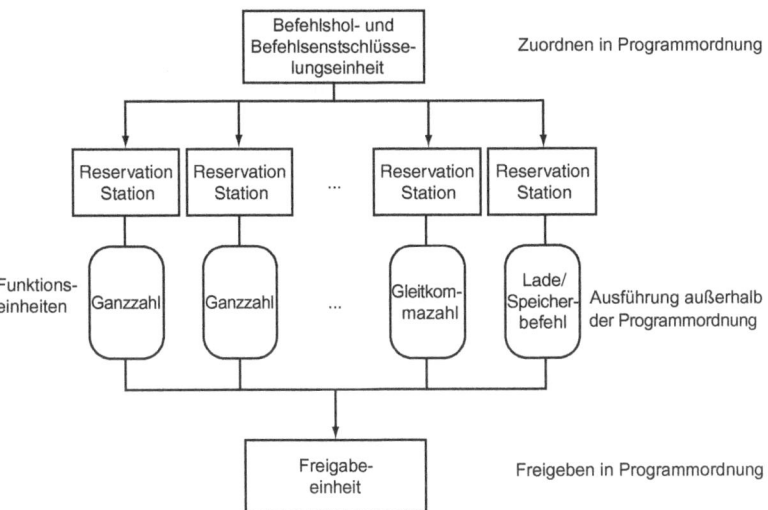

Abb. 4.59: Die drei wichtigsten Einheiten einer Pipeline mit dynamischem Scheduling. Der letzte Schritt, bei dem der Zustand aktualisiert wird, wird auch als Retirement bezeichnet.

rungen möglicherweise neu angeordnet werden. Bei Prozessoren dieser Art ist die Pipeline in drei Haupteinheiten unterteilt: eine Befehlshol- und Befehlszuordnungseinheit, mehrere Funktionseinheiten (im Jahr 2013 ein Dutzend oder mehr High-End-Prozessoren) und eine **Freigabeeinheit**. In Abbildung 4.59 ist das entsprechende Modell dargestellt. Die erste Einheit holt Befehle, decodiert sie und sendet jeden Befehl zum Ausführen an die entsprechende Funktionseinheit. Jede Funktionseinheit verfügt über Puffer, so genannte **Reservierungsstationen**, in denen die Operanden und der Befehl gespeichert werden. (Im nächsten Abschnitt beschreiben wir eine Alternative zu den Reservierungsstationen, die bei vielen neueren Prozessoren zum Einsatz kommt.) Sobald der Puffer alle Operanden enthält und die Funktionseinheit bereit ist, den Befehl auszuführen, wird das Ergebnis berechnet. Wenn das Ergebnis berechnet ist, wird es an alle Reservierungsstationen, die auf dieses Ergebnis warten, sowie an die Freigabeeinheit gesendet, in der das Ergebnis gespeichert wird, bis es sicher im Registersatz oder, bei einem Speicherbefehl, im Speicher abgelegt werden kann. Der Puffer in der Freigabeeinheit, der häufig als **Rückordnungspuffer** bezeichnet wird, wird auch zum Bereitstellen von Operanden verwendet ähnlich wie die Forwarding-Logik in einer Pipeline mit statischem Scheduling. Sobald ein Ergebnis im Registersatz freigegeben ist, kann es wie in jeder normalen Pipeline direkt von dort geholt werden.

Die Kombination aus dem Speichern von Operanden in den Reservierungsstationen und von Ergebnissen im Rückordnungspuffer stellt eine Form der Registerumbenennung dar, wie die, die vom Compiler in unserem Beispiel für das Schleifenabrollen Seite 360 verwendet wird. Betrachten wir die folgenden Schritte, um die Funktionsweise zu verstehen:

Freigabeeinheit Die Einheit in einer dynamischen Pipeline oder Pipeline mit Out-of-Order-Ausführung, die entscheidet, wann es sicher ist, das Ergebnis eines Befehls an für den Programmierer sichtbare Register oder den Speicher freizugeben.

Reservierungsstation Ein Puffer in einer Funktionseinheit zum Speichern der Operanden und des Befehls.

Rückordnungspuffer Der Puffer, der Ergebnisse in einem Prozessor mit dynamischem Scheduling speichert, bis es sicher ist, das Ergebnis im Speicher oder in einem Register zu speichern.

1. Wenn ein Befehl zugeordnet wird, wird er in die Reservierungsstationen
   für die entsprechende funktionale Einheit kopiert. Alle Operanden, die in
   der Registerdatei oder im Rückordnungspuffer zur Verfügung stehen, werden ebenfalls sofort in die Reservierungsstation kopiert. Der Befehl wird in
   der Reservierungsstation gespeichert, bis alle Operanden und eine Ausführungseinheit verfügbar sind. Für den zuzuordnenden Befehl wird die Re-
   gisterkopie des Operanden nicht mehr benötigt, und wenn ein Befehl zum
   Schreiben in dieses Register auftritt, kann der Wert überschrieben werden.

2. Wenn sich ein Operand nicht im Registersatz oder im Rückordnungspuffer befindet, muss er warten, bis er von einer Funktionseinheit generiert
   wird. Der Name der Funktionseinheit, die das Ergebnis generiert, wird fest-
   gehalten. Wenn diese Einheit das Ergebnis generiert, wird dieses aus der
   Funktionseinheit unter Umgehung der Register direkt in die wartende Reservierungsstation kopiert.

Bei diesen Schritten werden der Rückordnungspuffer und die Reservierungsstationen effektiv zum Implementieren der Registerumbenennung verwendet.

Prinzipiell können Sie sich eine Pipeline mit dynamischem Scheduling vorstellen, die die Datenflussstruktur eines Programms analysiert. Der Prozessor
führt die Befehle dann in einer Reihenfolge aus, mit der die Datenflussordnung
des Programms aufrechterhalten wird. Diese Art der Ausführung wird auch als
Out-of-Order-Ausführung bezeichnet.

Damit sich Programme so verhalten, als würden sie in einer einfachen Pipeline in Programmreihenfolge ausgeführt, muss die Befehlshol- und Befehls-
decodiereinheit Befehle in Programmreihenfolge zuordnen, so dass Abhängigkeiten nachverfolgt werden können, und die Freigabeeinheit muss Ergebnisse in Register und in den Speicher in der Programmausführungsfolge schreiben. Diese konservative Methode wird als **Freigeben in Programmreihenfolge** bezeichnet. Wenn also eine Ausnahme auftritt, kann der Computer auf den
zuletzt ausgeführten Befehl zeigen, und es werden nur die Register aktualisiert,
in die Befehle vor demjenigen Befehl geschrieben haben, der die Ausnahme
verursacht hat. Auch wenn das Frontend (erste Stufe der Pipeline: Befehl holen und zuordnen) und das Backend (letzte Stufe der Pipeline: Freigabe) der
Pipeline in Programmreihenfolge ausgeführt werden, können die Funktionseinheiten die Ausführung beginnen, sobald die erforderlichen Daten verfügbar
sind. Heute verwenden alle Pipelines mit dynamischem Scheduling Freigeben
in Programmreihenfolge.

Das dynamische Scheduling wird häufig, insbesondere bei Sprungergebnissen, um eine hardwaregestützte Spekulation erweitert. Durch die Vorhersage der Richtung einer Verzweigung kann ein Prozessor mit dynamischem
Scheduling weiter Befehle entsprechend dem vorhergesagten Pfad holen und
ausführen. Da die Befehle in Programmreihenfolge freigegeben werden, wissen wir, bevor ein Befehl aus dem vorhergesagten Pfad freigegeben wird, ob
der Sprung richtig vorhergesagt wurde. Eine spekulative Pipeline mit dynamischem Scheduling kann auch die Spekulation bezüglich der Adressen von

**Out-of-Order-Ausfüh-
rung** Eine Situation bei
der Ausführung mittels
Pipeline, in der ein Be-
fehl, dessen Ausführung
blockiert ist, den nach-
folgenden Befehl nicht
veranlasst zu warten.

**Freigeben in Programm-
reihenfolge** Eine Freigabe, bei der alle Ergebnisse
der Ausführung mittels
Pipeline in die für den
Programmierer sichtbaren
Register und Speicher-
stellen, den so genannten
Zustand, in derselben
Reihenfolge geschrieben
werden, in der Befehle
geholt wurden.

Ladebefehlen unterstützen und ermöglicht so die Umordnung von Lade- und Speicherbefehlen und vermeidet mithilfe der Freigabeeinheit falsche Spekulationen. Im nächsten Abschnitt werden wir uns mit der Verwendung des dynamischen Scheduling und der Spekulation im Intel Core i7 beschäftigen.

Zur Programmperformanz

Angesichts der Tatsache, dass Compiler auch Befehle über Datenabhängigkeiten hinweg verschieben können, fragen Sie sich vielleicht, warum bei einem superskalaren Prozessor überhaupt dynamisches Scheduling eingesetzt wird. Hierfür gibt es im Wesentlichen drei Gründe. Erstens sind nicht alle Verzögerungen der Pipeline vorhersagbar. Insbesondere Cache-Fehlzugriffe (siehe Kapitel 5) in der **Speicherhierarchie** verursachen nicht vorhersagbare Pipelineverzögerungen. Mithilfe des dynamischen Scheduling kann der Prozessor einige dieser Verzögerungen verbergen, indem er weiter Befehle ausführt, während er auf das Ende der Verzögerung wartet.

HIERARCHIE

Zweitens: Wenn der Prozessor mithilfe der dynamischen **Sprungvorhersage** über das Ergebnis von Sprüngen spekuliert, kann er die exakte Reihenfolge der Befehle beim Kompilieren nicht kennen, da diese vom vorhergesagten und tatsächlichen Verhalten von Sprüngen abhängt. Wenn die dynamische Spekulation zur besseren Ausnutzung der Parallelität auf Befehlsebene ohne dynamisches Scheduling integriert wird, werden dadurch die Vorzüge einer derartigen Spekulation erheblich geschmälert.

VORHERSAGE

Drittens: Da die Pipelinelatenz und die Parallelität bei der Zuordnung von Implementierung zu Implementierung unterschiedlich sind, gibt es auch Unterschiede dahingehend, was jeweils die beste Möglichkeit ist, eine Codesequenz zu kompilieren. Die Art und Weise, wie eine Folge von abhängigen Befehlen angeordnet wird, hängt beispielsweise sowohl von der Zuordnungsparallelität als auch von der Latenz ab. Die Pipelinestruktur wirkt sich sowohl darauf aus, wie oft eine Schleife abgerollt werden muss, um ein Leerlaufen der Pipeline zu vermeiden, als auch auf den Prozess der compilerbasierten Registerumbenennung. Durch dynamisches Scheduling kann die Hardware einen Großteil dieser Details verbergen. Somit benötigen Benutzer und Softwarehändler für unterschiedliche Implementierungen desselben Befehlssatzes keine unterschiedlichen Versionen eines Programms. Entsprechend können auch ältere Programme die Vorteile einer neuen Implementierung nutzen, ohne neu kompiliert werden zu müssen.

PIPELINING

Grundwissen

Sowohl das **Pipelining** als auch die Ausführung mit Mehrfachzuordnung erhöhen den maximalen Befehlsdurchsatz und versuchen, die **Parallelität** auf Befehlsebene auszunutzen. Daten- und Kontrollflussabhängigkeiten in Programmen stellen jedoch eine obere Grenze für eine dauerhafte

PARALLELITÄT

Spitzenleistung dar, da der Prozessor gelegentlich warten muss, bis eine Abhängigkeit aufgelöst ist. Softwareorientierte Konzepte für die Ausnutzung der Parallelität auf Befehlsebene hängen davon ab, ob der Compiler die Auswirkungen von Abhängigkeiten dieser Art erkennt und reduzieren kann, während hardwareorientierte Konzepte auf die Erweiterung der Pipeline und der Zuordnungsmechanismen setzen. Vom Compiler oder von der Hardware angestellte Spekulationen können dazu beitragen, dass die Parallelität Befehlsebene auf dem Weg der **Vorhersage** besser ausgenutzt werden kann, wobei jedoch mit Sorgfalt vorgegangen werden muss, da eine falsche Spekulation zu einer Leistungsminderung führen kann.

VORHERSAGE

Hardware-Software-Schnittstelle

Moderne Hochleistungsmikroprozessoren können pro Taktzyklus mehrere Befehle zuordnen, haben jedoch Schwierigkeiten, diese Zuordnungsrate permanent aufrechtzuerhalten. Obwohl es Prozessoren gibt, die vier bis sechs Zuordnungen pro Taktzyklus vornehmen, können nur sehr wenige Anwendungen im Schnitt mehr als zwei Befehle pro Taktzyklus über die gesamte Laufzeit des Programms ausführen. Hierfür gibt es im Wesentlichen zwei Gründe.

Zum einen entstehen die größten Leistungsengpässe in der Pipeline aufgrund von Abhängigkeiten, die nicht aufgelöst werden können, so dass die Parallelität von Befehlen und die für Programme durchschnittlich nutzbare Zuordnungsrate beeinträchtigt wird. Zwar kann gegen echte Datenabhängigkeiten nur wenig unternommen werden, doch erkennt der Compiler oder die Hardware häufig nicht genau, ob eine Abhängigkeit vorliegt, und muss daher vorsichtshalber davon ausgehen, dass dies der Fall ist. So führt ein Programm, das Zeiger insbesondere auf eine Art und Weise verwendet, die vermehrtes Aliasing zur Folge hat, vermehrt zu impliziten potenziellen Abhängigkeiten. Im Gegensatz dazu kann ein Compiler aufgrund der größeren Regelmäßigkeit von Zugriffen auf Felder häufig ableiten, dass keine Abhängigkeiten vorliegen. In ähnlicher Weise limitieren Sprünge, die weder zur Laufzeit noch beim Kompilieren exakt vorhergesagt werden können, die Ausnutzung der Parallelität auf Befehlsebene. Häufig könnte die Parallelität auf Befehlsebene besser genutzt werden, aber die Fähigkeit des Compilers oder der Hardware, die manchmal über die Ausführung von Tausenden von Befehlen weit verstreute Parallelität auf Befehlsebene zu erkennen, ist begrenzt.

HIERARCHIE

Zum anderen limitieren Verluste in der **Speicherhierarchie** (siehe Kapitel 5) die Fähigkeit, Pipelineleerläufe zu vermeiden. Einige durch das Speichersystem verursachte Leerläufe können verborgen werden, aber ein geringes Maß an Parallelität auf Befehlsebene beschränkt auch den Umfang, in dem Leerläufe dieser Art verborgen werden können.

Energieeffizienz und fortgeschrittenes Pipelining

Der Nachteil der zunehmenden Ausnutzung der Parallelität auf Befehlsebene mittels dynamischer Mehrfachzuordnung und Spekulation drückt sich in der Energieeffizienz aus. Jede Innovation konnte mehr Transistoren in Leistung umsetzen, aber häufig geschah dies sehr ineffizient. Nachdem wir die Energiegrenze erreicht haben, gibt es Entwürfe mit mehreren Prozessoren pro Chip, bei denen die Prozessoren kein so weitgreifendes Pipelining unterstützen oder nicht so offensiv spekulativ sind wie die Vorgänger.

Man geht davon aus, dass einfachere Prozessoren zwar nicht so schnell wie ihre avancierten Verwandten sind, dass sie aber eine bessere Leistung pro Watt erbringen, so dass sie mehr Leistung pro Chip bieten, wenn der Entwurf eher eine Limitierung im Hinblick auf die Energie als auf die Anzahl der Transistoren vorgibt.

Tabelle 4.14 zeigt die Anzahl der Pipeline-Stufen, die Zuordnungsbreite, die Spekulationsstufe, die Taktrate, die Cores pro Chip sowie die Leistung mehrerer älterer und neuerer Mikroprozessoren. Beachten Sie die Abnahme der Pipeline-Stufen und der Energie, als die Hersteller auf Multicore-Entwürfe umgestiegen sind.

Tab. 4.14: Pipeline-Komplexität, Anzahl der Cores und Energieverbrauch bei Mikroprozessoren von Intel und Sun. Die Pipeline-Stufen des Pentium-4 beinhalten nicht die Freigabestufen. Würden wir sie berücksichtigen, würden die Pipelines des Pentium-4 noch tiefer gehen.

Mikroprozessor	Jahr	Takt-frequenz	Pipeline-stufen	Zuord-nungsbreite	Out-of-Order/ Spekulation	Cores/ Chip	Leistung
Intel 486	1989	25 MHz	5	1	nein	1	5 W
Intel Pentium	1993	66 MHz	5	2	nein	1	10 W
Intel Pentium Pro	1997	200 MHz	10	3	ja	1	29 W
Intel Pentium-4 Willamette	2001	2000 MHz	22	3	ja	1	75 W
Intel Pentium-4 Prescott	2004	3600 MHz	31	3	ja	1	103 W
Intel Core	2006	2930 MHz	14	4	ja	2	75 W
Intel Core i5 Nehalem	2010	3300 MHz	14	4	ja	2–4	87 W
Intel Core i5 Ivy Bridge	2012	3400 MHz	14	4	ja	8	77 W

Anmerkungen: 1) Eine Freigabeeinheit steuert die Aktualisierung des Registersatzes *und* des Speichers. Bei einigen Prozessoren mit dynamischem Scheduling wird der Registersatz sofort während der Ausführung aktualisiert. Dazu werden zusätzliche Register verwendet, mit deren Hilfe die Umbenennungsfunktion implementiert und die alte Kopie eines Registers beibehalten wird, bis der Befehl, der das Register aktualisiert, nicht mehr spekulativ ist. Bei anderen Prozessoren wird das Ergebnis in der Regel in einer Struktur gespeichert, die als Rückordnungspuffer bezeichnet wird. Der Registersatz wird erst zu einem späteren Zeitpunkt im Rahmen der Freigabe aktualisiert. Speicherbefehle müssen bis zur Freigabe entweder in einem *Speicherbefehlspuffer* (siehe Kapitel 5) oder im Rückordnungspuffer gespeichert werden. Mithilfe der Freigabeeinheit kann der Speicherbefehl aus dem Puffer in den Speicher schreiben, wenn der Puffer eine gültige Adresse und gültige Daten enthält, und wenn der Speicherbefehl nicht mehr von vorhergesagten Sprüngen abhängt.

2) Speicherzugriffe profitieren von *nicht blockierenden Caches*, die Cache-Zugriffe während eines Cache-Fehlzugriffs weiter bearbeiten (siehe Kapitel 5). Prozessoren mit **Out-of-Order-Ausführung** benötigen nicht blockierende Caches, damit Befehle bei einem Fehlzugriff ausgeführt werden können.

Selbsttest

Geben Sie an, ob die folgenden Techniken oder Komponenten in erster Linie einem softwaregestützten oder einem hardwaregestützten Konzept zur Ausnutzung der Parallelität auf Befehlsebene zuzuordnen sind. Bei einigen Techniken und Komponenten können auch beide Konzepte angegeben werden.

1. Sprungvorhersage
2. Mehrfachzuordnung
3. VLIW-Prozessor
4. Superskalarer Prozessor
5. Dynamisches Scheduling
6. Ausführung außerhalb der Programmreihenfolge
7. Spekulation
8. Rückordnungspuffer
9. Registerumbenennung

4.11 Fallstudie: Die Pipelines beim ARM Cortex-A8 und beim Intel Core i7

Tabelle 4.15 beschreibt die beiden Mikroprozessoren, die wir in diesem Abschnitt betrachten und deren Eigenschaften den Beginn der PostPC-Ära markieren.

Der ARM Cortex-A8

Der ARM Cortex-A8 läuft bei 1 GHz mit einer 14-stufigen Pipeline. Er verwendet dynamische Mehrfachzuordnung mit zwei Befehlen pro Taktzyklus. Er ist eine statische in-order-Pipeline, d. h., Befehlszuordnung, Ausführung und Freigabe erfolgen in Programmreihenfolge. Die Pipeline besteht aus drei Abschnitten für das Holen, Decodieren und Ausführen von Befehlen. Abbildung 4.60 zeigt die gesamte Pipeline.

Tab. 4.15: Spezifikation der Prozessoren ARM Cortex-A8 und Intel Core i7 920.

Prozessor	ARM A8	Intel Core i7 920
Markt	Mobilgeräte	Server, Cloud
thermische Verlustleistung	2 Watt	130 Watt
Taktfrequenz	1 GHz	2,66 GHz
Kerne/Chip	1	4
Gleitkommaarithmetik	nein	ja
Mehrfachzuordnung	dynamisch	dynamisch
Peak Befehle/Takt	2	4
Pipeline-Zustände	14	14
Pipeline-Scheduling	statisch in-order	dynamisch out-of-order mit Spekulation
Sprungvorhersage	Stufe 2	Stufe 2
Level-1-Caches / Kern	32 KiB I, 32 KiB D	32 KiB I, 32 KiB D
Level-2-Caches / Kern	128–1024 KiB	256 KiB
Level-3-Caches (shared)	–	2–8 MiB

In den ersten drei Stufen werden zwei Befehle gleichzeitig geholt und es wird versucht, einen 12-elementigen Prefetch-Puffer gefüllt zu halten. Es wird ein 2-Level-Sprungprädiktor verwendet, der einen 512-elementigen Sprungzielpuffer, einen 4096-elementigen Global-History-Puffer und einen 8-elementigen Rückgabekeller für zukünftige Rückgaben umfasst. Wenn die Sprungvorhersage falsch ist, wird die Pipeline geleert, was zu einem Fehlzugriffsaufwand von 13 Taktzyklen führt.

In den fünf Pipeline-Stufen für das Decodieren wird festgestellt, ob es Abhängigkeiten innerhalb eines Befehlspaares gibt, die eine sequentielle Verar-

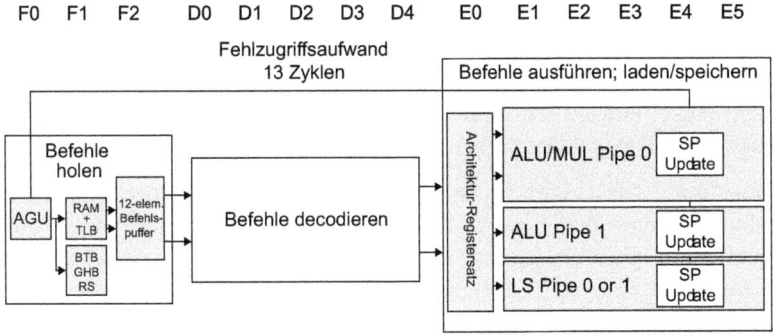

Abb. 4.60: Die A8-Pipeline. In den ersten drei Stufen werden Befehle in einen 12-elementigen Befehlspuffer geladen. Die Adresserzeugungseinheit (AGU, Adress Generation Unit) verwendet einen Sprungzielpuffer (BTB, Branch Target Buffer), einen Global-History-Puffer (GHB, Global History Buffer) und einen Rückgabekeller (RS, Return Stack) für die Sprungvorhersage, wobei versucht wird, die Warteschlange gefüllt zu halten. Die Befehlsdecodierung umfasst fünf Stufen und die Befehlsausführung sechs Stufen.

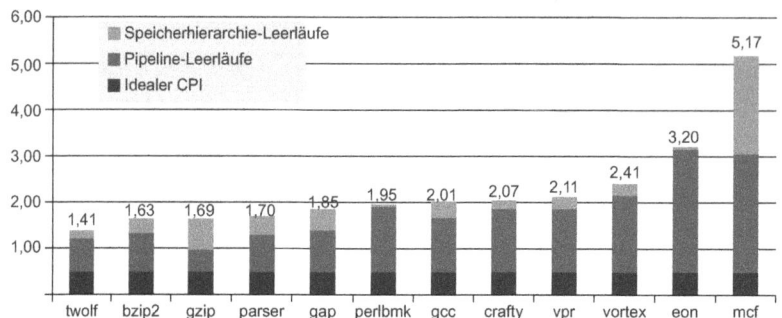

Abb. 4.61: CPI-Werte des ARM Cortex A8 für die Minnespec-Benchmarks, bei denen es sich um abgespeckte Versionen der SPEC2000-Benchmarks handelt. Diese Versionen verwenden deutlich kleinere Eingaben, um die Laufzeit um mehrere Größenordnungen zu reduzieren. Durch die reduzierte Größe wird der Einfluss der Speicherhierarchie auf den CPI signifikant *unterschätzt* (siehe Kapitel 5).

beitung erzwingen, und in welche Pipeline der Ausführungsstufen die Befehle gesendet werden müssen.

Die sechs Stufen des Abschnitts für die Befehlsausführung bieten eine Pipeline für Lade- und Speicherbefehle sowie zwei Pipelines für aritmetische Operationen, wobei nur die erste Multiplikationen behandeln kann. Beide Befehle können der Lade-Speicher-Pipeline zugeordnet werden. Die Ausführungsstufen arbeiten mit vollständigem Bypassing zwischen den drei Pipelines.

Abbildung 4.61 zeigt den CPI-Wert des A8 bei Verwendung von abgespeckten Versionen von Programmen, die aus den SPEC2000-Benchmarks abgeleitet sind. Während der ideale CPI-Wert 0,5 ist, liegt der beste Fall hier bei 1,4, der Medianfall bei 2,0 und der ungünstigste Fall bei 5,2. Im Medianfall gehen 80 % der Leerläufe auf das Konto von Pipeline-Konflikten und 20 % auf das Konto von der Speicherhierarchie. Pipeline-Konflikte entstehen durch falsche Sprungvorhersagen, Strukturkonflikte und Datenabhängigkeiten innerhalb der Befehlspaare. Für die statische Pipeline des A8 ist es Sache des Compilers, Strukturkonflikte und Datenabhängigkeiten nach Möglichkeit zu vermeiden.

Anmerkung: Der Cortex-A8 ist ein konfigurierbarer Kern, der die ARMv7-Architektur unterstützt. Er wird als *IP-Core* (*Intellectual Property*, dt. geistiges Eigentum) ausgeliefert. IP-Cores sind die vorherrschende Auslieferungsform bei eingebetteten Systemen, Mobilgeräten und verwandten Marktsegmenten. Milliarden von ARM- und MIPS-Prozessoren sind aus diesen IP-Cores hergestellt worden.

Beachten Sie, dass sich IP-Cores von den Kernen der Intel-i7-Multicore-Computer unterscheiden. Ein IP-Core (der selbst ein Multicore sein kann) ist dazu gedacht, dass er mit anderen Logikbausteinen (wobei er der „Kern" eines Chips ist) einschließlich anwendungsspezifischen Prozessoren (z. B. einem Codierer oder Decodierer für Video), Ein-/Ausgabegeräten und Speicherschnittstellen verbaut wird, so dass ein Prozessor entsteht, der für eine bestimmte Anwendung optimiert ist. Obwohl die Prozessorkerne nahezu identisch sind, können die resultierenden Chips viele Unterschiede haben. Ein Parameter ist die Größe des L2-Caches, der um einen Faktor von bis zu acht variieren kann.

Der Intel Core i7 920

x86-Prozessoren verwenden für ihre 14-stufige Pipeline ausgefeilte Pipeline-Methoden mit dynamischer Mehrfachzuordnung und dynamischem Pipeline-Scheduling mit Out-of-Order-Ausführung und Spekulation. Diese Prozessoren stehen jedoch weiterhin vor der Herausforderung, den in Kapitel 2 beschriebenen komplexen Befehlssatz zu implementieren. Intel holt die x86-Befehle und übersetzt sie in interne MIPS-ähnliche Befehle, die Intel als Mikrooperationen bezeichnet. Die Mikrooperationen werden dann von einer ausgefeilten Pipeline mit dynamischem Scheduling und Spekulationen ausgeführt, die in der Lage ist, eine Ausführungsrate von bis zu sechs Mikrooperationen pro Takt aufrechtzuerhalten. Diese Pipeline ist Gegenstand dieses Abschnitts.

Wenn wir das Design von avancierten Prozessoren mit dynamischem Scheduling betrachten, werden verschiedene Aspekte wie funktionale Einheiten, Cache, Befehlszuordnung und die Steuerung der gesamten Pipeline miteinander vermischt, so dass es schwierig wird, den Datenpfad von der Pipeline zu trennen. Aus diesem Grund verwenden viele Ingenieure und Forscher den Begriff **Mikroarchitektur** zur Bezeichnung der detaillierten internen Prozessorarchitektur.

Der Intel Core i7 verwendet ein Schema zur Auflösung von Namensabhängigkeiten und falschen Spekulationen, das einen Puffer zum Umordnen sowie Registerumbenennung benutzt. Bei der Registerumbenennung werden die **Architekturregister** eines Prozessors (16 im Fall der 64-Bit-Version der x86-Architektur) explizit in eine größere Menge von physikalischen Registern umbenannt. Der Core i7 verwendet Registerumbenennung, um Namensabhängigkeiten zu beseitigen. Die Registerumbenennung erfordert, dass der Prozessor eine Liste für die Abbildung zwischen den Architekturregistern und den physikalischen Registern hält, die angibt, welches physikalische Register die aktuellste Kopie eines Architekturregisters ist. Das Aufzeichnen der vorgenommenen Umbenennungen bietet einen möglichen Ansatz für die Wiederherstellung im Falle einer inkorrekten Spekulation: es müssen einfach die Abbildungen rückgängig gemacht werden, die seit dem ersten inkorrekten spekulativen Befehl vorgenommen wurden. Dies setzt den Prozessor zurück in den Zustand, den er nach dem letzten korrekt ausgeführten Befehl hatte, und die korrekte Abbildung zwischen Architekturregistern und physikalischen Registern bleibt erhalten.

Abbildung 4.62 zeigt die gesamte Organisation und die Pipeline des Core i7. Es folgen die acht Schritte, die ein x86-Befehl bei seiner Ausführung durchläuft.

Mikroarchitektur Die Organisation des Prozessors einschließlich der wichtigsten funktionalen Einheiten, ihrer Verbindungen und der Steuerung.

Architekturregister Der Befehlssatz der sichtbaren Register eines Prozessors; bei MIPS sind das z. B. die 32 Ganzzahl- und 16 Gleitkommaregister.

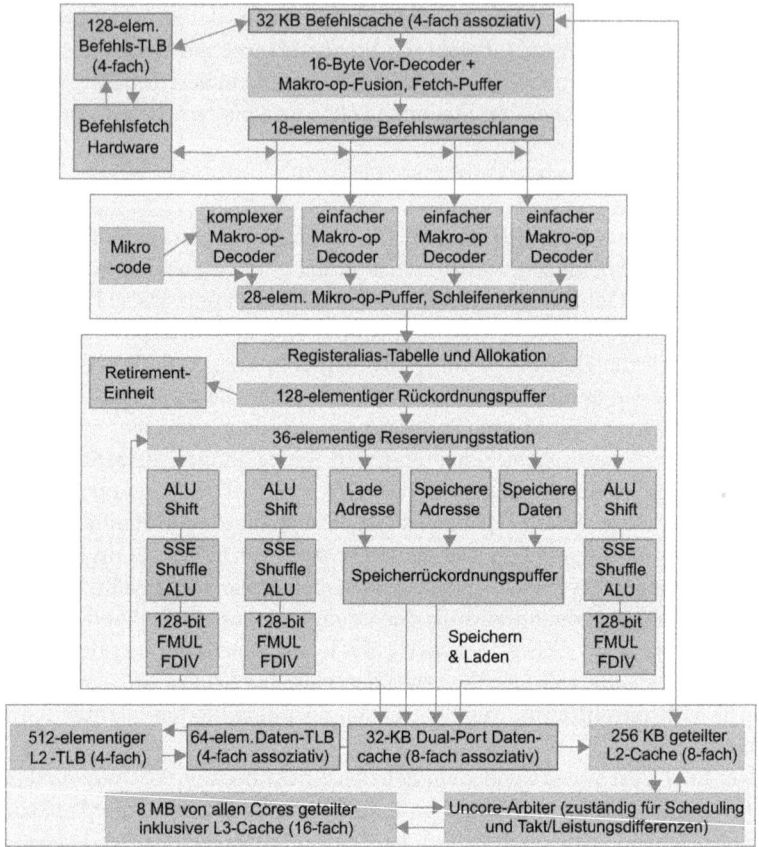

Abb. 4.62: Die Core-i7-Pipeline mit Speicherkomponenten. Die gesamte Pipeline ist 14 Stufen tief, wobei die Kosten für falsche Vorhersagen 17 Taktzyklen betragen. Dieses Design kann 48 Lade- und 32 Speichervorgänge puffern. Die sechs unabhängigen Einheiten können in jedem Taktzyklus eine bereitstehende RISC-Operationen beginnen.

1. Der Befehl wird geholt. Der Prozessor verwendet einen Multilevel-Sprungzielpuffer, um eine Balance zwischen Geschwindigkeit und Vorhersagegenauigkeit zu erreichen. Es gibt außerdem einen Stack für die Rücksprungadressen, um die Rücksprünge zu beschleunigen. Falsche Vorhersagen verursachen Kosten von ungefähr 15 Zyklen. Unter Verwendung der vorhergesagten Adresse holt der Befehlsholer 16 Bytes aus dem Befehlscache.

2. Die 16 Bytes werden im Befehls-Vordecoder platziert. Die VordecoderStufe transformiert die 16 Bytes in individuelle x86-Befehle. Dieser Vordecoder ist nicht trivial, da ein x86-Befehl zwischen 1 und 15 Bytes lang sein kann und der Vordecoder eine Reihe von Bytes durchsuchen muss, bevor er die Befehlslänge kennt. Die individuellen x86-Befehle werden in der 18-elementigen Befehlswarteschlange platziert.

3. Mikro-op Decodierung. Individuelle x86-Befehle werden in Mikrooperationen (Mikro-ops) übersetzt. Drei der Decoder behandeln x86-Befehle, die direkt eine Mikro-op übersetzen. Für x86-Befehle mit komplexerer Semantik gibt es eine Mikrocode-Maschine, die verwendet wird, um die Mikro-op-Sequenz zu erzeugen. Sie kann bis zu vier Mikro-ops pro Zyklus erzeugen und fährt solange fort, bis die nötige Mikro-op-Sequenz generiert ist. Die Mikro-ops werden entsprechend der Reihenfolge der x86-Befehle in dem 28-elementigen Mikro-op-Puffer platziert.

4. Der Mikro-op-Puffer führt eine Schleifenerkennung durch. Wenn es eine kleine Sequenz von Befehlen gibt (weniger als 28 Befehle oder 256 Bytes), die eine Schleife beinhaltet, dann findet der Schleifendetektor die Schleife und weist die Mikro-ops aus dem Puffer direkt zu. Damit entfällt die Notwendigkeit, die Stufen für das Holen und Decodieren der Befehle zu aktivieren.

5. Ausführen der grundlegenden Befehlszuordnung. In den Registertabellen wird der Registerort gesucht, die Register werden umbenannt, ein Eintrag im Rückordnungspuffer wird zugeteilt und alle Ergebnisse aus den Registern oder dem Rückordnungspuffer werden geholt, bevor die Mikro-ops an die Reservierungsstation gesendet werden.

6. Der i7 verwendet eine 36-elementige zentrale Reservierungsstation, die sich sechs Funktionseinheiten teilen. Bis zu sechs Mikro-ops pro Taktzyklus können von den Funktionseinheiten abgearbeitet werden.

7. Die individuellen Funktionseinheiten führen Mikro-ops aus und senden dann die Ergebnisse zu irgendeiner wartenden Reservierungsstationen sowie zur Retirement-Einheit, wo sie den Registerzustand aktualisieren, sobald bekannt ist, dass der Befehl nicht mehr spekulativ ist. Der dem Befehl im Rückordnungspuffer entsprechende Eintrag wird als abgeschlossen markiert.

8. Wenn einer oder mehrere Befehle im Kopf des Rückordnungspuffers als abgeschlossen markiert worden sind, werden die unerledigten Schreiboperationen in die Retirement-Einheit ausgeführt, und die Befehle werden aus dem Rückordnungspuffer entfernt.

Anmerkung: Im zweiten und vierten Schritt kann die Hardware Operationen kombinieren oder *fusionieren*, um die Anzahl der auszuführenden Operationen zu reduzieren. Die *Makro-op-Fusion* im zweiten Schritt nimmt x86-Befehlskombinationen, beispielsweise eine Vergleichsoperation gefolgt von einem Sprung, und verschmilzt sie zu einer einzigen Operation. Die Mikro-Fusion im vierten Schritt kombiniert Paare von Mikro-ops wie Laden/ALU-Operation und ALU-Operation/Speichern und ordnet sie einer gemeinsamen Reservierungsstation zu (wo sie weiterhin unabhängig vorliegen können), wodurch sich die Nutzung des Puffers vergrößert. Bei einer Untersuchung des Intel Core (Bird et al., 2007), bei der Mikrofusion und Makrofusion berücksichtigt wurden, stellte sich heraus, dass die Mikrofusion insgesamt nur wenig

Einfluss auf die Performanz hat; bei der Makrofusion zeigte sich ein moderater positiver Einfluss auf die Performanz der Ganzzahlarithmetik und ein geringer Einfluss auf die Gleitkommaarithmetik.

Die Performanz des Intel Core i7 920

Abbildung 4.63 zeigt die CPI-Werte des Intel Core i7 für die einzelnen Benchmarks von SPEC2006. Während der ideale CPI bei 0,25 liegt, ist der beste Fall hier 0,44, der Medianwert 0,79 und der Wert für den ungünstigsten Fall 2,67.

Obwohl es schwierig ist, zwischen Pipelineleerläufen und den Speicherleerläufen zu differenzieren, können wir für eine Pipeline mit dynamischer Out-of-Order-Ausführung zeigen, wie effektiv Sprungvorhersage und Spekulation sind. Abbildung 4.64 zeigt die prozentualen Anteile der falschen Sprungvorhersagen und der Arbeit (gemessen durch die Anzahl der Mikrooperationen in dieser Pipeline), die sich nicht auszahlen (d. h. deren Ergebnisse annulliert werden), an der Gesamtmenge der Mikrooperationen. Das Minimum liegt bei 0 %, der Median bei 2 % und das Maximum bei 10 %. Für die verschwendete Arbeit liegen die entsprechenden Werte bei 1 %, 18 % und 39 %.

Die verschwendete Arbeit passt in einigen Fällen sehr gut zu der Rate der falschen Sprungvorhersagen, so etwa für gobmk und astar. In etlichen Beispielen scheint die verschwendete Arbeit in Relation zur Rate der falschen Sprungvorhersage größer. Diese Abweichung hat vermutlich mit dem Speicherverhalten zu tun. Mit sehr hohen Fehlzugriffsraten wird mcf während einer in-

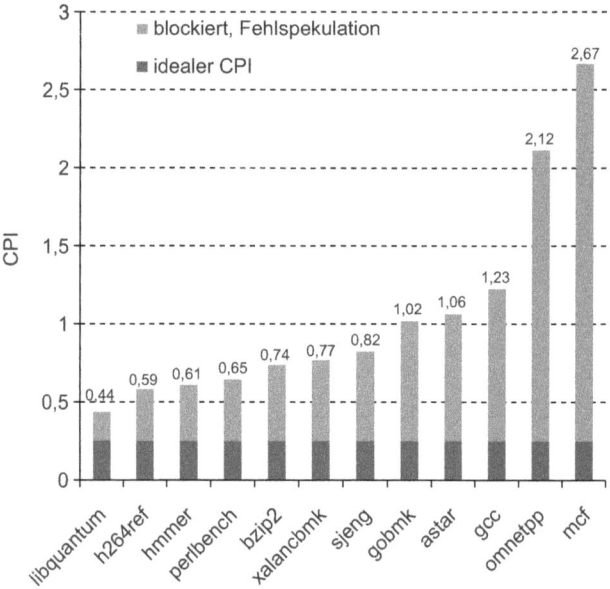

Abb. 4.63: CPI-Werte des Intel Core i7 920 für SPEC2006-Ganzzahl-Benchmarks.

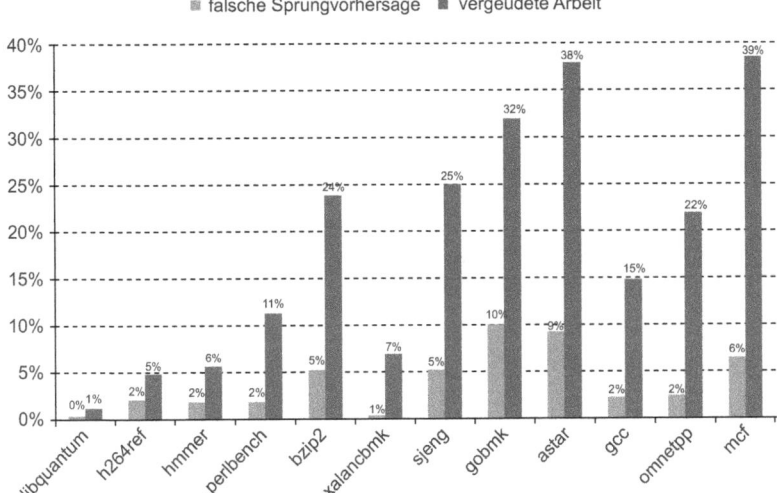

Abb. 4.64: Prozentualer Anteil an falschen Sprungvorhersagen und vergeudeter Arbeit aufgrund nicht erfolgreicher Spekulationen für die SPEC2006-Ganzzahl-Benchmarks auf dem Intel Core i7 920.

korrekten Spekulation viele Befehle absenden, solange ausreichend Reservierungsstationen für die blockierten Speicherreferenzen verfügbar sind. Wenn ein Sprung unter den vielen spekulierten Befehlen schließlich falsch vorhergesagt wird, werden sämtliche Mikro-ops gelöscht, die diesen Befehlen entsprechen.

Zur Programmperformanz

Der Intel Core i7 kombiniert eine Pipeline mit 14 Stufen mit einer aggressiven Mehrfachzuordnung, um höchste Leistung zu erzielen. Weil die Latenzen für aufeinanderfolgende Operationen gering sind, reduziert sich der Einfluss der Datenabhängigkeiten. Aber welche ernsthaften Leistungsengpässe können für Programme auf diesem Prozessor entstehen? Die folgende Liste zeigt einige der potenziellen Leistungsprobleme auf, wovon mindestens drei in irgendeiner Form für jeden Hochleistungsprozessor mit Pipeline relevant sind:

1. Verwendung von x86-Befehlen, die nicht auf ein paar einfache Mikrooperationen abgebildet werden können

2. schwer vorhersagbare Verzweigungen, die Leerläufe durch falsche Vorhersagen verursachen, und Neuanfänge, wenn die Spekulation fehlschlägt

3. lange Abhängigkeiten – in der Regel verursacht durch lang laufende Befehle oder die **Speicherhierarchie** –, die zu Verzögerungen führen

4. Leistungsverzögerungen beim Speicherzugriff (siehe Kapitel 5), die Verzögerungen im Prozessor verursachen

HIERARCHIE

```
1   #include <x86intrin.h>
2   #define UNROLL (4)
3
4   void dgemm (int n, double* A, double* B, double* C)
5   {
6       for ( int i = 0; i < n; i+=UNROLL*4 )
7           for ( int j = 0; j < n; j++ ) {
8               __m256d c[4];
9               for ( int x = 0; x < UNROLL; x++ )
10                  c[x] = _mm256_load_pd (C+i+x*4+j*n);
11
12              for ( int k = 0; k < n; k++ )
13              {
14                  __m256d b = _mm256_broadcast_sd (B+k+j*n);
15                  for (int x = 0; x < UNROLL; x++)
16                  c[x] = _mm256_add_pd (c[x],
17                      _mm256_mul_pd (_mm256_load_pd (A+n*k+x*4+i), b));
18              }
19
20              for ( int x = 0; x < UNROLL; x++ )
21                  _mm256_store_pd (C+i+x*4+j*n, c[x]);
22          }
23  }
```

Abb. 4.65: Optimierte C-Version von DGEMM, die C-Intrinsische verwendet, um die AVX-Befehle für x86 mit Subwort-Parallelität zu generieren (Abbildung 3.13). Durch Schleifenabrollen werden mehr Möglichkeiten für Parallelität auf Datenebene geschaffen. Abbildung 4.66 zeigt die vom Compiler erzeugte Assemblersprache für die innere Schleife, die die drei for-Schleifen abrollt, um die Parallelität auf Datenebene aufzudecken.

4.12 Schneller werden: Parallelität auf Befehlsebene und Matrixmultiplikation

Wenn wir noch einmal auf das DGEMM-Beispiel aus Kapitel 3 zurückblicken, dann können wir die Auswirkung der Parallelität auf Befehlsebene durch Schleifenabrollen sehen. Der Prozessor mit Mehrfachzuordnung und Out-of-Order-Ausführung hat nun mehr Befehle abzuarbeiten. Abbildung 4.65 zeigt die abgerollte Version von Abbildung 3.14, die intrinsische C-Funktionen verwendet, um AVX-Befehle zu generieren.

Wie bei dem in Tabelle 4.13 betrachteten Beispiel für das Abrollen wollen wir nun die Schleife viermal abrollen. (Wir verwenden im C-Code die Variable UNROLL, um für den Fall, dass wir andere Werte ausprobieren wollen, den Umfang des Abrollens steuern zu können.) Anstatt die Schleife in C manuell abzurollen, indem wir vier Kopien von jeder Intrinsischen aus Abbildung 3.13 machen, können wir dem gcc-Compiler das Abrollen bei -O3-Optimierung überlassen. Wir umgeben jede Intrinsische mit einer einfachen for-Schleife mit vier Iterationen (Zeilen 9, 14 und 20) und ersetzen den Skalar c0 in Abbildung 3.13 durch ein 4-elementiges Feld c[] (Zeilen 8, 10, 16 und 21).

```
 1 vmovapd  (%r11),%ymm4                # lade 4 Elemente von C in %ymm4
 2 mov      %rbx,%rax                   # Register %rax = %rbx
 3 xor      %ecx,%ecx                   # Register %ecx = 0
 4 vmovapd  0x20(%r11),%ymm3            # lade 4 Elemente von C in %ymm3
 5 vmovapd  0x40(%r11),%ymm2            # lade 4 Elemente von C in %ymm2
 6 vmovapd  0x60(%r11),%ymm1            # lade 4 Elemente von C in %ymm1
 7 vbroadcastsd (%rcx,%r9,1),%ymm0      # mache 4 Kopien des B-Elements
 8 add      $0x8,%rcx                   # Register %rcx = %rcx + 8
 9 vmulpd   (%rax),%ymm0,%ymm5          # Parallel-Mult. %ymm1,4 A
10 vaddpd   %ymm5,%ymm4,%ymm4           # Parallel-Add. %ymm5, %ymm4
11 vmulpd   0x20(%rax),%ymm0,%ymm5      # Parallel-Mult. %ymm1,4 A
12 vaddpd   %ymm5,%ymm3,%ymm3           # Parallel-Add. %ymm5, %ymm3
13 vmulpd   0x40(%rax),%ymm0,%ymm5      # Parallel-Mult. %ymm1,4 A
14 vmulpd   0x60(%rax),%ymm0,%ymm0      # Parallel-Mult. %ymm1,4 A
15 add      %r8,%rax                    # Register %rax = %rax + %r8
16 cmp      %r10,%rcx                   # vergleiche %r8 mit %rax
17 vaddpd   %ymm5,%ymm2,%ymm2           # Parallel-Add. %ymm5, %ymm2
18 vaddpd   %ymm0,%ymm1,%ymm1           # Parallel-Add. %ymm0, %ymm1
19 jne      68 <dgemm+0x68>             # springe falls %r8 %rax
20 add      $0x1,%esi                   # Register % esi = % esi + 1
21 vmovapd  %ymm4,(%r11)                # lade %ymm4 in 4 C-Elemente
22 vmovapd  %ymm3,0x20(%r11)            # lade %ymm3 in 4 C-Elemente
23 vmovapd  %ymm2,0x40(%r11)            # lade %ymm2 in 4 C-Elemente
24 vmovapd  %ymm1,0x60(%r11)            # lade %ymm1 in 4 C-Elemente
```

Abb. 4.66: Die x86-Assemblersprache für den Rumpf der inneren Schleifen, erzeugt durch Kompilieren des abgerollten C-Codes in Abbildung 4.60.

Abbildung 4.66 zeigt die ausgegebene Assemblersprache für den abgerollten Code. Wie zu erwarten, gibt es in Abbildung 4.66 vier Versionen von jedem AVX-Befehl in Abbildung 3.14, mit einer Ausnahme. Wir brauchen nur eine Kopie des vbroadcastsd-Befehls, da wir die vier Kopien des B-Elements in Register %ymm0 während der Schleife wiederholt verwenden können. So werden aus den fünf AVX-Befehlen in Abbildung 3.14 siebzehn in Abbildung 4.66, und die sieben Ganzzahlbefehle treten in beiden auf, obwohl sich die Konstanten und die Adressierung wegen des Abrollens ändern. Daraus folgt, dass sich die Anzahl der Befehle im Rumpf nur verdoppelt – von 12 auf 24 – obwohl viermal abgerollt wird.

Abbildung 4.67 zeigt den Performanzanstieg von DGEMM für 32×32-Matrizen, wenn von nicht optimiertem AVX zu AVX mit Abrollen übergegangen wird. Das Abrollen bewirkt, dass sich die Performanz mehr als verdoppelt, von 6,4 GFLOPS auf 14,6 GFLOPS. Optimierungen für **Subwort-Parallelität** und **Parallelität** auf Datenebene führen insgesamt zu einer um den Faktor 8,59 schnelleren Ausführung gegenüber dem nicht optimierten DGEMM (Abbildung 3.13).

PARALLELITÄT

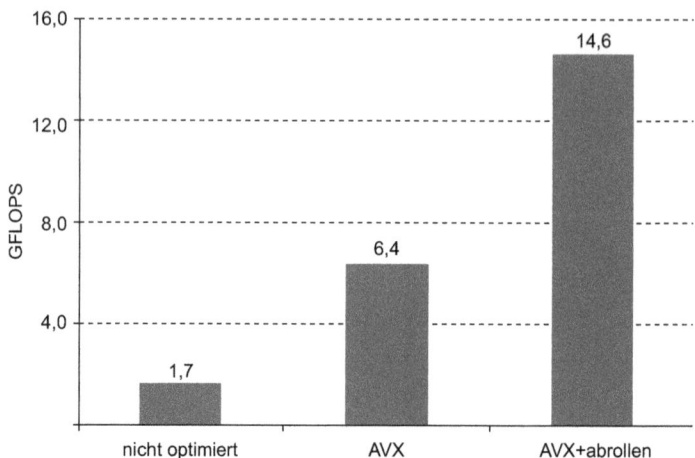

Abb. 4.67: Performanz der drei Versionen von DGEMM für 32 × 32-Matrizen. Durch Subwort-Parallelität und Parallelität auf Datenebene wird die Performanz fast um den Faktor 9 gegenüber dem nicht optimierten Code verbessert.

Anmerkung: Wie in der Anmerkung in Abschnitt 3.8 bereits erwähnt wurde, sind dies die Ergebnisse bei ausgeschaltetem Turbo Mode. Wenn wir ihn wie in Kapitel 3 einschalten, dann verbessern sich die Ergebnisse durch den Anstieg der Taktfrequenz um den Faktor $3,5/2,6 = 1,27$ auf 2,1 GFLOPS für den nicht optimierten DGEMM, auf 8,1 GFLOPS mit AVX und auf 18,6 GFLOPS mit Abrollen und AVX. Wie in Abschnitt 3.8 erwähnt, arbeitet der Turbo Mode in diesem Fall besonders gut, weil er nur einen einzelnen Kern eines Chips mit acht Kernen benutzt.

Selbsttest

Sind die folgenden Aussagen richtig oder falsch?

1. Der Intel Core i7 verwendet eine Pipeline mit Mehrfachzuordnung, um x86-Befehle direkt auszuführen.
2. Sowohl der A8 als auch der Core i7 verwenden dynamische Mehrfachzuordnung.
3. Die Core-i7-Architektur hat wesentlich mehr Register als x86 erfordert.
4. Der Intel Core i7 verwendet weniger als die Hälfte der Pipeline-Stufen des früheren Intel Pentium 4 Prescott (siehe Tabelle 4.14).

4.13 Fortgeschrittener Stoff: Einführung in den Schaltungsentwurf

Der moderne digitale Entwurf erfolgt mit Hilfe von Hardwarebeschreibungssprachen und modernen computergestützten Synthesewerkzeugen, die unter Verwendung von Bibliotheken und Logiksynthese detaillierte Hardwaredesigns aus den Beschreibungen erstellen. Diesen Sprachen und ihrem Einsatz im Schaltungsentwurf sind ganze Bücher gewidmet. Das Online-Material zu diesem Abschnitt bietet eine kurze Einführung und zeigt, wie eine Hardwaredesignsprache, in diesem Fall Verilog, eingesetzt werden kann, um das Verhalten der MIPS-Steuerung zu beschreiben und in eine für die Hardware-Synthese geeignete Form zu bringen. Anschließend zeigt es verschiedene Verhaltensmodelle der fünfstufigen MIPS-Pipeline in Verilog. Das erste Modell ignoriert Konflikte. Ergänzungen des Modells verdeutlichen die Änderungen für das Forwarding, Datenkonflikte und Verzweigungskonflikte.

Anschließend zeigen wir für Leser, die an genaueren Informationen über die Arbeitsweise von Pipelines interessiert sind, etwa ein Dutzend Abbildungen mit Einzyklen-Darstellungen.

4.14 Fallstricke und Trugschlüsse

In unseren Büchern machen wir die Feinheiten einer einwandfreien Pipelineausführung deutlich. Das Buch für Fortgeschrittene enthielt in der ersten Auflage einen Pipelinefehler, obwohl das Buch von mehr als 100 Personen geprüft und in 18 Universitäten in den Vorlesungen verwendet wurde. Der Fehler wurde erst entdeckt, als jemand versuchte, den Computer aus diesem Buch zu bauen. Die Tatsache, dass der Verilog-Code zum Beschreiben einer Pipeline wie der im Intel Core i7 Tausende von Zeilen umfasst, ist ein Hinweis auf die Komplexität einer Pipeline. Hier ist also Vorsicht geboten!

Trugschluss: Pipelining-Konzepte können unabhängig von der Technologie implementiert werden.

Als eine fünfstufige Pipeline aufgrund der Anzahl der Transistoren auf dem Chip und der Geschwindigkeit der Transistoren die beste Lösung darstellte, war der verzögerte Sprung (siehe Anmerkung auf Seite 343) die einfachste Lösung zur Bearbeitung von Konflikten. Angesichts der längeren Pipelines, der superskalaren Ausführung und der dynamischen Sprungvorhersage ist dies heute nicht mehr der Fall. Anfang der 1990er-Jahre beanspruchte das dynamische Pipeline-Scheduling zu viele Ressourcen und war für hohe Leistung nicht gefragt. Als sich die Anzahl der Transistoren jedoch gemäß dem **Moore'schen Gesetz** weiter erhöhte und die Logik wesentlich schneller als der Speicher wurde, wurden Multifunktionseinheiten und dynamisches Pipelining entsprechend sinnvoller. Heute führt die Berücksichtigung des Stromverbrauchs zu weniger aggressiven Entwürfen.

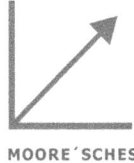

MOORE´SCHES
GESETZ

Fallstrick: Es wird nicht bedacht, dass der Entwurf eines Befehlssatzes negative Auswirkungen auf das Pipelining haben kann.

Viele der Schwierigkeiten beim Pipelining entstehen aufgrund der Kompliziertheit des Befehlssatzes. Im Folgenden einige Beispiele hierzu:

- Stark unterschiedliche Befehlsformate und Ausführungszeiten können zu einer Unausgewogenheit bei den Pipelinestufen führen und die Erkennung von Konflikten in einem Entwurf, bei dem sich das Pipelining auf der Ebene des Befehlssatzes abspielt, erheblich erschweren. Dieses Problem wurde zum ersten Mal im DEC VAX 8500 Ende der 1980er-Jahre mithilfe der Mikrooperationen und der Mikropipelinemethode gelöst, die heute im Intel Core i7 verwendet wird. Der Aufwand, der durch die Übersetzung und Aufrechterhaltung der Kommunikation zwischen den Mikrooperationen und den eigentlichen Befehlen entsteht, bleibt allerdings bestehen.

- Komplexe Adressierungsarten können unterschiedliche Probleme verursachen. Adressierungsarten, die wie die Aktualisierungsadressierung Register aktualisieren, erschweren die Erkennung von Konflikten. Andere Adressierungsarten, die mehrere Speicherzugriffe erfordern, erschweren die Steuerung und ein reibungsloses, beständiges Arbeiten der Pipeline.

- Das vielleicht beste Beispiel bilden die DEC Alpha und die DEC NVAX. Bei vergleichbarer Technologie ermöglicht die neuere Befehlsarchitektur der Alpha eine Implementierung, die doppelt so schnell ist wie die der NVAX. In einem anderen Beispiel haben Bhandarkar und Clark [1991] den MIPS M/2000 und die DEC VAX 8700 miteinander verglichen, indem sie die Taktzyklen der SPEC-Benchmarks gezählt haben. Sie kamen zu dem Ergebnis, dass zwar der MIPS M/2000 mehr Befehle ausführt, aber die VAX im Mittel 2,7-mal so viele Taktzyklen ausführt, so dass der MIPS schneller ist.

4.15   Schlussbetrachtungen

Weisheit besteht zu neun Zehnteln darin, zum richtigen Zeitpunkt weise zu sein.

amerikanisches Sprichwort

PIPELINING

Latenz Die Ausführungsdauer für einen einzelnen Befehl.

Wie wir in diesem Kapitel gesehen haben, können sowohl der Datenpfad als auch die Steuerung eines Prozessors beginnend mit der Befehlssatzarchitektur und einem Verständnis für die grundlegenden Eigenschaften der Technologie entworfen werden. In Abschnitt 4.3 haben wir gezeigt, wie der Datenpfad für einen MIPS-Prozessor basierend auf der Architektur und der Entscheidung für eine Einzyklen-Implementierung konstruiert werden können. Natürlich beeinflusst die zugrunde liegende Technologie auch viele Entwurfsentscheidungen, indem sie vorgibt, welche Komponenten im Datenpfad eingesetzt werden dürfen, und ob eine Einzyklen-Implementierung überhaupt Sinn macht.

Das **Pipelining** verbessert den Durchsatz, aber nicht die eigentliche Ausführungszeit oder **Latenz** von Befehlen. Die Dauer der Latenz ist ähnlich wie beim Mehrzyklenkonzept. Im Gegensatz zu diesem Konzept, bei dem während der Befehlsausführung dieselbe Hardware wiederholt verwendet wird, beginnt beim Pipelining mit jedem Taktzyklus die Ausführung eines Befehls, da die entsprechende Hardware als getrennte Einheit jeweils zur Verfügung steht. Ähnlich wird die Hardware bei der Mehrfachzuordnung um zusätzliche Datenpfadhardware erweitert, damit in jedem Taktzyklus die Ausführung mehrerer Befehle begonnen werden kann, jedoch mit einer Zunahme der effektiven Latenz. Es wurde gezeigt, dass das Pipelining die Taktzykluszeit für den einfachen Einzyklen-Datenpfad verkürzt. Die Mehrfachzuordnung dagegen konzentriert sich deutlich darauf, die Anzahl der Taktzyklen pro Befehl (CPI) zu reduzieren.

Sowohl das Pipelining als auch die Mehrfachzuordnung versuchen die Parallelität auf Befehlsebene auszunutzen. Daten- und Kontrollflussabhängigkeiten, aus denen Konflikte entstehen können, sind die wichtigsten Einschränkungen im Hinblick darauf, wie stark die Parallelität genutzt werden kann. Das Scheduling und Spekulationen mittels **Vorhersage** stellen sowohl in der Hardware als auch in der Software die wichtigsten Methoden dar, um die Limitierung aufgrund von Abhängigkeiten zu reduzieren.

Wir haben gezeigt, dass durch viermaliges Abrollen der DGEMM-Schleife mehr Befehle aufgedeckt werden, die aus der Out-of-Order-Ausführung Nutzen ziehen können, wodurch sich die Performanz des Core i7 mehr als verdoppelt.

Der Wechsel hin zu längeren Pipelines, Mehrfachzuordnung von Befehlen und dynamischem Scheduling Mitte der 1990er-Jahre hat dazu beigetragen, dass die Rechenleistung von Prozessoren pro Jahr wie seit den frühen 1980er-Jahren weiterhin um 60 % zunahm. Wie in Kapitel 1 bereits erwähnt, haben diese Mikroprozessoren das sequentielle Programmiermodell beibehalten, sind aber irgendwann an die Hürde des Stromverbrauchs gelangt. Die Industrie war damit gezwungen, Multiprozessoren einzuführen, die die Parallelität auf sehr viel höherer Ebene ausnutzen (siehe Kapitel 6). Dieser Trend hat die Designer außerdem veranlasst, die Implikationen für Performanz und Energieverbrauch einiger Neuerungen seit Mitte der 1990er-Jahre neu zu bewerten, was schließlich zu einer Vereinfachung der Pipelines in neueren Versionen von Mikroarchitekturen geführt hat.

Wenn die Vorteile der Verarbeitungsleistung durch parallele Prozessoren genutzt werden sollen, wird nach dem Amdahl'schen Gesetz ein anderer Bereich des Systems zum Flaschenhals. Dieser Flaschenhals ist das Thema des nächsten Kapitels: die **Speicherhierarchie**.

4.16 Historische Perspektiven und Literaturhinweise

In diesem Online-Abschnitt wird die Geschichte der ersten Prozessoren mit Pipeline, der ersten superskalaren Prozessoren, die Entwicklung von Prozessoren mit Out-of-Order-Ausführung und mit Spekulation sowie wichtige Entwicklungen in der dazu gehörenden Compilertechnologie beschrieben.

4.17   Aufgaben

Aufgabe 4.1

Betrachten Sie den folgenden Befehl:

Befehl: AND Rd, Rs, Rt

Interpretation: Reg[Rd] = Reg[Rs] AND Reg[Rt]

4.1.1 [5] <4.1> Was sind die Werte des Steuersignals, das für den obigen Befehl von der Steuerung in Abbildung 4.2 generiert wird?

4.1.2 [5] <4.1> Welche Ressourcen (Blöcke) führen für diesen Befehl eine nützliche Funktion aus?

4.1.3 [10] <4.1> Welche Ressourcen (Blöcke) erzeugen Ausgaben, die nicht für diesen Befehl verwendet werden? Welche Ressourcen erzeugen für diesen Befehl keine Ausgaben?

Aufgabe 4.2

Die einfache Eintakt-MIPS-Implementierung in Abbildung 4.2 kann nur manche Befehle implementieren. Neue Befehle können zu einer existierenden Befehlssatzarchitektur hinzugefügt werden, aber die Entscheidung, dies zu tun oder zu lassen, hängt unter anderem von den Kosten und der Komplexität ab, die dem Datenpfad und dem Steuerwerk des Prozessor hierdurch aufgeladen werden. Die drei Teilaufgaben dieser Aufgabe beziehen sich auf die folgenden neuen Befehle:

Befehl: LWI Rt, Rd(Rs)

Interpretation: Reg[Rt] = Mem[Reg[Rd]+Reg[Rs]]

4.2.1 [10] <4.1> Welche existierenden Blöcke (wenn es denn solche gibt) können für diesen Befehl verwendet werden?

4.2.2 [10] <4.1> Welche neuen funktionalen Blöcke (wenn es denn solche gibt) benötigen wir für diesen Befehl?

4.2.3 [10] <4.1> Welche neuen Signale vom Steuerwerk (wenn es denn solche gibt) benötigen wir für die Unterstützung dieses Befehls?

Aufgabe 4.3

Wenn Prozessorentwickler eine mögliche Verbesserung des Datenpfads untersuchen, dann hängt die Entscheidung gewöhnlich von dem Verhältnis zwischen Kosten und Performanzsteigerung ab. In den drei Teilaufgaben dieser Aufgabe wird angenommen, dass wir mit einem Datenpfad wie dem in Abbildung 4.2 dargestellten beginnen, wo I-Mem, Add, Mux, ALU, Regs, D-Mem und Steuerblöcke die Latenzen 400 ps, 100 ps, 30 ps, 120 ps, 200 ps, 350 ps bzw. 100 ps haben. Die Kosten betragen 1000, 30, 10, 100, 200, 2000 bzw. 500.

Nun nehmen wir an, dass ein Multiplizierer zur ALU hinzugefügt wird. Durch dieses Hinzufügen kommen 300 ps zur Latenz und 600 zu den Kosten der ALU dazu. Das Ergebnis ist, dass 5 % weniger Befehle ausgeführt werden, da der MUL-Befehl nicht mehr emuliert werden muss.

4.3.1 [10] <4.1> Wie lang ist ein Taktzyklus mit und ohne die Verbesserung?

4.3.2 [10] <4.1> Um wie viel schneller wird der Prozessor durch die Verbesserung?

4.3.3 [10] <4.1> Vergleichen Sie das Verhältnis der Kosten zur Performanz für den Fall mit und ohne die Verbesserung.

Aufgabe 4.4

Bei den Problemen in dieser Aufgabe wird angenommen, dass die zur Implementierung eines Rechenwerks benötigten Logikblöcke die folgenden Latenzen haben:

I-Mem	Add	Mux	ALU	Regs	D-Mem	Vorz.-Erw.	Shift-Left-2
200 ps	70 ps	20 ps	90 ps	90 ps	250 ps	15 ps	10 ps

4.4.1 [10] <4.3> Wenn das einzige, was wir in einem Prozessor tun müssen, das schrittweise Holen der Befehle ist (Abbildung 4.6), wie lang ist dann ein Taktzyklus?

4.4.2 [10] <4.3> Betrachten Sie einen Datenpfad wie in Abbildung 4.11, jedoch mit einem Prozessor, der nur einen Befehlstyp hat: die unbedingte befehlszählerrelative Verzweigung. Wie lang ist ein Taktzyklus für diesen Datenpfad?

4.4.3 [10] <4.3> Wiederholen Sie 4.2.2, wobei diesmal nur befehlszählerrelative Verzweigungen unterstützt werden sollen.

Die verbleibenden drei Teilaufgaben beziehen sich auf das Element Shift-Left-2 des Datenpfades:

4.4.4 [10] <4.3> Welche Arten von Befehlen erfordern diese Ressource?

4.4.5 [10] <4.3> Für welche Arten von Befehlen (falls es denn solche gibt) ist diese Ressource auf dem kritischen Pfad?

4.4.6 [10] <4.3> Nehmen Sie an, dass nur beq- und add-Befehle unterstützt werden und diskutieren Sie, wie die Unterschiede in der gegebenen Latenz dieser Ressource die Taktzeit des Prozessors beeinflussen. Nehmen Sie an, dass sich die Latenzen der anderen Ressourcen nicht ändern.

Aufgabe 4.5

Bei den Fragen dieser Aufgabe wird angenommen, dass es keine Piplineleerläufe gibt und dass das Abbrechen von Befehlen wie folgt verteilt ist:

add	addi	not	beq	lw	sw
20 %	20 %	0 %	25 %	25 %	10 %

4.5.1 [10] <4.3> Wie groß ist der Anteil der Taktzyklen, in denen der Daten-speicher benutzt wird, an der Gesamtzahl der Taktzyklen?

4.5.2 [10] <4.3> Wie groß ist der Anteil der Taktzyklen, in der die Eingabe der Vorzeichenerweiterungseinheit gebraucht wird? Was macht diese Einheit in der Zeit, in der ihre Eingabe nicht benötigt wird?

Aufgabe 4.6

Bei der Herstellung von Siliziumchips kann es durch Materialdefekte und Ver-arbeitungsfehler zu defekten Schaltkreisen kommen. Ein sehr verbreiteter De-fekt besteht darin, dass eine Leitung das Signal in einer anderen beeinflusst. Dies wird als Übersprechen (engl. cross-talk) bezeichnet. Eine spezielle Form des Übersprechens liegt vor, wenn ein Signal mit einer Leitung verbunden ist, die einen konstanten logischen Wert hat (z. B. eine Stromversorgungsleitung). In diesem Fall haben wir einen Haftfehler 0 oder 1 (engl. stuck-at-0 bzw. stuck-at-1), durch den das beeinflusste Signal immer den logischen Wert 0 bzw. 1 hat. Die folgenden Teilaufgaben beziehen sich auf das Bit 0 der Eingabe des Schreibregisters in den Registersatz in Abbildung 4.19.

4.6.1 [10] <4.3, 4.4> Angenommen, der Prozessor wird getestet, indem der Befehlszähler, die Register sowie die Daten- und Befehlsspeicher mit irgend-welchen (frei wählbaren) Werten gefüllt werden, wobei ein einziger Befehl ausgeführt wird und dann der Befehlszähler, die Speicher und die Register ge-lesen werden. Diese Werte werden dann daraufhin untersucht, ob ein bestimm-ter Fehler aufgetreten ist. Entwerfen Sie einen Test (mit Werten für Befehlszäh-ler, Speicher und Register), der feststellt, ob es einen Haftfehler 0 bei diesem Signal gibt.

4.6.2 [10] <4.3, 4.4> Wiederholen Sie Aufgabe 4.6.1 für einen Haftfehler 1. Können Sie mit einem einzigen Test Haffehler 0 und Haftfehler 1 finden? Falls ja, erläutern Sie, wie Sie dabei vorgehen; falls nein, erklären Sie, warum dies nicht möglich ist.

4.6.3 [60] <4.3, 4.4> Wenn bekannt ist, dass der Prozessor einen Haftfehler 1 bei diesem Signal hat, ist er dann überhaupt noch verwendbar? Um verwend-bar zu sein, muss es möglich sein, jedes auf einem normalen MIPS-Prozessor laufende Programm in ein Programm zu konvertieren, das auf diesem Prozes-sor läuft. Sie können annehmen, dass ausreichend freier Befehlsspeicher und Datenspeicher vorhanden ist, um das Programm länger zu machen und zusätz-liche Daten zu speichern. Hinweis: Der Prozessor ist verwendbar, wenn jeder Befehl, der durch diesen Fehler „kaputt" ist, durch eine Sequenz „funktionie-render" Befehle ersetzt werden kann, die den gleichen Effekt haben.

4.6.4 [10] <4.3, 4.4> Wiederholen Sie Aufgabe 4.6.1, wobei diesmal getestet werden soll, ob das MemRead-Steuersignal 0 wird, wenn RegDst 0 ist, während anderenfalls kein Fehler vorliegt.

4.6.5 [10] <4.3, 4.4> Wiederholen Sie Aufgabe 4.6.4, wobei diesmal getestet werden soll, ob das Jump-Steuersignal 0, wenn RegDst 0 ist, während anderenfalls kein Fehler vorliegt.

Aufgabe 4.7

In dieser Aufgabe soll im Detail untersucht werden, wie ein Befehl in einem Eintakt-Rechenwerk ausgeführt wird. Die Teilaufgaben beziehen sich auf einen Taktzyklus, in dem der Prozessor das folgende Befehlswort holt:

1010110001100010000000000010100.

Nehmen Sie an, dass im Datenspeicher nur Nullen stehen und dass die Register des Prozessors zu Beginn des Taktes, in dem das obige Befehlswort geholt wird, die folgenden Werte hat:

r0	r1	r2	r3	r4	r5	r6	r8	r12	r31
0	-1	2	-3	-4	10	6	8	2	-16

4.7.1 [10] <4.4> Was sind für dieses Befehlswort die Ausgaben der Vorzeichenerweiterung und des Sprungs „Schieben um 2 nach links" (oben in Abbildung 4.19)?

4.7.2 [10] <4.4> Was sind für diesen Befehl die Werte der Eingaben der ALU-Steuereinheit?

4.7.3 [10] <4.4> Was ist die neue Befehlszähleradresse nachdem dieser Befehl ausgeführt wurde? Markieren Sie den Pfad, durch den dieser Wert bestimmt wird.

4.7.4 [10] <4.4> Zeigen Sie für jede Mux-Operation die Werte des Datenausgangs während der Ausführung dieses Befehls mit diesen Registerwerten.

4.7.5 [10] <4.4> Was sind die Werte des Dateneingangs für die ALU und die beiden Addierer?

4.7.6 [10] <4.4> Was sind die Werte aller Eingaben für die Registereinheit?

Aufgabe 4.8

In dieser Aufgabe untersuchen wir, wie das Pipelining die Taktzykluszeit des Prozessors beeinflusst. Bei den einzelnen Teilaufgaben wird vorausgesetzt, dass die individuellen Stufen des Datenpfades die folgenden Latenzen haben:

IF	ID	EX	MEM	WB
250 ps	350 ps	150 ps	300 ps	200 ps

Außerdem nehmen wir an, dass die vom Prozessor ausgeführten Befehle wie folgt verteilt sind:

alu	beq	lw	sw
45%	20%	20%	15%

4.8.1 [5] <4.5> Wie lang ist der Taktzyklus in einem Prozessor mit Pipelining und wie lang ist er in einem Prozessor ohne Pipelining?

4.8.2 [10] <4.5> Wie groß ist die Gesamtlatenz eines lw-Befehls in einem Prozessor mit Pipelining? Wie groß ist sie in einem Prozessor ohne Pipelining?

4.8.3 [10] <4.5> Wenn wir eine Stufe eines Datenpfads mit Pipelining in zwei neue Stufen aufteilen könnten, von denen jede die halbe Latenz der ursprünglichen Stufe hat, welche Stufe würden Sie dann für diese Aufteilung wählen und wie lang ist der neue Taktzyklus des Prozessors?

4.8.4 [10] <4.5> Angenommen, es gibt keine Leerläufe oder Konflikte. Wie ist dann die Auslastung des Datenspeichers?

4.8.5 [10] <4.5> Angenommen, es gibt keine Leerläufe oder Konflikte. Wie ist dann die Auslastung des Schreibregister-Ports der Registereinheit?

4.8.6 [30] <4.5> Anstatt einer Einzeltaktorganisation können wir auch eine Mehrtaktorganisation verwenden, bei der jeder Befehl mehrere Takte beansprucht, jedoch ein Befehl fertig ist, bevor ein anderer geholt wird. Bei dieser Organisation durchläuft ein Befehl nur Stufen, die er tatsächlich braucht (beispielsweise benötigt ST nur vier Stufen, weil kein Rückschreiben nötig ist). Vergleichen Sie die Taktzeiten und Ausführungszeiten mit Einzeltakt-, Mehrtakt- und Pipeline-Organisation.

Aufgabe 4.9

In dieser Aufgabe untersuchen wir, wie Datenabhängigkeiten die Ausführung in der einfachen fünfstufigen Pipeline beeinflussen, die wir in Abschnitt 4.5 beschrieben haben. Die Teilaufgaben beziehen sich auf die folgende Befehlssequenz:

```
or r1,r2,r3
or r2,r1,r4
or r1,r1,r2
```

Außerdem setzen wir die folgenden Taktzeiten für die verschiedenen Optionen beim Forwarding voraus: ohne Forwarding 250 ps, mit vollständigem Forwarding 300 ps, nur ALU-ALU-Forwarding 290 ps.

4.9.1 [10] <4.5> Identifizieren Sie Abhängigkeiten und ihre jeweiligen Typen.

4.9.2 [10] <4.5> Nehmen Sie an, dass es bei diesem Prozessor mit Pipelining kein Forwarding gibt. Identifizieren Sie Konflikte und fügen Sie NOP-Befehle hinzu, um sie zu eliminieren.

4.9.3 [10] <4.5>Nehmen Sie an, dass es vollständiges Forwarding gibt. Identifizieren Sie Konflikte und fügen Sie NOP-Befehle hinzu, um sie zu eliminieren.

4.9.4 [10] <4.5> Wie lang ist die Ausführungszeit dieser Befehlssequenz insgesamt für den Fall ohne Forwarding und für den Fall mit vollständigem Forwarding? Um wie viel wird eine Pipeline, die ursprünglich kein Forwarding hat, durch das Hinzufügen von vollständigem Forwarding schneller?

4.9.5 [10] <4.5> Fügen Sie zu diesem Code NOP-Befehle zum Beseitigen von Konflikten hinzu, wenn es nur ALU-ALU-Forwarding gibt (kein Forwarding von der MEM- zur EX-Stufe).

4.9.6 [10] <4.5> Wie lang ist die Ausführungszeit dieser Befehlssequenz insgesamt, wenn es nur ALU-ALU-Forwarding gibt? Um wie viel ist diese Lösung gegenüber einer Pipeline ohne Forwarding schneller?

Aufgabe 4.10

In dieser Aufgabe untersuchen wir, welche Auswirkungen Ressourcenkonflikte, Steuerkonflikte und Befehlssatzarchitektur auf die Ausführung mit Pipelining haben. Die Teilaufgaben beziehen sich auf das folgende Stück MIPS-Code:

```
sw   r16,12(r6)
lw   r16,8(r6)
beq  r5,r4,Label   # Annahme r5!=r4
add  r5,r1,r4
slt  r5,r15,r4
```

Nehmen Sie an, dass die individuellen Pipelinestufen die folgenden Latenzen haben:

IF	ID	EX	MEM	WB
200 ps	120 ps	150 ps	190 ps	100 ps

4.10.1 [10] <4.5> Nehmen Sie an, dass alle Sprünge perfekt vorhergesagt werden (wodurch jegliche Steuerkonflikte ausgeschlossen sind) und dass keine Zeitfenster für die Verzögerung verwendet werden. Wenn wir nur einen Speicher haben (für Befehle und Daten), dann gibt es jedes Mal einen Strukturkonflikt, wenn wir einen Befehl in dem gleichen Takt holen, in dem ein anderer Befehl auf Daten zugreift. Um das Voranschreiten sicherzustellen, muss dieser Konflikt immer zugunsten des auf Daten zugreifenden Befehls aufgelöst werden. Wie groß ist die Gesamtausführungszeit für diese Befehlssequenz in einer fünfstufigen Pipeline, die nur einen Speicher hat? Wir haben gesehen, dass Datenkonflikte durch Hinzunahme von NOP-Befehlen zum Code beseitigt werden können. Ist das gleiche mit diesem Strukturkonflikt möglich? Begründen Sie Ihre Antwort.

4.10.2 [20] <4.5> Nehmen Sie an, dass alle Sprünge perfekt vorhergesagt
werden (wodurch jegliche Steuerkonflikte ausgeschlossen sind) und dass kei-
ne Zeitfenster für die Verzögerung verwendet werden. Wenn wir die Lade- und
Speicherbefehle so ändern, dass ein Register als Adresse verwendet wird (ohne
Offset), müssen diese Befehle die ALU nicht mehr benutzen. Daraus folgt, dass
MEM- und EX-Stufen überlappt werden können und die Pipeline nur noch 4
Stufen hat. Ändern Sie den Code, um der geänderten Befehlssatzarchitektur
Rechnung zu tragen. Um wie viel wird die Befehlssequenz durch die Ände-
rung schneller, wenn vorausgesetzt wird, dass sich dabei die Länge des Takts
nicht ändert?

4.10.3 [10] <4.5> Angenommen, es gibt einen Leerlaufzweig und keine Warteplätze. Um wie viel wird der Code schneller, wenn die Sprungergebnisse in
der ID-Stufe vorhergesagt werden, gegenüber einer Ausführung, bei der die
Sprungergebnisse in der EX-Stufe bestimmt werden?

4.10.4 [10] <4.5> Wiederholen Sie die Berechnung von Aufgabenteil 4.10.2
für die gegebenen Latenzen der Pipelinestufen, berücksichtigen Sie jedoch
diesmal die (mögliche) Änderung der Taktdauer. Wenn EX und MEM in einer
einzigen Stufe erfolgen, dann kann die meiste von ihnen erledigte Arbeit parallel ausgeführt werden. Daraus folgt, dass die resultierende EX/MEM-Stufe
eine Latenz hat, die der größeren der beiden ursprünglichen Latenzen zuzüglich 20 ps für die nicht parallel auszuführende Arbeit entspricht.

4.10.5 [10] <4.5> Wiederholen Sie die Berechnung von Aufgabenteil 4.10.3
für die gegebenen Latenzen der Pipelinestufen, berücksichtigen Sie jedoch
diesmal die (mögliche) Änderung der Taktdauer. Nehmen Sie an, dass die Latenz der ID-Stufe um 50 % zunimmt und die Latenz der EX-Stufe um 10 ps
fällt, wenn die Auflösung der Sprungergebnisse von EX nach ID verschoben
wird.

4.10.6 [10] <4.5> Angenommen, es gibt einen Leerlaufzweig und keine Warteplätze. Wie groß sind dann die neue Taktdauer und die Ausführungszeit dieser Befehlssequenz, wenn die beq-Adressberechnung in die MEM-Stufe verschoben wird? Wie groß ist die Beschleunigung, die aus dieser Änderung resultiert? Nehmen Sie an, dass die Latenz der EX-Stufe um 20 ps reduziert wird
und dass die Latenz der MEM-Stufe unverändert bleibt, wenn die Auflösung
der Sprungergebnisse von EX nach MEM verschoben wird.

Aufgabe 4.11

Betrachten Sie die folgende Schleife:

```
loop:lw   r1,0(r1)
     and  r1,r1,r2
     lw   r1,0(r1)
     lw   r1,0(r1)
     beq  r1,r0,loop
```

Nehmen Sie an, dass es perfekte Sprungvorhersage gibt (keine Leerläufe aufgrund von Steuerkonflikten), dass es keine Warteplätze gibt und dass die Pipeline vollständiges Forwarding unterstützt. Nehmen Sie an, dass vor dem Beenden der Schleife viele Schleifendurchläufe ausgeführt werden.

4.11.1 [10] <4.6> Zeichnen Sie ein Diagramm der Pipeline-Ausführung für die dritte Iteration dieser Schleife, von dem Takt, in dem der erste Befehl dieser Iteration geholt wird, bis zu dem Takt (aber diesen nicht einschließend), in dem der erste Befehl der nächsten Iteration abgeholt wird. Zeichnen Sie alle Befehle ein, die während dieser Takte (nicht nur die aus der dritten Iteration) in der Pipeline sind.

4.11.2 [10] <4.6> Wie oft (ausgedrückt als prozentualer Anteil an der Menge aller Takte) haben wir einen Takt, in dem alle Pipeline-Stufen etwas Sinnvolles tun?

Aufgabe 4.12

Diese Aufgabe soll Ihnen dabei helfen, die Verhältnisse zwischen Kosten, Komplexität und Performanz besser zu verstehen. Die Teilaufgaben beziehen sich auf die Datenpfade mit Pipeling, die in Abbildung 4.45 dargestellt sind. Es wird dabei angenommen, dass von allen in einem Prozessor ausgeführten Befehlen, die im Folgenden angegebenen Anteile einen speziellen Typ von RAW-Datenabhängigkeit haben. Der Typ der RAW-Datenabhängigkeit wird festgelegt durch die Stufe, die das Ergebnis produziert (EX oder MEM), sowie durch den Befehl, der das Ergebnis verbraucht (der erste Befehl, der auf denjenigen folgt, welcher das Ergebnis produziert, der zweite folgende Befehl oder beide). Wir nehmen an, dass das Schreiben ins Register in der ersten Hälfte des Takts geschieht und lesende Zugriffe auf die Register in der zweiten Hälfte. Das bedeutet, dass die Abhängigkeiten „EX zu 3." und „MEM zu 3." nicht gezählt werden, da sie nicht zu Datenkonflikten führen. Außerdem nehmen wir an, dass der CPI-Wert des Prozessors 1 ist, wenn es keine Datenkonflikte gibt.

EX nur an 1.	5 %
MEM nur an 1.	20 %
EX nur an 2.	5 %
MEM nur an 2.	10 %
EX an 1. und MEM an 2.	10 %
andere RAW-Abhängigkeiten	10 %

Nehmen Sie die folgenden Latenzen für die einzelnen Pipelinestufen an an. Für die EX-Stufe sind mehrere Latenzen gegeben: eine für einen Prozessor ohne Forwarding und verschiedene weitere für Prozessoren mit unterschiedlichen Arten des Forwardings.

IF	150 ps
ID	100 ps
EX (kein FW)	120 ps
EX (vollst. FW)	150 ps
EX (FW nur von EX/MEM)	140 ps
EX (FW nur von MEM/WB)	130 ps
MEM	120 ps
WB	100 ps

4.12.1 [10] <4.7> Wie groß ist der Anteil der Takte mit Leerlauf aufgrund von Datenkonflikten, wenn wir kein Forwarding verwenden?

4.12.2 [5] <4.7> Wie groß ist der Anteil der Takte mit Leerlauf aufgrund von Datenkonflikten, wenn wir vollständiges Forwarding verwenden (für alle Ergebnisse, für die Forwarding möglich ist)?

4.12.3 [10] <4.7> Nehmen wir nun an, dass wir uns Multiplexer mit drei Eingaben nicht leisten können, die wir für vollständiges Forwarding brauchen. Wir müssen entscheiden, ob es besser ist, nur vom EX/MEM-Pipeline-Register (nächster-Takt-Forwarding) zu forwarden oder nur vom MEM/WB-Pipeline-Register (zwei-Takt-Forwarding). Welche der beiden Optionen führt zu weniger Takten mit Datenleerlauf?

4.12.4 [10] <4.7> Wie groß ist für die gegebenen Konfliktwahrscheinlichkeiten und Latenzen der Pipeline-Stufen die Beschleunigung, die sich erreichen lässt, indem man zu einer Pipeline ohne Forwarding vollständiges Fowrwarding hinzufügt?

4.12.5 [10] <4.7> Wie groß wäre die zusätzliche Beschleunigung (relativ zu einem Prozessor mit Forwarding), wenn wir Zeitreise-Forwarding hinzufügen könnten, das alle Datenkonflikte beseitigt? Nehmen Sie an, dass die noch zu erfindenden Schaltkreise mit Zeitreise-Forwarding 100 ps zur Latenz der EX-Stufe mit vollständigem Forwarding hinzufügt.

4.12.6 [20] <4.7> Wiederholen Sie 4.12.3, doch bestimmen Sie diesmal, bei welcher der beiden Optionen die Zeit pro Befehl kürzer ist.

Aufgabe 4.13

Diese Aufgabe soll Ihnen helfen, die Beziehung zwischen Forwarding, Konflikterkennung und Befehlssatzarchitektur zu verstehen. Die einzelnen Teilaufgaben beziehen sich auf die folgende Befehlssequenz, und es wird angenommen, dass sie auf einem Datenpfad mit fünfstufiger Pipeline ausgeführt wird:

```
add  r5,r2,r1
lw   r3,4(r5)
lw   r2,0(r2)
or   r3,r5,r3
sw   r3,0(r5)
```

4.13.1 [5] <4.7> Fügen Sie für den Fall, dass es weder Forwarding noch Konflikterkennung gibt, NOPs zur Sicherstellung der korrekten Ausführung ein.

4.13.2 [10] <4.7> Wiederholen Sie 4.13.1, doch verwenden Sie diesmal NOPs nur dann, wenn sich ein Konflikt nicht durch Umordnen dieser Befehle vermeiden lässt.

4.13.3 [10] <4.7> Was passiert bei der Ausführung des Codes, wenn der Prozessor Forwarding erlaubt, wir jedoch vergessen haben, die Konflikterkennungseinheit zu implementieren?

4.13.4 [20] <4.7> Angenommen, es gibt Forwarding. Spezifizieren Sie für die ersten fünf Takte der Ausführung des Codes, welche Signale in jedem Takt durch die Konflikterkennungs- und die Forwarding-Einheit in Abbildung 4.60 gegeben werden.

4.13.5 [10] <4.7> Angenommen, es gibt kein Forwarding. Welche neuen Eingangs- und Ausgangssignale benötigen wir für die Konflikterkennungseinheit in Abbildung 4.60? Verwenden Sie die gegebene Befehlssequenz, um zu erklären, warum die einzelnen Signale gebraucht werden.

4.13.6 [20] <4.7> Spezifizieren Sie für die neue Konflikterkennungseinheit aus Aufgabe 4.13.5, welches Ausgangssignal sie in jedem der ersten fünf Takte während der Ausführung des Codes gibt.

Aufgabe 4.14

Diese Aufgabe soll Ihnen dabei helfen, die Beziehung zwischen Warteplätzen, Steuerkonflikten und Verzweigungsausführungen in einem Prozessor mit Pipeling zu verstehen. Wir nehmen an, dass der im Folgenden gegebene MIPS-Code auf einem Prozessor mit fünfstufiger Pipeline, vollständigem Forwarding und einem vorhersagebasierten Sprungprädiktor ausgeführt wird.

```
        lw r2,0(r1)
label1: beq r2,r0,label2 # einmal nicht, dann verzweigt
        lw r3,0(r2)
        beq r3,r0,label1 # verzweigt
        add r1,r3,r1
label2: sw r1,0(r2)
```

4.14.1 [10] <4.8> Zeichnen Sie für diesen Code ein Diagramm der Pipeline-Ausführung. Nehmen Sie dabei an, dass es keine Warteplätze gibt und dass die Verzweigungen in der EX-Stufe ausgeführt werden.

4.14.2 [10] <4.8> Wiederholen Sie 14.4.1, doch nehmen Sie diesmal an, dass Warteplätze benutzt werden. In dem gegebenen Code ist der Befehl, der auf die Verzweigung folgt, nun der Warteplatzbefehl für diese Verzweigung.

4.14.3 [20] <4.8> Eine Möglichkeit, die Verzweigungsausführung eine Stufe nach vorn zu verschieben, ergibt sich, wenn in bedingten Verzweigun-

gen keine ALU-Operation benötigt wird. Die Verzweigungsbefehle sind dann
bez rd.label und bnez rd.label, und die Verzweigung wird ausgeführt,
wenn das Register den Wert null bzw. nicht den Wert null hat. Modifizieren
Sie den Code so, dass diese Befehle anstelle von beq verwendet werden. Sie
können annehmen, dass Ihnen das Register R8 als temporäres Register zur
Verfügung steht und dass Sie einen R-Typ-Befehl seq (set if equal) verwenden
können.

In Abschnitt 4.8 ist beschrieben, wie der Schwierigkeitsgrad von Steuerkonflikten reduziert werden kann, indem man die Sprungausführung in die ID-
Stufe verschiebt. Dieser Ansatz erfordert, wie in Abbildung 4.52 zu sehen ist,
einen geeigneten Komparator in der ID-Stufe. Allerdings vergrößert sich bei
diesem Ansatz die Latenz der ID-Stufe, und es ist zusätzliche Logik für das
Forwarding sowie Konflikterkennung erforderlich.

4.14.4 [10] <4.8> Verwenden Sie den ersten Verzweigungsbefehl des gegebenen Codes als Beispiel, um die Logik der Konflikterkennung zu beschreiben,
die zur Unterstützung der Verzweigungsausführung in der ID-Stufe wie in Abbildung 4.52 nötig ist. Welchen Konflikttyp soll diese neue Logik erkennen?

4.14.5 [10] <4.8> Wie groß ist die Beschleunigung, die sich für den gegebenen Code erzielen lässt, indem man die Verzweigungsausführung in die ID-
Stufe verschiebt? Erläutern Sie Ihre Antwort. Nehmen Sie bei Ihrer Berechnung der Beschleunigung an, dass der zusätzliche Vergleich in der ID-Stufe
keine Auswirkung auf die Taktzeit hat.

4.14.6 [10] <4.8> Verwenden Sie den ersten Verzweigungsbefehl des gegebenen Codes als Beispiel, um die Forwarding-Unterstützung zu beschreiben, die
hinzugefügt werden muss, damit die Verzweigungsausführung in der ID-Stufe
zu unterstützt wird. Vergleichen Sie die Komplexität dieser neuen Forwarding-
Einheit mit der Komplexität der existierenden Forwarding-Einheit in Abbildung 4.52.

Aufgabe 4.15

Wie wichtig es ist, eine gute Sprungvorhersage zu haben, hängt davon ab, wie
häufig bedingte Verzweigungen ausgeführt werden. Zusammen mit der Genauigkeit der Sprungvorhersage bestimmt dies, wie viel Zeit für Leerläufe aufgrund falscher Sprungvorhersagen aufgewendet wird. Nehmen Sie bei dieser
Aufgabe an, die Unterteilung der dynamischen Befehle in verschiedene Be-
fehlskategorien wie folgt aussieht:

R-Typ	beq	jmp	lw	sw
40 %	25 %	5 %	25 %	5 %

Gegeben sind außerdem die folgenden Genauigkeiten der Sprungvorhersage:

immer verzweigt	nie verzweigt	2-Bit
45 %	55 %	85 %

4.15.1 [10] <4.8> Leerlauftakte aufgrund falscher Sprungvorhersagen vergrößern den CPI-Wert. Wie groß ist der Betrag, der mit dem immer-verzweigt-Prädiktor zum CPI-Wert hinzu kommt? Nehmen Sie an, dass die Sprungergebnisse in der EX-Stufe bestimmt werden, dass es keine Datenkonflikte gibt und dass keine Warteplätze verwendet werden.

4.15.2 [10] <4.8> Wiederholen Sie Aufgabe 14.5.1 für den nie-verzweigt-Prädiktor.

4.15.3 [10] <4.8> Wiederholen Sie Aufgabe 14.5.1 für den 2-Bit-Prädiktor.

4.15.4 [10] <4.8> Wie groß ist die Beschleunigung, die wir mit dem 2-Bit-Prädiktor erreichen würden, wenn wir die Hälfte der Sprungbefehle so umformen könnten, dass ein Sprungbefehl durch einen ALU-Befehl ersetzt wird? Nehmen Sie an, dass korrekt und falsch vorhergesagte Befehle die gleiche Wahrscheinlichkeit haben, ersetzt zu werden.

4.15.5 [10] <4.8> Wie groß ist die Beschleunigung, die wir mit dem 2-Bit-Prädiktor erreichen würden, wenn wir die Hälfte der Sprungbefehle so umformen könnten, dass jeder Sprungbefehl durch zwei ALU-Befehle ersetzt wird? Nehmen Sie an, dass korrekt und falsch vorhergesagte Befehle die gleiche Wahrscheinlichkeit haben, ersetzt zu werden.

4.15.6 [10] <4.8> Manche Sprungbefehle sind viel besser vorhersagbar als andere. Wenn wir wissen, dass 80 % aller ausgeführten Sprungbefehle leicht vorhersage Schleifenrücksprünge sind, die immer korrekt vorhergesagt werden, wie gut ist dann die Genauigkeit des 2-Bit-Prädiktors bei den verbleibenden 20 % der Sprungbefehle?

Aufgabe 4.16

In dieser Aufgabe wird die Genauigkeit verschiedener Sprungvorhersagen für das folgende, sich wiederholende (z.B. innerhalb einer Schleife) Muster von Sprungergebnissen: V, NV, V, V, NV.

4.16.1 [5] <4.8> Wie gut ist die Genauigkeit des immer-verzweigt-Prädiktors und des nie-verzweigt-Prädiktors für diese Sequenz von Sprungergebnissen?

4.16.2 [5] <4.8> Wie gut ist die Genauigkeit des 2-Bit-Prädiktors für die ersten vier Sprünge in diesem Muster, wenn wir annehmen, dass der Prädiktor im linken unteren Zustand von Abbildung 4.53 (nicht verzweigt) startet?

4.16.3 [10] <4.8> Wie gut ist die Genauigkeit des 2-Bit-Prädiktors, wenn dieses Muster endlos wiederholt wird?

4.16.4 [30] <4.8> Entwerfen Sie einen Prädiktor, der perfekte Genauigkeit erreichen würde, wenn dieses Muster endlos wiederholt würde. Ihr Prädiktor sollte ein Schaltwerk mit einem Ausgang sein, der eine Vorhersage liefert (1 für verzweigt, 0 für nicht verzweigt) und keine Eingaben außer dem Takt und dem Steuersignal hat, das anzeigt, dass der Befehl ein bedingter Sprung ist.

4.16.5 [10] <4.8> Wie gut ist die Genauigkeit Ihres Prädiktors aus 14.6.4, wenn das genaue Gegenteil des bisher betrachteten Musters ist?

4.16.6 [20] <4.8> Wiederholen Sie 4.16.4, wobei Ihr Prädiktor diesmal am Ende in der Lage sein soll (nach einer Aufwärmperiode, während der er falsche Vorhersagen machen kann), sowohl das gegebene Muster als auch sein Gegenteil perfekt vorherzusagen. Ihr Prädiktor sollte eine Eingabe haben, der ihm mitteilt, was die tatsächliche Ausgabe war. Hinweis: Diese Eingabe erlaubt es Ihrem Prädiktor festzustellen, welches der beiden Muster gegeben ist.

Aufgabe 4.17

In dieser Aufgabe wird untersucht, wie die Ausnahmebehandlung den Pipeline-Entwurf beeinflusst. Die ersten drei Teilaufgaben beziehen sich auf die folgenden beiden Befehle:

Befehl 1	Befehl 2
bne R1, R2 Label	lw R1, 0(R1)

4.17.1 [5] <4.9> Welche Ausnahmen kann jeder der beiden Befehle auslösen? Spezifizieren Sie für jede dieser Ausnahmen die Pipelinestufe, in der sie detektiert werden.

4.17.2 [10] <4.9> Nehmen Sie an, dass es für jede Ausnahme eine separate Adresse für die Ausnahmebehandlung gibt, und zeigen Sie, wie die Pipeline-Organisation geändert werden muss, damit diese Ausnahme behandelt werden kann. Sie können annehmen, dass die Adressen dieser Handler bekannt sind, wenn der Prozessor entworfen wird.

4.17.3 [10] <4.9> Nehmen Sie an, dass der zweite Befehl unmittelbar nach dem ersten geholt wird, und beschreiben Sie, was in der Pipeline passiert, wenn der erste Befehl die erste Ausnahme verursacht, die Sie in Aufgabe 4.17.1 aufgelistet haben. Zeichnen Sie das Diagramm der Pipeline-Ausführung vom Holen des ersten Befehls bis zu dem Zeitpunkt, zu dem der erste Befehl des Ausnahme-Handlers vollständig ist.

4.17.4 [20] <4.9> Bei der vektoriellen Ausnahmebehandlung steht die Tabelle mit den Adressen der Ausnahmeroutinen in einem Datenspeicher unter einer bekannten (festen) Adresse. Ändern Sie die Pipeline so, dass dieser Mechanismus der Ausnahmebehandlung implementiert ist. Wiederholen Sie 4.17.3 mit dieser modifizierten Pipeline und vektorieller Ausnahmebehandlung.

4.17.5 [15] <4.9> Wir möchten eine vektorielle Ausnahmebehandlung (beschrieben in Aufgabe 4.17.4) auf einer Maschine emulieren, die nur eine feste Adresse für die Ausnahmebehandlung hat. Schreiben Sie den Code für diese feste Adresse. Hinweis: Dieser Code sollte die Ausnahme identifizieren, die richtige Adresse aus der Ausnahmetabelle holen und die Ausführung zu diesem Handler transferieren.

Aufgabe 4.18

In dieser Aufgabe vergleichen wir die Leistung von Prozessoren mit Einfach- und Zweifachzuordnung, wobei wir die Möglichkeit von Programmtransformationen berücksichtigen, die die Ausführung mit Einfachzuordnung optimieren. Die Teilaufgaben beziehen sich auf die folgende C-Schleife:

```
for ( i = 0; i != j; i += 2)
    b[i] = a[i] - a[i+1];
```

Wenn Sie im Folgenden MIPS-Code schreiben, dann nehmen Sie an, dass Variablen wie in der Tabelle angegeben in Registern gehalten werden und dass alle Register außer jenen, die als frei gekennzeichnet sind, benutzt werden, um verschiedene Variablen zu halten, so dass sie nicht für irgendetwas anderes benutzt werden können.

j	j	a	b	c	frei
R5	R6	R1	R2	R3	R10, R11, R12

4.18.1 [10] <4.10> Übersetzen Sie den gegebenen C-Code in MIPS-Befehle. Ihre Übersetzung sollte direkt sein, d. h. ohne Umordnungsbefehle, mit denen eine bessere Performanz erreicht werden soll.

4.18.2 [10] <4.10> Angenommen, die Schleife wird nach Ausführen von nur zwei Iterationen beendet. Zeichnen Sie ein Pipeline-Diagramm für Ihren MIPS-Code aus Aufgabe 4.18.1, der auf einem Prozessor mit Zweifachzuordnung wie dem in Abbildung 4.58 gezeigten ausgeführt wird. Nehmen Sie an, dass der Prozessor eine perfekte Sprungvorhersage hat und zwei beliebige Befehle (auch nicht aufeinanderfolgende) im gleichen Takt holen kann.

4.18.3 [10] <4.10> Ordnen Sie den Code aus Aufgabe 4.18.1 um mit dem Ziel, auf einem Prozessor mit Zweifachzuordnung und statischem Scheduling (Abbildung 4.58) eine bessere Performanz zu erreichen.

4.18.4 [10] <4.10> Wiederholen Sie 4.18.2, jedoch diesmal mit Ihrem MIPS-Code aus 4.18.3.

4.18.5 [10] <4.10> Um wie viel schneller wird die Ausführung, wenn von einem Prozessor mit Einfachzuordnung zu einem Prozessor mit Zweifachzuordnung wie in Abbildung 4.58 übergegangen wird? Verwenden Sie für beide Prozessorvarianten Ihren Code aus Aufgabe 4.18.1 und nehmen Sie an, dass 1 000 000 Iterationen der Schleife ausgeführt werden. Nehmen Sie wie in Aufgabe 4.18.2 an, dass der Prozessor eine perfekte Sprungvorhersage hat und dass ein Prozessor mit Zweifachzuordnung innerhalb eines Taktes zwei beliebige Befehle holen kann.

4.18.6 [10] <4.10> Wiederholen Sie 4.18.5, nehmen Sie nun jedoch an, dass in dem Prozessor mit Zweifachzuordnung einer der in einem Takt auszuführenden Befehle von beliebigem Typ sein kann, während der andere kein Speicherbefehl sein darf.

Aufgabe 4.19

Diese Aufgabe untersucht die Energieeffizienz und ihren Zusammenhang mit der Performanz. Bei den Teilaufgaben werden für die Aktivitäten im Befehlsspeicher, in den Registern und dem Datenspeicher die in der Tabelle angegebenen Energieverbrauchswerte vorausgesetzt.

I-Mem	140 pJ
1 Register-Leseoperation	70 pJ
Register-Schreiboperation	60 pJ
D-Mem-Leseoperation	140 pJ
D-Mem-Schreiboperation	120 pJ

Nehmen Sie an, dass Sie die folgenden Latenzen für Komponenten des Datenpfades haben. Für die übrigen Komponenten des Datenpfades können Sie vernachlässigbare Latenzen annehmen.

I-Mem	200 ps
Steuerung	150 ps
Register lesen oder schreiben	90 ps
ALU	90 ps
D-Mem lesen oder schreiben	250 ps

4.19.1 [10] <4.3, 4.6, 4.14> Wie viel Energie wird verbraucht, um in einem Eintaktdesign und dem Design mit fünfstufiger Pipeline einen add-Befehl auszuführen?

4.19.2 [10] <4.6, 4.14> Was ist, ausgedrückt durch den Energieverbrauch, der ungünstigste MIPS-Befehl, und wie groß ist die für ihn aufgewendete Energie?

4.19.3 [10] <4.6, 4.14> Wie würden Sie das Pipeline-Design ändern, wenn die Reduktion des Energieverbrauchs vordringlich ist? Um wie viel Prozent reduziert sich der Energieverbrauch für einen lw-Befehl in einem Prozessor mit bzw. ohne Pipeline?

4.19.4 [10] <4.6, 4.14> Wie beeinflussen Ihre Änderungen aus Aufgabe 4.19.3 die Performanz?

4.19.5 [10] <4.6, 4.14> Wir können das MemRead-Steuersignal eliminieren und den Datenspeicher in jedem Takt lesen lassen, so dass permanent MemRead = 1 gilt. Erklären Sie, warum der Prozessor nach dieser Änderung noch korrekt funktioniert. Wie wirkt sich die Änderung auf die Taktfrequenz und den Energieverbrauch aus?

4.19.6 [10] <4.6, 4.14> Wenn eine Einheit im Leerlauf 10 % des Stroms verbraucht, den sie verbraucht, wenn sie aktiv ist, wie viel Energie verbraucht dann der Befehlsspeicher in jedem Takt? Wie groß ist der prozentuale Anteil dieser Leerlaufenergie an der vom Befehlsspeicher verbrauchten Gesamtenergie?

Antworten zu den Selbsttests

Abschnitt 4.1, Seite 264: 3 von 5: Steuerwerk, Datenpfad, Speicher. Eingabe und Ausgabe fehlen.

Abschnitt 4.2, Seite 267: falsch. Flankengesteuerte Zustandselemente machen simultanes Lesen und Schreiben sowohl möglich als auch widerspruchsfrei.

Abschnitt 4.3, Seite 275: I. a; II. c.

Abschnitt 4.4, Seite 288: Ja, Branch und ALUOp0 sind identisch. Außerdem sind MemtoReg und RegDst zueinander invers. Sie brauchen keinen Inverter; verwenden Sie einfach das andere Signal und vertauschen Sie die Reihenfolge der Eingaben in den Multiplexer!

Abschnitt 4.5, Seite 304: Sequenz 1: Leerlauf beim `lw`-Ergebnis. Sequenz 2: Bypassing des ersten `add`-Ergebnisses, das in `$t1$` geschrieben wird.

Abschnitt 4.6, Seite 319: Die Aussagen 2 und 4 sind koerrekt; der Rest ist falsch.

Abschnitt 4.8, Seite 346: 1. Vorhersage nicht ausgeführt. 2. Vorhersage ausgeführt. 3. Dynamische Vorhersage.

Abschnitt 4.9, Seite 354: Der erste Befehl, da er logisch vor den anderen ausgeführt wird.

Abschnitt 4.10, Seite 368: 1. beide; 2. beide; 3. Software; 4. Hardware; 5. Hardware; 6. Hardware; 7. beide; 8. Hardware; 9. beide.

Abschnitt 4.12, Seite 378: Die ersten beiden Aussagen sind falsch und die letzten beiden sind richtig.

5 Groß und schnell: Ausnutzung der Speicherhierarchie

5.1 Einführung

Seit es Computer gibt, wünschen sich Programmierer einen unbegrenzt großen und unendlich schnellen Speicher. Die in diesem Kapitel vorgestellten Konzepte helfen, dem Programmierer einen scheinbar unbegrenzten, schnellen Speicher vorzuspiegeln. Bevor wir uns damit beschäftigen, wie diese Illusion entsteht, wollen wir eine einfache Analogie betrachten, die die wichtigsten Prinzipien und Mechanismen verdeutlicht, die wir verwenden werden.

Stellen Sie sich vor, Sie sind ein Student, der eine Arbeit über wichtige historische Entwicklungen auf dem Gebiet der Computerhardware schreibt. Sie sitzen an einem Schreibtisch in einer Bibliothek mit einer Auswahl an Büchern, die Sie aus den Regalen geholt haben, und lesen. Sie stellen fest, dass in den Ihnen vorliegenden Büchern einige wichtige Computer beschrieben sind, über die Sie schreiben wollen, dass es dort aber keine Informationen über den EDSAC-Rechner gibt. Deshalb gehen Sie zurück zu den Regalen und suchen nach einem weiteren Buch. Sie finden ein Buch über die ersten Rechner in Großbritannien, in dem auch der EDSAC beschrieben wird. Sofern Sie eine sinnvolle Auswahl an Büchern auf Ihrem Schreibtisch haben, besteht eine hohe Wahrscheinlichkeit, dass viele der Informationen, die Sie brauchen, in diesen Büchern zu finden sind, und Sie können einen Großteil Ihrer Zeit mit Nachforschungen in den Büchern auf Ihrem Schreibtisch verbringen, ohne zurück zu den Regalen gehen zu müssen. Haben mehrere Bücher auf Ihrem Schreibtisch Platz, sparen Sie Zeit, da Sie nicht jeweils nur ein Buch auf dem Schreibtisch haben und ständig zu den Regalen gehen müssen, um es zurückzubringen und ein anderes Buch zu holen.

Dasselbe Prinzip erlaubt es uns, die Illusion eines großen Speichers zu erzeugen, auf den wir genauso schnell zugreifen können wie auf einen sehr kleinen Speicher. So wie Sie nicht gleichzeitig und mit derselben Wahrscheinlichkeit alle Bücher in der Bibliothek benötigen, muss ein Programm nicht auf seinen gesamten Code oder auf alle seine Daten gleichzeitig mit derselben Wahrscheinlichkeit zugreifen. Andernfalls wäre es unmöglich, einen Großteil der Speicherzugriffe schnell zu machen und dennoch viel Speicher im Computer zu haben, so wie es für Sie unmöglich wäre, alle Bücher aus der Bibliothek auf Ihrem Schreibtisch zu stapeln, und dennoch die gesuchte Information schnell zu finden.

Dieses *Lokalitätsprinzip* liegt sowohl Ihrer Arbeitsweise in der Bibliothek als auch der Arbeitsweise von Programmen zugrunde. Das Lokalitätsprinzip besagt, dass Programme zu jedem beliebigen Zeitpunkt jeweils nur auf einen relativ kleinen Teil ihres Adressraums zugreifen, so wie Sie nur auf einen kleinen Teil der Bücher in der Bibliothek zugegriffen haben. Es gibt zwei verschiedene Arten von Lokalität:

temporale Lokalität
Dieses Prinzip besagt, dass nach einem Zugriff auf eine Datenposition mit hoher Wahrscheinlichkeit bald wieder ein Zugriff darauf erfolgt.

- **Temporale Lokalität** (zeitliche Nähe): Wenn ein Zugriff auf ein Element erfolgt, ist die Wahrscheinlichkeit hoch, dass bald wieder ein Zugriff darauf erfolgt. Wenn Sie ein Buch gerade erst an Ihren Schreibtisch gebracht haben, werden Sie wahrscheinlich bald wieder darin lesen wollen.

räumliche Lokalität Das Lokalitätsprinzip besagt, dass nach einem Zugriff auf eine Datenposition mit hoher Wahrscheinlichkeit auch bald ein Zugriff auf benachbarte Adressen erfolgt.

- **Räumliche Lokalität** (räumliche Nähe): Nach einem Zugriff auf ein Element ist es wahrscheinlich, dass auch bald ein Zugriff auf in der Nähe befindliche Elemente erfolgt. Wenn Sie beispielsweise das Buch über die ersten Rechner in Großbritannien geholt haben, um dort über den EDSAC zu lesen, haben Sie wahrscheinlich auch bemerkt, dass neben diesem Buch im Regal ein anderes Buch über die ersten mechanischen Rechner stand. Deshalb haben Sie dieses Buch ebenfalls geholt und später nützliche Informationen darin gefunden. Bücher zum selben Thema werden in der Bibliothek im selben Regal eingeordnet, um die räumliche Lokalität zu verstärken. Wir werden später in diesem Kapitel noch sehen, wie die räumliche Lokalität in Speicherhierarchien genutzt wird.

So wie der Zugriff auf Bücher auf einem Schreibtisch eine ganz natürliche Lokalität aufweist, entsteht die Lokalität in Programmen aus einfachen und natürlichen Programmstrukturen. Beispielsweise enthalten die meisten Programme Schleifen. Deshalb ist es wahrscheinlich, dass wiederholt ein Zugriff auf die darin verwendeten Befehle und Daten erfolgt, wodurch eine große temporale Lokalität entsteht. Weil der Zugriff auf Befehle normalerweise sequentiell erfolgt, weisen Programme eine hohe räumliche Lokalität auf. Der Zugriff auf Daten weist ebenfalls räumliche Lokalität auf. Insbesondere sequentielle Zugriffe auf Elemente von Arrays oder Records zeichnen sich durch hohe räumliche Lokalität aus.

Wir machen uns das Lokalitätsprinzip zu Nutze, indem wir den Speicher eines Computers als **Speicherhierarchie** aufbauen. Eine Speicherhierarchie besteht aus mehreren Speicherebenen mit unterschiedlichen Geschwindigkeiten und Größen. Die schnelleren Speicher sind pro Bit teurer als die langsameren Speicher – und deshalb kleiner.

Speicherhierarchie Eine Struktur, die mehrere Speicherebenen verwendet; je größer die Distanz zur CPU wird, desto größer werden die Speicher und desto länger ist die Zugriffszeit.

Abbildung 5.1 zeigt, dass sich der schnellere Speicher näher am Prozessor befindet und dass der langsamere, billigere Speicher darunter angeordnet ist. Ziel ist es, dem Benutzer so viel Speicher der billigeren Technologie wie möglich bereitzustellen, während der Zugriff mit der von dem schnellsten Speicher gebotenen Geschwindigkeit erfolgt.

Die Daten sind ähnlich hierarchisch abgelegt: Eine näher am Prozessor befindliche Ebene ist im Allgemeinen eine Untermenge aller weiter entfernten Ebenen. Auf der untersten Ebene werden alle Daten gespeichert. In der hier

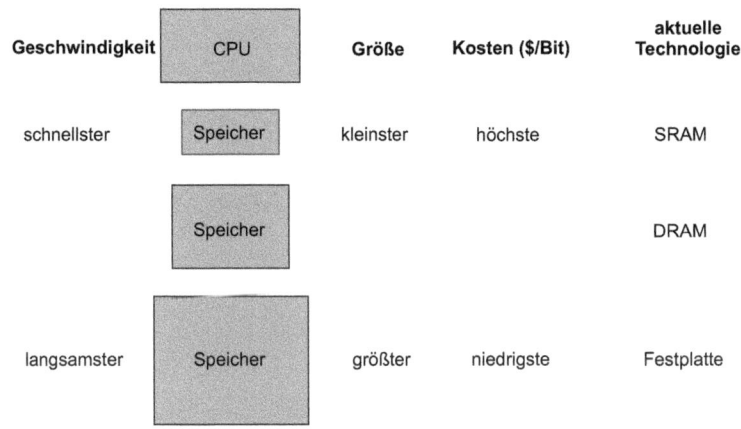

Abb. 5.1: Der grundlegende Aufbau einer Speicherhierarchie. Durch die Implementierung des Speichersystems als Hierarchie entsteht beim Benutzer der Eindruck eines Speichers, der so groß wie der Speicher auf der untersten Ebene der Hierarchie ist, auf den er jedoch Zugriff hat, als wäre der Speicher vollständig aus dem schnellsten Speicher aufgebaut. In vielen eingebetteten Systemen hat der Flash-Speicher die Festplatten ersetzt und kann zu einer neuen Ebene in der Speicherhierarchie für Desktop- und Server-Computer führen (siehe Abschnitt 5.2).

verwendeten Analogie bilden die Bücher auf Ihrem Schreibtisch eine Untermenge der Bibliothek, in der Sie arbeiten, die wiederum eine Untermenge aller Bibliotheken der Universität ist. Wenn wir uns weiter vom Prozessor entfernen, weisen die Ebenen außerdem immer längere Zugriffszeiten auf, so wie es auch in einer Hierarchie von Bibliotheken einer Universität sein könnte. Die Analogie versagt jedoch an der folgenden Stelle: Wenn ein Buch aus einem Regal entnommen und zum Arbeitstisch getragen wird, ist es physisch nicht mehr im Regal vorhanden. Im Gegensatz dazu sind alle Datenelemente einer höheren Speicherebene Kopien der Datenelemente in den niedrigeren Speicherebenen. Die Daten sind somit physisch mehrfach vorhanden.

Eine Speicherhierarchie kann aus mehreren Ebenen bestehen, aber Daten werden nur jeweils gleichzeitig zwischen zwei benachbarten Ebenen übertragen. Deshalb können wir unsere Aufmerksamkeit auf zwei Ebenen konzentrieren. Die obere Ebene – die näher am Prozessor liegt – ist kleiner und schneller als die untere Ebene, weil die obere Ebene eine teurere Technologie verwendet. Abbildung 5.2 zeigt die kleinstmögliche Informationseinheit, die in der zweistufigen Hierarchie vorhanden oder nicht vorhanden sein kann. Dieser wird **Block** oder **Zeile** genannt. In unserer Bibliotheksanalogie entspricht ein Buch einem solchen Block.

Block oder **Zeile** Die kleinste Informationseinheit, die in der zweistufigen Hierarchie vorhanden oder nicht vorhanden sein kann.

Wenn die vom Prozessor angeforderten Daten in einem Block auf der oberen Ebene liegen, spricht man von einem *Treffer* (was analog dazu ist, dass Sie die gesuchte Information in einem der Bücher auf Ihrem Schreibtisch finden). Werden die Daten auf der oberen Ebene nicht gefunden, wird die Anforderung als *Fehlzugriff* bezeichnet. Es erfolgt ein Zugriff auf die untere Ebene der Hier-

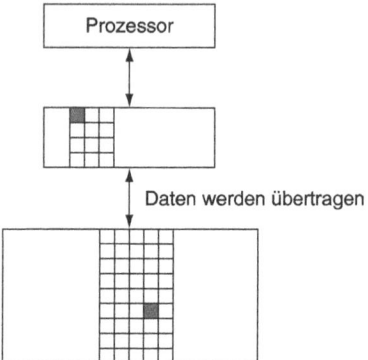

Daten werden übertragen

Trefferrate Der Anteil der Speicherzugriffe, bei denen der gesuchte Block in einer Ebene der Speicherhierarchie (z. B. in einem Cache) gefunden wird.

Abb. 5.2: Datentransfer zwischen den Ebenen der Speicherhierarchie. Innerhalb jeder Ebene ist die Informationseinheit, die vorhanden oder nicht vorhanden ist, ein so genannter *Block*. Normalerweise wird beim Kopieren zwischen zwei Ebenen ein ganzer Block übertragen.

Fehlzugriffsrate Der Anteil der Speicherzugriffe, bei denen der gesuchte Block nicht innerhalb einer Ebene der Speicherhierarchie gefunden wird.

archie, um den Block mit den angeforderten Daten zu finden. (Um es im Rahmen unserer Analogie zu veranschaulichen: Sie gehen von Ihrem Schreibtisch zu den Regalen, um das gewünschte Buch zu suchen.) Die **Trefferrate** oder das *Trefferverhältnis* ist der Anteil der Speicherzugriffe, die auf der oberen Ebene befriedigt werden; sie wird häufig als Leistungsmaß für die Speicherhierarchie verwendet.

Die **Fehlzugriffsrate** (1 minus Trefferrate) ist der Anteil der Speicherzugriffe, die nicht auf der oberen Ebene befriedigt werden.

Weil die Ausführungsgeschwindigkeit der wichtigste Grund für die Verwendung einer Speicherhierarchie ist, spielt die Zeit für die Verarbeitung von Treffern und von Fehlzugriffen eine große Rolle.

Zugriffszeit bei Treffer Die Zeit für den Zugriff auf eine Ebene der Speicherhierarchie, einschließlich der Zeit, die benötigt wird, um festzustellen, ob der Zugriff ein Treffer oder ein Fehlzugriff ist.

Die **Zugriffszeit bei Treffer** ist die Zeit für den Zugriff auf die obere Ebene der Speicherhierarchie, worin auch die Zeit enthalten ist, die benötigt wird, um festzustellen, ob der Zugriff ein Treffer oder ein Fehlzugriff ist (d. h. die Zeit, die benötigt wird, um die Bücher auf dem Schreibtisch zu durchsuchen).

Der **Fehlzugriffsaufwand** ist die Zeit für den Austausch eines Blocks in der oberen Ebene durch den entsprechenden Block aus der unteren Ebene, zuzüglich der Zeit, um dem Prozessor diesen Block bereitzustellen (oder in unserem Beispiel die Zeit, um ein neues Buch aus den Regalen zu holen und auf den Schreibtisch zu legen). Weil die obere Ebene kleiner ist und unter Verwendung schnellerer Speicherbausteine aufgebaut wird, ist die Zugriffszeit bei einem Treffer kleiner als die Zugriffszeit auf die nächste Hierarchieebene, was den größten Anteil des Fehlzugriffsaufwands ausmacht. (In den Büchern auf dem Schreibtisch können Sie viel schneller nachsehen, als wenn Sie aufstehen und ein neues Buch aus dem Regal holen müssen.)

Wie wir in diesem Kapitel sehen werden, wirken sich die Konzepte für den Aufbau von Speichersystemen auf viele andere Aspekte eines Rechners aus, unter anderem darauf, wie das Betriebssystem den Speicher sowie Ein-/Ausgaben verwaltet, wie Compiler Code erzeugen, und sogar darauf, wie Anwen-

Fehlzugriffsaufwand Die Zeit, die benötigt wird, um einen Block von einer unteren Ebene in eine höhere Ebene der Speicherhierarchie zu laden. Diese beinhaltet die Zeit für die Übertragung und das Einfügen des Blocks in die höhere Ebene, auf der der Fehlzugriff stattgefunden hat, sowie die Zeit für den Zugriff auf den Block durch den Prozessor.

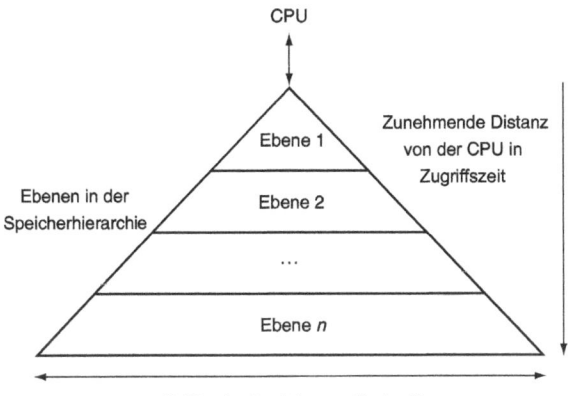

Abb. 5.3: Diese Zeichnung zeigt den Aufbau einer Speicherhierarchie: Je größer die Distanz zum Prozessor wird, desto größer ist auch der Speicher. Dieser Aufbau erlaubt in Kombination mit den richtigen Betriebsmechanismen, dass der Prozessor eine Zugriffszeit erzielt, die hauptsächlich durch Ebene 1 der Hierarchie bestimmt wird, und dennoch über einen Speicher der Größe von Ebene n verfügt. Die Bewahrung dieser Illusion ist Thema dieses Kapitels. Die unterste Ebene der Hierarchie wird normalerweise von der Festplatte gebildet, jedoch verwenden einige Systeme Bandlaufwerke oder einen Dateiserver, der über ein lokales Netzwerk verbunden ist, als weitere Ebene der Hierarchie.

dungen den Computer nutzen. Weil alle Programme einen Großteil ihrer Ausführungszeit mit Speicherzugriffen verbringen, ist das Speichersystem notwendigerweise ein wesentlicher Faktor für die Leistung, d. h. die Ausführungsgeschwindigkeit. Die Abhängigkeit der Leistung von der Speicherhierarchie bedeutet, dass Programmierer, die daran gewöhnt waren, sich den Speicher als flaches Speichergerät mit wahlfreiem Zugriff vorzustellen, jetzt die Speicherhierarchien verstehen müssen, um eine gute Leistung zu erzielen. Wir zeigen anhand von Beispielen, wie etwa in Abbildung 5.14 und in Abschnitt 5.14, wie wichtig dieses Verständnis ist.

Weil Speichersysteme von so großer Bedeutung für die Ausführungsgeschwindigkeit sind, haben die Computerentwickler diesen Systemen große Aufmerksamkeit gewidmet und komplexe Mechanismen für eine verbesserte Leistung des Speichersystems geschaffen. In diesem Kapitel werden wir die wichtigsten Konzepte betrachten, wobei jedoch viele Vereinfachungen und Abstraktionen genutzt werden, um das Material sowohl vom Umfang als auch von der Komplexität her überschaubar zu halten.

Grundwissen

Programme besitzen sowohl temporale Lokalität (die Tendenz zur Wiederverwendung bereits benutzter Datenelemente) als auch räumliche Lokalität (die Tendenz, auf Datenelemente zuzugreifen, die in der Nähe von Datenelementen liegen, auf die bereits zugegriffen wurde). Speicherhierarchien nutzen die temporale Lokalität, indem sie Datenelemente, auf die vor kurzem zugegriffen wurde, näher am Prozessor vorhalten. Die räumliche Lokalität wird durch Speicherhierarchien ausgenutzt, indem ganze Blöcke aus mehreren benachbarten Wörtern in Speicher auf höhere Hierarchieebenen verschoben werden.

Abbildung 5.3 zeigt, dass eine Speicherhierarchie in der Nähe des Prozessors kleinere Speicher mit schnelleren Speichertechnologien nutzt. Treffer in der höchsten Hierarchieebene führen zu einer schnelleren Verarbeitung. Zugriffe, die fehlschlagen, gehen weiter auf niedrigere Ebenen der Hierarchie, die durch größere aber langsamere Speicher realisiert sind. Wenn die Trefferrate hoch genug ist, hat die Speicherhierarchie also eine effektive Zugriffszeit, die nahe an der Zugriffszeit der höchsten (und schnellsten) Ebene liegt, und eine Größe, die gleich der Größe der untersten (und größten) Ebene ist.

In den meisten Systemen ist der Speicher eine echte Hierarchie, d. h., Daten können nicht auf Ebene i vorliegen, wenn sie nicht auch auf Ebene $i + 1$ vorliegen.

Selbsttest

Welche der folgenden Aussagen sind allgemeingültig?

1. Caches nutzen die temporale Lokalität.
2. Beim Lesen ist der zurückgegebene Wert davon abhängig, welche Blöcke sich im Cache befinden.
3. Die größte Teil der Kosten für die Speicherhierarchie entsteht auf der obersten Ebene.
4. Ein Großteil der Kapazität der Speicherhierarchie befindet sich auf der untersten Ebene.

5.2 Speichertechnologien

Heute gibt es vier primäre Technologien, die für den Aufbau von Speicherhierarchien genutzt werden. Der Hauptspeicher wird mit DRAM (Dynamic Random Access Memory, dynamischer Speicher mit wahlfreiem Zugriff) implementiert, während Ebenen, die sich näher am Prozessor befinden (Caches), SRAM (Static Random Access Memory, statischer Speicher mit wahlfreiem Zugriff) verwenden. DRAM ist kostengünstiger pro Bit als SRAM, aber auch wesentlich langsamer. Die Preisdifferenz entsteht dadurch, dass DRAMs wesentlich weniger Platz pro Speicherbit auf dem Chip verwenden und damit auf derselben Siliziumfläche eine größere Speicherkapazität aufweisen. Die Geschwindigkeitsdifferenz entsteht aufgrund mehrerer Faktoren, die in Anhang B

beschrieben werden. Die dritte Technologie sind Flash-Speicher. Diese nichtflüchtigen Speicher werden als Sekundärspeicher in Mobilgeräten eingesetzt.
Die vierte Technologie, die zur Implementierung der größten und langsamsten
Hierarchieebene verwendet wird, ist die Festplatte. Bezüglich der Zugriffszeit
und dem Preis pro Bit unterscheiden sich diese Technologien erheblich, wie
die folgende Tabelle mit typischen Werten für das Jahr 2012 zeigt:

Speichertechnologie	Typische Zugriffszeit	Kosten pro GiB (2012)
SRAM-Halbleiterspeicher	0,5-5 ns	$ 500–1000
DRAM-Halbleiterspeicher	50-70 ns	$ 10–20
Flash-Halbleiterspeicher	5 000–50 000 ns	$ 0,75–1,00
Festplatte	5 000 000–20 000 000 ns	$ 0,05–0,10

Im Rest dieses Abschnitts werden die verschiedenen Speichertechnologien beschrieben.

SRAM-Technologie

SRAMs sind nichts anderes integrierte Schaltkreise, die Speicherarrays mit
(gewöhnlich) einem einzelnen Zugriffsport sind, der einen Lese- oder einen
Schreibzugriff erlaubt. SRAMs haben für jedes Datum eine feste Zugriffszeit,
wobei sich die Zugriffszeit für Lesezugriffe von der für Schreibzugriffe unterscheiden kann.

SRAMs brauchen kein Refresh, weshalb die Zugriffszeit sehr nahe an der
Taktdauer liegt. SRAMs verwenden typischerweise sechs oder acht Transistoren pro Bit um zu verhindern, dass die Information beim Lesen gestört wird.
SRAMs brauchen nur sehr wenig Strom, um die Ladung im Standby-Modus
zu halten.

Früher haben die meisten PCs und Server separate SRAM-Chips für ihre primären, sekundären oder gar tertiären Caches verwendet. Heute sind dank des
Moore'schen Gesetzes alle Cache-Levels auf dem Prozessorchip integriert,
und der Markt für SRAM-Chips ist nahezu verschwunden.

MOORE'SCHES
GESETZ

DRAM-Technologie

Bei einem SRAM kann der Wert gehalten werden, solange die Stromversorgung angelegt ist, also theoretisch unendlich. Bei einem dynamischen RAM
(DRAM) wird der in einer Zelle gehaltene Wert in Form von Ladungen in
einem Kondensator gespeichert. Ein einzelner Transistor wird dann benutzt,
um auf die gespeicherte Ladung zuzugreifen, also entweder den Wert zu lesen
oder die dort gespeicherte Ladung zu überschreiben. Weil DRAMs nur einen
einzigen Transistor pro gespeichertem Bit verwenden, sind sie viel dichter und
billiger pro Bit als SRAMs. Da DRAMs die Ladung auf einem Kondensator
speichern, kann diese nicht unendlich lange gehalten werden, sondern es ist ein

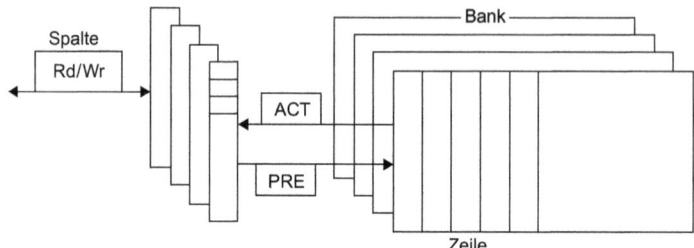

Abb. 5.4: Interne Organsation eines DRAM. Moderne DRAMs sind in Bänken organisiert. Für DDR3 ist deren Anzahl typischerweise vier. Jede Bank besteht aus einer Reihe von Zeilen. Das Senden eines PRE-Signals (für engl. precharge) öffnet oder schließt eine Bank. Eine Zeilenadresse wird mit Act (für engl. activate) gesendet, was bewirkt, dass die Zeile in einen Puffer übertragen wird. Wenn die Zeile im Puffer ist, kann sie durch sukzessive Spaltenadressen, deren Breite vom DRAM abhängt (bei DDR3 typischerweise 4, 8 oder 16 Bits), oder durch Spezifikation einer Blockadresse und der Startadresse übertragen werden. Alle Kommandos, und ebenso die Blocktransfers, werden mit einem Taktgeber synchronisiert.

Auffrischen (Refresh) nötig. Dies ist der Grund, weshalb diese Speicherstruktur als dynamisch bezeichnet wird. Im Gegensatz dazu ist die Speicherung in einer SRAM-Zelle statisch.

Zum Auffrischen der Zelle wird einfach ihr Inhalt gelesen und dann wieder zurückgeschrieben. Die Ladung kann über mehrere Millisekunden gehalten werden. Wenn jedes Bit individuell aus dem DRAM ausgelesen und zurückgeschrieben werden müsste, würden wir den DRAM permanent auffrischen, so dass keine Zeit übrig bliebe, um auf den Inhalt zuzugreifen. Doch zum Glück verwenden DRAMs eine 2-Level-Decoding-Struktur, die es gestattet, jeweils eine ganze Zeile mit einem Lesetakt, unmittelbar gefolgt von einem Schreibtakt, aufzufrischen.

Abbildung 5.4 zeigt die interne Organisation eines DRAM, und in Tabelle 5.1 ist zu sehen, wie sich die Dichte, die Kosten und die Zugriffszeiten von DRAMs über die Jahre entwickelt haben.

Die Zeilenorganisation, die für das Auffrischen so hilfreich ist, erweist sich auch als nützlich für die Performanz. Um die Performanz zu verbessern, puffern DRAMs Zeilen für den wiederholten Zugriff. Der Puffer wirkt wie ein SRAM; durch Ändern der Adresse kann bis zum nächsten Zeilenzugriff auf beliebige Bits zugegriffen werden. Durch diese Fähigkeit verbessert sich die Zugriffszeit erheblich, da der Zugriff auf Bits innerhalb der Zeile erheblich schneller ist. Wenn der Chip breiter gemacht wird, verbessert dies auch die Speicherbandbreite des Chips. Wenn die Zeile im Puffer ist, kann sie durch sukzessive Spaltenadressen, deren Breite vom DRAM abhängt (bei DDR3 typischerweise 4, 8 oder 16 Bits), oder durch Spezifikation einer Blockadresse und der Startadresse innerhalb des Puffers übertragen werden.

Um die Schnittstelle zum Prozessor weiter zu verbessern, wurden Taktgeber zu DRAMs hinzugefügt. Der Vorteil dieser synchronen DRAMs oder SDRAMs resultiert daraus, dass der Taktgeber die Synchronisation der Zeit für

Tab. 5.1: Die DRAM-Größen sind bis 1996 alle drei Jahre um den Faktor 4 gestiegen, danach haben sie sich alle zwei Jahre etwa verdoppelt. Die Verbesserungen der Zugriffszeiten erfolgten langsamer, aber stetig. Die Kosten gehen eng mit den Dichteverbesserungen einher, werden jedoch häufig auch durch andere Faktoren beeinflusst, wie etwa Verfügbarkeit oder Nachfrage. Die Kosten pro Megabyte wurden nicht inflationsbereinigt.

Jahr der Einführung	Chip-Größe	Kosten pro GiB	Gesamtzugriffszeit auf eine neue Zeile/Spalte	Spaltenzugriffszeit auf eine vorhandene Zeile
1980	64 Kibibit	$ 1 500 000	250 ns	150 ns
1983	256 Kibibit	$ 500 000	185 ns	100 ns
1985	1 Mebibit	$ 200 000	135 ns	40 ns
1989	4 Mebibit	$ 50 000	110 ns	40 ns
1992	16 Mebibit	$ 15 000	90 ns	30 ns
1996	64 Mebibit	$ 10 000	60 ns	12 ns
1998	128 Mebibit	$ 4 000	60 ns	10 ns
2000	256 Mebibit	$ 1 000	55 ns	7 ns
2004	512 Mebibit	$ 250	50 ns	5 ns
2007	1 Gibibit	$ 50	40 ns	1,25 ns
2010	2 Gibibit	$ 30	40 ns	1 ns
2012	4 Gibibit	$ 1	35 ns	0,8 ns

Speicher und Prozessor überflüssig macht. Der Geschwindigkeitsvorteil synchroner DRAMs ergibt sich aus der Fähigkeit, die Bits in der Signalfolge zu übertragen ohne zusätzliche Adressbits zu spezifizieren. Stattdessen überträgt der Taktgeber die aufeinanderfolgenden Bits in einer Signalfolge. Die schnellste Variante wird *Double Data Rate* (DDR) SDRAM genannt. Der Name bedeutet, dass Datentransfers an der steigenden und an der fallenden Flanke des Takts erfolgen, wodurch man eine doppelt so große Bandbreite erhält, wie man aufgrund der Taktfrequenz und der Datenbreite erwarten würde. Die aktuellste Version dieser Technologie wird DDR4 genannt. Ein DDR4-3200-DRAM kann 3200 Millionen Datenübertragungen pro Sekunden erledigen, was bedeutet, dass er eine Taktung von 1600 MHz hat.

Das Bereitstellen einer so hohen Bandbreite erfordert eine durchdachte Organisation *innerhalb* des DRAM. Anstatt einfach einen schnelleren Zeilenpuffer zu bauen, kann der DRAM intern so organisiert werden, dass er von mehreren *Bänken* liest, von denen jede ihren eigenen Zeilenpuffer hat. Das Senden einer Adresse an verschiedene Bänke erlaubt es, dass sie alle gleichzeitig lesen oder schreiben. Beispielsweise gibt es für vier Bänke nur eine Zugriffszeit, und dann rotiert der Zugriff zwischen den vier Bänken, wodurch die vierfache Bandbreite erreicht wird. Dieses Prinzip des rotierenden Zugriffs wird als Adressschachtelung bezeichnet.

Während Mobilgeräte wie der iPad (siehe Kapitel 1) einzelne DRAMs verwenden, werden Speicher für Server gewöhnlich auf kleinen Boards verkauft, die DIMMS (Dual Inline Memory Module) genannt werden. DIMMs enthalten meist 4 bis 16 DRAMs, die so organisiert sind, dass sie acht Byte breit sind. Ein DIMM mit DDR4-3200-SDRAMs kann $8 \times 3200 = 25\,600$ MB pro Sekunde übertragen. Diese DIMMs werden nach ihrer Bandbreite benannt:

PC25600. Da ein DIMM so viele DRAM-Chips haben kann, dass nur ein
Bruchteil von ihnen für einen bestimmten Transfer genutzt wird, brauchen wir
eine Bezeichnung für diejenige Teilmenge der Chips in einem DIMM, die miteinander Adressleitungen teilen. Damit es nicht zu Verwechslungen mit den
Bezeichnungen für Zeilen und Bänke innerhalb der DRAMs kommt, verwenden wir den Begriff *Speicherreihe* für eine solche Teilmenge von Chips in einem DIMM.

Anmerkung: Eine Möglichkeit zur Messung der Performanz des Speichersystems, auf dem der Cache basiert, ist die Stream-Benchmark (McCalpin, 1995).
Sie misst die Performanz von langen Vektoroperationen. Diese haben keine
temporale Lokalität und sie greifen auf Felder zu, die größer sind als der Cache
des getesteten Computers.

Flash-Speicher

Flash-Speicher sind elektrisch löschbare, programmierbare, schreibgeschützte
Speicher (EEPROM).

Anders als Festplatten und DRAMs, aber genau wie andere EEPROM-Tech-
nologien, sind die Bits von Flash-Speichern einem Verschleiß ausgesetzt. Um
mit diesen Einschränkungen zurechtzukommen, beinhalten die meisten Flash-
Produkte einen Controller, der die Schreiboperationen verteilt, indem er Blöcke, auf die schon oft geschrieben wurde, auf weniger frequentierte Blöcke neu
abbildet. Diese Technik wird als *Verschleißausgleich (Wear Leveling)* bezeichnet. Dank des Verschleißausgleichs ist es unwahrscheinlich, dass Mobilgeräte
die Schreibbegrenzungen im Flash überschreiten. Der Verschleißausgleich reduziert die potentielle Leistung des Flash-Speichers, doch sie sind nötig, sofern
der Blockverschleiß nicht von Software auf höherer Ebene überwacht wird.
Flash-Controller, die einen Verschleißausgleich durchführen, können auch den
Ertrag verbessern, indem sie Speicherzellen ausschließen, die bereits einen
Herstellungsdefekt aufweisen.

Festplattenspeicher

Wie in Abbildung 5.5 zu sehen ist, besteht eine Festplatte aus mehreren Platten, die mit einer Geschwindigkeit von 5400 bis 15 000 U/min auf einer Achse
rotieren. Die Metallplatten sind zum Speichern von Daten beidseitig mit einem
magnetisierbaren Material beschichtet, das dem für Kassetten- und Videobän-
der verwendeten Material ähnlich ist. Zum Schreiben und Lesen von Informationen auf Festplatten wird ein beweglicher *Arm* mit einer kleinen elek-
tromagnetischen Spule, dem so genannten *Schreib-/Lesekopf* verwendet, der
sich dicht über der Oberfläche befindet. Das gesamte Laufwerk ist in einem
Gehäuse dicht versiegelt, damit die äußeren Umwelteinflüsse das Innenleben
des Laufwerks nicht beeinträchtigen. Dadurch ist es wiederum möglich, die
Schreib-/Leseköpfe mit einem geringeren Abstand zur Plattenoberfläche anzu-
bringen.

Jede Plattenoberfläche ist in konzentrische Kreise unterteilt, die so genannten **Spuren**. Normalerweise gibt es 10 000 bis 50 000 Spuren pro Oberfläche. Jede Spur wiederum ist in **Sektoren** unterteilt, die die eigentlichen Informationen aufnehmen. Jede Spur kann 100 bis 500 Sektoren haben. Sektoren sind in der Regel 512 Byte groß. Es gibt jedoch eine Initiative, die Sektorgröße auf 4096 Byte zu erhöhen. Die auf dem magnetischen Datenträger aufgezeichnete Datenfolge besteht aus einer Sektornummer, einer Lücke, der Information für diesen Sektor einschließlich eines Fehlerkorrekturcodes (siehe Abschnitt 5.5), einer Lücke, der Sektornummer des nächsten Sektors usw.

Die Lese-/Schreibköpfe der Festplatte sind miteinander verbunden und bewegen sich zusammen, so dass jeder Kopf auf jeder Oberfläche über derselben Spur steht. Die Spuren auf allen Oberflächen, die sich an einer bestimmten Position unter den Köpfen befinden, werden als *Zylinder* bezeichnet.

Um auf Daten zuzugreifen, muss das Betriebssystem die Festplatte in drei Schritten ansteuern. Im ersten Schritt wird der Lese-/Schreibkopf über die richtige Spur gestellt. Diese Operation wird auch als **Kopf-Positionierung** bezeichnet, und die Zeit für die Positionierung des Lese-/Schreibkopfs über der gewünschten Spur wird als *Suchzeit* bezeichnet.

> **Spur** Einer von Tausenden konzentrischer Kreise auf der Oberfläche einer Festplatte.

> **Sektor** Einer der Abschnitte, aus denen eine Spur einer Festplatte besteht. Ein Sektor ist die kleinste Informationsmenge, die auf eine Festplatte geschrieben bzw. davon gelesen wird.

> **Kopf-Positionierung** Der Vorgang, durch den der Lese-/Schreibkopf über die richtige Spur auf einer Festplatte gebracht wird.

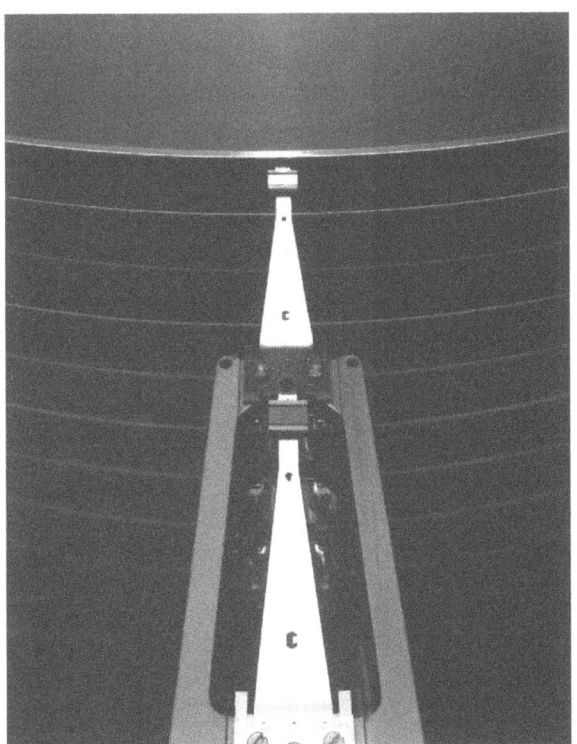

Abb. 5.5: Eine Festplatte mit zehn Platten und Schreib-/Leseköpfen. Heutige Festplatten haben einen Durchmesser von 2,5 oder 3,5 Zoll, und es gibt meist ein oder zwei Platten pro Laufwerk.

Festplattenhersteller geben in ihren technischen Daten die minimale, die maximale und die durchschnittliche Suchzeit an. Die beiden ersten Werte sind einfach zu messen, aber es gibt einen großen Interpretationsspielraum, was der Durchschnitt ist, weil er von der Distanz bei der Kopf-Positionierung abhängt. Die Hersteller haben deshalb beschlossen, die durchschnittliche Suchzeit als die Summe der Zeit für alle möglichen Suchen dividiert durch die Anzahl möglicher Suchen zu berechnen. Als durchschnittliche Suchzeiten werden normalerweise 3 bis 13 ms angegeben, aber abhängig von der Anwendung und den Festplattenanforderungen kann die tatsächliche durchschnittliche Suchzeit aufgrund der Lokalität der Festplattenzugriffe auch nur 25 % bis 33 % der angegebenen Zeit betragen. Diese Lokalität entsteht, wenn aufeinander folgende Zugriffe auf dieselbe Datei stattfinden und das Betriebssystem versucht, solche Zugriffe nacheinander auszuführen.

Nachdem der Lese-/Schreibkopf die richtige Spur erreicht hat, muss gewartet werden, bis der gewünschte Sektor unter den Lese-/Schreibkopf liegt. Diese Zeit wird auch als **Umdrehungslatenz** oder **Umdrehungsverzögerung** bezeichnet. Die durchschnittliche Verzögerung entspricht dem halben Festplattenumfang. Festplatten rotieren mit 5400 bis 15 000 U/Min. Die durchschnittliche Umdrehungslatenz bei 5400 U/Min ist

Umdrehungslatenz oder **Umdrehungsverzögerung** Die Zeit, bis sich der gewünschte Sektor einer Festplatte unter den Lese-/Schreibkopf gedreht hat. Normalerweise als die Hälfte der Umdrehungszeit angenommen.

$$\text{durchschnittliche Umdrehungslatenz} = \frac{0,5 \text{ Umdrehungen}}{5400 \text{ U/Min}}$$

$$= \frac{0,5 \text{ Umdrehungen}}{5400 \text{ U/Min}/60 \frac{\text{Sekunden}}{\text{Minute}}} = 0,0056 \text{ Sekunden} = 5,6 \text{ ms}$$

Die letzte Komponente des Festplattenzugriffs ist die *Transferrate,* also die Zeit für die Übertragung eines Bitblocks. Die Transferrate ist eine Funktion der Sektorgröße, der Umdrehungsgeschwindigkeit und der Aufzeichnungsdichte einer Spur. Im Jahr 2012 lagen die Transferraten zwischen 100 und 200 MB/s.

Was die Berechnung der Transferrate erschwert, ist, dass die meisten Festplattencontroller einen eingebauten Cache haben, der mehrere Sektoren speichert, während sie durchlaufen werden, so dass Transferraten durch Verwendung des Caches in der Regel höher liegen, nämlich bei bis zu 750 MB/s (6 Gbit/s) im Jahr 2012.

Leider sind die Blocknummern nicht mehr intuitiv. Das Sektor-Spur-Zylinder-Modell geht davon aus, dass sich nahe beieinander liegende Blöcke auf derselben Spur befinden, dass Blöcke im selben Zylinder eine kürzere Zugriffszeit aufweisen, weil es keine Suchzeit gibt, und dass manche Spuren näher sind als andere. Der Grund für die Änderung war, dass die Schnittstellen anspruchsvoller wurden. Um sequentielle Transfers zu beschleunigen, ordnen komplexere Schnittstellen Festplatten eher wie Bänder als wie Geräte mit wahlfreiem Zugriff an. Die logischen Blöcke sind auf einer einzigen Oberfläche serpentinenartig angelegt, und man versucht, alle aufgezeichneten Sektoren mit derselben Bitdichte abzulegen, um die bestmögliche Performanz zu erreichen. Sequentielle Blöcke können sich deshalb auf verschiedenen Spuren befinden.

Zusammengefasst gibt es zwei Hauptunterschiede zwischen Festplatten und Halbleiterspeichern. Erstens haben Festplatten längere Zugriffzeiten, da es sich bei ihnen um mechanische Geräte handelt – Flash-Speicher sind 1000-mal so schnell und DRAM ist 100 000-mal so schnell. Zweitens jedoch sind sie pro Bit billiger, d. h., sie haben eine sehr hohe Speicherkapazität bei moderaten Kosten – Festplatten sind 10- bis 100-mal billiger. Festplatten sind wie Flash-Speicher nichtflüchtig, zeigen jedoch im Unterschied zu diesen keinen Verschleiß. Flash-Speicher wiederum haben den Vorteil, dass sie wesentlich robuster sind, was sie für den Einsatz in Mobilgeräten besser geeignet macht.

5.3 Grundlagen des Cachings

Cache: ein sicherer Ort zum Verstecken oder Sammeln von Dingen.

Webster's New World Dictionary of the American Language, Third College Edition (1988)

In unserem Bibliotheksbeispiel diente der Schreibtisch als Cache – als sicherer Platz, an dem wir Dinge (Bücher) aufbewahren, die wir genauer betrachten wollen. Die Speicher in dem Datenpfad in Kapitel 4 werden einfach durch Caches ersetzt. Der Name *Cache* wurde beim ersten kommerziell verfügbaren Computer, der mit dieser zusätzlichen Ebene ausgestattet war, gewählt, um die Ebene der Speicherhierarchie zwischen dem Prozessor und dem Hauptspeicher zu bezeichnen. Auch heute wird das Wort *Cache* noch hauptsächlich in diesem Sinne verwendet, aber der Begriff wird auch für die Bezeichnung beliebiger Speicher eingesetzt, die Zugriffslokalität nutzen. Caches erschienen erstmals Anfang der 1960er-Jahre in den ersten Forschungsrechnern und noch im selben Jahrzehnt auch in kommerziellen Rechnern. Heute enthalten alle Allzweckrechner Caches, von den Servern bis hin zu eingebetteten Computern.

In diesem Abschnitt betrachten wir zunächst einen sehr einfachen Cache, in dem die Prozessoranforderungen jeweils ein Wort umfassen und auch die Blöcke nur ein Wort groß sind. (Leser, die bereits mit den Grundlagen von Caches vertraut sind, können Abschnitt 5.4 überspringen.) Abbildung 5.6 zeigt einen solchen einfachen Cache vor und nach der Anforderung eines Datenelements, das sich anfänglich nicht im Cache befindet. Vor dem Zugriff enthält der Cache eine Menge von Wörtern $X_1, X_2, \ldots, X_{n-1}$. Der Prozessor fordert ein Wort X_n an, das sich nicht im Cache befindet. Diese Anforderung führt zu einem Fehlzugriff und das Wort X_n wird aus dem Speicher in den Cache geladen.

Betrachtet man das in Abbildung 5.6 gezeigte Szenario, dann stellen sich zwei Fragen: Woher wissen wir, ob sich ein Datenelement im Cache befindet? Und wenn es sich dort befindet, wie können wir es finden? Die Antworten auf diese beiden Fragen hängen eng zusammen. Wenn jedes Wort an genau einer Stelle im Cache stehen kann, ist es ganz einfach, dieses Wort zu finden, falls es sich im Cache befindet. Die einfachste Methode, wie man jedem Wort im Speicher eine Position im Cache zuweist, besteht darin, die Cache-Position abhängig von der *Adresse* des Worts im Speicher zuzuweisen. Diese Cache-Struktur wird als **direkt abgebildet** bezeichnet, weil jede Speicheradresse auf genau eine Position im Cache abgebildet wird. Die Abbildung von Adressen auf Cache-Positionen ist für einen direkt abgebildeten Cache normalerweise

direkt abgebildeter Cache Eine Cache-Struktur, bei der jede Speicheradresse auf genau eine Position im Cache abgebildet wird.

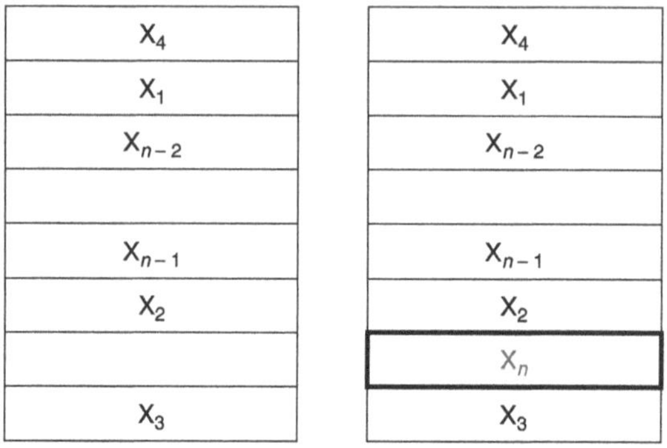

a. Vor dem Zugriff auf X_n b. Nach dem Zugriff auf X_n

Abb. 5.6: Der Cache vor und nach dem Zugriff auf ein Wort X_n, das sich anfänglich nicht im Cache befindet. Diese Speicheranforderung verursacht einen Fehlzugriff, der den Cache veranlasst, X_n aus dem Speicher zu laden und in den Cache einzufügen.

einfach. Beispielsweise verwenden fast alle direkt abgebildeten Caches die Abbildung:

(Blockadresse) modulo (Anzahl der Cache-Blöcke im Cache)

Wenn die Anzahl der Einträge im Cache eine Potenz von 2 ist, kann Modulo berechnet werden, indem die unteren $\log_2$ Bits (Cachegröße in Blöcken) der Adresse verwendet werden. Ein 8 Blöcke großer Cache verwendet also die drei untersten Bits ($8 = 2^3$) der Blockadresse. Abbildung 5.7 beispielsweise zeigt, wie die Speicheradressen zwischen 1_D (00001_B) und 29_D (11101_B) in einem direkt abgebildeten Cache von acht Wörtern auf die Positionen 1_D (001_B) und 5_D (101_B) abgebildet werden.

Jede Cache-Position kann den Inhalt mehrerer verschiedener Speicheradressen enthalten. Woher wissen wir also, ob die Daten im Cache einem angeforderten Wort entsprechen? Woher wissen wir, ob sich ein angefordertes Wort im Cache befindet oder nicht? Wir lösen das Problem, indem wir den Cache um eine Menge von **Tags** erweitern.

Die Tags enthalten die notwendigen Adressinformationen, um zu erkennen, ob ein Wort im Cache dem angeforderten Wort entspricht. Das Tag muss nur den oberen Teil der Adresse enthalten, der den Bits entspricht, die nicht als Index für den Cache verwendet werden. In Abbildung 5.7 beispielsweise brauchen wir nur die oberen 2 der 5 Adressbits für das Tag, weil das Indexfeld der Adresse mit den unteren 3 Bits den Block auswählt. Architekten nehmen die Index-Bits nicht in das Tag mit auf, da sie redundant wären, weil das Indexfeld jeder Adresse per Definition denselben Wert haben muss.

Außerdem müssen wir erkennen können, wenn ein Cache-Block keine gültige Information enthält. Beispielsweise enthält der Cache beim Programmstart keine brauchbaren Daten, und die Tag-Felder sind bedeutungslos. Selbst nach der Ausführung vieler Befehle können einige der Cache-Einträge immer noch

Tag Ein Feld in einer Tabelle, die für eine Ebene der Speicherhierarchie verwendet wird. Dieses Feld enthält die Adressinformation, die man benötigt, um zu erkennen, ob der zugehörige Block in der entsprechenden Hierarchieebene einem angeforderten Wort entspricht.

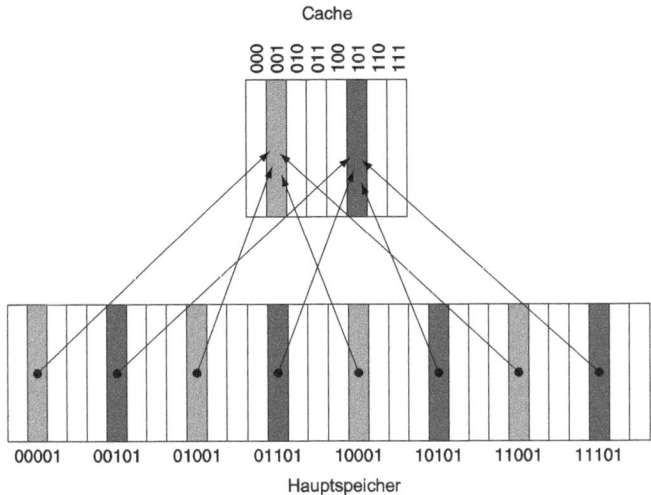

Abb. 5.7: Direkt abgebildeter Cache mit acht Einträgen, bei dem Adressen von Speicherwörtern zwischen 0 und 31 auf dieselben Cache-Positionen abgebildet werden. Weil es acht Wörter im Cache gibt, wird eine Adresse X auf das Cache-Wort X modulo 8 abgebildet. Das heißt, die unteren $\log_2(8) = 3$ Bit werden als Cache-Index verwendet. Somit werden die Adressen 00001_B, 01001_B, 10001_B und 11001_B auf Eintrag 001_B des Caches abgebildet, während die Adressen 00101_B, 01101_B, 10101_B und 11101_B alle auf Eintrag 101_B des Caches abgebildet werden.

leer sein, wie in Abbildung 5.6 gezeigt. Wir müssen also wissen, dass das Tag für solche Einträge ignoriert werden soll. Die gebräuchlichste Methode besteht darin, ein **Gültigkeits-Bit** vorzusehen, das anzeigt, ob ein Eintrag eine gültige Adresse enthält. Ist das Bit nicht gesetzt, dann kann der Block nicht der gesuchte sein.

Im Rest des Abschnitts konzentrieren wir uns auf die Erklärung, wie Leseoperationen in einem Cache ausgeführt werden und wie sich ein Cache beim Lesen verhält. Im Allgemeinen ist die Verarbeitung von Leseoperationen etwas einfacher als die von Schreiboperationen, weil bei Leseoperationen der Inhalt des Caches nicht geändert werden muss. Nachdem wir die Grundlagen für Leseoperationen im Cache und die Verarbeitung von Cache-Fehlzugriffen betrachtet haben, beschäftigen wir uns mit dem Cache-Entwurf für reale Computer und zeigen, wie diese Caches Schreiboperationen verarbeiten.

Gültigkeits-Bit Ein Feld in den Tabellen einer Speicherhierarchie, das angibt, ob der zugehörige Block gültige Daten enthält.

Grundwissen

Caching ist das vielleicht wichtigste Beispiel für das Konzept des **Vorhersagens.** Es beruht auf dem Prinzip der Lokalität, wenn versucht wird, die gewünschten Daten in den höheren Ebenen der Speicherhierarchie zu finden, und es liefert einen Mechanismus, der sicherstellt, dass im Falle eine falschen Vorhersage die richtigen Daten in tieferen Ebenen der

VORHERSAGE

> Speicherhierarchie gefunden und verwendet werden können. Die Trefferraten der Cache-Vorhersagen in modernen Computern liegen oft bei über 95 % (siehe Abbildung 5.34).

Zugriff auf einen Cache

Nachfolgend ist eine Sequenz aus neun Speicherzugriffen auf einen leeren, acht Blöcke großen Cache gezeigt, einschließlich der Aktionen für jeden Zugriff. Tabelle 5.2 zeigt, wie sich der Inhalt des Caches bei jedem Fehlzugriff ändert. Weil im Cache acht Blöcke vorhanden sind, geben die unteren drei Bits einer Adresse die Blocknummer an:

Dezimaladresse der Referenz	Binäradresse der Referenz	Treffer oder Fehlzugriff im Cache	Zugeordneter Cache-Block
22	10110_B	Fehlzugriff (5.2 b)	$(10110_B \bmod 8) = 110_B$
26	11010_B	Fehlzugriff (5.2 c)	$(11010_B \bmod 8) = 010_B$
22	10110_B	Treffer	$(10110_B \bmod 8) = 110_B$
26	11010_B	Treffer	$(11010_B \bmod 8) = 010_B$
16	10000_B	Fehlzugriff (5.2 d)	$(10000_B \bmod 8) = 000_B$
3	00011_B	Fehlzugriff (5.2 e)	$(00011_B \bmod 8) = 011_B$
16	10000_B	Treffer	$(10000_B \bmod 8) = 000_B$
18	10010_B	Fehlzugriff (5.2 f)	$(10010_B \bmod 8) = 010_B$

Weil der Cache leer ist, sind mehrere der ersten Zugriffe Fehlzugriffe. Die Tabellenüberschrift 5.2 beschreibt die Aktionen für jeden Speicherzugriff. Von den acht Zugriffen haben wir konfliktverursachende Anforderungen für einen Block. Das Wort an der Adresse 18 (10010_B) muss in den Cache-Block 2 (010_B) gebracht werden. Deshalb muss es das Wort an der Adresse 26 (11010_B) ersetzen, das sich bereits im Cache-Block 2 (010_B) befand. Dieses Verhalten ermöglicht es dem Cache, die temporale Lokalität zu nutzen: Wörter, auf die vor kurzer Zeit zugegriffen wurde, ersetzen Wörter, auf die schon längere Zeit kein Zugriff mehr erfolgte.

Diese Situation kann man direkt damit vergleichen, dass ein neues Buch aus dem Regal benötigt wird, aber auf dem Schreibtisch kein Platz mehr frei ist – ein bereits auf Ihrem Schreibtisch befindliches Buch muss deshalb ins Regal zurückgestellt werden. In einem direkt abgebildeten Cache gibt es nur einen Platz, wo das neu angeforderte Speicherwort abgelegt werden kann, und damit nur eine Wahl, was ersetzt werden soll.

Wir wissen, wo wir im Cache nach möglichen Adressen suchen müssen: Die unteren Bits einer Adresse werden verwendet, um den eindeutigen Cache-Eintrag zu finden, auf den die Adresse abgebildet werden kann. Abbildung 5.8 zeigt, wie eine referenzierte Adresse unterteilt wird in

- einen Cache-Index, der für die Auswahl des Blocks verwendet wird, und

- ein Tag-Feld, das mit dem Wert des Tag-Felds des Caches verglichen wird.

Tab. 5.2: Der Cache-Inhalt nach jeder Zugriffsanforderung, die einen Fehlzugriff verursacht, wobei für die Index- und Tag-Felder die Adressfolge verwendet wird, die auf Seite 414 binär dargestellt ist. Der Cache ist anfänglich leer und die Gültigkeits-Bits (V-Eintrag im Cache) sind nicht gesetzt (N). Der Prozessor fordert die folgenden Adressen an: 10110_B (Fehlzugriff), 11010_B (Fehlzugriff), 10110_B (Treffer), 11010_B (Treffer), 10000_B (Fehlzugriff), 00011_B (Fehlzugriff), 10000_B (Treffer) und 10010_B (Fehlzugriff). Die Abbildungen zeigen den Cache-Inhalt, nachdem die aufeinander folgenden Fehlzugriffe verarbeitet wurden. Wenn ein Zugriff auf die Adresse $10010_B(18)$ erfolgt, muss der Eintrag für die Adresse $11010_B(26)$ ersetzt werden, und ein Zugriff auf 11010_B verursacht einen nachfolgenden Fehlzugriff. Das Tag-Feld enthält nur den oberen Teil der Adresse. Die vollständige Adresse eines Wortes im Cache-Block i mit Tag-Feld j für diesen Cache ist $j \times 8 + i$ oder äquivalent die Konkatenation des Tag-Feldes j und des Index i. Im unten gezeigten Cache f. beispielsweise hat der Index 010 das Tag 10 und entspricht der Adresse 10010.

Index	V	Tag	Daten
000	N		
001	N		
010	N		
011	N		
100	N		
101	N		
110	N		
111	N		

a. Der Ausgangszustand des Caches nach dem Einschalten.

Index	V	Tag	Daten
000	N		
001	N		
010	N		
011	N		
100	N		
101	N		
110	J	10_B	Speicher(10110_B)
111	N		

b. Nach Verarbeitung eines Fehlzugriffs auf Adresse (10110_B).

Index	V	Tag	Daten
000	N		
001	N		
010	J	11_B	**Speicher (11010_B)**
011	N		
100	N		
101	N		
110	J	10_B	Speicher (10110_B)
111	N		

c. Nach Verarbeitung eines Fehlzugriffs auf Adresse (11010_B).

Index	V	Tag	Daten
000	J	10_B	**Speicher (10000_B)**
001	N		
010	J	11_B	Speicher (11010_B)
011	N		
100	N		
101	N		
110	J	10_B	Speicher (10110_B)
111	N		

d. Nach Verarbeitung eines Fehlzugriffs auf Adresse (10000_B).

Index	V	Tag	Daten
000	J	10_B	Speicher (10000_B)
001	N		
010	J	11_B	Speicher (11010_B)
011	J	00_B	**Speicher (00011_B)**
100	N		
101	N		
110	J	10_B	Speicher (10110_B)
111	N		

e. Nach Verarbeitung eines Fehlzugriffs auf Adresse (00011_B).

Index	V	Tag	Daten
000	J	10_B	Speicher (10000_B)
001	N		
010	J	10_B	**Speicher 10010_B)**
011	J	00_B	Speicher (00011_B)
100	N		
101	N		
110	J	10_B	Speicher (10110_B)
111	N		

f. Nach Verarbeitung eines Fehlzugriffs auf Adresse (10010_B).

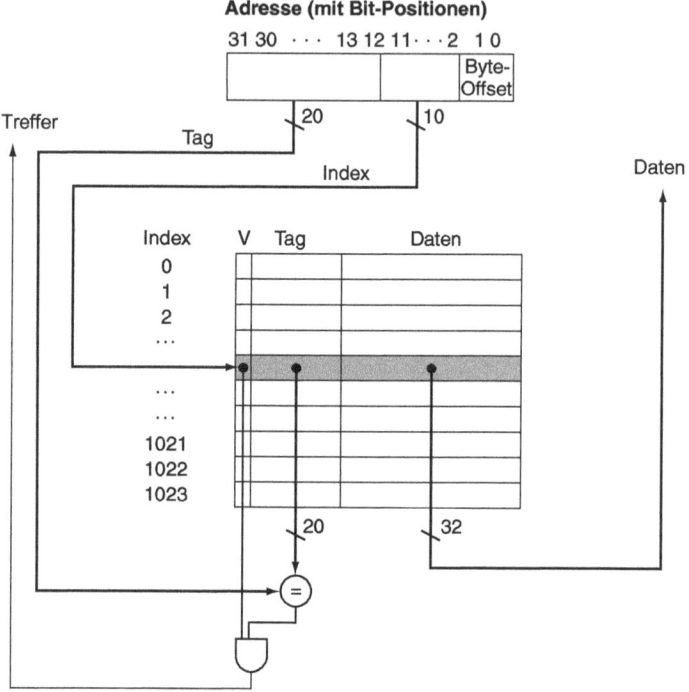

Abb. 5.8: Bei diesem Cache wird der untere Teil der Adresse verwendet, um einen Cache-Eintrag auszuwählen, der aus einem Datenwort und einem Tag besteht. Das Tag für den Cache wird mit dem oberen Teil der Adresse verglichen, um festzustellen, ob der Eintrag im Cache der angeforderten Adresse entspricht. Weil der Cache 2^{10} = 1024 Wörter enthält und eine Blockgröße von 1 Wort aufweist, werden 10 Bits verwendet, um den Cache zu indizieren, so dass 32 − 10 − 2 = 20 Bits bleiben, die mit dem Tag verglichen werden müssen. Wenn das Tag und die oberen 20 Bits der Adresse gleich sind und das Gültigkeits-Bit (V) gesetzt ist, erzeugt die Anforderung einen Treffer im Cache und das Wort wird dem Prozessor bereitgestellt. Andernfalls erfolgt ein Fehlzugriff.

Der Index eines Cache-Blocks gibt in Kombination mit dem Tag-Inhalt dieses Blocks eindeutig die Speicheradresse des in dem Cache-Block enthaltenen Wortes an. Weil das Indexfeld als Adresse für den Zugriff auf den Cache verwendet wird und weil ein *n* Bit großes Feld 2^n Werte haben kann, muss die Gesamtzahl der Einträge in einem direkt abgebildeten Cache eine Zweierpotenz sein. In der MIPS-Architektur werden Wörter an Vielfachen von 4 Bytes ausgerichtet, weshalb die beiden niedrigstwertigen Bits jeder Adresse ein Byte innerhalb eines Worts angeben. Daher werden die beiden niedrigstwertigen Bits bei der Auswahl des Wortes im Block ignoriert.

Die Gesamtzahl der für einen Cache benötigten Bits ist eine Funktion der Cache-Größe und der Adressgröße, weil der Cache sowohl den Speicherplatz für die Daten als auch für die Tags umfasst. Die Größe des oben gezeigten Blocks betrug ein Wort, aber normalerweise ist ein Block mehrere Wörter groß.

Für die folgende Situation

- 32-Bit-Byteadressen
- direkt abgebildeter Cache
- Cachegröße beträgt 2^n Blöcke, weshalb n Bits für den Index verwendet werden
- Blockgröße beträgt 2^m Wörter (2^{m+2} Bytes), es werden also m Bits für das Wort innerhalb des Blocks und zwei Bits für den Byte-Anteil der Adresse verwendet

hat das Tag-Feld die folgende Größe:

$$32 - (n + m + 2)$$

Die Gesamtzahl der Bits in einem direkt abgebildeten Cache beträgt

$$2^n \times (\text{Blockgröße} + \text{Tag-Größe} + \text{Gültigkeitsfeldgröße})$$

Weil die Blockgröße 2^m Wörter (2^{m+5} Bit) beträgt und wir 1 Bit für das Gültigkeitsfeld benötigen, ist die Anzahl der Bits in einem solchen Cache:

$$2^n \times (2^m \times 32 + (32 - n - m - 2) + 1) = 2^n \times (2^m \times 32 + 31 - n - m).$$

Dies ist die tatsächliche Bitanzahl, aber die Namenskonvention schließt die Größe des Tag-Feldes und das Gültigkeitsfeld aus und zählt nur die Größe der Daten. Abbildung 5.8 zeigt einen 4 KiB-Cache.

Beispiel: Anzahl der Bits in einem Cache

Wie viele Bits braucht man insgesamt für einen direkt abgebildeten Cache mit 16 KiB Daten und 4-Wort-Blöcken bei 32-Bit-Adressen?

Lösung: Wir wissen, dass 16 KiB gleich 4096 (2^{12}) Wörter sind. Das sind 2^{12} Wörter, und bei einer Blockgröße von 4 Wörtern (2^2) gleich 1024 (2^{10}) Blöcke. Jeder Block hat 4×32 oder 128 Bit Daten plus ein Tag mit $32 - 10 - 2 - 2$ Bit plus ein Gültigkeits-Bit. Die Gesamtgröße des Caches beträgt also

$$2^{10} \times (128 + (32 - 10 - 2 - 2) + 1) = 2^{10} \times 147 = 147 \text{ Kibibit}$$

oder 18,4 KiB für einen Cache mit 16 KiB. Für diesen Cache ist die Gesamtzahl der Bits im Cache etwa das 1,15-Fache dessen, was nur für das Ablegen der Daten benötigt wird.

Beispiel: Abbildung einer Adresse auf einen Cache-Block, der mehrere Wörter umfasst

Betrachten wir einen Cache mit 64 Blöcken und einer Blockgröße von 16 Bytes. Auf welche Blocknummer wird die Byteadresse 1200 abgebildet?

Lösung: Die Formel wurde auf Seite 412 angegeben. Der Block wird berechnet mit

(Blockadresse) modulo (Anzahl der Cache-Blöcke)

Dabei ist die Adresse des Blocks gleich

$$\left\lfloor \frac{\text{Byteadresse}}{\text{Bytes pro Block}} \right\rfloor$$

Beachten Sie, dass diese Blockadresse der Block ist, der alle Adressen zwischen

$$\left\lfloor \frac{\text{Byteadresse}}{\text{Bytes pro Block}} \right\rfloor \times \text{Bytes pro Block}$$

und

$$\left\lfloor \frac{\text{Byteadresse}}{\text{Bytes pro Block}} \right\rfloor \times \text{Bytes pro Block} + (\text{Bytes pro Block} - 1)$$

enthält. Bei 16 Bytes pro Block ist die Byteadresse 1200 also die Blockadresse

$$\left\lfloor \frac{1200}{16} \right\rfloor = 75$$

Die Blockadresse wird auf die Cache-Blocknummer (75 modulo 64) = 11 abgebildet. Dieser Block bildet tatsächlich alle Adressen zwischen 1200 und 1215 ab.

Größere Blöcke nutzen die räumliche Lokalität, um die Fehlzugriffsraten zu senken. Wie Abbildung 5.9 zeigt, sinkt die Fehlzugriffsrate bei steigender Blockgröße. Die Fehlzugriffsrate steigt jedoch wieder, wenn die Blockgröße zu einem wesentlichen Teil der Cache-Größe wird. Dann können nur noch sehr wenige Blöcke im Cache abgelegt werden, und es gibt sehr viel Konkurrenz um diese Blöcke. Demzufolge wird ein Block aus dem Cache geworfen, noch bevor ein Zugriff auf viele seiner Wörter erfolgt ist. Anders ausgedrückt, die räumliche Lokalität zwischen den Wörtern in einem Block ist bei großen Blöcken kleiner und damit der Vorteil geringer.

Ein noch bedeutenderes Problem, das bei Vergrößerung der Blöcke entsteht, ist, dass die Kosten eines Fehlzugriffs steigen. Der Fehlzugriffsaufwand wird bestimmt durch die Zeit, die erforderlich ist, um den Block von der nächstniedrigeren Hierarchieebene zu holen und in den Cache zu laden. Die Zeit für das Laden besteht aus zwei Komponenten: der Latenz bis zum Laden des ersten Wortes und der Übertragungszeit für den Rest des Blocks. Wenn wir das Speichersystem nicht ändern, steigt mit der Blockgröße die Übertragungszeit – und damit der Fehlzugriffsaufwand.

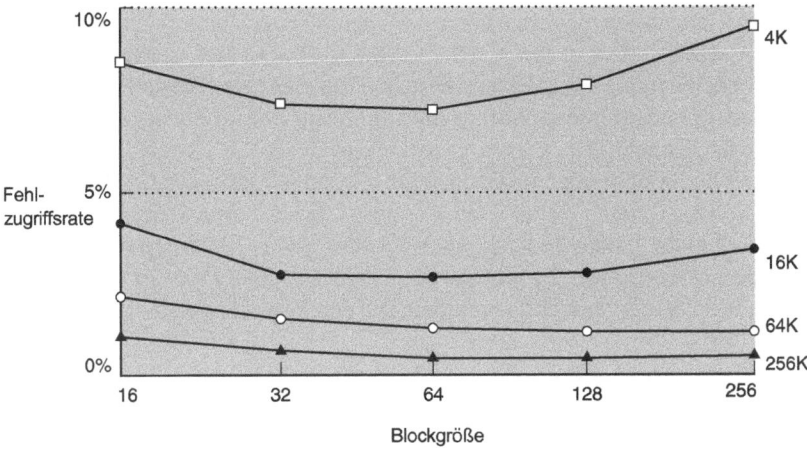

Abb. 5.9: Fehlzugriffsrate im Vergleich zur Blockgröße. Beachten Sie, dass die Fehlzugriffs-rate ansteigt, wenn die Blockgröße im Verhältnis zur Cache-Größe zu groß ist. Jede Linie stellt einen Cache anderer Größe dar. (Diese Abbildung ist unabhängig von der Assoziativität, die später beschrieben wird.) Die Daten basieren auf den SPEC92-Benchmarks.

Darüber hinaus beginnt die Verbesserung der Fehlzugriffsrate zu sinken, wenn die Blöcke größer werden. Das Ergebnis ist, dass die Erhöhung des Fehl-zugriffsaufwands die Verminderung der Fehlzugriffsrate für große Blöcke über-wiegt, und die Cache-Leistung damit sinkt. Wenn wir allerdings den Speicher so auslegen, dass größere Blöcke effizienter übertragen werden, können wir die Blockgröße steigern und erhalten weitere Verbesserungen der Cache-Leistung. Wir werden im nächsten Abschnitt auf dieses Thema zurückkommen.

Anmerkung: Es ist zwar schwierig, etwas gegen die Latenzkomponente des Fehlzugriffsaufwands zu unternehmen, aber möglicherweise können wir einen Teil der Übertragungszeit verbergen, so dass der Fehlzugriffsaufwand effektiv kleiner wird. Die einfachste Methode ist der so genannte *Early Restart*. Da-bei wird die Programmausführung bereits fortgesetzt, sobald das angeforderte Wort geladen ist, anstatt auf das Laden des gesamten Blocks zu warten. Viele Prozessoren verwenden diese Technik für den Zugriff auf Befehle, wo sie auch am besten funktioniert. Zugriffe auf Befehle erfolgen größtenteils sequenti-ell. Wenn also das Speichersystem zu jedem Taktzyklus ein Wort bereitstellen kann, ist der Prozessor möglicherweise in der Lage, die Ausführung des Be-fehls, der den Fehlzugriff ausgelöst hat, zu starten, sobald das angeforderte Befehlswort geladen wurde, und das Speichersystem liefert die weiteren Be-fehlswörter gerade rechtzeitig („just in time"), so dass keine weiteren Verzöge-rungen in der Programmausführung entstehen. Diese Technik ist für Datenca-ches im Allgemeinen weniger effektiv, weil auf die Wörter eines Datenblocks meist auf weniger vorhersehbare Weise zugegriffen wird und der Prozessor mit hoher Wahrscheinlichkeit ein anderes Wort aus einem anderen Cache-Block benötigt, bevor die Übertragung abgeschlossen ist. Wenn der Prozessor nicht auf den Datencache zugreifen kann, weil gerade eine Übertragung stattfindet, muss er warten.

Ein noch komplexeres Schema besteht darin, den Speicher so zu organisieren, dass das angeforderte Wort zuerst vom Speicher in den Cache übertragen wird. Der restliche Block wird anschließend übertragen, beginnend mit der Adresse hinter dem angeforderten Wort bis zum Blockende. Am Blockende wird die Übertragung im direkten Anschluss mit den Adressen am Blockanfang fortgesetzt. Diese Technik, auch als oder *Critical Word First (kritisches Wort zuerst)* bezeichnet, kann etwas schneller als ein Early Restart sein, ist aber durch dieselben Eigenschaften limitiert, die den Early Restart beschränken.

Verarbeitung von Cache-Fehlzugriffen

Cache-Fehlzugriff Eine Anforderung von Daten aus dem Cache, die nicht erfüllt werden kann, weil die Daten nicht im Cache vorliegen.

Bevor wir den Cache eines realen Systems betrachten, wollen wir überprüfen, wie die Steuerungseinheit mit **Cache-Fehlzugriffen** umgeht. (Abschnitt 5.9 bietet eine detaillierte Beschreibung einer Cache-Steuerung.) Die Steuerungseinheit muss einen Fehlzugriff erkennen und diesen verarbeiten, indem die angeforderten Daten aus dem Speicher (oder, wie wir noch sehen werden, aus einem Cache auf einer darunter liegenden Ebene) geladen werden. Wenn der Cache einen Treffer anzeigt, verwendet der Rechner die Daten weiter, als sei nichts geschehen.

Die Anpassung der Steuerung eines Prozessors für Cache-Treffer ist trivial. Für Fehlzugriffe ist jedoch ein gewisser Zusatzaufwand erforderlich. Die Behandlung eines Cache-Fehlzugriffs erfolgt in Zusammenarbeit mit der Prozessor-Steuerungseinheit und mit einem separaten Controller, der den Speicherzugriff initiiert und den Cache wieder füllt. Die Verarbeitung eines Cache-Fehlzugriffs erzeugt einen Stillstand (Kapitel 4), im Gegensatz zu einem Interrupt, bei dem der Status aller Register gespeichert werden müsste. Für einen Cache-Fehlzugriff können wir den gesamten Prozessor stillstehen lassen, wobei wir den Inhalt der temporären und für den Programmierer sichtbaren Register einfrieren, während wir auf den Speicher warten. Komplexere Out-of-Order-Prozessoren können die Ausführung von Befehlen zulassen, während sie auf die Verarbeitung eines Cache-Fehlzugriffs warten, doch wir wollen in diesem Abschnitt von In-Order-Prozessoren ausgehen, die bei Cache-Fehlzugriffen eine Verzögerung verursachen.

Jetzt betrachten wir genauer, wie Cache-Fehlzugriffe verarbeitet werden. Derselbe Ansatz kann ganz einfach auf die Verarbeitung der von Daten ausgelösten Fehlzugriffe erweitert werden. Wenn ein Befehlszugriff zu einem Fehlzugriff führt, ist der Inhalt des Befehlsregisters ungültig. Um den richtigen Befehl in den Cache zu laden, müssen wir in der Lage sein, die untere Ebene in der Speicherhierarchie anzuweisen, eine Leseoperation auszuführen. Weil der Befehlszähler im ersten Taktzyklus der Ausführung inkrementiert wird, und zwar sowohl in Pipeline- als auch in Multizyklen-Prozessoren, ist die Adresse des Befehls, der einen Fehlzugriff für den Befehlscache erzeugt hat, gleich dem Wert des Befehlszählers minus vier. Sobald wir die Adresse haben, müssen wir

den Hauptspeicher anweisen, eine Leseoperation auszuführen. Wir warten darauf, dass der Speicher antwortet (weil der Zugriff mehrere Zyklen lang dauert),
und schreiben dann die Wörter in den Cache.

Jetzt können wir die Schritte definieren, die bei einem Befehlscache-Fehl-
zugriff auszuführen sind:

1. den ursprünglichen Befehlszählerwert (aktueller Befehlszähler minus vier)
   an den Speicher senden,

2. den Hauptspeicher anweisen, eine Leseoperation auszuführen, und darauf
   warten, dass der Speicher seinen Zugriff abschließt,

3. den Cache-Eintrag füllen, wobei die Daten aus dem Speicher in den Datenteil des Eintrags eingefügt, die oberen Bits der Adresse (aus der ALU) in
   das Tag-Feld geschrieben und das Gültigkeits-Bit gesetzt werden,

4. den Befehl erneut laden, wobei er diesmal im Cache zu finden ist.

Die Steuerung des Caches bei einem Datenzugriff ist im Wesentlichen identisch: Bei einem Fehlzugriff bleibt der Prozessor einfach im Stillstand, bis der
Speicher mit den Daten antwortet.

Schreiboperationen verarbeiten

Für Schreiboperationen funktioniert das Ganze etwas anders. Angenommen,
wir haben bei einem Speicherbefehl die Daten nur in den Datencache geschrieben (ohne den Hauptspeicher zu ändern). Nachdem wir dann in den Cache
geschrieben haben, enthält der Speicher einen anderen Wert als der Cache. In
einem solchen Fall sagt man, Cache und Speicher sind *inkonsistent*. Die einfachste Methode, Hauptspeicher und Cache konsistent zu halten, ist es, Daten
immer sowohl in den Speicher als auch in den Cache zu schreiben. Dieses
Schema wird als **Durchschreibetechnik (*write-through*)** bezeichnet.

Der andere wichtige Aspekt bei Schreiboperationen ist, was bei einem
Schreib-Fehlzugriff passiert. Zuerst holen wir die Wörter des Blocks aus dem
Speicher. Nachdem der Block geladen und in den Cache gespeichert wurde,
können wir das Wort überschreiben, das den Fehlzugriff im Cache-Block verursacht hat. Außerdem schreiben wir das Wort unter Verwendung der vollständigen Adresse in den Hauptspeicher.

Dieses Design verarbeitet Schreiboperationen auf sehr einfache Weise, bietet aber keine gute Leistung. Bei einem Durchschreibeschema bewirkt jede
Schreiboperation, dass die Daten in den Hauptspeicher geschrieben werden.
Diese Schreiboperationen dauern lange, oftmals mindestens 100 Prozessortak-
te, was den Prozessor wesentlich verlangsamen könnte. Angenommen, 10 %
der Befehle sind Speicherzugriffe. Wenn der CPI ohne Cache-Fehlzugriffe 1,0
beträgt, dann würde der Aufwand von 100 zusätzlichen Zyklen bei jedem
Schreibvorgang zu einem CPI von $1,0 + 100 \times 10\,\% = 11$ führen, wodurch
sich die Leistung um mehr als den Faktor 10 verschlechtern würde.

Eine Lösung für dieses Problem ist die Verwendung eines **Schreibpuffers.** Ein Schreibpuffer speichert die Daten, die darauf warten, dass sie in den

Durchschreibetechnik
Ein Schema, bei dem
Schreiboperationen im-
mer sowohl den Cache
als auch den Speicher
aktualisieren, so dass sichergestellt ist, dass die
Daten zwischen Spei-
cher und Cache immer
konsistent sind.

Schreibpuffer Ein FIFO-
Puffer, der die Daten
aufnimmt, die darauf
warten, dass sie in den
Speicher geschrieben
werden.

Speicher geschrieben werden. Nachdem die Daten in den Cache und in den Schreibpuffer geschrieben wurden, kann der Prozessor die Ausführung fortsetzen. Wenn eine Schreiboperation in den Hauptspeicher abgeschlossen ist, wird der Eintrag aus dem Schreibpuffer gelöscht. Ist der Schreibpuffer voll und der Prozessor will eine Schreiboperation ausführen, muss der Prozessor stillstehen, bis ein Platz im Schreibpuffer frei ist. Wenn natürlich die Geschwindigkeit, in der der Speicher Schreiboperationen ausführen kann, kleiner ist als die Geschwindigkeit, in der der Prozessor Schreiboperationen erzeugt, kann keine noch so große Pufferung helfen, weil die Schreiboperationen schneller erzeugt werden, als das Speichersystem sie entgegennehmen kann.

Die Geschwindigkeit, in der Schreiboperationen erzeugt werden, kann auch *kleiner* sein als die Geschwindigkeit, in der der Speicher sie entgegennehmen kann, und dennoch können Stillstände auftreten. Das passiert, wenn die Schreiboperationen in Bündeln (Bursts) auftreten. Um das Auftreten solcher Stillstände zu reduzieren, erhöhen die Prozessoren üblicherweise die Tiefe des Schreibpuffers auf mehr als einen einzigen Eintrag.

Rückschreibetechnik
Ein Schema, das Schreiboperationen verarbeitet, indem es Werte nur in dem Block im Cache aktualisiert, und den veränderten Block erst dann in die untere Hierarchieebene schreibt, wenn der Block ausgetauscht wird.

Die Alternative zu einem Durchschreibeschema ist ein Schema, das als **Rückschreibetechnik (*write-back*)** bezeichnet wird. Bei einem Rückschreibeschema wird bei einer Schreiboperation der neue Wert nur in den Block im Cache geschrieben. Der veränderte Block wird erst dann in die untere Hierarchieebene geschrieben, wenn er ausgetauscht wird. Rückschreibeschemata können die Ausführungsgeschwindigkeit erhöhen, insbesondere, wenn Prozessoren Schreiboperationen schneller erzeugen, als sie vom Hauptspeicher verarbeitet werden können; ein Rückschreibeschema ist jedoch schwieriger zu implementieren als ein Durchschreibeschema.

Im restlichen Abschnitt beschreiben wir die Caches realer Prozessoren. Wir betrachten dabei insbesondere die Verarbeitung von Lese- und Schreiboperationen. In Abschnitt 5.8 beschreiben wir die Verarbeitung von Schreiboperationen detaillierter.

Anmerkung: Schreiboperationen verursachen verschiedene Komplikationen für Caches, die bei Leseoperationen nicht auftreten. Hier beschreiben wir zwei davon: Die Vorgehensweise bei Schreib-Fehlzugriffen sowie die effiziente Implementierung von Schreiboperationen in Rückschreibe-Caches.

Betrachten wir einen Fehlzugriff in einem Durchschreibe-Cache. Die gebräuchlichste Strategie ist es, einen Block im Cache zu reservieren, was auch als *write allocate* bezeichnet wird. Der Block wird aus dem Speicher geladen, und dann wird der entsprechende Teil des Blocks überschrieben. Eine alternative Strategie ist es, den Teil des Blocks im Speicher zu aktualisieren, ihn aber nicht in den Cache zu stellen, was auch als *no write allocate* bezeichnet wird. Die Motivation für diese Schemata ist die Beobachtung, dass Programme manchmal ganze Datenblöcke schreiben, wenn z. B. das Betriebssystem eine Speicherseite mit Nullen füllt. In diesen Fällen ist die dem ersten Schreibfehlzugriff zugeordnete Ladeoperation manchmal unnötig. Einige Computer erlauben es, die Strategie *write allocate* für einzelne Seiten zu ändern.

Die effiziente Implementierung von Speicheroperationen für einen Rückschreibe-Cache ist komplexer als für einen Durchschreibe-Cache. Ein Durchschreibe-Cache kann die Daten in den Cache schreiben und das Tag lesen; stimmt das Tag nicht überein, liegt ein Fehlzugriff vor. Weil der Cache ein Durchschreibe-Cache ist, ist das Überschreiben des Blocks im Cache keine Katastrophe, weil der Speicher den korrekten Wert enthält. In einem Rückschreibe-Cache müssen wir zuerst den Block zurück in den Speicher schreiben, wenn der Cache verändert wurde, und wir haben einen Cache-Fehlzugriff. Hätten wir den Block bei einem Speicherbefehl einfach überschrieben, bevor wir wussten, ob das Speichern einen Treffer im Cache erzeugt hat (wie bei einem Durchschreibe-Cache), hätten wir den Inhalt des Blocks zerstört, der nicht auf der nächstniedrigeren Ebene der Speicherhierarchie gesichert ist.

Weil wir bei einem Rückschreibe-Cache den Block nicht überschreiben können, sind für das Speichern entweder zwei Zyklen erforderlich (ein Zyklus, um auf einen Treffer zu prüfen, gefolgt von einem Zyklus für das eigentliche Schreiben), oder ein Schreibpuffer muss diese Daten aufnehmen – womit er letztlich dafür sorgt, dass das Speichern nur einen Zyklus lang dauert, weil es in einer Pipeline ausgeführt wird. Wenn ein Speicherpuffer benutzt wird, erledigt der Prozessor die Cache-Überprüfung und schreibt die Daten während des normalen Cache-Zugriffszyklus in den Speicherpuffer. Bei einem Cache-Treffer werden die neuen Daten aus dem Speicherpuffer im nächsten freien Cache-Zugriffszyklus in den Cache geschrieben.

Im Gegensatz dazu können Schreiboperationen in einem Durchschreibe-Cache immer in einem Zyklus ausgeführt werden. Wir lesen das Tag und schreiben den Datenanteil des ausgewählten Blocks. Wenn das Tag mit der Adresse des geschriebenen Blocks übereinstimmt, kann der Prozessor normal weiterarbeiten, weil der korrekte Block aktualisiert wurde. Stimmt das Tag nicht überein, erzeugt der Prozessor einen Schreibfehlzugriff, um den restlichen Block zu laden, der dieser Adresse entspricht.

Viele Rückschreibe-Caches beinhalten auch Schreibpuffer, die genutzt werden, um den Fehlzugriffsaufwand zu reduzieren, wenn bei einem Fehlzugriff ein veränderter Block ersetzt wird. In einem solchen Fall wird, während der angeforderte Block aus dem Speicher gelesen wird, der veränderte Block in einen Rückschreibepuffer (*write-back buffer*) verschoben, der dem Cache zugeordnet ist. Der Inhalt des Rückschreibepuffers wird später wieder in den Speicher geschrieben. Vorausgesetzt, es passiert nicht unmittelbar danach ein weiterer Fehlzugriff, halbiert diese Technik den Fehlzugriffsaufwand für den Fall, dass ein Dirty-Block ersetzt werden muss.

Ein Beispiel-Cache: Der Intrinsity-FastMATH-Prozessor

Der Intrinsity FastMATH ist ein schneller, eingebetteter Mikroprozessor, der eine MIPS-Architektur sowie eine einfache Cache-Implementierung verwendet. Am Ende des Kapitels werden wir das komplexere Cache-Design des AMD Opteron X4 (Barcelona) betrachten, aber wir beginnen aus pädago-

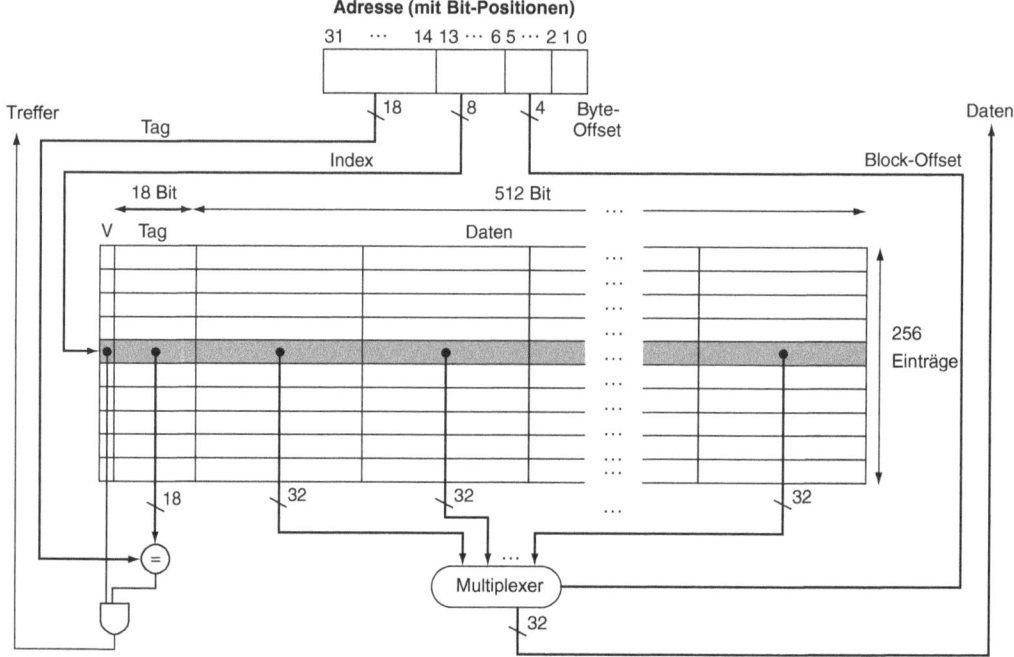

Abb. 5.10: Die 16 KiB großen Caches im Intrinsity FastMATH enthalten je 256 Blöcke mit 16 Wörtern pro Block. Das Tag-Feld ist 18 Bit breit und das Indexfeld ist 8 Bit breit, während ein 4-Bit-Feld (Bits 5–2) verwendet wird, um den Block zu indizieren und das Wort unter Verwendung eines 16:1-Multiplexers auszuwählen. Das Gültigkeits-Bit (V) signalisiert, ob ein Block Gültigkeit besitzt. In der Praxis verwenden Caches ein separates großes RAM für die Daten und ein kleineres RAM für die Tags, um den Multiplexer zu eliminieren, wobei der Block-Offset die zusätzlichen Adressbits für das große Daten-RAM bereitstellt. In diesem Fall ist das RAM 32 Bit breit und muss 16-mal so viele Wörter wie Blöcke im Cache haben.

gischen Gründen mit diesem einfachen und dennoch realen Beispiel. Abbildung 5.10 zeigt den Aufbau des Datencaches des Intrinsity FastMATH.

Dieser Prozessor hat eine zwölfstufige Pipeline, ähnlich der in Kapitel 4 beschriebenen. Der Prozessor wird unter Höchstlast in jedem Takt sowohl ein Befehlswort als auch ein Datenwort anfordern. Um die Anforderungen der Pipeline zu erfüllen, ohne einen Stillstand zu erzeugen, werden separate Befehls- und Datencaches verwendet. Jeder Cache umfasst 16 KiB oder 4096 Wörter mit 16-Wort-Blöcken.

Leseanforderungen für den Cache sind einfach zu implementieren. Weil es separate Daten- und Befehlscaches gibt, braucht man separate Steuerungssignale, um die Caches zu lesen oder in sie zu schreiben. (Sie wissen, dass wir den Befehlscache aktualisieren müssen, wenn ein Fehlzugriff auftritt.) Die Schritte für eine Leseanforderung eines der Caches sehen also wie folgt aus:

1. Die Adresse wird an den entsprechenden Cache gesendet. Sie stammt entweder vom Befehlszähler (für einen Befehl) oder von der ALU (für Daten).

2. Wenn der Cache einen Treffer signalisiert, steht das angeforderte Wort auf den Datenleitungen zur Verfügung. Weil es 16 Wörter in dem gewünschten

Block gibt, müssen wir das richtige Wort auswählen. Ein Blockindexfeld wird verwendet, um den Multiplexer zu steuern (unten in der Abbildung gezeigt), der das angeforderte Wort aus den 16 Wörtern in dem indizierten Block auswählt.

3. Wenn der Cache einen Fehlzugriff signalisiert, senden wir die Adresse an den Hauptspeicher. Wenn der Speicher die Daten zurückgibt, schreiben wir sie in den Cache und lesen sie dann, um die Anforderung zu erfüllen.

Für Schreiboperationen unterstützt der Intrinsity FastMATH sowohl die Durchschreibetechnik als auch die Rückschreibetechnik und überlässt dem Betriebssystem die Auswahl, welche Strategie für eine Anwendung verwendet werden soll. Der Prozessor hat einen Schreibpuffer, der einen Eintrag aufnehmen kann. Welche Cache-Fehlzugriffsraten entstehen bei einer Cache-Struktur wie der im Intrinsity FastMATH verwendeten? Tabelle 5.3 zeigt die Fehlzugriffsraten für die Befehls- und Datencaches. Die kombinierte Fehlzugriffsrate ist die effektive Fehlzugriffsrate pro Referenz für jedes Programm nach Berücksichtigung der unterschiedlichen Häufigkeiten von Befehls- und Datenzugriffen.

Obwohl die Fehlzugriffsrate eine wichtige Eigenschaft von Cache-Entwürfen darstellt, ist das ultimative Maß die Auswirkung des Speichersystems auf die Programmausführungszeit. Wir werden gleich sehen, in welchem Verhältnis Fehlzugriffsrate und Ausführungszeit zueinander stehen.

Tab. 5.3: Angenäherte Fehlzugriffsraten für Befehle und Daten für den Prozessor Intrinsity FastMATH mit SPEC2000-Benchmarks. Die kombinierte Fehlzugriffsrate ist die effektive Fehlzugriffsrate, die für den Befehlscache (16 KiB) und Datencache (16 KiB) aufgetreten ist. Sie wird ermittelt, indem die Fehlzugriffsraten für Befehle und Daten nach der Häufigkeit von Befehls- und Datenzugriffen gewichtet werden.

Fehlzugriffsrate für Befehle	Fehlzugriffsrate für Daten	Kombinierte Fehlzugriffsrate
0,4 %	11,4 %	3,2 %

Anmerkung: Ein kombinierter Cache mit einer Gesamtgröße gleich der Summe der beiden **getrennten Caches** weist im Allgemeinen eine bessere Trefferrate auf. Diese höhere Rate entsteht, weil der kombinierte Cache die Anzahl der Einträge, die von Befehlen verwendet werden können, nicht streng von denen trennt, die von Daten verwendet werden können. Nichtsdestotrotz verwenden viele Prozessoren getrennte Befehls- und Datencaches, um die Cache-*Bandbreite* zu erhöhen. (Es kann auch weniger konfliktverursachende Fehlzugriffe geben, wie in Abschnitt 5.8 beschrieben.)

getrennte Caches Ein Schema, bei dem sich eine Ebene der Speicherhierarchie aus zwei voneinander unabhängigen Caches zusammensetzt, die parallel zueinander arbeiten, wobei der eine Befehle, der andere Daten verarbeitet.

Nachfolgend sehen Sie die Fehlzugriffsraten für Caches einer Größe, wie man sie beim Intrinsity-FastMATH-Prozessor findet, und für einen kombinierten Cache, dessen Größe gleich der Gesamtgröße der beiden Caches ist:

- Cache-Gesamtgröße: 32 KiB
- effektive Fehlzugriffsrate der getrennten Caches: 3,24 %
- Fehlzugriffsrate des kombinierten Caches: 3,18 %

Die Fehlzugriffsrate der getrennten Caches ist nur geringfügig schlechter.

Der Vorteil bei der Verdopplung der Cache-Bandbreite durch die Unterstützung eines gleichzeitigen Befehls- und Datenzugriffs überwiegt den Nachteil
einer etwas schlechteren Fehlzugriffsrate bei Weitem. Diese Beobachtung ist
ein weiterer Hinweis darauf, dass wir die Fehlzugriffsrate nicht als einziges
Maß für die Cache-Leistung verwenden können, wie wir in Abschnitt 5.4 gezeigt haben.

Zusammenfassung

Wir haben den vorherigen Abschnitt mit einer Betrachtung der einfachsten
Form eines Caches begonnen: einem direkt abgebildeten Cache mit einem 1-
Wort-Block. In einem solchen Cache sind sowohl Treffer als auch Fehlzugriffe einfach zu verarbeiten, weil ein Wort an genau einer Position stehen kann,
und es für jedes Wort ein separates Tag gibt. Um Cache und Speicher konsistent zu halten, kann ein Durchschreibeschema verwendet werden, so dass
jede Schreiboperation in den Cache auch eine Aktualisierung des Speichers
bewirkt. Die Alternative zum Durchschreiben ist ein Rückschreibeschema, das
einen Block zurück in den Speicher kopiert, sobald er ersetzt wird; dieses Schema werden wir in nachfolgenden Abschnitten noch genauer beschreiben.

Um die räumliche Lokalität zu nutzen, muss ein Cache eine Blockgröße größer als ein Wort haben. Die Verwendung eines größeren Blocks senkt die Fehlzugriffsrate und verbessert die Effizienz des Caches, indem die Menge der Tag-
Speicherungen im Verhältnis der Menge der Datenspeicherungen im Cache reduziert wird. Obwohl ein größerer Block die Fehlzugriffsrate senkt, kann sich
der Fehlzugriffsaufwand erhöhen. Wenn der Fehlzugriffsaufwand linear mit der
Blockgröße steigt, können größere Blöcke schnell zu einer schlechteren Leistung führen.

Um einen Leistungsverlust zu vermeiden, wird die Bandbreite des Hauptspeichers erhöht, um Cache-Blöcke schneller übertragen zu können. Die gebräuchlichsten Methoden dafür sind Speicherverbreiterung und -verschrän-
kung. Die DRAM-Entwickler haben die Schnittstelle zwischen Prozessor und
Speicher ständig verbessert, um die Bandbreite von Burst-Transfers steigern
zu können und so die Kosten für größere Cache-Blocks zu reduzieren.

Selbsttest

Die Geschwindigkeit des Speichersystems wirkt sich auf die Entscheidung des
Designers aus, welche Größe der Cache-Block haben soll. Welche der folgenden Richtlinien für Cache-Designer sind allgemeingültig?

1. Je kürzer die Speicherlatenz, desto kleiner der Cache-Block.

2. Je kürzer die Speicherlatenz, desto größer der Cache-Block.

3. Je größer die Speicherbandbreite, desto kleiner der Cache-Block.

4. Je größer die Speicherbandbreite, desto größer der Cache-Block.

5.4 Cache-Leistung messen und verbessern

In diesem Abschnitt betrachten wir zunächst, wie man die Cache-Leistung messen und analysieren kann. Anschließend untersuchen wir zwei unterschiedliche Techniken zur Verbesserung der Cache-Leistung. Die erste Technik konzentriert sich darauf, die Fehlzugriffsrate zu reduzieren, indem sie die Wahrscheinlichkeit reduziert, dass zwei unterschiedliche Speicherblöcke um dieselbe Cache-Position konkurrieren. Die zweite Technik reduziert den Fehlzugriffsaufwand, indem sie der Hierarchie eine zusätzliche Ebene hinzufügt. Diese Technik, auch als *Cache-Speicherhierarchie* bezeichnet, wurde 1990 zunächst in Rechnern für über $100 000 eingeführt; inzwischen ist sie alltäglich, da sie in Mobilgeräten eingesetzt wird, die für ein paar hundert Dollar verkauft werden!

Die CPU-Zeit kann in die Taktzyklen unterteilt werden, während derer die CPU das Programm ausführt, und die Taktzyklen, die die CPU damit verbringt, auf das Speichersystem zu warten. Normalerweise gehen wir davon aus, dass die Kosten für Cache-Treffer Teil der normalen CPU-Ausführungszyklen sind. Damit gilt

CPU-Zeit = (CPU-Ausführungstaktzyklen + Speicherstillstands-Taktzyklen)

$\qquad$ × Taktzykluszeit

Speicherstillstands-Taktzyklen (memory-stall clock cycles) stammen hauptsächlich aus Cache-Fehlzugriffen. Außerdem beschränken wir die Diskussion auf ein vereinfachtes Modell des Speichersystems. In realen Prozessoren können die durch Lese- und Schreiboperationen verursachten Stillstände relativ komplex sein, und eine genaue Leistungsvorhersage bedingt im Allgemeinen sehr detaillierte Simulationen des Prozessors und des Speichersystems.

Speicherstillstands-Taktzyklen können definiert werden als die Summe der Stillstandszyklen aus Leseoperationen plus derjenigen aus Schreiboperationen:

Speicherstillstands-Taktzyklen = Lesestillstands-Zyklen

$\qquad$ + Schreibstillstands-Zyklen

Die Lesestillstands-Zyklen können definiert werden durch die Anzahl der Lesezugriffe pro Programm, den Fehlzugriffsaufwand in Taktzyklen für eine Leseoperation und die Lese-Fehlzugriffsrate:

$$\text{Lesestillstands-Zyklen} = \frac{\text{Leseoperationen}}{\text{Programm}} \times \text{Lese-Fehlzugriffsrate}$$
$$\times \text{Lese-Fehlzugriffsaufwand}$$

Schreiboperationen sind komplizierter. Für ein Durchschreibeschema haben wir zwei Ursachen für Stillstände: Schreib-Fehlzugriffe, für die es normalerweise erforderlich ist, dass der Block geladen wird, bevor die Schreiboperation fortgesetzt wird (weitere Informationen über die Verarbeitung von Schreiboperationen finden Sie in der Anmerkung auf Seite 422), und Schreibpuffer-Stillstände, die auftreten, wenn eine Schreiboperation stattfindet, aber der

Schreibpuffer voll ist. Die Stillstandszyklen für Schreiboperationen sind also gleich der Summe dieser beiden:

$$\text{Schreib-Stillstandszyklen} = \left(\frac{\text{Schreiboperationen}}{\text{Programm}} \times \text{Schreib-Fehlzugriffsrate} \right.$$
$$\left. \times \text{Schreib-Fehlzugriffsaufwand} \right) + \text{Schreibpuffer-Stillstände}$$

Weil die Schreibpuffer-Stillstände vom zeitlichen Auftreten der Schreiboperationen und nicht nur von deren Häufigkeit abhängig sind, ist es nicht möglich, solche Stillstände mithilfe einer einfachen Gleichung zu berechnen. In einem System mit ausreichender Schreibpuffertiefe (vier oder mehr Wörter) und einem Speicher, der Schreiboperationen in einer Geschwindigkeit akzeptieren kann, die die durchschnittliche Schreibfrequenz in Programmen wesentlich übersteigt (z. B. um einen Faktor von 2), sind glücklicherweise die Schreibpuffer-Stillstände selten, und wir können sie problemlos ignorieren. Wenn ein System diese Kriterien nicht erfüllt, wäre es nicht gut entworfen. Der Designer hätte stattdessen einen tieferen Schreibpuffer oder eine Rückschreibetechnik verwenden sollen.

Rückschreibeschemata haben auch potenzielle zusätzliche Stillstände, die aus der Notwendigkeit entstehen, einen Cache-Block in den Speicher zurückzuschreiben, wenn der Block ersetzt wird. Wir werden in Abschnitt 5.8 genauer darauf eingehen.

In den meisten Caches mit Durchschreibetechnik ist der Fehlzugriffsaufwand für Lese- und Schreiboperationen gleich (die Zeit, um den Block aus dem Speicher zu laden). Wenn wir davon ausgehen, dass die Schreibpuffer-Stillstände zu vernachlässigen sind, können wir die Lese- und Schreiboperationen unter Verwendung einer einzigen Fehlzugriffsrate und eines einzigen Fehlzugriffsaufwands zusammenfassen:

$$\text{Speicherstillstands-Taktzyklen} = \frac{\text{Speicherzugriffe}}{\text{Programm}} \times \text{Fehlzugriffsrate}$$
$$\times \text{Fehlzugriffsaufwand}$$

Dies können wir auch umschreiben in

$$\text{Speicherstillstands-Taktzyklen} = \frac{\text{Befehle}}{\text{Programm}} \times \frac{\text{Fehlzugriffe}}{\text{Befehl}}$$
$$\times \text{Fehlzugriffsaufwand}$$

Wir betrachten ein einfaches Beispiel, um den Einfluss der Cache-Leistung auf die Prozessorleistung zu illustrieren.

Beispiel: Berechnung der Cache-Leistung

Wir gehen von einer Fehlzugriffsrate des Befehlscaches für ein Programm von 2 % und einer Fehlzugriffsrate des Datencaches von 4 % aus. Ein Prozessor hat

einen CPI von 2 ohne Speicherstillstände, und der Fehlzugriffsaufwand beträgt
für alle Fehlzugriffe 100 Zyklen. Berechnen Sie, um wie viel schneller ein
Prozessor mit einem perfekten Cache ohne Fehlzugriffe laufen würde. Gehen
Sie von einer Häufigkeit der Lade- und Speicherbefehle von 36 % aus.

Lösung: Die Anzahl der Speicherfehlzugriffs-Zyklen für Befehle in Hinblick
auf die Gesamtzahl ausgeführter Befehle (I) beträgt

$$\text{Befehlsfehlzugriffs-Zyklen} = I \times 2\,\% \times 100 = 2{,}00 \times I$$

Die Häufigkeit aller Lade- und Speicheroperationen beträgt 36 %. Damit können wir die Anzahl der Speicherfehlzugriffs-Zyklen für Datenzugriffe ermitteln:

$$\text{Datenfehlzugriffs-Zyklen} = I \times 36\,\% \times 4\,\% \times 100 = 1{,}44 \times I$$

Die Gesamtzahl der Speicherstillstands-Zyklen beträgt $2{,}00 \times I + 1{,}44 \times I =
3{,}44 \times I$. Das sind mehr als 3 Zyklen Speicherstillstand pro Befehl. Der CPI
mit Speicherstillständen beträgt also $2 + 3{,}44 = 5{,}44$. Weil es keine Änderung
im Befehlszähler oder in der Taktgeschwindigkeit gibt, ist das Verhältnis der
CPU-Ausführungszeiten gleich

$$\frac{\text{CPU-Zeit mit Stillständen}}{\text{CPU-Zeit mit perfektem Cache}} = \frac{I \times \text{CPI}_{\text{Stillstand}} \times \text{Taktzyklus}}{I \times \text{CPI}_{\text{perfekt}} \times \text{Taktzyklus}}$$

$$= \frac{\text{CPI}_{\text{Stillstand}}}{\text{CPI}_{\text{perfekt}}} = \frac{5{,}44}{2} = 2{,}72$$

Die Leistung mit perfektem Cache wäre um den Faktor 2,72 besser.

Was passiert, wenn der Prozessor schneller getaktet wird, nicht aber das Speichersystem? Die mit Speicherstillständen verbrachte Zeit nimmt einen wachsenden Anteil der Ausführungszeit ein. Das Amdahl'sche Gesetz, das wir in
Kapitel 1 vorgestellt haben, erinnert uns an diese Tatsache. Einige einfache
Beispiele zeigen, wie ernsthaft dieses Problem sein kann. Angenommen, wir
beschleunigen den Computer aus dem vorigen Beispiel, indem wir seinen CPI
von 2 auf 1 reduzieren, ohne die Taktfrequenz zu ändern, z. B. durch eine verbesserte Pipeline. Das System mit Cache-Fehlzugriffen hätte damit einen CPI
von $1 + 3{,}44 = 4{,}44$, und das System mit dem perfekten Cache wäre

$$\frac{4{,}44}{1} = 4{,}44 \text{ mal schneller.}$$

Die Ausführungszeit, die für Speicherstillstände aufgewendet wird, wäre von

$$\frac{3{,}44}{5{,}44} = 63\,\%$$

auf

$$\frac{3,44}{4,44} = 77\,\%$$

gestiegen. Analog dazu steigert eine höhere Taktfrequenz ohne Änderung des Speichersystems auch den Leistungsverlust aufgrund von Cache-Fehlzugriffen, wie das nächste Beispiel verdeutlicht.

Die zuvor gezeigten Beispiele und Gleichungen gehen davon aus, dass die Trefferzeit bei der Ermittlung der Cache-Leistung vernachlässigbar ist. Wenn die Trefferzeit steigt, steigt auch die Gesamtzeit für den Zugriff auf ein Wort aus dem Speichersystem, womit sich möglicherweise die Zyklusdauer des Prozessors erhöht. Wir werden noch weitere Beispiele dafür sehen, was die Trefferzeit kurzfristig steigern kann, aber ein Beispiel steigert auch die Cache-Größe. Ein größerer Cache hat offensichtlich eine längere Zugriffszeit, so als wäre Ihr Schreibtisch in der Bibliothek sehr groß, so dass es länger dauert, bis Sie ein Buch darauf gefunden haben. Eine höhere Trefferzeit fügt der Pipeline wahrscheinlich auch eine neue Stufe hinzu, weil es mehrere Zyklen dauern kann, bis ein Treffer stattfindet. Es ist zwar komplizierter, die Beeinflussung der Leistung durch eine tiefere Pipeline zu berechnen, aber irgendwann könnte die Verlängerung der Trefferzeit für einen größeren Cache die verbesserte Trefferrate überwiegen und schließlich zu einer schlechteren Prozessorleistung führen.

Um die Tatsache zu kompensieren, dass die Datenzugriffszeit sowohl für Treffer als auch für Fehlzugriffe die Leistung beeinflusst, verwenden die Entwickler manchmal AMAT (Average Memory Access Time), um alternative Cache-Entwürfe zu untersuchen. AMAT ist die mittlere Zeit für den Speicherzugriff, wobei sowohl Treffer als auch Fehlzugriffe sowie die Häufigkeit unterschiedlicher Zugriffe berücksichtigt werden. Es gilt:

AMAT = Trefferzeit + Fehlzugriffsrate × Fehlzugriffsaufwand

Beispiel: Berechnung der mittleren Speicherzugriffszeit (AMAT)

Bestimmen Sie AMAT für einen Prozessor mit 1 ns Taktdauer, einem Fehlzugriffsaufwand von 20 Taktzyklen, einer Fehlzugriffsrate von 0,05 Fehlzugriffen pro Befehl und einer Cache-Zugriffszeit (einschließlich Treffererkennung) von einem Taktzyklus. Nehmen Sie an, dass der Fehlzugriffsaufwand für das Lesen und Schreiben gleich ist und ignorieren Sie andere Schreibverzögerungen.

Lösung: Die durchschnittliche Speicherzugriffszeit pro Befehl ist

$$\begin{aligned}
\text{AMAT} &= \text{Trefferzeit} + \text{Fehlzugriffsrate} \times \text{Fehlzugriffsaufwand} \\
&= 1 + 0,05 \times 20 = 2 \text{ Taktzyklen}
\end{aligned}$$

oder 2 ns.

Der nächste Unterabschnitt beschreibt alternative Cache-Organisationen, die die Fehlzugriffsrate senken, aber manchmal die Trefferzeit erhöhen. Weitere Beispiele finden Sie in Abschnitt 5.15, Fallstricke und Trugschlüsse.

Reduzierung von Cache-Fehlzugriffen durch eine flexiblere Platzierung von Blöcken

Wenn wir bisher einen Block im Cache platziert haben, haben wir ein einfaches Platzierungsschema verwendet: Ein Block kann an genau einer Stelle im Cache abgelegt werden. Wie bereits erwähnt, spricht man von *direkt abgebildet*, weil jede Blockadresse im Speicher auf eine einzige Position in der oberen Ebene der Hierarchie abgebildet wird. Es gibt zahlreiche Schemata für die Platzierung von Blöcken. Das eine Extrem ist die direkte Abbildung, wobei ein Block an genau einer Position platziert werden kann.

Das andere Extrem ist ein Schema, bei dem ein Block an *jeder* beliebigen Position im Cache platziert werden kann. Ein solches Schema wird als **vollassoziativ** bezeichnet, weil ein Block im Speicher jedem beliebigen Eintrag im Cache zugeordnet werden kann. Um einen bestimmten Block in einem vollassoziativen Cache zu finden, müssen alle Einträge im Cache durchsucht werden. Um die Suche durchführbar zu machen, erfolgt sie parallel mit je einem Vergleicher pro Cache-Eintrag. Diese Vergleicher erhöhen die Hardwarekosten deutlich, so dass eine vollassoziative Cache-Organisation nur für Caches mit wenigen Blöcken sinnvoll ist.

Zwischen direkt abgebildeten und vollassoziativen Caches gibt es die Organisationsform des **satzassoziativen Caches**. In einem satzassoziativen Cache gibt es eine feste Anzahl von Speicherplätzen (mindestens 2), auf die ein Block gespeichert werden kann. Ein satzassoziativer Cache mit n Positionen für einen Block wird als n-fach satzassoziativer Cache bezeichnet. Ein n-fach satzassoziativer Cache besteht aus einer Menge von Sätzen, die aus jeweils n Blöcken bestehen. Jeder Block im Speicher wird auf einen eindeutigen *Satz* im Cache abgebildet, der durch das Indexfeld bestimmt ist, und ein Block kann in *jedem beliebigen* Element dieses Satzes platziert werden. Eine satzassoziative Platzierung kombiniert also direkt abgebildete Platzierung und vollassoziative Platzierung: Ein Block wird direkt auf einen Satz abgebildet, und dann werden alle Blöcke in dem Satz auf Übereinstimmung durchsucht. Abbildung 5.11 beispielsweise zeigt für die drei Blockplatzierungsstrategien, wo Block 12 in einem Cache mit insgesamt acht Blöcken platziert werden kann.

Beachten Sie, dass bei einem direkt abgebildeten Cache die Position eines Speicherplatzes wie folgt festgelegt ist:

(Blocknummer) modulo (Anzahl der Cache-Blöcke)

In einem satzassoziativen Cache ist der Satz, der einen Speicherblock enthält, festgelegt durch

(Blocknummer) modulo (Anzahl der Sätze im Cache).

vollassoziativer Cache
Eine Cache-Struktur, bei der ein Block an jeder beliebigen Position im Cache platziert werden kann.

satzassoziativer Cache
Ein Cache, bei dem jeder Block auf eine feste Anzahl von Plätzen gespeichert werden kann.

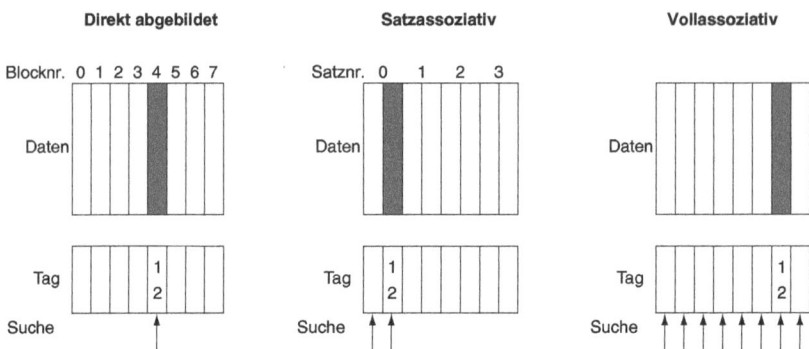

Abb. 5.11: Die Position eines Speicherblocks mit der Adresse 12 unterscheidet sich in einem Cache mit 8 Blöcken bei direkt abgebildeter, satzassoziativer und vollassoziativer Platzierung. Bei der direkt abgebildeten Platzierung gibt es nur einen Cache-Block, in dem Speicherblock 12 gefunden werden kann, und dieser Cache-Block ist angegeben durch (12 mod 8) = 4. In einem zweifach satzassoziativen Cache mit 8 Cache-Blöcken gibt es vier Sätze, und der Speicherblock 12 muss sich in Satz (12 mod 4) = 0 befinden; der Speicherblock kann sich in jedem Element des Satzes befinden. Bei einer vollassoziativen Platzierung kann der Speicherblock mit der Blockadresse 12 in jedem der acht Cache-Blöcke erscheinen.

Weil der Block in jedem Element des Satzes platziert werden kann, müssen *alle Tags aller Elemente des Satzes* durchsucht werden. In einem vollassoziativen Cache kann der Block überall stehen, und *alle Tags aller Blöcke im Cache* müssen durchsucht werden. Beispielsweise zeigt Abbildung 5.11, wo Block 12 gemäß der Blockplatzierungsstrategie für direkt abgebildete, zweifach satzassoziative und vollassoziative Caches in einem Cache mit insgesamt 8 Blöcken platziert wird.

Wir können uns jede Blockplatzierungsstrategie als Variante der Satzassoziativität vorstellen. Abbildung 5.12 zeigt die möglichen Cache-Organisationsstrukturen für einen 8 Blöcke großen Cache. Ein direkt abgebildeter Cache entspricht einem einfach satzassoziativen Cache: Jeder Cache-Eintrag enthält einen Block und jeder Satz besitzt ein Element. Ein vollassoziativer Cache der Größe m entspricht einem m-fach satzassoziativen Cache; er enthält einen Satz mit m Blöcken, und ein Eintrag kann sich in jedem Block innerhalb dieses Satzes befinden.

Vorteil einer erhöhten Assoziativität ist normalerweise eine Verringerung der Fehlzugriffsrate, wie das nächste Beispiel zeigt. Der wichtigste Nachteil, den wir gleich noch genauer betrachten werden, ist eine langsamere Trefferzeit.

Beispiel: Fehlzugriffe und Assoziativität in Caches

Angenommen, es gibt drei kleine Caches, die jeweils aus vier 1-Wort-Blöcken bestehen. Ein Cache ist vollassoziativ, ein zweiter ist zweifach satzassoziativ, und der dritte ist direkt abgebildet. Ermitteln Sie die Anzahl der Fehlzugriffe für jede Cache-Organisation für die Blockadressfolge 0, 8, 0, 6, 8.

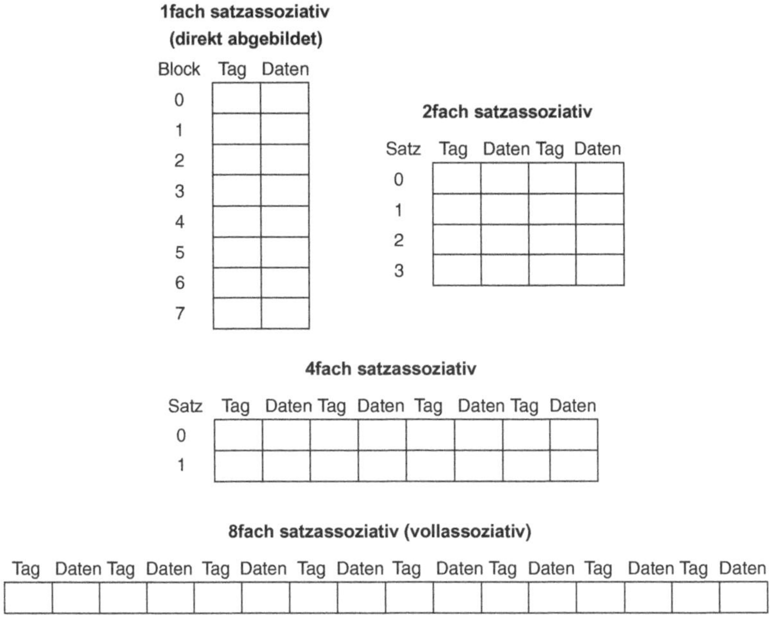

1fach satzassoziativ
(direkt abgebildet)

Block Tag Daten

0
1
2
3
4
5
6
7

2fach satzassoziativ

Satz Tag Daten Tag Daten

0
1
2
3

4fach satzassoziativ

Satz Tag Daten Tag Daten Tag Daten Tag Daten

0
1

8fach satzassoziativ (vollassoziativ)

Tag Daten Tag Daten Tag Daten Tag Daten Tag Daten Tag Daten Tag Daten Tag Daten

Abb. 5.12: Ein Cache mit 8 Blöcken, konfiguriert als direkt abgebildet, zweifach satzassoziativ, vierfach satzassoziativ und vollassoziativ. Die Gesamtgröße des Caches in Blöcken ist gleich der Anzahl der Sätze mal der Assoziativität. Für eine feste Cache-Größe verringert also eine Vergrößerung der Cache-Assoziativität die Anzahl der Sätze, während sie die Anzahl der Elemente pro Satz erhöht. Mit acht Blöcken ist ein achtfach satzassoziativer Cache dasselbe wie ein vollassoziativer Cache.

Lösung: Der direkt abgebildete Cache ist am einfachsten. Zuerst ermitteln wir, auf welchen Cache-Block jede Speicherblockadresse abgebildet wird:

Blockadresse	Cache-Block
0	(0 modulo 4) = 0
6	(6 modulo 4) = 2
8	(8 modulo 4) = 0

Jetzt können wir den Cache-Inhalt nach jedem Zugriff eintragen, wobei ein leerer Eintrag bedeutet, dass der Block ungültig ist. Fetter Text steht für einen neuen Eintrag, der dem Cache für den zugehörigen Zugriff hinzugefügt wurde, und normaler Text steht für einen alten Eintrag im Cache. Es zeigt sich, dass der direkt abgebildete Cache bei jedem der fünf Zugriffe einen Fehlzugriff erzeugt:

Adresse des Speicherblocks, auf den zugegriffen wird	Treffer oder Fehlzugriff	Inhalt des Cache-Blocks			
		0	1	2	3
0	Fehlzugriff	**Speicher[0]**			
8	Fehlzugriff	**Speicher[8]**			
0	Fehlzugriff	**Speicher[0]**			
6	Fehlzugriff	Speicher[0]		**Speicher[6]**	
8	Fehlzugriff	**Speicher[8]**		Speicher[6]	

Der satzassoziative Cache hat zwei Sätze (mit den Indizes 0 und 1) mit zwei Elementen pro Satz. Zuerst stellen wir fest, auf welchen Satz die Blockadressen abgebildet werden:

Blockadresse	Cache-Satz
0	(0 modulo 2) = 0
6	(6 modulo 2) = 0
8	(8 modulo 2) = 0

Weil wir die Wahl haben, welcher Eintrag in einem Satz bei einem Fehlzugriff ersetzt werden soll, brauchen wir eine Ersetzungsregel. Satzassoziative Caches ersetzen im Allgemeinen den Block, auf den am längsten nicht mehr zugegriffen wurde (least recently used), d. h. es wird der Block ersetzt, dessen Zugriff am weitesten in der Vergangenheit liegt. (Wir werden später noch genauer auf die Ersetzungsregeln eingehen.) Unter Verwendung dieser Ersetzungsregel sieht der Inhalt des satzassoziativen Caches nach jedem Verweis wie folgt aus:

Adresse des Speicherblocks, auf den zugegriffen wird	Treffer oder Fehlzugriff	Inhalt des Cache-Blocks nach dem Zugriff			
		0	1	2	3
0	Fehlzugriff	**Speicher[0]**			
8	Fehlzugriff	Speicher[0]	**Speicher[8]**		
0	Treffer	Speicher[0]	Speicher[8]		
6	Fehlzugriff	Speicher[0]	**Speicher[6]**		
8	Fehlzugriff	**Speicher[8]**	Speicher[6]		

Beachten Sie, dass beim Zugriff auf Block 6 dieser den Block 8 ersetzt, weil auf Block 8 vor längerer Zeit als auf Block 0 zugegriffen wurde. Der zweifach satzassoziative Cache erzeugt vier Fehlzugriffe, einen weniger als der direkt abgebildete Cache.

Der vollassoziative Cache umfasst vier Cache-Blöcke (in einem einzigen Satz); jeder Speicherblock kann in jedem Cache-Block abgelegt werden. Der vollassoziative Cache zeigt mit nur drei Fehlzugriffen die beste Leistung:

Adresse des Speicherblocks, auf den zugegriffen wird	Treffer oder Fehlzugriff	Inhalt des Cache-Blocks nach dem Zugriff			
		0	1	2	3
0	Fehlzugriff	**Speicher[0]**			
8	Fehlzugriff	Speicher[0]	**Speicher[8]**		
0	Treffer	Speicher[0]	Speicher[8]		
6	Fehlzugriff	Speicher[0]	Speicher[8]	**Speicher[6]**	
8	Treffer	Speicher[8]	Speicher[8]	Speicher[6]	

Für diese Zugriffsfolge sind drei Fehlzugriffe das Beste, was wir erreichen können, weil auf drei unterschiedliche Blockadressen zugegriffen wird. Hätten wir acht Blöcke im Cache gehabt, hätte es im zweifach satzassoziativen Cache keine Ersetzungen gegeben (überprüfen Sie dies selbst!), und es hätte dieselbe Anzahl von Fehlzugriffen wie im vollassoziativen Cache stattgefunden. Hätten wir analog dazu 16 Blöcke gehabt, würden alle drei Caches dieselbe Anzahl an Fehlzugriffen aufweisen. Diese Änderung der Fehlzugriffsrate zeigt uns, dass Cachegröße und Assoziativität für die Bestimmung der Cacheleistung nicht unabhängig voneinander zu betrachten sind.

Um wie viel wird die Fehlzugriffsrate durch die Assoziativität reduziert? Tabelle 5.4 zeigt die Verbesserung für einen 64 KiB großen Datencache mit 16-Wort-Blöcken und einer Assoziativität von direkter Abbildung bis hin zur achtfachen Assoziativität. Von der einfachen zur zweifachen Assoziativität sinkt die Fehlzugriffsrate um etwa 15 %, aber es gibt kaum weitere Verbesserungen auf dem Weg zu höheren Assoziativitäten.

Tab. 5.4: Die Fehlzugriffsraten bei einem Datencache mit einem Aufbau wie etwa im Prozessor Intrinsity FastMATH für SPEC CPU2000-Benchmarks mit einer ein- bis achtfachen Assoziativität. Diese Ergebnisse für 10 SPEC CPU2000-Programme stammen aus Hennessy und Patterson [2003].

Assoziativität	Datenfehlzugriffsrate
1	10,3 %
2	8,6 %
4	8,3 %
8	8,1 %

Einen Block im Cache finden

Nun betrachten wir die Aufgabe, einen Block in einem satzassoziativen Cache zu finden. Wie in einem direkt abgebildeten Cache enthält jeder Block in einem satzassoziativen Cache ein Adress-Tag, das zusammen mit dem Index die Blockadresse angibt. Abbildung 5.13 zeigt, wie sich eine Speicheradresse zusammensetzt, auf die der Prozessor zugegriffen. Der Index wird verwendet, um den Satz auszuwählen, der die betreffende Adresse enthält, und die Tags aller Blöcke im Satz müssen daraufhin durchsucht werden, ob ein Tag dabei ist, das mit dem Tag-Teil der angelegten Adresse übereinstimmt. Der Block-Offset-Teil der Adresse selektiert das Wort innerhalb des Blocks. Weil die Geschwindigkeit eine wesentliche Rolle spielt, werden alle Tags im Satz parallel durchsucht. Wie bei einem vollassoziativen Cache würde eine sequentielle Suche die Trefferzeit für einen satzassoziativen Cache zu langsam machen.

Wenn die Gesamtgröße des Caches gleich bleibt, erhöht eine Steigerung der Assoziativität die Anzahl der Blöcke pro Satz, d. h. die Anzahl der gleichzeiti-

Tag	Index	Block-Offset

Abb. 5.13: Die drei Komponenten einer Speicheradresse, die an einen satzassoziativen oder direkt abgebildeten Cache angelegt wird. Der Index wird verwendet, um den Satz auszuwählen, und anschließend wird das Tag verwendet, um den Block durch Vergleich mit den Blöcken im ausgewählten Satz auszuwählen. Der Block-Offset ist die Adresse der gewünschten Daten in dem Block.

gen Vergleiche, die für eine parallele Suche erforderlich sind: Jede Steigerung um einen Faktor von 2 in der Assoziativität verdoppelt die Anzahl der Blöcke pro Satz und halbiert die Anzahl der Sätze. Analog dazu senkt jede Minderung der Assoziativität um einen Faktor von 2 die Größe des Index um 1 Bit und erhöht die Größe des Tags um 1 Bit. In einem vollassoziativen Cache gibt es effektiv nur einen Satz, und alle Blöcke müssen parallel überprüft werden. Es gibt also keinen Index, und die gesamte Adresse (ohne Block-Offset) wird mit dem Tag jedes Blocks verglichen. Mit anderen Worten, wir durchsuchen den gesamten Cache ohne Indizierung.

In einem direkt abgebildeten Cache braucht man nur einen einzigen Vergleicher, weil der Eintrag sich nur in einem Block befinden kann, und wir können einfach durch Indizierung auf den Cache zugreifen. Abbildung 5.14 zeigt, dass in einem vierfach satzassoziativen Cache vier Vergleicher benötigt werden, ebenso wie ein 4:1-Multiplexer, um aus den vier potenziellen Blöcken des ausgewählten Satzes den richtigen Block auszuwählen. Der Cache-Zugriff besteht in der Indizierung des entsprechenden Satzes und der anschließenden

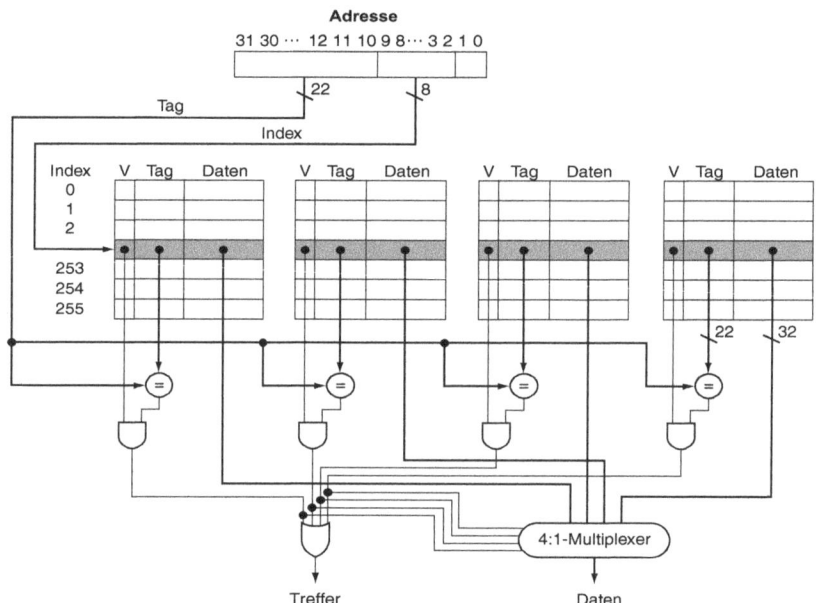

Abb. 5.14: Die Implementierung eines vierfach satzassoziativen Caches benötigt vier Vergleicher und einen 4:1-Multiplexer. Die Vergleicher stellen fest, welcher Block des ausgewählten Satzes mit dem Tag übereinstimmt (falls vorhanden). Anhand der Ausgabe des Vergleichers werden die Daten aus einem der vier Blöcke des indizierten Satzes ausgewählt, wofür ein Multiplexer mit decodiertem Auswahlsignal verwendet wird. In einigen Implementierungen können die Output-enable-Signale für den Datenteil der Cache-RAMs verwendet werden, um den Eintrag in dem Satz auszuwählen, der die Ausgabe veranlasst. Das Output-enable-Signal stammt von den Vergleichern, die das übereinstimmende Element zu einer Datenausgabe veranlassen. Dieser Aufbau macht den Multiplexer überflüssig. (V = valid kennzeichnet in der Abbildung die Gültigkeits-Bits.)

Durchsuchung der Tags dieses Satzes. Als Kosten eines assoziativen Caches fallen die zusätzlichen Vergleicher an, beziehungsweise etwaige Verzögerungen, die entstehen, weil die Vergleiche durchgeführt und eine Auswahl zwischen den Blöcken des Satzes getroffen werden müssen.

Ob in einer Speicherhierarchie ein direkt abgebildeter, satzassoziativer oder vollassoziativer Cache verwendet wird, ist von den Kosten für einen Fehlzugriff im Vergleich zu den Kosten für die Implementierung der Assoziativität sowohl in Hinblick auf die Zeit als auch auf die zusätzliche Hardware abhängig.

Anmerkung: Ein *CAM* (Content Addressable Memory) ist ein Schaltkreis, der Vergleich und Speichern in sich kombiniert. Statt eine Adresse bereitzustellen und ein Wort zu lesen, wie es beim RAM der Fall ist, stellen Sie die Daten bereit, und der CAM prüft, ob er eine Kopie davon besitzt, und gibt den Index der übereinstimmenden Zeile zurück. CAMs ermöglichen es Cache-Entwicklern, eine sehr viel höhere Satzassoziativität zu implementieren, als wenn sie die Hardware aus SRAMs und Vergleichern aufbauen müssten. 2013 haben die größeren CAMs mit ihrer gesteigerten Leistung dazu geführt, dass die zwei- und vierfache Satzassoziativität, die mit Standard-SRAMs und Vergleichern möglich war, auf einen achtfachen Wert gesteigert werden konnte.

Auswahl, welcher Block ersetzt werden soll

Wenn in einem direkt abgebildeten Cache ein Fehlzugriff erfolgt, kann der angeforderte Block an genau einer Position abgelegt werden, und der Block, der diese Position belegt, muss ersetzt werden. In einem assoziativen Cache haben wir die Wahl, wo der angeforderte Block platziert wird und welcher Block entsprechend ersetzt werden soll. In einem vollassoziativen Cache kommen alle Blöcke für das Ersetzen in Frage. In einem satzassoziativen Cache müssen wir zwischen den Blöcken im betroffenen Satz auswählen.

Das am häufigsten verwendete Schema ist **LRU** (least recently used), das auch im vorigen Beispiel verwendet wurde. In einem LRU-Schema wird der Block ersetzt, auf den am längsten nicht mehr zugegriffen wurde. Das Beispiel für die Satzassoziativität auf Seite 432 verwendet LRU, weshalb wir Memory(0) statt Memory(6) ersetzt haben.

LRU Ein Ersetzungsschema, bei dem der Block ersetzt wird, auf den am längsten nicht mehr zugegriffen wurde.

LRU wird implementiert, indem protokolliert wird, wann die einzelnen Blöcke in einem Satz im Vergleich zu den anderen Blöcken benutzt wurden. Für einen zweifach satzassoziativen Cache genügt ein einziges Bit in jedem Satz, das beim Zugriff auf einen Block gesetzt wird, um zu kennzeichnen, auf welchen der beiden Blöcke als letztes zugegriffen wurde. Mit steigender Assoziativität wird die Implementierung von LRU schwieriger. In Abschnitt 5.8 werden wir ein alternatives Ersetzungsschema vorstellen.

Beispiel: Größe der Tags versus Satzassoziativität

Eine erhöhte Assoziativität benötigt mehr Vergleicher und mehr Tag-Bits pro Cache-Block. Ermitteln Sie für einen Cache mit 4096 Blöcken, einer Blockgröße von vier Wörtern und einer 32-Bit-Adresse die Gesamtzahl der Sätze sowie die Gesamtzahl der Tag-Bits für direkt abgebildete, zweifach und vierfach satzassoziative und vollassoziative Cache-Organisationen.

Lösung: Weil es $16 = 2^4$ Bytes pro Block gibt, müssen bei 32-Bit-Adressen $32 - 4 = 28$ Bits für Index und Tag verwendet werden. Der direkt abgebildete Cache hat dieselbe Anzahl von Sätzen und Blöcken und damit einen 12 Bit breiten Index, da $\log_2(4096) = 12$. Die Gesamtzahl der Tag-Bits ist also $(28 - 12) \times 4096 = 16 \times 4096 = 66$ KBit.

Jeder Assoziativitätsgrad senkt die Anzahl der Sätze um einen Faktor von 2 und damit die Anzahl der Bits für die Indizierung des Caches um 1. Andererseits erhöht sich die Anzahl der Bits im Tag um 1. Ein zweifach satzassoziativer Cache hat also 2 K Sätze, und die Gesamtzahl der Tag-Bits beträgt $(28 - 11) \times 2 \times 2048 = 34 \times 2048 = 70$ KBit. Für einen vierfach satzassoziativen Cache ist die Anzahl der Sätze gleich 1 K, und die Gesamtzahl der Tag-Bits beträgt $(28 - 10) \times 4 \times 1024 = 72 \times 1024 = 74$ K.

Für einen vollassoziativen Cache gibt es nur einen Satz mit 4096 Blöcken, und das Tag ist 28 Bit groß, was zu $28 \times 4096 \times 1 = 115$ K Tag-Bits führt.

Reduzierung des Fehlzugriffsaufwands durch Cache-Speicherhierarchien

Alle modernen Rechner nutzen Caches. Um die Lücke zwischen den schnellen Taktraten moderner Prozessoren und den relativ langen Zugriffszeiten auf DRAMs zu verringern, unterstützen viele Prozessoren eine zusätzliche Cache-Ebene. Dieser sekundäre Cache, der sich normalerweise auf demselben Chip befindet, wird im Falle eines Fehlzugriffs auf den primären Cache genutzt. Wenn der sekundäre Cache die gewünschten Daten enthält, ist der Fehlzugriffsaufwand für den primären Cache im Wesentlichen die Zugriffszeit des sekundären Caches, was sehr viel kleiner sein kann als die Zugriffszeit auf den Hauptspeicher. Enthalten weder der primäre noch der sekundäre Cache die Daten, ist ein Hauptspeicherzugriff erforderlich und es entsteht ein höherer Fehlzugriffsaufwand. Aber wie signifikant ist die Leistungsverbesserung durch Verwendung eines sekundären Caches? Dies soll am nächsten Beispiel verdeutlicht werden.

Beispiel: Die Leistung von Cache-Speicherhierarchien

Angenommen, wir haben einen Prozessor mit einem Grund-CPI von 1,0, alle Zugriffe treffen im primären Cache, und die Taktfrequenz ist 4 GHz. Wir nehmen eine Hauptspeicherzugriffszeit von 100 ns an, inklusive der Fehlzugriffsverarbeitung, sowie eine Fehlzugriffsrate pro Befehl im primären Cache von 2 %. Wie viel schneller wird der Prozessor, wenn wir einen zweiten Cache mit einer Zugriffszeit von 5 ns für Treffer und Fehlzugriff hinzufügen, der groß genug ist, um die Fehlzugriffsrate auf den Hauptspeicher auf 0,5 % zu senken?

Lösung: Der Fehlzugriffsaufwand für den Hauptspeicher beträgt

$$\frac{100\,\text{ns}}{0{,}25\,\dfrac{\text{ns}}{\text{Taktzyklus}}} = 400\,\text{Taktzyklen}$$

Der effektive CPI mit einer Cache-Ebene ist gegeben durch

Gesamt-CPI = Grund-CPI + Speicherstillstandszyklen pro Befehl

Für den Prozessor mit einer Cache-Ebene erhalten wir

Gesamt-CPI = 1,0 + Speicherstillstandszyklen pro Befehl
$$= 1{,}0 + 2\,\% \times 400 = 9$$

Mit zwei Cache-Ebenen kann ein Fehlzugriff im primären Cache (dem L1-Cache) entweder durch den sekundären Cache oder durch den Hauptspeicher bedient werden. Der Fehlzugriffsaufwand für einen Zugriff auf den L2-Cache ist

$$\frac{5\,\text{ns}}{0{,}25\,\dfrac{\text{ns}}{\text{Taktzyklus}}} = 20\,\text{Taktzyklen}$$

Wenn der Fehlzugriff im sekundären Cache bedient wird, ist dies der ganze Fehlzugriffsaufwand. Wenn der Fehlzugriff den Hauptspeicher braucht, ist der gesamte Fehlzugriffsaufwand die Summe aus den Zugriffszeiten auf den sekundären Cache sowie auf den Hauptspeicher.

Für einen Cache mit zwei Ebenen ist der Gesamt-CPI also die Summe der Stillstandszyklen aus beiden Cache-Ebenen sowie der grundlegende CPI:

Gesamt-CPI = 1 + primäre Stillstände pro Befehl
+ sekundäre Stillstände pro Befehl
$$= 1 + 2\,\% \times 20 + 0{,}5\,\% \times 400 = 1 + 0{,}4 + 2{,}0 = 3{,}4$$

Der Prozessor mit dem sekundären Cache ist also um

$$\frac{9{,}0}{3{,}4} \approx 2{,}6$$

schneller. Alternativ hätten wir die Stillstandszeiten auch berechnen können, indem wir die Summe der Stillstandszyklen berechnen, die im sekundären Cache treffen [$(2\,\% - 0{,}5\,\%) \times 20 = 0{,}3$], und der Zugriffe, die auf den Hauptspeicher weitergeleitet werden. Letztere umfassen die Kosten für den Zugriff auf den sekundären Cache sowie die Hauptspeicherzugriffszeit [$0,5\,\% \times (20 + 400) = 2{,}1$]. Die Summe, 1,0 + 0,3 + 2,1, ist ebenfalls 3,4.

Die Designüberlegungen für den primären und den sekundären Cache unterscheiden sich ganz wesentlich. Insbesondere erlaubt eine Cache-Struktur mit zwei Ebenen, dass sich der Entwurf des primären Caches auf die Minimierung der Trefferzeit konzentriert, um einen kürzeren Taktzyklus oder weniger Pipeline-Stufen zu erzielen, während sich der Entwurf des sekundären Caches auf die Fehlzugriffsrate konzentriert, um den Fehlzugriffsaufwand für lange Speicherzugriffszeiten zu reduzieren.

Der Effekt dieser Änderungen auf die beiden Caches erkennt man durch einen Vergleich der einzelnen Caches mit dem optimalen Design eines primären Caches. Gegenüber einem Cache mit einer einzigen Ebene ist der primäre Cache einer **Cache-Speicherhierarchie** häufig kleiner. Darüber hinaus verwendet der primäre Cache häufig eine kleinere Blockgröße, um der kleineren Cache-Größe gerecht zu werden, und weist einen reduzierten Fehlzugriffsaufwand auf. Im Vergleich dazu ist der sekundäre Cache häufig größer als ein Cache mit einer einzigen Ebene, weil die Zugriffszeit des sekundären Caches weniger kritisch ist. Abgesehen von einer größeren Gesamtgröße verwendet der sekundäre Cache häufig auch größere Blöcke als ein Cache mit einer einzigen Ebene. Häufig verwendet er eine höhere Assoziativität als der primäre Cache, weil darauf geachtet wird, die Fehlzugriffsraten zu reduzieren.

Cache-Speicherhierarchie Eine Speicherhierarchie mit mehreren Cache-Ebenen. Die Cache-Ebenen werden oft mit L1, L2 usw. bezeichnet, wobei L für Level steht.

Zur Programmperformanz

Sortiervorgänge wurden ausgiebig analysiert, um bessere Algorithmen zu finden: Bubblesort, Quicksort, Radixsort usw. Abbildung 5.15(a) zeigt die Anzahl der ausgeführten Befehle pro zu sortierendem Element für Radixsort bzw. Quicksort. Für sehr große Arrays hat Radixsort wie erwartet einen algorithmischen Vorteil gegenüber Quicksort in Hinblick auf die Anzahl der Operationen. Abbildung 5.15(b) zeigt die Zeit pro zu sortierendem Element. Wir sehen, dass die Linien mit demselben Verlauf beginnen wie in Abbildung 5.15(a), aber dann divergiert die Linie für Radixsort mit steigender Anzahl der zu sortierenden Daten. Was ist hier passiert? Abbildung 5.15(c) beantwortet diese Frage, indem sie die Cache-Fehlzugriffe pro sortiertem Element betrachtet. Quicksort hat durchgängig weniger Fehlzugriffe pro zu sortierendem Element.

Leider ignoriert die standardmäßige Algorithmenanalyse den Einfluss der Speicherhierarchie. Nachdem höhere Taktfrequenzen und das **Moore'sche Gesetz** den Architekten erlauben, maximale Leistung aus einem Befehlsstrom herauszuholen, ist die Analyse der Speicherhierarchie unabdingbar für eine gute Verarbeitungsleistung. Wie wir in der Einleitung gesagt haben, ist ein Verständnis für das Verhalten der Speicherhierarchie wichtig, wenn man auf den heutigen Rechnern leistungsfähige Programme entwickeln will.

MOORE'SCHES
GESETZ

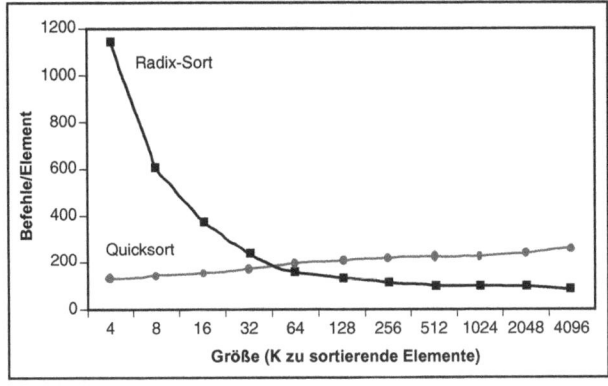

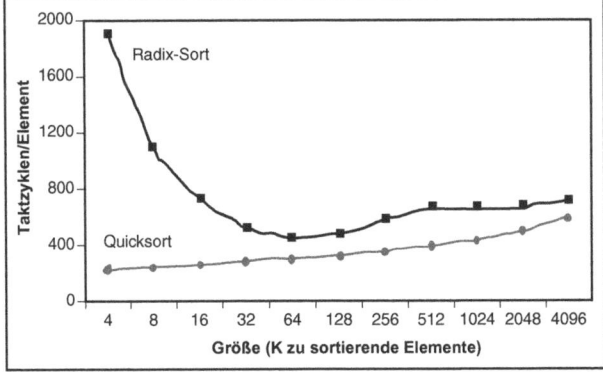

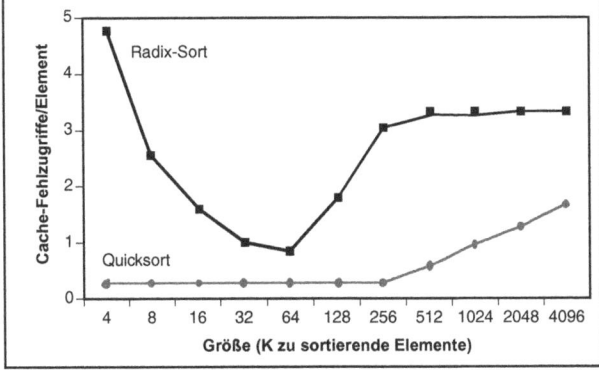

Abb. 5.15: Vergleich von Quicksort und Radixsort nach der Anzahl der Befehle, die pro sortiertem Element ausgeführt werden (oben), der Zeit pro sortiertem Element (Mitte) und der Anzahl der Cache-Fehlzugriffe pro sortiertem Element (unten). Die Daten stammen aus einer Arbeit von LaMarca und Ladner [1996]. Obwohl sich die Zahlen für neuere Rechner von den hier gezeigten sicher unterscheiden, behält das Prinzip seine Gültigkeit. Aufgrund solcher Ergebnisse wurden neue Versionen von Radixsort entwickelt, die die Speicherhierarchie berücksichtigen, um diese algorithmischen Vorteile nutzen zu können (siehe Abschnitt 5.15). Die grundlegende Idee der Cache-Optimierungen ist, alle Daten aus einem Block wiederholt zu nutzen, bevor der Block aufgrund eines Fehlzugriffs ersetzt wird.

Softwareoptimierung durch Blocking

Angesichts der Bedeutung der Speicherhierarchie für die Programmperformanz ist es nicht überraschend, dass viele Softwareoptimierungen ersonnen wurden, durch die sich die Performanz dramatisch verbessern kann. Die Grundidee ist, im Cache liegende Daten wiederzuverwenden und durch verbesserte zeitliche Lokalität Fehlzugriffsraten zu verringern.

Beim Umgang mit Feldern können wir aus dem Speichersystem eine gute Performanz ableiten, wenn wir die Felder so speichern, dass Zugriffe sequentiell erfolgen. Nehmen wir an, wir haben es mit mehreren Feldern zu tun, wobei auf einige diese Felder zeilenweise zugegriffen wird und auf die anderen spaltenweise. Die Felder zeilenweise (row major order) oder spaltenweise (column major order) zu speichern, löst das Problem nicht, da sowohl Zeilen als auch Spalten in jeder Iteration der Schleife benötigt werden.

Anstatt mit ganzen Zeilen oder Spalten eines Feldes zu arbeiten, arbeiten *Blockalgorithmen* mit Untermatrizen oder *Blöcken*. Das Ziel besteht darin, die Zugriffe auf die in den Cache geladenen Daten zu maximieren bevor die Daten ersetzt werden, d. h. die zeitliche Lokalität zu verbessern, um weniger Fehlzugriffe zu erreichen.

Betrachten wir zum Beispiel die inneren Schleifen von DGEMM (Zeilen 4 bis 9 in Abbildung 3.13):

```
for (int j = 0; j < n; ++j)
    {
      double cij = C[i+j*n]; /* cij = C[i][j] */
      for( int k = 0; k < n; k++ )
        cij+=A[i+k*n]*B[k+j*n]; /* cij+=A[i][k]*B[k][j] */
      C[i+j*n] = cij; /* C[i][j] = cij */
    }
```

Dieser Code liest alle $N \times N$ Elemente von B, dann liest er noch einmal dieselben N Elemente, die einer bestimmten Zeile von A entsprechen, und dann schreibt er die N Elemente, die einer Zeile von C entsprechen. (Die Kommentare sollen helfen, die Zeilen und Spalten der Matrizen zu identifizieren.) Abbildung 5.16 zeigt eine Momentaufnahme der Zugriffe auf die drei Felder. Die dunkle Schattierung symbolisiert einen aktuellen Zugriff, die helle Schattierung einen älteren Zugriff und die weißen Quadrate stehen für Elemente, auf die noch nicht zugegriffen wurde.

Die Anzahl der Fehlzugriffe wegen Speicherüberlastung hängt offensichtlich von N und der Cache-Größe ab. Wenn der Cache alle drei $N \times N$-Matrizen aufnehmen kann, ist alles in Ordnung solange es keine Cache-Konflikte gibt. Wir haben in den Kapiteln 3 und 4 die Matrixgröße in DGEMM absichtlich auf 32×32 festgesetzt, so dass diese Voraussetzung erfüllt ist. Jede Matrix hat $32 \times 32 = 1024$ Elemente und jedes Elemente ist 8 Byte groß; somit belegen die drei Matrizen 24 KiB, was problemlos in den 32 KiB großen Datencache des Intel Core i7 (Sandy Bridge) passt.

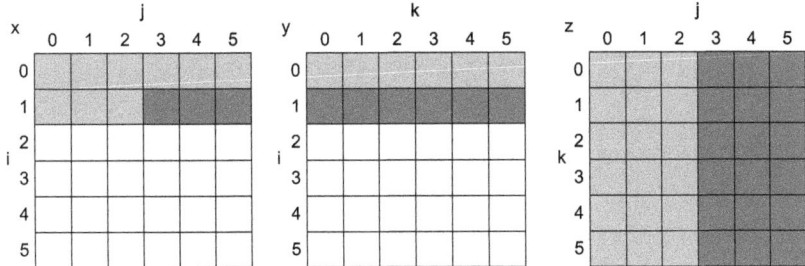

Abb. 5.16: Momentaufnahme der drei Felder C, A und B für N = 6 und i = 1. Wann bzw. ob es einen Zugriff auf die einzelnen Feldelemente gab, wird durch die Schattierung symbolisiert: weiß bedeutet, dass noch kein Zugriff erfolgt ist; hellgrau symbolisiert ältere und dunkelgrau neuere Zugriffe. Ein Vergleich mit Abbildung 5.18 zeigt, dass Elemente von A und B wiederholt gelesen werden, um neue Elemente von C zu berechnen.

Wenn der Cache nur eine $N \times N$-Matrix und eine Zeile mit Elementen aufnehmen kann, dann können zumindest die i-te Zeile von A und das Feld B im Cache bleiben. Wenn der Cache noch weniger Platz bietet, können Fehlzugriffe sowohl für B als auch für C auftreten. Im ungünstigsten Fall gibt es $2N^3 + N^2$ Speicherwörter, auf die für N^3 Operationen zugegriffen wird.

Um sicherzustellen, dass die Elemente, auf die zugegriffen wird, in den Cache passen, ändern wir den ursprünglichen Code so, dass mit einer Untermatrix gerechnet wird. Das bedeutet, dass wir im Wesentlichen die Version von DGEMM aus Kapitel 4, Abbildung 4.65, wiederholt auf Matrizen der Größe BLOCKSIZE x BLOCKSIZE anwenden. Der Parameter BLOCKSIZE wird Blockfaktor genannt.

Abbildung 5.17 zeigt die Blockversion von DGEMM. Dabei entspricht die Funktion do_block DGEMM aus Abbildung 3.13, und die drei neuen Parameter si, sj und sk spezifizieren die Startpositionen der Untermatrizen von A, B und C. Die beiden inneren Schleifen von do_block rechnen nun in Schritten der Größe BLOCKSIZE anstatt mit der vollständigen Länge von B und C. Der gcc-Optimierer entfernt den gesamten Overhead an Funktionsaufrufen durch „Eingliedern" der Funktion, d. h., der Code wird direkt eingefügt, um die übliche Parameterübergabe sowie Befehle zum Verwalten der Rücksprungadressen zu vermeiden.

Abbildung 5.18 illustriert den Zugriff auf die drei Felder unter Verwendung des beschriebenen Blockings. Wenn wir nur die Fehlzugriffe wegen Speicherüberlastung betrachten, ist die Gesamtanzahl der Speicherwörter, auf die zugegriffen wird, $2N^3/\text{BLOCKSIZE} + N^2$, was eine Verbesserung um den Faktor BLOCKSIZE ist. Das Blocking nutzt also eine Kombination aus räumlicher und zeitlicher Lokalität aus, denn A profitiert von der räumlichen Lokalität und B von der zeitlichen.

Obwohl unser Ziel war, die Cache-Fehlzugriffe zu reduzieren, kann das Blocking auch zur Unterstützung der Registerallokation genutzt werden. Indem wir eine kleine Blockgröße verwenden, so dass der Block im Register

```
1   #define BLOCKSIZE 32
2   void do_block (int n, int si, int sj, int sk, double *A,
3     double *B, double *C)
4   {
5     for (int i = si; i < si+BLOCKSIZE; ++i)
6       for (int j = sj; j < sj+BLOCKSIZE; ++j)
7         {
8           double cij = C[i+j*n];/* cij = C[i][j] */
9           for( int k = sk; k < sk+BLOCKSIZE; k++ )
10            cij += A[i+k*n] * B[k+j*n];/* cij+=A[i][k]*B[k][j]*/
11          C[i+j*n] = cij;/* C[i][j] = cij */
12        }
13  }
14  void dgemm (int n, double* A, double* B, double* C)
15  {
16    for ( int sj = 0; sj < n; sj += BLOCKSIZE )
17      for ( int si = 0; si < n; si += BLOCKSIZE )
18        for ( int sk = 0; sk < n; sk += BLOCKSIZE )
19          do_block(n, si, sj, sk, A, B, C);
20  }
```

Abb. 5.17: Blockversion von DGEMM (vgl. Abbildung 3.13). Angenommen, C ist mit null initialisiert. Die Funktion do_block entspricht im Wesentlichen DGEMM, wobei die neuen Parameter die Startpositionen der Untermatrizen der Größe BLOCKSIZE spezifizieren. Der gcc-Optimierer entfernt den Overhead an Funktionsaufrufen durch Eingliedern der do_block-Funktion.

gehalten werden kann, können wir die Anzahl der Lade- und Speicheroperationen im Programm minimieren, was außerdem die Performanz verbessert.

Abbildung 5.19 zeigt den Effekt, den das Cache-Blocking auf die Performanz des nicht optimierten DGEMM hat. Die Matrixgröße wird dabei so weit erhöht, dass alle drei Matrizen noch in den Cache passen. Die Performanz der nicht optimierten Version halbiert sich für die größte Matrix. Bei der Blockversion nimmt die Performanz für sehr große Matrizen (960 × 960 gegenüber 32 × 32) um weniger als 10 % ab.

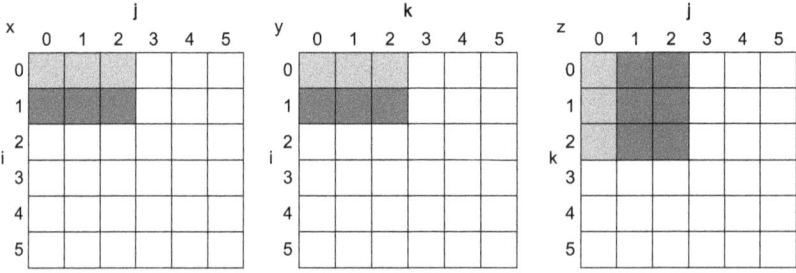

Abb. 5.18: Zugriffe auf die Felder C, A und B für BLOCKSIZE=3. Ein Vergleich mit Abbildung 5.16 zeigt, dass hier auf weniger Elemente zugegriffen wird.

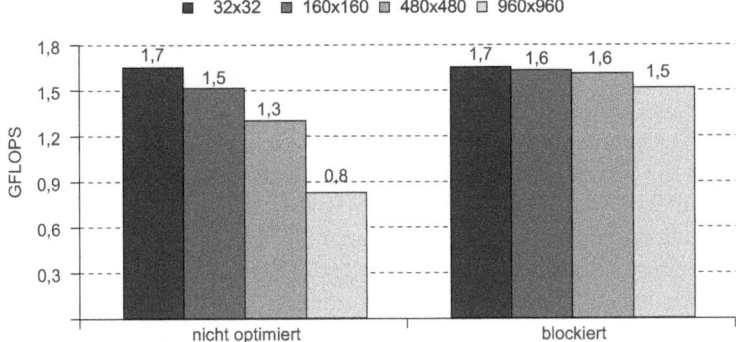

Abb. 5.19: Performanz des nicht optimierten DGEMM (Abbildung 3.13) im Vergleich zu DGEMM mit Cache-Blocking (Abbildung 5.18). Die Matrixgrößen reichen von 32 × 32 bis 960 × 960 (alle drei Matrizen passen in den Cache).

Anmerkungen: 1) Multilevel-Caches führen zu verschiedenen Komplikationen. Erstens gibt es dabei unterschiedliche Arten von Fehlzugriffen und entsprechende Fehlzugriffsraten. In dem Beispiel auf Seite 432 haben wir die Fehlzugriffsrate des primären Caches gesehen, ebenso wie die **globale Fehlzugriffsrate** – den Anteil der Zugriffe, die in allen Cache-Ebenen einen Fehlzugriff erzeugt haben. Es gibt auch eine Fehlzugriffsrate für den sekundären Cache, nämlich das Verhältnis aller Fehlzugriffe im sekundären Cache zur Anzahl aller Zugriffe. Diese Fehlzugriffsrate wird als die **lokale Fehlzugriffsrate** des sekundären Caches bezeichnet. Weil der primäre Cache die Zugriffe filtert, insbesondere diejenigen mit guter räumlicher und temporaler Lokalität, ist die lokale Fehlzugriffsrate des sekundären Caches sehr viel höher als die globale Fehlzugriffsrate. Für das Beispiel auf Seite 432 ergibt die Berechnung der lokalen Fehlzugriffsrate 0,5 %/2 % = 25 %! Glücklicherweise bestimmt häufig die globale Fehlzugriffsrate, wie oft wir auf den Hauptspeicher zugreifen müssen.

globale Fehlzugriffsrate Der Anteil der Zugriffe, die in allen Ebenen einer Cache-Speicherhierarchie zu einem Fehlzugriff führen.

lokale Fehlzugriffsrate Der Anteil der Zugriffe auf eine Ebene eines Caches, die Fehlzugriffe verursachen. Wird in Hierarchien aus mehreren Ebenen verwendet.

2) Bei Out-of-Order-Prozessoren (siehe Kapitel 4) ist die Leistungabschätzung komplexer, weil sie Befehle während des Fehlzugriffsaufwands ausführen. Statt der Befehls- und der Daten-Fehlzugriffsraten verwenden wir Fehlzugriffe pro Befehl als Maß, und damit diese Formel:

$$\frac{\text{Speicherstillstandszyklen}}{\text{Befehl}} = \frac{\text{Fehlzugriffe}}{\text{Befehl}}$$
$$\times (\text{Gesamtfehlzugriffslatenz} - \text{überlappende Fehlzugriffslatenz})$$

Es gibt keine allgemeine Methode, die überlappende Fehlzugriffslatenz zu berechnen, deshalb braucht man für Simulationen von Speicherhierarchien für Out-of-Order-Prozessoren unbedingt eine Simulation des Prozessors und der Speicherhierarchie. Nur wenn man die Ausführung des Prozessors bei einem Fehlzugriff beobachten kann, erkennt man, ob der Prozessor stillsteht, weil er auf Daten wartet, oder ob er einfach in der Zwischenzeit andere Arbeiten erledigt. Als Richtschnur gilt, dass der Prozessor häufig den Fehlzugriffsaufwand für einen L1-Cache-Fehlzugriff, der im L2-Cache trifft, durch nützliche Arbeit überbrücken kann, jedoch selten einen Fehlzugriff auf den L2-Cache.

3) Bei der Optimierung der Algorithmen besteht die Herausforderung darin, dass sich die Speicherhierarchie unterschiedlicher Implementierungen derselben Architektur in der Cache-Größe, Assoziativität, Block-Größe und Cache-Anzahl unterscheidet. Um mit dieser Variabilität zurechtzukommen, parametrisieren einige neuere numerische Bibliotheken ihre Algorithmen und durchsuchen den Parameterraum zur Laufzeit, um für den jeweiligen Computer die beste Kombination zu finden. Dieser Ansatz wird als *Autotuning* bezeichnet.

Selbsttest

Welche der folgenden Aussagen ist in Hinblick auf das Design mit mehreren Cache-Ebenen richtig?

1. Für L1-Caches ist die Trefferzeit am wichtigsten, für L2-Caches die Fehlzugriffsrate.
2. Für L1-Caches ist die Fehlzugriffsrate am wichtigsten, für L2-Caches die Trefferzeit.

Zusammenfassung

In diesem Abschnitt haben wir uns auf vier Themen konzentriert: Cache-Leistung, Ausnutzung der Assoziativität zur Reduzierung von Fehlzugriffsraten, die Verwendung von Cache-Speicherhierarchien mit mehreren Ebenen, um den Fehlzugriffsaufwand zu reduzieren, sowie Softwareoptimierungen zur Verbesserung der Effizienz von Caches.

Das Speichersystem wirkt sich ganz wesentlich auf die Programmausführungszeit aus. Die Anzahl der Speicherstillstandszyklen ist sowohl von der Fehlzugriffsrate als auch von dem Fehlzugriffsaufwand abhängig. Wie wir in Abschnitt 5.8 sehen werden, ist es eine Herausforderung, einen dieser Faktoren zu reduzieren, ohne die anderen kritischen Faktoren der Speicherhierarchie wesentlich zu beeinträchtigen.

Um die Fehlzugriffsrate zu reduzieren, haben wir die Verwendung assoziativer Platzierungsmuster betrachtet. Diese Muster können die Fehlzugriffsrate eines Cache reduzieren, indem sie eine flexiblere Platzierung von Blöcken innerhalb des Cache gestatten. Voll assoziative Umsetzungen erlauben es, die Blöcke an beliebiger Position abzulegen; es wird dadurch aber auch erforderlich, dass jeder Block im Cache gesucht wird, um eine Anforderung zu erfüllen. Aufgrund der höheren Kosten sind große vollständig assoziative Caches nicht für den praktischen Einsatz geeignet. Satzassoziative Caches sind eine praktische Alternative, weil wir nur in den Elementen einer genau umrissenen Menge suchen müssen, die mit Hilfe der Indizierung ausgewählt wird. Satzassoziative Caches haben höhere Fehlzugriffsraten, aber der Zugriff darauf ist schneller. Wie viel Assoziativität die beste Leistung erbringt, ist sowohl von der Technologie als auch von der jeweiligen Implementierung abhängig.

Multilevel-Caches sind ein Konzept zur Reduzierung des Fehlzugriffsaufwandes. Dabei wird ein größerer sekundärer Cache benutzt, der Fehlzugriffe auf den primären Cache verarbeitet. L2-Caches sind allgemein üblich geworden, weil die Entwickler festgestellt haben, dass die primären Caches aufgrund der Siliziumgrenze und dem Ziel hoher Taktraten nicht mehr größer werden können. Der sekundäre Cache, der häufig um das Zehnfache oder noch größer als der primäre Cache ist, verarbeitet viele Zugriffe, die im primären Cache keinen Treffer erbringen. In diesen Fällen entspricht der Fehlzugriffsaufwand demjenigen der Zugriffszeit auf den sekundären Cache (in der Regel < 10 Prozessorzyklen) gegenüber der Zugriffszeit auf den Speicher (in der Regel > 100 Prozessorzyklen). Wie bei der Assoziatvität sind die Entwurfsabwägungen zwischen der Größe des sekundären Caches und seiner Zugriffszeit von zahlreichen Implementierungsaspekten abhängig.

In Anbetracht der Bedeutung der Speicherhierarchie für die Performanz haben wir schließlich untersucht, wie man Algorithmen ändern kann, um das Cache-Verhalten zu verbessern. Das Blocking ist ein wichtiges Konzept beim Verarbeiten großer Felder.

5.5 Zuverlässige Speicherhierarchie

Implizit war bei der gesamten vorherigen Diskussion vorausgesetzt, dass die Speicherhierarchie nicht vergisst. Wie wir in Kapitel 1 gelernt haben, ist Redundanz ein wichtiger Aspekt bei dem Konzept der **Zuverlässigkeit.** In diesem Abschnitt wollen wir zunächst Begriffe und Maße im Zusammenhang mit Ausfällen ausarbeiten, um dann zu zeigen, wie Speicher durch Redundanz nahezu „unvergesslich" gemacht werden können.

ZUVERLÄSSIGKEIT

Definition von Ausfällen

Wir beginnen mit der Annahme, dass wir eine Spezifikation für das korrekte Systemverhalten haben. Die Benutzer sehen dann ein System, das in Bezug auf die Spezifikation des bereitgestellten Dienstes zwischen zwei Zuständen wechseln kann:

1. *Dienst-Bereitstellung:* Bereitstellung des Dienstes wie spezifiziert

2. *Dienst-Unterbrechung:* Abweichung des bereitgestellten Dienst von der Spezifikation

Übergänge von Zustand 1 in den Zustand 2 werden durch Ausfälle verursacht, Übergänge von Zustand 2 in Zustand 1 werden als *Wiederherstellungen* bezeichnet. Ausfälle können dauerhaft oder vorübergehend sein. Vorübergehende Ausfälle sind schwieriger zu diagnostizieren, weil das System zwischen den beiden Zuständen wechselt. Dauerhafte Ausfälle sind einfacher festzustellen.

Diese Definition führt zu zwei verwandten Begriffen: Ausfallsicherheit und Verfügbarkeit. *Ausfallsicherheit* ist ein Maß für die ständige Dienst-Bereitstellung – oder, äquivalent, der Zeit bis zu einem Ausfall – von einem Referenzpunkt aus. Somit ist die mittlere Zeit bis zum Ausfall (MTTF, Mean Time To Failure) ein Maß für die Ausfallsicherheit. Ein verwandtes Maß ist die *jährliche Fehlerrate* (AFR, Annual Failure Rate), die den Prozentsatz der Geräte angibt, deren Ausfall bei gegebener MTTF innerhalb eines Jahres zu erwarten ist. Wenn die MTTF groß wird, kann dieses Maß irreführend sein, während die AFR leichter intuitiv zu erfassen ist.

Beispiel: MTTF vs. AFR bei Festplatten

Einige der aktuellen Festplatten haben laut Herstellerangaben eine MTTF von 1 000 000 Stunden. Da dieser Wert 114 Jahren entspricht, scheint dies zu bedeuten, dass eine solche Festplatte praktisch niemals ausfällt. Warehouse Scale Computer, auf denen Internetdienste wie Suchmaschinen laufen, können 50 000 Server haben, von denen wiederum jeder zwei Festplatten hat. Verwenden Sie das Maß AFR, um anzugeben, mit wie vielen Plattenausfällen pro Jahr zu rechnen ist.

Lösung: Ein Jahr hat $365 \times 24 = 8760$ Stunden. Eine MTTF von 1 000 000 Stunden entspricht einer AFR von 8760/1 000 000 = 0,876 %. Bei 100 000 Platten ist zu erwarten, dass pro Jahr 876 Platten ausfallen, d. h., es gibt pro Tag im Durchschnitt mehr als zwei Plattenausfälle!

Dienst-Unterbrechungen werden durch die mittlere Zeit bis zur Reparatur (MTTR, Mean Time To Repair) quantifiziert. Die mittlere Zeit zwischen zwei Ausfällen (MTBF, Mean Time Between Failures) ist einfach die Summe aus MTTF und MTTR. Obwohl die MTBF vielfach benutzt wird, ist MTTF oftmals das besser geeignete Maß. *Verfügbarkeit* ist dann ein Maß für die Dienstbereitstellung, das den Wechsel zwischen den beiden Zuständen Bereitstellung und Unterbrechung berücksichtigt. Quantitativ ist es durch

$$\text{Verfügbarkeit} = \frac{\text{MTTF}}{\text{MTTF} + \text{MTTR}}$$

gegeben. Beachten Sie, dass Ausfallsicherheit und Verfügbarkeit tatsächlich quantifizierbare Maße sind und nicht einfach nur Synonyme für Zuverlässigkeit. Ein abnehmender MTTR-Wert kann für die Verfügbarkeit ebenso hilfreich sein wie ein zunehmender MTTF-Wert. Zum Beispiel können Tools für die Fehlererkennung, Diagnose und Reparatur dabei helfen, die Zeit für die Behebung von Fehlern zu reduzieren und dadurch die Verfügbarkeit verbessern.

Wir wollen, dass die Verfügbarkeit sehr hoch ist. Eine Kurzschreibweise besteht darin anzugeben, wie viele „Neunen der Verfügbarkeit" es pro Jahr gibt.

Ein sehr guter Internetdienst bietet heutzutage 4 bis 5 Neunen der Verfügbarkeit. Bei 365 Tagen oder $365 \times 24 \times 60 = 6\,526\,000$ Minuten im Jahr bedeutet diese Kurzschreibweise Folgendes:

eine Neun:	90 %	$\Rightarrow$	36,5 Reparaturtage pro Jahr
zwei Neunen:	99 %	$\Rightarrow$	3,65 Reparaturtage pro Jahr
drei Neunen:	99,9 %	$\Rightarrow$	526 Reparaturminuten pro Jahr
vier Neunen:	99,99 %	$\Rightarrow$	52,6 Reparaturminuten pro Jahr
fünf Neunen:	99,999 %	$\Rightarrow$	5,26 Reparaturminuten pro Jahr

Um die MTTF zu steigern, kann man die Qualität der Komponenten verbessern oder das System so entwerfen, dass die Arbeit bei Ausfall einzelner Komponenten fortgesetzt wird. Es ist daher nötig, in Abhängigkeit vom Kontext zu definieren, was unter einem Fehler zu verstehen ist, da der Ausfall einer Komponente nicht zwingend zu einem Systemausfall führen muss. Um diese Unterscheidung deutlich zu machen, wird der Begriff *Fehler* für den Ausfall einer Komponente verwendet. Im Folgenden werden drei Möglichkeiten beschrieben, wie die MTTF verbessert werden kann:

1. *Vermeiden von Fehlern:* Vorbeugung gegenüber dem Auftreten von Fehlern durch den Aufbau des Systems

2. *Fehlertoleranz:* Nutzung von Redundanz, so dass der Dienst auch bei Auftreten von Fehlern der Spezifikation entspricht

3. *Fehlerprognose:* **Vorhersage** des Auftretens und der Entstehung von Fehlern, was es gestattet, die Komponente zu ersetzen, *bevor* sie ausfällt

VORHERSAGE

Der Hamming-SEC/DED-Code

Richard Hamming entwickelte ein inzwischen weit verbreitetes Redundanzschema für Speicher, wofür er 1968 den Turing Award erhielt. Wenn man sich mit redundanten Codes befasst, ist es hilfreich zu klären, wie nahe ein Bitmuster einem Referenzmuster sein muss, um als korrekt angesehen zu werden. Als Hamming-Abstand wird die minimale Anzahl von Bits bezeichnet, um die sich zwei korrekte Bitmuster unterscheiden dürfen. Beispielsweise ist der Hamming-Abstand zwischen 011011 und 001111 zwei. Was passiert, wenn der minimale Abstand zwischen zwei Elementen eines Codes zwei ist, und wir einen Ein-Bit-Fehler bekommen? Dadurch wird ein gültiges Muster in einem Code zu einem ungültigen. Wenn wir also feststellen können, ob Teile eines Codes gültig sind oder nicht, dann können wir einzelnen Bitfehler erkennen. Wir sprechen daher von einem Ein-Bit-**Fehlererkennungscode**.

Hamming verwendete einen Paritätscode für die Fehlererkennung. Bei einem Paritätscode wird die Anzahl der Einsen in einem Wort gezählt; das Wort hat ungerade Parität, wenn diese Anzahl ungerade ist, und anderenfalls gerade Parität. Wenn ein Wort in den Speicher geschrieben wird, wird gleichzeitig das Paritätsbit geschrieben (1 für ungerade, 0 für gerade). Damit sollte die Parität eines Wortes mit $N + 1$ Bits immer gerade sein. Wenn das Wort später

Fehlererkennungscode
Ein Code, der feststellen kann, dass ein Fehler in den Daten vorliegt, jedoch nicht, wo genau sich der Fehler befindet. Eine Fehlerkorrektur ist durch einen solchen Code also nicht möglich.

ausgelesen wird, wird das Paritätsbit gelesen und geprüft. Falls die Parität des Speicherwortes und das gespeicherte Paritätsbit nicht übereinstimmen, ist ein Fehler aufgetreten.

Beispiel

Berechnen Sie die Parität eines Bytes mit dem Wert 31_D und geben Sie das gespeicherte Muster an. Nehmen Sie an, dass das Paritätsbit rechts steht. Nehmen Sie außerdem an, dass das höchstwertige Bit im Speicher invertiert wurde, und Sie dann das Muster auslesen. Haben Sie entdeckt, dass ein Fehler aufgetreten ist? Was passiert, wenn außer dem höchstwertigen Bit auch das mit der zweithöchsten Wertigkeit invertiert wurde?

Lösung: 31_D ist 00011111_B, was fünf Einsen enthält. Um auf gerade Parität zu kommen, müssen wir eine Eins in das Paritätsbit schreiben, also $00011111\underline{1}_B$. Wenn das höchstwertige Bit invertiert wird und wir das Muster lesen, dann sehen wir $\underline{1}0011111\underline{1}_B$. Dieses Muster hat sieben Einsen. Da wir gerade Parität erwarten und ungerade Parität berechnen, signalisiert uns dies einen Fehler. Wenn aber außer dem höchstwertigen auch das Bit mit der zweithöchsten Wertigkeit invertiert wurde, würden wir $\underline{11}011111\underline{1}_B$ sehen, was acht Einsen und somit gerade Parität hat. In diesem Fall würde uns also kein Fehler signalisiert.

Wenn zwei Bits fehlerhaft sind, kann ein 1-Bit-Paritätsschema keine Fehler erkennen, da die Parität zu den Daten mit zwei Fehlern passt. (Tatsächlich kann ein 1-Bit-Paritätsschema jede ungerade Anzahl von Fehlern erkennen, allerdings ist die Wahrscheinlichkeit, dass es drei Fehler gibt, viel geringer als die Wahrscheinlichkeit für zwei Fehler. Deshalb beschränkt sich die Fähigkeit eines 1-Bit-Paritätscodes, Fehler zu erkennen, in der Praxis im Wesentlich auf 1-Bit-Fehler.)

Natürlich kann ein Paritätscode keine Fehler korrigieren, was Hamming jedoch ebenso beabsichtigte wie das bloße Erkennen von Fehlern. Würden wir einen Code verwenden, der einen minimalen Abstand von 3 hat, dann wäre jeder einzelne Bitfehler näher an dem korrekten Muster als an jedem anderen gültigen Muster. Hamming schlug nun eine leicht zu verstehende Abbildung der Daten in einen Abstand-3-Code vor, der später ihm zu Ehren *Hamming-Fehlerkorrekturcode* genannt wurde. Wir verwenden zusätzliche Paritätsbits, um die Positionsbestimmung eines einzelnen Fehlers zu ermöglichen. Im Folgenden sind die Schritte für die Berechnung des Hamming-Fehlerkorrekturcodes ausgeführt:

1. Die Bits werden mit 1 beginnend von links nach rechts nummeriert, was von der üblichen Regel abweicht, rechts und mit 0 zu beginnen.

2. Alle Bitpositionen, die Zweierpotenzen sind (also $1, 2, 4, 8, 16, \ldots$), werden als Paritätsbits gekennzeichnet.

Bitposition	1	2	3	4	5	6	7	8	9	10	11	12
Codierte Datenbits	p1	p2	d1	p4	d2	d3	d4	p8	d5	d6	d7	d8
Abdeckung durch Paritätsbit — p1	X		X		X		X		X		X	
Abdeckung durch Paritätsbit — p2		X	X			X	X			X	X	
Abdeckung durch Paritätsbit — p4				X	X	X	X					X
Abdeckung durch Paritätsbit — p8								X	X	X	X	X

Abb. 5.20: Paritätsbits, Datenbits und Feldabdeckung in einem Hamming-Fehlerkorrekturcode für acht Datenbits.

3. Alle anderen Bitpositionen $(3, 5, 6, 7, 9, 10, 11, 12, 13, 14, 15, \ldots)$ werden für Datenbits verwendet.

4. Die Position eines Paritätsbits bestimmt die Datensequenz, die es prüft (siehe Abbildung 5.20):

   - Bit 1 (0001_B) prüft die Bits $(1, 3, 5, 7, 9, 11, \ldots)$, was die Bits sind, bei denen das am weitesten rechts liegende Adressbit 1 ist $(0001_B, 0011_B, 0101_B, 0111_B, 1001_B, 1011_B, \ldots)$.

   - Bit 2 (0010_B) prüft die Bits $(2, 3, 5, 7, 10, 11, 14, 15, \ldots)$, was die Bits sind, bei denen in der Adresse das zweite Bit von rechts 1 ist.

   - Bit 4 (0100_B) prüft die Bits $(4–7, 12–15, 20–23, \ldots$, was die Bits sind, bei denen in der Adresse das dritte Bit von rechts 1 ist.

   - Bit 8 (1000_B) prüft die Bits $(8–15, 24–31, 40–47 \ldots$, was die Bits sind, bei denen in der Adresse das vierte Bit von rechts 1 ist.

   Beachten Sie, dass jedes Datenbit durch zwei oder mehr Paritätsbits abgedeckt ist.

5. Die Paritätsbits werden gesetzt, um für jede Gruppe gerade Parität herzustellen.

Was wie ein Zaubertrick erschienen mag, erlaubt es uns, anhand der Paritätsbits festzustellen, ob es fehlerhafte Bits gibt. Wenn wir mit dem 12-Bit-Code aus Abbildung 5.20 bei den vier Paritätsberechnungen (p8,p4,p2,p1) den Wert 0000 erhalten, dann gab es keinen Fehler. Wenn das Muster aber zum Beispiel 1010 ist, was 10_D entspricht, dann sagt uns der Hamming-Fehlerkorrekturcode, dass Bit 10 (d6) ein Fehler ist. Da die Nummer binär ist, können wir den Fehler korrigieren, indem wir einfach den Wert von Bit 10 invertieren.

Beispiel

Gegeben sei das Datenbyte 10011010_B. Bestimmen Sie den Hamming-Fehlerkorrekturcode für dieses Byte und invertieren Sie dann Bit 10, um zu demonstrieren, dass der Fehlerkorrekturcode diesen 1-Bit-Fehler findet und korrigiert.

Lösung: Wenn wir die Plätze für die Paritätsbits frei lassen, hat das 12-Bit-Muster die Gestalt _ _ 1 _ 0 0 1 _ 1 0 1 0. Position 1 prüft die Bits 1, 3, 5, 7, 9 und 11, die wir hervorheben: _ _ **1** _ **0** 0 **1** _ **1** 0 **1** 0. Damit die Gruppe gerade Parität hat, setzen wir Bit 1 auf 1. Position 2 prüft die Bits 2, 3, 6, 7, 10, 11, was 0 _ **1** _ 0 0 **1** _ **1** 0 **1** 0 oder ungerade Parität ergibt; daher setzen wir das Bit an Position 2 auf 1. Position 4 prüft die Bits 4, 5, 6, 7, 12, was 0 1 1 _ **0 0 1** _ **1 0 1**, ergibt; daher setzen wir das entsprechende Bit auf 1. Position 8 prüft die Bits 8, 9, 10, 11, 12, was 0 1 1 1 0 0 1 _ **1 0 1 0** ergibt; wir setzen also das entsprechende Bit auf 0.

Das finale Codewort ist 0 1 1 1 0 0 1 0 1 0 1 0. Wenn wir Bit 10 invertieren, erhalten wir also 0 1 1 1 0 0 1 0 1 0 1 0.

Paritätsbit 1 ist 0 (**0** 1 1 1 **0** 0 1 0 1 1 1 0 enthält viermal die **1**, also gerade Parität; diese Gruppe ist in Ordnung).

Paritätsbit 2 ist 1 (0 **1 1** 1 0 **0 1** 0 1 **1 1** 0 enthält fünfmal die **1**, also ungerade Parität; es gibt irgendwo einen Fehler).

Paritätsbit 4 ist 1 (0 1 1 1 **0 0 1** 0 1 1 1 0 enthält zweimal die **1**, also gerade Parität; diese Gruppe ist in Ordnung).

Paritätsbit 8 ist 1 (0 1 1 1 0 0 1 **0 1 1 1 0** enthält dreimal die **1**, also ungerade Parität; es gibt irgendwo einen Fehler).

Die Paritätsbits 2 und 8 sind inkorrekt. Da 2 + 8 = 10, muss Bit 10 falsch sein. Wir invertieren Bit 10, um den Fehler zu korrigieren: 0 1 1 1 0 0 1 0 1 **0** 1 0. Voilà!

Hamming gab sich nicht mit einem Fehlerkorrekturcode zufrieden, der nur einen einzelnen Bitfehler korrigiert. Es kostet uns ein weiteres Bit, um den minimalen Hamming-Abstand in einem Code auf 4 zu bringen. Damit können wir einzelne Bitfehler korrigieren und *doppelte Bitfehler erkennen*. Die Idee besteht darin, ein Paritätsbit hinzuzunehmen, das über das gesamte Wort berechnet wird. Wir wollen ein 4-Bit-Datenwort als Beispiel verwenden, für das nur 7 Bits für eine 1-Bit-Fehlererkennung nötig sind. Es werden die Hamming-Paritätsbits H ($p1$ $p2$ $p3$) berechnet (gerade Parität wie üblich) und zusätzlich die gerade Parität über das gesamte Wort, $p4$:

1   2   3   4   5   6   7   **8**

p_1 p_2 d_1 p_3 d_2 d_3 d_4 **p_4**

Dann muss der Algorithmus, der einen Fehler korrigiert und zwei erkennt, einfach nur wie zuvor die Parität über die Fehlerkorrekturgruppen (H) berechnen und zusätzlich eine weitere über die gesamte Gruppe (p_4). Es gibt vier Fälle:

1. H ist gerade und p_4 ist gerade, es ist also kein Fehler aufgetreten.

2. H ist ungerade und p_4 ist ungerade, d. h., es ist ein einzelner korrigierbarer Fehler aufgetreten (p_4 sollte ungerade Parität haben, wenn ein Fehler aufgetreten ist).

3. H ist gerade und p_4 ist ungerade: Ein einzelner Fehler ist in p_4 aufgetreten, nicht im Rest des Wortes, so dass das p_4-Bit zu korrigieren ist.

4. H ist ungerade und p_4 ist gerade: Ein Doppelfehler ist aufgetreten (p_4 sollte gerade Parität haben, wenn zwei Fehler aufgetreten sind).

Einfehler-Korrektur / Doppelfehler-Erkennung (SEC/DED, Single Error Detection / Double Error Detection) ist in den Speichern heutiger Server weit verbreitet. Praktisch können 8-Byte-Datenblöcke SEC/DED mit nur einem zusätzlichen Byte hinbekommen, was der Grund dafür ist, dass DIMMs 72 Bit breit sind.

Anmerkungen: 1) Um zu berechnen, wie viele Bits für SEC nötig sind, definieren wir p als die Gesamtanzahl der Paritätsbits und d als die Anzahl der Datenbits in einem $p + d$-Bit-Wort. Wenn p Fehlerkorrekturbits auf das Fehlerbit zeigen sollen ($p + d$ Fälle plus 1 Fall um zu kennzeichnen, dass kein Fehler existiert), dann brauchen wir:

$$2^p \geq p + d + 1 \text{ Bits, also } p \geq \log(p + d + 1).$$

Das bedeutet zum Beispiel für 8-Bit $d = 8$ und $2^p \geq p + 8 + 1$, so dass $p = 4$. Entsprechend ist $p = 5$ für 16 Bit, 6 für 32 Bit, 7 für 64 Bit usw.

2) In sehr großen Systemen wird die Möglichkeit multipler Fehler und dem vollständigen Ausfall eines einzelnen großen Speicherchips signifikant. IBM hat das Verfahren *Chipkill* eingeführt, um dieses Problem zu lösen, und viele sehr große Systeme verwenden diese Technologie. (Intel nennt seine Version SDDC.) Von seinem Wesen her ähnlich wie der RAID-Ansatz (Abschnitt 5.11, online), der für Festplatten benutzt wird, verteilt Chipkill die Daten und die Informationen des Fehlerkorrekturcodes, so dass der komplette Ausfall eines einzelnen Speicherchips dadurch aufgefangen wird, dass die Rekonstruktion der vermissten Daten aus den verbleibenden Chips unterstützt wird. Für ein Cluster aus 10 000 Prozessoren mit je 4 GiB hat IBM die folgenden Raten nicht wiederherstellbarer Ausfälle innerhalb von drei Betriebsjahren berechnet:

- nur Parität: etwa 90 000, oder ein nicht wiederherstellbarer (oder unentdeckter) Ausfall in 17 Minuten

- nur SEC/DED; etwa 3500, oder etwa ein unentdeckter oder nicht wiederherstellbarer Ausfall in 7,5 Stunden

- Chipkill: 6, oder etwa ein unentdeckter oder nicht wiederherstellbarer Ausfall in 2 Monaten

Daher ist Chipkill eine Anforderung für Warehouse Scale Computer.

3) Während einzelne oder doppelte Bitfehler typisch für Speichersysteme sind, können Netzwerke Burstfehler (Bündel von Bitfehlern) haben. Dafür gibt es eine Lösung, die *zyklischer Redundanzcheck* genannt wird. Für einen Block aus k Bits generiert ein Transmitter eine $n-k$ Bit lange Prüfzeichenfolge. Er überträgt

n Bits exakt teilbar durch eine bestimmte Zahl. Der Empfänger teilt die Folge
durch diese Zahl. Wenn kein Rest bleibt, nimmt er an, dass kein Fehler aufgetreten ist. Wenn ein Rest bleibt, weist der Empfänger die Nachricht zurück und
bittet den Sender, sie noch einmal zu übertragen. Wie Sie aus Kapitel 3 wissen, ist es leicht, für Binärzahlen mit einem Schieberegister Divisionen auszuführen, was zyklische Redundanzchecks schon zu Zeiten populär gemacht
hat, als Hardware noch teurer war. Noch weiter gehen Reed-Solomon-Codes,
die Galois-Felder verwenden, um Multi-Bit-Übertragungsfehler zu korrigieren.
Bei diesen Verfahren werden die Daten als die Koeffizienten eines Polynoms
betrachtet und der Coderaum besteht aus Werten eines Polynoms. Die Reed-
Solomon-Berechnung ist wesentlich komplizierter als die binäre Division!

5.6   Virtuelle Maschinen

Virtuelle Maschinen (VM) wurden Mitte der 1960er-Jahre entwickelt und blieben jahrelang wichtiger Bestandteil der Mainframe-Programmierung. In den
1980er- und 1990er-Jahren wurden sie im Bereich der Einzelnutzer-Computer
größtenteils ignoriert, haben aber aus den folgenden Gründen wieder Beliebtheit erlangt:

- wachsende Bedeutung der Isolierung und Sicherheit in modernen Systemen
- Sicherheits- und Zuverlässigkeitsmängel von Standardbetriebssystemen
- gemeinsame Nutzung von Computern durch viele, unabhängig voneinander
  agierende Benutzer, insbesondere beim Cloud Computing
- dramatischer Anstieg der Rohgeschwindigkeit der Prozessoren im Laufe der
  Jahrzehnte, wodurch der Zusatzaufwand durch die VMs besser kompensiert
  werden kann

Die allgemeinste Definition von VMs beinhaltet im Grunde alle Emulations-
methoden, die eine Standard-Softwareschnittstelle bieten, wie etwa die Java-
VM. In diesem Abschnitt sind wir vor allem an VMs interessiert, die eine
vollständige Systemumgebung auf der binären ISA-Ebene einrichten. Obwohl
einige VMs abweichende ISAs in der VM der nativen Hardware ausführen, gehen wir davon aus, dass sie immer zu der jeweiligen Hardware passen. Solche
VMs werden als *System Virtual Machines* (SVMs) bezeichnet. Beispiele dafür
sind IBM VM/370, VMware ESX Server und Xen.

SVMs vermitteln den Anwendern die Illusion, dass ihnen ein vollständi-
ger Computer zur Verfügung steht, einschließlich einer eigenen Instanz des
Betriebssystems. Auf einem Computer können mehrere VMs ausgeführt und
mehrere unterschiedliche Betriebssysteme unterstützt werden. Auf einer konventionellen Plattform „gehören" einem einzigen Betriebssystem alle Hardwareressourcen, während bei einer VM mehrere Betriebssysteme dieselben Hardwareressourcen gemeinsam nutzen können.

Die Software, die VMs unterstützt, wird *Virtual Machine Monitor* (VMM)
oder *Hypervisor* genannt. Der VMM ist das Herzstück der VM-Technologie.

Die zugrunde liegende Hardwareplattform ist der so genannte *Host*, und seine Ressourcen werden von den *Gast*-VMs gemeinsam genutzt. Der VMM bestimmt, wie virtuelle Ressourcen auf physische Ressourcen abgebildet werden. Für eine physische Ressource kann ein Time-Sharing, eine Partitionierung oder sogar eine Emulation innerhalb der Software stattfinden. Der VMM ist sehr viel kleiner als ein traditionelles Betriebssystem. Der isolierte Anteil eines VMM umfasst möglicherweise nur 10 000 Zeilen Code.

Wir beschäftigen uns hier hauptsächlich mit VMs, die den Schutz verbessern, aber sie bieten auch noch zwei weitere Vorteile, die kommerziell attraktiv sind:

1. *Softwareverwaltung*. VMs unterstützen eine Abstraktion, die den vollständigen Softwarestapel ausführen kann, darunter selbst so alte Betriebssysteme wie DOS. Eine typische Einsatzsituation wäre, ein paar VMs einzusetzen, die alte Betriebssysteme ausführen, viele VMs mit dem aktuellen, stabilen Betriebssystem-Release und einige wenige VMs, die den nächsten Betriebssystem-Release testen.

2. *Hardwareverwaltung*. Ein Grund für den Einsatz mehrerer Server ist, jeder Applikation eine kompatible Version des Betriebssystems auf separaten Computern bereitzustellen. Diese Separierung kann die Zuverlässigkeit verbessern. VMs gestatten, dass diese separaten Softwarestapel unabhängig voneinander ausgeführt werden und dennoch dieselbe Hardware gemeinsam nutzen, und damit die Anzahl der Server verringern. Ein weiteres Beispiel ist, dass einige VMMs die Migration einer in Ausführung befindlichen VM auf einen anderen Computer unterstützen, entweder um die Last auszugleichen oder Abhilfe bei einem Hardwarefehler zu schaffen.

Hardware-Software-Schnittstelle

Amazon Web Services (AWS) verwendet aus fünf Gründen eine virtuelle Maschine bei seinem Cloud-Computing-Angebot EC2:

1. AWS ist dadurch in der Lage, die Nutzer voreinander zu schützen, während sie sich einen Server teilen.

2. Es vereinfacht die Softwareverteilung innerhalb eines Warehouse Scale Computers. Ein Kunde installiert ein Image einer virtuellen Maschine, das mit passender Software konfiguriert ist, und AWS verteilt dieses an alle Instanzen, die ein Kunden nutzen möchte.

3. Kunden (und AWS) können eine VM zuverlässig „killen", um den Ressourcenverbrauch zu kontrollieren.

4. Virtuelle Maschinen verbergen die Identität der Hardware, auf der der Kunde arbeitet, d. h., AWS kann weiterhin alte Server nutzen und gleichzeitig neue, effizientere einführen. Der Kunde erwartet, dass die Performanz den Ratings der EC2 Compute Units entspricht, die AWS definiert als „gleichwertig mit der CPU-Kapazität eines 1,0–1,2 GHz 2007 AMD Opteron oder

2007 Intel Xeon Prozessors". Dank des Moore'schen Gesetzes bieten neuere Server natürlich bessere Ratings als ältere, doch AWS kann alte Server vermieten, solange sie sich rentieren.

5. VMMs können die Rate steuern, mit der eine VM den Prozessor, das Netzwerk und Festplattenspeicher nutzt, was es AWS gestattet, viele Services für Instanzen unterschiedlicher Typen anzubieten, die alle auf den gleichen Servern laufen. Im Jahr 2012 zum Beispiel bot AWS 14 Instanztypen an, von kleinen Standardinstanzen für 8 Cent pro Stunde bis zu extra großen Instanzen mit hoher Ein-/Ausgabeleistung für 3,10 Dollar.

Im Allgemeinen sind die Kosten für die Virtualisierung von Prozessoren von der Arbeitslast abhängig. Prozessorgebundene Programme auf Benutzerebene haben keinen Zusatzaufwand durch die Virtualisierung, weil das Betriebssystem selten aufgerufen wird, so dass alles mit nativer Geschwindigkeit läuft. Ein-/Ausgabe-intensive Arbeitslasten weisen in der Regel auch eine intensive Betriebssystemnutzung auf. Sie führen viele Systemaufrufe und privilegierte Befehle aus, die zu einem hohen Zusatzaufwand durch die Virtualisierung führen können. Ist andererseits die Ein-/Ausgabe-intensive Arbeitslast auch *Ein-/Ausgabe-gebunden*, können die Kosten für die Prozessorvirtualisierung vollständig verborgen werden, weil der Prozessor häufig im Leerlauf auf Ein-/Ausgaben wartet.

Der Zusatzaufwand ist von der Anzahl der Befehle abhängig, die vom VMM emuliert werden müssen, ebenso wie von der Zeit, wie lange ihre Emulierung dauert. Wenn die Gast-VMs also dieselbe ISA wie der Host ausführen, gehen wir hier davon aus, dass das Ziel der Architektur und der VMM ist, fast alle Befehle direkt auf der nativen Hardware auszuführen.

Anforderungen an einen VMM (Virtual Machine Monitor)

Was muss ein VM-Monitor leisten? Er bietet eine Softwareschnittstelle für Gast-Software, er muss den Status der Gäste wechselseitig isolieren, und er muss sich selbst vor der Gast-Software schützen (einschließlich vor den Gast-Betriebssystemen). Die qualitativen Anforderungen lauten:

- Gast-Software muss sich auf einer VM genau so verhalten, als würde sie auf der nativen Hardware ausgeführt, außer im Hinblick auf leistungsabhängiges Verhalten oder Einschränkungen der festen Ressourcen, die von mehreren VMs gemeinsam genutzt werden.

- Gast-Software darf nicht in der Lage sein, Zuordnungen der realen Systemressourcen direkt zu ändern.

Um den Prozessor zu „virtualisieren", muss der VMM fast alles kontrollieren – Zugang zum privilegierten Status, Ein-/Ausgaben, Unterbrechungen und Interrupts –, selbst wenn die Gast-VM und das Gast-Betriebssystem ihn vorübergehend benutzen.

Bei einem Timer-Interrupt beispielsweise würde der VMM die aktuell ausgeführte Gast-VM unterbrechen, ihren Status speichern, den Interrupt verarbeiten, feststellen, welche Gast-VM als nächstes auszuführen ist, und deren Status dann wieder laden. Gast-VMs, die einen Timer-Interrupt verwenden, erhalten einen virtuellen Timer und einen emulierten Timer-Interrupt vom VMM.

Um die Verantwortung übernehmen zu können, muss der VMM eine höhere Privilegienstufe besitzen als die Gast-VM, die im Allgemeinen im Benutzermodus läuft. Damit wird außerdem sichergestellt, dass die Ausführung eines privilegierten Befehls vom VMM übernommen wird. Die grundlegenden Anforderungen für SVMs sind fast identisch mit denjenigen, die bereits für virtuellen Speicher mit Nachladen der Seiten aufgelistet wurden:

- mindestens zwei Prozessormodi, System und Benutzer
- eine privilegierte Befehlsuntermenge, die nur im Systemmodus zur Verfügung steht, und die eine Trap (einen Betriebssystemaufruf) auslöst, wenn sie im Benutzermodus ausgeführt wird. Systemressourcen dürfen nur über diese Befehle kontrolliert werden.

(Fehlende) ISA-Unterstützung für virtuelle Maschinen

Wenn bei der Entwicklung der ISA bereits VMs eingeplant werden, ist es relativ einfach, sowohl die Anzahl der Befehle, die von einem VMM ausgeführt werden müssen, als auch ihre Emulationsgeschwindigkeit zu reduzieren. Eine Architektur, die die direkte Ausführung der VM auf der Hardware gestattet, verdient die Bezeichnung *virtualisierbar*, und die IBM 370-Architektur trägt diesen Titel mit Stolz.

Weil VMs erst seit Kurzem für PC- und Server-Applikationen genutzt werden, wurden die meisten Befehlssätze leider ohne Rücksicht auf die Virtualisierung entworfen. Dazu gehören auch die x86- und die meisten RISC-Architekturen, einschließlich ARMv7 und MIPS.

Weil der VMM sicherstellen muss, dass das Gastsystem nur mit virtuellen Ressourcen arbeiten kann, führt ein konventionelles Gastbetriebssystem ein Programm im Benutzermodus auf dem VMM aus. Versucht ein Gastbetriebssystem, über einen privilegierten Befehl auf Hardwareressourcen zuzugreifen oder Informationen darüber zu verändern – wenn es beispielsweise den Seitentabellenzeiger liest oder schreibt –, löst es eine Trap zum VMM aus. Der VMM kann dann die erforderlichen Änderungen an den entsprechenden realen Ressourcen vornehmen.

Wenn also ein Befehl, der versucht, solche sensiblen Informationen zu lesen oder zu schreiben, bei der Ausführung im Benutzermodus eine Trap auslöst, kann der VMM diese auffangen und eine virtuelle Version der sensiblen Information bereitstellen, so wie sie das Gastbetriebssystem erwartet.

Fehlt eine solche Unterstützung, müssen andere Maßnahmen getroffen werden. Ein VMM muss spezielle Vorsichtsmaßnahmen ergreifen, um alle problematischen Befehle zu erkennen und sicherzustellen, dass sie sich korrekt verhalten, wenn sie von einem Gastbetriebssystem ausgeführt werden. Damit nimmt die Komplexität des VMM zu und die Leistung der ausgeführten VM wird reduziert.

Schutz und ISA

Schutz ist eine gemeinsame Leistung von Architektur und Betriebssystemen, aber die Architekten mussten einige der ungünstigen Details vorhandener ISAs abändern, als virtuelle Speicher gebräuchlich wurden.

Beispielsweise lädt der x86-Befehl POPF die Flag-Register oben vom Keller in den Speicher. Eines der Flags ist IE (Interrupt Enable). Wenn Sie den POPF-Befehl im Benutzermodus ausführen, statt eine Trap dafür auszulösen, ändert er einfach alle Flags außer IE. Im Systemmodus ändert er IE nicht. Weil ein Gastbetriebssystem im Benutzermodus in einer VM ausgeführt wird, ist dies ein Problem, weil es erwartet, ein verändertes IE zu sehen.

In der Vergangenheit haben die IBM-Mainframe-Architektur und der VMM drei Schritte ausgeführt, um die Leistung virtueller Maschinen zu verbessern:

1. Reduzierung der Kosten für die Prozessorvirtualisierung
2. Reduzierung der Zusatzkosten für Interrupts aufgrund der Virtualisierung
3. Reduzierung der Interrupt-Kosten durch die Lenkung der Interrupts in die richtige VM, ohne den VMM aufzurufen

2006 versuchten AMD und Intel mit neuen Vorschlägen, den ersten Punkt zu lösen, nämlich die Kostenreduzierung für die Prozessorvirtualisierung. Bleibt abzuwarten, wie viele Generationen an Architektur- und VMM-Anpassungen notwendig sind, um alle drei Punkte zu erledigen, und ab wann die virtuellen Maschinen des 21. Jahrhunderts so effizient sein werden wie die IBM-Mainframes und VMMs der 1970er-Jahre.

5.7 Virtueller Speicher

In früheren Abschnitten haben wir gezeigt, wie Caches schnellen Zugriff auf zuvor genutzte Teile des Codes und der Daten eines Programms bieten. Analog dazu kann der Hauptspeicher als „Cache" für den Sekundärspeicher dienen, der normalerweise unter Verwendung von Festplatten implementiert wird. Diese Technik wird auch als **virtueller Speicher** bezeichnet. Ursprünglich gab es zwei Hauptgründe für die Verwendung von virtuellem Speicher: Er erlaubt eine effiziente und sichere gemeinsame Nutzung des Speichers durch mehrere Programme, und er befreit die Programmierer von der Last, mit einer kleinen, begrenzten Menge an Hauptspeicher auskommen zu müssen. Fünf Jahrzehnte nach seiner Erfindung gilt der erste der genannten Gründe immer noch.

Stellen Sie sich mehrere Programme vor, die gleichzeitig auf einem Rechner ausgeführt werden. Um zu ermöglichen, dass mehrere Programme gleichzeitig denselben Speicher verwenden, müssen wir in der Lage sein, die Programme

virtueller Speicher Eine Technologie, die den Hauptspeicher als „Cache" für den Sekundärspeicher verwendet.

voreinander zu schützen, so dass ein Programm nur den Teil des Hauptspeichers lesen und schreiben kann, der ihm zugeordnet wurde.

Der Gesamtspeicher, den alle diese Programme insgesamt benötigen, kann sehr viel größer sein als der Hauptspeicher, der auf dem Rechner tatsächlich zur Verfügung steht, aber nur ein Bruchteil dieses Speichers wird zu jedem Zeitpunkt aktiv genutzt. Der Hauptspeicher muss nur die jeweils aktiven Teile der vielen Programme aufnehmen, so wie ein Cache nur den aktiven Teil eines Programms enthält. Das Lokalitätsprinzip ermöglicht also sowohl virtuellen Speicher als auch Caches, und der virtuelle Speicher erlaubt es uns, den Prozessor ebenso wie den Hauptspeicher effizient gemeinsam zu nutzen.

Wir können zur Kompilierungszeit noch nicht wissen, welche Programme den Speicher mit anderen Programmen teilen werden. Darüber hinaus ändert sich die Zusammensetzung der Programme, die den Speicher gemeinsam nutzen, während der Ausführung der Programme. Aufgrund dieser dynamischen Interaktion würden wir gerne beim Kompilieren für jedes Programm einen eigenen *Adressraum* vorsehen – einen separaten Bereich von Speicherpositionen, der nur diesem Programm zur Verfügung steht. Der virtuelle Speicher implementiert die Übersetzung des Adressraums eines Programms in **physikalische Adressen**. Dieser Ersetzungsprozess macht **Schutzmechanismen** für den Adressraum eines Programms vor anderen Programmen erforderlich.

Zweitens ermöglicht der virtuelle Speicher auch einem einzelnen Benutzerprogramm die Überschreitung der Hauptspeichergröße. Wenn früher ein Programm zu groß für den Hauptspeicher war, war es Sache des Programmierers, es passend zu machen. Die Programmierer haben die Programme in kleinere Programmabschnitte unterteilt und dann die Abschnitte identifiziert, die sich wechselseitig ausschließen. Diese *Überlagerungen* (Overlays) wurden vom Benutzerprogramm gesteuert während der Ausführung geladen oder verdrängt. Dabei musste der Programmierer sicherstellen, dass das Programm nie versuchte, auf eine Überlagerung zuzugreifen, die nicht geladen war, und dass die geladenen Überlagerungen die Gesamtgröße des Speichers niemals überschritten. Überlagerungen wurden traditionell als Module organisiert, die jeweils sowohl Code als auch Daten enthielten. Aufrufe zwischen Prozeduren in unterschiedlichen Modulen führten zur Überlagerung eines Moduls durch ein anderes.

Wie Sie sich gut vorstellen können, hat diese Aufgabe den Programmierern das Leben schwer gemacht. Der virtuelle Speicher, der erfunden wurde, um den Programmierern dieses Problem abzunehmen, verwaltet die beiden Ebenen der Speicherhierarchie, die durch Hauptspeicher (manchmal auch als *physikalischer Speicher* bezeichnet, um ihn vom virtuellen Speicher zu unterscheiden) und Sekundärspeicher gebildet werden.

Obwohl die Konzepte bei der Anwendung von virtuellem Speicher und Cache dieselben sind, haben ihre unterschiedlichen historischen Wurzeln zur Verwendung einer unterschiedlichen Terminologie geführt. Ein virtueller Speicherblock wird als *Seite* und ein virtueller Speicherfehlzugriff als **Seitenfehler** bezeichnet.

physikalische Adresse Eine Adresse im Hauptspeicher.

Schutzmechanismen Eine Menge von Mechanismen, die sicherstellen, dass mehrere Prozesse, die den Prozessor, den Speicher oder Ein-/Ausgabegeräte gemeinsam nutzen, sich weder beabsichtigt noch unbeabsichtigt stören können, indem sie die Daten des jeweils anderen lesen oder schreiben. Diese Mechanismen isolieren auch das Betriebssystem von Benutzerprozessen.

Seitenfehler Ein Ereignis, das auftritt, wenn eine Seite, auf die zugegriffen wird, nicht im Hauptspeicher vorhanden ist.

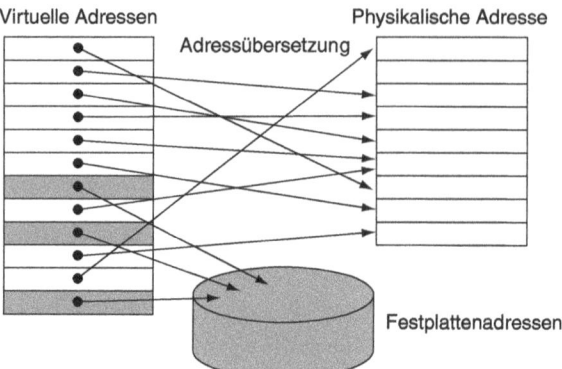

Abb. 5.21: Im virtuellen Speicher werden Speicherblöcke (so genannte *Seiten*) von einer Adressmenge (als *virtuelle Adressen* bezeichnet) auf eine andere Adressmenge (als *physikalische Adressen* bezeichnet) abgebildet. Der Prozessor erzeugt virtuelle Adressen, während der Zugriff auf den Speicher über physikalische Adressen erfolgt. Sowohl der virtuelle Speicher als auch der physikalische Speicher werden in Seiten unterteilt, so dass eine virtuelle Seite tatsächlich auf eine physikalische Seite abgebildet wird. Natürlich ist es auch möglich, dass eine virtuelle Seite nicht im Hauptspeicher vorhanden ist und nicht auf eine Hauptspeicheradresse abgebildet werden kann, weil sie sich stattdessen auf einer Festplatte befindet. Physikalische Seiten können gemeinsam genutzt werden, indem man zwei virtuelle Adressen auf dieselbe physikalische Adresse verweisen lässt. Diese Möglichkeit wird genutzt, um es zwei verschiedenen Programmen zu erlauben, Daten oder Code gemeinsam zu nutzen.

virtuelle Adresse Eine Adresse, die einer Position im virtuellen Speicher entspricht, und die beim Zugriff auf den Speicher durch Adressabbildung auf eine physikalische Adresse abgebildet wird.

Adressübersetzung oder **Adressabbildung** Der Prozess, bei dem eine virtuelle Adresse auf eine physikalische Adresse abgebildet wird, die für den Zugriff auf den Speicher verwendet wird.

Beim virtuellen Speicher erzeugt der Prozessor eine **virtuelle Adresse** die mithilfe einer Kombination aus Hardware und Software in eine *physikalische Adresse* übersetzt wird, die wiederum für den Zugriff auf den Hauptspeicher verwendet werden kann. Abbildung 5.21 zeigt den virtuell adressierten Speicher und die Abbildung der virtuellen Speicherseiten auf physikalische Seiten im Hauptspeicher. Dieser Prozess wird als *Adressabbildung* oder **Adressübersetzung** bezeichnet. Heute sind die beiden Speicherhierarchieebenen, die über virtuellen Speicher gesteuert werden, mit DRAMs und Magnetspeichern in Servern realisiert (siehe Kapitel 5.2). Wenn wir wieder unser Bibliotheksbeispiel heranziehen, können wir uns eine virtuelle Adresse als den Titel eines Buches, und eine physikalische Adresse als die Position dieses Buches in der Bibliothek vorstellen, die ihm ein Bibliothekar zugeordnet hat.

Virtueller Speicher vereinfacht auch das Laden des Programms zur Ausführung, indem eine *Verlagerung (Relocation)* ermöglicht wird. Die Verlagerung beeinflusst die Abbildung der von einem Programm verwendeten virtuellen Adressen auf physikalische Adressen, bevor die Adressen für den Zugriff auf den Speicher benutzt werden. Die Verlagerung erlaubt es uns, das Programm an eine beliebige Stelle des Hauptspeichers zu laden. Darüber hinaus erlauben alle heute üblichen virtuellen Speichersysteme eine Verlagerung des Programms als Menge von Blöcken fester Größe (Seiten), so dass es nicht mehr erforderlich ist, einen fortlaufenden Speicherblock zu finden, der für ein Programm reserviert wird. Stattdessen muss das Betriebssystem nur ausreichend viele Seiten im Hauptspeicher finden.

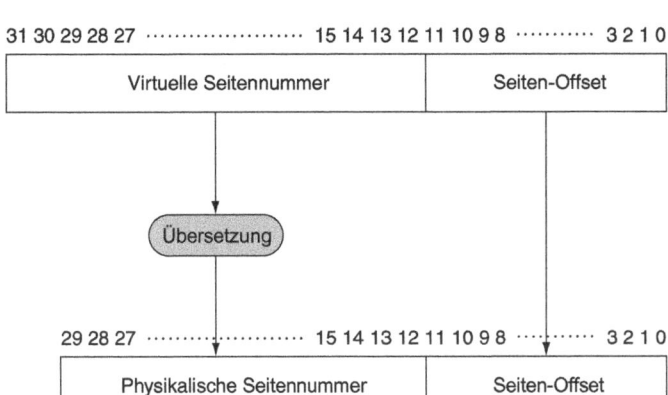

Abb. 5.22: Abbildung von einer virtuellen auf eine physikalische Adresse. Die Seitengröße beträgt $2^{12} = 4$ KiB. Die Anzahl der im Speicher erlaubten physikalischen Seiten beträgt 2^{18}, weil die physikalische Seitennummer 18 Bits enthält. Der Hauptspeicher kann also höchstens 1 GiB groß sein, während der virtuelle Adressraum 4 GiB umfasst.

Im virtuellen Speicher wird die Adresse in eine *virtuelle Seitennummer* und einen *Seiten-Offset* zerlegt. Abbildung 5.22 zeigt die Übersetzung der virtuellen Seitennummer in eine *physikalische Seitennummer*. Die physikalische Seitennummer bildet den oberen Teil der physikalischen Adresse, während der Seiten-Offset, der sich nicht ändert, den unteren Teil bildet. Die Anzahl der Bits im Seiten-Offset-Feld legt die Seitengröße fest. Die Anzahl der über die virtuelle Adresse adressierbaren Seiten muss nicht mit der Anzahl der über die physikalische Adresse adressierbaren Seiten übereinstimmen. Wenn man mehr virtuelle Seiten als physikalische Seiten hat, ist das die Grundlage für die Illusion eines im Wesentlichen unbegrenzt großen virtuellen Speichers.

Viele Designentscheidungen im Hinblick auf virtuelle Speichersysteme sind durch die hohen Kosten eines Fehlzugriffs motiviert, der im virtuellen Speicher als *Seitenfehler* bezeichnet wird. Ein Seitenfehler benötigt mehrere Millionen Taktzyklen für die Verarbeitung. (Die Tabelle auf Seite 405 zeigt, dass der Hauptspeicher etwa 100 000-mal so schnell wie die Festplatte ist.) Dieser enorme Fehlzugriffsaufwand, der durch die Zeit dominiert wird, die benötigt wird, um das erste Wort einer Seite zu laden, führt zu mehreren grundlegenden Entscheidungen beim Design virtueller Speichersysteme:

- Seiten sollten groß genug sein, um möglichst die hohe Zugriffszeit zu amortisieren. Größen von 4 KiB bis 16 KiB sind heute üblich. Neue Desktop- und Serversysteme sind so ausgelegt, dass sie Seiten mit 32 KiB und 64 KiB unterstützen, doch neue eingebettete Systeme gehen in die andere Richtung – sie verwenden Seiten mit 1 KiB.

- Attraktiv sind Anordnungen, die die Seitenfehlerrate reduzieren. Die hier meist verwendete Methode besteht darin, eine vollständig assoziative Platzierung der Seiten zuzulassen.

- Seitenfehler können per Software behandelt werden, weil der Zusatzaufwand durch die Software-Implementierung im Vergleich zur Festplattenzugriffszeit klein ist. Darüber hinaus kann es sich die Software leisten, intelligente Algorithmen für die Auswahl der Seitenplatzierung zu verwenden, weil selbst kleine Reduzierungen der Fehlzugriffsrate die Kosten für solche Algorithmen überwiegen.

- Durchschreibetechniken funktionieren für den virtuellen Speicher nicht, weil das Schreiben zu lange dauert. Stattdessen verwenden virtuelle Speichersysteme Rückschreibetechniken.

Die nächsten Unterabschnitte beschäftigen sich mit diesen Einflüssen auf den Entwurf eines virtuellen Speichers.

Anmerkungen: 1) Nach unserer Darstellung sind virtuelle Speicher motiviert durch den Wunsch, dass sich viele virtuelle Maschinen denselben Speicher teilen können sollten. Ursprünglich jedoch waren virtuelle Speicher dazu gedacht, dass viele Programme sich im Sinne eines Time-Sharing-Systems einen Computer teilen können. Da viele heutige Leser vermutlich keine Erfahrung mit Time-Sharing haben, verwenden wir virtuelle Maschinen als Motivation für diesen Abschnitt.

2) Für Server und sogar PCs sind 32-Bit-Prozessoren problematisch. Obwohl wir uns den virtuellen Adressraum normalerweise als viel größer als den physikalischen Adressraum vorstellen, kann das Gegenteil der Fall sein, wenn der Adressraum des Prozessors durch Fortschritte der Speichertechnologie relativ klein geworden ist. Für ein einzelnes Programm oder eine einzelne virtuelle Maschine spielt es keine Rolle, doch eine Gruppe von gleichzeitig laufenden Programmen oder virtuellen Maschinen kann davon profitieren, wenn kein Swapping und keine Parallelverarbeitung nötig ist.

3) Die Beschreibung des virtuellen Speichers in diesem Buch konzentriert sich auf das *Paging*, wobei Blöcke fester Größe verwendet werden. Es gibt auch ein Schema mit Blöcken variabler Größe, das als **Segmentierung** bezeichnet wird. Bei der Segmentierung besteht eine Adresse aus zwei Teilen: einer Segmentnummer und einem Segment-Offset. Die Segmentnummer steht in einem Segmentregister und wird auf eine physikalische Segmentadresse abgebildet, und der Offset wird *addiert*, um die tatsächliche physikalische Adresse zu ermitteln. Weil ein Segment in der Größe variieren kann, ist eine Überprüfung der Grenzen erforderlich, um sicherzustellen, dass der Offset innerhalb des Segments liegt. Die wichtigsten Ziele der Segmentierung sind die Unterstützung leistungsfähiger Schutzmechanismen und eine gemeinsame Nutzung von Speicherwörtern in einem Adressraum. Der wichtigste Nachteil der Segmentierung ist, dass sie den Adressraum logisch in Teile zerlegt, die als zweiteilige Adresse

Segmentierung Ein Abbildungsschema für Adressblöcke variabler Größe, wobei die Adresse aus zwei Teilen besteht: einer Segmentnummer, die auf eine physikalische Adresse abgebildet wird, und einem Segment-Offset.

behandelt werden müssen: Segmentnummer und Offset. Das **Paging** dagegen macht die Grenze zwischen Seitennummer und Offset für Programmierer und Compiler transparent.

Segmente wurden auch als Methode genutzt, den Adressraum zu erweitern, ohne die Wortbreite des Computers zu ändern. Solche Versuche waren wenig erfolgreich, weil die zweiteiligen Adressen, die Programmierer und Compiler berücksichtigen mussten, sowohl die Programmierung erschwerten als auch zu Leistungseinbußen führten.

Viele Architekturen unterteilen den Adressraum in große Blöcke fester Größe, die den Schutz zwischen Betriebssystem und Benutzerprogrammen einfacher machen und die Effizienz bei der Implementierung des Paging steigern. Obwohl diese Unterteilungen häufig als „Segmente" bezeichnet werden, ist dieser Mechanismus viel einfacher als eine Segmentierung mit variabler Blockgröße und außerdem für Benutzerprogramme nicht sichtbar. Wir werden gleich noch genauer darauf eingehen.

Eine Seite platzieren und wieder finden

Aufgrund des außerordentlich hohen Aufwands für einen Seitenfehler achten die Designer darauf, die Anzahl der Seitenfehler durch eine optimale Platzierung der Seiten zu reduzieren. Falls eine virtuelle Seite auf eine beliebige physikalische Seite abgebildet werden kann, kann das Betriebssystem bei einem Seitenfehler über die zu ersetzende Seite entscheiden. Das Betriebssystem kann beispielsweise einen komplizierten Algorithmus und komplexe Datenstrukturen für die Verwaltung der Seitennutzung verwenden, um eine Seite auszuwählen, auf die längere Zeit nicht mehr zugegriffen wurde. Ein intelligentes und flexibles Schema für das Ersetzen von Seiten reduziert die Seitenfehlerrate und beeinflusst die assoziative Platzierung von Seiten.

Wie in Abschnitt 5.4 bereits erwähnt, ist die Schwierigkeit bei der vollständig assoziativen Platzierung das Auffinden eines Eintrags, weil dieser sich überall auf der oberen Ebene der Hierarchie befinden kann. Eine sequentielle Suche ist nicht praktikabel. In virtuellen Speichersystemen finden wir Seiten mithilfe einer Tabelle, die einen Index für den Speicher bereitstellt; diese Struktur wird als **Seitentabelle** bezeichnet und befindet sich im Speicher. Der Index für den Zugriff auf die Seitentabelle ist die Seitennummer der virtuellen Adresse, mit deren Hilfe ein Tabelleneintrag und darin die entsprechende physikalische Seitennummer ermittelt wird. Jedes Programm besitzt eine eigene Seitentabelle, die den virtuellen Adressraum dieses Programms in den Hauptspeicher abbildet. In unserem Bibliotheksbeispiel entspricht die Seitentabelle einer Abbildung zwischen Buchtiteln und Standorten in der Bibliothek. So wie die Kartei auch Einträge für Bücher in einer anderen Bibliothek der Universität und nicht nur für die lokale Zweigbibliothek enthält, kann die Seitentabelle auch Einträge für Seiten enthalten, die nicht im Hauptspeicher vorhanden sind. Um die Position der Seitentabelle im Speicher anzuzeigen, enthält die Hardware ein Register, das auf den Anfang der Seitentabelle verweist; dieses wird

Paging Das Abbildungsschema für Seiten (Pages) fester Größe, wobei die Adresse aus zwei Teilen besteht: einer Seitennummer, die auf eine physikalische Seitenadresse abgebildet wird, und einem Seiten-Offset.

Seitentabelle Die Tabelle, die die Übersetzung von virtuellen in physikalische Adressen in einem virtuellen Speichersystem enthält. Die Tabelle ist im Speicher abgelegt. Als Index zum Auffinden eines Tabelleneintrags wird normalerweise die virtuelle Seitennummer verwendet. Jeder Tabelleneintrag enthält die physikalische Seitennummer für diese virtuelle Seite, falls sich die Seite aktuell im Speicher befindet.

Seitentabellenregister genannt. Wir nehmen im Folgenden an, dass sich die Seitentabelle in einem festen und aufeinander folgenden Speicherbereich befindet.

Hardware-Software-Schnittstelle

Die Seitentabelle gibt zusammen mit dem Befehlszeiger und den Registern den *Status* eines Programms an. Wenn wir einem anderen Programm erlauben wollen, den Prozessor zu übernehmen, müssen wir diesen Status speichern. Wenn wir diesen Status später wiederherstellen, kann das Programm seine Ausführung fortsetzen. Wir bezeichnen diesen Status häufig als *Prozess*. Der Prozess wird als *aktiv* betrachtet, wenn er den Prozessor besitzt; andernfalls wird er als *inaktiv* betrachtet. Das Betriebssystem kann einen Prozess zum aktiven Prozess machen, indem es den Status des Prozesses einschließlich des Befehlszeigers lädt, dessen Inhalt dann den Startpunkt für die Wiederaufnahme der Ausführung bestimmt.

Der Adressraum des Prozesses und damit alle Daten, auf die er im Speicher zugreifen kann, sind durch seine Seitentabelle definiert, die sich im Speicher befindet. Statt beim Prozesswechsel die gesamte Seitentabelle zu sichern, lädt das Betriebssystem einfach das Seitentabellenregister neu, das auf die Seitentabelle des Prozesses verweist, den es zum aktiven Prozess machen will. Jeder Prozess hat eine eigene Seitentabelle, weil verschiedene Prozesse dieselben virtuellen Adressen verwenden. Das Betriebssystem ist für die Reservierung des physikalischen Speichers und die Aktualisierung der Seitentabellen verantwortlich, so dass die virtuellen Adressräume der verschiedenen Prozesse nicht kollidieren. Wie wir gleich sehen werden, bietet die Verwendung separater Seitentabellen auch einen Schutz der Prozesse voreinander.

Abbildung 5.23 verwendet das Seitentabellenregister, die virtuelle Adresse und den adressierten Seitentabelleneintrag, um zu zeigen, wie die Hardware eine physikalische Adresse bilden kann. In jedem Seitentabelleneintrag wird ein Gültigkeits-Bit verwendet, so wie wir es vom Cache her kennen. Wenn das Bit nicht gesetzt ist, ist die Seite nicht im Hauptspeicher enthalten und es tritt ein Seitenfehler auf. Wenn das Bit gesetzt ist, befindet sich die Seite im Speicher und der Eintrag enthält die physikalische Seitenadresse.

Weil die Seitentabelle eine Abbildung für jede mögliche virtuelle Seite enthält, sind keine Tags erforderlich. In die Cache-Terminologie übertragen, besteht der Index, mit dem auf die Seitentabelle zugegriffen wird, aus der vollständigen Blockadresse, also der Nummer der virtuellen Seite.

Seitenfehler

Wenn das Gültigkeits-Bit für eine virtuelle Seite nicht gesetzt ist, tritt beim Zugriff ein Seitenfehler auf. Das Betriebssystem übernimmt den Prozessor mit-

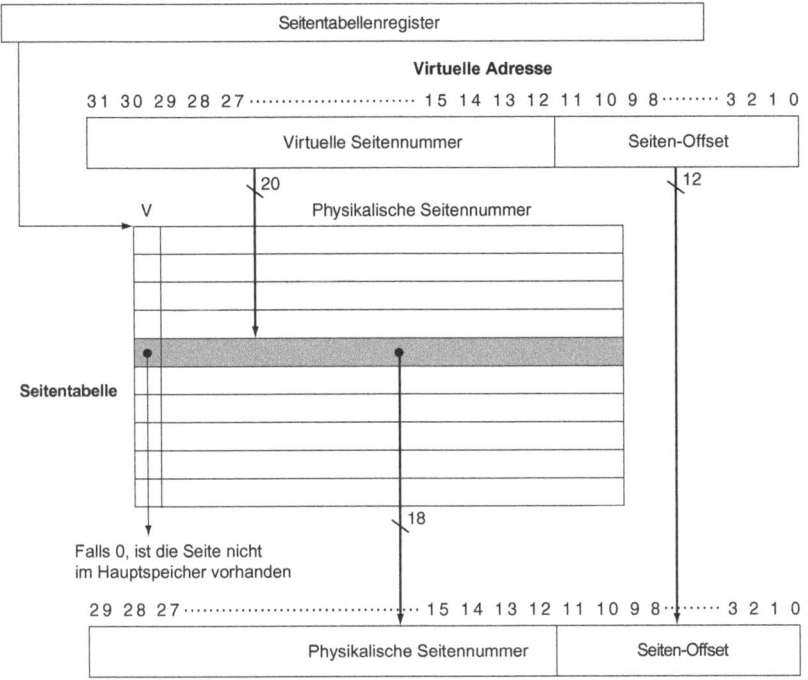

Abb. 5.23: Der Seitentabelleneintrag wird mit der virtuellen Seitennummer selektiert, um den entsprechenden Teil der physikalischen Adresse zu erhalten. Die Startadresse der Seitentabelle wird durch das Seitentabellenregister angegeben. Im Bild beträgt die Seitengröße 2^{12} Bytes, das sind 4 KiB. Der virtuelle Adressraum umfasst 2^{32} Bytes, das sind 4 GiB, und der physikalische Adressraum umfasst 2^{30} Byte, was einen Hauptspeicher von bis zu 1 GiB ermöglicht. Die Anzahl der Einträge in der Seitentabelle beträgt 2^{20}, das sind 1 Million Einträge. Das Gültigkeits-Bit (V) gibt für jeden Eintrag an, ob die Abbildung zulässig ist. Wenn es nicht gesetzt ist, befindet sich die Seite nicht im Speicher. Obwohl der hier gezeigte Seitentabelleneintrag nur 19 Bit breit sein muss, würde er normalerweise auf 32 Bit aufgerundet, um die Indizierung zu vereinfachen. Die zusätzlichen Bits würden verwendet, um zusätzliche Informationen zu speichern, die für jede einzelne Seite verwaltet werden müssen, wie beispielsweise Schutzbits.

hilfe des Ausnahmemechanismus, den wir in Kapitel 4 kennengelernt haben und weiter hinten in diesem Abschnitt noch einmal diskutieren. Nachdem das Betriebssystem den Prozessor erhalten hat, muss es die Seite in der nächsten Ebene der Hierarchie finden (das ist normalerweise die Festplatte) und entscheiden, wo die angeforderte Seite im Hauptspeicher abgelegt werden soll.

Die virtuelle Adresse allein lässt nicht unmittelbar erkennen, wo sich die Seite auf der Festplatte befindet. Betrachten wir wieder unser Bibliotheksbeispiel. Wir können den Standort eines Buchs im Regal nicht aus seinem Titel bestimmen. Stattdessen gehen wir zum Katalog und suchen dort nach dem Buch und finden die Standortadresse, zum Beispiel eine Adresse in einer anderen Bibliothek. Analog dazu müssen wir die Position jeder virtuellen Speicherseite auch auf der Festplatte in unserem virtuellen Speichersystem verwalten.

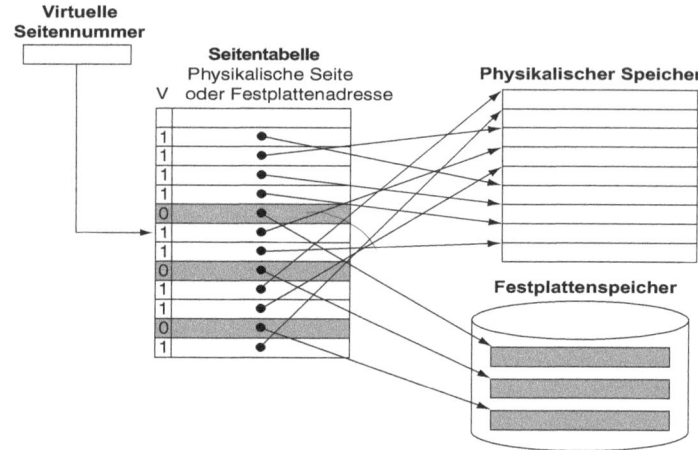

Abb. 5.24: Die Seitentabelle bildet jede Seite im virtuellen Speicher entweder auf eine Seite im Hauptspeicher oder auf eine auf der Festplatte gespeicherte Seite ab. Die Festplatte bildet die nächste Ebene in der Hierarchie. Die Nummer der virtuellen Seite wird als Index für die Seitentabelle verwendet. Wenn das Gültigkeits-Bit (V) gesetzt ist, stellt die Seitentabelle die Nummer der physikalischen Seite bereit (d. h. die Startadresse der Seite im Speicher), die der virtuellen Seite entspricht. Wenn das Gültigkeits-Bit nicht gesetzt ist, befindet sich die Seite momentan nur auf der Festplatte unter einer angegebenen Festplattenadresse. In vielen Systemen befinden sich die Tabelle mit den physikalischen Seitenadressen und die Festplattenseitenadressen in zwei separaten Datenstrukturen, auch wenn sie sich logisch innerhalb einer Tabelle befinden. Zwei Tabellen lassen sich damit rechtfertigen, dass wir die Festplattenadressen aller Seiten verwalten müssen, selbst wenn sie sich momentan im Hauptspeicher befinden. Beachten Sie, dass die Seiten im Hauptspeicher und die Seiten auf der Festplatte gleich groß sind.

Austauschspeicher Der Speicherraum auf der Festplatte, der für den vollständigen virtuellen Speicher eines Prozesses reserviert wird.

Weil wir nicht im Voraus wissen, wann eine Seite im Speicher ersetzt wird, reserviert das Betriebssystem normalerweise bei der Prozesserzeugung für alle Seiten des Prozesses einen Platz auf der Festplatte. Dieser Platz auf der Festplatte wird als **Austauschspeicher** (Swap Space) bezeichnet. Zu diesem Zeitpunkt wird auch eine Datenstruktur angelegt, in der aufgezeichnet wird, wo auf der Festplatte die einzelnen virtuellen Seiten abgelegt sind. Diese Datenstruktur kann Teil der Seitentabelle sein, aber auch eine zusätzliche Datenstruktur, die auf dieselbe Weise indiziert wird wie die Seitentabelle. Abbildung 5.24 zeigt die Tabellenorganisation, wenn eine einzige Tabelle die Nummer der physikalischen Seite oder die Festplattenadresse enthält.

Das Betriebssystem erzeugt auch eine Datenstruktur, die verwaltet, welche Prozesse und welche virtuellen Adressen die verschiedenen physikalischen Seiten verwenden. Wenn ein Seitenfehler auftritt und alle Seiten im Hauptspeicher genutzt werden, muss das Betriebssystem entscheiden, welche Seite ausgetauscht werden soll.

Weil wir die Anzahl der Seitenfehler minimieren wollen, versuchen die meisten Betriebssysteme, eine Seite auszuwählen, von der sie annehmen, dass sie nicht demnächst wieder gebraucht wird. Betriebssysteme betrachten die Vergangenheit, um die Zukunft vorhersagen zu können, und folgen dem LRU-Austauschschema (least recently used), das wir in Abschnitt 5.4 bereits erwähnt haben. Das Betriebssystem sucht nach der am längsten nicht mehr benutzten Seite und geht dabei davon aus, dass eine Seite, die längere Zeit nicht genutzt wurde, mit höherer Wahrscheinlichkeit nicht mehr benötigt wird, als eine Seite, auf die erst vor Kurzem zugegriffen wurde. Die ausgetauschten Seiten werden in den Austauschspeicher auf der Festplatte geschrieben.

Nehmen Sie beispielsweise als Reihenfolge für die Seitenzugriffe die Seitenfolge 10, 12, 9, 7, 11, 10 an. Anschließend greifen wir auf Seite 8 zu, die sich nicht im Speicher befindet. Die LRU-Seite ist 12. Beim LRU-Austausch würden wir also Seite 12 im Hauptspeicher durch Seite 8 ersetzen. Wenn der nächste Zugriff ebenfalls einen Seitenfehler verursacht, tauschen wir Seite 9 aus, weil dies dann die Seite im Speicher ist, auf die am längsten nicht mehr zugegriffen wurde.

Hardware-Software-Schnittstelle

Die Implementierung eines völlig exakten LRU-Schemas ist zu aufwändig, weil dafür bei *jedem* Speicherzugriff ein Eintrag in der Datenstruktur aktualisiert werden muss. Stattdessen verwenden die meisten Betriebssysteme ein Approximationsverfahren, indem sie beobachten, welche Seiten vor kurzem genutzt oder nicht genutzt wurden. Um das Betriebssystem bei dieser Schätzung der am längsten nicht mehr zugegriffenen Seite zu unterstützen, verwenden einige Computer ein **Verwendungs-** oder **Referenzbit**, das gesetzt wird, wenn auf eine Seite zugegriffen wird. Das Betriebssystem löscht diese Referenzbits in bestimmten Zeitabständen und zeichnet sie später erneut auf, so dass es entscheiden kann, welche Seiten während eines bestimmten Zeitraums benutzt wurden. Mit dieser Nutzungsinformation kann das Betriebssystem eine Seite auswählen, die zu denen gehört, deren letzter Zugriff am längsten her ist (sie sind dadurch identifizierbar, dass das Referenzbit nicht gesetzt ist). Wenn die Hardware dieses Bit nicht bereitstellt, muss das Betriebssystem eine andere Möglichkeit finden um abzuschätzen, auf welche Seiten zugegriffen wurde.

Referenzbit oder **Verwendungsbit** Ein Feld, das gesetzt wird, wenn auf eine Seite zugegriffen wird, und das für die Implementierung des LRU-Algorithmus oder andere Austauschschemata verwendet wird.

Anmerkung: Unter Annahme einer virtuellen 32-Bit-Adresse, 4 KiB großen Seiten und 4 Byte pro Seitentabelleneintrag können wir die Gesamtgröße der Seitentabelle berechnen:

$$\text{Anzahl der Seitentabelleneinträge} = \frac{2^{32}}{2^{12}} = 2^{20}$$

$$\text{Größe der Seitentabelle} = 2^{20} \text{ Seitentabelleneinträge}$$

$$\times 2^2 \frac{\text{Bytes}}{\text{Seitentabelleneintrag}} = 4\,\text{MiB}$$

Das bedeutet, dass wir für jedes in Ausführung befindliche Programm 4 MiB Speicher benötigen. Für ein einziges Programm ist das nicht viel. Aber was passiert, wenn Hunderte von Programmen ausgeführt werden, die alle eine eigene Seitentabelle verwenden? Und wie behandeln wir 64-Bit-Adressen, die nach dieser Berechnung 2^{52} Wörter benötigen würden?

Es werden verschiedene Verfahren genutzt, um die Speichermenge zu reduzieren, die für die Seitentabelle benötigt wird. Die fünf folgenden Verfahren versuchen, die Gesamtgröße des benötigten Speicherplatzes zu reduzieren
sowie den für die Seitentabellen reservierten Teil des Hauptspeichers zu minimieren:

1. Die einfachste Methode besteht darin, ein Grenzregister zu führen, das die
   Größe der Seitentabelle für einen bestimmten Prozess einschränkt. Wenn
   die Anzahl der virtuellen Seiten größer als der Inhalt des Grenzregisters
   wird, müssen der Seitentabelle Einträge hinzugefügt werden. Diese Methode erlaubt es, dass die Seitentabelle wächst, wenn ein Prozess mehr Speicher benötigt. Die Seitentabelle ist also nur dann groß, wenn der Prozess
   tatsächlich viele Seiten des virtuellen Adressraums benötigt. Die Methode
   setzt voraus, dass sich der Adressraum nur in eine Richtung erweitert.

2. Es ist nicht ausreichend, nur ein Anwachsen in eine Richtung zu gestat-
   ten, weil die meisten Sprachen zwei Bereiche benötigen, deren Größe er-
   weiterbar ist: Ein Bereich enthält den Stack, der andere Bereich enthält den
   Heap. Aufgrund dieser Dualität ist es bequem, die Seitentabelle zu teilen
   und sie von der höchsten Adresse nach unten sowie von der niedrigsten
   Adresse nach oben wachsen zu lassen. Das bedeutet, dass es zwei separate
   Seitentabellen und zwei separate Grenzen gibt. Die Verwendung von zwei
   Seitentabellen teilt den Adressraum in zwei Segmente. Das obere Bit einer Adresse bestimmt normalerweise, welches Segment, und damit, welche
   Seitentabelle für diese Adresse verwendet wird. Weil das Segment durch
   das obere Adressbit angegeben wird, kann jedes Segment halb so groß wie
   der Adressraum werden. Ein Begrenzungsregister für jedes Segment spezifiziert die aktuelle Größe des Segments, die seitenweise anwächst. Diese Art
   der Segmentierung wird von vielen Architekturen verwendet, einschließlich
   der MIPS-Architektur. Anders als die in der Anmerkung auf Seite 462 beschriebene Segmentierung ist diese Form der Segmentierung für das Anwendungsprogramm, jedoch nicht für das Betriebssystem transparent. Der
   wichtigste Nachteil dieses Schemas ist, dass es nicht effizient ist, wenn der
   Adressraum dünn besetzt ist und nicht als fortlaufende Menge virtueller
   Adressen verwendet wird.

3. Ein weiterer Ansatz zur Reduzierung der Seitentabellengröße ist die Anwendung einer Hash-Funktion auf die virtuelle Adresse, so dass die Seiten-
   tabellen-Datenstruktur nur die Größe der Anzahl *physikalischer* Seiten im
   Hauptspeicher haben muss. Eine solche Struktur wird auch als *invertierte
   Seitentabelle* bezeichnet. Der Suchprozess ist bei einer invertierten Seitentabelle natürlich etwas komplizierter, weil wir nicht mehr einfach mit dem
   Index der Seitentabelle suchen können.

4. Es können auch mehrere Ebenen von Seitentabellen verwendet werden, um
   den insgesamt benötigten Seitentabellenspeicher zu reduzieren. Die erste
   Ebene bildet große Blöcke fester Größe des virtuellen Adressraums ab, beschränkt auf beispielsweise insgesamt 64 bis 256 Seiten. Diese großen Blö-

cke werden manchmal als Segmente und diese Abbildungstabelle auf der
ersten Ebene als Segmenttabelle bezeichnet, obwohl die Segmente für den
Benutzer unsichtbar sind. Jeder Eintrag in der Segmenttabelle zeigt an, ob
Seiten in diesem Segment reserviert sind. Ist dies der Fall, verweist er auf eine Seitentabelle für dieses Segment. Die Adressübersetzung erfolgt, indem
zuerst in der Segmenttabelle nachgesehen wird, wozu die oberen Bits der
Adresse verwendet werden. Wenn die Segmentadresse gültig ist, werden
die nächsten der oberen Bits verwendet, um die Seitentabelle zu indizieren, die der Segmenttabelleneintrag angegeben hat. Dieses Schema erlaubt,
dass der Adressraum dünn besetzt wird (mehrere nicht aufeinander folgende
Segmente können aktiv sein), ohne dass die ganze Seitentabelle reserviert
werden muss. Solche Schemata sind insbesondere bei sehr großen Adressräumen praktisch, ebenso in Softwaresystemen, für die eine nicht fortlaufende Reservierung erforderlich ist. Der wichtigste Nachteil dieser zweistufigen Abbildung ist die größere Komplexität bei der Adressübersetzung.

5. Um den Hauptspeicheranteil zu reduzieren, der für Seitentabellen benötigt
   wird, erlauben die meisten modernen Systeme auch, dass ein Paging für die
   Seitentabellen stattfindet. Das hört sich kompliziert an, funktioniert jedoch
   unter Anwendung derselben grundlegenden Konzepte des virtuellen Speichers, wobei einfach erlaubt wird, dass sich die Seitentabellen im virtuellen
   Adressraum befinden. Darüber hinaus gibt es einige kleine aber kritische
   Probleme, wie beispielsweise eine Endlosfolge von Seitenfehlern, die vermieden werden müssen. Wie diese Probleme gelöst werden können, ist sehr
   detailabhängig und prozessorspezifisch. Kurz gesagt, diese Probleme werden vermieden, indem alle Seitentabellen im Adressraum des Betriebssystems und zumindest einige der Seitentabellen für das Betriebssystem in einem Teil des Hauptspeichers untergebracht werden, der physikalisch adressiert wird, immer präsent ist und damit nie auf die Festplatte ausgelagert
   wird.

Schreiboperationen

Der Unterschied zwischen der Zugriffszeit auf den Cache und auf den Hauptspeicher beträgt zwischen ein paar Dutzend und ein paar Hundert Zyklen,
und es können Durchschreibeschemata verwendet werden, obwohl wir einen
Schreibpuffer benötigen, um die Latenz der Schreiboperation vor dem Prozessor zu verbergen. In einem virtuellen Speichersystem benötigen Schreiboperationen auf die nächste Ebene der Hierarchie (Festplatte) Millionen von Prozessortaktzyklen, so dass ein Schreibpuffer keine Lösung wäre, um ein Durchschreibeschema auf die Festplatte zu implementieren. Stattdessen müssen virtuelle Speichersysteme die Rückschreibetechnik verwenden, wobei die einzelnen Schreiboperationen auf den Seiten im Speicher erfolgen, und die Seite
zurück auf die Festplatte kopiert wird, wenn sie aus dem Speicher verdrängt
wird.

Hardware-Software-Schnittstelle

Ein Rückschreibschema hat für ein virtuelles Speichersystem einen weiteren großen Vorteil. Weil die Festplattenübertragungszeit im Vergleich zur Zugriffszeit klein ist, ist das Rückkopieren einer ganzen Seite sehr viel effizienter, als einzelne Wörter auf die Festplatte zurückzuschreiben. Eine Rückschreiboperation ist zwar effizienter als die Übertragung einzelner Wörter, aber auch kostspieliger. Wir wüssten also gerne, ob eine Seite zurückkopiert werden *muss*, wenn wir sie verdrängen. Um zu verfolgen, ob auf eine Seite etwas geschrieben wurde, seit sie in den Speicher geladen wurde, wird der Seitentabelle ein *Dirty-Bit* hinzugefügt. Das Dirty-Bit wird gesetzt, wenn ein Wort auf eine Seite geschrieben wurde. Wenn das Betriebssystem entscheidet, die Seite zu verdrängen, gibt das Dirty-Bit also an, ob die Seite auf die Festplatte geschrieben werden muss, bevor ihre Position im Speicher für eine andere Seite freigegeben werden kann. Eine veränderte Seite wird deshalb häufig auch als *Dirty*-Seite bezeichnet.

Beschleunigung der Adressübersetzung: Der TLB

Weil die Seitentabellen im Hauptspeicher untergebracht sind, kann jeder Speicherzugriff durch ein Programm wenigstens doppelt so lange dauern: Ein Speicherzugriff, um die physikalische Adresse zu ermitteln, und ein zweiter, um die Daten zu erhalten. Der Schlüssel für die Verbesserung der Zugriffsleistung ist, die Lokalität des Zugriffs auf die Seitentabelle zu nutzen. Wenn eine Übersetzung für eine virtuelle Seitennummer verwendet wird, wird sie vielleicht in naher Zukunft schon wieder genutzt, weil die Zugriffe auf die Wörter dieser Seite sowohl eine temporale als auch eine räumliche Lokalität aufweisen.

Dementsprechend enthalten die meisten modernen Prozessoren einen speziellen Cache, der die zuletzt verwendeten Übersetzungen enthält. Dieser spezielle Adressübersetzungs-Cache wird üblicherweise als **Translation-Lookaside Buffer (TLB)** bezeichnet, obwohl es richtiger wäre, ihn als Übersetzungs-Cache zu bezeichnen. Der TLB entspricht dem kleinen Zettel, auf dem wir uns die Standorte verschiedener Bücher notieren, die wir im Katalog nachgeschlagen haben; anstatt immer wieder den gesamten Katalog zu durchsuchen, zeichnen wir uns die Standorte mehrerer Bücher auf und verwenden den Zettel als Cache für die Regalnummern.

TLB Ein Cache, der die zuletzt verwendeten Adressabbildungen nutzt, um einen Zugriff auf die Seitentabelle zu vermeiden.

Abbildung 5.25 zeigt, dass jeder Tag-Eintrag im TLB einen Teil der virtuellen Seitennummer und jeder Dateneintrag des TLB eine physikalische Seitennummer enthält. Weil wir bei jedem Zugriff auf den TLB und nicht die Seitentabelle zugreifen, muss der TLB auch andere Statusbits enthalten, wie beispielsweise das Dirty- und das Referenz-Bit.

Bei jedem Zugriff schlagen wir die virtuelle Seitennummer im TLB nach. Wenn wir einen Treffer erhalten, wird die physikalische Seitennummer verwendet, um die physikalische Adresse zu bilden, und das entsprechende Referenz-Bit wird gesetzt. Wenn der Prozessor eine Schreiboperation durchführt,

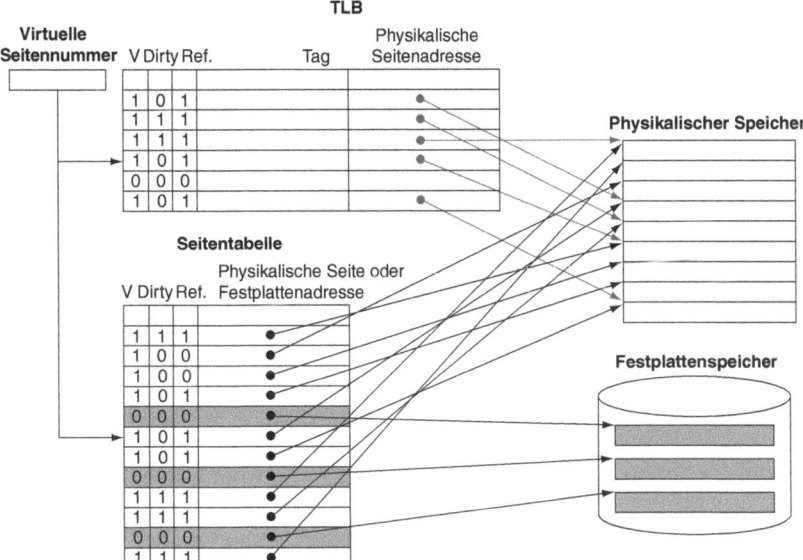

Abb. 5.25: Der TLB dient als Cache der Seitentabelle für Einträge, die auf physikalische Seiten abgebildet werden. Der TLB enthält eine Untermenge der Abbildungen von virtuellen auf physikalische Seiten, die sich auch in der Seitentabelle befinden. Die TLB-Abbildungen sind durch hellere Linien dargestellt. Weil es sich bei dem TLB um einen Cache handelt, muss er ein Tag-Feld und ein Gültigkeits-Bit (V) besitzen. Wenn es für eine Seite keinen Eintrag im TLB gibt, muss die Seitentabelle durchsucht werden. Die Seitentabelle stellt entweder eine physikalische Seitennummer für die Seite bereit (die dann verwendet werden kann, um einen TLB-Eintrag zu erstellen), oder zeigt an, dass sich die Seite auf der Festplatte befindet: In diesem Fall tritt ein Seitenfehler auf. Weil die Seitentabelle für jede virtuelle Seite einen Eintrag besitzt, ist kein Tag-Feld erforderlich, mit anderen Worten, bei ihr handelt es sich *nicht* um einen Cache.

wird auch das Dirty-Bit gesetzt. Falls ein Fehlzugriff im TLB auftritt, müssen wir ermitteln, ob es sich um einen Seitenfehler oder nur um einen TLB-Fehlzugriff handelt. Wenn die Seite im Speicher vorhanden ist, weist der TLB-Fehlzugriff nur darauf hin, dass die Übersetzung im TLB fehlt. In solchen Fällen kann der Prozessor den TLB-Fehlzugriff verarbeiten, indem er die Übersetzung von der Seitentabelle in den TLB lädt und dann den Zugriff erneut versucht. Liegt die Seite nicht im Speicher vor, weist der TLB-Fehlzugriff auf einen echten Seitenfehler hin. In diesem Fall ruft der Prozessor mithilfe einer Ausnahme das Betriebssystem auf. Weil der TLB sehr viel weniger Einträge enthält als die Anzahl der Seiten im Hauptspeicher, treten TLB-Fehlzugriffe sehr viel häufiger auf als echte Seitenfehler.

TLB-Fehlzugriffe können hardwareseitig oder softwareseitig verarbeitet werden. In der Praxis besteht durch eine sorgfältige Implementierung ein geringer Leistungsunterschied zwischen den beiden Ansätzen, weil die grundlegenden Operationen dieselben sind.

Nachdem ein TLB-Fehlzugriff aufgetreten ist und die fehlende Übersetzung aus der Seitentabelle geladen wurde, müssen wir entscheiden, welcher TLB-

Eintrag ausgetauscht werden soll. Weil die Referenz- und Dirty-Bits im TLB-Eintrag enthalten sind, müssen wir diese Bits zurück in den Seitentabellenein-trag kopieren, wenn wir einen Eintrag verdrängen. Diese Bits sind der einzige Teil des TLB-Eintrags, der sich ändern kann. Die Verwendung der Rückschrei-betechnik – d. h. das Zurückkopieren dieser Einträge, wenn ein Fehlzugriff stattfindet, und nicht, wenn sie geändert werden – ist sehr effizient, weil wir davon ausgehen, dass die TLB-Fehlzugriffsrate gering ist. Einige Systeme ver-wenden andere Verfahren, um Referenz- und Dirty-Bits abzuschätzen, so dass nicht die Notwendigkeit besteht, in den TLB zu schreiben, außer um bei einem Fehlzugriff einen neuen Tabelleneintrag zu laden.

Einige typische Werte für einen TLB sind beispielsweise

- TLB-Größe: 16 bis 512 Einträge
- Blockgröße: 1 bis 2 Seitentabelleneinträge (typischerweise 4 bis 8 Byte pro Eintrag)
- Trefferzeit: 0,5 bis 1 Taktzyklen
- Fehlzugriffsaufwand: 10 bis 100 Taktzyklen
- Fehlzugriffsrate: 0,01 % bis 1 %

Die Designer haben eine große Vielfalt an Assoziativitäten in TLBs verwendet. Einige Systeme verwenden kleine, vollassoziative TLBs, weil eine vollassozia-tive Abbildung eine niedrigere Fehlzugriffsrate hat. Da der TLB darüber hinaus klein ist, sind die Kosten für eine vollassoziative Abbildung nicht allzu hoch. Andere Systeme verwenden große TLBs, häufig mit einer geringeren Asso-ziativität. Bei einer vollassoziativen Abbildung kann es kompliziert sein, den Eintrag auszuwählen, der verdrängt werden soll, weil ein Hardware-gestütztes LRU-Schema zu aufwändig ist. Weil TLB-Fehlzugriffe außerdem viel häufi-ger auftreten als Seitenfehler und deshalb kostengünstiger verarbeitet werden müssen, können wir uns keinen teuren Software-Algorithmus leisten, wie es für Seitenfehler möglich ist. Demzufolge unterstützen viele Systeme eine zu-fällige Auswahl des Eintrags, der ausgetauscht werden soll. Wir werden in Ab-schnitt 5.8 genauer darauf eingehen.

Der TLB des Intrinsity-FastMATH-Prozessors

Um diese Konzepte anhand eines realen Prozessors zu verdeutlichen, betrach-ten wir den TLB des Intrinsity FastMATH. Das Speichersystem verwendet 4 KiB große Seiten und einen 32-Bit-Adressraum. Damit ist die virtuelle Sei-tennummer 20 Bit lang, wie oben in Abbildung 5.26 gezeigt. Die physikali-sche Adresse hat dieselbe Größe wie die virtuelle Adresse. Der TLB enthält 16 Einträge, ist vollassoziativ und wird von Befehls- und Datenzugriffen gemein-sam genutzt. Jeder Eintrag ist 64 Bit breit und enthält ein 20-Bit-Tag (nämlich die virtuelle Seitennummer für diesen TLB-Eintrag), die entsprechende phy-sikalische Seitennummer (ebenfalls 20 Bit), ein Gültigkeits-Bit, ein Dirty-Bit sowie andere für die Verwaltung verwendete Bits. Wie bei den meisten MIPS-Systemen wird Software verwendet, um TLB-Fehlzugriffe zu behandeln.

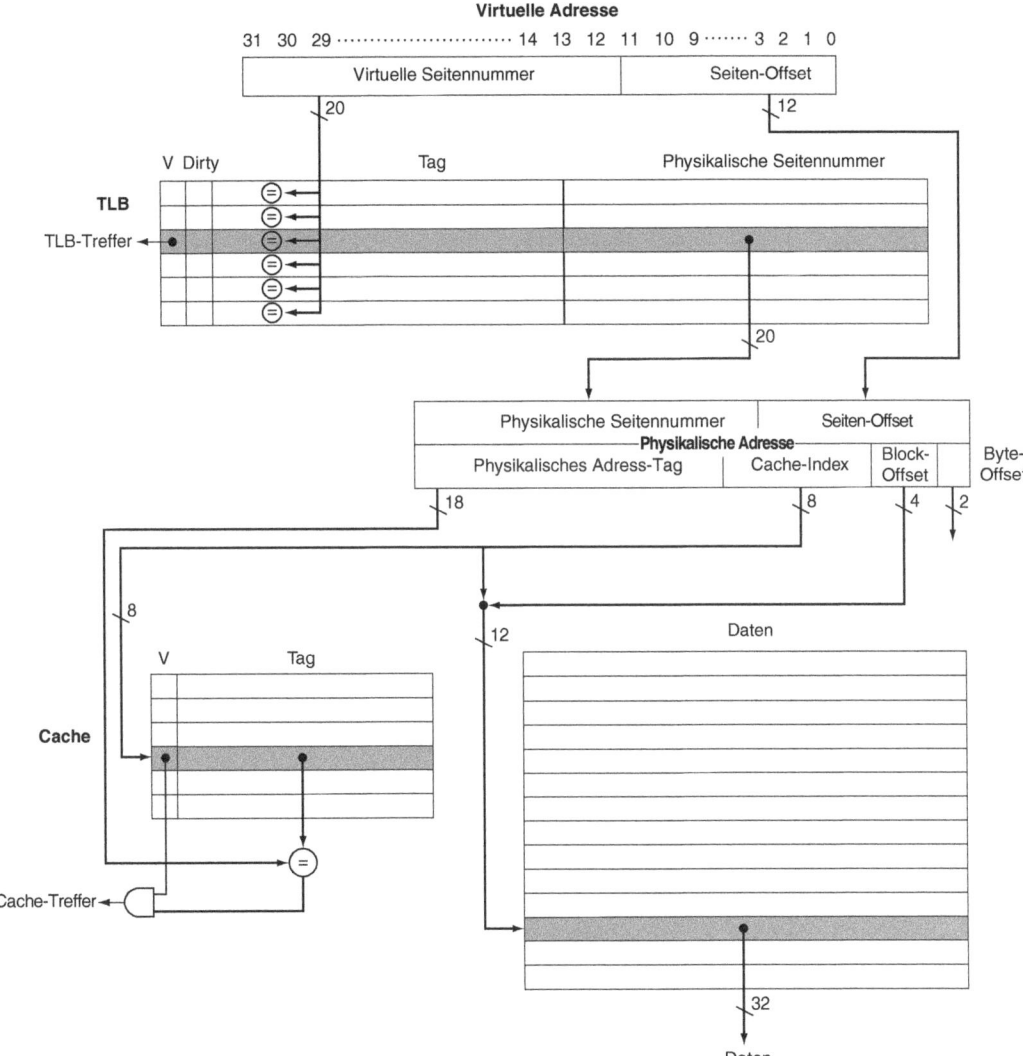

Abb. 5.26: Verwendung des TLB und des Caches, um von einer virtuellen Adresse zu einem Datenelement im Intrinsity-FastMATH zu gelangen. Diese Abbildung zeigt den Aufbau des TLB und des Datencaches bei einer Seitengröße von 4 KiB. Die Zeichnung konzentriert sich auf Leseoperationen. Abbildung 5.27 beschreibt die Verarbeitung von Schreiboperationen. Beachten Sie, dass anders als in Abbildung 5.10 das Tag und die Daten-RAMs voneinander getrennt sind. Durch die Adressierung des langen, aber schmalen Daten-RAMs mit dem Cache-Index konkateniert (verkettet) mit dem Block-Offset wählen wir das gewünschte Wort im Block ohne 16:1-Multiplexer aus. Während der Cache direkt abgebildet wird, ist der TLB vollassoziativ. Für die Implementierung eines vollassoziativen TLB ist es erforderlich, dass jedes TLB-Tag mit der virtuellen Seitennummer verglichen wird, weil der gesuchte Eintrag sich an jeder beliebigen Stelle im TLB befinden kann. (Siehe CAM in der Anmerkung auf Seite 437.) Wenn das Gültigkeits-Bit des übereinstimmenden Eintrags gesetzt ist, erzeugt der Zugriff einen TLB-Treffer, und die Bits der physikalischen Seitennummer bilden zusammen mit dem Seiten-Offset den Index, der für den Zugriff auf den Cache verwendet wird.

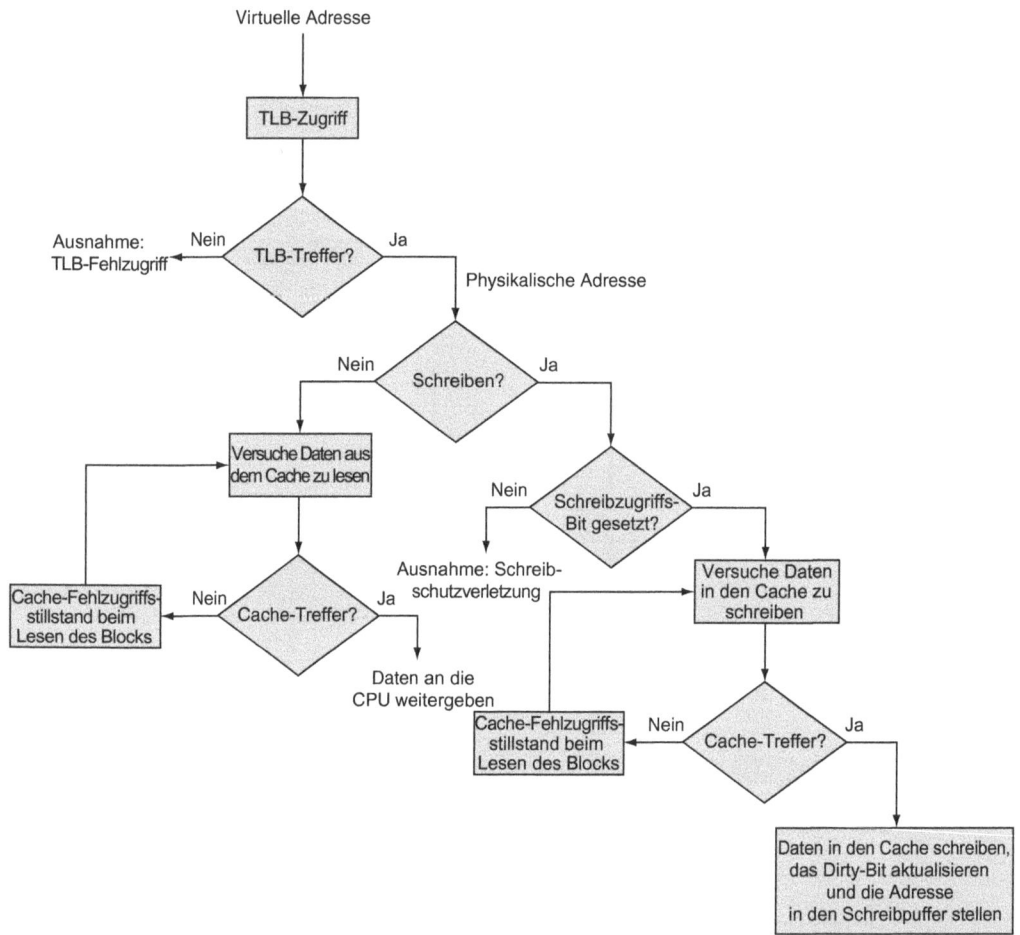

Abb. 5.27: Verarbeitung einer Lese- oder Durchschreiboperation durch TLB und Cache im Intrinsity-FastMATH. Wenn der TLB einen Treffer erzeugt, kann der Zugriff auf den Cache mit der resultierenden physikalischen Adresse erfolgen. Für eine Leseoperation erzeugt der Cache einen Treffer oder einen Fehlzugriff und stellt die Daten bereit oder verursacht einen Stillstand, während Daten aus dem Speicher geladen werden. Handelt es sich um eine Schreiboperation, wird für einen Treffer ein Teil des Cache-Eintrags überschrieben und die Daten werden an den Schreibpuffer geschickt, wenn wir von einem Durchschreiben ausgehen. Ein Schreibfehlzugriff verhält sich genau wie ein Lesefehlzugriff, außer dass der Block verändert wird, nachdem er aus dem Speicher geladen wurde. Beim Zurückschreiben muss bei Schreiboperationen das Dirty-Bit für den Cache-Block gesetzt werden, und ein Schreibpuffer wird nur bei einem Lesefehlzugriff oder Schreibfehlzugriff mit dem ganzen Block geladen, wenn der auszutauschende Block „dirty" ist, also verändert wurde. Beachten Sie, dass ein TLB-Treffer und ein Cache-Treffer unabhängige Ereignisse sind, aber dass ein Cache-Treffer nur auftreten kann, nachdem ein TLB-Treffer stattgefunden hat, d. h., die Daten müssen im Speicher vorliegen. Die Beziehung zwischen TLB-Fehlzugriffen und Cache-Fehlzugriffen wird im folgenden Beispiel genauer betrachtet.

Abbildung 5.26 zeigt den TLB und einen der Caches, während Abbildung 5.27 die Schritte bei der Verarbeitung einer Lese- oder Schreibanforderung darstellt. Wenn ein TLB-Fehlzugriff stattfindet, speichert die MIPS-Hardware die Seitennummer des Zugriffs in einem speziellen Register und erzeugt eine Ausnahme. Die Ausnahme ruft das Betriebssystem auf, das den Fehlzugriff softwareseitig verarbeitet. Um die physikalische Adresse der fehlenden Seite zu ermitteln, indiziert die TLB-Fehlzugriffsroutine die Seitentabelle unter Verwendung der Seitennummer der virtuellen Adresse und des Seitentabellenregisters, das die Startadresse der Seitentabelle des aktiven Prozesses enthält. Unter Verwendung spezieller Befehle, die den TLB aktualisieren können, platziert das Betriebssystem die physikalische Adresse aus der Seitentabelle im TLB. Ein TLB-Fehlzugriff dauert etwa 13 Taktzyklen, wenn man davon ausgeht, dass sich der Code und der Seitentabelleneintag im Befehlscache bzw. Datencache befinden. (Den MIPS TLB-Code sehen Sie auf Seite 483.) Ein echter Seitenfehler tritt auf, falls der Seitentabelleneintrag keine gültige physikalische Adresse aufweist. Die Hardware verwaltet einen Index, der den für den Austausch empfohlenen Eintrag angibt. Dieser wird zufällig ausgewählt.

Es gibt ein zusätzliches Problem für Schreibanforderungen: Das Schreibzugriff-Bit im TLB muss überprüft werden. Dieses Bit verhindert, dass das Programm in Seiten schreibt, für die es nur Lesezugriff besitzt. Wenn das Programm eine Schreiboperation versucht und das Schreibzugriff-Bit nicht gesetzt ist, wird eine Ausnahme erzeugt. Das Schreibzugriff-Bit ist ein Teil des Schutzmechanismus, den wir im Folgenden beschreiben werden.

Integration von virtuellem Speicher, TLBs und Caches

Virtueller Speicher und Cache arbeiten als Hierarchie zusammen, so dass Daten nur dann im Cache vorhanden sein können, wenn sie im Hauptspeicher enthalten sind. Das Betriebssystem hilft, diese Hierarchie zu verwalten, indem es den Inhalt jeder Seite aus dem Cache entfernt, wenn es entscheidet, diese Seite auf die Festplatte zu verschieben. Gleichzeitig ändert das Betriebssystem die Seitentabellen und den TLB, so dass ein Versuch, auf Daten auf der Seite zuzugreifen, einen Seitenfehler verursacht.

Im günstigsten Fall wird eine virtuelle Adresse vom TLB übersetzt und an den Cache geschickt, wo die entsprechenden Daten gefunden, geladen und an den Prozessor zurückgeschickt werden. Im ungünstigsten Fall verursacht ein Zugriff in allen drei Komponenten der Speicherhierarchie einen Fehlzugriff: TLB, Seitentabelle und Cache. Das folgende Beispiel verdeutlicht dieses Zusammenspiel.

Beispiel: Allgemeine Arbeitsweise einer Speicherhierarchie

In einer Speicherhierarchie, welche die in Abbildung 5.26 gezeigte TLB- und Cache-Organisation aufweist, kann ein Speicherzugriff drei verschiedene Arten von Fehlzugriffen verursachen: einen TLB-Fehlzugriff, einen Seitenfehlzugriff und einen Cache-Fehlzugriff. Betrachten Sie alle möglichen Kombinationen dieser Ereignisse, die jeweils einzeln oder kombiniert auftreten (sieben Möglichkeiten). Geben Sie für jede Möglichkeit an, ob dieses Ereignis tatsächlich auftreten kann, und unter welchen Bedingungen.

Lösung: Tabelle 5.5 zeigt die möglichen Situationen, und ob sie in der Praxis auftreten können oder nicht.

Tab. 5.5: Mögliche Kombinationen von Ereignissen im TLB, virtuellen Speichersystem und Cache. Drei dieser Kombinationen sind nicht möglich, eine davon ist möglich (Treffer TLB, Treffer virtueller Speicher, Fehlzugriff Cache), aber die Trefferprüfung in der Seitentabelle wird nie durchgeführt.

TLB	Seitentabelle	Cache	Möglich? Wenn ja, unter welchen Bedingungen?
Treffer	Treffer	Fehlzugriff	Möglich, wobei die Seitentabelle nie überprüft wird, wenn TLB einen Treffer ergibt.
Fehlzugriff	Treffer	Treffer	TLB-Fehlzugriffe, aber der Eintrag wird in der Seitentabelle gefunden; bei einem erneuten Versuch werden die Daten im Cache gefunden.
Fehlzugriff	Treffer	Fehlzugriff	TLB-Fehlzugriffe, aber der Eintrag wird in der Seitentabelle gefunden; bei einem erneuten Versuch erfolgt für die Daten im Cache ein Fehlzugriff.
Fehlzugriff	Fehlzugriff	Fehlzugriff	TLB-Fehlzugriffe, gefolgt von einem Seitenfehler; bei einem erneuten Versuch muss für die Daten im Cache ein Fehlzugriff erfolgen.
Treffer	Fehlzugriff	Fehlzugriff	Unmöglich: Es gibt keine Zuordnung im TLB, wenn die Seite nicht im Speicher ist.
Treffer	Fehlzugriff	Treffer	Unmöglich: Es gibt keine Zuordnung im TLB, wenn die Seite nicht im Speicher ist.
Fehlzugriff	Fehlzugriff	Treffer	Unmöglich: Daten können nicht im Cache stehen, wenn sich die Seite nicht im Speicher befindet.

PIPELINING

virtuell adressierter Cache Ein Cache, auf den der Zugriff über eine virtuelle statt über eine physikalische Adresse erfolgt.

Anmerkung: Tabelle 5.5 geht davon aus, dass alle Speicheradressen in physikalische Adressen übersetzt werden, bevor ein Zugriff auf den Cache erfolgt. Bei dieser Konstellation ist der Cache *physikalisch indiziert* und *physikalisch getagged* (sowohl der Cache-Index als auch das Tag sind physikalische, keine virtuellen Adressen). Bei einem solchen System muss die Speicherzugriffszeit bei einem Cache-Treffer sowohl einen TLB-Zugriff als auch einen nachfolgenden Cache-Zugriff enthalten; natürlich können diese Zugriffe in einer **Pipeline** erfolgen.

Alternativ kann der Prozessor den Cache mit einer Adresse indizieren, die vollständig oder teilweise virtuell ist. Man spricht dann von einem **virtuell adressierten Cache**, der virtuelle Adressen als Tags verwendet. Damit ist ein solcher Cache *virtuell indiziert* und *virtuell getagged*. In solchen Caches wird die Adressübersetzungshardware (TLB) bei einem normalen Cache-Zugriff nicht verwendet, weil der Zugriff auf den Cache mit einer virtuellen Adresse erfolgt, die nicht in eine physikalische Adresse übersetzt wurde. Das entfernt den TLB aus dem kritischen Pfad und reduziert damit die Cache-Latenz. Wenn ein Cache-Fehlzugriff stattfindet, muss der Prozessor jedoch die Adresse in eine physikalische Adresse übersetzen, so dass er den Cache-Block aus dem Hauptspeicher laden kann.

Wenn der Zugriff auf den Cache über eine virtuelle Adresse erfolgt und Seiten von mehreren Programmen gemeinsam genutzt werden (die unter Ver-

wendung unterschiedlicher virtueller Adressen darauf zugreifen), besteht die
Möglichkeit des **Aliasing**.

Ein Aliasing findet statt, wenn dasselbe Objekt zwei Namen hat – in diesem
Fall zwei virtuelle Adressen für dieselbe Seite. Diese Mehrdeutigkeit verursacht ein Problem, weil ein Wort auf einer solchen Seite an zwei verschiedenen
Positionen in den Cache gestellt werden kann, die zwei verschiedenen virtuellen Adressen entsprechen. Diese Mehrdeutigkeit würde es zulassen, dass ein
Programm die Daten verändert, während das andere Programm nicht erkennen würde, dass sich die Daten geändert haben. Vollständig virtuell adressierte
Caches führen entweder Design-Beschränkungen für den Cache und den TLB
ein, um Aliase zu reduzieren, oder sie verlassen sich darauf, dass das Betriebssystem und möglicherweise sogar der Benutzer die erforderlichen Schritte ergreifen, die sicherstellen, dass keine Aliase auftreten.

> **Aliasing** Eine Situation, bei der auf dasselbe Objekt unter Verwendung von zwei Adressen zu-gegriffen wird. Sie kann im virtuellen Speicher auftreten, wenn es zwei virtuelle Adressen für die-selbe physikalische Seite gibt.

Ein üblicher Kompromiss zwischen diesen beiden Designanforderungen
sind virtuell indizierte Caches (manchmal einfach unter Verwendung des Seiten-
Offset-Teils der Adresse, wobei es sich eigentlich um eine physikalische Adresse handelt, weil sie nicht übersetzt wird), aber unter Verwendung von physikalischen Tags. Diese Designansätze, die *virtuell indiziert aber physikalisch
getagged* sind, versuchen, die Leistungsvorteile virtuell indizierter Caches mit
den Vozügen architektonisch einfacherer **physikalisch adressierter Caches**
zu verbinden. In diesem Fall gibt es beispielsweise kein Alias-Problem. Abbildung 5.26 ist von einer Seitengröße von 4 KiB ausgegangen, aber eigentlich ist
sie 16 KiB groß, der Intrinsity FastMATH kann also diesen Trick nutzen. Dazu
muss auf eine sorgfältige Abstimmung zwischen der Mindestseitengröße, der
Cachegröße und der Assoziativität geachtet werden.

> **physikalisch adressier-ter Cache** Ein Cache, auf den über eine physikali-sche Adresse zugegriffen wird.

Implementierung von Schutzmechanismen mit einem virtuellen Speicher

Die vielleicht wichtigste Aufgaben des virtuellen Speichers ist es, eine gemeinsame Nutzung eines einzigen Hauptspeichers durch mehrere Prozesse zu erlauben, wobei Speicherschutzmechanismen zwischen diesen Prozessen und dem
Betriebssystem bereitgestellt werden. Die Schutzmechanismen müssen sicherstellen, dass zwar mehrere Prozesse denselben Hauptspeicher gemeinsam nutzen können, aber ein nicht mehr korrekt funktionierender Prozess nicht – beabsichtigt oder unbeabsichtigt – in den Adressraum eines anderen Prozesses oder
des Betriebssystems schreiben kann. Das Schreibzugriff-Bit im TLB kann eine
Seite davor schützen, dass auf sie geschrieben wird. Ohne diese Schutzebene
wären Computerviren noch weiter verbreitet.

Hardware-Software-Schnittstelle

Um dem Betriebssystem zu ermöglichen, Schutzmechanismen im virtuellen
Speichersystem zu implementieren, muss die Hardware mindestens die drei
nachfolgend aufgelisteten grundlegenden Fähigkeiten besitzen. Beachten Sie,

dass die ersten beiden die gleichen Anforderungen sind, die für virtuelle Maschinen gelten (Abschnitt 5.6).

1. Unterstützung von mindestens zwei Modi, die anzeigen, ob der ausgeführte Prozess ein Benutzerprozess oder ein Betriebssystemprozess ist, der auch als **Supervisor-**, **Kernel-** oder **Executive**-Prozess bezeichnet wird.

Kernel-Modus Auch als **Supervisor-Modus** bezeichnet. Ein Modus, der anzeigt, dass es sich bei dem ausgeführten Prozess um einen Betriebssystemprozess handelt.

2. Bereitstellung eines Teils des Prozessorstatus, den ein Benutzerprozess zwar lesen, nicht aber schreiben kann. Das beinhaltet das Benutzer/Supervisor-Modus-Bit, das angibt, ob sich der Prozessor im Benutzer- oder Supervisor-Modus befindet, den Seitentabellenzeiger und den TLB. Um diese Elemente zu ändern, verwendet das Betriebssystem spezielle Befehle, die nur im Supervisor-Modus zur Verfügung stehen.

3. Bereitstellung von Mechanismen, mit denen der Prozessor vom Benutzermodus in den Supervisor-Modus und umgekehrt wechseln kann. Die erste Richtung wird normalerweise durch eine **Systemaufruf**-Ausnahme bewerkstelligt, implementiert als spezieller Befehl (*syscall* im MIPS-Befehlssatz), der die Steuerung an eine bestimmte Position im Supervisor-Coderaum überträgt. Wie bei jeder anderen Ausnahme wird der Befehlszähler ab dem Moment des Systemaufrufs im Ausnahmebefehlszähler (EPC) gespeichert, und der Prozessor wird in den Supervisor-Modus versetzt. Um von der Ausnahme aus in den Benutzermodus zurückzugelangen, wird der Befehl ERET (return from exception) verwendet, der in den Benutzermodus zurückkehrt und zu der im EPC gespeicherten Adresse springt.

Systemaufruf Ein spezieller Befehl, der die Steuerung vom Benutzermodus an eine bestimmte Position im Supervisor-Coderaum überträgt und damit den Ausnahmemechanismus im Prozess aufruft.

Durch Verwendung dieser Mechanismen und durch das Speichern der Seitentabellen im Adressraum des Betriebssystems kann das Betriebssystem die Seitentabellen ändern und gleichzeitig verhindern, dass ein Benutzerprozess sie ändert. Damit wird sichergestellt, dass ein Benutzerprozess nur auf den vom Betriebssystem für ihn bereitgestellten Speicher zugreifen kann.

Wir wollen auch verhindern, dass ein Prozess die Daten eines anderen Prozesses liest. Beispielsweise wollen wir nicht, dass ein Studierendenprogramm Benotungen liest, während diese sich im Speicher des Prozessors befinden. Wenn wir die gemeinsame Nutzung des Hauptspeichers erlauben, müssen wir einem Prozess die Möglichkeit geben, seine Daten davor zu schützen, dass ein anderer Prozess sie liest oder schreibt; andernfalls wäre die gemeinsame Nutzung des Hauptspeichers ein zweischneidiges Schwert!

Sie wissen, dass jeder Prozess einen eigenen virtuellen Adressraum hat. Wenn das Betriebssystem also die Seitentabellen so verwaltet, dass die unabhängigen virtuellen Seiten auf nicht zusammenhängende physikalische Seiten abgebildet werden, ist ein Prozess nicht in der Lage, auf die Daten eines anderen Prozesses zuzugreifen. Dafür ist es natürlich auch erforderlich, dass ein Benutzerprozess nicht in der Lage sein darf, die Seitentabellenabbildung zu ändern. Das Betriebssystem kann diese Sicherheit garantieren, wenn es den

Benutzerprozess daran hindert, seine eigenen Seitentabellen zu ändern. Dennoch muss das Betriebssystem selbst in der Lage sein, die Seitentabellen zu ändern. Durch die Platzierung der Seitentabellen im geschützten Adressraum des Betriebssystems werden beide Bedingungen erfüllt. Wenn Prozesse Informationen auf eingeschränkte Weise gemeinsam nutzen wollen, muss ihnen das Betriebssystem dabei helfen, weil der Zugriff auf die Informationen eines anderen Prozesses es erforderlich macht, in die Seitentabelle des zugreifenden Prozesses einzugreifen. Das Schreibzugriff-Bit kann verwendet werden, um die gemeinsame Nutzung auf Leseoperationen zu beschränken. Dieses Bit kann wie die restliche Seitentabelle nur vom Betriebssystem geändert werden. Um einem anderen Prozess, etwa P1, zu erlauben, eine Seite zu lesen, die Prozess P2 gehört, würde P2 das Betriebssystem auffordern, einen Seitentabelleneintrag für eine virtuelle Seite im Adressraum von P1 zu erzeugen, der auf dieselbe physikalische Seite verweist, die P2 gemeinsam nutzen will. Das Betriebssystem könnte das Schreibschutz-Bit verwenden, um zu verhindern, dass P1 die Daten überschreibt, wenn P2 das so will. Alle Bits, die die Zugriffsrechte für eine Seite festlegen, müssen sowohl in der Seitentabelle als auch im TLB berücksichtigt werden, weil der Zugriff auf die Seitentabelle nur bei einem TLB-*Fehlzugriff* erfolgt.

Anmerkung: Wenn das Betriebssystem entscheidet, von dem ausgeführten Prozess P1 zum ausgeführten Prozess P2 zu wechseln (was als **Kontextwechsel** oder *Prozesswechsel* bezeichnet wird), muss er sicherstellen, dass P2 nicht auf die Seitentabellen von P1 zugreifen kann, weil das den Schutzmechanismus verletzen würde. Wenn es keinen TLB gibt, ist es ausreichend, das Seitentabellenregister so zu ändern, dass es auf die Seitentabelle von P2 verweist (und nicht mehr auf die von P1). Wenn ein TLB vorhanden ist, müssen wir die TLB-Einträge löschen, die zu P1 gehören – sowohl, um die Daten von P1 zu schützen, als auch, um den TLB zu zwingen, die Einträge für P2 zu laden. Wenn die Prozesswechselrate hoch ist, kann das sehr ineffizient sein. Angenommen, P2 lädt nur ein paar TLB-Einträge, bevor das Betriebssystem zurück zu P1 wechselt. Leider stellt P1 dann fest, dass alle seine TLB-Einträge weg sind, und muss den TLB-Fehlzugriffsaufwand tragen, um sie neu zu laden. Dieses Problem entsteht, weil die von P1 und P2 verwendeten virtuellen Adressen gleich sind, und wir den TLB löschen müssen, um eine Verwechslung dieser Adressen zu vermeiden.

Eine gebräuchlichere Alternative ist, den virtuellen Adressraum zu erweitern, indem man eine *Prozess-ID* oder *Task-ID* einführt. Der Intrinsity Fast-MATH hat für diesen Zweck eine 8-Bit-Adressraum-ID (ASID). Dieses kleine Feld gibt den aktuell ausgeführten Prozess an. Es wird in einem Register geführt, das vom Betriebssystem geladen wird, wenn es den Prozess wechselt. Die Prozess-ID wird an den Tag-Teil des TLB angehängt, so dass nur dann ein TLB-Treffer stattfindet, wenn sowohl die Seitennummer als auch die Prozess-ID übereinstimmen. Diese Kombination macht es überflüssig, den TLB zu löschen – bis auf einige seltene Ausnahmen.

Kontextwechsel Eine Änderung des internen Status eines Prozessors, um einem anderen Prozess zu erlauben, den Prozessor zu nutzen. Dabei wird der Status gespeichert, der benötigt wird, um zum aktuell ausgeführten Prozess zurückzukehren.

Ähnliche Probleme können für Caches auftreten, weil diese nach einem Prozesswechsel die Daten des ausgeführten Prozesses enthalten. Diese Probleme treten für physikalisch und virtuell adressierte Caches auf unterschiedliche Weisen auf, und es werden verschiedene Lösungen verwendet, wie z. B. Prozess-IDs, um sicherzustellen, dass ein Prozess seine eigenen Daten erhält.

Verarbeitung von TLB-Fehlzugriffen und Seitenfehlern

Wenn auch bei einem TLB-Treffer die Übersetzung von virtuellen in physikalische Adressen mit einem TLB ganz einfach ist, ist die Verarbeitung von TLB-Fehlzugriffen und Seitenfehlern komplizierter. Ein TLB-Fehlzugriff tritt auf, wenn kein Eintrag im TLB mit einer virtuellen Adresse übereinstimmt. Ein TLB-Fehlzugriff kann auf eine von zwei Situationen hinweisen:

1. Die Seite liegt im Speicher vor und wir müssen nur den fehlenden TLB-Eintrag erstellen.
2. Die Seite liegt im Speicher nicht vor, und wir müssen die Steuerung an das Betriebssystem abgeben, um einen Seitenfehler zu verarbeiten.

MIPS verarbeitet TLB-Fehlzugriffe üblicherweise in der Software. Er lädt den Seitentabelleneintrag aus dem Speicher und führt dann den Befehl erneut aus, der den TLB-Fehlzugriff verursacht hat. Nach der erneuten Ausführung erhält er einen TLB-Treffer. Wenn der Seitentabelleneintrag anzeigt, dass sich die Seite nicht im Speicher befindet, erhält er jetzt eine Seitenfehlerausnahme.

Die Verarbeitung eines TLB-Fehlzugriffs oder eines Seitenfehlers bedingt die Verwendung des Ausnahmemechanismus, um den aktiven Prozess zu unterbrechen, die Steuerung an das Betriebssystem zu übertragen und später die Ausführung des unterbrochenen Prozesses wieder aufzunehmen. Ein Seitenfehler wird während des Taktzyklus für den Zugriff auf den Speicher erkannt. Um den Befehl neu zu starten, nachdem der Seitenfehler verarbeitet wurde, muss der Befehlszeiger des Befehls, der den Seitenfehler verursacht hat, gespeichert werden. Wie in Kapitel 4 wird der Ausnahmebefehlszähler (EPC) verwendet, um diesen Wert aufzunehmen.

Darüber hinaus muss garantiert sein, dass ein TLB-Fehlzugriff oder eine Seitenfehlerausnahme am Ende desselben Taktzyklus wie der Speicherzugriff feststehen, so dass der nächste Taktzyklus mit der Ausnahmeverarbeitung beginnt, anstatt die normale Befehlsausführung fortzusetzen. Wenn der Seitenfehler nicht innerhalb dieses Taktzyklus erkannt würde, so könnte ein Ladebefehl ein Register überschreiben, was katastrophal wäre, wenn der Befehl neu gestartet wird. Betrachten Sie beispielsweise den Befehl `lw $1,0($1)`: Der Computer muss in der Lage sein, die Schreibphase der Pipeline zu verhindern. Andernfalls könnte er den Befehl nicht korrekt neu starten, weil der Inhalt von $1 zerstört worden wäre. Ein ähnliches Problem entsteht beim Speichern. Wir müssen verhindern, dass die Schreiboperation im Speicher abgeschlossen wird, wenn ein Seitenfehler auftritt. Das erfolgt normalerweise über die Schreibsteuerungsleitung zum Speicher.

Hardware-Software-Schnittstelle

Zwischen dem Zeitpunkt, zu dem wir beginnen, die Ausnahmeverarbeitung im Betriebssystem auszuführen, und dem Zeitpunkt, bis zu dem das Betriebssystem den gesamten Status des Prozesses gespeichert hat, ist das Betriebssystem besonders verletzlich. Wenn beispielsweise eine weitere Ausnahme auftritt, während das Betriebssystem die erste Ausnahme verarbeitet, überschreibt die Steuereinheit den Ausnahmebefehlszeiger, so dass es unmöglich wird, zu dem Befehl zurückzukehren, der den Seitenfehler verursacht hat! Diese Katastrophe kann vermieden werden, wenn **Ausnahmen aktiviert** und **deaktiviert** werden können. Wenn eine Ausnahme auftritt, setzt der Prozessor ein Bit, das alle anderen Ausnahmen deaktiviert. Das könnte gleichzeitig mit dem Setzen des Bits für den Supervisor-Modus geschehen. Das Betriebssystem speichert dann gerade ausreichend viel Status-Information, so dass die Ausnahme wiederhergestellt werden kann, wenn eine andere Ausnahme auftritt – insbesondere den Ausnahmebefehlszähler und das Ursachenregister (*Cause Register*). Der Ausnahmebefehlszähler und das Ursachenregister sind zwei spezielle Steuerregister, die bei Ausnahmen, TLB-Fehlzugriffen und Seitenfehlern hilfreich sind. Tabelle 5.6 zeigt weitere Steuerregister. Anschließend kann das Betriebssystem die Ausnahmen wieder zulassen. Diese Schritte stellen sicher, dass Ausnahmen nicht bewirken, dass der Prozessor Status-Information verliert und die Ausführung des unterbrechenden Befehls nicht fortsetzen kann.

> **Ausnahmen aktivieren** Auch als Interrupt-Aktivierung bezeichnet. Ein Signal oder eine Aktion, die steuert, ob der Prozess auf eine Ausnahme reagieren soll oder nicht. Dies wird benötigt, um zu verhindern, dass Ausnahmen in Intervallen auftreten, bevor der Prozessor den Status sicher gespeichert hat, den er für das neue Starten eines Befehls benötigt.

Tab. 5.6: MIPS-Steuerregister. Diese Register befinden sich in Coprozessor 0 und werden deshalb mit `mfc0` gelesen und mit `mtc0` geschrieben.

Register	CP0-Registernummer	Beschreibung
EPC	14	Neustart nach einer Ausnahme
Cause	13	Ursache der Ausnahme
BadVAddr	8	Adresse, die die Ausnahme verursacht hat
Index	0	Lese- bzw. Schreibposition im TLB
Random	1	Pseudo-wahlfreie Position im TLB
EntryLo	2	Physikalische Seitenadresse und Flags
EntryHi	10	Virtuelle Seitenadresse
Context	4	Seitentabellenadresse und Seitennummer

Nachdem das Betriebssystem die virtuelle Adresse kennt, die den Seitenfehler verursacht hat, muss es drei Schritte ausführen:

1. Nachschlagen des Seitentabelleneintrags unter Verwendung der virtuellen Adresse und Ermittlung der Position der gesuchten Seite auf der Festplatte.

2. Auswahl einer physikalischen Seite, die ersetzt werden soll. Wenn die ausgewählte Seite „dirty" ist, d. h. wenn Änderungen daran vorgenommen wurden, muss sie auf die Festplatte geschrieben werden, bevor wir eine neue virtuelle Seite auf diese physikalische Seite schreiben dürfen.

3. Starten einer Leseoperation, um die gesuchte Seite von der Festplatte in die ausgewählte physikalische Seite zu laden.

Natürlich dauert dieser letzte Schritt Millionen von Prozessortaktzyklen (ebenso wie der zweite, wenn die zu ersetzende Seite verändert wurde). Dementsprechend gibt das Betriebssystem normalerweise einem anderen Prozess die Gelegenheit, vom Prozessor ausgeführt zu werden, bis der Festplattenzugriff abgeschlossen ist. Weil das Betriebssystem den Status des Prozesses gespeichert hat, kann es die Steuerung des Prozessors problemlos an einen anderen Prozess weitergeben.

Nachdem das Lesen der Seite von der Festplatte abgeschlossen ist, kann das Betriebssystem den Status des Prozesses wiederherstellen, der den Seitenfehler ursprünglich verursacht hat, und den Rückkehrbefehl der Ausnahmeroutine ausführen. Dieser Befehl setzt den Prozessor vom Kernel-Modus in den Benutzermodus zurück und stellt den Befehlszähler wieder her. Der Benutzerprozess führt erneut den Befehl aus, der zuvor fehlgeschlagen ist, greift jetzt erfolgreich auf die angeforderte Seite zu und setzt die Ausführung fort.

Es ist schwierig, Seitenfehlerausnahmen für Datenzugriffe in einem Prozessor korrekt zu implementieren, da drei Eigenschaften zusammenkommen:

1. Sie treten mitten in den Befehlsausführungen auf, anders als Seitenfehler bei Befehlszugriffen.

2. Die Befehlsausführung kann erst abgeschlossen werden, nachdem die Ausnahme verarbeitet wurde.

3. Nach Verarbeitung der Ausnahme muss der Befehl neu gestartet werden, als wäre vorher nichts passiert.

neu startbarer Befehl Ein Befehl, dessen Ausführung fortgesetzt werden kann, nachdem eine Ausnahmebehandlung durchgeführt wurde, ohne dass die Ausnahme den restlichen Befehl beeinflusst.

In einer Architektur wie MIPS ist es relativ einfach, **Befehle neu startbar** zu machen, so dass die Ausnahme verarbeitet werden kann und der Befehl später fortgesetzt wird. Weil jeder Befehl nur ein Datenelement schreibt und diese Schreiboperation am Ende des Befehlszyklus erfolgt, können wir einfach verhindern, dass die Befehlsausführung abgeschlossen wird (indem nicht geschrieben wird), und können die Befehlsausführung neu starten.

Sehen wir uns das Ganze für MIPS genauer an. Wenn ein TLB-Fehlzugriff auftritt, speichert die MIPS-Hardware die Seitennummer des Zugriffs in einem speziellen Register namens BadVAddr und erzeugt eine Ausnahme.

Verarbeitungsroutine Eine Softwareroutine („Handler"), die eine Ausnahme oder einen Interrupt verarbeitet.

Die Ausnahme ruft das Betriebssystem auf, das den Fehlzugriff in der Software verarbeitet. Die Adresse 8000 0000$_H$, die Position der **Verarbeitungsroutine** (Handler) für den TLB-Fehlzugriff, wird in den Befehlszeiger geladen. Um die physikalische Adresse für die fehlende Seite zu finden, indiziert die Verarbeitungsroutine für den TLB-Fehlzugriff die Seitentabelle unter Verwendung der Seitennummer der virtuellen Adresse und des Seitentabellenregisters, das die Startadresse der Seitentabelle des aktiven Prozesses enthält. Um diese Indizierung zu beschleunigen, platziert die MIPS-Hardware alles, was benötigt wird, in einem speziellen Context-Register: Die oberen 12 Bits enthalten

die Adresse der Basis der Seitentabelle, und die nächsten 18 Bits enthalten
die virtuelle Adresse der fehlenden Seite. Jeder Seitentabelleneintrag umfasst
ein Wort, die letzten zwei Bits sind also 0. Die beiden ersten Befehle kopieren also das Context-Register in das temporäre Kernel-Register $k1 und laden
den Seitentabelleneintrag von dieser Adresse in $k1. $k0 und $k1 sind für das
Betriebssystem reserviert und werden ohne Sicherung verwendet. Ein wichtiger Grund für diese Konvention ist, die TLB-Fehlzugriffsroutine schneller
zu machen. Nachfolgend sehen Sie den MIPS-Code für eine typische TLB-
Fehlzugriffsroutine:

```
TLBmiss:
  mfc0  $k1,Context    # kopiere PTE-Adresse in temp. $k1
  lw    $k1,0($k1)     # schreibe PTE in temp. $k1
  mtc0  $k1,EntryLo    # schreibe PTE in spez. Reg. EntryLo
  tlbwr                # schreibe EntryLo in zuf. TLB-Eintrag
  eret                 # Rücksprung
```

Wie oben gezeigt, hat MIPS eine Menge an Systembefehlen, um auf den
TLB zuzugreifen. Der Befehl tlbwr kopiert vom Steuerregister EntryLo in
den durch das Steuerregister Random ausgewählten TLB-Eintrag. Random implementiert eine zufällige Platzierung, es handelt sich damit im Wesentlichen
um einen frei laufenden Zähler. Ein TLB-Fehlzugriff dauert etwa ein Dutzend
Taktzyklen.

Beachten Sie, dass die TLB-Fehlzugriffsroutine nicht überprüft, ob der Seitentabelleneintrag gültig ist. Weil die Ausnahme für TLB-Fehlzugriffe sehr
viel häufiger auftritt als ein Seitenfehler, lädt das Betriebssystem den TLB aus
der Seitentabelle, ohne den Eintrag zu überprüfen, und startet den Befehl neu.
Wenn der Eintrag ungültig ist, tritt eine weitere, andere Ausnahme auf, und das
Betriebssystem erkennt den Seitenfehler. Diese Methode macht den häufigen
Fall eines TLB-Fehlzugriffs schneller – auf Kosten einer leichten Leistungs-
einbuße für den selteneren Fall eines Seitenfehlers.

Nachdem der Prozess, der den Seitenfehler verursacht hat, unterbrochen
wurde, überträgt er die Steuerung an $8000\,0180_\mathrm{H}$, eine andere Adresse als
die der TLB-Fehlzugriffsroutine. Dies ist die allgemeine Adresse für Ausnahmen. Der TLB-Fehlzugriff hat einen speziellen Eintrittspunkt, um den Aufwand für einen TLB-Zugriff zu reduzieren. Das Betriebssystem verwendet das
Ausnahmeursachenregister Cause, um die Ursache der Ausnahme festzustellen. Weil es sich bei der Ausnahme um einen Seitenfehler handelt, weiß das
Betriebssystem, dass eine umfangreiche Verarbeitung erforderlich ist. Anders
als bei einem TLB-Fehlzugriff speichert es deshalb den gesamten Status des
aktiven Prozesses. Dieser Status beinhaltet die allgemeinen und die Gleitkommaregister, das Seitentabellenadressregister, den Ausnahmebefehlszeiger und
das Ausnahmeursachenregister. Weil Ausnahmebehandlungsroutinen normalerweise die Gleitkommaregister nicht benutzen, speichert der allgemeine Eintrittspunkt sie nicht und überlässt das den wenigen Verarbeitungsroutinen, die
sie benötigen.

Tab. 5.7: MIPS-Code zum Speichern und Wiederherstellen des Status bei einer Ausnahme.

Status speichern			
GPR speichern	addi	$k1, $sp, -XCPSIZE	# Platz für den Status auf dem Stack schaffen
	sw	$sp, XCT_SP($k1)	# $sp auf dem Stack ablegen
	sw	$v0, XCT_V0($k1)	# $v0 auf dem Stack ablegen
	...		# $v1, $ai, $si, $ti ... auf dem Stack ablegen
	sw	$ra, XCT_RA($k1)	# $ra auf dem Stack ablegen
Hi, Lo speichern	mfhi	$v0	# Hi kopieren
	mflo	$v1	# Lo kopieren
	sw	$v0, XCT_HI($k1)	# Hi-Wert auf dem Stack speichern
	sw	$v1, XCT_LI($k1)	# Lo-Wert auf dem Stack speichern
Ausnahmeregister speichern	mfc0	$a0, $cr	# Cause-Register kopieren
	sw	$a0, XCT_CR($k1)	# $cr-Wert auf dem Stack ablegen
	...		# speichern $v1 ...
	mfc0	$a3, $sr	# Statusregister kopieren
	sw	$a3, XCT_SR($k1)	# $sr auf dem Stack ablegen
sp setzen	move	$sp, $k1	# sp = sp - XCPSIZE
Verschachtelte Ausnahmen zulassen			
	andi	$v0, $a3, MASK1	# $v0 = $sr & MASK1, Ausnahmen zulassen
	mtc0	$v0, $sr	# $sr = Wert, der Ausnahmen zulässt
C-Ausnahmeverarbeitungsroutine aufrufen			
$gp setzen	move	$gp, GPINIT	# $gp so setzen, dass es auf den Heap-Bereich # verweist
C-Code aufrufen	move	$a0, $sp	# arg1 = Zeiger auf Ausnahme-Stack
	jal	xcpt_deliver	# C-Code zur Ausnahmeverarbeitung aufrufen
Status wiederherstellen			
GPR, Hi, Lo wiederherstellen	move	$at, $sp	# temporärer Wert von $sp
	lw	$ra, XCT_RA($at)	# $ra vom Stack wiederherstellen
	...		# $t0, ..., $a1 wiederherstellen
	lw	$a0, XCT_A0($k1)	# $a0 vom Stack wiederherstellen
Statusregister wiederherstellen	lw	$v0, XCT_SR($at)	# altes $sr vom Stack laden
	li	$v1, MASK2	# Maskieren, um Ausnahmen zu deaktivieren
	and	$v0, $v0, $v1	# $v0 = $sr & MASK2, Ausnahmen deaktivieren
	mtc0	$v0, $sr	# Statusregister setzen
$sp und den Rest von GPR, der als temporäre Register verwendet wurde, wiederherstellen		$sp, XCT_SP($at)	# $sp vom Stack wiederherstellen
	lw	$v0, XCT_V0($at)	# $v0 vom Stack wiederherstellen
	lw	$v1, XCT_V1($at)	# $v1 vom Stack wiederherstellen
	lw	$k1, XCT_EPC($at)	# altes $epc vom Stack kopieren
	lw	$at, XCT_AT($at)	# $at vom Stack wiederherstellen
Rückkehr von der Ausnahme			
ERC wiederherstellen und zurückkehren	mtc0	$k1, $epc	# $epc wiederherstellen
	eret	$ra	# zurück zur unterbrochenen Anweisung

Tabelle 5.7 zeigt den MIPS-Code für eine Ausnahmeverarbeitung. Beachten Sie, dass wir im MIPS-Code den Zustand speichern und wiederherstellen, der berücksichtigt, wann wir Ausnahmen aktivieren und deaktivieren, während wir C-Code aufrufen, um die betreffende Ausnahme zu verarbeiten.

Die virtuelle Adresse, die den Fehler verursacht hat, ist davon abhängig, ob es sich bei dem Fehler um einen Befehls- oder einen Datenfehler handelt. Die Adresse der Anweisung, die den Fehler verursacht hat, befindet sich im Ausnahmebefehlszähler. Hat es sich um einen Befehlsseitenfehler gehandelt, enthält der Ausnahmebefehlszähler die virtuelle Adresse der fehlenden Seite. Im Falle eines Datenfehlers kann die fehlende virtuelle Adresse berechnet werden, indem die Datenadresse dem Befehl entnommen wird (dessen Adresse sich im Ausnahmebefehlszähler befindet).

Anmerkungen: 1) Diese vereinfachte Version geht davon aus, dass der Stack-Zeiger (Stack Pointer, sp) gültig ist. Um das Problem eines Seitenfehlers während der Ausnahmeroutine auf niedrigster Ebene zu vermeiden, reserviert MIPS einen Teil seines Adressraums so, dass er keine Seitenfehler haben kann. Dieser Teil wird als **nicht abgebildeter Adressraum** bezeichnet. Das Betriebssystem platziert den Code, der zum Zeitpunkt des Eintritts in die Ausnahmebehandlung ausgeführt wird, und den Ausnahmestack im nicht abgebildeten Speicher. Die MIPS-Hardware übersetzt die virtuellen Adressen 8000 0000$_H$ bis BFFF FFFF$_H$ in physikalische Adressen, indem sie einfach die oberen Bits der virtuellen Adresse ignoriert und damit diese Adressen im unteren Bereich des physikalischen Speichers platziert. Das Betriebssystem platziert also Ausnahmeeintrittspunkte und Ausnahmestacks im nicht abgebildeten Speicher.

> **nicht abgebildeter Adressraum** Ein Teil des Adressraums, für den keine Seitenfehler auftreten können.

2) Der Code in Tabelle 5.7 zeigt die Rückkehrsequenz der MIPS-32-Ausnahme. MIPS-I verwendet `rft` und `jr` statt `eret`.

3) Anstatt bei jedem Speicherzugriff eine zusätzliche Ebene einzuziehen, führt der VMM eine Schattenseitentabelle, die direkt vom virtuellen Adressraum des Gastes auf den physikalischen Adressraum der Hardware abbildet. Durch Erkennung aller Modifikationen der Seitentabelle des Gastes kann der VMM sicherstellen, dass die Einträge der Schattenseitentabelle, die von der Hardware für Übersetzungen verwendet werden, denen der Gast-Umgebung entsprechen, mit Ausnahme der korrekten physikalischen Seiten, die für die realen Seiten in den Gast-Tabellen substituiert werden. Der VMM muss also alle Versuche des Gast-Betriebssystems abfangen, seine Seitentabelle zu ändern oder auf den Seitentabellenzeiger zuzugreifen. Dies wird gewöhnlich getan, indem die Gast-Seitentabellen schreibgeschützt werden und alle Zugriffe auf den Seitentabellenzeiger durch ein Gast-Betriebssystem abgefangen werden. Wie weiter oben angemerkt, geschieht Letzteres auf natürliche Weise, falls das Zugreifen auf den Seitentabellenzeiger eine privilegierte Operation ist.

4) Der finale Teil der Architektur ist die Virtualisierung der Ein-/Ausgabe. Dies ist bei Weitem der schwierigste Teil der Systemvirtualisierung, zum einen wegen der zunehmenden Zahl der Ein-/Ausgabegeräte, die an einen Computer angeschlossen sind, und zum anderen wegen der wachsenden Vielfalt der verschiedenen Typen von Ein-/Ausgabegeräten. Eine weitere Schwierigkeit ist das Teilen eines realen Gerätes durch mehrere VMs, und noch ein weiteres resultiert aus den Unmengen von Gerätetreibern, die unterstützt werden müssen,

besonders dann, wenn unterschiedliche Gast-Betriebssysteme auf demselben
VM-System unterstützt werden. Die VM-Illusion lässt sich aufrechterhalten,
wenn man jeder VM generische Versionen der Gerätetreiber aller Typen von
Ein-/Ausgabegeräten mitgibt und es dann dem VMM überlässt, mit den realen
Ein-/Ausgabegeräten fertig zu werden.

5) Zusätzlich zur Virtualisierung des Befehlssatzes für eine virtuelle Maschine
gibt es eine weitere Herausforderung, nämlich die Virtualisierung des virtuellen Speichers, wenn jedes Gast-Betriebssystem in jeder virtuellen Maschine seinen eigenen Satz von Seitentabellen verwaltet. Damit dies funktioniert,
unterscheidet der VMM zwischen *realem* und *physikalischem* Speicher (was
oft synonym gebraucht wird) und macht den realen Speicher zu einer separaten Zwischenebene zwischen virtuellem Speicher und physikalischem Spei-
cher. (Manche verwenden die Begriffe virtueller Speicher, physikalischer Spei-
cher und Maschinenspeicher zur Bezeichnung dieser drei Ebenen.) Das Gast-
Betriebssystem bildet mithilfe seiner Seitentabellen virtuellen Speicher auf realen Speicher ab, und die VMM-Seitentabellen bilden realen Speicher des Gastes auf physikalischen Speicher ab. Die virtuelle Speicherarchitektur wird entweder durch Seitentabellen spezifiziert wie bei IBM VM/370 und x86, oder
durch die TLB-Struktur wie bei MIPS.

Zusammenfassung

Virtueller Speicher ist die Bezeichnung für die Ebene der Speicherhierarchie,
die das Caching zwischen Hauptspeicher und Festplatte realisiert. Virtueller
Speicher ermöglicht es Programmen, ihren Adressraum über die Grenzen des
Hauptspeichers hinaus zu erweitern. Noch wichtiger ist jedoch, dass der virtuelle Speicher die gemeinsame Nutzung des Hauptspeichers durch mehrere,
gleichzeitig aktive Prozesse unterstützt. Dazu stellt der virtuelle Speicher Mechanismen für den Schutz des Speichers bereit.

Die Verwaltung der Speicherhierarchie zwischen Hauptspeicher und Festplatte ist kompliziert, weil Seitenfehler einen hohen Aufwand verursachen. Es
gibt mehrere Techniken, die die Fehlzugriffsrate reduzieren sollen:

1. Seiten, werden groß gemacht, um die Vorteile der räumlichen Lokalität zu
   nutzen und die Fehlzugriffsrate zu reduzieren.

2. Die Abbildung zwischen virtuellen und physikalischen Adressen mithilfe
   einer Seitentabelle wird vollassoziativ gestaltet, so dass eine virtuelle Seite
   an beliebiger Stelle im Hauptspeicher platziert werden kann.

3. Das Betriebssystem verwendet Verfahren wie beispielsweise LRU und ein
   Referenz-Bit, um auszuwählen, welche Seiten ersetzt werden sollen.

Schreiboperationen auf die Festplatte sind teuer, deshalb verwendet der virtuelle Speicher ein Rückschreibeschema und beobachtet außerdem, ob eine Seite
unverändert ist (unter Verwendung eines Dirty-Bits), um zu vermeiden, dass
nicht veränderte Seiten auf die Festplatte zurückgeschrieben werden.

Die virtuellen Speichermechanismen bieten eine Adressübersetzung von einer virtuellen Adresse, die vom Programm verwendet wird, in den physikalischen Adressraum, der für den Zugriff auf den Speicher verwendet wird. Diese Adressübersetzung erlaubt die geschützte gemeinsame Nutzung des Hauptspeichers und bietet zusätzliche Vorteile, wie etwa die Vereinfachung der Speicherreservierung. Um sicherzustellen, dass die Prozesse voreinander geschützt sind, ist es erforderlich, dass nur das Betriebssystem die Adressübersetzungen ändern kann. Dies wird implementiert, indem die Benutzerprogramme daran gehindert werden, die Seitentabellen zu ändern. Eine kontrollierte gemeinsame Nutzung von Seiten zwischen Prozessen kann mithilfe des Betriebssystems und der Zugriffs-Bits in der Seitentabelle implementiert werden, die angeben, ob das Benutzerprogramm Lese- oder Schreibzugriff auf eine Seite hat.

Wenn ein Prozessor auf eine Seitentabelle zugreifen müsste, die sich immer im Speicher befindet, um jeden einzelnen Zugriff zu übersetzen, würde der virtuelle Speicher zu viel Zusatzaufwand verursachen und die Caches wären sinnlos! Stattdessen agiert ein TLB als Cache für die Übersetzungen in der Seitentabelle. Virtuelle Adressen werden dann unter Verwendung der Übersetzungen im TLB in physikalische Adressen übersetzt.

Caches, virtueller Speicher und TLBs basieren auf gemeinsamen Konzepten und Strategien. Der nächste Abschnitt beschreibt dieses allgemeine Schema.

Zur Programmperformanz

Obwohl der virtuelle Speicher eingeführt wurde, um zu erreichen, dass sich ein kleiner Speicher wie ein großer Speicher verhalten kann, bedeutet die Leistungsdifferenz zwischen Sekundärspeicher und Hauptspeicher, dass ein Programm, das häufig auf mehr virtuellen Speicher zugreift, als ihm physikalischer Speicher zur Verfügung steht, sehr langsam in der Ausführung ist. Ein solches Programm lagert ständig Seiten zwischen Hauptspeicher und Festplatte ein und aus, ein Verhalten, das als *Thrashing* bezeichnet wird. Das Thrashing ist katastrophal, wenn es auftritt, kommt aber selten vor. Wenn Ihr Programm Thrashing verursacht, ist die einfachste Lösung, es auf einem Rechner mit mehr Speicher auszuführen oder Ihren Rechner mit mehr Speicher aufzurüsten. Ein anspruchsvollerer Weg ist, Ihren Algorithmus und die Datenstrukturen zu überarbeiten, um zu prüfen, ob Sie die Lokalität ändern und damit die Anzahl der Seiten, die Ihr Programm gleichzeitig benutzt, reduzieren können. Diese Seitenmenge wird auch als die *Arbeitsmenge* (*Working Set*) bezeichnet.

Ein häufigeres Leistungsproblem sind die TLB-Fehlzugriffe. Weil ein TLB nur 32 bis 64 Seiteneinträge umfasst, könnte ein Programm leicht eine hohe TLB-Fehlzugriffsrate aufweisen, obwohl der Prozessor möglicherweise auf weniger als ein Viertel Megabyte Speicher direkt zugreift: $64 \times 4\,\text{KiB} = 0,25\,\text{MiB}$. Beispielsweise stellen TLB-Fehlzugriffe für Radixsort ein häufiges Problem dar. Um dieses Problem abzuschwächen, unterstützen die meisten Rechnerarchitekturen heute variable Seitengrößen. Neben den standardmäßigen 4 KiB unterstützt beispielsweise die MIPS-Hardware Seiten mit 16 KiB,

64 KiB, 256 KiB, 1 MiB, 4 MiB, 16 MiB, 64 MiB und 256 MiB. Wenn ein Programm also große Seitengrößen verwendet, kann es auf mehr Speicher direkt und ohne TLB-Fehlzugriffe zugreifen.

Die praktische Herausforderung ist, das Betriebssystem so zu konstruieren, dass es den Programmen ermöglicht, diese größeren Seitengrößen auszuwählen. Die komplexere Lösung für die Reduzierung der TLB-Fehlzugriffe besteht wieder darin, den Algorithmus und die Datenstrukturen zu überarbeiten, um die Arbeitsmenge an Seiten zu reduzieren.

Selbsttest

Ordnen Sie dem Element der Speicherhierarchie auf der linken Seite die am besten passende Beschreibung auf der rechten Seite zu:

1. L1-Cache
2. L2-Cache
3. Hauptspeicher
4. TLB

a. ein Cache für einen Cache
b. ein Cache für Festplatten
c. ein Cache für einen Hauptspeicher
d. ein Cache für Seitentabelleneinträge

5.8   Allgemeines Schema der Speicherhierarchien

Sie haben gelernt, dass die verschiedenen Arten von Speicherhierachien sehr viel gemeinsam haben. Obwohl sich viele Aspekte der Speicherhierarchien quantitativ unterscheiden, sind einige der Strategien und Funktionsmerkmale von Hierarchien quantitativ vergleichbar. Tabelle 5.8 zeigt, wie sich einige der quantitativen Eigenschaften von Speicherhierarchien unterscheiden können.

Im restlichen Abschnitt beschreiben wir die gemeinsamen operationalen Aspekte von Speicherhierarchien und wie diese ihr Verhalten bestimmen. Wir betrachten diese Techniken anhand von vier Fragen, die wir jeweils auf zwei Hierarchieebenen anwenden, wobei wir der Einfachheit halber hauptsächlich die Terminologie für Caches benutzen.

Tab. 5.8: Die wichtigsten quantitativen Designparameter, die die Hauptelemente der Speicherhierarchie in einem Rechner charakterisieren. Es handelt sich dabei um typische Werte aus dem Jahr 2012. Der Wertebereich ist recht groß, was teilweise daran liegt, dass sich die Werte mit der Zeit gemeinsam verändert haben. Beispielsweise sind die Blockgrößen gemeinsam mit den Cache-Größen gewachsen, um einen höheren Fehlzugriffsaufwand zu kompensieren. Ein weiterer, hier nicht gezeigter Aspekt ist, dass Server-Mikroprozessoren heute auch L3-Caches haben, die 2 bis 8 MiB groß sein können und viel mehr Blöcke als L2-Caches enthalten können. L3-Caches verringern die L2-Fehlzugriffsaufwand auf 30 bis 40 Takte.

Funktionsmerkmal	Typische Werte			
	für L1-Caches	für L2-Caches	für Seitenspeicher	für einen TLB
Gesamtgröße in Blöcken	250 – 2 000	15 000 – 50 000	16 000 – 250 000	40 – 1024
Gesamtgröße in Kilobyte	16 – 64	500 – 4 000	250 000 – 1 000 000 000	0,25 – 16
Blockgröße in Byte	32 – 64	64 – 128	4 000 – 64 000	4 – 32
Fehlzugriffsaufwand in Taktzyklen	10 – 25	100 – 1 000	10 000 000 – 100 000 000	10 – 1 000
Fehlzugriffsraten (global für L2)	2 % – 5 %	0,1 % –2 %	0,00001 % – 0,0001 %	0,01 % – 2 %

Frage 1: Wo kann ein Block platziert werden?

Wir haben gesehen, dass die Platzierung von Blöcken in der oberen Ebene der Hierarchie unterschiedlichen Schemata folgen kann, von direkt abgebildet bis hin zu satzassoziativ und vollassoziativ. Wie oben bereits erwähnt, kann man sich diese unterschiedlichen Schemata als Variationen eines satzassoziativen Schemas vorstellen, wobei die Anzahl der Sätze und die Anzahl der Blöcke pro Satz variieren:

Schemaname	Anzahl der Sätze	Blöcke pro Satz
direkt abgebildet	Anzahl der Blöcke im Cache	1
satzassoziativ	$\dfrac{\text{Anzahl der Blöcke im Cache}}{\text{Assoziativität}}$	Assoziativität (normalerweise 2 – 16)
vollassoziativ	1	Anzahl der Blöcke im Cache

Vorteil einer Erhöhung des Grades der Assoziativität ist, dass normalerweise die Fehlzugriffsrate sinkt. Die Verbesserung der Fehlzugriffsrate stammt aus der Reduzierung der Fehlzugriffe, die um dieselbe Position konkurrieren. Wir werden gleich detaillierter darauf eingehen. Zuerst wollen wir überlegen, wie viel Verbesserung überhaupt erzielt werden kann. Abbildung 5.28 zeigt die Fehlzugriffsraten für mehrere Cache-Größen, wenn die Assoziativität von di-

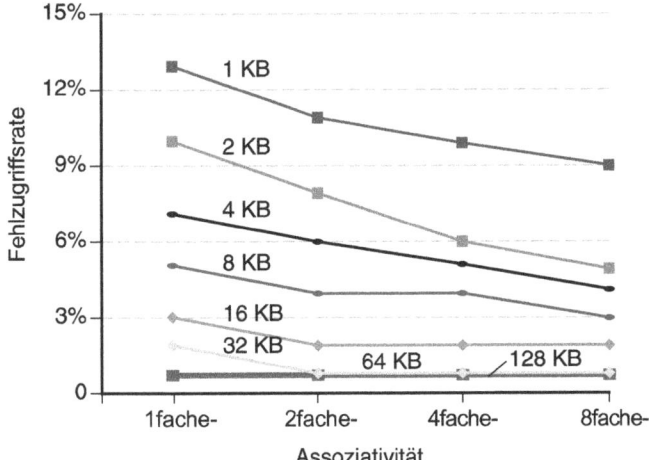

Abb. 5.28: Die Datencache-Fehlzugriffsraten verbessern sich mit steigender Assoziativität für jede der acht Cachegrößen. Während der Vorteil von einfacher (direkt abgebildet) hin zur zweifachen Satzassoziativität erheblich ist, sind die Zugewinne für weitere Assoziativitätsgrade kleiner (z. B. 1 % bis 10 % von zweifach auf vierfach im Vergleich zu 20 % bis 30 % bei einfach zu zweifach). Beim Schritt von vierfacher zu achtfacher Satzassoziativität ist noch weniger Verbesserung erkennbar, wobei die achtfache Satzassoziativität wiederum sehr nah an den Fehlzugriffsraten für einen vollassoziativen Cache liegt. Kleinere Caches erzielen einen wesentlich größeren absoluten Vorteil aus der Assoziativität, weil die grundlegende Fehlzugriffsrate eines kleinen Caches größer ist. Tabelle 5.4 erklärt, wie diese Daten ermittelt wurden.

rekt abgebildet bis achtfach satzassoziativ variiert wird. Die größten Gewinne
werden beim Wechsel von direkt abgebildet auf zweifach satzassoziativ erzielt,
nämlich eine um 20 % bis 30 % reduzierte Fehlzugriffsrate. Mit zunehmender
Cachegröße steigt die relative Verbesserung, die sich durch höhere Assoziativität erreichen lässt, nur unwesentlich. Weil die Gesamtfehlzugriffsrate kleiner
wird je größer der Cache ist, sinkt die Möglichkeit, die Fehlzugriffsrate wesentlich zu verbessern. Die möglichen Nachteile der Assoziativität sind, wie wir
bereits erwähnt haben, ein höherer Aufwand und eine langsamere Zugriffszeit.

Frage 2: Wie findet man einen Block?

Wie wir einen Block finden, ist von dem verwendeten Blockplatzierungsssche-
ma abhängig, das die Anzahl möglicher Positionen vorgibt. Wir können die
verschiedenen Schemata wie folgt zusammenfassen:

Assoziativität	Suchmethode	Erforderliche Vergleiche
direkt abgebildet	Index	1
satzassoziativ	Indizierung der Menge, Suche innerhalb der Elemente	Assoziativitätsgrad
vollassoziativ	Durchsuchen aller Cache-Einträge	Größe des Cache
	separate Suchtabelle	0

Die Wahl zwischen direkter, satzassoziativer oder vollassoziativer Abbildung
in einer Speicherhierarchie ist von dem Aufwand eines Fehlzugriffs im Vergleich zu den Kosten für die Implementierung der Assoziativität abhängig.
Dies gilt sowohl im Hinblick auf die Zeit, als auch im Hinblick auf zusätzlich
erforderliche Hardware. Die Implementierung des L2-Caches auf dem Chip
erlaubt eine sehr viel höhere Assoziativität, weil die Trefferzeiten nicht so kritisch sind und der Designer sich nicht auf SRAM-Standardchips als Bausteine
verlassen muss. Vollassoziative Caches werden nur bei sehr kleinen Caches an-
gewandt, da hier die Kosten für die Vergleicher nicht übermäßig hoch und die
absoluten Verbesserungen der Fehlzugriffsrate am höchsten sind.

In virtuellen Speichersystemen wird eine separate Abbildungstabelle (die
Seitentabelle) verwaltet, um Speicher zu indizieren. Neben dem Speicherplatz
für die Tabelle fällt bei Verwendung einer Indextabelle jedoch auch ein zusätzlicher Speicherzugriff an. Die Entscheidung für die Vollassoziativität bei der
Seitenplatzierung und die zusätzliche Tabelle ist durch vier Aspekte motiviert:

1. Vollassoziativität ist vorteilhaft, weil Fehlzugriffe sehr aufwändig sind.

2. Vollassoziativität erlaubt der Software, komplexe Ersetzungsschemata zu
   verwenden, die auf eine Verringerung der Fehlzugriffsrate ausgelegt sind.

3. Die vollständige Abbildung kann einfach indiziert werden, ohne dass dafür
   zusätzliche Hardware oder zusätzliche Suchoperationen erforderlich wären.

Aus diesem Grund verwenden virtuelle Speichersysteme fast immer eine vollassoziative Platzierung.

Die satzassoziative Platzierung wird häufig für Caches und TLBs verwendet, wobei der Zugriff eine Indizierung und das Durchsuchen einer kleinen Menge kombiniert. Einige wenige Systeme haben direkt abgebildete Caches wegen ihrer Vorteile in Bezug auf die Zugriffszeit und die Einfachheit verwendet. Der Vorteil in Bezug auf die Zugriffszeit entsteht, weil für die Suche des angeforderten Blocks kein Tag-Vergleich erforderlich ist. Solche Designentscheidungen sind von vielen Implementierungsdetails abhängig, wie beispielsweise davon, ob sich der Cache auf dem Chip befindet, welche Technologie für die Implementierung des Caches verwendet wird und von der kritischen Rolle der Cache-Zugriffszeit bei der Bestimmung der Prozessorzykluszeit.

Frage 3: Welcher Block soll bei einem Cache-Fehlzugriff ersetzt werden?

Wenn in einem assoziativen Cache ein Fehlzugriff auftritt, müssen wir entscheiden, welcher Block verdrängt werden soll. Bei einem vollassoziativen Cache kommen alle Blöcke für die Ersetzung in Frage. Wenn der Cache satzassoziativ ist, müssen wir zwischen den Blöcken im Satz wählen. Natürlich ist die Ersetzungsstrategie in einem direkt abgebildeten Cache einfach, weil dort nur ein Block in Frage kommt.

Es gibt zwei wichtige Strategien für die Ersetzung in satzassoziativen und vollassoziativen Caches:

- *Zufällig:* In Frage kommende Blöcke werden zufällig ausgewählt, möglicherweise mit Unterstützung der Hardware. Beispielsweise unterstützt MIPS ein zufälliges Ersetzen für TLB-Fehlzugriffe.

- *LRU-Ersetzung* (am längsten nicht genutzt): Es wird der Block verdrängt, auf den am längsten nicht mehr zugegriffen wurde.

In der Praxis ist die Implementierung der LRU-Strategie für Hierarchien mit größerem Assoziativitätsgrad (als zwei bis vier) zu aufwändig, weil die Verwaltung der Nutzungsinformation zu kostspielig ist. Selbst für eine vierfache Satzassoziativität wird LRU häufig nur geschätzt – indem beispielsweise beobachtet wird, für welches von zwei Blockpaaren LRU gilt (wofür ein Bit erforderlich ist), und dann, für welchen Block in jedem Paar LRU gilt (wofür pro Paar ein Bit erforderlich ist).

Für eine höhere Assoziativität wird LRU entweder geschätzt oder es wird ein zufälliger Austausch verwendet. In Caches ist der Ersetzungsalgorithmus hardwareseitig realisiert, d. h., das Schema muss einfach zu implementieren sein. Ein zufälliges Verdrängen ist in der Hardware einfach zu realisieren, und für einen zweifach satzassoziativen Cache hat ein zufälliges Ersetzen eine Fehlzugriffsrate, die etwa 1,1-mal höher als die des LRU-Ersetzens ist. Wenn die Caches größer werden, sinkt die Fehlzugriffsrate für beide Ersetzungsstrategien, und die absolute Differenz wird kleiner. Das zufällige Ersetzen kann manchmal sogar besser als einfache LRU-Approximationen sein.

Beim virtuellen Speicher wird immer eine Form von LRU geschätzt, weil
selbst eine winzige Reduzierung der Fehlzugriffsrate wegen des hohen Aufwands für einen Fehlzugriff wichtig sein kann. Häufig werden Referenz-Bits
oder ähnliche Funktionalitäten bereitgestellt, um es dem Betriebssystem einfacher zu machen, die Menge der am längsten nicht genutzten Seiten herauszufinden. Weil Fehlzugriffe so teuer und relativ selten sind, ist eine Approximation
dieser Information hauptsächlich in der Software akzeptabel.

Frage 4: Was passiert bei einer Schreiboperation?

Eine wichtige Eigenschaft einer Speicherhierarchie ist, wie sie mit Schreiboperationen umgeht. Die beiden grundlegenden Möglichkeiten haben wir bereits
vorgestellt:

- *Durchschreiben (Write-through)*: Die Information wird sowohl in den Block
  im Cache als auch in den Block auf der niedrigeren Ebene der Speicherhierarchie (bei einem Cache ist das der Hauptspeicher) geschrieben. Die in
  Abschnitt 5.3 beschriebenen Caches haben dieses Schema verwendet.

- *Rückschreiben* (*Write-back*, auch als *Rückkopieren, Copy-back,* bezeichnet):
  Die Information wird nur in den Block im Cache geschrieben. Der veränderte Block wird erst dann auf die niedrigere Hierarchieebene geschrieben,
  wenn er ersetzt wird. Virtuelle Speichersysteme verwenden immer ein Rückschreiben. Die Gründe dafür sind in Abschnitt 5.7 beschrieben.

Sowohl das Rückschreiben als auch das Durchschreiben hat Vorteile. Die wichtigsten Vorteile beim Rückschreiben:

- Einzelne Wörter können mit der Geschwindigkeit des Prozessors geschrieben werden, in der der Cache (und nicht der Speicher) sie akzeptieren kann.

- Für mehrere Schreiboperationen innerhalb eines Blocks ist nur eine Schreiboperation auf die untere Hierarchieebene erforderlich.

- Wenn Blöcke zurückgeschrieben werden, kann das System eine Übertragung
  mit hoher Bandbreite effektiv nutzen, weil der gesamte Block geschrieben
  wird.

Das Durchschreiben hat die folgenden Vorteile:

- Fehlzugriffe sind einfacher und billiger zu verarbeiten, weil es nie erforderlich ist, dass ein Block auf die niedrigere Ebene zurückgeschrieben wird.

- Das Durchschreiben ist einfacher zu implementieren als das Zurückschreiben, aber für einen praktischen Einsatz in einem Hochgeschwindigkeitssys-
  tem braucht ein Durchschreibe-Cache einen Schreibpuffer.

Aufgrund der hohen Latenz einer Schreiboperation auf die untere Hierarchieebene (Festplatte) ist in virtuellen Speichersystemen nur die Rückschreibestrategie sinnvoll. Weil die Geschwindigkeitssteigerung der Prozessoren größer
ist als die Steigerung der Zugriffsgeschwindigkeit auf den DRAM-basierten
Hauptspeicher, überschreitet die Geschwindigkeit, in der Schreiboperationen

von einem Prozessor erzeugt werden, die Geschwindigkeit, mit der das Speichersystem sie verarbeiten kann, selbst wenn physikalisch und logisch breitere Speicher unterstützt werden. Aus diesem Grund verwenden immer mehr Caches eine Rückschreibestrategie.

Grundwissen

Obwohl Caches, TLBs und virtueller Speicher auf den ersten Blick sehr unterschiedlich aussehen, basieren sie auf denselben beiden Konzepten der Lokalität und können verstanden werden, indem man folgende Problemstellungen hinterfragt:

Frage 1 Wo kann ein Block platziert werden?
Antwort: Eine Position (direkt abgebildet), mehrere Positionen (satzassoziativ) oder eine beliebige Position (vollassoziativ).

Frage 2 Wie findet man einen Block?
Antwort: Es gibt vier Methoden: Indizierung (wie in einem direkt abgebildeten Cache), beschränkte Suche (wie in einem satzassoziativen Cache), vollständige Suche (wie in einem vollassoziativen Cache) und separate Suchtabelle (wie in einer Seitentabelle).

Frage 3 Welcher Block wird bei einem Fehlzugriff ersetzt?
Antwort: Normalerweise wird entweder der am längsten nicht genutzte Block oder ein zufällig ausgewählter Block ersetzt.

Frage 4 Wie werden Schreiboperationen verarbeitet?
Antwort: Jede Hierarchieebene kann eine Durchschreibe- oder eine Rückschreibestrategie verwenden.

Die drei Cs: Ein intuitives Modell für ein Verständnis des Verhaltens von Speicherhierarchien

In diesem Abschnitt betrachten wir ein Modell, das Einblick in die Ursachen von Fehlzugriffen in einer Speicherhierarchie bietet, und erklären, wie diese Fehlzugriffe durch Änderungen innerhalb der Hierarchie beeinflusst werden. Wir erklären die Konzepte in Hinblick auf Caches, obwohl sie auch direkt auf andere Ebenen innerhalb der Hierarchie angewendet werden können. In diesem Modell werden alle Fehlzugriffe einer von drei Kategorien zugeordnet (deswegen **3-C-Modell**):

- **Kaltstart-Fehlzugriff** (compulsory miss): Cache-Fehlzugriffe, die verursacht werden, weil zum ersten Mal auf einen Block zugegriffen wird, der im Cache noch nie verwendet wurde.

3-C-Modell Ein Cache-Modell, wobei alle Cache-Fehlzugriffe in eine von drei Kategorien eingeordnet werden: Kaltstart-Fehlzugriffe, Speicherüberlastungs-Fehlzugriffe und Adresskonflikt-Fehlzugriffe.

Kaltstart-Fehlzugriff Ein Cache-Fehlzugriff, der beim ersten Zugriff auf einen zuvor noch nicht verwendeten Block entsteht.

Speicherüberlastungs-Fehlzugriff Ein Cache-Fehlzugriff, der stattfindet, weil der Cache zu klein ist und nicht alle Blöcke enthält, die benötigt werden, um die Speicheranforderungen zu befriedigen.

Kollisions-Fehlzugriff Auch als **Adresskonflikt-Fehlzugriff** bezeichnet. Cache-Fehlzugriffe, die in einem satzassoziativen oder direkt abgebildeten Cache auftreten, wenn mehrere Blöcke um denselben Satz konkurrieren. In einem vollassoziativen Cache werden sie eliminiert.

- **Speicherüberlastungs-Fehlzugriff** (capacity miss): Diese Cache-Fehlzugriffe werden verursacht, wenn der Cache zu klein ist und nicht alle Blöcke enthält, die für die Ausführung eines Programms benötigt werden. Speicherüberlastungs-Fehlzugriffe treten auf, wenn Blöcke ausgetauscht und später wieder geladen werden.

- **Adresskonflikt-Fehlzugriff** (conflict miss): Ein Cache-Fehlzugriff, der in einem satzassoziativen oder direkt abgebildeten Cache auftritt, wenn mehrere Blöcke um denselben Satz konkurrieren. Adresskonflikt-Fehlzugriffe sind Fehlzugriffe in einem direkt abgebildeten oder satzassoziativen Cache, die in einem vollassoziativen Cache derselben Größe eliminiert werden. Diese Cache-Fehlzugriffe werden auch als **Kollisions-Fehlzugriffe** bezeichnet.

Abbildung 5.29 zeigt, wie sich die Fehlzugriffsrate in die drei Ursachen zerlegen lässt. Diese Ursachen für Fehlzugriffe können direkt behoben werden, indem Teilaspekte des Cache-Designs verändert werden. Weil Adresskonflikt-

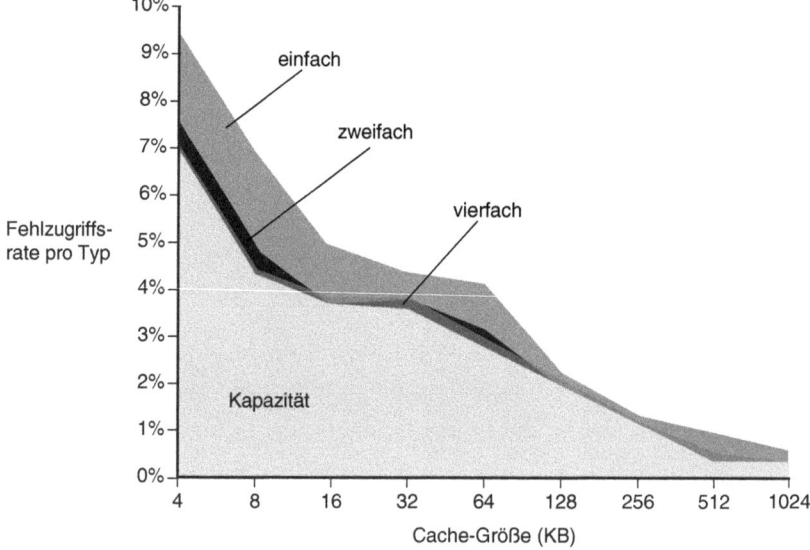

Abb. 5.29: Der Fehlzugriffsrate können drei Ursachen für Fehlzugriffe zugeordnet werden. Dieser Graph zeigt die gesamte Fehlzugriffsrate und ihre Komponenten für verschiedene Cache-Größen. Diese Daten wurden für die SPEC CPU2000 Ganzzahl- und Gleitkomma-Benchmarks ermittelt und stammen aus derselben Quelle wie die Daten aus Abbildung 5.28. Die Komponente der Kaltstart-Fehlzugriffe beträgt 0,006 % und ist in der Abbildung nicht erkennbar. Die nächste Komponente ist die Speicherüberlastungs-Fehlzugriffsrate (Kapazität), die von der Größe des Caches abhängig ist. Der Kollisions-Fehlzugriffsanteil, der sowohl von der Assoziativität als auch von der Größe des Caches abhängig ist, wird für verschiedene Assoziativitäten von achtfach bis einfach (in der Abbildung in aufsteigender Reihenfolge) gezeigt. Die Differenz in der Fehlzugriffsrate, die in einem direkt abgebildeten Cache im Vergleich zu einem vollassoziativen Cache derselben Größe entsteht, ist gegeben durch die Summe der vier Abschnitte oberhalb der Speicherüberlastung (Kapazität), die den *achtfachen, vierfachen, zweifachen* und *einfachen* Assoziativitäten entsprechen. Die Differenz zwischen achtfach und vierfach ist so klein, dass sie in der Abbildung nicht zu erkennen ist.

Fehlzugriffe direkt aus der Konkurrenz um denselben Cache-Block entstehen, reduziert eine steigende Assoziativität Adresskonflikt-Fehlzugriffe. Die Assoziativität kann jedoch die Zugriffszeit verlangsamen, was zu einer geringen Gesamtleistung führt.

Speicherüberlastungs-Fehlzugriffe können einfach reduziert werden, indem man den Cache vergrößert. Einige sekundäre Caches sind über die Jahre tatsächlich ständig vergrößert worden. Wenn wir den Cache vergrößern, müssen wir natürlich auch darauf achten, ob sich die Zugriffszeit erhöht, was zu einer geringeren Gesamtleistung führen könnte. Primäre Caches sind dementsprechend nur deutlich langsamer vergrößert worden – wenn überhaupt.

Weil Kaltstart-Fehlzugriffe beim ersten Zugriff auf einen Block auftreten, ist die beste Methode, wie das Cache-System sie reduzieren kann, eine Erhöhung der Blockgröße. Auf diese Weise wird die Anzahl der Zugriffe reduziert, die erforderlich sind, um jeden Block des Programms einmal anzusprechen, weil das Programm dann aus weniger Cache-Blöcken besteht. Eine zu starke Steigerung der Blockgröße kann negative Auswirkungen auf die Leistung haben, weil der Fehlzugriffsaufwand höher wird.

Die Zerlegung der Fehlzugriffe in die drei Cs ist ein praktisches qualitatives Modell. Im realen Cache-Design spielen viele der Designentscheidungen zusammen, und wenn eine Cache-Eigenschaft verändert wird, beeinflusst dies häufig mehrere andere Komponenten der Fehlzugriffsrate. Trotz solcher Unzulänglichkeiten ist dieses Modell eine praktische Möglichkeit, Einblick in die Leistung von Cache-Designs zu erhalten.

Grundwissen

Die Herausforderung beim Entwurf von Speicherhierarchien ist, dass jede Änderung, die die Fehlzugriffsrate möglicherweise verbessert, gleichzeitig die Gesamtleistung negativ beeinflussen kann (siehe Tabelle 5.9). Diese Kombination aus positiven und negativen Auswirkungen macht den Entwurf von Speicherhierarchien so interessant.

Tab. 5.9: Herausforderungen beim Design der Speicherhierarchie.

Designänderung	Auswirkung auf die Fehlzugriffsrate	Mögliche negative Auswirkungen auf die Leistung
Steigerung der Cache-Größe	senkt die Speicherüberlastungs-Fehlzugriffe	kann die Zugriffszeit erhöhen
Steigerung der Assoziativität	senkt die Fehlzugriffsrate von Adresskonflikt-Fehlzugriffen	kann die Zugriffszeit erhöhen
Steigerung der Blockgröße	senkt die Fehlzugriffsrate für viele Blockgrößen aufgrund räumlicher Lokalität	erhöht den Fehlzugriffsaufwand. Sehr große Blöcke können die Fehlzugriffsrate erhöhen.

Selbsttest

Welche der folgenden Aussagen sind im Allgemeinen richtig?

1. Es gibt keine Möglichkeit, Kaltstart-Fehlzugriffe zu reduzieren.
2. Vollassoziative Caches haben keine Adresskonflikt-Fehlzugriffe.
3. Für die Reduzierung von Fehlzugriffen ist die Assoziativität wichtiger als die Kapazität.

5.9   Steuerung eines einfachen Caches mit einem endlichen Automaten

Jetzt können wir eine Steuerung für einen Cache implementieren, so wie wir in Kapitel 4 eine Steuerung für einen Einzyklen-Datenpfad und einen Datenpfad mit Pipeline implementiert haben. Der Abschnitt beginnt mit der Definition eines einfachen Caches und einer Beschreibung von endlichen Automaten (FSM, Finite State Machines). Er endet mit einem Automaten für eine Steuerung für diesen einfachen Cache. Abschnitt 5.12 (online) geht mehr ins Detail und zeigt den Cache und die Steuerung in einer neuen Hardwarebeschreibungssprache.

Ein einfacher Cache

Jetzt werden wir eine Steuerung für einen einfachen Cache entwerfen. Hier die wichtigsten Eigenschaften des Caches:

- direkt abgebildeter Cache
- Rückschreiben mit Schreibreservierung
- Blockgröße 4 Wörter (16 Byte oder 128 Bit)
- Cachegröße 16 KiB, so dass er 1024 Blöcke aufnehmen kann
- 32-Bit-Byteadressen
- beinhaltet ein Gültigkeitsbit und ein Dirty-Bit pro Block

Gemäß Abschnitt 5.3 können wir jetzt die Felder einer Adresse für den Cache berechnen:

- Cache-Index 10 Bit
- Block-Offset 4 Bit
- Tag-Größe $32 - (10 + 4)$, also 18 Bit

Die Signale zwischen dem Prozessor und dem Cache sind:

- 1-Bit-Lese- oder Schreibsignal
- 1-Bit-Gültigkeitssignal, das angibt, ob eine Cache-Operation vorliegt oder nicht
- 32-Bit-Adresse
- 32-Bit-Daten vom Prozessor zum Cache

- 32-Bit-Daten vom Cache in den Prozessor
- 1-Bit Ready-Signal, das mitteilt, dass die Cache-Operation abgeschlossen ist

Die Schnittstelle zwischen dem Speicher und dem Cache hat dieselben Felder wie zwischen dem Prozessor und dem Cache, außer dass die Datenfelder jetzt 128 Bit breit sind. Die zusätzliche Speicherbreite findet man heute allgemein bei Mikroprozessoren, die mit 32-Bit- oder 64-Bit-Wörtern arbeiten müssen, während der DRAM-Controller häufig 128 Bit breit ist. Der Entwurf wurde einfacher, nachdem die Größe des Cache-Blocks mit der DRAM-Breite in Übereinstimmung gebracht wurde. Und hier die Signale:

- 1-Bit Lese- oder Schreibsignal
- 1-Bit Gültigkeitssignal, das angibt, ob eine Speicheroperation vorliegt
- 32-Bit-Adresse
- 128-Bit Daten vom Cache in den Speicher
- 128-Bit Daten vom Speicher in den Cache
- 1-Bit Ready-Signal, das den Abschluss der Speicheroperation signalisiert

Beachten Sie, dass die Schnittstelle zum Speicher keine feste Anzahl an Zyklen aufweist. Wir gehen von einem Speicher-Controller aus, der den Cache über das Ready-Signal benachrichtigt, wenn die Lese- oder Schreiboperation für den Speicher abgeschlossen ist.

Bevor wir den Cache-Controller beschreiben, müssen wir auf die endlichen Automaten eingehen, die uns gestatten, eine mehrere Taktzyklen umfassende Operation zu steuern.

Endliche Automaten

Um die Steuereinheit für den Einzyklen-Datenpfad zu entwerfen, haben wir verschiedene Wahrheitstabellen verwendet, die die Einstellungen für die Steuersignale basierend auf der Befehlsklasse angegeben haben. Für einen Cache ist die Steuerung komplizierter, weil die Operation aus mehreren Schritten bestehen kann. Die Steuerung für einen Cache muss sowohl die Signale angeben, die in jedem beliebigen Schritt gesetzt werden müssen, als auch den nächsten Schritt in der Sequenz.

Die gebräuchlichste Steuermethode mit mehreren Schritten basiert auf **endlichen Automaten**, die in der Regel graphisch dargestellt werden. Ein endlicher Automat besteht aus mehreren Zuständen und Richtungen, in die sich die Zustände ändern können. Die Richtungen werden durch eine **Nächster-Zustand-Funktion** definiert, die den aktuellen Zustand und die Eingaben in einen neuen Zustand überführt. Wenn wir für die Steuerung einen endlichen Automaten verwenden, gibt jeder Zustand gleichzeitig die Menge der Ausgaben an, die bereitstehen, wenn sich die Maschine in diesem Zustand befindet. Die Implementierung eines endlichen Automaten geht in der Regel davon aus, dass alle Ausgaben, die nicht explizit bereitgestellt werden, nicht bereitstehen.

endlicher Automat Eine sequentielle Logikfunktion, die aus mehreren Eingaben und Ausgaben besteht, einer Nächster-Zustand-Funktion, die den aktuellen Zustand und die Eingaben in einen neuen Zustand überführt, und einer Ausgabefunktion, die den aktuellen Zustand und gegebenenfalls die Eingaben in eine Menge möglicher Ausgaben überführt.

Nächster-Zustand-Funktion Eine kombinatorische Funktion, die anhand der Eingaben und des aktuellen Zustands den nächsten Zustand eines endlichen Automaten bestimmt.

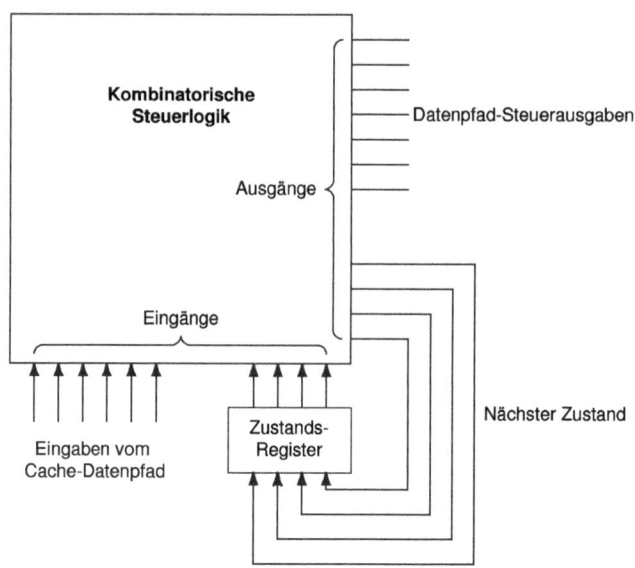

Abb. 5.30: Endliche Automaten als Steuerungen werden in der Regel unter Verwendung eines kombinatorischen Logikblocks und mit einem Register für den aktuellen Zustand implementiert. Die Ausgaben der kombinatorischen Logik sind die Nummer des nächsten Zustands und die Steuersignale, die für den aktuellen Zustand aktiviert werden sollen. Die Eingaben für die kombinatorische Logik sind der aktuelle Zustand sowie alle Eingaben, die den nächsten Zustand bestimmen. Beachten Sie, dass bei dem in diesem Kapitel verwendeten endlichen Automaten die Ausgaben nur vom aktuellen Zustand und nicht von den Eingaben abhängig sind.

Analog dazu ist die korrekte Funktionsweise des Datenpfades von der Tatsache abhängig, das ein Signal, das nicht explizit aktiviert ist, deaktiviert ist.

Multiplexer-Steuerungen unterscheiden sich von dieser Methode, weil sie eine der Eingaben auswählen, egal ob 0 oder 1. Beim endlichen Automaten geben wir deshalb immer die Einstellung aller Multiplexer-Elemente an, die darin berücksichtigt werden sollen. Wenn wir den endlichen Automaten mit Logikschaltkreisen implementieren, kann für ein Element die Einstellung 0 der Vorgabewert sein und damit keine Gatter erforderlich machen. Ein einfaches Beispiel für einen endlichen Automaten finden Sie in Anhang B. Wenn Sie mit dem Konzept der endlichen Automaten nicht vertraut sind, sollten Sie sich vor dem Weiterlesen in Anhang B genauer darüber informieren.

Ein endlicher Automat kann mit einem temporären Register implementiert werden, das den aktuellen Zustand aufnimmt, und einem kombinatorischen Logikblock, der die zu aktivierenden Datenpfadsignale und den nächsten Zustand bestimmt. Abbildung 5.30 zeigt, wie eine solche Implementierung aussehen könnte. Anhang D (online) beschreibt detailliert, wie der endliche Automat unter Verwendung dieser Struktur implementiert wird. In Anhang B wird die kombinatorische Steuerlogik für einen endlichen Automaten mit ROM (Read-Only Memory) und mit PLA (Programmable Logic Array) implementiert. (Eine Beschreibung dieser Logikelemente finden Sie ebenfalls in Anhang B.)

Anmerkungen: 1) Dieses einfache Design, bei dem der Prozessor warten muss, bis der Cache die Anfrage beendet hat, wird blockierender Cache genannt. Im Online-Abschnitt 5.12 wird die Alternative dazu – der nicht blockierende Cache – beschrieben.

2) Der Typ der in diesem Buch verwendeten endlichen Automaten wird als Moore-Maschine bezeichnet, nach Edward Moore. Ihre entscheidende Eigenschaft ist, dass die Ausgabe nur vom aktuellen Zustand abhängig ist. Für eine Moore-Maschine kann das Feld, das als „kombinatorische Steuerlogik" beschriftet ist, in zwei Bereiche unterteilt werden. Ein Bereich enthält die Steuerausgabe und nur die Zustandseingabe, während das andere nur die Ausgabe des nächsten Zustands enthält.

Ein alternativer Maschinetyp ist die Mealy-Maschine, benannt nach George Mealy. Die Mealy-Maschine erlaubt es, zur Bestimmung der Ausgabe sowohl die Eingabe als auch den aktuellen Zustand zu verwenden. Moore-Maschinen haben potentielle Implementierungsvorteile was die Geschwindigkeit und die Größe der Steuereinheit betrifft. Die Geschwindigkeitsvorteile entstehen, weil die Steuerausgaben, die früh im Taktzyklus benötigt werden, nicht von den Eingaben abhängig sind, sondern nur vom aktuellen Zustand. In Anhang B, wo die Implementierung dieses endlichen Automaten bis auf die Logikgatter zerlegt wird, ist der Größenvorteil klar ersichtlich. Der potentielle Nachteil einer Moore-Maschine ist, dass sie möglicherweise zusätzliche Stufen benötigt.

FSM für eine einfache Cache-Steuerung

Abbildung 5.31 zeigt die vier Zustände unserer einfachen Cache-Steuerung:

- *Leerlauf*: Dieser Zustand wartet auf eine gültige Lese- oder Schreibanforderung vom Prozessor, wodurch die FSM in den Zustand „Tag vergleichen" übergeht.

- *Tag vergleichen*: Wie der Name schon sagt, prüft dieser Zustand, ob die angeforderte Lese- oder Schreiboperation einen Treffer oder einen Fehlzugriff erzeugt hat. Der Indexanteil der Adresse wählt das zu vergleichende Tag aus. Ist es gültig und der Tag-Anteil der Adresse stimmt mit dem Tag überein, handelt es sich um einen Treffer. Die Daten werden aus dem ausgewählten Wort gelesen bzw. dorthin geschrieben, und das Signal „Cache Ready" wird gesetzt. Handelt es sich um eine Schreiboperation, wird das Dirty-Bit auf 1 gesetzt. Beachten Sie, dass ein Schreibtreffer auch das Gültigkeitsbit und das Tag-Feld setzt. Dies scheint zwar unnötig zu sein, wird aber so gehandhabt, weil es sich beim Tag um einen einzelnen Speicher handelt. Um das Dirty-Bit zu ändern, müssen wir also auch die Gültigkeits- und Tag-Felder ändern. Liegt ein Treffer vor und der Block ist gültig, geht die FSM in den Leerlaufzustand zurück. Bei einem Fehlzugriff wird zuerst das Cache-Tag aktualisiert und dann geht die FSM entweder in den Zustand „Zurückschreiben", wenn der Block an diesem Speicherort den Wert 1 im Dirty-Bit hat, oder in den Zustand „Reservieren", wenn das Dirty-Bit den Wert 0 hat.

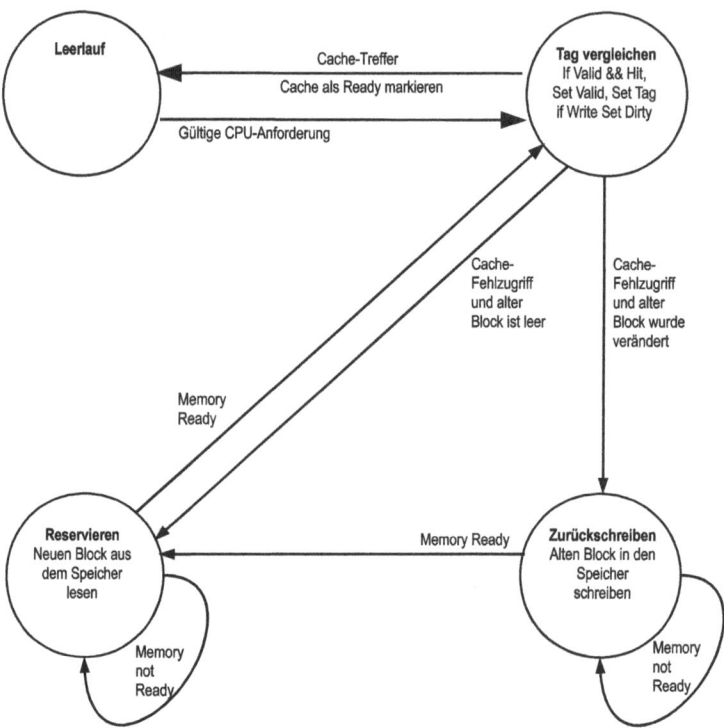

Abb. 5.31: Vier Zustände der einfachen Steuerung.

- *Zurückschreiben*: Dieser Zustand schreibt den 128-Bit-Block in den Speicher zurück. Dazu verwendet er die Adresse, die sich aus dem Tag und dem Tag-Index zusammensetzt. Wir bleiben in diesem Zustand und warten auf das Ready-Signal vom Speicher. Wenn die Speicheroperation abgeschlossen ist, geht die FSM in den Zustand „Reservieren".

- *Reservieren*: Der neue Block wird aus dem Speicher geladen. Wir bleiben in diesem Zustand und warten auf das Ready-Signal vom Speicher. Ist die Leseoperation für den Speicher abgeschlossen, geht die FSM in den Zustand „Tag vergleichen". Wir hätten auch in einen neuen Zustand gehen können, um die Operation abzuschließen, anstatt erneut den Zustand „Tag vergleichen zu verwenden", aber es besteht eine weitgehende Überlappung, einschließlich der Aktualisierung des entsprechenden Worts im Block, wenn der Zugriff ein Schreibzugriff war.

Dieses einfache Modell könnte ganz leicht um zusätzliche Zustände erweitert werden, um möglicherweise die Leistung zu verbessern. Der Zustand „Tag vergleichen" beispielsweise erledigt den Vergleich und das Lesen oder Schreiben der Cache-Daten in einem einzigen Taktzyklus. Häufig werden der Vergleich und der Cache-Zugriff in separaten Zuständen erledigt, um die Taktzyklusdauer zu verbessern. Eine weitere Optimierung wäre, einen Schreibpuffer einzuführen, so dass wir den veränderten Block dort ablegen und dann zuerst den neuen Block lesen könnten und der Prozessor nicht auf zwei Speicherzugriffe nach einem Dirty-Fehlzugriff warten müsste. Der Cache würde dann den veränderten Block aus dem Schreibpuffer schreiben, während der Prozessor die angeforderten Daten verarbeitet.

Abschnitt 5.12 (online) bietet weitere Details zur FSM und zeigt die vollständige Steuerung in Hardwarebeschreibungssprache sowie ein Blockdiagramm dieses einfachen Caches.

5.10 Parallelität und Speicherhierarchien: Cache-Kohärenz

Ein Multicore-Multiprozessor bringt mehrere Prozessoren auf einem einzigen Chip unter. Diese Prozessoren benutzen sehr wahrscheinlich einen gemeinsamen physischen Adressraum. Durch das Caching gemeinsam genutzter Daten entsteht ein neues Problem, weil zwei unterschiedliche Prozessoren den Speicher jeweils durch ihren eigenen Cache sehen, was ohne zusätzliche Vorsichtsmaßnahmen dazu führen könnte, dass sie zwei unterschiedliche Werte sehen. Tabelle 5.10 verdeutlicht das Problem und zeigt, wie zwei verschiedene Prozessoren zwei unterschiedliche Werte für dieselbe Speicherstelle erhalten können. Diese Schwierigkeit wird allgemein als das *Cache-Kohärenzproblem* bezeichnet.

Tab. 5.10: Das Cache-Kohärenzproblem für eine Speicherstelle (X), die von zwei Prozessoren (A und B) gelesen wird. Wir gehen davon aus, dass kein Cache die Variable enthält und dass X zunächst den Wert 0 hat. Wir nehmen einen Durchschreibe-Cache an. Ein Rückschreibe-Cache führt einige weitere, aber ähnliche Komplikationen ein. Nachdem der Wert von X von A geschrieben wurde, enthalten der Cache von A und der Speicher beide den neuen Wert, nicht aber der Cache von B, und wenn B den Wert von X liest, erhält er 0!

Zeitstempel	Ereignis	Cache-Inhalt A	Cache-Inhalt B	Speicherinhalt für die Stelle X
0				0
1	A liest X	0		0
2	B liest X	0	0	0
3	A speichert 1 in X	1	0	1

Vereinfacht können wir sagen, dass ein Speichersystem kohärent ist, wenn alle Leseoperationen eines Datenelements den zuletzt geschriebenen Wert für dieses Datenelement zurückgeben. Diese Definition scheint auf den ersten Blick ganz richtig zu sein, aber sie ist ungenau und stark vereinfacht. Die Realität ist sehr viel komplizierter. Diese einfache Definition spricht zwei verschiedene Aspekte des Speichersystemverhaltens an, die beide kritisch für die Entwicklung von Programmen mit gemeinsam genutztem Speicher sind. Der erste Aspekt, die so genannte *Kohärenz*, definiert, *welche Werte* von einer Leseoperation zurückgegeben werden können.

Der zweite Aspekt, die so genannte *Konsistenz*, bestimmt, *wann* ein geschriebener Wert von einer Leseoperation zurückgegeben wird. Zunächst betrachten wir die Kohärenz. Ein Speichersystem ist kohärent, wenn

1. Eine Leseoperation durch einen Prozessor P von einem Speicherort X, die einer Schreiboperation von P auf X folgt, ohne dass Schreiboperationen für X durch einen anderen Prozessor zwischen dem Schreiben und dem Lesen von P stattfinden, immer den von P geschriebenen Wert zurückgibt. In Tabelle 5.10 sollte CPU A, wenn sie X nach dem Zeitschritt 3 liest, den Wert 1 erhalten.

2. Eine Leseoperation durch einen Prozessor von einem Speicherort X, die einer Schreiboperation eines anderen Prozessors auf X folgt, den geschriebenen Wert zurückgibt, wenn das Lesen und das Schreiben innerhalb der Zeit ausreichend weit voneinander getrennt sind, und keine anderen Schreibvorgänge für X zwischen den beiden Zugriffen stattfinden. In Tabelle 5.10 bräuchten wir also einen Mechanismus, der den Wert 0 im Cache von CPU B durch den Wert 1 ersetzt, nachdem CPU A in Zeitschritt 3 den Wert 1 im Speicher an der Adresse X abgelegt hat.

3. Schreiboperationen auf denselben Speicherort *serialisiert* sind, d. h., zwei Schreiboperationen auf denselben Speicherort durch zwei Prozessoren werden von allen Prozessoren in derselben Reihenfolge wahrgenommen. Wenn beispielsweise CPU B nach dem Zeitschritt 3 den Wert 2 im Speicher an der Adresse X ablegt, können die Prozessoren den Wert am Speicherort X nicht als 2 und später als 1 lesen.

Die erste Eigenschaft bewahrt einfach die Programmreihenfolge – wir erwarten dieses Verhalten beispielsweise bei Einzelprozessoren. Die zweite Eigenschaft definiert das Konzept dessen, was eine kohärente Speicheransicht bedeutet: Wenn ein Prozessor ständig einen alten Datenwert lesen könnte, würden wir selbstverständlich sagen, dass der Speicher inkohärent ist.

Die Notwendigkeit der *Schreibserialisierung* ist subtiler, aber genauso wichtig. Angenommen, wir serialisieren die Schreiboperationen nicht, und Prozessor P1 schreibt an den Speicherort X, und anschließend schreibt P2 an den Speicherort X. Die Serialisierung der Schreiboperationen stellt sicher, dass jeder Prozessor danach den von P2 geschriebenen Wert sieht. Wenn wir die Schreiboperationen nicht serialisieren, könnte es sein, dass ein Prozessor zuerst den von P2 geschriebenen Wert und dann den von P1 geschriebenen Wert sieht, wodurch der von P1 geschriebene Wert fälschlicherweise weiterarbeitet wird. Am einfachsten vermeidet man solche Probleme, indem man sicherstellt, dass alle Schreiboperationen auf denselben Speicherort in derselben Reihenfolge gesehen werden. Diese Eigenschaft wird auch als *Schreibserialisierung* bezeichnet.

Grundlegende Vorgehensweisen für das Erzwingen der Kohärenz

Bei einem Cache-kohärenten Multiprozessor stellen die Caches sowohl *Migration* als auch *Replikation* gemeinsam genutzter Datenelemente sicher:

- *Migration*: Ein Datenelement kann in einen lokalen Cache verschoben und dort transparent genutzt werden. Die Migration reduziert die Latenz für den Zugriff auf ein gemeinsam genutztes Datenelement, das remote reserviert wird, ebenso wie die erforderliche Bandbreite für den gemeinsam genutzten Speicher.

- *Replikation*: Wenn gemeinsam genutzte Daten gleichzeitig gelesen werden, legen die Caches eine Kopie des Datenelements im lokalen Cache an. Die Replikation reduziert sowohl die Latenz des Zugriffs als auch die Konkurrenz beim Lesen eines gemeinsam genutzten Datenelements.

Die Unterstützung dieser Migration und Replikation ist kritisch für die Leistung beim Zugriff auf gemeinsam genutzte Daten. Deshalb führen viele Multiprozessoren ein Hardwareprotokoll ein, um die Caches kohärent zu halten. Die Protokolle, die für die Cache-Kohärenz bei mehreren Prozessoren sorgen, werden als *Cache-Kohärenzprotokolle* bezeichnet. Voraussetzung für die Implementierung eines Cache-Kohärenzprotokolls ist die Statusüberwachung aller gemeinsam genutzten Datenblöcke.

Das gebräuchlichste Cache-Kohärenzprotokoll ist *Snooping*. Jeder Cache, der eine Kopie der Daten aus einem physischen Speicherblock enthält, enthält auch eine Kopie des gemeinsamen Nutzungsstatus dieses Blocks, aber es wird kein zentraler Status verwaltet. Die Caches stehen alle über ein Übertragungsmedium bereit (einen Bus oder ein Netzwerk), und alle Cache-Steuerungen überwachen das Medium oder hören es ab *(Snooping)*, um festzustellen, ob sie eine Kopie eines Blocks besitzen, der über einen Bus oder einen Switch angefordert wurde.

Im folgenden Abschnitt erklären wir die auf Snooping basierende Cache-Kohärenz, wobei eine Implementierung mit gemeinsam genutztem Bus betrachtet wird, aber es kann jedes Kommunikationsmedium verwendet werden, das Cache-Fehlzugriffe an alle Prozessoren meldet, um ein auf Snooping basierendes Kohärenzverhalten zu implementieren. Diese Übertragung an alle Caches macht es einfach, Snooping-Protokolle zu implementieren, schränkt aber auch ihre Skalierbarkeit ein.

Snooping-Protokolle

Eine Methode zur Erzwingung der Kohärenz ist es, sicherzustellen, dass ein Prozessor exklusiven Zugriff auf ein Datenelement hat, bevor er dieses Element schreibt. Diese Art Protokoll wird als *Schreib-Invalidierungsprotokoll (Write Invalidate Protocol)* bezeichnet, weil es bei einer Schreiboperation alle Kopien in anderen Caches ungültig macht. Der exklusive Zugriff stellt sicher, dass es

Tab. 5.11: Ein Beispiel für ein Invalidierungsprotokoll auf einem Snooping-Bus für einen einzelnen Cache-Block (X) mit Rückschreibe-Caches. Wir gehen davon aus, dass kein Cache anfänglich X enthält, und dass der Wert von X im Speicher gleich 0 ist. Die Einträge für CPU und Speicherinhalt zeigen den Wert, nachdem die Prozessor- und die Busaktivitäten abgeschlossen sind. Wenn kein Eintrag vorhanden ist, liegt keine Aktivität vor und es wurde keine Kopie in den Cache gestellt. Wenn der zweite Fehlzugriff durch B stattfindet, reagiert CPU A mit dem Wert und löscht die Antwort aus dem Speicher. Darüber hinaus werden der Inhalt des Cache von B und der Speicherinhalt von X aktualisiert. Diese Speicheraktualisierung, die vorgenommen wird, wenn ein Block gemeinsam genutzt wird, vereinfacht das Protokoll, aber es ist möglich, den Besitzer zurückzuverfolgen und das Rückschreiben nur dann zu erzwingen, wenn der Block ersetzt wird. Dies bedingt die Einführung eines zusätzlichen Zustands, „Besitzer", der anzeigt, dass ein Block gemeinsam genutzt werden kann, aber dass der Besitzer-Prozessor dafür verantwortlich ist, alle anderen Prozessoren und den Speicher zu aktualisieren, wenn er den Block ändert oder austauscht.

Prozessoraktivität	Busaktivität	Cache-Inhalt CPU A	Cache-Inhalt CPU B	Inhalt des Speicherorts X
				0
A liest X	Cache-Fehlzugriff für X	0		0
B liest X	Cache-Fehlzugriff für X	0	0	0
A schreibt 1 in X	Invalisierung von X	1		0
B liest X	Cache-Fehlzugriff für X	1	1	1

keine anderen les- oder schreibbaren Kopien eines Elements gibt, wenn die Schreiboperation ausgeführt wird: Alle anderen Kopien des Elements wurden ungültig gemacht.

Tabelle 5.11 zeigt ein Beispiel für ein Invalidierungsprotokoll für einen Snooping-Bus mit Rückschreibe-Caches. Um zu sehen, wie dieses Protokoll Kohärenz sicherstellt, gehen wir von einer Schreiboperation aus, gefolgt von einer Leseoperation durch einen anderen Prozessor. Weil die Schreiboperation exklusiven Zugriff fordert, müssen alle Kopien, die der lesende Prozessor besitzt, ungültig gemacht werden (daher der Name des Protokolls). Wenn die Leseoperation auftritt, erzeugt sie einen Cache-Fehlzugriff und der Cache ist gezwungen, eine neue Kopie der Daten zu laden. Für eine Schreiboperation fordern wird, dass der schreibende Prozessor exklusiven Zugriff hat, so dass kein anderer Prozessor gleichzeitig schreiben kann. Wenn zwei Prozessoren versuchen, gleichzeitig dasselbe Datenelement zu schreiben, gewinnt einer von ihnen das Rennen und die Kopie des anderen Prozessors wird ungültig gemacht. Damit der andere Prozessor seine Schreiboperation ausführen kann, muss er eine neue Kopie der Daten beschaffen, die jetzt den aktualisierten Wert enthalten muss. Somit erzwingt auch dieses Protokoll die Schreibserialisierung.

Hardware-Software-Schnittstelle

Man hat festgestellt, dass die Blockgröße eine wichtige Rolle für die Cache-Kohärenz spielt. Betrachten Sie beispielsweise das Snooping bei einem Cache mit einer Blockgröße von acht Wörtern, wobei ein Wort abwechselnd von zwei Prozessoren geschrieben und gelesen wird. Die meisten Protokolle tauschen vollständige Blöcke zwischen Prozessoren aus und erhöhen damit die Bandbreitenanforderungen für die Kohärenz.

Große Blöcke können auch eine so genannte unechte gemeinsame Nutzung verursachen: Wenn zwei unzusammenhängende gemeinsam genutzte Variablen im selben Cache-Block stehen, wird der vollständige Block zwischen den Prozessoren ausgetauscht, auch wenn die Prozessoren auf unterschiedliche Variablen zugreifen. Programmierer und Compiler müssen ihre Daten sorgfältig anordnen, um eine unechte gemeinsame Nutzung zu vermeiden.

Anmerkungen: 1) Obwohl die drei Eigenschaften auf Seite 502 ausreichend sind, um eine Kohärenz sicherzustellen, ist auch die Frage, wann ein geschriebener Wert sichtbar wird, sehr wichtig. Um den Grund dafür zu verstehen, überlegen wir, dass wir nicht fordern können, dass das Lesen von X in Tabelle 5.10 sofort den von einem anderen Prozessor für X geschriebenen Wert sieht. Geht beispielsweise eine Schreiboperation von X auf einem Prozessor unmittelbar einer Leseoperation von X auf einem anderen Prozessor voraus, kann es sein, dass nicht sichergestellt werden kann, dass die Leseoperation den Wert der geschriebenen Daten zurückgibt, weil die geschriebenen Daten zu diesem Zeitpunkt möglicherweise den Prozessor noch gar nicht verlassen haben. Die Frage, *wann* genau ein geschriebener Wert von einem Leser gesehen werden muss, ist durch ein *Speicherkonsistenzmodell* definiert.

Wir gehen von den beiden folgenden Annahmen aus: Erstens, eine Schreiboperation ist erst dann abgeschlossen (und gestattet die nächste Schreiboperation), wenn alle Prozessoren die Wirkung dieser Schreiboperation gesehen haben. Zweitens, der Prozessor ändert nicht die Reihenfolge von Schreiboperationen gegenüber anderen Speicherzugriffen. Diese beiden Bedingungen bedeuten, dass wenn ein Prozessor an den Speicherort X gefolgt von von einer Schreiboperation an den Speicherort Y schreibt, muss jeder Prozessor, der den neuen Wert von Y sieht, auch den neuen Wert von X sehen. Diese Einschränkungen gestatten dem Prozessor, Leseoperationen umzuordnen, aber Schreiboperationen in der vom Programm vorgegebenen Reihenfolge durchzuführen.

2) Weil Eingaben den Cache-Speicher hinter den Caches ändern können und es sein kann, dass Ausgaben den aktuellsten Wert in einem Rückschreibe-Cache benötigen, gibt es auch ein Cache-Kohärenzproblem für die Ein-/Ausgabe mit den Caches eines einzelnen Prozessors, genauso wie zwischen den Caches von Multiprozessoren. Die Cache-Kohärenzprobleme für Multiprozessoren und für Ein-/Ausgaben (siehe Kapitel 6) haben zwar einen ähnlichen Ursprung, aber unterschiedliche Eigenschaften, die sich darauf auswirken, welche Lösung geeignet ist. Anders als bei Ein-/Ausgaben, wo mehrere Kopien von Daten eher die Seltenheit sind – und wenn möglich vermieden werden sollten –, hat ein Programm, das auf mehreren Prozessoren ausgeführt wird, in der Regel Kopien derselben Daten in mehreren Caches.

3) Neben dem Cache-Kohärenzprotokoll Snooping, bei dem der Status gemeinsam genutzter Blöcke verteilt wird, verwaltet ein *verzeichnisbasiertes* Cache-Kohärenzprotokoll den gemeinsamen Nutzungsstatus eines Blocks von physischem Speicher an nur einer Position, im so genannten *Verzeichnis*. Die ver-

zeichnisbasierte Kohärenz erzeugt einen gewissen Mehraufwand für die Implementierung gegenüber Snooping, kann aber den Verkehr zwischen den Caches reduzieren und ist damit für den Einsatz auf mehr Prozessoren geeignet.

5.11   Parallelität und Speicherhierarchie: RAID

Dieser Online-Abschnitt beschreibt, wie man mit einer Anordnung aus vielen Festplatten einen wesentlich größeren Durchsatz erreicht, was die ursprüngliche Idee hinter den so genannten RAIDs (Redundant Arrays of Inexpensive Disks) war. Die eigentliche Popularität von RAID gründet sich jedoch vor allem auf die stark verbesserte **Zuverlässigkeit,** die sich durch Hinzufügen einer moderaten Zahl von redundanten Platten erreichen lässt. Dieser Abschnitt erklärt die Unterschiede bzgl. Leistung, Kosten und Zuverlässigkeit, die zwischen den unterschiedlichen RAIDs bestehen.

ZUVERLÄSSIGKEIT

5.12   Fortgeschrittener Stoff: Cache-Controller

Dieser Online-Abschnitt zeigt, wie die Steuerung für einen Cache implementiert wird, vergleichbar damit, wie wir die Steuerung für Einzyklen-Datenpfade und Datenpfade mit Pipelining in Kapitel 4 implementiert haben. Der Abschnitt beginnt mit einer Beschreibung endlicher Automaten und der Implementierung einer Cachesteuerung für einen einfachen Datencache. Dazu gehört auch eine Beschreibung der Cachesteuerung in einer Hardwarebeschreibungssprache. Anschließend geht es detailliert um ein Beispiel für ein Cache-Kohärenzprotokoll und die Schwierigkeiten bei der Implementierung eines solchen Protokolls.

5.13   Fallstudie: Die Speicherhierarchien der Prozessoren ARM Cortex-A8 und Intel Core i7

In diesem Abschnitt werden wir die Speicherhierarchien der beiden Prozessoren betrachten, die wir in Kapitel 4 beschrieben haben: die des ARM Cortex-A8 und die des Intel Core i7. Dieser Abschnitt basiert auf Abschnitt 2.6 unseres Buches *Computer Architecture: A Quantitative Approach*, 5. Auflage.

In Tabelle 5.12 sind die Adressgrößen und TLBs der beiden Prozessoren aufgelistet. Beachten Sie, dass der A8 zwei TLBs mit einem 32-Bit-Adressraum für virtuelle Adressen und einem 32-Bit-Adressraum für physikalische Adressen hat. Der Core i7 hat drei TLBs mit einem 48-Bit-Raum für virtuelle und einem 44-Bit-Raum für physikalische Adressen. Die 64-Bit-Register des Core i7 könnten zwar eine größere virtuelle Adresse halten, doch von Seiten der Software gab es keinen Bedarf für einen so großen Adressraum, und durch die 48-Bit für virtuelle Adressen schrumpft sowohl der Speicher für die Seitentabellen als auch die TLB-Hardware.

Tab. 5.12: Adress-Übersetzung und Hardware für den ARM Cortex-A8 und den Intel Core i7. Beide Prozessoren unterstützen große Seiten, die etwa für das Betriebssystem oder das Abbilden eines Bildspeichers verwendet werden. Durch das Schema für große Seiten kann es vermieden werden, eine große Anzahl von Einträgen zu verwenden, um ein einzelnes Objekt abzubilden, das ständig vorhanden ist.

Merkmal	ARM Cortex-A8	Intel Core i7
virtuelle Adresse	32 Bit	48 Bit
physikalische Adresse	32 Bit	44 Bit
Seitengröße	variabel: 4, 16, 64 KiB, 1, 16 MiB	variabel: 4 KiB, 2/4 MiB
TLB-Organisation	1 TLB für Befehle und 1 TLB für Daten	1 TLB für Befehle und 1 TLB für Daten pro Kern
	beide TLBs vollassoziativ, 32 Einträge, Round-Robin-Ersetzung	beide L1-TLBs sind vierfach satzassoziativ, LRU-Ersetzung
	TLB-Fehlzugriffe werden von der Hardware behandelt	L1-I-TLB hat 128 Einträge für kleine Seiten, 32 für große
		L2-TLB ist vierfach satzassoziativ, LRU-Ersetzung
		L2-TLB hat 512 Einträge
		TLB-Fehlzugriffe werden von der Hardware behandelt

Tabelle 5.13 zeigt die Caches der beiden Prozessoren. Es sei daran erinnert, dass der A8 nur einen Prozessorkern hat, der Core i7 dagegen vier. Beide haben identisch organisierte, vierfach satzassoziative L1-Befehlscaches mit 32 KiB und 64-Byte-Blöcken. Der A8 verwendet das gleiche Design für den Datencache, während beim Core i7 der Grad der Assoziativität auf achtfach erhöht wird. Beide verwenden einen achtfach satzassoziativen vereinigten L2-Cache (pro Kern) mit 64-Byte-Blöcken, wobei die Größe des A8 von 128 KiB bis 1 MiB reicht, während der Core i7 auf 256 KiB festgesetzt ist. Der Core i7 wird für Server eingesetzt und bietet auch einen L3-Cache, den sich alle Kerne des Chips teilen. Seine Größe variiert in Abhängigkeit von der Anzahl der Kerne. Bei vier Kernen, wie in diesem Fall, beträgt die Größe 8 MiB.

Eine wichtige Herausforderung, vor der Cache-Entwickler stehen, ist die Unterstützung von Prozessoren wie dem A8 und dem Core i7, die mehr als einen Speicherbefehl pro Takt ausführen können. Eine verbreitete Lösung besteht darin, den Cache in Bänke aufzuteilen und mehrere unabhängige, **parallele** Zugriffe zu erlauben, sofern die Zugriffe auf unterschiedliche Bänke erfolgen. Diese Methode ist ähnlich wie bei verschränkten DRAM-Banken (siehe Abschnitt 5.2).

Beim Core i7 gibt es zusätzliche Optimierungen, die es erlauben, den Fehlzugriffsaufwand zu reduzieren. Die erste dieser Optimierungen besteht darin, dass bei einem Fehlzugriff zuerst das angeforderte Wort zurückgegeben wird. Außerdem wird mit dem Ausführen von Befehlen fortgefahren, die während eines Cache-Fehlzugriffs auf den Datencache zugreifen. Entwickler, die versuchen, die Cache-Fehlzugriffslatenz zu verbergen, verwenden meistens diese Methode, die **nicht blockierender Cache** genannt wird, wenn sie Out-

PARALLELITÄT

nicht blockierender Cache Ein Cache, der dem Prozessor Zugriffe auf den Cache gestattet, während dieser einen früheren Fehlzugriff behandelt.

Tab. 5.13: Die Caches der Prozessoren ARM Cortex-A8 und Intel i7 920.

Merkmal	ARM Cortex-A8	Intel Core i7
L1-Cache: Organisation	Befehls- und Datencache getrennt	Befehls- und Datencache getrennt
L1-Cache: Größe	je 32 KiB für Befehle und Daten	pro Kern je 32 KiB für Befehle und Daten
L1-Cache: Assoziativität	Befehle und Daten vierfach satzassoziativ	Befehle vierfach satzassoziativ, Daten achtfach satzassoziativ
L1: Ersetzung	zufällig	näherungsweise LRU
L1: Blockgröße	64 Byte	64 Byte
L1: Schreibberechtigung	write-back, write-allocate (?)	write-back, no-write-allocate.
L1: Zugriffszeit (Load-Use)	1 Taktzyklus	4 Taktzyklen, Pipelining
L2-Cache: Organisation	vereinigt (Befehle und Daten)	vereinigt (Befehle und Daten)
L2-Cache: Größe	128 KiB bis 1 MiB	256 KiB (0,25 MiB)
L2-Cache: Assoziativität	achtfach satzassoziativ	achtfach satzassoziativ
L2: Ersetzung	zufällig (?)	näherungsweise LRU
L2: Blockgröße	64 Byte	64 Byte
L2: Schreibberechtigung	write-back, write-allocate (?)	write-back, write-allocate
L2: Zugriffszeit	11 Taktzyklen	10 Taktzyklen
L3-Cache: Organisation	–	vereinigt (Befehle und Daten)
L3-Cache: Größe	–	8 MiB, geteilt
L3-Cache: Assoziativität	–	16-fach satzassoziativ
L3: Ersetzung	–	näherungsweise LRU
L3: Blockgröße	–	64 Byte
L3: Schreibberechtigung	–	write-back, write-allocate
L3: Zugriffszeit	–	35 Taktzyklen

of-Order-Prozessoren konstruieren. Sie implementieren zwei Varianten davon. *Treffer unter Fehlzugriff* gestattet zusätzliche Treffer während eines Fehlzugriffs, und *Fehlzugriff unter Fehlzugriff* erlaubt mehrere ausstehende Fehlzugriffe. Das Ziel der ersten Strategie ist das Verbergen einer Fehlzugriffslatenz durch andere Arbeit, das Ziel der zweiten Strategie dagegen das Überlappen der Latenz von zwei verschiedenen Fehlzugriffen.

Das Überlappen eines großen Teils der Fehlzugriffszeiten für mehrere ausstehende Fehlzugriffe erfordert ein Speichersystem mit großer Bandbreite, das in der Lage ist, mehrere Fehlzugriffe parallel zu behandeln. Bei einem Mobilgerät kann es sein, dass der Speicher nur in begrenztem Umfang von dieser Fähigkeit profitiert, doch große Server und Multiprozessoren haben oft Speichersysteme, die in der Lage sind, mehrere ausstehende Fehlzugriffe parallel zu behandeln.

Der Core i7 hat einen Prefetch-Mechanismus für den Datenzugriff. Er schaut auf ein Muster von Datenfehlzugriffen und versucht anhand dieser Information die nächste Adresse vorherzusagen, um das Holen der Daten zu starten, bevor der Fehlzugriff erfolgt.. Solche Techniken funktionieren im Allgemeinen am besten, wenn in Schleifen auf die Felder zugegriffen wird.

Die ausgeklügelten Speicherhierarchien dieser Chips und der große Anteil der Dies, die für Caches und TLBs benutzt werden, zeigen die erheblichen Anstrengungen, die für das Design aufgewendet werden, um die Lücke zwischen der Taktzeit des Prozessors und der Speicherlatenz zu schließen.

Performanz der Speicherhierarchien des A8 und des Core i7

Die Speicherhierarchie des Cortex-A8 wurde mit einem 1 MiB großen, achtfach satzassoziativen L2-Cache unter Verwendung der Minnespec-Ganzzahl-Benchmarks simuliert. Wie in Kapitel 4 erwähnt, ist Minnespec eine Sammlung von Benchmarks, die auf den SPEC2000-Benchmarks basiert, jedoch mit anderen Eingaben, wodurch sich die Laufzeit um mehrere Größenordnungen reduziert. Die Verwendung kleinerer Eingaben ändert zwar nichts am Befehlsmix, sie wirkt sich jedoch auf das Cache-Verhalten aus. Beispielsweise hat Minnespec für mcf, die speicherintensivste SPEC2000-Ganzzahl-Benchmark, für einen 32 KiB-Cache eine Fehlzugriffsrate von nur 65 % der Fehlzugriffsrate für die vollständige SPEC2000-Version. Für einen 1 MiB-Cache liegt der Unterschied bei einem Faktor von 6! Aus diesem Grund kann man die Minnespec-Benchmarks nicht mit den SPEC2000-Benchmarks vergleichen, und erst recht nicht mit den noch größeren SPEC2006-Benchmarks, die in Abbildung 5.34 für den Core i7 verwendet wurden. Vielmehr sind die Daten nützlich, wenn wir nach den relativen Auswirkungen von L1- und L2-Fehlzugriffen und nach dem Gesamt-CPI fragen, den wir in Kapitel 4 verwendet haben.

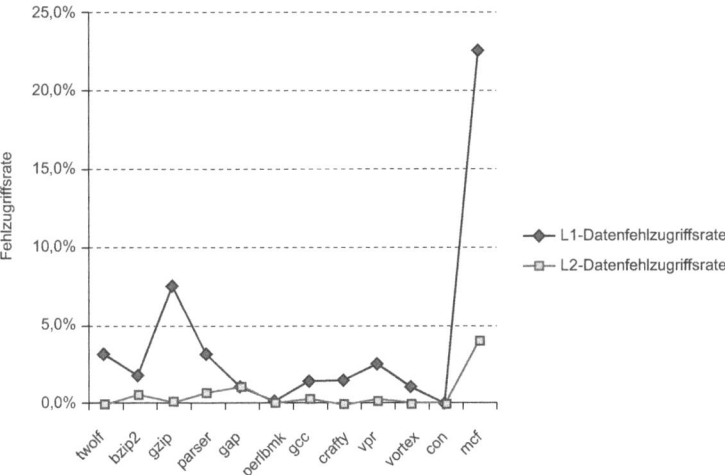

Abb. 5.32: Datencache-Fehlzugriffsraten für den ARM Cortex-A8 unter Minnespec, einer kleinen Version von SPEC2000. Anwendungen mit größerem Speicherverbrauch haben tendenziell höhere Fehlzugriffsraten sowohl für L1 als auch für L2. Beachten Sie, dass die L2-Rate die globale Fehlzugriffsrate ist, d. h., sie zählt alle Referenzen, einschließlich denen, für die es einen Treffer in L1 gibt. (Siehe Anmerkung in Abschnitt 5.4.) Das Programm mcf ist als Cache-Sprenger bekannt. Beachten Sie, dass sich diese Abbildung auf die gleichen Systeme und Benchmarks wie Abbildung 4.61 bezieht.

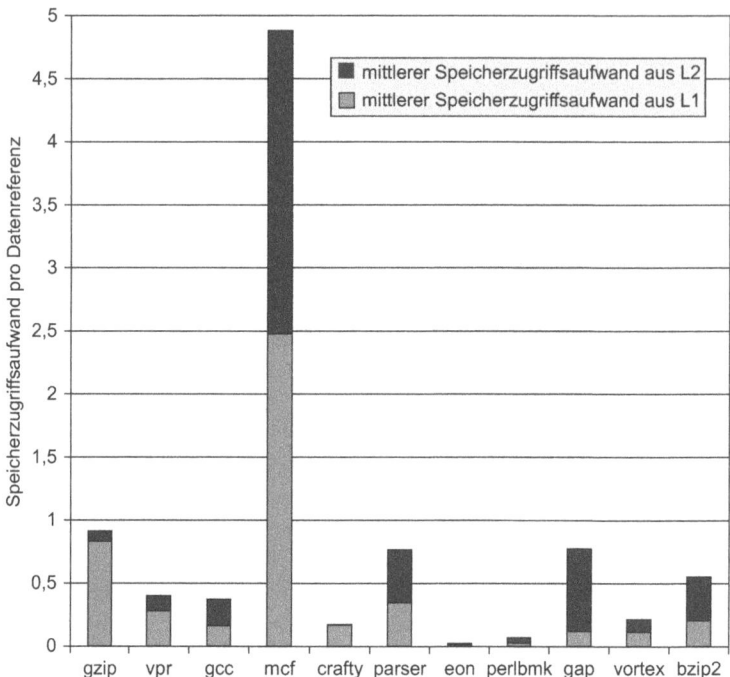

Abb. 5.33: Mittlerer Speicherzugriffsaufwand in Taktzyklen pro Referenz auf den Daten-speicher aus L1 und L2, gemessen für den ARM-Prozessor unter Minnespec. Obwohl die Fehlzugriffsraten für L1 signifikant höher sind, bedeutet der L2-Fehlzugriffsaufwand, der fünfmal so groß ist, dass die L2-Fehlzugriffe einen signifikanten Beitrag haben können.

Die Fehlzugriffsraten für den A8-Befehlscache sind bei diesen Benchmarks (und auch bei den vollständigen SPEC2000-Versionen, auf denen Minnespec basiert) sogar für den L1 sehr klein: Für die meisten Benchmarks sind sie nahe null und für alle unter 1 %. Diese sehr niedrigen Raten resultieren vermutlich aus der sehr rechenintensiven Natur der SPEC-Programme sowie aus dem vierfach satzassoziativen Cache, der die meisten Konflikt-Fehlzugriffe eliminiert. Abbildung 5.32 zeigt die Datencache-Ergebnisse für den A8, die signifikante L1- und L2-Fehlzugriffsraten haben. Der L1-Fehlzugriffsaufwand für einen 1 GHz Cortex-A8 beträgt 11 Taktzyklen, während für den L2-Fehlzugriffsaufwand 60 Taktzyklen angenommen werden. Abbildung 5.33 zeigt für diese Fehlzugriffsraten die mittlere Fehlzugriffsrate pro Datenzugriff.

Abbildung 5.34 zeigt die Fehlzugriffsraten für die Caches des Core i7 unter den SPEC2006-Benchmarks. Die Fehlzugriffsrate für den L1-Befehlscache variiert von 0,1 % bis 0,8 % bei einem Mittelwert von knapp über 0,4 %. Diese Rate steht im Einklang mit den Ergebnissen anderer Untersuchungen zum Verhalten des Befehlscaches unter den SPECCPU2006-Benchmarks, die niedrige Fehlzugriffsraten auf den Befehlscache zeigen. Mit Fehlzugriffsraten auf den Datencache, die bei 5 bis 10 % und manchmal höher liegen, sollte die Bedeutung der L2- und L3-Caches offensichtlich sein. Da die Kosten für einen Fehl-

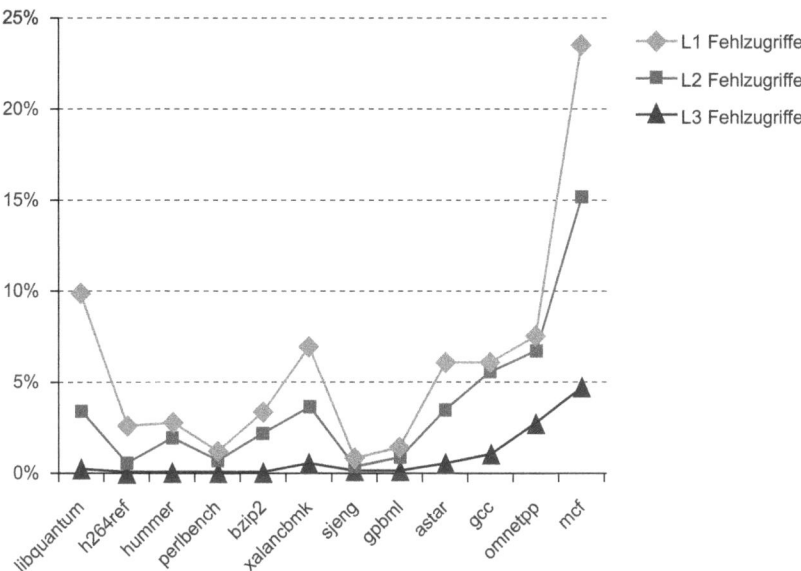

Abb. 5.34: **Die Fehlzugriffraten der Datencaches L1, L2 und L3 für den Intel Core i7 920 unter den vollständigen SPECCPU2006-Benchmarks.**

zugriff auf den Speicher bei mehr als 100 Taktzyklen liegen und die mittlere Daten-Fehlzugriffsrate in L2 4 % beträgt, ist L3 offensichtlich kritisch. Wenn wir annehmen, dass etwa die Hälfte der Befehle Lade- und Speicheroperationen sind, können ohne L3 die L2-Cache-Fehlzugriffe den CPI-Wert um zwei Taktzyklen pro Befehl erhöhen! Im Vergleich dazu ist die mittlere L3-Daten-Fehlzugriffsrate von 1 % zwar noch immer signifikant, aber nur ein Viertel der L2-Fehlzugriffsrate und ein Sechstel der L1-Fehlzugriffsrate.

Anmerkung: Weil Spekulationen manchmal falsch sein können (siehe Kapitel 4), gibt es Referenzen auf den L1-Datencache, die nicht zu Lade- oder Speicheroperationen gehören, die schließlich die Ausführung beenden. Die Werte in Abbildung 5.32 sind relativ zu allen Datenanforderungen einschließlich einigen, die herausgestrichen wurden. Wird die Fehlzugriffsrate nur auf vollständige Datenzugriffe bezogen, ist sie 1,6-mal größer (Durchschnittswert 9,5 % gegenüber 5,9 % für L1-Cache-Fehlzugriffe.)

5.14 Beschleunigung: Cache-Blocking und Matrixmultiplikation

Um die Performanz von DGEMM durch Maßschneidern der zugrunde liegenden Hardware zu verbessern, wollen wir zusätzlich zur Optimierungen hinsichtlich Subwort-Parallelität und Parallelität auf Datenebene (Kapitel 3 und 4) im nächsten Schritt Cache-Blocking berücksichtigen. Abbildung 5.35 zeigt die

```
1   #include <x86intrin.h>
2   #define UNROLL (4)
3   #define BLOCKSIZE 32
4   void do_block (int n, int si, int sj, int sk,
5                       double *A, double *B, double *C)
6   {
7     for ( int i = si; i < si+BLOCKSIZE; i+=UNROLL*4 )
8       for ( int j = sj; j < sj+BLOCKSIZE; j++ ) {
9         __m256d c[4];
10        for ( int x = 0; x < UNROLL; x++ )
11          c[x] = _mm256_load_pd(C+i+x*4+j*n);
12        /* c[x] = C[i][j] */
13        for( int k = sk; k < sk+BLOCKSIZE; k++ )
14        {
15          __m256d b = _mm256_broadcast_sd(B+k+j*n);
16        /* b = B[k][j] */
17          for (int x = 0; x < UNROLL; x++)
18            c[x] = _mm256_add_pd(c[x], /* c[x]+=A[i][k]*b */
19                    _mm256_mul_pd(_mm256_load_pd(A+n*k+x*4+i), b));
20        }
21
22
23        for ( int x = 0; x < UNROLL; x++ )
24          _mm256_store_pd(C+i+x*4+j*n, c[x]);   /* C[i][j] = c[x] */
25      }
26  }
27
28  void dgemm (int n, double* A, double* B, double* C)
29  {
30    for ( int sj = 0; sj < n; sj += BLOCKSIZE )
31      for ( int si = 0; si < n; si += BLOCKSIZE )
32        for ( int sk = 0; sk < n; sk += BLOCKSIZE )
33          do_block(n, si, sj, sk, A, B, C);
34  }
```

Abb. 5.35: Optimierte C-Version von DGEMM aus Abbildung 4.65 mithilfe von Cache-Blocking. Diese Änderungen sind die gleichen wie in Abbildung 5.17. Der vom Compiler erzeugte Assemblercode für die do_block-Funktion ist nahezu identisch mit Abbildung 4.66. Es sei noch einmal darauf hingewiesen, dass es keinen Overhead zum Aufrufen von do_block gibt, da der Compiler den Funktionsaufruf einfügt.

Blockversion von DGEMM aus Abbildung 4.65. Die Änderungen sind die gleichen, die wir schon gemacht hatten, als wir vom nicht optimierten DGEMM in Abbildung 3.12 zur Blockversion von DGEMM in Abbildung 5.17 übergegangen sind. Diesmal nehmen wir die abgerollte Version von DGEMM aus Kapitel 4 und rufen sie viele Male auf den Untermatrizen A, B und C auf. Tatsächlich sind die Zeilen 28–34 sowie die Zeilen 7–8 in Abbildung 5.35 identisch mit den Zeilen 14–20 und 5–6 in Abbildung 5.17, ausgenommen das Inkrementieren der for-Schleife in Zeile 7 um den abgerollten Betrag.

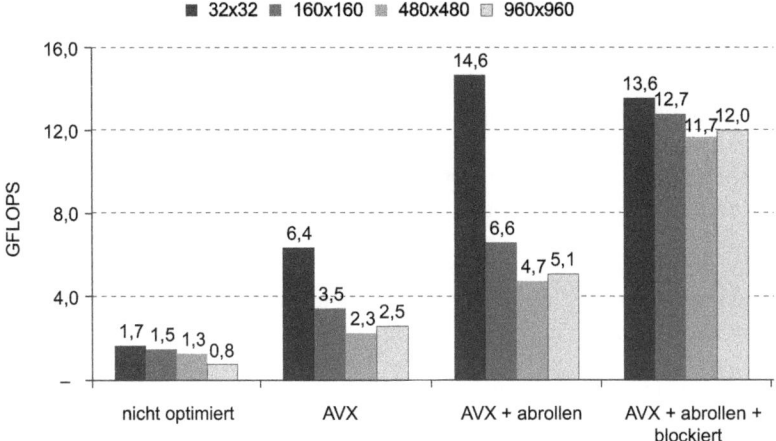

Abb. 5.36: Die Performanz von vier Versionen von DGEMM für Matrizen der Dimensionen 32 × 32 bis 960 × 960. Der vollständig optimierte Code für die größte Matrix ist fast 15-mal so schnell wie die nicht optimierte Version in Abbildung 3.12.

Anders als in den vorherigen Kapiteln verzichten wir darauf, den resultierenden x86-Code zu zeigen, da der Code der inneren Schleife nahezu identisch mit Abbildung 4.66 ist, denn das Blocking hat keine Auswirkungen auf die Berechnung, sondern nur auf die Reihenfolge, in der sie auf die Daten im Speicher zugreift. Was sich ändert, sind die für die Verwaltung notwendigen Integer-Befehle zur Implementierung der for-Schleifen. Dies erstreckt sich über 14 Befehle vor der inneren Schleife und 8 nach der Schleife in Abbildung 4.65 bzw. 40 und 28 Befehle für den Verwaltungscode, der für Abbildung 5.35 erzeugt wird. Nichtsdestotrotz sind die zusätzlich ausgeführten Befehle unbedeutend im Vergleich zu der Performanzsteigerung aufgrund der Reduzierung von Cache-Fehlzugriffen. Abbildung 5.36 zeigt einen Vergleich der nicht optimierten Version mit Optimierungen für Subwort-Parallelität, Parallelität auf Befehlsebene und Caches. Für die größeren Matrizen verbessert Blocking die Performanz des abgerollten AVX-Codes um den Faktor 2 bis 2,5. Wenn wir den nicht optimierten Code mit den drei optimierten Versionen vergleichen, stellen wir Performanzsteigerungen um Faktoren von 8 bis 15 fest, wobei die deutlichste Verbesserung für die größten Matrizen erzielt wird.

Anmerkung: Wie in der Anmerkung in Abschnitt 3.8 erwähnt wurde, gelten diese Ergebnisse für abgeschalteten Turbo Mode. Wenn wir ihn einschalten, dann verbessern wir wie in den Kapiteln 3 und 4 all diese Ergebnisse durch den Anstieg der Taktrate von 3,3/2,6 = 1,27. Der Turbo Mode funktioniert in diesem Fall besonders gut, da er nur einen einzelnen Kern eines Chips mit acht Kernen benutzt. Aber natürlich sollten wir, wenn es auf Schnelligkeit ankommt, alle Kerne verwenden. Diesen Fall werden wir in Kapitel 6 betrachten.

5.15 Fallstricke und Trugschlüsse

Da die Konzepte der Speicherhierarchie anscheinend gut quantifizierbar sind, könnte man meinen, dass die Speicherhierarchie weniger anfällig für Fallstricke und Trugschlüsse ist. Dem ist jedoch nicht so, und einige gern gemachte Denkfehler haben zu negativen Ergebnissen geführt. Wir beginnen mit einem Fallstrick, der die Studenten in Übungen und Prüfungen häufig in die Irre führt.

Fallstrick: Es wird beim Programmieren oder bei der Codeerzeugung durch den Compiler versäumt, das Verhalten des Speichersystems zu berücksichtigen.

Dies kann leicht zu einem Trugschluss umformuliert werden: „Speicherhierarchien können von Programmierern beim Schreiben von Code vernachlässigt werden." Die Evaluierung von Sortieralgorithmen in Abbildung 5.15 und von Cache-Blocking in Abschnitt 5.14 zeigt, dass Programmierer die Performanz leicht verdoppeln können, wenn sie das Verhalten des Speichersystems beim Design ihrer Algorithmen berücksichtigen.

Fallstrick: Es wird vergessen, die Byteadressierung oder die Cache-Blockgröße bei der Simulation eines Caches zu berücksichtigen.

Bei der Simulation eines Caches (manuell oder mit dem Computer) müssen wir sicherstellen, dass wir die Wirkung der Byteadressierung berücksichtigen, ebenso wie Mehrwortblöcke, um zu entscheiden, in welchen Cache-Block eine bestimmte Adresse abgebildet wird. Wenn wir beispielsweise einen direkt abgebildeten 32-Byte-Cache mit einer Blockgröße von 4 Byte haben, wird Byteadresse 36 auf Block 1 des Caches abgebildet, weil die Byteadresse 36 die Blockadresse 9 ist und $(9 \bmod 8) = 1$. Wenn die Adresse 36 dagegen eine Wortadresse ist, wird sie in Block $(36 \bmod 8) = 4$ abgebildet. Vergewissern Sie sich, ob in der Aufgabenstellung die Adressbasis deutlich angegeben ist.

Auf ähnliche Weise müssen wir die Blockgröße berücksichtigen. Angenommen, wir haben einen Cache mit 256 Byte und einer Blockgröße von 32 Byte. In welchen Block fällt die Byteadresse 300? Wenn wir die Adresse 300 in Felder zerlegen, erkennen wir die Antwort:

31	30	29	...	...	...	11	10	9	8	7	6	5	4	3	2	1	0
0	0	0	...	...	...	0	0	0	1	0	0	1	0	1	1	0	0

Cache Blocknummer (Bits 7–5) · Block-Offset (Bits 4–0)

Blockadresse

Byteadresse 300 ist Blockadresse

$$\left\lfloor \frac{300}{32} \right\rfloor = 9$$

Die Anzahl der Blöcke im Cache beträgt

$$\left\lfloor \frac{256}{32} \right\rfloor = 8$$

Block Nummer 9 fällt in die Cache-Blocknummer $(9 \bmod 8) = 1$.

Dieser Fehler ist schon Vielen passiert, auch den Autoren (in früheren Ausgaben) und anderen Lehrenden, die vergessen haben anzugeben, ob die Adressen in Wörtern, Bytes oder Blocknummern dargestellt werden sollen. Achten Sie auf diese Falle, wenn Sie Aufgaben lösen!

Fallstrick: Verwendung einer geringeren Satzassoziativität für einen gemeinsam genutzten Cache, als es Cores oder Threads gibt, die diesen Cache gemeinsam nutzen.

Ohne zusätzliche Mühe könnte ein **paralleles** Programm, das auf 2^n Prozessoren oder Threads ausgeführt wird, ganz einfach Datenstrukturen für Adressen reservieren, die dann auf denselben Satz eines gemeinsam genutzten L2-Caches abgebildet werden. Wenn der Cache mindestens 2^n-fach assoziativ ist, verbirgt die Hardware diese versehentlichen Konflikte vor dem Programm. Andernfalls stehen die Programmierer scheinbar mysteriösen Leistungsfehlern gegenüber (letztlich wegen der L2-Konflikt-Fehlzugriffe), wenn sie von einer 16-Core- auf eine 32-Core-Maschine umsteigen, wobei beide 16-fache assoziative L2-Caches verwenden.

PARALLELITÄT

Fallstrick: Verwendung einer durchschnittlichen Speicherzugriffszeit, um die Speicherhierarchie eines Out-of-Order-Prozessors zu bewerten.

Wenn ein Prozessor während eines Cache-Fehlzugriffs stillsteht, können Sie die Speicherstillstandszeit und die Prozessor-Ausführungszeit separat berechnen und damit unter Verwendung der durchschnittlichen Speicherzugriffszeit unabhängig auswerten (siehe Seite 427).

Wenn der Prozessor fortfährt, Befehle auszuführen, und während eines Cache-Fehlzugriffs sogar weitere Cache-Fehlzugriffe hervorrufen kann, ist die einzige genaue Abschätzung der Speicherhierarchie die Simulation des Out-of-Order-Prozessors in Kombination mit der Speicherhierarchie.

Fallstrick: Erweiterung eines Adressraums durch Einfügen von Segmenten oberhalb des nicht segmentierten Adressraums.

In den 1970er-Jahren wuchsen viele Programme so weit an, dass nicht mehr der gesamte Code und die Daten mit einer 16-Bit-Adresse angesprochen werden konnten. Die Computer wurden auf 32-Bit-Adressen aufgerüstet. Das geschah entweder durch einen nicht segmentierten 32-Bit-Adressraum (auch als *flacher Adressraum* bezeichnet), oder durch Hinzufügen einer 16-Bit-Segmentadresse zur vorhandenen 16-Bit-Adresse. Aus Sicht des Marketings konnte das Hinzufügen von Segmenten, die für den Programmierer sichtbar waren, und die den

Programmierer und den Compiler zwangen, Programme in Segmente zu zerlegen, das Adressierungsproblem lösen. Leider gibt es jedes Mal Probleme, wenn eine Programmiersprache eine Adresse verwenden will, die größer als ein Segment ist, wie beispielsweise Indizes für große Arrays, unbeschränkte Zeiger oder Referenzparameter. Darüber hinaus kann das Hinzufügen von Segmenten jede Adresse in zwei Wörter umwandeln – eines für die Segmentnummer und eines für das Segment-Offset –, was zu Problemen bei der Verwendung von Adressen in Registern führt.

Fallstrick: Die Ausfallraten von Festplatten im praktischen Einsatz entsprechen den jeweiligen Spezifikationen.

In zwei neueren Studien wurden große Anordnungen von Festplatten hinsichtlich der Beziehung zwischen dem Verhalten im praktischen Einsatz und der jeweiligen Spezifikation evaluiert. Bei der einen Studie wurden 100 000 Platten betrachtet, für die eine MTTF von 1 000 000 bis 1 500 000 Stunden bzw. eine AFR von 0,6 % bis 0,8 % angegeben war. Das Untersuchungsergebnis war, dass AFRs von 2 % bis 4 % üblich waren, d. h., es wurden vielfach drei- bis fünfmal so große Raten festgestellt wie in der Spezifikation angegeben [Schroeder und Gibson, 2007]. Die zweite Studie umfasste mehr als 100 000 Platten bei Google, für die eine AFR von etwa 1,5 % angegeben war. Gefunden wurden Ausfallraten, die von 1,7 % für Platten im ersten Jahr auf 8,6 % für Platten im dritten Jahr anstiegen, also insgesamt das Fünf- bis Sechsfache der spezifizierten Rate [Pinheiro, Weber und Barroso, 2007].

Fallstrick: Das Betriebssystem ist die beste Stelle, um den Festplattenzugriff zu regeln.

Wie in Abschnitt 5.2 erwähnt, bieten übergeordnete Festplattenschnittstellen logische Blockadressen zum Host-Betriebssystem. In Anbetracht dieser Abstraktion ist das Beste, was ein Betriebssystem versuchen kann, um die Performanz zu unterstützen, die logischen Blockadressen in aufsteigender Reihenfolge zu sortieren. Da die Festplatte allerdings die tatsächliche Abbildung der logischen Adressen auf die physikalischen, geometrischen Sektoren, Spuren und Oberflächen kennt, kann sie die Rotationslatenzen und Suchzeiten durch Neuplanung reduzieren.

Nehmen wir beispielsweise an, dass die Arbeitslast vier Leseoperationen umfasst [Anderson, 2003]:

Operation	Start-LBA	Länge
Lesen	724	8
Lesen	100	16
Lesen	9987	1
Lesen	26	128

Der Host könnte die vier Leseoperationen entsprechend der logischen Blockreihenfolge umordnen:

Operation	Start-LBA	Länge
Lesen	26	128
Lesen	100	16
Lesen	724	8
Lesen	9987	1

In Abhängigkeit vom relativen Speicherort der Daten auf der Platte, kann sich die Situation durch Umordnen verschlechtern, wie Abbildung 5.37 zeigt. Das plattengesteuerte Lesen benötigt eine dreiviertel Umdrehung, während das vom Betriebssystem gesteuerte Lesen drei Umdrehungen braucht.

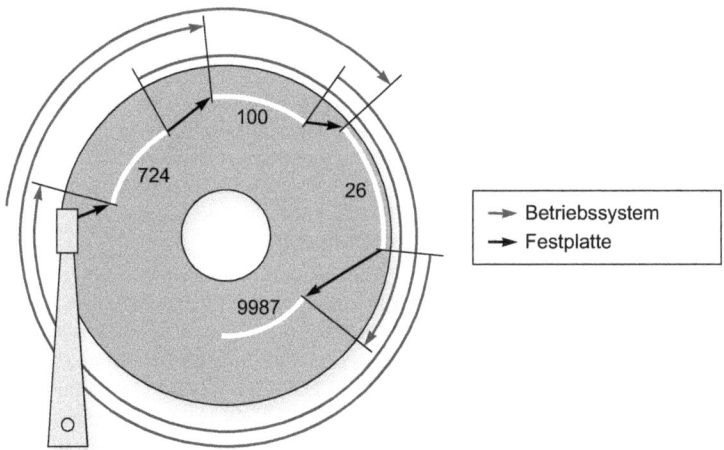

Abb. 5.37: Beispiel, das vom Betriebssystem gesteuerte Zugriffe im Vergleich zu plattengesteuerten Zugriffen zeigt. Das erste Verfahren erfordert drei Umdrehungen für vier vollständige Leseoperationen, während das zweite für das Gleiche nur eine Dreiviertel-Umdrehung braucht (aus Anderson [2003]).

Fallstrick: Implementierung eines VMM auf einer ISA, die nicht als virtualisierbar entwickelt wurde.

In den 1970er- und 1980er-Jahren waren viele Architekten nicht umsichtig genug sicherzustellen, dass alle Befehle, die Informationen über Hardwareressourcen lesen oder schreiben, privilegiert ausgeführt werden müssen. Diese *Laissez-Faire*-Haltung verursacht Probleme für die VMMs aller dieser Architekturen, einschließlich des x86, den wir hier als Beispiel verwendet haben.

Tabelle 5.14 beschreibt die 18 Befehle, die Probleme bei der Virtualisierung verursachen [Robin und Irvine, 2000]. Ganz allgemein sind das Befehle aus zwei Klassen, die

- Steuerregister im Benutzermodus lesen, wodurch erkennbar ist, dass das Gastbetriebssystem in einer virtuellen Maschine ausgeführt wird (wie etwa das zuvor erwähnte POPF).

• den Schutz wie von der segmentierten Architektur gefordert überprüfen, aber davon ausgehen, dass das Betriebssystem auf der höchsten Privilegienebene ausgeführt wird.

Tab. 5.14: Überblick über die 18x86-Befehle, die Probleme bei der Virtualisierung verursachen [Robin und Irvine, 2000]. Die ersten fünf Befehle in der oberen Gruppe erlauben einem Programm, im Benutzermodus Steuerregister zu lesen, wie beispielsweise Deskriptortabellenregister, ohne eine Trap auszulösen. Der POPF-Befehl ändert ein Steuerregister mit sensiblen Informationen, schlägt aber stillschweigend fehl, wenn er sich im Benutzermodus befindet. Die Schutzüberprüfung der segmentierten Architektur des x86 ist der Ruin der unteren Gruppe, weil jeder dieser Befehle die Privilegienebene implizit als Teil der Befehlsausführung überprüft, wenn er ein Steuerregister liest. Die Überprüfung geht davon aus dass das Betriebssystem auf der höchsten Privilegienebene ausgeführt wird, was für Gast-VMs nicht der Fall ist. Nur MOVE versucht, den Steuerzustand abzuändern, und die Schutzüberprüfung schlägt dafür ebenfalls fehl.

Problemkategorie	Problematische x86-Befehle
Register mit sensiblem Zugriff ohne Trapping bei der Ausführung im Benutzermodus	SGDT (Store Global Descriptor Table Register)
	SLDT (Store Local Descriptor Table Register)
	SIDT (Store Interrupt Descriptor Table Register)
	SMSW (Store Machine Status Word)
	PUSHF, PUSHFD (Push Flags)
	POPF, POPFD (Pop Flags)
Beim Zugriff auf virtuelle Speichermechanismen im Benutzermodus führen die Befehle die x86-Schutzüberprüfungen nicht aus	LAR (Load Access Rights from Segment Descriptor)
	LSL (Load Segment Limit from Segment Descriptor)
	VERR (Verify if Segment Descriptor is Readable)
	VERW (Verify if Segment Descriptor is Writable)
	POP CS, POP SS usw. (Pop to Segment Register)
	PUSH CS, PUSH SS usw. (Push Segment Register)
	CALL (Far-Call auf andere Privilegienebene)
	RET (Far-Return auf andere Privilegienebene)
	JMP (Far-Sprung auf andere Privilegienebene)
	INT (Software-Interrupt)
	STR (Store Segment Selector Register)
	MOVE (Verschieben in/von Segmentregister)

Um die Implementierungen von VMMs auf dem x86 zu vereinfachen, haben sowohl AMD als auch Intel Erweiterungen der Architektur um einen neuen Modus vorgeschlagen. Der VT-x von Intel unterstützt einen neuen Ausführungsmodus für die Ausführung von VMs, eine an die Architektur angepasste Definition des VM-Zustands, Befehle für den schnellen Austausch der VMs sowie eine große Menge an Parametern, um die Umstände auszuwählen, in denen ein VMM aufgerufen werden muss. Insgesamt bringt VT-x 11 neue Befehle für den x86. Pacifica von AMD legt vergleichbare Vorschläge vor.

Eine Alternative zur Änderung der Hardware ist es, kleine Anpassungen am Betriebssystem vorzunehmen, um zu vermeiden, dass die problematischen Bereiche der Architektur genutzt werden. Diese Technik wird auch *Paravirtualisierung* genannt, und der Opensource-VMM Xen ist ein gutes Beispiel dafür. Der VMM Xen stellt einem Gastbetriebssystem eine VM-Abstraktion bereit, die nur die einfach zu virtualisierenden Teile der physischen x86-Hardware benutzt, auf der der VMM ausgeführt wird.

5.16 Schlussbetrachtungen

Die Schwierigkeit, ein Speichersystem aufzubauen, das mit schnelleren Prozessoren Schritt hält, wird durch die Tatsache unterstrichen, dass das Rohmaterial für Hauptspeicher, DRAMs, sowohl in den schnellsten als auch in den langsamsten (und billigsten) Computern im Wesentlichen dasselbe ist.

Das Lokalitätsprinzip bietet uns die Möglichkeit, die lange Latenz von Speicherzugriffen zu kompensieren – und der Sinn dieser Strategie wird auf allen Ebenen der **Speicherhierarchie** demonstriert. Obwohl diese Ebenen der Hierarchie ganz unterschiedliche Quantitäten aufweisen, folgen sie beim Betrieb vergleichbaren Strategien und profitieren von denselben Eigenschaften der Lokalität.

HIERARCHIE

Caches auf mehreren Ebenen ermöglichen aus zwei Gründen, dass mehr Cache-Optimierungen einfacher genutzt werden können. Erstens unterscheiden sich die Entwurfsparameter eines Caches auf niedrigerer Ebene von denen eines Caches auf erster Ebene. Weil beispielsweise ein Cache auf niedrigerer Ebene sehr viel größer ist, können größere Blockgrößen verwendet werden. Zweitens wird ein Cache auf niedrigerer Ebene nicht ständig vom Prozessor verwendet, wie es bei einem Cache auf erster Ebene der Fall ist. Auf diese Weise können wir in Betracht ziehen, den Cache auf niedrigerer Ebene etwas anderes erledigen zu lassen, wenn er sich im Leerlauf befindet, was dazu beitragen kann, zukünftige Fehlzugriffe zu vermeiden.

Ein weiterer Trend ist es, Lösungen bei der Software zu suchen. Die effiziente Verwaltung der Speicherhierarchie unter Verwendung der unterschiedlichsten Programmumwandlungen und Hardwarefunktionen ist ein wichtiger Schwerpunkt bei den Compiler-Verbesserungen. Zwei verschiedene Konzepte werden genauer untersucht. Eine Idee besteht darin, das Programm neu anzuordnen, so dass seine räumliche und temporale Lokalität verbessert wird. Dieser Ansatz konzentriert sich auf schleifenorientierte Programme, die große Felder als hauptsächliche Datenstruktur verwenden. Ein typisches Beispiel sind große Berechnungen aus der linearen Algebra. Durch die Neustrukturierung der Schleifen, die auf die Felder zugreifen, kann eine wesentlich verbesserte Lokalität – und damit Cache-Leistung – erzielt werden.

Prefetching Eine Technik, bei der Datenblöcke, die im weiteren Verlauf benötigt werden, frühzeitig in den Cache geladen werden. Dazu werden spezielle Befehle ausgeführt, die die Adresse der Blöcke angeben.

Ein weiterer Ansatz ist das **Prefetching**. Beim Prefetching wird ein Datenblock in den Cache geladen, bevor tatsächlich darauf zugegriffen wird. Viele Mikroprozessoren verwenden das Hardware-Prefetching, um zu versuchen, Zugriffe **vorherzusagen,** die für die Software schwer erkennbar sind.

Ein dritter Ansatz sind spezielle Befehle, die den Cache auswerten und Speicherübertragungen optimieren können. Beispielsweise verwenden die Mikroprozessoren in Abschnitt 6.10 eine Optimierung, die den Inhalt eines Blocks aus dem Speicher nach einem Schreib-Fehlzugriff nicht lädt, weil das Programm den vollständigen Block schreiben wird. Diese Optimierung reduziert den Speicherverkehr für einen Kernel ganz erheblich.

VORHERSAGE

Wie wir in Kapitel 6 sehen werden, sind Speichersysteme ein zentraler Entwurfsaspekt für parallele Prozessoren. Die zunehmende Bedeutung der Speicherhierarchie für die Systemleistung hat zur Folge, dass dieser wichtige Bereich in den nächsten Jahren weiterhin ein Schwerpunkt für Entwickler und Forscher sein wird.

5.17 Historische Perspektive und Literaturhinweise

Dieser Online-Abschnitt bietet einen Überblick über Speichertechnologien, von Quecksilberverzögerungsleitungen bis DRAM, über die Erfindung der Speicherhierarchie und der Schutzmechanismen bis hin zu virtuellen Maschinen. Er schließt mit einem kurzen Überblick über Betriebssysteme, wie CTSS, MULTICS, UNIX, BSD UNIX, MS-DOS, Windows und Linux.

5.18 Aufgaben

Aufgabe 5.1

In dieser Aufgabe betrachten wir die Speicherlokalitätseigenschaften der Matrixberechnung. Der folgende Code ist in C geschrieben, wobei Elemente der gleichen Zeile zusammenhängend gespeichert sind. Wir nehmen an, dass jedes Wort eine 32-Bit-Ganzzahl ist.

```
for (I=0; I<8; I++)
  for (J=0; J<8000; J++)
    A[I][J]=B[I][0]+A[J][I];
```

5.1.1 [5] <5.1> Wie viele 32-Bit-Ganzzahlen können in einer 16 Byte großen Cache-Zeile gespeichert werden?

5.1.2 [5] <5.1> Zugriffe auf welche Variablen weisen eine temporale Lokalität auf?

5.1.3 [5] <5.1> Zugriffe auf welche Variablen weisen eine räumliche Lokalität auf?

Lokalität wird sowohl von der Reihenfolge der Zugriffe als auch vom Datenlayout beeinflusst. Dieselbe Berechnung kann auch wie nachfolgend in Matlab geschrieben werden. Sie unterscheidet sich von C darin, dass sie die Matrixelemente derselben Spalte nebeneinander angrenzend speichert.

```
for I=1:8
  for J=1:8000
    A(I,J)=B(I,0)+A(J,I);
  end
end
```

5.1.4 [10] <5.1> Wie viele 16 Byte große Cache-Zeilen werden benötigt, um alle 32 Bit-Matrixelemente zu speichern, die referenziert werden?

5.1.5 [5] <5.1> Zugriffe auf welche Variablen weisen eine temporale Lokalität auf?

5.1.6 [5] <5.1> Zugriffe auf welche Variablen weisen eine räumliche Lokalität auf?

Aufgabe 5.2

Caches sind wichtig, um eine leistungsstarke Speicherhierarchie für Prozessoren aufzubauen. Nachfolgend finden Sie eine Liste von 32-Bit-Speicheradressreferenzen, die als Wortadressen angegeben sind.

    3, 180, 43, 2, 191, 88, 190, 14, 181, 44, 186, 253

5.2.1 [10] <5.3> Geben Sie für jeden dieser Zugriffe die Binäradresse, das Tag und den Index bei einem direkt abgebildeten Cache mit 16 Ein-Wort-Blöcken an. Geben Sie außerdem an, ob die einzelnen Zugriffe Treffer oder Fehlzugriffe sind, vorausgesetzt, der Cache ist anfangs leer.

5.2.2 [10] <5.3> Geben Sie für jede dieser Zugriffe die Binäradresse, das Tag und den Index bei einem direkt abgebildeten Cache mit Zwei-Wort-Blöcken und einer Gesamtgröße von acht Blöcken an. Geben Sie außerdem an, ob die einzelnen Zugriffe Treffer oder Fehlzugriffe sind, vorausgesetzt, der Cache ist anfangs leer.

5.2.3 [20] <5.3, 5.4> Sie sollen den Cache-Entwurf für die vorgegebenen Zugriffe optimieren. Es sind drei direkt abgebildete Cache-Entwürfe möglich, alle mit insgesamt acht Datenwörtern: C1 verwendet Ein-Wort-Blöcke, C2 verwendet Zwei-Wort-Blöcke und C3 verwendet Vier-Wort-Blöcke. Welcher Cache-Entwurf ist im Hinblick auf die Fehlzugriffsrate am besten? Welcher Cache-Entwurf ist am besten, wenn die Fehlzugriffsverzögerung 25 Takte beträgt und C1 eine Zugriffszeit von 2 Takten, C2 von 3 Takten und C3 von 5 Takten hat?

Es gibt viele verschiedene Entwurfsparameter, die für die Gesamtleistung eines Caches von Bedeutung sind. Die nachfolgende Tabelle listet Parameter für die verschiedenen direkt abgebildeten Cache-Entwürfe auf.

Cache-Datengröße: 32 KiB

Cache-Blockgröße: 2 Wörter

Cache-Zugriffszeit: 1 Taktzyklus

5.2.4 [15] <5.3> Berechnen Sie die Gesamtanzahl der Bits, die für die in der Tabelle aufgelisteten Caches erforderlich sind, wobei 32-Bit-Adressen vorausgesetzt sind. Bestimmen Sie anhand dieser Gesamtgröße die Gesamtgröße des nächstliegenden direkt abgebildeten Caches mit 16-Wort-Blöcken gleicher Größe oder größer. Erklären Sie, warum der zweite Cache trotz seiner größeren Datengröße möglicherweise eine langsamere Leistung bietet als der erste.

5.2.5 [20] <5.3, 5.4> Erzeugen Sie eine Folge von Leseanforderungen, die eine niedrigere Fehlzugriffsrate auf einem zweifach satzassoziativen 2 KiB-Cache haben als der in der Tabelle angegebene Cache. Geben Sie eine mögliche Lösung an, durch die der in der Tabelle angegebene Cache eine gleiche oder niedrigere Fehlzugriffsrate als der 2 KiB-Cache bekommen würde. Diskutieren Sie Vor- und Nachteile einer solchen Lösung.

5.2.6 [15] <5.3> Die auf Seite 412 gezeigte Formel zeigt die typische Methode, einen direkt abgebildeten Cache zu indizieren, insbesondere (Blockadresse) modulo (Anzahl der Blöcke im Cache). Gehen Sie von 32-Bit-Adressen und 1024 Blöcken im Cache aus. Betrachten Sie eine andere Indizierungsfunktion, nämlich (Blockadresse[31:27] XOR Blockadresse[26:22]). Ist es möglich, sie zur Indizierung eines direkt abgebildeten Caches zu verwenden? Erklären Sie gegebenenfalls, warum das so ist, und diskutieren Sie Änderungen, die eventuell an dem Cache vorgenommen werden müssen. Erklären Sie, warum das gegebenenfalls nicht möglich ist.

Aufgabe 5.3

Für ein direkt abgebildetes Cache-Design werden die folgenden Adressbits für den Zugriff auf den Cache verwendet:

Tag	Index	Offset
31–10	9–5	4–0

5.3.1 [5] <5.3> Wie groß ist die Cache-Zeile (in Wörtern)?

5.3.2 [5] <5.3> Wie viele Einträge hat der Cache?

5.3.3 [5] <5.3> Berechnen Sie den Quotienten aus der Gesamtzahl der Bits, die für die Implementierung eines solchen Caches erforderlich sind, und den Bits für die Datenspeicherung.

Ab dem Einschalten werden die folgenden byte-adressierten Cache-Zugriffe aufgezeichnet.

Adresse										
0	4	16	132	160	1024	30	140	3100	180	2180

5.3.4 [10] <5.3> Wie viele Blöcke werden ersetzt?

5.3.5 [20] <5.3> Wie hoch ist das Trefferverhältnis?

5.3.6 [20] <5.3> Geben Sie den Endzustand des Caches an, wobei jeder gültige Eintrag als <Index, Tag, Daten> aufgezeichnet werden soll.

Aufgabe 5.4

Wie Sie wissen, haben wir zwei Schreibstrategien und Schreibreservierungsstrategien, und ihre Kombinationen können im L1- oder im L2-Cache implementiert werden. Nehmen Sie für den L1- und den L2-Cache Folgendes an:

L1	L2
Write through, non-write allocate	Write back, write allocate

5.4.1 [5] <5.3, 5.8> Zwischen verschiedenen Ebenen der Speicherhierarchie
werden Puffer eingesetzt, um die Zugriffslatenz zu reduzieren. Geben Sie für
die vorgegebene Konfiguration die möglichen Puffer an, die zwischen L1- und
L2-Cache sowie zwischen L2-Cache und Speicher benötigt werden.

5.4.2 [20] <5.3, 5.8> Beschreiben Sie das Verfahren, einen L1-Schreibfehl-
zugriff zu verarbeiten. Berücksichtigen Sie dabei die beteiligte Komponente
und die Möglichkeit, einen Dirty-Block zu ersetzen.

5.4.3 [20] <5.3, 5.8> Beschreiben Sie für eine Konfiguration mit exklusivem
Multilevel-Cache (ein Block kann sich nur in L1 oder in L2 befinden) das Verfahren zum Verarbeiten eines L1-Schreibfehlzugriffs. Berücksichtigen Sie dabei die beteiligte Komponente und die Möglichkeit, einen Dirty-Block zu ersetzen. Verwenden Sie die folgenden Parameter:

Datenleseoperationen pro 1000 Befehle	250
Datenschreiboperationen pro 1000 Befehle	100
Fehlzugriffsrate für den Befehlscache	0,30 %
Fehlzugriffsrate für den Datencache	2 %
Blockgröße (Byte)	64

5.4.4 [5] <5.3, 5.8> Wie groß sind die Mindestbandbreiten für Lese- und
Schreiboperationen bei einem Write-through, Write-allocate-Cache (gemessen
in Bytes pro Zyklus), um einen CPI von 2 zu erzielen?

5.4.5 [20] <5.3, 5.8> Wie groß sind die Mindestbandbreiten für Lese- und
Schreiboperationen bei einem Write-through, Write-allocate-Cache, um einen
CPI von 2 zu erzielen, wenn 30 % der ersetzten Datencacheblöcke „dirty" sind?

5.4.6 [5] <5.3, 5.8> Wie groß sind die Mindestbandbreiten, um einen CPI von
1,5 zu erzielen?

Aufgabe 5.5

Medien-Applikationen, die Audio- oder Videodateien abspielen, gehören zu
den so genannten „Streaming"-Arbeitslasten, d. h., sie laden sehr große Datenmengen, aber es gibt kaum eine Wiederverwendung. Betrachten Sie eine
Video-Streaming-Arbeitslast, die mit der folgenden Adressfolge sequentiell
auf eine 512 KiB-Arbeitsmenge zugreift:

```
0, 2, 4, 6, 8, 10, 12, 14, 16, ...
```

5.5.1 [5] <5.4, 5.8> Gehen Sie von einem direkt abgebildeten 64 KiB-Cache mit einer 32 Byte langen Zeile aus. Wie hoch ist die Fehlzugriffsrate für den obigen Adress-Stream? Wie hängt diese Fehlzugriffsrate mit der Größe des Caches oder der Arbeitsmenge zusammen? Wie würden Sie basierend auf dem 3C-Modell die Fehlzugriffe kategorisieren, die für diese Arbeitslast anfielen?

5.5.2 [5] <5.1, 5.8> Berechnen Sie die Fehlzugriffsrate neu für eine Cache-Zeilenlänge von 16 Byte, 64 Byte und 128 Byte. Welche Art Lokalität liegt für diese Arbeitslast vor?

5.5.3 [10] <5.13> Das „Prefetching" ist ein Verfahren, das vorhersagbare Adressmuster nutzt, um spekulativ zusätzliche Cache-Zeilen zu laden, wenn auf eine bestimmte Cache-Zeile zugegriffen wird. Ein Beispiel für das Prefetching ist ein Stream-Puffer, der sequentiell nebeneinanderliegende Cache-Zeilen in einen separaten Puffer lädt, wenn eine bestimmte Cache-Zeile geladen wird. Werden die Daten im Prefetch-Puffer gefunden, werden sie als Treffer eingeordnet, in den Cache verschoben, und die nächste Cache-Zeile wird vorab geladen. Gehen Sie von einem Stream-Puffer mit zwei Einträgen aus und nehmen Sie an, dass die Cache-Latenz zulässt, dass eine Cache-Zeile geladen wird, bevor die Berechnung für die vorhergehende Cache-Zeile ausgeführt wird. Wie hoch ist die Fehlzugriffsrate für die obige Adressfolge?

Die Cache-Blockgröße (B) kann sich auf die Fehlzugriffsrate und die Fehlzugriffslatenz auswirken. Vorausgesetzt seien die unten angegebenen Fehlzugriffsraten sowie eine Maschine mit einem CPI von 1 und einer durchschnittlichen Anzahl von 1,35 Zugriffen (Befehle und Daten) pro Befehl. Bestimmen Sie die optimale Blockgröße für die folgenden Fehlzugriffsraten für verschiedene Blockgrößen.

8: 4 %	16: 3 %	32: 2 %	64: 1,5 %	128: 1 %

5.5.4 [10] <5.3> Wie groß ist die optimale Blockgröße für eine Fehlzugriffslatenz von $20 \times B$ Zyklen?

5.5.5 [10] <5.3> Wie groß ist die optimale Blockgröße für eine Fehlzugriffslatenz von $20 + B$ Zyklen?

5.5.6 [10] <5.3> Wie groß ist die optimale Blockgröße für konstante Fehlzugriffslatenz?

Aufgabe 5.6

In dieser Aufgabe betrachten wir die unterschiedlichen Arten, wie sich die Kapazität auf die Gesamtleistung auswirken kann. Im Allgemeinen ist die Cache-Zugriffszeit proportional zur Kapazität. Angenommen, Hauptspeicherzugriffe dauern 70 ns, und die Speicherzugriffe stellen 36 % aller Befehle. Die folgende Tabelle zeigt Daten für L1-Caches der beiden Prozessoren P1 und P2.

	L2-Größe	L2-Fehlzugriffsrate	L2-Trefferzeit
P1	2 KiB	8 %	0,66 ns
P2	4 KiB	6 %	0,90 ns

5.6.1 [5] <5.4> Angenommen, die L1-Trefferzeit bestimmt die Zyklendauern für P1 und P2. Wie hoch sind die jeweiligen Taktraten?

5.6.2 [5] <5.4> Wie hoch ist die AMAT für P1 und P2?

5.6.3 [5] <5.4> Gehen Sie von einem Basis-CPI von 1,0 aus. Wie hoch ist der Gesamt-CPI für P1 und P2? Welcher Prozessor ist schneller?

Für die nächsten drei Teilaufgaben betrachten wir das Hinzufügen eines L2-Caches zu P1, um die begrenzte Kapazität seines L1-Caches zu kompensieren. Verwenden Sie die L1-Cache-Kapazitäten und Trefferzeiten aus der obigen Tabelle. Die L2-Fehlzugriffsrate ist die lokale Fehlzugriffsrate.

L2-Größe	L2-Fehlzugriffsrate	L2-Trefferzeit
1 MiB	95 %	5,62 ns

5.6.4 [10] <5.4> Wie hoch ist die AMAT für P1, wenn ein L2-Cache eingeführt wird? Ist die AMAT mit L2-Cache besser oder schlechter?

5.6.5 [5] <5.4> Gehen Sie von einem Basis-CPI von 1,0 aus. Wie hoch ist der Gesamt-CPI für P1, nachdem der L2-Cache eingeführt wurde?

5.6.6 [10] <5.4> Welcher Prozessor ist schneller, nachdem P1 einen L2-Cache hat? Wenn P1 schneller ist, welche Fehlzugriffsrate bräuchte P2 dann für seinen L1-Cache, um der Leistung von P1 gleichzukommen? Wenn P2 schneller ist, welche Fehlzugriffsrate bräuchte P1 in seinem L1-Cache, um der Leistung von P2 gleichzukommen?

Aufgabe 5.7

In dieser Aufgabe betrachten wir den Einfluss unterschiedlicher Cache-Entwürfe, insbesondere durch Vergleich von assoziativen Caches mit direkt abgebildeten Caches aus Abschnitt 5.4. Dabei soll die Adressfolge aus Aufgabe 5.2 verwendet werden.

5.7.1 [10] <5.4> Zeigen Sie unter Verwendung der Zugriffe aus Übung 5.3 den endgültigen Cache-Inhalt für einen dreifach satzassoziativen Cache mit 2-Wort-Blöcken und einer Gesamtgröße von 24 Wörtern. Verwenden Sie eine LRU-Ersetzung. Geben Sie für jeden Zugriff die Index-Bits, die Tag-Bits und die Block-Offset-Bits an, und ebenso, ob es sich um einen Treffer oder um einen Fehlzugriff handelt.

5.7.2 [10] <5.4> Zeigen Sie unter Verwendung der Zugriffe aus Übung 5.3 den endgültigen Cache-Inhalt für einen vollständig assoziativen Cache mit 1-Wort-Blöcken und einer Gesamtgröße von acht Wörtern. Verwenden Sie eine

LRU-Ersetzung. Geben Sie für jeden Zugriff die Index-Bits, die Tag-Bits und die Block-Offset-Bits an, und ebenso, ob es sich um einen Treffer oder um einen Fehlzugriff handelt.

5.7.3 [15] <5.4> Bestimmen Sie unter Verwendung der Zugriffe aus Aufgabe 5.2 die Fehlzugriffsrate für einen vollständig assoziativen Cache mit 2-Wort-Blöcken und einer Gesamtgröße von acht Wörtern. Verwenden Sie eine LRU-Ersetzung. Wie hoch ist die Fehlzugriffsrate unter Verwendung einer MRU-Ersetzung (Most Recently Used)? Wie hoch ist die bestmögliche Trefferrate für diesen Cache für eine beliebige Ersatzstrategie?

Multilevel-Caches stellen eine wichtige Technik dar, um den begrenzten Platz zu kompensieren, den ein primärer Cache bieten kann, während er gleichzeitig seine Geschwindigkeit beibehält. Betrachten Sie einen Prozessor mit den folgenden Parametern:

Basis-CPI, keine Speicherverzögerungen	1,5
Prozessorgeschwindigkeit	2 GHz
Hauptspeicherzugriffszeit	100 ns
Fehlzugriffsrate pro Befehl für den L1-Cache	7 %
Geschwindigkeit des direkt abgebildeten L2-Caches	12 Takte
allgemeine Fehlzugriffsrate bei dem direkt abgebildeten L2-Cache	3,5 %
Geschwindigkeit des 8-fach satzassoziativen L2-Caches	28 Takte
allgemeine Fehlzugriffsrate des 8-fach satzassoziativen L2-Caches	1,5 %

5.7.4 [10] <5.4> Berechnen Sie den CPI für den Prozessor mit den gegebenen Parametern. Verwenden Sie dazu 1) nur einen L1-Cache, 2) einen direkt abgebildeten L2-Cache und 3) einen achtfach satzassoziativen L2-Cache. Wie ändern sich diese Zahlen, wenn die Hauptspeicherzugriffszeit verdoppelt wird? Und wie, wenn sie halbiert wird?

5.7.5 [10] <5.4> Es ist möglich, eine noch tiefere Cache-Hierarchie als zwei Ebenen zu verwenden. Für den oben beschriebenen Prozessor mit direkt abgebildetem L2-Cache will ein Entwickler einen L3-Cache einführen, der 50 Takte für den Zugriff benötigt und die allgemeine Fehlzugriffsrate auf 1,3 % senkt. Führt dies zu einer besseren Leistung? Welche Vor- und Nachteil hat ein L3-Cache ganz allgemein?

5.7.6 [20] <5.4> In älteren Prozessoren wie etwa dem Intel Pentium oder dem Alpha 21264 war der L2-Cache extern angeordnet, also auf einem anderen Chip als der Hauptprozessor und der L1-Cache. Auf diese Weise konnten sehr große L2-Caches realisiert werden, aber die Zugriffslatenz war sehr viel höher, und die Bandbreite war in der Regel niedriger, weil der L2-Cache mit einer niedrigeren Frequenz betrieben wurde. Gehen Sie von einem 512 KiB großen L2-Cache auf einem separaten Chip aus, der eine allgemeine Fehlzugriffsrate von 4 % aufweist. Wenn jede zusätzlichen 512 KiB Cache die allgemeinen Fehlzugriffsraten um 0,7 % verschlechtern und der Cache eine Gesamtzugriffszeit von 50 Takten hatte, wie groß hätte dann der Cache sein müssen, um die

Leistung des durch die Parameterliste spezifizierten direkt abgebildeten L2-Caches bzw. des achtfach satzassoziativen Caches zu erbringen?

Aufgabe 5.8

MTBF (Mean Time Between Failures), MTTR (Mean Time To Replacement) und MTTF (Mean Time To Failure) sind nützliche Maße für die Bewertung der Zuverlässigkeit und Verfügbarkeit einer Speicherressource. Diese Aufgabe beschäftigt sich mit diesen Maßen, wobei zwei Geräte betrachtet werden, von denen eines eine MTTF von 3 Jahren und das andere eine MTTR von einem Tag hat.

5.8.1 [5] <5.5> Berechnen Sie die MTBF für beide Geräte.

5.8.2 [5] <5.5> Berechnen Sie die Verfügbarkeit für beide Geräte.

5.8.3 [5] <5.5> Wie verhält sich die Verfügbarkeit, wenn die MTTR gegen 0 geht? Ist dies eine realistische Situation?

5.8.4 [5] <5.5> Wie verhält sich die Verfügbarkeit, wenn die MTTR sehr hoch wird, d. h. wenn ein Gerät schwer zu reparieren ist? Bedeutet dies, dass das Gerät eine geringe Verfügbarkeit hat?

Aufgabe 5.9

In dieser Aufgabe wird der Hamming-Code untersucht, der einen Bitfehler korrigiert und zwei Bitfehler erkennt (SEC/DED, Single Error Correcting, Double Error Detecting).

5.9.1 [5] <5.5> Wie viele Paritätsbits sind mindestens nötig, um ein 128-Bit-Wort mithilfe des SEC/DED-Codes zu schützen?

5.9.2 [5] <5.5> In Abschnitt 5.5 wird gesagt, dass moderne Servermodule (DIMMs) SEC/DED-Fehlerkorrekturcode benutzen, um jeweils 64 Bits mit 8 Paritätsbits zu schützen. Berechnen Sie das Kosten/Performanz-Verhältnis dieses Codes im Vergleich zu dem Code aus 5.9.1. Unter Kosten verstehen wir in diesem Fall die Anzahl der benötigten Paritätsbits und unter Performanz die relative Anzahl der Fehler, die korrigiert werden können. Welcher Code ist besser?

5.9.3 [5] <5.5> Betrachten Sie einen SEC-Code, der 8-Bit-Wörter mt 4 Paritätsbits schützt. Angenommen, wir lesen den Wert 0×375 – gibt es da einen Fehler? Wenn ja, korrigieren Sie den Fehler.

Aufgabe 5.10

Für ein Hochleistungssystem, wie etwa einen B-Baum-Index für eine Datenbank, wird die Seitengröße hauptsächlich durch die Datengröße und die Festplattenleistung bestimmt. Gehen Sie davon aus, dass eine durchschnittliche

B-Baum-Indexseite zu 70 % mit Einträgen fester Größe gefüllt ist. Die Brauchbarkeit einer Seite ist ihre B-Baum-Tiefe, berechnet als $\log_2$(Einträge). Die folgende Tabelle zeigt für 16-Byte-Einträge und eine 10 Jahre alte Festplatte mit 10 ms Latenz und 10 MB/s Transferrate eine optimale Seitengröße von 16 K.

Seitengröße (KB)	Seitenbrauchbarkeit oder B-Baum-Tiefe (Anzahl der eingesparten Festplattenzugriffe)	Zugriffskosten für die Indexseite (ms)	Brauchbarkeit / Kosten
2	6,49 (= $\log_2(2048/16 \times 0,7)$)	10,2	0,64
4	7,49	10,4	0,72
8	8,49	10,8	0,79
16	9,49	11,6	0,82
32	10,49	13,2	0,79
64	11,49	16,4	0,70
128	12,49	22,8	0,55
256	13,49	35,6	0,38

5.10.1 [10] <5.7> Was ist die beste Seitengröße, wenn die Einträge 128 Byte groß werden?

5.10.2 [10] <5.7> Was ist basierend auf Aufgabe 5.10.1 die beste Seitengröße, wenn die Seiten halbvoll sind?

5.10.3 [20] <5.7> Was ist basierend auf Aufgabe 5.10.2 die beste Seitengröße, wenn eine moderne Festplatte mit 3 ms Latenz und 100 MB/s Transferrate eingesetzt wird? Erklären Sie, warum zukünftige Server wahrscheinlich größere Seiten haben werden.

Die Haltung von „häufig genutzten" Seiten im DRAM kann einen Festplattenzugriff einsparen, aber wie legen wir die genaue Bedeutung von „häufig genutzt" für ein bestimmtes System fest? Datenentwickler verwenden das Aufwandsverhältnis zwischen DRAM und Festplattenzugriff, um die Zeitschwelle bis zur Wiederverwendung von häufig genutzten Seiten zu quantifizieren. Die Kosten für einen Festplattenzugriff sind die Kosten der Festplatet geteilt durch die Zugriffe pro Sekunde, und die Kosten, eine Seite im DRAM zu halten, sind die DRAM-Kosten geteilt durch die Seitengröße. Die folgende Tabelle zeigt die typischen Kosten für DRAM und Festplatte sowie die typischen Datenbankseitengrößen für die Jahre 1987, 1997 und 2007.

Jahr	DRAM (Kosten in $ pro MB)	Seitengröße (KB)	Festplattenkosten ($/Festplatte)	Festplattenzugriffsrate (Zugriffe/Sekunde)
1987	5000	1	15000	15
1997	15	8	2000	64
2007	0,05	64	80	83

5.10.4 [10] <5.1, 5.7> Wie hoch sind die Zeitschwellen für die Wiederverwendung für diese Technologiegenerationen?

5.10.5 [10] <5.7> Wie hoch sind die Zeitschwellen für die Wiederverwendung, wenn wir dieselbe Seitengröße von 4 KB beibehalten? Wie sieht der Trend aus?

5.10.6 [20] <5.7> Welche andere Faktoren können geändert werden, um weiterhin dieselbe Seitengröße verwenden zu können (und damit zu vermeiden, dass Software umgeschrieben werden muss)? Diskutieren Sie ihre Wahrscheinlichkeit angesichts aktueller Technologie- und Kostentrends.

Aufgabe 5.11

Wie in Abschnitt 5.7 beschrieben, verwendet der virtuelle Speicher eine Seitentabelle, um die Abbildung der virtuellen Adressen auf physikalische Adressen zu verfolgen. Bei dieser Aufgabe wird untersucht, wie diese Tabelle beim Zugriff auf Adressen aktualisiert werden muss. Die folgende Tabelle zeigt eine Folge virtueller Adressen auf einem System. Gehen Sie von einer Seitengröße von 4 KiB aus, einem vollständig assoziativen TLB mit vier Einträgen und echter LRU-Ersetzung. Wenn Seiten von der Festplatte geladen werden müssen, wird die nächstgrößte Seitennummer inkrementiert.

> 4669, 2227, 13916, 34587, 48870, 12608, 49225

TLB

Gültig	Tag	Physische Seitennummer
1	11	12
1	7	4
1	3	6
0	4	9

Seitentabelle

Gültig	Physische Seite oder auf der Festplatte
1	5
0	Festplatte
0	Festplatte
1	6
1	9
1	11
0	Festplatte
1	4
0	Festplatte
0	Festplatte
1	3
1	12

5.11.1 [10] <5.7> Gegeben sei die Adressfolge der Tabelle und der Anfangszustand des TLB und der Seitentabelle. Zeigen Sie den endgültigen Zustand des Systems. Geben Sie für jeden Zugriff an, ob es sich um einen Treffer im TLB, einen Treffer in der Seitentabelle oder einen Seitenfehler handelt.

5.11.2 [15] <5.7> Wiederholen Sie Aufgabe 5.11.1, aber verwenden Sie jetzt 16 KiB große Seiten anstatt 4 KiB große Seiten. Nennen Sie einige Vorteile einer größeren Seitengröße. Nennen Sie einige Nachteile.

5.11.3 [15] <5.4, 5.7> Zeigen Sie den endgültigen Inhalt des TLB, wenn er zweifach satzassoziativ ist. Zeigen Sie auch den Inhalt des TLB, wenn er direkt abgebildet ist. Diskutieren Sie, was es bedeutet, einen hochleistungsfähigen TLB zu haben. Wie würden Zugriffe auf den virtuellen Speicher verarbeitet, wenn es keinen TLB gäbe?

Mehrere Parameter beeinflussen die Gesamtgröße der Seitentabelle. Nachfolgend sind einige wichtige Seitentabellenparameter aufgelistet.

Virtuelle Adressgröße	Seitengröße	Seitentabelleneintragsgröße
32 Bit	8 KiB	4 Byte

5.11.4 [5] <5.7> Berechnen Sie für die Parameter in der obigen Tabelle die Gesamtseitentabellengröße für ein System, auf dem fünf Applikationen ausgeführt werden und das die Hälfte des verfügbaren Speichers nutzt.

5.11.5 [10] <5.7> Berechnen Sie anhand der in der obigen Tabelle vorgegebenen Parameter die Gesamtseitentabellengröße für ein System, auf dem fünf Applikationen ausgeführt werden, und das die Hälfte des verfügbaren Speichers nutzt. Gehen Sie dabei von einem zweistufigen Seitentabellenansatz mit 256 Einträgen aus. Gehen Sie davon aus, dass jeder Eintrag in der Hauptseitentabelle 6 Byte groß ist. Berechnen Sie die minimale und maximale benötigte Speichergröße.

5.11.6 [10] <5.7> Ein Cache-Entwickler will die Größe eines virtuell indizierten, physisch getagten 4 KiB-Cache erhöhen. Gehen Sie von der in der obigen Tabelle beschriebenen Seitengröße aus. Ist es möglich, einen direkt abgebildeten 16 KiB-Cache mit zwei Wörtern pro Block zu erstellen? Wie würde der Entwickler die Datengröße des Cache erhöhen?

Aufgabe 5.12

In dieser Aufgabe betrachten wir die räumlichen/zeitlichen Optimierungen für Seitentabellen. Die folgende Tabelle zeigt die Parameter eines virtuellen Speichersystems.

Virtuelle Adresse (Bits)	Installiertes physisches DRAM	Seitengröße	PTE-Größe (Byte)
43	16 GiB	4 KiB	4

5.12.1 [10] <5.7> Wie viele Seitentabelleneinträge (PTE) werden für eine einstufige Seitentabelle verwendet? Wie viel physischer Speicher ist für das Speichern der Seitentabelle erforderlich?

5.12.2 [10] <5.7> Kann der Einsatz einer mehrstufigen Seitentabelle den physischen Speicherbedarf von Seitentabellen reduzieren, indem nur aktive PTEs im physischen Speicher gehalten werden? Wie viele Seitentabellenstufen sind in diesem Fall erforderlich? Und wie viele Speicherzugriffe sind für die Adressübersetzung bei einem TLB-Fehlzugriff erforderlich?

5.12.3 [15] <5.7> Eine invertierte Seitentabelle kann genutzt werden, um Platz und Zeit weiter zu optimieren. Wie viele PTEs sind nötig, um die Seitentabelle zu speichern? Gehen Sie von einer Implementierung mit Hash-Tabelle aus. Geben Sie die Zahlen für die Speicherzugriffe zur Verarbeitung eines TLB-Fehlzugriffs für den allgemeinen und für den ungünstigsten Fall an.

Die folgende Tabelle zeigt die Inhalte eines TLB mit vier Einträgen.

Eintrags-ID	Gültig	VA-Seite	Verändert	Schutz	PA-Seite
1	1	140	1	RW	30
2	0	40	0	RX	34
3	1	200	1	RO	32
4	1	280	0	RW	31

5.12.4 [5] <5.7> In welchen Szenarien wäre das Gültigkeitsbit von Eintrag 2 auf 0 gesetzt?

5.12.5 [5] <5.7> Was passiert, wenn ein Befehl auf VA-Seite 30 schreibt? Wann ist ein softwareseitig verwalteter TLB schneller als ein hardwareseitig verwalteter TLB?

5.12.6 [5] <5.7> Was passiert, wenn ein Befehl auf die VA-Seite 200 schreibt?

Aufgabe 5.13

In dieser Aufgabe betrachten wir, wie sich die Ersetzungsstrategien auf die Fehlzugriffsrate auswirken. Gehen Sie von einem zweifach satzassoziativen Cache mit vier Blöcken aus. Für die Lösung der Teilaufgaben könnte es praktisch sein, eine Tabelle wie die folgende anzulegen, in der das Vorgehen für die Adressfolge 0, 1, 2, 3, 4 demonstriert wird.

Adresse des Speicherblocks	Treffer oder Fehlzugriffe	Entfernter Block	Inhalt der Cache-Blöcke nach dem Zugriff			
			Satz 0	Satz 0	Satz 1	Satz 1
0	Fehlzugriff		Mem[0]			
1	Fehlzugriff		Mem[0]		Mem[1]	
2	Fehlzugriff		Mem[0]	Mem[2]	Mem[1]	
3	Fehlzugriff		Mem[0]	Mem[2]	Mem[1]	Mem[3]
4	Fehlzugriff	0	Mem[4]	Mem[2]	Mem[1]	Mem[3]
...						

Betrachten Sie die Adressfolge 0, 2, 4, 8, 10, 12, 14, 16, 0

5.13.1 [5] <5.4, 5.8> Wie viele Treffer erzeugt diese Adressfolge, wenn eine LRU-Ersetzungsstrategie vorausgesetzt wird?

5.13.2 [5] <5.4, 5.8> Wie viele Treffer erzeugt diese Adressfolge, wenn eine MRU-Ersetzungsstrategie (Most Recently Used) vorausgesetzt wird?

5.13.3 [5] <5.4, 5.8> Simulieren Sie eine zufällige Ersetzungsstrategie, indem Sie eine Münze werfen. Kopf bedeutet beispielsweise, den ersten Block in einem Satz zu entfernen, und Zahl bedeutet, den zweiten Block in einem Satz zu entfernen. Wie viele Treffer erzeugt diese Adressfolge?

5.13.4 [10] <5.4, 5.8> Welche Adressen müssen bei jedem Ersatz entfernt werden, um die Trefferzahl zu maximieren? Wie viele Treffer weist diese Adressfolge auf, wenn Sie dieser „optimalen" Strategie folgen?

5.13.5 [10] <5.4, 5.8> Begründen Sie, warum es schwierig ist, eine Cache-Ersetzungsstrategie zu implementieren, die für alle Adressfolgen gleichermaßen optimal ist.

5.13.6 [10] <5.4, 5.8> Angenommen, Sie könnten für jeden Speicherzugriff entscheiden, ob die angeforderte Adresse in den Cache gestellt werden soll. Welchen Einfluss hätte dies auf die Fehlzugriffsrate?

Aufgabe 5.14

Um mehrere virtuelle Maschinen zu unterstützten, benötigt man zwei Stufen für die Speichervirtualisierung. Jede virtuelle Maschine steuert weiterhin die Abbildung der virtuellen Adresse (VA) auf die physikalische Adresse (PA), während der Hypervisor die physikalische Adresse (PA) jeder virtuellen Maschine auf die echte Maschinenadresse (MA) abbildet. Um diese Abbildungen zu beschleunigen, dupliziert ein Software-Ansatz namens *Shadow Paging* (Verwendung von Schattenseitentabellen) die Seitentabellen aller virtuellen Maschinen im Hypervisor und fängt Änderungen an den VA/PA-Abbildungen auf, um beide Kopien konsistent zu halten. Um die Komplexität der Schattenseitentabellen aufzuheben, wird ein Hardware-Ansatz namens *Nested Page Table* (NTP, verschachtelte Seitentabelle oder erweiterte Seitentabelle) verwendet, der explizit zwei Seitentabellenklassen unterstützt (VA -> PA und PA -> MA) und solche Tabellen uneingeschränkt in der Hardware durchlaufen kann.

Betrachten Sie die folgende Operationsfolge: (1) Prozess erstellen; (2) TLB-Fehlzugriff; (3) Seitenfehler; (4) Kontextwechsel

5.14.1 [10] <5.6, 5.7> Was würde bei der vorgegebenen Operationsfolge für die Schattenseitentabelle und die verschachtelte Seitentabelle passieren?

5.14.2 [10] <5.6, 5.7> Gehen Sie von einer auf dem x86 basierenden vierstufigen Seitentabelle in der Gast-Seitentabelle und in der verschachtelten Seitentabelle aus. Wie viele Speicherzugriffe sind notwendig, um einen TLB-Fehlzugriff für die native im Vergleich zur verschachtelten Seitentabelle zu verarbeiten?

5.14.3 [10] <5.6, 5.7> Welche Kennzahlen sind am wichtigsten für die Schattenseitentabelle: TLB-Fehlzugriffsrate, TLB-Fehlzugriffslatzen, Seitenfehlerrate oder Seitenfehlerverarbeitungslatenz? Welche sind für die verschachtelte Seitentabelle wichtig?

Angenommen werden die folgenden Parameter für ein Schattenseitentabellensystem:

TLB-Fehlzugriffe pro 1000 Befehle	0,2
NPT TLB-Fehlzugriffslatenz	200 Zyklen
Seitenfehler pro 1000 Befehle	0,001
Zusatzaufwand für Schattenseitentabellenfehler	30 000 Zyklen

5.14.4 [10] <5.6> Gehen Sie von einer Benchmark mit einem CPI von 1 für die native Ausführung aus. Wie hoch ist der CPI bei Verwendung von Schattenseitentabellen im Vergleich zu NPT (vorausgesetzt, es gibt nur einen Zusatzaufwand für die Seitentabellenvirtualisierung)?

5.14.5 [10] <5.6> Welches Verfahren kann eingesetzt werden, um den durch die Verwendung von Schattenseitentabellen eingeführten Zusatzaufwand zu reduzieren?

5.14.6 [10] <5.6> Welche Verfahren können eingesetzt werden, um den durch NPT eingeführten Zusatzaufwand zu reduzieren?

Aufgabe 5.15

Eines der größten Hindernisse für die allgemeine Verwendung virtueller Maschinen ist der Leistungsaufwand für ihre Ausführung. Die nachfolgende Liste enthält verschiedene Leistungsparameter und Angaben zum Applikationsverhalten.

Basis-CPI	1,5
privilegierte Betriebssystemzugriffe pro 10000 Befehle	120
Leistungseinfluss der Trap zum Gastbetriebssystem	15 Zyklen
Leistungseinfluss der Trap zum VMM	175 Takte
Ein-/Ausgabezugriffe pro 10000 Befehle	30
Ein-/Ausgabezugriffszeit (inkl. Zeit für Trap zum Gastbetriebssystem)	1100 Takte %

5.15.1 [10] <5.6> Berechnen Sie den CPI für das oben beschriebene System, vorausgesetzt, es gibt keinen Zugriff auf Ein-/Ausgaben. Wie hoch ist der CPI, wenn sich der Einfluss der VMM-Leistung verdoppelt? Und wie, wenn er sich halbiert? Wenn ein Softwareunternehmen, das virtuelle Maschinen entwickelt, eine Leistungsverminderung um 10 % erhalten will, wie hoch ist der längste mögliche Zusatzaufwand für eine Trap zum VMM?

5.15.2 [10] <5.6> Eingabe-/Ausgabezugriffe haben häufig großen Einfluss auf die Gesamtsystemleistung. Berechnen Sie den CPI einer Maschine mit den obigen Leistungsmerkmalen und gehen Sie von einem nicht virtualisierten System aus. Berechnen Sie den CPI auch für ein virtualisiertes System. Wie ändern sich diese CPIs, wenn das System halb so viele Ein-/Ausgabezugriffe hat? Erklären Sie, warum Ein-/Ausgabe-gebundene Applikationen weniger von der Virtualisierung beeinflusst werden.

5.15.3 [30] <5.6, 5.7> Vergleichen Sie die Konzepte des virtuellen Speichers und der virtuellen Maschinen und stellen Sie sie einander gegenüber. Wie können sich ihre Ziele vergleichen lassen? Was sind die Vor- und Nachteile beider Konzepte? Führen Sie Fälle an, in denen man einen virtuellen Speicher braucht, und Fälle, in denen man virtuelle Maschinen benötigt.

5.15.4 [20] <5.6> Abschnitt 5.6 beschreibt die Virtualisierung unter der Annahme, dass das virtualisierte System dieselbe ISA verwendet wie die zugrunde liegende Hardware. Eine mögliche Verwendung der Virtualisierung ist es jedoch, nicht-native ISAs zu emulieren. Ein Beispiel dafür ist QEMU, das eine Vielzahl von ISAs emuliert, wie beispielsweise MIPS, SPARC und PowerPC. Geben Sie einige der Schwierigkeiten bei dieser Art der Virtualisierung an. Ist es möglich, dass ein emuliertes System schneller als auf seiner nativen ISA ausgeführt wird?

Aufgabe 5.16

In dieser Aufgabe betrachten wir die Steuereinheit einer Cache-Steuerung für einen Prozessor mit Schreibpuffer. Verwenden Sie den endlichen Automaten aus Abbildung 5.31 als Ausgangspunkt für den Entwurf Ihrer eigenen endlichen Automaten. Gehen Sie davon aus, dass die Cache-Steuerung für den in Abbildung 5.31 beschriebenen direkt abgebildeten Cache vorgesehen ist. Sie fügen jedoch einen Schreibpuffer mit der Kapazität von einem Block hinzu.

Sie wissen, dass ein Schreibpuffer als temporärer Speicher dient, so dass der Prozessor bei einem Dirty-Fehlzugriff nicht auf zwei Speicherzugriffe warten muss. Statt den Dirty-Block zurückzuschreiben, bevor der neue Block gelesen wird, puffert er den Dirty-Block und beginnt sofort, den neuen Block zu lesen. Der Dirty-Block kann dann in den Hauptspeicher geschrieben werden, während der Prozessor arbeitet.

5.16.1 [10] <5.8, 5.9> Was soll passieren, wenn der Prozessor eine Anforderung absetzt, die einen *Treffer* im Cache erzeugt, während ein Block aus dem Schreibpuffer in den Hauptspeicher zurückgeschrieben wird?

5.16.2 [10] <5.8, 5.9> Was soll passieren, wenn der Prozessor eine Anforderung absetzt, die einen *Fehlzugriff* im Cache erzeugt, während ein Block aus dem Schreibpuffer in den Hauptspeicher zurückgeschrieben wird?

5.16.3 [30] <5.8, 5.9> Entwerfen Sie einen endlichen Automaten, um die Verwendung eines Schreibpuffers zu ermöglichen.

Aufgabe 5.17

Die Cache-Kohärenz bezieht sich auf die Sicht, die mehrere Prozessoren auf einen bestimmten Cache-Block haben. Die folgende Tabelle zeigt zwei Prozessoren und ihre Lese/Schreiboperationen für zwei unterschiedliche Wörter eines Cache-Blocks X (anfänglich ist X[0] =X[1] = 0). Nehmen Sie an, dass die Größe der Ganzzahlen 32 Bit ist.

P1	P2
X[0] ++; X[1] = 3;	X[0] = 5; X[1] += 2;

5.17.1 [15] <5.10> Listen Sie die möglichen Werte dieses Cache-Blocks für eine korrekte Implementierung des Cache-Kohärenzprotokolls auf. Listen Sie mindestens einen weiteren Wert des Blocks auf, der möglich ist, wenn das Protokoll keine Cache-Kohärenz sicherstellt.

5.17.2 [15] <5.10> Listen Sie für ein Snooping-Protokoll eine gültige Operationsfolge für jeden Prozessor/Cache auf, um die obigen Lese-/Schreiboperationen auszuführen.

5.17.3 [10] <5.10> Wie viele Cache-Fehlzugriffe entstehen im besten und im ungünstigsten Fall, um die aufgezeigten Lese-/Schreibbefehle auszuführen?

Speicherkonsistenz bezieht sich auf die Ansichten mehrerer Datenelemente. Die folgende Tabelle zeigt zwei Prozessoren und ihre Lese-/Schreiboperationen für unterschiedliche Cache-Blöcke (A und B sind anfänglich 0).

P1	P2
A = 1; B = 2; A+=2; B++;	C = B; D = A;

5.17.4 [15] <5.10> Listen Sie die möglichen Werte von C und D für eine Implementierung auf, die die Konsistenzannahmen von Seite 502 sicherstellt.

5.17.5 [15] <5.10> Listen Sie mindestens ein weiteres Wertepaar für C und D auf, wenn diese Annahmen nicht eingehalten werden.

5.17.6 [15] <5.3, 5.10> Mit welchen Kombinationen aus Schreibstrategien und Schreibreservierungsstrategien können Sie die Implementierung des Protokolls vereinfachen?

Aufgabe 5.18

Chip-Multiprozessoren (CMPs) haben mehrere Cores und ihre Caches auf einem einzigen Chip. Für den CMP-Entwurf für einen L2-Cache auf dem Chip gibt es interessante Abwägungen. Die folgende Tabelle zeigt die Fehlzugriffs-raten und die Trefferlatenzen für zwei Benchmarks mit privatem im Vergleich zu gemeinsam genutztem L2-Cache. Gehen Sie davon aus, dass der L1-Cache einmal alle 32 Befehle einen Fehlzugriff erzeugt.

	Privat	Gemeinsam genutzt
Benchmark A Fehlzugriffe pro Befehl	0,20 %	0,12 %
Benchmark B Fehlzugriffe pro Befehl	0,06 %	0,03 %

Nehmen Sie die folgenden Trefferlatenzen an:

Privater Cache	Gemeinsam genutzter Cache	Speicher
5	20	180

5.18.1 [15] <5.13> Welcher Cache-Entwurf ist für die einzelnen Benchmarks der bessere? Begründen Sie Ihre Entscheidung anhand von Daten.

5.18.2 [15] <5.13> Die Latenz des gemeinsam genutzten Caches nimmt mit der CMP-Größe zu. Wählen Sie den besten Entwurf für die Verdopplung der Latenz des gemeinsam genutzten Caches. Off-Chip-Bandbreiten werden zum Flaschenhals, wenn die Anzahl der CMP-Cores zunimmt. Wählen Sie den besten Entwurf für den Fall, dass sich die Off-Chip-Speicherlatenz verdoppelt.

5.18.3 [10] <5.13> Diskutieren Sie die Vor- und Nachteile gemeinsam genutzter L2-Caches im Vergleich zu privaten L2-Caches für einfädige, mehrfädige und multiprogrammierte Arbeitslasten, und überlegen Sie, was sich durch einen L3-Cache auf dem Chip ändern würde.

5.18.4 [15] <5.13> Gehen Sie davon aus, dass beide Benchmarks einen Basis-CPI von 1 haben (idealer L2-Cache). Wenn der Einsatz eines nicht blockieren-den Caches die durchschnittliche Anzahl gleichzeitiger L2-Fehlzugriffe von 1 auf 2 erhöht, wie hoch ist dann die Leistungsverbesserung gegenüber einem gemeinsam genutzten L2-Cache?

5.18.5 [10] <5.13> Gehen Sie davon aus, dass neue Prozessorgenerationen alle 18 Monate die Anzahl der Cores verdoppeln. Wie viel mehr Off-Chip-Speicher-Bandbreite benötigt man für einen in drei Jahren vorgestellten Pro-zessor, um dieselbe Leistung pro Core beizubehalten?

5.18.6 [15] <5.13> Betrachten Sie eine komplette Speicherhierarchie. Durch welche Optimierungen können Sie die Anzahl der gleichzeitigen Fehlzugriffe verbessern?

Aufgabe 5.19

In dieser Aufgabe zeigen wir die Definition eines Webserver-Protokolls und überprüfen Codeoptimierungen, die die Protokollverarbeitungsgeschwindig-keit verbessern. Die Datenstruktur für das Protokoll ist wie folgt definiert:

```
struct entry {
  int srcIP;  // Remote-IP-Adresse
  char URL[128];  // URL-Anforderung (z.B. "GET index.html")
  long long refTime;  // Zugriffszeit
  int status;  // Verbindungsstatus
  char browser[64];  // Name des Client-Browsers
} log [NUM_ENTRIES];
```

Nehmen Sie folgende Verarbeitungsfunktion für das Protokoll an:

```
topK_sourceIP (int hour);
```

5.19.1 [5] <5.15> Auf welche Felder in einem Protokolleintrag erfolgt ein Zugriff für die vorgegebene Protokollverarbeitungsfunktion? Gehen Sie von 64-Byte-Cache-Blöcken ohne Prefetching aus. Wie viele Cache-Fehlzugriffe pro Eintrag verursacht die vorgegebene Funktion durchschnittlich?

5.19.2 [10] <5.15> Wie können Sie die Datenstruktur neu organisieren, um die Cache-Nutzung und die Zugriffslokalität zu verbessern? Zeigen Sie Ihren Code für die Definition der Struktur.

5.19.3 [10] <5.15> Nennen Sie ein Beispiel für eine weitere Protokollverarbeitungsfunktion, für die ein anderes Layout der Datenstruktur besser wäre. Wenn beide Funktionen wichtig sind, geben Sie an, wie Sie das Programm umschreiben können, um die Gesamtleistung zu verbessern. Begründen Sie Ihre Argumentation durch einen Codeausschnitt und Daten.

Für die restlichen Teilaufgaben verwenden Sie Daten aus *Cache Performance for SPEC CPU2000 Benchmarks* für die in der nachfolgenden Tabelle gezeigten Benchmarks (siehe www.cs.wisc.edu/multifacet/misc/spec2000cachedata/).

a.	Mesa / gcc
b.	mcf / swim

5.19.4 [10] <5.15> Gehen Sie von 64 KiB Datencaches mit variierender Satzassoziativität aus. Welche Fehlzugriffsraten liegen in welchem Typverhältnis für jede Benchmark vor (Kaltstart-, Kapazitäts- und Konflikt-Fehlzugriffe)?

5.19.5 [10] <5.15> Wählen Sie die von einer der beiden Benchmarks gemeinsam genutzten 64-KiB-L1-Datencache verwendete Satzassoziativität aus. Falls der L1-Cache direkt abgebildet sein soll, wählen Sie die Satzassoziativität für den 1 MiB-L2-Cache.

5.19.6 [20] <5.15> Nennen Sie ein Beispiel in der Tabelle der Fehlzugriffe, wo eine höherer Satzassoziativität die Fehlzugriffsrate tatsächlich steigert. Entwickeln Sie eine Cachekonfiguration und eine Zugriffsfolge, um dies zu verdeutlichen.

Antworten zu den Selbsttests

Abschnitt 5.1, Seite 404: 1 und 4. (Aussage 3 ist falsch, weil die Kosten für die Speicherhierarchie je nach Computer unterschiedlich sind, jedoch waren 2013 in der Regel DRAM-Speicher am teuersten.)

Abschnitt 5.3, Seite 426: 1 und 4. Ein geringerer Fehlzugriffsaufwand macht kleinere Blöcke möglich, weil man nicht diese große Latenz amortisieren muss. Größere Bandbreiten führen gewöhnlich zu größeren Blöcken, weil die Fehlzugriffsrate nur wenig größer ist.

Abschnitt 5.4, Seite 446: 1

Abschnitt 5.7, Seite 488: 1-a, 2-c, 3-b, 4-d

Abschnitt 5.8, Seite 496: 2. (Sowohl größere Blockgrößen als auch das Prefetching können Kaltstart-Fehlzugriffe reduzieren; 1 ist daher falsch.)

6 Parallele Prozessoren: Vom Client zur Cloud

6.1 Einführung

Die Rechnerarchitekten haben lange nach dem Eldorado des Entwurfs von Hochleistungsrechnern gesucht: leistungsfähige Computer einfach durch Zusammenschalten von kleineren Computern zu schaffen. Diese Vision ist der Ursprung der **Multiprozessoren**. Der Kunde bestellt so viele Prozessoren, wie sein Budget es zulässt, und erhält eine entsprechende Leistung dafür. Multiprozessoren müssen also skalierbar sein: Hardware und Software werden so entworfen, dass sie mit einer variablen Anzahl von Prozessoren eingesetzt werden können. Wie in Kapitel 1 bereits erwähnt, ist die Energie zu einem entscheidenden Aspekt sowohl für Mikroprozessoren als auch für Datenzentren geworden. Der Austausch von großen, ineffizienten Prozessoren durch kleinere, effiziente Prozessoren kann eine bessere Leistung pro Joule bieten, und zwar für jede Größenordnung, wenn die Software diese Prozessoren effizient nutzen kann. Bei Multiprozessoren kommt also zur verbesserten Energieeffizienz eine skalierbare Leistung.

Weil Software skalierbar ist, können einige Multiprozessoren den Betrieb auch bei defekter Hardware noch aufrechterhalten, d. h., wenn in einem Multiprozessor mit n Prozessoren ein Prozessor ausfällt, läuft das System mit $n - 1$ Prozessoren weiter. Damit können Multiprozessoren auch die Verfügbarkeit verbessern (siehe Kapitel 5).

Höchstleistung bedeutet im Allgemeinen höchsten Durchsatz für voneinander unabhängige Aufgaben, was auch als **Parallelität auf Aufgabenebene** oder **Parallelität auf Prozessebene** bezeichnet wird. Diese parallelen Aufgaben sind voneinander unabhängige Applikationen und stellen eine wichtige und gebräuchliche Anwendung paralleler Computer dar. Der Ansatz steht im Gegensatz zur Ausführung einer einzelnen Aufgabe auf mehreren Prozessoren. Wir verwenden den Begriff **parallel arbeitendes Programm**, um ein einzelnes Programm zu bezeichnen, das gleichzeitig auf mehreren Prozessoren ausgeführt werden kann.

Es gab immer schon wissenschaftliche Aufgabenstellungen, für die man sehr viel schnellere Computer benötigte. Diese Aufgabenstellungen wurden als Begründung für die Einführung zahlreicher neuer paralleler Computer in den letzten Jahrzehnten genannt. Einige dieser Aufgabenstellungen können heute einfach durch ein **Cluster** gelöst werden, das sich aus Mikroprozessoren zusammensetzt, die in vielen voneinander unabhängigen Servern untergebracht

„Hinter den Bergen des Mondes, tief im Tal der Schatten. Reit' kühn, reit'", dieser sprach g'scheit, „wenn du suchst nach El Dorado!"

Edgar Allan Poe, *Eldorado*, 4. Strophe, 1849

Multiprozessor Parallele Prozessoren mit einem einzigen, gemeinsam genutzten Adressraum.

PARALLELITÄT

Parallelität auf Aufgabenebene oder **Parallelität auf Prozessebene** Einsatz mehrerer Prozessoren zur gleichzeitigen Ausführung voneinander unabhängiger Programme.

parallel arbeitendes Programm Ein einzelnes Programm, das auf mehreren Prozessoren gleichzeitig ausgeführt werden kann.

Cluster Mehrere Rechner, die über ein LAN verbunden sind und sich wie ein einziger großer Multiprozessor verhalten.

Multikernprozessor Ein Mikroprozessor, der auf einem Chip mehrere Prozessoren („Kerne" oder „Cores") enthält. Fast alle Prozessoren, die in modernen PCs und Servern verwendet werden, sind Multikernprozessoren.

MOORE´SCHES GESETZ

Shared-Memory-Prozessor (SMP) Ein paralleler Prozessor mit einem einzigen Adressraum.

sind (siehe Abschnitt 6.7). Darüber hinaus können Cluster ähnlich anspruchsvolle nichtwissenschaftliche Applikationen bedienen, wie etwa Suchmaschinen, Webserver, E-Mail-Server oder Datenbanken.

Wie in Kapitel 1 erklärt, wird Multiprozessoren besondere Bedeutung beigemessen, weil das Energieproblem bedeutet, dass zukünftige Leistungssteigerungen durch explizite Hardwareparallelität erreicht werden müssen, anstatt auf höhere Taktfrequenzen und deutlich bessere CPI-Werte zu setzen. Wie bereits in Kapitel 1 erwähnt, spricht man auch von **Multikernprozessoren** anstatt von Multiprozessor-Mikroprozessoren. Vermutlich will man damit die Redundanz im Namen umgehen. Aus diesem Grund werden die Prozessoren eines Multikern-Chips oft als *Kerne* oder *Cores* bezeichnet. Man geht davon aus, dass die Anzahl der Kerne gemäß dem **Moore'schen Gesetz** zunehmen wird. Diese Multikernprozessoren sind fast immer **Shared-Memory-Prozessoren** (SMPs), da sie sich gewöhnlich einen gemeinsamen physikalischen Adressraum teilen. In Abschnitt 6.5 werden wir uns mit SMPs genauer befassen.

Bei dem heutigen Stand der Technik müssen Programmierer, denen es auf die Performanz ankommt, anfangen, parallel zu programmieren, weil sequentielle Programme heute langsame Programme sind.

Die Industrie steht der enormen Herausforderung gegenüber, Hardware und Software zu entwickeln, für die ganz einfach korrekte parallel ausgeführte Programme geschrieben werden können, die effizient in Hinblick auf Leistung und Energie sind, wenn die Anzahl der Kerne pro Chip wächst.

Diese abrupte Wandlung im Mikroprozessorentwurf hat viele Anwender völlig unvorbereitet getroffen, was zu einiger Verwirrung in Bezug auf die Terminologie und ihre Bedeutung geführt hat. Tabelle 6.1 versucht, die Begriffe seriell, parallel, sequentiell und nebenläufig zu klären. Die Spalten dieser Tabelle stellen die Software dar, die als solche sequentiell oder nebenläufig ist. Die Zeilen der Tabelle stellen die Hardware dar, die seriell oder parallel ist. Beispielsweise stellen sich die Programmierer von Compilern diese als sequentielle Programme vor: Zu den Schritten gehört das Parsing, die Codeerzeugung, die Optimierung usw. Im Gegensatz dazu stellen sich die Programmierer von Betriebssystemen diese normalerweise als nebenläufig vor: Zusammenarbeitende Prozesse verarbeiten Ein-/Ausgabeereignisse aufgrund voneinander unabhängiger Aufträge, die auf einem Computer ausgeführt werden.

Die beiden Achsen in Tabelle 6.1 verdeutlichen, dass nebenläufige Software auf serieller Hardware ausgeführt werden kann, wie beispielsweise Be-

Tab. 6.1: Einordnung von Hardware und Software und Beispiele für Nebenläufigkeit in der Software und Parallelität auf der Hardware.

		Software	
		sequentiell	nebenläufig
Hardware	seriell	Matrixmultiplikation in Matlab, aufgesetzt auf einem Intel Pentium 4	Windows Vista, aufgesetzt auf einem Intel Pentium 4
	parallel	Matrixmultiplikation in Matlab, aufgesetzt auf einem Intel Core i7	Windows Vista, aufgesetzt auf einem Intel Core i7 (Clovertown)

triebssysteme für den Intel Pentium 4 (Einzelprozessor), aber auch auf paralleler Hardware, wie etwa ein Betriebssystem auf dem neueren Intel Core i7. Dasselbe gilt für sequentielle Software. Beispielsweise schreibt der Matlab-Programmierer eine Matrizenmultiplikation, die er sich sequentiell vorstellt. Anschließend kann er sie seriell auf dem Pentium 4 oder parallel auf dem Intel Core i7 ausführen.

Sie denken vielleicht, dass die einzige Herausforderung der parallelen Revolution darin besteht herauszufinden, wie sequentielle Software höchste Leistung auf paralleler Hardware erbringen kann. Aber es geht auch darum, nebenläufige Programme für Höchstleistungen auf Multiprozessoren auszulegen, wenn die Anzahl der Prozessoren zunimmt. Nachdem wir diese Unterscheidung getroffen haben, verwenden wir im restlichen Kapitel die Begriffe *parallel arbeitendes Programm* oder *parallele Software*, um damit sequentielle oder nebenläufige Software zu bezeichnen, die auf paralleler Hardware ausgeführt wird. Der nächste Abschnitt erklärt, warum es so schwierig ist, effiziente parallel arbeitende Programme zu schreiben.

Bevor wir unsere Ausführungen zur Parallelität fortsetzen, verweisen wir noch einmal auf unsere einführenden Bemerkungen zu diesem Thema in den vorhergehenden Kapiteln:

- Kapitel 2, Abschnitt 2.11: Parallelität und Befehle: Synchronisierung
- Kapitel 3, Abschnitt 3.6: Parallelität und Computerarithmetik: Subwort-Parallelität
- Kapitel 4, Abschnitt 4.10: Parallelität auf Befehlsebene
- Kapitel 5, Abschnitt 5.10: Parallelität und Speicherhierarchie: Cache-Kohärenz

Selbsttest

Richtig oder falsch: Um einen Multiprozessor nutzen zu können, muss eine Applikation nebenläufig sein.

6.2 Warum es schwierig ist, parallele Programme zu entwickeln

Die Schwierigkeit bei der Parallelisierung ist nicht die Hardware. Schwierig ist, dass zu wenige wichtige Anwendungsprogramme für ihre Ausführung auf Multiprozessoren umgeschrieben wurden. Es ist schwierig, Software zu schreiben, die mehrere Prozessoren nutzt, um eine Aufgabe schneller zu machen, und das Ganze wird noch schlimmer, wenn die Anzahl der Prozessoren zunimmt.

Aber warum ist das so? Warum ist die Entwicklung parallel arbeitender Programme so viel schwieriger als die Entwicklung sequentieller Programme?

Der erste Grund ist, dass Sie mit dem parallelen Programm auf einem Multiprozessor eine bessere Performanz oder bessere Energieeffizienz erzielen *müs-*

sen, sonst könnten Sie gleich einen Einzelprozessor verwenden, weil die sequentielle Programmierung einfacher ist. Und tatsächlich können Einzelprozessor-Entwurfstechniken wie beispielsweise die Superskalartechnik und die Out-of-Order-Ausführung von Programmen Nutzen aus der Parallelität auf Befehlsebene ziehen (siehe Kapitel 4), ohne dass der Programmierer eingreifen muss. Diese Innovation reduziert die Bereitschaft, Programme für Multiprozessoren umzuschreiben, weil die Programmierer auch einfach nichts tun konnten, und ihre sequentiellen Programme auf den neuen Computern trotzdem schneller liefen.

Warum ist es schwierig, insbesondere für eine große Zahl von Prozessoren schnelle Multiprozessor-Programme zu schreiben? In Kapitel 1 haben wir die Analogie der acht Reporter herangezogen, die eine Geschichte schreiben sollten, in der Hoffnung, die Arbeit in einem Achtel der Zeit zu erledigen. Um erfolgreich zu sein, muss die Aufgabe in acht gleichgroße Teile zerlegt werden, weil sonst einige Reporter untätig warten müssten, bis die anderen mit den größeren Teilen fertig sind. Eine weiteres Hindernis bei der Leistungssteigerung kann darin bestehen, dass die Reporter zu viel Zeit für die Kommunikation miteinander aufwenden würden, statt ihren Teil der Geschichte zu schreiben. Sowohl für diese Analogie als auch für die parallele Programmierung gehören zu den größten Herausforderungen das Scheduling, die Aufteilung der Arbeit in parallel ausführbare Teile, die gleichmäßige Verteilung der Arbeit auf die einzelnen Arbeiter, die für die Synchronisierung aufgewendete Zeit sowie der Zusatzaufwand für die Kommunikation zwischen den Beteiligten. Diese Herausforderung wird um so größer, je mehr Prozessoren für die parallele Verarbeitung genutzt werden.

Unsere Diskussion in Kapitel 1 hat noch eine weitere Hürde aufgezeigt, nämlich das Amdahl'sche Gesetz. Es erinnert uns daran, dass selbst kleine Teile eines Programms parallelisiert werden müssen, wenn das Programm die vielen Kerne sinnvoll nutzen soll.

Beispiel: Das Beschleunigungsproblem

Angenommen, Sie wollen mit 100 Prozessoren eine 90-fache Beschleunigung erzielen. Welcher Teil der ursprünglichen Programmierung kann sequentiell bleiben?

Lösung: Das Amdahl'sche Gesetz besagt Folgendes:

Ausführungszeit nach der Verbesserung

$$= \frac{\text{von der Verbesserung beeinflusste Ausführungszeit}}{\text{Verbesserungsfaktor}}$$

$+$ nicht beeinflusste Ausführungszeit

Wir können das Amdahl'sche Gesetz umformen, um die Beschleunigung gegenüber der ursprünglichen Ausführungszeit zu erhalten:

Beschleunigung

$$= \frac{\text{Ausführungszeit vorher}}{(\text{Ausführungszeit vorher} - \text{beeinflusste Ausführungszeit}) + \dfrac{\text{beeinflusste Ausführungszeit}}{\text{Umfang der Verbesserung}}}$$

Diese Formel wird üblicherweise in der Annahme umgeschrieben, dass die
vorherige Ausführungszeit für irgendeine Zeiteinheit gleich 1 ist, und dass die
durch die Verbesserung beeinflusste Ausführungszeit als Anteil der ursprünglichen Ausführungszeit betrachtet wird:

$$\text{Beschleunigung} = \frac{1}{(1 - \text{Beeinflusster Zeitanteil}) + \dfrac{\text{beeinflusster Zeitanteil}}{\text{Umfang der Verbesserung}}}$$

Setzt man für die Beschleunigung 90 (den gewünschten Faktor) in die obige
Formel ein, erhält man:

$$90 = \frac{1}{(1 - \text{beeinflusster Zeitanteil}) + \dfrac{\text{beeinflusster Zeitanteil}}{100}}$$

Anschließend wird die Formel vereinfacht und nach der beeinflussten Zeit aufgelöst:

$90 \times (1 - 0{,}99) \times \text{beeinflusster Zeitanteil} = 1$

$90 - (90 \times 0{,}99 \times \text{beeinflusster Zeitanteil}) = 1$

$90 - 1 = 90 \times 0{,}99 \times \text{beeinflusster Zeitanteil}$

$\text{beeinflusster Zeitanteil} = 89/89{,}1 = 0{,}999$

Um für 100 Prozessoren eine Beschleunigung um das 90-Fache von zu erhalten, darf der sequentielle Prozentsatz nur 0,1 % betragen.

Es gibt jedoch Anwendungen, die weitgehend parallel sind.

Beispiel: Beschleunigungsproblem – nächste Stufe

Angenommen, Sie wollen mit einem Programm zwei Summen berechnen, zum
einen die Summe von 10 skalaren Variablen, zum anderen die Summe zweier
Matrizen, gespeichert in zweidimensionalen Arrays der Größe 10×10. Welche
Beschleunigung erhalten Sie mit 10 im Vergleich zu 40 Prozessoren? Berechnen Sie anschließend die Beschleunigung für Matrizen der Größe 20×20.

Lösung: Wenn wir davon ausgehen, dass die Leistung für eine Addition eine
Funktion der Zeit t ist, dann gibt es 10 Additionen, die nicht vom Einsatz paralleler Prozessoren profitieren, und 100 Additionen, die davon profitieren. Ist

die Zeit für einen einzelnen Prozessor 100 t, dann ist die Ausführungszeit für 10 Prozessoren

Ausführungszeit nach der Verbesserung

$$= \frac{\text{von der Verbesserung beeinflusste Ausführungszeit}}{\text{Verbesserungsfaktor}}$$

$+$ nicht beeinflusste Ausführungszeit

$$\text{von der Verbesserung beeinflusste Ausführungszeit} = \frac{100\,t}{10} + 10\,t = 20\,t$$

Die Beschleunigung mit 10 Prozessoren beträgt also 110 t/20 t = 5,5. Die Ausführungszeit für 40 Prozessoren beträgt

$$\text{Ausführungszeit nach der Verbesserung} = \frac{100\,t}{40} + 10\,t = 12,5\,t$$

Die Beschleunigung mit 40 Prozessoren beträgt also 110 t/12,5 t = 8,8. Wir erhalten für die Dimension dieser Aufgabe also etwa 55 % der potentiellen Beschleunigung mit 10 Prozessoren, aber nur 22 % mit 40.

Schauen wir nun, was passiert, wenn wir die Matrix auf 20 × 20 vergrößern. Das sequentielle Programm benötigt jetzt 10 t + 400 t = 410 t. Die Ausführungszeit für 10 Prozessoren beträgt

$$\text{Ausführungszeit nach der Verbesserung} = \frac{400\,t}{10} + 10\,t = 50\,t,$$

somit ist die Beschleunigung mit 10 Prozessoren 410 t/50 t = 8,2. Die Ausführungszeit für 40 Prozessoren ist

$$\text{Ausführungszeit nach der Verbesserung} = \frac{400\,t}{40} + 10\,t = 20\,t$$

Die Beschleunigung bei 40 Prozessoren beträgt also 410 t/20 t = 20,5. Für diese größere Dimension erhalten wir also 82 % der potentiellen Beschleunigung bei 10 Prozessoren und über 51 % bei 40.

---

starke Skalierung Auf einem Multiprozessor erzielte Beschleunigung ohne Vergrößerung der Aufgabenstellung.

schwache Skalierung Auf einem Multiprozessor erzielte Beschleunigung bei proportional zur Anzahl der Prozessoren erfolgter Vergrößerung der Aufgabenstellung.

Diese Beispiele zeigen, dass das Erzielen einer guten Beschleunigung auf einem Multiprozessor bei fester Aufgabengröße schwieriger ist, als eine gute Beschleunigung zu erzielen, wenn man die Dimension der Aufgabenstellung vergrößert. Diese Einsicht führt uns zur Einführung zweier neuer Begriffe, die Möglichkeiten zur Vergrößerung beschreiben.

Starke Skalierung bedeutet, dass die Beschleunigung bei feststehender Aufgabengröße gemessen wird. **Schwache Skalierung** bedeutet, dass die Programmgröße proportional zur Anzahl der Prozessoren zunimmt. Nehmen wir an, dass die Aufgabengröße, M, die Arbeitsmenge im Hauptspeicher ist, und dass wir P Prozessoren haben. Der Speicher pro Prozessor für eine starke Skalierung beträgt also annähernd M/P, und für eine schwache Skalierung etwa M.

Beachten Sie, dass die **Speicherhierarchie** mit dem allgemeinen Grundsatz kollidieren kann, dass schwache Skalierung leichter ist als starke Skalierung. Wenn z. B. der schwach skalierte Datensatz nicht mehr in den Cache der letzten Ebene eines Multikernprozessors passt, kann die Performanz viel schlechter sein als bei Verwendung von starker Skalierung.

HIERARCHIE

Abhängig von der Applikation können Sie den einen oder anderen Skalierungsansatz für besser geeignet halten. Beispielsweise fordert die TPC-C Debit-Credit-Database-Benchmark, dass Sie die Anzahl der Kundenkonten erhöhen, um mehr Transaktionen pro Minute zu erzielen. Das Argument ist, dass es unwahrscheinlich ist, dass eine vorgegebene Kundenbasis plötzlich anfängt, 100-mal am Tag den Geldautomaten zu benutzen, nur weil die Bank einen schnelleren Computer bekommen hat. Stattdessen sollte man das Experiment mit 100-mal so vielen Kunden ausführen, wenn man demonstrieren will, dass ein System das 100-Fache an Transaktionen pro Minute bewältigen kann. Größere Probleme benötigen oft mehr Daten, was ein Argument für schwache Skalierung ist. Das letzte Beispiel zeigt die Bedeutung des Lastausgleichs.

Beispiel: Herausforderung bei der Beschleunigung: Lastausgleich

Um die Beschleunigung von 20,5 bei der obigen größeren Aufgabenstellung mit 40 Prozessoren zu erzielen, sind wir davon ausgegangen, dass die Last perfekt ausgeglichen war. Das bedeutet, jeder der 40 Prozessoren hatte 2,5 % der Last zu tragen. Hier wollen wir untersuchen, welchen Einfluss es auf die Beschleunigung hat, wenn die Last eines Prozessors höher als auf dem gesamten Rest ist. Rechnen Sie mit der doppelten Last (5 %) und dem Fünffachen der Last (12,5 %) für diesen am härtesten arbeitenden Prozessor. Wie gut sind die übrigen Prozessoren ausgelastet?

Lösung: Wenn ein Prozessor 5 % der parallelen Last verarbeitet, muss er 5 % × 400 oder 20 Additionen ausführen, und die restlichen teilen sich die verbleibenden 39. Weil sie simultan arbeiten, können wir einfach die Ausführungszeit als Maximum berechnen.

$$\text{verbesserte Ausführungszeit} = \text{Max}\left(\frac{380\,t}{39}, \frac{20\,t}{1}\right) + 10\,t = 30\,t$$

Die Beschleunigung fällt von 20,5 auf $410\,t/30\,t = 14$. Die verbleibenden 39 Prozessoren sind weniger als die Hälfte der Zeit ausgelastet: Während sie $20\,t$ darauf warten, dass der am stärksten ausgelastete Prozessor fertig ist, rechnen sie nur $380\,t/39 = 9{,}7\,t$.

Wenn ein Prozessor 12,5 % der Last trägt, muss er 50 Additionen ausführen:

$$\text{verbesserte Ausführungszeit} = \text{Max}\left(\frac{350\,t}{39}, \frac{20\,t}{1}\right) + 10\,t = 60\,t$$

Die Beschleunigung sinkt noch weiter auf $410\,t/60\,t = 7$. Die übrigen Prozessoren sind zu weniger als 20 % ($9\,t/50\,t$) der Zeit ausgelastet. Dieses Beispiel demonstriert die Bedeutung des Lastausgleichs: Wenn ein einziger Prozessor die doppelte Last der anderen ausführt, fällt die Beschleunigung dadurch um ein Drittel, und bei einer fünffachen Last auf einem Prozessor wird die Beschleunigung um einen Faktor von fast drei reduziert.

Nun, da wir die Ziele und Herausforderungen der Parallelverarbeitung besser verstehen, wollen wir einen Überblick über den Rest des Kapitels geben. Der nächste Abschnitt beschreibt ein wesentlich älteres Klassifikationsschema als das in Tabelle 6.1 gezeigte. Außerdem beschreibt es zwei Arten von Befehlssatzarchitekturen, die das Ausführen sequentieller Applikationen auf paralleler Hardware unterstützen, nämlich *SIMD* und *Vektor*. In Abschnitt 6.4 geht es um *Multithreading*, ein Begriff, der oft mit Multiprocessing durcheinandergebracht wird, unter anderem weil er auf ähnlichen Prinzipien der Nebenläufigkeit in Programmen basiert. Abschnitt 6.5 beschreibt die erste der beiden Alternativen für eine fundamental parallele Hardwarecharakteristik, nämlich den Fall, dass sich alle Prozessoren des Systems auf einen einheitlichen physikalischen Adressraum stützen. Wie weiter vorn erwähnt, wird die populäre Version dieser Alternative SMP (Shared Memory Multiprocessor) genannt; die andere Alternative sind *Cluster*. In Abschnitt 6.6 wird ein relativ neuer Computertyp beschrieben, der aus dem Grafikhardware-Umfeld stammt: so genannte GPUs (Graphics Processing Units), die ebenfalls eine einzelne physikalische Adresse verwenden. (Im Online-Anhang C werden GPUs noch ausführlicher behandelt.) Abschnitt 6.7 beschreibt Cluster, ein populäres Beispiel für Computer mit mehreren physikalischen Adressräumen. Abschnitt 6.8 zeigt typische Topologien, die verwendet werden, um viele Prozessoren zu verbinden. Dies sind zum einen Serverknoten in einem Cluster und zum anderen Kerne in einem Mikroprozessor. Abschnitt 6.9 (online) beschreibt die Hardware und Software für die Kommunikation zwischen Knoten in einem Cluster mittels Ethernet. Es wird gezeigt, wie deren Performanz durch maßgeschneiderte Hardware und Software optimiert werden kann. In Abschnitt 6.10 diskutieren wir das Problem, parallele Benchmarks zu entwickeln. Dieser Abschnitt umfasst auch ein einfaches, aber aufschlussreiches Performanzmodell, dass für das Design von Applikationen ebenso hilfreich ist wie für das Design von Architekturen. In Abschnitt 6.11 verwenden wir dieses Modell sowie parallele Benchmarks, um einen Multikern-Computer mit einer GPU zu vergleichen. Abschnitt 6.12 ist dem letzten und weitreichendsten Schritt unserer Unternehmung gewidmet, die Matrixmultiplikation schneller zu machen. Für Matrizen, die nicht in den Cache passen, wird durch Parallelverarbeitung mit 16 Kernen eine Performanzverbesserung um den Faktor 14 erreicht. Wir beschließen das Kapitel mit einer Auflistung möglicher Fallstricke und Trugschlüsse sowie mit unseren Schlussbetrachtungen.

   Im folgenden Abschnitt führen wir eine Reihe von Akronymen zur Bezeichnung unterschiedlicher Typen von Parallelcomputern ein, die Ihnen wahrscheinlich schon einmal begegnet sind.

Selbsttest

Richtig oder falsch: Die starke Skalierung unterliegt nicht dem Amdahl'schen Gesetz.

6.3 SISD, MIMD, SIMD, SPMD und Vektor

Eine Kategorisierungsmöglichkeit für parallele Hardware, die bereits in den 1960er-Jahren eingeführt wurde, wird auch heute noch angewendet. Sie basiert auf der Anzahl der Befehlsströme und der Anzahl der Datenströme. Tabelle 6.2 zeigt diese Kategorien. Ein konventioneller Einzelprozessor hat einen einzigen Befehlsstrom und einen einzigen Datenstrom, und ein konventioneller Multiprozessor hat mehrere Befehlsströme und mehrere Datenströme. Diese beiden Kategorien werden mit **SISD** bzw. **MIMD** abgekürzt.

SISD, Single Instruction Stream, Single Data Stream. Ein Einzelprozessor.

MIMD, Multiple Instruction Streams, Multiple Data Streams. Ein Multiprozessor.

Tab. 6.2: Hardwarekategorisierung und Beispiele basierend auf der Anzahl der Befehlsströme und Datenströme: SISD, SIMD, MISD und MIMD.

		Datenströme	
		einzeln	mehrfach
Befehlsströme	einzeln	SISD: Intel Pentium 4	SIMD: SSE-Befehle eines x86
	mehrfach	MISD: Aktuell keine Beispiele	MIMD: Intel Core i7

Es ist zwar möglich, separate Programme zu schreiben, die auf unterschiedlichen Prozessoren auf einem MIMD-Computer ausgeführt werden und doch zusammen an einem größeren, koordinierten Ziel arbeiten, aber normalerweise schreiben die Programmierer ein einzelnes Programm, das auf allen Prozessoren eines MIMD-Computers läuft, und sie verwenden dafür bedingte Befehle, die angeben, wann unterschiedliche Prozessoren unterschiedliche Codeabschnitte ausführen sollen. Dieser Stil wird als **SPMD** (Single Program Multiple Data) bezeichnet, stellt aber einfach die normale Vorgehensweise dar, einen MIMD-Computer zu programmieren.

SPMD, Single Program Multiple Data, das konventionelle MIMD-Programmiermodell, wobei ein einzelnes Programm über alle Prozessoren verteilt läuft.

Am nächsten kommen wir einem Prozessor mit multiplen Befehlsströmen und einem einzigen Datenstrom (**MISD,** Multiple Instruction, Single Data) mit einem Stream-Prozessor, der eine Reihe von von Berechnungen auf einem einzigen Datenstrom in Pipeline-Form ausführt, also Parsing der Eingabe aus dem Netzwerk, Decodieren und Dekomprimieren der Daten, Suche nach Übereinstimmungen usw. Das Gegenteil von MISD ist schon eher möglich. **SIMD**-Computer arbeiten mit Datenvektoren. Beispielsweise könnte ein einzelner SIMD-Befehl 64 Zahlen addieren, indem er 64 Datenströme an 64 ALUS sendet, um innerhalb eines einzigen Taktzyklus 64 Summen zu bilden. Die Befehle, die wir in den Abschnitten 3.6 und 3.7 im Zusammenhang mit der Subwort-Parallelität gesehen haben, sind ein weiteres Beispiel für SIMD; so steht etwa der mittlere Buchstabe in Intels Abkürzung SSE für SIMD.

SIMD, Single Instruction Stream, Multiple Data Streams. Ein Multiprozessor. Derselbe Befehl wird auf viele Datenströme angewendet, wie in einem Vektor-Prozessor oder einem Array-Prozessor.

Der Vorteil von SIMD ist, dass alle parallelen Ausführungseinheiten synchronisiert sind, und dass sie alle auf einen einzigen Befehl reagieren, der aus einem einzigen Befehlszähler stammt. Aus der Perspektive des Programmierers entspricht das fast dem bereits bekannten SISD. Obwohl jede Einheit dieselben Befehle ausführt, hat jede Ausführungseinheit eigene Adressregister, und somit kann jede Einheit unterschiedliche Datenadressen haben. In Bezug auf Tabelle 6.1 könnte also eine sequentielle Applikation kompiliert werden, um auf serieller Hardware ausgeführt zu werden, die als SISD ausgelegt ist, oder auf paralleler Hardware, die als SIMD ausgelegt ist.

Die ursprüngliche Motivation hinter SIMD war, die Kosten für die Steuereinheit über Dutzende von Ausführungseinheiten zu amortisieren. Ein weiterer Vorteil ist der kleinere Programmspeicher – SIMD benötigt nur eine Kopie des simultan ausgeführten Codes, während für die MIMDs mit Nachrichtenübergabe in jedem Prozessor eine Kopie erforderlich sein kann, und MIMD mit gemeinsam genutztem Speicher mehrere Befehls-Caches benötigt.

Parallelität auf Datenebene Parallelität, die durch Ausführen der gleichen Operation auf unabhängigen Daten erreicht wird.

SIMD ist am besten für Arrays in for-Schleifen geeignet. Damit die Parallelisierung in SIMD funktioniert, muss es also eine große Menge identisch strukturierter Daten geben. Man spricht auch vom **Parallelität auf Datenebene**. Am schwächsten ist SIMD für case- oder switch-Befehle, bei denen jede Ausführungseinheit eine andere Operation für ihre Daten durchführen muss, je nachdem, um welche Daten es sich dabei handelt. Ausführungseinheiten mit den falschen Daten werden deaktiviert, so dass Einheiten mit korrekten Daten fortgesetzt werden können. Wenn es n Fälle gibt, laufen SIMD-Prozessoren in diesen Situationen im Wesentlichen mit $1/n$ der Spitzenleistung.

Die so genannten Array-Prozessoren, die die SIMD-Kategorie inspiriert haben, sind mittlerweile Geschichte (siehe Online-Abschnitt 6.15), aber zwei aktuelle Interpretationen von SIMD bleiben weiterhin aktuell.

SIMD in x86: Multimedia-Erweiterungen

MOORE´SCHES
GESETZ

Wie in Kapitel 3 beschrieben, war die Subwort-Parallelität für ganzzahlige Daten die ursprüngliche Inspiration der Multimediaerweiterungen (MMX) des x86 im Jahr 1996. Während das **Moore'sche Gesetz** seine Gültigkeit behielt, wurden weitere Befehle hinzugefügt, was zunächst zu *Streaming SIMD Extension* (SSE) und später zu *Advanced Vector Extensions* (AVX) führte. AVX unterstützt die simultane Ausführung von vier 64-Bit-Gleitkommaoperationen. Die Breite der Operation und der Register ist im Opcode dieser Multimedia-Befehle codiert. Mit zunehmender Datenbreite der Register und Operationen ist die Anzahl der Opcodes für Multimedia-Befehle explodiert, und heute gibt es hunderte SSE-Befehle, die diese sinnvollen Kombinationen ausführen (siehe Kapitel 3).

Vektor

Eine ältere und elegantere Interpretation von SIMD wird als *Vektorarchitektur* bezeichnet. Sie hängt eng mit den Computern zusammen, die in den 1970er-Jahren von Seymour Cray entworfen wurden. Auch sie ist optimal für Aufgaben mit hoher Parallelität auf Datenebene geeignet. Statt 64 ALUs zu verwenden, die 64 Additionen simultan ausführen, wie es bei den alten Array-Prozessoren der Fall war, haben die Vektorarchitekturen eine Pipeline für die ALU eingeführt, um gute Leistung zu geringen Kosten zu erzielen. Die grundlegende Philosophie der Vektorarchitektur ist es, Datenelemente aus dem Speicher zu sammeln, sie in einer bestimmten Reihenfolge in einer großen Menge von Registern abzulegen, sie unter Verwendung von **Pipelining für Ausführungseinheiten** sequentiell in Registern zu verarbeiten und die Ergebnisse dann in den Speicher zurückzuschreiben. Ein entscheidendes Merkmal von Vektorarchitekturen ist eine große Menge an Vektorregistern. Eine Vektorarchitektur könnte also 32 Vektorregister mit je 64 64-Bit-Elementen aufweisen.

PIPELINING

Beispiel: Vergleich von Vektorcode mit konventionellem Code

Angenommen, wir erweitern die MIPS ISA durch Vektorbefehle und Vektorregister. Vektoroperationen verwenden dieselben Namen wie MIPS-Operationen, wobei der Buchstabe „V" angefügt ist. So addiert der Befehl addv.d zwei Vektoren doppelter Genauigkeit. Die Vektorbefehle verwenden als Eingaben entweder ein Paar Vektorregister (addv.d) oder ein Vektorregister und ein Skalarregister (addvs.d). Im letzteren Fall wird der Wert im Skalarregister als Eingabe für alle Operationen verwendet – die Operation addvs.d addiert den Inhalt eines Skalarregisters zu jedem Element eines Vektorregisters. Die Namen lv und sv kennzeichnen das Laden und Speichern von Vektoren, und sie laden und speichern jeweils einen ganzen Vektor mit Daten doppelter Genauigkeit. Ein Operand ist das zu ladende oder zu speichernde Vektorregister. Der andere Operand, ein allgemeines MIPS-Register, ist die Startadresse des Vektors im Speicher. Nach dieser kurzen Beschreibung zeigen wir den konventionellen MIPS-Code im Vergleich zum Vektor-MIPS-Code für

$$Y = a \times X + Y$$

Dabei sind X und Y Vektoren mit 64 Gleitkommazahlen doppelter Genauigkeit, die sich zunächst im Speicher befinden, und a ist eine skalare Variable doppelter Genauigkeit. (Dieses Beispiel ist die so genannte DAXPY-Schleife, die innere Schleife der Linpack-Benchmark. DAXPY steht für „Double Precision $a \times X$ plus Y"). Wir nehmen an, dass sich die Startadressen von X und Y in $s0 bzw. $s1 befinden.

Lösung: Hier der konventionelle MIPS-Code für DAXPY:

```
l.d         $f0,a($sp)     # Skalar a laden
addiu       r4,$s0,#512    # Obergrenze für das Laden
loop: l.d $f2,0($s0)       # laden x(i)
mul.d       $f2,$f2,$f0    # a x x(i)
l.d         $f4,0($s1)     # laden y(i)
add.d       $f4,$f4,$f2    # a x x(i) + y(i)
s.d         $f4,0($s1)     # speichern in y(i)
addiu       $s0,$s0,#8     # Index auf x inkrementieren
addiu       $s1,$s1,#8     # Index auf y inkrementieren
subu        $t0,r4,$s0     # Obergrenze berechnen
bne         $t0,$zero,loop # prüfen, ob erledigt
```

Und hier der Vektor-MIPS-Code für DAXPY:

```
l.d         $f0,a($sp)     # Skalar a laden
lv          $v1,0($s0)     # Vektor x laden
mulvs.d     $v2,$v1,$f0    # Vektor-Skalar-Multiplikation
v           $v3,0($s1)     # Vektor y laden
addv.d      $v4,$v2,$v3    # y zum Produkt addieren
sv          $v4,0($s1)     # Ergebnis speichern
```

Zwischen den beiden Codesegmenten dieses Beispiels gibt es einige interessante Unterschiede. Der wichtigste dieser Unterschiede ist, dass der Vektorprozessor die dynamische Befehlsbandbreite wesentlich reduziert, indem er nur sechs Befehle im Vergleich zu fast 600 Befehlen bei der traditionellen MIPS-Architektur ausführt. Diese Reduzierung erfolgt sowohl, weil die Vektoroperationen für 64 Elemente ausgeführt werden, als auch, weil die Overhead-Befehle, die in MIPS fast die Hälfte der Schleife ausmachen, im Vektorcode nicht vorhanden sind. Wie Sie vielleicht schon erwarten, spart diese Reduzierung der zu ladenden und auszuführenden Befehle auch Energie.

PIPELINING

Ein weiterer wichtiger Unterschied ist die Häufigkeit der **Pipelinekonflikte** (Kapitel 4). In dem einfachen MIPS-Code muss jedes add.d auf ein mul.d warten, jedes s.d muss auf das add.d warten und jedes add.d *und* mul.d muss auf l.d warten. Auf dem Vektorprozessor erzeugt jeder Vektorbefehl nur einen Leerlauf für das erste Element in jedem Vektor, und die nachfolgenden Elemente durchlaufen die Pipeline reibungslos. Damit gibt es für jede Vektoroperation nur einen Pipeline-Leerlauf, und nicht für jedes Vektorelement. In diesem Beispiel liegt die Häufigkeit der Pipeline-Leerläufe für MIPS 64-mal so hoch wie für die Vektorversion von MIPS. Die Pipeline-Leerläufe auf MIPS können reduziert werden, indem die Schleife abgerollt wird (siehe Kapitel 4). Die große Differenz in der Befehlsbandbreite kann jedoch nicht reduziert werden.

Da die Vektorelemente unabhängig sind, können sie parallel abgearbeitet werden, ähnlich wie bei der Subwort-Parallelität für AVX-Befehle. Alle modernen Vektorrechner haben vektorielle Funktionseinheiten mit mehreren parallelen Pipelines, die zwei oder mehr Ergebnisse pro Takt erzeugen können.

Anmerkung: Die Schleife im obigen Beispiel stimmt genau mit der Vektorlänge überein. Wenn Schleifen kürzer sind, verwenden Vektorarchitekturen ein Register, das die Länge der Vektoroperationen reduziert. Wenn Schleifen länger sind, fügen wir eine Art Buchhaltungscode ein, der Vektoroperationen der vollen Länge durchläuft und sich um die Reste kümmert. Dieser Prozess wird auch als *Strip Mining* bezeichnet.

Vektor im Vergleich zu Skalar

Vektorbefehle besitzen im Vergleich zu herkömmlichen Befehlssatzarchitekturen (die wir in diesem Kontext als *skalare Architekturen* bezeichnen werden) zahlreiche wichtige Eigenschaften,

- Ein Vektorbefehl beinhaltet eine große Menge Arbeit – er entspricht der Ausführung einer ganzen Schleife. Die benötigte Bandbreite für das Laden und Decodieren wird drastisch reduziert.
- Durch die Verwendung eines Vektorbefehls kennzeichnen der Compiler oder der Programmierer, dass die Berechnung der einzelnen Ergebnisse im Vektor unabhängig von der Berechnung anderer Ergebnisse im selben Vektor erfolgt; die Hardware muss also innerhalb eines Vektorbefehls nicht auf Datenkonflikte prüfen.
- Vektorarchitekturen und Compiler haben den Ruf, dass es für sie viel einfacher als für MIMD-Multiprozessoren ist, effiziente Applikationen mit Parallelität auf Datenebene zu schreiben.
- Hardware muss nur zwischen zwei Vektorbefehlen einmal pro Vektoroperand auf Datenkonflikte prüfen, und nicht für jedes Element innerhalb der Vektoren. Durch diese verringerte Anzahl an Überprüfungen kann Energie und Zeit gespart werden.
- Vektorbefehle, die auf den Speicher zugreifen, verwenden ein bekanntes Zugriffsmuster. Wenn die Elemente des Vektors alle nebeneinander liegen, funktioniert das Laden des Vektors aus stark verschränkten Speicherbänken sehr gut. Die Kosten für die Latenz zum Hauptspeicher treten also nur einmal für den gesamten Vektor auf, und nicht einmal für jedes Wort des Vektors.
- Weil durch einen Vektorbefehl, dessen Verhalten vorab festgelegt ist, eine ganze Schleife ersetzt wird, gibt es keine Steuerkonflikte, die normalerweise aus der Schleifenverzweigung entstehen würden.
- Die Einsparungen bei Befehlsbandbreite und Konfliktprüfung sowie die effiziente Nutzung von Speicherbandbreite bedeuten Pluspunkte für die Vektorarchitektur hinsichtlich Stromverbrauch und Energie im Vergleich zu skalaren Architekturen.

Aus diesen Gründen können Vektorbefehle schneller ausgeführt werden als eine Folge skalarer Operationen auf denselben Datenelementen, und die Entwickler versuchen, Vektoreinheiten zu verwenden, wenn diese im Applikationsbereich häufig genutzt werden.

Vektor im Vergleich zu Multimedia-Erweiterungen

Wie die Multimedia-Erweiterungen in den X86 SSE-Befehlen beinhaltet ein Vektorbefehl mehrere Operationen. Multimedia-Erweiterungen spezifizieren jedoch normalerweise nur ein paar wenige Operationen, während Vektoren Dutzende Operationen enthalten. Anders als bei den Multimedia-Erweiterungen ist die Anzahl der Elemente in einer Vektoroperation nicht im Opcode enthalten, sondern in einem separaten Register abgelegt. Das bedeutet, dass unterschiedliche Versionen der Vektorarchitektur mit unterschiedlicher Anzahl an Elementen implementiert werden können, indem einfach der Inhalt dieses Registers geändert und damit die Binärkompatibilität beibehalten wird. Im Gegensatz dazu wird jedes Mal, wenn sich die „Vektorlänge" ändert, eine neue große Menge an Opcodes in der Multimedia-Erweiterungsarchitektur des x86 eingefügt: MMX, SSE, SSE2, AVX, AVX2, ...

Außerdem müssen anders als in den Multimedia-Erweiterungen die Datentransfers nicht zusammenhängend sein. Vektoren unterstützen sowohl Zugriffe fester Länge, wobei die Hardware jedes n-te Datenelement im Speicher lädt, als auch indizierte Zugriffe, wobei die Hardware die Adressen der Elemente der zu ladenden Elemente in einem Vektorregister findet. Indizierte Zugriffe werden auch Gather/Scatter (engl., sammeln/streuen) genannt, da bei indizierten Ladeoperationen Elemente aus dem Hauptspeicher in benachbarten Vektorelementen versammelt werden und indizierte Speicheroperationen Vektorelemente über den Hauptspeicher verstreuen.

Wie die Multimedia-Erweiterungen kommen Vektorarchitekturen problemlos mit flexiblen Datenbreiten zurecht. Es ist also einfach, eine Operation für 32 64-Bit-Datenelemente oder 64 32-Bit-Datenelemente oder 128 16-Bit-Datenelemente oder 256 8-Bit-Datenelemente auszuführen. Die parallele Semantik eines Vektorbefehls erlaubt es einer Implementierung, diese Operationen mithilfe einer Funktionseinheit mit starkem **Pipelining** auszuführen, also einem Array aus parallelen Funktionseinheiten oder einer Kombination von parallelen Funktionseinheiten und Funktionseinheiten in Pipeline-Anordnung. Abbildung 6.1 illustriert, wie man die Vektorperformanz durch Verwendung paralleler Pipelines zur Ausführung einer Vektoraddition verbessern kann.

Vektorarithmetikbefehle erlauben gewöhnlich nur, dass Element N eines Vektorregisters an Operationen mit Element N aus einem anderen Vektorregister beteiligt ist. Dadurch vereinfacht sich die Konstruktion einer massiv parallelen Vektoreinheit dramatisch. Diese kann durch mehrere parallele **Vektor-Lanes** (oder Vektor-Spuren) strukturiert werden. Wie bei einer Autobahn können wir den Spitzendurchsatz einer Vektoreinheit erhöhen, indem wir die Anzahl der Lanes erhöhen. Abbildung 6.2 zeigt die Struktur einer Vektoreinheit mit vier Lanes. Indem wir von einer zu vier Lanes übergehen, reduzieren wir die Anzahl der Takte pro Vektorbefehl etwa um den Faktor vier. Damit die Verwendung mehrerer Lanes Vorteile bringt, muss sowohl die Applikation als auch die Architektur lange Vektoren unterstützen. Ansonsten wird die Ausführung so schnell, dass Ihnen die Befehle ausgehen. Dies erfordert Verfahren für

PIPELINING

Vektor-Lane Eine von mehreren Vektor-Funktionseinheiten und ein Teil des Vektorregistersatzes. Inspiriert von den Spuren auf einer Autobahn, durch die sich die Geschwindigkeit des Verkehrs erhöhen lässt, führen mehrere Lanes Vektoroperationen gleichzeitig aus.

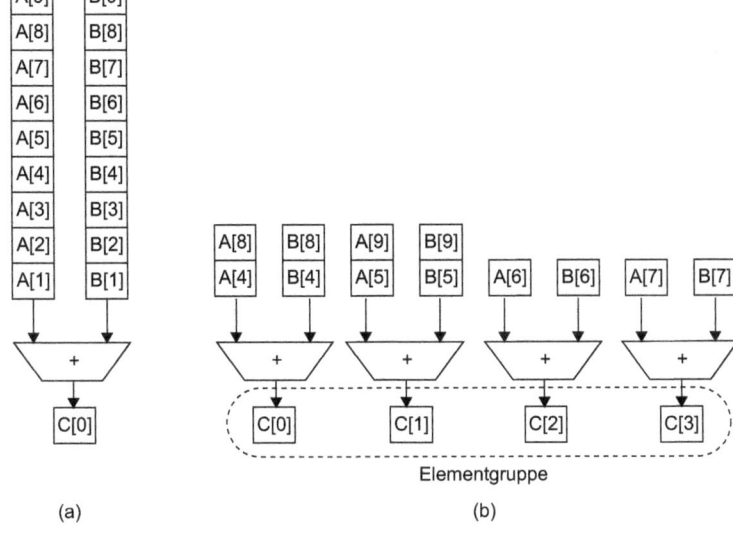

(a)   (b)

Abb. 6.1: Verwendung mehrerer Funktionseinheiten zur Verbesserung der Performanz einer einzelnen Vektoraddition, C = A + B. Der Vektorprozessor (a) auf der linken Seite hat eine einzige Additions-Pipeline und kann eine Addition pro Takt erledigen. Der Vektorprozessor (b) auf der rechten Seite hat vier Additions-Pipelines (Lanes) und kann vier Additionen pro Takt erledigen. Die Elemente eines einzelnen Vektoraddionsbefehls sind versetzt auf die vier Lanes verteilt.

die **Parallelität** auf Befehlsebene, wie sie in Kapitel 4 behandelt wurden, damit genügend Vektorbefehle zur Verfügung stehen.

Im Allgemeinen stellen Vektorarchitekturen eine sehr effiziente Methode dar, datenparallele Programme auszuführen. Sie sind besser für die Compilertechnologie geeignet als Multimedia-Erweiterungen, und sie sind einfacher weiterzuentwickeln als die Multimedia-Erweiterungen der x86-Architektur.

Anhand dieser klassischen Kategorien wollen wir als nächstes sehen, wie man parallele Befehlsströme ausnutzen kann, um die Performanz eines *einzelnen* Prozessors zu verbessern.

PARALLELITÄT

Selbsttest

Richtig oder falsch: Wie anhand des x86 demonstriert, kann man sich Multimedia-Erweiterungen als Vektorarchitektur mit kurzen Vektoren vorstellen, die nur sequentielle Vektordatentransfers unterstützt.

Anmerkungen: 1) Warum sind Vektoren angesichts ihrer zahlreichen Vorteile nicht auch außerhalb der Hochleistungsprogrammierung allgemein verbreitet? Es gab Bedenken hinsichtlich des größeren Status für Vektorregister, die die Zeit für den Kontextwechsel erhöhen würde, ebenso wie hinsichtlich der Schwierigkeit, beim Laden und Speichern von Vektoren Seitenfehler zu verarbeiten, und SIMD-Befehle konnten einige Vorteile der Vektorbefehle nachbilden. Außerdem gab es, solange die Vorteile der Parallelität auf Befehlsebene

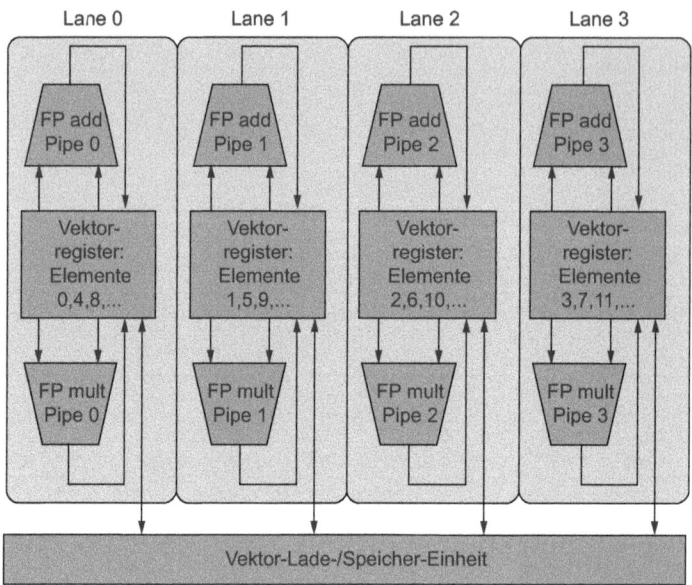

Abb. 6.2: Struktur einer Vektoreinheit mit vier Lanes. Der Vektor-Register-Speicher ist über die Lanes verteilt, wobei jede einzelne Lane jedes vierte Element jedes Vektorregisters enthält. Die Abbildung zeigt drei Vektorfunktionseinheiten: eine Gleitkomma-Additionseinheit, eine Gleitkomma-Multiplikationseinheit und eine Lade-/Speichereinheit. Jede der arithmetischen Vektoreinheiten umfasst vier Ausführungspipelines, eine pro Lane, die konzertiert arbeiten, um einen einzelnen Vektorbefehl abzuschließen. Beachten Sie, dass jeder Abschnitt eines Vektor-Registersatzes nur genügend Lese- und Schreibports für die zu dieser Lane gehörenden Funktionseinheiten zur Verfügung stellen muss (siehe Kapitel 4).

hardwareseitiges Multithreading Steigert die Ausnutzung eines Prozessors, indem bei Verzögerungen eines Threads auf einen anderen Thread umgeschaltet wird.

Thread Ein Thread umfasst den Programmzähler, den Registerzustand und den Keller. Er ist ein leichtgewichtiger Prozess; während Threads gewöhnlich einen einzelnen Adressraum teilen, ist dies bei Prozessen nicht der Fall.

Prozess Umfasst einen oder mehrere Threads, den Adressraum und den Zustand des Betriebssystems. Folglich wird bei einem Prozess-Switch gewöhnlich das Betriebssystem aufgerufen, bei einem Thread-Switch dagegen nicht.

das Performanzversprechen des Moore'schen Gesetzes einlösen konnten, wenig Grund, eine Änderung der Architekturgrundsätze in Angriff zu nehmen.

2) Ein weiterer Vorteil von Vektor- und Multimedia-Erweiterungen ist, dass es relativ einfach ist, eine skalare Befehlssatzarchitektur mit diesen Befehlen zu erweitern, um die Leistung datenparalleler Operationen zu verbessern.

3) Die Haswell-Generation der x86-Prozessoren von Intel unterstützen AVX2, das eine Gather-Operation, aber keine Scatter-Operation hat.

6.4   Hardwareseitiges Multithreading

Ein Konzept, das mit MIMD im Zusammenhang steht, besonders aus der Perspektive der Programmierer, ist das **hardwareseitige Multithreading**. Während MIMD darauf beruht, dass mehrere **Prozesse** oder **Threads** mehrere Prozessoren beschäftigt halten, gestattet hardwareseitiges Multithreading, dass sich die funktionalen Einheiten überlappend einen *einzelnen* Prozessor teilen, um die Hardwareressourcen effizient zu nutzen. Um diese gemeinsame Nutzung zu ermöglichen, muss der Prozessor den unabhängigen Status jedes

Threads duplizieren. Beispielsweise hätte jeder Thread eine separate Kopie des Registersatzes und des Programmzählers. Der eigentliche Speicher kann über die Mechanismen für den virtuellen Speicher gemeinsam genutzt werden, die bereits das Multi-Programming unterstützen. Darüber hinaus muss die Hardware die Fähigkeit unterstützen, relativ schnell zu einem anderen Thread zu wechseln. Insbesondere sollte ein Thread-Wechsel sehr viel effizienter erfolgen als ein Prozesswechsel, für den in der Regel Hunderte bis Tausende von Prozessorzyklen erforderlich sind, während ein Thread-Wechsel in der Regel unmittelbar stattfinden kann.

Es gibt zwei grundlegende Ansätze für Multithreading. Beim **feinkörnigen Multithreading** wird nach jedem Befehl der Thread gewechselt, wodurch eine verzahnte Ausführung mehrerer Threads entsteht. Diese Verzahnung berücksichtigt häufig alle Threads nacheinander („Round Robin"), wobei vorübergehend stillstehende Threads übersprungen werden. Um feinkörniges Multithreading zu realisieren, muss der Prozessor in der Lage sein, nach jedem Taktzyklus den Thread zu wechseln. Ein Vorteil des feinkörnigen Multithreading ist, dass es die Durchsatzverluste verbergen kann, die aus kurzen und längeren Stillständen entstehen, weil Befehle von anderen Threads ausgeführt werden können, während ein Thread stillsteht. Der größte Nachteil des feinkörnigen Multithreading ist, dass es die Ausführung einzelner Threads verlangsamt, weil ein Thread, der ohne Stillstände ausführbar wäre, durch Befehle von anderen Threads verzögert wird. **Grobkörniges Multithreading** wurde als Alternative zum feinkörnigen Multithreading eingeführt. Beim grobkörnigen Multithreading werden die Threads nur bei aufwändigen Stillständen gewechselt, wie beispielsweise bei Fehlzugriffen auf einen sekundären Cache. Im Gegensatz zum feinkörnigen Multithreading muss beim grobkörnigen Multithreading der Thread-Wechsel nicht in null Takten geschehen, was die Ausführung eines einzelnen Threads weniger verlangsamt, weil Befehlen von anderen Threads nur dann ausgeführt werden, wenn ein Thread einen aufwändigen Stillstand verursacht. Grobkörniges Multithreading hat jedoch einen entscheidenden Nachteil: Die Fähigkeit, aus kürzeren Stillständen entstandene Durchsatzverluste zu kompensieren, ist relativ begrenzt. Diese Beschränkung resultiert aus den Startkosten der **Pipeline** beim grobkörnigen Multithreading. Weil eine CPU mit grobkörnigem Multithreading Befehle eines einzelnen Threads ausführt, muss die Pipeline im Falle eines Stillstands geleert oder eingefroren werden. Der neue Thread, der die Ausführung nach dem Stillstand beginnt, muss die Pipeline erneut füllen, bevor seine Befehle ausgeführt werden können. Aufgrund dieses Zusatzaufwands beim Starten ist das grobkörnige Multithreading sehr viel besser dazu geeignet, den Aufwand kostspieliger Stillstände zu reduzieren, wo das erneute Füllen der Pipeline im Vergleich zur Stillstandszeit zu vernachlässigen ist.

Simultanes Multithreading (SMT) ist eine Variante des Multithreading, die die Ressourcen eines mehrfachzuweisungsfähigen Prozessors mit **Pipelining** und dynamischem Scheduling verwendet, um Parallelität auf Thread-Ebene und auf Befehlsebene nutzen zu können (siehe Kapitel 4). Die wich-

feinkörniges Multithreading Eine Variante des hardwareseitigen Multithreadings, bei dem ein Wechsel zwischen Threads nur nach signifikanten Ereignissen erfolgt, etwa bei Fehlzugriffen auf den Cache der letzten Ebene.

grobkörniges Multithreading Dabei geschieht ein Thread-Wechsel nur bei aufwändigen Stillständen der Pipeline wie z. B. einem Fehlzugriff auf den sekundären Cache.

PIPELINING

simultanes Multithreading Mehrere Befehle verschiedener Threads können gleichzeitig den funktionalen Einheiten eines mehrfachzuweisungsfähigen Prozessors zugeordnet werden.

tigste Motivation für SMT ist, dass moderne mehrfachzuweisungsfähige Prozessoren häufig mehr parallel arbeitende funktionale Einheiten haben, als ein einzelner Thread effektiv nutzen kann. Darüber hinaus können durch Registerumbenennung und dynamisches Scheduling (siehe Kapitel 4) mehrere Befehle von unabhängigen Threads gleichzeitig zugeordnet werden, ohne Rücksicht auf Abhängigkeiten zwischen ihnen. Die Auflösung der Abhängigkeiten kann durch dynamisches Scheduling realisiert werden.

Da SMT auf den existierenden dynamischen Mechanismen aufsetzt, gibt es nicht in jedem Takt einen Ressourcenwechsel. Vielmehr führt SMT Befehle *immer* auf mehreren Threads aus, wobei es Sache der Hardware ist, die Befehle und umbenannte Register mit den richtigen Threads zu verbinden.

Abbildung 6.3 zeigt, wie ein Prozessor superskalare Ressourcen für die folgenden Prozessorkonfigurationen ausnutzen kann. Der obere Teil zeigt, wie vier Threads auf einem superskalaren Prozessor ohne Multithreading ausgeführt werden. Der untere Teil zeigt, wie die vier Threads unter Verwendung der drei Arten des Multithreading effizienter ausgeführt werden können:

- superskalar mit grobkörnigem Multithreading
- superskalar mit feinkörnigem Multithreading
- superskalar mit simultanem Multithreading

Bei superskalar ohne Multithreading ist die Ausnutzung der Zuordnungsfächer meist durch zu geringe **Parallelität auf Befehlsebene** limitiert. Darüber hinaus kann ein langer Stillstand, wie beispielsweise ein Fehlzugriff auf den Befehls-Cache, den gesamten Prozessor untätig werden lassen.

PARALLELITÄT

In einem superskalaren Prozessor mit grobkörnigem Multithreading werden die langen Stillstände zum Teil dadurch verborgen, dass er zu einem anderen Thread wechselt, der die Ressourcen des Prozessors weiter nutzt. Obwohl dadurch die Anzahl der völlig ungenutzten Taktzyklen reduziert wird, führt der Overhead für das Starten der Pipeline noch immer zu Leerlaufzyklen, und die Beschränkungen der Parallelität auf auf Befehlsebene bedeuten, dass es ungenutzte Warteplätze gibt. Im feinkörnigen Fall werden Leerlaufzyklen durch das Verschachteln der Threads größtenteils eliminiert. Da jeweils nur ein einzelner Thread in einem gegebenen Taktzyklus Befehle ausführt, führen Limitierungen der Parallelität auf Befehlsebene in einigen Taktzyklen allerdings immer noch zu leeren Zuordnungsfächern.

Im SMT-Fall wird Parallelität auf Thread-Ebene (TLP) und auf Befehlsebene (ILP) gleichzeitig ausgenutzt, wobei mehrere Threads die Zuordnungsfächer innerhalb eines einzigen Takts nutzen. In der Praxis können verschiedene Faktoren die vollständige Nutzung der zur Verfügung stehenden Zuordnungsfächer begrenzen – unter anderem Ungleichgewichte beim Bedarf und bei der Verfügbarkeit von Ressourcen der Threads, die Anzahl der verfügbaren aktiven Threads, die Anzahl und Größe der Puffer, die Möglichkeit, ausreichend viele Befehle von mehreren Threads zu laden, sowie Beschränkungen, welche Befehlskombinationen von einem Thread und von mehreren Threads zugeordnet

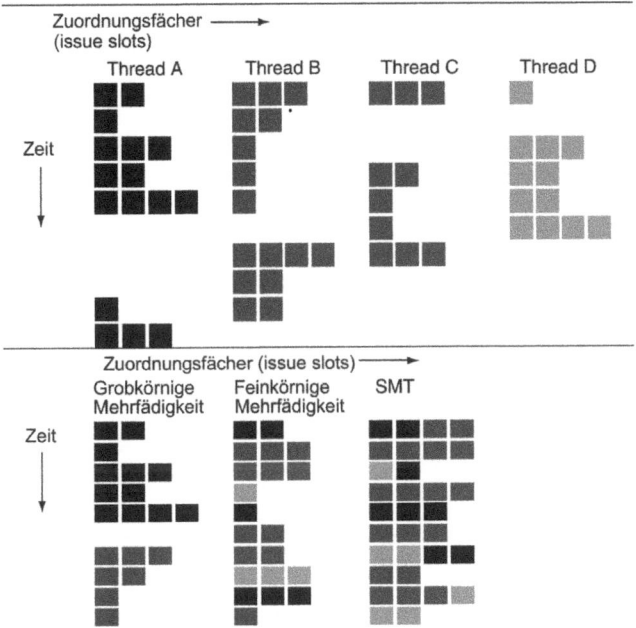

Abb. 6.3: Verschiedene Möglichkeiten, wie vier Threads die Zuordnungsfächer eines mehr-fachzuweisungsfähigen Prozessors verwenden können. Die vier oben gezeigten Threads veranschaulichen, wie sie auf einem standardmäßigen superskalaren Prozessor ohne Multithreading nacheinander ausgeführt werden. Die drei unteren Beispiele zeigen, wie sie unter Berücksichtigung der drei Arten des Multithreading zusammen ausgeführt werden. Die horizontale Dimension zeigt, wie viele Befehle innerhalb eines Taktzyklus zugeordnet werden können. Die vertikale Dimension stellt eine Folge von Taktzyklen dar. Ein leeres (weißes) Kästchen zeigt an, dass das zugehörige Zuordnungsfach in diesem Taktzyklus nicht genutzt wird. Die verschiedenen Grautöne entsprechen vier unterschiedlichen Threads in den Multithreading-Prozessoren. Die zusätzlichen Auswirkungen des Pipeline-Starts beim grobkörnigen Multithreading, die in dieser Abbildung nicht dargestellt sind, würden zu weiteren Durchsatzverlusten für das grobkörnige Multithreading führen.

werden können. Obwohl Abbildung 6.3 die reale Arbeitsweise dieser Prozessoren stark vereinfacht, verdeutlicht sie die möglichen Leistungsvorteile des Multithreading im Allgemeinen und von SMT im Besonderen.

Abbildung 6.4 zeigt die Verbesserung der Performanz und der Energieeffizienz auf einem einzelnen Prozessor des Intel Core i7 960, der Hardwareunterstützung für zwei Threads hat. Im Durchschnitt verbessert sich die Performanz um den Faktor 1,31, was nicht schlecht ist in Anbetracht dessen, dass zusätzliche Ressourcen für das hardwareseitige Multithreading nur in moderatem Umfang zur Verfügung stehen. Die durchschnittliche Verbesserung der Energieeffizienz beträgt 1,07, was ein exzellenter Wert ist. Im Allgemeinen muss man froh sein, wenn eine Performanzverbesserung energieneutral ist.

Nachdem wir gesehen haben, wie durch mehrere Threads die Ressourcen eines einzelnen Prozessors effektiver genutzt werden können, wenden wir uns nun dem Fall mehrerer Prozessoren zu.

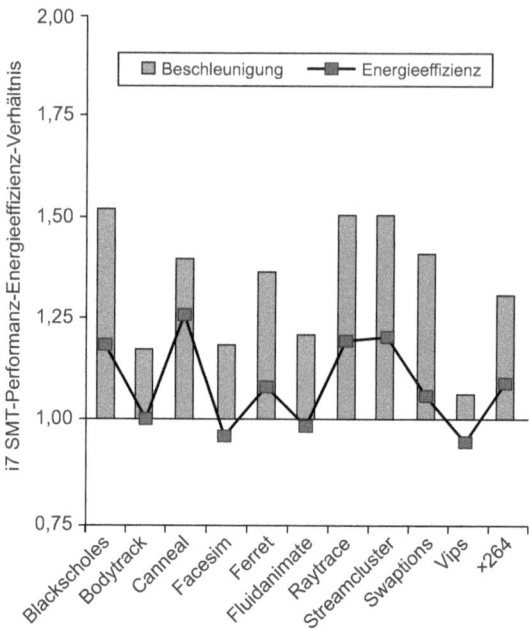

Abb. 6.4: Die Beschleunigung durch Multithreading auf einem Kern eines i7-Prozessors liegt für die PARSEC-Benchmarks (siehe Online-Abschnitt 6.9) im Mittel bei 1,31, und die Energieeffizienz verbessert sich um den Faktor 1,07. Die Daten wurden gesammelt und analysiert von Esmaeilzadeh et al. [2011].

Selbsttest

1. Richtig oder falsch: Sowohl Multithreading als auch Multicores basieren auf Parallelität, um einen Chip so effizient wie möglich zu machen.
2. Richtig oder falsch: Simultanes Multithreading nutzt Threads, um die Ressourcenausnutzung eines Out-of-Order-Prozessors mit dynamischem Scheduling zu verbessern.

6.5　Multicores und andere Multiprozessoren mit gemeinsam genutztem Speicher

Während durch hardwareseitiges Multithreading die Effizienz von Prozessoren zu moderaten Kosten verbessert werden konnte, bestand die große Herausforderung der letzten Dekade in der Erschließung des Leistungspotentials aufgrund des Moore'schen Gesetzes durch effiziente Programmierung der zunehmenden Anzahl von Prozessoren pro Chip.

Angesichts der Schwierigkeit, alte Programme so umzuschreiben, dass sie optimal auf paralleler Hardware laufen, besteht die natürliche Frage, was Computerentwickler tun können, um diese Aufgabe zu vereinfachen. Eine Lösung war, einen einzigen physischen Adressraum bereitzustellen, den alle Prozes-

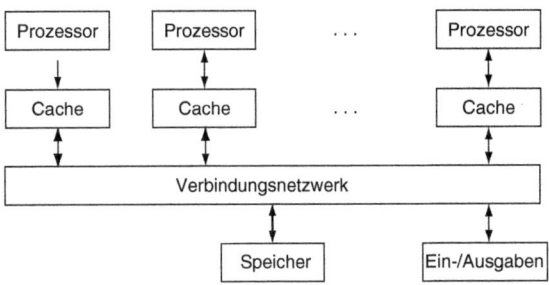

Abb. 6.5: Klassischer Aufbau eines Multiprozessors mit gemeinsam genutztem Speicher.

soren gemeinsam nutzen können, so dass sich die Programme nicht mehr darum kümmern müssen, wo sie ausgeführt werden, sondern nur, dass sie parallel ausgeführt werden können. Bei diesem Ansatz können alle Variablen eines Programms jedem Prozessor jederzeit zur Verfügung gestellt werden. Die Alternative ist, für jeden Prozessor einen separaten Adressraum zu verwenden, der eine explizite gemeinsame Nutzung fordert. Diese Option werden wir in Abschnitt 6.7 beschreiben. Wenn der physische Adressraum gemeinsam genutzt wird, weist die Hardware in der Regel Cache-Kohärenz auf, um eine konsistente Sicht auf den gemeinsam genutzten Speicher zu bieten (siehe Abschnitt 5.8).

Wie weiter vorn bereits erwähnt, ist ein SMP (Shared Memory Multiprocessor, Multiprozessor mit gemeinsam genutztem Speicher) ein Prozessor, der dem Programmierer einen *einzigen physikalischen Adressraum* über alle Prozessoren bereitstellt – was für Multicore-Chips fast immer der Fall ist. Freilich wäre es exakter, von einem Multiprozessor mit gemeinsam genutzter *Adresse* zu sprechen. Prozessoren kommunizieren über gemeinsam genutzte Variablen im Speicher, wobei alle Prozessoren in der Lage sind, ladend und speichernd auf alle Speicherpositionen zuzugreifen. Abbildung 6.5 zeigt die klassische Anordnung eines SMP. Beachten Sie, dass solche Prozessoren nach wie vor unabhängige Jobs in ihrem jeweiligen virtuellen Adressraum abarbeiten können, auch wenn sie alle einen gemeinsamen physikalischen Adressraum teilen.

Es gibt zwei Varianten von Multiprozessoren mit gemeinsamem Adressraum. Bei der ersten hängt die Latenz eines Wortes im Speicher nicht davon ab, von welchem Prozessor aus der Zugriff erfolgt. Diese Maschinen werden auch als **UMA-Multiprozessoren** (Uniform Memory Access) bezeichnet. Bei der zweiten Variante sind manche Speicherzugriffe schneller als andere, je nachdem, welcher Prozessor auf welches Wort zugreift. Das liegt normalerweise daran, dass der Hauptspeicher unterteilt ist und die verschiedenen Bereiche unterschiedlichen Mikroprozessoren oder Speichercontrollern auf dem gleichen Chip zugeordnet sind. Solche Maschinen werden als **NUMA-Prozessoren** (Nonuniform Memory Access) bezeichnet. Wie Sie vielleicht schon erwartet haben, sind die Anforderungen an die Programmierung eines NUMA-Prozessors sehr viel härter als für einen UMA-Multiprozessor, aber

UMA Ein Multiprozessor, bei dem die Latenz für jedes Wort im Hauptspeicher, auf das zugegriffen wird, ungefähr gleich groß ist, unabhängig davon, von welchem Prozessor die Anforderung kommt.

NUMA Ein Multiprozessor mit einem einzigen Adressraum, bei dem manche Speicherzugriffe deutlich schneller sind als andere, je nachdem, welcher Prozessor auf welches Wort zugreift.

NUMA-Maschinen können sehr viel größer ausgelegt werden, und NUMAs können eine geringere Latenz zum nahe gelegenen Speicher haben.

Synchronisierung Der Prozess, das Verhalten von zwei oder mehr Prozessen zu koordinieren, die möglicherweise auf unterschiedlichen Prozessoren ausgeführt werden.

Sperre Ein Synchronisierungsmechanismus, der jeweils nur einem Prozessor gleichzeitig gestattet, auf Daten zuzugreifen.

Weil parallel arbeitende Prozessoren normalerweise Daten gemeinsam nutzen, müssen sie sich bei der Arbeit an gemeinsam genutzten Daten auch koordinieren. Andernfalls könnte ein Prozessor anfangen, mit den Daten zu arbeiten, bevor ein anderer damit fertig ist. Diese Koordination wird als **Synchronisierung** bezeichnet (siehe Kapitel 2). Wenn die gemeinsame Nutzung durch einen einzigen Adressraum unterstützt wird, muss es separate Mechanismen für die Synchronisierung geben. Ein Ansatz verwendet eine **Sperre** für eine gemeinsam genutzte Variable. Es kann jeweils nur ein Prozessor auf die Sperre zugreifen, und andere Prozessoren, die auf die gemeinsam genutzten Daten zugreifen wollen, müssen warten, bis der erste Prozessor die Sperre für die Variable aufhebt. Abschnitt 2.11 beschreibt die Befehle für Sperren in MIPS.

Beispiel: Einfaches paralleles Programm für einen gemeinsam genutzten Adressraum

Angenommen, wir wollen 64 000 Zahlen auf einem Multiprozessor mit einheitlicher Speicherzugriffszeit (UMA) addieren. Dabei nehmen wir an, dass der Multiprozessor aus 64 Prozessoren besteht.

Lösung: Der erste Schritt wäre auch hier, die Zahlenmenge in Untermengen derselben Größe zu zerlegen. Wir ordnen den Untermengen keinen anderen Speicher zu, weil diese Maschine nur einen einzigen Speicher besitzt; allerdings geben wir jedem Prozessor unterschiedliche Startadressen. Pn sei die Nummer des Prozessors (eine Zahl von 0 bis 63). Alle Prozessoren starten das Programm, indem sie eine Schleife ausführen, die ihre Untermenge der Zahlen addiert:

```
sum[Pn] = 0;
for (i = 1000*Pn; i < 1000*(Pn+1); i = i + 1)
   sum[Pn] += A[i];   /* zugewiesene Bereiche addieren */
```

(Der C-Code i = += 1 ist einfach eine Kurzschreibweise für i = i + 1.)

Reduktion Eine Funktion, die eine Datenstruktur verarbeitet und einen einzelnen Wert zurückgibt.

Im nächsten Schritt addieren wir diese 64 Einzelsummen. Dieser Schritt wird **Reduktion** genannt. Wir teilen sie auf, um das Problem zu beherrschen („divide et impera"). Die Hälfte der Prozessoren addiert Paare von Teilsummen, dann addiert ein Viertel die Paare der neuen Teilsummen usw., bis wir nur noch eine Summe haben, das Endergebnis. Abbildung 6.6 zeigt den hierarchischen Aufbau dieser Reduktion.

In diesem Beispiel müssen sich die beiden Prozessoren synchronisieren, bevor der „Verbraucher"-Prozessor versucht, das Ergebnis von der Speicherposition zu lesen, wohin der „Erzeuger"-Prozessor es geschrieben hat. Andernfalls liest der Verbraucher möglicherweise den alten Datenwert. Der Code könnte wie folgt aussehen (half ist ebenfalls eine private Variable):

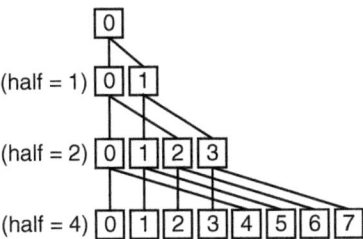

Abb. 6.6: Die letzten vier Stufen einer Reduktion, die die letzten Ergebnisse von jedem Prozessor von unten nach oben addiert. Für alle Prozessoren, deren Nummer i kleiner als half ist, wird die Summe von Prozessor i zu ihrer Summe addiert.

```
half = 64 /* 64 Prozessoren im Multiprozessor */
do
  synch(); /* warten, bis die Teilsumme fertig ist */
  if (half%2 != 0 && Pn == 0)
      sum[0] = sum[0] + sum[half-1];
      /* bedingte Summe erforderlich, wenn half ungerade
      ist; Processor0 erhält fehlendes Element */
      half = half/2; /* teilen des Summationsbereichs */
      if (Pn<half) sum[Pn] += sum[Pn+half];
while (half>1); /* Ende mit Gesamtergebnis in Sum[0] */
```

Hardware-Software-Schnittstelle

Im Zuge des lang anhaltenden Interesses an der parallelen Programmierung gab es Hunderte von Versuchen, parallele Programmiersysteme zu konstruieren. Ein begrenztes, jedoch populäres, Beispiel is **OpenMP.** Dabei handelt es sich um eine API (Application Programmer Interface) zusammen mit einer Menge von Compilerdirektiven, Umgebungsvariablen und Laufzeitbibliotheken, die Standardprogrammiersprachen erweitern können. OpenMP bietet ein portierbares, skalierbares und einfaches Programmiermodell für Multiprozessoren mit gemeinsam genutztem Speicher. Das primäre Ziel ist das Parallelisieren von Schleifen und das Durchführen von Reduktionen.

> **OpenMP** Eine API für Multiprocessing mit gemeinsam genutztem Speicher in C, C++ oder Fortran, die auf UNIX- und Microsoft-Plattformen ausgeführt wird. Sie beinhaltet Compiler-Anweisungen, eine Bibliothek sowie Laufzeitanweisungen.

Die meisten C-Compiler unterstützen OpenMP bereits. Um die OpenMP-API mit dem UNIX-C-Compiler zu benutzen, genügt das Kommando

```
cc - fopenmp foo.c
```

OpenMP erweitert C um die Verwendung von Pragma-Anweisungen, die nichts weiter sind als Anweisungen wie *#define* und *#include* an den C-Makro-Präprozessor. Um die Anzahl der Prozessoren, die wir verwenden wollen, wie im vorherigen Beispiel auf 64 festzulegen, verwenden wir das Kommando

```
#define P 64    /* Definition einer Konstante */
#pragma omp parallel num_threads(P)
```

Das heißt, die Laufzeitbibliothek soll 64 parallele Threads verwenden.

Um die sequentielle for-Schleife in eine parallele for-Schleife zu überführen, welche die Arbeit zwischen allen verwendeten Threads gleichmäßig aufteilt, schreiben wir (sum sei mit 0 initialisiert):

```
#pragma omp parallel for
for (Pn = 0; Pn < P; Pn += 1)
    for (i = 0; 1000*Pn; i < 1000*(Pn+1); i += 1)
        sum[Pn]+=A[i];    /* summiere zugeordnete Flächen */
```

Um die Reduktion auszuführen, verwenden wir ein weiteres Kommando, das OpenMP mitteilt, was der Reduktionsoperator ist und welche Variable gebraucht wird, um das Ergebnis der Reduktion zu platzieren.

```
#pragma omp parallel for reduction(+ : FinalSum)
for (i = 0; i < P; i += 1)
    FinalSum+=sum[i]; /* reduziere auf  einzelne Zahl */
```

Beachten Sie, dass es nun Sache der OpenMP-Bibliothek ist, effizienten Code zu finden, um 64 Zahlen mit 64 Prozessoren effizient zu summieren.

Während die OpenMP-API es leicht macht, einfachen parallelen Code zu schreiben, ist sie nicht sehr hilfreich beim Debugging. Deshalb nutzen viele Entwickler von paralleler Software ausgefeiltere Werkzeuge als OpenMP zur parallelen Programmierung, ebenso wie viele Programmierer heute produktivere Sprachen als C benutzen.

Nach dieser Tour durch die klassische MIMD-Hardware und -Software führt uns der nächste Abschnitt zu einer exotischeren Variante der MIMD-Architektur, die andere Ursprünge hat und aus diesem Grund eine völlig andere Perspektive auf die Herausforderung der parallelen Programmierung eröffnet.

Selbsttest

Richtig oder falsch: Multiprozessoren mit gemeinsam genutztem Speicher können die Parallelität auf Aufgabenebene nicht nutzen.

Anmerkungen: 1) Manche Autoren haben das Akronym SMP umgewidmet und verwenden es als Abkürzung für *symmetrischer Multiprozessor*, um darauf hinzuweisen, dass die Latenz vom Prozessor zum Speicher für alle Prozessoren ungefähr gleich ist. Diese Verschiebung wurde vorgenommen, um die SMPs gegen große NUMA-Multiprozessoren abzugrenzen, da beide Klassen einen gemeinsamen Adressraum verwenden. Da sich Cluster als wesentlich populärer erwiesen haben als große NUMA-Multiprozessoren, verwenden wir das Akronym SMP in diesem Buch wieder in seiner ursprünglichen Bedeutung und sehen es als Gegensatz zu Architekturen, die mehrere Adressräume verwenden, also etwa Cluster.

2) Eine Alternative zur gemeinsamen Nutzung des physikalischen Adressraums wäre es, separate physikalische Adressräume zu benutzen, aber einen gemeinsamen virtuellen Adressraum zu haben, so dass die Kommunikation dem Betriebssystem überlassen bliebe. Dieser Ansatz wurde ausprobiert, aber hat einen zu großen Overhead erzeugt, als dass er den Programmierern eine sinnvolle Abstraktion des gemeinsam genutzten Speichers bieten könnte.

6.6 Grafikprozessoren (GPUs) – Einführung

Der ursprüngliche Grund für die Einführung von SIMD-Befehlen in vorhandenen Architekturen war, dass viele Mikroprozessoren mit Grafikanzeigen in PCs und Workstations verbunden waren, so dass immer mehr Verarbeitungszeit für die Grafik aufgewendet wurde. Weil die Anzahl der für Mikroprozessoren verfügbaren Transistoren nach dem **Moore'schen Gesetz** zunahm, war es deshalb sinnvoll, die Grafikverarbeitung zu verbessern.

MOORE'SCHES GESETZ

Eine wichtige Triebskraft für die Verbesserung der Grafikverarbeitung war die Computerspiele-Industrie, sowohl für PCs als auch für spezielle Spielkonsolen, wie etwa die Sony PlayStation. Das schnelle Wachstum des Spielemarkts ermutigte zahlreiche Unternehmen, immer mehr Investitionen in die Entwicklung schneller Grafik-Hardware zu stecken, und dieses positive Feedback führte dazu, dass sich die Grafikverarbeitung schneller weiterentwickelte als die allgemeine Verarbeitung in Mainstream-Mikroprozessoren.

Angesichts der Tatsache, dass die Grafik- und Spielegemeinde ganz andere Ziele als die Mikroprozessorentwickler hatten, entstand ein ganz neuer Verarbeitungsstil und damit eine ganz neue Terminologie. Als die Grafikprozessoren leistungsfähiger wurden, erhielten sie den Namen *Graphics Processing Units* oder *GPUs*, um sie von den CPUs abzugrenzen.

Für ein paar Hundert Dollar kann sich heute jeder eine GPU mit Hunderten von parallelen Gleitkommaeinheiten kaufen, wodurch Hochleistungsrechnen viel leichter verfügbar geworden ist. Das Interesse an GPUs blühte auf, als dieses Potential mit einer Programmiersprache verbunden wurde, mit der sich GPUs leichter programmieren ließen. Viele Programmierer von wissenschaftlichen und Multimedia-Anwendungen wägen daher heute ab, ob sie GPUs oder CPUs verwenden. (Dieser Abschnitt konzentriert sich auf den Einsatz von GPUs für Berechnungen. Wie das Rechnen mit GPUs mit der traditionellen Rolle der Grafikbeschleunigung kombiniert wird, erfahren Sie im Online-Anhang C.)

Zu den wichtigsten Unterscheidungsmerkmalen von GPUs und CPUs gehören:

- GPUs sind Beschleuniger, die eine CPU ergänzen, sie müssen also nicht in der Lage sein, alle Aufgaben einer CPU auszuführen. Diese Rolle gestattet es ihnen, ihre gesamte Leistung für Grafik aufzuwenden. Für GPUs ist es völlig in Ordnung, einige Aufgaben nur schlecht oder überhaupt nicht zu erledigen, wenn diese in einem System mit GPU und CPU gegebenenfalls von der CPU übernommen werden können.

- Die Problemgrößen von GPUs liegen typischerweise zwischen einigen Hundert Megabyte und einigen Gigabyte, jedoch nicht bei Hunderten von Gigabyte oder gar im Terabyte-Bereich.

Die folgenden Unterschiede führten zu unterschiedlichen Architekturstilen:

- Der vielleicht größte Unterschied ist, dass GPUs keine mehrstufigen Caches verwenden, um lange Latenzen zum Speicher zu kompensieren, wie es bei CPUs der Fall ist. Stattdessen basieren GPUs auf hardwareseitigem Multithreading (Abschnitt 6.4), um die Latenz zum Speicher zu verbergen. Das bedeutet, dass die GPU zwischen einer Speicheranforderung und der Zeit, zu der die Daten ankommen, Hunderte oder Tausende von Threads ausführt, die von dieser Anfrage unabhängig sind.

- Der GPU-Hauptspeicher ist aus diesem Grund auf Bandbreite anstatt auf Latenz ausgerichtet. Es gibt sogar spezielle DRAM-Chips für GPUs, die breiter sind und eine höhere Bandbreite aufweisen als DRAM-Chips für CPUs. Darüber hinaus hatten GPU-Speicher bisher immer kleinere Hauptspeicher als konventionelle Mikroprozessoren. 2013 benötigen GPUs in der Regel 4 bis 6 GB, während CPUs 32 bis 256 GB verwenden. Beachten Sie außerdem, dass Sie für eine ganz allgemeine Programmierung die Zeit für die Übertragung der Daten zwischen CPU-Speicher und GPU-Speicher berücksichtigen müssen, weil die GPU ein Co-Prozessor ist.

- Weil GPUs von vielen Threads ausgehen, um gute Speicherbandbreiten zu erzielen, können sie viele parallele Prozessoren (MIMD) und viele Threads unterbringen. Aus diesem Grund ist jede GPU auf extensiveres Multithreading ausgelegt als eine typische CPU; außerdem haben GPUs mehr Prozessoren.

Hardware-Software-Schnittstelle

Obwohl GPUs für einen kleinen Bereich von Anwendungen ausgelegt sind, haben sich einige Programmierer gefragt, ob sie ihre Anwendungen nicht in einer Weise spezifizieren könnten, die ihnen die Ausnutzung des hohen Leistungspotentials von GPUs gestattet. Nachdem sie es satt hatten, ihre Probleme unter Verwendung der Grafik-APIs und der Grafik-Shading-Sprachen auszudrücken, entwickelten sie C-ähnliche Programmiersprachen, die es ihnen ermöglichten, ihre Programme direkt für die GPUs zu schreiben. Ein Beispiel dafür ist NVIDIAs CUDA (Compute Unifies Device Architecture), eine Sprache, mit der der Programmierer C-Programme schreiben kann, die auf GPUs ausgeführte werden, wenn auch mit einigen Einschränkungen. Anhang C (online) enthält ein Beispiel für CUDA-Code. (OpenCL ist ein Projekt mehrerer Unternehmen, dessen Ziel es ist, eine portierbare Programmiersprache zu entwickeln, die viele der Vorzüge von CUDA bietet.)

NVIDIA hat sich dafür entschieden, dass der *CUDA Thread* das vereinigende Motiv all dieser Formen von Parallelität sein soll. Durch Nutzung dieser niedrigsten Ebene der Parallelität als Primitive können Compiler und Hardware Tausende von CUDA-Threads bündeln, um die verschiedenen Arten von Parallelität innerhalb einer GPU auszunutzen: Multithreading, MIMD, SIMD und Parallelität auf Befehlsebene. Diese Threads werden zu Blöcken gefasst und in Gruppen von 32 ausgeführt. Ein Multithread-Prozessor innerhalb einer GPU führt diese Blöcke von Threads aus, und eine GPU besteht aus 8 bis 32 dieser Multithread-Prozessoren.

NVIDIA GPU-Architektur – Einführung

Wir verwenden NVIDIA-Systeme als Beispiel, weil sie repräsentativ für GPU-Architekturen sind. Insbesondere folgen wir der Terminologie der CUDA-Programmiersprache und verwenden die Fermi-Architektur als Beispiel.

Wie Vektorarchitekturen arbeiten GPUs nur gut für Probleme, die Parallelität auf Datenebene aufweisen. Beide Architekturen haben Gather/Scatter-Datentransfers, und GPU-Prozessoren haben sogar noch mehr Register als Vektorprozessoren. Anders als die meisten Vektorarchitekturen basieren GPUs auch auf hardwareseitigem Multithreading innerhalb eines einzelnen mehrfädigen SIMD-Prozessors, um die Speicherlatenz zu verbergen (siehe Abschnitt 6.4).

Ein mehrfädiger SIMD-Prozessor ähnelt einem Vektorprozessor, hat jedoch viele parallele Funktionseinheiten anstatt wie jener nur einige wenige, die eine starke Pipeline-Struktur haben.

Wie bereits erwähnt, enthält eine GPU eine Menge von mehrfädigen SIMD-Prozessoren; d.h., eine GPU ist ein MIMD, der aus mehrfädigen SIMD-Prozessoren zusammengesetzt ist. Beispielsweise hat NVIDIA vier Implementierungen der Fermi-Architektur mit 7, 11, 14 oder 15 mehrfädigen SIMD-Prozessoren. Um eine transparente Skalierbarkeit über die einzelnen GPU-Modelle mit unterschiedlich vielen mehrfädigen SIMD-Prozessoren zu haben, ordnet der Thread-Block-Scheduler den mehrfädigen SIMD-Prozessoren Blöcke von Threads zu. Abbildung 6.7 zeigt ein vereinfachtes Blockschaltbild eines mehrfädigen SIMD-Prozessors.

Wir gehen nun eine Detailebene tiefer. Das Maschinenobjekt, das die Hardware erzeugt, verwaltet, disponiert und ausführt, ist ein *Thread von SIMD-Befehlen*, den wir auch als *SIMD-Thread* bezeichnen. Er ist ein gewöhnlicher Thread, enthält jedoch ausschließlich SIMD-Befehle. Diese SIMD-Threads haben ihre eigenen Programmzähler und laufen auf mehrfädigen SIMD-Prozessoren. Der SIMD-Thread-Scheduler beinhaltet einen Controller, der ihm mitteilt, welche Threads von SIMD-Befehlen bereit zur Verarbeitung sind, und dann sendet er sie zu einer Ausführungseinheit, damit sie auf dem mehrfädigen SIMD-Prozessor verarbeitet werden. Er ist gleichbedeutend mit einem hardwareseitigen Thread-Scheduler in einem traditionellen Multithread-Prozessor (siehe Abschnitt 6.4), außer dass sich das Scheduling auf SIMD-Befehle bezieht.

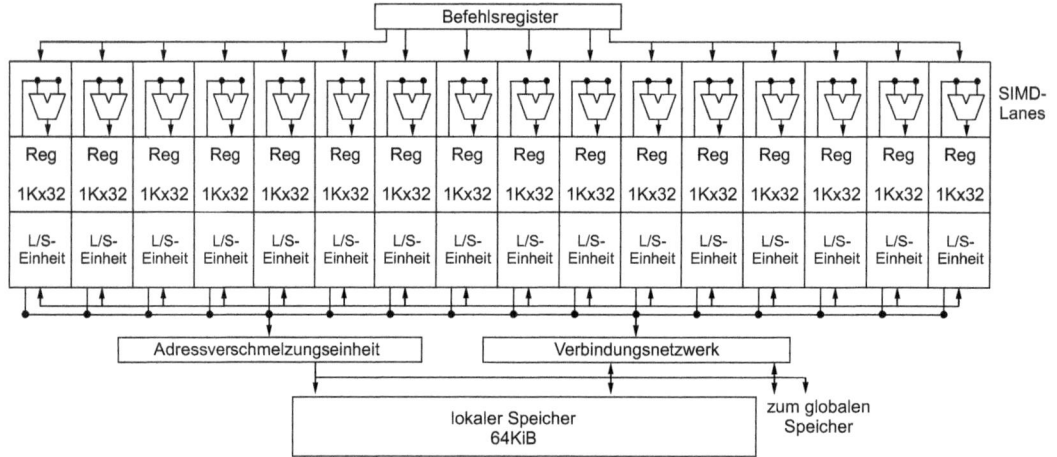

Abb. 6.7: Vereinfachtes Blockschaltbild des Datenpfads eines mehrfädigen SIMD-Prozessors mit 16 Lanes. Der SIMD-Thread-Scheduler hat viele unabhängige SIMD-Threads, aus denen er wählen kann, was auf dem Prozessor laufen soll.

Damit hat die GPU-Hardware zwei Ebenen von Hardware-Schedulern:

1. den *Thread-Block-Scheduler*, der mehrfädigen SIMD-Prozessoren Thread-Blöcke zuordnet, sowie

2. den SIMD-Thread-Scheduler *innerhalb* eines SIMD-Prozessors, der plant, wann SIMD-Threads laufen sollen.

Die SIMD-Befehle dieser Threads haben eine Breite von 32, d. h., jeder Thread aus SIMD-Befehlen berechnet 32 von den Elementen der Berechnung. Da der Thread aus SIMD-Befehlen besteht, muss der SIMD-Prozessor parallele Funktionseinheiten haben, um die Operation auszuführen. Wir bezeichnen diese als SIMD-Lanes, und sie sind ganz ähnlich wie die Vektor-Lanes aus Abschnitt 6.3.

Anmerkung: Die Anzahl der Lanes pro SIMD-Prozessor variiert für die verschiedenen SIMD-Generationen. Bei der Fermi-Architektur wird jeder SIMD-Thread der Breite 32 auf 16 SIMD-Lanes abgebildet, so dass für jeden SIMD-Befehl in einem Thread von SIMD-Befehlen zwei Taktzyklen nötig sind. Jeder Thread von SIMD-Befehlen wird im Gleichschritt ausgeführt. Wenn wir bei der Analogie zwischen einem SIMD-Prozessor und einem Vektorprozessor bleiben, dann können wir sagen, dass er 16 Lanes hat, und die Vektorlänge wäre 32. Diese breite aber flache Natur ist der Grund, warum wir den Begriff SIMD-Prozessor anstatt Vektorprozessor verwenden, da er intuitiver ist.

Da die Threads der SIMD-Befehle per Definition unabhängig sind, kann sich der SIMD-Thread-Scheduler jeden beliebigen Thread heraussuchen, der gerade bereit ist, und es ist nicht nötig, dass er sich an den nächsten SIMD-Befehl innerhalb eines einzelnen Threads hält. In der Terminologie von Abschnitt 6.4 bedeutet das, dass er feinkörniges Multithreading verwendet.

Um diese Speicherelemente zu halten, besitzt ein Fermi-SIMD-Prozessor beeindruckende 32 768 32-Bit-Register. Wie bei einem Vektorprozessor sind diese Register logisch über die Lanes verteilt. Jeder SIMD-Thread ist auf maximal 64 Register beschränkt, so dass Sie sich vorstellen können, dass ein SIMD-Thread bis zu 64 Vektorregister hat, wobei jedes Vektorregister 32 Elemente hat und jedes Element 32 Bit breit ist.

Da Fermi 16 SIMD-Lanes hat, enthält jede 2048 Register. Jeder CUDA-Thread erhält ein Element von jedem der Vektorregister. Beachten Sie, dass ein CUDA-Thread einfach ein vertikaler Schnitt eines Threads von SIMD-Befehlen ist, der einem von einer SIMD-Lane ausgeführten Element entspricht. Vergessen Sie dabei nicht, dass CUDA-Threads sehr verschieden von POSIX-Threads sind; es ist nicht möglich, in einem CUDA-Thread beliebig Systemaufrufe und Synchronisierungen durchzuführen.

NVIDIA GPU-Speicherstrukturen

Abbildung 6.8 zeigt die Speicherstrukturen einer NVIDIA GPU. Den on-Chip-Speicher, der auf jedem mehrfädigen SIMD-Prozessor vorhanden ist, nennen wir *lokalen Speicher*. Er wird von den SIMD-Lanes innerhalb eines mehrfädigen SIMD-Prozessors geteilt, jedoch teilen sich die verschiedenen mehrfädigen SIMD-Prozessoren diesen Speicher nicht untereinander. Den off-Chip-DRAM, der von der gesamten GPU und allen Thread-Blöcken geteilt wird, nennen wir *GPU-Speicher*.

Anstatt sich auf große Caches zu stützen, die die vollständigen Daten für eine Applikation enthalten, verwenden GPUs traditionell kleinere Streaming-Caches und machen extensiven Gebrauch von Multithreading für SIMD-Befehle, um mit der langen Latenz für DRAM umzugehen, da ihre Arbeitsdaten Hunderte Megabytes umfassen können. Das bedeutet, dass sie nicht in den Last-Level-Cache eines Multicore-Prozessors passen. Da hardwareseitiges Multithreading eingesetzt wird, um die DRAM-Latenz zu verbergen, wird in Systemprozessoren Chipfläche für Caches verbraucht anstatt für die Berechnung von Ressourcen und das Halten einer großen Anzahl von Registern für die vielen Threads von SIMD-Befehlen.

Anmerkung: Obwohl das Verbergen der Speicherlatenz die zugrunde liegende Philosophie ist, darf nicht vergessen werden, dass neuere GPUs und Vektorprozessoren zusätzlich Caches haben. Beispielsweise wurden bei der aktuellen Fermi-Architektur Caches hinzu genommen, jedoch sind diese entweder als Bandbreite-Filter zum Reduzieren der Anforderungen an den GPU-Speicher gedacht oder sie dienen als Beschleuniger für die wenigen Variablen, deren Latenz nicht durch Multithreading verborgen werden kann. Der lokale Speicher für Stack Frames, Funktionsaufrufe und Register-Spilling ist eine gute Sache für Caches, da Latenz wichtig ist, wenn eine Funktion aufgerufen wird. Durch Caches kann auch Energie gespart werden, da Zugriffe auf einen on-Chip-Cache wesentlich weniger Energie brauchen als Zugriffe auf multiple, externe DRAM-Chips.

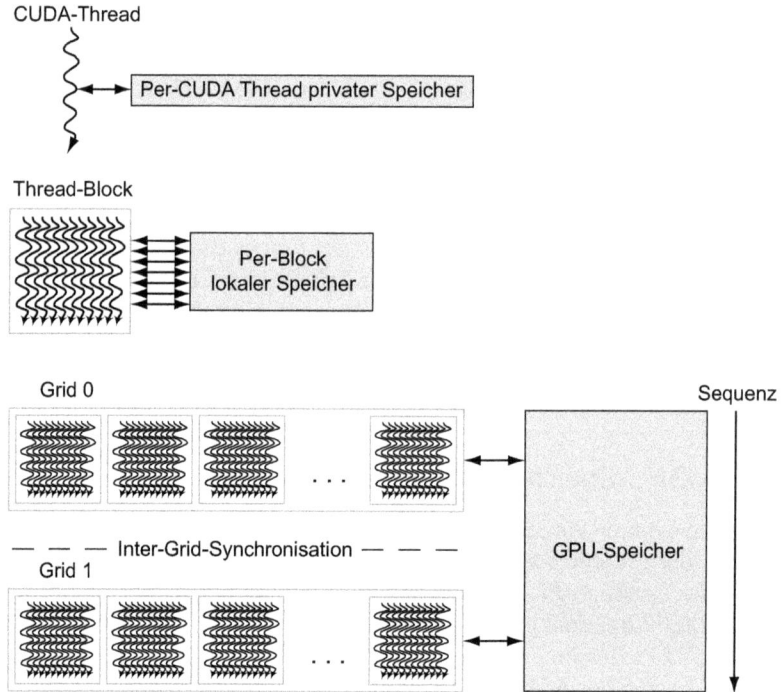

Abb. 6.8: GPU-Speicherstrukturen. GPU-Speicher wird von vektorisierten Schleifen geteilt. Alle Threads von SIMD-Befehlen innerhalb eines Thread-Blocks teilen sich einen lokalen Speicher.

GPUs ins rechte Licht gerückt

Auf einer hohen Ebene haben Multicore-Computer mit SIMD-Befehlserweiterungen Ähnlichkeiten mit GPUs. Tabelle 6.3 fasst die Gemeinsamkeiten und Unterschiede zusammen. Beide sind MIMDs, deren Prozessoren mehrere SIMD-Lanes verwenden, allerdings haben GPUs mehr Prozessoren und wesentlich mehr Lanes. Beide setzen hardwareseitiges Multithreading ein, um die Prozessorauslastung zu verbessern, wobei GPUs Hardware-Unterstützung für sehr viel mehr Threads haben. Beide verwenden Caches, die bei GPUs als kleinere Streaming-Caches ausgelegt sind, während Multicore-Computer große Multilevel-Caches verwenden, die versuchen, die vollständigen Arbeitsdaten vorzuhalten. Beide verwenden eine 64-Bit-Adressraum, aber der physikalische Hauptspeicher ist bei GPUs deutlich kleiner. GPUs unterstützen zwar Speicherschutz auf Seitenebene, nicht jedoch das Nachladen von Seiten.

Tab. 6.3: Gemeinsamkeiten und Unterschiede zwischen Multicore mit Multimedia-SIMD-Erweiterungen und aktuellen GPUs.

Merkmal	Multicore mit SIMD	GPU
SIMD-Prozessoren	4 bis 8	8 bis 16
SIMD-Lanes je Prozessor	2 bis 4	8 bis 16
hardwareseitige Multithreading-Unterstützung für SIMD-Threads	2 bis 4	16 bis 32
maximale Cache-Größe	8 MiB	0,75 MiB
Größe des Adressspeichers	64-Bit	64-Bit
Größe des Hauptspeichers	8 bis 256 GiB	4 bis 6 GiB
Speicherschutz auf Seitenebene	ja	ja
Nachladen von Seiten	ja	nein
Cache-Kohärenz	ja	nein

SIMD-Prozessoren haben auch Gemeinsamkeiten mit Vektorprozessoren. Die multiplen SIMD-Prozessoren in GPUs wirken als unabhängige MIMD-Kerne, genau so wie viele Vektorrechner mehrere Vektorprozessoren haben. Diese Sichtweise betrachtet den Fermi GTX 580 als eine 16-Core-Maschine mit Hardwareunterstützung für Multithreading, wobei jeder Core 16 Lanes hat. Der größte Unterschied ist das Multithreading, das für GPUs fundamental ist, während es bei den meisten Vektorprozessoren fehlt.

GPUs und CPUs gehen in der Genealogie der Computerarchitekturen nicht auf einen gemeinsamen Vorfahren zurück; es gibt keinen „Missing Link", der beide erklärt. Eine Folge dieses fehlenden gemeinsamen Erbes ist, dass für GPUs nicht die in der Community der Computerarchitekten üblichen Begriffe verwendet werden, was zu einiger Verwirrung darüber geführt hat, was GPUs sind und wie sie arbeiten. Um diesem Zustand abzuhelfen, haben wir in Tabelle 6.4 einige verwandte Begriffe zusammengestellt: In jeder Zeile steht jeweils ein eher deskriptiver Begriff, den wir in diesem Abschnitt benutzen, gefolgt von dem Begriff der Mainstream-Informatik, der diesem Begriff am nächsten kommt, der offiziellen NVIDIA-GPU-Bezeichnung sowie einer kurzen inhaltlichen Beschreibung des Begriffs. Dieser „Rosettastein" für GPUs soll Ihnen helfen, die Ausführungen in diesem Abschnitt mit den Ideen in Beziehung zu setzen, die Sie in eher konventionellen Abhandlungen über GPUs finden, so etwa in Anhang C (online).

Obwohl GPUs sich zunehmend dem Mainstream-Computing annähern, liegt ihre Kernkompetenz doch weiterhin im Grafikbereich. Deshalb macht das GPU-Design mehr Sinn, wenn Architekten überlegen, wie sie – vorausgesetzt, dass die Hardware gut mit Grafik umgehen kann – GPUs so erweitern können, dass die Performanz für einen größeren Anwendungsbereich verbessert wird.

Nachdem wir zwei unterschiedliche Arten von MIMD mit geteilten Adressräumen betrachtet haben, führen wir als nächstes parallele Prozessoren ein, bei denen jeder Prozessor seinen eigenen privaten Adressraum hat, was es deutlich einfacher macht, sehr große Systeme aufzubauen. Die Internetdienste, die Sie jeden Tag nutzen, basieren auf solchen großen Systemen.

Tab. 6.4: Übersicht über verschiedene GPU-Begriffe. Die zwölf Begriffe sind in vier Gruppen unterteilt: Programmabstraktionen, Maschinenobjekte, Verarbeitungshardware und Speicherhardware.

Deskriptiver Begriff	Verwandter Begriff	CUDA/NVIDIA-GPU-Bez.	Kurzdefinition
Programmabstraktionen			
vektorisierbare Schleife	vektorisierbare Schleife	Grid	Eine vektorisierbare Schleife, ausgeführt auf der GPU, bestehend aus einem oder mehreren Thread-Blöcken (Rümpfe der vektorisierten Schleifen), die parallel ausgeführt werden können.
Rumpf einer vektorisierbaren Schleife	Rumpf einer vektorisierbaren Schleife	Thread-Block	Eine vektorisierte Schleife, ausgeführt auf einem mehrfädigen SIMD-Prozessor, bestehend aus einem oder mehreren Threads aus SIMD-Befehlen. Sie können über den lokalen Speicher kommunizieren.
Sequenz von SIMD-Lane-Operationen	eine Operation einer skalaren Schleife	CUDA-Thread	Ein vertikaler Schnitt eines Threads aus SIMD-Befehlen, der einem von einer Lane ausgeführten Element entspricht.
Maschinenobjekte			
Thread aus SIMD-Befehlen	Thread aus Vektorbefehlen	Warp	Ein traditioneller Thread, der jedoch nur SIMD-Befehle enthält, die auf einem mehrfädigen SIMD-Prozessor ausgeführt werden. Die Ergebnisse werden in Abhängigkeit von einer Maske für jedes Element gespeichert.
SIMD-Befehl	Vektorbefehl	PTX-Befehl	Ausführung eins einzelnen SIMD-Befehls auf einer SIMD-Lane.
Verarbeitungshardware			
mehrfädiger SIMD-Prozessor	(mehrfädiger) Vektorprozessor	Streaming Multiprozessor	Ein mehrfädiger SIMD-Prozessor führt unabhängig von anderen SIMD-Prozessoren Threads von SIMD-Befehlen aus.
Thread-Block-Scheduler	skalarer Prozessor	Giga Thread Engine	Ordnet mehrfädigen SIMD-Prozessoren mehrere Thread-Blöcke (Rümpfe von vektorisierten Schleifen) zu.
SIMD-Thread-Scheduler	Thread-Scheduler in einer mehrfädigen CPU	Warp Scheduler	Hardwareinheit, die Threads aus SIMD-Befehlen organisiert und sie zuordnet, wenn sie bereit für die Ausführung sind; umfasst eine Liste zur Verfolgung der SIMD-Thread-Ausführung.
SIMD-Lane	Vektor-Lane	Thread-Prozessor	Eine SIMD-Lane führt auf einem einzelnen Element die Operationen eines Threads aus SIMD-Befehlen aus. Die Ergebnisse werden in Abhängigkeit von der Maske gespeichert.
Speicherhardware			
GPU-Speicher	Hauptspeicher	globaler Speicher	DRAM-Speicher steht allen mehrfädigen SIMD-Prozessoren einer GPU zur Verfügung.
lokaler Speicher	lokaler Speicher	geteilter Speicher	Schneller lokaler SRAM für einen mehrfädigen SIMD-Prozessor, nicht verfügbar für andere SMD-Prozessoren.
SIMD-Lane-Register	Vektor-Lane-Register	Thread-Prozessor-Register	Register in einer einzelnen SIMD-Lane werden über einen ganzen Thread-Block zugeteilt.

Anmerkung: Wir haben die GPU hier eingeführt als eine Einheit, die einen von der CPU getrennten Speicher hat. Allerdings haben sowohl AMD als auch Intel Chips angekündigt, bei denen GPU und CPU zu einem Produkt mit einem gemeinsamen Speicher verschmolzen sind. Die Herausforderung wird darin bestehen, bei einer solchen verschmolzenen Architektur die große Speicherbandbreite zu erhalten, die das Grundmerkmal von GPUs war.

Selbsttest

Richtig oder falsch: GPUs basieren auf Grafik-DRAM-Chips, um die Speicherlatenz zu reduzieren und dadurch die Performance von Grafikanwendungen zu steigern.

6.7   Cluster, Warehouse Scale Computer und andere Multiprozessoren mit Nachrichtenaustausch

Der alternative Ansatz, einen Adressraum gemeinsam zu nutzen, besteht darin, dass jeder Prozessor seinen eigenen privaten physikalischen Adressraum hat. Abbildung 6.9 zeigt den klassischen Aufbau eines Multiprozessors mit mehreren privaten Adressräumen. Dieser alternative Multiprozessor muss über einen expliziten **Nachrichtenaustausch** erfolgen, womit traditionell auch solche Computer bezeichnet werden. Vorausgesetzt, das System besitzt Routinen, um **Nachrichten zu senden** und zu **empfangen**, ist die Koordination in den Nachrichtenaustausch eingebaut, weil ein Prozessor weiß, wann eine Nachricht gesendet wird, und der empfangende Prozessor weiß, wann eine Nachricht ankommt. Wenn der Sender eine Bestätigung benötigt, dass die Nachricht angekommen ist, kann der empfangende Prozessor eine Bestätigungsnachricht zurück an den Sender schicken.

Es gab mehrere Versuche, hochleistungsfähige Computer basierend auf hochleistungsfähigen Netzwerken zum Nachrichtenaustausch aufzubauen, und

Nachrichtenaustausch Kommunikation zwischen mehreren Prozessoren durch das explizite Senden und Empfangen von Informationen.

Routine zum Senden von Nachrichten Eine Routine, die von einem Prozessor in Maschinen mit privaten Hauptspeichern genutzt wird, um eine Nachricht an einen anderen Prozessor weiterzugeben.

Routinen zum Empfangen von Nachrichten Eine Routine, die von einem Prozessor in Maschinen mit privaten Hauptspeichern verwendet wird, um Nachrichten von einem anderen Prozessor entgegenzunehmen.

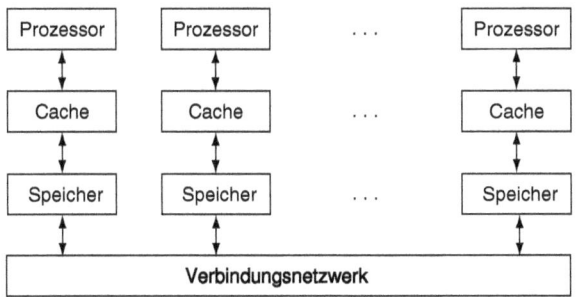

Abb. 6.9: Klassischer Aufbau eines Multiprozessors mit mehreren privaten Adressräumen, traditionell auch als Multiprozessor mit Nachrichtenaustausch bezeichnet. Beachten Sie, dass sich das Verbindungsnetzwerk anders als für den SMP in Abbildung 6.5 nicht zwischen den Caches und dem Speicher befindet, sondern stattdessen zwischen den Prozessor/Speicher-Knoten.

diese bieten eine bessere absolute Kommunikationsleistung als Cluster, die unter Verwendung lokaler Netzwerke aufgebaut sind. Tatsächlich verwenden viele Supercomputer heute Netzwerke. Das Problem ist, dass sie sehr viel teurer sind als lokale Netzwerke wie Ethernet. Angesichts der sehr viel höheren Kosten rechtfertigten nur wenige Applikationen außerhalb des Bereichs des Hochleistungsrechnens heute eine höhere Kommunikationsleistung.

Hardware-Software-Schnittstelle

Computer, die für die Kommunikation einen Nachrichtenaustausch statt eines cache-kohärenten gemeinsam genutzten Speichers verwenden, sind für die Hardwareentwickler viel einfacher zu handhaben (siehe Abschnitt 5.8). Der Vorteil für Programmierer ist, dass die Kommunikation explizit ist, d. h., es gibt weniger Leistungsüberraschungen als bei der impliziten Kommunikation in Computern mit cache-kohärentem gemeinsam genutztem Speicher. Der Nachteil für die Programmierer ist, dass es schwieriger ist, ein sequentielles Programm auf einen Computer mit Nachrichtenaustausch zu portieren, weil jede Kommunikation im Voraus identifiziert werden muss; ansonsten wird es nicht funktionieren. Dank dem cache-kohärenten gemeinsam genutzten Speicher kann die Hardware erkennen, welche Daten übermittelt werden müssen, was die Portierung vereinfacht. Aufgrund der Vor- und Nachteile der impliziten Kommunikation gibt es verschiedene Meinungen darüber, was der kürzeste Pfad zur Höchstleistung ist. Die Marktsituation ist dagegen eindeutig. Multicoreprozessoren verwenden gemeinsam genutzten physikalischen Speicher und die Knoten eines Clusters kommunizieren miteinander mittels Nachrichtenaustausch.

Cluster Gruppen von Computern, die über Ein-/Ausgaben über standardmäßige Netzwerk-Switches verbunden sind, um einen Multiprozessor mit Nachrichtenaustausch zu bilden.

Manche nebenläufigen Applikationen laufen gut auf paralleler Hardware, unabhängig davon, ob diese geteilte Adressräume oder Nachrichtenaustausch verwenden. Insbesondere die Parallelität auf Task-Ebene und Applikationen mit geringem Kommunikationsumfang – etwa die Websuche sowie Mail- und Fileserver – benötigen keine geteilten Adressräume, um gut zu laufen. Dies hat dazu geführt, dass **Cluster** der am weitesten verbreitete Typ von Parallelcomputern mit Nachrichtenaustausch geworden sind. Die getrennten Speicher bedeuten, dass auf jedem Knoten eines Clusters eine eigene Kopie des Betriebssystems läuft. Im Gegensatz dazu sind die Kerne eines Mikroprozessors über ein Hochgeschwindigkeitsnetz innerhalb des Chips verbunden, und ein Multichip-System mit geteiltem Speicher verwendet den Speicherverbund für die Kommunikation. Der Speicherverbund hat eine größere Bandbreite und eine geringere Latenz, wodurch sich die Performanz der Kommunikation für Multiprozessoren mit geteiltem Speicher deutlich verbessert.

Die Schwäche separater Speicher für Anwenderspeicher aus der Perspektive der Paralellprogrammierung erweist sich als Stärke hinsichtlich der **Zuverlässigkeit** (siehe Abschnitt 5.5). Weil Cluster aus voneinander unabhängi-

ZUVERLÄSSIGKEIT

gen Rechnern bestehen, die über ein lokales Netzwerk verbunden sind, ist es für sie sehr viel einfacher, eine Maschine zu ersetzen, ohne dass das System abgeschaltet werden muss, als bei einem Multiprozessor mit geteiltem Speicher. Grundsätzlich bedeutet der gemeinsam genutzte Adressraum, dass es ohne größere Mithilfe durch das Betriebssystem schwierig ist, einen Prozessor zu isolieren und auszutauschen. Für Cluster ist außerdem die Abwärtsskalierung leichter, etwa wenn ein Server ausfällt. Auf diese Weise verbessert sich die Zuverlässigkeit. Weil die Cluster-Software eine Schicht ist, die auf lokalen Betriebssystemen aufsetzt, die auf jedem einzelnen Rechner ausgeführt werden, ist es bei Clustern sehr viel einfacher, eine defekte Maschine aus dem Netzwerk zu nehmen und auszutauschen.

Weil Cluster aus kompletten Rechnern und unabhängigen, skalierbaren Netzwerken aufgebaut sind, macht es die Isolierung auch einfacher, das System zu erweitern, ohne die auf dem Cluster ausgeführte Anwendung zu stören.

Niedrigere Kosten, höhere Verfügbarkeit und schnelle, inkrementelle Erweiterbarkeit machen Cluster zu einer attraktiven Lösung für Internet-Service-Provider, obwohl sie im Vergleich zu großen Multiprozessoren mit gemeinsam genutztem Speicher eine schlechtere Performanz bei der Kommunikation haben. Die Suchmaschinen, die Millionen von uns täglich nutzen, sind von dieser Technologie abhängig. Amazon, Facebook, Google, Microsoft und andere betreiben mehrere Datenzentren mit Clustern aus Zehntausenden von Prozessoren. Offensichtlich ist der Einsatz vieler Prozessoren für Anbieter von Internetdiensten außerordentlich lohnend.

Warehouse-Scale-Computer

Jeder kann eine schnelle CPU bauen. Die Kunst besteht darin, ein schnelles System zu bauen.

Seymour Cray, „Vater des Supercomputers"

Internetdienste wie die oben beschriebenen erfordern den Bau neuer Gebäude, in denen Hunderttausend Server mit Strom versorgt und gekühlt werden. Obwohl man diese Ansammlungen von Servern einfach als große Cluster klassifizieren kann, ist ihre tatsächliche Architektur und ihre Arbeitsweise etwas raffinierter. Sie wirken wie ein einziger, riesiger Computer und ihr Preis einschließlich der Kosten für Gebäude, Strom, Kühlung und die Netzwerkinfrastruktur für die Verbindung der vielen Server liegt in der Größenordnung von 150 000 Dollar. Wir betrachten sie als neue Computerklasse, die wir Warehouse Scale Computer (WSC) nennen.

Hardware-Software-Schnittstelle

Das populärste Programmiermodell für die Batchverarbeitung in einem WSC ist MapReduce [Dean, 2008] sowie sein Open-Source-Pendant Hadoop. Inspiriert von den gleichnamigen Lisp-Funktionen, wendet Map zunächst eine vom Programmierer bereitgestellte Funktion auf jedes logische Eingabe-Record an. Map läuft auf Tausenden von Servern, um ein Zwischenergebnis von Schlüssel-Wert-Paaren zu erzeugen. Reduce sammelt die Ausgaben dieser verteilten Aufgaben und reduziert sie mithilfe einer weiteren vom Programmierer definierten

Funktion. Mit geeigneter Software-Unterstützung sind beide Schritte hochgradig parallel und dennoch leicht zu verstehen und anzuwenden. Innerhalb von 30 Minuten kann ein Programmieranfänger ein MapReduce-Programm auf Tausenden von Computern zum Laufen bringen.

Ein MapReduce-Programm kann z. B. berechnen, wie oft jedes englische Wort in einer großen Menge von Dokumenten auftritt. Der folgende Code zeigt eine vereinfachte Version dieses Programms, genauer gesagt nur die innere Schleife, und es wird jedes gefundene Wort pro Dokument nur einmal gezählt:

```
map(String key, String value):
    // key: Dokumentname
    // value: Dokumentinhalte
    für jedes Wort w in value:
    EmitIntermediate(w,"1"); // erzeuge Liste aller Wörter
    reduce(String key, Iterator values):
// key: ein Wort
// values: eine Liste der Treffer
    int results = 0;
    for each v in values:
    result+=PerseInt(v); // hole Ganzz. aus key-value-Paar
    Emit(AsString(result));
```

Die in der Map-Funktion verwendete Funktion `EmitIntermediate` gibt jedes im Dokument enthaltene Wort und den Wert eins aus. Dann summiert die Reduce-Funktion für jedes Wort alle Werte der einzelnen Dokumente, wofür die Funktion `ParseInt()` verwendet wird. Die MapReduce-Laufzeitbibliothek verteilt die Map- und Reduce-Tasks an die Server des WSC.

In dieser extremen Größenordnung, die Innovationen bei der Stromversorgung, Kühlung, Überwachung und Bedienung erfordert, ist der WSC ein moderner Nachfolger der Supercomputer aus den 1970er-Jahren – insofern ist Seymour Cray der Pate der heutigen WSC-Architekten. Seine extremen Computer haben Berechnungen ausgeführt, die nirgendwo sonst ausgeführt werden konnten, doch sie waren so teuer, dass es nur wenige Firmen gab, die sie sich leisten konnten. Heute besteht das Ziel darin, Informationstechnologie für Jedermann bereitzustellen anstatt Berechnungen für Wissenschaftler und Ingenieure auszuführen. Aus diesem Grund haben WSCs sicherlich eine größere gesellschaftliche Bedeutung als Crays Supercomputer sie in ihrer Zeit hatten.

Obwohl sie einige ihrer Ziele mit Servern teilen, haben WSCs drei wichtige Eigenheiten:

1. *Reichliche, einfache Parallelität:* Eine Frage von Belang ist für den Serverarchitekten, ob es im Zielmarkt ausreichend viel Parallelität gibt, damit sich der Aufwand für parallel Hardware lohnt, und ob die Kosten für die notwendige Kommunikationshardware zum Ausnutzen dieser Parallelität zu hoch sind. Ein WSC-Architektur muss diese Sorge nicht haben. Erstens profitieren Batch-Applikationen wie MapReduce von der großen Anzahl unabhän-

giger Datensätze, die eine unabhängige Verarbeitung brauchen, etwa Milliarden von Webseiten beim Webcrawling. Zweitens profitieren interaktive Web-Applikationen, die auch unter der Bezeichnung **Software as a Service (SaaS)** bekannt sind, von den Millionen von unabhängigen Nutzern. Bei SaaS sind die Lese- und Schreiboperationen kaum voneinander abhängig, so dass selten synchronisiert werden muss. Beispielsweise wird für Suchanfragen ein read-only-Verzeichnis genutzt, und bei E-Mail sind Lese- und Schreiboperationen normalerweise unabhängig. Wir bezeichnen diesen Typ von schwacher Parallelität als *Parallelität auf Anfrageebene.* Hierbei können viele unabhängige Arbeiten auf natürliche Weise parallel und ohne Aufwand für Kommunikation oder Synchronisation erledigt werden.

2. *Betriebskosten sind von Bedeutung:* Traditionell entwerfen Serverarchitekten ihre Systeme so, dass innerhalb eines gewissen Kostenbudgets maximale Performanz erreicht wird, und für die Energie interessieren sie sich nur insofern, als die Kühlkapazität für ihre Anlage nicht überschritten werden darf. Die Betriebskosten eines Servers haben sie gewöhnlich vernachlässigt und angenommen, dass diese im Vergleich zu den Anschaffungskosten nicht ins Gewicht fallen. WSCs haben eine längere Lebensdauer – das Gebäude sowie die Infrastruktur für Stromversorgung und Kühlung haben sich oft erst nach zehn oder noch mehr Jahren amortisiert – und so summieren sich die Betriebskosten: Auf zehn Jahre gerechnet machen sie mehr als 30 % der Gesamtkosten eines WSC aus.

3. *Skalierung und die mit ihr verbundenen Möglichkeiten/Probleme:* Um einen einzelnen WSC zu konstruieren, müssen Sie 100 000 Server zusammen mit der für ihre Versorgung notwendigen Infrastruktur aufstellen, was Mengenrabatt bringt. Dadurch sind WSCs intern derart massiv, dass Sie Wirtschaftlichkeit durch Masse bekommen, obwohl es nicht sehr viele WSCs gibt. Diese Wirtschaftlichkeit durch Masse führte zum Cloud Computing. Niedrigen Kosten pro Einheit eines WSCs bedeuteten, dass Cloud-Anbieter Server zu einem profitablen Preis mieten konnten. Die Kehrseite der Medaille ist, dass man mit einer hohen, durch die Masse bedingten Ausfallhäufigkeit zurechtkommen muss. Selbst wenn ein Server eine mittlere Zeit bis zum Ausfall von beeindruckenden 25 Jahren (200 000 Stunden) hätte, müsste der WSC-Architekt das Design für fünf Serverausfälle pro Tag auslegen. In Abschnitt 2.15 hatten wir angemerkt, dass bei Google eine jährliche Plattenausfallrate (AFR) von 2 bis 4 % gemessen wurde. Wenn wir vier Platten pro Server und für jede der Platten eine jährliche Ausfallrate von 2 % annehmen, müsste der WSC-Architekt davon ausgehen, dass es *pro Stunde* einen Plattenausfall gibt. Aus diesem Grund ist Fehlertoleranz für den WSC-Architekten noch wichtiger als für den Serverarchitekten.

Die Wirtschaftlichkeit durch Masse, die bei WSCs zu Tage getreten ist, hat den alten Traum wahr werden lassen, dass Rechenleistung eine Versorgungsleistung ist. Cloud Computing bedeutet, dass jeder, der an einem beliebigen Ort der Welt gute Ideen, ein Geschäftsmodell und eine Kreditkarte hat, Tau-

Software as a Service (SaaS) Anstatt Software zu verkaufen, die auf dem Computer des Kunden installiert wird und dort läuft, wird auf einem entfernten Computer laufende Software via Internet für den Kunden verfügbar gemacht, wofür typischerweise eine Web-Schnittstelle genutzt wird. SaaS-Kunden zahlen also für die Nutzung von Software, nicht für ihren Besitz.

PARALLELITÄT

sende von Servern anzapfen kann, um seine Vision nahezu instantan über die ganze Welt zu verbreiten. Natürlich gibt es einige ernsthafte Hindernisse, die das Wachstum von Cloud Computing begrenzen könnten – etwa Sicherheit, Datenschutz, Standards und das Wachstum der Internetbandbreite – doch nach unserer Einschätzung wird es gelingen, diese aus dem Weg zu räumen, so dass WSCs und Cloud Computing eine große Zukunft haben werden.

Um das Problem der Wachstumsrate in Angriff zu nehmen, kündigte Amazon Web Services 2012 an, *pro Tag* so viel neue Serverkapazität zur Verfügung zu stellen, wie nötig wäre, um Amazons globale Infrastruktur aus dem Jahr 2003 zu unterstützen, als Amazon ein Unternehmen mit 5,2 Milliarden Dollar Jahresumsatz und 6000 Beschäftigten war.

Nun, da wir die Bedeutung von Nachrichten übertragenden Multiprozessoren, insbesondere für das Cloud Computing, verstehen, wollen wir uns als Nächstes Möglichkeiten ansehen, wie die Knoten eines WSC verbunden werden können. Aufgrund des Moore'schen Gesetzes und der steigenden Anzahl von Kernen pro Chip brauchen wir nun auch Netzwerke innerhalb eines Chips. Somit sind diese Technologien sowohl im kleinen als auch im großen Maßstab von Bedeutung.

Anmerkungen: 1) MapReduce mischt und sortiert die Schlüssel-Wert-Paare am Ende der Map-Phase, um Gruppen zu erzeugen, in denen alle Elemente den gleichen Schlüssel haben. Diese Gruppen werden dann an die Reduce-Phase übergeben.

2) Eine andere Form von verteiltem Rechnen ist das Grid Computing, bei dem die einzelnen Computer über einen großen räumlichen Bereich verteilt sind. Die auf den Computern laufenden Programme müssen dann über Weitbereichs-netzwerke kommunizieren. Das populärste Variante dieser Form des verteilten Rechnens wurde durch das SETI@home-Projekt vorangetrieben. Die Idee ist, dass Millionen von PCs, die gerade nichts Nützliches zu tun haben, angezapft werden, um einen kleinen Teil eines großen Problems zu bearbeiten. Dazu muss jemand eine Software entwickeln, die auf den einzelnen Computern läuft und ihnen jeweils ein unabhängiges Stück des Gesamtproblems zuteilt. Das erste Beispiel war die Suche nach außerirdischem intelligentem Leben (SETI), ein Projekt, das 1999 von der Universität Berkeley gestartet wurde. Über 5 Millionen Computerbenutzer in mehr als 200 Ländern haben sich bei SETI@home registriert, mehr als 50 % von ihnen außerhalb der USA. Ende 2011 lag die mittlere Performanz das SETI@home-Grids bei 3,5 PFLOPS.

Selbsttest

1. Richtig oder falsch: Wie SMPs basieren auch Computer mit Nachrichten-austausch auf Sperren zum Zwecke der Synchronisierung.
2. Richtig oder falsch: Cluster haben separate Speicher und benötigen daher viele Kopien des Betriebssystems.

6.8 Einführung in Multiprozessor-Netztopologien

Muticore-Chips benötigen Netzwerke auf Chips, um die Kerne miteinander verbinden zu können, und Cluster benötigen LANs, um die Server miteinander verbinden zu können. Dieser Abschnitt betrachtet die Vor- und Nachteile unterschiedlicher Multiprozessor-Netzwerke.

Abhängig sind die Netzwerkkosten unter anderem von der Anzahl der Switches, der Anzahl der Verbindungselemente auf einem Switch für die Verbindung mit dem Netzwerk, der Breite (Anzahl der Bits) pro Verbindung sowie der Länge der Verbindungen, wenn das Netzwerk auf Silizium abgebildet wird. Beispielsweise können einige Kerne oder Server benachbart sein, während andere weit abgelegen auf dem Chip bzw. im Datenzentrum platziert sind. Auch die Netzwerkleistung kann die unterschiedlichsten Ausprägungen haben. Sie beinhaltet die Latenz auf einem nicht belasteten Netzwerk für das Senden und Empfangen einer Nachricht, den Durchsatz, angegeben durch die maximale Anzahl an Nachrichten, die innerhalb eines bestimmten Zeitintervalls übertragen werden können, die Verzögerungen, die durch Engstellen und Staus in Teilen des Netzwerks verursacht werden, und die variable Leistung, die von dem Kommunikationsmuster abhängig ist. Eine weitere Anforderung an das Netzwerk könnte die Fehlertoleranz sein, weil es bei sehr großen Systemen notwendig sein könnte, dass sie auch dann funktionieren, wenn einzelne Komponenten ausgefallen sind. Schließlich spielt auch die Energieeffizienz eine Rolle, eine Anforderung, die unter Umstände andere Faktoren ausstechen kann.

Netzwerke werden normalerweise als Graphen dargestellt, wobei jeder Pfeil im Graph eine Verbindung des Kommunikationsnetzwerks darstellt. In den Abbildungen dieses Abschnitts ist der Prozessor-Speicher-Knoten als schwarzes Rechteck dargestellt, der Switch als Kreis. Wir nehmen hier an, dass alle Verbindungen *bidirektional* sind. Das bedeutet, dass die Information in beide Richtungen fließen kann. Alle Netzwerke bestehen aus *Switches*, deren Verbindungen zu Prozessor-Speicher-Knoten und zu anderen Switches verlaufen. Das erste Netzwerk verbindet einfach eine Folge von Knoten:

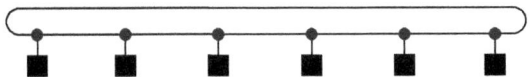

Diese Topologie wird als *Ring* bezeichnet. Weil einige Knoten nicht direkt miteinander verbunden sind, müssen einige Nachrichten über Zwischenknoten gehen, bis sie an ihrem eigentlichen Ziel angelangt sind. Anders als ein Bus – ein gemeinsam genutzter Übertragungsweg, der die Datenübertragung an alle verbundenen Geräte gestattet –, ist ein Ring in der Lage, viele Übertragungen gleichzeitig durchzuführen.

Weil zwischen verschiedenen Netztopologien gewählt werden kann, braucht man Leistungsbewertungen, um diese Entwürfe unterscheiden zu können. Zwei dieser Bewertungen sind besonders gebräuchlich. Die erste ist die *Gesamt-Netzwerkbandbreite*, das ist die Bandbreite jeder Verbindung multipliziert

Netzwerkbandbreite Vereinfacht gesagt die höchste Übertragungsrate eines Netzwerks. Kann sich auf die Geschwindigkeit einer einzelnen Verbindung oder auf die Gesamtübertragungsrate aller Verbindungen im Netzwerk beziehen.

mit der Anzahl der Verbindungen. Dies stellt den absoluten Bestfall dar. Für die oben gezeigte Ringtopologie mit P Prozessoren wäre die Gesamtnetzwerk-bandbreite gleich P multipliziert mit der Bandbreite einer Verbindung. Die Gesamtnetzwerkbandbreite eines Busses ist dagegen nur die Bandbreite dieses Busses.

Bisektionsbandbreite
Die Bandbreite zwischen zwei gleichen Teilen eines Multiprozessors. Diese Kennzahl entspricht der Unterteilung des Multi-prozessors im ungünstigs-ten Fall.

Um diesen Bestfall „auszugleichen", nehmen wir eine weitere Bewertung hinzu, die näher am ungünstigsten Fall liegt: die **Bisektionsbandbreite** . Sie wird berechnet, indem man die Maschine in zwei Teile unterteilt, die jeweils eine Hälfte der Knoten enthalten. Anschließend addiert man die Bandbreite der Verbindungen, die die imaginäre Trennlinie kreuzen. Die Bisektionsbandbreite eines Rings ist das Doppelte der Verbindungsbandbreite; für den Bus ist sie die einfache Verbindungsbandbreite. Wenn eine einzelne Verbindung so schnell wie der Bus ist, ist der Ring im ungünstigsten Fall nur doppelt so schnell wie der Bus, im Bestfall aber P-mal so schnell.

Weil einige Netzwerktopologien nicht symmetrisch sind, stellt sich die Fra-ge, wo bei der Halbierung der Maschine die imaginäre Trennlinie gezogen werden soll. Die Bisektionsbandbreite ist eine Bewertung für den ungünstigs-ten Fall, die Antwort ist also, dass die Teilung verwendet werden sollte, die die pessimistischste Netzwerkleistung erbringt. Anders ausgedrückt, man be-rechnet alle möglichen Halbierungsbandbreiten und wählt die kleinste davon aus. Wir verwenden diese pessimistische Sichtweise, weil parallele Programme häufig durch die schwächste Verbindung in der Kommunikationskette limitiert werden.

vollständig verbundenes Netzwerk Ein Netz-werk, das zwischen allen Knoten dedizierte Kom-munikationsverbindungen bereitstellt.

Der andere Extremfall ist ein **vollständig verbundenes Netzwerk**, wobei jeder Prozessor über eine bidirektionale Verbindung mit jedem anderen Pro-zessor verbunden ist. Für vollständig verbundene Netzwerke beträgt die Ge-samtbandbreite $P \times (P - 1)/2$ und die Bisektionsbandbreite $(P/2)^2$.

Der enormen Leistungsverbesserung durch vollständig verbundene Netz-werke stehen leider enorme Kosten gegenüber. Diese Konsequenz hat die In-genieure motiviert, neue Topologien zu entwickeln, die zwischen den Kosten von Ringen und der Leistung vollständig verbundener Netzwerke angesiedelt sind. Wie erfolgreich das Ganze ist, hängt allerdings von der Art der Kommu-nikation bei der Ausführung paralleler Programme auf dem Computer ab.

Viele verschiedene Topologien wurden in Veröffentlichungen vorgeschla-gen, aber zur Anwendung in kommerziellen Parallelprozessoren sind nur we-nige gelangt. Abbildung 6.10 zeigt zwei der gebräuchlichsten Topologien.

mehrstufiges Netz-werk Ein Netzwerk, bei dem Nachrichten zwi-schen zwei Prozessoren mehrere hintereinander angeordnete Switches durchlaufen.

Statt bei jedem Switch im Netzwerk einen Prozessor zu platzieren, können auch Switches ohne Prozessoren miteinander verbunden werden. Die Swit-ches sind kleiner als Prozessor-Speicher-Knoten und können deshalb dichter gepackt werden, so dass die Distanz kleiner und die Leistung größer wird. Solche Netzwerke werden häufig auch als **mehrstufige Netzwerke** bezeich-net, um auf die verschiedenen Schritte hinzuweisen, die eine Nachricht mögli-cherweise durchlaufen muss. Es gibt genauso viele verschiedene Typen mehr-stufiger Netzwerke wie einstufige Netzwerke. Abbildung 6.11 zeigt zwei der gebräuchlichsten mehrstufigen Anordnungen. Ein **vollständig verbundenes**

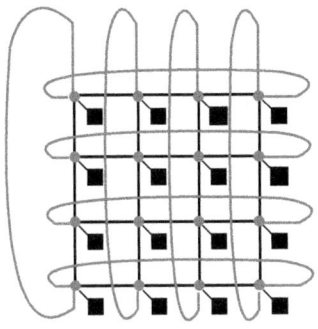

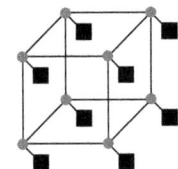

a. 2-D-Gitter oder -Netz aus 16 Knoten

b. n-Würfel aus 8 Knoten
(8 = 2³ damit ist n = 3)

Abb. 6.10: Netzwerktopologien, die in kommerziellen Parallelprozessoren eingesetzt wurden.
Die Kreise stellen die Switches dar, die Quadrate stehen für die Prozessor-Speicher-Knoten. Auch wenn ein Switch mehrere Verbindungen aufweist, führt normalerweise nur eine davon zum Prozessor. Die Boolesche n-Würfel-Topologie ist eine n-dimensionale Verbindung mit 2^n Knoten, wobei n Verbindungen pro Switch erforderlich sind (plus einer für den Prozessor), und damit n Knoten, die die „nächsten Nachbarn" bilden. Oft werden diese grundlegenden Topologien durch zusätzliche Verbindungen ergänzt, um Leistung und Zuverlässigkeit zu verbessern.

oder **Kreuzschienen-Netzwerk** (*Crossbar*) erlaubt, dass jeder Knoten mit jedem anderen Knoten im Netzwerk gleichzeitig kommunizieren kann. Ein *Omega-Netzwerk* verwendet weniger Hardware als das Kreuzschienen-Netzwerk ($2n \log_2 n$ gegenüber n^2 Schaltern), aber abhängig vom Kommunikationsmuster kann es zu Engpässen für die Nachrichten kommen. Beispielsweise kann das Omega-Netzwerk in Abbildung 6.11 nicht gleichzeitig eine Nachricht von P_0 nach P_6 und von P_1 an P_4 senden.

Kreuzschienen-Netzwerk
Ein Netzwerk, in dem jeder Knoten mit jedem anderen Knoten gleichzeitig über das Netzwerk kommunizieren kann.

Netzwerktopologien implementieren

Die einfache Analyse aller Netzwerke in diesem Abschnitt ignoriert wichtige praktische Erwägungen beim Aufbau eines Netzwerks. Die Distanz der einzelnen Verbindungen wirkt sich auf die Kommunikationskosten bei hoher Taktrate aus – allgemein gilt, dass hohe Taktraten umso teurer sind, je größer die Distanz ist. Kürzere Distanzen machen es außerdem einfacher, der Verbindung mehr Drähte zuzuordnen, weil für den Betrieb vieler Drähte von einem Chip aus weniger Energie benötigt wird, wenn die Drähte kurz sind. Kürzere Drähte sind außerdem billiger als längere Drähte.

Eine weitere praktische Einschränkung ist, dass die dreidimensionalen Zeichnungen auf Chips und Leiterplatten abgebildet werden müssen, wobei es sich letztlich um zweidimensionale Strukturen handelt. Der letzte Einwand betrifft die Energie. Die Energieproblematik forciert beispielsweise die Entwicklung von Multicore-Chips, die auf einfachen Netzwerktopologien basieren. Das Fazit ist also, dass Topologien als Skizze auf der Tafel vielleicht sehr elegant

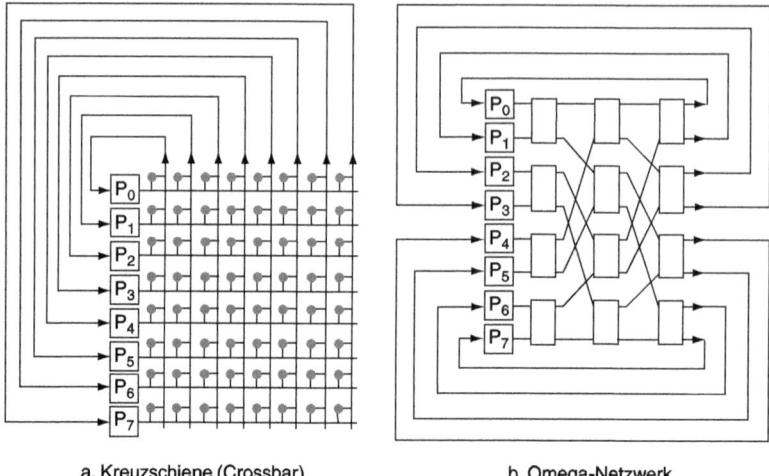

a. Kreuzschiene (Crossbar)   b. Omega-Netzwerk

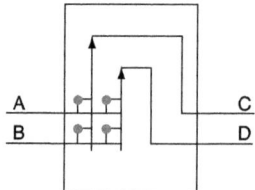

c. Switch-Box in einem Omega-Netzwerk

Abb. 6.11: Gebräuchliche mehrstufige Netzwerktopologien für acht Knoten. Die Switches in diesen Skizzen sind einfacher als in früheren Abbildungen, weil die Verbindungen unidirektional sind. Die Daten kommen von unten und verlassen das Netzwerk über die rechte Verbindung. Die Switch-Box in Teil c der Abbildung kann A nach C und B nach D oder B nach C und A nach D verbinden. Das Kreuzschienen-Netzwerk verwendet n^2 Switches, wobei n die Anzahl der Prozessoren ist, während das Omega-Netzwerk $n/2 \log_2 n$ der großen Switch-Boxes verwendet, die sich logisch aus jeweils vier der kleineren Switches zusammensetzen. In diesem Fall verwendet das Kreuzschienen-Netzwerk 64 Switches im Vergleich zu 12 Switch-Boxes (oder 48 Switches) im Omega-Netzwerk. Das Kreuzschienen-Netzwerk kann jedoch eine beliebige Kombination aus Nachrichten zwischen den Prozessoren übertragen, das Omega-Netzwerk dagegen nicht.

wirken, bei der Konstruktion aus Silizium oder in einem Datenzentrum jedoch ungünstig sein können.

Nach diesen Ausführungen über die Bedeutung von Clustern und möglichen Topologien, nach denen Cluster aufgebaut werden können, betrachten wir als Nächstes die Hardware und Software für die Schnittstelle zwischen Netzwerk und Prozessor.

Selbsttest

Richtig oder falsch: Für einen Ring mit P Knoten ist das Verhältnis der Bandbreite des Gesamtnetzwerks zur Bisektionsbandbreite $P/2$.

6.9 Kommunikation mit der Außenwelt: Cluster

Dieser Online-Abschnitt beschreibt die Hardware und Software, die für das Verbinden der einzelnen Knoten des Clusters zu einem Netzwerk notwendig sind. Als Beispiel dient das 10 Gigabit/s-Ethernet, das über PCIe (Peripheral Component Interconnect Express) mit dem Computer verbunden ist. Es wird beschrieben, wie die Netzwerkperformanz durch Optimierungen von Hardware und Software verbessert wird. Zu diesen Maßnahmen gehört Zero-Copy-Messaging, Benutzerraumkommunikation, der Einsatz von Polling anstelle von Eingabe-/Ausgabe-Interrupts sowie die hardwareseitige Berechnung von Prüfsummen. Obwohl es im Beispiel um Netzwerke geht, lassen sich die in diesem Abschnitt vorgestellten Methoden auch für Speichercontroller und andere Eingabe-/Ausgabegeräte anwenden.

6.10 Multiprozessor-Benchmarks und Performanzmodelle

Wie in Kapitel 1 beschrieben, sind Benchmarks für Systeme immer ein heikles Thema, weil damit ganz offensichtlich festgestellt werden soll, welches System das bessere ist. Die Ergebnisse wirken sich nicht nur auf den Verkauf einzelner Systeme aus, sondern auch auf den Ruf der Entwickler dieser Systeme. Die Teilnehmer wollen natürlich alle den Wettbewerb gewinnen. Und wenn schon ein anderer gewinnt, wollen sie wenigstens sicher sein, dass er diesen Gewinn verdient hat, weil er ein wirklich besseres System anbietet. Dieser Wunsch hat zu Regeln geführt, die sicherstellen, dass Benchmark-Ergebnisse nicht einfach durch Entwicklertricks für die jeweilige Benchmark zustande kommen, sondern dass es sich um echte Fortschritte handelt, die die Leistung einer realen Applikation verbessern.

Um mögliche Tricks zu vermeiden, lautet eine typische Regel, dass die Benchmark nicht verändert werden darf. Der Quellcode und die Datenmengen sind feststehend, und es gibt nur eine einzige richtige Lösung. Alle Abweichungen von diesen Regeln machen das Ergebnis ungültig.

Viele Multiprozessor-Benchmarks halten diese Konventionen ein. Eine allgemeine Ausnahme ist, dass die Aufgabenstellung vergrößert werden darf, so dass eine Benchmark auf Systemen mit einer stark unterschiedlichen Anzahl an Prozessoren ausgeführt werden kann. Das bedeutet, dass viele Benchmarks eine schwache Skalierung gestatten, anstatt eine starke Skalierung zu erzwingen, auch wenn man beim Vergleich der Ergebnisse für Programme mit unterschiedlichen Aufgabengrößen sehr vorsichtig vorgehen muss.

Hier ein Überblick über verschiedene parallele Benchmarks:

- *Linpack* ist eine Sammlung von Routinen aus der linearen Algebra. Die Routinen für die Gaußsche Elimination bilden die so genannte Linpack-Benchmark. Die DGEMM-Routine aus dem Beispiel auf Seite 225 stellt einen kleinen Bruchteil des Quellcodes der Linpack-Benchmark dar, die jedoch einen Großteil der Ausführungszeit der Benchmark ausmacht. Sie gestattet eine schwache Skalierung, so dass der Benutzer eine beliebige Aufgabengröße auswählen kann. Darüber hinaus kann der Benutzer Linpack in jede Form und in jeder Sprache umschreiben, solange die Benchmark nur das richtige Ergebnis erzeugt und die gleiche Anzahl von Gleitkommaoperationen bei gegebener Problemgröße ausführt. Zweimal im Jahr werden die 500 Computer mit der schnellsten Linpack-Leistung unter www.top500.org veröffentlicht. Die Maschine auf dem ersten Listenplatz wird von der Presse als der schnellste Computer der Welt betrachtet.

- *SPECrate* ist eine Kennzahl für den Durchsatz, die auf den SPEC-CPU-Benchmarks basiert, wie etwa SPEC CPU 2006 (siehe Kapitel 1). Statt die Leistung der einzelnen Programme zurückzumelden, führt SPECrate viele Kopien des Programms gleichzeitig aus. Damit misst es die Parallelität auf Task-Ebene, weil es keine Kommunikation zwischen den Tasks gibt. Sie können beliebig viele Kopien des Programms ausführen, es handelt sich also ebenfalls um eine Form der schwachen Skalierung.

- *SPLASH* und *SPLASH 2* (Stanford Parallel Applications for Shared Memory) waren Bemühungen der Forscher an der Stanford University in den 1990er-Jahren, eine parallele Benchmark-Suite zusammenzustellen, die mit den Zielen der SPEC-CPU-Benchmark-Suite vergleichbar sein sollte. Sie beinhaltet sowohl Kernels als auch Applikationen, die zu einem großen Teil aus dem Bereich der Hochleistungsprogrammierung stammen. Diese Benchmark fordert eine starke Skalierung, obwohl sie zwei Datenmengen anbietet.

- Die *NAS (NASA Advanced Supercomputing) Parallel Benchmarks* waren ein weiterer Versuch in den 1990er-Jahren, eine Benchmark für Multiprozessoren zu schaffen. Sie bestehen aus fünf Kerneln und stammen aus der Berechnung von Flüssigkeitsdynamik. Sie lassen eine schwache Skalierung zu, indem sie mehrere Datenmengen definieren. Wie Linpack können diese Benchmarks umgeschrieben werden, aber die Regeln legen fest, dass nur die Programmiersprachen C und Fortran dafür verwendet werden dürfen.

Pthreads Eine UNIX-API für die Erstellung und Manipulation von Threads. Beinhaltet eine Bibliothek.

- Die jüngste *PARSEC-Benchmark-Suite* (Princeton Application Repository for Shared Memory Computers) besteht aus Multithreading-Programmen, die **Pthreads** (POSIX-Threads) und OpenMP (Open MultiProcessing, siehe Abschnitt 6.5) verwenden. Sie konzentrieren sich auf in Entwicklung befindliche Märkte und bestehen aus neuen Applikationen und drei Kerneln. Acht davon basieren auf Datenparallelität, drei auf Parallelität durch Pipelines und eine auf unstrukturierter Parallelität.

- An der Cloud-Front besteht das Ziel der Yahoo!-Cloud-Serving-Benchmark (YCSB) darin, die Performanz von Cloud-Datendiensten zu vergleichen. Die Benchmark erleichtert die Leistungsmessung durch den Client, wobei Cassandra und HBase als repräsentative Beispiele verwendet werden [Copper, 2010].

Der Nachteil solcher traditioneller Einschränkungen von Benchmarks ist, dass Innovationen hauptsächlich auf die Architektur und Compiler beschränkt sind. Verbesserte Datenstrukturen, Algorithmen, Programmiersprachen usw. können häufig nicht genutzt werden, weil dies zu einem irreführenden Ergebnis führen würde. Das System könnte beispielsweise aufgrund des Algorithmus gewinnen, und nicht aufgrund der Hardware oder des Compilers.

Während diese Richtlinien nachvollziehbar waren, als die Grundlagen der Programmierung noch relativ stabil waren, wie es in den 1990er-Jahren und der ersten Hälfte dieses Jahrzehnts der Fall war, sind sie zu Beginn einer Revolution nicht mehr sinnvoll. Damit diese Revolution erfolgreich sein kann, müssen wir Innovationen auf allen Ebenen fördern.

Ein neuer Ansatz stammt von den Forschern an der University of California in Berkeley. Sie haben 13 Entwurfsmuster identifiziert, für die sie davon ausgehen, dass sie zu den Applikationen der Zukunft gehören werden. Diese Entwurfsmuster werden durch Netzwerke oder Kernel implementiert. Beispiele dafür sind dünn besetzte Matrizen, strukturierte Gitter, endliche Automaten, Abbildungsreduzierung und Graphendurchlauf. Sie halten die Definitionen auf hohem Niveau und hoffen damit, Innovationen auf beliebigen Stufen des Systems zu fördern. Das System mit der schnellsten Lösung für dünn besetzte Matrizen darf also beliebige Datenstrukturen, Algorithmen und Programmiersprachen einsetzen, ebenso wie neue Architekturen und Compiler.

Performanzmodelle

Ein Thema, das eng mit Benchmarks zusammenhängt, sind Performanzmodelle. Wegen der zunehmenden Diversität der Architekturen – Multithreading, SIMD, GPUs – wäre es besonders hilfreich, ein einfaches Modell zu haben, das Einsichten in die Performanz der unterschiedlichen Architekturen ermöglicht. Ein solches Modell muss nicht perfekt sein, es sollte lediglich ein besseres Verständnis ermöglichen.

Das 3C-Modell aus Kapitel 5 ist ein Beispiel für ein solches Modell. Es ist nicht perfekt, weil es möglicherweise wichtige Faktoren wie die Blockgröße, die Blockzuordnungsstrategie und die Blockersatzstrategie ignoriert. Außerdem hat es bestimmte Eigenarten. Beispielsweise kann ein Fehlzugriff bei einem Design der Kapazität zugeschrieben werden, bei einem anderen Cache derselben Größe dagegen einem gleichzeitig ausgeführten Zugriff. Das 3C-Modell war dennoch 25 Jahre lang sehr beliebt, weil es Einblicke in das Verhalten von Programmen bot, so dass Architekten und Programmierer ihre Arbeiten entsprechend anpassen konnten.

Um ein solches Modell zu finden, beginnen wir mit kleinen Kernels wie den 13 Entwurfsmustern aus Berkeley. Es gibt Versionen mit unterschiedlichen Datentypen für diese Kernels, aber in vielen Implementierungen ist der Gleitkommatyp am gebräuchlichsten. Aus diesem Grund stellt die Gleitkomma-Spitzenleistung eine Begrenzung der Geschwindigkeit solcher Kernel auf einem bestimmten Computer dar. Für Multicore-Chips ist die Gleitkomma-Spitzen-

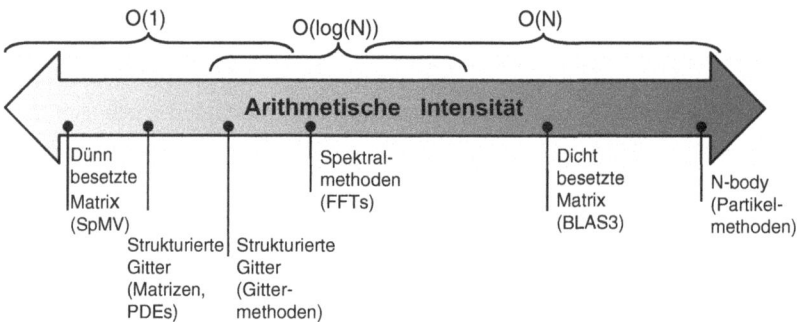

Abb. 6.12: Arithmetische Intensität, angegeben als die Anzahl der Gleitkommaoperationen für die Ausführung des Programms dividiert durch die Anzahl der Bytes, auf die im Hauptspeicher zugegriffen wird [Williams, Waterman und Patterson, 2009]. Einige Kernel haben eine arithmetische Intensität, die abhängig von der Aufgabenstellung größer oder kleiner wird, wie beispielsweise eine dicht besetzte Matrix. Es gibt aber auch zahlreiche Kernels mit von der Aufgabengröße unabhängigen arithmetischen Intensitäten. Für die skalierbaren Kernel kann eine schwache Skalierung zu unterschiedlichen Ergebnissen führen, weil weniger Anforderungen an das Speichersystem gestellt werden.

leistung die gemeinsame Spitzenleistung aller Kerne auf dem Chip. Gäbe es mehrere Mikroprozessoren in dem System, müssen Sie die Spitzenleistungen pro Chip mit der Gesamtzahl der Chips multiplizieren.

Die Anforderungen an das Speichersystem können abgeschätzt werden, indem man diese Gleitkomma-Spitzenleistung durch die durchschnittliche Anzahl an Gleitkommaoperationen pro Bytezugriff dividiert:

$$\frac{\text{Gleitkommaoperation/s}}{\text{Gleitkommaoperation/Byte}} = \text{Byte/s}$$

arithmetische Intensität Der Quotient aus der Anzahl der Gleitkommaoperationen in einem Programm dividiert durch die Anzahl der Datenbytes, auf die ein Programm im Hauptspeicher zugreift.

Der Quotient aus Gleitkommaoperationen und der Anzahl der Bytes pro Speicherzugriff wird als **arithmetische Intensität** bezeichnet. Sie kann berechnet werden, indem die Gesamtzahl der Gleitkommaoperationen eines Programms durch die Gesamtzahl der bei der Programmausführung in den Hauptspeicher übertragenen Datenbytes dividiert wird. Abbildung 6.12 zeigt die arithmetische Intensität einiger Berkeley-Entwurfsmuster.

Das Roofline-Modell

Dieses einfache Modell verknüpft Gleitkommaleistung, arithmetische Intensität und Speicherleistung zu einem zweidimensionalen Graphen [Williams, Waterman und Patterson, 2009]. Die Gleitkomma-Spitzenleistung wird unter Verwendung der oben beschriebenen Hardwarespezifikationen ermittelt. Die hier betrachtete Arbeitsmenge der Kernels passt nicht in On-Chip-Caches, deshalb kann die Spitzenspeicherleistung durch das Speichersystem hinter den Caches definiert werden (siehe Anmerkung auf Seite 408.)

Abbildung 6.13 zeigt das Modell, das für einen Computer, nicht für einzelne Kernels erstellt wurde. Die vertikale Y-Achse ist die erzielbare Gleit-

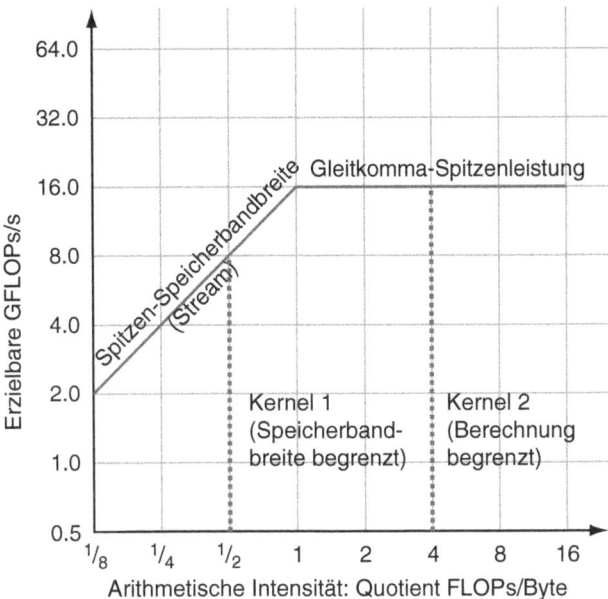

Abb. 6.13: Roofline-Modell [Williams, Waterman und Patterson, 2009]. Dieses Beispiel zeigt eine Gleitkomma-Spitzenleistung von 16 GFLOPS und eine Spitzenspeicherbandbreite von 16 GB/s aus der Stream-Benchmark. (Weil Stream eigentlich vier Messungen umfasst, ist diese Linie der Mittelwert der vier Messungen.) Die punktierte vertikale Linie auf der linken Seite stellt Kernel 1 dar, der eine arithmetische Intensität von 0,5 FLOPS/Byte hat. Er ist auf diesem Opteron X2 durch die Speicherbandbreite auf 8 GFLOPS begrenzt. Die punktierte vertikale Linie rechts stellt Kernel 2 dar, der eine arithmetische Intensität von 4 FLOPS/Byte hat. Er ist nur durch die Rechenleistung auf 16 GFLOPS begrenzt. (Diese Daten basieren auf dem AMD Opteron X2 (Revision F) unter Verwendung von Dual Cores bei 2 GHz in einem Dual Socket-System.)

kommaleistung von 0,5 bis 64,0 GFLOPS. Die horizontale X-Achse ist die arithmetische Intensität, variierend von 1/8 FLOPS pro DRAM Bytezugriff bis 16 FLOPS pro DRAM Bytezugriff. Beachten Sie, dass der Graph eine logarithmierte Skala verwendet.

Für einen bestimmten Kernel finden wir einen Punkt auf der X-Achse basierend auf seiner arithmetischen Intensität. Wenn wir eine vertikale Linie durch diesen Punkt legen, muss die Leistung des Kernels auf diesem Computer irgendwo auf dieser Linie liegen. Wir können eine horizontale Linie zeichnen, die die Gleitkomma-Spitzenleistung auf dem Computer zeigt. Offensichtlich kann die tatsächliche Gleitkomma-Spitzenleistung nicht höher als die horizontale Linie sein, weil diese die Hardware-Begrenzung darstellt.

Wie können wir die Speicherspitzenleistung darstellen, die in Bytes pro Sekunde gemessen wird? Weil die X-Achse FLOPS/Byte und die Y-Achse FLOPS angibt, ist Bytes/s einfach eine diagonale Linie mit 45°-Winkel in dieser Abbildung. Wir können also eine dritte Linie eintragen, die die maximale Gleitkommaleistung ergibt, welche vom Speichersystem dieses Computers für eine bestimmte arithmetische Intensität unterstützt wird. Wir können die

Obergrenzen durch eine Formel ausdrücken, um die Linie in den Graphen in Abbildung 6.13 eintragen zu können:

$$\text{erzielbare GFLOPS} = \text{Min(Spitzenspeicherbandbreite}$$
$$\times \text{ arithmetische Intensität, Gleitkomma-Spitzenleistung)}$$

Die horizontalen und diagonalen Linien geben diesem einfachen Modell seinen Namen und zeigen seinen Wert an. Die „Roofline", also die „Dachlinie", legt eine Obergrenze für die Leistung eines Kernels abhängig von seiner arithmetischen Intensität fest. Wenn die Roofline eines Computers gegeben ist, können Sie sie wiederholt anwenden, da sie nicht mit dem Kernel variiert.

Wenn wir uns die arithmetische Intensität als horizontal verschobenen senkrechten Balken vorstellen, der auf dieses Dach trifft, dann trifft er entweder auf den geneigten Teil, was bedeutet, dass die Leistung letztlich durch die Speicherbandbreite limitiert ist, oder trifft auf den flachen Bereich – dann ist die Leistung durch die Rechenleistung limitiert. In Abbildung 6.13 ist Kernel 1 ein Beispiel für die erste Situation, Kernel 2 ein Beispiel für die zweite.

Beachten Sie, dass der „Firstpunkt", in dem sich diagonales und horizontales Dach treffen, interessante Einsichten über den Computer bietet. Liegt er zu weit rechts, können nur Kernel mit sehr hoher arithmetischer Intensität die maximale Leistung dieses Computers erreichen. Befindet er sich zu weit links, kann fast jeder Kernel die maximale Leistung erreichen. Wir werden in Kürze Beispiele für beide Situationen aufzeigen.

Vergleich von zwei Opteron-Generationen

Der AMD Opteron X4 (Barcelona) mit vier Kernen ist der Nachfolger des Opteron X2 mit zwei Kernen. Um das Board-Design zu vereinfachen, verwenden sie denselben Sockel. Aus diesem Grund haben sie dieselben DRAM-Kanäle und damit dieselbe Spitzenspeicherbandbreite. Neben der Verdopplung der Kerne hat der Opteron X4 auch eine doppelt so große Gleitkomma-Spitzenleistung pro Kern: Opteron-X4-Kerne können zwei SSE2-Gleitkommabefehle pro Taktzyklus zuordnen, während Opteron-X2-Kerne höchstens einen zuordnen. Weil die beiden verglichenen Systeme ähnliche Taktraten haben (der Opteron X2 hat 2,2 GHz, der Opteron X4 hat 2,3 GHz), besitzt der Opteron X4 mehr als das Vierfache der Gleitkomma-Spitzenleistung des Opteron X2 mit derselben DRAM-Bandbreite. Der Opteron X4 verfügt außerdem über einen 2 MB großen L3-Cache, den es im Opteron X2 nicht gibt.

Abbildung 6.14 vergleicht die Roofline-Modelle für beide Systeme. Wie wir bereits erwartet haben, verschiebt sich der Firstpunkt von 1 im Opteron X2 auf 5 im Opteron X4. Um einen Leistungsgewinn in der nächsten Generation zu erkennen, benötigen Kernel deshalb eine arithmetische Intensität höher 1, oder ihre Arbeitsmengen müssen in die Caches des Opteron X4 passen.

Dieses Roofline-Modell legt eine Leistungsobergrenze fest. Angenommen, Ihr Programm liegt weit unter dieser Grenze. Welche Optimierungen müssen Sie vornehmen, und in welcher Reihenfolge?

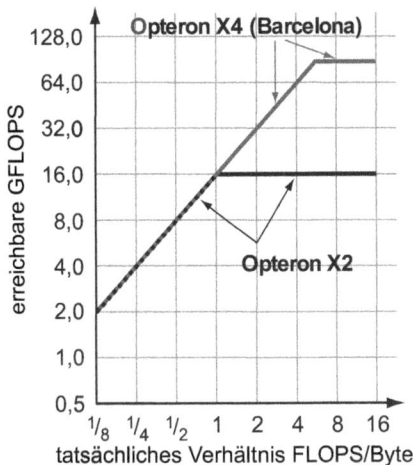

Abb. 6.14: Roofline-Modelle von zwei Opteron-Generationen. Die Opteron X2-Roofline, die derjenigen in Abbildung 6.13 entspricht, ist schwarz dargestellt, die Roofline des Opteron X4 in grau. Der höhere Firstpunkt des Opteron X4 bedeutet, dass Kernel, die auf dem Opteron X2 von der Rechenleistung abhängig waren, auf dem Opteron X2 von der Speicherleistung abhängig sein könnten.

Um die Engstellen aufgrund der Rechenleistung zu reduzieren, können die beiden folgenden Optimierungen fast jeden Kernel unterstützen:

1. *Mischung der Gleitkommaoperationen.* Die Gleitkomma-Spitzenleistung verlangt von einem Computer dieselbe Anzahl fast simultaner Additionen und Multiplikationen. Dieser Ausgleich ist notwendig, weil der Computer entweder einen FMA-Befehl unterstützt (siehe Anmerkung auf Seite 231), oder weil die Gleitkommaeinheit gleich viele Gleitkomma-Addierer und Gleitkomma-Multiplizierer enthält. Die beste Leistung bedingt außerdem, dass ein signifikanter Anteil des Befehlsmixes Gleitkommaoperationen und keine Ganzzahloperationen sind.

2. *Verbesserung der **Parallelität auf Befehlsebene** und Anwendung von SIMD.* Für superskalare Architekturen entsteht die höchste Leistung, wenn pro Taktzyklus drei bis vier Befehle geladen, ausgeführt und gespeichert werden (siehe Abschnitt 4.10). Ziel ist es hier, den Code aus dem Compiler zu verbessern, um die Parallelität auf Befehlsebene zu erhöhen. Dazu kann man beispielsweise die Schleifen abrollen, wie wir in Abschnitt 4.12 gesehen haben. Für die x86-Architekturen kann ein einziger AVX-Befehl vier Operanden mit doppelter Genauigkeit verarbeiten, so dass diese wann immer möglich genutzt werden sollten (siehe die Abschnitte 3.7 und 3.8).

PARALLELITÄT

Um Speicherengstellen zu reduzieren, können die beiden folgenden Optimierungen hilfreich sein:

1. *Software-Prefetching.* Normalerweise ist es für die höchste Leistung erforderlich, viele Speicheroperationen in Bearbeitung zu haben. Das ist am

VORHERSAGE

HIERARCHIE

einfachsten, indem man **Vorhersagen** mittels Software-Prefetch-Befehlen durchführt, anstatt darauf zu warten, dass die Daten von der Berechnung benötigt werden.

2. *Speicheraffinität.* Die meisten Mikroprozessoren beinhalten heute einen Speichercontroller, der sich auf demselben Chip wie der Mikroprozessor befindet und die Performanz der **Speicherhierarchie** verbessert. Wenn das System mehrere Chips beinhaltet, bedeutet das, das einige Adressen in das DRAM verlaufen, das sich auf einem Chip befindet, und der Rest Zugriffe über die Chip-Verbindung anfordert, um auf das DRAM eines anderen Chips zuzugreifen. Dies unterteilt die Ergebnisse in nichthomogene Speicherzugriffe, wie wir sie in Abschnitt 6.5 beschrieben haben. Der Speicherzugriff durch einen anderen Chip verschlechtert die Leistung. Diese Optimierung versucht, Daten und die Threads für die Bearbeitung dieser Daten demselben Speicher/Prozessor-Paar zuzuordnen, so dass die Prozessoren selten auf den Speicher der anderen Chips zugreifen müssen.

Das Roofline-Modell kann bei der Entscheidung helfen, welche dieser Optimierungen auszuführen sind und in welcher Reihenfolge sie auszuführen sind. Wir können uns diese Optimierungen als „Zwischendecke" unterhalb der zugehörigen Dachkante vorstellen, d. h., diese Zwischendecke kann nicht ohne die entsprechende Optimierung durchbrochen werden.

Die Obergrenze für die Rechenleistung kann man den Handbüchern entnehmen, und die Obergrenze für den Speicher kann man durch Ausführung der Stream-Benchmark ermitteln. Die Zwischengrenzen für die Rechenleistung, wie etwa den Gleitkomma-Ausgleich, sind ebenfalls in den Handbüchern des Computers beschrieben. Um eine Speicherzwischengrenze wie etwa die Speicheraffinität in Erfahrung zu bringen, muss man Tests auf jedem Computer durchführen, um den Abstand zwischen ihnen zu erkennen. Die gute Nachricht ist, dass dieser Prozess für jeden Computer nur einmal durchgeführt werden muss, denn wenn jemand die Eigenschaften der Zwischengrenzen eines Computers bestimmt hat, kann jeder diese Ergebnisse nutzen, um den Optimierungen für diesen Computer Prioritäten zuzuweisen.

Abbildung 6.15 fügt dem Roofline-Modell aus Abbildung 6.13 Zwischengrenzen hinzu. Das obere Diagramm zeigt die Zwischengrenzen für die Rechenleistung, das untere Diagramm zeigt die Zwischengrenzen für die Speicherbandbreite. Die höheren Zwischengrenzen sind nicht mit beiden Optimierungen beschriftet, aber die Abbildungen gehen davon aus, dass für das Durchbrechen der höchsten Zwischengrenzen zuerst die darunter liegenden Zwischengrenzen durchbrochen werden müssen.

Die Breite der Lücke zwischen der Zwischengrenze und der nächst höheren Zwischengrenze ist die Belohnung für die durchgeführte Optimierung. Abbildung 6.15 zeigt also, dass Optimierung 2, die die Parallelität auf Befehlsebene verbessert, einen großen Nutzen hinsichtlich der Performanz auf diesem Computer bringt, während die Optimierung 4, die die Speicheraffinität verbessert, zu einer verbesserten Speicherbandbreite auf diesem Computer führt.

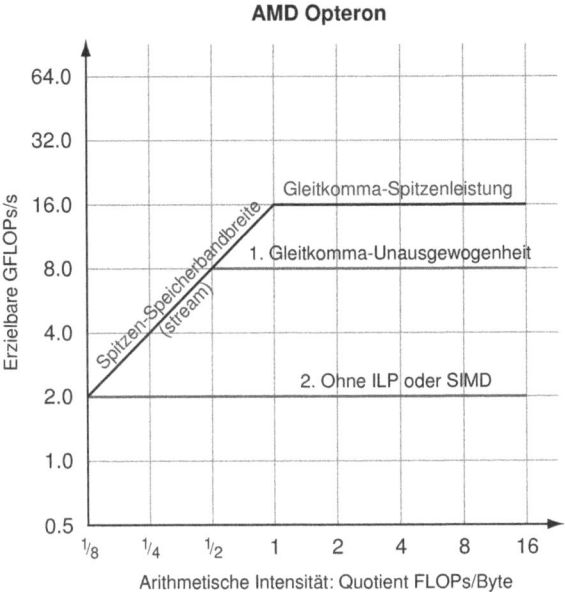

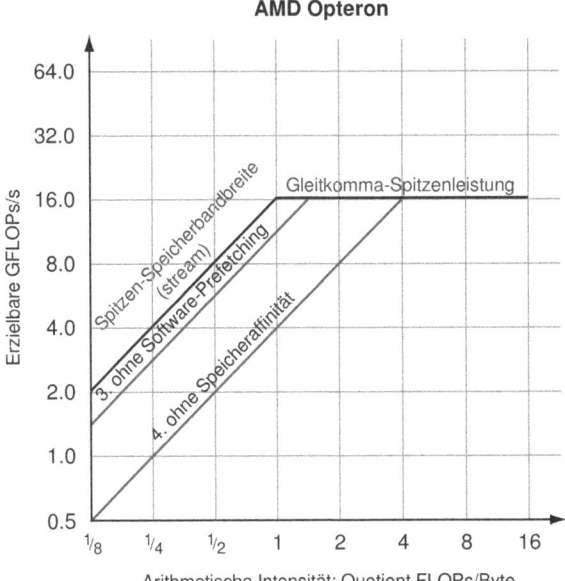

Abb. 6.15: Roofline-Modell mit „Zwischendecken": Das obere Diagramm zeigt die Zwischen-grenzen für die Rechenleistung von 8 GFLOPS, wenn die Mischung der Gleitkommaoperationen unausgeglichen ist, und 2 GFLOPS, wenn die Optimierungen für die Erhöhung von ILP und SIMD ebenfalls fehlen. Das untere Diagramm zeigt die Zwischengrenzen für die Speicherbandbreite von 11 GB/s ohne Software-Prefetching und 4,8 GB/s, wenn auch die Optimierungen für die Spei-cheraffinität fehlen.

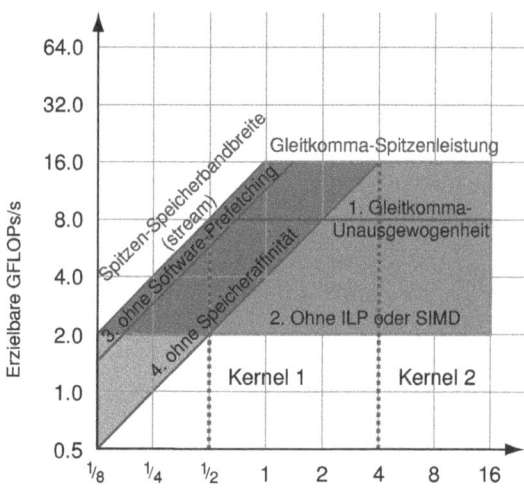

Arithmetische Intensität: Quotient FLOPs/Byte

Abb. 6.16: Roofline-Modell mit Zwischengrenzen, schattiert dargestellten überlappenden Bereichen und den beiden Kernels aus Abbildung 6.13. Kernels, deren arithmetische Intensität in dem grauen Bereich rechts von der unteren Geraden liegen, sollten sich auf Optimierungen der Rechenleistung konzentrieren, und Kernels, deren arithmetische Intensität in dem grauen Dreieck unten links liegt, sollten sich auf Optimierungen der Speicherbandbreite konzentrieren. Diejenigen, die in dem dunkel schattierten Gebiet in der Mitte landen, müssen sich um beides Gedanken machen. Weil Kernel 1 in dem Gebiet in der Mitte liegt, sollten dafür die Optimierungen in Hinblick auf ILP (Parallelität auf Befehlsebene) und SIMD, Speicheraffinität und Software-Prefetching ausprobiert werden. Kernel 2 liegt in dem hellgrauen Gebiet rechts, deshalb sollte versucht werden, ILP und SIMD zu optimieren, ebenso den Ausgleich der Gleitkommaoperationen.

Abbildung 6.16 kombiniert die Zwischengrenzen aus Abbildung 6.15 in einem einzigen Diagramm. Die arithmetische Intensität eines Kernels bestimmt den Optimierungsbereich, der wiederum darauf hindeutet, welche Optimierungen ausprobiert werden sollten. Beachten Sie, dass sich die Optimierungen für die Rechenleistung und die Optimierungen für die Bandbreite für einen Großteil der arithmetischen Intensität überlappen. In Abbildung 6.16 sind drei Regionen schattiert dargestellt, um die verschiedenen Optimierungsstrategien zu kennzeichnen. Beispielsweise liegt Kernel 2 in dem hellgrauen Gebiet rechts, was bedeutet, dass nur die Optimierungen für die Rechenleistung durchgeführt werden sollten. Kernel 1 liegt in dem dunkelgrauen Gebiet in der Mitte, d. h. beide Optimierungen sollten ausprobiert werden. Darüber hinaus sollte mit den Optimierungen 2 und 4 begonnen werden. Beachten Sie, dass die vertikalen Linien von Kernel 1 unter die Gleitkomma-Ausgleichsoptimierung fallen, die Optimierung 1 ist also möglicherweise überflüssig. Würde ein Kernel in das graue Dreieck unten links fallen, würde das heißen, dass nur Speicheroptimierungen dafür ausprobiert werden sollten.

Bisher haben wir angenommen, dass die arithmetische Intensität feststehend ist, aber eigentlich stimmt das nicht. Ersten gibt es Kernel, für die die arithmetische Intensität mit der Aufgabengröße zunimmt, wie etwa für Aufgaben mit

dicht besetzten Matrizen und N-Body (siehe Abbildung 6.12). Dies kann ein Grund dafür sein, dass die Programmierer mit der schwachen Skalierung erfolgreicher als mit der starken Skalierung sind. Zweitens wirkt sich die Effektivität der **Speicherhierarchie** auf die Anzahl der Speicherzugriffe aus; daher können Optimierungen, die die Cache-Leistung verbessern, auch die arithmetische Intensität verbessern. Optimierungen, die die Cache-Leistung verbessern, verbessern also auch die arithmetische Intensität. Ein Beispiel ist die Verbesserung der temporalen Lokalität durch das Abrollen von Schleifen und anschließende Gruppierung der Befehle mit ähnlichen Adressen. Viele Computer verwenden spezielle Cache-Befehle, die Daten in einem Cache zuordnen, aber nicht zuvor die Daten aus dem Speicher an dieser Adresse eintragen, weil sie in Kürze überschrieben wird. Beide Optimierungen reduzieren den Speicherverkehr und verschieben damit den Balken für die arithmetische Intensität um einen Faktor von beispielsweise 1,5 nach rechts. Diese Verschiebung könnte den Kernel in einen anderen Optimierungsbereich bringen.

Die Beispiele zeigen, wie Programmierer bei der Verbesserung der Performanz unterstützt werden. Computerarchitekten können das Modell auch verwenden, um zu entscheiden, wo sie die Hardware optimieren sollten, damit die Performanz der ihrer Meinung nach wichtigsten Kernels verbessert wird.

Der nächste Abschnitt demonstriert anhand des Roofline-Modells die Performanzunterschiede zwischen einem Multicore-Prozessor und einer GPU. Außerdem sehen wir uns an, ob diese Unterschiede die Performanz realer Programme widerspiegeln.

Anmerkungen: 1) Die Zwischengrenzen sind geordnet, so dass die unteren Zwischengrenzen einfacher zu optimieren sind. Offensichtlich kann ein Programmierer nicht in jeder beliebigen Reihenfolge optimieren. Die Einhaltung dieser Reihenfolge reduziert die Wahrscheinlichkeit, dass der Aufwand für eine Optimierung für umsonst betrieben wird, weil sie aufgrund anderer Beschränkungen keine Wirkung zeigt. Wie das 3C-Modell kann auch das Roofline-Modell Annahmen haben, die sich als optimistisch erweisen, solange es Einblicke liefert. Beispielsweise geht es davon aus, dass ein Programm zwischen allen Prozessoren lastausgeglichen ist.

2) Eine Alternative zur Stream-Benchmark ist die Verwendung der reinen DRAM-Bandbreite als Roofline. Während die Bandbreite definitiv eine feste obere Grenze vorgibt, ist die tatsächliche Speicherleistung häufig so weit von dieser Grenze entfernt, dass sie als Obergrenze nicht wirklich praktikabel ist. Das bedeutet, dass kein Programm dieser Grenze nahe kommen kann. Der Nachteil bei der Verwendung von Stream ist, dass eine sehr sorgfältige Programmierung die Stream-Ergebnisse übertreffen kann, so dass die Speicher-Roofline keine so strenge Grenze sein muss wie die durch die Rechenleistung vorgegebene Grenze. Wir bleiben bei Stream, weil nur wenige Programmierer in der Lage sind, mehr Speicherbandbreite zu realisieren als Stream erkennt.

3) Obwohl das gezeigte Roofline-Modell für Multicore-Prozessoren vorgesehen ist, funktioniert es natürlich auch für einen Einzelprozessor.

Selbsttest

Richtig oder falsch: Der größte Nachteil konventioneller Ansätze für Benchmarks für parallele Computer ist, dass die Regeln zur Sicherstellung der Fairness gleichzeitig Innovationen unterdrücken.

6.11 Fallstudie: Benchmarks und Rooflines für den Intel Core i7 960 und die NVIDIA Tesla GPU

Eine Gruppe von Intel-Forschern hat einen Artikel veröffentlicht [Lee et al., 2010], in dem ein Intel Core i7 960 mit Multimedia-SIMD-Erweiterungen der vorherigen GPU-Generation, dem NVIDIA Tesla GTX 280, verglichen wird. In Tabelle 6.5 sind die Eigenschaften der beiden Systeme gegenübergestellt. Beide Produkte kamen im Herbst 2009 auf den Markt. Der Core i7 verwendet Intels 45-Nanometer-Halbleitertechnologie, während die GPU in der 65-Nanometer-Technologie von TSMC gefertigt ist. Sicher wäre es besser, wenn wir Daten verwenden könnten, die von einer neutralen Partei oder von beiden Interessengruppen gemeinsam erstellt wurden. Doch der Zweck dieses Abschnitt besteht *nicht* darin festzustellen, um wie viel schneller das eine Produkt gegenüber dem anderen ist, sondern wir wollen die Bedeutung von Merkmalen dieser beiden unterschiedlichen Architekturstile verstehen.

Tab. 6.5: Spezifikationen der Prozessoren Intel Core i7 960, NVIDIA GTX 280 und GTX 480. Die beiden Spalten ganz rechts zeigen die Verhältnisse der Tesla GTX 280 und des Fermi GTX 480 zum Intel Core i7. Während in der Fallstudie der Tesla 280 im Vergleich zum i7 betrachtet wird, haben wir hier zusätzlich den Fermi 480 aufgenommen, da er in diesem Kapitel beschrieben wird. Beachten Sie, dass die Speicherbandbreiten höher sind als in Abbildung 6.17, da es sich hier um DRAM-Pin-Bandbreiten handelt, während in Abbildung 6.17 die für die Prozessoren durch Benchmark-Programme gemessenen Werte angegeben sind. (Nach Tabelle 2 in Lee et al. [2010].)

Charakteristik	Core i7 960	GTX 280	GTX 480	280/i7	480/i7
Anzahl der Verarbeitungselemente (Kerne oder SMs)	4	30	15	7,5	3,8
Taktfrequenz	3,2	1,3	1,4	0,41	0,44
Die-Größe	263	576	520	2,2	2,0
Technologie	Intel 45 nm	TSMC 65 nm	TSMC 40 nm	1,6	1,0
Leistung	130	130	167	1,0	1,3
Transistoren	700 M	1400 M	3030 M	2,0	4,4
Speicherbandbreite	32	141	177	4,4	5,5
SIMD-Breite einfach genau	4	8	32	2,0	8,0
SIMD-Breite doppelt genau	2	1	16	0,5	8,0
max. einfach genaue skalare FLOPS (GFLOP/s)	26	117	63	4,6	2,5
max. einfach genaue SIMD-FLOPS (GFLOP/s)	102	311 bis 933	515 oder 1344	3,0–9,1	6,6–13,1
(SP 1 Addition oder Multiplikation)	N.A.	(311)	(515)	(3,0)	(6,6)
(SP 1 FMA-Operationen)	N.A.	(622)	(1344)	(6,1)	(13,1)
max. doppelt genaue SIMD-FLOPS (GFLOP/s)	51	78	515	1,5	10,1

Tab. 6.6: Absolute und relative Performanz, die für die beiden Plattformen gemessen wurden. Bei dieser Studie wurde SAXPY als Maß für die Speicherbandbreite verwendet, daher ist die richtige Einheit GB/s und nicht GFLOPS. (In Anlehnung an Tabelle 3 in [Lee et al., 2010].)

Kernel	Einheiten	Core i7 960	GTX 280	GTX 280/i7-960
SGEMM	GFLOPS	94	364	3,9
MC	Milliarden Pfade/s	0,8	1,4	1,8
Conv	Millionen Pixel/s	1250	3500	2,8
FFT	GFLOPS	71,4	213	3,0
SAXPY	GB/s	16,8	88,8	5,3
LBM		85	426	5,0
Solv	Frames/s	103	52	0,5
SpMV	GFLOPS	4.9	9,1	1,9
GJK	Frames/s	67	1020	15,2
Sort	Millionen Elemente/s	250	198	0,8
RC	Frames/s	5	8,1	1,6
Search	Millionen Anfragen/s	50	90	1,8
Hist	Millionen Pixel/s	1517	2583	1,7
Bilat	Millionen Pixel/s	83	475	5,7

Die in Abbildung 6.17 gezeigten Rooflines des Core i7 960 und des GTX 280 illustrieren die Unterschiede zwischen den Computern. Beim GTX sind nicht nur die Speicherbandbreite und die Performanz für Gleitkommaoperationen deutlich größer, sondern es liegt auch sein Firstpunkt deutlich weiter links: Er liegt für den GTX 280 bei 0,6, beim Core i7 dagegen bei 3,1. Wie wir bereits erwähnt hatten, ist es umso einfacher, die maximale Rechenleistung zu erreichen, je weiter links der Firstpunkt der Roofline liegt. Für die Performanz bei einfacher Genauigkeit rutscht der Firstpunkt für beide Computer weit nach rechts, so dass es viel schwieriger ist, die Roofline der einfach genauen Performanz zu erreichen. Beachten Sie, dass die arithmetische Intensität eines Kernels auf den Bytes basiert, die in den Hauptspeicher gehen, nicht auf denen, die in den Cache gehen. Deshalb kann sich durch Caching die arithmetische Intensität eines Kernels auf einem speziellen Computer ändern, falls die meisten Zugriffe tatsächlich in den Cache gehen. Beachten Sie außerdem, dass diese Bandbreite bei beiden Architekturen für Zugriffe im Einheitsschritt gilt. Reale Gather/Scatter-Adressen können auf dem GTX 280 und dem Intel Core i7 langsamer sein.

Die Forscher haben die Benchmark-Programme ausgewählt, indem sie die Rechen- und Speichercharakteristika von vier kürzlich vorgestellten Benchmark-Suites analysiert und dann die Menge der den *Durchsatz berechnenden Kernels* formuliert haben, die diese Charakteristika erfassen. Tabelle 6.6 zeigt die Performanzergebnisse, wobei größere Zahlenwerte „schneller" bedeuten. Die Rooflines helfen dabei, die relative Performanz in dieser Fallstudie zu erklären.

Der Befund, dass die Performanz-Spezifikationen des GTX 280 je nach Kriterium von 2,5-mal langsamer (Taktfrequenz) bis 7,5-mal schneller (Kerne pro Chip) variieren, während die gemessene Performanz von 2,0-mal langsamer

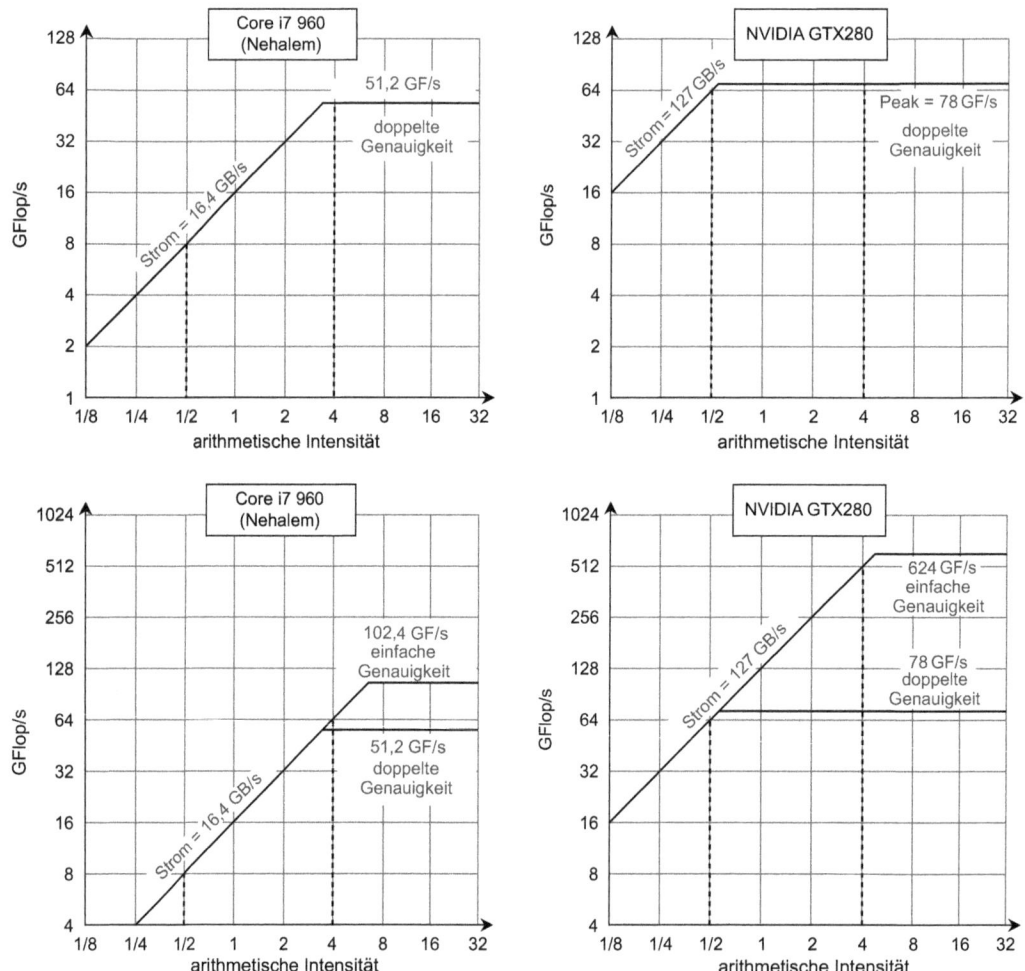

Abb. 6.17: Roofline-Modell [Williams, Waterman und Patterson, 2009] Die Rooflines zeigen im oberen Teil die Performanz für doppelte und im unteren Teil für einfache Genauigkeit. (Die Linien für doppelte Genauigkeit sind auch unten eingezeichnet, um leichter vergleichen zu können.) Der Core i7 960 im linken Teil hat bei doppelter Genauigkeit eine maximale Performanz von 51,2 GFLOPS, bei einfacher Genauigkeit von 102,4 GFLOPS und eine maximale Speicherbandbreite von 16,4 GB/s. Der NVIDIA GTX 280 hat bei doppelter Genauigkeit eine maximale Performanz von 78 GFLOPS, bei einfacher Genauigkeit von 624 GFLOPS und eine Speicherbandbreite von 127 GB/s. Die linke gestrichelte Linie repräsentiert eine arithmetische Intensität von 0,5 FLOPS/Byte. Sie ist durch die Speicherbandbreite beschränkt auf 8 GFLOPS (doppelte und einfache Genauigkeit) beim Core i7. Die rechte gestrichelte Linie hat eine arithmetische Intensität von 4 FLOPS/Byte. Sie ist nur rechnerisch auf 51,2 GFLOPS (doppelte Genauigkeit) bzw. 102,4 GFLOPS (einfache Genauigkeit) auf dem Core i7 und auf 78 GFLOPS (doppelte Genauigkeit) bzw. 624 GFLOPS (einfache Genauigkeit) auf dem GTX 280 beschränkt. Um auf dem Core i7 die höchste Rate zu erreichen, müssen alle vier Kerne sowie die SSE-Befehle mit gleich vielen Multiplikationen und Additionen verwendet werden. Für den GTX 280 müssen Fused-Multiply-Add-Operationen auf allen mehrfädigen SIMD-Prozessoren verwendet werden.

(Solv) bis 15,2-mal schneller (GJK) variiert, hat die Intel-Forscher dazu veranlasst, nach den Gründen für diese Unterschiede zu suchen:

- *Speicherbandbreite.* Die GPU hat eine 4,4-mal so große Speicherbandbreite, was zu erklären hilft, warum LBM und SAXPY 5,0-mal bzw. 5,3-mal so
  schnell laufen; ihre Arbeitsmengen sind Hunderte Megabyte groß und passen daher nicht in den Cache des Core i7. (Um intensiv auf den Speicher
  zuzugreifen, wurde daher absichtlich kein Cache-Blocking wie in Kapitel 5
  verwendet.) Der Anstieg der Rooflines erklärt somit ihre Performanz. SpMV
  hat ebenfalls eine große Arbeitsmenge, doch es läuft nur 1,9-mal so schnell,
  weil die doppelt genaue Gleitkommaarithmetik des GTX 280 nur 1,5-mal so
  schnell ist wie die des Core i7.

- *Rechenbandbreite.* Fünf der verbleibenden Kernels sind rechenintensiv:
  SGEMM, Conv, FFT, MC und Bilat. Der GTX ist um die Faktoren 3,9,
  2,8, 3,0, 1,8 und 5,7 schneller. Die ersten drei verwenden einfach genaue
  Gleitkommaarithmetik, und der GTX ist drei- bis sechsmal so schnell. MC
  verwendet doppelte Genauigkeit, was erklärt, warum er nur um den Faktor
  1,8 schneller ist, denn schließlich ist die Performanz bei doppelter Genauigkeit nur 1,5-mal so gut. Bilat verwendet transzendente Funktionen, die der
  GTX 380 direkt unterstützt. Der Core i7 verbringt 2/3 der Zeit für Bilat mit
  dem Berechnen der transzendenten Funktionen, weshalb der GTX 280 in
  diesem Fall 5,7-mal so schnell ist. Diese Beobachtung macht deutlich, wie
  wichtig die Hardwareunterstützung für Operationen in der Arbeitsmenge ist.

- *Cache-Vorteile.* RC ist auf dem GTX nur um den Faktor 1,6 schneller, da
  das Cache-Blocking beim Core i7 verhindert, dass die Speicherbandbreite wie bei GPUs zum limitierenden Faktor wird (siehe die Abschnitte 5.4
  und 5.6). Cache-Blocking kann auch für Search von Nutzen sein. Falls die
  Index-Bäume klein sind, so dass sie in den Cache passen, ist der Core i7
  zweimal so schnell. Für größere Indexbäume wird die Speicherbandbreite zum limitierenden Faktor. Insgesamt läuft Search auf dem GTX 280 um
  den Faktor 1,8 schneller. Cache-Blocking nützt auch Sort. Auch wenn die
  meisten Programmierer Sort nicht auf einem SIMD-Prozessor laufen lassen würden, ist es möglich, das Programm mit einer 1-Bit-Primitive namens
  split zu schreiben. Allerdings führt der split-Algorithmus viel mehr Befehle aus als ein skalarer Sortierbefehl. Das Resultat ist, dass der Core i7 hier
  1,25-mal so schnell ist wie der GTX 280. Beachten Sie, dass Caches auch
  für andere Kernels auf dem Core i7 von Nutzen sind, da SGEMM, FFT und
  SpMV dank Cache-Blocking nicht mehr durch die Speicherbandbreite limitiert sind. Diese Feststellung unterstreicht noch einmal, wie wichtig die in
  Kapitel 5 vorgestellten Optimierungen des Cache-Blockings sind.

- *Gather/Scatter.* Die Multimedia-SIMD-Erweiterungen nutzen wenig, wenn
  die Daten über den Hauptspeicher verstreut sind. Optimale Performanz wird
  nur dann erreicht, wenn die Datenzugriffe auf 16-Byte-Grenzen abgestimmt
  sind. Daher kann GJK auf dem Core i7 wenig Nutzen aus SIMD ziehen. Wie
  bereits erwähnt, bieten GPUs die Möglichkeit der Gather/Scatter-Adressie-

rung, die in Vektorarchitekturen zu finden ist, aber bei den meisten SIMD-Erweiterungen fehlt. Der Speichercontroller fasst die Zugriffe sogar auf der gleichen DRAM-Seite zusammen (siehe Abschnitt 5.2). Diese Kombination bedeutet, dass GJK auf dem GTX 280 um den verblüffenden Faktor 15,2 schneller läuft als auf dem Core i7, ein Unterschied, der größer ist als jeder einzelne physikalische Parameter in Tabelle 6.5. Diese Beobachtung unterstreicht die Bedeutung von Gather/Scatter für Vektor- und GPU-Architekturen, während dieses Prinzip bei SIMD-Erweiterungen fehlt.

- *Synchronisation.* Die Performanz der Synchronisation ist durch punktuelle Updates limitiert, die für 28 % der gesamten Laufzeit auf dem Core i7 verantwortlich sind, obwohl dieser hardwareseitig einen fetch-increment-Befehl hat. Aus diesem Grund ist Hist auf dem GTX 280 nur 1,7-mal so schnell. Der Core i7 profitiert von den atomaren Befehlen und einem Speicherkonsistenzmodell, dass die richtigen Ergebnisse gewährleistet, selbst wenn nicht alle vorherigen Zugriffe auf die Speicherhierarchie vollständig abgeschlossen wurden. Ohne das Speicherkonsistenzmodell startet die GTX-280-Version einige Batches vom Systemprozessor, was dazu führt, dass der GTX 280 halb so schnell läuft wie der Core i7

Es ist auffällig, wie oft die Schwächen des Tesla GTX 280, die durch die Kernels (ausgewählt von Intel-Forschern) aufgedeckt wurden, bei nachfolgenden Architekturen von Tesla ausgemerzt wurden: Fermi hat eine bessere Performanz bei doppelt genauer Gleitkommaarithmetik, schnellere atomare Befehle und Caches. Es war auch interessant, dass die Gather/Scatter-Unterstützung von Vektorarchitekturen, durch die die SIMD-Befehle ihrer Zeit um Jahrzehnte voraus waren, so wichtig für den effektiven Nutzen dieser SIMD-Erweiterungen waren, was manche vor dem Vergleich vorhergesagt hatten. Die Intel-Forscher merkten an, dass 6 von 14 Kernels mit effizienterer Gather/Scatter-Unterstützung SIMD auf dem Core i7 besser ausnutzen würden. Diese Studie hat auch den Nachweis für die Wichtigkeit des Cache-Blockings erbracht.

6.12   Beschleunigung: multiple Prozessoren und Matrixmultiplikation

In diesem Abschnitt machen wir den letzten und größten Schritt unserer sukzessiven Performanzsteigerung durch Anpassung von DGEMM an die Hardware des Intel Core i7 (Sandy Bridge). Jeder Core i7 hat acht Kerne, und der Computer, den wir benutzt haben, hat zwei dieser Prozessoren. Somit haben wir 16 Kerne, auf denen DGEMM laufen kann.

Abbildung 6.18 zeigt die OpenMP-Version von DGEMM, die diese Kerne ausnutzt. Beachten Sie, dass Zeile 30 die einzige Zeile ist, die zu dem Code aus Abbildung 5.35 hinzugefügt wurde, um ihn auf mehreren Prozessoren zum Laufen zu bringen: Ein OpenMP-Pragma teilt dem Compiler mit, dass er in der äußeren for-Schleife mehrere Threads verwenden soll. Oder anders formuliert: Sie teilt dem Computer mit, dass die Arbeit der äußeren Schleife über alle Threads verteilt werden soll.

```
1   #include <x86intrin.h>
2   #define UNROLL (4)
3   #define BLOCKSIZE 32
4   void do_block (int n, int si, int sj, int sk,
5                       double *A, double *B, double *C)
6   {
7     for ( int i = si; i < si+BLOCKSIZE; i+=UNROLL*4 )
8       for ( int j = sj; j < sj+BLOCKSIZE; j++ ) {
9         __m256d c[4];
10        for ( int x = 0; x < UNROLL; x++ )
11        c[x] = _mm256_load_pd(C+i+x*4+j*n);
12      /* c[x] = C[i][j] */
13        for( int k = sk; k < sk+BLOCKSIZE; k++ )
14        {
15          __m256d b = _mm256_broadcast_sd(B+k+j*n);
16      /* b = B[k][j] */
17          for (int x = 0; x < UNROLL; x++)
18            c[x] = _mm256_add_pd(c[x], /* c[x]+=A[i][k]*b */
19                   _mm256_mul_pd(_mm256_load_pd(A+n*k+x*4+i), b));
20        }
21
22        for ( int x = 0; x < UNROLL; x++ )
23          _mm256_store_pd(C+i+x*4+j*n, c[x]);
24        /* C[i][j] = c[x] */
25      }
26  }
27  void dgemm (int n, double* A, double* B, double* C)
28  {
29  #pragma omp parallel for
30    for ( int sj = 0; sj < n; sj += BLOCKSIZE )
31      for ( int si = 0; si < n; si += BLOCKSIZE )
32        for ( int sk = 0; sk < n; sk += BLOCKSIZE )
33          do_block(n, si, sj, sk, A, B, C);
34  }
```

Abb. 6.18: OpenMP-Version von DGEMM aus Abbildung 5.35. Nur Zeile 29 ist OpenMP-Code, und sie ist der einzige Unterschied gegenüber Abbildung 5.35. Sie sorgt dafür, dass die äußere Schleife parallel arbeitet.

Abbildung 6.19 zeigt einen klassischen Graphen der Multiprozessor-Beschleunigung. Dargestellt ist die Performanzverbesserung gegenüber einem einzelnen Thread bei zunehmender Anzahl der Threads. An diesem Graphen kann man gut sehen, worin die Herausforderung der starken Skalierung gegenüber der schwachen besteht. Wenn alles in den L1-Cache passt wie im Falle von 32×32-Matrizen, dann beeinträchtigt das Hinzufügen von Threads tatsächlich die Performanz. Für die 16-fädige Version von DGEMM sinkt die Performanz in diesem Fall fast auf die Hälfte der Performanz für die einfädige Version. Im Gegensatz dazu wird für die beiden größten Matrizen mit 16 Threads eine 14-fache Beschleunigung erreicht, was den klassischen beiden Linien (nach oben rechts zeigend) in Abbildung 6.19 entspricht.

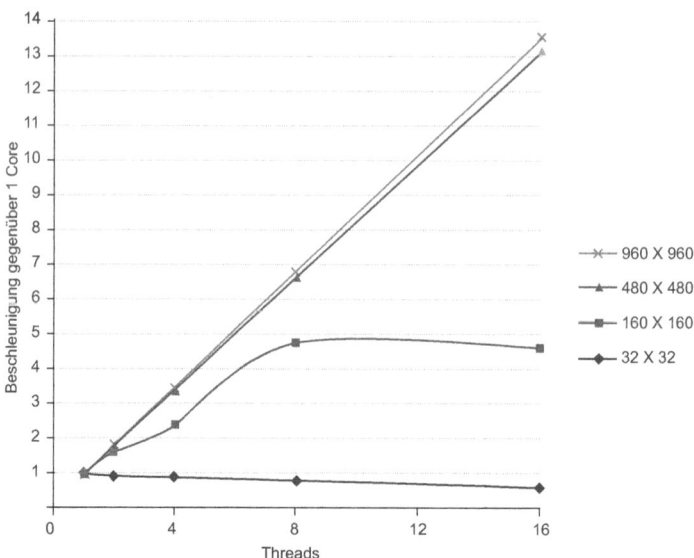

Abb. 6.19: Verbesserung der Performanz bei zunehmender Anzahl von Threads. Die ehrlichste Art, solche Daten darzustellen, besteht darin, die Performanz relativ zur besten Version eines Programms für einen einzelnen Prozessors anzugeben. Genau dies haben wir hier getan. Die Graphen zeigen die Performanz relativ zu dem Code aus Abbildung 5.35 *ohne* OpenMP-Pragmas.

Abbildung 6.20 zeigt die absolute Zunahme der Performanz, wenn die Anzahl der Threads von 1 auf 16 steigt. DGEMM arbeitet nun mit 174 GFLOPS für 960×960-Matrizen. Während die nicht optimierte C-Version von DGEMM in Abbildung 3.12 diesen Code mit 0,8 GFLOPS ausführt, führen die Optimierungen in den Kapiteln 3 bis 6, die den Code für die zugrunde liegende Hardware maßschneidern, insgesamt zu einer 200-mal so schnelle Ausführung!

Im nächsten Abschnitt folgen unsere Warnungen vor Fallstricken und Trugschlüssen. Der Friedhof der Computerarchitektur ist voll mit Projekten der Parallelverarbeitung, bei denen diese Warnungen ignoriert wurden.

Anmerkungen: 1) Diese Ergebnisse gelten für eingeschalteten Turbo Mode. Wie verwenden hier ein duales Chipsystem, so dass es nicht überraschend ist, dass wir die volle Turbobeschleunigung (3,3/2,6 = 1,27) sowohl mit einem Thread (nur ein Kern auf einem der Chips) als auch mit zwei Threads (ein Kern pro Chip) erreichen. Wenn wir die Anzahl der Threads erhöhen und damit die Anzahl der aktiven Kerne, dann sinkt der Nutzen, den der Turbo Mode bringt, da ein geringerer Teil der Leistungsübertragung auf die aktiven Kerne verwendet wird. Für vier Threads ist die mittlere Turbobeschleunigung 1,23, für acht Threads ist sie 1,13 und für sechzehn Threads ist sie 1,11.

2) Obwohl der Sandy Bridge zwei Hardware-Threads pro Kern unterstützt, erhalten wir mit 32 Threads keine höhere Performanz. Der Grund ist, dass eine einzelne AVX-Hardware zwischen den beiden Threads aufgeteilt ist, die auf einen Kern geleitet werden; somit stört das Zuordnen von zwei Threads pro Kern in Wirklichkeit die Performanz.

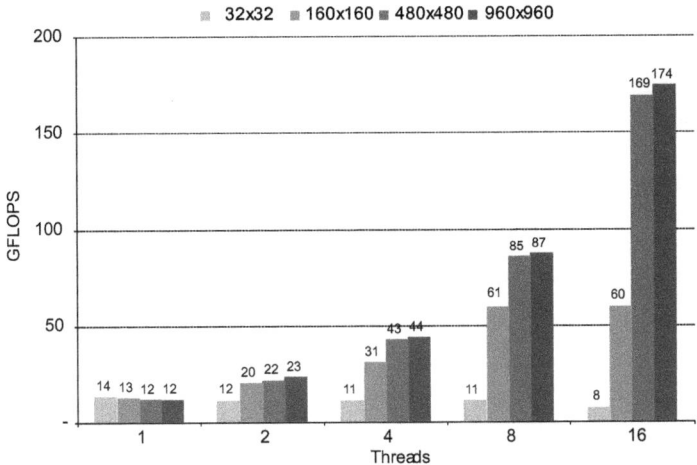

Abb. 6.20: DGEMM-Performanz in Abhängigkeit von der Anzahl der Threads für vier Matrixgrößen. Für die 96 × 960-Matrix mit 16 Threads ist die Performanz im Vergleich zu dem nicht optimierten Code in Abbildung 3.12 um den beeindruckenden Faktor 212 schneller!

6.13 Fallstricke und Trugschlüsse

Die zahlreichen Angriffe auf die Parallelverarbeitung haben viele gern gemachte Fehler und Trugschlüsse aufgedeckt. Wir werden hier auf vier davon genauer eingehen.

Trugschluss: Das Amdahl'sche Gesetz gilt nicht für parallele Computer.

1987 behauptete die Leitung eines Forschungsunternehmens, dass das Amdahl'sche Gesetz durch eine Multiprozessor-Maschine durchbrochen worden sei. Um die Grundlagen der Medienberichte zu verstehen, betrachten wir das Zitat, aus dem das Amdahl'sche Gesetz entstanden ist [1967, S. 483]:

Eine relativ offensichtliche Schlussfolgerung, die an dieser Stelle gezogen werden kann, ist, dass der Aufwand, der für die Erzielung höchster paralleler Verarbeitungsraten aufgewendet wird, verschwendet ist, wenn er nicht von der Erzielung sequentieller Verarbeitungsraten der annähernd selben Größe begleitet wird.

Diese Aussage muss weiterhin gelten. Der vernachlässigte Teil des Programms limitiert die Verarbeitungsleistung. Eine Interpretation des Gesetzes führt zu dem folgenden Lemma: Da Teile jedes Programms sequentiell sein müssen, muss es also eine wirtschaftliche Obergrenze für die Anzahl der Prozessoren geben – nehmen wir an, diese Zahl beträgt 100. Wenn wir zeigen, dass es mit 1000 Prozessoren eine lineare Beschleunigung gibt, ist das Lemma widerlegt und damit die Behauptung, das Amdahl'sche Gesetz sei verletzt.

Der Ansatz der Forscher war, die Eingaben für die Benchmark zu ändern: Anstatt 1000-mal so schnell zu werden, berechneten sie 1000-mal mehr Arbeit

Seit mehr als einem Jahrzehnt wird prophezeit, dass die Möglichkeiten von Einzelcomputern erschöpft sind und dass wirklich signifikante Fortschritte nur erzielt werden können, indem eine Vielzahl von Computern so miteinander verbunden wird, dass kooperative Lösungen möglich werden. [..] Es wurde demonstriert, dass der Einzelprozessor-Ansatz weiterhin Gültigkeit hat.

Gene Amdahl, Validity of the single processor approach to achieving large scale capabilities, „Spring Joint Computer Conference," 1967

in vergleichbarer Zeit. Für ihren Algorithmus war der sequentielle Teil des Programms konstant, unabhängig von der Größe der Eingabe, und der Rest war vollständig parallel – damit ergab sich die lineare Beschleunigung bei 1000 Prozessoren.

Das Amdahl'sche Gesetz gilt offensichtlich auch für Parallelprozessoren. Was diese Forschung zeigt, ist, dass der Hauptnutzen von schnelleren Computern darin besteht, größere Probleme lösen zu können. Es muss allerdings sicher sein, dass die Nutzer tatsächlich an solchen Problemen interessiert sind und diese nicht einfach nur als Rechtfertigung für die Anschaffung eines teuren Computers dienen.

Trugschhluss: Spitzenleistung entspricht der beobachteten Leistung.

Die Supercomputer-Industrie hat früher dieses Maß für das Marketing eingesetzt, und der Fallstrick ist mit paralelen Maschinen tückischer geworden. Die Marketing-Abteilungen der Industrie verwenden nicht nur die nahezu unerreichbare Spitzenleistung eines Einzelprozessorknotens, sondern sie multiplizieren sie auch noch mit der Gesamtzahl der Prozessoren – wobei sie perfekte Beschleunigung voraussetzen! Das Amdahl'sche Gesetz weist jedoch darauf hin, wie schwierig es ist, jede der Spitzen zu erreichen. Wenn man die beiden multipliziert, multipliziert man damit auch die Sünden. Das Roofline-Modell hilft, die Spitzenleistung richtig einzuordnen.

Fallstrick: Die Software wird nicht so entwickelt, dass sie die Vorteile einer Multiprozessor-Architektur nutzt oder dafür optimiert wird.

Die Software hinkt den parallelen Prozessoren schon lange Zeit hinterher, möglicherweise, weil die Softwareprobleme viel schwieriger zu lösen sind. Das folgende Beispiel soll zeigen, worum es sich dabei handelt – und es ist nur eines von vielen.

Ein häufig zu beobachtendes Problem tritt auf, wenn eine für einen Einzelprozessor entworfene Software an eine Multiprozessor-Umgebung angepasst werden soll. Beispielsweise schützte das Betriebssystem von Silicon Graphics die Seitentabelle ursprünglich mit einer einzigen Sperre, weil man davon ausging, dass die Seitenzuordnung nur selten stattfindet. In einem Einzelprozessor stellt dies keine Leistungsengstelle dar. In einem Multiprozessor kann es für bestimmte Programme eine wesentliche Leistungsengstelle sein. Betrachten Sie ein Programm, das sehr viele Seiten verwendet, die beim Aufruf initialisiert werden, wie es etwa in UNIX bei statisch zugeordneten Seiten gehandhabt wird. Angenommen, das Programm wird parallelisiert, so dass mehrere Prozesse die Seiten zuordnen. Weil für die Seitenzuordnung ein Zugriff auf die Seitentabelle erforderlich ist, die immer gesperrt wird, wenn sie von einem Prozess genutzt wird, wird selbst ein Betriebssystem-Kernel, der mehrere Threads im Betriebssystem unterstützt, serialisiert, wenn die Prozesse alle versuchen, ihre Seiten gleichzeitig zuzuordnen (was genau das ist, was wir für den Zeitpunkt der Initialisierung erwarten würden!).

Diese Serialisierung der Seitentabelle eliminiert die Parallelität bei der Initialisierung und wirkt sich ganz erheblich auf die allgemeine parallele Leistung aus. Diese Leistungsengstelle bleibt selbst für die Parallelität auf Task-Ebene bestehen. Angenommen, wir teilen das parallel ausgeführte Programm in mehrere Tasks auf und führen jeweils einen dieser Tasks auf einem Prozessor aus, so dass keine gemeinsame Nutzung zwischen diesen Tasks auftritt. (Dies ist genau das, was ein Benutzer gemacht hat, wenn er zu Recht davon ausging, dass das Leistungsproblem aufgrund einer unbeabsichtigten gemeinsamen Nutzung oder einer Störung in seiner Applikation aufgetreten ist.) Leider serialisiert die Sperre weiterhin alle Taks – selbst die Leistung der voneinander unabhängigen Tasks ist schlecht.

Dieser Trugschluss verdeutlicht die subtilen aber folgenschweren Leistungsfehler, die auftreten können, wenn Software auf Multiprozessoren ausgeführt wird. Wie viele andere wichtige Softwarekomponenten müssen die Algorithmen und Datenstrukturen des Betriebssystems im Kontext der Multiprozessoren neu überdacht werden. Das Problem kann wirksam aus der Welt geschaffen werden, wenn kleinere Teile der Seitentabelle gesperrt werden.

Fallstrick: Gute Vektorperformanz lässt sich erreichen, ohne Speicherbandbreite zur Verfügung zu stellen.

Wie wir anhand des Roofline-Modells gesehen haben, ist die Speicherbandbreite für alle Architekturen sehr wichtig. DAXPY erfordert 1,5 Speicherreferenzen pro Gleitkommaoperation, und diese Zahl ist typisch für viele numerische Programme. Selbst wenn die Gleitkomamoperationen überhaupt keine Zeit bräuchten, hätte eine Cray-1 die DAXPY-Performanz der verwendeten Vektorsequenz nicht steigern können, da der Speicher begrenzt war. Die Cray-1-Performanz für Linpack stieg sprunghaft an, als der Compiler Blocking verwendete, um die Berechnung so zu ändern, dass die Werte in Vektorregistern gehalten werden konnten. Dieser Ansatz senkte die Anzahl der Speicherreferenzen pro Gleitkommaoperation und verbesserte die Performanz beinahe um die Faktor 2! Das heißt, die Speicherbandbreite auf der Cray-1 wurde hinreichend groß für eine Schleife, die zuvor mehr Bandbreite brauchte – was genaus das ist, was das Roofline-Modell vorhersagt.

6.14 Schlussbetrachtungen

Den Traum, Rechner zu bauen, indem man einfach Prozessoren zusammensetzt, gibt es schon seit den ersten Tagen des Computerbaus. Die Fortschritte beim Bau und bei der Nutzung effektiver und effizienter Parallelprozessoren waren jedoch langsam. Diese Fortschritte waren beschränkt durch schwierige Softwareprobleme sowie durch die langwierige Entwicklung der Architektur von Multiprozessoren, um die Nutzbarkcit zu erweitern und die Effizienz zu verbessern. Wir haben in diesem Kapitel viele der Software-Herausforderungen

Wir richten unsere künftige Produktentwicklung voll und ganz auf Multicores. Wir glauben, dass dies ein entscheidender Wendepunkt für die Industrie ist. [..] Dies ist kein Wettlauf, sondern ein grundlegender Wandel in der Computerbranche.

Paul Otellini, Intel-Präsident, Intel Developers Forum, 2004

vorgestellt, einschließlich der Schwierigkeit, Programme zu schreiben, die gemäß dem Amdahl'schen Gesetz eine gute Beschleunigung erzielen. Die große
Vielfalt an verschiedenen Architekturansätzen sowie der begrenzte Erfolg und
die Kurzlebigkeit vieler der bisher vorgestellten Architekturen haben die Soft-
ware-Schwierigkeiten weiter vertieft. Wir beschreiben die Geschichte der Entwicklung dieser Multiprozessoren im Online-Abschnitt 6.15. Wenn Sie tiefer
in die in diesem Kapitel behandelten Themen einsteigen wollen, empfehlen
wir unser Buch *Computer Architecture: A Quantitative Approach*, 5. Auflage.
Kapitel 4 befasst sich ausführlich mit GPUs und stellt vergleichende Betrachtungen zwischen GPUs und CPUs an. In Kapitel 6 erfahren Sie mehr über
Warehouse Scale Computer.

Wie in Kapitel 1 beschrieben, hat die IT-Branche nach einer langen und
wechselvollen Vergangenheit ihre Zukunft jetzt endgültig mit der Parallelität
verknüpft. Man könnte natürlich vermuten, dass diese Bemühung ebenso fehlschlagen wird wie schon so viele in der Vergangenheit, aber es gibt doch An-
lässe zur Hoffnung:

- Offensichtlich gewinnt *Software als Service* (SaaS) immer mehr an Bedeutung. Cluster haben sich als sehr erfolgreiche Methode erwiesen, solche Services bereitzustellen. Durch die Schaffung von Redundanz auf einer über-
  geordneten Ebene, wie unter anderem durch geographisch verteilte Datenzentren, können diese Services Tag für Tag und rund um die Uhr für ihre
  Kunden unterbrechungsfrei zur Verfügung stehen.

- Wir glauben, dass WSCs die Ziele und Prinzipien des Serverentwurfs verändern werden, ebenso wie die Bedürfnisse von mobilen Clients die Ziele und
  Prinzipien des Mikroprozessorentwurfs verändern. Diese beiden Entwicklungen werden auch die Softwareindustrie revolutionieren. Die Performanz
  pro Dollar und die Performanz pro Joule treiben die Hardware von mobilen
  Clients wie auch von WSCs voran, und Parallelität ist der Schlüssel zum
  erreichen dieser Ziele.

- SIMD- und Vektoroperationen sind eine gute Wahl für Multimediaanwen-
  dungen, die in der PostPC-Ära eine noch größere Rolle spielen als zuvor.
  Beide haben den Vorteil, dass sie für den Programmierer einfacher zu hand-
  haben sind als die klassische MIMD-Programmierung; außerdem ist die
  Energieeffizienz besser als bei MIMD. Um die Bedeutung von SIMD im
  Vergleich zu MIMD zu veranschaulichen, zeigt Abbildung 6.21, wie sich
  für x86-Computer die Anzahl der Kerne für MIMD sowie die Anzahl der
  32-Bit- bzw. 64-Bit-Operationen pro Taktzyklus im SIMD-Mode über die
  Jahre entwickelt haben. Für x86-Computer erwarten wir ungefähr alle zwei
  Jahre zwei zusätzliche Kerne pro Chip und ungefähr alle vier Jahre eine
  Verdopplung der SIMD-Bandbreite. Unter diesen Annahmen ist das in der
  SIMD-Parallelität steckende Potential für die weitere Beschleunigung in der
  nächsten Dekade doppelt so groß wie das in der MIMD-Parallelität steckende Potential. Angesichts der Leistungsfähigkeit von SIMD im Multimedia-
  bereich und dessen wachsender Bedeutung in der PostPC-Ära scheint diese

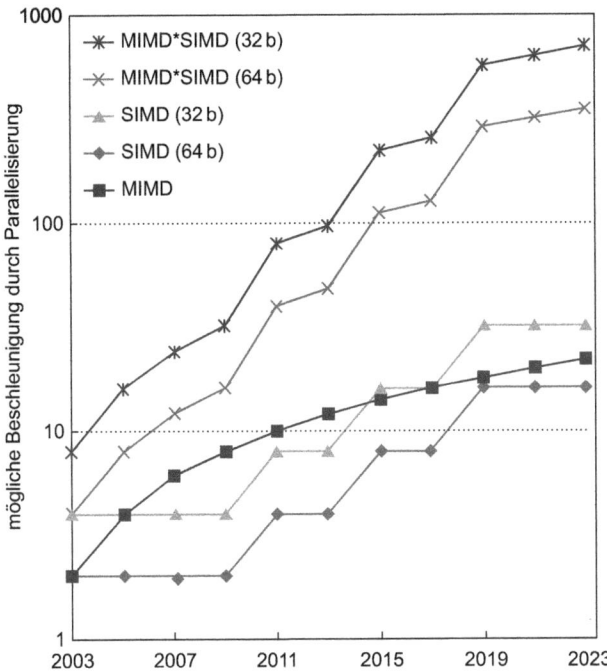

Abb. 6.21: Potentielle Beschleunigung, die von 2003 bis 2023 für x86-Computer durch Parallelisierung mittels MIMD, SIMD und beiden Technologien zusammen erreichbar ist. Dieser Abbildung liegt die Annahme zugrunde, dass bei MIMD alle zwei Jahre zwei zusätzliche Kerne pro Chip hinzu kommen und dass sich für SIMD die Anzahl der Operationen alle vier Jahre verdoppelt.

Gewichtung vernünftig. Aus diesem Grund ist das Verständnis der SIMD-Parallelität mindestens ebenso wichtig wie das der MIMD-Parallelität, obwohl Letzteres bisher wesentlich mehr Aufmerksamkeit erhalten hat.

- Die Nutzung der Parallelverarbeitung ist für wissenschaftliche Berechnungen und im Ingenieurbereich üblich. Diese Anwendungsbereiche haben einen geradezu unstillbaren Bedarf an hoher Rechenleistung. Außerdem gibt es dort zahlreiche Anwendungen, die viel natürliche Parallelität aufweisen. Auch dieser Anwendungsbereich wird von den Clustern dominiert. Beispielsweise sind im Linpack-Bericht von 2012 mehr als 80% der 500 schnellsten Computer Cluster.

- Alle Hersteller von Desktop- und Server-Mikroprozessoren bauen Multiprozessoren, um eine höhere Leistung zu erzielen. Anders als in der Vergangenheit gibt es daher für sequentielle Applikationen keinen einfachen Weg mehr, um höhere Leistung zu erzielen. Die Programmierer, die höhere Leistung brauchen, *müssen* ihre Codes für die parallele Ausführung umschreiben oder neue parallel arbeitende Programme entwickeln.

- In der Vergangenheit wurden für Mikroprozessoren und Multiprozessoren unterschiedliche Erfolgsdefinitionen angewendet. Bei der Leistungssteigerung von Einzelprozessoren waren die Mikroprozessor-Architekten glücklich, wenn die Einzelthread-Leistung um die Quadratwurzel der Siliziumflächenvergrößerung zunahm. Sie waren also zufrieden mit einer sublinearen Leistung gegenüber den Ressourcen. Der Erfolg von Multiprozessoren wurde immer als lineare Beschleunigung abhängig von der Prozessoranzahl definiert. Dabei wurde vorausgesetzt, dass der Kaufpreis und der Administrationsaufwand von n Prozessoren im Wesentlichen n-mal so hoch wie für einen einzelnen Prozessor war. Nachdem Parallelität dank Multicore auf einem einzigen Chip stattfindet, können wir den traditionellen Mikroprozessor mit sublinearer Leistungsverbesserung als erfolgreich einstufen.

- Der Erfolg der Just-in-Time-Compilierung zur Laufzeit und Autotuning macht es denkbar, dass sich die Software selbst anpasst, um Vorteil aus der zunehmenden Anzahl von Kernen pro Chip zu ziehen. Dies führt zu einer Flexibilität, die bei Beschränkung auf statische Compiler nicht möglich ist.

- Anders als früher ist die Open-Source-Bewegung zu einem kritischen Teil der Software-Industrie geworden. Sie ist in dem Sinne eine meritokratische Bewegung, dass sich bessere technische Lösungen bei den Entwicklern gegenüber den gewohnten Systemen durchsetzen. Sie fördert Innovation und lädt dazu ein, alte Software zu verändern. Sie ist offen für neue Sprachen und Software-Produkte. Eine derart offene Kultur kann in Zeiten schnell stattfindender Änderungen äußerst hilfreich sein.

Um die Leser zu motivieren, sich dieser Revolution anzuschließen, haben wir das Potential der Parallelität an einem konkreten Beispiel demonstriert – der Matrizenmultiplikation auf dem Intel Core i7 (Sandy Bridge) –, das in den Abschnitten über das Beschleunigen in den Kapiteln 3 bis 6 immer wieder aufgegriffen wird:

- Durch Parallelisierung auf Datenebene (Kapitel 3) konnte die Performanz um den Faktor 3,85 verbessert werden. Hierbei werden vier 64-Bit-Gleitkommaoperationen unter Verwendung der 256-Bit-Operanden der AVX-Befehle ausgeführt, was die Nützlichkeit von SIMD demonstriert.

- Die Parallelisierung auf Befehlsebene (Kapitel 4) ließ die Performanz weiter um den Faktor 2,3 steigen. Hierbei wird viermaliges Schleifenabrollen angewendet, wodurch es für die Hardware mit Out-of-Order-Ausführung mehr Befehle zu verteilen gibt.

- Durch Cache-Optimierung (Kapitel 5) verbessert sich die Performanz von Matrizen, die nicht in einen einzelnen L1-Datencache passen, nochmals um einen Faktor zwischen 2,0 und 2,5. Dabei wird Cache-Blocking verwendet, um die Cache-Fehlzugriffe zu reduzieren.

- In diesem Kapitel haben wir die Parallelisierung auf Thread-Ebene betrachtet. Hierdurch verbessert sich die Performanz für Matrizen, die nicht in einen einzelnen L1-Datencache passen, nochmals um einen Faktor zwischen 4 und

14, indem alle 16 Kerne unseres Multicore-Chips ausgenutzt werden, was die Nützlichkeit von MIMD demonstriert. Wir haben dies erreicht, indem wir eine einzige Zeile mit einem OpenMP-Pragma hinzugefügt haben.

Durch Anwendung der in diesem Buch vorgestellten Konzepte und Anpassungen der Software an den konkreten Computer haben wir 24 Codezeilen zu DGEMM hinzugefügt. Für Matrizen der Größen 32×32, 160×160, 480×480 und 960×960 haben wir durch diese 24 Codezeilen Performanzsteigerungen um die Faktoren 8, 39, 129 bzw. 212 erreicht!

Die Parallel-Revolution der Hardware/Software-Schnittstelle ist vielleicht die größte Herausforderung der letzten 60 Jahre in diesem Bereich. Sie können sie auch als die größte Chance betrachten, wie unsere Abschnitte über das Beschleunigen zeigen. Auch außerhalb des IT-Bereichs werden dadurch viele neue Möglichkeiten im Bereich der Forschung und der Wirtschaft entstehen. Die Unternehmen, die die Multicore-Ära beherrschen, werden möglicherweise andere sein, als die aus der Einzelprozessor-Ära. Nachdem Sie die zugrunde liegenden Hardware-Trends verstanden haben und gelernt haben, wie man Software an diese anpasst, werden Sie vielleicht einer der Innovatoren sein, der die Chancen nutzt, die irgendwo in der Zukunft vor uns liegen. Wir freuen uns darauf, von Ihren Erfindungen zu profitieren!

6.15 Historische Perspektive und Literaturhinweise

Dieser Online-Abschnitt gibt einen Überblick über die wechselvolle Geschichte von Multiprozessoren in den letzten 50 Jahren.

Literaturhinweise

G. Regnier, S. Makineni, R. Illikkal, R. Iyer, D. Minturn, R. Huggahalli, D. Newell, L. Cline und A. Foong. TCP onloading for data center servers. IEEE Computer,37(11):48–58, 2004.

B. F. Cooper, A. Silberstein, E. Tam, R. Ramakrishnan, R. Sears. Benchmarking cloud serving systems with YCSB, In: Proceedings of the 1st ACM Symposium on Cloud computing, June 10–11, 2010, Indianapolis, Indiana, USA, doi:10.1145/1807128.1807152.

6.16 Aufgaben

Aufgabe 6.1

Erstellen Sie zunächst eine Liste Ihrer täglichen Aufgaben, die Sie an einem Arbeitstag üblicherweise zu erledigen haben. Das könnte etwa wie folgt aussehen: aufstehen, duschen, anziehen, frühstücken, Haare föhnen, Zähne putzen usw. Gliedern Sie Ihre Liste so weit auf, dass Sie mindestens 10 Aktivitäten haben.

6.1.1 [5] <6.2> Jetzt überlegen Sie, welche dieser Aktivitäten bereits in irgendeiner Weise Parallelität nutzen (z. B. Bürsten mehrerer Zähne gleichzeitig, statt jeweils nur einen zu putzen, Transport aller Fachbücher zur Hochschule, indem sie alle in den Rucksack gesteckt und „parallel" getragen werden, statt sie einzeln zu befördern usw.). Diskutieren Sie für alle Ihre Aktivitäten, ob sie bereits parallel ausgeführt werden, und begründen Sie die Beispiele, für die das nicht der Fall ist.

6.1.2 [5] <6.2> Überlegen Sie nun, welche dieser Aktivitäten nebenläufig ausgeführt werden könnten (z. B. frühstücken und Nachrichten hören). Beschreiben Sie für alle Ihre Aktivitäten, welche andere Aktivität mit dieser Aktivität kombiniert werden könnte.

6.1.3 [5] <6.2> Was könnten wir in Aufgabe 6.1.2 an den verwendeten Systemen (z. B. Dusche, Kleidung, TV, Auto) ändern, um mehr Aufgaben parallel ausführen zu können.

6.1.4 [5] <6.2> Schätzen Sie ab, wie viel schneller es gehen würde, diese Aktivitäten auszuführen, wenn Sie so viele Aufgaben wie möglich parallel erledigen könnten.

Aufgabe 6.2

Stellen Sie sich vor, Sie wollen drei Blaubeerkuchen backen. Die Zutaten sind:

   1 Tasse Butter, weich

   1 Tasse Zucker

   4 große Eier

   1 Teelöffel Vanillezucker

   $\frac{1}{2}$ Teelöffel Salz

   $\frac{1}{4}$ Teelöffel Muskat

1 $\frac{1}{2}$ Tassen Mehl

   1 Tasse Blaubeeren

Das Rezept für einen Kuchen lautet:

- Heizen Sie den Ofen auf 160°C vor.
- Fetten Sie Ihre Backform ein und bestreuen Sie sie mit Mehl.
- Mischen Sie mit einem Rührgerät in einer großen Schüssel Butter und Zucker bei mittlerer Geschwindigkeit, bis die Masse locker und schaumig geworden ist. Geben Sie Eier, Vanille, Salz und Muskat bei. Schlagen Sie die Masse weiter, bis alles sorgfältig vermischt ist. Verringern Sie die Geschwindigkeit des Rührstabs und geben Sie jeweils eine halbe Tasse Mehl bei. Schlagen Sie die Masse weiter, bis alles sorgfältig vermischt ist.
- Heben Sie die Blaubeeren vorsichtig unter. Verteilen Sie die Masse gleichmäßig in der Backform. Backen Sie den Kuchen 60 Minuten lang.

6.2.1 [5] <6.2> Sie sollen drei Kuchen so effizient wie möglich backen. Gehen Sie davon aus, dass Sie einen Ofen haben, in den eine Backform passt; außerdem haben Sie eine große Schüssel, eine Backform und ein Rührgerät. Erstellen Sie einen Plan, um schnellstmöglich drei Kuchen zu backen. Identifizieren Sie Engstellen bei der Ausführung dieser Aufgabe.

6.2.2 [5] <6.2> Gehen Sie nun davon aus, dass Sie drei Schüsseln, drei Backformen und drei Rührgeräte haben. Wie viel schneller ist der Prozess jetzt, nachdem Ihnen zusätzliche Ressourcen zur Verfügung stehen?

6.2.3 [5] <6.2> Gehen Sie davon aus, dass Ihnen zwei Freunde beim Backen helfen und dass Sie einen großen Ofen haben, in den alle drei Kuchen gleichzeitig passen. Wie ändert sich Ihr Plan, den Sie in Aufgabe 6.2.1 erstellt haben?

6.2.4 [5] <6.2> Vergleichen Sie das Kuchenbacken mit der Programmierung von drei Schleifendurchgängen auf einem parallelen Computer. Identifizieren Sie Parallelität auf Datenebene und auf Task-Ebene in der Kuchenbackschleife.

Aufgabe 6.3

Viele Computerapplikationen durchsuchen Daten und sortieren diese. Es wurden zahlreiche effiziente Such- und Sortieralgorithmen entwickelt, um die Laufzeit dieser mühseligen Arbeiten zu reduzieren. In dieser Aufgabe soll untersucht werden, wie diese Problemstellungen am besten parallelisiert werden können.

6.3.1 [10] <6.2> Betrachten Sie den folgenden binären Suchalgorithmus (ein klassischer „Teile & Herrsche"-Algorithmus), der in einem sortierten Array A mit N Elementen nach einem Wert X sucht und den Index des übereinstimmenden Eintrags zurückgibt:

```
BinarySearch(A[0..N-1], X) {
    low = 0
    high = N -1
    while (low <= high) {
        mid = (low + high) / 2
        if (A[mid] >X)
            high = mid -1
        else if (A[mid] < X)
            low = mid + 1
        else
            return mid // gefunden
    }
    return -1 // nicht gefunden
}
```

Angenommen, auf einem Multicore-Prozessor stehen Ihnen Y Kerne zur Verfügung, um BinarySearch auszuführen. Gehen Sie davon aus, dass Y sehr viel kleiner als N ist. Drücken Sie den Beschleunigungsfaktor aus, den Sie für Werte von Y und N erwarten könnten. Erstellen Sie ein Diagramm.

6.3.2 [5] <6.2> Nehmen Sie nun an, dass Y gleich N ist. Wie beeinflusst dies Ihre Schlussfolgerungen aus der vorhergehenden Teilaufgabe? Erklären Sie, wie Sie den Code abändern würden, wenn Sie den bestmöglichen Beschleunigungsfaktor ermitteln müssten (z. B. starke Skalierung).

Aufgabe 6.4

Betrachten Sie das folgende Stück C-Code

```
for (j=2;j<1000;j++)
    D[j] = D[j-1]+D[j-2];
```

Der entsprechende MIPS-Code sieht folgendermaßen aus:

```
       addiu $s2,$zero,7992
       addiu $s1,$zero,16
loop:  l.d $f0, -16($s1)
       l.d $f2, -8($s1)
       add.d $f4, $f0, $f2
       s.d $f4, 0($s1)
       addiu $s1, $s1, 8
       bne $s1, $s2, loop
```

Die Befehle haben die folgenden Latenzen (in Takten):

add.d	l.d	s.d.S	addiu
4	6	1	2

6.4.1 [10] <6.2> Wie viele Takte benötigt die Ausführung aller Befehle in einer Iteration der oben gezeigten Schleife?

6.4.2 [10] <6.2> Wenn ein Befehl in einer spätere Iteration einer Schleife von dem in einer früheren Iteration derselben Schleife erzeugten Datenwert abhängig ist, sagen wir, es besteht eine *Schleifenabhängigkeit* (*loop-carried dependence*) zwischen den Schleifeniterationen. Stellen Sie fest, welche Schleifenabhängigkeiten es im obigen Code gibt. Ermitteln Sie die abhängige Programmvariable und die Register auf Assemblerebene. Die Schleifenvariable j können Sie dabei ignorieren.

6.4.3 [10] <6.2> Das Schleifenabrollen wurde in Kapitel 4 beschrieben. Rollen Sie diese Schleife ab und führen Sie den Code dann in einem auf zwei Knoten verteilten Speichersystem mit Nachrichtenübertragung aus. Nehmen Sie an, dass wir die Nachrichtenübertragung aus Abschnitt 6.7 anwenden, wo wir die neue Operation send(x, y) eingeführt haben, die den Wert von y an den Knoten x sendet, sowie eine Operation receive(), die darauf wartet, dass ihr ein Wert gesendet wird. Nehmen Sie an, dass die Sendeoperation einen Zyklus benötigt (so dass spätere Befehle auf demselben Knoten im nächsten Zyklus fortgesetzt werden können), aber vier Zyklen für das Empfangen. Empfangsbefehle verzögern die Ausführung auf dem Knoten, auf dem sie ausgeführt werden, bis sie eine Nachricht empfangen haben. Führen Sie das Scheduling für die beiden

Knoten durch. Nehmen Sie einen Abrollfaktor von 4 für den Schleifenrumpf an (so dass der Schleifenrumpf viermal erscheint). Berechnen Sie die Anzahl der Zyklen, die für die Ausführung der Schleife benötigt werden.

6.4.4 [10] <6.2> Die Latenz des Verbindungsnetzwerks spielt eine wichtige Rolle für die Effizienz von Nachrichtenübergabesystemen. Wie schnell muss die Verbindung sein, um eine Beschleunigung durch den Einsatz des in Teilaufgabe 6.4.3 beschriebenen verteilten Systems zu erzielen?

Aufgabe 6.5

Betrachten Sie den folgenden rekursiven Mergesort-Algorithmus (einen weiteren klassischen „Teile & Herrsche"-Ansatz). Mergesort wurde erstmals 1945 von John von Neumann beschrieben. Die grundlegende Idee dabei ist, eine unsortierte Liste x mit m Elementen in zwei Teillisten von etwa der halben Größe der ursprünglichen Liste zu unterteilen. Diese Operation wird auf jede Teilliste angewendet, bis wir Listen der Länge 1 haben. Beginnend mit Teillisten der Länge 1 mischen („merge") wir die beiden Teillisten zu einer einzigen sortierten Liste zusammen.

```
Mergesort(m)
    var list left, right, result
    if length(m) <= 1
        return m
    else var middle = length(m) / 2
        for each x in m up to middle
            add x to left
    for each x in m after middle
    add x to right
    left = Mergesort(left)
    right = Mergesort(right)
    result = Merge(left, right)
    return result
```

Das Merging wird durch den folgenden Code ausgeführt:

```
Merge(left,right)
    var list result
    while length(left) >0 and length(right) > 0
        if first(left) <= first(right)
            append first(left) to result
            left = rest(left)
        else append first(right) to result
            right = rest(right)
    if length(left) >0
        append rest(left) to result
    if length(right) >0
        append rest(right) to result
    return result
```

6.5.1 [10] <6.2> Gehen Sie von Y Kernen auf einem Multicore-Prozessor aus, auf dem Sie Mergesort ausführen. Gehen Sie davon aus, dass Y sehr viel kleiner als `length(m)` ist. Bestimmen Sie den Beschleunigungsfaktor, den Sie für Werte von Y und length(m) erwarten können. Erstellen Sie ein Diagramm.

6.5.2 [10] <6.2> Gehen Sie davon aus, dass Y gleich `length(m)` ist. Wie würde das Ihre Schlussfolgerungen aus der vorherigen Lösung beeinflussen? Erklären Sie, wie Sie diesen Code ändern würden, wenn Sie den bestmöglichen Beschleunigungsfaktor erzielen müssten (d. h. starke Skalierung).

Aufgabe 6.6

Die Matrixmultiplikation spielt eine große Rolle in zahlreichen Applikationen. Zwei Matrizen können nur dann miteinander multipliziert werden, wenn die Anzahl der Spalten der ersten Matrix gleich der Anzahl der Zeilen der zweiten ist.

Gehen wir von einer $m \times n$-Matrix A aus, die mit einer $n \times p$-Matrix B multipliziert werden soll. Wir können ihr Produkt als $m \times p$-Matrix darstellen, bezeichnet als AB (oder $A \cdot B$). Wenn wir $C = AB$ zuweisen und $c_{i,j}$ den Eintrag in C an der Position (i, j) bezeichnet, dann ist

$$c_{i,j} = \sum_{r=1}^{n} a_{i,r} b_{r,j} = a_{i,1} b_{1,j} + a_{i,2} b_{2,j} + \cdots + a_{i,n} b_{n,j}$$

für jedes Element i und j mit $1 \leq i \leq m$ und $1 \leq j \leq p$. Jetzt wollen wir prüfen, ob wir die Berechnung von C parallelisieren können. Gehen Sie davon aus, dass die Matrix im Speicher sequentiell abgelegt ist, nämlich in der Form $a_{1,1}, a_{2,1}, a_{3,1}, a_{4,1}$, usw.

6.6.1 [10] <6.5> Nehmen Sie an, dass wir C sowohl auf einer Maschine mit einem Kern und gemeinsam genutztem Speicher ausführen wollen, als auch auf einer Maschine mit vier Kernen und gemeinsam genutztem Speicher. Berechnen Sie die Beschleunigung, die wir auf der Maschine mit den vier Kernen erzielen, wobei Sie etwaige Speicherkonflikte ignorieren können.

6.6.2 [10] <6.5> Wiederholen Sie Aufgabe 6.6.1 und gehen Sie davon aus, dass Aktualisierungen von C einen Cache-Fehlzugriff aufgrund einer unechten gemeinsamen Nutzung verursachen, wenn aufeinanderfolgende Elemente in einer Zeile (Index i) aktualisiert werden.

6.6.3 [10] <6.5> Wie würden Sie das Problem der unechten gemeinsamen Nutzung lösen, das hier auftreten kann?

Aufgabe 6.7

Betrachten Sie die folgenden Abschnitte von zwei unterschiedlichen Programmen, die gleichzeitig auf vier Prozessoren in einem SMP (Symmetric Multicore Processor) ausgeführt werden. Nehmen Sie an, dass x und y vor Ausführung dieses Codes 0 sind.

Kern 1: $x = 2$;

Kern 2: $y = 2$;

Kern 3: $w = x + y + 1$;

Kern 4: $z = x + y$;

6.7.1 [10] <6.5> Welche möglichen Ergebnisse entstehen für w, x, y und z? Erklären Sie für jedes mögliche Ergebnis, wie wir zu diesen Werten gelangen könnten. Sie müssen alle möglichen Verschränkungen der Befehle überprüfen.

6.7.2 [5] <6.5> Wie könnten Sie die Ausführung deterministischer machen, so dass nur ein eindeutiger Satz von Werten entstehen kann?

Aufgabe 6.8

Das Philosophenproblem ist ein klassisches Paradigma, an dem die Konzepte Synchronisation und Nebenläufigkeit erklärt werden. Dabei sitzt eine gewisse Anzahl von Philosophen um einen runden Tisch, und jeder kann genau eins von zwei Dingen tun: essen oder denken. Wenn ein Philosoph isst, dann denkt er nicht, und wenn er denkt, dann isst er nicht. In der Mitte steht ein Topf Spaghetti. Zwischen den einzelnen Philosophen liegt jeweils eine Gabel. Jeder Philosoph hat also eine Gabel rechts und links vor sich. Zum Essen von Spaghetti brauchen Philosophen zwei Gabeln, und jeder darf nur die Gabeln benutzen, die unmittelbar links und rechts neben ihm liegen. Die Philosophen sprechen nicht miteinander.

6.8.1 [10] <6.7> Beschreiben Sie das Szenario, in dem keiner der Philosophen je isst, weil sie sich gegenseitig blockieren. (Eine solche Situation, bei der die Philosophen verhungern müssten, nennt man Deadlock.) Welche Ereignisabfolge hat zu diesem Problem geführt?

6.8.2 [10] <6.7> Beschreiben Sie, wie wir dieses Problem lösen können, indem wir das Konzept einer Priorität einführen. Aber wie können wir garantieren, dass alle Philosophen fair behandelt werden? Erläutern Sie Ihre Antwort.

Jetzt gehen wir davon aus, dass wir einen Ober anstellen, der dafür verantwortlich ist, den Philosophen die Gabeln zuzuteilen. Niemand darf eine Gabel aufnehmen, bevor ihm der Ober das erlaubt. Der Ober weiß alles über alle Gabeln. Wie können wir einen Deadlock vermeiden, wenn wir darüber hinaus von der Strategie ausgehen, dass Philosophen immer zuerst anfordern, die linke Gabel aufnehmen zu dürfen, bevor sie anfordern, die rechte Gabel aufnehmen zu dürfen?

6.8.3 [10] <6.7> Wir können Anforderungen an den Ober als Warteschlange für die Anforderungen oder als regelmäßige Wiederholung einer Anfrage implementieren. Bei einer Warteschlange werden die Anforderungen in der

Reihenfolge abgearbeitet, in der sie empfangen werden. Das Problem bei einer Warteschlange ist, dass wir möglicherweise nicht immer den Philosophen bedienen können, der ganz vorne in der Warteschlange steht (weil keine Ressourcen zur Verfügung stehen). Beschreiben Sie ein Szenario mit fünf Philosophen, für die eine Warteschlange bereitgestellt wird, aber der Service nicht garantiert werden kann, selbst wenn für einen anderen Philosophen (dessen Anforderung weiter hinten in der Warteschlange steht) Gabeln zur Verfügung stehen.

6.8.4 [10] <6.7> Wird das in Aufgabe 6.8.3 beschriebene Problem gelöst, wenn wir Anfragen an den Ober so implementieren, dass sie regelmäßig wiederholt werden, bis die Ressourcen verfügbar sind? Erläutern Sie Ihre Antwort.

Aufgabe 6.9

Betrachten Sie die drei folgenden CPU-Anordnungen:

CPU SS: Ein superskalarer Mikroprozessor mit zwei Kernen, der Out-of-Order-Zuordnungen für zwei funktionale Einheiten bereitstellt. Es kann jeweils nur ein Thread gleichzeitig auf einem Kern ausgeführt werden.

CPU MT: Ein Prozessor mit feinkörnigem Multithreading, auf dem Befehle von zwei Threads nebenläufig ausgeführt werden können (d. h., es gibt zwei funktionale Einheiten), wobei jedoch in jedem Zyklus nur jeweils ein Befehl von einem Thread zugeordnet werden kann.

CPU SMT: Ein SMT-Prozessor, der die nebenläufige Ausführung von Befehlen von zwei Threads gestattet (d. h., es gibt zwei funktionale Einheiten), wobei in einem Zyklus Befehle von einem oder beiden Threads zugeordnet werden können.

Nehmen Sie an, dass wir zwei Threads X und Y haben, die auf diesen CPUs ausgeführt werden, und die die folgenden Operationen beinhalten:

Thread X	Thread Y
A1 benötigt 3 Takte zur Ausführung	B1 benötigt 2 Takte zur Ausführung
A2 keine Abhängigkeiten	B2 Konflikt mit B1 für eine Funktionseinheit
A3 Konflikt mit A1 für eine Funktionseinheit	B3 abhängig vom Ergebnis von B2
A4 abhängig vom Ergebnis von A3	B4 keine Abhängigkeiten, benötigt 2 Takte

Nehmen Sie außerdem an, dass alle Befehle einen Zyklus für die Ausführung benötigen, es sei denn, es ist etwas anderes angegeben oder sie treffen auf einen Konflikt.

6.9.1 [10] <6.4> Nehmen Sie an, dass Ihnen eine SS CPU zur Verfügung steht. Wie viele Zyklen werden für die Ausführung dieser beiden Threads benötigt? Wie viele Warteplätze werden aufgrund von Konflikten verschwendet?

6.9.2 [10] <6.4> Nehmen Sie nun an, dass Sie zwei SS CPUs haben. Wie viele Takte sind nötig, um dies beiden Threads auszuführen? Wie viele Warteplätze werden aufgrund von Konflikten verschwendet?

6.9.3 [10] <6.4> Nehmen Sie an, dass Sie eine MT CPU haben. Wie viele Zyklen werden für die Ausführung dieser beiden Threads benötigt? Wie viele Warteplätze wurden aufgrund von Konflikten verschwendet?

6.9.4 [10] <6.4> Nehmen Sie an, dass Sie eine SMT CPU haben. Wie viele Zyklen werden für die Ausführung dieser beiden Threads benötigt? Wie viele Warteplätze wurden aufgrund von Konflikten verschwendet?

Aufgabe 6.10

Die Virtualisierung von Software wurde energisch verfolgt, um die Kosten für die Verwaltung der heutigen Hochleistungsserver zu reduzieren. Unternehmen wie VMWare, Microsoft und IBM haben alle ganze Paletten von Virtualisierungsprodukten entwickelt. Das in Kapitel 5 beschriebene allgemeine Konzept dahinter ist, dass eine Hypervisor-Schicht zwischen die Hardware und das Betriebssystem eingefügt wird, so dass mehrere Betriebssysteme dieselbe physische Hardware nutzen können. Die Hypervisor-Ebene ist zuständig für die Zuordnung von CPU und Speicherressourcen, ebenso wie für die Ausführung von Services, die normalerweise vom Betriebssystem ausgeführt werden (z. B. Ein-/Ausgaben).

Die Virtualisierung bietet für das Gast-Betriebssystem und die Applikationssoftware eine abstrakte Sicht auf die darunter liegende Hardware. Deshalb müssen wir den Entwurf von Multicore- und Multiprozessor-Systemen der Zukunft überdenken, um die gemeinsame Nutzung von CPUs und Speichern von mehreren Betriebssystemen gleichzeitig zu unterstützen.

6.10.1 [30] <6.4> Suchen Sie sich zwei aktuelle Hypervisor-Produkte aus und vergleichen Sie, wie diese die zugrunde liegende Hardware virtualisieren und verwalten (CPUs und Speicher).

6.10.2 [15] <6.4> Diskutieren Sie, welche Änderungen an zukünftigen Multicore-CPU-Plattformen erforderlich sein könnten, um den an diese Systeme gestellten Ressourcenanforderungen besser genügen zu können. Kann beispielsweise das Multithreading eine effektive Rolle dabei spielen, das Konkurrieren um Ressourcen zu entschärfen?

Aufgabe 6.11

Die nachfolgende Schleife soll so effizient wie möglich ausgeführt werden. Zur Verfügung stehen zwei verschiedene Maschinen: eine MIMD-Maschine und eine SIMD-Maschine.

```
for (i = 0; i < 2000; i+ + )
    for (j = 0; j < 3000; j+ + )
        X_array[i][j] = Y_array[j][i] + 200;
```

6.11.1 [10] <6.3> Zeigen Sie für eine MIMD-Maschine mit vier CPUs die MIPS-Befehlssequenz, die Sie auf jeder CPU ausführen würden. Welche Beschleunigung entsteht für diese MIMD-Maschine?

6.11.2 [20] <6.3> Schreiben Sie für eine Maschine mit acht parallelen SIMD-Funktionseinheiten ein Assemblerprogramm mit Ihren eigenen SIMD-Erweiterungen für MIPS, um die Schleife auszuführen. Vergleichen Sie die Anzahl der auf der SIMD-Maschine ausgeführten Befehle mit derjenigen auf der MIMD-Maschine.

Aufgabe 6.12

Ein systolisches Array ist ein Beispiel für eine MISD-Maschine. Ein systolisches Array ist ein Pipeline-Netzwerk oder eine „Wavefront" aus Datenverarbeitungselementen. Keines dieser Elemente braucht einen Programmzähler, weil die Ausführung durch das Eintreffen von Daten ausgelöst wird. Getaktete systolische Arrays rechnen im „Gleichschritt", wobei jeder Prozessor abwechselnd Rechen- und Kommunikationsphasen ausführt.

6.12.1 [10] <6.3> Betrachten Sie verschiedene Vorschläge für die Implementierung eines systolischen Arrays (Sie finden sie im Internet oder in technischen Veröffentlichungen). Versuchen Sie dann, unter Verwendung des MISD-Modells die in Aufgabe 6.11 beschriebene Schleife zu programmieren. Diskutieren Sie die Probleme, auf die Sie dabei treffen.

6.12.2 [10] <6.3> Diskutieren Sie Ähnlichkeiten und Unterschiede zwischen einer MISD- und einer SIMD-Maschine. Beantworten Sie diese Frage in Hinblick auf die Parallelität auf Datenebene.

Aufgabe 6.13

Wir wollen die auf Seite 550 beschriebene DAXPY-Schleife in MIPS-Assembler auf der in diesem Kapitel beschriebenen NVIDIA 8800 GTX GPU ausführen. In dieser Aufgabe gehen wir davon aus, dass alle mathematischen Operationen mit Gleitkommazahlen einfacher Genauigkeit ausgeführt werden (wir benennen die Schleife in SAXPY um). Nehmen Sie für die verschiedenen Befehle die folgenden Zyklenzahlen an:

Laden	Speichern	Add.S	Mult.S
4	1	2	5

6.13.1 [20] <6.6> Beschreiben Sie, wie Sie Warps für die SAXPY-Schleife aufbauen, um die acht Kerne eines einzelnen Multiprozessors zu nutzen.

Aufgabe 6.14

Laden Sie unter der Adresse www.nvidia.com/object/cuda_get.html das CUDA Toolkit und SKD herunter. Verwenden Sie die „emurelease"-Version (Emulation Mode) des Codes (Sie brauchen dafür keine NVIDIA-Hardware). Führen Sie die Beispielprogramme aus dem SDK auf dem Emulator aus.

6.14.1 [90] <6.6> Gehen Sie von dem SDK-Beispiel „template" aus und schreiben Sie ein CUDA-Programm, das die folgenden Vektoroperationen ausführt:

1) $a - b$ (Vektor/Vektor-Subtraktion)

2) $a \cdot b$ (Vektor-Punktprodukt)

Das Skalarprodukt von zwei Vektoren $a = [a_1, b_2, \ldots, _n]$ und $b = [b_1, b_2, \ldots, b_n]$ ist definiert als:

$$a \cdot b = \sum_{i=1}^{n} a_i b_i = a_1 b_1 + a_2 b_2 + \cdots + a_n b_n$$

Schreiben Sie Code für jedes Programm, das die einzelnen Operationen demonstriert und die Richtigkeit der Ergebnisse überprüft.

6.14.2 [90] <6.6> Falls Ihnen GPU-Hardware zur Verfügung steht, führen Sie eine Leistungsanalyse für Ihr Programm durch und betrachten Sie dabei die Rechenzeit für die GPU- und eine CPU-Version Ihres Programms für eine Palette verschiedener Vektorgrößen. Erläutern Sie die Ergebnisse.

Aufgabe 6.15

Vor kurzem hat AMD angekündigt, eine GPU in seine x86-Kerne in einem Baustein integrieren zu wollen, aber mit unterschiedlichen Takten für die verschiedenen Kerne. Dies ist ein Beispiel für ein heterogenes Multiprozessor-System, das wohl auch in naher Zukunft im Handel angeboten wird. Einer der wichtigsten Entwurfsaspekte ist, dass eine schnelle Datenkommunikation zwischen der CPU und der GPU unterstützt wird. Momentan muss die Kommunikation zwischen separaten CPU- und GPU-Chips ausgeführt werden. Dies wird sich jedoch in der Fusion-Architektur von AMD ändern. Momentan ist der Plan, mehrere (mindestens 16) PCI-Express-Kanäle zu verwenden, um die Kommunikation zu vereinfachen. Intel wird mit seinem Larrabee-Chip ebenfalls in diese Arena eintreten. Intel zieht in Betracht, seine QuickPath-Verbindungstechnologie einzusetzen.

6.15.1 [25] <6.6> Vergleichen Sie die Bandbreite und die Latenz dieser beiden Verbindungstechnologien.

Aufgabe 6.16

In Abbildung 6.10b sehen Sie, dass eine n-Würfel-Verbindungstopologie dritter Ordnung acht Knoten verbindet. Eine attraktive Funktionalität einer n-Würfel-Verbindung ist ihre Fähigkeit, defekte Verbindungen zu kompensieren und dennoch Konnektivität zu bieten.

6.16.1 [10] <6.8> Entwickeln Sie eine Gleichung, die berechnet, wie viele Verbindungen im n-Würfel defekt sein dürfen (wobei n die Ordnung des Würfels ist), während weiterhin eine garantierte Verbindung aller Knoten im n-Würfel besteht.

6.16.2 [10] <6.8> Vergleichen Sie die Elastizität des n-Würfels mit einem vollständig verbundenen Verbindungsnetzwerk mit derselben Anzahl an Knoten. Zeichnen Sie ein Vergleichsdiagramm für die Zuverlässigkeit in Abhängigkeit von der Anzahl der Verbindungen, die in beiden Topologien ausfallen dürfen.

Aufgabe 6.17

Beim Benchmarking werden repräsentative Arbeitslasten identifiziert, die auf bestimmten Computerplattformen ausgeführt werden, um in der Lage zu sein, deren Leistung objektiv zu vergleichen. In dieser Aufgabe vergleichen wir zwei Benchmark-Klassen: die Whetstone CPU-Benchmark und die PARSEC-Benchmark-Folge. Wählen Sie ein Programm aus PARSEC aus. Alle Programme stehen kostenlos im Internet zur Verfügung. Führen Sie möglichst mehrere Kopien von Whetstone und der PARSEC-Benchmark auf den in Abschnitt 6.11 beschriebenen Systemen aus.

6.17.1 [60] <6.10> Was ist der inhärente Unterschied zwischen diesen beiden Arbeitslastklassen, wenn sie auf diesen Multicore-Systemen ausgeführt werden?

6.17.2 [60] <6.10> Wie abhängig sind die Ergebnisse dieser beiden Benchmarks vom Umfang der gemeinsamen Nutzung und der Synchronisierung der verwendeten Arbeitslast? Wenden Sie das Roofline-Modell an.

Aufgabe 6.18

Bei Berechnungen für dünn besetzte Matrizen wird die Latenz in der Speicherhierarchie zu einem wichtigen Faktor. Dünn besetzte Matrizen haben keine räumliche Lokalität des Datenstroms, wie man sie üblicherweise bei Matrixoperationen findet. Aus diesem Grund wurden neue Matrixdarstellungen vorgeschlagen.

Eine der ersten Darstellungen dünn besetzter Matrizen ist das Yale Sparse Matrix Format. Es speichert eine $m \times n$-Ausgangsmatrix M im Zeilenform. Dazu werden drei eindimensionale Arrays verwendet. R bezeichnet die Anzahl der Elemente von M, die ungleich null sind; wir können ein Array A der Länge R anlegen, das alle Einträge ungleich null von M enthält (von links nach rechts und von oben nach unten). Außerdem legen wir ein zweites Array an, IA, das die Länge $m + 1$ hat (d. h. ein Eintrag pro Zeile plus 1). $IA(i)$ enthält den Index in A des ersten Elements ungleich null in Zeile i. Zeile i der ursprünglichen Matrix wird erweitert von $(A(IA(i))$ auf $A(IA(i + 1) - 1)$. Das dritte Array, JA, enthält den Spaltenindex aller Elemente von A, es hat also die Länge R.

6.18.1 [15] <6.10> Betrachten Sie die folgende dünn besetzte Matrix X und schreiben Sie ein Stück C-Code, das diesen Code in Yale Sparse Matrix Format speichert.

```
Zeile 1 [1, 2, 0, 0, 0, 0]
Zeile 2 [0, 0, 1, 1, 0, 0]
Zeile 3 [0, 0, 0, 0, 9, 0]
Zeile 4 [2, 0, 0, 0, 0, 2]
Zeile 5 [0, 0, 3, 3, 0, 7]
Zeile 6 [1, 3, 0, 0, 0, 1]
```

6.18.2 [10] <6.10> Gehen Sie in Hinblick auf den Speicherplatz davon aus, dass jedes Element der Matrix X im Gleitkommaformat mit einfacher Genauigkeit vorliegt. Berechnen Sie den Speicherplatz für die angegebene Matrix im Yale Sparse Matrix Format.

6.18.3 [15] <6.10> Führen Sie eine Matrixmultiplikation der Matrix X mit der folgenden Matrix Y aus:

```
[2, 4, 1, 99, 7, 2]
```

Führen Sie diese Berechnung in einer Schleife aus und ermitteln Sie die Ausführungszeit. Stellen Sie sicher, dass Sie die Schleife mehrfach ausführen, um eine gute Auflösung für Ihre Zeitmessung zu erhalten.

6.18.4 [15] <6.10> Haben Sie eine Idee für die effizientere Darstellung dünn besetzter Matrizen (in Hinblick auf Speicherplatz und Rechenaufwand)?

Aufgabe 6.19

In den Systemen der Zukunft werden uns heterogene Computerplattformen begegnen, die aus heterogenen CPUs aufgebaut sind. Auf dem Markt der eingebetteten Computer gibt es diese bereits in Systemen, die sowohl Gleitkomma-DSPs als auch Mikrocontroller-CPUs in einem Multichip-Modulbaustein enthalten.

Gehen Sie von drei CPU-Klassen aus:

CPU A – Eine Multicore-CPU mittlerer Geschwindigkeit (mit Gleitkommaeinheit), die mehrere Befehle pro Zyklus ausführen kann.

CPU B – Eine schnelle Single-Core-Ganzzahl-CPU (d. h. keine Gleitkommaeinheit), die einen Befehl pro Zyklus ausführen kann.

CPU C – Eine langsame Vektor-CPU (mit Gleitkommafunktion), die mehrere Kopien desselben Befehls pro Zyklus ausführen kann.

Nehmen Sie an, dass die Prozessoren die folgenden Taktfrequenzen haben:

CPU A	CPU B	CPU C
1,5 GHz	3 GHz	500 MHz

CPU 2 kann zwei Befehle pro Zyklus ausführen, CPU B kann einen Befehl pro Zyklus ausführen, und CPU C kann acht Befehle (jedoch dieselben) pro

Zyklus ausführen. Gehen Sie davon aus, dass alle Operationen innerhalb eines einzigen Zyklus abgeschlossen werden, wenn keine Konflikte vorliegen.

Alle drei CPUs sind in der Lage, eine Ganzzahlarithmetik auszuführen. CPU B kann keine direkte Gleitkommaarithmetik ausführen. Der Befehlssatz der CPUs A und B ist vergleichbar mit demjenigen eines MIPS-Prozessors. CPU C kann nur Gleitkomma-Additions- und Subtraktionsoperationen ausführen sowie aus dem Speicher laden und in ihn schreiben. Nehmen Sie an, dass alle CPUs Zugriff auf den gemeinsam genutzten Speicher haben, und dass die Synchronisierung keine Kosten verursacht.

Vergleichen Sie die beiden Matrizen X und Y, die je 1024×1024 Gleitkommaelemente enthalten. Die Ausgabe soll die Anzahl der Indizes sein, bei denen der Wert in X größer als der in Y war.

6.19.1 [10] <6.11> Beschreiben Sie, wie Sie dieses Problem auf die drei verschiedenen CPUs aufteilen würden, um die bestmögliche Leistung zu erzielen.

6.19.2 [10] <6.11> Welche Art Befehl würden Sie der Vektor-CPU C hinzufügen, um eine bessere Leistung zu erhalten?

Aufgabe 6.20

Nehmen Sie an, dass ein Quad-Core-Computersystem Datenbanktransaktionen mit einer bestimmten Daueranforderungsrate pro Sekunde verarbeiten kann. Nehmen Sie außerdem an, dass jede Transaktion für ihre Ausführung eine bestimmte durchschnittliche Zeitdauer benötigt. Die folgende Tabelle zeigt Wertepaare für die Transaktionslatenz und die Verarbeitungsrate.

Durchschnittliche Transaktionslatenz	Maximale Transaktionsverarbeitungzeit
1 ms	5000/s
2 ms	5000/s
1 ms	10000/s
2 ms	10000/s

Beantworten Sie für jedes Wertepaar in der Tabelle die folgenden Fragen:

6.20.1 [10] <6.11> Wie viele Anforderungen werden durchschnittlich zu jedem beliebigen Zeitpunkt ausgeführt?

6.20.2 [10] <6.11> Wie hoch wäre der Systemdurchsatz im Idealfall auf einem 8-Core-System (d. h., wie viele Transaktionen pro Sekunde verarbeitet der Computer)?

6.20.3 [10] <6.11> Diskutieren Sie, warum diese Art der Beschleunigung selten durch eine bloße Erhöhung der Anzahl der Kerne erzielt werden kann.

Antworten zu den Selbsttests

Abschnitt 6.1, Seite 541: Falsch. Parallelität auf Task-Ebene kann sequentielle Applikationen unterstützen, und sequentielle Applikationen können auf paralleler Hardware ausgeführt werden, auch wenn das schwieriger ist.

Abschnitt 6.2, Seite 547: Falsch. *Schwache* Skalierung kann einen seriellen Anteil des Programms kompensieren, der andernfalls die Skalierbarkeit einschränken würde.

Abschnitt 6.3, Seite 553: Richtig, aber ihnen fehlen nützliche Vektorfunktionalitäten wie Gather/Scatter und Vektorlängenregister, welche die Effizienz von Vektorarchitekturen verbessern. (Wie wir in einer Anmerkung in diesem Kapitel erwähnt hatten, bieten die AVX-SIMD-Erweiterungen indexiertes Laden über eine Gather-Operation, jedoch keine Scatter-Operation für indexiertes Speichern. Die Haswell-Generation der x86-Mikroprozessoren ist die erste, die AVX2 unterstützt.)

Abschnitt 6.4, Seite 558: 1. Richtig. 2. Richtig.

Abschnitt 6.5, Seite 562: Falsch. Weil die gemeinsam genutzte Adresse eine *physische* Adresse ist, können mehrere Aufgaben in ihren jeweiligen *virtuellen* Adressräumen sehr gut auf einem Multiprozessor mit gemeinsam genutzten Speicher ausgeführt werden.

Abschnitt 6.6, Seite 571: Falsch. Grafik-DRAM-Chips werden geschätzt wegen ihrer höheren Bandbreite.

Abschnitt 6.7, Seite 576: 1. Falsch. Das Senden und Empfangen einer Nachricht ist eine implizite Synchronisierung und ebenso eine Methode, Daten gemeinsam zu nutzen. 2. Richtig.

Abschnitt 6.8, Seite 580: Richtig.

Abschnitt 6.10, Seite 592: Richtig. Wir brauchen Innovationen auf allen Hardware- und Software-Ebenen, um die parallele Programmierung in der Industrie durchsetzen zu können.

Fachbegriffe
Englisch — Deutsch

Englisch — Deutsch

active matrix display	Anzeige mit aktiver Matrix
address	Adresse
address mapping	Adressabbildung
address translation	Adressübersetzung
addressing mode	Adressierungsart
aliasing	Aliasing
alignment restriction	Ausrichtung an Wortgrenzen
Amdahl's Law	Amdahl'sches Gesetz
antidependence	Namensabhängigkeit
architectural registers	Architekturregister
assembler	Assembler
basic block	Grundblock
benchmark	Benchmark
biased notation	Charakteristik
binary digit	Binärziffer, Bit
branch taken	Sprung ausgeführt
– not taken	– nicht ausgeführt
branch delay slot	Verzögerung nach Sprungbefehl
branch hazard	Verzweigungs-konflikt
branch history table	Sprungverlaufs-tabelle
branch prediction	Sprungvorhersage
branch target address	Sprungzieladresse
branch target buffer	Sprungzielpuffer
bubble	Pipelineleerlauf
bypassing	Bypassing
cache memory	Cache-Speicher
cache miss	Cache-Fehlzugriff
callee	aufgerufene Proze-dur
caller	aufrufende Prozedur
capacity miss	Speicherüberlas-tungs-Fehlzugriff
clock cycle	Taktzyklus
clock period	Taktintervall
clocking methodology	Taktverfahren
cloud computing	Cloud Computing
cluster	Cluster
coarse-grained multithreading	grobkörniges Multithreading
cold-start miss	Kaltstart-Fehlzugriff
collision miss	Kollisions-Fehl-zugriff
combinational element	Schaltnetz
commit unit	Freigabeeinheit
compiler	Compiler
compulsory miss	Kaltstart-Fehlzugriff
conditional branch	bedingte Verzwei-gung
conflict miss	Adresskonflikt-Fehlzugriff
context switch	Kontextwechsel
control	Steuerwerk

control hazard	Steuerkonflikt	hardware	hardwareseitiges
control signal	Steuersignal	multithreading	Multithreading
correlating predictor	Korrelationsprädiktor	heap	Halde
		hexadecimal	Hexadezimalzahl
data hazard	Datenkonflikt	high-level programming language	höhere Programmiersprache
data race	Data Race („Datenwettlauf")	hit rate	Trefferrate
data-level parallelism	Parallelität auf Datenebene	hit time	Zugriffszeit bei Treffer
datapath	Datenpfad	implementation	Implementierung
delayed branch	verzögerter Sprung	in-order commit	Freigeben in Programmreihenfolge
dependability	Verlässlichkeit		
die	Die (Stück eines Wafers)	input device	Eingabegerät
		instruction	Befehl
double precision	doppelte Genauigkeit	instruction count	Befehlszähler
		instruction format	Befehlsformat
dynamic branch prediction	dynamische Sprungvorhersage	instruction mix	Befehlsmix
		instruction set	Befehlssatz
dynamically linked library (DLL)	dynamisch gebundene Bibliothek	instruction-level parallelism	Parallelität auf Befehlsebene
edge-triggered clocking	flankengesteuertes Taktverfahren	integrated circuit	integrierter Schaltkreis
embedded computer	eingebetteter Rechner	interrupt	Interrupt, Unterbrechung
error detection code	Fehlererkennungscode	issue packet	Zuordnungspaket
		issue slot	Zuordnungsfach
exception	Ausnahmeverarbeitung	jump address table	Sprungadresstabelle
		kernel mode	Kernel-Modus
executable file	ausführbare Programmdatei	linker	Binder
		liquid crystal display (LCD)	Flüssigkristallanzeige
failure	Ausfall		
false sharing	unechte gemeinsame Nutzung	loader	Lader
		local area network	lokales Netz
fine-grained multithreading	feinkörniges Multithreading	loop unrolling	Schleifenabrollen
		machine language	Maschinensprache
finite-state machine	endlicher Automat	magnetic disk	Festplatte
flash memory	Flash-Speicher	main memory	Hauptspeicher
floating point number	Gleitkommazahl	memory	Speicher
		memory hierarchy	Speicherhierarchie
flush	Leeren der Pipeline	miss penalty	Fehlzugriffsaufwand
forwarding	Forwarding	miss rate	Fehlzugriffsrate
frame buffer	Bildspeicher	most significant bit	höchstwertiges Bit
frame pointer	Rahmenzeiger	multicore microprocessor	Multikernprozessor
fully associative cache	vollassoziativer Cache		
		multilevel cache	Cache-Speicherhierarchie
general-purpose register	Allzweckregister	multiple issue	Mehrfachzuordnung
handler	Verarbeitungsroutine	multiprocessor	Multiprozessor
hard disk	Festplatte	nonblocking cache	nicht-blockierender Cache

nonvolatile memory	nichtflüchtiger Speicher	sign extension	Vorzeichenerweiterung
object oriented language	objektorientierte Sprache	silicon	Silizium
one's complement	Einerkomplement	simultaneous multithreading	simultanes Multithreading
opcode	Opcode	single precision	einfache Genauigkeit
operating system	Betriebssystem		
out-of-order execution	Out-of-order-Ausführung	single-cycle implementation	Eintaktausführung
output device	Ausgabegerät	speculation	Spekulation
overflow	Überlauf	spilling	Registerauslagerung
page fault	Seitenfehler	split cache	getrennte Caches
page table	Seitentabelle	stack	Keller
PC-relative addressing	befehlszählerrelative Adressierung	stack pointer	Kellerzeiger
		stall	Pipelineverzögerung
personal computer	Personalcomputer	state element	Schaltwerk
personal mobile device	Mobilgerät	stored program concept	Von-Neumann-Konzept
physical address	physikalische Adresse	strong scaling	starke Skalierung
		structural hazard	Strukturkonflikt
pipeline stall	Pipelineleerlauf	supercomputer	Supercomputer
pipelining	Pipelining	supervisor mode	Supervisor-Modus
pixel	Pixel	swap space	Austauschspeicher
prefetching	Prefetching	symbol table	Symboltabelle
procedure	Prozedur	system call	Systemaufruf
procedure frame	Prozeduraufrufrahmen	system software	Systemsoftware
		task-level parallelism	Parallelität auf Aufgabenebene
process-level parallelism	Parallelität auf Prozessebene	thread	Thread („Faden")
program counter	Befehlszähler	throughput	Durchsatz
protection	Schutzmechanismen	tournament branch predictor	Hybridprädiktor
pseudoinstruction	Pseudobefehl		
recorded buffer	Rückordnungspuffer	track	Spur
reference bit	Referenzbit	transistor	Transistor
register file	Registersatz	truth table	Wahrheitstabelle
register renaming	Registerumbenennung	two's complement	Zweierkomplement
		underflow	Unterlauf
reliability	Zuverlässigkeit	virtual address	virtuelle Adresse
reservation station	Reservierungsstation	virtual memory	virtueller Speicher
response time	Antwortzeit	volatile memory	flüchtiger Speicher
return address	Rücksprungadresse	wafer	Wafer
rotational latency	Umdrehungslatenz	weak scaling	schwache Skalierung
secondary memory	Sekundärspeicher		
sector	Sektor	wide area network	Weitverkehrsnetz
segmentation	Segmentierung	workload	Arbeitslast
semiconductor	Halbleiter	write buffer	Schreibpuffer
server	Server	write-through	Durchschreibtechnik
set-associative cache	satzassoziativer Cache	write-back	Rückschreibtechnik
sign	Vorzeichen	yield	Ausbeute

Deutsch — Englisch

Adressabbildung	address mapping	Cache-Fehlzugriff	cache miss
Adresse	address	Cache-Speicher	cache memory
Adressierungsart	addressing mode	Cache-Speicher-	multilevel cache
Adresskonflikt-	conflict miss	hierarchie	
Fehlzugriff		Charakteristik	biased notaion
Adressübersetzung	address translation	Cloud Computing	cloud computing
Aliasing	aliasing	Cluster	cluster
Allzweckregister	general-purpose	Compiler	compiler
	register	Data Race	data race
Amdahl'sches	Amdahl's Law	(„Datenwettlauf")	
Gesetz		Datenkonflikt	data hazard
Antwortzeit	response time	Datenpfad	datapath
Anzeige mit aktiver	active matrix	Die (Stück eines	die
Matrix	display	Wafers)	
Arbeitslast	workload	doppelte Genauig-	double precision
Architekturregister	architectural	keit	
	registers	Durchsatz	throughput
Assembler	assembler	Durchschreiben	write-through
aufgerufene Proze-	callee	dynamisch gebun-	dynamically linked
dur		dene Bibliothek	library
aufrufende Prozedur	caller	dynamische Sprung-	dynamic branch
Ausbeute	yield	vorhersage	prediction
ausführbare Pro-	executable file	Einerkomplement	one's complement
grammdatei		einfache Genauig-	single precision
Ausgabegerät	output device	keit	
Ausnahmeverarbei-	exception	Eingabegerät	input device
tung		eingebetteter	embedded computer
Ausrichtung an	alignment	Rechner	
Wortgrenzen	restriction	Eintaktausführung	single-cycle
Austauschspeicher	swap space		implementation
bedingte Verzwei-	conditional branch	endlicher Automat	finite-state machine
gung		Fehlererkennungs-	error detection code
Befehl	instruction	code	
Befehlsformat	instruction format	Fehlzugriffsaufwand	miss penalty
Befehlsmix	instruction mix	Fehlzugriffsrate	miss rate
Befehlssatz	instruction set	feinkörniges	fine-grained
Befehlssatzarchi-	instruction set	Multithreading	multithreading
tektur	architecture	Festplatte	hard disk, magnetic
Befehlszähler	instruction count		disk
befehlszählerrela-	PC-relative	flankengesteuertes	edge-triggered
tive Adressierung	addressing	Taktverfahren	clocking
Benchmark	benchmark	Flash-Speicher	flash memory
Betriebssystem	operating system	flüchtiger Speicher	volatile memory
Bildspeicher	frame buffer	Flüssigkristall-	liquid crystal
Binärziffer	binary digit	anzeige	display
Binder	linker	Forwarding	forwarding
Bypassing	bypassing	Freigabeeinheit	commit unit

Freigeben in Programmreihenfolge	in-order commit	niedrigstwertiges Bit	least significant bit
getrennte Caches	split cache	objektorientierte Sprache	object oriented language
Gleitkommazahlen	floating point numbers	Opcode	opcode
grobkörniges Multithreading	coarse-grained multithreading	Out-of-order-Ausführung	out-of-order execution
Grundblock	basic block	Parallelität auf Aufgabenebene	task-level parallelism
Halbleiter	semiconductor	Parallelität auf Befehlsebene	instruction-level parallelism
Halde	heap	Parallelität auf Datenebene	data-level parallelism
hardwareseitiges Multithreading	hardware multithreading	Parallelität auf Prozessebene	process-level parallelism
Hauptspeicher	main memory	Personalcomputer	personal computer
Hexadezimalzahlen	hexadecimal	physikalische Adresse	physical address
höchstwertiges Bit	most significant bit	Pipelineleerlauf	pipeline stall, bubble
höhere Programmiersprache	high-level programming language	Pipelining	pipelining
Hybridprädiktor	branch predictor tournament	Pixel	pixel
Implementierung	implementation	Prefetching	prefetching
integrierter Schaltkreis	integrated circuit	Prozedur	procedure
Interrupt	interrupt	Prozeduraufrufrahmen	procedure frame
Kaltstart-Fehlzugriff	compulsory miss	Pseudobefehl	pseudoinstruction
Keller	stack	Rahmenzeiger	frame pointer
Kellerzeiger	stack pointer	Referenzbit	reference bit
Kernel-Modus	kernel mode	Registersatz	register file
Kollisions-Fehlzugriff	collision miss	Registerumbenennung	register renaming
Kontextwechsel	context switch	Reservierungsstation	reservation station
Korrelationsprädiktor	correlating predictor	Rückordnungspuffer	recorded buffer
Lader	loader	Rückschreiben	write-back
Leeren der Pipeline	flush	Rücksprungadresse	return address
Leitwerk	control	satzassoziativer Cache	set-associative cache
lokales Netz (LAN)	local area network	Schaltnetz	combinational element
Maschinensprache	machine language	Schaltwerk	state element
Mehrfachzuordnung	multiple issue	Schleifenabrollen	loop unrolling
Mobilgerät	personal mobile device	Schreibpuffer	write buffer
Multikernprozessor	multicore microprocessor	schwache Skalierung	weak scaling
Multiprozessor	multiprocessor	Segmentierung	segmentation
Namensabhängigkeit	antidependence	Seitenfehler	page fault
nicht-blockierender Cache	nonblocking cache	Seitentabelle	page table
nichtflüchtiger Speicher	nonvolatile memory	Sektor	sector

Sekundärspeicher	secondary memory	Transistor	transistor
Server	server	Trefferrate	hit rate
Silizium	silicon	Überlauf	overflow
simultanes	simultaneous	Umdrehungslatenz	rotational latency
Multithreading	multithreading	unechte gemeinsa-	false sharing
Speicher	memory	me Nutzung	
Speicherhierarchie	memory hierarchy	Unterbrechung	interrupt
Speicherüberlas-	capacity miss	Unterlauf	underflow
tungs-Fehlzugriff		Verarbeitungs-	handler
Spekulation	speculation	routine	
Sprung ausgeführt	branch taken	Verlässlichkeit	dependability
– nicht ausgeführt	– not taken	verzögerter Sprung	delayed branch
Sprungadresstabelle	jump address table	Verzögerung nach	branch delay slot
Sprungvorhersage	branch prediction	Sprungbefehl	
Sprungzieladresse	branch target	Verzweigungskon-	branch hazard
	address	flikt	
Sprungzielpuffer	branch target buffer	virtuelle Adresse	virtual address
Spur	track	virtueller Speicher	virtual memory
starke Skalierung	strong scaling	vollassoziativer	fully associative
Steuerkonflikt	control hazard	Cache	cache
Steuersignal	control signal	Von-Neumann-	stored program
Steuerwerk	control	Konzept	concept
Strukturkonflikt	structural hazard	Vorzeichenerwei-	sign extension
Supercomputer	supercomputer	terung	
Supervisor-Modus	supervisor mode	Wafer	wafer
Symboltabelle	symbol table	Wahrheitstabelle	truth table
Systemaufruf	system call	Weitverkehrsnetz	wide area network
Systemsoftware	system software	(WAN)	
Taktintervall	clock period	Zugriffszeit bei	hit time
Taktverfahren	clocking	Treffer	
	methodology	Zuordnungsfächer	issue slot
Taktzyklus	clock cycle	Zuordnungspaket	issue packet
Thread („Faden")	thread	Zweierkomplement	two's complement

Assemblers, Linkers, and the SPIM Simulator

Fear of serious injury cannot alone justify suppression of free speech and assembly.

Louis Brandeis
Whitney v. California, 1927

James R. Larus
Microsoft Research
Microsoft

 **Introduction**

Encoding instructions as binary numbers is natural and efficient for computers. Humans, however, have a great deal of difficulty understanding and manipulating these numbers. People read and write symbols (words) much better than long sequences of digits. Chapter 2 showed that we need not choose between numbers and words, because computer instructions can be represented in many ways. Humans can write and read symbols, and computers can execute the equivalent binary numbers. This appendix describes the process by which a human-readable program is translated into a form that a computer can execute, provides a few hints about writing assembly programs, and explains how to run these programs on SPIM, a simulator that executes MIPS programs. UNIX, Windows, and Mac OS X versions of the SPIM simulator are available on the CD.

Assembly language is the symbolic representation of a computer's binary encoding—the machine language. Assembly language is more readable than machine language, because it uses symbols instead of bits. The symbols in assembly language name commonly occurr in bit patterns, such as opcodes and register specifiers, so people can read and remember them. In addition, assembly language

machine language
Binary representation used for communication within a computer system.

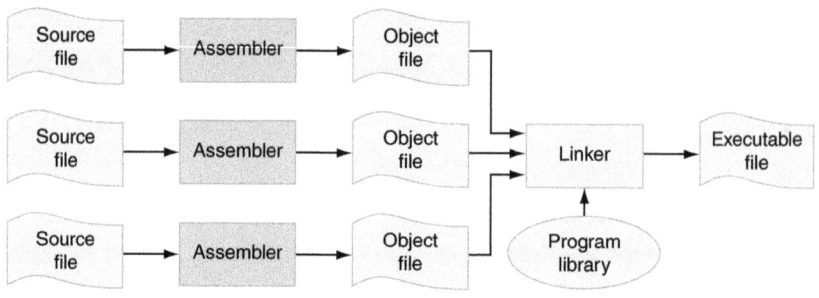

FIGURE A.1.1   The process that produces an executable file. An assembler translates a file of assembly language into an object file, which is linked with other files and libraries into an executable file.

assembler A program that translates a symbolic version of instruction into the binary version.

macro A pattern-matching and replacement facility that provides a simple mechanism to name a frequently used sequence of instructions.

unresolved reference A reference that requires more information from an outside source to be complete.

linker Also called link editor. A systems program that combines independently assembled machine language programs and resolves all undefined labels into an executable file.

permits programmers to use *labels* to identify and name particular memory words that hold instructions or data.

A tool called an assembler translates assembly language into binary instructions. Assemblers provide a friendlier representation than a computer's 0s and 1s, which simplifies writing and reading programs. Symbolic names for operations and locations are one facet of this representation. Another facet is programming facilities that increase a program's clarity. For example, macros, discussed in Section A.2, enable a programmer to extend the assembly language by defining new operations.

An assembler reads a single assembly language *source file* and produces an *object file* containing machine instructions and bookkeeping information that helps combine several object files into a program. Figure A.1.1 illustrates how a program is built. Most programs consist of several files—also called *modules*— that are written, compiled, and assembled independently. A program may also use prewritten routines supplied in a *program library*. A module typically contains *references* to subroutines and data defined in other modules and in libraries. The code in a module cannot be executed when it contains unresolved references to labels in other object files or libraries. Another tool, called a linker, combines a collection of object and library files into an *executable file*, which a computer can run.

To see the advantage of assembly language, consider the following sequence of figures, all of which contain a short subroutine that computes and prints the sum of the squares of integers from 0 to 100. Figure A.1.2 shows the machine language that a MIPS computer executes. With considerable effort, you could use the opcode and instruction format tables in Chapter 2 to translate the instructions into a symbolic program similar to that shown in Figure A.1.3. This form of the routine is much easier to read, because operations and operands are written with symbols rather

```
00100111101111011111111111100000
10101111101111110000000000010100
10101111101001000000000000100000
10101111101001010000000000100100
10101111101000000000000000011000
10101111101000000000000000011100
10001111101011100000000000011100
10001111101110000000000000011000
00000001110011100000000000011001
00100101110010000000000000000001
00101001000000010000000001100101
10101111101010000000000000011100
00000000000000000111100000010010
00000011000011111100100000100001
00010100001000001111111111110111
10101111101110010000000000011000
00111100000000100000100000000000
10001111101001010000000000011000
00001100000100000000000011101100
00100100100001000000000100001100
10001111101111110000000000010100
00100111101111010000000000100000
00000011111000000000000000001000
00000000000000000001000000100001
```

FIGURE A.1.2 MIPS machine language code for a routine to compute and print the sum of the squares of integers between 0 and 100.

than with bit patterns. However, this assembly language is still difficult to follow, because memory locations are named by their address rather than by a symbolic label.

Figure A.1.4 shows assembly language that labels memory addresses with mnemonic names. Most programmers prefer to read and write this form. Names that begin with a period, for example .data and .globl, are assembler directives that tell the assembler how to translate a program but do not produce machine instructions. Names followed by a colon, such as str: or main:, are labels that name the next memory location. This program is as readable as most assembly language programs (except for a glaring lack of comments), but it is still difficult to follow, because many simple operations are required to accomplish simple tasks and because assembly language's lack of control flow constructs provides few hints about the program's operation.

By contrast, the C routine in Figure A.1.5 is both shorter and clearer, since variables have mnemonic names and the loop is explicit rather than constructed with branches. In fact, the C routine is the only one that we wrote. The other forms of the program were produced by a C compiler and assembler.

In general, assembly language plays two roles (see Figure A.1.6). The first role is the output language of compilers. A *compiler* translates a program written in a *high-level language* (such as C or Pascal) into an equivalent program in machine or

assembler directive An operation that tells the assembler how to translate a program but does not produce machine instructions; always begins with a period.

```
addiu    $29, $29, -32
sw       $31, 20($29)
sw       $4, 32($29)
sw       $5, 36($29)
sw       $0, 24($29)
sw       $0, 28($29)
lw       $14, 28($29)
lw       $24, 24($29)
multu    $14, $14
addiu    $8, $14, 1
slti     $1, $8, 101
sw $8,   28($29)
mflo     $15
addu     $25, $24, $15
bne      $1, $0, -9
sw       $25, 24($29)
lui      $4, 4096
lw       $5, 24($29)
jal      1048812
addiu    $4, $4, 1072
lw       $31, 20($29)
addiu    $29, $29, 32
jr       $31
move     $2, $0
```

FIGURE A.1.3 The same routine as in Figure A.1.2 written in assembly language. However, the code for the routine does not label registers or memory locations or include comments.

source language The high-level language in which a program is originally written.

assembly language. The high-level language is called the source language, and the compiler's output is its *target language*.

Assembly language's other role is as a language in which to write programs. This role used to be the dominant one. Today, however, because of larger main memories and better compilers, most programmers write in a high-level language and rarely, if ever, see the instructions that a computer executes. Nevertheless, assembly language is still important to write programs in which speed or size is critical or to exploit hardware features that have no analogues in high-level languages.

Although this appendix focuses on MIPS assembly language, assembly programming on most other machines is very similar. The additional instructions and address modes in CISC machines, such as the VAX, can make assembly programs shorter but do not change the process of assembling a program or provide assembly language with the advantages of high-level languages, such as type-checking and structured control flow.

```
        .text
        .align  2
        .globl  main
main:
        subu    $sp, $sp, 32
        sw      $ra, 20($sp)
        sd      $a0, 32($sp)
        sw      $0,  24($sp)
        sw      $0,  28($sp)
loop:
        lw      $t6, 28($sp)
        mul     $t7, $t6, $t6
        lw      $t8, 24($sp)
        addu    $t9, $t8, $t7
        sw      $t9, 24($sp)
        addu    $t0, $t6, 1
        sw      $t0, 28($sp)
        ble     $t0, 100, loop
        la      $a0, str
        lw      $a1, 24($sp)
        jal     printf
        move    $v0, $0
        lw      $ra, 20($sp)
        addu    $sp, $sp, 32
        jr      $ra

        .data
        .align  0
str:
        .asciiz "The sum from 0 .. 100 is %d\n"
```

FIGURE A.1.4 The same routine as in Figure A.1.2 written in assembly language with labels, but no comments. The commands that start with periods are assembler directives (see pages A-47–49). .text indicates that succeeding lines contain instructions. .data indicates that they contain data. .align n indicates that the items on the succeeding lines should be aligned on a 2^n byte boundary. Hence, .align 2 means the next item should be on a word boundary. .globl main declares that main is a global symbol that should be visible to code stored in other files. Finally, .asciiz stores a null-terminated string in memory.

When to Use Assembly Language

The primary reason to program in assembly language, as opposed to an available high-level language, is that the speed or size of a program is critically important. For example, consider a computer that controls a piece of machinery, such as a car's brakes. A computer that is incorporated in another device, such as a car, is called an *embedded computer*. This type of computer needs to respond rapidly and predictably to events in the outside world. Because a compiler introduces

```
#include <stdio.h>

int
main (int argc, char *argv[])
{
    int i;
    int sum = 0;

    for (i = 0; i <= 100; i = i + 1) sum = sum + i * i;
    printf ("The sum from 0 .. 100 is %d\n", sum);
}
```

FIGURE A.1.5   The routine in Figure A.1.2 written in the C programming language.

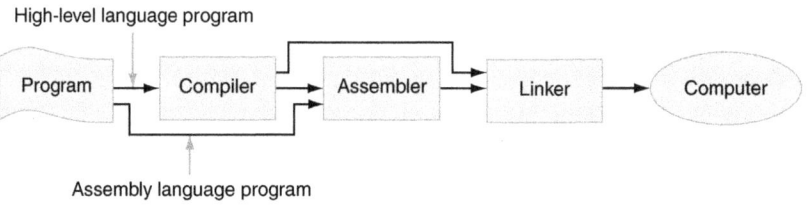

FIGURE A.1.6   Assembly language either is written by a programmer or is the output of a compiler.

uncertainty about the time cost of operations, programmers may find it difficult to ensure that a high-level language program responds within a definite time interval—say, 1 millisecond after a sensor detects that a tire is skidding. An assembly language programmer, on the other hand, has tight control over which instructions execute. In addition, in embedded applications, reducing a program's size, so that it fits in fewer memory chips, reduces the cost of the embedded computer.

A hybrid approach, in which most of a program is written in a high-level language and time-critical sections are written in assembly language, builds on the strengths of both languages. Programs typically spend most of their time executing a small fraction of the program's source code. This observation is just the principle of locality that underlies caches (see Section 5.1 in Chapter 5).

Program profiling measures where a program spends its time and can find the time-critical parts of a program. In many cases, this portion of the program can be made faster with better data structures or algorithms. Sometimes, however, significant performance improvements only come from recoding a critical portion of a program in assembly language.

This improvement is not necessarily an indication that the high-level language's compiler has failed. Compilers typically are better than programmers at producing uniformly high-quality machine code across an entire program. Programmers, however, understand a program's algorithms and behavior at a deeper level than a compiler and can expend considerable effort and ingenuity improving small sections of the program. In particular, programmers often consider several procedures simultaneously while writing their code. Compilers typically compile each procedure in isolation and must follow strict conventions governing the use of registers at procedure boundaries. By retaining commonly used values in registers, even across procedure boundaries, programmers can make a program run faster.

Another major advantage of assembly language is the ability to exploit specialized instructions—for example, string copy or pattern-matching instructions. Compilers, in most cases, cannot determine that a program loop can be replaced by a single instruction. However, the programmer who wrote the loop can replace it easily with a single instruction.

Currently, a programmer's advantage over a compiler has become difficult to maintain as compilation techniques improve and machines' pipelines increase in complexity (Chapter 4).

The final reason to use assembly language is that no high-level language is available on a particular computer. Many older or specialized computers do not have a compiler, so a programmer's only alternative is assembly language.

Drawbacks of Assembly Language

Assembly language has many disadvantages that strongly argue against its widespread use. Perhaps its major disadvantage is that programs written in assembly language are inherently machine-specific and must be totally rewritten to run on another computer architecture. The rapid evolution of computers discussed in Chapter 1 means that architectures become obsolete. An assembly language program remains tightly bound to its original architecture, even after the computer is eclipsed by new, faster, and more cost-effective machines.

Another disadvantage is that assembly language programs are longer than the equivalent programs written in a high-level language. For example, the C program in Figure A.1.5 is 11 lines long, while the assembly program in Figure A.1.4 is 31 lines long. In more complex programs, the ratio of assembly to high-level language (its *expansion factor*) can be much larger than the factor of three in this example. Unfortunately, empirical studies have shown that programmers write roughly the same number of lines of code per day in assembly as in high-level languages. This means that programmers are roughly x times more productive in a high-level language, where x is the assembly language expansion factor.

To compound the problem, longer programs are more difficult to read and understand, and they contain more bugs. Assembly language exacerbates the problem because of its complete lack of structure. Common programming idioms, such as *if-then* statements and loops, must be built from branches and jumps. The resulting programs are hard to read, because the reader must reconstruct every higher-level construct from its pieces and each instance of a statement may be slightly different. For example, look at Figure A.1.4 and answer these questions: What type of loop is used? What are its lower and upper bounds?

Elaboration: Compilers can produce machine language directly instead of relying on an assembler. These compilers typically execute much faster than those that invoke an assembler as part of compilation. However, a compiler that generates machine language must perform many tasks that an assembler normally handles, such as resolving addresses and encoding instructions as binary numbers. The tradeoff is between compilation speed and compiler simplicity.

Elaboration: Despite these considerations, some embedded applications are written in a high-level language. Many of these applications are large and complex programs that must be extremely reliable. Assembly language programs are longer and more difficult to write and read than high-level language programs. This greatly increases the cost of writing an assembly language program and makes it extremely difficult to verify the correctness of this type of program. In fact, these considerations led the US Department of Defense, which pays for many complex embedded systems, to develop Ada, a new high-level language for writing embedded systems.

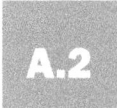

A.2   Assemblers

An assembler translates a file of assembly language statements into a file of binary machine instructions and binary data. The translation process has two major parts. The first step is to find memory locations with labels so that the relationship between symbolic names and addresses is known when instructions are translated. The second step is to translate each assembly statement by combining the numeric equivalents of opcodes, register specifiers, and labels into a legal instruction. As shown in Figure A.1.1, the assembler produces an output file, called an *object file*, which contains the machine instructions, data, and bookkeeping information.

An object file typically cannot be executed, because it references procedures or data in other files. A label is external (also called global) if the labeled object can

external label Also called **global label**. A label referring to an object that can be referenced from files other than the one in which it is defined.

be referenced from files other than the one in which it is defined. A label is *local* if the object can be used only within the file in which it is defined. In most assemblers, labels are local by default and must be explicitly declared global. Subroutines and global variables require external labels since they are referenced from many files in a program. Local labels hide names that should not be visible to other modules—for example, static functions in C, which can only be called by other functions in the same file. In addition, compiler-generated names—for example, a name for the instruction at the beginning of a loop—are local so that the compiler need not produce unique names in every file.

local label A label referring to an object that can be used only within the file in which it is defined.

Local and Global Labels

Consider the program in Figure A.1.4. The subroutine has an external (global) label `main`. It also contains two local labels—`loop` and `str`—that are only visible with this assembly language file. Finally, the routine also contains an unresolved reference to an external label `printf`, which is the library routine that prints values. Which labels in Figure A.1.4 could be referenced from another file?

EXAMPLE

Only global labels are visible outside a file, so the only label that could be referenced from another file is `main`.

ANSWER

Since the assembler processes each file in a program individually and in isolation, it only knows the addresses of local labels. The assembler depends on another tool, the linker, to combine a collection of object files and libraries into an executable file by resolving external labels. The assembler assists the linker by providing lists of labels and unresolved references.

However, even local labels present an interesting challenge to an assembler. Unlike names in most high-level languages, assembly labels may be used before they are defined. In the example in Figure A.1.4, the label `str` is used by the `la` instruction before it is defined. The possibility of a forward reference, like this one, forces an assembler to translate a program in two steps: first find all labels and then produce instructions. In the example, when the assembler sees the `la` instruction, it does not know where the word labeled `str` is located or even whether `str` labels an instruction or datum.

forward reference A label that is used before it is defined.

An assembler's first pass reads each line of an assembly file and breaks it into its component pieces. These pieces, which are called *lexemes*, are individual words, numbers, and punctuation characters. For example, the line

```
ble     $t0, 100, loop
```

contains six lexemes: the opcode `ble`, the register specifier `$t0`, a comma, the number `100`, a comma, and the symbol `loop`.

symbol table A table that matches names of labels to the addresses of the memory words that instructions occupy.

If a line begins with a label, the assembler records in its symbol table the name of the label and the address of the memory word that the instruction occupies. The assembler then calculates how many words of memory the instruction on the current line will occupy. By keeping track of the instructions' sizes, the assembler can determine where the next instruction goes. To compute the size of a variable-length instruction, like those on the VAX, an assembler has to examine it in detail. However, fixed-length instructions, like those on MIPS, require only a cursory examination. The assembler performs a similar calculation to compute the space required for data statements. When the assembler reaches the end of an assembly file, the symbol table records the location of each label defined in the file.

The assembler uses the information in the symbol table during a second pass over the file, which actually produces machine code. The assembler again examines each line in the file. If the line contains an instruction, the assembler combines the binary representations of its opcode and operands (register specifiers or memory address) into a legal instruction. The process is similar to the one used in Section 2.5 in Chapter 2. Instructions and data words that reference an external symbol defined in another file cannot be completely assembled (they are unresolved), since the symbol's address is not in the symbol table. An assembler does not complain about unresolved references, since the corresponding label is likely to be defined in another file.

The **BIG**
Picture

Assembly language is a programming language. Its principal difference from high-level languages such as BASIC, Java, and C is that assembly language provides only a few, simple types of data and control flow. Assembly language programs do not specify the type of value held in a variable. Instead, a programmer must apply the appropriate operations (e.g., integer or floating-point addition) to a value. In addition, in assembly language, programs must implement all control flow with *go to*s. Both factors make assembly language programming for any machine—MIPS or x86—more difficult and error-prone than writing in a high-level language.

Elaboration: If an assembler's speed is important, this two-step process can be done in one pass over the assembly file with a technique known as backpatching. In its pass over the file, the assembler builds a (possibly incomplete) binary representation of every instruction. If the instruction references a label that has not yet been defined, the assembler records the label and instruction in a table. When a label is defined, the assembler consults this table to find all instructions that contain a forward reference to the label. The assembler goes back and corrects their binary representation to incorporate the address of the label. Backpatching speeds assembly because the assembler only reads its input once. However, it requires an assembler to hold the entire binary representation of a program in memory so instructions can be backpatched. This requirement can limit the size of programs that can be assembled. The process is complicated by machines with several types of branches that span different ranges of instructions. When the assembler first sees an unresolved label in a branch instruction, it must either use the largest possible branch or risk having to go back and readjust many instructions to make room for a larger branch.

backpatching
A method for translating from assembly language to machine instructions in which the assembler builds a (possibly incomplete) binary representation of every instruction in one pass over a program and then returns to fill in previously undefined labels.

Object File Format

Assemblers produce object files. An object file on UNIX contains six distinct sections (see Figure A.2.1):

- The *object file header* describes the size and position of the other pieces of the file.

- The text segment contains the machine language code for routines in the source file. These routines may be unexecutable because of unresolved references.

- The data segment contains a binary representation of the data in the source file. The data also may be incomplete because of unresolved references to labels in other files.

- The relocation information identifies instructions and data words that depend on absolute addresses. These references must change if portions of the program are moved in memory.

- The *symbol table* associates addresses with external labels in the source file and lists unresolved references.

- The *debugging information* contains a concise description of the way the program was compiled, so a debugger can find which instruction addresses correspond to lines in a source file and print the data structures in readable form.

The assembler produces an object file that contains a binary representation of the program and data and additional information to help link pieces of a program.

text segment The segment of a UNIX object file that contains the machine language code for routines in the source file.

data segment The segment of a UNIX object or executable file that contains a binary representation of the initialized data used by the program.

relocation information The segment of a UNIX object file that identifies instructions and data words that depend on absolute addresses.

absolute address A variable's or routine's actual address in memory.

Object file header	Text segment	Data segment	Relocation information	Symbol table	Debugging information

FIGURE A.2.1   Object file. A UNIX assembler produces an object file with six distinct sections.

This relocation information is necessary because the assembler does not know which memory locations a procedure or piece of data will occupy after it is linked with the rest of the program. Procedures and data from a file are stored in a contiguous piece of memory, but the assembler does not know where this memory will be located. The assembler also passes some symbol table entries to the linker. In particular, the assembler must record which external symbols are defined in a file and what unresolved references occur in a file.

Elaboration: For convenience, assemblers assume each file starts at the same address (for example, location 0) with the expectation that the linker will *relocate* the code and data when they are assigned locations in memory. The assembler produces *relocation information*, which contains an entry describing each instruction or data word in the file that references an absolute address. On MIPS, only the subroutine call, load, and store instructions reference absolute addresses. Instructions that use PC-relative addressing, such as branches, need not be relocated.

Additional Facilities

Assemblers provide a variety of convenience features that help make assembler programs shorter and easier to write, but do not fundamentally change assembly language. For example, *data layout directives* allow a programmer to describe data in a more concise and natural manner than its binary representation.

In Figure A.1.4, the directive

```
.asciiz "The sum from 0 .. 100 is %d\n"
```

stores characters from the string in memory. Contrast this line with the alternative of writing each character as its ASCII value (Figure 2.15 in Chapter 2 describes the ASCII encoding for characters):

```
.byte 84, 104, 101, 32, 115, 117, 109, 32
.byte 102, 114, 111, 109, 32, 48, 32, 46
.byte 46, 32, 49, 48, 48, 32, 105, 115
.byte 32, 37, 100, 10, 0
```

The .asciiz directive is easier to read because it represents characters as letters, not binary numbers. An assembler can translate characters to their binary representation much faster and more accurately than a human can. Data layout directives specify data in a human-readable form that the assembler translates to binary. Other layout directives are described in Section A.10.

String Directive

Define the sequence of bytes produced by this directive:

```
.asciiz "The quick brown fox jumps over the lazy dog"
```

```
.byte 84,  104, 101, 32,  113, 117, 105, 99
.byte 107, 32,  98,  114, 111, 119, 110, 32
.byte 102, 111, 120, 32,  106, 117, 109, 112
.byte 115, 32,  111, 118, 101, 114, 32,  116
.byte 104, 101, 32,  108, 97,  122, 121, 32
.byte 100, 111, 103, 0
```

Macro is a pattern-matching and replacement facility that provides a simple mechanism to name a frequently used sequence of instructions. Instead of repeatedly typing the same instructions every time they are used, a programmer invokes the macro and the assembler replaces the macro call with the corresponding sequence of instructions. Macros, like subroutines, permit a programmer to create and name a new abstraction for a common operation. Unlike subroutines, however, macros do not cause a subroutine call and return when the program runs, since a macro call is replaced by the macro's body when the program is assembled. After this replacement, the resulting assembly is indistinguishable from the equivalent program written without macros.

Macros

As an example, suppose that a programmer needs to print many numbers. The library routine `printf` accepts a format string and one or more values to print as its arguments. A programmer could print the integer in register $7 with the following instructions:

```
        .data
int_str: .asciiz"%d"
        .text
        la   $a0, int_str # Load string address
                         # into first arg
```

```
mov    $a1, $7   # Load value into
                 # second arg
jal    printf    # Call the printf routine
```

The .data directive tells the assembler to store the string in the program's data segment, and the .text directive tells the assembler to store the instructions in its text segment.

However, printing many numbers in this fashion is tedious and produces a verbose program that is difficult to understand. An alternative is to introduce a macro, print_int, to print an integer:

```
        .data
int_str:.asciiz "%d"
        .text
        .macro print_int($arg)
        la $a0, int_str  # Load string address into
                         # first arg
        mov $a1, $arg    # Load macro's parameter
                         # ($arg) into second arg
        jal printf       # Call the printf routine
        .end_macro
print_int($7)
```

formal parameter
A variable that is the argument to a procedure or macro; it is replaced by that argument once the macro is expanded.

The macro has a formal parameter, $arg, that names the argument to the macro. When the macro is expanded, the argument from a call is substituted for the formal parameter throughout the macro's body. Then the assembler replaces the call with the macro's newly expanded body. In the first call on print_int, the argument is $7, so the macro expands to the code

```
la    $a0, int_str
mov   $a1, $7
jal   printf
```

In a second call on print_int, say, print_int($t0), the argument is $t0, so the macro expands to

```
la    $a0, int_str
mov   $a1, $t0
jal   printf
```

What does the call print_int($a0) expand to?

```
la  $a0, int_str
mov $a1, $a0
jal printf
```

This example illustrates a drawback of macros. A programmer who uses this macro must be aware that `print_int` uses register $a0 and so cannot correctly print the value in that register.

Some assemblers also implement *pseudoinstructions,* which are instructions provided by an assembler but not implemented in hardware. Chapter 2 contains many examples of how the MIPS assembler synthesizes pseudoinstructions and addressing modes from the spartan MIPS hardware instruction set. For example, Section 2.7 in Chapter 2 describes how the assembler synthesizes the `blt` instruction from two other instructions: `slt` and `bne`. By extending the instruction set, the MIPS assembler makes assembly language programming easier without complicating the hardware. Many pseudoinstructions could also be simulated with macros, but the MIPS assembler can generate better code for these instructions because it can use a dedicated register ($at) and is able to optimize the generated code.

Hardware/ Software Interface

Elaboration: Assemblers *conditionally assemble* pieces of code, which permits a programmer to include or exclude groups of instructions when a program is assembled. This feature is particularly useful when several versions of a program differ by a small amount. Rather than keep these programs in separate files—which greatly complicates fixing bugs in the common code—programmers typically merge the versions into a single file. Code particular to one version is conditionally assembled, so it can be excluded when other versions of the program are assembled.

If macros and conditional assembly are useful, why do assemblers for UNIX systems rarely, if ever, provide them? One reason is that most programmers on these systems write programs in higher-level languages like C. Most of the assembly code is produced by compilers, which find it more convenient to repeat code rather than define macros. Another reason is that other tools on UNIX—such as cpp, the C preprocessor, or m4, a general macro processor—can provide macros and conditional assembly for assembly language programs.

A.3   Linkers

separate compilation
Splitting a program across
many files, each of which
can be compiled without
knowledge of what is in
the other files.

Separate compilation permits a program to be split into pieces that are stored in different files. Each file contains a logically related collection of subroutines and data structures that form a *module* in a larger program. A file can be compiled and assembled independently of other files, so changes to one module do not require recompiling the entire program. As we discussed above, separate compilation necessitates the additional step of linking to combine object files from separate modules and fixing their unresolved references.

The tool that merges these files is the *linker* (see Figure A.3.1). It performs three tasks:

- Searches the program libraries to find library routines used by the program

- Determines the memory locations that code from each module will occupy and relocates its instructions by adjusting absolute references

- Resolves references among files

A linker's first task is to ensure that a program contains no undefined labels. The linker matches the external symbols and unresolved references from a program's files. An external symbol in one file resolves a reference from another file if both refer to a label with the same name. Unmatched references mean a symbol was used but not defined anywhere in the program.

Unresolved references at this stage in the linking process do not necessarily mean a programmer made a mistake. The program could have referenced a library routine whose code was not in the object files passed to the linker. After matching symbols in the program, the linker searches the system's program libraries to find predefined subroutines and data structures that the program references. The basic libraries contain routines that read and write data, allocate and deallocate memory, and perform numeric operations. Other libraries contain routines to access a database or manipulate terminal windows. A program that references an unresolved symbol that is not in any library is erroneous and cannot be linked. When the program uses a library routine, the linker extracts the routine's code from the library and incorporates it into the program text segment. This new routine, in turn, may depend on other library routines, so the linker continues to fetch other library routines until no external references are unresolved or a routine cannot be found.

If all external references are resolved, the linker next determines the memory locations that each module will occupy. Since the files were assembled in isolation,

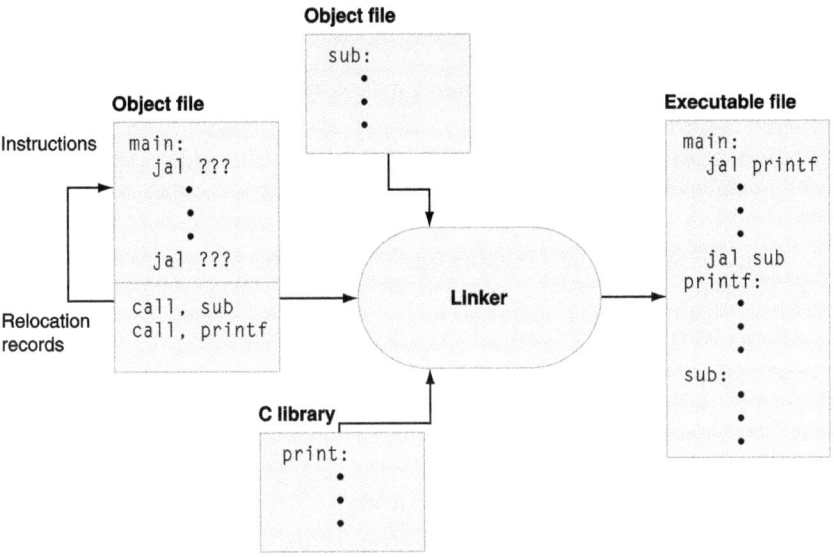

FIGURE A.3.1 The linker searches a collection of object files and program libraries to find nonlocal routines used in a program, combines them into a single executable file, and resolves references between routines in different files.

the assembler could not know where a module's instructions or data would be placed relative to other modules. When the linker places a module in memory, all absolute references must be *relocated* to reflect its true location. Since the linker has relocation information that identifies all relocatable references, it can efficiently find and backpatch these references.

The linker produces an executable file that can run on a computer. Typically, this file has the same format as an object file, except that it contains no unresolved references or relocation information.

 **Loading**

A program that links without an error can be run. Before being run, the program resides in a file on secondary storage, such as a disk. On UNIX systems, the operating system kernel brings a program into memory and starts it running. To start a program, the operating system performs the following steps:

1. It reads the executable file's header to determine the size of the text and data segments.

2. It creates a new address space for the program. This address space is large enough to hold the text and data segments, along with a stack segment (see Section A.5).

3. It copies instructions and data from the executable file into the new address space.

4. It copies arguments passed to the program onto the stack.

5. It initializes the machine registers. In general, most registers are cleared, but the stack pointer must be assigned the address of the first free stack location (see Section A.5).

6. It jumps to a start-up routine that copies the program's arguments from the stack to registers and calls the program's main routine. If the main routine returns, the start-up routine terminates the program with the exit system call.

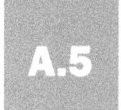

A.5 Memory Usage

The next few sections elaborate the description of the MIPS architecture presented earlier in the book. Earlier chapters focused primarily on hardware and its relationship with low-level software. These sections focus primarily on how assembly language programmers use MIPS hardware. These sections describe a set of conventions followed on many MIPS systems. For the most part, the hardware does not impose these conventions. Instead, they represent an agreement among programmers to follow the same set of rules so that software written by different people can work together and make effective use of MIPS hardware.

Systems based on MIPS processors typically divide memory into three parts (see Figure A.5.1). The first part, near the bottom of the address space (starting at address 400000_hex), is the *text segment*, which holds the program's instructions.

static data The portion of memory that contains data whose size is known to the compiler and whose lifetime is the program's entire execution.

The second part, above the text segment, is the *data segment*, which is further divided into two parts. Static data (starting at address 10000000_hex) contains objects whose size is known to the compiler and whose lifetime—the interval during which a program can access them—is the program's entire execution. For example, in C, global variables are statically allocated, since they can be referenced

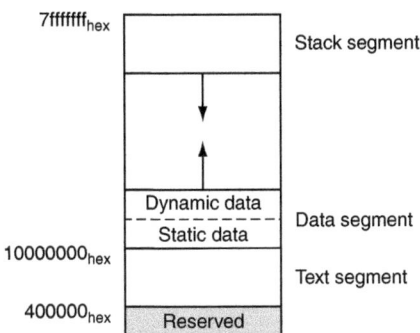

FIGURE A.5.1 Layout of memory.

anytime during a program's execution. The linker both assigns static objects to locations in the data segment and resolves references to these objects.

Immediately above static data is *dynamic data*. This data, as its name implies, is allocated by the program as it executes. In C programs, the malloc library routine

Because the data segment begins far above the program at address 10000000$_{hex}$, load and store instructions cannot directly reference data objects with their 16-bit offset fields (see Section 2.5 in Chapter 2). For example, to load the word in the data segment at address 10010020$_{hex}$ into register $v0 requires two instructions:

Hardware/ Software Interface

```
lui   $s0, 0x1001 # 0x1001 means 1001 base 16
lw    $v0, 0x0020($s0) # 0x10010000 + 0x0020 = 0x10010020
```

(The *0x* before a number means that it is a hexadecimal value. For example, 0x8000 is 8000$_{hex}$ or 32,768$_{ten}$.)

To avoid repeating the lui instruction at every load and store, MIPS systems typically dedicate a register ($gp) as a *global pointer* to the static data segment. This register contains address 10008000$_{hex}$, so load and store instructions can use their signed 16-bit offset fields to access the first 64 KB of the static data segment. With this global pointer, we can rewrite the example as a single instruction:

```
lw $v0, 0x8020($gp)
```

Of course, a global pointer register makes addressing locations 10000000$_{hex}$– 10010000$_{hex}$ faster than other heap locations. The MIPS compiler usually stores *global variables* in this area, because these variables have fixed locations and fit better than other global data, such as arrays.

finds and returns a new block of memory. Since a compiler cannot predict how much memory a program will allocate, the operating system expands the dynamic data area to meet demand. As the upward arrow in the figure indicates, malloc expands the dynamic area with the sbrk system call, which causes the operating system to add more pages to the program's virtual address space (see Section 5.7 in Chapter 5) immediately above the dynamic data segment.

stack segment The portion of memory used by a program to hold procedure call frames.

The third part, the program stack segment, resides at the top of the virtual address space (starting at address 7ffffff$_{hex}$). Like dynamic data, the maximum size of a program's stack is not known in advance. As the program pushes values on to the stack, the operating system expands the stack segment down toward the data segment.

This three-part division of memory is not the only possible one. However, it has two important characteristics: the two dynamically expandable segments are as far apart as possible, and they can grow to use a program's entire address space.

A.6   Procedure Call Convention

Conventions governing the use of registers are necessary when procedures in a program are compiled separately. To compile a particular procedure, a compiler must know which registers it may use and which registers are reserved for other procedures. Rules for using registers are called register use or procedure call conventions. As the name implies, these rules are, for the most part, conventions followed by software rather than rules enforced by hardware. However, most compilers and programmers try very hard to follow these conventions because violating them causes insidious bugs.

register use convention Also called procedure call convention. A software protocol governing the use of registers by procedures.

The calling convention described in this section is the one used by the gcc compiler. The native MIPS compiler uses a more complex convention that is slightly faster.

The MIPS CPU contains 32 general-purpose registers that are numbered 0–31. Register $0 always contains the hardwired value 0.

- Registers $at (1), $k0 (26), and $k1 (27) are reserved for the assembler and operating system and should not be used by user programs or compilers.

- Registers $a0–$a3 (4–7) are used to pass the first four arguments to routines (remaining arguments are passed on the stack). Registers $v0 and $v1 (2, 3) are used to return values from functions.

- Registers $t0-$t9 (8–15, 24, 25) are caller-saved registers that are used to hold temporary quantities that need not be preserved across calls (see Section 2.8 in Chapter 2).

- Registers $s0-$s7 (16–23) are callee-saved registers that hold long-lived values that should be preserved across calls.

- Register $gp (28) is a global pointer that points to the middle of a 64K block of memory in the static data segment.

- Register $sp (29) is the stack pointer, which points to the last location on the stack. Register $fp (30) is the frame pointer. The jal instruction writes register $ra (31), the return address from a procedure call. These two registers are explained in the next section.

caller-saved register A register saved by the routine being called.

callee-saved register A register saved by the routine making a procedure call.

The two-letter abbreviations and names for these registers—for example $sp for the stack pointer—reflect the registers' intended uses in the procedure call convention. In describing this convention, we will use the names instead of register numbers. Figure A.6.1 lists the registers and describes their intended uses.

Procedure Calls

This section describes the steps that occur when one procedure (the *caller*) invokes another procedure (the *callee*). Programmers who write in a high-level language (like C or Pascal) never see the details of how one procedure calls another, because the compiler takes care of this low-level bookkeeping. However, assembly language programmers must explicitly implement every procedure call and return.

Most of the bookkeeping associated with a call is centered around a block of memory called a procedure call frame. This memory is used for a variety of purposes:

- To hold values passed to a procedure as arguments

- To save registers that a procedure may modify, but which the procedure's caller does not want changed

- To provide space for variables local to a procedure

procedure call frame A block of memory that is used to hold values passed to a procedure as arguments, to save registers that a procedure may modify but that the procedure's caller does not want changed, and to provide space for variables local to a procedure.

In most programming languages, procedure calls and returns follow a strict last-in, first-out (LIFO) order, so this memory can be allocated and deallocated on a stack, which is why these blocks of memory are sometimes called stack frames. Figure A.6.2 shows a typical stack frame. The frame consists of the memory between the frame pointer ($fp), which points to the first word of the frame, and the stack pointer ($sp), which points to the last word of the frame. The stack grows down from higher memory addresses, so the frame pointer points above the

Register name	Number	Usage
$zero	0	constant 0
$at	1	reserved for assembler
$v0	2	expression evaluation and results of a function
$v1	3	expression evaluation and results of a function
$a0	4	argument 1
$a1	5	argument 2
$a2	6	argument 3
$a3	7	argument 4
$t0	8	temporary (not preserved across call)
$t1	9	temporary (not preserved across call)
$t2	10	temporary (not preserved across call)
$t3	11	temporary (not preserved across call)
$t4	12	temporary (not preserved across call)
$t5	13	temporary (not preserved across call)
$t6	14	temporary (not preserved across call)
$t7	15	temporary (not preserved across call)
$s0	16	saved temporary (preserved across call)
$s1	17	saved temporary (preserved across call)
$s2	18	saved temporary (preserved across call)
$s3	19	saved temporary (preserved across call)
$s4	20	saved temporary (preserved across call)
$s5	21	saved temporary (preserved across call)
$s6	22	saved temporary (preserved across call)
$s7	23	saved temporary (preserved across call)
$t8	24	temporary (not preserved across call)
$t9	25	temporary (not preserved across call)
$k0	26	reserved for OS kernel
$k1	27	reserved for OS kernel
$gp	28	pointer to global area
$sp	29	stack pointer
$fp	30	frame pointer
$ra	31	return address (used by function call)

FIGURE A.6.1   MIPS registers and usage convention.

stack pointer. The executing procedure uses the frame pointer to quickly access values in its stack frame. For example, an argument in the stack frame can be loaded into register $v0 with the instruction

```
lw $v0, 0($fp)
```

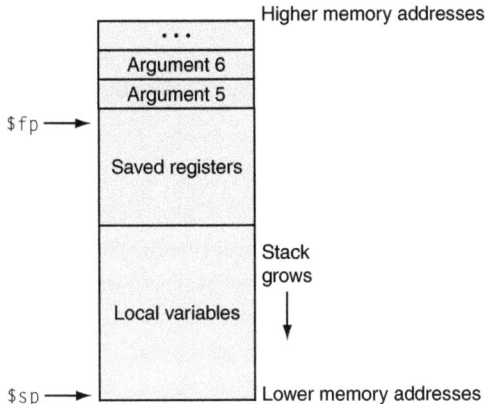

FIGURE A.6.2 **Layout of a stack frame.** The frame pointer ($fp) points to the first word in the currently executing procedure's stack frame. The stack pointer ($sp) points to the last word of the frame. The first four arguments are passed in registers, so the fifth argument is the first one stored on the stack.

A stack frame may be built in many different ways; however, the caller and callee must agree on the sequence of steps. The steps below describe the calling convention used on most MIPS machines. This convention comes into play at three points during a procedure call: immediately before the caller invokes the callee, just as the callee starts executing, and immediately before the callee returns to the caller. In the first part, the caller puts the procedure call arguments in standard places and invokes the callee to do the following:

1. Pass arguments. By convention, the first four arguments are passed in registers $a0–$a3. Any remaining arguments are pushed on the stack and appear at the beginning of the called procedure's stack frame.

2. Save caller-saved registers. The called procedure can use these registers ($a0–$a3 and $t0–$t9) without first saving their value. If the caller expects to use one of these registers after a call, it must save its value before the call.

3. Execute a jal instruction (see Section 2.8 of Chapter 2), which jumps to the callee's first instruction and saves the return address in register $ra.

Before a called routine starts running, it must take the following steps to set up its stack frame:

1. Allocate memory for the frame by subtracting the frame's size from the stack pointer.

2. Save callee-saved registers in the frame. A callee must save the values in these registers ($s0–$s7, $fp, and $ra) before altering them, since the caller expects to find these registers unchanged after the call. Register $fp is saved by every procedure that allocates a new stack frame. However, register $ra only needs to be saved if the callee itself makes a call. The other callee-saved registers that are used also must be saved.

3. Establish the frame pointer by adding the stack frame's size minus 4 to $sp and storing the sum in register $fp.

Hardware/ Software Interface

The MIPS register use convention provides callee- and caller-saved registers, because both types of registers are advantageous in different circumstances. Callee-saved registers are better used to hold long-lived values, such as variables from a user's program. These registers are only saved during a procedure call if the callee expects to use the register. On the other hand, caller-saved registers are better used to hold short-lived quantities that do not persist across a call, such as immediate values in an address calculation. During a call, the callee can also use these registers for short-lived temporaries.

Finally, the callee returns to the caller by executing the following steps:

1. If the callee is a function that returns a value, place the returned value in register $v0.

2. Restore all callee-saved registers that were saved upon procedure entry.

3. Pop the stack frame by adding the frame size to $sp.

4. Return by jumping to the address in register $ra.

recursive procedures
Procedures that call themselves either directly or indirectly through a chain of calls.

Elaboration: A programming language that does not permit recursive procedures—procedures that call themselves either directly or indirectly through a chain of calls—need not allocate frames on a stack. In a nonrecursive language, each procedure's frame may be statically allocated, since only one invocation of a procedure can be active at a time. Older versions of Fortran prohibited recursion, because statically allocated frames produced faster code on some older machines. However, on load store architectures like MIPS, stack frames may be just as fast, because a frame pointer register points directly to the active stack frame, which permits a single load or store instruction to access values in the frame. In addition, recursion is a valuable programming technique.

Procedure Call Example

As an example, consider the C routine

```
main ()
{
    printf ("The factorial of 10 is %d\n", fact (10));
}

int fact (int n)
{
    if (n < 1)
        return (1);
    else
        return (n * fact (n - 1));
}
```

which computes and prints 10! (the factorial of 10, $10! = 10 \times 9 \times \ldots \times 1$). fact is a recursive routine that computes $n!$ by multiplying n times $(n - 1)!$. The assembly code for this routine illustrates how programs manipulate stack frames.

Upon entry, the routine main creates its stack frame and saves the two callee-saved registers it will modify: $fp and $ra. The frame is larger than required for these two register because the calling convention requires the minimum size of a stack frame to be 24 bytes. This minimum frame can hold four argument registers ($a0–$a3) and the return address $ra, padded to a double-word boundary (24 bytes). Since main also needs to save $fp, its stack frame must be two words larger (remember: the stack pointer is kept doubleword aligned).

```
        .text
        .globl main
main:
        subu    $sp,$sp,32      # Stack frame is 32 bytes long
        sw      $ra,20($sp)     # Save return address
        sw      $fp,16($sp)     # Save old frame pointer
        addiu   $fp,$sp,28      # Set up frame pointer
```

The routine main then calls the factorial routine and passes it the single argument 10. After fact returns, main calls the library routine printf and passes it both a format string and the result returned from fact:

```
        li      $a0,10          # Put argument (10) in $a0
        jal     fact            # Call factorial function

        la      $a0,$LC         # Put format string in $a0
        move    $a1,$v0         # Move fact result to $a1
        jal     printf          # Call the print function
```

Finally, after printing the factorial, main returns. But first, it must restore the registers it saved and pop its stack frame:

```
        lw      $ra,20($sp)     # Restore return address
        lw      $fp,16($sp)     # Restore frame pointer
        addiu   $sp,$sp,32      # Pop stack frame
        jr      $ra             # Return to caller

        .rdata
$LC:
        .ascii  "The factorial of 10 is %d\n\000"
```

The factorial routine is similar in structure to main. First, it creates a stack frame and saves the callee-saved registers it will use. In addition to saving $ra and $fp, fact also saves its argument ($a0), which it will use for the recursive call:

```
        .text
fact:
        subu    $sp,$sp,32      # Stack frame is 32 bytes long
        sw      $ra,20($sp)     # Save return address
        sw      $fp,16($sp)     # Save frame pointer
        addiu   $fp,$sp,28      # Set up frame pointer
        sw      $a0,0($fp)      # Save argument (n)
```

The heart of the fact routine performs the computation from the C program. It tests whether the argument is greater than 0. If not, the routine returns the value 1. If the argument is greater than 0, the routine recursively calls itself to compute fact(n−1) and multiplies that value times *n*:

```
        lw      $v0,0($fp)      # Load n
        bgtz    $v0,$L2         # Branch if n > 0
        li      $v0,1           # Return 1
        jr      $L1             # Jump to code to return

$L2:
        lw      $v1,0($fp)      # Load n
        subu    $v0,$v1,1       # Compute n - 1
        move    $a0,$v0         # Move value to $a0
```

```
jal     fact        # Call factorial function

lw      $v1,0($fp)  # Load n
mul     $v0,$v0,$v1 # Compute fact(n-1) * n
```

Finally, the factorial routine restores the callee-saved registers and returns the value in register $v0:

```
$L1:                    # Result is in $v0
    lw      $ra, 20($sp) # Restore $ra
    lw      $fp, 16($sp) # Restore $fp
    addiu   $sp, $sp, 32 # Pop stack
    jr      $ra          # Return to caller
```

Stack in Recursive Procedure

Figure A.6.3 shows the stack at the call fact(7). main runs first, so its frame is deepest on the stack. main calls fact(10), whose stack frame is next on the stack. Each invocation recursively invokes fact to compute the next-lowest factorial. The stack frames parallel the LIFO order of these calls. What does the stack look like when the call to fact(10) returns?

EXAMPLE

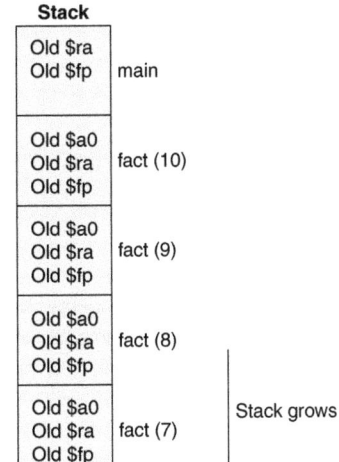

FIGURE A.6.3 Stack frames during the call of fact(7).

Elaboration: The difference between the MIPS compiler and the gcc compiler is that the MIPS compiler usually does not use a frame pointer, so this register is available as another callee-saved register, $s8. This change saves a couple of instructions in the procedure call and return sequence. However, it complicates code generation, because a procedure must access its stack frame with $sp, whose value can change during a procedure's execution if values are pushed on the stack.

Another Procedure Call Example

As another example, consider the following routine that computes the tak function, which is a widely used benchmark created by Ikuo Takeuchi. This function does not compute anything useful, but is a heavily recursive program that illustrates the MIPS calling convention.

```
int tak (int x, int y, int z)
{
    if (y < x)
        return 1+ tak (tak (x - 1, y, z),
            tak (y - 1, z, x),
            tak (z - 1, x, y));
    else
        return z;
}
int main ()
{
    tak(18, 12, 6);
}
```

The assembly code for this program is shown below. The tak function first saves its return address in its stack frame and its arguments in callee-saved registers, since the routine may make calls that need to use registers $a0–$a2 and $ra. The function uses callee-saved registers, since they hold values that persist over the lifetime of the function, which includes several calls that could potentially modify registers.

```
        .text
        .globl   tak

tak:
        subu     $sp, $sp, 40
        sw       $ra, 32($sp)

        sw       $s0, 16($sp)     # x
        move     $s0, $a0
        sw       $s1, 20($sp)     # y
        move     $s1, $a1
        sw       $s2, 24($sp)     # z
        move     $s2, $a2
        sw       $s3, 28($sp)     # temporary
```

The routine then begins execution by testing if y < x. If not, it branches to label L1, which is shown below.

```
        bge      $s1, $s0, L1     # if (y < x)
```

If y < x, then it executes the body of the routine, which contains four recursive calls. The first call uses almost the same arguments as its parent:

```
        addiu    $a0, $s0, -1
        move     $a1, $s1
        move     $a2, $s2
        jal      tak              # tak (x - 1, y, z)
        move     $s3, $v0
```

Note that the result from the first recursive call is saved in register $s3, so that it can be used later.

The function now prepares arguments for the second recursive call.

```
        addiu    $a0, $s1, -1
        move     $a1, $s2
        move     $a2, $s0
        jal      tak              # tak (y - 1, z, x)
```

In the instructions below, the result from this recursive call is saved in register $s0. But first we need to read, for the last time, the saved value of the first argument from this register.

```
        addiu    $a0, $s2, -1
        move     $a1, $s0
        move     $a2, $s1
        move     $s0, $v0
        jal      tak                 # tak (z - 1, x, y)
```

After the three inner recursive calls, we are ready for the final recursive call. After the call, the function's result is in $v0 and control jumps to the function's epilogue.

```
        move     $a0, $s3
        move     $a1, $s0
        move     $a2, $v0
        jal      tak             # tak (tak(...), tak(...), tak(...))
        addiu    $v0, $v0, 1
        j        L2
```

This code at label L1 is the consequent of the *if-then-else* statement. It just moves the value of argument z into the return register and falls into the function epilogue.

```
L1:
        move     $v0, $s2
```

The code below is the function epilogue, which restores the saved registers and returns the function's result to its caller.

```
L2:
        lw       $ra, 32($sp)
        lw       $s0, 16($sp)
        lw       $s1, 20($sp)
        lw       $s2, 24($sp)
        lw       $s3, 28($sp)
        addiu    $sp, $sp, 40
        jr       $ra
```

The main routine calls the tak function with its initial arguments, then takes the computed result (7) and prints it using SPIM's system call for printing integers.

```
        .globl   main
main:
        subu     $sp, $sp, 24
        sw       $ra, 16($sp)

        li       $a0, 18
        li       $a1, 12
```

```
li      $a2, 6
jal     tak                     # tak(18, 12, 6)

move    $a0, $v0
li      $v0, 1                  # print_int syscall
syscall

lw      $ra, 16($sp)
addiu   $sp, $sp, 24
jr      $ra
```

A.7   Exceptions and Interrupts

Section 4.9 of Chapter 4 describes the MIPS exception facility, which responds both to exceptions caused by errors during an instruction's execution and to external interrupts caused by I/O devices. This section describes exception and interrupt handling in more detail.[1] In MIPS processors, a part of the CPU called *coprocessor 0* records the information the software needs to handle exceptions and interrupts. The MIPS simulator SPIM does not implement all of coprocessor 0's registers, since many are not useful in a simulator or are part of the memory system, which SPIM does not implement. However, SPIM does provide the following coprocessor 0 registers:

interrupt handler
A piece of code that is run as a result of an exception or an interrupt.

Register name	Register number	Usage
BadVAddr	8	memory address at which an offending memory reference occurred
Count	9	timer
Compare	11	value compared against timer that causes interrupt when they match
Status	12	interrupt mask and enable bits
Cause	13	exception type and pending interrupt bits
EPC	14	address of instruction that caused exception
Config	16	configuration of machine

1. This section discusses exceptions in the MIPS-32 architecture, which is what SPIM implements in Version 7.0 and later. Earlier versions of SPIM implemented the MIPS-1 architecture, which handled exceptions slightly differently. Converting programs from these versions to run on MIPS-32 should not be difficult, as the changes are limited to the Status and Cause register fields and the replacement of the rfe instruction by the eret instruction.

These seven registers are part of coprocessor 0's register set. They are accessed by the mfc0 and mtc0 instructions. After an exception, register EPC contains the address of the instruction that was executing when the exception occurred. If the exception was caused by an external interrupt, then the instruction will not have started executing. All other exceptions are caused by the execution of the instruction at EPC, except when the offending instruction is in the delay slot of a branch or jump. In that case, EPC points to the branch or jump instruction and the BD bit is set in the Cause register. When that bit is set, the exception handler must look at EPC + 4 for the offending instruction. However, in either case, an exception handler properly resumes the program by returning to the instruction at EPC.

If the instruction that caused the exception made a memory access, register BadVAddr contains the referenced memory location's address.

The Count register is a timer that increments at a fixed rate (by default, every 10 milliseconds) while SPIM is running. When the value in the Count register equals the value in the Compare register, a hardware interrupt at priority level 5 occurs.

Figure A.7.1 shows the subset of the Status register fields implemented by the MIPS simulator SPIM. The interrupt mask field contains a bit for each of the six hardware and two software interrupt levels. A mask bit that is 1 allows interrupts at that level to interrupt the processor. A mask bit that is 0 disables interrupts at that level. When an interrupt arrives, it sets its interrupt pending bit in the Cause register, even if the mask bit is disabled. When an interrupt is pending, it will interrupt the processor when its mask bit is subsequently enabled.

The user mode bit is 0 if the processor is running in kernel mode and 1 if it is running in user mode. On SPIM, this bit is fixed at 1, since the SPIM processor does not implement kernel mode. The exception level bit is normally 0, but is set to 1 after an exception occurs. When this bit is 1, interrupts are disabled and the EPC is not updated if another exception occurs. This bit prevents an exception handler from being disturbed by an interrupt or exception, but it should be reset when the handler finishes. If the interrupt enable bit is 1, interrupts are allowed. If it is 0, they are disabled.

Figure A.7.2 shows the subset of Cause register fields that SPIM implements. The branch delay bit is 1 if the last exception occurred in an instruction executed in the delay slot of a branch. The interrupt pending bits become 1 when an interrupt

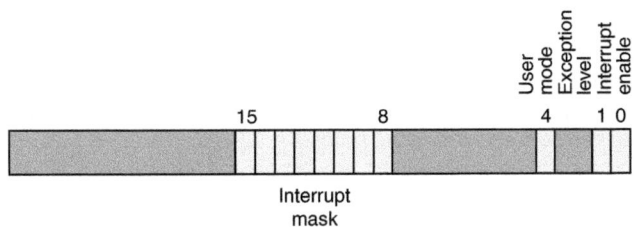

FIGURE A.7.1 The Status register.

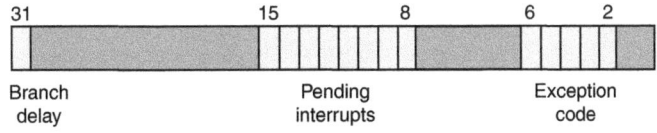

FIGURE A.7.2 The Cause register.

is raised at a given hardware or software level. The exception code register describes the cause of an exception through the following codes:

Number	Name	Cause of exception
0	Int	interrupt (hardware)
4	AdEL	address error exception (load or instruction fetch)
5	AdES	address error exception (store)
6	IBE	bus error on instruction fetch
7	DBE	bus error on data load or store
8	Sys	syscall exception
9	Bp	breakpoint exception
10	RI	reserved instruction exception
11	CpU	coprocessor unimplemented
12	Ov	arithmetic overflow exception
13	Tr	trap
15	FPE	floating point

Exceptions and interrupts cause a MIPS processor to jump to a piece of code, at address 80000180_{hex} (in the kernel, not user address space), called an *exception handler*. This code examines the exception's cause and jumps to an appropriate point in the operating system. The operating system responds to an exception either by terminating the process that caused the exception or by performing some action. A process that causes an error, such as executing an unimplemented instruction, is killed by the operating system. On the other hand, other exceptions such as page faults are requests from a process to the operating system to perform a service, such as bringing in a page from disk. The operating system processes these requests and resumes the process. The final type of exceptions are interrupts from external devices. These generally cause the operating system to move data to or from an I/O device and resume the interrupted process.

The code in the example below is a simple exception handler, which invokes a routine to print a message at each exception (but not interrupts). This code is similar to the exception handler (exceptions.s) used by the SPIM simulator.

Exception Handler

EXAMPLE

The exception handler first saves register $at, which is used in pseudo-instructions in the handler code, then saves $a0 and $a1, which it later uses to pass arguments. The exception handler cannot store the old values from these registers on the stack, as would an ordinary routine, because the cause of the exception might have been a memory reference that used a bad value (such as 0) in the stack pointer. Instead, the exception handler stores these registers in an exception handler register ($k1, since it can't access memory without using $at) and two memory locations (save0 and save1). If the exception routine itself could be interrupted, two locations would not be enough since the second exception would overwrite values saved during the first exception. However, this simple exception handler finishes running before it enables interrupts, so the problem does not arise.

```
.ktext 0x80000180
mov $k1, $at    # Save $at register
sw  $a0, save0  # Handler is not re-entrant and can't use
sw  $a1, save1  # stack to save $a0, $a1
                # Don't need to save $k0/$k1
```

The exception handler then moves the Cause and EPC registers into CPU registers. The Cause and EPC registers are not part of the CPU register set. Instead, they are registers in coprocessor 0, which is the part of the CPU that handles exceptions. The instruction mfc0 $k0, $13 moves coprocessor 0's register 13 (the Cause register) into CPU register $k0. Note that the exception handler need not save registers $k0 and $k1, because user programs are not supposed to use these registers. The exception handler uses the value from the Cause register to test whether the exception was caused by an interrupt (see the preceding table). If so, the exception is ignored. If the exception was not an interrupt, the handler calls print_excp to print a message.

```
mfc0     $k0, $13          # Move Cause into $k0

srl      $a0, $k0, 2       # Extract ExcCode field
andi     $a0, $a0, 0xf

bgtz     $a0, done         # Branch if ExcCode is Int (0)

mov      $a0, $k0          # Move Cause into $a0
mfco     $a1, $14          # Move EPC into $a1
jal      print_excp        # Print exception error message
```

Before returning, the exception handler clears the Cause register; resets the Status register to enable interrupts and clear the EXL bit, which allows subsequent exceptions to change the EPC register; and restores registers $a0, $a1, and $at. It then executes the eret (exception return) instruction, which returns to the instruction pointed to by EPC. This exception handler returns to the instruction following the one that caused the exception, so as to not re-execute the faulting instruction and cause the same exception again.

```
done:    mfc0     $k0, $14        # Bump EPC
         addiu    $k0, $k0, 4     # Do not re-execute
                                  # faulting instruction
         mtc0     $k0, $14        # EPC

         mtc0     $0, $13         # Clear Cause register

         mfc0     $k0, $12        # Fix Status register
         andi     $k0, 0xfffd     # Clear EXL bit
         ori      $k0, 0x1        # Enable interrupts
         mtc0     $k0, $12

         lw       $a0, save0      # Restore registers
         lw       $a1, save1
         mov      $at, $k1

         eret                     # Return to EPC

         .kdata
save0:   .word 0
save1:   .word 0
```

Elaboration: On real MIPS processors, the return from an exception handler is more complex. The exception handler cannot always jump to the instruction following EPC. For example, if the instruction that caused the exception was in a branch instruction's delay slot (see Chapter 4), the next instruction to execute may not be the following instruction in memory.

A.8   Input and Output

SPIM simulates one I/O device: a memory-mapped console on which a program can read and write characters. When a program is running, SPIM connects its own terminal (or a separate console window in the X-window version xspim or the Windows version PCSpim) to the processor. A MIPS program running on SPIM can read the characters that you type. In addition, if the MIPS program writes characters to the terminal, they appear on SPIM's terminal or console window. One exception to this rule is control-C: this character is not passed to the program, but instead causes SPIM to stop and return to command mode. When the program stops running (for example, because you typed control-C or because the program hit a breakpoint), the terminal is reconnected to SPIM so you can type SPIM commands.

To use memory-mapped I/O (see below), spim or xspim must be started with the -mapped_io flag. PCSpim can enable memory-mapped I/O through a command line flag or the "Settings" dialog.

The terminal device consists of two independent units: a *receiver* and a *transmitter*. The receiver reads characters from the keyboard. The transmitter displays characters on the console. The two units are completely independent. This means, for example, that characters typed at the keyboard are not automatically echoed on the display. Instead, a program echoes a character by reading it from the receiver and writing it to the transmitter.

A program controls the terminal with four memory-mapped device registers, as shown in Figure A.8.1. "Memory-mapped" means that each register appears as a special memory location. The *Receiver Control register* is at location ffff0000$_{hex}$. Only two of its bits are actually used. Bit 0 is called "ready": if it is 1, it means that a character has arrived from the keyboard but has not yet been read from the Receiver Data register. The ready bit is read-only: writes to it are ignored. The ready bit changes from 0 to 1 when a character is typed at the keyboard, and it changes from 1 to 0 when the character is read from the Receiver Data register.

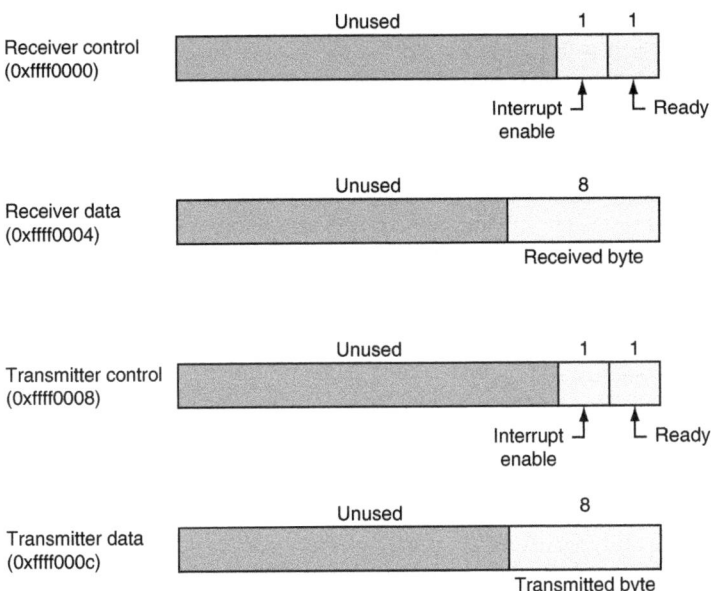

Receiver control (0xffff0000) — Unused | 1 | 1 — Interrupt enable / Ready

Receiver data (0xffff0004) — Unused | 8 — Received byte

Transmitter control (0xffff0008) — Unused | 1 | 1 — Interrupt enable / Ready

Transmitter data (0xffff000c) — Unused | 8 — Transmitted byte

FIGURE A.8.1 The terminal is controlled by four device registers, each of which appears as a memory location at the given address. Only a few bits of these registers are actually used. The others always read as 0s and are ignored on writes.

Bit 1 of the Receiver Control register is the keyboard "interrupt enable." This bit may be both read and written by a program. The interrupt enable is initially 0. If it is set to 1 by a program, the terminal requests an interrupt at hardware level 1 whenever a character is typed, and the ready bit becomes 1. However, for the interrupt to affect the processor, interrupts must also be enabled in the Status register (see Section A.7). All other bits of the Receiver Control register are unused.

The second terminal device register is the *Receiver Data register* (at address $ffff0004_{hex}$). The low-order eight bits of this register contain the last character typed at the keyboard. All other bits contain 0s. This register is read-only and changes only when a new character is typed at the keyboard. Reading the Receiver Data register resets the ready bit in the Receiver Control register to 0. The value in this register is undefined if the Receiver Control register is 0.

The third terminal device register is the *Transmitter Control register* (at address $ffff0008_{hex}$). Only the low-order two bits of this register are used. They behave much like the corresponding bits of the Receiver Control register. Bit 0 is called "ready" and is read-only. If this bit is 1, the transmitter is ready to accept a new character for output. If it is 0, the transmitter is still busy writing the previous character. Bit 1 is "interrupt enable" and is readable and writable. If this bit is set to 1, then the terminal requests an interrupt at hardware level 0 whenever the transmitter is ready for a new character, and the ready bit becomes 1.

The final device register is the *Transmitter Data register* (at address ffff000c$_{hex}$). When a value is written into this location, its low-order eight bits (i.e., an ASCII character as in Figure 2.15 in Chapter 2) are sent to the console. When the Transmitter Data register is written, the ready bit in the Transmitter Control register is reset to 0. This bit stays 0 until enough time has elapsed to transmit the character to the terminal; then the ready bit becomes 1 again. The Transmitter Data register should only be written when the ready bit of the Transmitter Control register is 1. If the transmitter is not ready, writes to the Transmitter Data register are ignored (the write appears to succeed but the character is not output).

Real computers require time to send characters to a console or terminal. These time lags are simulated by SPIM. For example, after the transmitter starts to write a character, the transmitter's ready bit becomes 0 for a while. SPIM measures time in instructions executed, not in real clock time. This means that the transmitter does not become ready again until the processor executes a fixed number of instructions. If you stop the machine and look at the ready bit, it will not change. However, if you let the machine run, the bit eventually changes back to 1.

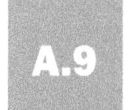 **A.9   SPIM**

SPIM is a software simulator that runs assembly language programs written for processors that implement the MIPS-32 architecture, specifically Release 1 of this architecture with a fixed memory mapping, no caches, and only coprocessors 0 and 1.[2] SPIM's name is just MIPS spelled backwards. SPIM can read and immediately execute assembly language files. SPIM is a self-contained system for running

---

2. Earlier versions of SPIM (before 7.0) implemented the MIPS-1 architecture used in the original MIPS R2000 processors. This architecture is almost a proper subset of the MIPS-32 architecture, with the difference being the manner in which exceptions are handled. MIPS-32 also introduced approximately 60 new instructions, which are supported by SPIM. Programs that ran on the earlier versions of SPIM and did not use exceptions should run unmodified on newer versions of SPIM. Programs that used exceptions will require minor changes.

MIPS programs. It contains a debugger and provides a few operating system-like services. SPIM is much slower than a real computer (100 or more times). However, its low cost and wide availability cannot be matched by real hardware!

An obvious question is, "Why use a simulator when most people have PCs that contain processors that run significantly faster than SPIM?" One reason is that the processors in PCs are Intel 80×86s, whose architecture is far less regular and far more complex to understand and program than MIPS processors. The MIPS architecture may be the epitome of a simple, clean RISC machine.

In addition, simulators can provide a better environment for assembly programming than an actual machine because they can detect more errors and provide a better interface than can an actual computer.

Finally, simulators are useful tools in studying computers and the programs that run on them. Because they are implemented in software, not silicon, simulators can be examined and easily modified to add new instructions, build new systems such as multiprocessors, or simply collect data.

Simulation of a Virtual Machine

The basic MIPS architecture is difficult to program directly because of delayed branches, delayed loads, and restricted address modes. This difficulty is tolerable since these computers were designed to be programmed in high-level languages and present an interface designed for compilers rather than assembly language programmers. A good part of the programming complexity results from delayed instructions. A *delayed branch* requires two cycles to execute (see the *Elaborations* on pages 284 and 322 of Chapter 4). In the second cycle, the instruction immediately following the branch executes. This instruction can perform useful work that normally would have been done before the branch. It can also be a nop (no operation) that does nothing. Similarly, *delayed loads* require two cycles to bring a value from memory, so the instruction immediately following a load cannot use the value (see Section 4.2 of Chapter 4).

MIPS wisely chose to hide this complexity by having its assembler implement a virtual machine. This virtual computer appears to have nondelayed branches and loads and a richer instruction set than the actual hardware. The assembler *reorganizes* (rearranges) instructions to fill the delay slots. The virtual computer also provides *pseudoinstructions*, which appear as real instructions in assembly language programs. The hardware, however, knows nothing about pseudoinstructions, so the assembler must translate them into equivalent sequences of actual machine instructions. For example, the MIPS hardware only provides instructions to branch when a register is equal to or not equal to 0. Other conditional branches, such as one that branches when one register is greater than another, are synthesized by comparing the two registers and branching when the result of the comparison is true (nonzero).

virtual machine
A virtual computer that appears to have nondelayed branches and loads and a richer instruction set than the actual hardware.

By default, SPIM simulates the richer virtual machine, since this is the machine that most programmers will find useful. However, SPIM can also simulate the delayed branches and loads in the actual hardware. Below, we describe the virtual machine and only mention in passing features that do not belong to the actual hardware. In doing so, we follow the convention of MIPS assembly language programmers (and compilers), who routinely use the extended machine as if it was implemented in silicon.

Getting Started with SPIM

The rest of this appendix introduces SPIM and the MIPS R2000 Assembly language. Many details should never concern you; however, the sheer volume of information can sometimes obscure the fact that SPIM is a simple, easy-to-use program. This section starts with a quick tutorial on using SPIM, which should enable you to load, debug, and run simple MIPS programs.

SPIM comes in different versions for different types of computer systems. The one constant is the simplest version, called spim, which is a command-line-driven program that runs in a console window. It operates like most programs of this type: you type a line of text, hit the return key, and spim executes your command. Despite its lack of a fancy interface, spim can do everything that its fancy cousins can do.

There are two fancy cousins to spim. The version that runs in the X-windows environment of a UNIX or Linux system is called xspim. xspim is an easier program to learn and use than spim, because its commands are always visible on the screen and because it continually displays the machine's registers and memory. The other fancy version is called PCspim and runs on Microsoft Windows. The UNIX and Windows versions of SPIM 🖳 are available online at the publisher's companion Web site for this book. Tutorials on xspim, pcSpim, spim, and SPIM command-line options 🖳 are also online.

If you are going to run SPIM on a PC running Microsoft Windows, you should first look at the tutorial on PCSpim 🖳 on the companion Web site. If you are going to run SPIM on a computer running UNIX or Linux, you should read the tutorial on xspim 🖳.

Surprising Features

Although SPIM faithfully simulates the MIPS computer, SPIM is a simulator, and certain things are not identical to an actual computer. The most obvious differences are that instruction timing and the memory systems are not identical. SPIM does not simulate caches or memory latency, nor does it accurately reflect floating-point operation or multiply and divide instruction delays. In addition, the floating-point instructions do not detect many error conditions, which would cause exceptions on a real machine.

Another surprise (which occurs on the real machine as well) is that a pseudo-instruction expands to several machine instructions. When you single-step or examine memory, the instructions that you see are different from the source program. The correspondence between the two sets of instructions is fairly simple, since SPIM does not reorganize instructions to fill slots.

Byte Order

Processors can number bytes within a word so the byte with the lowest number is either the leftmost or rightmost one. The convention used by a machine is called its *byte order*. MIPS processors can operate with either *big-endian* or *little-endian* byte order. For example, in a big-endian machine, the directive .byte 0, 1, 2, 3 would result in a memory word containing

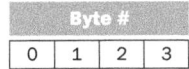

while in a little-endian machine, the word would contain

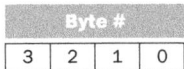

SPIM operates with both byte orders. SPIM's byte order is the same as the byte order of the underlying machine that runs the simulator. For example, on an Intel 80x86, SPIM is little-endian, while on a Macintosh or Sun SPARC, SPIM is big-endian.

System Calls

SPIM provides a small set of operating system–like services through the system call (syscall) instruction. To request a service, a program loads the system call code (see Figure A.9.1) into register $v0 and arguments into registers $a0–$a3 (or $f12 for floating-point values). System calls that return values put their results in register $v0 (or $f0 for floating-point results). For example, the following code prints "the answer = 5":

```
        .data
    str:
        .asciiz "the answer = "
        .text
```

Service	System call code	Arguments	Result
print_int	1	$a0 = integer	
print_float	2	$f12 = float	
print_double	3	$f12 = double	
print_string	4	$a0 = string	
read_int	5		integer (in $v0)
read_float	6		float (in $f0)
read_double	7		double (in $f0)
read_string	8	$a0 = buffer, $a1 = length	
sbrk	9	$a0 = amount	address (in $v0)
exit	10		
print_char	11	$a0 = char	
read_char	12		char (in $v0)
open	13	$a0 = filename (string), $a1 = flags, $a2 = mode	file descriptor (in $a0)
read	14	$a0 = file descriptor, $a1 = buffer, $a2 = length	num chars read (in $a0)
write	15	$a0 = file descriptor, $a1 = buffer, $a2 = length	num chars written (in $a0)
close	16	$a0 = file descriptor	
exit2	17	$a0 = result	

FIGURE A.9.1　System services.

```
li      $v0, 4    # system call code for print_str
la      $a0, str  # address of string to print
syscall           # print the string

li      $v0, 1    # system call code for print_int
li      $a0, 5    # integer to print
syscall           # print it
```

The print_int system call is passed an integer and prints it on the console. print_float prints a single floating-point number; print_double prints a double precision number; and print_string is passed a pointer to a null-terminated string, which it writes to the console.

The system calls read_int, read_float, and read_double to read an entire line of input up to and including the newline. Characters following the number are ignored. read_string has the same semantics as the UNIX library routine fgets. It reads up to $n - 1$ characters into a buffer and terminates the string with a null byte. If fewer than $n - 1$ characters are on the current line, read_string reads up to and including the newline and again null-terminates the string.

Warning: Programs that use these syscalls to read from the terminal should not use memory-mapped I/O (see Section A.8).

sbrk returns a pointer to a block of memory containing *n* additional bytes. exit stops the program SPIM is running. exit2 terminates the SPIM program, and the argument to exit2 becomes the value returned when the SPIM simulator itself terminates.

print_char and read_char write and read a single character. open, read, write, and close are the standard UNIX library calls.

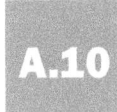 **MIPS R2000 Assembly Language**

A MIPS processor consists of an integer processing unit (the CPU) and a collection of coprocessors that perform ancillary tasks or operate on other types of data, such as floating-point numbers (see Figure A.10.1). SPIM simulates two coprocessors. Coprocessor 0 handles exceptions and interrupts. Coprocessor 1 is the floating-point unit. SPIM simulates most aspects of this unit.

Addressing Modes

MIPS is a load store architecture, which means that only load and store instructions access memory. Computation instructions operate only on values in registers. The bare machine provides only one memory-addressing mode: c(rx), which uses the sum of the immediate c and register rx as the address. The virtual machine provides the following addressing modes for load and store instructions:

Format	Address computation
(register)	contents of register
imm	immediate
imm (register)	immediate + contents of register
label	address of label
label ± imm	address of label + or – immediate
label ± imm (register)	address of label + or – (immediate + contents of register)

Most load and store instructions operate only on aligned data. A quantity is *aligned* if its memory address is a multiple of its size in bytes. Therefore, a halfword

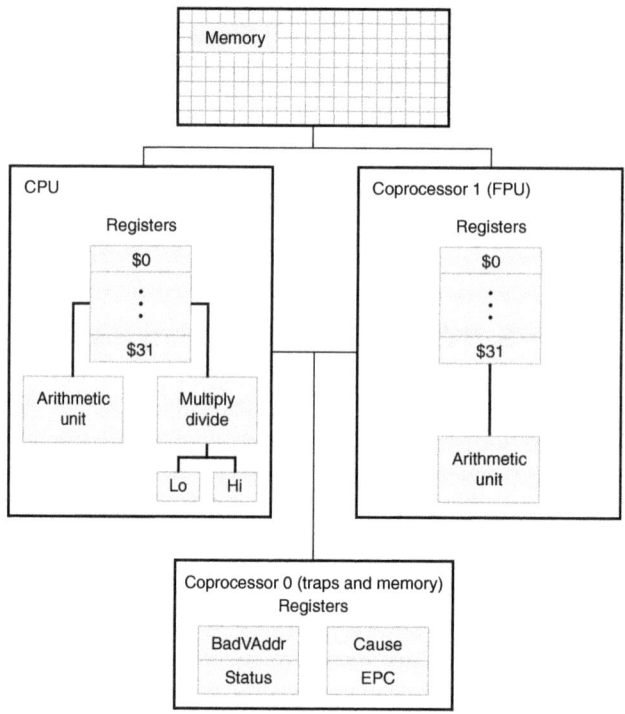

FIGURE A.10.1   MIPS R2000 CPU and FPU.

object must be stored at even addresses, and a full word object must be stored at addresses that are a multiple of four. However, MIPS provides some instructions to manipulate unaligned data (lwl, lwr, swl, and swr).

Elaboration: The MIPS assembler (and SPIM) synthesizes the more complex addressing modes by producing one or more instructions before the load or store to compute a complex address. For example, suppose that the label table referred to memory location 0x10000004 and a program contained the instruction

```
ld $a0, table + 4($a1)
```

The assembler would translate this instruction into the instructions

```
lui $at, 4096
addu $at, $at, $a1
lw $a0, 8($at)
```

The first instruction loads the upper bits of the label's address into register $at, which is the register that the assembler reserves for its own use. The second instruction adds the contents of register $a1 to the label's partial address. Finally, the load instruction uses the hardware address mode to add the sum of the lower bits of the label's address and the offset from the original instruction to the value in register $at.

Assembler Syntax

Comments in assembler files begin with a sharp sign (#). Everything from the sharp sign to the end of the line is ignored.

Identifiers are a sequence of alphanumeric characters, underbars (_), and dots (.) that do not begin with a number. Instruction opcodes are reserved words that *cannot* be used as identifiers. Labels are declared by putting them at the beginning of a line followed by a colon, for example:

```
        .data
item:   .word 1
        .text
        .globl main      # Must be global
main:   lw         $t0, item
```

Numbers are base 10 by default. If they are preceded by *0x*, they are interpreted as hexadecimal. Hence, 256 and 0x100 denote the same value.

Strings are enclosed in double quotes ("). Special characters in strings follow the C convention:

- newline   \n

- tab   \t

- quote   \"

SPIM supports a subset of the MIPS assembler directives:

.align n   Align the next datum on a 2^n byte boundary. For example, .align 2 aligns the next value on a word boundary. .align 0 turns off automatic alignment of .half, .word, .float, and .double directives until the next .data or .kdata directive.

.ascii str   Store the string *str* in memory, but do not null-terminate it.

`.asciiz str`	Store the string *str* in memory and null-terminate it.
`.byte b1,..., bn`	Store the *n* values in successive bytes of memory.
`.data <addr>`	Subsequent items are stored in the data segment. If the optional argument *addr* is present, subsequent items are stored starting at address *addr*.
`.double d1,..., dn`	Store the *n* floating-point double precision num-bers in successive memory locations.
`.extern sym size`	Declare that the datum stored at *sym* is *size* bytes large and is a global label. This directive enables the assembler to store the datum in a portion of the data segment that is efficiently accessed via register $gp.
`.float f1,..., fn`	Store the *n* floating-point single precision numbers in successive memory locations.
`.globl sym`	Declare that label *sym* is global and can be referenced from other files.
`.half h1,..., hn`	Store the *n* 16-bit quantities in successive memory halfwords.
`.kdata <addr>`	Subsequent data items are stored in the kernel data segment. If the optional argument *addr* is present, subsequent items are stored starting at address *addr*.
`.ktext <addr>`	Subsequent items are put in the kernel text segment. In SPIM, these items may only be instructions or words (see the `.word` directive below). If the optional argument *addr* is present, subsequent items are stored starting at address *addr*.
`.set noat` and `.set at`	The first directive prevents SPIM from complaining about subsequent instructions that use register $at. The second directive re-enables the warning. Since pseudoinstructions expand into code that uses register $at, programmers must be very careful about leaving values in this register.
`.space n`	Allocates *n* bytes of space in the current segment (which must be the data segment in SPIM).

| `.text <addr>` | Subsequent items are put in the user text segment. In SPIM, these items may only be instructions or words (see the `.word` directive below). If the optional argument *addr* is present, subsequent items are stored starting at address *addr*. |
| `.word w1,..., wn` | Store the *n* 32-bit quantities in successive memory words. |

SPIM does not distinguish various parts of the data segment (`.data`, `.rdata`, and `.sdata`).

Encoding MIPS Instructions

Figure A.10.2 explains how a MIPS instruction is encoded in a binary number. Each column contains instruction encodings for a field (a contiguous group of bits) from an instruction. The numbers at the left margin are values for a field. For example, the `j` opcode has a value of 2 in the opcode field. The text at the top of a column names a field and specifies which bits it occupies in an instruction. For example, the `op` field is contained in bits 26–31 of an instruction. This field encodes most instructions. However, some groups of instructions use additional fields to distinguish related instructions. For example, the different floating-point instructions are specified by bits 0–5. The arrows from the first column show which opcodes use these additional fields.

Instruction Format

The rest of this appendix describes both the instructions implemented by actual MIPS hardware and the pseudoinstructions provided by the MIPS assembler. The two types of instructions are easily distinguished. Actual instructions depict the fields in their binary representation. For example, in

Addition (with overflow)

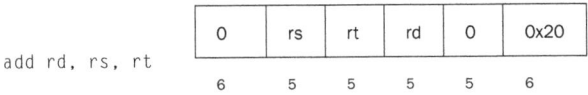

0	rs	rt	rd	0	0x20
6	5	5	5	5	6

`add rd, rs, rt`

the `add` instruction consists of six fields. Each field's size in bits is the small number below the field. This instruction begins with six bits of 0s. Register specifiers begin with an *r*, so the next field is a 5-bit register specifier called `rs`. This is the same register that is the second argument in the symbolic assembly at the left of this line. Another common field is imm_{16}, which is a 16-bit immediate number.

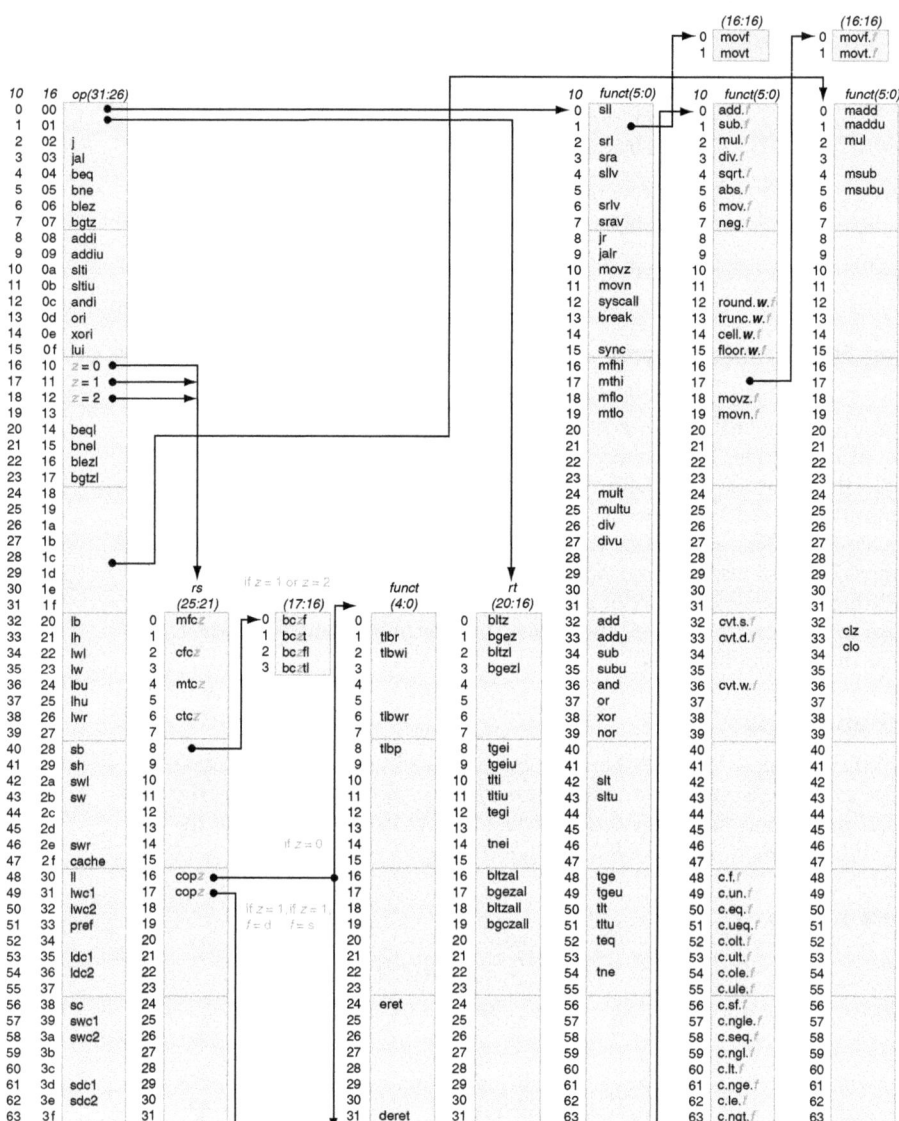

FIGURE A.10.2 MIPS opcode map. The values of each field are shown to its left. The first column shows the values in base 10, and the second shows base 16 for the op field (bits 31 to 26) in the third column. This op field completely specifies the MIPS operation except for six op values: 0, 1, 16, 17, 18, and 19. These operations are determined by other fields, identified by pointers. The last field (funct) uses "*f*" to mean "s" if rs = 16 and op = 17 or "d" if rs = 17 and op = 17. The second field (rs) uses "*z*" to mean "0", "1", "2", or "3" if op = 16, 17, 18, or 19, respectively. If rs = 16, the operation is specified elsewhere: if *z* = 0, the operations are specified in the fourth field (bits 4 to 0); if *z* = 1, then the operations are in the last field with *f* = s. If rs = 17 and *z* = 1, then the operations are in the last field with *f* = d.

Pseudoinstructions follow roughly the same conventions, but omit instruction encoding information. For example:

Multiply (without overflow)

```
mul rdest, rsrc1, src2    pseudoinstruction
```

In pseudoinstructions, rdest and rsrc1 are registers and src2 is either a register or an immediate value. In general, the assembler and SPIM translate a more general form of an instruction (e.g., add $v1, $a0, 0x55) to a specialized form (e.g., addi $v1, $a0, 0x55).

Arithmetic and Logical Instructions

Absolute value

```
abs rdest, rsrc    pseudoinstruction
```

Put the absolute value of register rsrc in register rdest.

Addition (with overflow)

```
add rd, rs, rt
```

0	rs	rt	rd	0	0x20
6	5	5	5	5	6

Addition (without overflow)

```
addu rd, rs, rt
```

0	rs	rt	rd	0	0x21
6	5	5	5	5	6

Put the sum of registers rs and rt into register rd.

Addition immediate (with overflow)

```
addi rt, rs, imm
```

8	rs	rt	imm
6	5	5	16

Addition immediate (without overflow)

```
addiu rt, rs, imm
```

9	rs	rt	imm
6	5	5	16

Put the sum of register rs and the sign-extended immediate into register rt.

AND

and rd, rs, rt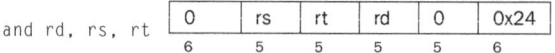

Put the logical AND of registers rs and rt into register rd.

AND immediate

andi rt, rs, imm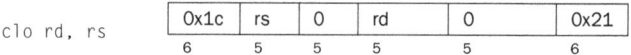

Put the logical AND of register rs and the zero-extended immediate into register rt.

Count leading ones

clo rd, rs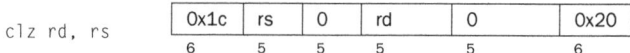

Count leading zeros

clz rd, rs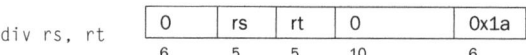

Count the number of leading ones (zeros) in the word in register rs and put the result into register rd. If a word is all ones (zeros), the result is 32.

Divide (with overflow)

div rs, rt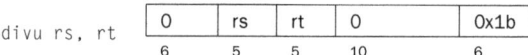

Divide (without overflow)

divu rs, rt

Divide register rs by register rt. Leave the quotient in register lo and the remainder in register hi. Note that if an operand is negative, the remainder is unspecified by the MIPS architecture and depends on the convention of the machine on which SPIM is run.

Divide (with overflow)

    div rdest, rsrc1, src2   *pseudoinstruction*

Divide (without overflow)

    divu rdest, rsrc1, src2   *pseudoinstruction*

Put the quotient of register rsrc1 and src2 into register rdest.

Multiply

mult rs, rt

0	rs	rt	0		0x18
6	5	5	10		6

Unsigned multiply

multu rs, rt

0	rs	rt	0		0x19
6	5	5	10		6

Multiply registers rs and rt. Leave the low-order word of the product in register lo and the high-order word in register hi.

Multiply (without overflow)

mul rd, rs, rt

0x1c	rs	rt	rd	0	2
6	5	5	5	5	6

Put the low-order 32 bits of the product of rs and rt into register rd.

Multiply (with overflow)

    mulo rdest, rsrc1, src2   *pseudoinstruction*

Unsigned multiply (with overflow)

    mulou rdest, rsrc1, src2   *pseudoinstruction*

Put the low-order 32 bits of the product of register rsrc1 and src2 into register rdest.

Multiply add

madd rs, rt

0x1c	rs	rt	0	0
6	5	5	10	6

Unsigned multiply add

maddu rs, rt

0x1c	rs	rt	0	1
6	5	5	10	6

Multiply registers rs and rt and add the resulting 64-bit product to the 64-bit value in the concatenated registers lo and hi.

Multiply subtract

msub rs, rt

0x1c	rs	rt	0	4
6	5	5	10	6

Unsigned multiply subtract

msub rs, rt

0x1c	rs	rt	0	5
6	5	5	10	6

Multiply registers rs and rt and subtract the resulting 64-bit product from the 64-bit value in the concatenated registers lo and hi.

Negate value (with overflow)

neg rdest, rsrc   *pseudoinstruction*

Negate value (without overflow)

negu rdest, rsrc   *pseudoinstruction*

Put the negative of register rsrc into register rdest.

NOR

nor rd, rs, rt

0	rs	rt	rd	0	0x27
6	5	5	5	5	6

Put the logical NOR of registers rs and rt into register rd.

NOT

```
not rdest, rsrc                 pseudoinstruction
```

Put the bitwise logical negation of register rsrc into register rdest.

OR

```
or rd, rs, rt
```

0	rs	rt	rd	0	0x25
6	5	5	5	5	6

Put the logical OR of registers rs and rt into register rd.

OR immediate

```
ori rt, rs, imm
```

0xd	rs	rt	imm
6	5	5	16

Put the logical OR of register rs and the zero-extended immediate into register rt.

Remainder

```
rem rdest, rsrc1, rsrc2         pseudoinstruction
```

Unsigned remainder

```
remu rdest, rsrc1, rsrc2        pseudoinstruction
```

Put the remainder of register rsrc1 divided by register rsrc2 into register rdest. Note that if an operand is negative, the remainder is unspecified by the MIPS architecture and depends on the convention of the machine on which SPIM is run.

Shift left logical

```
sll rd, rt, shamt
```

0	rs	rt	rd	shamt	0
6	5	5	5	5	6

Shift left logical variable

```
sllv rd, rt, rs
```

0	rs	rt	rd	0	4
6	5	5	5	5	6

Shift right arithmetic

```
sra rd, rt, shamt
```

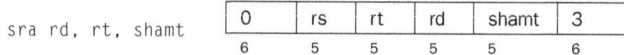

Shift right arithmetic variable

```
srav rd, rt, rs
```

Shift right logical

```
srl rd, rt, shamt
```

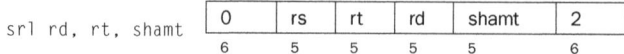

Shift right logical variable

```
srlv rd, rt, rs
```

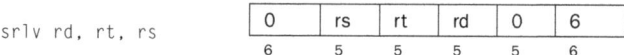

Shift register rt left (right) by the distance indicated by immediate shamt or the register rs and put the result in register rd. Note that argument rs is ignored for sll, sra, and srl.

Rotate left

```
rol rdest, rsrc1, rsrc2          pseudoinstruction
```

Rotate right

```
ror rdest, rsrc1, rsrc2          pseudoinstruction
```

Rotate register rsrc1 left (right) by the distance indicated by rsrc2 and put the result in register rdest.

Subtract (with overflow)

```
sub rd, rs, rt
```

Subtract (without overflow)

subu rd, rs, rt

0	rs	rt	rd	0	0x23
6	5	5	5	5	6

Put the difference of registers rs and rt into register rd.

Exclusive OR

xor rd, rs, rt

0	rs	rt	rd	0	0x26
6	5	5	5	5	6

Put the logical XOR of registers rs and rt into register rd.

XOR immediate

xori rt, rs, imm

0xe	rs	rt	Imm
6	5	5	16

Put the logical XOR of register rs and the zero-extended immediate into register rt.

Constant-Manipulating Instructions

Load upper immediate

lui rt, imm

0xf	0	rt	imm
6	5	5	16

Load the lower halfword of the immediate imm into the upper halfword of register rt. The lower bits of the register are set to 0.

Load immediate

li rdest, imm   *pseudoinstruction*

Move the immediate imm into register rdest.

Comparison Instructions

Set less than

slt rd, rs, rt

0	rs	rt	rd	0	0x2a
6	5	5	5	5	6

Set less than unsigned

sltu rd, rs, rt

0	rs	rt	rd	0	0x2b
6	5	5	5	5	6

Set register rd to 1 if register rs is less than rt, and to 0 otherwise.

Set less than immediate

slti rt, rs, imm

0xa	rs	rt	imm
6	5	5	16

Set less than unsigned immediate

sltiu rt, rs, imm

0xb	rs	rt	imm
6	5	5	16

Set register rt to 1 if register rs is less than the sign-extended immediate, and to 0 otherwise.

Set equal

seq rdest, rsrc1, rsrc2   *pseudoinstruction*

Set register rdest to 1 if register rsrc1 equals rsrc2, and to 0 otherwise.

Set greater than equal

sge rdest, rsrc1, rsrc2   *pseudoinstruction*

Set greater than equal unsigned

sgeu rdest, rsrc1, rsrc2   *pseudoinstruction*

Set register rdest to 1 if register rsrc1 is greater than or equal to rsrc2, and to 0 otherwise.

Set greater than

sgt rdest, rsrc1, rsrc2   *pseudoinstruction*

Set greater than unsigned

```
sgtu rdest, rsrc1, rsrc2        pseudoinstruction
```

Set register rdest to 1 if register rsrc1 is greater than rsrc2, and to 0 otherwise.

Set less than equal

```
sle rdest, rsrc1, rsrc2         pseudoinstruction
```

Set less than equal unsigned

```
sleu rdest, rsrc1, rsrc2        pseudoinstruction
```

Set register rdest to 1 if register rsrc1 is less than or equal to rsrc2, and to 0 otherwise.

Set not equal

```
sne rdest, rsrc1, rsrc2         pseudoinstruction
```

Set register rdest to 1 if register rsrc1 is not equal to rsrc2, and to 0 otherwise.

Branch Instructions

Branch instructions use a signed 16-bit instruction *offset* field; hence, they can jump $2^{15} - 1$ *instructions* (not bytes) forward or 2^{15} instructions backward. The *jump* instruction contains a 26-bit address field. In actual MIPS processors, branch instructions are delayed branches, which do not transfer control until the instruction following the branch (its "delay slot") has executed (see Chapter 4). Delayed branches affect the offset calculation, since it must be computed relative to the address of the delay slot instruction (PC + 4), which is when the branch occurs. SPIM does not simulate this delay slot, unless the -bare or -delayed_branch flags are specified.

In assembly code, offsets are not usually specified as numbers. Instead, an instructions branch to a label, and the assembler computes the distance between the branch and the target instructions.

In MIPS-32, all actual (not pseudo) conditional branch instructions have a "likely" variant (for example, beq's likely variant is beql), which does *not* execute the instruction in the branch's delay slot if the branch is not taken. Do not use these instructions; they may be removed in subsequent versions of the architecture. SPIM implements these instructions, but they are not described further.

Branch instruction

    b label   *pseudoinstruction*

Unconditionally branch to the instruction at the label.

Branch coprocessor false

    bclf cc label

0x11	8	cc	0	Offset
6	5	3	2	16

Branch coprocessor true

    bclt cc label

0x11	8	cc	1	Offset
6	5	3	2	16

Conditionally branch the number of instructions specified by the offset if the floating-point coprocessor's condition flag numbered *cc* is false (true). If *cc* is omitted from the instruction, condition code flag 0 is assumed.

Branch on equal

    beq rs, rt, label

4	rs	rt	Offset
6	5	5	16

Conditionally branch the number of instructions specified by the offset if register rs equals rt.

Branch on greater than equal zero

    bgez rs, label

1	rs	1	Offset
6	5	5	16

Conditionally branch the number of instructions specified by the offset if register rs is greater than or equal to 0.

Branch on greater than equal zero and link

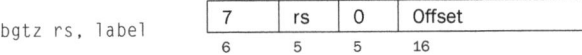

bgezal rs, label

Conditionally branch the number of instructions specified by the offset if register rs is greater than or equal to 0. Save the address of the next instruction in register 31.

Branch on greater than zero

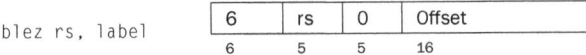

bgtz rs, label

Conditionally branch the number of instructions specified by the offset if register rs is greater than 0.

Branch on less than equal zero

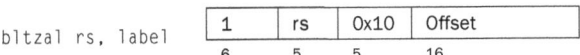

blez rs, label

Conditionally branch the number of instructions specified by the offset if register rs is less than or equal to 0.

Branch on less than and link

```
| 1 | rs | 0x10 | Offset |
  6    5    5      16
```

bltzal rs, label

Conditionally branch the number of instructions specified by the offset if register rs is less than 0. Save the address of the next instruction in register 31.

Branch on less than zero

```
| 1 | rs | 0 | Offset |
  6    5   5    16
```

bltz rs, label

Conditionally branch the number of instructions specified by the offset if register rs is less than 0.

Branch on not equal

bne rs, rt, label

5	rs	rt	Offset
6	5	5	16

Conditionally branch the number of instructions specified by the offset if register rs is not equal to rt.

Branch on equal zero

beqz rsrc, label   *pseudoinstruction*

Conditionally branch to the instruction at the label if rsrc equals 0.

Branch on greater than equal

bge rsrc1, rsrc2, label   *pseudoinstruction*

Branch on greater than equal unsigned

bgeu rsrc1, rsrc2, label   *pseudoinstruction*

Conditionally branch to the instruction at the label if register rsrc1 is greater than or equal to rsrc2.

Branch on greater than

bgt rsrc1, src2, label   *pseudoinstruction*

Branch on greater than unsigned

bgtu rsrc1, src2, label   *pseudoinstruction*

Conditionally branch to the instruction at the label if register rsrc1 is greater than src2.

Branch on less than equal

ble rsrc1, src2, label   *pseudoinstruction*

Branch on less than equal unsigned

```
bleu rsrc1, src2, label        pseudoinstruction
```

Conditionally branch to the instruction at the label if register rsrc1 is less than or equal to src2.

Branch on less than

```
blt rsrc1, rsrc2, label        pseudoinstruction
```

Branch on less than unsigned

```
bltu rsrc1, rsrc2, label       pseudoinstruction
```

Conditionally branch to the instruction at the label if register rsrc1 is less than rsrc2.

Branch on not equal zero

```
bnez rsrc, label               pseudoinstruction
```

Conditionally branch to the instruction at the label if register rsrc is not equal to 0.

Jump Instructions

Jump

```
j target
```

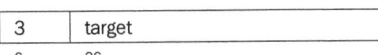

2	target
6	26

Unconditionally jump to the instruction at target.

Jump and link

```
jal target
```

3	target
6	26

Unconditionally jump to the instruction at target. Save the address of the next instruction in register $ra.

Jump and link register

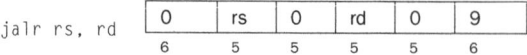

jalr rs, rd

Unconditionally jump to the instruction whose address is in register rs. Save the address of the next instruction in register rd (which defaults to 31).

Jump register

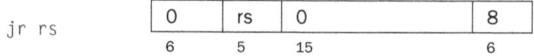

jr rs

Unconditionally jump to the instruction whose address is in register rs.

Trap Instructions

Trap if equal

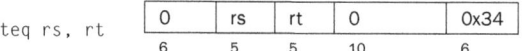

teq rs, rt

If register rs is equal to register rt, raise a Trap exception.

Trap if equal immediate

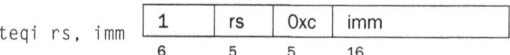

teqi rs, imm

If register rs is equal to the sign-extended value imm, raise a Trap exception.

Trap if not equal

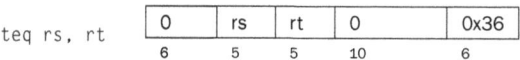

teq rs, rt

If register rs is not equal to register rt, raise a Trap exception.

Trap if not equal immediate

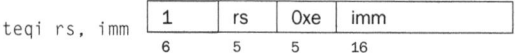

teqi rs, imm

If register rs is not equal to the sign-extended value imm, raise a Trap exception.

Trap if greater equal

```
tge rs, rt
```

0	rs	rt	0	0x30
6	5	5	10	6

Unsigned trap if greater equal

```
tgeu rs, rt
```

0	rs	rt	0	0x31
6	5	5	10	6

If register rs is greater than or equal to register rt, raise a Trap exception.

Trap if greater equal immediate

```
tgei rs, imm
```

1	rs	8	imm
6	5	5	16

Unsigned trap if greater equal immediate

```
tgeiu rs, imm
```

1	rs	9	imm
6	5	5	16

If register rs is greater than or equal to the sign-extended value imm, raise a Trap exception.

Trap if less than

```
tlt rs, rt
```

0	rs	rt	0	0x32
6	5	5	10	6

Unsigned trap if less than

```
tltu rs, rt
```

0	rs	rt	0	0x33
6	5	5	10	6

If register rs is less than register rt, raise a Trap exception.

Trap if less than immediate

```
tlti rs, imm
```

1	rs	a	imm
6	5	5	16

Unsigned trap if less than immediate

`tltiu rs, imm`

1	rs	b	imm
6	5	5	16

If register `rs` is less than the sign-extended value `imm`, raise a Trap exception.

Load Instructions

Load address

`la rdest, address`   *pseudoinstruction*

Load computed *address*—not the contents of the location—into register `rdest`.

Load byte

`lb rt, address`

0x20	rs	rt	Offset
6	5	5	16

Load unsigned byte

`lbu rt, address`

0x24	rs	rt	Offset
6	5	5	16

Load the byte at *address* into register `rt`. The byte is sign-extended by `lb`, but not by `lbu`.

Load halfword

`lh rt, address`

0x21	rs	rt	Offset
6	5	5	16

Load unsigned halfword

`lhu rt, address`

0x25	rs	rt	Offset
6	5	5	16

Load the 16-bit quantity (halfword) at *address* into register `rt`. The halfword is sign-extended by `lh`, but not by `lhu`.

Load word

lw rt, address

0x23	rs	rt	Offset
6	5	5	16

Load the 32-bit quantity (word) at *address* into register rt.

Load word coprocessor 1

lwc1 ft, address

0x31	rs	rt	Offset
6	5	5	16

Load the word at *address* into register ft in the floating-point unit.

Load word left

lwl rt, address

0x22	rs	rt	Offset
6	5	5	16

Load word right

lwr rt, address

0x26	rs	rt	Offset
6	5	5	16

Load the left (right) bytes from the word at the possibly unaligned *address* into register rt.

Load doubleword

ld rdest, address   *pseudoinstruction*

Load the 64-bit quantity at *address* into registers rdest and rdest + 1.

Unaligned load halfword

ulh rdest, address   *pseudoinstruction*

Unaligned load halfword unsigned

    ulhu rdest, address   *pseudoinstruction*

Load the 16-bit quantity (halfword) at the possibly unaligned *address* into register rdest. The halfword is sign-extended by ulh, but not ulhu.

Unaligned load word

    ulw rdest, address   *pseudoinstruction*

Load the 32-bit quantity (word) at the possibly unaligned *address* into register rdest.

Load linked

    ll rt, address

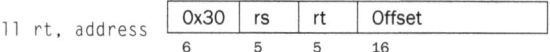

0x30	rs	rt	Offset
6	5	5	16

Load the 32-bit quantity (word) at *address* into register rt and start an atomic read-modify-write operation. This operation is completed by a store conditional (sc) instruction, which will fail if another processor writes into the block containing the loaded word. Since SPIM does not simulate multiple processors, the store conditional operation always succeeds.

Store Instructions

Store byte

    sb rt, address

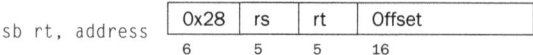

0x28	rs	rt	Offset
6	5	5	16

Store the low byte from register rt at *address*.

Store halfword

    sh rt, address

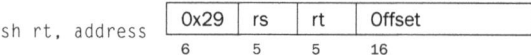

0x29	rs	rt	Offset
6	5	5	16

Store the low halfword from register rt at *address*.

Store word

```
sw rt, address
```

0x2b	rs	rt	Offset
6	5	5	16

Store the word from register rt at *address*.

Store word coprocessor 1

```
swc1 ft, address
```

0x31	rs	ft	Offset
6	5	5	16

Store the floating-point value in register ft of floating-point coprocessor at *address*.

Store double coprocessor 1

```
sdc1 ft, address
```

0x3d	rs	ft	Offset
6	5	5	16

Store the doubleword floating-point value in registers ft and ft + 1 of floating-point coprocessor at *address*. Register ft must be even numbered.

Store word left

```
swl rt, address
```

0x2a	rs	rt	Offset
6	5	5	16

Store word right

```
swr rt, address
```

0x2e	rs	rt	Offset
6	5	5	16

Store the left (right) bytes from register rt at the possibly unaligned *address*.

Store doubleword

```
sd rsrc, address
```
                                        pseudoinstruction

Store the 64-bit quantity in registers rsrc and rsrc + 1 at *address*.

Unaligned store halfword

```
ush rsrc, address
```
pseudoinstruction

Store the low halfword from register rsrc at the possibly unaligned *address*.

Unaligned store word

```
usw rsrc, address
```
pseudoinstruction

Store the word from register rsrc at the possibly unaligned *address*.

Store conditional

```
sc rt, address
```
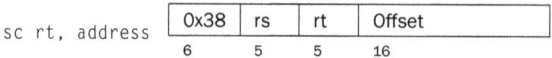

Store the 32-bit quantity (word) in register rt into memory at *address* and complete an atomic read-modify-write operation. If this atomic operation is successful, the memory word is modified and register rt is set to 1. If the atomic operation fails because another processor wrote to a location in the block containing the addressed word, this instruction does not modify memory and writes 0 into register rt. Since SPIM does not simulate multiple processors, the instruction always succeeds.

Data Movement Instructions

Move

```
move rdest, rsrc
```
pseudoinstruction

Move register rsrc to rdest.

Move from hi

```
mfhi rd
```
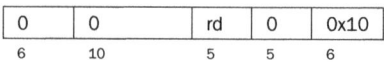

Move from lo

mflo rd

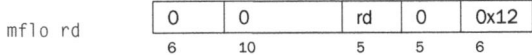

The multiply and divide unit produces its result in two additional registers, hi and lo. These instructions move values to and from these registers. The multiply, divide, and remainder pseudoinstructions that make this unit appear to operate on the general registers move the result after the computation finishes.

Move the hi (lo) register to register rd.

Move to hi

mthi rs

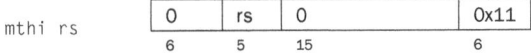

Move to lo

mtlo rs

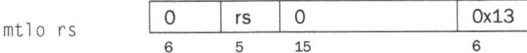

Move register rs to the hi (lo) register.

Move from coprocessor 0

mfc0 rt, rd

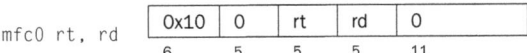

Move from coprocessor 1

mfc1 rt, fs

0x11	0	rt	fs	0
6	5	5	5	11

Coprocessors have their own register sets. These instructions move values between these registers and the CPU's registers.

Move register rd in a coprocessor (register fs in the FPU) to CPU register rt. The floating-point unit is coprocessor 1.

Move double from coprocessor 1

```
mfc1.d rdest, frsrc1
```
                                        pseudoinstruction

Move floating-point registers `frsrc1` and `frsrc1 + 1` to CPU registers `rdest` and `rdest + 1`.

Move to coprocessor 0

```
mtc0 rd, rt
```
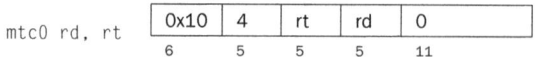

0x10	4	rt	rd	0
6	5	5	5	11

Move to coprocessor 1

```
mtc1 rd, fs
```
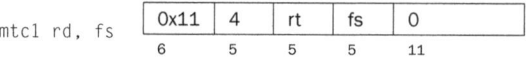

0x11	4	rt	fs	0
6	5	5	5	11

Move CPU register `rt` to register `rd` in a coprocessor (register `fs` in the FPU).

Move conditional not zero

```
movn rd, rs, rt
```
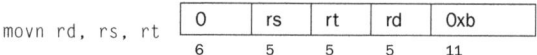

0	rs	rt	rd	0xb
6	5	5	5	11

Move register `rs` to register `rd` if register `rt` is not 0.

Move conditional zero

```
movz rd, rs, rt
```

0	rs	rt	rd	0xa
6	5	5	5	11

Move register `rs` to register `rd` if register `rt` is 0.

Move conditional on FP false

```
movf rd, rs, cc
```
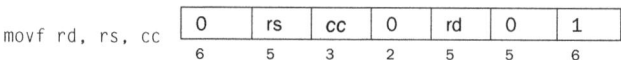

0	rs	cc	0	rd	0	1
6	5	3	2	5	5	6

Move CPU register `rs` to register `rd` if FPU condition code flag number *cc* is 0. If *cc* is omitted from the instruction, condition code flag 0 is assumed.

Move conditional on FP true

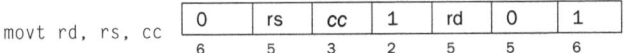

`movt rd, rs, cc`

0	rs	cc	1	rd	0	1
6	5	3	2	5	5	6

Move CPU register `rs` to register `rd` if FPU condition code flag number *cc* is 1. If *cc* is omitted from the instruction, condition code bit 0 is assumed.

Floating-Point Instructions

The MIPS has a floating-point coprocessor (numbered 1) that operates on single precision (32-bit) and double precision (64-bit) floating-point numbers. This coprocessor has its own registers, which are numbered $f0-$f31. Because these registers are only 32 bits wide, two of them are required to hold doubles, so only floating-point registers with even numbers can hold double precision values. The floating-point coprocessor also has eight condition code (*cc*) flags, numbered 0–7, which are set by compare instructions and tested by branch (`bclf` or `bclt`) and conditional move instructions.

Values are moved in or out of these registers one word (32 bits) at a time by `lwc1`, `swc1`, `mtc1`, and `mfc1` instructions or one double (64 bits) at a time by `ldc1` and `sdc1`, described above, or by the `l.s`, `l.d`, `s.s`, and `s.d` pseudoinstructions described below.

In the actual instructions below, bits 21–26 are 0 for single precision and 1 for double precision. In the pseudoinstructions below, `fdest` is a floating-point register (e.g., $f2).

Floating-point absolute value double

`abs.d fd, fs`

0x11	1	0	fs	fd	5
6	5	5	5	5	6

Floating-point absolute value single

`abs.s fd, fs`

0x11	0	0	fs	fd	5

Compute the absolute value of the floating-point double (single) in register `fs` and put it in register `fd`.

Floating-point addition double

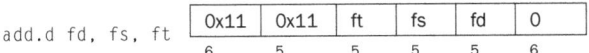

`add.d fd, fs, ft`

0x11	0x11	ft	fs	fd	0
6	5	5	5	5	6

Floating-point addition single

add.s fd, fs, ft

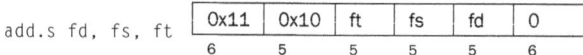

0x11	0x10	ft	fs	fd	0
6	5	5	5	5	6

Compute the sum of the floating-point doubles (singles) in registers fs and ft and put it in register fd.

Floating-point ceiling to word

ceil.w.d fd, fs

0x11	0x11	0	fs	fd	0xe
6	5	5	5	5	6

ceil.w.s fd, fs

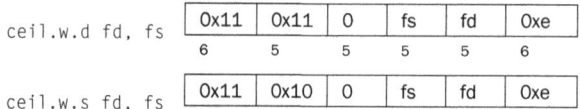

0x11	0x10	0	fs	fd	0xe

Compute the ceiling of the floating-point double (single) in register fs, convert to a 32-bit fixed-point value, and put the resulting word in register fd.

Compare equal double

c.eq.d cc fs, ft

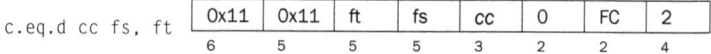

0x11	0x11	ft	fs	cc	0	FC	2
6	5	5	5	3	2	2	4

Compare equal single

c.eq.s cc fs, ft

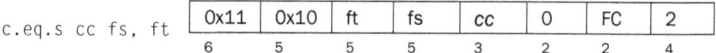

0x11	0x10	ft	fs	cc	0	FC	2
6	5	5	5	3	2	2	4

Compare the floating-point double (single) in register fs against the one in ft and set the floating-point condition flag *cc* to 1 if they are equal. If *cc* is omitted, condition code flag 0 is assumed.

Compare less than equal double

c.le.d cc fs, ft

0x11	0x11	ft	fs	cc	0	FC	0xe
6	5	5	5	3	2	2	4

Compare less than equal single

c.le.s cc fs, ft

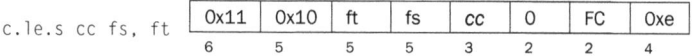

0x11	0x10	ft	fs	cc	0	FC	0xe
6	5	5	5	3	2	2	4

Compare the floating-point double (single) in register fs against the one in ft and set the floating-point condition flag *cc* to 1 if the first is less than or equal to the second. If *cc* is omitted, condition code flag 0 is assumed.

Compare less than double

c.lt.d cc fs, ft

0x11	0x11	ft	fs	cc	0	FC	0xc
6	5	5	5	3	2	2	4

Compare less than single

c.lt.s cc fs, ft

0x11	0x10	ft	fs	cc	0	FC	0xc
6	5	5	5	3	2	2	4

Compare the floating-point double (single) in register fs against the one in ft and set the condition flag *cc* to 1 if the first is less than the second. If *cc* is omitted, condition code flag 0 is assumed.

Convert single to double

cvt.d.s fd, fs

0x11	0x10	0	fs	fd	0x21
6	5	5	5	5	6

Convert integer to double

cvt.d.w fd, fs

0x11	0x14	0	fs	fd	0x21
6	5	5	5	5	6

Convert the single precision floating-point number or integer in register fs to a double (single) precision number and put it in register fd.

Convert double to single

cvt.s.d fd, fs

0x11	0x11	0	fs	fd	0x20
6	5	5	5	5	6

Convert integer to single

cvt.s.w fd, fs

0x11	0x14	0	fs	fd	0x20
6	5	5	5	5	6

Convert the double precision floating-point number or integer in register fs to a single precision number and put it in register fd.

Convert double to integer

cvt.w.d fd, fs

0x11	0x11	0	fs	fd	0x24
6	5	5	5	5	6

Convert single to integer

cvt.w.s fd, fs

0x11	0x10	0	fs	fd	0x24
6	5	5	5	5	6

Convert the double or single precision floating-point number in register fs to an integer and put it in register fd.

Floating-point divide double

div.d fd, fs, ft

0x11	0x11	ft	fs	fd	3
6	5	5	5	5	6

Floating-point divide single

div.s fd, fs, ft

0x11	0x10	ft	fs	fd	3
6	5	5	5	5	6

Compute the quotient of the floating-point doubles (singles) in registers fs and ft and put it in register fd.

Floating-point floor to word

floor.w.d fd, fs

0x11	0x11	0	fs	fd	0xf
6	5	5	5	5	6

floor.w.s fd, fs

0x11	0x10	0	fs	fd	0xf

Compute the floor of the floating-point double (single) in register fs and put the resulting word in register fd.

Load floating-point double

l.d fdest, address   *pseudoinstruction*

Load floating-point single

```
l.s fdest, address              pseudoinstruction
```

Load the floating-point double (single) at address into register fdest.

Move floating-point double

mov.d fd, fs

0x11	0x11	0	fs	fd	6
6	5	5	5	5	6

Move floating-point single

mov.s fd, fs

0x11	0x10	0	fs	fd	6
6	5	5	5	5	6

Move the floating-point double (single) from register fs to register fd.

Move conditional floating-point double false

movf.d fd, fs, cc

0x11	0x11	cc	0	fs	fd	0x11
6	5	3	2	5	5	6

Move conditional floating-point single false

movf.s fd, fs, cc

0x11	0x10	cc	0	fs	fd	0x11
6	5	3	2	5	5	6

Move the floating-point double (single) from register fs to register fd if condition code flag *cc* is 0. If *cc* is omitted, condition code flag 0 is assumed.

Move conditional floating-point double true

movt.d fd, fs, cc

0x11	0x11	cc	1	fs	fd	0x11
6	5	3	2	5	5	6

Move conditional floating-point single true

movt.s fd, fs, cc

0x11	0x10	cc	1	fs	fd	0x11
6	5	3	2	5	5	6

Move the floating-point double (single) from register fs to register fd if condition code flag *cc* is 1. If *cc* is omitted, condition code flag 0 is assumed.

Move conditional floating-point double not zero

movn.d fd, fs, rt

0x11	0x11	rt	fs	fd	0x13
6	5	5	5	5	6

Move conditional floating-point single not zero

movn.s fd, fs, rt

0x11	0x10	rt	fs	fd	0x13
6	5	5	5	5	6

Move the floating-point double (single) from register fs to register fd if processor register rt is not 0.

Move conditional floating-point double zero

movz.d fd, fs, rt

0x11	0x11	rt	fs	fd	0x12
6	5	5	5	5	6

Move conditional floating-point single zero

movz.s fd, fs, rt

0x11	0x10	rt	fs	fd	0x12
6	5	5	5	5	6

Move the floating-point double (single) from register fs to register fd if processor register rt is 0.

Floating-point multiply double

mul.d fd, fs, ft

0x11	0x11	ft	fs	fd	2
6	5	5	5	5	6

Floating-point multiply single

mul.s fd, fs, ft

0x11	0x10	ft	fs	fd	2
6	5	5	5	5	6

Compute the product of the floating-point doubles (singles) in registers fs and ft and put it in register fd.

Negate double

neg.d fd, fs

0x11	0x11	0	fs	fd	7
6	5	5	5	5	6

Negate single

neg.s fd, fs

0x11	0x10	0	fs	fd	7
6	5	5	5	5	6

Negate the floating-point double (single) in register fs and put it in register fd.

Floating-point round to word

round.w.d fd, fs

0x11	0x11	0	fs	fd	0xc
6	5	5	5	5	6

round.w.s fd, fs

0x11	0x10	0	fs	fd	0xc

Round the floating-point double (single) value in register fs, convert to a 32-bit fixed-point value, and put the resulting word in register fd.

Square root double

sqrt.d fd, fs

0x11	0x11	0	fs	fd	4
6	5	5	5	5	6

Square root single

sqrt.s fd, fs

0x11	0x10	0	fs	fd	4
6	5	5	5	5	6

Compute the square root of the floating-point double (single) in register fs and put it in register fd.

Store floating-point double

s.d fdest, address   *pseudoinstruction*

Store floating-point single

s.s fdest, address   *pseudoinstruction*

Store the floating-point double (single) in register fdest at *address*.

Floating-point subtract double

sub.d fd, fs, ft

0x11	0x11	ft	fs	fd	1
6	5	5	5	5	6

Floating-point subtract single

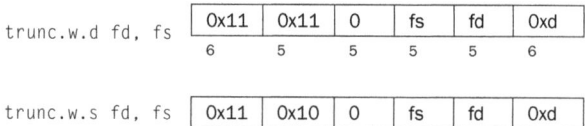

sub.s fd, fs, ft

0x11	0x10	ft	fs	fd	1
6	5	5	5	5	6

Compute the difference of the floating-point doubles (singles) in registers fs and ft and put it in register fd.

Floating-point truncate to word

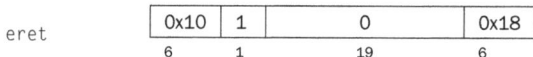

trunc.w.d fd, fs

0x11	0x11	0	fs	fd	0xd
6	5	5	5	5	6

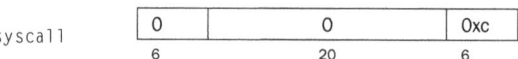

trunc.w.s fd, fs

0x11	0x10	0	fs	fd	0xd
6	5	5	5	5	6

Truncate the floating-point double (single) value in register fs, convert to a 32-bit fixed-point value, and put the resulting word in register fd.

Exception and Interrupt Instructions

Exception return

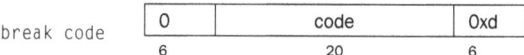

eret

0x10	1	0	0x18
6	1	19	6

Set the EXL bit in coprocessor 0's Status register to 0 and return to the instruction pointed to by coprocessor 0's EPC register.

System call

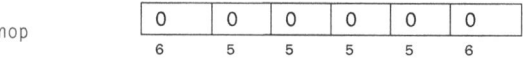

syscall

0	0	0xc
6	20	6

Register $v0 contains the number of the system call (see Figure A.9.1) provided by SPIM.

Break

break code

0	code	0xd
6	20	6

Cause exception *code*. Exception 1 is reserved for the debugger.

No operation

nop

0	0	0	0	0	0
6	5	5	5	5	6

Do nothing.

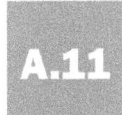 **A.11** **Concluding Remarks**

Programming in assembly language requires a programmer to trade helpful features of high-level languages—such as data structures, type checking, and control constructs—for complete control over the instructions that a computer executes. External constraints on some applications, such as response time or program size, require a programmer to pay close attention to every instruction. However, the cost of this level of attention is assembly language programs that are longer, more time-consuming to write, and more difficult to maintain than high-level language programs.

Moreover, three trends are reducing the need to write programs in assembly language. The first trend is toward the improvement of compilers. Modern compilers produce code that is typically comparable to the best handwritten code—and is sometimes better. The second trend is the introduction of new processors that are not only faster, but in the case of processors that execute multiple instructions simultaneously, also more difficult to program by hand. In addition, the rapid evolution of the modern computer favors high-level language programs that are not tied to a single architecture. Finally, we witness a trend toward increasingly complex applications, characterized by complex graphic interfaces and many more features than their predecessors had. Large applications are written by teams of programmers and require the modularity and semantic checking features provided by high-level languages.

Further Reading

Aho, A., R. Sethi, and J. Ullman [1985]. *Compilers: Principles, Techniques, and Tools*, Reading, MA: Addison-Wesley.

Slightly dated and lacking in coverage of modern architectures, but still the standard reference on compilers.

Sweetman, D. [1999]. *See MIPS Run*, San Francisco, CA: Morgan Kaufmann Publishers.

A complete, detailed, and engaging introduction to the MIPS instruction set and assembly language programming on these machines.

Detailed documentation on the MIPS-32 architecture is available on the Web:

MIPS32™ Architecture for Programmers Volume I: Introduction to the MIPS32™ Architecture
(http://mips.com/content/Documentation/MIPSDocumentation/ProcessorArchitecture/ArchitectureProgrammingPublicationsforMIPS32/MD00082-2B-MIPS32INT-AFP-02.00.pdf/getDownload)

MIPS32™ Architecture for Programmers Volume II: The MIPS32™ Instruction Set
(http://mips.com/content/Documentation/MIPSDocumentation/ProcessorArchitecture/ArchitectureProgrammingPublicationsforMIPS32/MD00086-2B-MIPS32BIS-AFP-02.00.pdf/getDownload)

MIPS32™ Architecture for Programmers Volume III: The MIPS32™ Privileged Resource Architecture
(http://mips.com/content/Documentation/MIPSDocumentation/ProcessorArchitecture/ArchitectureProgrammingPublicationsforMIPS32/MD00090-2B-MIPS32PRA-AFP-02.00.pdf/getDownload)

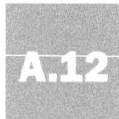 **Exercises**

A.1 [5] <§A.5> Section A.5 described how memory is partitioned on most MIPS systems. Propose another way of dividing memory that meets the same goals.

A.2 [20] <§A.6> Rewrite the code for fact to use fewer instructions.

A.3 [5] <§A.7> Is it ever safe for a user program to use registers $k0 or $k1?

A.4 [25] <§A.7> Section A.7 contains code for a very simple exception handler. One serious problem with this handler is that it disables interrupts for a long time. This means that interrupts from a fast I/O device may be lost. Write a better exception handler that is interruptable and enables interrupts as quickly as possible.

A.5 [15] <§A.7> The simple exception handler always jumps back to the instruction following the exception. This works fine unless the instruction that causes the exception is in the delay slot of a branch. In that case, the next instruction is the target of the branch. Write a better handler that uses the EPC register to determine which instruction should be executed after the exception.

A.6 [5] <§A.9> Using SPIM, write and test an adding machine program that repeatedly reads in integers and adds them into a running sum. The program should stop when it gets an input that is 0, printing out the sum at that point. Use the SPIM system calls described on pages A-43 and A-45.

A.7 [5] <§A.9> Using SPIM, write and test a program that reads in three integers and prints out the sum of the largest two of the three. Use the SPIM system calls described on pages A-43 and A-45. You can break ties arbitrarily.

A.8 [5] <§A.9> Using SPIM, write and test a program that reads in a positive integer using the SPIM system calls. If the integer is not positive, the program should terminate with the message "Invalid Entry"; otherwise the program should print out the names of the digits of the integers, delimited by exactly one space. For example, if the user entered "728," the output would be "Seven Two Eight."

A.9 [25] <§A.9> Write and test a MIPS assembly language program to compute and print the first 100 prime numbers. A number n is prime if no numbers except 1 and n divide it evenly. You should implement two routines:

- test_prime (n)　　Return 1 if n is prime and 0 if n is not prime.

- main ()　　Iterate over the integers, testing if each is prime. Print the first 100 numbers that are prime.

Test your programs by running them on SPIM.

A.10 [10] <§§A.6, A.9> Using SPIM, write and test a recursive program for solving the classic mathematical recreation, the Towers of Hanoi puzzle. (This will require the use of stack frames to support recursion.) The puzzle consists of three pegs (1, 2, and 3) and n disks (the number n can vary; typical values might be in the range from 1 to 8). Disk 1 is smaller than disk 2, which is in turn smaller than disk 3, and so forth, with disk n being the largest. Initially, all the disks are on peg 1, starting with disk n on the bottom, disk $n - 1$ on top of that, and so forth, up to disk 1 on the top. The goal is to move all the disks to peg 2. You may only move one disk at a time, that is, the top disk from any of the three pegs onto the top of either of the other two pegs. Moreover, there is a constraint: You must not place a larger disk on top of a smaller disk.

The C program below can be used to help write your assembly language program.

```
/* move n smallest disks from start to finish using
extra */

void hanoi(int n, int start, int finish, int extra){
    if(n != 0){
        hanoi(n-1, start, extra, finish);
        print_string("Move disk");
        print_int(n);
        print_string("from peg");
        print_int(start);
        print_string("to peg");
        print_int(finish);
        print_string(".\n");
        hanoi(n-1, extra, finish, start);
    }
}
main(){
    int n;
    print_string("Enter number of disks>");
    n = read_int();
    hanoi(n, 1, 2, 3);
    return 0;
}
```

The Basics of Logic Design

I always loved that word, Boolean.

Claude Shannon
IEEE Spectrum, April 1992
(Shannon's master's thesis showed
that the algebra invented by George
Boole in the 1800s could represent the
workings of electrical switches.)

B.1 Introduction

This appendix provides a brief discussion of the basics of logic design. It does not replace a course in logic design, nor will it enable you to design significant working logic systems. If you have little or no exposure to logic design, however, this appendix will provide sufficient background to understand all the material in this book. In addition, if you are looking to understand some of the motivation behind how computers are implemented, this material will serve as a useful introduction. If your curiosity is aroused but not sated by this appendix, the references at the end provide several additional sources of information.

Section B.2 introduces the basic building blocks of logic, namely, *gates*. Section B.3 uses these building blocks to construct simple *combinational* logic systems, which contain no memory. If you have had some exposure to logic or digital systems, you will probably be familiar with the material in these first two sections. Section B.5 shows how to use the concepts of Sections B.2 and B.3 to design an ALU for the MIPS processor. Section B.6 shows how to make a fast adder, and may be safely skipped if you are not interested in this topic. Section B.7 is a short introduction to the topic of clocking, which is necessary to discuss how memory elements work. Section B.8 introduces memory elements, and Section B.9 extends it to focus on random access memories; it describes both the characteristics that are important to understanding how they are used, as discussed in Chapter 4, and the background that motivates many of the aspects of memory hierarchy design discussed Chapter 5. Section B.10 describes the design and use of finite-state machines, which are sequential logic blocks. If you intend to read  Appendix D, you should thoroughly understand the material in Sections B.2 through B.10. If you intend to read only the material on control in Chapter 4, you can skim the appendices; however, you should have some familiarity with all the material except Section B.11. Section B.11 is intended for those who want a deeper understanding of clocking methodologies and timing. It explains the basics of how edge-triggered clocking works, introduces another clocking scheme, and briefly describes the problem of synchronizing asynchronous inputs.

Throughout this appendix, where it is appropriate, we also include segments to demonstrate how logic can be represented in Verilog, which we introduce in Section B.4. A more extensive and complete Verilog tutorial is available online on the Companion Site for this book.

B.2   Gates, Truth Tables, and Logic Equations

The electronics inside a modern computer are *digital*. Digital electronics operate with only two voltage levels of interest: a high voltage and a low voltage. All other voltage values are temporary and occur while transitioning between the values. (As we discuss later in this section, a possible pitfall in digital design is sampling a signal when it not clearly either high or low.) The fact that computers are digital is also a key reason they use binary numbers, since a binary system matches the underlying abstraction inherent in the electronics. In various logic families, the values and relationships between the two voltage values differ. Thus, rather than refer to the voltage levels, we talk about signals that are (logically) true, or 1, or are asserted; or signals that are (logically) false, or 0, or are deasserted. The values 0 and 1 are called *complements* or *inverses* of one another.

asserted signal A signal that is (logically) true, or 1.

deasserted signal A signal that is (logically) false, or 0.

Logic blocks are categorized as one of two types, depending on whether they contain memory. Blocks without memory are called *combinational*; the output of a combinational block depends only on the current input. In blocks with memory, the outputs can depend on both the inputs and the value stored in memory, which is called the *state* of the logic block. In this section and the next, we will focus only on combinational logic. After introducing different memory elements in Section B.8, we will describe how sequential logic, which is logic including state, is designed.

Truth Tables

Because a combinational logic block contains no memory, it can be completely specified by defining the values of the outputs for each possible set of input values. Such a description is normally given as a *truth table*. For a logic block with n inputs, there are 2^n entries in the truth table, since there are that many possible combinations of input values. Each entry specifies the value of all the outputs for that particular input combination.

combinational logic
A logic system whose blocks do not contain memory and hence compute the same output given the same input.

sequential logic
A group of logic elements that contain memory and hence whose value depends on the inputs as well as the current contents of the memory.

Truth Tables

Consider a logic function with three inputs, A, B, and C, and three outputs, D, E, and F. The function is defined as follows: D is true if at least one input is true, E is true if exactly two inputs are true, and F is true only if all three inputs are true. Show the truth table for this function.

EXAMPLE

The truth table will contain $2^3 = 8$ entries. Here it is:

ANSWER

Inputs			Outputs		
A	**B**	**C**	**D**	**E**	**F**
0	0	0	0	0	0
0	0	1	1	0	0
0	1	0	1	0	0
0	1	1	1	1	0
1	0	0	1	0	0
1	0	1	1	1	0
1	1	0	1	1	0
1	1	1	1	0	1

Truth tables can completely describe any combinational logic function; however, they grow in size quickly and may not be easy to understand. Sometimes we want to construct a logic function that will be 0 for many input combinations, and we use a shorthand of specifying only the truth table entries for the nonzero outputs. This approach is used in Chapter 4 and ▦ Appendix D.

Boolean Algebra

Another approach is to express the logic function with logic equations. This is done with the use of *Boolean algebra* (named after Boole, a 19th-century mathematician). In Boolean algebra, all the variables have the values 0 or 1 and, in typical formulations, there are three operators:

- The OR operator is written as $+$, as in $A + B$. The result of an OR operator is 1 if either of the variables is 1. The OR operation is also called a *logical sum*, since its result is 1 if either operand is 1.

- The AND operator is written as $\cdot$, as in $A \cdot B$. The result of an AND operator is 1 only if both inputs are 1. The AND operator is also called *logical product*, since its result is 1 only if both operands are 1.

- The unary operator NOT is written as $\overline{A}$. The result of a NOT operator is 1 only if the input is 0. Applying the operator NOT to a logical value results in an inversion or negation of the value (i.e., if the input is 0 the output is 1, and vice versa).

There are several laws of Boolean algebra that are helpful in manipulating logic equations.

- Identity law: $A + 0 = A$ and $A \cdot 1 = A$
- Zero and One laws: $A + 1 = 1$ and $A \cdot 0 = 0$
- Inverse laws: $A + \overline{A} = 1$ and $A \cdot \overline{A} = 0$
- Commutative laws: $A + B = B + A$ and $A \cdot B = B \cdot A$
- Associative laws: $A + (B + C) = (A + B) + C$ and $A \cdot (B \cdot C) = (A \cdot B) \cdot C$
- Distributive laws: $A \cdot (B + C) = (A \cdot B) + (A \cdot C)$ and $A + (B \cdot C) = (A + B) \cdot (A + C)$

In addition, there are two other useful theorems, called DeMorgan's laws, that are discussed in more depth in the exercises.

Any set of logic functions can be written as a series of equations with an output on the left-hand side of each equation and a formula consisting of variables and the three operators above on the right-hand side.

Logic Equations

Show the logic equations for the logic functions, D, E, and F, described in the previous example.

Here's the equation for D:

$$D = A + B + C$$

F is equally simple:

$$F = A \cdot B \cdot C$$

E is a little tricky. Think of it in two parts: what must be true for E to be true (two of the three inputs must be true), and what cannot be true (all three cannot be true). Thus we can write E as

$$E = ((A \cdot B) + (A \cdot C) + (B \cdot C)) \cdot (\overline{A \cdot B \cdot C})$$

We can also derive E by realizing that E is true only if exactly two of the inputs are true. Then we can write E as an OR of the three possible terms that have two true inputs and one false input:

$$E = (A \cdot B \cdot \overline{C}) + (A \cdot C \cdot \overline{B}) + (B \cdot C \cdot \overline{A})$$

Proving that these two expressions are equivalent is explored in the exercises.

In Verilog, we describe combinational logic whenever possible using the assign statement, which is described beginning on page B-23. We can write a definition for E using the Verilog exclusive-OR operator as `assign E = (A ^ B ^ C) * (A + B + C) * (A * B * C)`, which is yet another way to describe this function. D and F have even simpler representations, which are just like the corresponding C code: `D = A | B | C` and `F = A & B & C`.

Gates

gate A device that implements basic logic functions, such as AND or OR.

Logic blocks are built from gates that implement basic logic functions. For example, an AND gate implements the AND function, and an OR gate implements the OR function. Since both AND and OR are commutative and associative, an AND or an OR gate can have multiple inputs, with the output equal to the AND or OR of all the inputs. The logical function NOT is implemented with an inverter that always has a single input. The standard representation of these three logic building blocks is shown in Figure B.2.1.

Rather than draw inverters explicitly, a common practice is to add "bubbles" to the inputs or outputs of a gate to cause the logic value on that input line or output line to be inverted. For example, Figure B.2.2 shows the logic diagram for the function $\overline{A} + B$, using explicit inverters on the left and bubbled inputs and outputs on the right.

Any logical function can be constructed using AND gates, OR gates, and inversion; several of the exercises give you the opportunity to try implementing some common logic functions with gates. In the next section, we'll see how an implementation of any logic function can be constructed using this knowledge.

NOR gate An inverted OR gate.

NAND gate An inverted AND gate.

In fact, all logic functions can be constructed with only a single gate type, if that gate is inverting. The two common inverting gates are called NOR and NAND and correspond to inverted OR and AND gates, respectively. NOR and NAND gates are called *universal*, since any logic function can be built using this one gate type. The exercises explore this concept further.

Check Yourself

Are the following two logical expressions equivalent? If not, find a setting of the variables to show they are not:

- $(A \cdot B \cdot \overline{C}) + (A \cdot C \cdot \overline{B}) + (B \cdot C \cdot \overline{A})$
- $B \cdot (A \cdot \overline{C} + C \cdot \overline{A})$

FIGURE B.2.1   Standard drawing for an AND gate, OR gate, and an inverter, shown from left to right. The signals to the left of each symbol are the inputs, while the output appears on the right. The AND and OR gates both have two inputs. Inverters have a single input.

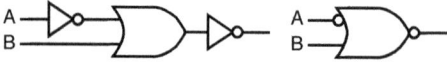

FIGURE B.2.2   Logic gate implementation of $\overline{A} + B$ using explicit inverts on the left and bubbled inputs and outputs on the right. This logic function can be simplified to $A \cdot \overline{B}$ or in Verilog, A & ~ B.

B.3 Combinational Logic

In this section, we look at a couple of larger logic building blocks that we use heavily, and we discuss the design of structured logic that can be automatically implemented from a logic equation or truth table by a translation program. Last, we discuss the notion of an array of logic blocks.

Decoders

One logic block that we will use in building larger components is a decoder. The most common type of decoder has an n-bit input and 2^n outputs, where only one output is asserted for each input combination. This decoder translates the n-bit input into a signal that corresponds to the binary value of the n-bit input. The outputs are thus usually numbered, say, Out0, Out1, ... , Out2^n − 1. If the value of the input is i, then Out$i$ will be true and all other outputs will be false. Figure B.3.1 shows a 3-bit decoder and the truth table. This decoder is called a *3-to-8 decoder* since there are 3 inputs and 8 (2^3) outputs. There is also a logic element called an *encoder* that performs the inverse function of a decoder, taking 2^n inputs and producing an n-bit output.

decoder A logic block that has an n-bit input and $2n$ outputs, where only one output is asserted for each input combination.

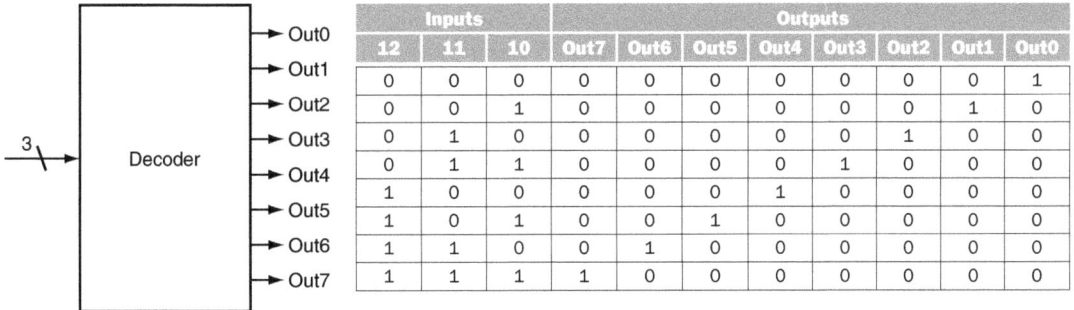

Inputs			Outputs							
I2	I1	I0	Out7	Out6	Out5	Out4	Out3	Out2	Out1	Out0
0	0	0	0	0	0	0	0	0	0	1
0	0	1	0	0	0	0	0	0	1	0
0	1	0	0	0	0	0	0	1	0	0
0	1	1	0	0	0	0	1	0	0	0
1	0	0	0	0	0	1	0	0	0	0
1	0	1	0	0	1	0	0	0	0	0
1	1	0	0	1	0	0	0	0	0	0
1	1	1	1	0	0	0	0	0	0	0

a. A 3-bit decoder

b. The truth table for a 3-bit decoder

FIGURE B.3.1 **A 3-bit decoder has 3 inputs, called I2, I1, and I0, and 2^3 = 8 outputs, called Out0 to Out7.** Only the output corresponding to the binary value of the input is true, as shown in the truth table. The label 3 on the input to the decoder says that the input signal is 3 bits wide.

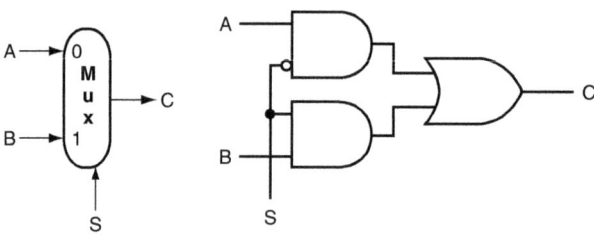

FIGURE B.3.2   A two-input multiplexor on the left and its implementation with gates on the right. The multiplexor has two data inputs (A and B), which are labeled 0 and 1, and one selector input (S), as well as an output C. Implementing multiplexors in Verilog requires a little more work, especially when they are wider than two inputs. We show how to do this beginning on page B-23.

Multiplexors

One basic logic function that we use quite often in Chapter 4 is the *multiplexor*. A multiplexor might more properly be called a *selector*, since its output is one of the inputs that is selected by a control. Consider the two-input multiplexor. The left side of Figure B.3.2 shows this multiplexor has three inputs: two data values

selector value Also called *control value*. The control signal that is used to select one of the input values of a multiplexor as the output of the multiplexor.

and a selector (or control) value. The selector value determines which of the inputs becomes the output. We can represent the logic function computed by a two-input multiplexor, shown in gate form on the right side of Figure B.3.2, as $C = (A \cdot S) + (B \cdot S)$.

Multiplexors can be created with an arbitrary number of data inputs. When there are only two inputs, the selector is a single signal that selects one of the inputs if it is true (1) and the other if it is false (0). If there are n data inputs, there will need to be $\lceil \log_2 n \rceil$ selector inputs. In this case, the multiplexor basically consists of three parts:

1. A decoder that generates n signals, each indicating a different input value

2. An array of n AND gates, each combining one of the inputs with a signal from the decoder

3. A single large OR gate that incorporates the outputs of the AND gates

To associate the inputs with selector values, we often label the data inputs numerically (i.e., 0, 1, 2, 3, …, $n - 1$) and interpret the data selector inputs as a binary number. Sometimes, we make use of a multiplexor with undecoded selector signals.

Multiplexors are easily represented combinationally in Verilog by using *if* expressions. For larger multiplexors, *case* statements are more convenient, but care must be taken to synthesize combinational logic.

Two-Level Logic and PLAs

As pointed out in the previous section, any logic function can be implemented with only AND, OR, and NOT functions. In fact, a much stronger result is true. Any logic function can be written in a canonical form, where every input is either a true or complemented variable and there are only two levels of gates—one being AND and the other OR—with a possible inversion on the final output. Such a representation is called a *two-level representation*, and there are two forms, called sum of products and *product of sums*. A sum-of-products representation is a logical sum (OR) of products (terms using the AND operator); a product of sums is just the opposite. In our earlier example, we had two equations for the output E:

$$E = ((A \cdot B) + (A \cdot C) + (B \cdot C)) \cdot (\overline{A \cdot B \cdot C})$$

and

$$E = (A \cdot B \cdot \overline{C}) + (A \cdot C \cdot \overline{B}) \cdot (B \cdot C \cdot \overline{A})$$

This second equation is in a sum-of-products form: it has two levels of logic and the only inversions are on individual variables. The first equation has three levels of logic.

sum of products A form of logical representation that employs a logical sum (OR) of products (terms joined using the AND operator).

Elaboration: We can also write E as a product of sums:

$$E = \overline{(\overline{A} + \overline{B} + C)} \cdot (\overline{A} + \overline{C} + B) \cdot (\overline{B} + C + A)$$

To derive this form, you need to use *DeMorgan's theorems*, which are discussed in the exercises.

In this text, we use the sum-of-products form. It is easy to see that any logic function can be represented as a sum of products by constructing such a representation from the truth table for the function. Each truth table entry for which the function is true corresponds to a product term. The product term consists of a logical product of all the inputs or the complements of the inputs, depending on whether the entry in the truth table has a 0 or 1 corresponding to this variable. The logic function is the logical sum of the product terms where the function is true. This is more easily seen with an example.

Sum of Products

Show the sum-of-products representation for the following truth table for D.

Inputs			Outputs
A	B	C	D
0	0	0	0
0	0	1	1
0	1	0	1
0	1	1	0
1	0	0	1
1	0	1	0
1	1	0	0
1	1	1	1

There are four product terms, since the function is true (1) for four different input combinations. These are:

$$\overline{A} \cdot \overline{B} \cdot C$$
$$\overline{A} \cdot B \cdot C$$
$$A \cdot \overline{B} \cdot \overline{C}$$
$$A \cdot B \cdot C$$

Thus, we can write the function for D as the sum of these terms:

$$D = (\overline{A} \cdot \overline{B} \cdot C)(\overline{A} \cdot B \cdot \overline{C})(A \cdot \overline{B} \cdot \overline{C})(A \cdot B \cdot C)$$

Note that only those truth table entries for which the function is true generate terms in the equation.

programmable logic array (PLA) A structured-logic element composed of a set of inputs and corresponding input complements and two stages of logic: the first generates product terms of the inputs and input complements, and the second generates sum terms of the product terms. Hence, PLAs implement logic functions as a sum of products.

minterms Also called **product terms**. A set of logic inputs joined by conjunction (AND operations); the product terms form the first logic stage of the *programmable logic array* (PLA).

We can use this relationship between a truth table and a two-level representation to generate a gate-level implementation of any set of logic functions. A set of logic functions corresponds to a truth table with multiple output columns, as we saw in the example on page B-5. Each output column represents a different logic function, which may be directly constructed from the truth table.

The sum-of-products representation corresponds to a common structured-logic implementation called a programmable logic array (PLA). A PLA has a set of inputs and corresponding input complements (which can be implemented with a set of inverters), and two stages of logic. The first stage is an array of AND gates that form a set of product terms (sometimes called minterms); each product term can consist of any of the inputs or their complements. The second stage is an array of OR gates, each of which forms a logical sum of any number of the product terms. Figure B.3.3 shows the basic form of a PLA.

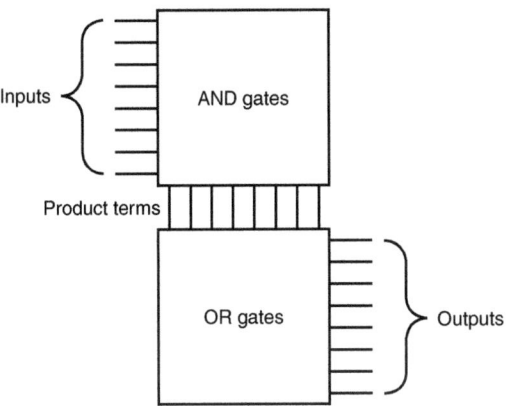

FIGURE B.3.3 The basic form of a PLA consists of an array of AND gates followed by an array of OR gates. Each entry in the AND gate array is a product term consisting of any number of inputs or inverted inputs. Each entry in the OR gate array is a sum term consisting of any number of these product terms.

A PLA can directly implement the truth table of a set of logic functions with multiple inputs and outputs. Since each entry where the output is true requires a product term, there will be a corresponding row in the PLA. Each output corresponds to a potential row of OR gates in the second stage. The number of OR gates corresponds to the number of truth table entries for which the output is true. The total size of a PLA, such as that shown in Figure B.3.3, is equal to the sum of the size of the AND gate array (called the *AND plane*) and the size of the OR gate array (called the *OR plane*). Looking at Figure B.3.3, we can see that the size of the AND gate array is equal to the number of inputs times the number of different product terms, and the size of the OR gate array is the number of outputs times the number of product terms.

A PLA has two characteristics that help make it an efficient way to implement a set of logic functions. First, only the truth table entries that produce a true value for at least one output have any logic gates associated with them. Second, each different product term will have only one entry in the PLA, even if the product term is used in multiple outputs. Let's look at an example.

PLAs

Consider the set of logic functions defined in the example on page B-5. Show a PLA implementation of this example for *D*, *E*, and *F*.

EXAMPLE

ANSWER

Here is the truth table we constructed earlier:

Inputs			Outputs		
A	B	C	D	E	F
0	0	0	0	0	0
0	0	1	1	0	0
0	1	0	1	0	0
0	1	1	1	1	0
1	0	0	1	0	0
1	0	1	1	1	0
1	1	0	1	1	0
1	1	1	1	0	1

Since there are seven unique product terms with at least one true value in the output section, there will be seven columns in the AND plane. The number of rows in the AND plane is three (since there are three inputs), and there are also three rows in the OR plane (since there are three outputs). Figure B.3.4 shows the resulting PLA, with the product terms corresponding to the truth table entries from top to bottom.

Rather than drawing all the gates, as we do in Figure B.3.4, designers often show just the position of AND gates and OR gates. Dots are used on the intersection of a product term signal line and an input line or an output line when a corresponding AND gate or OR gate is required. Figure B.3.5 shows how the PLA of Figure B.3.4 would look when drawn in this way. The contents of a PLA are fixed when the PLA is created, although there are also forms of PLA-like structures, called *PALs*, that can be programmed electronically when a designer is ready to use them.

ROMs

Another form of structured logic that can be used to implement a set of logic functions is a read-only memory (ROM). A ROM is called a memory because it has a set of locations that can be read; however, the contents of these locations are fixed, usually at the time the ROM is manufactured. There are also programmable ROMs (PROMs) that can be programmed electronically, when a designer knows their contents. There are also erasable PROMs; these devices require a slow erasure process using ultraviolet light, and thus are used as read-only memories, except during the design and debugging process.

A ROM has a set of input address lines and a set of outputs. The number of addressable entries in the ROM determines the number of address lines: if the

read-only memory (ROM) A memory whose contents are designated at creation time, after which the contents can only be read. ROM is used as structured logic to implement a set of logic functions by using the terms in the logic functions as address inputs and the outputs as bits in each word of the memory.

programmable ROM (PROM) A form of read-only memory that can be pro grammed when a designer knows its contents.

ROM contains 2^m addressable entries, called the *height*, then there are m input lines. The number of bits in each addressable entry is equal to the number of output bits and is sometimes called the *width* of the ROM. The total number of bits in the ROM is equal to the height times the width. The height and width are sometimes collectively referred to as the *shape* of the ROM.

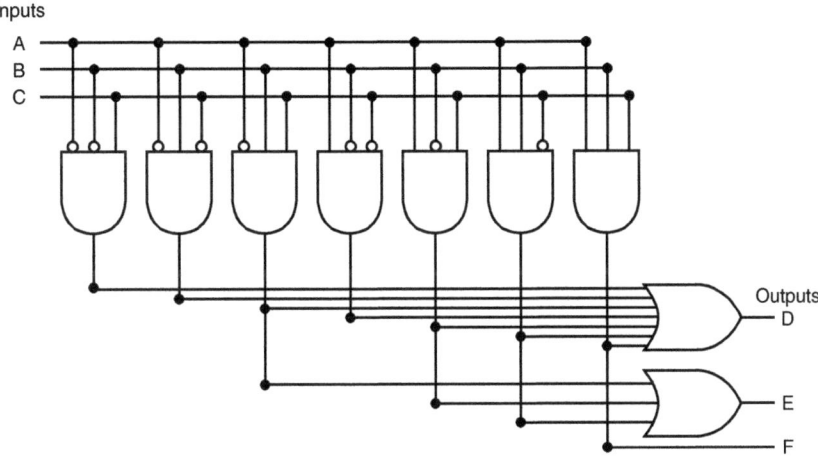

FIGURE B.3.4   The PLA for implementing the logic function described in the example.

A ROM can encode a collection of logic functions directly from the truth table. For example, if there are n functions with m inputs, we need a ROM with m address lines (and 2^m entries), with each entry being n bits wide. The entries in the input portion of the truth table represent the addresses of the entries in the ROM, while the contents of the output portion of the truth table constitute the contents of the ROM. If the truth table is organized so that the sequence of entries in the input portion constitutes a sequence of binary numbers (as have all the truth tables we have shown so far), then the output portion gives the ROM contents in order as well. In the example starting on page B-13, there were three inputs and three outputs. This leads to a ROM with $2^3 = 8$ entries, each 3 bits wide. The contents of those entries in increasing order by address are directly given by the output portion of the truth table that appears on page B-14.

ROMs and PLAs are closely related. A ROM is fully decoded: it contains a full output word for every possible input combination. A PLA is only partially decoded. This means that a ROM will always contain more entries. For the earlier truth table on page B-14, the ROM contains entries for all eight possible inputs, whereas the PLA contains only the seven active product terms. As the number of inputs grows,

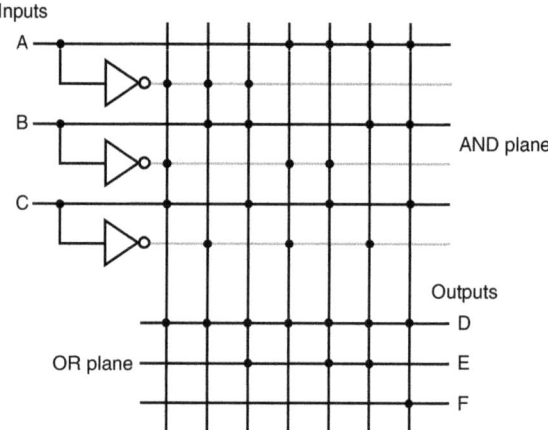

FIGURE B.3.5 A PLA drawn using dots to indicate the components of the product terms and sum terms in the array. Rather than use inverters on the gates, usually all the inputs are run the width of the AND plane in both true and complement forms. A dot in the AND plane indicates that the input, or its inverse, occurs in the product term. A dot in the OR plane indicates that the corresponding product term appears in the corresponding output.

the number of entries in the ROM grows exponentially. In contrast, for most real logic functions, the number of product terms grows much more slowly (see the examples in ⬛ Appendix D). This difference makes PLAs generally more efficient for implementing combinational logic functions. ROMs have the advantage of being able to implement any logic function with the matching number of inputs and outputs. This advantage makes it easier to change the ROM contents if the logic function changes, since the size of the ROM need not change.

In addition to ROMs and PLAs, modern logic synthesis systems will also translate small blocks of combinational logic into a collection of gates that can be placed and wired automatically. Although some small collections of gates are usually not area efficient, for small logic functions they have less overhead than the rigid structure of a ROM and PLA and so are preferred.

For designing logic outside of a custom or semicustom integrated circuit, a common choice is a field programming device; we describe these devices in Section B.12.

Don't Cares

Often in implementing some combinational logic, there are situations where we do not care what the value of some output is, either because another output is true or because a subset of the input combinations determines the values of the outputs. Such situations are referred to as *don't cares*. Don't cares are important because they make it easier to optimize the implementation of a logic function.

There are two types of don't cares: output don't cares and input don't cares, both of which can be represented in a truth table. *Output don't cares* arise when we don't care about the value of an output for some input combination. They appear as Xs in the output portion of a truth table. When an output is a don't care for some input combination, the designer or logic optimization program is free to make the output true or false for that input combination. *Input don't cares* arise when an output depends on only some of the inputs, and they are also shown as Xs, though in the input portion of the truth table.

Don't Cares

Consider a logic function with inputs A, B, and C defined as follows:

- If A or C is true, then output D is true, whatever the value of B.
- If A or B is true, then output E is true, whatever the value of C.
- Output F is true if exactly one of the inputs is true, although we don't care about the value of F, whenever D and E are both true.

Show the full truth table for this function and the truth table using don't cares. How many product terms are required in a PLA for each of these?

Here's the full truth table, without don't cares:

EXAMPLE

ANSWER

Inputs			Outputs		
A	B	C	D	E	F
0	0	0	0	0	0
0	0	1	1	0	1
0	1	0	0	1	1
0	1	1	1	1	0
1	0	0	1	1	1
1	0	1	1	1	0
1	1	0	1	1	0
1	1	1	1	1	0

This requires seven product terms without optimization. The truth table written with output don't cares looks like this:

Inputs			Outputs		
A	B	C	D	E	F
0	0	0	0	0	0
0	0	1	1	0	1
0	1	0	0	1	1
0	1	1	1	1	X
1	0	0	1	1	X
1	0	1	1	1	X
1	1	0	1	1	X
1	1	1	1	1	X

If we also use the input don't cares, this truth table can be further simplified to yield the following:

Inputs			Outputs		
A	B	C	D	E	F
0	0	0	0	0	0
0	0	1	1	0	1
0	1	0	0	1	1
X	1	1	1	1	X
1	X	X	1	1	X

This simplified truth table requires a PLA with four minterms, or it can be implemented in discrete gates with one two-input AND gate and three OR gates (two with three inputs and one with two inputs). This compares to the original truth table that had seven minterms and would have required four AND gates.

Logic minimization is critical to achieving efficient implementations. One tool useful for hand minimization of random logic is *Karnaugh maps*. Karnaugh maps represent the truth table graphically, so that product terms that may be combined are easily seen. Nevertheless, hand optimization of significant logic functions using Karnaugh maps is impractical, both because of the size of the maps and their complexity. Fortunately, the process of logic minimization is highly mechanical and can be performed by design tools. In the process of minimization, the tools take advantage of the don't cares, so specifying them is important. The text book references at the end of this appendix provide further discussion on logic minimization, Karnaugh maps, and the theory behind such minimization algorithms.

Arrays of Logic Elements

Many of the combinational operations to be performed on data have to be done to an entire word (32 bits) of data. Thus we often want to build an array of logic elements, which we can represent simply by showing that a given operation will happen to an entire collection of inputs. Inside a machine, much of the time we want to select between a pair of *buses*. A bus is a collection of data lines that is treated together as a single logical signal. (The term *bus* is also used to indicate a shared collection of lines with multiple sources and uses.)

For example, in the MIPS instruction set, the result of an instruction that is written into a register can come from one of two sources. A multiplexor is used to choose which of the two buses (each 32 bits wide) will be written into the Result register. The 1-bit multiplexor, which we showed earlier, will need to be replicated 32 times.

We indicate that a signal is a bus rather than a single 1-bit line by showing it with a thicker line in a figure. Most buses are 32 bits wide; those that are not are explicitly labeled with their width. When we show a logic unit whose inputs and outputs are buses, this means that the unit must be replicated a sufficient number of times to accommodate the width of the input. Figure B.3.6 shows how we draw a multiplexor that selects between a pair of 32-bit buses and how this expands in terms of 1-bit-wide multiplexors. Sometimes we need to construct an array of logic elements where the inputs for some elements in the array are outputs from earlier elements. For example, this is how a multibit-wide ALU is constructed. In such cases, we must explicitly show how to create wider arrays, since the individual elements of the array are no longer independent, as they are in the case of a 32-bit-wide multiplexor.

bus In logic design, a collection of data lines that is treated together as a single logical signal; also, a shared collection of lines with multiple sources and uses.

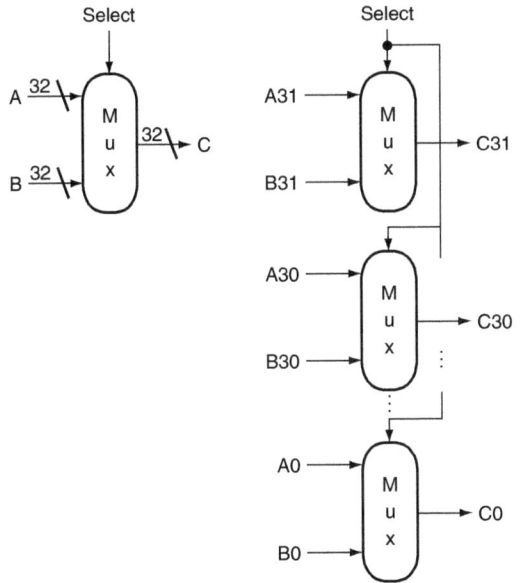

a. A 32-bit wide 2-to-1 multiplexor

b. The 32-bit wide multiplexor is actually an array of 32 1-bit multiplexors

FIGURE B.3.6 A multiplexor is arrayed 32 times to perform a selection between two 32-bit inputs. Note that there is still only one data selection signal used for all 32 1-bit multiplexors.

Parity is a function in which the output depends on the number of 1s in the input. For an even parity function, the output is 1 if the input has an even number of ones. Suppose a ROM is used to implement an even parity function with a 4-bit input. Which of A, B, C, or D represents the contents of the ROM?

Address	A	B	C	D
0	0	1	0	1
1	0	1	1	0
2	0	1	0	1
3	0	1	1	0
4	0	1	0	1
5	0	1	1	0
6	0	1	0	1
7	0	1	1	0
8	1	0	0	1
9	1	0	1	0
10	1	0	0	1
11	1	0	1	0
12	1	0	0	1
13	1	0	1	0
14	1	0	0	1
15	1	0	1	0

B.4   Using a Hardware Description Language

hardware description language
A programming language for describing hardware, used for generating simulations of a hardware design and also as input to synthesis tools that can generate actual hardware.

Verilog One of the two most common hardware description languages.

VHDL One of the two most common hardware description languages.

Today most digital design of processors and related hardware systems is done using a hardware description language. Such a language serves two purposes. First, it provides an abstract description of the hardware to simulate and debug the design. Second, with the use of logic synthesis and hardware compilation tools, this description can be compiled into the hardware implementation.

In this section, we introduce the hardware description language Verilog and show how it can be used for combinational design. In the rest of the appendix, we expand the use of Verilog to include design of sequential logic. In the optional sections of Chapter 4 that appear online, we use Verilog to describe processor implementations. In the optional section from Chapter 5 that appears online, we use system Verilog to describe cache controller implementations. System Verilog adds structures and some other useful features to Verilog.

Verilog is one of the two primary hardware description languages; the other is VHDL. Verilog is somewhat more heavily used in industry and is based on C, as opposed to VHDL, which is based on Ada. The reader generally familiar with C will find the basics of Verilog, which we use in this appendix, easy to follow.

Readers already familiar with VHDL should find the concepts simple, provided they have been exposed to the syntax of C.

Verilog can specify both a behavioral and a structural definition of a digital system. A behavioral specification describes how a digital system functionally operates. A structural specification describes the detailed organization of a digital system, usually using a hierarchical description. A structural specification can be used to describe a hardware system in terms of a hierarchy of basic elements such as gates and switches. Thus, we could use Verilog to describe the exact contents of the truth tables and datapath of the last section.

With the arrival of hardware synthesis tools, most designers now use Verilog or VHDL to structurally describe only the datapath, relying on logic synthesis to generate the control from a behavioral description. In addition, most CAD systems provide extensive libraries of standardized parts, such as ALUs, multiplexors, register files, memories, and programmable logic blocks, as well as basic gates.

Obtaining an acceptable result using libraries and logic synthesis requires that the specification be written with an eye toward the eventual synthesis and the desired outcome. For our simple designs, this primarily means making clear what we expect to be implemented in combinational logic and what we expect to require sequential logic. In most of the examples we use in this section and the remainder of this appendix, we have written the Verilog with the eventual synthesis in mind.

behavioral specification Describes how a digital system operates functionally.

structural specification Describes how a digital system is organized in terms of a hierarchical connection of elements.

hardware synthesis tools Computer-aided design software that can generate a gate-level design based on behavioral descriptions of a digital system.

Datatypes and Operators in Verilog

There are two primary datatypes in Verilog:

1. A wire specifies a combinational signal.

2. A reg (register) holds a value, which can vary with time. A reg need not necessarily correspond to an actual register in an implementation, although it often will.

wire In Verilog, specifies a combinational signal.

reg In Verilog, a register.

A register or wire, named X, that is 32 bits wide is declared as an array: reg [31:0] X or wire [31:0] X, which also sets the index of 0 to designate the least significant bit of the register. Because we often want to access a subfield of a register or wire, we can refer to a contiguous set of bits of a register or wire with the notation [starting bit: ending bit], where both indices must be constant values.

An array of registers is used for a structure like a register file or memory. Thus, the declaration

    reg [31:0] registerfile[0:31]

specifies a variable registerfile that is equivalent to a MIPS registerfile, where register 0 is the first. When accessing an array, we can refer to a single element, as in C, using the notation registerfile[regnum].

The possible values for a register or wire in Verilog are

- 0 or 1, representing logical false or true

- X, representing unknown, the initial value given to all registers and to any wire not connected to something

- Z, representing the high-impedance state for tristate gates, which we will not discuss in this appendix

Constant values can be specified as decimal numbers as well as binary, octal, or hexadecimal. We often want to say exactly how large a constant field is in bits. This is done by prefixing the value with a decimal number specifying its size in bits. For example:

- 4'b0100 specifies a 4-bit binary constant with the value 4, as does 4'd4.

- - 8 'h4 specifies an 8-bit constant with the value −4 (in two's complement representation)

Values can also be concatenated by placing them within { } separated by commas. The notation {x{bit field}} replicates bit field x times. For example:

- {16{2'b01}} creates a 32-bit value with the pattern 0101 ... 01.

- {A[31:16],B[15:0]} creates a value whose upper 16 bits come from A and whose lower 16 bits come from B.

Verilog provides the full set of unary and binary operators from C, including the arithmetic operators (+, −, *, /), the logical operators (&, |, ~), the comparison operators (= =, !=, >, <, < =, > =), the shift operators (<<, >>), and C's conditional operator (?, which is used in the form condition ? expr1 :expr2 and returns expr1 if the condition is true and expr2 if it is false). Verilog adds a set of unary logic reduction operators (&, |, ^) that yield a single bit by applying the logical operator to all the bits of an operand. For example, &A returns the value obtained by ANDing all the bits of A together, and ^A returns the reduction obtained by using exclusive OR on all the bits of A.

Check Yourself   Which of the following define exactly the same value?

```
1.  8'bimoooo
2.  8'hF0
3.  8'd240
4.  {{4{1'b1}},{4{1'b0}}}
5.  {4'b1,4'b0)
```

Structure of a Verilog Program

A Verilog program is structured as a set of modules, which may represent anything from a collection of logic gates to a complete system. Modules are similar to classes in C++, although not nearly as powerful. A module specifies its input and output ports, which describe the incoming and outgoing connections of a module. A module may also declare additional variables. The body of a module consists of:

- `initial` constructs, which can initialize `reg` variables

- Continuous assignments, which define only combinational logic

- `always` constructs, which can define either sequential or combinational logic

- Instances of other modules, which are used to implement the module being defined

Representing Complex Combinational Logic in Verilog

A continuous assignment, which is indicated with the keyword `assign`, acts like a combinational logic function: the output is continuously assigned the value, and a change in the input values is reflected immediately in the output value. Wires may only be assigned values with continuous assignments. Using continuous assignments, we can define a module that implements a half-adder, as Figure B.4.1 shows.

Assign statements are one sure way to write Verilog that generates combinational logic. For more complex structures, however, assign statements may be awkward or tedious to use. It is also possible to use the `always` block of a module to describe a combinational logic element, although care must be taken. Using an `always` block allows the inclusion of Verilog control constructs, such as *if-then-else, case* statements, *for* statements, and *repeat* statements, to be used. These statements are similar to those in C with small changes.

An `always` block specifies an optional list of signals on which the block is sensitive (in a list starting with @). The `always` block is re-evaluated if any of the

```
module half_adder (A,B,Sum,Carry);
    input A,B; //two 1-bit inputs
    output Sum, Carry; //two 1-bit outputs
    assign Sum = A ^ B; //sum is A xor B
    assign Carry = A & B; //Carry is A and B
endmodule
```

FIGURE B.4.1 A Verilog module that defines a half-adder using continuous assignments.

sensitivity list The list of signals that specifies when an always block should be re-evaluated.

listed signals changes value; if the list is omitted, the always block is constantly re-evaluated. When an always block is specifying combinational logic, the sensitivity list should include all the input signals. If there are multiple Verilog statements to be executed in an always block, they are surrounded by the keywords begin and end, which take the place of the { and } in C. An always block thus looks like this:

```
always @(list of signals that cause reevaluation) begin
    Verilog statements including assignments and other
    control statements end
```

Reg variables may only be assigned inside an always block, using a procedural assignment statement (as distinguished from continuous assignment we saw earlier). There are, however, two different types of procedural assignments. The assignment operator = executes as it does in C; the right-hand side is evaluated, and the left-hand side is assigned the value. Furthermore, it executes like the normal C assignment statement: that is, it is completed before the next statement is executed. Hence, the assignment operator = has the name blocking assignment. This blocking can be useful in the generation of sequential logic, and we will return to it shortly. The other form of assignment (nonblocking) is indicated by <=. In nonblocking assignment, all right-hand sides of the assignments in an always group are evaluated and the assignments are done simultaneously. As a first example of combinational logic implemented using an always block, Figure B.4.2 shows the implementation of a 4-to-1 multiplexor, which uses a case construct to make it easy to write. The case construct looks like a C switch statement. Figure B.4.3 shows a definition of a MIPS ALU, which also uses a case statement.

blocking assignment In Verilog, an assignment that completes before the execution of the next statement.

nonblocking assignment An assignment that continues after evaluating the right-hand side, assigning the left-hand side the value only after all right-hand sides are evaluated.

Since only reg variables may be assigned inside always blocks, when we want to describe combinational logic using an always block, care must be taken to ensure that the reg does not synthesize into a register. A variety of pitfalls are described in the elaboration below.

Elaboration: Continuous assignment statements always yield combinational logic, but other Verilog structures, even when in always blocks, can yield unexpected results during logic synthesis. The most common problem is creating sequential logic by implying the existence of a latch or register, which results in an implementation that is both slower and more costly than perhaps intended. To ensure that the logic that you intend to be combinational is synthesized that way, make sure you do the following:

1. Place all combinational logic in a continuous assignment or an always block.

2. Make sure that all the signals used as inputs appear in the sensitivity list of an always block.

3. Ensure that every path through an always block assigns a value to the exact same set of bits.

The last of these is the easiest to overlook; read through the example in Figure B.5.15 to convince yourself that this property is adhered to.

```
module Mult4to1 (In1,In2,In3,In4,Sel,Out);
    input [31:0] In1, In2, In3, In4; /four 32-bit inputs
    input [1:0] Sel; //selector signal
    output reg [31:0] Out;// 32-bit output
    always @(In1, In2, In3, In4, Sel)
    case (Sel) //a 4->1 multiplexor
        0: Out <= In1;
        1: Out <= In2;
        2: Out <= In3;
        default: Out <= In4;
    endcase
endmodule
```

FIGURE B.4.2 A Verilog definition of a 4-to-1 multiplexor with 32-bit inputs, using a case **statement**. The case statement acts like a C switch statement, except that in Verilog only the code associated with the selected case is executed (as if each case state had a break at the end) and there is no fall-through to the next statement.

```
module MIPSALU (ALUctl, A, B, ALUOut, Zero);
    input [3:0] ALUctl;
    input [31:0] A,B;
    output reg [31:0] ALUOut;
    output Zero;
    assign Zero = (ALUOut==0); //Zero is true if ALUOut is 0; goes anywhere
    always @(ALUctl, A, B) //reevaluate if these change
        case (ALUctl)
            0: ALUOut <= A & B;
            1: ALUOut <= A | B;
            2: ALUOut <= A + B;
            6: ALUOut <= A - B;
            7: ALUOut <= A < B ? 1:0;
            12: ALUOut <= ~(A | B); // result is nor
            default: ALUOut <= 0; //default to 0, should not happen;
        endcase
endmodule
```

FIGURE B.4.3 A Verilog behavioral definition of a MIPS ALU. This could be synthesized using a module library containing basic arithmetic and logical operations.

Check
Yourself
Assuming all values are initially zero, what are the values of A and B after executing this Verilog code inside an `always` block?

```
C=1;
A <= C;
B = C;
```

<table>
<tr><td>**B.5**</td><td># Constructing a Basic Arithmetic Logic Unit</td></tr>
</table>

*ALU n. [Arthritic
Logic Unit or (rare)
Arithmetic Logic Unit]
A random-number
generator supplied
as standard with all
computer systems.*

Stan Kelly-Bootle, *The
Devil's DP Dictionary,*
1981

The arithmetic logic unit (ALU) is the brawn of the computer, the device that performs the arithmetic operations like addition and subtraction or logical operations like AND and OR. This section constructs an ALU from four hardware building blocks (AND and OR gates, inverters, and multiplexors) and illustrates how combinational logic works. In the next section, we will see how addition can be sped up through more clever designs.

Because the MIPS word is 32 bits wide, we need a 32-bit-wide ALU. Let's assume that we will connect 32 1-bit ALUs to create the desired ALU. We'll therefore start by constructing a 1-bit ALU.

A 1-Bit ALU

The logical operations are easiest, because they map directly onto the hardware components in Figure B.2.1.

The 1-bit logical unit for AND and OR looks like Figure B.5.1. The multiplexor on the right then selects *a* AND *b* or *a* OR *b*, depending on whether the value of *Operation* is 0 or 1. The line that controls the multiplexor is shown in color to distinguish it from the lines containing data. Notice that we have renamed the control and output lines of the multiplexor to give them names that reflect the function of the ALU.

The next function to include is addition. An adder must have two inputs for the operands and a single-bit output for the sum. There must be a second output to pass on the carry, called *CarryOut*. Since the CarryOut from the neighbor adder must be included as an input, we need a third input. This input is called *CarryIn*. Figure B.5.2 shows the inputs and the outputs of a 1-bit adder. Since we know what addition is supposed to do, we can specify the outputs of this "black box" based on its inputs, as Figure B.5.3 demonstrates.

We can express the output functions CarryOut and Sum as logical equations, and these equations can in turn be implemented with logic gates. Let's do CarryOut. Figure B.5.4 shows the values of the inputs when CarryOut is a 1.

We can turn this truth table into a logical equation:

$$CarryOut = (b \cdot CarryIn) + (a \cdot CarryIn) + (a \cdot b) + (a \cdot b \cdot CarryIn)$$

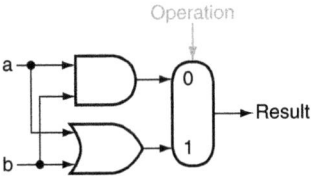

FIGURE B.5.1   The 1-bit logical unit for AND and OR.

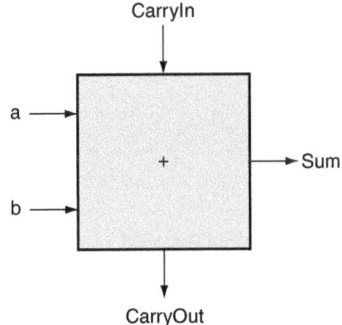

FIGURE B.5.2   A 1-bit adder. This adder is called a full adder; it is also called a (3,2) adder because it has 3 inputs and 2 outputs. An adder with only the a and b inputs is called a (2,2) adder or half-adder.

Inputs			Outputs		
a	b	CarryIn	CarryOut	Sum	Comments
0	0	0	0	0	$0 + 0 + 0 = 00_{two}$
0	0	1	0	1	$0 + 0 + 1 = 01_{two}$
0	1	0	0	1	$0 + 1 + 0 = 01_{two}$
0	1	1	1	0	$0 + 1 + 1 = 10_{two}$
1	0	0	0	1	$1 + 0 + 0 = 01_{two}$
1	0	1	1	0	$1 + 0 + 1 = 10_{two}$
1	1	0	1	0	$1 + 1 + 0 = 10_{two}$
1	1	1	1	1	$1 + 1 + 1 = 11_{two}$

FIGURE B.5.3   Input and output specification for a 1-bit adder.

If a · b · CarryIn is true, then all of the other three terms must also be true, so we can leave out this last term corresponding to the fourth line of the table. We can thus simplify the equation to

$$CarryOut = (b \cdot CarryIn) + (a \cdot CarryIn) + (a \cdot b)$$

Figure B.5.5 shows that the hardware within the adder black box for CarryOut consists of three AND gates and one OR gate. The three AND gates correspond exactly to the three parenthesized terms of the formula above for CarryOut, and the OR gate sums the three terms.

Inputs		
a	**b**	**CarryIn**
0	1	1
1	0	1
1	1	0
1	1	1

FIGURE B.5.4   Values of the inputs when CarryOut is a 1.

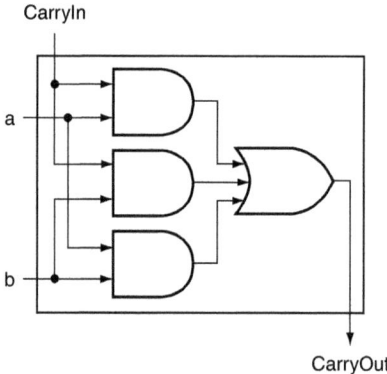

FIGURE B.5.5   Adder hardware for the CarryOut signal. The rest of the adder hardware is the logic for the Sum output given in the equation on this page.

The Sum bit is set when exactly one input is 1 or when all three inputs are 1. The Sum results in a complex Boolean equation (recall that $\bar{a}$ means NOT a):

$$Sum = (a \cdot \bar{b} \cdot \overline{CarryIn}) + (\bar{a} \cdot b \cdot \overline{CarryIn}) + (\bar{a} \cdot \bar{b} \cdot CarryIn) + (a \cdot b \cdot CarryIn)$$

The drawing of the logic for the Sum bit in the adder black box is left as an exercise for the reader.

Figure B.5.6 shows a 1-bit ALU derived by combining the adder with the earlier components. Sometimes designers also want the ALU to perform a few more simple operations, such as generating 0. The easiest way to add an operation is to expand the multiplexor controlled by the Operation line and, for this example, to connect 0 directly to the new input of that expanded multiplexor.

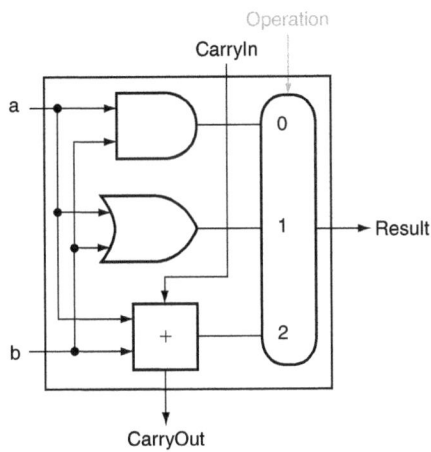

FIGURE B.5.6 A 1-bit ALU that performs AND, OR, and addition (see Figure B.5.5).

A 32-Bit ALU

Now that we have completed the 1-bit ALU, the full 32-bit ALU is created by connecting adjacent "black boxes." Using xi to mean the ith bit of x, Figure B.5.7 shows a 32-bit ALU. Just as a single stone can cause ripples to radiate to the shores of a quiet lake, a single carry out of the least significant bit (Result0) can ripple all the way through the adder, causing a carry out of the most significant bit (Result31). Hence, the adder created by directly linking the carries of 1-bit adders is called a *ripple carry* adder. We'll see a faster way to connect the 1-bit adders starting on page B-38.

Subtraction is the same as adding the negative version of an operand, and this is how adders perform subtraction. Recall that the shortcut for negating a two's complement number is to invert each bit (sometimes called the *one's complement*) and then add 1. To invert each bit, we simply add a 2:1 multiplexor that chooses between b and b̄, as Figure B.5.8 shows.

Suppose we connect 32 of these 1-bit ALUs, as we did in Figure B.5.7. The added multiplexor gives the option of b or its inverted value, depending on Binvert, but

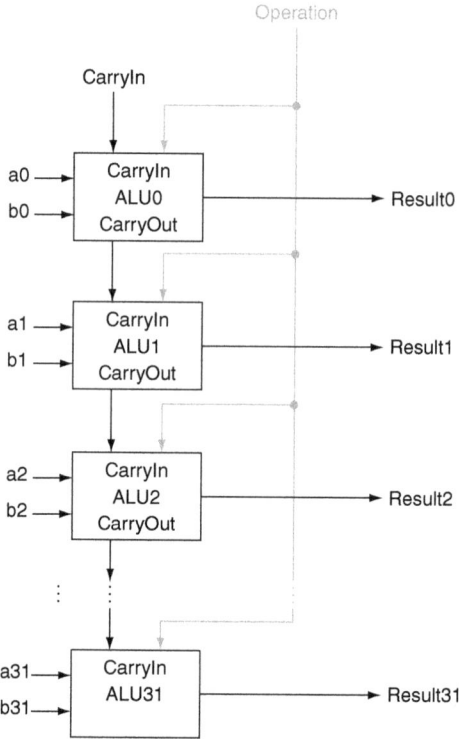

FIGURE B.5.7   A 32-bit ALU constructed from 32 1-bit ALUs. CarryOut of the less significant bit is connected to the CarryIn of the more significant bit. This organization is called ripple carry.

this is only one step in negating a two's complement number. Notice that the least significant bit still has a CarryIn signal, even though it's unnecessary for addition. What happens if we set this CarryIn to 1 instead of 0? The adder will then calculate $a + b + 1$. By selecting the inverted version of b, we get exactly what we want:

$$a + \overline{b} + 1 = a + (\overline{b} + 1) = a + (-b) = a - b$$

The simplicity of the hardware design of a two's complement adder helps explain why two's complement representation has become the universal standard for integer computer arithmetic.

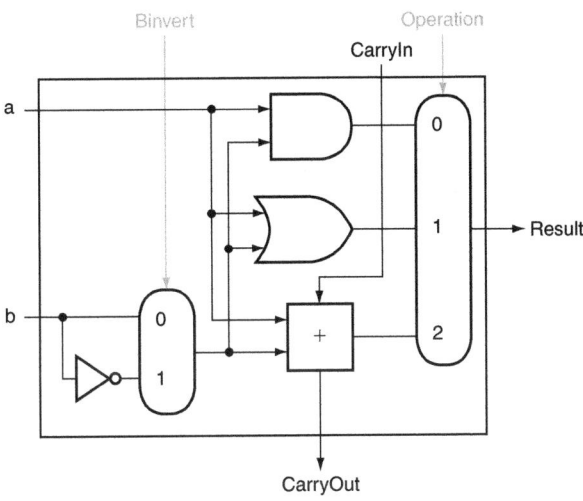

FIGURE B.5.8 A 1-bit ALU that performs AND, OR, and addition on a and b or a and $\overline{b}$. By selecting $\overline{b}$ (Binvert = 1) and setting CarryIn to 1 in the least significant bit of the ALU, we get two's complement subtraction of b from a instead of addition of b to a.

A MIPS ALU also needs a NOR function. Instead of adding a separate gate for NOR, we can reuse much of the hardware already in the ALU, like we did for subtract. The insight comes from the following truth about NOR:

$$\overline{(a + b)} = \overline{a} \cdot \overline{b}$$

That is, NOT (a OR b) is equivalent to NOT a AND NOT b. This fact is called DeMorgan's theorem and is explored in the exercises in more depth.

Since we have AND and NOT b, we only need to add NOT a to the ALU. Figure B.5.9 shows that change.

Tailoring the 32-Bit ALU to MIPS

These four operations—add, subtract, AND, OR—are found in the ALU of almost every computer, and the operations of most MIPS instructions can be performed by this ALU. But the design of the ALU is incomplete.

One instruction that still needs support is the set on less than instruction (slt). Recall that the operation produces 1 if rs < rt, and 0 otherwise. Consequently, slt will set all but the least significant bit to 0, with the least significant bit set according to the comparison. For the ALU to perform slt, we first need to expand the three-input

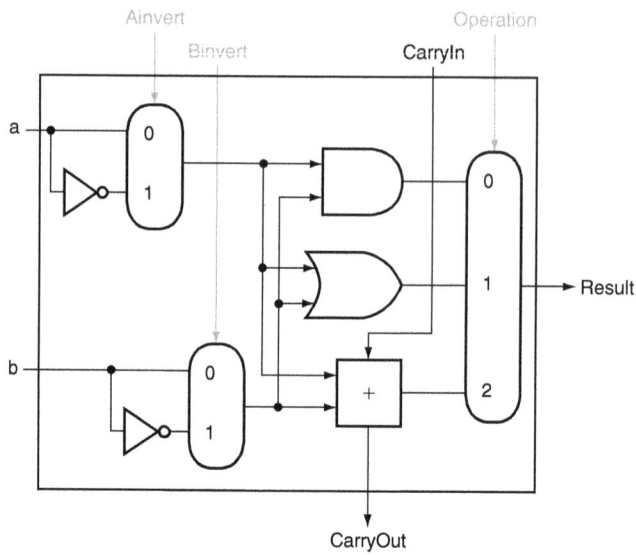

FIGURE B.5.9   A 1-bit ALU that performs AND, OR, and addition on a and b or $\bar{a}$ and $\bar{b}$. By selecting $\bar{a}$ (Ainvert = 1) and $\bar{b}$ (Binvert = 1), we get a NOR b instead of a AND b.

multiplexor in Figure B.5.8 to add an input for the slt result. We call that new input *Less* and use it only for slt.

The top drawing of Figure B.5.10 shows the new 1-bit ALU with the expanded multiplexor. From the description of slt above, we must connect 0 to the Less input for the upper 31 bits of the ALU, since those bits are always set to 0. What remains to consider is how to compare and set the *least significant bit* for set on less than instructions.

What happens if we subtract b from a? If the difference is negative, then a < b since

$$(a - b) < 0 \Rightarrow ((a - b) + b) < (0 + b)$$
$$\Rightarrow a < b$$

We want the least significant bit of a set on less than operation to be a 1 if a < b; that is, a 1 if a − b is negative and a 0 if it's positive. This desired result corresponds exactly to the sign bit values: 1 means negative and 0 means positive. Following this line of argument, we need only connect the sign bit from the adder output to the least significant bit to get set on less than.

Unfortunately, the Result output from the most significant ALU bit in the top of Figure B.5.10 for the slt operation is *not* the output of the adder; the ALU output for the slt operation is obviously the input value Less.

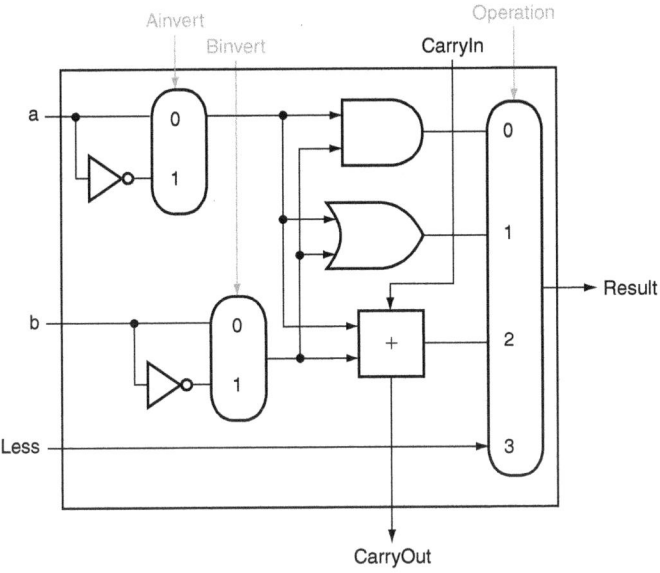

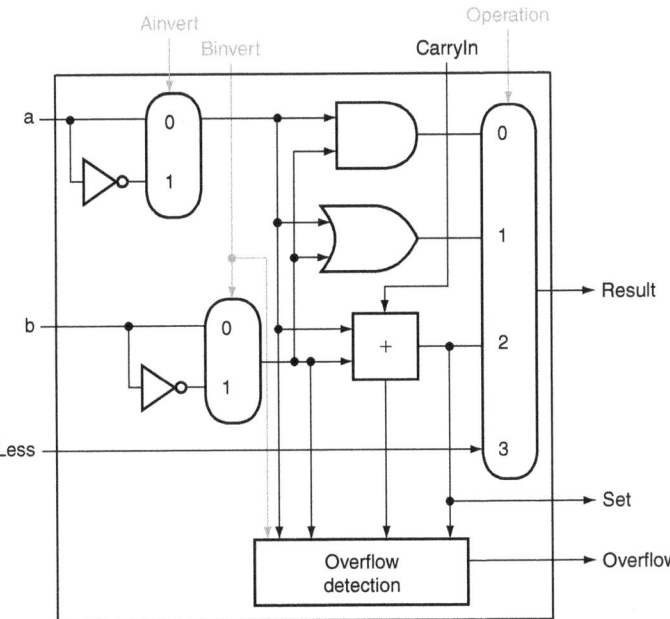

FIGURE B.5.10   (Top) A 1-bit ALU that performs AND, OR, and addition on a and b or b̄ , and (bottom) a 1-bit ALU for the most significant bit. The top drawing includes a direct input that is connected to perform the set on less than operation (see Figure B.5.11); the bottom has a direct output from the adder for the less than comparison called Set. (See Exercise B.24 at the end of this appendix to see how to calculate overflow with fewer inputs.)

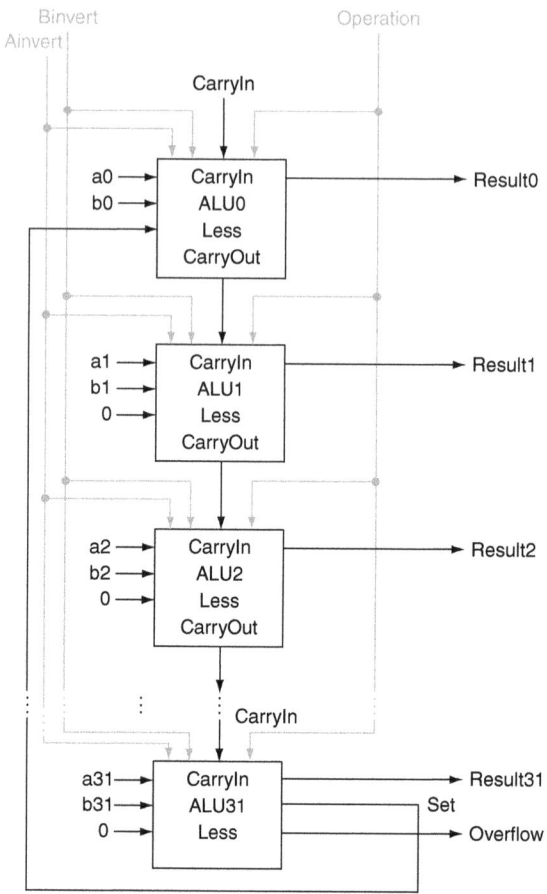

FIGURE B.5.11   A 32-bit ALU constructed from the 31 copies of the 1-bit ALU in the top of Figure B.5.10 and one 1-bit ALU in the bottom of that figure. The Less inputs are connected to 0 except for the least significant bit, which is connected to the Set output of the most significant bit. If the ALU performs a − b and we select the input 3 in the multiplexor in Figure B.5.10, then Result = 0 ... 001 if a < b, and Result = 0 ... 000 otherwise.

Thus, we need a new 1-bit ALU for the most significant bit that has an extra output bit: the adder output. The bottom drawing of Figure B.5.10 shows the design, with this new adder output line called *Set*, and used only for slt. As long as we need a special ALU for the most significant bit, we added the overflow detection logic since it is also associated with that bit.

Alas, the test of less than is a little more complicated than just described because of overflow, as we explore in the exercises. Figure B.5.11 shows the 32-bit ALU.

Notice that every time we want the ALU to subtract, we set both CarryIn and Binvert to 1. For adds or logical operations, we want both control lines to be 0. We can therefore simplify control of the ALU by combining the CarryIn and Binvert to a single control line called *Bnegate*.

To further tailor the ALU to the MIPS instruction set, we must support conditional branch instructions. These instructions branch either if two registers are equal or if they are unequal. The easiest way to test equality with the ALU is to subtract b from a and then test to see if the result is 0, since

$$(a - b = 0) \Rightarrow a = b$$

Thus, if we add hardware to test if the result is 0, we can test for equality. The simplest way is to OR all the outputs together and then send that signal through an inverter:

$$\text{Zero} = \overline{(\text{Result31} + \text{Result30} + \ldots + \text{Result2} + \text{Result1} + \text{Result0})}$$

Figure B.5.12 shows the revised 32-bit ALU. We can think of the combination of the 1-bit Ainvert line, the 1-bit Binvert line, and the 2-bit Operation lines as 4-bit control lines for the ALU, telling it to perform add, subtract, AND, OR, or set on less than. Figure B.5.13 shows the ALU control lines and the corresponding ALU operation.

Finally, now that we have seen what is inside a 32-bit ALU, we will use the universal symbol for a complete ALU, as shown in Figure B.5.14.

Defining the MIPS ALU in Verilog

Figure B.5.15 shows how a combinational MIPS ALU might be specified in Verilog; such a specification would probably be compiled using a standard parts library that provided an adder, which could be instantiated. For completeness, we show the ALU control for MIPS in Figure B.5.16, which is used in Chapter 4, where we build a Verilog version of the MIPS datapath.

The next question is, "How quickly can this ALU add two 32-bit operands?" We can determine the a and b inputs, but the CarryIn input depends on the operation in the adjacent 1-bit adder. If we trace all the way through the chain of dependencies, we connect the most significant bit to the least significant bit, so the most significant bit of the sum must wait for the *sequential* evaluation of all 32 1-bit adders. This sequential chain reaction is too slow to be used in time-critical hardware. The next section explores how to speed-up addition. This topic is not crucial to understanding the rest of the appendix and may be skipped.

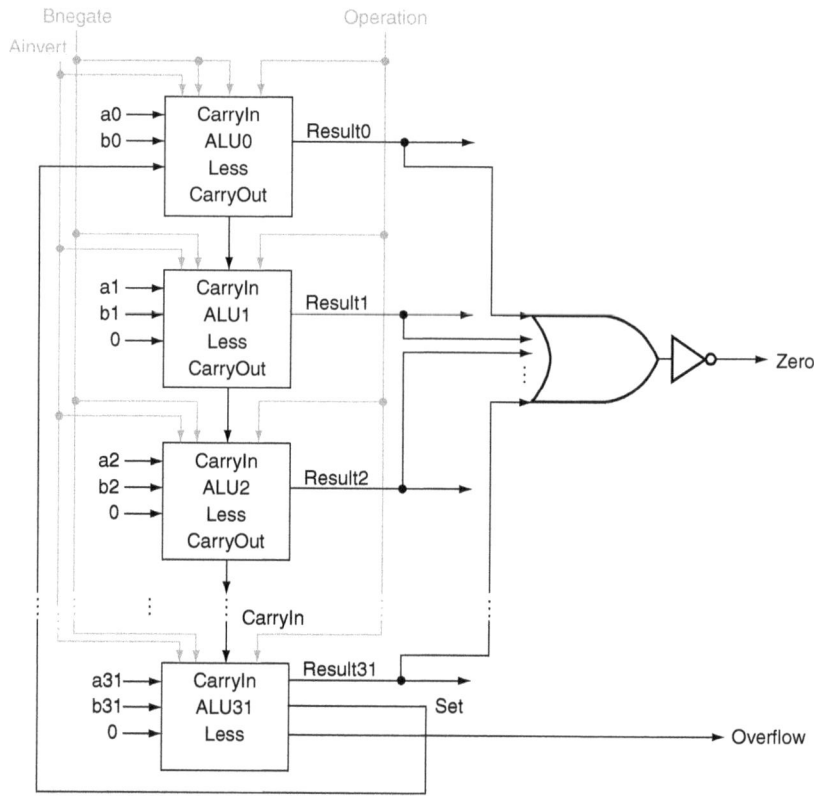

FIGURE B.5.12   The final 32-bit ALU. This adds a Zero detector to Figure B.5.11.

ALU control lines	Function
0000	AND
0001	OR
0010	add
0110	subtract
0111	set on less than
1100	NOR

FIGURE B.5.13   The values of the three ALU control lines, Bnegate, and Operation, and the corresponding ALU operations.

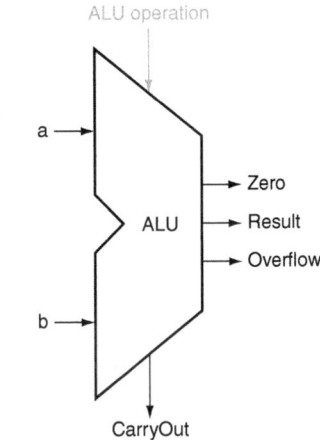

FIGURE B.5.14 The symbol commonly used to represent an ALU, as shown in Figure B.5.12. This symbol is also used to represent an adder, so it is normally labeled either with ALU or Adder.

```
module MIPSALU (ALUctl, A, B, ALUOut, Zero);
    input [3:0] ALUctl;
    input [31:0] A,B;
    output reg [31:0] ALUOut;
    output Zero;
    assign Zero = (ALUOut==0); //Zero is true if ALUOut is 0
    always @(ALUctl, A, B) begin //reevaluate if these change
        case (ALUctl)
            0: ALUOut <= A & B;
            1: ALUOut <= A | B;
            2: ALUOut <= A + B;
            6: ALUOut <= A - B;
            7: ALUOut <= A < B ? 1 : 0;
            12: ALUOut <= ~(A | B); // result is nor
            default: ALUOut <= 0;
        endcase
    end
endmodule
```

FIGURE B.5.15 A Verilog behavioral definition of a MIPS ALU.

```
module ALUControl (ALUOp, FuncCode, ALUCtl);
    input [1:0] ALUOp;
    input [5:0] FuncCode;
    output [3:0] reg ALUCtl;

    always case (FuncCode)
    32: ALUOp<=2; // add
    34: ALUOp<=6; //subtract
    36: ALUOP<=0; // and
    37: ALUOp<=1; // or
    39: ALUOp<=12; // nor
    42: ALUOp<=7; // slt
    default: ALUOp<=15; // should not happen
    endcase
endmodule
```

FIGURE B.5.16   The MIPS ALU control: a simple piece of combinational control logic.

Check
Yourself Suppose you wanted to add the operation NOT (a AND b), called NAND. How could the ALU change to support it?

1. No change. You can calculate NAND quickly using the current ALU since $\overline{(a \cdot b)} = \overline{a} + \overline{b}$ and we already have NOT a, NOT b, and OR.

2. You must expand the big multiplexor to add another input, and then add new logic to calculate NAND.

B.6   Faster Addition: Carry Lookahead

The key to speeding up addition is determining the carry in to the high-order bits sooner. There are a variety of schemes to anticipate the carry so that the worst-case scenario is a function of the $\log_2$ of the number of bits in the adder. These anticipatory signals are faster because they go through fewer gates in sequence, but it takes many more gates to anticipate the proper carry.

A key to understanding fast-carry schemes is to remember that, unlike software, hardware executes in parallel whenever inputs change.

Fast Carry Using "Infinite" Hardware

As we mentioned earlier, any equation can be represented in two levels of logic. Since the only external inputs are the two operands and the CarryIn to the least significant bit of the adder, in theory we could calculate the CarryIn values to all the remaining bits of the adder in just two levels of logic.

For example, the CarryIn for bit 2 of the adder is exactly the CarryOut of bit 1, so the formula is

$$CarryIn2 = (b1 \cdot CarryIn1) + (a1 \cdot CarryIn1) + (a1 \cdot b1)$$

Similarly, CarryIn1 is defined as

$$CarryIn1 = (b0 \cdot CarryIn0) + (a0 \cdot CarryIn0) + (a0 \cdot b0)$$

Using the shorter and more traditional abbreviation of ci for CarryIni, we can rewrite the formulas as

$$c2 = (b1 \cdot c1) + (a1 \cdot c1) + (a1 \cdot b1)$$
$$c1 = (b0 \cdot c0) + (a0 \cdot c0) + (a0 \cdot b0)$$

Substituting the definition of c1 for the first equation results in this formula:

$$c2 = (a1 \cdot a0 \cdot b0) + (a1 \cdot a0 \cdot c0) \cdot (a1 \cdot b0 \cdot c0)$$
$$+ (b1 \cdot a0 \cdot b0) + (b1 \cdot a0 \cdot c0) + (b1 \cdot b0 \cdot c0) + (a1 \cdot b1)$$

You can imagine how the equation expands as we get to higher bits in the adder; it grows rapidly with the number of bits. This complexity is reflected in the cost of the hardware for fast carry, making this simple scheme prohibitively expensive for wide adders.

Fast Carry Using the First Level of Abstraction: Propagate and Generate

Most fast-carry schemes limit the complexity of the equations to simplify the hardware, while still making substantial speed improvements over ripple carry. One such scheme is a *carry-lookahead adder*. In Chapter 1, we said computer systems cope with complexity by using levels of abstraction. A carry-lookahead adder relies on levels of abstraction in its implementation.

Let's factor our original equation as a first step:

$$ci + 1 = (bi \cdot ci) + (ai \cdot ci) + (ai \cdot bi)$$
$$= (ai \cdot bi) + (ai + bi) \cdot ci$$

If we were to rewrite the equation for c2 using this formula, we would see some repeated patterns:

$$c2 = (a1 \cdot b1) + (a1 \cdot b1) \cdot ((a0 \cdot b0) + (a0 + b0) \cdot c0)$$

Note the repeated appearance of $(ai \cdot bi)$ and $(ai + bi)$ in the formula above. These two important factors are traditionally called *generate* (gi) and *propagate* (pi):

$$gi = ai \cdot bi$$
$$pi = ai + bi$$

Using them to define $ci + 1$, we get

$$ci + 1 = gi + pi \cdot ci$$

To see where the signals get their names, suppose gi is 1. Then

$$ci + 1 = gi + pi \cdot ci = 1 + pi \cdot ci = 1$$

That is, the adder *generates* a CarryOut ($ci + 1$) independent of the value of CarryIn (ci). Now suppose that gi is 0 and pi is 1. Then

$$ci + 1 = gi + pi \cdot ci = 0 + 1 \cdot ci = ci$$

That is, the adder *propagates* CarryIn to a CarryOut. Putting the two together, CarryIn$i + 1$ is a 1 if either gi is 1 or both pi is 1 and CarryIni is 1.

As an analogy, imagine a row of dominoes set on edge. The end domino can be tipped over by pushing one far away, provided there are no gaps between the two. Similarly, a carry out can be made true by a generate far away, provided all the propagates between them are true.

Relying on the definitions of propagate and generate as our first level of abstraction, we can express the CarryIn signals more economically. Let's show it for 4 bits:

$$c1 = g0 + (p0 \cdot c0)$$
$$c2 = g1 + (p1 \cdot g0) + (p1 \cdot p0 \cdot c0)$$
$$c3 = g2 + (p2 \cdot g1) + (p2 \cdot p1 \cdot g0) + (p2 \cdot p1 \cdot p0 \cdot c0)$$
$$c4 = g3 + (p3 \cdot g2) + (p3 \cdot p2 \cdot g1) + (p3 \cdot p2 \cdot p1 \cdot g0)$$
$$+ (p3 \cdot p2 \cdot p1 \cdot p0 \cdot c0)$$

These equations just represent common sense: CarryIni is a 1 if some earlier adder generates a carry and all intermediary adders propagate a carry. Figure B.6.1 uses plumbing to try to explain carry lookahead.

Even this simplified form leads to large equations and, hence, considerable logic even for a 16-bit adder. Let's try moving to two levels of abstraction.

Fast Carry Using the Second Level of Abstraction

First, we consider this 4-bit adder with its carry-lookahead logic as a single building block. If we connect them in ripple carry fashion to form a 16-bit adder, the add will be faster than the original with a little more hardware.

To go faster, we'll need carry lookahead at a higher level. To perform carry look ahead for 4-bit adders, we need to propagate and generate signals at this higher level. Here they are for the four 4-bit adder blocks:

$$P0 = p3 \cdot p2 \cdot p1 \cdot p0$$
$$P1 = p7 \cdot p6 \cdot p5 \cdot p4$$
$$P2 = p11 \cdot p10 \cdot p9 \cdot p8$$
$$P3 = p15 \cdot p14 \cdot p13 \cdot p12$$

That is, the "super" propagate signal for the 4-bit abstraction (Pi) is true only if each of the bits in the group will propagate a carry.

For the "super" generate signal (Gi), we care only if there is a carry out of the most significant bit of the 4-bit group. This obviously occurs if generate is true for that most significant bit; it also occurs if an earlier generate is true *and* all the intermediate propagates, including that of the most significant bit, are also true:

$$G0 = g3 + (p3 \cdot g2) + (p3 \cdot p2 \cdot g1) + (p3 \cdot p2 \cdot p1 \cdot g0)$$
$$G1 = g7 + (p7 \cdot g6) + (p7 \cdot p6 \cdot g5) + (p7 \cdot p6 \cdot p5 \cdot g4)$$
$$G2 = g11 + (p11 \cdot g10) + (p11 \cdot p10 \cdot g9) + (p11 \cdot p10 \cdot p9 \cdot g8)$$
$$G3 = g15 + (p15 \cdot g14) + (p15 \cdot p14 \cdot g13) + (p15 \cdot p14 \cdot p13 \cdot g12)$$

Figure B.6.2 updates our plumbing analogy to show P0 and G0.

Then the equations at this higher level of abstraction for the carry in for each 4-bit group of the 16-bit adder (C1, C2, C3, C4 in Figure B.6.3) are very similar to the carry out equations for each bit of the 4-bit adder (c1, c2, c3, c4) on page B-40:

$$C1 = G0 + (P0 \cdot c0)$$
$$C2 = G1 + (P1 \cdot G0) + (P1 \cdot P0 \cdot c0)$$
$$C3 = G2 + (P2 \cdot G1) + (P2 \cdot P1 \cdot G0) + (P2 \cdot P1 \cdot P0 \cdot c0)$$
$$C4 = G3 + (P3 \cdot G2) + (P3 \cdot P2 \cdot G1) + (P3 \cdot P2 \cdot P1 \cdot G0)$$
$$+ (P3 \cdot P2 \cdot P1 \cdot P0 \cdot c0)$$

Figure B.6.3 shows 4-bit adders connected with such a carry-lookahead unit. The exercises explore the speed differences between these carry schemes, different notations for multibit propagate and generate signals, and the design of a 64-bit adder.

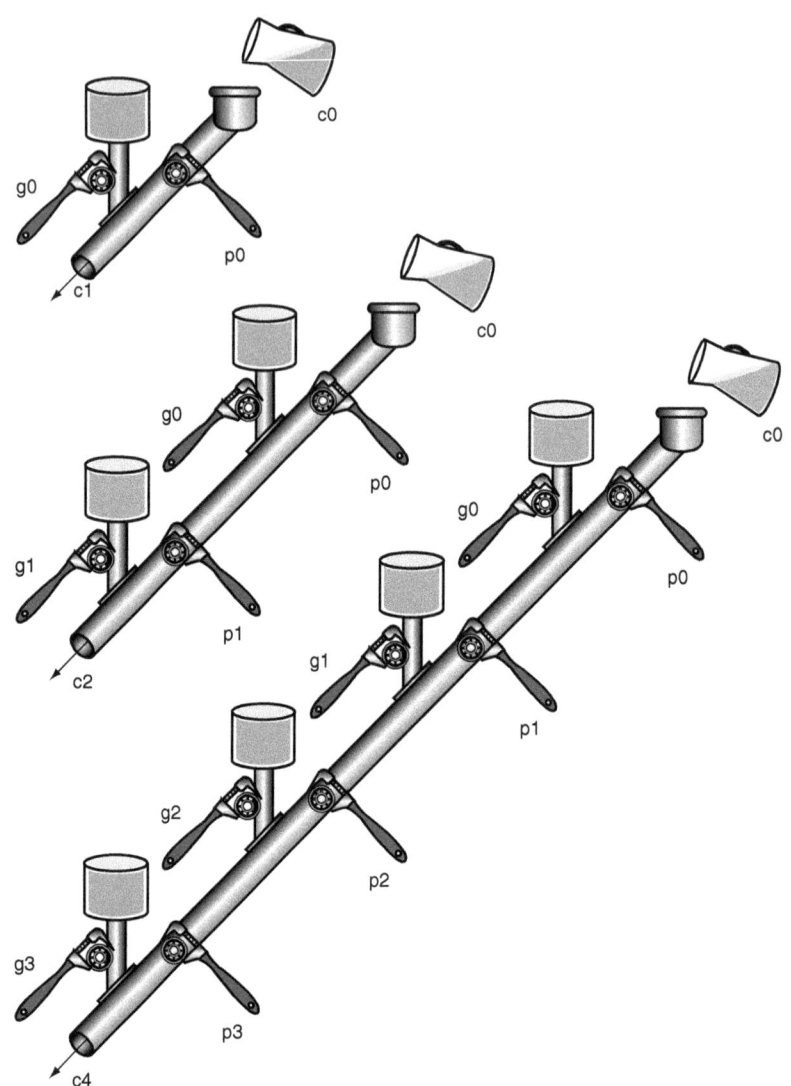

FIGURE B.6.1   A plumbing analogy for carry lookahead for 1 bit, 2 bits, and 4 bits using water pipes and valves. The wrenches are turned to open and close valves. Water is shown in color. The output of the pipe ($c_i + 1$) will be full if either the nearest generate value (g_i) is turned on or if the i propagate value (p_i) is on and there is water further upstream, either from an earlier generate or a propagate with water behind it. CarryIn (c_0) can result in a carry out without the help of any generates, but with the help of *all* propagates.

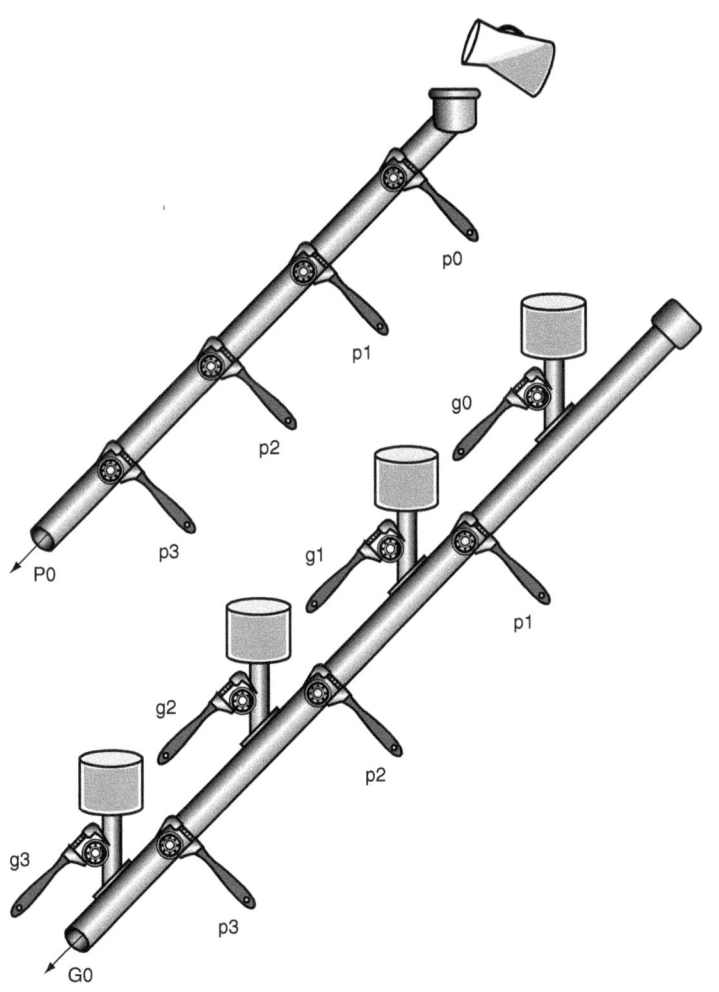

FIGURE B.6.2 A plumbing analogy for the next-level carry-lookahead signals P0 and G0.
P0 is open only if all four propagates (pi) are open, while water flows in G0 only if at least one generate (gi) is open and all the propagates downstream from that generate are open.

Both Levels of the Propagate and Generate

EXAMPLE

Determine the gi, pi, Pi, and Gi values of these two 16-bit numbers:

```
a:        0001  1010  0011  0011 two
b:        1110  0101  1110  1011 two
```

Also, what is CarryOut15 (C4)?

ANSWER

Aligning the bits makes it easy to see the values of generate gi ($ai \cdot bi$) and propagate pi ($ai + bi$):

```
a:        0001  1010  0011  0011
b:        1110  0101  1110  1011
gi:       0000  0000  0010  0011
pi:       1111  1111  1111  1011
```

where the bits are numbered 15 to 0 from left to right. Next, the "super" propagates (P3, P2, P1, P0) are simply the AND of the lower-level propagates:

$$P3 = 1 \cdot 1 \cdot 1 \cdot 1 = 1$$
$$P2 = 1 \cdot 1 \cdot 1 \cdot 1 = 1$$
$$P1 = 1 \cdot 1 \cdot 1 \cdot 1 = 1$$
$$P0 = 1 \cdot 0 \cdot 1 \cdot 1 = 0$$

The "super" generates are more complex, so use the following equations:

$$G0 = g3 + (p3 \cdot g2) + (p3 \cdot p2 \cdot g1) + (p3 \cdot p2 \cdot p1 \cdot g0)$$
$$= 0 + (1 \cdot 0) + (1 \cdot 0 \cdot 1) + (1 \cdot 0 \cdot 1 \cdot 1) = 0 + 0 + 0 + 0 = 0$$
$$G1 = g7 + (p7 \cdot g6) + (p7 \cdot p6 \cdot g5) + (p7 \cdot p6 \cdot p5 \cdot g4)$$
$$= 0 + (1 \cdot 0) + (1 \cdot 1 \cdot 1) + (1 \cdot 1 \cdot 1 \cdot 0) = 0 + 0 + 1 + 0 = 1$$
$$G2 = g11 + (p11 \cdot g10) + (p11 \cdot p10 \cdot g9) + (p11 \cdot p10 \cdot p9 \cdot g8)$$
$$= 0 + (1 \cdot 0) + (1 \cdot 1 \cdot 0) + (1 \cdot 1 \cdot 1 \cdot 0) = 0 + 0 + 0 + 0 = 0$$
$$G3 = g15 + (p15 \cdot g14) + (p15 \cdot p14 \cdot g13) + (p15 \cdot p14 \cdot p13 \cdot g12)$$
$$= 0 + (1 \cdot 0) + (1 \cdot 1 \cdot 0) + (1 \cdot 1 \cdot 1 \cdot 0) = 0 + 0 + 0 + 0 = 0$$

Finally, CarryOut15 is

$$C4 = G3 + (P3 \cdot G2) + (P3 \cdot P2 \cdot G1) + (P3 \cdot P2 \cdot P1 \cdot G0)$$
$$+ (P3 \cdot P2 \cdot P1 \cdot P0 \cdot c0)$$
$$= 0 + (1 \cdot 0) + (1 \cdot 1 \cdot 1) + (1 \cdot 1 \cdot 1 \cdot 0) + (1 \cdot 1 \cdot 1 \cdot 0 \cdot 0)$$
$$= 0 + 0 + 1 + 0 + 0 = 1$$

Hence, there *is* a carry out when adding these two 16-bit numbers.

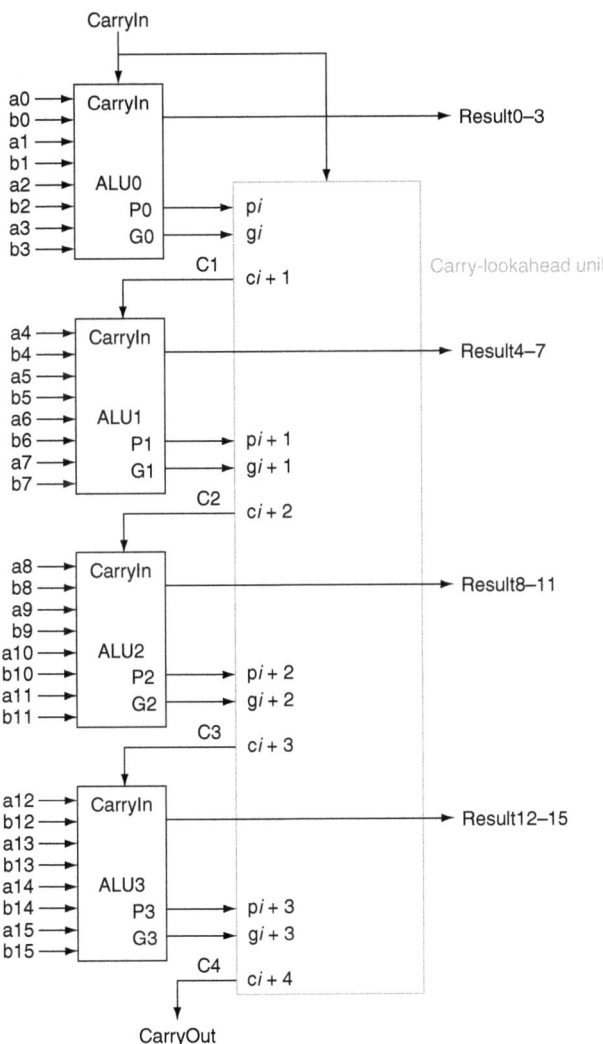

FIGURE B.6.3   Four 4-bit ALUs using carry lookahead to form a 16-bit adder. Note that the carries come from the carry-lookahead unit, not from the 4-bit ALUs.

The reason carry lookahead can make carries faster is that all logic begins evaluating the moment the clock cycle begins, and the result will not change once the output of each gate stops changing. By taking the shortcut of going through fewer gates to send the carry in signal, the output of the gates will stop changing sooner, and hence the time for the adder can be less.

To appreciate the importance of carry lookahead, we need to calculate the relative performance between it and ripple carry adders.

EXAMPLE

Speed of Ripple Carry versus Carry Lookahead

One simple way to model time for logic is to assume each AND or OR gate takes the same time for a signal to pass through it. Time is estimated by simply counting the number of gates along the path through a piece of logic. Compare the number of *gate delays* for paths of two 16-bit adders, one using ripple carry and one using two-level carry lookahead.

ANSWER

Figure B.5.5 on page B-28 shows that the carry out signal takes two gate delays per bit. Then the number of gate delays between a carry in to the least significant bit and the carry out of the most significant is $16 \times 2 = 32$.

For carry lookahead, the carry out of the most significant bit is just C4, defined in the example. It takes two levels of logic to specify C4 in terms of Pi and Gi (the OR of several AND terms). Pi is specified in one level of logic (AND) using pi, and Gi is specified in two levels using pi and gi, so the worst case for this next level of abstraction is two levels of logic. pi and gi are each one level of logic, defined in terms of ai and bi. If we assume one gate delay for each level of logic in these equations, the worst case is $2 + 2 + 1 = 5$ gate delays.

Hence, for the path from carry in to carry out, the 16-bit addition by a carry-lookahead adder is six times faster, using this very simple estimate of hardware speed.

Summary

Carry lookahead offers a faster path than waiting for the carries to ripple through all 32 1-bit adders. This faster path is paved by two signals, generate and propagate.

The former creates a carry regardless of the carry input, and the latter passes a carry along. Carry lookahead also gives another example of how abstraction is important in computer design to cope with complexity.

Using the simple estimate of hardware speed above with gate delays, what is the relative performance of a ripple carry 8-bit add versus a 64-bit add using carry-lookahead logic?

1. A 64-bit carry-lookahead adder is three times faster: 8-bit adds are 16 gate delays and 64-bit adds are 7 gate delays.

2. They are about the same speed, since 64-bit adds need more levels of logic in the 16-bit adder.

3. 8-bit adds are faster than 64 bits, even with carry lookahead.

Elaboration: We have now accounted for all but one of the arithmetic and logical operations for the core MIPS instruction set: the ALU in Figure B.5.14 omits support of shift instructions. It would be possible to widen the ALU multiplexor to include a left shift by 1 bit or a right shift by 1 bit. But hardware designers have created a circuit called a *barrel shifter*, which can shift from 1 to 31 bits in no more time than it takes to add two 32-bit numbers, so shifting is normally done outside the ALU.

Elaboration: The logic equation for the Sum output of the full adder on page B-28 can be expressed more simply by using a more powerful gate than AND and OR. An *exclusive OR* gate is true if the two operands disagree; that is,

$$x \neq y \Rightarrow 1 \text{ and } x == y \Rightarrow 0$$

In some technologies, exclusive OR is more efficient than two levels of AND and OR gates. Using the symbol $\oplus$ to represent exclusive OR, here is the new equation:

$$\text{Sum} = a \oplus b \oplus \text{CarryIn}$$

Also, we have drawn the ALU the traditional way, using gates. Computers are designed today in CMOS transistors, which are basically switches. CMOS ALU and barrel shifters take advantage of these switches and have many fewer multiplexors than shown in our designs, but the design principles are similar.

Elaboration: Using lowercase and uppercase to distinguish the hierarchy of generate and propagate symbols breaks down when you have more than two levels. An alternate notation that scales is $g_{i..j}$ and $p_{i..j}$ for the generate and propagate signals for bits i to j. Thus, $g_{1..1}$ is generated for bit 1, $g_{4..1}$ is for bits 4 to 1, and $g_{16..1}$ is for bits 16 to 1.

B.7   Clocks

Before we discuss memory elements and sequential logic, it is useful to discuss briefly the topic of clocks. This short section introduces the topic and is similar to the discussion found in Section 4.2. More details on clocking and timing methodologies are presented in Section B.11.

Clocks are needed in sequential logic to decide when an element that contains state should be updated. A clock is simply a free-running signal with a fixed *cycle time*; the *clock frequency* is simply the inverse of the cycle time. As shown in Figure B.7.1, the *clock cycle time* or *clock period* is divided into two portions: when the clock is high and when the clock is low. In this text, we use only edge-triggered clocking. This means that all state changes occur on a clock edge. We use an edge-triggered methodology because it is simpler to explain. Depending on the technology, it may or may not be the best choice for a clocking methodology.

edge-triggered clocking A clocking scheme in which all state changes occur on a clock edge.

clocking methodology The approach used to determine when data is valid and stable relative to the clock.

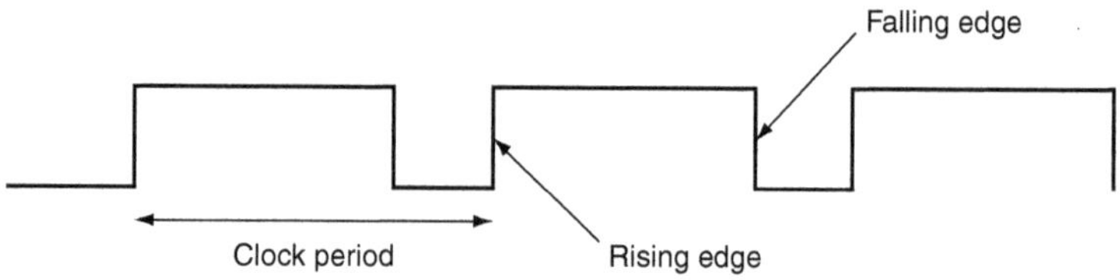

FIGURE B.7.1   A clock signal oscillates between high and low values. The clock period is the time for one full cycle. In an edge-triggered design, either the rising or falling edge of the clock is active and causes state to be changed.

In an edge-triggered methodology, either the rising edge or the falling edge of the clock is *active* and causes state changes to occur. As we will see in the next section, the state elements in an edge-triggered design are implemented so that the contents of the state elements only change on the active clock edge. The choice of which edge is active is influenced by the implementation technology and does not affect the concepts involved in designing the logic.

state element A memory element.

The clock edge acts as a sampling signal, causing the value of the data input to a state element to be sampled and stored in the state element. Using an edge trigger means that the sampling process is essentially instantaneous, eliminating problems that could occur if signals were sampled at slightly different times.

synchronous system A memory system that employs clocks and where data signals are read only when the clock indicates that the signal values are stable.

The major constraint in a clocked system, also called a synchronous system, is that the signals that are written into state elements must be *valid* when the active clock edge occurs. A signal is valid if it is stable (i.e., not changing), and the value will not change again until the inputs change. Since combinational circuits cannot have feedback, if the inputs to a combinational logic unit are not changed, the outputs will eventually become valid.

Figure B.7.2 shows the relationship among the state elements and the combinational logic blocks in a synchronous, sequential logic design. The state elements, whose outputs change only after the clock edge, provide valid inputs to the combinational logic block. To ensure that the values written into the state elements on the active clock edge are valid, the clock must have a long enough period so that all the signals in the combinational logic block stabilize, and then the clock edge samples those values for storage in the state elements. This constraint sets a lower bound on the length of the clock period, which must be long enough for all state element inputs to be valid.

In the rest of this appendix, as well as in Chapter 4, we usually omit the clock signal, since we are assuming that all state elements are updated on the same clock edge. Some state elements will be written on every clock edge, while others will be written only under certain conditions (such as a register being updated). In such cases, we will have an explicit write signal for that state element. The write signal must still be gated with the clock so that the update occurs only on the clock edge if the write signal is active. We will see how this is done and used in the next section.

One other advantage of an edge-triggered methodology is that it is possible to have a state element that is used as both an input and output to the same combinational logic block, as shown in Figure B.7.3. In practice, care must be taken to prevent races in such situations and to ensure that the clock period is long enough; this topic is discussed further in Section B.11.

Now that we have discussed how clocking is used to update state elements, we can discuss how to construct the state elements.

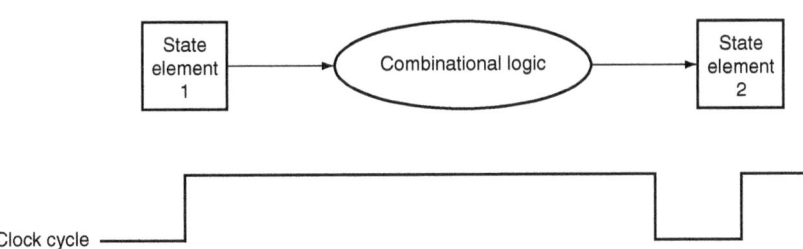

FIGURE B.7.2 The inputs to a combinational logic block come from a state element, and the outputs are written into a state element. The clock edge determines when the contents of the state elements are updated.

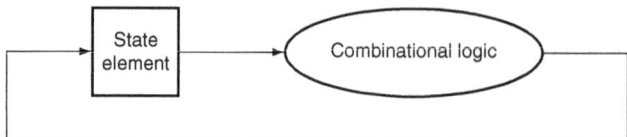

FIGURE B.7.3   An edge-triggered methodology allows a state element to be read and written in the same clock cycle without creating a race that could lead to undetermined data values. Of course, the clock cycle must still be long enough so that the input values are stable when the active clock edge occurs.

register file A state element that consists of a set of registers that can be read and written by supplying a register number to be accessed.

Elaboration: Occasionally, designers find it useful to have a small number of state elements that change on the opposite clock edge from the majority of the state elements. Doing so requires extreme care, because such an approach has effects on both the inputs and the outputs of the state element. Why then would designers ever do this? Consider the case where the amount of combinational logic before and after a state element is small enough so that each could operate in one-half clock cycle, rather than the more usual full clock cycle. Then the state element can be written on the clock edge corresponding to a half clock cycle, since the inputs and outputs will both be usable after one-half clock cycle. One common place where this technique is used is in register files, where simply reading or writing the register file can often be done in half the normal clock cycle. Chapter 4 makes use of this idea to reduce the pipelining overhead.

B.8   Memory Elements: Flip-Flops, Latches, and Registers

In this section and the next, we discuss the basic principles behind memory elements, starting with flip-flops and latches, moving on to register files, and finishing with memories. All memory elements store state: the output from any memory element depends both on the inputs and on the value that has been stored inside the memory element. Thus all logic blocks containing a memory element contain state and are sequential.

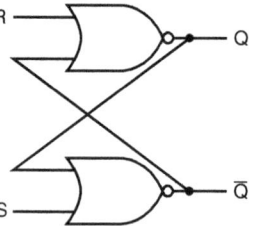

FIGURE B.8.1   A pair of cross-coupled NOR gates can store an internal value. The value stored on the output Q is recycled by inverting it to obtain $\bar{Q}$ and then inverting $\bar{Q}$ to obtain Q. If either R or $\bar{Q}$ is asserted, Q will be deasserted and vice versa.

The simplest type of memory elements are *unclocked*; that is, they do not have any clock input. Although we only use clocked memory elements in this text, an unclocked latch is the simplest memory element, so let's look at this circuit first. Figure B.8.1 shows an *S-R latch* (set-reset latch), built from a pair of NOR gates (OR gates with inverted outputs). The outputs Q and $\overline{Q}$ represent the value of the stored state and its complement. When neither S nor R are asserted, the cross-coupled NOR gates act as inverters and store the previous values of Q and $\overline{Q}$.

For example, if the output, Q, is true, then the bottom inverter produces a false output (which is $\overline{Q}$), which becomes the input to the top inverter, which produces a true output, which is Q, and so on. If S is asserted, then the output Q will be asserted and $\overline{Q}$ will be deasserted, while if R is asserted, then the output $\overline{Q}$ will be asserted and Q will be deasserted. When S and R are both deasserted, the last values of Q and $\overline{Q}$ will continue to be stored in the cross-coupled structure. Asserting S and R simultaneously can lead to incorrect operation: depending on how S and R are deasserted, the latch may oscillate or become metastable (this is described in more detail in Section B.11).

This cross-coupled structure is the basis for more complex memory elements that allow us to store data signals. These elements contain additional gates used to store signal values and to cause the state to be updated only in conjunction with a clock. The next section shows how these elements are built.

Flip-Flops and Latches

Flip-flops and latches are the simplest memory elements. In both flip-flops and latches, the output is equal to the value of the stored state inside the element. Furthermore, unlike the S-R latch described above, all the latches and flip-flops we will use from this point on are clocked, which means that they have a clock input and the change of state is triggered by that clock. The difference between a flip-flop and a latch is the point at which the clock causes the state to actually change. In a clocked latch, the state is changed whenever the appropriate inputs change and the clock is asserted, whereas in a flip-flop, the state is changed only on a clock edge. Since throughout this text we use an edge-triggered timing methodology where state is only updated on clock edges, we need only use flip-flops. Flip-flops are often built from latches, so we start by describing the operation of a simple clocked latch and then discuss the operation of a flip-flop constructed from that latch.

For computer applications, the function of both flip-flops and latches is to store a signal. A *D latch* or *D flip-flop* stores the value of its data input signal in the internal memory. Although there are many other types of latch and flip-flop, the D type is the only basic building block that we will need. A D latch has two inputs and two outputs. The inputs are the data value to be stored (called D) and a clock signal (called C) that indicates when the latch should read the value on the D input and store it. The outputs are simply the value of the internal state (Q)

flip-flop A memory element for which the output is equal to the value of the stored state inside the element and for which the internal state is changed only on a clock edge.

latch A memory element in which the output is equal to the value of the stored state inside the element and the state is changed whenever the appropriate inputs change and the clock is asserted.

D flip-flop A flip-flop with one data input that stores the value of that input signal in the internal memory when the clock edge occurs.

and its complement ($\overline{Q}$). When the clock input C is asserted, the latch is said to be *open*, and the value of the output (Q) becomes the value of the input D. When the clock input C is deasserted, the latch is said to be *closed*, and the value of the output (Q) is whatever value was stored the last time the latch was open.

Figure B.8.2 shows how a D latch can be implemented with two additional gates added to the cross-coupled NOR gates. Since when the latch is open the value of Q changes as D changes, this structure is sometimes called a *transparent latch*. Figure B.8.3 shows how this D latch works, assuming that the output Q is initially false and that D changes first.

As mentioned earlier, we use flip-flops as the basic building block, rather than latches. Flip-flops are not transparent: their outputs change *only* on the clock edge. A flip-flop can be built so that it triggers on either the rising (positive) or falling (negative) clock edge; for our designs we can use either type. Figure B.8.4 shows how a falling-edge D flip-flop is constructed from a pair of D latches. In a D flip-flop, the output is stored when the clock edge occurs. Figure B.8.5 shows how this flip-flop operates.

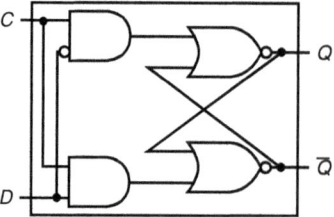

FIGURE B.8.2   A D latch implemented with NOR gates. A NOR gate acts as an inverter if the other input is 0. Thus, the cross-coupled pair of NOR gates acts to store the state value unless the clock input, C, is asserted, in which case the value of input D replaces the value of Q and is stored. The value of input D must be stable when the clock signal C changes from asserted to deasserted.

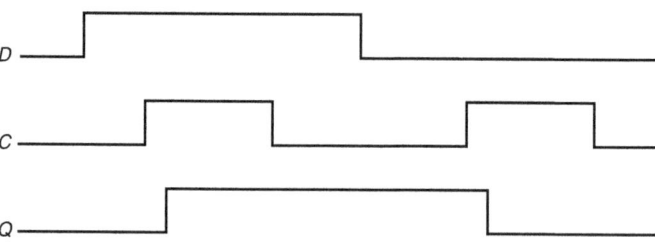

FIGURE B.8.3   Operation of a D latch, assuming the output is initially deasserted. When the clock, C, is asserted, the latch is open and the Q output immediately assumes the value of the D input.

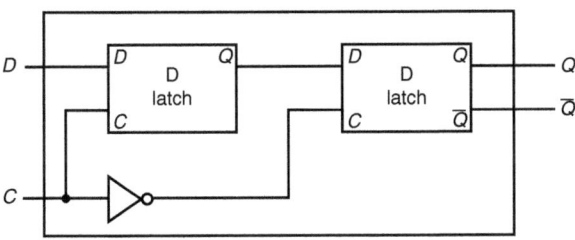

FIGURE B.8.4   A D flip-flop with a falling-edge trigger. The first latch, called the master, is open and follows the input *D* when the clock input, *C*, is asserted. When the clock input, *C*, falls, the first latch is closed, but the second latch, called the slave, is open and gets its input from the output of the master latch.

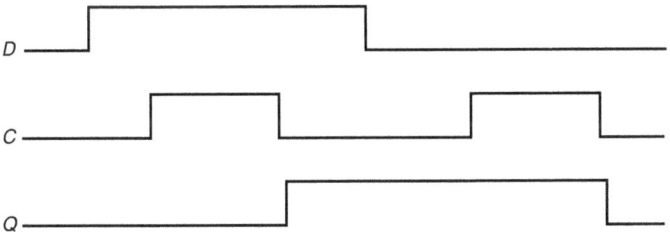

FIGURE B.8.5   Operation of a D flip-flop with a falling-edge trigger, assuming the output is initially deasserted. When the clock input (*C*) changes from asserted to deasserted, the *Q* output stores the value of the *D* input. Compare this behavior to that of the clocked D latch shown in Figure B.8.3. In a clocked latch, the stored value and the output, *Q*, both change whenever *C* is high, as opposed to only when *C* transitions.

Here is a Verilog description of a module for a rising-edge D flip-flop, assuming that C is the clock input and D is the data input:

```
module DFF(clock,D,Q,Qbar);
    input clock, D;
    output reg Q; // Q is a reg since it is assigned in an
always block
    output Qbar;
    assign Qbar = ~ Q; // Qbar is always just the inverse
of Q
    always @(posedge clock) // perform actions whenever the
clock rises
        Q = D;
endmodule
```

Because the *D* input is sampled on the clock edge, it must be valid for a period of time immediately before and immediately after the clock edge. The minimum time that the input must be valid before the clock edge is called the setup time; the

setup time The minimum time that the input to a memory device must be valid before the clock edge.

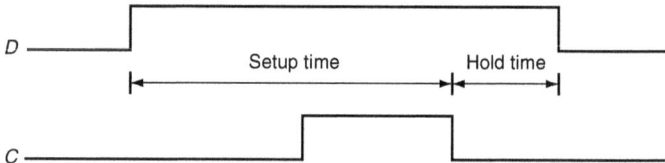

FIGURE B.8.6 Setup and hold time requirements for a D flip-flop with a falling-edge trigger. The input must be stable for a period of time before the clock edge, as well as after the clock edge. The minimum time the signal must be stable before the clock edge is called the setup time, while the minimum time the signal must be stable after the clock edge is called the hold time. Failure to meet these minimum requirements can result in a situation where the output of the flip-flop may not be predictable, as described in Section B.11. Hold times are usually either 0 or very small and thus not a cause of worry.

hold time The minimum time during which the input must be valid after the clock edge.

minimum time during which it must be valid after the clock edge is called the hold time. Thus the inputs to any flip-flop (or anything built using flip-flops) must be valid during a window that begins at time t_{setup} before the clock edge and ends at t_{hold} after the clock edge, as shown in Figure B.8.6. Section B.11 talks about clocking and timing constraints, including the propagation delay through a flip-flop, in more detail.

We can use an array of D flip-flops to build a register that can hold a multibit datum, such as a byte or word. We used registers throughout our datapaths in Chapter 4.

Register Files

One structure that is central to our datapath is a *register file*. A register file consists of a set of registers that can be read and written by supplying a register number to be accessed. A register file can be implemented with a decoder for each read or write port and an array of registers built from D flip-flops. Because reading a register does not change any state, we need only supply a register number as an input, and the only output will be the data contained in that register. For writing a register we will need three inputs: a register number, the data to write, and a clock that controls the writing into the register. In Chapter 4, we used a register file that has two read ports and one write port. This register file is drawn as shown in Figure B.8.7. The read ports can be implemented with a pair of multiplexors, each of which is as wide as the number of bits in each register of the register file. Figure B.8.8 shows the implementation of two register read ports for a 32-bit-wide register file.

Implementing the write port is slightly more complex, since we can only change the contents of the designated register. We can do this by using a decoder to generate a signal that can be used to determine which register to write. Figure B.8.9 shows how to implement the write port for a register file. It is important to remember that the flip-flop changes state only on the clock edge. In Chapter 4, we hooked up write signals for the register file explicitly and assumed the clock shown in Figure B.8.9 is attached implicitly.

What happens if the same register is read and written during a clock cycle? Because the write of the register file occurs on the clock edge, the register will be

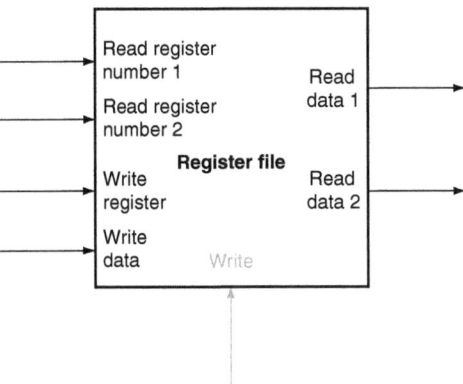

FIGURE B.8.7   A register file with two read ports and one write port has five inputs and two outputs. The control input Write is shown in color.

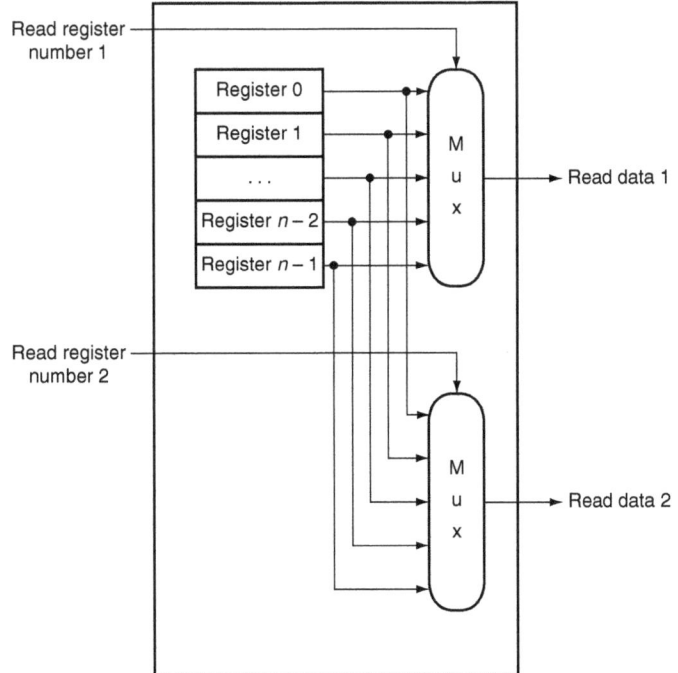

FIGURE B.8.8   The implementation of two read ports for a register file with _n_ registers can be done with a pair of n-to-1 multiplexors, each 32 bits wide. The register read number signal is used as the multiplexor selector signal. Figure B.8.9 shows how the write port is implemented.

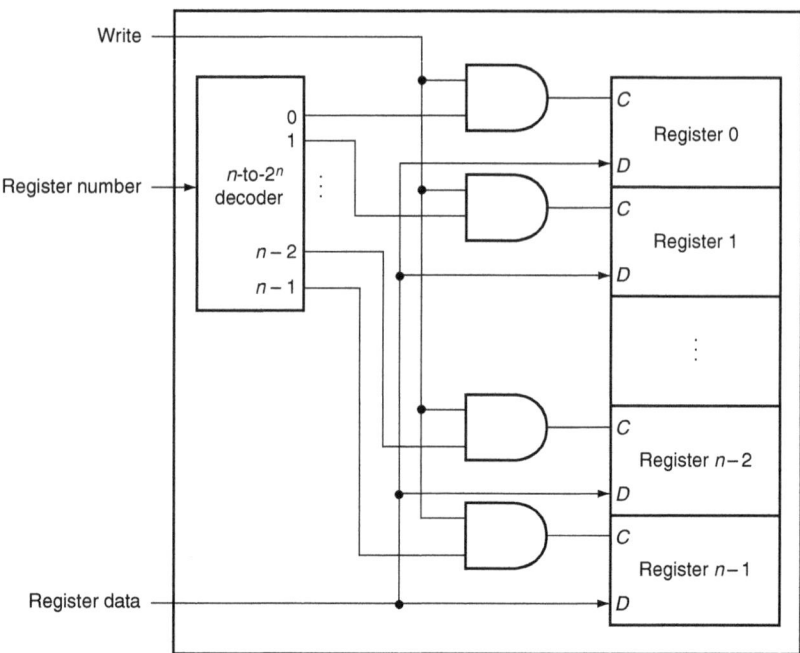

FIGURE B.8.9 The write port for a register file is implemented with a decoder that is used with the write signal to generate the C input to the registers. All three inputs (the register number, the data, and the write signal) will have setup and hold-time constraints that ensure that the correct data is written into the register file.

valid during the time it is read, as we saw earlier in Figure B.7.2. The value returned will be the value written in an earlier clock cycle. If we want a read to return the value currently being written, additional logic in the register file or outside of it is needed. Chapter 4 makes extensive use of such logic.

Specifying Sequential Logic in Verilog

To specify sequential logic in Verilog, we must understand how to generate a clock, how to describe when a value is written into a register, and how to specify sequential control. Let us start by specifying a clock. A clock is not a predefined object in Verilog; instead, we generate a clock by using the Verilog notation #n before a statement; this causes a delay of n simulation time steps before the execution of the statement. In most Verilog simulators, it is also possible to generate a clock as an external input, allowing the user to specify at simulation time the number of clock cycles during which to run a simulation.

The code in Figure B.8.10 implements a simple clock that is high or low for one simulation unit and then switches state. We use the delay capability and blocking assignment to implement the clock.

```
reg clock; // clock is a register
always
#1 clock = 1; #1 clock = 0;
```

FIGURE B.8.10 A specification of a clock.

Next, we must be able to specify the operation of an edge-triggered register. In Verilog, this is done by using the sensitivity list on an always block and specifying as a trigger either the positive or negative edge of a binary variable with the notation posedge or negedge, respectively. Hence, the following Verilog code causes register A to be written with the value b at the positive edge clock:

```
reg [31:0] A;
wire [31:0] b;

always @(posedge clock) A <= b;
```

```
module registerfile (Read1,Read2,WriteReg,WriteData,RegWrite,
Data1,Data2,clock);
    input [5:0] Read1,Read2,WriteReg; // the register numbers
to read or write
    input [31:0] WriteData; // data to write
    input RegWrite, // the write control
      clock; // the clock to trigger write
    output [31:0] Data1, Data2; // the register values read
    reg [31:0] RF [31:0]; // 32 registers each 32 bits long

    assign Data1 = RF[Read1];
    assign Data2 = RF[Read2];

    always begin
        // write the register with new value if Regwrite is
high
        @(posedge clock) if (RegWrite) RF[WriteReg] <=
WriteData;
    end
endmodule
```

FIGURE B.8.11 A MIPS register file written in behavioral Verilog. This register file writes on the rising clock edge.

Throughout this chapter and the Verilog sections of Chapter 4, we will assume a positive edge-triggered design. Figure B.8.11 shows a Verilog specification of a MIPS register file that assumes two reads and one write, with only the write being clocked.

In the Verilog for the register file in Figure B.8.11, the output ports corresponding to the registers being read are assigned using a continuous assignment, but the register being written is assigned in an always block. Which of the following is the reason?

   a. There is no special reason. It was simply convenient.

   b. Because Data1 and Data2 are output ports and WriteData is an input port.

   c. Because reading is a combinational event, while writing is a sequential event.

B.9   Memory Elements: SRAMs and DRAMs

static random access memory (SRAM)
A memory where data is stored statically (as in flip-flops) rather than dynamically (as in DRAM). SRAMs are faster than DRAMs, but less dense and more expensive per bit.

Registers and register files provide the basic building blocks for small memories, but larger amounts of memory are built using either SRAMs (static random access memories) or *DRAMs* (dynamic random access memories). We first discuss SRAMs, which are somewhat simpler, and then turn to DRAMs.

SRAMs

SRAMs are simply integrated circuits that are memory arrays with (usually) a single access port that can provide either a read or a write. SRAMs have a fixed access time to any datum, though the read and write access characteristics often differ. An SRAM chip has a specific configuration in terms of the number of addressable locations, as well as the width of each addressable location. For example, a 4M × 8 SRAM provides 4M entries, each of which is 8 bits wide. Thus it will have 22 address lines (since 4M = 2^{22}), an 8-bit data output line, and an 8-bit single data input line. As with ROMs, the number of addressable locations is often called the *height*, with the number of bits per unit called the *width*. For a variety of technical reasons, the newest and fastest SRAMs are typically available in narrow configurations: × 1 and × 4. Figure B.9.1 shows the input and output signals for a 2M × 16 SRAM.

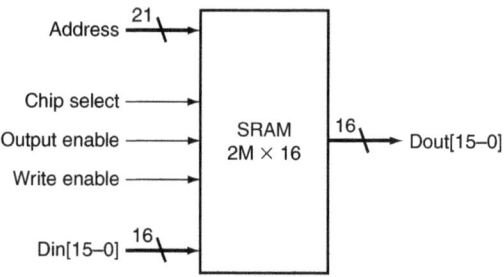

FIGURE B.9.1   A 32K × 8 SRAM showing the 21 address lines (32K = 2^{15}) and 16 data inputs, the 3 control lines, and the 16 data outputs.

To initiate a read or write access, the Chip select signal must be made active. For reads, we must also activate the Output enable signal that controls whether or not the datum selected by the address is actually driven on the pins. The Output enable is useful for connecting multiple memories to a single-output bus and using Output enable to determine which memory drives the bus. The SRAM read access time is usually specified as the delay from the time that Output enable is true and the address lines are valid until the time that the data is on the output lines. Typical read access times for SRAMs in 2004 varied from about 2–4 ns for the fastest CMOS parts, which tend to be somewhat smaller and narrower, to 8–20 ns for the typical largest parts, which in 2004 had more than 32 million bits of data. The demand for low-power SRAMs for consumer products and digital appliances has grown greatly in the past five years; these SRAMs have much lower stand-by and access power, but usually are 5–10 times slower. Most recently, synchronous SRAMs—similar to the synchronous DRAMs, which we discuss in the next section—have also been developed.

For writes, we must supply the data to be written and the address, as well as signals to cause the write to occur. When both the Write enable and Chip select are true, the data on the data input lines is written into the cell specified by the address. There are setup-time and hold-time requirements for the address and data lines, just as there were for D flip-flops and latches. In addition, the Write enable signal is not a clock edge but a pulse with a minimum width requirement. The time to complete a write is specified by the combination of the setup times, the hold times, and the Write enable pulse width.

Large SRAMs cannot be built in the same way we build a register file because, unlike a register file where a 32-to-1 multiplexor might be practical, the 64K-to-1 multiplexor that would be needed for a 64K × 1 SRAM is totally impractical. Rather than use a giant multiplexor, large memories are implemented with a shared output line, called a *bit line*, which multiple memory cells in the memory array can assert. To allow multiple sources to drive a single line, a *three-state buffer* (or *tristate buffer*) is used. A three-state buffer has two inputs—a data signal and an Output enable—and a single output, which is in one of three states: asserted, deasserted, or high impedance. The output of a tristate buffer is equal to the data input signal, either asserted or deasserted, if the Output enable is asserted, and is otherwise in a *high-impedance state* that allows another three-state buffer whose Output enable is asserted to determine the value of a shared output.

Figure B.9.2 shows a set of three-state buffers wired to form a multiplexor with a decoded input. It is critical that the Output enable of at most one of the three-state buffers be asserted; otherwise, the three-state buffers may try to set the output line differently. By using three-state buffers in the individual cells of the SRAM, each cell that corresponds to a particular output can share the same output line. The use of a set of distributed three-state buffers is a more efficient implementation than a large centralized multiplexor. The three-state buffers are incorporated into the flip-flops that form the basic cells of the SRAM. Figure B.9.3 shows how a small 4 × 2 SRAM might be built, using D latches with an input called Enable that controls the three-state output.

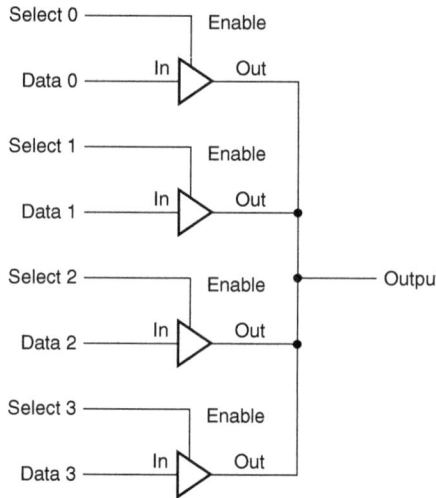

FIGURE B.9.2   Four three-state buffers are used to form a multiplexor. Only one of the four Select inputs can be asserted. A three-state buffer with a deasserted Output enable has a high-impedance output that allows a three-state buffer whose Output enable is asserted to drive the shared output line.

The design in Figure B.9.3 eliminates the need for an enormous multiplexor; however, it still requires a very large decoder and a correspondingly large number of word lines. For example, in a 4M × 8 SRAM, we would need a 22-to-4M decoder and 4M word lines (which are the lines used to enable the individual flip-flops)! To circumvent this problem, large memories are organized as rectangular arrays and use a two-step decoding process. Figure B.9.4 shows how a 4M × 8 SRAM might be organized internally using a two-step decode. As we will see, the two-level decoding process is quite important in understanding how DRAMs operate.

Recently we have seen the development of both synchronous SRAMs (SSRAMs) and synchronous DRAMs (SDRAMs). The key capability provided by synchronous RAMs is the ability to transfer a *burst* of data from a series of sequential addresses within an array or row. The burst is defined by a starting address, supplied in the usual fashion, and a burst length. The speed advantage of synchronous RAMs comes from the ability to transfer the bits in the burst without having to specify additional address bits. Instead, a clock is used to transfer the successive bits in the burst. The elimination of the need to specify the address for the transfers within the burst significantly improves the rate for transferring the block of data. Because of this capability, synchronous SRAMs and DRAMs are rapidly becoming the RAMs of choice for building memory systems in computers. We discuss the use of synchronous DRAMs in a memory system in more detail in the next section and in Chapter 5.

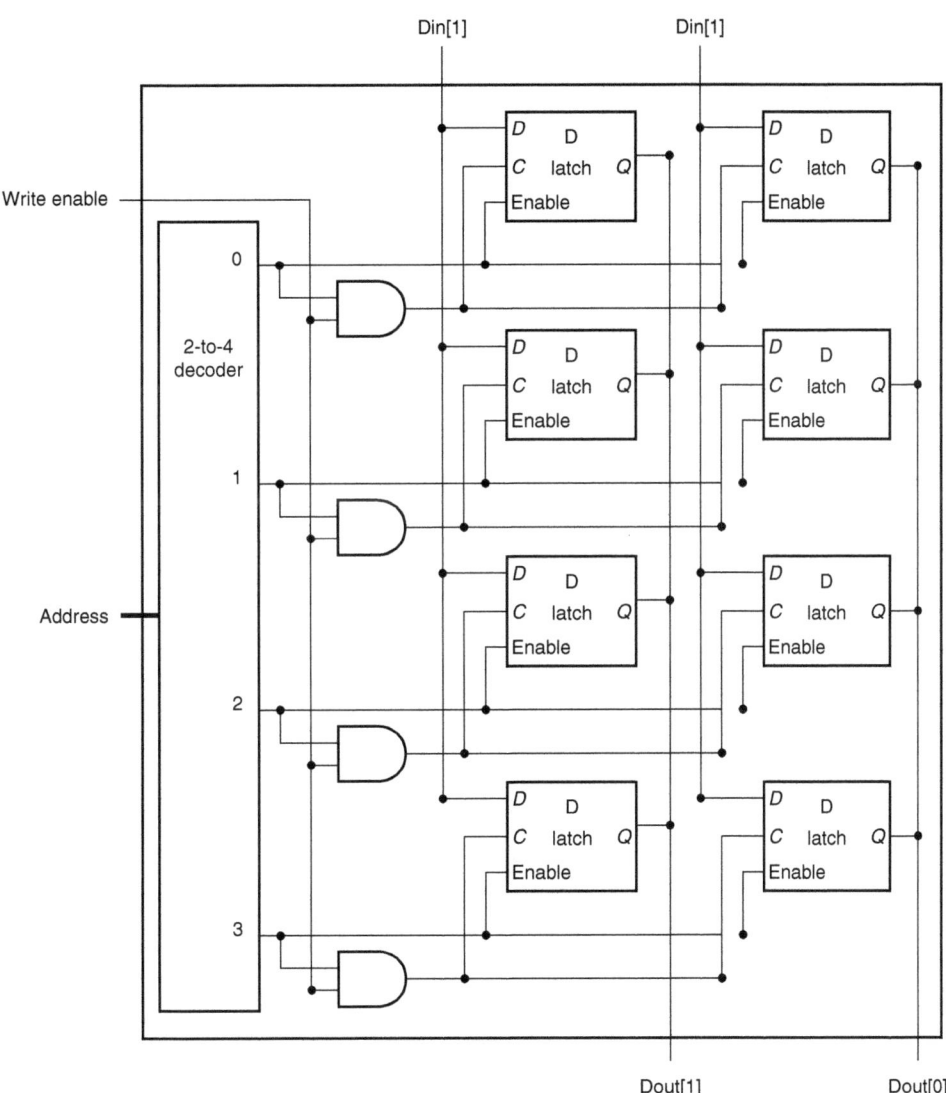

FIGURE B.9.3   The basic structure of a 4 × 2 SRAM consists of a decoder that selects which pair of cells to activate.
The activated cells use a three-state output connected to the vertical bit lines that supply the requested data. The address that selects the cell is sent on one of a set of horizontal address lines, called word lines. For simplicity, the Output enable and Chip select signals have been omitted, but they could easily be added with a few AND gates.

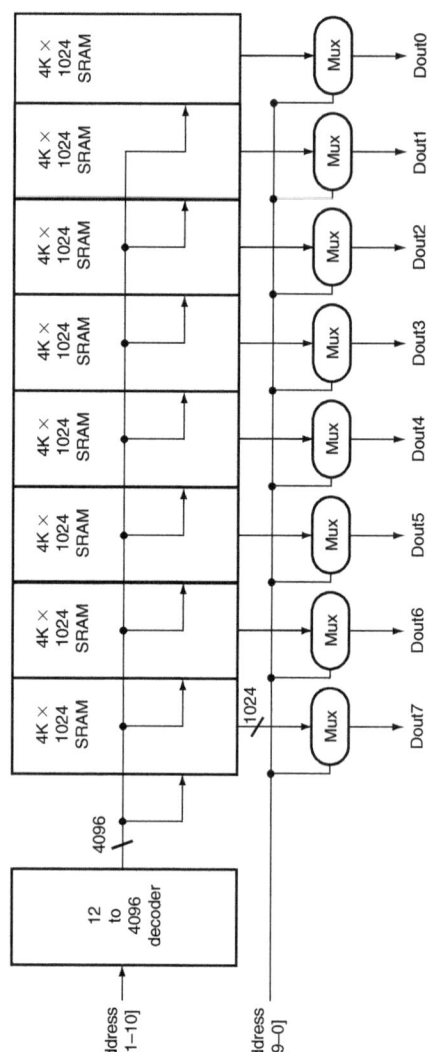

FIGURE B.9.4 Typical organization of a 4M × 8 SRAM as an array of 4K × 1024 arrays. The first decoder generates the addresses for eight 4K × 1024 arrays; then a set of multiplexors is used to select 1 bit from each 1024-bit-wide array. This is a much easier design than a single-level decode that would need either an enormous decoder or a gigantic multiplexor. In practice, a modern SRAM of this size would probably use an even larger number of blocks, each somewhat smaller.

DRAMs

In a static RAM (SRAM), the value stored in a cell is kept on a pair of inverting gates, and as long as power is applied, the value can be kept indefinitely. In a dynamic RAM (DRAM), the value kept in a cell is stored as a charge in a capacitor. A single transistor is then used to access this stored charge, either to read the value or to overwrite the charge stored there. Because DRAMs use only a single transistor per bit of storage, they are much denser and cheaper per bit. By comparison, SRAMs require four to six transistors per bit. Because DRAMs store the charge on a capacitor, it cannot be kept indefinitely and must periodically be *refreshed*. That is why this memory structure is called *dynamic*, as opposed to the static storage in a SRAM cell.

To refresh the cell, we merely read its contents and write it back. The charge can be kept for several milliseconds, which might correspond to close to a million clock cycles. Today, single-chip memory controllers often handle the refresh function independently of the processor. If every bit had to be read out of the DRAM and then written back individually, with large DRAMs containing multiple megabytes, we would constantly be refreshing the DRAM, leaving no time for accessing it. Fortunately, DRAMs also use a two-level decoding structure, and this allows us to refresh an entire row (which shares a word line) with a read cycle followed immediately by a write cycle. Typically, refresh operations consume 1% to 2% of the active cycles of the DRAM, leaving the remaining 98% to 99% of the cycles available for reading and writing data.

Elaboration: How does a DRAM read and write the signal stored in a cell? The transistor inside the cell is a switch, called a *pass transistor*, that allows the value stored on the capacitor to be accessed for either reading or writing. Figure B.9.5 shows how the single-transistor cell looks. The pass transistor acts like a switch: when the signal on the word line is asserted, the switch is closed, connecting the capacitor to the bit line. If the operation is a write, then the value to be written is placed on the bit line. If the value is a 1, the capacitor will be charged. If the value is a 0, then the capacitor will be discharged. Reading is slightly more complex, since the DRAM must detect a very small charge stored in the capacitor. Before activating the word line for a read, the bit line is charged to the voltage that is halfway between the low and high voltage. Then, by activating the word line, the charge on the capacitor is read out onto the bit line. This causes the bit line to move slightly toward the high or low direction, and this change is detected with a sense amplifier, which can detect small changes in voltage.

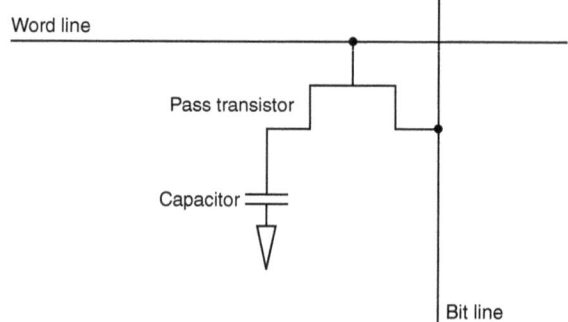

FIGURE B.9.5   A single-transistor DRAM cell contains a capacitor that stores the cell contents and a transistor used to access the cell.

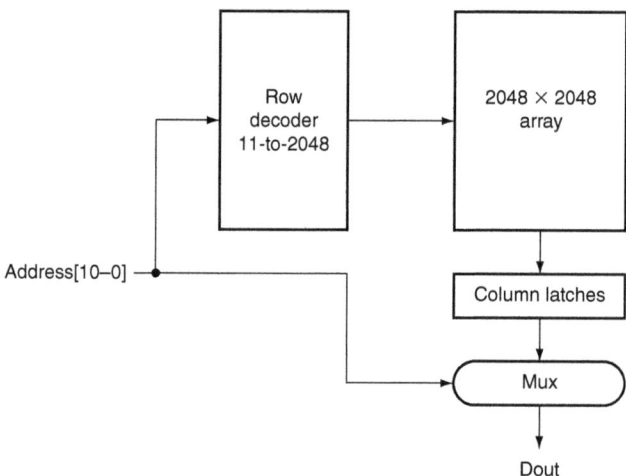

FIGURE B.9.6   A 4M × 1 DRAM is built with a 2048 × 2048 array. The row access uses 11 bits to select a row, which is then latched in 2048 1-bit latches. A multiplexor chooses the output bit from these 2048 latches. The RAS and CAS signals control whether the address lines are sent to the row decoder or column multiplexor.

DRAMs use a two-level decoder consisting of a *row access* followed by a *column access*, as shown in Figure B.9.6. The row access chooses one of a number of rows and activates the corresponding word line. The contents of all the columns in the active row are then stored in a set of latches. The column access then selects the data from the column latches. To save pins and reduce the package cost, the same address lines are used for both the row and column address; a pair of signals called RAS (*Row Access Strobe*) and CAS (*Column Access Strobe*) are used to signal the DRAM that either a row or column address is being supplied. Refresh is performed by simply reading the columns into the column latches and then writing the same values back. Thus, an entire row is refreshed in one cycle. The two-level addressing scheme, combined with the internal circuitry, makes DRAM access times much longer (by a factor of 5–10) than SRAM access times. In 2004, typical DRAM access times ranged from 45 to 65 ns; 256 Mbit DRAMs are in full production, and the first customer samples of 1 GB DRAMs became available in the first quarter of 2004. The much lower cost per bit makes DRAM the choice for main memory, while the faster access time makes SRAM the choice for caches.

You might observe that a 64M $\times$ 4 DRAM actually accesses 8K bits on every row access and then throws away all but 4 of those during a column access. DRAM designers have used the internal structure of the DRAM as a way to provide higher bandwidth out of a DRAM. This is done by allowing the column address to change without changing the row address, resulting in an access to other bits in the column latches. To make this process faster and more precise, the address inputs were clocked, leading to the dominant form of DRAM in use today: synchronous DRAM or SDRAM.

Since about 1999, SDRAMs have been the memory chip of choice for most cache-based main memory systems. SDRAMs provide fast access to a series of bits within a row by sequentially transferring all the bits in a burst under the control of a clock signal. In 2004, DDRRAMs (Double Data Rate RAMs), which are called double data rate because they transfer data on both the rising and falling edge of an externally supplied clock, were the most heavily used form of SDRAMs. As we discuss in Chapter 5, these high-speed transfers can be used to boost the bandwidth available out of main memory to match the needs of the processor and caches.

Error Correction

Because of the potential for data corruption in large memories, most computer systems use some sort of error-checking code to detect possible corruption of data. One simple code that is heavily used is a *parity code*. In a parity code the number of 1s in a word is counted; the word has odd parity if the number of 1s is odd and even otherwise. When a word is written into memory, the parity bit is also written (1 for odd, 0 for even). Then, when the word is read out, the parity bit is read and checked. If the parity of the memory word and the stored parity bit do not match, an error has occurred.

A 1-bit parity scheme can detect at most 1 bit of error in a data item; if there are 2 bits of error, then a 1-bit parity scheme will not detect any errors, since the parity will match the data with two errors. (Actually, a 1-bit parity scheme can detect any odd number of errors; however, the probability of having three errors is much lower than the probability of having two, so, in practice, a 1-bit parity code is limited to detecting a single bit of error.) Of course, a parity code cannot tell which bit in a data item is in error.

error detection code
A code that enables the detection of an error in data, but not the precise location and, hence, correction of the error.

A 1-bit parity scheme is an error detection code; there are also *error correction codes* (ECC) that will detect and allow correction of an error. For large main memories, many systems use a code that allows the detection of up to 2 bits of error and the correction of a single bit of error. These codes work by using more bits to encode the data; for example, the typical codes used for main memories require 7 or 8 bits for every 128 bits of data.

Elaboration: A 1-bit parity code is a *distance-2 code*, which means that if we look at the data plus the parity bit, no 1-bit change is sufficient to generate another legal combination of the data plus parity. For example, if we change a bit in the data, the parity will be wrong, and vice versa. Of course, if we change 2 bits (any 2 data bits or 1 data bit and the parity bit), the parity will match the data and the error cannot be detected. Hence, there is a distance of two between legal combinations of parity and data.

To detect more than one error or correct an error, we need a *distance-3 code*, which has the property that any legal combination of the bits in the error correction code and the data has at least 3 bits differing from any other combination. Suppose we have such a code and we have one error in the data. In that case, the code plus data will be one bit away from a legal combination, and we can correct the data to that legal combination. If we have two errors, we can recognize that there is an error, but we cannot correct the errors. Let's look at an example. Here are the data words and a distance-3 error correction code for a 4-bit data item.

Data Word	Code bits	Data	Code bits
0000	000	1000	111
0001	011	1001	100
0010	101	1010	010
0011	110	1011	001
0100	110	1100	001
0101	101	1101	010
0110	011	1110	100
0111	000	1111	111

To see how this works, let's choose a data word, say 0110, whose error correction code is 011. Here are the four 1-bit error possibilities for this data: 1110, 0010, 0100, and 0111. Now look at the data item with the same code (011), which is the entry with the value 0001. If the error correction decoder received one of the four possible data words with an error, it would have to choose between correcting to 0110 or 0001. While these four words with error have only one bit changed from the correct pattern of 0110, they each have two bits that are different from the alternate correction of 0001. Hence, the error correction mechanism can easily choose to correct to 0110, since a single error is a much higher probability. To see that two errors can be detected, simply notice that all the combinations with two bits changed have a different code. The one reuse of the same code is with three bits different, but if we correct a 2-bit error, we will correct to the wrong value, since the decoder will assume that only a single error has occurred. If we want to correct 1-bit errors and detect, but not erroneously correct, 2-bit errors, we need a distance-4 code.

Although we distinguished between the code and data in our explanation, in truth, an error correction code treats the combination of code and data as a single word in a larger code (7 bits in this example). Thus, it deals with errors in the code bits in the same fashion as errors in the data bits.

While the above example requires $n - 1$ bits for n bits of data, the number of bits required grows slowly, so that for a distance-3 code, a 64-bit word needs 7 bits and a 128-bit word needs 8. This type of code is called a *Hamming code*, after R. Hamming, who described a method for creating such codes.

B.10 Finite-State Machines

As we saw earlier, digital logic systems can be classified as combinational or sequential. Sequential systems contain state stored in memory elements internal to the system. Their behavior depends both on the set of inputs supplied and on the contents of the internal memory, or state of the system. Thus, a sequential system cannot be described with a truth table. Instead, a sequential system is described as a finite-state machine (or often just *state machine*). A finite-state machine has a set of states and two functions, called the next-state function and the *output function*. The set of states corresponds to all the possible values of the internal storage. Thus, if there are n bits of storage, there are $2n$ states. The next-state function is a combinational function that, given the inputs and the current state, determines the next state of the system. The output function produces a set of outputs from the current state and the inputs. Figure B.10.1 shows this diagrammatically.

The state machines we discuss here and in Chapter 4 are *synchronous*. This means that the state changes together with the clock cycle, and a new state is computed once every clock. Thus, the state elements are updated only on the clock edge. We use this methodology in this section and throughout Chapter 4, and we do not

finite-state machine
A sequential logic function consisting of a set of inputs and out puts, a next-state function that maps the current state and the inputs to a new state, and an output function that maps the current state and possibly the inputs to a set of asserted outputs.

next-state function
A combinational function that, given the inputs and the current state, determines the next state of a finite-state machine.

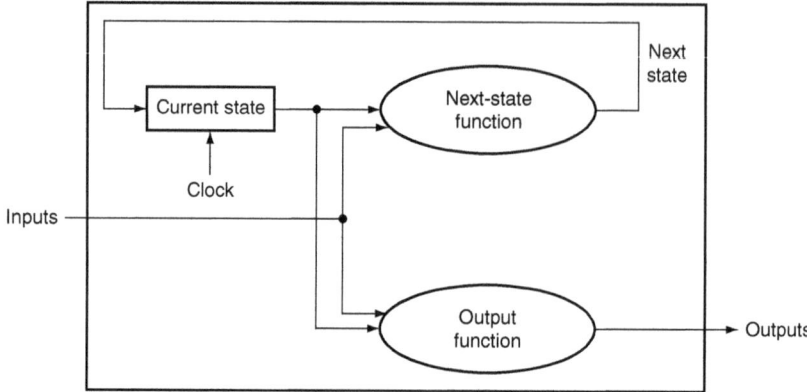

FIGURE B.10.1   A state machine consists of internal storage that contains the state and two combinational functions: the next-state function and the output function. Often, the output function is restricted to take only the current state as its input; this does not change the capability of a sequential machine, but does affect its internals.

usually show the clock explicitly. We use state machines throughout Chapter 4 to control the execution of the processor and the actions of the datapath.

To illustrate how a finite-state machine operates and is designed, let's look at a simple and classic example: controlling a traffic light. (Chapters 4 and 5 contain more detailed examples of using finite-state machines to control processor execution.) When a finite-state machine is used as a controller, the output function is often restricted to depend on just the current state. Such a finite-state machine is called a *Moore machine.* This is the type of finite-state machine we use throughout this book. If the output function can depend on both the current state and the current input, the machine is called a *Mealy machine.* These two machines are equivalent in their capabilities, and one can be turned into the other mechanically. The basic advantage of a Moore machine is that it can be faster, while a Mealy machine may be smaller, since it may need fewer states than a Moore machine. In Chapter 5, we discuss the differences in more detail and show a Verilog version of finite-state control using a Mealy machine.

Our example concerns the control of a traffic light at an intersection of a north-south route and an east-west route. For simplicity, we will consider only the green and red lights; adding the yellow light is left for an exercise. We want the lights to cycle no faster than 30 seconds in each direction, so we will use a 0.033 Hz clock so that the machine cycles between states at no faster than once every 30 seconds. There are two output signals:

- *NSlite:* When this signal is asserted, the light on the north-south road is green; when this signal is deasserted, the light on the north-south road is red.

- *EWlite:* When this signal is asserted, the light on the east-west road is green; when this signal is deasserted, the light on the east-west road is red.

In addition, there are two inputs:

- *NScar:* Indicates that a car is over the detector placed in the roadbed in front of the light on the north-south road (going north or south).

- *EWcar:* Indicates that a car is over the detector placed in the roadbed in front of the light on the east-west road (going east or west).

The traffic light should change from one direction to the other only if a car is waiting to go in the other direction; otherwise, the light should continue to show green in the same direction as the last car that crossed the intersection.

To implement this simple traffic light we need two states:

- *NSgreen:* The traffic light is green in the north-south direction.

- *EWgreen:* The traffic light is green in the east-west direction.

We also need to create the next-state function, which can be specified with a table:

	Inputs		
	NScar	**EWcar**	**Next state**
NSgreen	0	0	NSgreen
NSgreen	0	1	EWgreen
NSgreen	1	0	NSgreen
NSgreen	1	1	EWgreen
EWgreen	0	0	EWgreen
EWgreen	0	1	EWgreen
EWgreen	1	0	NSgreen
EWgreen	1	1	NSgreen

Notice that we didn't specify in the algorithm what happens when a car approaches from both directions. In this case, the next-state function given above changes the state to ensure that a steady stream of cars from one direction cannot lock out a car in the other direction.

The finite-state machine is completed by specifying the output function.

Before we examine how to implement this finite-state machine, let's look at a graphical representation, which is often used for finite-state machines. In this representation, nodes are used to indicate states. Inside the node we place a list of the outputs that are active for that state. Directed arcs are used to show the next-state

	Outputs	
	NSlite	EWlite
NSgreen	1	0
EWgreen	0	1

function, with labels on the arcs specifying the input condition as logic functions. Figure B.10.2 shows the graphical representation for this finite-state machine.

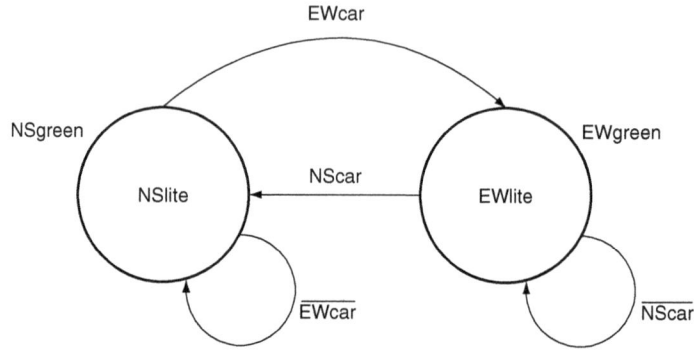

FIGURE B.10.2   The graphical representation of the two-state traffic light controller. We simplified the logic functions on the state transitions. For example, the transition from NSgreen to EWgreen in the next-state table is (NScar · EWcar) + (NScar · EWcar), which is equivalent to EWcar.

A finite-state machine can be implemented with a register to hold the current state and a block of combinational logic that computes the next-state function and the output function. Figure B.10.3 shows how a finite-state machine with 4 bits of state, and thus up to 16 states, might look. To implement the finite-state machine in this way, we must first assign state numbers to the states. This process is called *state assignment*. For example, we could assign NSgreen to state 0 and EWgreen to state 1. The state register would contain a single bit. The next-state function would be given as

$$\text{NextState} = (\overline{\text{CurrentState}} \cdot \text{EWcar}) + (\text{CurrentState} \cdot \overline{\text{NScar}})$$

where CurrentState is the contents of the state register (0 or 1) and NextState is the output of the next-state function that will be written into the state register at the end of the clock cycle. The output function is also simple:

$$\text{NSlite} = \overline{\text{CurrentState}}$$
$$\text{EWlite} = \text{CurrentState}$$

The combinational logic block is often implemented using structured logic, such as a PLA. A PLA can be constructed automatically from the next-state and output function tables. In fact, there are *computer-aided design* (CAD) programs

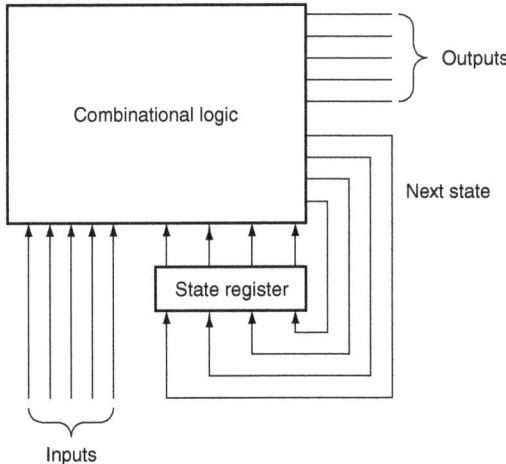

FIGURE B.10.3 A finite-state machine is implemented with a state register that holds the current state and a combinational logic block to compute the next state and output functions. The latter two functions are often split apart and implemented with two separate blocks of logic, which may require fewer gates.

that take either a graphical or textual representation of a finite-state machine and produce an optimized implementation automatically. In Chapters 4 and 5, finite-state machines were used to control processor execution. 🖥 Appendix D discusses the detailed implementation of these controllers with both PLAs and ROMs.

To show how we might write the control in Verilog, Figure B.10.4 shows a Verilog version designed for synthesis. Note that for this simple control function, a Mealy machine is not useful, but this style of specification is used in Chapter 5 to implement a control function that is a Mealy machine and has fewer states than the Moore machine controller.

```
module TrafficLite (EWCar,NSCar,EWLite,NSLite,clock);

   input EWCar, NSCar,clock;
output EWLite,NSLite;

reg state;

initial state=0;  //set initial state

//following two assignments set the output, which is based
only on the state variable
assign NSLite = ~ state; //NSLite on if state = 0;
assign EWLite = state; //EWLite on if state = 1

always @(posedge clock) // all state updates on a positive
clock edge
    case (state)
       0: state = EWCar; //change state only if EWCar

       1: state = NSCar; //change state only if NSCar

    endcase
endmodule
```

FIGURE B.10.4   A Verilog version of the traffic light controller.

**Check
Yourself**

What is the smallest number of states in a Moore machine for which a Mealy
machine could have fewer states?

  a. Two, since there could be a one-state Mealy machine that might do the same
     thing.

  b. Three, since there could be a simple Moore machine that went to one of two
     different states and always returned to the original state after that. For such a
     simple machine, a two-state Mealy machine is possible.

  c. You need at least four states to exploit the advantages of a Mealy machine
     over a Moore machine.

B.11   Timing Methodologies

Throughout this appendix and in the rest of the text, we use an edge-triggered
timing methodology. This timing methodology has an advantage in that it is
simpler to explain and understand than a level-triggered methodology. In this
section, we explain this timing methodology in a little more detail and also
introduce level-sensitive clocking. We conclude this section by briefly discussing

the issue of asynchronous signals and synchronizers, an important problem for digital designers.

The purpose of this section is to introduce the major concepts in clocking methodology. The section makes some important simplifying assumptions; if you are interested in understanding timing methodology in more detail, consult one of the references listed at the end of this appendix.

We use an edge-triggered timing methodology because it is simpler to explain and has fewer rules required for correctness. In particular, if we assume that all clocks arrive at the same time, we are guaranteed that a system with edge-triggered registers between blocks of combinational logic can operate correctly without races if we simply make the clock long enough. A *race* occurs when the contents of a state element depend on the relative speed of different logic elements. In an edge-triggered design, the clock cycle must be long enough to accommodate the path from one flip-flop through the combinational logic to another flip-flop where it must satisfy the setup-time requirement. Figure B.11.1 shows this requirement for a system using rising edge-triggered flip-flops. In such a system the clock period (or cycle time) must be at least as large as

$$t_{prop} + t_{combinational} + t_{setup}$$

for the worst-case values of these three delays, which are defined as follows:

■ t_{prop} is the time for a signal to propagate through a flip-flop; it is also sometimes called clock-to-Q.

■ $t_{combinational}$ is the longest delay for any combinational logic (which by definition is surrounded by two flip-flops).

■ t_{setup} is the time before the rising clock edge that the input to a flip-flop must be valid.

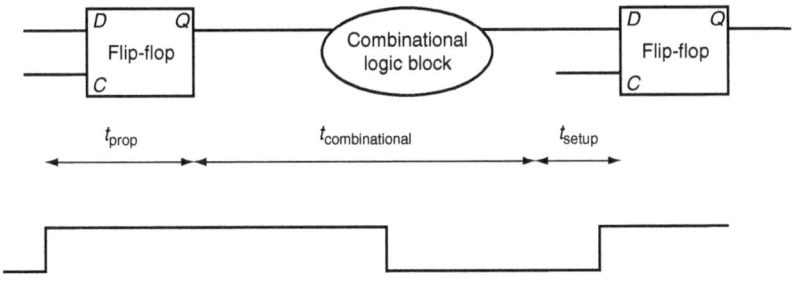

FIGURE B.11.1 In an edge-triggered design, the clock must be long enough to allow signals to be valid for the required setup time before the next clock edge. The time for a flip-flop input to propagate to the flip-flip outputs is t_{prop}; the signal then takes $t_{combinational}$ to travel through the combinational logic and must be valid t_{setup} before the next clock edge.

We make one simplifying assumption: the hold-time requirements are satisfied, which is almost never an issue with modern logic.

One additional complication that must be considered in edge-triggered designs is clock skew. Clock skew is the difference in absolute time between when two state elements see a clock edge. Clock skew arises because the clock signal will often use two different paths, with slightly different delays, to reach two different state elements. If the clock skew is large enough, it may be possible for a state element to change and cause the input to another flip-flop to change before the clock edge is seen by the second flip-flop.

Figure B.11.2 illustrates this problem, ignoring setup time and flip-flop propagation delay. To avoid incorrect operation, the clock period is increased to allow for the maximum clock skew. Thus, the clock period must be longer than

$$t_{prop} + t_{combinational} + t_{setup} + t_{skew}$$

With this constraint on the clock period, the two clocks can also arrive in the opposite order, with the second clock arriving t_{skew} earlier, and the circuit will work

> **clock skew** The difference in absolute time between the times when two state elements see a clock edge.

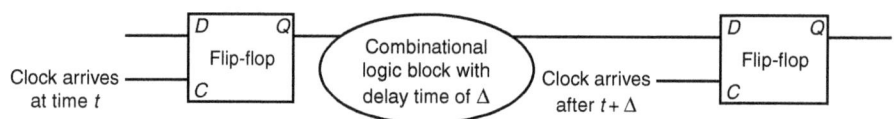

FIGURE B.11.2   Illustration of how clock skew can cause a race, leading to incorrect operation. Because of the difference in when the two flip-flops see the clock, the signal that is stored into the first flip-flop can race forward and change the input to the second flip-flop before the clock arrives at the second flip-flop.

correctly. Designers reduce clock-skew problems by carefully routing the clock signal to minimize the difference in arrival times. In addition, smart designers also provide some margin by making the clock a little longer than the minimum; this allows for variation in components as well as in the power supply. Since clock skew can also affect the hold-time requirements, minimizing the size of the clock skew is important.

Edge-triggered designs have two drawbacks: they require extra logic and they may sometimes be slower. Just looking at the D flip-flop versus the level-sensitive latch that we used to construct the flip-flop shows that edge-triggered design requires more logic. An alternative is to use level-sensitive clocking. Because state changes in a level-sensitive methodology are not instantaneous, a level-sensitive scheme is slightly more complex and requires additional care to make it operate correctly.

> **level-sensitive clocking** A timing methodology in which state changes occur at either high or low clock levels but are not instantaneous as such changes are in edge-triggered designs.

Level-Sensitive Timing

In level-sensitive timing, the state changes occur at either high or low levels, but they are not instantaneous as they are in an edge-triggered methodology. Because of the noninstantaneous change in state, races can easily occur. To ensure that a level-sensitive design will also work correctly if the clock is slow enough, designers use *two-phase clocking*. Two-phase clocking is a scheme that makes use of two nonoverlapping clock signals. Since the two clocks, typically called ϕ_1 and ϕ_2, are nonoverlapping, at most one of the clock signals is high at any given time, as Figure B.11.3 shows. We can use these two clocks to build a system that contains level-sensitive latches but is free from any race conditions, just as the edge-triggered designs were.

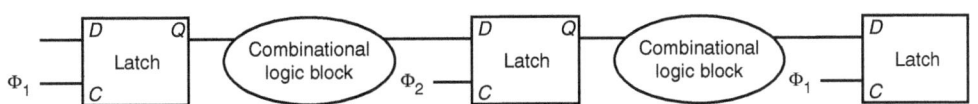

FIGURE B.11.3 A two-phase clocking scheme showing the cycle of each clock and the nonoverlapping periods.

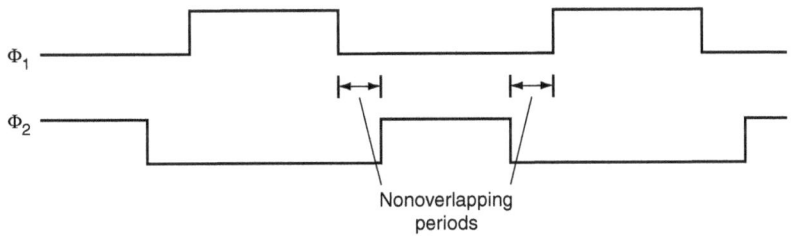

FIGURE B.11.4 A two-phase timing scheme with alternating latches showing how the system operates on both clock phases. The output of a latch is stable on the opposite phase from its C input. Thus, the first block of combinational inputs has a stable input during ϕ_2, and its output is latched by ϕ_2. The second (rightmost) combinational block operates in just the opposite fashion, with stable inputs during ϕ_1. Thus, the delays through the combinational blocks determine the minimum time that the respective clocks must be asserted. The size of the nonoverlapping period is determined by the maximum clock skew and the minimum delay of any logic block.

One simple way to design such a system is to alternate the use of latches that are open on ϕ_1 with latches that are open on ϕ_2. Because both clocks are not asserted at the same time, a race cannot occur. If the input to a combinational block is a ϕ_1 clock, then its output is latched by a ϕ_2 clock, which is open only during ϕ_2 when the input latch is closed and hence has a valid output. Figure B.11.4 shows how a system with two-phase timing and alternating latches operates. As in an edge-triggered design, we must pay attention to clock skew, particularly between the two clock phases. By increasing the amount of nonoverlap between the two phases, we can reduce the potential margin of error. Thus, the system is guaranteed to operate correctly if each phase is long enough and if there is large enough nonoverlap between the phases.

Asynchronous Inputs and Synchronizers

By using a single clock or a two-phase clock, we can eliminate race conditions if clock-skew problems are avoided. Unfortunately, it is impractical to make an entire system function with a single clock and still keep the clock skew small. While the CPU may use a single clock, I/O devices will probably have their own clock. An asynchronous device may communicate with the CPU through a series of handshaking steps. To translate the asynchronous input to a synchronous signal that can be used to change the state of a system, we need to use a *synchronizer*, whose inputs are the asynchronous signal and a clock and whose output is a signal synchronous with the input clock.

Our first attempt to build a synchronizer uses an edge-triggered D flip-flop, whose *D* input is the asynchronous signal, as Figure B.11.5 shows. Because we communicate with a handshaking protocol, it does not matter whether we detect the asserted state of the asynchronous signal on one clock or the next, since the signal will be held asserted until it is acknowledged. Thus, you might think that this simple structure is enough to sample the signal accurately, which would be the case except for one small problem.

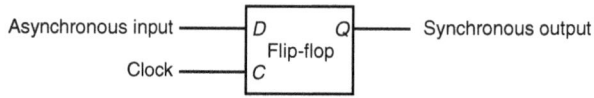

FIGURE B.11.5   A synchronizer built from a D flip-flop is used to sample an asynchronous signal to produce an output that is synchronous with the clock. This "synchronizer" will *not* work properly!

metastability
A situation that occurs if a signal is sampled when it is not stable for the required setup and hold times, possibly causing the sampled value to fall in the indeterminate region between a high and low value.

The problem is a situation called metastability. Suppose the asynchronous signal is transitioning between high and low when the clock edge arrives. Clearly, it is not possible to know whether the signal will be latched as high or low. That problem we could live with. Unfortunately, the situation is worse: when the signal that is sampled is not stable for the required setup and hold times, the flip-flop may go into a *metastable* state. In such a state, the output will not have a legitimate high or low value, but will be in the indeterminate region between them. Furthermore, the flip-flop is not guaranteed to exit this state in any bounded amount of time. Some logic blocks that look at the output of the flip-flop may see its output as 0, while others may see it as 1. This situation is called a synchronizer failure.

In a purely synchronous system, synchronizer failure can be avoided by ensuring that the setup and hold times for a flip-flop or latch are always met, but this is impossible when the input is asynchronous. Instead, the only solution possible is to wait long enough before looking at the output of the flip-flop to ensure that its output is stable, and that it has exited the metastable state, if it ever entered it. How long is long enough? Well, the probability that the flip-flop will stay in the metastable state decreases exponentially, so after a very short time the probability that the flip-flop is in the metastable state is very low; however, the probability never reaches 0! So designers wait long enough such that the probability of a synchronizer failure is very low, and the time between such failures will be years or even thousands of years.

For most flip-flop designs, waiting for a period that is several times longer than the setup time makes the probability of synchronization failure very low. If the clock rate is longer than the potential metastability period (which is likely), then a safe synchronizer can be built with two D flip-flops, as Figure B.11.6 shows. If you are interested in reading more about these problems, look into the references.

> **synchronizer failure**
> A situation in which a flip-flop enters a metastable state and where some logic blocks reading the output of the flip-flop see a 0 while others see a 1.

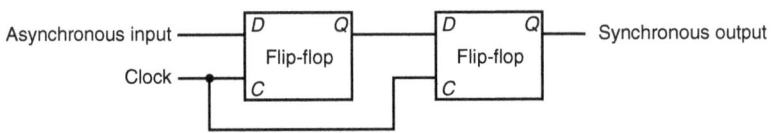

FIGURE B.11.6 This synchronizer will work correctly if the period of metastability that we wish to guard against is less than the clock period. Although the output of the first flip-flop may be metastable, it will not be seen by any other logic element until the second clock, when the second D flip-flop samples the signal, which by that time should no longer be in a metastable state.

Suppose we have a design with very large clock skew—longer than the register propagation time. Is it always possible for such a design to slow the clock down enough to guarantee that the logic operates properly?

Check Yourself

a. Yes, if the clock is slow enough the signals can always propagate and the design will work, even if the skew is very large.

b. No, since it is possible that two registers see the same clock edge far enough apart that a register is triggered, and its outputs propagated and seen by a second register with the same clock edge.

> **propagation time** The time required for an input to a flip-flop to propagate to the outputs of the flip-flop.

B.12   Field Programmable Devices

Within a custom or semicustom chip, designers can make use of the flexibility of the underlying structure to easily implement combinational or sequential logic. How can a designer who does not want to use a custom or semicustom IC implement a complex piece of logic taking advantage of the very high levels of integration available? The most popular component used for sequential and combinational logic design outside of a custom or semicustom IC is a field programmable device (FPD). An FPD is an integrated circuit containing combinational logic, and possibly memory devices, that are configurable by the end user.

FPDs generally fall into two camps: programmable logic devices (PLDs), which are purely combinational, and field programmable gate arrays (FPGAs), which provide both combinational logic and flip-flops. PLDs consist of two forms: simple PLDs (SPLDs), which are usually either a PLA or a programmable array logic (PAL), and complex PLDs, which allow more than one logic block as well as configurable interconnections among blocks. When we speak of a PLA in a PLD, we mean a PLA with user programmable and-plane and or-plane. A PAL is like a PLA, except that the or-plane is fixed.

Before we discuss FPGAs, it is useful to talk about how FPDs are configured. Configuration is essentially a question of where to make or break connections. Gate and register structures are static, but the connections can be configured. Notice that by configuring the connections, a user determines what logic functions are implemented. Consider a configurable PLA: by determining where the connections are in the and-plane and the or-plane, the user dictates what logical functions are computed in the PLA. Connections in FPDs are either permanent or reconfigurable. Permanent connections involve the creation or destruction of a connection between two wires. Current FPLDs all use an antifuse technology, which allows a connection to be built at programming time that is then permanent. The other way to configure CMOS FPLDs is through a SRAM. The SRAM is downloaded at power-on, and the contents control the setting of switches, which in turn determines which metal lines are connected. The use of SRAM control has the advantage in that the FPD can be reconfigured by changing the contents of the SRAM. The disadvantages of the SRAM-based control are two fold: the configuration is volatile and must be reloaded on power-on, and the use of active transistors for switches slightly increases the resistance of such connections.

FPGAs include both logic and memory devices, usually structured in a two-dimensional array with the corridors dividing the rows and columns used for global interconnect between the cells of the array. Each cell is a combination of gates and flip-flops that can be programmed to perform some specific function. Because they are basically small, programmable RAMs, they are also called lookup tables (LUTs). Newer FPGAs contain more sophisticated building blocks such as pieces of adders and RAM blocks that can be used to build register files. A few large FPGAs even contain 32-bit RISC cores!

In addition to programming each cell to perform a specific function, the interconnections between cells are also programmable, allowing modern FPGAs with hundreds of blocks and hundreds of thousands of gates to be used for complex logic functions. Interconnect is a major challenge in custom chips, and this is even more true for FPGAs, because cells do not represent natural units of decomposition for structured design. In many FPGAs, 90% of the area is reserved for interconnect and only 10% is for logic and memory blocks.

Just as you cannot design a custom or semicustom chip without CAD tools, you also need them for FPDs. Logic synthesis tools have been developed that target FPGAs, allowing the generation of a system using FPGAs from structural and behavioral Verilog.

lookup tables (LUTs) In a field programmable device, the name given to the cells because they consist of a small amount of logic and RAM.

 **B.13** **Concluding Remarks**

This appendix introduces the basics of logic design. If you have digested the material in this appendix, you are ready to tackle the material in Chapters 4 and 5, both of which use the concepts discussed in this appendix extensively.

Further Reading

There are a number of good texts on logic design. Here are some you might like to look into.

Ciletti, M. D. [2002]. *Advanced Digital Design with the Verilog HDL,* Englewood Cliffs, NJ: Prentice Hall.
A thorough book on logic design using Verilog.

Katz, R. H. [2004]. *Modern Logic Design,* 2nd ed., Reading, MA: Addison-Wesley.
A general text on logic design.

Wakerly, J. F. [2000]. *Digital Design: Principles and Practices,* 3rd ed., Englewood Cliffs, NJ: Prentice Hall.
A general text on logic design.

 Exercises

B.1 [10] <§B.2> In addition to the basic laws we discussed in this section, there are two important theorems, called DeMorgan's theorems:

$$\overline{A + B} = \overline{A} \cdot \overline{B} \text{ and } \overline{A \cdot B} = \overline{A} + \overline{B}$$

Prove DeMorgan's theorems with a truth table of the form

A	B	$\overline{A}$	$\overline{B}$	$\overline{A + B}$	$\overline{A \cdot B}$	$\overline{A} \cdot \overline{B}$	$\overline{A} + \overline{B}$
0	0	1	1	1	1	1	1
0	1	1	0	0	0	1	1
1	0	0	1	0	0	1	1
1	1	0	0	0	0	0	0

B.2 [15] <§B.2> Prove that the two equations for E in the example starting on page B-7 are equivalent by using DeMorgan's theorems and the axioms shown on page B-7.

B.3 [10] <§B.2> Show that there are $2n$ entries in a truth table for a function with n inputs.

B.4 [10] <§B.2> One logic function that is used for a variety of purposes (including within adders and to compute parity) is *exclusive OR*. The output of a two-input exclusive OR function is true only if exactly one of the inputs is true. Show the truth table for a two-input exclusive OR function and implement this function using AND gates, OR gates, and inverters.

B.5 [15] <§B.2> Prove that the NOR gate is universal by showing how to build the AND, OR, and NOT functions using a two-input NOR gate.

B.6 [15] <§B.2> Prove that the NAND gate is universal by showing how to build the AND, OR, and NOT functions using a two-input NAND gate.

B.7 [10] <§§B.2, B.3> Construct the truth table for a four-input odd-parity function (see page B-65 for a description of parity).

B.8 [10] <§§B.2, B.3> Implement the four-input odd-parity function with AND and OR gates using bubbled inputs and outputs.

B.9 [10] <§§B.2, B.3> Implement the four-input odd-parity function with a PLA.

B.10 [15] <§§B.2, B.3> Prove that a two-input multiplexor is also universal by showing how to build the NAND (or NOR) gate using a multiplexor.

B.11 [5] <§§4.2, B.2, B.3> Assume that X consists of 3 bits, x2 x1 x0. Write four logic functions that are true if and only if

- X contains only one 0
- X contains an even number of 0s
- X when interpreted as an unsigned binary number is less than 4
- X when interpreted as a signed (two's complement) number is negative

B.12 [5] <§§4.2, B.2, B.3> Implement the four functions described in Exercise B.11 using a PLA.

B.13 [5] <§§4.2, B.2, B.3> Assume that X consists of 3 bits, x2 x1 x0, and Y consists of 3 bits, y2 y1 y0. Write logic functions that are true if and only if

- X < Y, where X and Y are thought of as unsigned binary numbers
- X < Y, where X and Y are thought of as signed (two's complement) numbers
- X = Y

Use a hierarchical approach that can be extended to larger numbers of bits. Show how can you extend it to 6-bit comparison.

B.14 [5] <§§B.2, B.3> Implement a switching network that has two data inputs (*A* and *B*), two data outputs (*C* and *D*), and a control input (*S*). If *S* equals 1, the network is in pass-through mode, and *C* should equal *A*, and *D* should equal *B*. If *S* equals 0, the network is in crossing mode, and *C* should equal *B*, and *D* should equal *A*.

B.15 [15] <§§B.2, B.3> Derive the product-of-sums representation for *E* shown on page B-11 starting with the sum-of-products representation. You will need to use DeMorgan's theorems.

B.16 [30] <§§B.2, B.3> Give an algorithm for constructing the sum-of- products representation for an arbitrary logic equation consisting of AND, OR, and NOT. The algorithm should be recursive and should not construct the truth table in the process.

B.17 [5] <§§B.2, B.3> Show a truth table for a multiplexor (inputs *A*, *B*, and *S*; output *C*), using don't cares to simplify the table where possible.

B.18 [5] <§B.3> What is the function implemented by the following Verilog modules:

```
module FUNC1 (I0, I1, S, out);
     input I0, I1;
     input S;
     output out;
     out = S? I1: I0;
endmodule

module FUNC2 (out,ctl,clk,reset);
     output [7:0] out;
     input ctl, clk, reset;
     reg [7:0] out;
     always @(posedge clk)
     if (reset) begin
                out <= 8'b0 ;
     end
     else if (ctl) begin
                out <= out + 1;
     end
     else begin
                out <= out - 1;
     end
endmodule
```

B.19 [5] <§B.4> The Verilog code on page B-53 is for a D flip-flop. Show the Verilog code for a D latch.

B.20 [10] <§§B.3, B.4> Write down a Verilog module implementation of a 2-to-4 decoder (and/or encoder).

B.21 [10] <§§B.3, B.4> Given the following logic diagram for an accumulator, write down the Verilog module implementation of it. Assume a positive edge-triggered register and asynchronous Rst.

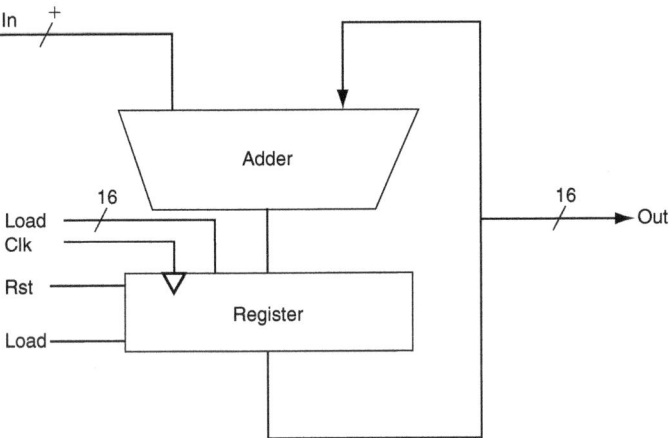

B.22 [20] <§§B3, B.4, B.5> Section 3.3 presents basic operation and possible implementations of multipliers. A basic unit of such implementations is a shift-and-add unit. Show a Verilog implementation for this unit. Show how can you use this unit to build a 32-bit multiplier.

B.23 [20] <§§B3, B.4, B.5> Repeat Exercise B.22, but for an unsigned divider rather than a multiplier.

B.24 [15] <§B.5> The ALU supported set on less than (slt) using just the sign bit of the adder. Let's try a set on less than operation using the values -7_{ten} and 6_{ten}. To make it simpler to follow the example, let's limit the binary representations to 4 bits: 1001_{two} and 0110_{two}.

$$1001_{two} - 0110_{two} = 1001_{two} + 1010_{two} = 0011_{two}$$

This result would suggest that $-7 > 6$, which is clearly wrong. Hence, we must factor in overflow in the decision. Modify the 1-bit ALU in Figure B.5.10 on page B-33 to handle slt correctly. Make your changes on a photocopy of this figure to save time.

B.25 [20] <§B.6> A simple check for overflow during addition is to see if the CarryIn to the most significant bit is not the same as the CarryOut of the most significant bit. Prove that this check is the same as in Figure 3.2.

B.26 [5] <§B.6> Rewrite the equations on page B-44 for a carry-lookahead logic for a 16-bit adder using a new notation. First, use the names for the CarryIn signals of the individual bits of the adder. That is, use c4, c8, c12, ... instead of C1, C2, C3, ... In addition, let $P_{i,j}$; mean a propagate signal for bits i to j, and $G_{i,j}$; mean a generate signal for bits i to j. For example, the equation

$$C2 = G1 + (P1 \cdot G0) + (P1 \cdot P0 \cdot c0)$$

can be rewritten as

$$c8 = G_{7,4} + (P_{7,4} \cdot G_{3,0}) + (P_{7,4} \cdot P_{3,0} \cdot c0)$$

This more general notation is useful in creating wider adders.

B.27 [15] <§B.6> Write the equations for the carry-lookahead logic for a 64-bit adder using the new notation from Exercise B.26 and using 16-bit adders as building blocks. Include a drawing similar to Figure B.6.3 in your solution.

B.28 [10] <§B.6> Now calculate the relative performance of adders. Assume that hardware corresponding to any equation containing only OR or AND terms, such as the equations for pi and gi on page B-40, takes one time unit T. Equations that consist of the OR of several AND terms, such as the equations for c1, c2, c3, and c4 on page B-40, would thus take two time units, 2T. The reason is it would take T to produce the AND terms and then an additional T to produce the result of the OR. Calculate the numbers and performance ratio for 4-bit adders for both ripple carry and carry lookahead. If the terms in equations are further defined by other equations, then add the appropriate delays for those intermediate equations, and continue recursively until the actual input bits of the adder are used in an equation. Include a drawing of each adder labeled with the calculated delays and the path of the worst-case delay highlighted.

B.29 [15] <§B.6> This exercise is similar to Exercise B.28, but this time calculate the relative speeds of a 16-bit adder using ripple carry only, ripple carry of 4-bit groups that use carry lookahead, and the carry-lookahead scheme on page B-39.

B.30 [15] <§B.6> This exercise is similar to Exercises B.28 and B.29, but this time calculate the relative speeds of a 64-bit adder using ripple carry only, ripple carry of 4-bit groups that use carry lookahead, ripple carry of 16-bit groups that use carry lookahead, and the carry-lookahead scheme from Exercise B.27.

B.31 [10] <§B.6> Instead of thinking of an adder as a device that adds two numbers and then links the carries together, we can think of the adder as a hardware device that can add three inputs together (ai, bi, ci) and produce two outputs (s, $ci + 1$). When adding two numbers together, there is little we can do with this observation. When we are adding more than two operands, it is possible to reduce the cost of the carry. The idea is to form two independent sums, called S' (sum bits) and C' (carry bits). At the end of the process, we need to add C' and S' together using a normal adder. This technique of delaying carry propagation until the end of a sum of numbers is called *carry save addition*. The block drawing on the lower right of Figure B.14.1 (see below) shows the organization, with two levels of carry save adders connected by a single normal adder.

Calculate the delays to add four 16-bit numbers using full carry-lookahead adders versus carry save with a carry-lookahead adder forming the final sum. (The time unit T in Exercise B.28 is the same.)

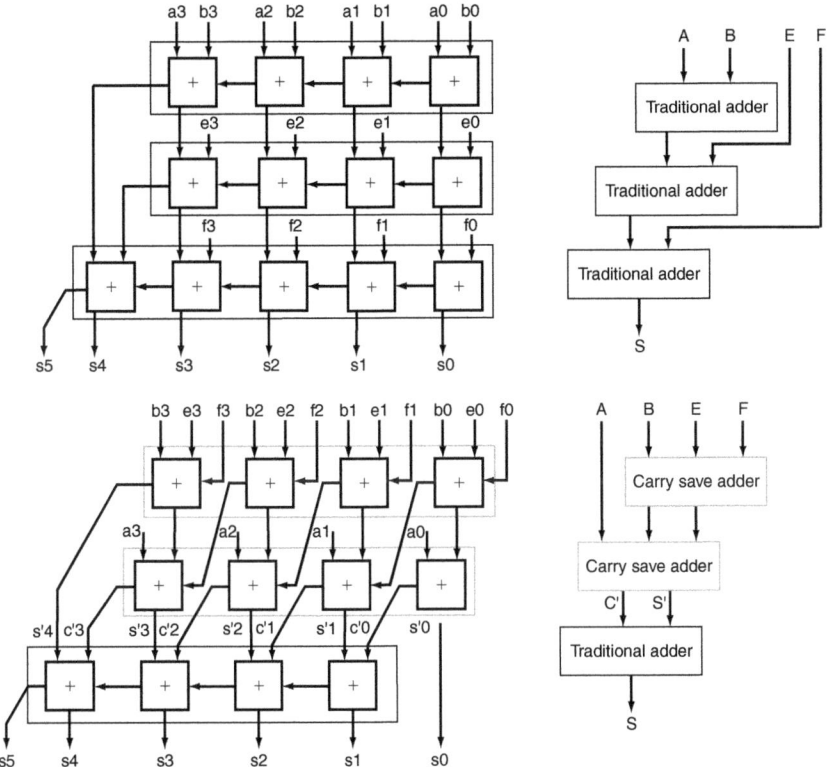

FIGURE B.14.1 Traditional ripple carry and carry save addition of four 4-bit numbers. The details are shown on the left, with the individual signals in lowercase, and the corresponding higher-level blocks are on the right, with collective signals in upper case. Note that the sum of four n-bit numbers can take $n + 2$ bits.

B.32 [20] <§B.6> Perhaps the most likely case of adding many numbers at once in a computer would be when trying to multiply more quickly by using many adders to add many numbers in a single clock cycle. Compared to the multiply algorithm in Chapter 3, a carry save scheme with many adders could multiply more than 10 times faster. This exercise estimates the cost and speed of a combinational multiplier to multiply two positive 16-bit numbers. Assume that you have 16 intermediate terms M15, M14, ..., M0, called *partial products*, that contain the multiplicand ANDed with multiplier bits m15, m14, ..., m0. The idea is to use carry save adders to reduce the n operands into $2n/3$ in parallel groups of three, and do this repeatedly until you get two large numbers to add together with a traditional adder.

First, show the block organization of the 16-bit carry save adders to add these 16 terms, as shown on the right in Figure B.14.1. Then calculate the delays to add these 16 numbers. Compare this time to the iterative multiplication scheme in Chapter 3 but only assume 16 iterations using a 16-bit adder that has full carry lookahead whose speed was calculated in Exercise B.29.

B.33 [10] <§B.6> There are times when we want to add a collection of numbers together. Suppose you wanted to add four 4-bit numbers (A, B, E, F) using 1-bit full adders. Let's ignore carry lookahead for now. You would likely connect the 1-bit adders in the organization at the top of Figure B.14.1. Below the traditional organization is a novel organization of full adders. Try adding four numbers using both organizations to convince yourself that you get the same answer.

B.34 [5] <§B.6> First, show the block organization of the 16-bit carry save adders to add these 16 terms, as shown in Figure B.14.1. Assume that the time delay through each 1-bit adder is 2T. Calculate the time of adding four 4-bit numbers to the organization at the top versus the organization at the bottom of Figure B.14.1.

B.35 [5] <§B.8> Quite often, you would expect that given a timing diagram containing a description of changes that take place on a data input D and a clock input C (as in Figures B.8.3 and B.8.6 on pages B-52 and B-54, respectively), there would be differences between the output waveforms (Q) for a D latch and a D flip-flop. In a sentence or two, describe the circumstances (e.g., the nature of the inputs) for which there would not be any difference between the two output waveforms.

B.36 [5] <§B.8> Figure B.8.8 on page B-55 illustrates the implementation of the register file for the MIPS datapath. Pretend that a new register file is to be built, but that there are only two registers and only one read port, and that each register has only 2 bits of data. Redraw Figure B.8.8 so that every wire in your diagram corresponds to only 1 bit of data (unlike the diagram in Figure B.8.8, in which some wires are 5 bits and some wires are 32 bits). Redraw the registers using D flip-flops. You do not need to show how to implement a D flip-flop or a multiplexor.

B.37 [10] <§B.10> A friend would like you to build an "electronic eye" for use as a fake security device. The device consists of three lights lined up in a row, controlled by the outputs Left, Middle, and Right, which, if asserted, indicate that a light should be on. Only one light is on at a time, and the light "moves" from left to right and then from right to left, thus scaring away thieves who believe that the device is monitoring their activity. Draw the graphical representation for the finite-state machine used to specify the electronic eye. Note that the rate of the eye's movement will be controlled by the clock speed (which should not be too great) and that there are essentially no inputs.

B.38 [10] <§B.10> Assign state numbers to the states of the finite-state machine you constructed for Exercise B.37 and write a set of logic equations for each of the outputs, including the next-state bits.

B.39 [15] <§§B.2, B.8, B.10> Construct a 3-bit counter using three D flip-flops and a selection of gates. The inputs should consist of a signal that resets the counter to 0, called *reset*, and a signal to increment the counter, called *inc*. The outputs should be the value of the counter. When the counter has value 7 and is incremented, it should wrap around and become 0.

B.40 [20] <§B.10> A *Gray code* is a sequence of binary numbers with the property that no more than 1 bit changes in going from one element of the sequence to another. For example, here is a 3-bit binary Gray code: 000, 001, 011, 010, 110, 111, 101, and 100. Using three D flip-flops and a PLA, construct a 3-bit Gray code counter that has two inputs: *reset*, which sets the counter to 000, and *inc*, which makes the counter go to the next value in the sequence. Note that the code is cyclic, so that the value after 100 in the sequence is 000.

B.41 [25] <§B.10> We wish to add a yellow light to our traffic light example on page B-68. We will do this by changing the clock to run at 0.25 Hz (a 4-second clock cycle time), which is the duration of a yellow light. To prevent the green and red lights from cycling too fast, we add a 30-second timer. The timer has a single input, called *TimerReset*, which restarts the timer, and a single output, called *TimerSignal*, which indicates that the 30-second period has expired. Also, we must redefine the traffic signals to include yellow. We do this by defining two out put signals for each light: green and yellow. If the output NSgreen is asserted, the green light is on; if the output NSyellow is asserted, the yellow light is on. If both signals are off, the red light is on. Do *not* assert both the green and yellow signals at the same time, since American drivers will certainly be confused, even if European drivers understand what this means! Draw the graphical representation for the finite-state machine for this improved controller. Choose names for the states that are *different* from the names of the outputs.

B.42 [15] <§B.10> Write down the next-state and output-function tables for the traffic light controller described in Exercise B.41.

B.43 [15] <§§B.2, B.10> Assign state numbers to the states in the traf-fic light example of Exercise B.41 and use the tables of Exercise B.42 to write a set of logic equations for each of the outputs, including the next-state outputs.

B.44 [15] <§§B.3, B.10> Implement the logic equations of Exercise B.43 as a PLA.

§B.2, page B-8: No. If $A = 1$, $C = 1$, $B = 0$, the first is true, but the second is false. Answers to
§B.3, page B-20: C. Check Yourself
§B.4, page B-22: They are all exactly the same.
§B.4, page B-26: A = 0, B = 1.
§B.5, page B-38: 2.
§B.6, page B-47: 1.
§B.8, page B-58: c.
§B.10, page B-72: b.
§B.11, page B-77: b.

Stichwortverzeichnis

MIPS Reference Data

CORE INSTRUCTION SET

NAME, MNEMONIC	FOR-MAT	OPERATION (in Verilog)		OPCODE / FUNCT (Hex)
Add	add	R	$R[rd] = R[rs] + R[rt]$	(1) $0 / 20_{hex}$
Add Immediate	addi	I	$R[rt] = R[rs] + SignExtImm$	(1,2) 8_{hex}
Add Imm. Unsigned	addiu	I	$R[rt] = R[rs] + SignExtImm$	(2) 9_{hex}
Add Unsigned	addu	R	$R[rd] = R[rs] + R[rt]$	$0 / 21_{hex}$
And	and	R	$R[rd] = R[rs]$ & $R[rt]$	$0 / 24_{hex}$
And Immediate	andi	I	$R[rt] = R[rs]$ & $ZeroExtImm$	(3) c_{hex}
Branch On Equal	beq	I	if($R[rs]==R[rt]$) PC=PC+4+BranchAddr	(4) 4_{hex}
Branch On Not Equal	bne	I	if($R[rs]!=R[rt]$) PC=PC+4+BranchAddr	(4) 5_{hex}
Jump	j	J	PC=JumpAddr	(5) 2_{hex}
Jump And Link	jal	J	$R[31]$=PC+8;PC=JumpAddr	(5) 3_{hex}
Jump Register	jr	R	PC=$R[rs]$	$0 / 08_{hex}$
Load Byte Unsigned	lbu	I	$R[rt]=\{24'b0, M[R[rs] + SignExtImm](7:0)\}$	(2) 24_{hex}
Load Halfword Unsigned	lhu	I	$R[rt]=\{16'b0, M[R[rs] + SignExtImm](15:0)\}$	(2) 25_{hex}
Load Linked	ll	I	$R[rt] = M[R[rs]+SignExtImm]$	(2,7) 30_{hex}
Load Upper Imm.	lui	I	$R[rt] = \{imm, 16'b0\}$	f_{hex}
Load Word	lw	I	$R[rt] = M[R[rs]+SignExtImm]$	(2) 23_{hex}
Nor	nor	R	$R[rd] = \sim (R[rs] \mid R[rt])$	$0 / 27_{hex}$
Or	or	R	$R[rd] = R[rs] \mid R[rt]$	$0 / 25_{hex}$
Or Immediate	ori	I	$R[rt] = R[rs] \mid ZeroExtImm$	(3) d_{hex}
Set Less Than	slt	R	$R[rd] = (R[rs] < R[rt])$? 1 : 0	$0 / 2a_{hex}$
Set Less Than Imm.	slti	I	$R[rt] = (R[rs] < SignExtImm)$? 1 : 0	(2) a_{hex}
Set Less Than Imm. Unsigned	sltiu	I	$R[rt] = (R[rs] < SignExtImm)$? 1 : 0	(2,6) b_{hex}
Set Less Than Unsig.	sltu	R	$R[rd] = (R[rs] < R[rt])$? 1 : 0	(6) $0 / 2b_{hex}$
Shift Left Logical	sll	R	$R[rd] = R[rt] \ll shamt$	$0 / 00_{hex}$
Shift Right Logical	srl	R	$R[rd] = R[rt] \ggg shamt$	$0 / 02_{hex}$
Store Byte	sb	I	$M[R[rs]+SignExtImm](7:0) = R[rt](7:0)$	(2) 28_{hex}
Store Conditional	sc	I	$M[R[rs]+SignExtImm] = R[rt]$; $R[rt] = (atomic)$? 1 : 0	(2,7) 38_{hex}
Store Halfword	sh	I	$M[R[rs]+SignExtImm](15:0) = R[rt](15:0)$	(2) 29_{hex}
Store Word	sw	I	$M[R[rs]+SignExtImm] = R[rt]$	(2) $2b_{hex}$
Subtract	sub	R	$R[rd] = R[rs] - R[rt]$	(1) $0 / 22_{hex}$
Subtract Unsigned	subu	R	$R[rd] = R[rs] - R[rt]$	$0 / 23_{hex}$

(1) May cause overflow exception
(2) SignExtImm = { 16{immediate[15]}, immediate }
(3) ZeroExtImm = { 16{1b'0}, immediate }
(4) BranchAddr = { 14{immediate[15]}, immediate, 2'b0 }
(5) JumpAddr = { PC+4[31:28], address, 2'b0 }
(6) Operands considered unsigned numbers (vs. 2's comp.)
(7) Atomic test&set pair; R[rt] = 1 if pair atomic, 0 if not atomic

BASIC INSTRUCTION FORMATS

R	opcode		rs		rt		rd		shamt		funct	
	31	26	25	21	20	16	15	11	10	6	5	0

I	opcode		rs		rt		immediate	
	31	26	25	21	20	16	15	0

J	opcode		address	
	31	26	25	0

ARITHMETIC CORE INSTRUCTION SET ②

NAME, MNEMONIC	FOR-MAT	OPERATION	OPCODE / FMT /FT / FUNCT (Hex)
Branch On FP True `bc1t`	FI	if(FPcond)PC=PC+4+BranchAddr (4)	11/8/1/--
Branch On FP False `bc1f`	FI	if(!FPcond)PC=PC+4+BranchAddr(4)	11/8/0/--
Divide `div`	R	Lo=R[rs]/R[rt]; Hi=R[rs]%R[rt]	0/--/--/1a
Divide Unsigned `divu`	R	Lo=R[rs]/R[rt]; Hi=R[rs]%R[rt] (6)	0/--/--/1b
FP Add Single `add.s`	FR	F[fd]= F[fs] + F[ft]	11/10/--/0
FP Add Double `add.d`	FR	{F[fd],F[fd+1]} = {F[fs],F[fs+1]} + {F[ft],F[ft+1]}	11/11/--/0
FP Compare Single `c.x.s*`	FR	FPcond = (F[fs] op F[ft]) ? 1 : 0	11/10/--/y
FP Compare Double `c.x.d*`	FR	FPcond = ({F[fs],F[fs+1]} op {F[ft],F[ft+1]}) ? 1 : 0	11/11/--/y
* (x is eq, lt, or le) (op is ==, <, or <=) (y is 32, 3c, or 3e)			
FP Divide Single `div.s`	FR	F[fd] = F[fs] / F[ft]	11/10/--/3
FP Divide Double `div.d`	FR	{F[fd],F[fd+1]} = {F[fs],F[fs+1]} / {F[ft],F[ft+1]}	11/11/--/3
FP Multiply Single `mul.s`	FR	F[fd] = F[fs] * F[ft]	11/10/--/2
FP Multiply Double `mul.d`	FR	{F[fd],F[fd+1]} = {F[fs],F[fs+1]} * {F[ft],F[ft+1]}	11/11/--/2
FP Subtract Single `sub.s`	FR	F[fd]=F[fs] - F[ft]	11/10/--/1
FP Subtract Double `sub.d`	FR	{F[fd],F[fd+1]} = {F[fs],F[fs+1]} - {F[ft],F[ft+1]}	11/11/--/1
Load FP Single `lwc1`	I	F[rt]=M[R[rs]+SignExtImm] (2)	31/--/--/--
Load FP Double `ldc1`	I	F[rt]=M[R[rs]+SignExtImm]; (2) F[rt+1]=M[R[rs]+SignExtImm+4]	35/--/--/--
Move From Hi `mfhi`	R	R[rd] = Hi	0 /--/--/10
Move From Lo `mflo`	R	R[rd] = Lo	0 /--/--/12
Move From Control `mfc0`	R	R[rd] = CR[rs]	10 /0/--/0
Multiply `mult`	R	{Hi,Lo} = R[rs] * R[rt]	0/--/--/18
Multiply Unsigned `multu`	R	{Hi,Lo} = R[rs] * R[rt] (6)	0/--/--/19
Shift Right Arith. `sra`	R	R[rd] = R[rt] >> shamt	0/--/--/3
Store FP Single `swc1`	I	M[R[rs]+SignExtImm] = F[rt] (2)	39/--/--/--
Store FP Double `sdc1`	I	M[R[rs]+SignExtImm] = F[rt]; (2) M[R[rs]+SignExtImm+4] = F[rt+1]	3d/--/--/--

FLOATING-POINT INSTRUCTION FORMATS

FR	opcode	fmt	ft	fs	fd	funct
	31 26	25 21	20 16	15 11	10 6	5 0

FI	opcode	fmt	ft	immediate
	31 26	25 21	20 16	15 0

PSEUDOINSTRUCTION SET

NAME	MNEMONIC	OPERATION
Branch Less Than	blt	if(R[rs]<R[rt]) PC = Label
Branch Greater Than	bgt	if(R[rs]>R[rt]) PC = Label
Branch Less Than or Equal	ble	if(R[rs]<=R[rt]) PC = Label
Branch Greater Than or Equal	bge	if(R[rs]>=R[rt]) PC = Label
Load Immediate	li	R[rd] = immediate
Move	move	R[rd] = R[rs]

REGISTER NAME, NUMBER, USE, CALL CONVENTION

NAME	NUMBER	USE	PRESERVED ACROSS A CALL?
$zero	0	The Constant Value 0	N.A.
$at	1	Assembler Temporary	No
$v0-$v1	2-3	Values for Function Results and Expression Evaluation	No
$a0-$a3	4-7	Arguments	No
$t0-$t7	8-15	Temporaries	No
$s0-$s7	16-23	Saved Temporaries	Yes
$t8-$t9	24-25	Temporaries	No
$k0-$k1	26-27	Reserved for OS Kernel	No
$gp	28	Global Pointer	Yes
$sp	29	Stack Pointer	Yes
$fp	30	Frame Pointer	Yes
$ra	31	Return Address	Yes

OPCODES, BASE CONVERSION, ASCII SYMBOLS

MIPS opcode (31:26)	(1) MIPS funct (5:0)	(2) MIPS funct (5:0)	Binary	Decimal	Hexadecimal	ASCII Character	Decimal	Hexadecimal	ASCII Character
(1)	sll	add.f	00 0000	0	0	NUL	64	40	@
		sub.f	00 0001	1	1	SOH	65	41	A
j	srl	mul.f	00 0010	2	2	STX	66	42	B
jal	sra	div.f	00 0011	3	3	ETX	67	43	C
beq	sllv	sqrt.f	00 0100	4	4	EOT	68	44	D
bne		abs.f	00 0101	5	5	ENQ	69	45	E
blez	srlv	mov.f	00 0110	6	6	ACK	70	46	F
bgtz	srav	neg.f	00 0111	7	7	BEL	71	47	G
addi	jr		00 1000	8	8	BS	72	48	H
addiu	jalr		00 1001	9	9	HT	73	49	I
slti	movz		00 1010	10	a	LF	74	4a	J
sltiu	movn		00 1011	11	b	VT	75	4b	K
andi	syscall	round.w.f	00 1100	12	c	FF	76	4c	L
ori	break	trunc.w.f	00 1101	13	d	CR	77	4d	M
xori		ceil.w.f	00 1110	14	e	SO	78	4e	N
lui	sync	floor.w.f	00 1111	15	f	SI	79	4f	O
	mfhi		01 0000	16	10	DLE	80	50	P
(2)	mthi		01 0001	17	11	DC1	81	51	Q
	mflo	movz.f	01 0010	18	12	DC2	82	52	R
	mtlo	movn.f	01 0011	19	13	DC3	83	53	S
			01 0100	20	14	DC4	84	54	T
			01 0101	21	15	NAK	85	55	U
			01 0110	22	16	SYN	86	56	V
			01 0111	23	17	ETB	87	57	W
	mult		01 1000	24	18	CAN	88	58	X
	multu		01 1001	25	19	EM	89	59	Y
	div		01 1010	26	1a	SUB	90	5a	Z
	divu		01 1011	27	1b	ESC	91	5b	[
			01 1100	28	1c	FS	92	5c	\
			01 1101	29	1d	GS	93	5d	]
			01 1110	30	1e	RS	94	5e	^
			01 1111	31	1f	US	95	5f	_
lb	add	cvt.s.f	10 0000	32	20	Space	96	60	`
lh	addu	cvt.d.f	10 0001	33	21	!	97	61	a
lwl	sub		10 0010	34	22	"	98	62	b
lw	subu		10 0011	35	23	#	99	63	c
lbu	and	cvt.w.f	10 0100	36	24	$	100	64	d
lhu	or		10 0101	37	25	%	101	65	e
lwr	xor		10 0110	38	26	&	102	66	f
	nor		10 0111	39	27	'	103	67	g
sb			10 1000	40	28	(	104	68	h
sh			10 1001	41	29	)	105	69	i
swl	slt		10 1010	42	2a	*	106	6a	j
sw	sltu		10 1011	43	2b	+	107	6b	k
			10 1100	44	2c	,	108	6c	l
			10 1101	45	2d	-	109	6d	m
swr			10 1110	46	2e	.	110	6e	n
cache			10 1111	47	2f	/	111	6f	o
ll	tge	c.f.f	11 0000	48	30	0	112	70	p
lwc1	tgeu	c.un.f	11 0001	49	31	1	113	71	q
lwc2	tlt	c.eq.f	11 0010	50	32	2	114	72	r
pref	tltu	c.ueq.f	11 0011	51	33	3	115	73	s
	teq	c.olt.f	11 0100	52	34	4	116	74	t
ldc1		c.ult.f	11 0101	53	35	5	117	75	u
ldc2	tne	c.ole.f	11 0110	54	36	6	118	76	v
		c.ule.f	11 0111	55	37	7	119	77	w
sc		c.sf.f	11 1000	56	38	8	120	78	x
swc1		c.ngle.f	11 1001	57	39	9	121	79	y
swc2		c.seq.f	11 1010	58	3a	:	122	7a	z
		c.ngl.f	11 1011	59	3b	;	123	7b	{
		c.lt.f	11 1100	60	3c	<	124	7c		
sdc1		c.nge.f	11 1101	61	3d	=	125	7d	}
sdc2		c.le.f	11 1110	62	3e	>	126	7e	~
		c.ngt.f	11 1111	63	3f	?	127	7f	DEL

(1) opcode(31:26) == 0

(2) opcode(31:26) == 17_{ten} (11_{hex}); if fmt(25:21)==16_{ten} (10_{hex}) f = s (single);
if fmt(25:21)==17_{ten} (11_{hex}) f = d (double)

IEEE 754 FLOATING-POINT STANDARD

$$(-1)^S \times (1 + \text{Fraction}) \times 2^{(\text{Exponent - Bias})}$$

where Single Precision Bias = 127,
Double Precision Bias = 1023.

IEEE Single Precision and Double Precision Formats:

④

IEEE 754 Symbols

Exponent	Fraction	Object
0	0	± 0
0	≠0	± Denorm
1 to MAX - 1	anything	± Fl. Pt. Num.
MAX	0	±∞
MAX	≠0	NaN

S.P. MAX = 255, D.P. MAX = 2047

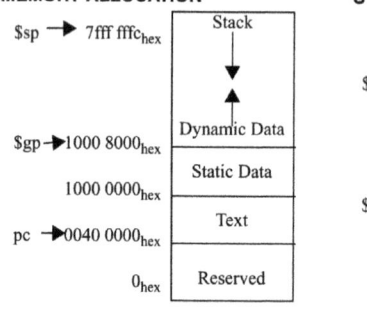

MEMORY ALLOCATION

STACK FRAME

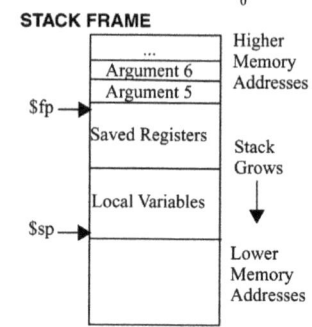

DATA ALIGNMENT

Double Word							
Word				Word			
Halfword		Halfword		Halfword		Halfword	
Byte	Byte	Byte	Byte	Byte	Byte	Byte	Byte
0	1	2	3	4	5	6	7

Value of three least significant bits of byte address (Big Endian)

EXCEPTION CONTROL REGISTERS: CAUSE AND STATUS

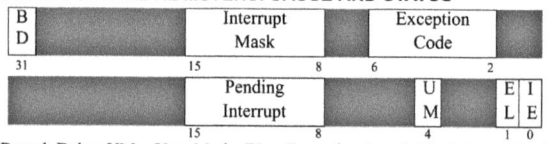

BD = Branch Delay, UM = User Mode, EL = Exception Level, IE =Interrupt Enable

EXCEPTION CODES

Number	Name	Cause of Exception	Number	Name	Cause of Exception
0	Int	Interrupt (hardware)	9	Bp	Breakpoint Exception
4	AdEL	Address Error Exception (load or instruction fetch)	10	RI	Reserved Instruction Exception
5	AdES	Address Error Exception (store)	11	CpU	Coprocessor Unimplemented
6	IBE	Bus Error on Instruction Fetch	12	Ov	Arithmetic Overflow Exception
7	DBE	Bus Error on Load or Store	13	Tr	Trap
8	Sys	Syscall Exception	15	FPE	Floating Point Exception

SIZE PREFIXES

	PREFIX	SYMBOL	SIZE	PREFIX	SYMBOL	SIZE	PREFIX	SYMBOL	SIZE	PREFIX	SYMBOL
10^3	Kilo-	K	2^{10}	Kibi-	Ki	10^{15}	Peta-	P	2^{50}	Pebi-	Pi
10^6	Mega-	M	2^{20}	Mebi-	Mi	10^{18}	Exa-	E	2^{60}	Exbi-	Ei
10^9	Giga-	G	2^{30}	Gibi-	Gi	10^{21}	Zetta-	Z	2^{70}	Zebi-	Zi
10^{12}	Tera-	T	2^{40}	Tebi-	Ti	10^{24}	Yotta-	Y	2^{80}	Yobi-	Yi